크루그먼의
경제학입문 제5판

Paul Krugman · Robin Wells 지음
김재영 · 박대근 · 전병헌 옮김

Σ 시그마프레스

크루그먼의 **경제학입문**, 제5판

발행일 2021년 1월 5일 1쇄 발행
2023년 2월 10일 2쇄 발행

저 자 Paul Krugman, Robin Wells
역 자 김재영, 박대근, 전병헌
발행인 강학경
발행처 **㈜시그마프레스**
디자인 우주연
편 집 류미숙

등록번호 제10-2642호
주소 서울특별시 영등포구 양평로 22길 21 선유도코오롱디지털타워 A401~402호
전자우편 sigma@spress.co.kr
홈페이지 http://www.sigmapress.co.kr
전화 (02)323-4845, (02)2062-5184~8
팩스 (02)323-4197

ISBN 979-11-6226-290-0

Essentials of Economics, Fifth Edition

＊ 책값은 책 뒤표지에 있습니다.

역자 서문

크루그먼의 경제학입문은 1년 강의를 염두에 두고 출판된 크루그먼의 경제학을 한 학기 강의에 맞도록 조정한 것이다. 초판 서문에서 언급한 것처럼 크루그먼의 경제학 입문은 단순히 크루그먼의 경제학의 축약판이 아니다. 중요한 개념을 한 학기 강의를 통해 잘 소화할 수 있도록 크루그먼의 경제학에 없는 '문제 풀어보기'를 추가하는 등 노력을 기울였으며 책의 구성도 조정되었다.

물론 수려한 문체, 다양한 현실 사례와 폭넓은 주제를 다룬다는 점에서는 크루그먼의 경제학의 기본정신을 따르고 있다.

많은 독자들이 이 책을 통하여 경제 현상과 원리를 이해하는 데 도움을 받고 경제학에 흥미를 가질 수 있을 것으로 기대한다. 또한 이 책의 번역과 편집 작업에 지원을 아끼지 않으신 ㈜시그마프레스 강학경 사장님과 편집부 여러분께 감사드린다.

역자 일동

저자 소개

폴 크루그먼(Paul Krugman)은 2008년 노벨경제학상을 수상하였고, 뉴욕시립대학교 대학원 교수로 룩셈브루크소득연구소(LIS)와 연계하여 전 세계 소득불평등을 추적하고 분석하였다. 이전에는 프린스턴대학교에서 14년간 학생들을 가르쳤다. 그는 미국 예일대학교에서 학부를 마치고 MIT에서 박사학위를 받았다. 예일대학교, 스탠퍼드대학교, MIT에서 강의를 했으며, 1982년부터 1983년까지 1년 동안 경제자문위원회의 위원으로 활동했다. 그의 연구는 국제무역, 경제지리학, 통화위기에 대한 혁신적인 연구를 포함한다. 1991년에는 미국경제학회가 수여하는 존 베이츠 클라크 메달을 받았다. 강의와 학술연구에 더하여 크루그먼은 일반인들을 위해서도 많은 기고를 하고 있다. 뉴욕타임스에 정기적으로 칼럼을 쓰고 있으며, 그가 최근에 집필한 두 권의 무역관련 서적들은 모두 베스트셀러가 되었다. 이 중 지금 당장 이 불황을 끝내라(*End This Depression Now!*), 불황의 경제학(*The Return of Depression Economics and the Crisis of 2008*)은 최근의 경제적 난관들과 이에 따른 경제 정책의 역사이며, 폴 크루그먼 새로운 미래를 말하다(*The Conscience of a Liberal*)는 경제적 불평등에 대한 정치경제학과 이것이 길드시대부터 현재까지의 정치적 양극화와 어떤 관계를 가지는지를 다루고 있다. 이보다 전에 발간된 저서 폴 크루그먼의 경제학의 향연(*Peddling Prosperity*)과 폴 크루그먼, 기대감소의 시대(*The Age of Diminished Expectations*)는 현대의 고전이 되었다.

로빈 웰스(Robin Wells)는 프린스턴대학교에서 경제학을 연구하며 학생들을 가르치고 있다. 시카고대학교에서 학부를 마치고 버클리에 있는 캘리포니아주립대학교에서 박사학위를 받은 후 MIT에서 박사후 과정을 밟았다. 미시간대학교, 사우샘프턴대학교(영국), 스탠퍼드대학교, MIT에서 강의를 하였다.

Ligaya Franklin

이 책의 비전과 이야기

이 책은 사람들이 무엇을 하는지, 그들이 어떻게 교류하는지, 그리고 무엇보다 실제 세계의 경험에 바탕을 두고 있는 학문인 경제학에 관한 책이다. 이러한 정신은 모든 판에서 주요 원리로 작용하고 있다.

우리가 이 책을 쓰기 시작했을 때 우리는 경제학의 특정 부분에 대한 수많은 작은 생각들을 가지고 있었다. 또한 경제학 교과서에 대한 큰 그림도 그리고 있었는데, 이는 경제학 교과서는 서술 위주로 구성되어야 하고, 경제학이 무엇인지에 관한 통찰력을 절대 잃어선 안 되며, 또 사람들의 실제 이야기로 구성되어야 한다는 것이다.

경제학자들이 하는 많은 이야기는 모형의 형태로 전해진다. 경제학적 모형은 세계가 어떻게 작동하는지에 관한 이야기이다. 우리는 모형에 대한 학생들의 이해는 가능한 한 많은 실생활 사례를 통해서 설명될 때 강화될 수 있다고 믿는다. 여기서 실생활 사례란 경제학적 개념을 설명해 줄 수 있을 뿐만 아니라 경제의 힘으로 형성된 세계에서 우리가 개개인으로서 갖게 되는 관심사여야 할 것이다.

그러한 이야기들은 책을 펼치자마자 '현실 경제의 이해', '국제비교', '기업사례'에서 찾을 수 있다. 전에도 그랬듯이 새로운 사례를 추가하고 기존의 내용을 갱신하였다. 또한 더욱 광범위한 국제적 시각을 포괄적으로 고려하였다. 예를 들어 제1장에 등장하는 중국의 주강 삼각주 사례는 세계 경제에서 부상하고 있는 중국에 대한 흥미를 불러일으킨다. vii쪽에 이 책의 이야기식 구성에 대해 간략히 소개하였다.

또한 학습을 강화하는 교육학적 장면을 포함시켰다. 예를 들면 각각의 주요 절은 학생들과 함께 풀어 나갈 것을 염두에 둔 세 가지 요소로 결말을 짓고 있다. 즉 (1) 현실 경제의 이해 : 학생들이 방금 읽은 내용에 대해 충분히 이해할 수 있도록 도와주는 현실 세계의 응용 사례, (2) 복습 : 핵심적인 아이디어를 목록 형식으로 복습하기, (3) 이해돕기 : 자가점검을 위한 문제들—책 뒷부분에 풀이가 나와 있다—이 그것이다. 각 장의 마지막에 있는 토론문제는 또 다른 특색 중의 하나이다.

이 책을 수업에 사용하는 여러분께 감사드리며, 이 책에 대한 여러분의 지적 경험이 좋은 결실을 맺게 되기를 바란다.

Paul Krugman   Robin Wells

학생들을 경제학 학습에 참여시키기

이야기들로 엮이고, 현재 일어나고 있는 실제 생활과 연관되며, 전 세계에서 일어나고 있는 일들을 특별히 강조하면서 학생들의 성공을 도와줄 증명된 기법을 제시하는 교과서를 통해서 학생들은 가장 잘 배울 수 있다고 우리는 굳게 믿는다.

이야기로 접근하기

이 책은 대부분 실생활에서 가져온 이야기들을 중심으로 구성되었다. 모든 장에서 중심개념을 소개하고 학습동기를 유발하기 위해 이야기들이 사용되었다. 개념을 소개하고 강조하는 데 가장 좋은 방법은 기억될 만한 현실 세계의 이야기를 사용하는 것이라고 믿는다. 학생들이 개념을 이야기와 더 쉽게 결부시키기 때문이다.

국제적 초점

국제 문제에 대한 관심에 있어서 이 책에 필적할 만한 책은 찾기 어려울 것이다. 자료에 근거한 '국제비교'는 물론이고 대부분의 응용, 사례, 이야기를 통해 본문에 국제적인 관점을 완전히 통합시켰다.

제5판의 새로운 점

세계 경제에 대한 학생들의 이해를 넓히기 위한 더 많은 노력 뛰어난 통찰력과 명료성을 지닌 저자들은 그들의 특기인 사례중심의 접근법을 이용한다. 제1장의 중국 주강 삼각주의 경제적 변화 사례를 시작점으로 하여 학생들을 교실 밖 글로벌 세계로 데려다준다. 각 장의 도입 사례 및 '현실 경제의 이해', '기업사례', '국제비교'에서 국제적 시각을 초점으로 하여 서술하였다. 현재 유럽, 방글라데시, 일본을 비롯한 다양한 현실 세계의 사례와 더불어 중국 경제의 성장과 관련한 더 많은 이야기들이 추가되었다.

시사적이고 중요한 빈곤과 불평등에 관한 새로운 장 제11장에서 빈곤의 문제, 소득 불평등의 문제, 그리고 미국의 복지제도와 그 철학적 배경에 대해 다룬다. 오바마 케어(ACA)에 대한 자세한 설명과 함께 민간의료보험을 둘러싼 우려 등에 대해서도 심도 있게 다룬다.

이야기식 접근법을 통해 학생들의 관심 끌기

2 경제모형 : 상충관계와 무역

키티호크에서 드림라이너까지

보잉사의 787 드림라이너는 공기역학 혁명의 결과였다. 비행기의 운영비용을 절감할 수 있도록 고안되었으며 처음으로 초경량 복합재료를 사용한 매우 효율적인 비행기였던 것이다.

드림라이너의 첫 번째 운항은 라이트 형제가 1903년에 노스캐롤라이나의 키티호크에서 운항한 라이트 비행기(Wright Flyer)에 비해 매우 역사적인 진보였다. 그러나 보잉사의 공학자들, 그리고 모든 항공공학자들은 라이트 비행기의 발명 당사자인 윌버(Wilbur)와 오빌 라이트(Orville Wright)에 막대한 빚을 지고 있다.

드림라이너가 충분히 가볍고, 공기역학적임을 입증하기 위해 약 1만 5,000시간의 풍동장치 테스트를 수행했다. 그 테스트 결과를 바탕으로 드림라이너의 디자인을 미세하게 수정하여 성능을 개선시켰으며, 또한 연비를 높이고 기존의 제트엔진보다 공기오염물질을 덜 방출할 수 있게 만들었다. 실제로 노르웨이 항공(유럽에서 세 번째로 큰 저가항공사)과 같은 저가항공사는 대서양 횡단 비행편을 그들의 경쟁사에 비해 절반 가격으로 제공 했다. 연비가 좋은 드림라이너를 이용하면 할인을 하더라도 비용을 현저히 감소시켜 이윤이 남을 것으로 예상했기 때문이다.

라이트 형제를 진정한 선각자로 만들어 준 것은 바로 '풍동장치(wind tunnel)'이다. 라이트 형제는 그들이 만들어 낸 풍동장치에 여러 가지 모양의 주날개와 꼬리날개를 직접 실험해 보았고, 이러한 실험을 통해 그들은 공기보다 무거운 물체도 하늘을 날 수 있다는 사실을 알게 되었다.

물론 포장상자 안의 미니어처 비행기나, 보잉사의 최신식 초음피 풍동장치에 놓여 있는 모형 비행기는 실제 비행을 할 수는 비행기와는 다르다. 그러나 실제 비행기를 단순화해서 만든 모형 비행기를 통해 날개가 어떤 모양을 하고 있을 때 어느 속력에서 얼마나 큰 양력을 만들 수 있는가에 대한 중요한 발견을 이끌어 낼 수 있었다.

또한 풍동장치에서 비행기 디자인을 실험하는 것이 실제 비행기를 만들어 그것이 하늘을 날 수 있는가를 보기는 것보다 훨씬 더 저렴하고 안전한 방법이다. 이와 같이 모형은 경제학을 포함한 대부분의 과학 연구에서 핵심적 역할을 한다.

사실 대부분의 경제학 이론은 실제 경제현실을 단순화하여 많은 경제 문제를 쉽게 이해할 수 있도록 하는 모형들이 모여 이루어진다.

이 장에서는 그 자체로도 매우 중요할 뿐만 아니라 모형이 유용한 이유를 설명해 주는 두 가지 경제모형을 살펴볼 것이다. 그리고 경제학자들이 실제로 그들의 연구에 모형을 어떻게 사용하는지를 살펴보면서 이 장을 마무리할 것이다. ●

라이트 형제의 비행기는 드림라이너를 포함한 현대 비행기의 모형이 되었다.

이 장에서 배울 내용

- 경제학 모형의 의미와 이 모형이 경제학에서 중요한 이유
- 생산가능곡선, 비교우위, 순환도의 세 가지 단순한 모형이 현대 경제학의 작동원리를 이해하는 데 도움을 주는 방법
- 경제 원칙의 실상활에 적용함에 있어 실증적 경제학과 규범적 경제학의 차이점을 이해하는 것이 중요한 이유
- 경제학자들이 가끔 합의하지 못하는 이유

현실 경제의 >> 이해
방글라데시의 경제적 돌파

서구의 방송사들은 방글라데시에 대해 거의 언급하지 않는다. 정치적 분쟁지역도 아니고, 원유를 생산하지도 않는데다 거대한 이웃인 인도에 가려져 있다. 그렇지만 이곳에는 1억 6천만 명의 인구가 살고 있고, 아직도 매우 가난하기는 하지만 지난 세대에서는 가장 위대한 경제적 성공 사례 중 하나였다.

잔혹한 전쟁 끝에 1971년에 파키스탄으로부터 독립을 성취한 방글라데시의 1인당 실질 국내총생산은 1980년대까지만 해도 1950년에 비해 겨우 더 높은 수준이었다. 하지만 1990년대 초에 이 나라는 정치적·경제적 개혁을 시작하여 군부 통치로부터 민주주의로 전환했으며, 시장을 자유화하고, 화폐와 재정을 안정시켰다. 특히 서구 시장에 대한 주요 의류 수출국으로 부상하면서 방글라데시의 성장은 본격화되었다. 1980년대 후반부터 2010년까지 1인당 실질 국내총생산은 연간 3%를 초과하여 성장했으며, 그 결과 1990년부터 2010년까지 20년 동안 두 배가 되었다.

2015년이 되자 1인당 실질 국내총생산이 거의 1990년의 2.5배가 되었다. 다른 지표들도 삶의 질이 극적으로 개선되었음을 보여 주었다. 기대수명이 12년 증가했고, 아동사망

방글라데시는 여전히 매우 가난한 나라이긴 하지만 지난 25년간의 높은 성장으로 생활수준이 개선되었다.

🌐 국제비교   세계의 밀 수확량

지역에 따라 밀 수확량은 상당히 차이가 난다. 특히 이 그래프에 나타난 프랑스와 미국의 격차는 두 나라 모두 부유하고 농업기술 수준이 비슷하다는 점을 고려할 때 놀라운 수준이다. 그러나 이러한 격차의 원인은 단순하다. 정부정책의 차이인 것이다. 미국에서는 농부들이 정부로부터 소득보조금을 받지만 유럽에서는 최저가격제의 혜택을 받는다. 유럽의 농부들은 미국에 비해 생산물에 더 높은 가격을 받기 때문에 가변요소를 더 많이 투입하여 훨씬 더 높은 수확을 얻는 것이다. 흥미로운 사실은 우간다나 에티오피아와 같이 가난한 국가에서는 해외원조가 수확량을 상당히 감소시킬 수 있다는 점이다. 부유한 국가들로부터의 해외원조는 흔히 잉여농산물의 형태로 이루어지는데, 이는 원조를 받는 국가들의 시장가격을 하락시켜 가난한 나라들을 지탱해 주는 농업에 상당한 타격을 준다. 옥스팜(OXFAM)과 같은 자선단체에서는 이러한 문제를 해결할 수 있도록 극심한 식량부족사태 이외의 경우에는 식량 대신 현금으로 원조정책을 수정해 줄 것을 부유한 식량생산국들에게 요구해 왔다.

출처 : FAO STATS, 2016.

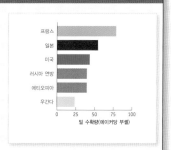

프랑스	
일본	
미국	
러시아 연방	
에티오피아	
우간다	

0   25   50   75   100
밀 수확량(에이커당 부셸)

- 학생들의 관심을 끌기 위해 흥미로운 이야기로 각 장을 연다. **이 장에서 배울 내용**은 학생들이 주요 개념에 집중하도록 돕는다.

- 학생들은 각 장 여러 곳에 제시되어 있는 **현실 경제의 이해**를 통하여 경제 개념이 즉각 현실 세계에 적용됨을 알 수 있다.

- 학생들에게 국제적인 시각을 제공하기 위해 **국제비교**는 국가들이 서로 다른 경제적 성과를 나타내는 이유를 자료와 그림을 통해 예시적으로 보여 준다.

- 학생들이 핵심 경제 원리가 적용되는 현실 세계의 기업 환경을 이해할 수 있도록 **기업사례**를 제시하였다.

기업사례   페이팔에 돈 보관하기

전자송금업체인 페이팔은 엄청나게 인기 있는 휴대전화 송금 서비스 업체인 벤모를 소유하고 있지만 공식적으로는 은행이 아니다. 대신 규제당국은 이를 송금업체, 즉 돈을 안전하게 보유하는 것이 아니라 어딘가로 보내주는 업체로 규정한다.

그러나 사용자들이 페이팔 계정에 상당한 금액을 쌓아 둠에 따라 이러한 문제가 제기되기 시작했다. 특히 벤모의 사용자들은 입금되는 금액을 다시 사용할 때까지 자신의 계정에 넣어 두는 경향이 있다. 그 결과 2016년에 페이팔의 계정에는 모두 130억 달러를 넘는 잔액이 있었던 것으로 추정된다. 이 금액이 예금으로 간주되었더라면 페이팔은 미국 내 50대 은행 중 하나였을 것이다.

얼핏 보기에는 페이팔 계정에 돈을 넣어 두는 것은 두 가지 이유에서 직관에 어긋난 듯하다. 첫째, 이 계정들은 연방예금보험으로 보호되지 않는다. 둘째, 이 계정들은 이자를 지급하지 않는다. 그러나 더 자세히 들여다보면 이러한 행동은 경제

적 타당성이 있다. 사람들은 대개 자기 재산의 아주 작은 부분만을 페이팔 계정에 넣어 두기 때문에 연방예금보험이 없다는 위험은 부담할 만하다. 이 글을 쓰고 있는 현재 은행예금에 대한 이자율이 너무 낮아서(2019년 봄에 0.06%) 이자를 포기하는 것이 은행예금과 페이팔 또는 벤모 계정 사이에서 자금을 이체시키는 번거로움을 피하는 대가로는 합리적이다. 그 결과 많은 사람들이 《월스트리트저널》에 인용된 한 사용자처럼 자금을 벤모 계정에서 은행으로 이체시키기 전에 한동안 기다린다. "나는 의도적으로 돈을 점점 더 길게 그곳에 보관하기 시작했다."

그렇다면 페이팔이나 벤모나 또는 이와 유사한 업체들이 전통적인 은행업을 본격적으로 잠식할 수 있을까? 일부 분석가들은 그렇다고 생각한다. 그러나 다른 분석가들은 전통적 은행들이 이동결제를 더 쉽게 만들 방법을 찾아내고 이자율이 상승하면 사람들이 다시 전통적인 은행예금으로 돌아갈 것이라고 주장한다. 시간이 누가 옳은지 답해 줄 것이다.

생각해 볼 문제

1. 페이팔 계정은 화폐공급으로 간주되지 않는다. 화폐공급으로 간주되어야 할까? 그렇다면 그 이유는? 그렇지 않다면 그 이유는?

2. 2010년에는 미국 휴대전화 중 25%만이 스마트폰이었다. 2017년에는 이 숫자가 80%로 증가했다. 이러한 상황에 페이팔 이야기에 어떤 영향을 미칠까? 이런 상황은 더 광범위한 화폐 역사의 패턴에 어떻게 들어맞을까?

3. 연방공개시장위원회의 미래 행동이 페이팔이나 유사업체의 미래에 어떤 영향을 미칠 수 있을까?

효과적인 학습 도구를 통해 학생들의 관심 끌기

현실 경제의 >> 이해
고정비용을 감소시키는 공유경제

공유경제는 비교적 새로운 현상으로서 신기술로 인해 모르는 사람(기업이나 개인)끼리 사무실, 집, 연산능력, 소프트웨어, 자동차, 소형 제트기, 기계, 금융자본, 책이나 심지어 옷에 이르기까지 자산을 함께 사용하는 현상을 말한다. 공유경제가 어떻게 작동하는가 하는 것은 가장 잘 알려진 우버나 에어비앤비의 예를 보면 알 수 있다. 이 기업들은 그들의 웹을 통해 자동차를 소유한 운전자나 빈 방이 있는 주택소유자들로 하여금 그들의 자산을 다른 사람들과 공유할 수 있도록 한다. 여러분이 사진이나 팀 과제 작업물을 공유하기 위해 업로드하는 디지털 네트워크인 클라우드 자체도 기업이나 개인들로 하여금 연산능력, 저장 공간, 소프트웨어 등을 빌려 쓸 수 있게 하기 때문에 공유경제의 특성이 있다고 볼 수 있다.

그러면 공유경제는 고정비용과는 무슨 연관이 있는 것일까? 많은 연관이 있다. 어떤 자산을 필요할 때만 사용할 수 있다면 그 비용은 고정비용이 아니라 가변비용이 되는 것이다. 예를 들어 회사의 전용기를 보자. (아마도 대부분의 시간을 활주로에 방치되어 있을) 전용기를 소유하고 보수 유지하는 대신 이제 회사들은 넷제츠나 유사한 기업들을 통해 제트기 서비스를 필요에 따라 구입할 수 있게 되었다. 공유경제는 소유와 운영이라는 고정비용을 가변비용으로 변화시킴으로써 결과적으로 작은 기업들도 전에는 이익이 나지 않던 시장에 진출할 수 있도록 허용함으로써 이익을 준다. 마찬가지로 공유경제는 사람들로 하여금 전에는 구입할 수 없었던 자산들(자동차, 주택, 명품 핸드백)을 이제는 이들을 이용해 수입을 낼 수 있게 함으로써 구입할 수 있도록 만들어 준다.

그뿐만 아니라 공유경제 시장은 자원을 가장 잘 사용할 수 있는 사람에게 배분함으로써 사회의 자원 전체를 더욱 효율적으로 사용할 수 있게 해 준다.

>> 복습

- 장기적으로 기업은 예상 산출량에 따라 고정비용을 선택한다. 고정비용이 높으면 산출량 수준이 높을 때의 평균비용이 감소한다. 고정비용이 낮으면 산출량 수준이 낮을 때의 평균총비용이 감소한다.
- 고정비용 수준에 따라서 단기 평균총비용이 달라지므로 단기 평균총비용곡선은 서로 여러 개가 존재한다. **장기 평균총비용곡선(LRATC)**은 장기에 각 산출량 수준에 대해 평균비용이 최소가 되도록 고정비용을 선택했을 때의 평균총비용을 표시한 것이다.
- 산출량 수준이 높아 고정비용을 충분히 조정했다면 그 기업은 당시의 단기 평균비용곡선 상에 있을 뿐 아니라 장기 평균비용곡선 상에도 있게 된다. 산출량 수준이 달라지면 당시의 단기 평균비용곡선을 따라 이동하게 된다. 새로운 산출량에 대해 고정비용을 다시 조정하게 되면 그 기업은 새로운 단기 평균총비용곡선과 장기 평균비용곡선 상에 있고 최저 장기 평균총비용곡선 상에 있게 된다.
- 규모의 효과는 생산기술로부터 발생한다. **규모에 대한 수익이 증가**하면 기업 규모가 확장되는 경향이 있다. **네트워크 외부효과는** 규모에 대한 수익이 증가하는 하나의 원인이 된다. **규모에 대한 수익이 감소**하면 기업 규모가 제한되는 경향이 있다. **규모에 대한 수익이 일정**하면 기업 규모가 아무런 영향을 받지 않는다.

>> 이해돕기 6-3
해답은 책 뒤에

1. 다음 표에는 가능한 고정비용과 평균가변비용의 세 가지 조합이 제시되어 있다. 이 예에서 평균가변비용은 일정하다(산출량에 따라 변하지 않는다).

선택	고정비용	평균가변비용
1	$8,000	$1.00
2	12,000	0.75
3	24,000	0.25

a. 세 가지 선택 각각에 대하여 12,000, 22,000, 30,000단위를 생산할 경우의 평균총비용을 계산하라. 각각의 수량에 대해 어떤 조합이 평균비용을 최소로 하는가?

b. 역사적으로 12,000단위를 생산하던 기업이 급격하고 영구적인 수요 증가로 인해 22,000단위를 생산하게 되었다고 하자. 평균비용이 단기와 장기에 각각 어떻게 변할지 설명하라.

c. 만일 기업이 수요 변화가 일시적이라고 생각한다면 어떻게 해야 할지 설명하라.

2. 다음의 각 경우에 기업에는 어떤 규모의 효과가 나타날지 설명하고 그 이유를 설명하라.

a. 직원들이 컴퓨터와 전화기를 사용하여 전화를 걸어 상품을 판매하는 통신판매회사

b. 기업 소유주의 전문 기술에 의존하여 디자인 사업을 하는 인테리어 디자인회사

c. 다이아몬드 채굴회사

3. 〈그림 6-12〉와 같은 그래프를 그리고, 장기적으로 하루 5장자의 살사를 생산하기로 결정했을 때 이에 대응하는 단기 평균비용곡선을 그려 넣으라. 이 그래프를 이용하여 오랫동안 하루 4장자만 생산할 것으로 예상한다면 왜 고정비용을 다르게 해야 하는지 설명하라.

◀ 학습 보강을 위해 각 장 내의 각 절은 다음 세 가지 학습 도구로 결말을 짓는다. (1) **현실 경제의 이해**에서 핵심 개념 적용, (2) 핵심 개념에 대한 간단한 **복습**, (3) **이해돕기** 질문을 통한 이해도 평가(해답은 책 뒤에).

▼ **함정**은 학생들이 흔히 저지르는 경제 개념에 대한 오해를 바로잡고 이를 피하도록 가르친다.

함정

수요 vs. 수요량

경제학자들이 '수요의 증가'라고 말할 때는 보통 수요곡선이 오른쪽으로 이동하였음을 의미하며, '수요의 감소'라고 말할 때는 수요곡선이 왼쪽으로 이동하였음을 의미한다.

일반적인 대화에서 경제학자들을 비롯한 대부분의 사람들은 수요라는 단어를 일상적으로 사용한다. 예를 들어 경제학자가 "항공비용 감소로 인해 지난 15년간 항공 여행에 대한 수요가 두 배로 증가하였다."라고 할 때는 수요량이 두 배로 증가했음을 의미할 것이다.

물론 일상적인 대화에서 엄밀하게 말할 필요는 없지만 경제학 분석을 할 때는 수요곡선 상의 이동인 수요량의 변화와 수요곡선 자체의 변화를 구분해 주어야 한다(그림 3-3 참조).

간혹 학생들은 다음과 같은 표현을 한다. "수요가 증가하면, 가격이 오르지만 이는 수요의 감소를 야기하기 때문에 가격이 하락하게 된다…."

수요곡선 자체의 이동을 의미하는 수요의 변화와 수요량의 변화를 명확하게 구분해 준다면 이러한 혼동을 피할 수 있다.

문제 풀어보기 | 테슬라의 생산에 대한 도전

테슬라 자동차는 캘리포니아 주 프리몬트에 있는 옛 토요타의 공장에서 전기자동차를 생산한다. 스포츠카인 테슬라 로드스터가 이 회사에서 최초로 설계된 제품이며 2008년부터 판매되었다. 최근에 설계되어 2017년에 출시된 테슬라 모델 3은 사륜구동의 고급 중형 4도어 세단이다. 모델 3은 휘발유를 사용하지 않고 한 번 충전하여 220에서 310마일까지 갈 수 있으며 배기관 배출물이 전혀 없다. 또한 완전히 자율 주행할 수 있는 기능이 갖추어져 있다.

모델 3에 대한 사전 주문량은 45만 대가 넘는데 이는 이전 모델인 2013 테슬라 모델 X에 비해 거의 세 배 가까이 되는 숫자다. 수요가 많기는 하지만 프리몬트 공장에서 생산되는 모델 3의 수량은 기대에 뒤처져 있다.

테슬라는 모델 3에 대한 수요를 충족시키기 위해 생산량을 주 6,000대, 즉 연간 약 30만 대로 증가시킬 것이라고 발표했다. 현재는 2017년 테슬라의 총판매량인 연간 약 10만 대를 생산할 장비를 갖추고 있다. 다음 표를 사용하여 각 공장 규모와 생산량 수준에 대해 테슬라의 평균총비용을 구하라. 테슬라가 30만 대를 생산하기 위한 장비를 갖춘 새로운 공장을 짓는다면 A규모의 공장이 그보다 생산비가 더 높은 이유를 설명하라.

	총비용(10억 달러)		
공장 규모	10만 대 판매	20만 대 판매	30만 대 판매
A	$1.75	$3.25	$5.5
B	2.0	3.0	5.0
C	2.5	4.0	4.5

단계 | 1 각 규모의 공장에서 주어진 수량을 생산할 경우의 평균총비용을 구하라.

189~192쪽을 복습하라.

평균총비용은 총비용을 생산량으로 나누어 구한다. 따라서 만일 테슬라가 10만 대의 자동차를 생산하는 데 총비용이 1억 7,500만 달러가 들었다면 평균비용은 $1,750,000,000/100,000 = $17,500이다. 앞의 표에서 각 규모의 공장에서 주어진 수량을 생산할 경우의 평균비용을 구하면 오른쪽 표와 같다.

	평균비용		
공장 규모	10만 대 판매	20만 대 판매	30만 대 판매
A	$17,500	$16,250	$18,333
B	$20,000	$15,000	$16,667
C	$25,000	$20,000	$15,000

단계 | 2 A규모의 공장에서 생산할 때의 비용이 테슬라가 30만 대를 생산하기에 적합한 새로운 규모의 공장보다 높은 이유를 설명하라.

195~198쪽을 복습하라.

테슬라가 30만 대 생산을 기준으로 새 공장을 짓는다면 C규모의 공장을 선택할 것이다. 테슬라는 새로운 생산 수준에 대해 평균총비용을 최소화하도록 고정비용을 조정할 수 있을 것이다. 만일 테슬라가 공장 규모를 쉽게 변경할 수 있다면 항상 장기 평균비용곡선에서 평균총비용을 최소화하는 규모의 공장을 지을 것이다. 그러나 공장 규모가 A로 고정되어 있다면 테슬라는 A규모 공장에 대한 단기 평균비용곡선 상에 있게 될 것이다.

◀ 각 장의 마지막에 있는 **문제 풀어보기**는 현실 세계의 사건과 관련된 특정 문제를 순차적으로 풀어 나가도록 도와준다.

무엇이 달라졌나?

제5판에서 최신 이슈를 다룬 44개의 도입 사례, 기업사례, 현실 경제의 이해가 새롭게 추가되었으며, 기존의 사례는 최신 자료로 업데이트하였다.

새로운 도입 사례

메가시티의 하루

시장의 반격!

규제당국에 의해 펑크 난 브리지스톤 타이어

그리스의 비극

중국, 대성공을 거두다

두 숫자 이야기

다른 세대, 다른 정책

지출하여 경기후퇴에서 빠져나오기

그다지 우스꽝스럽지 않은 화폐

새로운 기업사례

프라이스라인닷컴은 어떻게 여행산업을 혁신화했나?

효율성, 기회비용, 그리고 절약형 생산방식의 논리

공연 티켓 가격과 음악계에 군림하는 커플, 제이지와 비욘세

전통적 오프라인 상점들이 모바일 쇼핑 앱과 정면 승부하다

엑셀 에너지는 윈윈을 노린다

미국의 기업가 정신은 ACA에 대한 위협에도 살아남을
  것인가?

나쁜 숫자에 돈을 걸다

태스크래빗

바코드 올리기

토요타가 움직이다

페이팔에 돈 보관하기

새로운 현실 경제의 이해

교통체증의 기본 법칙

경제학자들이 합의할 때

과카몰리는 어디에?

베네수엘라의 가격규제가 쓸모없는 이유

중국과 2016년의 전 세계적 원자재 공급 과잉

적절한 팀 크기의 결정

고정비용을 감소시키는 공유경제

농부들은 방법을 알고 있다

유사 독점 : 중국과 희토류 시장

미국 고속 인터넷 시장의 (혁신적) 진화

초콜릿 생산자 상대의 사건이 녹아내리다

OPEC의 종말

차고 넘치는 풍성함!

미국의 기반시설, 평점 D+를 받다

그리스의 값비싼 흑자

스페인의 구조적 실업

방글라데시의 경제적 돌파

생산성 역설의 부상, 몰락과 귀환

도대체 이탈리아는 무슨 문제가 있는 걸까?

두 개의 부양책 이야기

경기후퇴 중에 균형재정 달성하기

달러화부터 비트코인까지

내려가는 계단 올라가기

강한 달러의 비애

요약 차례

차례

제2부 | 공급과 수요

제3부 | 생산의 결정

제4부 | 시장구조 : 완전경쟁을 넘어서

제9장 : 과점 및 독점적 경쟁

제5부 | 미시경제학과 공공정책

제10장 : 외부효과와 공공재

제11장 : 빈곤, 불평등과 복지국가

제6부 | 거시경제학 소개

제7부 │ 경제성장과 변동

제8부 | 안정화 정책

제9부 | 국제경제

제20장 : 국제무역, 자본흐름 및 환율

크루그먼의
경제학입문 제5판

1

제1원칙

메가시티의 하루

런던, 뉴욕, 도쿄는 공통점을 지니고 있다. 이 세 도시 모두 수천만의 인구와 넓은 영역으로 구성된 거대한 대도시 복합체인 메가시티라는 점이다. 대부분의 사람들은 이 세 도시는 익숙하지만 세계에서 가장 큰 메가시티가 어디인지는 잘 모른다. 중국의 주강 삼각주(Pearl River Delta, PRD)라고 알려진 광활한 도시 복합체가 바로 세계 최대 메가시티이다. 메릴랜드 주와 비슷한 크기인 주강 삼각주는 5,500만 명이 살

근 40년 전 중국은 후진적 경제의 매우 가난한 나라였다. 지금은 정교한 재화를 생산하여 세계시장에 제공하며, 그로 인해 막대한 수익을 올리고 있다.

고 있다.

이 많은 사람들은 어떤 일을 할까? 일부는 세계시장에 납품되는 제품, 특히 전자제품 생산 관련 직종에 종사하고 있다. 거의 대부분의 스마트폰, 태블릿, 컴퓨터에는 주강 삼각주에서 생산된 전자부품이 내장되어 있다. 하지만 이 메가시티의 거주민들은 생산자이자 소비자이다. 주강 삼각주의 평균적인 노동자 임금은 미국보다 낮지만 총임금과 수입은 충분히 높아서 부부가 운영하는 작은 동네가게부터 비싼 사치품을 판매하는 가게까지 다양한 소매 부문을 감당할 수 있다.

하지만 그리 멀지 않은 과거에는 주강 삼각주나 그곳이 품고 있는 경제 역동성 따위는 찾아볼 수 없었다. 1980년만 해도 8억 명의 중국인들은 하루에 1.5달러 이하로 연명하였다. 평균적인 중국인은 어느 정도 충분히 먹고 지붕 있는 집에서 생활할 수 있었지만, 그 이상은 어려웠다. 실제로 1세기 이전과 비교하여 삶의 질이 그렇게 향상되지는 않았었다.

하지만 1980년 이후 중국 수입은 실질적으로 10배 이상 치솟았으며, 빈곤율(하루에 1.9달러 이하로 살아가는 사람들의 비율)은 1981년 88%였으나 2015년에는 0.7%로 감소하였다. 주강 삼각주의 부상은 지난 몇십 년간의 비참한 빈곤에서 벗어난 수억의 중국인들의 성공신화이다. 인류 역사상 이토록 극적인 발전은 거의 찾아볼 수 없을 정도다.

이 이야기가 눈여겨볼 만하긴 하지만 과거에 이러한 사례가 전혀 없었던 것은 아니다. 1840년부터 1910년까지 영국 노동자들도 이러한 삶의 질의 향상을 경험했다. 그리고 이러한 성공은 미국에서도 반복되었으며, 현재 우리가 누리는 높은 수준의 번영에 도달하였다. 위대한 경제학자 마셜(Alfred Marshall)은 어떻게 영국의 노동자들이 빈곤에서 벗어났는지에 대해 언급하면서 현재 중국 사례에서도 적용되는 다음과

같은 사실을 발견했다. "빈곤과 무지가 마침내 사라질 것이라는 희망은 19세기 동안 노동자 계급의 지속적인 성장으로부터 지지를 얻는다."

이러한 사건들은 다양한 방식으로 우리의 삶을 바꿔 왔다. 우리는 제일 부유한 국가인 미국에서 일류 교육을 받으면서 주강 삼각주에서 생산된 스마트폰과 랩톱을 사용하고 있다.

이에 대해 경제학은 무엇을 알려 줄 수 있는가? 생각보다 많은 것이 밝혀졌다. 이 책을 통해 수억 명의 사람들을 빈곤으로부터 구한 중대한 변화가 단순하면서도 중요한 경제학적 질문들과 연관되어 있음을 배우게 될 것이다. 이러한 질문은 다음을 포함한다.

- 우리의 경제시스템은 어떻게 작동하는가? 즉 어떻게 재화들이 운반될 수 있는가?
- 언제, 그리고 무엇 때문에 많은 사람들이 비생산적인 행동을 하게끔 경제 체계는 오작동하는가?
- 왜 장기적으로 보았을 때 침체보다 성장이 더 많이 일어났는가? 즉 영국이나 미국과 마찬가지로 중국이 더 부유해진 까닭은 무엇인가?

이러한 질문을 살펴보면서 이 책에서 배울 것들을 미리 알아보자. ●

이 장에서 배울 내용

- 경제학과 경제에 관련된 근본적인 용어의 정의와 의미
- 개인의 선택을 관장하는 네 가지 원칙
- 개인의 선택 간의 상호작용을 관장하는 다섯 가지 원칙
- 경제 전반의 상호작용을 설명하는 세 가지 원칙

경제(economy)는 사회의 생산적 활동을 조정하기 위한 시스템이다.

경제학(economics)은 재화와 서비스의 생산, 분배 그리고 소비를 공부하는 사회과학이다.

시장경제(market economy)는 생산과 소비에 대한 결정이 생산자와 소비자 개인에 의해 이루어지는 경제이다.

보이지 않는 손

오늘날의 주강 삼각주(PRD)와 같은 거대 산업 및 소비자 단지는 매우 새로운 현상이다. 1980년까지만 하더라도 그 지역의 대부분은 경제적 벽지였다. 중심부인 선전은 그때 매우 가난하고 작은 어촌에 불과하였다. 어떻게 이러한 시골이 세계의 전자제품 공장으로 변하여 역동적인 부의 창조자가 되었을까?

주강 삼각주의 거주민들이 이제 막 바라보기 시작한, 우리가 미국에서 누리고 있는 수준의 번영에 도달하기 위해서는 사람들이 필요로 하는 재화와 서비스를 생산하고 그것을 필요로 하는 사람들에게 분배될 수 있도록 조정하는 시스템이 필요하다. 우리는 이러한 시스템을 '**경제**(economy)'라고 한다. **경제학**(economics)은 재화와 서비스의 생산, 분배 그리고 소비를 공부하는 사회과학이다.

경제의 성공 여부는 재화를 얼마나 원활하게 공급하느냐에 달려 있다. 우리가 앞서 논의했듯이 지난 40년 동안 중국 경제는 자국민과 전 세계에 공급할 물량을 크게 증가시켰다. 이는 중국 경제가 분명 제대로 작동하고 있음을 보여 주는 것이라 할 수 있다.

그래서 중국 경제를 제대로 돌아가게 하는 누군가에게 찬사를 보내고 싶을지도 모른다. 그러나 중국 경제에는 더 이상 경제를 책임지고 좌지우지하는 누군가가 없다.

1970년대 PRD의 놀라운 성장 이전에 중국은 어떤 공장을 가동시키고 어떤 물건을 가구에 납품할 것인지에 대해 정부 관리들이 결정하는 **중앙통제경제**(command economy)였다. 하지만 결과는 중앙통제경제가 제대로 작동하지 않는다는 것을 보여 주었다. 1980년 이전의 중국이나 1991년 이전의 소련과 같은 중앙통제경제의 생산자들은 빈번하게 주요 원재료가 없어서 생산을 하지 못하거나, 생산했다 하더라도 제품을 판매할 소비자를 찾지 못했다. 소비자들은 휴지나 우유와 같은 생필품을 찾는 것이 어려웠다. '위대한 퇴보(Great Leap Backward)'라고 불리는1959년부터 1961년까지 중국 정부는 중앙통제경제를 완전히 잘못 이해하여 엄청난 어려움을 초래하고 수백만 명의 불필요한 죽음을 초래했다.

1978년 중국 정부는 마침내 자국의 경제 모델이 작동하지 않았다는 것을 인정했고, 많은 기업과 개인 각각의 결정에 의해 공급과 수요가 결정되는 **시장경제**(market economy)로의 놀라운 변혁을 시작했다. 미국은 시장경제를 채택하고 있다. 그리고 오늘날의 중국에도 무엇을 생산하고 무엇을 운반할지 결정하는 중앙 당국은 존재하지 않는다. 개별의 생산자들이 그들이 생각하기에 더 이윤을 남길만한 것을 생산한다. 각각의 소비자들은 그들이 선택한 것을 소비한다. 그러나 중국 정부가 미국 정부보다 시장에 훨씬 더 많이 개입한다는 사실을 깨닫는 것이 중요하다. 특히 중국 정부는 생산자들에게 무엇을 생산할지 명령하지 않지만, 은행에 누구에게 얼마나 대출해야할지에 대해서는 종종 규제를 가한다.

만약 당신이 시장경제가 작동하는 것을 본적 없다면, 그것이 아마도 매우 무질서할것이라고 상상할지도 모른다. 무엇보다, 아무도 책임을 지지 않기 때문이다. 그러나 시장경제는 고도로 복잡한 활동도 조정할 수 있고 소비자들에게 그들이 원하는 상품과 서비스를 안정적으로 제공할 수 있다. 사실, 사람들은 상당히 무심하게 그들의 삶을 시장 시스템에 맡겨둔다 : 만약 수천 개의 업체들이 무계획적이지만 어느정도 질서있는 조치를 취하지 않는다면, 대도시의 주민들은 며칠안에 굶게 될것이다. 놀랍게도, 시장경제의 무계획적 "혼돈"은 중앙통제경제의 계획보다 훨씬 더 질서정연하다. 이는 북한, 베트남, 라오스, 쿠바를 제외한 전세계 거의 모든 나라들이 시장경제를 취한 이유이다.

1776년 경제학의 개척자 애덤 스미스(Adam Smith)는 저서 『국부론(The Wealth of Nations)』에서 개인이 각자의 이익을 추구할 때 사회 전체의 이익이 증가한다고 하였다. 사업가가 이익을 추구하는 것은 국가 전체를 더욱 부유하게 만든다. 스미스는 책에서 "그는 오직 자신의 이윤 추구를 의도하였지만 보이지 않는 손에 의해서 그가 의도하지 않았던 결과를 촉진시키게 된다."고 하였다. 애덤 스미스 이후의 경제학자들은 시장경제가 개인의 이익 추구와 사회의 이익을 연결하는 방식을 **보이지 않는 손**(invisible hand)이라는 용어로 표현해 왔다.

개인이 어떤 방식으로 의사결정을 하고 이러한 결정이 어떻게 상호작용하는가를 연구하는 분야를 **미시경제학**(microeconomics)이라고 한다. 미시경제학의 주요 주제는 개인의 이익 추구가 종종 사회 전체의 이익을 증진시킨다고 하는 애덤 스미스의 직관이 갖는 유효성이다.

따라서 우리의 첫 번째 질문인 "우리의 경제시스템이 재화를 어떻게 유통시키는가?"에 대한 답변은 바로 우리가 시장경제의 가치와 보이지 않는 손의 힘에 의존한다는 것이다.

그러나 보이지 않는 손이 언제나 잘 작동하는 것은 아니다. 그러므로 언제 그리고 왜 개인의 이익 추구가 비생산적 행동을 가져오는지 이해하는 것도 중요하다.

보이지 않는 손(invisible hand)은 개인의 이익 추구가 사회 전체적으로도 바람직한 결과로 이어질 수 있음을 가리키는 비유이다.

미시경제학(microeconomics)은 사람들이 어떤 방식으로 의사결정을 하고 이러한 결정이 어떻게 상호작용하는가를 연구하는 경제학 분야이다.

개인의 이익 추구가 사회 전체에 악영향을 미칠 경우 이를 **시장실패**(market failure)라고 한다.

나의 편익, 너의 비용

대부분의 측면에서 주강 삼각주에서의 삶은 1980년보다 훨씬 더 좋아졌다. 하지만 두 가지는 더 나빠졌다. 교통체증과 공기의 질이 바로 그것이다. 붐비는 시간에는 주강 삼각주 도로의 평균 속력은 시속 12마일에 불과하며, 공기는 1년 내내 매우 탁하다.

왜 이러한 문제들은 보이지 않는 손의 실패를 나타내는 것일까? 교통 혼잡의 경우를 생각해 보자.

길이 막히면 각 운전자들은 다른 운전자들에게 비용을 부과하는 것이 된다. 한 사람이 다른 사람들의 길을 막은 것이고 다른 사람들 역시 그의 길을 막은 것이 된다. 이 비용은 상당할 수 있다. 평일에 로어 맨해튼으로 차를 운전하는 사람은 다른 운전자들에게 3시간 이상 지연을 일으키고 160달러의 금전적 손실을 입힐 수 있음을 예측할 수 있다. 그러나 출근할 때 자동차를 가지고 갈 것인지 말 것인지를 결정할 때는 이 비용을 고려할 유인이 전혀 없다.

교통체증은 개인의 이익 추구가 사회의 이익을 증진시키기보다는 사회에 악영향을 미칠 때 발생하는 **시장실패**(market failure)의 친숙한 예이다. 시장실패의 또 다른 중요한 예로는 주강 삼각주에서 나타나는 심각한 대기오염이 있다. 수질오염과 생선이나 숲과 같은 자연자원의 과도한 개발도 같은 문제를 일으킨다.

이기적인 행동의 환경적 비용은 때때로 엄청날 수 있다. 그리고 인구가 증가하고 인간 활동의 환경적 발자국이 커짐에 따라 기후 변화와 해양 산성화와 같은 문제들이 점점 더 중요해질 것이다.

여러분이 미시경제학을 공부하면 배우게 될 좋은 소식은 경제 분석이 시장실패의 사례들을 진단하는 데 사용될 수 있다는 것이다. 그리고 또한 경제 분석은 이러한 문제에 대한 해결법을 고안하는 데 종종 이용될 수 있다.

호황기와 불황기

중국은 지난 40년간 거대한 경제강국으로 성장했다. (그리고 사용된 데이터에 따라 다르기는 하지만 중국과 미국은 세계 경제에서 선두를 다투고 있다.) 중국의 성장에서 모순적인 점은 중국 경제가 원재료 수요의 상당 부분을 차지하기에 전 세계 사람들이 중국 산업에 문제가 야기될 만한 징후가 나타나면 긴장한다는 점이다. 2016년에는 긴장할 만한 요소들이 많았다. 비록 공식 자료는 중국 경제는 여전히 강하다고 주장했지만 많은 독립 관찰자들은 전기 소비와 같은 지표를 살펴본 결과 점차적으로 쇠퇴하고 있다는 증거를 관찰하였다.

이와 같은 어려운 시기는 현대 경제에서 반복적으로 나타나는 모습 중 하나이다. 중요한 사실은 경제시스템이 항상 잘 작동하는 것은 아니라는 것이다. 경제상황은 항상 호황과 불황을 반

ECONOMICS 101

"기억해, 경제호황 뒤에는 주로 불황이
따라온다는 걸."

복하면서 변동한다. 중년의 전형적인 미국인이라면 **불황기**(rcccssions)라고 불리는 서너 번의 경기침체를 경험했을 것이다. (1973년, 1981년, 1990년, 2001년, 그리고 2007년에 미국 경제는 심각한 경기침체를 겪었다.) 이 기간에 수백만 명의 근로자들이 일자리를 잃었다.

시장실패와 마찬가지로 불황도 시장경제의 한 단면이다. 그러나 또한 시장실패와 같이 불황은 경제학적 분석이 몇 가지 해결책을 제시할 수 있는 문제이다. 불황은 경제 전반의 호/불황을 연구하는 **거시경제학**(macroeconomics)의 주요 관심 주제이다. 거시경제학을 공부하면 경제학자들이 불황을 어떻게 설명하고 있으며, 경기변동에 따른 손실을 최소화하기 위해서 정부 정책을 어떻게 사용하는지를 알 수 있을 것이다.

상습적인 불황에도 불구하고 장기적으로 볼 때 미국 경제는 호황기가 불황기보다 더 많았다. 바로 그 장기적 호황기가 우리의 마지막 질문의 주제이다.

발전과 성장

PRD의 평균적 주민들의 전반적 생활수준은 1980년대보다는 상당히 높아졌지만 미국의 기준으로 보면 여전히 사뭇 낮은 수준이다. 실상은 미국도 그동안 항상 오늘날처럼 부유한 것은 아니었다. 지금의 기준으로 생각했을 때 20세기 초 대부분의 미국인들은 극도로 빈곤하게 살았다. 10%의 가정에만 수세식 화장실이 있었고, 8%만 난방이 되었으며, 2%만 전기가 공급되었다. 또한 식기세척기나 에어컨, 심지어 차도 없었다. 그러나 다음 세기 동안 엄청난 부를 이룩하여 생활수준이 현저하게 상승하였고, 지금의 미국이 되었다.

이러한 비교는 **경제성장**(economic growth)으로 재화와 서비스를 생산하는 경제능력이 증가하였으며, 그 덕택에 우리의 삶이 얼마나 윤택하게 변화했는가를 생각하게 해 준다. 경제는 시간이 흐르면서 어떻게 발전하게 되는가? 그리고 왜 어떤 나라에서는 다른 나라들보다 더 빨리 경제성장이 일어나는가? 주강 삼각주 주민들이 증명하듯이 우리 모두가 경제성장을 원하기 때문에 이러한 문제는 경제학의 주요 문제가 된다.

그러나 환경에 회복 불가능한 피해를 입히지 않고 경제성장이 이뤄지는 것이 중요하다. 우리에게 필요한 것은 **지속가능한 장기적 경제성장**이다. 이것은 환경을 보호하는 것과 현재와 미래 세대의 삶의 질이 더욱 증진되는 것 사이에서 균형을 맞추며 점차 경제가 성장하는 것을 의미한다. 오늘날 재화 및 서비스의 생산과 건강한 환경 사이의 균형을 맞는 것은 매우 주요한 고려 대상이며, 경제 분석은 이러한 시장실패를 분석하는 데 중요한 역할을 한다.

발견을 위한 엔진

위대한 경제학자 알프레드 마셜(Alfred Marshall)이 '평범한 일상'이라고 부르던 경제학적 행위와 거래는 주강 삼각주뿐만 아니라 전 세계에서 일어나고 있지만 매우 비범한 현상이며, 이는 우리를 매우 중요하고 흥미로운 질문들로 이끈다.

이 책에서 우리는 앞에서 살펴본 문제들에 대해서 경제학자들이 어떤 대답을 하는지에 대해 살펴볼 것이다. 하지만 경제학이 늘 그렇듯 단순히 대답들을 나열해 놓는 것에 그치는 것이 아니다. 이 책은 앞에서 살펴본 문제와 같은 것들을 설명하는 경제학 입문에 해당한다. 경제학을 '평범한 일상'을 연구하는 학문으로 묘사한 알프레드 마셜의 말처럼 "경제학은 사실의 요체가 아니고 사실을 밝힐 수 있도록 힘을 주는 엔진 역할을 한다."

그러니 열쇠를 돌리고 엔진을 켜자.

불황기(recessions)는 경제에서의 침체를 의미한다.

거시경제학(macroeconomics)은 경제 전반의 호황기와 불황기에 관심을 갖는 경제학의 한 분야이다.

경제성장(economic growth)은 재화와 서비스를 생산할 수 있는 경제능력이 커지는 것이다.

1. 아래 문장 중 어떤 문장이 시장경제의 특징에 대해 묘사하는지 설명하라.
   a. 보이지 않는 손은 사익 추구의 힘을 사회의 선을 위해 이용한다.
   b. 중앙권력이 생산과 소비에 대한 결정을 한다.
   c. 개인의 이익추구가 때로는 시장실패를 낳기도 한다.
   d. 시장경제에서의 성장은 꾸준하고 변동이 없다.

개인적 선택을 설명하는 원칙 : 경제학의 핵심

기본적으로 모든 경제학 쟁점은 무엇을 하고 무엇을 하지 않을지에 대한 **개인적 선택**(individual choice)과 연관된다. 선택에 관한 문제기 아니라면 그것은 경제학이 아니라고까지 이야기할 수 있다.

월마트(Walmart)나 아마존(Amazon)과 같은 대형 매장에 들어가 보자. 그곳에는 수천 가지 다양한 상품들이 진열되어 있지만, 어느 누구도 자신이 원하는 것을 모두 살 수는 없다. 당신의 기숙사나 아파트에 아주 작은 공간의 여유가 있다고 하자. 책장과 조그마한 냉장고를 모두 구입하고 싶더라도 한정된 예산과 공간하에서 둘 중에 어느 물건을 살 것인지를 선택해야만 한다.

해당 상품을 처음 구매할 수 있다는 선택뿐만 아니라 매장 선반에 물건들이 진열되어 있는 것 자체가 선택의 결과이다. 제조업자는 어떤 상품을 생산할 것인지 선택하였고, 매장 관리자는 어떤 물건을 진열할 것인지 선택하였다. 이처럼 모든 경제활동은 개인적 선택과 관련되어 있다.

〈표 1-1〉에 제시된 네 가지 경제학 원칙 모두 개인적 선택과 관련되어 있다. 이 원칙들을 하나씩 자세히 살펴보도록 하자.

표 1-1 개인적 선택에 관한 기본 원칙

1. 사람들은 자원이 희소하기 때문에 선택을 해야 한다.
2. 어떤 것을 얻기 위해서 포기해야 하는 것을 뜻하는 기회비용이 진정한 비용이다.
3. '얼마나 많이'와 관련된 한계결정은 한계 상황에서 상충관계를 고려함으로써 이루어진다. 어떤 활동을 아주 약간 더 하는 것과 아주 약간 덜 하는 것의 편익과 비용을 비교하는 것이다.
4. 사람들은 자신의 효용을 증대시키는 기회를 활용하는 인센티브에 반응한다.

원칙 1 : 자원이 희소하기 때문에 선택이 필요하다

누구나 원하는 모든 것을 가질 수는 없다. 모든 사람이 좋은 위치의 아름다운 집과 한두 대의 고급 승용차를 가지기를 원하고, 좋은 호텔에서 휴가를 즐기기를 바란다. 그러나 미국처럼 부유한 나라에서도 대부분의 사람들은 그 모든 것을 누릴 수 없다. 따라서 그들은 선택을 해야만 한다. 디즈니월드에 갈 것인지 아니면 더 좋은 차를 살 것인지, 작은 집을 살 것인지 아니면 땅값이 싼 대신에 직장에서 멀리 떨어진 집을 살 것인지 등을 선택해야 한다.

그러나 그들이 원하는 것 모두를 가질 수 없는 이유가 한정된 소득 때문만은 아니다. 시간 역시 하루 24시간으로 한정되어 있다. 즉 시험 공부를 하는 데 시간을 쓰기로 했다면 밤에 영화를 보러 가지 않기로 결정한 것이다. 사람들은 한정된 시간 때문에 시간을 위해서 돈을 기꺼이 지불한다. 예를 들어 편의점은 일반 슈퍼마켓보다 더 비싸게 물건을 판매한다. 그러나 시간에 쫓기는 사람들은 멀리 떨어져 있는 슈퍼마켓에 가는 것보다 돈을 조금 더 지불하더라도 시간을 절약할 수 있는 편의점에서 물건을 구입한다. 이는 개인적 선택과 관련된 우리의 첫 번째 원칙을 설명한다.

사람들은 자원이 희소하기 때문에 선택을 해야 한다.

개인적 선택(individual choice)이란 무엇을 하고 무엇을 하지 않을지에 대해 개인이 내리는 결정이다.

자원은 희소하다.

여기에서 **자원**(resource)은 다른 무언가를 생산하는 데 사용되는 모든 것을 뜻한다. 경제의 자원을 열거할 때 먼저 토지와 노동(노동자들의 근로시간), 물리적 자본(기계, 건물, 그 밖의 사람이 만든 생산적인 자산), 그리고 인적 자본(교육 정도와 숙련도)을 생각한다.

자원의 양이 모든 생산에 필요한 만큼 충분하지 않으면 자원이 **희소**(scarce)하다고 한다. 희소한 자원은 많다. 광물, 목재, 석유와 같은 천연자원도 희소한 자원 중 하나이다. 노동, 숙련도, 지성 등과 같은 인적 자본 역시 희소하다. 그리고 경제성장과 함께 인구가 폭발적으로 증가하고 있는 세계에서는 깨끗한 공기와 물도 희소한 자원이 된다.

자원이 희소하기 때문에 개인과 마찬가지로 사회도 선택을 해야만 한다. 사회가 선택을 하는 한 가지 방법은 시장경제에서 주로 택하는 것처럼 개인적 선택에 맡긴 후 그 결과를 사회의 선택으로 받아들이는 것이다. 예를 들어 미국인들은 편의점에 가거나 온라인으로 구매하여 시간을 아끼는 대신 더 싼 가격에 물건을 사기 위해 슈퍼마켓에 가는 데 얼마나 많은 시간을 쓰려고 하는가에 대한 질문에 답하기 위해서 개인이 포기하고자 하는 시간을 더하면 된다. 따라서 사회 전체의 선택은 수백만 개인이 어디에서 물건을 살 것인지에 대한 선택을 더한 것이 된다.

그러나 많은 이유로 인해 사회의 선택을 개인에게 맡기지 않는 것이 최선인 경우도 있다. 경제학 분석은 이러한 경우에 최선의 해결책을 제시하는 데 이용될 수 있다. 대구잡이를 예로 들어보자. 1992년까지 어부들의 과도한 어획으로 북대서양의 대구는 거의 멸종 직전에 이르렀다. 캐나다 정부는 어획량에 제한을 걸었고, 결과적으로 대구 떼는 2016년을 기점으로 회복세를 보이기 시작했다.

원칙 2 : 무언가의 진정한 비용은 그것의 기회비용이다

이번 학기가 마지막 학기이기 때문에 오로지 하나의 선택과목만 가능하다고 하자. 그렇지만 당신이 듣고 싶은 수업은 '재즈의 역사'와 '웹디자인 개론' 이렇게 2개이다.

'재즈의 역사' 수업을 듣기로 결정했다고 하자. 이 결정에 따른 비용은 '웹디자인 개론'을 들을 수 없는 것으로부터 발생한다. 경제학자들은 이처럼 어느 하나를 얻기 위해서 포기해야만 하는 비용을 **기회비용**(opportunity cost)이라고 부른다. 이는 개인의 선택과 관련된 두 번째 원칙을 설명한다.

어떤 것을 얻기 위해서 포기해야 하는 것을 뜻하는 기회비용이 진정한 비용이다.

따라서 '재즈의 역사' 수업의 기회비용은 '웹디자인 개론' 수업에서 얻을 수 있는 기쁨이다.

결국 모든 비용은 기회비용으로 계산되기 때문에 기회비용의 개념은 개인적 선택을 이해하는 데 매우 핵심적이다. 왜냐하면 모든 선택은 다른 대안을 포기하는 것을 의미하기 때문이다.

어떤 사람들은 경제학자들은 오로지 화폐단위로 환산할 수 있는 비용과 편익만 고려한다고 비판한다. 그러나 그것은 사실이 아니다. 많은 경제학적 분석은 앞에서 살펴본 수업 선택의 예와 관련이 있다. 앞의 예에서 수강을 한다고 해서 추가적인 수업료를 부가하는 것이 아니기 때문에 이때의 비용은 화폐로 계산되는 비용이 아니다. 그럼에도 불구하고 당신의 선택에는 한정된 시간 때문에 포기해야 하는 다른 수업이라는 기회비용이 따른다. 구체적으로 어떤 선택에 따르는 기회비용이라는 것은 가장 좋은 차선책을 선택하지 않음으로써 그것을 포기하는 것이다.

기회비용이 금전적 비용의 **부가적**인 것이라고 생각할지도 모르지만 이는 기회비용의 개념을 잘못 이해한 것이다. 선택과목을 듣기 위해서는 추가적으로 750달러를 지불해야 한다고 하자. 그러면 '재즈의 역사'를 듣기 위해서는 750달러의 금전적 비용이 든다. 그렇다면 그 수업을 듣기 위한 기회비용은 이 750달러와 별개의 것인가?

자원(resource)이란 다른 무언가를 생산하기 위해 사용되는 모든 것을 가리킨다.

자원은 **희소**(scarce)하다. 즉 이용 가능한 자원의 양이 모든 생산에 필요한 양을 만족시키기에는 충분하지 않다.

상품의 실제 비용은 그 상품의 **기회비용**(opportunity cost)이다. 기회비용이란 어떤 것을 얻기 위해 포기해야만 하는 것이다.

두 가지 경우를 생각해 보자. 먼저 '웹디자인 개론' 수업도 역시 추가로 750달러를 지불해야 한다고 하자. 이 경우에는 어떤 수업을 듣느냐에 관계없이 750달러를 지불해야 한다. 따라서 '재즈의 역사'를 듣기 위해서 포기해야 하는 것은 '웹디자인 개론' 수업뿐이다. 그렇지만 '웹디자인 개론' 수업을 들을 때는 750달러를 지불하지 않아도 된다고 하자. 이 경우 '재즈의 역사' 수업을 수강하기 위해서 포기해야 하는 것은 '웹디자인 개론' 수업과 750달러로 살 수 있는 것들이다.

두 가지 경우 모두 더 선호하는 수업의 비용은 그것을 얻기 위해 포기해야 하는 것들이다. 선택과목을 수강할지 말지, 이번 학기를 잘 마무리할지 말지, 수강을 취소할지 말지 등 각 결정의 배경에 있는 모든 가능한 것들로 선택의 폭을 확장한다면, 모든 비용이 궁극적으로는 기회비용이 된다는 것을 깨닫게 될 것이다.

마크 저커버그는 기회비용의 개념을 이해했다.

때로는 선택을 위해 지불하는 돈이 기회비용의 좋은 척도가 되기도 하지만 많은 경우는 그렇지 않다.

금전적 비용이 기회비용의 좋은 척도가 되지 못하는 중요한 예는 대학진학에 따르는 비용이다. 수업료와 집세가 대학진학의 주요한 금전적 비용이 될 것이다. 그러나 수업료와 집세를 지불하지 않아도 된다고 하더라도 대학에 진학하지 않았더라면 직업을 가졌을 것이라는 점을 생각한다면, 대학에 진학하는 것의 비용은 여전히 남아 있다. 즉 대학에 진학함으로써 학생들은 취직하여 얻을 수 있는 수입을 포기한 것이다. 이것은 대학진학의 기회비용이 수업료와 집세뿐만 아니라 직업을 가졌다면 얻을 수 있는 수입까지 더한 것이라는 것을 의미한다.

대학에 진학하는 대신 일을 함으로써 높은 수입을 얻을 수 있는 사람들의 경우는 대학진학에 따르는 기회비용이 높다. 이 때문에 르브론 제임스(LeBron James)와 같은 스타 운동선수들과 페이스북 CEO 마크 저커버그(Mark Zuckerberg) 같은 기업가들은 종종 대학에 가지 않거나 중간에 그만둔다.

원칙 3 : '얼마나 많이'는 한계에서의 결정이다

어떤 중요한 결정은 '대학을 갈 것인가 일을 할 것인가', '경제학을 수강할 것인가 다른 과목을 수강할 것인가'와 같이 'A냐 B냐'를 결정하는 문제이다. 그러나 이러한 문제 외에도 '얼마나 많이'를 결정해야 하는 경우가 있다. 예를 들어 이번 학기에 화학과 경제학을 모두 듣는다고 할 때 각 과목을 얼마나 공부할지 결정해야 한다. 경제학은 이러한 '얼마나 많이'의 문제를 이해할 때 필요한 중요한 통찰력을 제공한다. '얼마나 많이'를 결정하는 것은 한계라는 개념에 의해 정해진다.

당신이 경제학과 화학을 동시에 수강한다고 하자. 그리고 당신은 의학대학원을 목표로 하기 때문에 화학 점수가 경제학 점수보다 더 중요하다고 하자. 그렇다고 해서 모든 시간을 화학 공부에 쏟아붓고 경제학 시험은 준비하지 않아도 되는 것은 아닐 것이다. 화학이 중요하다고 하더라도 경제학을 공부하는 데도 역시 노력을 기울여야 한다.

화학을 더 많은 시간 동안 공부하면 화학 과목에서 높은 점수를 받을 수 있는 편익을 얻을 수 있지만 경제학을 공부하는 시간이 줄어드는 비용이 발생한다. 즉 당신은 비용과 편익의 **상충관계**(trade-off)를 고려하여 결정해야 한다.

이러한 '얼마나 많이'를 결정하는 가장 전형적인 방법은 다음 시간에 무엇을 할지 그때그때 결정을 하는 것이다. 내일 두 과목의 시험이 있고 오늘 밤에 두 과목을 모두 공부해야 한다고 하자. 오후 6시, 각각의 과목을 적어도 1시간씩은 공부해야겠다고 생각한다. 오후 8시, 각각의 과목을 1시간 더 공부해야겠다는 생각이 든다. 오후 10시, 당신은 이미 너무 피곤하고 1시간 정도 더 공부할 수 있을 것 같다. 이제 어떤 과목을 공부할 것인지 선택해야 하는데, 의학대학원을 목

어떤 일을 하는 것의 편익을 비용과 비교할 때 둘 사이의 **상충관계**(trade-off)를 고려해야 한다.

어떤 행위를 더 할 것인가 덜 할 것인가를 결정하는 것을 **한계결정**(marginal decisions)이라 한다. 또한 그러한 결정에 관한 연구를 **한계분석**(marginal analysis)이라 한다.

유인(incentive)은 사람들로 하여금 그들의 행위를 바꾸도록 하는 보상을 의미한다.

표로 한다면 화학을, MBA를 목표로 한다면 경제학을 공부할 것이다.

앞의 예에서 두 과목에 대한 시간 배분을 어떻게 결정했는지 생각해 보자. 계획을 실행한 후 그때마다 1시간을 더 쓸 것인가 말 것인가에 대해 질문을 던졌다. 그리고 화학 공부를 1시간 더 할지 말지를 결정하기 위해서는 각각의 경우 발생하는 비용과 편익을 비교한다. 화학 공부를 1시간 더 할 때의 편익(높은 화학 점수를 얻는 것)이 비용(경제학을 공부하거나 잠을 잘 수 있는 1시간)보다 클 때, 화학 공부를 1시간 더 하게 되는 것이다.

이러한 유형의 결정 — 다음 1시간에 무엇을 할지, 추가적인 1달러로 무엇을 할지와 같이 어떤 행위를 더 할 것인가 덜 할 것인가 — 을 **한계결정**(marginal decisions)이라고 한다. 이는 개인적 선택과 관련된 세 번째 원칙을 설명해 준다.

'얼마나 많이'와 관련된 한계결정은 한계 상황에서 상충관계를 고려함으로써 이루어진다. 어떤 활동을 아주 약간 더 하는 것과 아주 약간 덜 하는 것의 편익과 비용을 비교하는 것이다.

이러한 종류의 의사결정을 연구하는 것을 **한계분석**(marginal analysis)이라고 한다. 우리가 경제학 혹은 실제 삶에서 마주하게 되는 문제들은 한계분석과 관련이 깊다. 몇 분 동안 운동할 것인가, 몇 명의 직원을 고용할 것인가 등과 같이 한계분석은 활동을 '얼마나 많이' 할 것인지 결정하는 데 핵심이기 때문에 경제학에서 중요한 역할을 담당한다.

원칙 4 : 사람들은 주로 인센티브에 반응하고, 그들은 자신의 편익을 증가시킬 수 있는 기회를 활용한다

어느 날 아침 경제 뉴스를 듣다가 맨해튼에서 주차를 저렴하게 하는 방법을 알게 되었다. 월스트리트의 주차장에 주차를 하려면 하루에 30달러를 내야 한다. 그런데 이 뉴스에 따르면, 주차장에 주차를 하는 대신에 맨해튼 지피 루브에서 19.95달러를 내고 엔진 오일을 교체하면 차를 하루 종일 세워 둘 수 있다.

멋진 이야기가 아닐 수 없다. 하지만 불행하게도 이것은 사실이 아닌 것으로 밝혀졌다. 맨해튼에 지피 루브라는 곳은 없었다. 그러나 만약 그러한 곳이 있었다면 그곳은 엔진 오일을 교체하려는 사람들로 매우 붐볐을 것이다. 왜냐하면 사람들은 자신의 편익을 증가시킬 수 있는 기회가 주어졌을 때 그 기회를 사용하기 때문이다. 30달러가 아닌 19.95달러로 주차할 수 있다면 모든 사람이 당연히 그렇게 할 것이다.

이 예시에서 경제학자들은 사람들이 **유인**(incentive), 즉 자신의 효용을 증가시키는 기회에 반응하는 것이라고 말할 것이다. 이는 개인적 선택과 관련된 네 번째 원칙을 설명한다.

사람들은 자신의 효용을 증대시키는 기회를 활용하는 인센티브에 반응한다.

사람들이 어떤 경제적 행동을 할지 예측하고자 한다면, 사람들은 효용을 증가시키기 위해서 주어진 기회를 이용할 것이라고 생각하면 된다. 게다가 그들은 그 기회가 완전히 사라질 때까지 그 기회를 계속 이용할 것이다. 즉 기회를 사용할 수 있는 한 계속 그 기회를 사용한다는 것이다. 만약에 맨해튼 지피 루브라는 곳이 정말로 존재해서 그곳에서 엔진 오일을 교체하는 것이 주차하는 것보다 싸다면, 우리는 그곳에서 많은 사람들이 줄을 서고 있을 것임을 예상할 수 있다.

기회가 주어졌을 때 경제 주체가 자신의 이익을 증가시키기 위해 그 기회를 이용한다는 사실은 경제학적 분석의 기초가 된다.

MBA 과정을 마친 사람들의 임금이 법학을 전공한 사람들의 임금보다 월등히 높다면 학생들은 MBA 과정으로 몰릴 것이라고 예상할 수 있다. 또한 석유가격이 올라서 한동안 계속 그 가격을 유지한다면 사람들이 큰 차보다는 작은 차를 더 많이 살 것이라고 예상할 수 있다. 왜냐하면 연료 효율이 좋은 차를 타는 것이 석유가격이 비쌀 때는 유리하기 때문이다.

마지막으로 경제학자들은 유인을 바꾸지 않은 채 사람들의 행동을 변화시키려고 하는 시도에 회의적이다. 제조업자가 자발적으로 오염물질 배출을 줄이도록 요구하는 시도는 전혀 효과가 없다. 오염물질을 줄이기 위해서는 그들에게 오염물질 배출을 줄이는 데 대한 금전적 보상을 해주는 것이 훨씬 효과적이다. 이는 그들의 유인체계를 바꾸기 때문이다.

그러나 우리는 아직 경제학을 공부하기 위한 준비를 마치지 못하였다. 왜냐하면 경제에서 일어나는 흥미로운 것들의 대부분은 단지 개인적 선택의 결과가 아니라 개인적 선택이 상호작용하는 방식에 따른 결과이기 때문이다.

현실 경제의 >> 이해

남아 아니면 여아? 이는 비용에 달려 있다

중국에 관한 부정하기 힘든 사실 중 하나는 중국의 인구가 엄청나게 많다는 것이다. 2018년 현재 인구 추정치가 14억 1,500만 명 이상이다. 그렇다. 십사억 일천오백만 명 이상의 사람이 중국에 살고 있다! 그리고 중국의 인구 통계에 따르면 시간이 지남에 따라 아이를 가지는 것에 대한 비용이 변화하는 추세를 확인할 수 있다. 남아 또는 여아를 가질 때의 비용이 바로 그것이다.

경제와 정책의 변화로 중국에서는 남아 대비 여아를 가질 때의 비용이 줄어들었다.

1970년대 중국은 그때도 이미 하루가 다르게 불어나는 인구로 넘쳐나는 매우 가난한 나라였다. 이렇게 많은 인구를 교육시키고 돌볼 수 없다고 판단한 중국 정부는 1979년 '한 자녀 정책'을 도입하였다. 이 정책은 대부분의 부부가 오직 한 아이만 낳을 수 있도록 제한하였고, 이를 어길 시 벌금을 부과하였다. 1970년대에는 중국 여성 한 명당 자녀의 수가 5명 이상이었으나 2016에 이르러서는 1.6명으로 감소하였다.

하지만 한 자녀 정책은 불행히도 의도치 않은 결과를 초래했다. 중국은 비교적 최근까지 압도적으로 농촌이 많은 국가였다. 이런 농촌의 경우 농사에 필요한 노동력이 필요했기 때문에 딸보다 아들이 강하게 선호되었다. 게다가 전통적으로 아들이 주로 부모를 부양했다. 한 자녀 정책의 영향으로 가족이 여아를 낳는 데 대한 비용이 크게 증가하게 되었다. 그 결과 몇몇은 외국으로 입양을 보냈고, 많은 아이들은 첫해에 단순히 '사라지'거나 방치와 학대의 피해자가 되었다.

사실 노벨상 수상자인 인도 태생의 경제학자 아마르티아 센(Amartya Sen)은 1990년 여아에 대한 높은 비용으로 인해 아시아에 1억~1억 6,000만 명의 '사라진 여인'이 있을 것으로 추정하였다.

최근에는 여아와 남아의 비용이 균형을 맞추고 있다. 중국이 빠르게 도시화됨에 따라 소년의 육체노동력으로써 이점이 사라지게 된 것이다. 따라서 1995년 정점을 찍었던 성비 불균형은 그 후로 생물학적으로 자연스러운 수치로 떨어졌다. 또한 중국 정부는 2015년 한 자녀 정책을 폐지하였다.

하지만 이 정책의 결과는 몇 년 더 지속될 것이다. 현재 중국에는 2020년 성인에 도달하는 인구를 기준으로 남성이 여성보다 3,000만 명 더 많을 것으로 추정된다. 어떻게 여아를 가질 수 있는지 조언을 하는 웹사이트들이 등장하는 것이 결코 놀라운 일만은 아니다.

>> 복습

- 모든 경제적 활동은 **개인적 선택**과 연결된다.
- **자원**은 **희소**하므로 사람들은 반드시 선택을 해야만 한다.
- 어떤 것의 실제 비용은 그것을 얻기 위해 포기해야만 하는 것으로서 이러한 모든 비용이 **기회비용**이 된다. 화폐적 비용은 때때로 기회비용의 좋은 지표가 되지만 언제나 그런 것은 아니다.
- 많은 경우에 있어서 선택은 무엇을 '할지 말지'의 문제가 아닌 '얼마나 많이'에 관한 것이다. '얼마나 많이'에 대한 선택은 한계 개념에서의 **상충관계**를 고려하여 이루어진다. 이와 같은 **한계결정**에 관한 연구를 **한계분석**이라 한다.
- 일반적으로 사람들은 자신의 효용을 증가시킬 수 있는 기회가 주어졌을 때 그 기회를 모두 사용하기 때문에 **유인**은 사람들의 행위를 바꿀 수 있다.

>> 이해돕기 1-2
해답은 책 뒤에

1. 다음 상황들이 개인적 선택의 네 가지 원칙 중 하나를 어떻게 그려 내고 있는지 설명하라.
   a. 당신은 디저트 뷔페에서 가득 찬 접시를 두 번이나 비웠고, 배가 부른 상태이다. 돈이 더 드는 것은 아니지만, 당신은 코코넛 크림 파이 한 조각을 가져오는 대신 초콜릿 케이크 한 조각을 가져올 생각이다.
   b. 세상에 더 많은 자원이 있었다고 해도, 자원의 희소성은 여전히 존재할 것이다.
   c. 여러 명의 수업 조교들이 경제학 원론 보충수업을 진행한다. 그중 잘 가르치기로 소문난 조교의 수업은 수강인원이 빨리 차는 반면, 그렇지 않은 조교의 수업은 여전히 자리가 많이 비어 있다.
   d. 일주일에 몇 시간이나 운동을 해야 할지를 결정하기 위해서 당신은 추가적인 1시간의 운동이 가져다줄 건강상의 이익과 공부를 1시간 덜 하게 되면서 성적에 미칠 부정적인 영향을 비교하려 한다.

2. 당신은 위즈 키즈 컨설턴트에서 일하며 1년에 4만 5,000달러를 벌어들인다. 그런데 브레이니 액스로부터 1년에 5만 달러를 주겠다는 스카우트 제의를 받고 고민 중이다. 다음 중 어떤 것이 브레이니액스의 제안을 받아들이는 데 대한 기회비용인가?
   a. 이전 직장보다 새로운 직장으로의 출퇴근 시간이 더 긴 것
   b. 이전 직장으로부터 받았던 4만 5,000달러의 연봉
   c. 새로운 직장에서 제공하는 보다 널찍한 사무실

‖ 상호작용 : 경제는 어떻게 작동하는가

경제는 많은 사람들의 생산활동을 조화롭게 만드는 하나의 시스템이다. 시장경제체제에서는 이러한 과정이 별도의 조정자 없이 이루어진다.

각 개인은 그들만의 의사결정을 하지만 이러한 결정은 다른 사람의 결정과 무관한 것이 아니라, 각 개인에게 주어진 기회와 이에 따른 선택은 다른 사람의 선택과 긴밀하게 관련되어 있다. 따라서 시장경제가 어떻게 작동하는지를 이해하기 위해서는 나의 선택이 다른 사람의 선택에 어떤 영향을 주는지, 반대로 다른 사람의 선택이 나의 선택에 어떤 영향을 주는지, 즉 **상호작용**(interaction)을 이해해야 한다.

경제적인 상호작용을 공부하면 한 개인이 선택한 결과가 의도하지 않은 방향으로 나타날 수도 있다는 것을 깨닫게 된다. 예를 들어 지난 수 세기 동안 경작비용을 줄이고 생산량을 높이기 위해 미국의 농부들은 새로운 기술과 농기구를 도입하는 데 적극적이었다. 최신 기술을 도입하는 것이 농부들의 이익에 부합하기 때문이었다.

그러나 그 결과 많은 농부들이 일자리를 잃었다. 왜냐하면 농부 개개인이 더 넓은 경작지를 경작하게 되면서 농산물 가격이 하락했기 때문이다. 이는 농부들의 수입 감소로 이어졌고, 이 때문에 많은 사람들이 농사일을 하지 않게 되었다. 즉 농부 개인이 다양한 종류의 옥수수를 재배하는 것은 그 자신에게는 이익을 가져온다. 그러나 많은 농부들이 모두 다양한 종류의 옥수수를 재배한다면 결과적으로 농부 전체 집단에게는 손해를 입히게 된다.

한 농부가 생산성이 좋은 신품종 옥수수를 재배하는 것이 옥수수 생산량의 증가에만 영향을 미치는 것은 아니다. 그의 행동은 생산량 증가를 통해 전체 옥수수 시장에 영향을 미치고, 이는 곧 다른 농부와 소비자 등 다른 경제 주체에게도 영향을 미친다.

선택의 **상호작용**(interaction) — 나의 선택은 타인의 선택에 영향을 미치고 또한 타인의 선택이 나의 선택에 영향을 미친다 — 은 경제상황 대부분에서 나타나는 특징으로서, 결과적으로 한 개인이 선택한 결과가 의도하지 않은 방향으로 나타날 수도 있게 된다.

개인적 선택에 관한 네 가지 원칙과 마찬가지로 상호작용에 대해서도 다섯 가지 원칙이 있다. 이 원칙은 〈표 1-2〉에 정리되어 있다. 지금부터 이것들을 하나씩 살펴보도록 하자.

원칙 5 : 교역으로부터의 이익이 존재한다

왜 나의 선택이 다른 사람의 선택과 상호작용할 수밖에 없는가? 한 가계가 먹을거리를 직접 재배하고, 옷을 만들고, 오락거리를 제공하고, 경제학 교과서도 쓰는 등 그들이 필요한 모든 것을 스스로 제공하면서 살기는 힘들다.

교역(trade)을 통해 우리는 좀 더 나은 생활수준을 누릴 수 있다. 사람들은 일을 분담하고 다른 사람이 원하는 재화와 서비스를 제공하는 대신 자신이 원하는 것을 그 대가로 얻는다.

경제가 존재하는 것은 자급자족할 수 있는 개인이 많기 때문이 아니라 **교역으로부터의 이익**(gains from trade)이 있기 때문이다. 분업과 교역을 통해서 두 사람(혹은 70억 인구)은 각각 그들이 원하는 것을 자급자족할 때보다 더 많이 얻을 수 있다. 이는 다섯 번째 원칙으로 우리를 이끈다.

교역으로부터의 이익이 존재한다.

교역을 통한 이익은 각각의 사람들이 특화된 각자의 일을 하는 상황, 즉 **분업**(specialization)을 통해서 얻어진다. 분업과 교역을 통해 얻는 이익은 경제학의 시작이라 많이 언급되는 애덤 스미스의 1776년 책 『국부론』의 시작 부분에 잘 나와 있다. 그의 책은 10명의 노동자들이 처음부터 끝까지 핀을 만들기보다는 각각의 노동자들이 핀 하나를 만드는 공정의 각 단계에 특화하고 있는 18세기의 핀 공장을 묘사하는 것으로 시작한다.

"나는 사냥을 했고 그녀는 채집을 했어. 그렇게 하지 않으면 우리는 필요한 양을 채울 수 없어."

> 한 사람은 철사를 펴고, 다른 사람은 그것을 똑바르게 하고, 세 번째 사람은 그것을 자르고, 네 번째 사람은 그것을 뾰족하게 하고, 다섯 번째 사람은 그것에 머리를 붙이기 위해서 그 끝을 간다. 즉 머리를 붙이는 것이 하나의 특수한 작업이고, 핀을 가는 것 또한 하나의 작업이며, 그것을 종이에 포장하는 것까지도 독립된 하나의 작업이다. 이리하여 핀 제조라고 하는 중요한 업무는 약 18종의 다른 작업으로 분할되어 어떤 제조공장에서는 그 전부가 모두 별개의 손에 의해 이루어지고 있다. 이 열 사람은 하루에 4만 8,000개 이상의 핀을 제조할 수가 있었다. 그러나 그들이 만약 모두 개별적으로 독립하여 작업하고 그들 중의 누구도 이 특별한 업무에 대하여 교육받지 않았다고 하면, 그들은 혼자서 하루에 20개의 핀은커녕, 단 1개의 핀도 제조할 수가 없었을 것이다.

이와 같은 원리는 우리가 사람들이 어떻게 분업을 하고 교역을 하는지를 살펴볼 때도 역시 적용할 수 있다. 사람들이 한 가지 일에 특화하고 다른 사람들과 교역할 때 경제는 전체적으로 더 많이 생산할 수 있다.

사람들이 한 가지 일만 직업으로 삼는 것도 분업에 따른 이익 때문이다. 의사가 되기 위해서는 오랫동안 공부를 해야 하고 경험을 쌓아야 한다. 비행기 조종사가 되기 위해서도 마찬가지이

표 1-2 개인적 선택의 상호작용에 관한 기본 원칙

5. 교역으로부터의 이익이 존재한다.

6. 사람들이 인센티브에 반응하기 때문에 시장은 균형을 향해 움직인다.

7. 자원은 사회의 목적을 달성하기 위해 최대한 효율적으로 사용되어야 한다.

8. 사람들이 교역으로부터 이득을 얻기 때문에 시장은 우리를 효율성으로 이끈다.

9. 시장이 효율성을 달성하지 못하는 경우 정부의 개입이 사회의 후생을 증가시킬 수 있다.

시장경제에서 개개인은 **교역**(trade)에 참여한다. 즉 그들은 재화와 서비스를 다른 사람에게 제공하고 있고 또한 그 대가로 재화와 서비스를 받고 있다.

교역으로부터의 이익(gains from trade)이란 사람들은 그들이 자급자족할 때보다 교역을 통해 원하는 것을 더 많이 얻을 수 있음을 의미한다.

이러한 산출물의 증가는 개개인이 자신이 능숙한 분야의 업무에 특화하는 것을 의미하는 **분업**(specialization) 때문이다.

다. 많은 의사들은 좋은 비행기 조종사가 될 수 있는 잠재력이 있었고, 비행기 조종사 역시 마찬가지이다. 그러나 한 사람이 동시에 의사와 소종사가 되려고 하지는 않는다. 그들은 하니의 직업을 선택하고 특화함으로써 이익을 얻을 수 있기 때문이다.

시장은 의사와 조종사가 그들 각자의 분야에서 특화할 수 있도록 해 준다. 시장이 존재하기 때문에 의사도 비행기를 탈 수 있고, 조종사도 병원을 이용할 수 있는 것이다. 시장에서 교역을 통해 자신이 원하는 것을 얻을 수 있다면, 사람들은 자급자족하려 하지 않고 한 분야에 특화하려고 할 것이다. 그러나 어떻게 사람들이 시장에서 그들이 원하는 것을 얻을 수 있다는 것을 믿게 할 수 있는가? 이에 대한 답은 우리를 다음 원칙으로 이끈다.

원칙 6 : 시장은 균형을 향하여 움직인다

계산대에서 일어나는 균형 현상

어느 바쁜 오후의 슈퍼마켓 계산대에는 줄이 길게 늘어서 있다. 그러자 곧 닫혀 있던 계산대 하나가 열린다. 다음에는 무슨 일이 일어날까? 가장 먼저 일어나는 일은 사람들이 그 계산대로 달려가는 것이라고 예상할 수 있다. 그렇지만 몇 분 후에는 상황이 안정될 것이다. 사람들은 다시 줄을 서서 기다리고 새롭게 열린 계산대의 줄도 다른 줄과 같은 길이의 줄이 될 것이다.

어떻게 이러한 상황을 예상할 수 있었을까? 우리는 개인적 선택에 대한 네 번째 원칙으로부터 사람들은 자신의 이익을 극대화하기 위해 모든 기회를 사용한다는 것을 배웠다. 이로부터 줄을 서서 기다리고 있던 사람들이 시간을 아끼기 위해서 새로 연 계산대로 몰려든다는 것을 예상할 수 있다. 그리고 더 이상 줄을 바꾸는 것이 이익을 가져다주지 않을 때, 즉 그들에게 주어진 기회를 모두 사용한 후에야 사람들은 진정할 것이다.

이 슈퍼마켓 계산대 이야기는 중요한 경제학 원칙을 묘사한다. 새로 연 계산대의 줄이 다른 줄과 같은 길이일 때처럼 사람들이 다른 행동을 하더라도 더 이상 이익을 얻을 수 없을 때 우리는 이 상황을 **균형**(equilibrium)이라고 부른다.

주차비보다 더 저렴한 비용으로 오일을 교체하고 차를 주차할 수 있다고 한 맨해튼의 지피 루브 이야기를 상기해 보자. 실제로 이러한 기회가 존재하고 사람들이 여전히 주차비로 30달러를 지불한다면 이러한 상황은 균형이 아니다. 실제로 이러한 일은 현실에서 일어날 수 없다. 사람들은 기다리는 시간을 줄일 수 있는 기회를 이용하여 줄을 바꾸듯이 좀 더 싸게 주차할 수 있는 기회를 이용하려 한다. 또한 사람들이 이 기회를 이용할수록 기회는 점차 사라진다. 많은 사람들이 이 가게를 찾을수록 엔진 오일을 교체하려고 예약을 하는 것이 힘들어지거나 엔진 오일을 교체하는 가격이 상승하여, 더 이상 이 가게에서 엔진 오일을 교체하는 것이 주차장에 주차하는 것보다 매력적인 선택이 되지 않을 것이다. 이는 여섯 번째 원칙을 설명한다.

사람들이 인센티브에 반응하기 때문에 시장은 균형을 향해 움직인다.

우리가 앞으로 보게 될 것처럼 시장은 가격의 변화를 통해서 균형으로 접근한다. 가격은 사람들이 더 이상 이익을 증대시킬 기회를 갖지 못할 때까지 상승하거나 하락한다.

균형의 개념은 경제적인 상호작용을 이해할 때 매우 유용하다. 상호작용의 복잡한 세부사항을 줄일 수 있는 방법을 제공하기 때문이다. 슈퍼마켓에서 새로운 계산대가 열릴 때 일어나는 현상을 이해하기 위해서 쇼핑하는 사람들이 어떻게 줄을 다시 서는지 정확히 알 필요는 없다. 우리가 알아야 하는 것은 변화가 있을 때 언제나 상황은 균형을 향해 움직인다는 것이다.

시장은 언제나 균형을 달성하도록 조정되기 때문에 우리는 균형 개념에 의존하여 경제를 예측할 수 있다. 사실 우리는 시장이 우리에게 필요한 것들을 제공해 주리라고 믿는다. 예를 들어 큰 도시에 살고 있는 사람들은 어느 슈퍼마켓에 가더라도 필요로 하는 것들이 충분히 있을 것이

어느 누군가가 다른 무엇인가를 하더라도 현재보다 더 나아질 수 없는 상태에 있을 때 현재 상황은 경제적으로 **균형**(equilibrium)을 이룬 것이다.

라고 생각한다. 왜 그럴까? 한 상인이 식료품을 충분히 가져다 놓지 않는다면, 다른 상인에게 큰 이윤의 기회를 제공하는 셈이 되기 때문이다. 그러면 사람들이 새로 연 계산대로 달려가는 것과 마찬가지로 곧 많은 상인들이 식료품을 공급하려 할 것이다.

따라서 시장은 도시에 사는 사람들이 언제나 식품을 구할 수 있도록 해 준다. 그리고 이것은 다섯 번째 원칙으로 돌아와, 도시에 사는 사람들이 그들의 식료품을 위해 시골에 살면서 농사를 짓는 대신 그들의 직업에 전념하면서 도시에 살 수 있게끔 해 준다.

시장경제는 또한 우리가 이미 본 바와 같이, 사람들이 교역을 통한 이익을 얻을 수 있게 한다. 그러나 경제가 이러한 일들을 얼마나 잘하는지 어떻게 알 수 있을까? 다음 원칙은 우리가 경제 활동을 평가하는 기준을 제시해 준다.

원칙 7 : 자원은 사회의 목적을 달성하기 위해 최대한 효율적으로 사용되어야 한다

여러분 수업의 강의실은 수강생 수에 비하여 지나치게 작다고 하자. 근처에 충분히 넓은 강의실이 있음에도 불구하고 많은 수강생들이 서서 수업을 듣거나 바닥에 앉아서 수업을 들어야 하는 상황이라면, 여러분은 학교를 이렇게 운영해서는 안 된다고 말할 것이다. 경제학자들은 이러한 현상을 자원의 비효율적인 사용이라고 말한다. 만약 자원의 비효율적인 사용이 바람직하지 않은 것이라고 한다면, 자원을 효율적으로 사용한다는 것은 무엇을 의미하는가?

자원의 효율적 사용이 화폐단위로 측정할 수 있는 돈과 관련된 것이라고 생각할지도 모른다. 그러나 경제학에서 그리고 우리의 삶에서 돈은 다른 목적을 위한 하나의 수단이다. 경제학자들이 생각하는 척도는 돈이 아니라 사람들의 행복이나 후생이다. 경제학자들은 다른 사람의 후생을 감소시키지 않으면서 또 다른 사람의 후생을 증가시킬 수 있는 방법이 없을 때, 한 경제의 자원이 효율적으로 사용되었다고 말한다. 달리 말해서, 다른 사람의 후생을 감소시키지 않고 자신의 이익을 증가시킬 수 있는 기회가 더 이상 존재하지 않을 때, 경제가 **효율적**(efficient)이라고 한다.

앞선 강의실 예에서는 모든 사람의 후생을 증가시킬 수 있는 방법이 존재한다. 근처의 더 넓은 강의실로 옮기면 학교 안 어느 누구의 후생도 감소시키지 않고 수강생들 모두 더 행복해질 수 있다. 그 수업에 작은 강의실을 배정하는 것은 자원의 비효율적인 사용이고, 더 큰 강의실을 배정하는 것은 자원의 효율적인 사용이 된다.

경제가 효율적일 때 경제는 교역을 통해 주어진 자원으로 얻을 수 있는 최대한의 이익을 얻는다. 왜냐하면 더 이상 모두를 행복하게 하는 방법은 존재하지 않기 때문이다. 경제가 효율적이라면 자원을 재배분함으로써 어느 누군가의 후생을 증가시킬 때 다른 사람의 후생을 감소시키지 않으면 안 된다.

앞의 예에서 더 큰 강의실이 이미 다 찼다면 학교는 자원을 효율적으로 사용하고 있는 것이다. 이 경우 당신이 듣고 있는 수업의 수강생들은 이미 더 큰 강의실에서 수업을 받고 있는 학생들의 후생을 감소시키지 않고서는 더 큰 후생을 누릴 수 없다. 이제 우리는 일곱 번째 원칙을 설명할 수 있다.

자원은 사회의 목적을 달성하기 위해 최대한 효율적으로 사용되어야 한다.

정책입안자가 언제나 경제적 효율성을 달성하기 위해서 노력해야 할까? 꼭 그렇지는 않다. 효율성은 사회의 목표를 달성하기 위한 수단일 뿐이기 때문이다. 때때로 효율성은 사회가 추구해야 할 다른 가치와 충돌하기도 한다. 예를 들자면 거의 모든 사회에서 사람들은 공정성 또는 **공평성**(equity)에 관한 문제에 관심을 갖는다. 불행하게도 대부분의 경우 효율성과 공평성은 상충관계에 있다. 공평성을 증진시키는 정책은 효율성의 감소를 감수해야 하며 반대의 경우도 그

다른 누군가의 후생을 감소시키지 않고서는 어떤 사람의 후생을 증가시킬 수 없다면 그 경제는 **효율적**(efficient)이다.

공평성(equity)은 모든 사람이 공평한 대우를 받는 것을 의미한다. 그러나 사람들은 무엇이 '공평한' 것인가에 대해 반대할 수 있기 때문에, 공평성은 효율성만큼 잘 정의된 개념은 아니다.

때때로 공평성은 효율성을 능가한다.

러하다.

공공 주차장에 장애인들을 위한 주차공간을 따로 마련해 두는 정책을 생각해 보자. 많은 사람들이 노화나 장애로 인해 걷는 데 어려움을 겪고 있고, 이들을 위해서 가까운 주차공간을 배정해 주는 것은 공평성을 증진시키는 정책이다. 그러나 이것은 어느 정도의 비효율성을 수반한다. 모든 장애인이 주차공간을 원할 때마다 이용할 수 있도록 하려면 꽤나 많은 장애인 전용 주차공간이 필요하다. 그 결과 많은 주차공간이 평상시에는 사용되지 못한다. (비장애인에게 그 주차공간을 사용하고자 하는 욕구가 있다고 하더라도 그들은 과태료를 내야 하기 때문에 대부분 사용하지 않는다.)

따라서 주차공간을 할당하는 문제에 있어서 장애인들의 삶을 좀 더 평등하게 만들고자 하는 **공평성**과 이익을 증진시키는 모든 기회가 사용되어야 한다는 **효율성**이 상충하고 있다.

효율성에 비해 공평성을 정확히 얼마나 더 증진시켜야 하는가의 문제는 정치적 과정의 핵심을 파고들어야 하는 아주 어려운 문제이다. 그리고 이러한 문제는 경제학자들이 대답할 수 있는 문제가 아니다. 우리에게 중요한 것은 사회의 목적을 추구함에 있어서 주어진 자원을 가능한 효율적으로 사용하는 것이다.

원칙 8 : 시장은 대부분 효율성을 달성한다

미국의 어떤 정부기관도 시장경제의 효율성을 달성하게 하는 책임을 지고 있지 않다. 뇌수술 전문의가 밭을 갈지 못하게 하거나, 미네소타의 농부가 오렌지를 재배하지 못하게 노력하는 공무원은 없다. 대부분의 경우 보이지 않는 손이 효율성을 달성하도록 해 주기 때문에 정부는 효율성을 강제할 필요가 없다.

시장경제에 포함되어 있는 유인체계가 이미 자원이 바람직한 용도에 적절히 쓰이고 이익을 증진시킬 수 있는 기회가 잘 활용되도록 작동하고 있다는 것이다. 만약에 한 대학이 큰 강의실이 남아 있는데도 불구하고 학생들이 붐비는 작은 강의실에서 수업을 듣곤 한다는 사실로 유명해진다면, 학생들은 그 학교 대신 다른 학교를 선택할 것이고 해당 학교의 행정관들은 곤경에 처할 것이다. 학생들의 시장 반응은 행정관들이 대학을 효율적으로 운영하도록 만든다.

왜 시장이 자원을 효율적으로 사용하도록 하는지에 대한 자세한 설명은 시장이 어떻게 작동하는지에 대해서 공부한 다음으로 미루어 두기로 하자. 그러나 가장 기본적인 이유는 각 개인이 무엇을 소비하고 무엇을 생산할 것인지 자유롭게 선택하는 시장경제에서는 서로 이익을 얻을 수 있는 기회가 있다면 사람들은 그 기회를 선택한다는 데 있다.

이익을 증진시킬 수 있는 기회가 있다면 그 기회를 사용한다는 것이다. 그리고 모든 이익 증진의 기회가 사용된다는 것은 바로 효율성이 달성되었다는 의미이다. 이는 여덟 번째 원칙에 대한 실마리를 제공해 준다.

사람들이 교역으로부터 이득을 얻기 때문에 시장은 우리를 효율성으로 이끈다.

그러나 시장이 항상 효율적이라는 원칙에도 예외가 존재한다. 시장실패의 경우 각 개인은 자신의 이익을 위해 행동하지만 결과적으로 사회 전체의 후생을 악화시킨다. 즉 시장의 결과는 개인적 선택이 효율적임에도 불구하고 비효율적이라는 것이다. 그리고 다음에 다룰 원칙에서도 보겠지만 시장실패가 발생하는 경우 정부의 개입이 시장경제에 도움이 되기도 한다. 그러나 일시적으로 시장실패가 일어나는 경우 일반적으로 시장은 경제를 효율적으로 운영할 수 있는 회복능력을 가지고 있다.

원칙 9 : 시장이 효율성을 달성하지 못하는 경우 정부의 개입이 사회의 후생을 증가시킬 수 있다

교통체증으로 인해 후생이 감소하는 시장실패의 예를 다시 한 번 생각해 보자. 자가용으로 통근하는 사람은 자신의 행동이 교통체증을 유발함으로써 다른 사람의 비용을 상승시킨다는 사실을 고려할 유인이 없다.

이러한 상황에서 정부는 자가용 운전자에게 통행세 징수하기, 대중교통 이용자에게 보조금 지급하기, 또는 석유에 소비세 부과하기 등과 같은 처방을 사용할 수 있다. 이러한 것들은 통근자들의 유인체계를 변화시켜 자가용을 덜 이용하게끔 유도하려는 처방이다. 그러나 이 처방들은 다른 공통점도 가지고 있는데, 정부의 시장개입에 의존하고 있다는 점이다. 이는 아홉 번째 원칙으로 이끈다.

시장이 효율성을 달성하지 못하는 경우 정부의 개입이 사회의 후생을 증가시킬 수 있다.

즉 시장이 잘 작동하지 않을 때 적절히 설계된 정부 정책은 사회의 자원이 사용되는 방식을 변화시킴으로써 경제가 효율적인 결과를 이끌어 내도록 도움을 준다.

경제학을 공부하는 데 있어서 언제 시장이 제대로 작동하고 언제 그렇지 못한지 판별하고, 정부 정책이 각 상황에서 적절한지 판단하는 것을 배우는 것은 중요하다.

현실 경제의 >> 이해

교통체증의 기본 법칙

보스턴 중부 지방에서 운전하는 것은 악몽 같은 체험이다. 중심간선도로(Central Artery) — 도시의 심장부를 지나는 93번 주간고속도로 구간 — 는 이른 아침부터 저녁까지 지속적인 교통체증을 겪었다. 어떤 조치를 취할 수 있겠는가? 보스턴 시는 3.5마일에 달하는 지하고속도로를 건설하고, 로건 공항에 새로운 터널을 뚫고, 찰스강 위로 새로운 대교를 놓는 빅딕(Big Dig) 프로젝트를 해답으로 제시하였다.

빅딕 프로젝트는 15년 이상의 시간이 소요되고 200억 달러 이상의 비용이 투입되었다. 그래도 2007년에 공사가 완성되었을 때 그 효과는 놀라웠다. 보스턴 중심부의 교통이 전보다 훨씬 빨라졌다. 이는 통근자들에게 큰 승리를 안겨 주었다. 그렇지 않은가?

글쎄, 아마 아닐 것이다. 《보스턴 글로브》가 시행한 2008년 연구에 따르면 보스턴 내부의 교통체증은 현격히 줄었지만, 보스턴으로 향하는 도로의 사정은 악화되어 전형적인 통근자들의 통근시간이 그리 단축되지 않았다는 것이다. 논문에서는 이러한 현상을 교통체증이 해소된 중심간선도로의 상황이 더 많은 사람들이 자가용을 이용해 도시에 가게끔 유도하여 다른 장소에서 체증을 발생시키게 되었고, 전체 통근시간이 원래대로 될 때까지 이러한 과정이 계속되어 왔기 때문이라고 설명하였다.

이러한 사례는 다른 곳에서도 관찰된다. 연구자들은 이를 '교통체증의 기본 법칙'이라고 부른다. 만약 한 도시가 더 많은 도로를 건설한다면 이는 더 많은 이들이 운전을 하게끔 끌어들이고, 시작점과 비슷해질 때까지 교통량이 증가한다는 것이다. 그리고 이는 실제로 법칙처럼 보인다. 2011년에 발표된 통계 분석에 따르면 대도시 지역의 주간고속도로 운행거리가 10% 증가했을 때 더 많은 트럭이 그 도로를 이용하고 통근자들이 도시 중심부로부터 더 멀리 이동하기 때문에 차량 주행거리는 10.3% 증가한다.

반면 대중교통을 확장하는 것 또한 교통체증에 별 효과를 가져다주지는 못했다. 교통 속도가

도시 계획가는 더 많은 도로를 건설하였고 균형 결과를 이해하지 못했다. 더 많은 사람들이 운전하는 것을 선택하여 교통체증이 해소되지 않았다.

조금만 증가하더라도 더 많은 운전자를 끌어들여 통근시간이 원래대로 되돌아가기 때문이다.

교통체증의 기본 법칙은 통근자들의 복지를 꾀하는 도시 계획가들에게는 실망스러운 결과이다. 그러나 이는 균형을 고려해야 함을 나타내 주는 좋은 사례이다.

>> 이해돕기 1-3
해답은 책 뒤에

1. 다음의 상황들이 상호작용의 다섯 가지 원칙 중 하나를 어떻게 그려 내고 있는지 설명하라.
   a. 아마존을 통해 최소 30달러에 중고 교과서를 팔고자 하는 학생은 30달러를 지불할 용의가 있는 학생에게 책을 팔 수 있다.
   b. 대학 내에 개설된 프로그램을 통해 경제학을 전공하는 학생들은 경제학을 다른 학생에게 가르쳐 주는 대신 자신이 약한 과목인 철학에 대해 과외수업을 받을 수 있다.
   c. 한 지방자치단체는 주거 지역 근처에 위치한 술집과 클럽이 특정 수준까지 소음을 줄이도록 하는 법안을 통과시켰다.
   d. 저소득층 환자들에 대한 보다 나은 의료 서비스를 위해 지방자치 당국은 시설이 낙후된 동네 의원의 문을 닫고, 중앙 병원에 대한 자금 지원을 강화하기로 결정했다.
   e. 아마존에서는 낡은 상태가 비슷한 같은 책들이 비슷한 가격에 팔리고 있다.
2. 다음 중 어떤 것이 균형 상태를 묘사하고 있는지 설명해 보라.
   a. 길 건너편에 있는 레스토랑은 대학 구내식당보다 더 맛있는 식사를 저렴한 가격에 제공하고 있다. 그러나 많은 학생들은 여전히 대학 구내식당에서 식사를 해결한다.
   b. 당신은 출근길에 지하철을 타고 있다. 버스를 타는 것이 더 저렴하지만, 시간이 오래 걸리는 것이 단점이다. 따라서 당신은 시간을 절약하기 위해 더 많은 요금을 지불하고 지하철을 타기로 했다.

‖ 경제 전반의 상호작용

경제는 전반적으로 기복을 겪는다. 예를 들면 미국은 2007년 수백만의 사람들이 직업을 잃어버리고 그나마 남은 사람들의 임금은 동결되었던 극심한 침체기에 접어들었다. 많은 피고용인들이 경기침체 전의 상황으로 돌아가는 데 ―2014년 5월까지― 7년이라는 시간이 걸렸다. 또한 2016년 말이 되어서야 경기침체 전에 받았던 임금 이상으로 받을 수 있었다.

불황을 이해하기 위해서는 경제 전반의 상호작용을 이해할 필요가 있으며, 경제 전체에 대한 큰 그림을 이해하기 위해서는 경제학의 세 가지 중요한 원칙을 추가적으로 이해할 필요가 있다. 경제 전반에 관한 세 가지 중요한 원칙은 〈표 1-3〉에 정리되어 있다.

원칙 10 : 한 경제 주체의 지출은 다른 경제 주체의 소득이다

2005년에서 2011년 사이 미국의 건설사는 주택 판매에 어려움을 겪었고 이로 인해 미국의 주택 건설량은 60% 이상 감소하였다. 처음에 이러한 타격은 건설업계에만 국한되었다. 그러나 시간이 지나면서 슬럼프는 경제 전반에 영향을 미쳤고, 소비자들의 소비지출 감소로 이어졌다.

그렇다면 쇼핑몰은 건설업자들이 아닌 가족들이 쇼핑을 하는 곳임에도 불구하고 왜 주택 건설의 감소가 빈 쇼핑몰의 증가를 의미하는 것일까?

정답은 건설에 대한 지출 감소가 경제 전반의 소득 감소로 이어졌기 때문이다. 건설업계에 직접적으로 고용된 노동자들뿐만 아니라 건설업자들이 필요로 하는 다양한 상품과 서비스를 생산

>> 복습
- 대부분의 경제상황은 때때로 의도치 않은 결과를 낳는, 선택의 **상호작용**을 포함한다. 시장경제에서 상호작용은 개인 간의 **교역**을 통해 일어난다.
- 개인은 **분업**으로 인해 발생하는 **교역으로부터의 이익**이 있기 때문에 교역한다. 사람들이 이러한 교역으로부터의 이익을 얻고자 하기 때문에 시장은 **균형**을 향해 움직인다.
- 사회의 목표를 달성하기 위하여 자원 사용이 **효율적**으로 이루어져야 한다. 그러나 효율성 못지않게 **공평성** 또한 경제에서 바람직한 가치이다. 때때로 공평성과 효율성 사이에 상충관계가 발생한다.
- 몇몇 잘 정의된 예외를 제외하면 시장은 보통 효율적이다. 시장이 효율성 달성에 실패할 때는 정부의 개입이 사회후생을 증진시킬 수 있다.

표 1-3 경제 전반의 상호작용에 관한 기본 원칙

10. 한 경제 주체의 지출은 다른 경제 주체의 소득이다.
11. 경제 전체의 총지출은 그 경제의 생산능력을 벗어나기도 한다.
12. 정부의 정책은 지출을 변화시킬 수 있다.

하던 곳에 고용된 노동자들, 그리고 새로이 집을 구매한 사람들이 필요로 하는 상품을 생산하던 사람들은 일자리를 잃거나, 적어도 임금 삭감을 당했다. 그리고 소득이 감소하면서 소비지출 역시 감소했다. 이러한 예시는 열 번째 원칙을 설명해 준다.

한 경제 주체의 지출은 다른 경제 주체의 소득이다.

시장경제에서 사람들은 자신의 노동력을 포함한 여러 가지 것들을 다른 사람들에게 판매함으로써 자신의 생활을 영위해 나간다. 경제 내의 특정 집단이 어떤 이유에서든 지출을 늘리겠다고 결정한다면 다른 집단의 소득은 증가할 것이고 마찬가지로 어떤 집단이 지출을 줄이겠다고 결정한다면 다른 집단의 소득은 감소할 것이다.

한 사람의 지출이 다른 사람의 소득이 되기 때문에 연쇄적인 지출 성향의 변화는 경제 내에 파급효과를 미치게 된다. 예를 들어 쇼핑몰에서 소비자의 지출 감소는 가계수입의 감소로 이어진다. 가계는 줄어든 소득에 맞추어 소비를 줄이게 되며 이것이 결과적으로 또다시 가계소득의 감소로 이어지는 것이다. 이러한 파급효과는 불황과 그 이후의 회복 국면을 이해하는 데 중요한 역할을 한다.

원칙 11 : 경제 전체의 총지출은 그 경제의 생산능력을 벗어나기도 한다

거시경제학은 소비자와 기업의 줄어든 지출, 은행 산업의 위기 그리고 기타 요인들로 인하여 경제 전체의 총지출이 급격히 감소했던 1930년대에 경제학의 한 분과로서 부상하기 시작하였다. 지출의 감소는 결국 대규모 실업 상황이 지속되었던 대공황을 초래하였다.

1930년대의 경제위기를 겪고 난 뒤 경제학자들은 경제 전체의 지출, 즉 소비자와 기업이 구매하고 싶어 하는 재화와 서비스의 양이 그 경제가 생산해 낼 수 있는 재화와 서비스의 양과 일치하지 않을 수도 있다는 사실을 깨달았다. 1930년대에는 미국의 노동자들이 고용되기 위해서 필요한 수준의 지출을 달성하지 못하였기 때문에 심각한 경기침체기를 맞을 수밖에 없었던 것이다. 사실 대부분의 불황은 지출 감소로 인해 야기된다고 보아도 무방하다.

경제 전체의 지출이 지나치게 증가하는 상황도 있을 수 있다. 그런 경우에는 경제 전반의 가격이 상승하는 인플레이션 상태에 있다고 한다. 사람들이 구매하고자 하는 물량이 공급되는 물량에 비해 많을 경우에는 생산자들이 물건의 가격을 올려도 여전히 물건을 구매하고자 하는 사람을 찾을 수 있기 때문에 인플레이션 상황이 발생한다. 이처럼 지출의 부족과 지출의 지나친 증가는 열한 번째 원리를 설명해 준다.

경제 전체의 총지출은 그 경제의 생산능력을 벗어나기도 한다.

이러한 일이 일어났을 때 어떤 조치를 취할 수 있을까? 이 질문에 대한 대답은 우리의 마지막 원칙과 이어진다.

원칙 12 : 정부의 정책은 지출을 변화시킬 수 있다

정부는 군수물품에서부터 의료 서비스까지 지출이 크며 또한 지출의 양을 조정할 수 있다. 또한 정부는 세금의 양을 조절함으로써 소비자와 기업이 쓸 수 있는 소득의 양을 조정할 수도 있으며 통화량을 조절함으로써 총지출에 영향을 미칠 수도 있다. 우리의 열두 번째이자 마지막 원칙은 다음과 같다.

정부의 정책은 지출을 변화시킬 수 있다.

정부지출, 세금 그리고 통화량 조절은 거시경제정책의 도구이다. 현대의 정부는 이러한 도구들을 이용하여 경제가 불황과 인플레이션의 극단의 상황으로 치닫지 않게끔 적절히 경제 전체의 총지출을 조정한다. 물론 정부의 이러한 노력이 항상 성공적인 것은 아니다. 불황은 여전히 찾아오며, 인플레이션 또한 마찬가지이다. 그러나 정부지출 유지를 위한 2008~2009년의 적극적인 노력으로, 2008년 금융위기가 완전한 불황으로 이어지는 것을 방지할 수 있었다는 것은 널리 받아들여지고 있다.

>> 복습
- 시장경제에서 한 사람의 지출은 다른 사람의 소득이 된다. 때문에 연쇄적인 지출 성향의 변화는 경제 내에 파급효과를 미치게 된다.
- 경제 전체의 총지출은 그 경제의 생산능력을 벗어나기도 한다. 지출이 너무 적으면 불황이 찾아오고, 지출이 너무 많으면 인플레이션이 발생한다.
- 현대의 정부는 거시경제정책의 도구를 이용하여 경제가 불황과 인플레이션의 극단의 상황으로 치닫지 않게끔 적절히 경제 전체의 총지출을 조정한다.

>> 이해돕기 1-4
해답은 책 뒤에

1. 다음의 예시들이 경제 전반의 상호작용에 관한 세 가지 원칙 중에서 하나를 어떻게 그려 내고 있는지 설명하라.
   a. 백악관은 미국 경제가 침체되어 있음이 명확해지던 2009년 초, 의회에 대규모 세금 감면에 관한 안건을 통과시킬 것을 요청하였다.
   b. 유가가 급락하자 캐나다와 미국의 석유회사들은 유정을 폐쇄해야 했다. 노스다코타, 와이오밍, 텍사스, 알래스카에 있는 도시의 레스토랑과 기타 사업들은 불황을 겪고 있다.
   c. 2000년대 중반, 부동산 호황을 누리고 있던 스페인은 동시에 유럽 전체에서 가장 높은 인플레이션을 경험하고 있었다.

요약

1. **경제**는 사회의 생산활동을 조정하는 체계이고, **경제학**은 재화와 서비스의 생산, 분배, 소비를 연구하는 사회과학이다. 미국은 **시장경제** – 생산과 소비에 의한 결정이 자신의 이익을 추구하는 개별 생산자와 소비자에 의해 이루어지는 경제이다. **보이지 않는 손**은 사리추구의 힘을 사회의 선을 위해 이용한다.

2. **미시경제학**은 어떻게 사람들이 결정을 내리고 상호작용하는지를 연구하는 경제학의 분야이다. **시장실패**는 개개인의 사익추구가 사회전체적으로는 안 좋은 결과를 가져올 때 발생하는 것이다.

3. **거시경제학**은 경제의 전반적 호황과 불황을 연구하는 경제학의 한 분야이다. 때때로 **불황**이 있었지만 미국 경제는 장기 **경제성장**을 이루었다.

4. 모든 경제분석은 간단한 원칙에 기초하고 있다. 이러한 원칙은 세 가지 수준에서 경제적 이해에 적용될 수 있다. 첫 번째로, 우리는 개인이 어떻게 선택을 하는지 이해해야 한다. 두 번째로, 우리는 이러한 선택들이 어떻게 상호작용하는지 이해해야 한다. 세 번째로, 우리는 경제가 전반적으로 어떻게 기능하는지를 이해해야 한다.

5. 모든 사람은 무엇을 하고 무엇을 하지 않을 것인지 선택을 해야만 한다. **개인적 선택**은 경제학의 기초이다. 선택과 관련된 것이 아니라면 그것은 경제학이 아니다.

6. 사람들이 어떠한 결정을 선택해야만 하는 이유는 다른 것을 생산하는 데 사용될 수도 있는 **자원**이 **희소**하기 때문이다. 개인은 돈과 시간 때문에 선택에 제약을 받고, 경제는 인적·자연적 자원의 공급 때문에 제약을 받는다.

7. 당신이 제한된 대안 중에서 선택을 해야 하기 때문에, 어떤 것의 진정한 비용은 당신이 그것을 얻기 위해 포기해야 하는 것들이다. 즉 모든 비용이 **기회비용**이 된다.

8. 많은 경제적 선택은 '이것을 할 것인가 말 것인가'보다는 어떤 상품을 얼마나 살 것인가, 얼마나 생산할 것인가와 같은 '얼마나 많이'라는 질문과 관련되어 있다. 이러한 결정은 조금 더 하거나 조금 덜 할 때의 비용과 편익을 비교하는 식으로 한계에서의 **상충관계**를 고려함으로써 이루어진다. 이러한 종류의 결정을 **한계결정**이라 부르고, 이러한 결정에 대한 연구를 **한계분석**이라고 한다. 한계분석은 경

제학에서 핵심적 역할을 한다.

9. 사람들이 어떻게 결정을 내려야만 하는가에 대한 연구는 실제 행동을 이해하는 데 도움이 된다. 개인은 더 나은 상태로 가기 위해 기회를 이용하며 **유인**에 반응한다.

10. 내 선택은 당신의 선택에 따르고, 그 반대도 마찬가지라는 **상호작용**을 연구하는 것이 경제분석의 다음 단계이다. 개인들이 상호작용할 때 그 결과는 모두가 의도한 것과 달라질 수 있다.

11. 상호작용의 이유는 **교역으로부터의 이익**이 있기 때문이다. 다른 사람들과 재화와 서비스를 **교역**함으로써 경제 전체의 구성원들이 더 잘살게 된다. 구성원들이 자신이 잘하는 일을 하게 됨으로써 **분업**이 이루어지고 이는 교역으로부터의 이익을 가져다준다.

12. 개인은 보통 유인에 반응하기 때문에 시장은 보통 **균형**을 향해 움직인다. 균형이란 어떤 개인도 다른 행동을 취함으로써 이익을 얻을 수 없는 상태를 말한다.

13. 다른 사람에게 손해를 입히지 않으면서 누군가에게 이득을 줄 수 있는 기회가 모두 사용되었다면, 그 경제는 **효율적**이다. 자원은 사회의 목적을 달성하기 위해 최대한 효율적으로 사용되어야만 한다. 그러나 효율성이 경제를 평가하는 유일한 방법은 아니다. 형평 혹은 **공평성** 또한 바람직한 가치이며 종종 효율성과 공평성 사이에 상충관계가 존재한다.

14. 시장은 몇몇 잘 알려진 예외를 제외하고는 보통 효율성을 달성한다.

15. 시장이 실패하고 효율성을 달성하지 못하면, 정부 개입을 통해 사회후생을 향상시킬 수 있다.

16. 시장경제의 사람들은 자신의 노동을 포함한 것들을 판매함으로써 소득을 얻기 때문에 한 사람의 지출이 다른 사람의 소득이 된다. 결과적으로, 소비 행위의 변화는 경제 전체에 파급될 수 있다.

17. 경제 전체의 지출이 그 경제의 최대 생산능력을 벗어나기도 한다. 경제의 최대 생산능력보다 적게 지출하는 것은 불황으로 이어진다. 반면 경제의 최대 생산능력보다 많이 지출하는 것은 인플레이션으로 이어진다.

18. 정부는 경제의 총지출을 조정하여 경제가 불황과 인플레이션의 극단의 상황으로 치닫지 않게끔 하는 능력을 가지고 있다.

주요용어

경제	경제성장	유인
경제학	개인적 선택	상호작용
시장경제	자원	교역
보이지 않는 손	희소	교역으로부터의 이익
미시경제학	기회비용	분업
시장실패	상충관계	균형
불황기	한계결정	효율적
거시경제학	한계분석	공평성

연습문제

1. 다음 각각의 상황에 대하여 열두 가지 원칙 중 어떤 원칙이 적용되는지 답하라.

   a. 같은 상품을 구입하는 데 있어서 대학 구내 서점에서 비싼 가격으로 책을 사느니 체그(Chegg)를 통해 온라인 구매를 하기로 결정하였다.

   b. 봄소풍에서의 예산은 하루 35달러로 제한된다.

   c. 크레이그리스트(Craigslist)는 출국하는 학생들이 중고 서적이나 가전제품, 가구를 버리기보다는 판매할 수 있도록 해 준다.

   d. 허리케인이 많은 건물을 휩쓸고 지나가면서 큰 피해를 입은 세인트 크리스핀 섬의 집주인들이, 섬이 제공할 수 있는 양 이상으로 많은 건축자재를 구입하고 일할 노동자들을 고용하면서 재화와 서비스 가격이 크게 상승하였다.

e. 당신은 룸메이트로부터 교재를 구입하고 룸메이트는 교재를 판 돈으로 아이튠즈에서 음악을 구입하였다.

f. 시험 전날 밤 공부를 하기 위해 얼마나 많은 커피를 마실 것인지 결정할 때, 커피를 한 잔 더 마심으로써 얼마나 더 많은 공부를 할 수 있을 것인가와 그 커피의 영향으로 얼마나 더 초조해지는지를 비교하여 결정한다.

g. 화학 개론 강의를 이수하는 데 필수적으로 요구되는 프로젝트를 수행하는 데 필요한 실험 공간이 제한되어 있는 관계로, 실험 감독자는 학생들이 실험실에 올 수 있는 시간대를 고려하여 각각의 학생들에게 실험시간을 할당하였다.

h. 한 학기 동안 외국에서 공부하는 계획을 취소함으로써 한 학기 더 일찍 졸업할 수 있다는 사실을 깨달았다.

i. 학생회에는 사용하던 자전거와 같은 중고제품을 광고하여 팔 수 있는 게시판이 있다. 게시판에 광고된 중고 자전거들의 질이 모두 동일하다면, 모든 자전거 가격은 같은 가격에 판매되는 셈이다.

j. 나와 내 친구 중에서 나는 실험을 더 잘하고, 친구는 실험 보고서 쓰는 것을 더 잘한다. 그러므로 우리는 실험을 더 잘하는 내가 실험을 하고 보고서를 잘 쓰는 친구가 보고서를 쓰기로 합의했다.

k. 주정부는 주행시험에 합격하지 않고 운전하는 것은 불법임을 법으로 명시하였다.

l. 의회의 세금 감면 이후 부모님의 세후소득이 증가하자 부모님께서는 당신이 봄방학에 쓸 수 있는 용돈을 늘려 주셨다.

2. 당신이 아래의 항목을 하기로 결정할 때 기회비용은 무엇인지 기술하라.

a. 취업을 하는 대신 대학에 입학한다.

b. 시험공부를 하는 대신 영화를 본다.

c. 차를 직접 운전하는 대신 버스를 탄다.

3. 리자는 다음 학기 경제학 수업에 필요한 교재를 사야 한다. 대학 서점에서 이 교재의 가격은 65달러이다. 반면 어떤 온라인 사이트에서는 같은 책을 55달러에, 다른 사이트는 57달러에 판매한다. 모든 가격은 세금을 포함한 가격이다. 다음 표는 온라인으로 주문된 교재에 대한 운반비와 취급비용을 나타낸다.

운송방법	배송기간	비용
표준 선박운송	3~7일	$3.99
이틀 후 배달	2일(영업일 기준)	8.98
익일 배달	1일(영업일 기준)	13.98

a. 온라인에서 사는 것에 대한 기회비용은 무엇인가? 참고로 책을 온라인으로 구매하면 그것을 받기까지 기다려야만 한다.

b. 이 학생에게 가장 적절한 선택은 무엇인가? 그와 같은 선택을 하게 되는 이유는 무엇인가?

4. 기회비용의 개념을 이용하여 다음을 설명하라.

a. 취업시장 상황이 좋지 않을 때 더 많은 사람들이 대학원 과정에 입학하고자 한다.

b. 경제가 둔화될 때 더 많은 사람들이 자신의 집수리를 직접 하려 한다.

c. 도심지역에 비해 교외에 공원이 더 많다.

d. 바쁜 사람들은 편의점이 슈퍼마켓보다 더 비싼 가격에 판매함에도 불구하고 편의점 이용에 만족한다.

e. 오전 10시 이전에 시작하는 수업에는 다른 시간대에 비해 비교적 적은 학생들이 등록한다.

5. 다음의 예에서 당신이라면 어떤 한계분석의 원칙을 사용하여 결정을 내릴지 기술하라.

a. 며칠 후에 빨래를 할지를 결정해야 하는 상황

b. 논문을 쓰기 전에 도서관에서 연구조사를 얼마나 많이 할지를 결정해야 하는 상황

c. 얼마나 많은 과자를 먹을지 결정해야 하는 상황

d. 수업에서 얼마나 많은 강의를 건너뛸지를 결정해야 하는 상황

6. 오늘 아침에 당신은 다음과 같은 개인적 선택을 하였다. 동네 카페에서 베이글과 커피를 구입했고, 혼잡한 시간에 차를 몰고 학교로 갔으며, 룸메이트의 논문 타이핑을 대신하였다. 룸메이트는 수업 시간에 문자를 보내고 있었기 때문에 타이핑이 빠른 당신이 타이핑을 대신해 주는 조건으로 그녀는 당신의 빨래를 한 달 동안 해 주기로 하였다. 각각의 행동에서 당신의 개인적 행동이 어떻게 다른 사람의 개인적 선택과 연관되는지를 기술하라. 각각의 상황에서 당신의 선택에 의해 다른 사람들은 후생적으로 더 좋아지는가 아니면 더 나빠지는가?

7. 하타투치 강의 동쪽 편에는 하트필드 가족이 살고 있고, 서쪽 편에는 맥코이 가족이 살고 있다. 두 가족은 모두 식사로 닭튀김과 찐 옥수수를 먹는데 닭과 옥수수는 그들 스스로 직접 키우고 재배한 것이다. 다음 각각의 항목이 사실이기 위한 조건에 대하여 설명하라.

a. 하트필드 가족이 닭을 기르는 데 특화하고 맥코이 가족이 옥수수를 기르는 데 특화하여, 두 가족이 서로 교역을 한다면 두 가족 모두의 후생이 더 나아질 것이다.

b. 맥코이 가족이 닭을 기르는 데 특화하고 하트필드 가족

이 옥수수를 기르는 데 특화하여, 두 가족이 서로 교역을 한다면 두 가족 모두의 후생이 더 나아질 것이다.

8. 다음 각각의 상황 중 어떤 것이 균형을 나타내고 있고 어떤 것이 그렇지 않은가? 균형이 아닌 항목 중에서 균형인 것처럼 보이는 것은 무엇인가?

   a. 많은 사람들은 교외에서 플레전트빌 시내로 통근한다. 교통혼잡 때문에 고속도로로 갈 경우 통근하는 데 30분이 걸리지만, 골목길로 갈 경우에는 15분이 걸린다.

   b. 메인과 브로드웨이의 교차로에는 두 곳의 주유소가 있다. 첫 번째 주유소는 휘발유 1갤런당 3달러의 요금을 부과하고, 다른 하나의 주유소는 2.85달러의 요금을 부과한다. 첫 번째 주유소에서는 고객들이 가자마자 주유를 할 수 있지만 두 번째 주유소에서는 주유하기 위해 긴 줄을 서서 오랫동안 기다려야 한다.

   c. 경제학 개론 강좌에 등록한 모든 학생은 매주 개별 지도시간에 참석해야 한다. 올해에는 2개의 섹션 A, B가 제공된다. 2개의 섹션은 인접한 강의실에서 같은 시간에 이루어지며 동등한 경쟁력을 갖춘 강사가 가르친다. 섹션 A는 수강자가 너무 많아 바닥에 앉아서 수업을 듣는 사람이 있을 정도이고 종종 칠판을 볼 수 없을 정도인 반면 섹션 B는 빈자리가 많다.

9. 다음 상황에서 효율적인 상황과 그렇지 않은 상황을 구분하여 설명하라. 효율적이지 않다면 왜 그런지, 상황을 효율적으로 만들기 위해 어떤 조치가 필요한지도 설명하라.

   a. 기숙사 집세에는 전기요금이 포함된다. 기숙사에서 거주하는 학생들 중 일부는 전등, 컴퓨터와 가전기기 등을 켜 둔 채로 외출한다.

   b. 기숙사 카페테리아는 같은 준비비용이 들지만 항상 이용자들이 좋아하지 않는 요리를 지나치게 많이 제공하고, 이용자들이 좋아하는 요리는 너무 적게 제공한다.

   c. 특정 강좌에 등록하려는 사람이 등록한계인원을 초과하는 상황이 발생했다. 전공을 수료하기 위해 이 과목을 필수적으로 이수해야 하는 학생들 중 몇몇은 등록을 하지 못한 반면, 등록한 학생들 중에는 필수과목이 아님에도 불구하고 선택으로 등록한 학생도 있다.

10. 다음 정책에 대하여 효율성과 공평성의 의미에 대해 논하라. 다음 문제에서 공평성과 효율성의 관계를 조화시키려면 어떻게 해야 하겠는가?

    a. 모든 학생이 원하는 것을 공부할 수 있도록 지원하기 위해 정부가 모든 대학생의 수업료 전액을 지불하고 있다.

    b. 사람들이 직장을 잃으면 정부는 새 직장을 얻을 때까지 실업수당을 지급한다.

11. 정부는 종종 시민들에게 바람직한 행동을 촉진하기 위한 목적으로 정책을 채택하곤 한다. 다음 각각의 정책들에 대하여 유인이 무엇이고 정부가 촉진하고자 하는 행동이 무엇인지 판단하라. 또한 각각의 경우에 왜 정부가 시민들의 행위를 개인적 선택에 의해 단독적으로 결정되도록 내버려 두기보다는 사람들의 행동을 바꾸려고 하는지 그 이유를 기술하라.

    a. 담배 1갑당 5달러의 세금이 부과된다.

    b. 아이들의 홍역 예방접종에 대하여 정부는 부모들에게 100달러를 지원한다.

    c. 정부는 저소득층 가정의 자녀들을 개인지도하는 대학생들을 재정적으로 지원한다.

    d. 정부는 기업이 배출하는 대기오염물질의 양에 대하여 세금을 부과한다.

12. 다음 각각의 상황에서 정부 개입이 어떻게 사람들의 유인을 변화시킴으로써 사회의 후생을 증진시킬 수 있는지 설명하라. 어떤 점에서 시장이 악화되고 있다고 생각하는가?

    a. 자동차 배기가스로 인한 오염 정도가 유해한 수준에 다다랐다.

    b. 마을에 가로등이 설치된다면 우드빌에 사는 사람들 누구나 후생이 나아질 것이다. 그러나 어느 누구도 개인적으로 그의 집 앞에 가로등을 설치하는 것에 대한 비용을 부담하려고 하지 않는다. 왜냐하면 자신이 설치한 가로등으로부터 다른 거주자들이 얻는 이익에 대하여 그들에게 비용을 부담시킴으로써 자신이 부담한 비용을 보상받을 수 없기 때문이다.

13. 티모시 가이트너 재무부 장관은 행정부 정책을 변호하면서 다음과 같은 기사를 발표하였다. "2007년 후반에 시작된 불황은 이례적으로 심했다. 그러나 불황이 극에 달했을 때 경기부양을 위해 우리가 취한 조치들은, 경제의 끝없는 추락을 저지하고 더 심한 붕괴를 막았으며, 회복 궤도에 오르도록 하였다." 경제 전반의 상호작용에 관한 세 가지 원칙 중에 어떤 두 가지가 이 연설의 내용과 부합하는가?

14. 2007년 8월, 미국 주택시장의 급격한 쇠락은 주택건설업에 종사하는 사람들의 소득을 감소시켰다. 《월스트리트저널》의 한 기사는 주택건설업에 종사하는 많은 남미인들이 주로 월마트 창구를 통해서 고향으로 월급을 송금해 왔는데, 주택건설업의 침체로 인하여 송금이 줄어들었기 때문에 월마트의 송금 시스템 사업이 타격을 입을 것이라고 전망하였다. 이러한 정보를 바탕으로, 우리가 앞에서 배운 경제 전반의 상호작용에 관한 원칙 중 한 가지를 이용하여 미국 주택 구입 감소가 어떤 연쇄 과정을 통하여 멕시코

경제에 타격을 줄 수 있을지 설명하라.

15. 2017년 8월 허리케인 하비는 텍사스, 루이지애나, 카리브 제도에 큰 타격을 입혔다. 치명적인 홍수가 발생해 수백명의 사람들이 구조를 요청했고, 68명이 사망했으며 1,250억 달러의 피해가 추정되었다. 직접적으로 허리케인의 타격을 받지 않은 사람들도 뒤따른 경기침체로 사업이 쇠락하고 일자리가 없어지는 바람에 피해를 입었다. 경제 전반의 상호작용에 관한 원칙 중 한 가지를 이용해 성부의 개입이 이 상황에 어떤 식으로 도움을 줄 수 있을지 설명하라.

16. 대공황 시기에 음식은 농지에서 썩도록 그대로 방치되었고, 한때 경작되던 농지도 황폐화되어 버려졌다. 경제 전반의 상호작용에 관한 원칙 중 한 가지를 이용하여 왜 이런 상황이 발생하였는지 설명하라.

2

경제모형 : 상충관계와 무역

키티호크에서 드림라이너까지

보잉사의 787 드림라이너는 공기역학 혁명의 결과였다. 비행기의 운영비용을 절감할 수 있도록 고안되었으며 처음으로 초경량 복합재료를 사용한 매우 효율적인 비행기였던 것이다.

드림라이너가 충분히 가볍고, 공기역학적임을 입증하기 위해 약 1만 5,000시간의 풍동장치 테스트를 수행하였다. 그 테스트 결과를 바탕으로 드림라이너의 디자인을 미세하게 수정하여 성능을 개선시켰으며, 또한 연비를 높이고 기존의 제트엔진들보다 공기오염물질을 덜 방출할 수 있게

라이트 형제의 비행기는 드림라이너를 포함한 현대 비행기의 모형이 되었다.

만들었다. 실제로 노르웨이 항공(유럽에서 세 번째로 큰 저가항공사)과 같은 저가항공사는 대서양 횡단 비행편을 그들의 경쟁사에 비해 절반 가격으로 제해 왔다. 연비가 좋은 드림라이너를 이용하면 할인을 하더라도 비용을 현격히 감소시켜 이윤이 남을 것으로 예상했기 때문이다.

드림라이너의 첫 번째 운항은 라이트 형제가 1903년에 노스캐롤라이나의 키티호크에서 운항한 라이트 비행기(Wright Flyer)에 비해 매우 역사적인 진보였다. 그러나 보잉사의 공학자들, 그리고 모든 항공공학자들은 라이트 비행기의 발명 당사자인 윌버(Wilbur)와 오빌 라이트(Orville Wright)에 막대한 빚을 지고 있다.

라이트 형제를 진정한 선각자로 만들어 준 것은 바로 '풍동장치(wind tunnel)'이다. 라이트 형제는 그들이 만들어 낸 풍동장치에서 여러 가지 모양의 주날개와 꼬리날개를 직접 실험해 보았고, 이러한 실험을 통해 그들은 공기보다 무거운 물체도 하늘을 날 수 있다는 사실을 알게 되었다.

물론 포장상자 안의 미니어처 비행기나, 보잉사의 최신식 초음파 풍동장치에 놓여 있는 모형 비행기는 실제 비행을 할 수 있는 비행기와는 다르다. 그러나 실제 비행기를 단순화해서 만든 **모형** 비행기를 통하여 날개가 어떤 모양을 하고 있을 때 어느 속력에서 얼마나 큰 양력을 만들 수 있는가에 대한 중요한 발견을 이끌어 낼 수 있었다.

또한 풍동장치에서 비행기 디자인을 실험하는 것이 실제 비행기를 만들어 그것이 하늘을 날 수 있기를 바라는 것보다 훨씬 더 저렴하고 안전한 방법이다. 이와 같이 모형은 경제학을 포함한 대부분의 과학 연구에서 핵심적 역할을 한다.

사실 대부분의 경제학 이론은 실제 경제현실을 단순화하여 많은 경제 문제를 쉽게 이해할 수 있도록 하는 모형들이 모여 이루어진다.

이 장에서는 그 자체로도 매우 중요할 뿐만 아니라 모형이 유용한 이유를 설명해 주는 두 가지 경제모형을 살펴볼 것이다. 그리고 경제학자들이 실제로 그들의 연구에 모형을 어떻게 사용하는지를 살펴보면서 이 장을 마무리할 것이다. ●

이 장에서 배울 내용

- 경제학 모형의 의미와 그 모형이 경제학에서 중요한 이유
- 생산가능곡선, 비교우위, 순환도의 세 가지 단순한 모형이 현대 경제학의 작동원리를 이해하는 데 도움을 주는 방법
- 경제 원칙을 실생활에 적용함에 있어서 실증적 경제학과 규범적 경제학의 차이점을 이해하는 것이 중요한 이유
- 경제학자들이 가끔 합의하지 못하는 이유

모형(model)이란 현실의 상황을 단순화시켜 나타냄으로써 실제 상황을 보다 잘 이해할 수 있도록 만들어 놓은 것이다.

다른 조건이 일정하다(other things equal assumption)는 것이 의미하는 바는 다른 모든 관련 요소들이 불변인 채로 남아 있음을 가정한다는 것을 의미한다.

‖ 경제학의 모형 : 중요한 예

모형(model)이란 실생활의 여러 현상을 보다 잘 이해하기 위해 현실을 단순화한 것을 말한다. 그렇다면 경제의 여러 현상을 어떻게 단순화할 수 있을까?

경제학자들은 풍동장치의 역할을 할 수 있는 것으로 단순화된 실제 경제를 만들어 내거나 찾는다. 예를 들어 정부의 최저임금 인상이 어떻게 미국 경제에 영향을 줄지 궁금한 경제학자가 있다고 하자. 나라 전체를 대상으로 최저임금을 올리고 그 결과를 관측하는 실험을 진행하기란 불가능할 것이다. 대신에 경제학자는 보다 작은 지역에서 최저임금을 올렸을 때의 결과를 관측하고 이를 미국 전체로 확장할 수 있다.

다른 가능성은 컴퓨터로 경제상황을 실험해 보는 것이다. 예를 들어, 세법의 개정이 제안되었을 때 정부 관료들은 복잡한 컴퓨터 프로그램인 **세금모형**을 이용해 그 제안이 다양한 사람들에게 어떠한 영향을 미칠 것인지를 분석할 수 있다.

이렇게 경제학에서 모형이 중요한 이유는 일정한 시점에 한 가지 변화가 초래할 수 있는 결과만을 집중하여 살펴볼 수 있기 때문이다. 즉 경제학자들이 다른 것들은 일정하다고 가정한 후, 한 변화가 전체 경제에 주는 영향을 연구할 수 있게 해 주는 것이다. 따라서 **다른 조건이 일정하다** (other things equal assumption)라는 가정은 경제모형을 세우는 데 매우 중요하다.

그러나 항상 경제의 전반적인 모습을 대표하는 축소판을 찾을 수 있는 것은 아니며, 컴퓨터 프로그램의 유용성은 자료가 얼마나 좋으냐에 좌우된다. 따라서 여러 가지 목적에 따라 경제를 모형화하는 가장 효율적인 방법은 가설을 세워 현실을 단순화하는 '사고의 실험'을 하는 것이다.

제1장에서는 슈퍼마켓에서 새로운 계산대가 열렸을 때 고객이 줄을 서게 되는 방법을 예로 들면서 균형의 개념을 다루었다. 비록 그 슈퍼마켓이 많은 사실이 무시된(예를 들어 고객이 무엇을 샀는가 하는 것은 고려하지 않았다) 상상 속의 슈퍼마켓이었다 하더라도 그러한 슈퍼마켓을 상정한 것은 간단한 모형의 좋은 예가 된다. 그 모형을 통해 '만약 그렇다면?'이라는 질문(만약 다른 계산대가 열렸다면?)에 답할 수 있었기 때문이다.

계산대 이야기에서 살펴본 것처럼 평이한 말로 경제모형을 설명하고 분석하는 일이 가능할 때도 있다. 그러나 대부분의 경제는 상품의 가격, 생산품 수량, 생산을 위해 고용된 노동자의 수 등과 같은 양적인 변화를 수반하기 때문에 경제학자들은 수학을 이용하는 것이 이러한 변화를 명확히 이해하는 데 도움을 준다고 생각한다. 예를 들면 수치로 제시된 예나 혹은 간단한 방정식, 또는 그래프가 경제학적 개념을 이해하는 데 결정적 역할을 할 수 있다.

어떠한 모습을 취하고 있더라도 좋은 경제모형은 현상의 이해에 큰 도움을 줄 수 있다. 이제 간단하면서도 중요한 세 가지 모형과 그 모형들이 시사하는 바가 무엇인지 살펴보자.

- 모든 경제가 직면하고 있는 상충관계를 이해하도록 도와주는 **생산가능곡선** 모형을 살펴볼 것이다.
- 개인 간 혹은 국가 간의 교역으로부터 얻는 이익의 원리에 대해 말해 주는 **비교우위** 모형에 대해 살펴볼 것이다.
- 경제 내에서 화폐, 재화 그리고 서비스가 어떻게 이동하는지를 도식화하여 나타낸 **순환도**를 살펴볼 것이다.

이러한 모형들을 살펴보면서 수학적 관계를 나타내는 그래프를 상당히 많이 사용할 것이다. 만약 이 책을 읽고 있는 여러분이 그래프의 사용에 익숙하다면 앞으로 다룰 내용을 이해하는 데 어려움이 없을 것이다. 하지만 그렇지 않다면 이 장 마지막에 있는 부록을 참고하여 경제학에서 사용되는 그래프에 대해 간단하게 알아 두는 것이 좋겠다.

상충관계 : 생산가능곡선

우리가 제1장에서 소개했던 경제학의 첫 번째 원칙은 자원은 유한하며, 따라서 수렵 채집인 몇십 명으로 이뤄진 고립된 집단이든 75억 명으로 이뤄진 21세기 글로벌 경제이든 모든 경제는 상충관계에 마주하게 된다는 것이다. 보잉사의 드림라이너가 얼마나 가벼운지와 상관없이, 보잉사의 조립 공정이 얼마나 효율적인지와 상관없이, 드림라이너의 생산은 희소한 자원의 사용을 의미하고, 따라서 대신 다른 무언가를 생산할 수 없음을 의미한다.

어떠한 경제든지 반드시 마주치게 되는 이 상충관계에 대해 생각하기 위해 경제학자들은 종종 **생산가능곡선**(production possibility frontier)으로 알려진 모형을 이용한다. 이 모형의 아이디어는 오직 두 재화만을 생산하는 단순한 경제를 가정하는 것인데 이를 통해 우리는 상충관계에 대한 이해를 깊게 할 수 있다. 두 가지 재화만 고려하는 단순화를 통해서 상충관계를 그래프로 나타낼 수 있다.

잠시 동안 미국이 일기업(one-company) 경제, 즉 보잉사가 유일한 고용주이며, 비행기가 유일한 생산품이라고 가정해 보자. 그러나 여전히 어떤 종류의 비행기를 생산해야 할지, 가령 드림라이너를 생산해야 할지, 통근용 소형 비행기를 생산해야 할지의 선택의 문제가 발생한다. 〈그림 2-1〉은 일기업 경제가 직면하는 상충관계를 나타내 주는 가상적인 생산가능곡선을 보여 준다. 이 그림의 곡선은 매해 보잉사가 생산하는 드림라이너의 양이 주어졌을 때 보잉사가 매해 생산할 수 있는 소형 비행기의 최대량과 그 반대를 나타낸다. 즉 "만약 그해에 보잉사가 드림라이너를 9대(혹은 15대, 30대) 생산한다면, 최대로 생산할 수 있는 소형 비행기의 양은 몇 대인가?"에 대한 질문의 답을 생산가능곡선이 보여 주는 것이다.

곡선 안쪽에 있는 점 또는 곡선 위에 있는 점(음영 부분), 곡선 바깥에 있는 점에는 중요한 차이가 있다. C점은 보잉사가 20대의 소형 비행기와 9대의 드림라이너를 생산하는 것을 나타낸다. 이처럼 생산량의 조합을 나타내는 점이 곡선의 안쪽이나 혹은 곡선 위에 있다면 그것은 실제 생산이 가능한 점이다. 결국 이 생산가능곡선은 보잉사가 20대의 소형 비행기를 생산할 때 드림라이너는 최대 15대까지 생산 가능하므로 9대의 드림라이너는 당연히 생산할 수 있다.

생산가능곡선(production possibility frontier)은 두 가지 재화를 생산하는 경제에서 마주치게 되는 상충관계를 잘 보여 준다. 생산가능곡선은 다른 재화의 생산량이 주어졌을 때 어떤 한 재화의 가능한 최대 생산량을 나타낸다.

그림 2-1 생산가능곡선

생산가능곡선은 드림라이너와 소형 비행기를 생산하는 보잉사가 직면한 상충관계를 그리고 있다. 다른 한 재화의 생산량이 주어졌을 때, 나머지 한 재화가 최대 얼마나 생산될 수 있는지를 보여 주는 것이다. 연간 생산되는 드림라이너의 최대 수는 그해 생산되는 소형 비행기의 수에 달려 있고, 반대의 경우도 마찬가지이다. 실현 가능한 생산량의 집합은 곡선 상과 곡선 *내부* 영역으로 나타난다. C점에서의 생산은 실현 가능하지만 효율적이지는 않다. A점과 B점은 실현 가능하며 효율적이지만, D점은 실현 가능하지 않다.

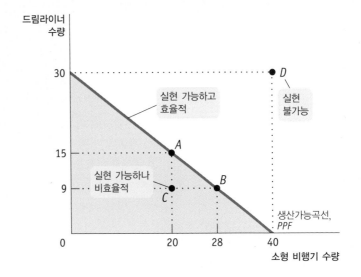

한편 *D*점처럼 40대의 소형 비행기와 30대의 드림라이너 생산이라는 곡선 바깥의 점들은 불가능한 생산을 표시한 것으로 실제로 일어날 수 없다. 이 경우에는 보잉사가 40대의 소형 비행기를 생산하는 대신 드림라이너를 하나도 생산하지 못하거나, 혹은 30대의 드림라이너를 생산하는 대신 소형 비행기는 하나도 생산하지 못하게 된다.

〈그림 2-1〉을 살펴보면 생산가능곡선은 소형 비행기 40대에서 수평축과 교차하고 있다. 이것은 보잉사가 그의 모든 자원을 소형 비행기를 생산하는 데 투입한다면, 1년에 40대의 소형 비행기를 생산할 수 있겠지만, 드림라이너를 생산할 수 있는 자원은 더 이상 남아 있지 않을 것임을 의미한다. 또한 생산가능곡선은 드림라이너 30대에서 수직축과 만나고 있는데, 이것은 보잉사가 그의 모든 자원을 드림라이너를 생산하는 것에 투입한다면, 1년에 30대의 드림라이너를 생산할 수 있겠지만, 소형 비행기를 생산할 자원은 더 이상 남아 있지 않을 것이란 사실을 의미한다.

그림은 덜 극단적인 상충관계도 보여 주고 있다. 예를 들어 보잉사가 20대의 소형 비행기를 그해에 생산하고자 한다면, 최대 15대의 드림라이너를 생산할 수 있으며 이러한 선택은 그림에 *A*점으로 표시되어 있다. 만약 보잉사가 28대의 소형 비행기를 생산하고자 한다면, *B*점에 나타나는 것처럼 최대 9대의 드림라이너를 생산할 수 있을 것이다.

생산가능곡선을 통하여 우리는 복잡한 현실을 단순하게 파악할 수 있다. 실제로 현실 경제는 무수히 다양한 재화를 생산하고 있다. 심지어 보잉사조차도 2대 이상의 비행기를 생산할 것이다. 그럼에도 불구하고 우리는 이 모형에서 단지 두 가지 재화만을 생산하는 경제를 상정함으로써 실제 현실에 대한 중요한 통찰력을 얻을 수 있다.

그러나 우리는 이렇게 현실을 단순화하여 나타낸 생산가능곡선을 통하여 이 모형이 없었을 때보다 현실 경제의 몇 가지 단면, 즉 효율성, 기회비용 그리고 경제성장을 더 잘 이해할 수 있게 된다.

효율성　무엇보다도 생산가능곡선은 **효율성**이라는 일반적인 경제학의 개념을 잘 설명해 줄 수 있다. 제1장에서 살펴보았던 것처럼 모든 기회를 다 활용한 상태, 즉 어떤 사람이 더 이득을 보기 위해서는 다른 누군가는 손해를 보아야만 하는 상태에 있다면 그 경제가 효율적인 상태에 있다고 말한다.

여기서 생산에 있어서의 모든 기회를 다 활용한다는 것이 바로 효율성의 핵심이다. 따라서 효율성의 상태에서는 한 재화를 더 많이 생산하고 싶다면 다른 재화의 생산을 줄여야만 하는 것이다. 보잉사가 생산가능곡선 위의 점에서 생산을 결정한다면 그의 생산은 효율적이다. *A*점에서는 15대의 드림라이너는 20대의 소형 비행기를 생산하는 한 그것이 생산할 수 있는 최대의 양이고, *B*점에서는 9대의 드림라이너가 28대의 소형 비행기를 생산하는 한 그가 생산할 수 있는 최대의 양이며, 다른 점도 마찬가지로 해석할 수 있다.

그러나 어떤 이유에서인지 보잉사가 20대의 소형 비행기와 9대의 드림라이너의 *C*점에서 생산을 결정했다고 가정한다면 이 경제는 당연히 **비효율적**이다. 더 많은 소형 비행기와 드림라이너를 생산할 수 있는 기회를 다 활용하지 않았기 때문이다.

비록 우리는 효율성과 비효율성을 설명하기 위해 하나의 기업이 두 상품을 놓고 생산을 결정하는 예시를 사용하고 있지만, 이러한 개념은 수많은 기업이 수많은 상품을 생산하는 현실 경제에도 적용 가능하다. 만약 어떤 경제가 다른 것의 생산을 줄이지 않고서는 더 생산할 수 없다면 그것은 생산가능곡선 상에 위치함을 의미하고, 우리는 그 경제가 **효율적인 생산**을 하고 있다고 말한다.

그러나 만약 그 경제가 다른 것들의 생산을 줄이지 않고 어떤 상품의 생산을 더 할 수 있다면,

이는 우리가 모든 것을 더 생산할 수 있음을 의미하고 따라서 우리는 그 경제가 비효율적인 생산을 하고 있다고 말한다. 예컨대 많은 사람들이 비자발적인 실업 상태에 있는 경제는 효율적인 생산을 하고 있지 않다. 그 이유는 비자발적인 실업 상태에 놓인 사람들이 모두 일할 경우에 생산을 좀 더 늘릴 수 있기 때문이다.

생산가능곡선은 경제가 효율적인 생산을 하고 있다는 것이 무슨 의미인지 알게 해 준다. 그러나 효율적인 생산을 하고 있다는 사실은 경제 전체가 효율적이기 위한 필수 요건 중 한 부분일 뿐이다. 소비자들이 더 나은 생활수준에 도달하도록 자원을 적절히 배분하는 것 또한 경제가 효율적이기 위한 요건 중 하나이다. 한 경제가 자원을 적절히 배분할 경우에 우리는 그 경제가 **효율적인 배분**을 달성하였다고 말한다.

효율적인 배분이 왜 중요한지 살펴보기 위해서 우선 〈그림 2-1〉의 A와 B점에 주목하자. A와 B점은 다른 자원을 덜 생산하지 않는 한 더 이상 한 자원을 더 생산할 방법이 없는 상태이므로 효율적인 생산을 하고 있는 점들이다. 그러나 두 점이 똑같이 선호되는 것은 아니다. 이 사회가 A점보다 소형 비행기를 더 많이 가지고 드림라이너를 조금 가지는 것을 선호한다고 가정하자. 즉 보잉사는 A점보다 B점을 선호하므로 28대의 소형 비행기와 9대의 드림라이너를 생산하는 것을 선호하는 셈이다. 이런 상황에서 A점을 선택하였다면, B점으로 선택을 변경함으로써 다른 어느 누구에게 피해를 주지 않으면서도 사회를 더 좋은 상황으로 만들어 줄 수 있다. 그러므로 A점은 경제 전체적으로 보았을 때 비효율적인 상태에 있다.

이 예는 경제의 효율성 개념에는 생산의 효율성과 더불어 배분의 효율성도 포함됨을 가르쳐 주고 있다. 효율적이기 위해서 생산할 수 있는 최대한으로, 그리고 소비자들이 소비하고 싶어 하는 재화들 위주로 생산해야 할 것이다. 또한 생산된 상품들은 올바른 사람들에게 배분되어야만 할 것이다. 즉 국제적인 항공사에 소형 비행기를 주고, 주로 통근자들을 상대로 하는 작은 시골 공항에 드림라이너를 주는 것 역시 비효율적이다.

현실 세계에서 과거 소련 연방과 같은 계획경제는 비효율적인 분배로 악명이 높았다. 예를 들어 이들 국가에서는 사람들이 거의 찾지 않는 물건들로 가득 차 있지만 정작 필요한 비누나 휴지 같은 재화는 없는 상점을 흔히 발견할 수 있었다.

기회비용　또한 생산가능곡선은 어떤 재화의 진정한 비용을 계산하기 위해서 지불하는 돈과 그것을 얻기 위해 포기해야 하는 다른 비용을 합한 개념인 **기회비용**을 생각해야 한다는 사실을 깨닫게 해 준다. 만약 보잉사가 A점에서 B점으로 이동한다면 보잉사는 8대의 소형 비행기를 더 생산하겠지만 대신 6대의 드림라이너를 덜 생산하게 된다. 따라서 8대의 추가적인 소형 비행기의 기회비용은 보잉사가 포기한 6대의 드림라이너이다. 그리고 만약 8대의 추가적인 소형 비행기가 6대의 드림라이너라는 기회비용을 갖는다면 1대의 소형 비행기는 6/8 =3/4대의 드림라이너라는 기회비용을 갖게 된다.

드림라이너를 환산한 1대의 소형 비행기를 더 얻기 위한 기회비용은 보잉사가 생산하는 소형 비행기나 드림라이너의 수에 상관없이 항상 같을까? 〈그림 2-1〉의 예에서 보면 대답은 '그렇다'이다. 보잉사가 생산하는 소형 비행기의 수를 28대에서 40대로 늘리면, 생산할 수 있는 드림라이너는 9대에서 0대로 줄어든다. 그러므로 1대의 소형 비행기에 대한 기회비용은 9/12 =3/4대의 드림라이너이며 이는 보잉사가 20대의 소형 비행기에서 28대의 소형 비행기로 수를 늘렸을 때의 기회비용과 같다.

그러나 여기서처럼 1대의 소형 비행기에 대한 기회비용이 언제나 같은 것은 우리가 애초에 〈그림 2-1〉을 그릴 때 내세운 가정 때문이다. 구체적으로 말하자면, 한 단위의 추가적인 재화 생산에 대한 기회비용이 생산물의 조합과 상관없이 항상 일정하다는 가정을 할 경우에 생산가능곡선은 직선이 된다.

　더욱이 직선으로 나타나는 생산가능곡선의 기울기는 기회비용과 같다. 즉 수평축에 자리한 재화의 수직축의 재화에 대한 기회비용은 직선의 기울기이다. 〈그림 2-1〉에서 생산가능곡선은 일정한 기울기 −3/4을 갖는데, 이는 보잉사가 1대의 소형 비행기에 대하여 3/4대의 드림라이너를 항상 일정한 기회비용으로 가진다는 의미이다. (직선의 기울기 계산 방법은 이 장 뒤의 부록에서 설명한다.) 매우 간단한 예이긴 하지만 기회비용이 생산물의 조합에 따라 변하는 상황에 대해서도 위의 예에서처럼 생산가능곡선을 이용한 분석을 할 수 있다.

　〈그림 2-2〉는 앞의 예와는 다른 가정, 즉 보잉사가 기회비용 체증의 상황에 직면하는 경우를 나타내고 있다. 보잉사가 더 많은 소형 비행기를 생산할수록 추가로 얻는 하나의 소형 비행기로 인해 포기해야만 하는 드림라이너의 수가 많아지게 되며 그 반대의 경우 또한 마찬가지가 된다. 예를 들어 소형 비행기의 생산이 0대에서 20대로 증가한다고 할 때 그는 5대의 드림라이너를 포기해야 한다. 즉 소형 비행기 20대의 기회비용은 드림라이너 5대이다. 그러나 소형 비행기 20대를 더 생산하여 소형 비행기의 생산을 총 40대로 늘리고자 한다면 25대의 추가적인 드림라이너를 포기해야 하므로 훨씬 더 높은 기회비용을 감당해야 한다. 〈그림 2-2〉에서 볼 수 있듯이, 기회비용이 증가할 경우에는 생산가능곡선이 바깥쪽으로 구부러진 활 모양을 가진다.

　물론 생산가능곡선이 직선이라는 가정을 하면 분석이 용이하긴 하지만, 경제학자들은 기회비용이 일반적으로 증가한다고 믿는다. 그러한 믿음의 근거는 한 재화를 소량만 생산할 때는 그 재화를 생산하는 데 드는 기회비용은 상대적으로 낮은데 그 이유는 그 경제가 재화의 생산에 적합한 자원만을 필요로 하기 때문이다.

　예를 들면 만약 옥수수를 소량만 생산하고자 한다면 기후 등의 환경이 밀이나 다른 작물에는 적합하지 않으나 옥수수 재배에는 최적인 장소를 활용할 수 있을 것이다. 따라서 소량 생산의 경우에는 옥수수 생산이 밀의 잠재적 생산에 미치는 영향이 크지 않다. 그러나 옥수수를 대량으로 생산하기 위해서는 옥수수 재배에 그다지 적합하지 않은 땅까지도 사용해야 하므로 결국 밀 생산에 적합한 땅까지도 옥수수 재배에 사용될 것이다. 따라서 옥수수의 추가적인 생산은 예전보다 훨씬 많은 양의 밀을 포기해야만 이루어질 수 있다. 다르게 말하면 재화의 생산이 늘어날

그림 2-2 기회비용 체증

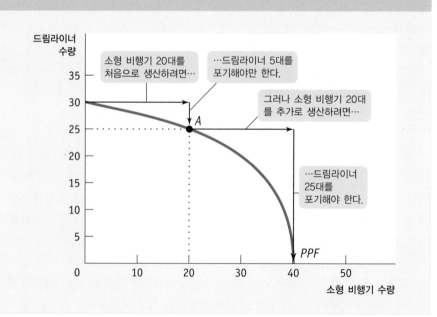

생산가능곡선이 바깥쪽으로 구부러진 활 모양을 갖는 것은 기회비용 체증을 의미한다. 이 예에서 처음 20대의 소형 비행기를 생산하기 위해 보잉사는 5대의 드림라이너를 포기해야 한다. 그러나 20대의 소형 비행기를 추가로 더 생산하려면 무려 25대의 드림라이너를 포기해야 한다.

드림라이너 수량

소형 비행기 20대를 처음으로 생산하려면…

…드림라이너 5대를 포기해야만 한다.

그러나 소형 비행기 20대를 추가로 생산하려면…

…드림라이너 25대를 포기해야 한다.

A

PPF

소형 비행기 수량

수록 생산에 적합한 요소들은 이미 소모되고 덜 적합한 요소들이 대신 쓰여야 하기 때문에 기회 비용은 증가한다.

경제성장   마지막으로 생산가능곡선은 경제성장에 대해 말해 준다. 제1장에서 경제성장의 개념에 대해 다루면서, 경제성장은 한 경제가 재화와 서비스를 생산할 수 있는 능력이 커지는 것으로 정의했다. 지금까지 살펴본 것처럼 경제성장은 실물경제의 기본적인 특징 중 하나이다. 그러나 실제로 경제가 성장하고 있다고 주장할 수 있을까? 미국의 경제를 예로 들면 비록 한 세기 전에 생산하던 것보다는 훨씬 많은 종류의 상품을 더 많은 양으로 생산하고 있지만 마차와 같은 일부 재화는 더 적게 생산하고 있다. 이와 같이 적지 않은 재화들의 생산량이 실제로 줄어들었다. 그렇다면 우리는 어떻게 경제가 전반적으로 성장했다고 확신할 수 있을까?

정답은 2개의 가상적인 생산가능곡선이 그려져 있는 〈그림 2-3〉에 나타나 있다. 〈그림 2-3〉에서 우리는 경제에 있는 모든 사람이 보잉사에서 일하고, 또 그 경제는 오로지 두 상품인 소형 비행기와 드림라이너만을 생산한다고 한 번 더 가정하자. 그림에서 '처음의 생산가능곡선(*PPF*)'과 '새로운 생산가능곡선(*PPF*)', 두 곡선 사이의 관계에 주목해 보자. 이제 우리는 그림을 통해 경제성장이 의미하는 바를 생각해 볼 수 있다. 즉 그림에 나타나 있는 것처럼, 경제성장이 경제의 **생산가능성**을 확장시킨다는 것으로 이해하면 된다. 경제성장 후의 경제는 모든 종류의 물건을 더 많이 생산할 수 있다.

예를 들어 만약 보잉사의 처음 생산이 *A*점으로 나타낸 20대의 소형 비행기와 25대의 드림라이너였다면 경제성장은 그의 생산이 *E*점의 25대의 소형 비행기와 30대의 드림라이너로 이동할 수 있다는 것을 의미한다. *E*점은 처음의 생산가능곡선 바깥에 위치하고 있다. 따라서 생산가능곡선 모형에서 경제성장은 곡선이 바깥쪽으로 움직이는 것으로 나타난다.

무엇이 생산가능곡선을 바깥쪽으로 움직이게 하는가? 경제성장을 일으키는 요인에는 크게 두 가지가 있다. 하나는 경제의 재화와 서비스를 생산하는 데 쓰이는 자원인 **생산요소**(factors of production)의 증가이다. 경제학자들은 흔히 생산 과정에서 소모되지 않은 자원들을 가리켜 생산요소라고 한다. 예를 들어 노동자는 재봉틀을 이용하여 천에서 셔츠를 만들어 낸다. 여기서 노동자와 재봉틀은 생산요소이지만 천은 생산요소가 아니다. 일단 셔츠가 만들어지면 노동자와 재

생산요소(factors of production)는 재화나 서비스의 생산에 이용되는 자원을 의미한다.

그림 2-3   경제성장

경제성장은 생산가능성이 커지는 것을 뜻하기 때문에 생산가능곡선이 *바깥쪽으로 이동*하게 된다. 생산가능곡선이 이동한 후의 경제는 모든 것을 더 많이 생산할 수 있다. 예를 들어 처음의 생산이 *A*점에 위치하고 있었다면(드림라이너 25대와 소형 비행기 20대), 경제성장 후에는 *E*점(드림라이너 30대와 소형 비행기 25대)으로 이동할 수 있게 된다.

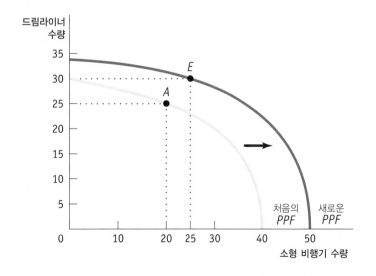

네 가지 생산요소 : 토지, 노동, 실물자본, 인적 자본.

기술(technology)은 재화나 서비스를 생산하는 데 이용되는 기술적인 방법을 의미한다.

봉틀은 또 다른 셔츠를 만드는 데 쓸 수 있지만 이미 사용된 천은 다른 셔츠를 만드는 데 쓸 수 없다.

일반적으로 이야기하자면 생산의 주요 요소는 토지, 노동, 실물자본 그리고 인적 자본이다. 토지는 자연으로부터 제공된 자원을 의미하고 노동은 노동자들의 집합을, 실물자본은 기계나 건물같이 '만들어진' 자원을, 그리고 인적 자본은 생산성을 늘리는 교육 정도 또는 노동자의 숙련도를 의미한다. 물론 각각은 단일 요소라기보다는 일종의 항목이다. 즉 노스다코타의 토지는 플로리다의 토지와 다르다.

생산요소를 증가시키는 것이 어떻게 경제성장을 일으키는지 보기 위하여 보잉사가 1년 동안 생산 가능한 비행기(소형 비행기든, 드림라이너든) 대수를 늘리기 위하여 또 다른 격납고를 건설했다고 가정해 보자. 새로운 격납고는 보잉사가 더 많은 비행기를 생산할 수 있게 해 주는 생산요소이다. 우리는 보잉사가 어떤 비행기를 얼마나 많이 생산할지는 알 수 없다. 이는 다른 것들 중에서도 소비자의 수요에 의존하는 경영전략에 관한 결정이기 때문이다. 그러나 우리는 보잉사의 생산가능곡선이 바깥쪽으로 이동했다고 말할 수 있다. 왜냐하면 이제 보잉사는 드림라이너의 생산을 줄이지 않고서도 소형 비행기를 더 많이 생산할 수 있고, 또 소형 비행기의 생산을 줄이지 않고서도 드림라이너를 더 많이 생산할 수 있기 때문이다.

경제성장의 또 다른 요인으로 재화와 서비스의 생산에 이용되는 **기술(technology)**의 발전을 꼽을 수 있다. 복합적인 재료는 이미 보잉사가 드림라이너를 개발하는 데 있어 일정 부분 사용한 바 있다. 그러나 보잉사의 공학자들은 비행기 전체를 복합재료로 만들 때 생기는 추가적인 큰 이득을 발견했다. 비행기는 좀 더 가벼워지고, 좀 더 강해지며, 전통적인 방식으로 생산된 비행기보다 좀 더 항공역학적이 된다. 따라서 비거리도 늘어날 것이며, 더 많은 사람을 태울 수 있고, 더 적은 연료를 소모할 것이며, 게다가 높은 객실 여압을 유지할 수도 있다. 따라서 모든 비행기 몸체를 복합물질로 만드는 보잉사의 혁신은 주어진 양의 자원으로 더 많은 것을 생산해 낼 수 있고, 따라서 생산가능곡선을 바깥쪽으로 이동시킨다.

비행기 기술의 증진은 생산가능곡선을 바깥쪽으로 이동시키기 때문에, 경제는 이제 비행기와 비행기 여행뿐만 아니라 더 많은 것을 생산할 수 있게 되었다. 지난 30년간 가장 큰 기술적 진보를 이룬 것은 건설이나 음식이 아닌 정보기술이다. 그럼에도 불구하고 미국인들은 이전보다 더 많이 먹고 더 큰 집에서 산다. 이는 경제성장이 이것을 가능하게 했기 때문이다.

생산가능곡선은 경제를 매우 단순화한 모형이다. 그러나 생산가능곡선을 통해 우리는 실제 경제에 대해 많은 것을 배울 수 있게 된다. 생산가능곡선은 경제적 효율성의 핵심이 무엇인지 명확하게 알려 주고, 기회비용의 개념에 대해서 설명해 주며, 경제성장이 정확히 무엇을 의미하는지를 말해 줄 수 있는 것이다.

비교우위와 교역으로부터의 이익

제1장에서 소개된 경제학의 열두 가지 원칙 중에서 개개인이 각자 다른 일에 전문화하고 서로 거래를 한다면 상호 이득을 얻을 수 있다는 교역(혹은 무역)으로부터의 이익을 떠올려 보자. 경제모형에 대한 두 번째 설명은 비교우위에 입각한 교역의 이익을 설명하는 데 특히 유용하게 사용된다.

경제학의 모든 통찰력 가운데 가장 중요한 것 중 하나는 교역으로부터 이익이 발생한다는 것이다. 그렇기에 당신은 당신이 특별히 잘하는 것만 직접 생산하고, 나머지는 다른 사람들이 생산한 것들을 구매하는 것이다. 이는 당신이 혼자서도 모든 것을 생산할 수 있는 능력이 있는 경우에도 마찬가지이다. 심지어 한 천재적인 외과의사가 물이 새는 수도꼭지를 직접 고칠 능력이 있음에도 불구하고, 배관공을 부르는 것이 더 나을 수도 있다.

그렇다면 교역으로부터의 이익을 어떻게 모형화할 수 있을까? 앞서 살펴보았던 비행기의 예시로 돌아가서, 이번에도 모든 사람이 보잉사에서 일하며 비행기를 생산해 내고, 미국 경제에 보잉사 하나만 존재한다고 가정해 보자. 그러나 이번에는 여기에 더해, 미국이 브라질과 교역하는 상황을 상정하자. 이때 브라질 역시 소형 비행기 생산에 특화되어 있는 브라질 항공사 엠브라에르 하나의 기업으로만 구성되어 있고, 브라질의 모든 국민이 그 항공사에서 일한다고 가정하자. (만약 당신이 미국 주요 도시에서 다른 도시로 이동한다면 당신이 탄 비행기는 보잉사의 비행기일 확률이 높지만, 만약 당신이 작은 도시로 이동한다면 당신이 탄 비행기는 엠브라에르 항공사에서 만들었을 가능성이 크다.)

우리 예시의 경제에서는 두 가지 상품, 즉 대형 비행기와 소형 비행기만 생산된다. 각국에서는 이 두 종류의 비행기를 모두 생산할 수 있다. 그러나 우리가 잠시 후 살펴볼 테지만, 서로 각기 다른 종류의 비행기 생산에 집중하고, 서로의 상품을 교역한다면 그들은 더 큰 이득을 얻을 수 있을 것이다. 이를 살펴보기 위해 가장 간단한 경우인 직선 형태의 생산가능곡선을 가정하자. 미국의 생산가능곡선은 〈그림 2-1〉의 생산가능곡선과 비슷한 〈그림 2-4(a)〉에 그려져 있는 생산가능곡선을 통해 알 수 있다. 그림을 살펴보면, 미국은 대형 비행기를 생산하지 않는다면 40대의 소형 비행기를 생산할 수 있고, 소형 비행기를 생산하지 않을 경우에는 30대의 대형 비행기를 생산할 수 있다. 이는 생산가능곡선의 기울기가 −3/4이며, 소형 비행기 1대에 대한 미국의 기회비용은 3/4대의 대형 비행기임을 의미한다.

〈그림 2-4(b)〉는 브라질의 생산가능곡선을 보여 준다. 미국과 마찬가지로 브라질의 생산가능

그림 2-4 두 나라의 생산가능곡선

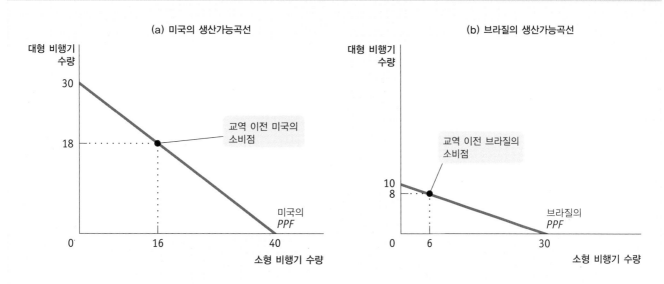

여기서 생산가능곡선이 직선으로 그려진 데서 알 수 있듯이, 미국과 브라질 모두 소형 비행기 생산에 일정한 기회비용을 가진다. 미국의 경우 소형 비행기 생산에 대한 기회비용은 대형 비행기 3/4대이며, 브라질의 경우 소형 비행기에 대한 기회비용은 대형 비행기 1/3대이다.

표 2-1 소형 비행기와 대형 비행기에 대한 미국과 브라질의 기회비용

	미국의 기회비용		브라질의 기회비용
소형 비행기 1대	대형 비행기 3/4대	>	대형 비행기 1/3대
대형 비행기 1대	소형 비행기 4/3대	<	소형 비행기 3대

곡선도 역시 일정한 기회비용을 가지는 직선이며, 이는 대형 비행기로 표시되는 소형 비행기의 기회비용이 상수임을 의미한다. 브라질의 생산가능곡선은 −1/3의 기울기를 갖는다. 브라질은 미국에 비해 생산성이 떨어진다. 기껏해야 브라질은 30대의 소형 비행기를 생산하거나 10대의 대형 비행기를 생산할 수 있다. 그러나 브라질은 미국보다 소형 비행기를 생산하는 데 상대적으로 더 재능이 있다. 미국이 소형 비행기 1대를 생산하는 데 3/4만큼의 대형 비행기 생산을 포기해야 한다면, 브라질의 기회비용은 1/3대의 대형 비행기에 불과한 것이다. 〈표 2-1〉은 두 국가의 소형 비행기 생산과 대형 비행기 생산에 대한 기회비용을 요약해 주고 있다.

이제 미국과 브라질이 각자 자국의 소형 비행기와 대형 비행기를 생산하고, 둘은 서로 교역하지 않으며, 각국에서는 자국 생산품만 소비한다고 가정하자. (즉 각국은 국내 거주자들이 소유한 비행기를 소비하는 것이다.) 그리고 〈그림 2-4〉에 나타나 있는 것처럼 소비하기를 선택했다고 하자. 교역이 없는 상태에서 미국은 1년에 16대의 소형 비행기와 18대의 대형 비행기를 생산하고 소비하며, 브라질은 6대의 소형 비행기와 8대의 대형 비행기를 생산하고 소비할 수 있다.

그러나 이것이 그들에게 최선의 방법일까? 그렇지 않다. 두 국가가 서로 다른 기회비용을 가지고 있기 때문에 둘 다 풍족해질 수 있는 교역을 성사시킬 수 있다.

〈표 2-2〉는 그러한 거래가 어떻게 성사될 수 있는지 보여 준다. 미국은 대형 비행기만 생산하기로 해서 1년에 30대만 생산하고, 그중 10대를 브라질에게 준다. 그리고 브라질은 소형 비행기의 생산에만 주력해서, 1년에 30대의 소형 비행기를 생산하고 그중 20대를 미국에게 준다. 이러한 교역의 결과가 〈그림 2-5〉에 잘 나타나 있다. 교역의 결과로 미국과 브라질은 소형 비행기와 대형 비행기 모두 이전보다 더 많이 소비할 수 있게 되었다. 즉 미국은 16대의 소형 비행기와 18대의 대형 비행기 대신, 20대의 소형 비행기와 20대의 대형 비행기를 소비한다. 브라질은 이제 6대의 소형 비행기와 8대의 대형 비행기 대신, 10대의 소형 비행기와 10대의 대형 비행기를 소비할 수 있다. 〈표 2-2〉에서 알 수 있는 것처럼, 미국과 브라질은 교역으로부터 이익을 얻게 되었다. 교역이 없을 때에 비해 미국과 브라질 모두 두 비행기 다 더 많이 소비할 수 있게 된 것이다.

결과적으로 양국이 각자 좀 더 잘할 수 있는 일에 주력하고 교역을 한다면 교역이 없을 때보다 양국 모두 더 풍족한 삶을 살 수 있게 된다. 미국이 자국과 브라질 둘 다를 위해 대형 비행기를 생산하기로 한 것은 미국이 대형 비행기를 생산하는 데 들어가는 기회비용이 (브라질의 기회비용이 무려 소형 비행기 3대인 데 반해) 소형 비행기 4/3대밖에 안 된다는 점에서 현명한 선택이었고, 마찬가지로 브라질이 미국과 자국을 위해 소형 비행기만을 생산하기로 한 것도 브라질이 소형 비행기를 생산하는 데 들어가는 기회비용이 대형 비행기 1/3대밖에 안 되는 데에 비해 미국의 기회비용은 대형 비행기 3/4대이므로, 이 역시 모두를 위해 현명한 선택이었다.

표 2-2 미국과 브라질의 교역으로부터의 이익

		교역이 없는 경우		교역이 있는 경우		교역으로 인한 이득
		생산	소비	생산	소비	
미국	대형 비행기	18	18	30	20	+2
	소형 비행기	16	16	0	20	+4
브라질	대형 비행기	8	8	0	10	+2
	소형 비행기	6	6	30	10	+4

그림 2-5 비교우위와 교역으로부터의 이익

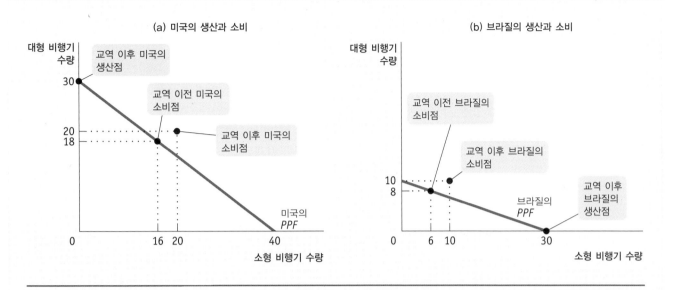

분업과 교역으로 미국과 브라질은 대형 비행기와 소형 비행기 모두를 더 많이 생산하고 소비할 수 있다. 미국은 비교우위가 있는 대형 비행기 생산에 특화하고, 그리고 절대적으로는 소형 비행기 생산과 대형 비행기 생산 모두에 절대열위가 있는 브라질 역시 비교우위가 있는 소형 비행기 생산에 특화한다. 양국은 교역이 없을 경우와 비교했을 때, 교역이 있는 경우 두 종류의 비행기 모두 더 많이 소비할 수 있다.

이 경우 우리는 미국이 대형 비행기 생산에 비교우위가 있고, 브라질은 소형 비행기 생산에 비교우위가 있다고 말할 수 있다. 한 국가가 어떤 재화를 생산할 때의 기회비용이 다른 국가에 비해 적다면 그 국가는 그 분야에 **비교우위**(comparative advantage)를 가지고 있다고 말할 수 있다. 같은 개념이 기업이나 개인에게도 적용된다. 즉 어떤 기업이나 개인이 무언가를 생산하는 데 비교우위가 있다는 것은 그 기업의 혹은 그 사람의 기회비용이 다른 기업이나 다른 사람보다 더 적다는 것을 의미한다.

더 나아가기 전에 짚고 넘어가야 할 사항이 있다. 당신은 아마도 왜 미국이 브라질과 10대의 대형 비행기를 소형 비행기 20대와 거래했는지 궁금할 것이다. 10대의 대형 비행기를 12대의 소형 비행기와 거래할 수는 없는 것일까? 이 질문에 대한 답은 두 부분으로 나뉜다. 첫째로, 미국과 브라질이 수락할 수 있을 만한 다른 조합에 대한 거래 제안도 가능하다는 것이다. 두 번째로는, 예를 들어 10대의 대형 비행기와 10대의 소형 비행기를 교환하는 제안같이 제외시킬 수 있는 제안들이 존재한다는 것이다.

왜 그러한지를 이해하기 위해서 〈표 2-1〉의 미국의 경우를 먼저 살펴보자. 브라질과 미국이 거래하지 않고, 미국이 혼자 생산한다면 1대의 소형 비행기에 대한 기회비용은 대형 비행기 3/4대이다. 그러므로 미국은 소형 비행기 1대당 3/4대 이상의 대형 비행기를 포기해야 하는 거래는 선택하지 않을 것이다. 10대의 대형 비행기와 12대의 소형 비행기를 맞바꾸는 거래를 할 경우, 미국은 소형 비행기 1대를 위해 대형 비행기 10/12＝5/6대의 기회비용을 지불하는 것이다. 이 경우 5/6 > 3/4이므로 미국은 이 제안을 거절하게 될 것이다. 비슷한 이유로 브라질의 경우, 소형 비행기 1대를 위해 1/3대 이상의 대형 비행기를 주어야 하는 거래는 받아들이지 않을 것이다.

결국 여기서 기억해야 할 핵심은 미국과 브라질은 각국이 거래를 통해서 얻는 재화의 '가격'이 각자 그 재화를 생산할 때의 기회비용보다 낮을 경우에만 거래를 한다는 것이다. 나아가 이 명제는 어느 두 주체－국가든, 기업이든, 개인이든－가 자발적으로 거래하는 모든 경우에 대해서 성립한다.

한 개인이 어떤 재화를 생산하는 데에 **비교우위**(comparative advantage)를 가지고 있다는 말은 그 재화를 생산하는 데에 따른 기회비용이 다른 사람들에 비해 그 사람에게는 더 적다는 것을 의미한다.

미국과 브라질의 이야기는 현실을 단순화한 것이지만 우리는 이 이야기로부터 현실 경제에 적용할 수 있는 중요한 교훈을 얻을 수 있다.

첫 번째로, 이 모형은 교역으로부터의 이익을 명확하게 설명해 주고 있다. 각자가 한 분야에 주력하기로 합의하고 서로에게 재화를 공급해 준다면 양국은 이전보다 더 많이 생산할 수 있고, 따라서 자급자족하는 것보다 훨씬 풍족하게 지낼 수 있다.

두 번째로, 이 모형은 실제 현실에서 간과되기 쉬운 중요한 점을 설명하고 있다. 각국은 어떤 생산에 있어 비교우위를 지닌다는 사실이다. 이는 개인과 기업 단위에도 적용된다. 모든 사람은 한 가지 일에 비교우위를 가지며 다른 일에 비교열위를 갖고 있는 것이다.

위의 예를 다시 살펴보면, (그리고 아마 실제로도 그럴 것인데) 미국 노동자는 소형 비행기를 생산하는 데 있어 브라질 노동자와 차이가 없거나 더 뛰어날 수 있다. 미국이 모든 종류의 비행기 생산에 있어서 브라질보다 뛰어나다고 가정해 보자. 이 경우, 우리는 미국이 대형 비행기와 소형 비행기 생산에 **절대우위**(absolute advantage)를 갖는다고 할 수 있다. 즉 1시간에 미국 노동자들이 대형 비행기든 소형 비행기든 상관없이 브라질 노동자들에 비해 더 많이 생산할 수 있는 것이다. 따라서 언뜻 보면 미국이 브라질과 교역을 한다고 해도 얻을 것이 별로 없어 보이기도 한다.

그러나 우리가 위의 예시에서 살펴보았듯이, 미국 역시 브라질과 교역함으로써 이득을 얻는다. 왜냐하면 상호 이익의 원리는 절대우위가 아닌 비교우위에서 비롯된 것이기 때문이다. 브라질이 미국에 비해 소형 비행기를 생산하는 데 더 많은 자원을 필요로 한다는 사실은 중요하지 않다. 중요한 것은 브라질이 소형 비행기를 생산하는 것에 대한 기회비용이 적다는 사실이다. 그러므로 브라질은 두 비행기 생산 모두에 있어 절대열위가 있음에도 불구하고 소형 비행기 생산에 대해서 비교우위를 가진다. 한편 미국의 경우 대형 비행기를 제조할 때 자원을 가장 효율적으로 활용할 수 있으므로 소형 비행기 생산에 있어 비교열위를 가지게 된다.

‖ 비교우위와 국제무역

미국에서 판매되고 있는 물건의 원산지를 살펴보면 중국, 일본, 심지어는 캐나다까지 여러 나라의 이름이 눈에 띈다. 한편으로 미국의 산업 대부분은 생산량의 많은 부분을 해외에 수출하고 있다.(특히 농업, 기술집약적 산업, 대중문화가 그렇다.)

이러한 재화와 서비스의 교환은 축복해야 할 일일까, 혹은 근심거리가 될 뿐일까? 정치가와 대중은 종종 국제무역이 바람직한가에 대해 의문을 가지면서 외국으로부터 물건을 사 오는 것보다 직접 만들어 쓰는 것이 좋지 않겠느냐는 주장을 펼친다. 전 세계의 산업들은 외국의 경쟁자로부터 보호받고 싶어 한다. 일본 농부들은 미국 쌀이 수입되지 않기를 원하고, 미국 철강 노

비교우위에 대한 오해

학생, 정치가, 심지어 학자들까지도 자주 *비교우위*와 *절대우위*를 혼동하곤 한다. 예를 들어 1980년대로 거슬러 올라가 미국 경제가 일본 경제에 뒤처지고 있는 것처럼 보이던 시기에, "우리가 생산성을 향상시키지 못하면, 곧 어떤 분야에서도 비교우위를 지니지 못할 것이다."라는 논평을 종종 들을 수 있었다.

그러한 논평을 하는 사람들이 말하고자 하는 바는 "우리는 어느 분야에서도 '절대'우위를 차지하지 못할 것이고, 일본인들이 우리보다 모든 것을 더 잘하게 될 것이다."라 할 수 있다.(이 말도 결국 사실이 아니었지만.) 그리고 그 경우에 일본과의 무역에서 더 이상 이익을 얻을 수 없다는 생각을 갖고 있었다.

그러나 우리 예에서 미국이 대형 비행기든 소형 비행기든 제조하는 데서 브라질보다 낫지만, 브라질이 미국과의 교역에서 이익을 볼 수 있었고 미국 역시 마찬가지였던 것처럼, 국가도 그 나라의 모든 산업의 생산성이 무역 상대국의 생산성보다 낮더라도 무역에서 이익을 누릴 수 있게 된다.

방글라데시에서 2013년 5개의 의류 공장이 들어서 있던 건물이 무너져 1,000명 이상의 노동자가 그 안에 갇혀 사망한 사건이 발생하자, 해당 공장의 근무환경과 건축법 및 안전 절차 위반이 도마에 올랐다.

이 사건은 정당화된 대중들의 격렬한 반응을 불러일으켰고, 동시에 방글라데시 의류산업의 급격한 성장 역시 화제가 되었다. 방글라데시는 세계 의류산업에서 큰 비중(수출 기준 중국에 이어 세계 2위)을 차지하고 있으며, 의류산업은 매우 가난한 국가인 방글라데시에서 소득과 고용 창출에 매우 중요한 산업이다.

방글라데시가 의류산업에서 특별히 높은 생산성을 가진 것은 아니다. 최근 컨설팅 회사 맥킨지(McKinsey and Company)의 추정에 따르면 방글라데시 의류산업의 생산성은 중국의 1/4 수준이다. 그러나 방글라데시의 생산성은 다른 산업에서는 더욱 낮고, 이로 인해 의류 생산에 비교우위를 가지고 있는 것이다. 이러한 현상은 가난한 국가에서 주로 발생하며, 이러한 국가들은 경제 발전 초기 단계에서 의류 수출에 크게 의존한다. 그러한 국가의 한 공무원이 농담처럼 말한다. "우리는 바나나 리퍼블릭(미국의 브랜드)이 아니라 파자마 리퍼블릭(공화국)이다."

오른쪽 그림은 이러한 국가들의 1인당 소득과 전체 수출에서 의류산업이 차지하는 비율을 나타낸 것이다. 각 국가의 소득수준을 쉽게 알 수 있도록 1인당 소득은 미국의 1인당 소득을 기준으로 나타내었다. 그림에서 볼 수 있듯이 이러한 국가들은 실제로 매우 가난

출처 : WTO.

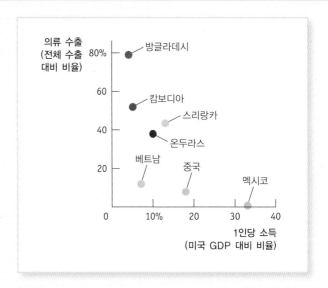

하며 가난한 국가일수록 의류산업에 크게 의존한다.

한 가지 언급하고 넘어갈 점은 방글라데시의 공장 사고와 같은 비극에도 불구하고, 의류 수출에 의존하는 것이 꼭 나쁜 것만은 아니라는 것이다. 방글라데시는 비록 아직 매우 가난하지만, 의류 수출국으로서 급격히 성장하기 시작했던 20년 전과 비교하여 약 두 배 이상 부유해졌다.

동자들은 유럽의 철강이 수입되지 않기를 원한다. 그리고 이러한 요구들은 종종 여론의 지지를 받는다.

그러나 경제학자들은 국제무역에 대해 매우 긍정적인 시각을 갖고 있다. 왜일까? 이는 비교우위의 관점에서 문제를 바라보기 때문이다. 우리가 미국의 대형 비행기와 브라질의 소형 비행기의 예에서 살펴보았듯이, 국제무역은 양국 모두에게 이득이 된다. 각국은 교역하지 않고 자급자족으로 남아 있었을 때보다 더 많은 상품을 소비할 수 있게 된다. 게다가 이러한 상호 이익은 한 나라가 어떤 재화를 더 잘 생산한다는 것에 의존하지 않는다. 만약 한 국가가 두 산업 모두에서 더 높은 1인당 생산성, 즉 두 산업 모두에서 절대우위를 가지고 있더라도 교역으로부터 여전히 이익을 얻을 수 있다. 전 세계 의류 생산의 패턴을 설명하는 '국제비교'는 이러한 측면을 잘 보여 준다.

‖ 거래 : 순환도

지금까지 우리가 공부한 모형 경제는 하나의 기업만 있는 매우 단순화된 모형이다. 우리는 미국과 브라질 간 교역의 경우에도, 각 경제 주체가 화폐를 사용하지 않고 재화나 서비스를 직접 교환하는 **물물교환**(barter) 경제를 가정함으로써 모형을 매우 단순화했다. 그러나 현대 경제에서 단순 물물교환은 거의 일어나지 않는다. 대신에 대부분의 사람들은 본질적인 가치가 없는 여러 가지 색의 종잇조각에 불과한 화폐를 얻기 위해 재화와 서비스를 제공하고 그 종잇조각을 통해 자

사람들이 이미 가지고 있는 재화와 서비스를 그들이 갖기를 바라는 재화와 서비스로 직접 교환할 때 교역은 **물물교환**(barter)의 형태로 나타난다.

그림 2-6 순환도

이 도표는 경제 내의 화폐와 재화 및 서비스의 흐름을 보여 준다. 재화와 서비스시장에서 가계는 기업으로부터 재화와 서비스를 구입하고 이는 기업으로 흘러 들어가는 화폐의 흐름과 가계로 흘러가는 재화와 서비스의 흐름을 만든다. 한편 기업이 요소시장에서 가계로부터 생산요소를 구입함에 따라 화폐는 다시 가계로 흘러간다.

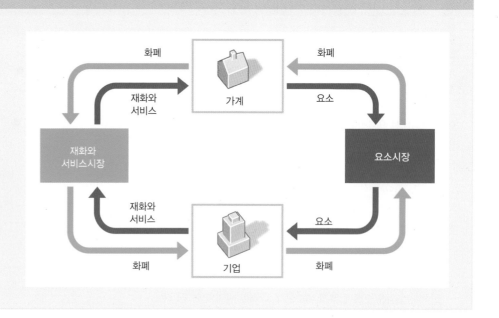

신들이 원하는 재화와 서비스를 얻는다. 즉 재화나 서비스를 팔고, 다른 재화나 서비스를 사는 것이다.

또한 사람들은 여러 가지 종류의 재화와 서비스를 사고판다. 미국 경제는 수백만의 기업이 수억 명의 노동자들을 고용하고 수백만 개의 서로 다른 재화와 서비스를 생산하는 거대한 복합체이다. 그러나 〈그림 2-6〉에 나타나 있는 **순환도**(circular-flow diagram)라는 간단한 모형을 사용하면 복잡한 경제의 중요한 원리를 배울 수 있다. 이 그림은 원을 따라서 서로 다른 방향으로 흐르는 경제 내의 거래를 나타내고 있다. 한 흐름은 재화, 서비스, 노동, 원자재 등과 같은 실물의 흐름을 나타내고, 반대 흐름은 그러한 실물에 대한 보상으로 주어지는 화폐의 흐름을 나타낸다. 이 경우에 실물의 흐름은 파란색으로, 화폐의 흐름은 초록색으로 나타나 있다.

가장 단순한 순환도는 **가계**(household)와 **기업**(firm)이라는 두 경제 주체만을 포함하고 있는 경제를 모형화한 것이다. 가계는 한 개인이거나 혹은 수입을 공유하는 여러 사람으로 이루어진 집단(꼭 그럴 필요는 없지만 대부분 가족이다)으로 이루어진다. 기업은 판매를 목적으로 하는 재화와 서비스를 생산하는 조직으로 가계의 구성원들을 고용한다.

〈그림 2-6〉에서 볼 수 있듯이 이 모형 경제에는 두 가지 종류의 시장이 존재한다. 왼쪽에 위치한 것은 **재화와 서비스시장**(markets for goods and services)으로 가계가 기업으로부터 그들이 필요로 하는 재화와 서비스를 구입하는 시장이다. 이 시장은 가계로 재화와 서비스가 유입되도록 하고, 기업으로 화폐가 유입되도록 한다.

다른 쪽에는 **요소시장**(factor markets)이 있다. 앞에서 설명했듯이 주요 생산요소는 토지, 노동, 실물자본 그리고 인적 자본이다.

우리가 가장 잘 알고 있는 요소시장은 노동시장으로서 노동자들은 그들이 일한 시간에 대해 보상을 받는다. 노동 외에도 가계가 소유하고 있거나 기업에 팔 수 있는 다른 생산요소들에 대해 생각해 볼 수 있다. 예를 들어 어떤 기업이 가계의 구성원인 주주들에게 배당금을 나누어 준다면, 결국 그것은 기계와 건물의 근본적인 소유주들에게 사용료를 지불하는 셈이 된다. 이런 경우에 상호작용은 자본을 사고파는 **자본시장**에서 이루어진다. 나중에 자세히 살펴보겠지만 경제의 총소득이 비숙련 노동자, 숙련 노동자 그리고 토지와 자본 소유주 사이에 어떻게 분배되는

순환도(circular-flow diagram)는 경제 내의 거래를 원을 따르는 흐름을 통해 보여 주는 모형이다.

가계(household)는 개인이나 소득을 공유하는 사람들의 집단을 의미한다.

기업(firm)은 판매를 목적으로 재화와 서비스를 생산하는 조직체이다.

기업은 그들이 생산한 재화와 서비스를 **재화와 서비스시장**(markets for goods and services)에서 판매한다.

기업은 **요소시장**(factor markets)에서 그들이 생산하는 데 필요한 자원인 생산요소를 구입한다.

지, 즉 경제 내의 **소득분배**(income distribution)를 결정하는 것은 결국 요소시장이다.

순환도는 현실 세계의 수많은 복잡함을 무시하고 있다. 몇 가지 예를 들면 다음과 같다.

어떤 방식으로 총소득이 다양한 생산 요소의 소유주들에게 분배되는지를 가리켜 한 경제의 **소득분배**(income distribution)라고 한다.

- 현실에서는 가계와 기업의 구분이 명확하지 않을 수 있다. 농장이나 구멍가게, 조그만 여관처럼 규모가 작고 가족이 운영하는 사업을 생각해 보자. 이러한 것들은 가계인가 기업인가? 보다 완전한 그림을 위해서는 가족 기업에 대한 또 다른 분류가 필요할 것이다.
- 많은 기업들은 생산물을 가계에 판매하기보다는 다른 기업들에게 판매한다. 예를 들어 철강회사는 자동차회사와 같은 다른 회사에게 주로 판매할 뿐 가계에는 판매하지 않는다. 따라서 보다 완전한 그림을 원한다면 기업 분야 속에 이러한 재화와 서비스의 흐름도 포함시켜야 할 것이다.
- 실제 현실에서 중요한 정부의 역할, 즉 막대한 자금을 세금의 형태로 순환도 밖으로 빼내고, 다시 막대한 자금을 정부지출의 형태로 순환도 안으로 유입시키는 정부가 순환도에는 나타나지 않고 있다.

다시 말해 〈그림 2-6〉은 실제 경제의 모든 구성원을 포함하고 구성원들 간의 모든 화폐와 실물자산의 흐름을 담은 완전한 그림이 아니다.

그러나 이러한 단순한 성격에도 불구하고 순환도는 다른 좋은 경제모형들과 마찬가지로 경제를 이해하는 데 매우 유용한 모형이다.

현실 경제의 >> 이해

부유한 나라, 가난한 나라

(때와 장소를 잘 가려서) 옷을 벗어 본 다음에 옷에 붙어 있는 라벨에 적힌 원산지를 한번 확인해 보라. 아마 대부분 미국보다 훨씬 가난한 국가들인 엘살바도르, 스리랑카, 방글라데시 등에서 만들어졌을 것이다.

왜 이러한 나라들은 미국보다 가난할까? 직접적인 대답은 이러한 나라들의 생산성이 훨씬 낮기 때문이라는 것이다. 이러한 나라들의 기업은 미국이나 다른 부유한 나라들의 비슷한 재화와 서비스를 생산하는 기업들에 비해 주어진 자원을 이용하여 만들 수 있는 양이 적다. 나라마다 생산성이 다른 원인은 또 다른 중요한 문제이지만, 어쨌든 나라마다 생산성에 격차가 있다는 것은 사실이다.

그러나 이러한 국가들의 경제가 미국에 비해 생산성이 훨씬 떨어진다면, 그들이 왜 미국인 대부분의 옷을 만들고 있는 것일까? 왜 미국인들은 스스로 옷을 만들어 입지 않을까?

정답은 '비교우위'에 있다. 방글라데시에 있는 모든 산업이 미국에 있는 같은 산업 업종에 비해 생산성이 더 떨어진다고 해 보자. 그러나 부유한 국가와 가난한 국가 사이의 생산성 차이의 크기는 재화와 산업마다 다르다. 비행기와 같이 복잡한 재화의 경우에는 생산성 차이가 클 수 있지만, 옷처럼 간단한 재화의 경우에는 별로 차이가 나지 않을 것이다. 따라서 방글라데시가 옷을 생산하는 것은 마치 브라질의 항공기 제작회사인 엠브라에르가 소형 비행기를 생산하는 것과 비슷하다. 즉 상대방만큼 그것을 잘하지는 못하

방글라데시 근로자들의 생산성이 미국 근로자에 비해 떨어진다 해도 그들은 옷 생산에 있어 비교우위를 갖는다.

<small>Robert Nickelsberg/Getty Images</small>

만, 상대적으로 잘할 수 있는 것임에는 분명하다.

요점은 방글라데시가 미국에 비해 대부분의 산업에서 절대열위지만 옷 생산에 있어서는 비교우위를 가진다는 것이다. 이것은 미국과 방글라데시가 각자 비교우위를 가지는 산업에 집중함으로써 미국은 방글라데시에 기술이 정교한 재화를 공급하고 방글라데시는 미국에 옷을 공급하는 식으로 두 나라 모두 두 재화를 더 많이 소비할 수 있게 된다는 것이다.

>> 이해돕기 2-1
해답은 책 뒤에

1. 다음 설명이 맞는지 틀린지 답하라.
   a. 드림라이너와 소형 비행기를 생산하는 데 필요한 보잉사의 자원이 늘어나면 보잉사의 생산가능곡선을 변화시키지 않을 것이다.
   b. 드림라이너의 주어진 양에 대해 소형 비행기를 더 많이 생산하도록 하는 기술 진보는 보잉사의 생산가능곡선을 변화시킬 것이다.
   c. 생산가능곡선이 유용한 이유는 자원이 효율적으로 사용되느냐에 상관없이 한 재화를 더 얻기 위해 포기해야 하는 다른 재화의 양을 알려 주기 때문이다.
2. 이탈리아에서는 하루 동안 8명의 노동자가 자동차를 생산하고, 3명의 노동자가 세탁기를 생산한다. 미국에서는 하루 동안 6명의 노동자가 자동차를 생산하고, 2명의 노동자가 세탁기를 생산한다.
   a. 어느 나라가 자동차 생산에 있어서 절대우위를 가지고 있는가? 세탁기 생산에 대해서는 어떠한가?
   b. 어느 나라가 세탁기 생산에 있어서 비교우위를 가지고 있는가? 자동차 생산에 대해서는 어떠한가?
   c. 어떤 식으로 분업을 하는 것이 두 나라의 교역으로부터 이익을 가장 크게 할까?
3. 〈표 2-1〉을 이용하여 왜 미국과 브라질이 대형 비행기 10대와 소형 비행기 15대를 교환하려 하는지 설명하라.
4. 순환도를 이용하여 가계의 지출 증가가 경제 전체의 일자리 수를 늘리는 데 어떻게 영향을 미치는지 설명하라. 순환도를 통해 예측할 수 있는 바를 설명하라.

∥ 모형 사용하기

지금까지 배운 것처럼 경제학의 주요 과제는 기본적인 몇 가지 원칙 위에 특정한 가정 몇 가지를 추가해서, 그 원칙을 특정한 현실 상황에 적용할 수 있도록 하는 모형을 만들어 내는 것이다. 그런데 실제로 경제학자들이 그러한 모형을 가지고 무엇을 하려는 것일까?

실증적 경제학과 규범적 경제학
당신이 주지사에게 조언을 해 주는 경제전문가라고 하자. 주지사는 당신에게 어떤 질문을 하게 될까? 아마 다음과 같은 질문들을 생각해 볼 수 있을 것이다.

1. 내년에 유료 도로 통행료 수입이 얼마나 될 것인가?
2. 통행료를 1달러에서 1.5달러로 올리면 총수입이 얼마나 증가할 것인가?
3. 통행료 인상이 교통량과 도로 근처의 대기오염을 줄일 수 있지만 출퇴근 시민들에게 재정적

인 부담을 줄 수도 있다. 이러한 사실을 염두에 두었을 때, 통행료를 인상해야 할 것인가?

여기서 처음 두 질문과 마지막 질문 사이에는 큰 차이가 있다. 처음 두 질문은 사실에 관한 것으로서, 처음 질문인 내년의 통행료 수입에 대한 예측은 실제로 수치가 나올 때가 되면 예측이 맞거나 틀리다는 결과가 나오게 된다. 다른 요인들이 총수입에 미칠 영향을 통제할 수는 없기 때문에 두 번째 질문인 통행료 인상이 가져올 영향에 대한 예측에 대한 답은 조금 더 어렵긴 하지만 이론적으로는 하나의 답이 나오게 된다.

그러나 통행료를 인상해야 하는가에 대한 세 번째 질문에는 '정답'이 없다. 높은 통행료가 미칠 영향에 대해서 동의하는 두 사람도 통행료 인상의 문제에 대해서는 서로 의견이 다를 수 있다. 예를 들어, 유료 도로 근처에 살지만 그 도로를 이용해서 출퇴근하지 않는 사람이라면 통행료보다는 소음과 대기오염에 더 신경을 쓸 것이고, 일반적으로 그 도로를 이용하는 시민이라면 반대의 입장을 가질 것이다.

이 사례는 경제분석에서 두 가지 역할의 중요한 차이를 보여 준다. **실증적 경제학**(positive economics)의 분석은 세상이 돌아가는 원리에 대한 질문의 답을 구하기 위한 것이고, 분석 결과의 옳고 그름을 판단할 수 있다. 반면에 세상이 어떻게 돌아가야 하느냐에 대한 문제를 연구하는 것은 **규범적 경제학**(normative economics)이라 불린다. 다른 말로 하면, 실증적 경제학은 있는 그대로를 보여 주는 것이고, 규범적 경제학은 처방을 내리는 것이다.

대부분의 경제학자들은 실증적 경제학을 연구하는 데 시간과 노력을 쏟아붓는다. 그리고 모형은 대부분의 실증적 경제학에서 핵심적 역할을 담당한다. 앞에서 언급했듯이, 미국 정부는 컴퓨터 모형을 사용하여 국가 세금정책이 가져올 변화를 예상하고, 대부분의 주정부도 각자의 세금정책에 대한 모형을 가지고 정책 변화의 영향을 분석한다.

이제는 주지사가 던질 수 있는 첫 번째와 두 번째 질문 사이에도 사소하지만 중요한 차이가 있다는 것을 살펴볼 것이다. 첫 번째 질문은 내년 수입에 대한 간단한 **예측**(forecast)이다. 두 번째 질문은 세금정책이 달라진다면 총수입에 어떤 변화가 있을 것인지를 물어보는, '만약 …이라면'식의 질문이다. 경제학자들은 보통 두 가지 유형 모두에 대답하기를 요청받지만, 모형은 특히 '만약 …이라면'식의 질문에 대답하는 데 유용하다.

그러한 질문에 대답하는 것은 종종 정책으로 이어지기도 하지만, 여전히 처방이 아니라 예측이라는 사실에는 변함이 없다. 즉 모형을 통해 어떤 정책이 변한다면 어떤 일이 벌어질 것인지는 알 수 있지만 그 결과가 좋은지 나쁜지에 대해서는 알 수 없다.

경제모형을 이용해서 주지사가 유료 도로 통행료를 인상한다면 도로 근처의 지가를 상승시키지만 출퇴근 시민들에게는 부담이 될 것이라는 사실을 알게 되었다고 하자. 이러한 사실을 통해 통행료 인상이 좋고 나쁨을 판단할 수 있을까? 그 판단은 누구에게 물어보느냐에 따라 다를 것이다. 위에서 살펴보았듯이, 도로 근처에 땅을 가지고 있는 사람은 인상안에 찬성할 것이고, 운전자들의 복지에 관심이 있는 사람은 다르게 생각할 것이다. 이는 가치판단의 문제이지 경제분석의 문제가 아니기 때문이다.

하지만 경제학자들은 자주 정책 조언을 하게 된다. 즉 규범적 경제학에 관여하게 되는 것이다. 이 경우에 만약 '올바른' 답이 없다면 어떠한 판단을 내려야 하는 것일까?

우리 모두가 각자의 의견을 가지고 있듯이, 경제학자도 시민의 한 사람으로서 의견을 낼 수 있다. 그러나 경제분석은 다른 사람들의 의견이 어떻든지 간에 어떤 정책이 다른 것에 비해 명백히 낫다는 것을 보여 줄 때 주로 사용된다.

정책 A가 정책 B에 비해 모든 사람의 효용을 더 증가시키거나 혹은 적어도 다른 사람들에게 피해를 입히지 않고서 몇몇 사람들의 효용을 증가시킬 수 있다고 하자. 그러면 정책 A가 정책 B

실증적 경제학(positive economics)은 경제가 실제적으로 움직이는 원리를 설명하고자 하는 경제학의 한 분야이다.

규범적 경제학(normative economics)은 경제가 마땅히 움직여야 하는 원칙에 관하여 처방을 내리는 경제학의 한 분야이다.

예측(forecast)은 미래에 대한 단순한 예상이다.

보다 좋다는 것은 분명하다. 이것은 목표 그 자체를 평가하는 가치판단의 문제가 아니다. 다만 어떻게 목표를 달성하는 것이 가장 효율적인 방법인가에 대해 말하고 있는 것이다.

예를 들어 저소득 가정이 집을 얻는 것을 돕기 위해 집세를 일정한 수준으로 유지시키는 정책과 집세를 내는 저소득 가정에 보조금을 주는 두 가지 다른 정책이 사용되고 있다고 하자. 대부분의 경제학자들은 보조금이 더 효율적이라는 데 동의할 것이다. 그리고 대다수의 경제학자들은 정치적 성향에 관계없이 집세 통제보다 보조금을 선호할 것이다.

각각의 정책에 우선순위를 정할 수 있다면 경제학자들은 대부분 합의에 쉽게 도달할 것이다. 그러나 경제학자들이 종종 합의에 이르지 못하는 경우도 분명히 존재한다.

‖ 경제학자들이 합의하지 못할 때와 그 이유

경제학자들은 서로 논쟁을 잘하는 것으로 유명하다. 그렇다면 어떻게 이러한 유명세를 얻게 되었을까?

이는 경제학자들의 시각 차이가 언론을 통해 과장되게 보도되는 탓도 크다. '집세규제 정책이 주택 부족을 야기할 것이다'와 같이 경제학자들 대부분이 동의하는 문제들에 대해서는 기자들이 기사로 다뤄야 할 가치를 느끼지 못한다. 따라서 전문가들이 합의를 이룬 내용들은 언론을 통해 보도되지 않는다. 그러나 저명한 경제학자들이 서로 다른 입장을 가지고 있는 문제가 있을 경우에는 이것이 좋은 기삿거리가 되어 여기저기에 보도된다. 따라서 사람들은 경제학계에서 합의된 더 큰 부분보다는 서로 합의하지 않고 있는 작은 부분에 대해서만 듣게 되는 것이다.

또한 경제학이 필연적으로 정치와 연관되어 있다는 것도 이유이다. 막강한 이익집단들은 어떠한 문제에 대해 그들이 듣고 싶어 하는 대답을 듣고 싶어 하고, 그들의 의견을 뒷받침해 줄 수 있는 경제학자들을 찾는다. 그러면서 그들은 경제학자들에게 명성과 더불어 훨씬 나은 대우를 약속해 주곤 한다.

그러나 경제학자들 사이의 의견 불일치가 실제 현실보다 더 과장되어 나타난다 하더라도, 경제학자들이 몇몇 중요한 문제에 대해 서로 다른 의견을 보인다는 것은 엄연한 사실이다. 예를 들어 몇몇 유명한 경제학자들이 미국 정부가 소득세를 **부가가치세**(이는 전국적인 판매세로 대부분의 유럽국가에서 주요한 정부 수입원이 되고 있다)로 대체하려는 것에 대해 열렬한 지지를 보낸 반면, 또 다른 유명한 경제학자들은 이에 대해 반대했다. 왜 이러한 견해 차이가 생기는 것일까?

견해 차이의 주요한 원인은 가치의 차이에 있다. 즉 사람들이 합리적이라고 생각하는 것의 기준이 집단마다 다를 수 있다. 소득세와 비교하면 부가가치세는 일반적으로 중산층에게 더 많은 부담을 지운다. 따라서 사회가 보다 평등해야 한다고 생각하는 경제학자는 부가가치세에 반대 입장을 가질 것이고, 다른 가치를 가진 경제학자는 부가가치세를 그리 반대하지 않을 것이다.

견해 차의 또 다른 중요한 원인은 서로 다른 경제모형에 있다. 경제학자들의 결론은 현실을 단순화시킨 그들의 모형에 근거하기 때문에, 어떠한 단순화가 적절한가에 대해 경제학자들의 의견이 다르다면 결국 다른 결론에 도달하게 된다.

미국 정부가 부가가치세 도입 여부를 고려한다고 가정해 보자. 경제학자 A는 조세 체계에 관한 행정비용—즉 감시비용, 서류 처리비용, 세금 부과비용 등—에 초점을 맞춘 모형에 의존할 것이다. 이 경제학자는 부가가치세를 부과하는 데 대한 높은 비용에 관련된 연구에 집중할 것이고 변화를 반대할 것이다. 그러나 경제학자 B는 그 문제에 대한 올바른 접

유리잔이 반이나 찼군.

반이나 비었어.

소비자는 반이나 살아 있다.—

근은 행정적 비용을 무시하고 제안된 법안이 사람들의 저축에 관련된 행동을 어떻게 바꿀지에 초점을 맞추는 것이라고 생각할 것이다. 이 경제학자는 부가가치세가 소비자들의 저축을 어떻게 증대시키는지(즉 바람직한 결과)에 관한 연구를 제시할 것이다.

경제학자들이 서로 다른 모형을 썼기 때문에, 즉 서로 다른 단순화된 가정을 하고 있기 때문에 그들은 서로 다른 결론에 도달하게 된다. 그리고 두 경제학자는 같은 문제의 서로 다른 측면에 집중하고 있다.

현실 경제의 >> 이해

경제학자들이 합의할 때

"만약 전 세계 경제학자들을 끝에서 끝까지 데려다 놓아도 그들은 결코 결론에 도달할 수 없을 것이다."라는 경제학 농담이 있다. 그러나 경제학자들은 정말 그렇게나 서로 의견이 다를까? 진행 중인 조사에 의하면 그렇지 않다. 시카고대학교의 부스경영대학원에서 다양한 학문적, 지역적, 정치적 배경을 지닌 51명의 저명한 경제학자들로 패널을 구성해 정치인과 대중 사이에 이견이 분분한 정책 및 정치 문제에 대해 정기적으로 설문조사를 진행하였다.

조사 결과 소문과 달리 경제학자 패널들은 논란의 여지가 많은 문제를 포함하여 많은 사안에 대해 합의를 하는 것으로 나타났다. 예를 들어 패널 중 85%는 중국과의 교역이 미국에 이익이 될 것이라고 주장했으며, 거의 비슷한 비율로 의류와 같은 경쟁 산업에 종사하는 미국인들은 중국과의 교역으로 손해를 본다는 의견에 대해 동의하였다. 대략 비슷한 비율(82%)로 임대료 통제는 질 좋으면서 적당한 가격의 주거 공급이 증가할 것이라는 주장에 대해서는 동의하지 않았다.

첫 번째 경우, 패널은 미국 정치에서 진보로 볼 수 있는 입장에 압도적으로 동의했으나, 두 번째 경우에는 정치적으로 보수적인 입장에 동의하였다.

경제학자들 간의 불일치는 검증되지 않은 경제적 정책을 수반하는 경향을 보였다. 예컨대 경제 부흥을 목표로 하는 새로운 연방준비제도가 과연 효과를 보일지에 대해서는 거의 반반으로 의견이 나뉘었다. 이러한 의견 불일치에서 이념은 제한된 영향력을 보였다. 진보 경제학자는 평균적으로 보수 경제학자와 미세하게 다른 입장에 섰지만 대중 사이에 나타난 차이보다 크지는 않았다.

따라서 경제학자들은 몇몇 문제에 대해, 특히 거시경제적 문제에 대해 정말로 의견 불일치를 보인다. 하지만 대부분의 영역에서는 공통점을 보였다.

경제학자 패널(왼쪽 위에서부터 시계방향으로) : UC 버클리의 에이미 핀켈슈타인(Amy Finkelstein)과 힐러리 호인즈(Hilary Hoynes), 하버드대학교의 라즈 체티(Raj Chetty)

>> 이해돕기 2-2

해답은 책 뒤에

1. 다음 중 어떤 것이 실증적 진술이고, 또 규범적 진술인지 설명하라.
   a. 사회는 사람들이 개인적으로 위험한 행동을 하지 않도록 하는 방안을 마련해야 한다.
   b. 위험한 행동을 하는 사람들은 높은 의료비용을 통해 사회에 높은 비용을 부담시킨다.
2. 다음 설명이 맞는지 틀린지 답하라.
   a. 정책 A와 B는 동일한 사회적 목표를 달성하려고 한다. 그러나 정책 A는 정책 B에 비해 훨씬 비효율적으로 자원을 사용한다. 따라서 경제학자들은 정책 B에 찬성할 것이다.
   b. 두 경제학자가 어떤 정책이 바람직한가에 대해 의견이 다를 때는 보통 그중 한 명이 실수를 하고 있는 것이다.

> **>> 복습**
> • 대부분 세계가 움직이는 원리를 분석하는 **실증적 경제학**에는 명확히 옳고 그른 대답이 존재하며, **예측**하는 일 또한 포함한다. 그러나 **규범적 경제학**은 마땅히 어떻게 되어야 한다는 식의 처방을 내리는 분야이기 때문에 명확히 옳은 대답이 존재하지 않고 오직 가치판단만이 있는 경우가 많다.
> • 경제학자들은 두 가지 이유에 대해서는 의견이 일치하지 않는다. 먼저, 그들은 경제모형을 만들기 위한 단순화에 관하여 의견이 다르다. 둘째로, 그 밖의 모든 사람과 마찬가지로 그들은 가치 자체에 대해서도 다른 입장을 가지고 있다.

문제 풀어보기   중금속과 고단백질

주기율표의 맨 아래 행 중 하나를 보면, 란타늄(lanthanum)부터 루테튬(lutetium)까지 희토류(rare earths)라 불리는 란탄 계열 원소들(lanthanide)을 찾을 수 있다. 수소 및 금과 같이 일반적으로 많이 사용되는 요소와 달리 스마트폰이나 태블릿을 사용하거나 TV를 볼 때 매일 사용하는 희토류는 들어 보지 못했을 것이다. 실제로 아이폰에는 12가지 이상의 희토류 원소가 있다. 이 필수 원소들은 하이브리드 자동차, 풍력 터빈, 레이저 및 위성에서도 볼 수 있다.

그들의 이름에도 불구하고 희토류 원소는 전혀 드물지 않다. 이 원소들은 지구의 지각에 내장되어 있다. 중국이 세계 생산량의 거의 95%를 관리하는 희토류의 가장 큰 채굴국이고 수출국이다.

한편 미국은 가축 사료 생산에 필수적일 뿐만 아니라 두유, 에다마메(풋콩), 두부와 같은 제품 형태로 인간의 소비를 위한 고단백 작물인 콩 단백질을 세계에서 가장 많이 수출한다. 전 세계적으로 거래되는 모든 콩의 거의 90%가 미국에서 재배되고 있다.

다행히도 미국과 중국은 서로 무역을 할 수 있다. 그러나 중국이 희토류를 수출하는 것을 거부한다면, 미국이 희토류를 추출할 수 있는 방법을 찾아야만 한다면 어떨까? 중국이 다른 나라의 콩 구매를 중단하고 자체 생산으로 돌아간다면 어떻게 될까?

이제 중국과 미국은 콩 또는 희토류 중 하나를 생산할 수 있다고 가정해 보자. (실제 거래 패턴에 기초한 가설의 예이다). 희토류와 콩의 생산가능성은 다음과 같다고 가정하자.

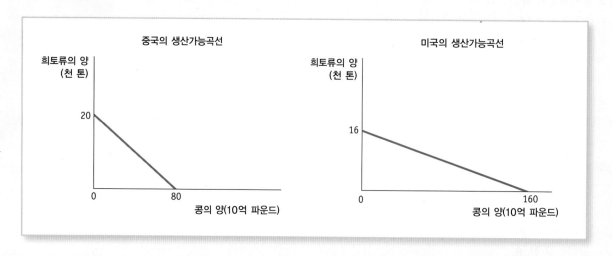

양국의 희토류와 콩의 기회비용을 계산해 보자. 미국은 희토류를 생산하는 데 비교우위를 가지고 있는가? 중국이 640억 파운드의 콩과 12,000톤의 희토류를 소비하기를 원한다고 가정하자. 생산가능곡선 그래프에서 이 점을 보여라. 이것은 무역 없이 가능한가?

단계 | 1 두 나라의 희토류와 콩의 기회비용을 계산하라.

30~34쪽을 복습하라.

양국의 생산가능곡선은 직선이어서 희토류에 대한 콩의 기회비용은 일정하다. 중국의 생산가능곡선의 기울기는 −1/4이며(기울기는 y축 변수인 희토류의 변화량을 x축 변수인 콩의 변화량으로 나눈 것이다. 이 경우에는 −20/80=−1/4이다.), 미국의 경우 생산가능곡선의 기울기는 −1/10이다. 따라서 희토류를 1,000톤 생산하는 중국의 기회비용은 40억 파운드의 콩이며, 희토류 1톤을 생산하는 미국의 기회비용은 100억 파운드의 콩이다. 마찬가지로 10억 파운드의 콩을 생산하는 중국의 기회비용은 희토류 1,000톤의 1/4(250톤)에 불과하고 10억 파운드의 콩을 생산하는 미국의 기회비용은 희토류 1,000톤의 1/10(100톤)이다.

단계 | 2 중국은 콩을 생산하는 것에 비교우위가 있는가?

30~34쪽을 복습하라.

한 국가는 생산의 기회비용이 다른 국가에 비해 낮다면 재화 생산에 비교우위를 갖는다. 이 경우 10억 파운드의 콩을 생산하는 기회비용은 중국은 희토류 1,000톤의 1/4(250톤)이고 미국은 1,000톤의 1/10(100 톤)이다. 1/10이 1/4보다 작기 때문에 중국이 아닌 미국은 콩 생산에 비교우위를 보인다.

단계 | 3 중국이 640억 파운드의 콩과 12,000톤의 희토류를 소비하기를 원한다고 가정해 보자. 생산가능곡선의 그래프에 이 점을 표시하라. 무역 없이 이것이 가능한가?

30~34쪽과 〈그림 2-5〉를 복습하라.

그래프에서 알 수 있듯이 중국의 소비량 640억 파운드의 콩과 희토류 12,000톤은 *B*점이지만 무역이 없는 생산가능곡선 밖이다. 중국이 무역 없이 640억 파운드의 콩을 소비했다면, 오직 4,000톤의 희토류를 소비하고, *A*점으로 나타난다. 따라서 무역이 없으면 두 재화의 소비 수준은 불가능하다.

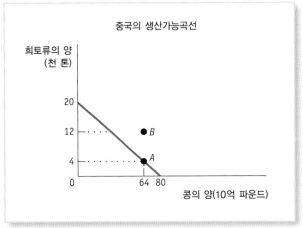

요약

1. 대부분의 경제학은 '사고 실험' 혹은 현실의 단순화, 그리고 그래프와 같은 수학적 도구를 사용하는 **모형**에 기초하고 있다. 경제모형의 중요한 가정은 **다른 조건이 일정하다**는 것이다. 이 가정을 통해 다른 관련 요소들이 변화하지 않은 상태에서 한 요소의 변화가 가져오는 영향을 분석할 수 있다.

2. 중요한 경제모형 중 하나는 **생산가능곡선**이다. 생산가능곡선은 기회비용(어떤 재화를 한 단위 더 생산하기 위해 포기해야 하는 다른 재화의 단위), 효율성(경제가 생산가능곡선 위에서 생산한다면 그 경제는 효율적이다), 경제성장(생산가능곡선의 확장) 등을 나타낸다. 경제성장의 요인으로는 크게 두 가지가 있다. 토지, 노동, 실물자본, 인적 자본 같은 **생산요소**의 증가와 **기술**의 발전이다.

3. 또 다른 중요한 모형은 **비교우위**이다. 비교우위는 개인과 국가 간의 교역으로부터 얻는 이익의 근원에 대해 설명하고 있다. 모든 사람은 자신이 다른 사람들보다 더 적은 기회비용을 갖는 재화나 서비스 분야에 비교우위를 가지고 있다. 그러나 이는 종종 한 재화나 서비스를 누구보다도 더 잘 생산할 수 있다는 **절대우위**와 혼동되기도 한다. 이러한 혼동으로 인해 개인과 국가 간의 교역에서 아무런 이

익을 얻을 수 없다는 잘못된 결론에 이르기도 한다.

4. 가장 단순한 경제에서 사람들은 현대 경제에서처럼 돈을 통해 교역하기보다는 **물물교환**을 한다. **순환도**는 **가계와 기업** 간의 재화, 서비스, 소득의 흐름을 통해 경제 안에서 일어나는 거래를 보여 준다. 이러한 교역은 **재화와 서비스 시장**, 노동과 같은 생산요소를 위한 **요소시장**에서 이루어진다. 이를 통해 소비, 생산, 고용, 소득 그리고 성장이 경제 내에서 어떻게 연결되어 있는지 이해할 수 있다. 어떤 방식으로 총소득이 다양한 생산요소의 소유주들에게 분배되는지를 나타내는 **소득분배**는 궁극적으로 요소시장에 의해 결정된다.

5. 경제학자들은 경제가 어떻게 돌아가는지를 알려 주는 **실증적 경제학**과 경제가 어떻게 돌아가야 하는가를 처방하는 **규범적 경제학** 모두에서 경제모형을 이용한다. 실증적 경제학은 종종 **예측**을 동반한다. 경제학자들은 실증적 문제의 정답은 찾아낼 수 있지만, 모호한 판단이 개입되는 규범적 문제에 대해서는 그렇지 못하다. 예외적으로 어떤 특정한 목적을 추구하기 위한 정책들은 효율성 측면에서 순위를 정할 수 있다.

6. 경제학자들의 의견이 서로 다른 데는 크게 두 가지 이유가

있다. 첫 번째로, 모형을 단순화하는 방법에 대해 의견이 다를 수 있다. 두 번째로, 다른 사람들처럼 가치에 대해 의 견을 달리할 수 있다.

주요용어

모형	절대우위	요소시장
다른 조건이 일정하다	물물교환	소득분배
생산가능곡선	순환도	실증적 경제학
생산요소	가계	규범적 경제학
기술	기업	예측
비교우위	재화와 서비스시장	

토론문제

1. 경제학 리포터인 피터 펀디트는 모든 산업에 있어서 유럽연합의 생산성이 매우 급격하게 증가하고 있다고 말한다. 그는 생산성 진보속도가 매우 빨라서 이러한 산업 부문에서 유럽연합의 생산성이 미국의 생산성을 앞지를 것이고, 결과적으로는 미국이 유럽연합과의 교역에서 이익을 얻지 못할 것이라고 보았다.

   a. 피터 펀디트의 이와 같은 주장은 옳은 것인가? 옳지 않다면 오판의 원인이 어디에 있다고 보는가?

   b. 유럽연합과 미국이 계속 교역을 한다면 유럽연합이 미국에 수출하는 재화의 특징과 미국이 유럽연합에 수출하는 재화의 특징은 무엇이겠는가?

2. 아틀란티스의 경제가 발전함에 따라 주민들은 지금 조개껍데기를 화폐로 사용한다. 가계와 기업을 나타내는 순환도를 그려 보자. 기업은 감자와 물고기를 생산하고 가계는 감자와 물고기를 구입한다. 가계는 또한 토지와 노동을 기업에 제공한다. 조개껍데기 또는 물리적인 물건(재화와 서비스 또는 자원)의 흐름에서 다음의 충격은 각각 어디서 일어나는지 식별하라. 이와 같은 충격이 흐름도 상의 원에서 어떻게 퍼져 나가는지 기술하라.

   a. 허리케인으로 인한 홍수가 상당한 면적의 감자밭을 황폐화시킴

   b. 물고기 잡이가 매우 왕성한 계절에 엄청난 양의 물고기가 잡힘

   c. 아틀란티스의 주민들이 브루노 마스를 발견하고 댄스축제로 한 달의 며칠을 보냄

3. 어떤 경제학자는 대학이 교수진과 학생을 투입물로 사용하여 교육을 '생산한다'고 말할지도 모른다. 이러한 맥락에 따르면 교육은 그다음 가정에 의해 '소비된다.' 대학교육과 관련된 경제 부문을 나타내기 위하여 순환도를 만들어 보라. 대학은 기업을 나타내고, 가계는 교육을 소비함과 동시에 교수와 학생을 대학에 공급하는 역할을 하게 된다. 이 모형에 관련된 시장은 무엇인가? 각각의 방향에서 사고팔리는 것은 무엇인가? 정부가 모든 대학교 학생들의 학비 50%를 보조금으로 지급한다면 이 모형에서 어떤 변화가 나타나겠는가?

4. 미국 의류산업의 대표는 최근 다음과 같은 말을 했다. "아시아의 근로자들은 단지 시간당 몇 푼을 벌기 위해 열악한 환경에서 일하고 있습니다. 미국 근로자들은 보다 생산성이 높고 그 결과 보다 높은 임금을 받습니다. 미국 작업장의 권위를 보호하기 위해 정부는 저임금의 아시아 의류 수입을 금지하는 법안을 제정해야 합니다."

   a. 이 인용문의 어느 부분이 실증적 진술에 해당하는가? 규범적 진술에 해당하는 부분은 어디인가?

   b. 이 사람이 주장하는 정책은 미국과 아시아 근로자들의 임금과 생산성에 관한 앞의 진술과 일관성이 있는가?

   c. 그러한 정책이 다른 미국인들의 후생을 해치지 않고서 어떤 미국인들의 후생을 증진시킬 수 있을까? 즉 이러한 정책이 모든 미국인의 관점에서 볼 때 효율적인가?

   d. 저임금의 아시아 근로자들은 그러한 정책으로 인해 이득을 볼 것인가, 손해를 볼 것인가?

5. 이 문장을 평가해 보라. "미래 사건을 예측하는 경제모형을 개발하는 것보다 이미 일어난 사건들을 정확히 반영하는 경제학적 모형을 개발하는 것이 더 쉽다." 당신은 이 문장이 옳다고 생각하는가? 왜 그런가? 이것은 훌륭한 경

제학적 모형을 개발하는 것의 어려움에 대해 무엇을 의미하는가?

6. 정부에서 일하는 경제학자들은 종종 정책적 권고안을 제시해 달라는 요청을 받는다. 일반 국민들이 이 권고안에서 규범적 진술과 실증적 진술을 구분하는 것이 왜 중요하다고 생각하는가?

7. 이 진술을 평가하라. "경제학자들이 충분한 데이터를 가지고 있다면, 사회적 이익을 극대화하는 방법으로 모든 정책 문제를 해결할 수 있을 것이다. 그렇게 된다면 정부가 모든 사람에 대하여 의료지원을 제공해야 하느냐 마느냐와 같은 정치적인 논쟁 또한 할 필요가 없을 것이다."

연습문제

1. 버뮤다 섬의 두 가지 중요한 산업은 어업과 관광이다. 유엔 식량농업기구와 버뮤다 통계청의 자료에 따르면, 2014년에는 버뮤다 섬에 등록된 315명의 어부가 497톤의 해산 어류를 잡았다. 그리고 호텔에 등록된 2,446명은 58만 209건의 호텔 숙박을 유치하였다(이는 도착한 방문객 수로 측정하였다). 이와 같은 생산량의 조합은 모두 효율적인 생산이다. 그리고 한 단위(톤)의 해산 어류에 대한 기회비용은 2,000건의 호텔 숙박이며 이 기회비용은 항상 일정하다.

   a. 만약 315명의 어부가 호텔에 고용된다면(이미 고용된 2,446명의 직원에 추가로) 버뮤다 섬은 얼마나 많은 호텔 숙박을 유치할 수 있을까?

   b. 2,446명의 호텔업 종사자가 모두 어부가 된다면(이미 어부인 315명에 추가로) 버뮤다 섬은 얼마나 많은 양의 물고기를 잡을 수 있을까?

   c. 수평축에는 물고기를, 수직축에는 숙박 건수를 놓고 버뮤다 섬의 생산가능곡선을 그리고 그 위에 버뮤다 섬의 2014년도의 실제 생산 위치를 표시하라.

2. 미국 농무부의 전국농업통계국에 따르면 최근 1년에 1억 2,400만 에이커의 토지가 밀과 옥수수 생산에 사용되었다. 그 1억 2,400만 에이커의 토지 중에서 농부들이 5,000만 에이커를 이용하여 21억 5,800만 부셸의 밀을 생산하고, 7,400만 에이커의 토지를 이용하여 118억 700만 부셸의 옥수수를 생산하였다. 미국의 밀과 옥수수 생산은 효율적이라고 하자. 위와 같은 생산을 하는 상황에서 1부셸의 밀을 추가적으로 생산하는 데 따르는 기회비용은 1.7부셸의 옥수수이다. 그러나 농부들에게는 기회비용 체증이 적용되므로 1부셸의 밀을 생산하는 데 드는 기회비용은 1.7부셸의 옥수수보다 클 것이다. 각각의 생산 지점에 대해서 (i) 생산 가능하며 효율적인지, (ii) 생산 가능하지만 효율적이지는 않은지, (iii) 생산이 불가능한지 또는 (iv) 불명확한지를 판단하라.

   a. 농부들은 4,000만 에이커의 토지를 사용하여 18억 부

셸의 밀을 생산하였고, 6,000만 에이커의 토지를 사용하여 90억 부셸의 옥수수를 생산하였다. 남은 2,400만 에이커의 토지는 그냥 놔두었다.

   b. 원래의 생산 지점에서 농부들은 4,000만 에이커의 토지를 옥수수 생산에서 밀 생산으로 전환시켰다. 그들은 현재 31억 5,800만 부셸의 밀과 101억 700만 부셸의 옥수수를 생산한다.

   c. 농부들은 밀 생산을 20억 부셸로 줄이고, 옥수수 생산을 120억 4,400만 부셸로 늘렸다. 옥수수 118억 700만 부셸에서 옥수수 120억 4,400만 부셸로 가는 데 따른 기회비용은 옥수수 1부셸당 밀 0.666부셸이다.

3. 고대도시 로마에서는 두 가지 재화, 스파게티와 미트볼만이 생산되었다. 로마에는 두 부족, 티볼리족과 프리볼리족이 있다. 티볼리족은 매달 그들 스스로 스파게티 30파운드와 미트볼 0파운드를 생산하거나 미트볼 50파운드와 0파운드의 스파게티 또는 두 조합 사이의 어떠한 조합도 생산할 수 있다. 반면 프리볼리족은 그들 스스로 매달 40파운드의 스파게티와 0파운드의 미트볼, 또는 30파운드의 미트볼과 0파운드의 스파게티 또는 두 조합 사이의 어떠한 조합도 생산 가능하다.

   a. 모든 생산가능곡선은 직선이라고 가정하자. 티볼리족과 프리볼리족의 월별 생산가능곡선을 각각 그려 보고 계산방법도 설명하라.

   b. 어떤 부족이 스파게티 생산에 비교우위가 있는가? 미트볼 생산에 있어서는 어떠한가?

기원전 100년에 프리볼리족은 매달 생산 가능한 미트볼 양의 두 배를 생산할 수 있는 새로운 미트볼 생산기술을 발명한다.

   c. 프리볼리족의 새로운 월별 생산가능곡선을 그려 보라.

   d. 혁신 이후 어떤 부족이 미트볼 생산에 있어 절대우위를 갖겠는가? 스파게티 생산에 있어서는 어떤 부족이 절대우위를 갖겠는가? 어떤 부족이 미트볼 생산에 있어

비교우위를 갖겠는가? 스파게티 생산에 있어서는 어떤 부족이 비교우위를 갖겠는가?

4. 7월에 미국은 중국에 대해 10억 달러의 가치가 있는 비행기를 수출하고 1만 9,000달러에 준하는 비행기를 수입해 왔다. 그러나 같은 달에 미국은 8,300만 달러 가치의 남성 바지를 수입하였고 그 대신 8,000달러에 준하는 바지를 수출하였다. 비교우위를 이용한 무역이론에 근거하여 다음 질문에 답하라.

   a. 어느 나라가 비행기 생산에 비교우위가 있는가? 어느 나라가 바지 생산에 비교우위가 있는가?

   b. 어느 나라가 비행기 생산에 절대우위가 있는가? 어느 나라가 바지 생산에 절대우위가 있는가?

5. 당신이 기숙사의 거주자들을 야구팀과 농구팀으로 배정한다고 하자. 당신은 마지막 4명을 남겨 두고 있는데 그중 2명은 야구팀에, 나머지 2명은 농구팀에 배치해야 한다. 다음 표는 각 사람들의 평균 타율과 자유투 성공률을 나타낸다.

이름	평균 타율	평균 자유투 성공률
켈리	70%	60%
재키	50%	50%
커트	10%	30%
게리	80%	70%

   a. 각각을 경기자로 배정하는 데 있어 비교우위의 개념을 어떻게 이용할 수 있을지 설명하되 각 선수들의 자유투의 기회비용을 평균 타율의 단위로 계산하여 논해 보라.

   b. 이와 같은 배정에 대하여 왜 어떤 농구선수들은 불만족하고 다른 야구선수들은 만족스러워할 것으로 보이는가? 그럼에도 불구하고 경제학자가 이 방법이 당신의 기숙사 스포츠팀에 선수를 배치하는 효율적인 방법이라고 생각하는 이유는 무엇인가?

6. 당신의 기숙사 룸메이트는 대부분의 시간 동안 시끄러운 음악을 틀어 놓는 반면 당신은 조용한 것을 선호한다고 하자. 당신은 그녀에게 이어폰을 사라고 제안한다. 이에 대해 그녀도 이어폰을 사고 싶지만, 지금 당장 이어폰 외에 소비하고 싶은 것이 많다고 대답했다. 당신이 이 상황을 경제학을 전공하는 친구와 논의하고 있는 중 다음과 같은 대화가 오고 갔다.

   친구 : 이어폰을 사는 데 얼마나 필요하니?

   당신 : 15달러.

   친구 : 넌 남은 학기를 평화롭고 조용하게 보내는 것의 가치가

어느 정도라고 생각하니?

   당신 : 30달러.

   친구 : 그렇다면 네가 이어폰을 사서 그것을 룸메이트에게 주는 것이 효율적이야. 그렇게 하는 것이 잃는 것보다 얻는 것이 더 많기 때문이지. 편익이 비용을 초과한다면 그렇게 하는 것이 바람직해.

   당신 : 하지만 내가 소음을 일으키는 장본인도 아닌데 내가 이어폰을 사는 건 불공평해.

   a. 이 대화의 어느 부분이 실증적 진술을 포함하는지, 그리고 어떤 부분이 규범적 진술을 포함하는지 구분하라.

   b. 룸메이트가 행동을 고쳐야 한다는 당신의 의견을 지지하는 논거를 구성해 보라. 비슷하게 당신이 이어폰을 사야 한다는 룸메이트의 의견에 대한 논거를 구성해 보라. 기숙사가 거주자들에게 음악을 틀어 놓을 수 있는 무제한의 권리를 보장하는 정책을 갖고 있다면 어떤 논거가 이길 것 같은가? 룸메이트가 불만이 있는 경우 음악을 틀어 놓는 것을 금해야 한다는 규칙이 기숙사에 있다면 어떤 논거가 이길 것 같은가?

7. 다음의 명제들이 참인지 아닌지 판단하고 왜 그런지 설명하라.

   a. "사람들이 자신의 월급에 대하여 높은 세금을 내야 한다면 일할 유인이 감소한다."는 실증적 명제이다.

   b. "사람들이 일하게 하기 위해서는 세금을 줄여야 한다."는 실증적 명제이다.

   c. 경제학은 사회가 어떤 방향으로 나아가야 하는지에 대한 명확한 결정을 항상 내려 줄 수는 없다.

   d. "이 나라의 공교육은 이 제도를 시행하는 데 따르는 비용보다 많은 편익을 제공한다."는 규범적 명제이다.

   e. 경제학자들 간의 의견 불일치는 언론에 의해 조장된 측면이 있다.

8. 고담 시의 시장은 올 겨울 치명적인 독감의 유행 가능성에 대해 우려하며 다음과 같은 몇 개의 질문을 경제학 고문에게 던졌다. 다음 각각의 질문에서 경제학 고문은 실증적 판단을 해야 하는지, 아니면 규범적 판단을 해야 하는지 답하라.

   a. 11월 말까지 얼마나 많은 독감백신이 시에서 확보될 것인가?

   b. 백신접종 가격이 10% 상승한다면 제약회사들이 백신 공급량을 얼마나 늘릴 것인가?

   c. 시에서 백신이 부족하다면 노인과 연소자 중 우선적으로 누구에게 백신을 공급해야 할 것인가?(단, 노인과 연소자 모두 독감으로 인한 치사율이 같다고 가정하자.)

d. 시가 1회 백신접종에 대하여 25달러의 비용을 부담시
키면 얼마나 많은 사람들이 지불할까?

e. 시가 1회 백신접종에 대하여 25달러의 비용을 부담시
키면, 1회 접종당 10달러의 이윤이 남는 셈이며, 이 이
윤은 가난한 사람들의 예방접종을 지원하는 데 쓰인다.
시는 이러한 계획에 참여해야 하는가?

9. 아틀란티스는 남대서양에 있는 고립된 작은 섬이다. 거주
자들은 감자를 재배하고 민물고기를 잡으며 산다. 다음의
표는 아틀란티스에서 연간 생산 가능한 감자와 물고기의
최대 산출 조합을 나타낸 것이다. 분명히 자원과 기술이
제한되어 있기 때문에 감자 생산에 더 많은 자원을 이용한
다면 물고기를 잡는 데 이용 가능한 자원은 그만큼 줄어들
것이다.

a. 수평축을 감자 생산량, 수직축을 물고기 어획량으로 하
여 A~F까지의 조합을 나타내는 생산가능곡선을 그려
보라.

b. 아틀란티스에서 500파운드의 물고기와 800파운드의
감자가 생산될 수 있는지 설명하라. 이 조합을 나타내
는 점은 생산가능곡선과 비교하여 어디에 위치하는가?

c. 감자의 연간 생산량이 600파운드에서 800파운드로 증
가하는 데 따르는 기회비용은 무엇인가?

d. 감자의 연간 생산량이 200파운드에서 400파운드로 증
가하는 데 따르는 기회비용은 무엇인가?

e. **c**와 **d**의 답이 같지 않은 이유를 설명하라. 이것이 생산
가능곡선의 기울기에 대해서 의미하는 바는 무엇인가?

연간 최대 산출 조합	감자 생산량 (파운드)	물고기 어획량 (파운드)
A	1,000	0
B	800	300
C	600	500
D	400	600
E	200	650
F	0	675

경제학과 그래프

‖ 그림 이해하기

우리가 《월스트리트저널》이나 경제학 교과서를 통해서 경제학을 접할 때 많은 그래프를 보게 된다. 시각적인 이미지는 우리가 설명이나 수식, 생각을 훨씬 쉽게 이해할 수 있도록 도와준다. 경제학에서는 이해를 돕기 위해 그래프를 시각적 이미지로 사용한다. 생각과 정보를 확실히 이해하기 위해서는 이러한 시각적 이미지를 어떻게 해석해야 하는지에 대하여 알고 있어야 한다. 따라서 부록에서는 그래프가 어떻게 만들어지고 해석되며, 경제학에서 어떻게 이용되는지에 대하여 살펴보자.

‖ 그래프, 변수, 그리고 경제학적 모형

대학에 진학하는 이유 중의 하나는 학사학위가 있으면 좀 더 높은 연봉의 직업을 얻을 수 있기 때문이다. 그리고 MBA나 로스쿨을 졸업하면 수입이 보다 더 증가한다. 당신이 교육수준과 수입에 대한 기사를 읽는다면, 아마도 서로 다른 수준의 교육을 받은 노동자들의 소득수준을 나타내는 그래프를 보게 될 것이다. 이 그래프는 일반적으로 교육을 많이 받을수록 소득이 높아진다는 개념을 시각적으로 보여 준다.

　이 그래프는 경제학에서 쓰이는 다른 모든 그래프에서와 마찬가지로 두 경제적 변수의 관계를 설명하고 있다. 여기에서 **변수**(variable)란 교육연수나 소다수의 가격, 가계의 수입 등과 같이 하나 이상의 값을 갖는 수량을 뜻한다.

　이 장에서 배운 것처럼 경제학적 분석은 실제 현상을 간략히 나타낸 **모형**에 크게 의존한다. 대부분의 경제모형은 다른 변수들이 일정하다는 가정하에서 두 변수 간의 관계를 설명한다.

　예를 들어, 소비자의 소다수 수요량에 영향을 미치는 다른 모든 변수가 일정하다는 가정하에 소다수의 가격과 소다수의 수요량에 대해 설명하고 있는 경제모형을 생각할 수 있을 것이다. 이러한 모형은 수학 혹은 언어로도 나타낼 수 있지만, 두 변수의 관계를 그래프로 나타내면 좀 더 쉽게 이해할 수 있다. 다음으로 경제모형을 설명하는 그래프가 어떻게 만들어지고 이를 어떻게 해석하는지에 대하여 살펴보자.

‖ 그래프는 어떻게 만들어지는가

대부분의 그래프는 두 변수의 값을 나타내는 수직선과 수평선을 기준으로 만들어진다. 이러한 그래프는 두 변수의 관계를 시각화하는 데 도움을 준다. 따라서 이러한 그래프를 이해하기 위한 첫 번째 단계는 그래프가 어떻게 만들어지는지를 이해하는 것이다.

두 변수 그래프

〈그림 2A-1〉은 전형적인 두 변수 그래프를 보여 준다. 이것은 야구장에서 한 게임이 진행될 동안 판매될 것이라고 예상되는 소다수 개수와 실외 온도의 관계를 데이터로 나타내고 있다. 표의

하나 이상의 값을 갖는 수량을 **변수**(variable)라 한다.

그림 2A-1 두 변수 그래프에 점을 표시하는 방법

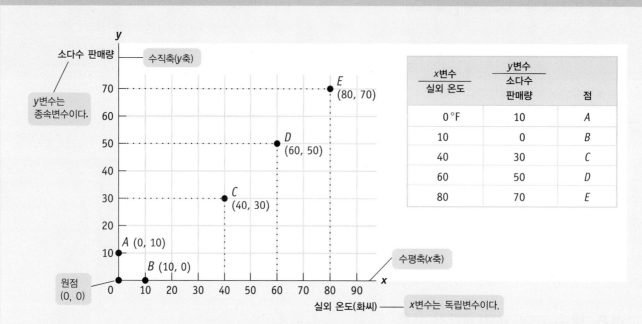

x변수	y변수	
실외 온도	소다수 판매량	점
0°F	10	A
10	0	B
40	30	C
60	50	D
80	70	E

실외 온도(독립변수)는 수평축으로, 소다수 판매량(종속변수)은 수직축으로 나타냄으로써 표의 데이터를 그래프에 표시할 수 있다. 실외 온도와 소다수 판매량의 다섯 가지 순서쌍은 A, B, C, D, E점으로 나타난다. 예를 들어, 점 C는 실외 온도가 40°F(x변수의 값)일 때 소다수 판매량이 30(y변수의 값)인 (40, 30)의 순서쌍과 대응한다.

첫 번째 열은 실외 온도의 값을 나타내고(첫 번째 변수), 두 번째 열은 판매되는 소다수의 개수(두 번째 변수)를 나타낸다. 두 변수에 대한 다섯 가지의 순서쌍이 세 번째 열에 A부터 E로 나타나 있다.

이제 표의 데이터를 그래프로 나타내 보자. 두 변수 그래프에서 하나의 변수는 x변수라고 하고 다른 하나의 변수는 y변수라고 한다. 여기에서는 실외 온도가 x변수, 판매되는 소다수의 개수가 y변수가 될 것이다. **수평축**(horizontal axis)은 **x축**(x-axis)이라고 하고 x변수의 값은 이 축을 따라서 측정된다. 마찬가지로 **수직축**(vertical axis)은 **y축**(y-axis)이라고 하고 y변수의 값은 이 축을 따라서 측정된다.

x축과 y축이 만나는 **원점**(origin)에서는 두 변수의 값이 모두 영이다. x축을 따라서 오른쪽으로 움직이면 x변수의 값이 양이 되고 점점 증가한다. y축을 따라서 위쪽으로 움직이면 y변수의 값이 양이 되고 점점 증가한다.

이제 x변수와 y변수에 특정한 값을 가지는 순서쌍을 이용하여 그래프에 A부터 E까지 5개의 점을 그릴 수 있다. 〈그림 2A-1〉에서 점 C에서 x변수는 40의 값을 가지고, y변수는 30의 값을 가진다. x축 40의 지점에서 그린 수직선이 y축 30의 지점에서 그린 수평선과 만나는 지점이 C의 위치가 된다. 우리는 C의 좌표를 (40, 30)이라고 표시한다. 그리고 원점은 (0, 0)으로 표시한다.

〈그림 2A-1〉의 점 A와 점 B를 보면 변수들 중 하나가 영의 값을 가진다는 것을 알 수 있고, 따라서 이 점은 축 위에 위치할 것이다. 만약 x의 값이 영이라면 그 점은 A와 마찬가지로 수직축에 있을 것이고, y의 값이 영이라면 그 점은 B와 마찬가지로 수평축에 있을 것이다.

두 경제변수의 관계를 설명하는 대부분의 그래프는 어떤 한 변수의 값이 다른 변수의 값에 직접적으로 영향을 미치거나 그 값을 결정하는 **인과관계**(causal relationship)를 설명한다. 이때 관

x변수의 값을 나타내는 직선을 **수평축**(horizontal axis) 또는 **x축**(x-axis)이라고 하고, y변수의 값을 나타내는 직선을 **수직축**(vertical axis) 또는 **y축**(y-axis)이라고 한다.

두 변수의 축이 만나는 점을 **원점**(origin)이라고 한다.

한 변수가 다른 변수의 값에 직접적으로 영향을 미치거나 이를 결정할 때 **인과관계**(causal relationship)가 있다고 한다.

계를 결정하는 변수를 **독립변수**(independent variable)라고 하고, 영향을 받는 변수를 **종속변수**(dependent variable)라고 한다. 우리의 소다수 예에서는 실외 온도가 독립변수가 되고, 이 변수가 종속변수인 소다수 판매량에 영향을 미친다.

일반적으로 독립변수를 수평축에, 종속변수를 수직축에 두고 그래프를 그린다. 〈그림 2A-1〉은 이러한 관습에 의해 그려진 것이다. 독립변수인 실외 온도가 수평축에, 종속변수인 소다수 판매량이 수직축에 그려져 있는 것을 확인할 수 있다.

이러한 관습에는 예외가 있는데 이는 가격과 수량의 관계를 설명하는 그래프를 그리는 경우이다. 일반적으로 가격은 수량을 결정하는 독립변수이지만 항상 수직축에 그린다.

그래프에서의 곡선

〈그림 2A-2(a)〉는 점 *B*, *C*, *D*, *E*를 선으로 연결한 것으로 〈그림 2A-1〉의 정보를 포함하고 있다. 그래프에 나타나는 이러한 선을 직선이든 아니든 관계없이 **곡선**(curve)이라고 한다. 두 변수의 관계를 나타내는 곡선이 직선이라면 우리는 변수들 사이에 **선형관계**(linear relationship)가 있다고 말한다. 두 변수의 관계를 나타내는 곡선이 직선이 아니라면 우리는 변수들 사이에 **비선형관계**(nonlinear relationship)가 있다고 한다.

곡선 상의 한 점은 특정한 *x*변수의 값에 대한 *y*변수의 값을 의미한다. 예를 들어, 점 *D*는 기온이 60°F일 때 행상인이 50개의 소다수를 팔 수 있다는 것을 의미한다. 그림 (a)에서 상승하는 곡선은 실외 온도가 상승할수록 더욱 많은 소다수를 팔 수 있다는 것을 뜻한다.

한 변수가 증가할 때 다른 변수도 같이 증가하는 관계를 가지는 경우, 이 변수들은 **양의 관계**

인과관계를 결정하는 변수를 **독립변수**(independent variable)라 하고, 그 영향을 받는 변수를 **종속변수**(dependent variable)라고 한다.

곡선(curve)은 두 변수의 관계를 설명하는 그래프 상의 선이다. 이것은 직선이 될 수도 있고 곡선이 될 수도 있다. 곡선이 직선인 경우에는 **선형관계**(linear relationship)가 있다고 하고, 그렇지 않은 경우에는 **비선형관계**(nonlinear relationship)가 있다고 한다.

한 변수가 증가할 때 다른 변수도 증가하는 경향을 보이면, 두 변수 사이에 **양의 관계**(positive relationship)가 있다고 한다. 이때 곡선은 왼쪽 아래에서 오른쪽 위로 우상향한다.

그림 2A-2 곡선 그리기

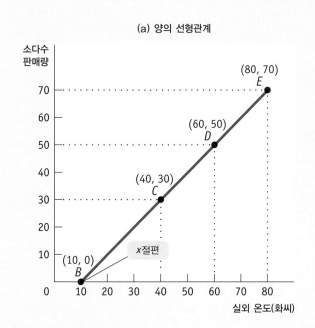

(a) 양의 선형관계

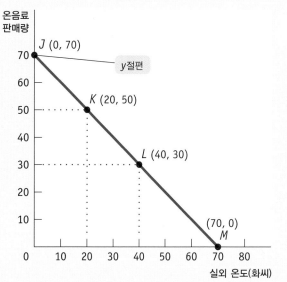

(b) 음의 선형관계

그림 (a)의 곡선은 실외 온도와 소다수 판매량의 두 변수의 관계를 나타낸다. 두 변수는 양의 선형관계를 가지고 있다. 곡선이 우상향하기 때문에 양의 관계를 가진다고 할 수 있고, 직선이기 때문에 선형관계를 가진다고 할 수 있다. 이는 *x*(실외 온도)가 증가할 때 *y*(소다수 판매량)가 증가한다는 것을 뜻한다. 그림 (b)의 곡선도 직선이지만 우하향한다. 여기서의 두 변수는 실외 온도와 온음료의 판매량이 될 것이다. 이 두 변수는 음의 선형관계를 가지고 있다. 이것은 *x*(실외 온도)가 증가할 때 *y*(온음료의 판매량)가 감소한다는 것을 뜻한다. 그림 (a)의 곡선은 점 *B*에서 *x*축과 만나 점 *B*가 *x*절편이 된다. 그림 (b)의 곡선은 점 *J*에서 *y*축과 만나 점 *J*가 *y*절편이 되고 점 *M*에서 *x*축과 만나 점 *M*이 *x*절편이 된다.

(positive relationship)를 가진다고 말한다. 이것은 왼쪽 아래에서 오른쪽 위로 상승하는 곡선으로 나타난다. 〈그림 2A-2(a)〉에서 나타나는 곡선이 직선이므로 실외 온도와 소다수 판매량의 관계는 양의 선형관계라고 할 수 있다.

한 변수가 증가할 때 다른 변수는 감소하는 관계를 가지는 경우, 이 변수들은 **음의 관계**(negative relationship)를 가진다고 말한다. 이것은 〈그림 2A-2(b)〉에서와 같이 왼쪽 위에서 오른쪽 아래로 하강하는 곡선으로 나타난다. 그림 (b)에서 나타나는 곡선도 직선이므로 이 그래프가 설명하는 관계는 음의 선형관계라고 할 수 있다. 이러한 관계를 가지는 두 변수로 실외 기온과 따뜻한 음료의 판매량을 생각할 수 있을 것이다.

그림 (a)의 곡선을 다시 살펴보면 점 B에서 x축과 만난다는 것을 알 수 있다. 이처럼 y변수의 값이 영일 때 x변수의 값을 나타내는 점을 **x절편**(horizontal intercept)이라고 한다. 그림 (b)의 곡선에서는 점 J가 y축과 만난다는 것을 알 수 있다. 이처럼 x변수의 값이 영일 때 y변수의 값을 나타내는 점을 **y절편**(vertical intercept)이라고 한다.

‖ 기본 개념 : 곡선의 기울기

곡선의 **기울기**(slope)는 그것이 얼마나 가파른지를 측정하며, x변수가 변화함에 따라서 y변수가 얼마나 민감하게 반응하는지를 나타낸다. 실외 온도와 소다수 판매량의 예에서 곡선의 기울기는 기온이 1도 상승할 때 소다수 판매가 얼마나 증가할 것인지를 설명한다. 이런 식으로 곡선의 기울기는 우리에게 의미 있는 정보를 준다. x와 y의 값을 모르더라도 각 점에서의 기울기를 살펴봄으로써 두 변수 사이의 관계를 알아낼 수 있다.

직선의 기울기

직선의 기울기는 두 점의 높이 차를 거리 차로 나눈 값이다. 높이 차는 y값의 변화량이고, 거리 차는 x값의 변화량이다. 식으로 나타내면 다음과 같다.

$$\frac{y\text{의 변화량}}{x\text{의 변화량}} = \frac{\Delta y}{\Delta x} = \text{기울기}$$

이 식에서 Δ(델타)는 '변화량'을 뜻한다. 변수가 증가할 때는 변수의 변화량이 양이고, 변수가 감소하는 경우는 변수의 변화량이 음이다.

높이 차(y의 변화량)와 거리 차(x의 변화량)가 같은 부호이면 곡선의 기울기는 양이 된다. 왜냐하면 두 숫자가 같은 부호를 가질 때 그 비율은 양의 값을 가지기 때문이다. 〈그림 2A-2(a)〉는 양의 기울기를 가지고 곡선을 따라서 x변수와 y변수 모두 증가한다.

높이 차(y의 변화량)와 거리 차(x의 변화량)가 다른 부호이면 곡선의 기울기는 음이 된다. 왜냐하면 두 숫자가 다른 부호를 가질 때 그 비율은 음의 값을 가지기 때문이다. 그림 (b)는 음의 기울기를 가지고 곡선을 따라서 x변수가 증가할 때 y변수는 감소한다.

〈그림 2A-3〉은 직선의 기울기를 어떻게 계산하는지 보여 준다. 먼저 그림 (a)의 그래프를 살펴보면, 점 A에서 점 B까지 y의 값은 25에서 20으로 변화하였고, x의 값은 10에서 20으로 변화하였다. 따라서 이 두 점 사이의 기울기는 다음과 같다.

$$\frac{y\text{의 변화량}}{x\text{의 변화량}} = \frac{\Delta y}{\Delta x} = \frac{-5}{10} = -\frac{1}{2} = -0.5$$

한 변수가 증가할 때 다른 변수가 감소하는 경향을 보이면, 두 변수 사이에 **음의 관계**(negative relationship)가 있다고 한다. 이때 곡선은 왼쪽 위에서 오른쪽 아래로 우하향한다.

그래프의 곡선이 x축과 만나는 점을 **x절편**(horizontal intercept)이라고 한다. 이것은 y변수의 값이 영일 때 x변수의 값을 나타낸다.

그래프의 곡선이 y축과 만나는 점을 **y절편**(vertical intercept)이라고 한다. 이것은 x변수의 값이 영일 때 y변수의 값을 나타낸다.

직선이나 곡선의 **기울기**(slope)는 그것이 얼마나 가파른지를 나타내는 측도이다. 직선의 기울기는 두 점 사이의 y변수 변화량을 x변수 변화량으로 나눈 것으로 구한다.

그림 2A-3 기울기 계산하기

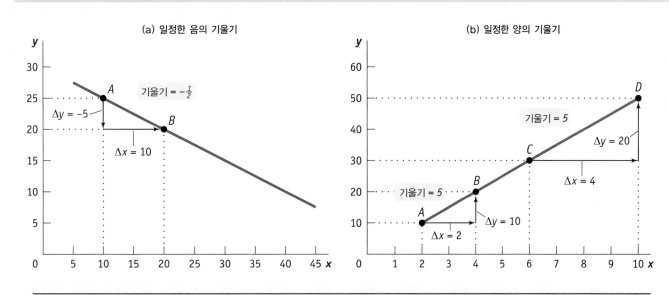

그림 (a)와 (b)는 두 선형곡선을 보여 준다. 그림 (a)에서 점 A에서 점 B까지 y의 변화량은 −5이고 x의 변화량은 10이다. 따라서 이 두 점 사이의 기울기는 $\frac{\Delta y}{\Delta x} = \frac{-5}{10} = -\frac{1}{2} = -0.5$이고 이때 음의 기울기는 그래프가 우하향한다는 것을 뜻한다. 그림 (b)에서 점 A에서 점 B까지 기울기는 $\frac{\Delta y}{\Delta x}$ $= \frac{10}{2} = 5$이고, 점 C에서 점 D까지의 기울기도 $\frac{\Delta y}{\Delta x} = \frac{20}{4} = 5$이다. 이때

양의 기울기는 그래프가 우상향한다는 것을 뜻한다. 그리고 점 A에서 점 B까지 기울기와 점 C에서 점 D까지 기울기가 같으므로 직선 곡선임을 알 수 있다. 직선 곡선의 기울기는 항상 일정하다. 즉 곡선의 어느 점에서 기울기가 계산되는지에 관계없이 항상 같은 값을 가진다.

직선인 경우 가파르기가 항상 일정하기 때문에 모든 점에서 기울기가 같다. 다시 말해, 직선은 일정한 기울기를 가진다고 할 수 있다. 이것은 그림 (b)의 점 B에서 점 B 사이, 그리고 점 C에서 점 D 사이의 기울기를 계산함으로써 확인할 수 있다.

점 A에서 B 사이 : $\frac{\Delta y}{\Delta x} = \frac{10}{2} = 5$

점 C에서 D 사이 : $\frac{\Delta y}{\Delta x} = \frac{20}{4} = 5$

수평 및 수직곡선과 그 기울기

곡선이 수평이면 y의 값이 절대 변화하지 않고 일정하다는 것이다. 이 곡선의 어느 곳에서나 y의 변화량은 영이다. 영은 어느 수로 나누어도 영이 되므로 x의 변화량에 관계없이 수평곡선의 기울기는 항상 영이다.

곡선이 수직이라는 것은 x의 값이 변화하지 않고 항상 일정하다는 것이다. 이 곡선의 어느 곳에서나 x의 변화량은 영이다. 이것은 기울기를 구하는 식에서 분모가 영이라는 것을 의미한다. 어느 수라도 영으로 나눈 값은 무한히 큰 값, 즉 무한대가 되므로 수직곡선의 기울기는 항상 무한대이다.

수평 혹은 수직곡선은 특별한 의미를 가지고 있다. 이것은 x변수와 y변수가 관계가 없다는 것을 뜻한다. 어느 한 변수(독립변수)의 변화가 다른 변수(종속변수)에 아무런 영향을 미치지 않을 때 두 변수는 관계가 없다고 말한다. 다르게 말하자면, 독립변수의 값에 관계없이 종속변수의

값이 항상 일정하다면 두 변수가 관계가 없다고 할 수 있다. y변수가 종속변수라면 곡선은 수평이 되고, x변수가 종속변수라면 곡선은 수직이 된다.

비선형곡선의 기울기

비선형곡선(nonlinear curve)이란 곡선을 따라 접선의 기울기가 변하는 곡선이다. 〈그림 2A-4〉에서 그림 (a)∼(d)의 그래프는 다양한 비선형곡선의 모습을 나타내고 있다. (a)와 (b)는 기울기가 곡선을 따라 변하되 양의 부호를 유지하는 경우이다. 두 곡선 모두 우상향하지만 그림 (a)의 곡선은 x축을 따라 오른쪽으로 갈수록 접선의 기울기가 더욱 가파르게 변하는 데 비해, 그림 (b)의 곡선은 그와는 반대로 왼쪽으로 갈수록 접선의 기울기가 더욱 가파르게 증가하는 모습을 보이고 있다.

그림 (a)와 같이 우상향하면서 접선의 기울기가 점점 가파르게 증가하는 곡선은 증가하는 양의 기울기를 갖는다고 하며, 그림 (b)와 같이 우상향하면서 접선의 기울기가 점점 완만해지는 곡선은 감소하는 양의 기울기를 갖는다고 한다.

이와 같이 비선형곡선을 따라 변화하는 기울기를 계산할 때, 우리는 곡선 상의 각 점마다 다른 기울기의 값을 얻게 된다. 기울기가 곡선을 따라 어떻게 변화하는지에 따라 곡선의 모양이 결정되는데, 가령 〈그림 2A-4(a)〉는 양의 값을 갖는 곡선의 기울기가 오른쪽으로 갈수록 서서히 증가하는 경우를 나타내고, 그림 (b)는 양의 값을 갖는 곡선의 기울기가 서서히 감소하는 모양을 나타내고 있다.

〈그림 2A-4〉의 (c)와 (d)에서 곡선의 기울기는 음의 값을 갖는다. 경제학자들은 음의 값을 **절댓값**(absolute value)으로 나타내기를 좋아한다. 일반적으로 우리는 어떤 숫자의 절댓값을 표시할 때, 그 숫자 앞뒤로 평행선을 그어 나타낸다. 가령 -4의 절댓값은 $|-4|=4$로 나타내면 된다.

그림 (c)에서 기울기의 절댓값은 오른쪽으로 갈수록 점차 증가하므로 곡선의 기울기는 증가하는 음의 기울기를 갖는다. 또한 그림 (d)에서 곡선의 기울기의 절댓값은 곡선을 따라 점차 감소한다. 따라서 이 곡선은 감소하는 음의 기울기를 갖는다.

비선형곡선의 기울기 계산하기

우리는 지금까지 비선형곡선의 기울기가 곡선 상의 지점에 따라 달라진다는 것을 살펴보았다. 그렇다면 비선형곡선의 기울기를 어떻게 계산할까? 여기서는 두 가지 방법, 즉 **호 계산법**과 **점 계산법**에 대하여 살펴보겠다.

호 계산법 어떤 곡선의 호(arc)란 그 곡선의 일부분이나 조각과 같은 것이다. 가령 〈그림 2A-4〉의 (a)는 점 A와 B를 끝점으로 하는 곡선의 일부분을 나타내고 있다. 비선형곡선을 따라 기울기를 계산하기 위해서는 호의 양 끝점 사이를 직선으로 이어야 한다. 그 직선의 기울기는 양 끝점 사이의 곡선에 대한 평균 기울기를 측정한 것이다. 그림 (a)에서 우리는 점 A와 B 사이를 잇는 직선이 y값이 10에서 20으로 증가함에 따라($\Delta y=10$) x값은 6에서 10으로 증가하는 것을 볼 수 있다($\Delta x=4$). 따라서 A와 B를 잇는 직선의 기울기는 다음과 같이 계산된다.

$$\frac{\Delta y}{\Delta x}=\frac{10}{4}=2.5$$

비선형곡선(nonlinear curve)의 기울기는 각 점에 따라서 달라진다.

음수의 **절댓값**(absolute value)은 음의 부호가 없는 값과 같다.

이것은 주어진 곡선의 A점과 B점 사이에서의 평균 기울기가 2.5임을 의미한다.

이제 같은 곡선의 C점과 D점 사이에서 평균 기울기를 구해 보자. 이 두 점 사이를 잇는 직선은 y가 25에서 40으로 증가함에 따라($\Delta y=15$) x는 11에서 12로 증가한다($\Delta x=1$). 그러므로 C점

그림 2A-4 비선형곡선

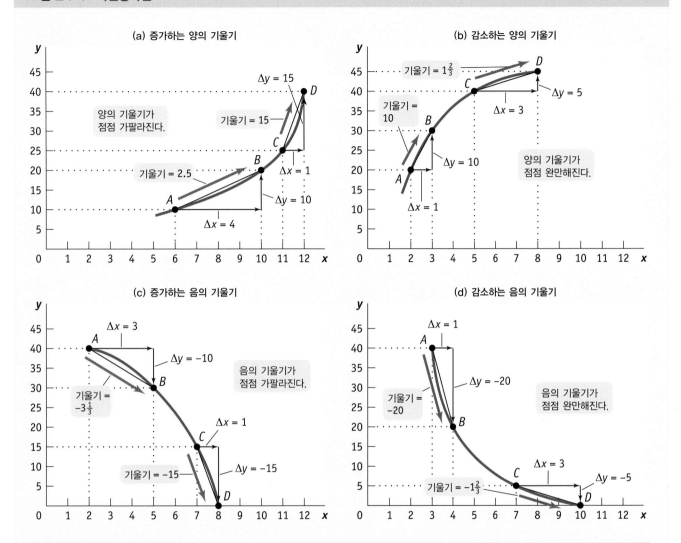

그림 (a)에서 점 A에서 B까지 곡선의 기울기는 $\frac{\Delta y}{\Delta x} = \frac{10}{4} = 2.5$이고, 점 C에서 D까지 곡선의 기울기는 $\frac{\Delta y}{\Delta x} = \frac{15}{1} = 15$이다. 기울기는 양의 값을 갖고 증가하므로 오른쪽으로 갈수록 더욱 가파르게 된다. 그림 (b)에서 A에서 B까지의 기울기는 $\frac{\Delta y}{\Delta x} = \frac{10}{1} = 10$이고 C점에서 D점까지의 기울기는 $\frac{\Delta y}{\Delta x} = \frac{5}{3} = 1\frac{2}{3}$이다. 기울기는 양의 값을 갖고 감소하므로 오른쪽으로 갈수록 보다 완만해진다. 그림 (c)에서 점 A에서 B까지의 기울기는 $\frac{\Delta y}{\Delta x} = \frac{-10}{3} = -3\frac{1}{3}$이고, 점 C에서 D까지의 기울기는 $\frac{\Delta y}{\Delta x} = \frac{-15}{1} = -15$

이다. 기울기는 음의 값을 갖고 증가하므로 오른쪽으로 갈수록 더욱 가파르게 된다. 그리고 그림 (d)에서 점 A에서 B까지의 기울기는 $\frac{\Delta y}{\Delta x} = \frac{-20}{1} = -20$이고, 점 C에서 D까지의 기울기는 $\frac{\Delta y}{\Delta x} = \frac{-5}{3} = -1\frac{2}{3}$이다. 기울기는 음의 값을 갖고 감소하므로 오른쪽으로 갈수록 보다 완만해진다. 각 경우의 기울기는 호 계산법을 이용하여 계산되었다. 두 점에서의 평균 기울기는 두 점을 잇는 직선의 기울기와 같다.

과 D점 사이의 평균 기울기는 다음과 같이 계산된다.

$$\frac{\Delta y}{\Delta x} = \frac{15}{1} = 15$$

따라서 C점과 D점 사이의 평균 기울기는 A점과 B점 사이의 평균 기울기보다 크다. 이러한 결과는 우리가 앞서 확인한 바와 같이 이 곡선이 왼쪽에서 오른쪽으로 갈수록 점점 더 가팔라진다는 사실을 확증해 준다.

점 계산법   점 계산법이란 곡선 상의 한 점에서 비선형곡선의 기울기를 계산하는 방법을 말한다. 〈그림 2A-5〉는 곡선 상의 점 *B*에서 기울기를 계산하는 방법을 나타낸다. 먼저, 점 *B*에서 곡선과 접하는 직선을 그린다. 이 직선과 같이 점 *B*에서는 곡선과 접하고 *B*점 이외의 다른 점에서는 접하지 않는 직선을 **접선**(tangent line)이라고 한다. 이 접선의 기울기는 점 *B*에서 측정한 비선형곡선의 기울기와 동일하다.

우리는 〈그림 2A-5〉로부터 접선의 기울기가 어떻게 계산되는지 알 수 있다. 점 *A*에서 점 *C*까지 *y*의 변화량은 15이고, *x*의 변화량은 5이므로 기울기는 다음과 같이 얻어진다.

$$\frac{\Delta y}{\Delta x} = \frac{15}{5} = 3$$

점 계산법으로부터 *B*점에서의 곡선의 기울기는 3임을 알 수 있다.

그림 2A-5 점 계산법을 이용하여 기울기 계산하기

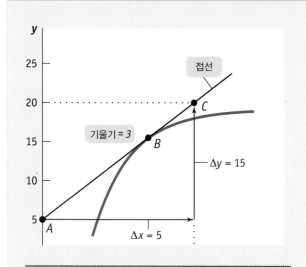

여기에 그려진 접선은 점 *B*에서 접하는 직선이다. 이 직선의 기울기는 점 *B*에서의 곡선의 기울기와 일치한다. 접선의 기울기는 *A*와 *B*점을 이용하여 계산하면 $\frac{\Delta y}{\Delta x} = \frac{15}{5} = 3$이 된다.

그러면 비선형곡선의 기울기를 계산할 때 호 계산법과 점 계산법 중 어떤 방법을 사용할 것인지를 어떻게 결정할 수 있을까? 이는 곡선 자체와 곡선을 그리는 데 사용되는 데이터에 따라 결정할 수 있다. 부드러운 곡선을 그릴 수 있는 충분한 정보를 갖고 있지 않다면 우리는 호 계산법을 사용해야 한다. 예를 들어 〈그림 2A-4(a)〉에서 점 *A*, *C* 그리고 *D*에 관한 데이터만 가지고 있고 *B*점에 해당하는 데이터 혹은 곡선 상의 나머지 점들에 대한 데이터가 없다고 가정해 보자. 이와 같은 상황에서는 호 계산법을 사용하여 점 *A*와 *C* 사이의 직선을 그림으로써 곡선의 기울기를 근사할 수 있다.

그러나 그림 (a)에서 부드러운 곡선을 그릴 수 있는 충분한 데이터를 가지고 있다면, 점 계산법을 사용하여 점 *B*에서뿐 아니라 곡선 상의 어느 점에 대해서도 점 계산법으로 기울기를 계산할 수 있다.

극대점과 극소점

비선형곡선의 기울기는 양에서 음으로 혹은 음에서 양으로 변할 수 있다. 곡선의 기울기가 양에서 음으로 변할 때 곡선의 극대점을 발견할 수 있다. 반대로 곡선의 기울기가 음에서 양으로 변할 때 극소점을 찾을 수 있다.

〈그림 2A-6(a)〉는 기울기가 오른쪽으로 갈수록 양에서 음으로 바뀌는 곡선을 나타낸다. *x*가 0에서 50 사이에 있을 때 곡선의 기울기는 양이다. *x*가 50일 때는 곡선이 최고점, 즉 곡선 상에서 가장 큰 *y*값을 갖는 점에 도달한다. 이 점을 우리는 곡선의 **극대점**(maximum)이라 부른다. 반면 *x*가 50을 넘을 때, 곡선은 감소하면서 기울기는 음의 값을 갖게 된다. 기업이 생산량을 늘림에 따라 기업의 이윤에 어떠한 영향을 주는지를 나타내는 곡선을 비롯한 많은 경제학 곡선들이 이와 같은 모양을 갖는다.

반대로 〈그림 2A-6(b)〉는 U자 모양의 곡선으로서 기울기가 음에서 양으로 변함을 보여 준다. *x*가 50과 일치할 때 곡선은 가장 낮은 점, 즉 *y*가 가장 작은 값에 도달한다. 이 점을 우리는 **극소점**(minimum)이라 부른다. 기업의 생산량이 증가함에 따라 비용이 어떻게 변하는지를 나타내는 곡

비선형곡선을 특정한 점에서만 만나는 선을 **접선**(tangent line)이라고 한다. 접선의 기울기는 접점에서의 곡선의 기울기와 같다.

비선형곡선은 곡선에서 가장 높은 점인 **극대점**(maximum)을 가질 수 있다. 극대점을 기준으로 곡선의 기울기는 양에서 음으로 변화한다.

비선형곡선은 곡선에서 가장 낮은 점인 **극소점**(minimum)을 가질 수 있다. 극소점을 기준으로 곡선의 기울기는 음에서 양으로 변화한다.

그림 2A-6　극대점과 극소점

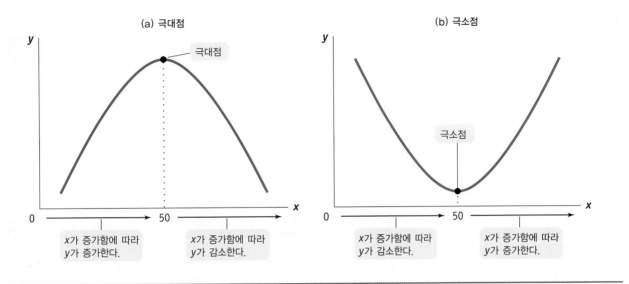

(a) 극대점

극대점

x가 증가함에 따라 y가 증가한다.

x가 증가함에 따라 y가 감소한다.

(b) 극소점

극소점

x가 증가함에 따라 y가 감소한다.

x가 증가함에 따라 y가 증가한다.

그림 (a)는 극대점을 갖는 곡선을 나타낸다. 극대점을 기준으로 기울기가 양에서 음으로 바뀜을 확인할 수 있다. 그림 (b)는 극소점을 갖는 곡선을 나타낸다. 극소점을 기준으로 기울기가 음에서 양으로 바뀜을 확인할 수 있다.

선을 비롯한 많은 경제학 곡선들이 이와 같은 U자 모양을 갖는다.

‖ 곡선 아래 또는 위 영역의 넓이 계산하기

곡선 아래 또는 위 영역의 넓이 계산은 많은 경우에 유용하다. 우선 간단한 예부터 보기 위해 직선 아래 또는 위 영역의 넓이를 계산하는 방법부터 알아보자.

〈그림 2A-7(a)〉에 있는 직선 아래의 색칠된 부분의 넓이는 얼마나 될까? 우선, 이 영역이 직각삼각형 모양임에 주목하자. 직각삼각형은 90도를 이루는 두 변이 있는 삼각형을 가리킨다. 그 중에서 한 변을 삼각형의 **높이**라고 하고 다른 한 변을 **밑변**이라고 하자. 어느 쪽이 높이가 되고 밑변이 되든 상관없다. 직각삼각형의 넓이를 계산하는 것은 간단하다. 밑변과 높이를 곱하고 2로 나누어 주면 된다. 〈그림 2A-7(a)〉에서 삼각형의 높이는 $10-4=6$이고, 밑변의 길이는 $3-0=3$이다. 그러므로 삼각형의 넓이는

$$\frac{6 \times 3}{2} = 9$$

이다.

그렇다면 (b)의 직선 위의 넓이는 무엇일까? 같은 공식을 이용하여 계산하면 높이는 $8-2=6$, 밑변은 $4-0=4$이므로 삼각형의 넓이는

$$\frac{6 \times 4}{2} = 12$$

이다.

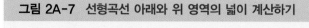

그림 2A-7　선형곡선 아래와 위 영역의 넓이 계산하기

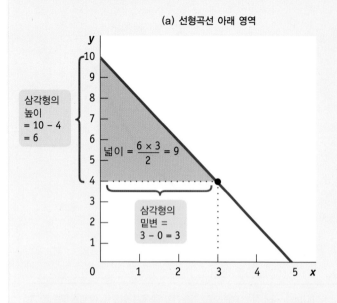

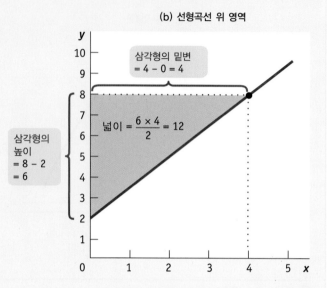

선형곡선 위 또는 아래의 영역은 직각삼각형의 형태이다. 직각삼각형의 넓이는 삼각형의 밑변과 높이를 곱하고 2로 나누어서 구한다. 그림 (a)의 색칠된 삼각형의 넓이는 $\frac{6 \times 3}{2} = 9$이고, 그림 (b)의 색칠된 삼각형의 넓이는 $\frac{6 \times 4}{2} = 12$이다.

‖ 수치 정보를 나타내는 그래프

그래프는 인과관계에 대한 특정한 가정 없이 데이터를 요약하여 나타내는 편리한 방법으로 사용될 수 있다. 단순히 수치적 정보만을 나타내는 그래프를 가리켜 수치 그래프라고 부른다. 여기서는 수치 그래프의 네 가지 유형, 즉 시계열 그래프, 산포도, 파이 도표, 막대그래프 등에 대하여 살펴볼 것이다. 이러한 그래프들은 경제학자와 정책결정자들이 경제의 패턴과 경향을 식별하는 데 도움을 주기 때문에 다양한 경제 변수에 관한 실제 데이터를 나타내는 데 널리 사용된다. 그러나 앞으로 살펴볼 바와 같이 수치 그래프로부터 잘못된 판단을 내리거나 확증되지 않은 결론을 내리지 않도록 주의를 기울여야 한다. 즉 우리는 수치 그래프의 유용성과 한계점 모두에 대해 정확히 인식해야 한다.

수치 그래프의 유형

우리는 신문에서 실업률이나 주가와 같은 경제 변수가 시간에 따라 어떻게 변하는지를 보여 주는 그래프를 종종 접한다. **시계열 그래프**(time-series graph)는 x축에는 시간을 나타내고, y축에는 변수들의 데이터값을 나타낸다.

〈그림 2A-8〉은 1947년부터 2016년까지 한 국가의 생활수준을 나타내는 미국의 1인당 실질 국내총생산을 보여 주고 있다. 매년 1인당 실질 국내총생산에 대응하는 각 점을 연결한 곡선은 이 기간에 생활수준의 추세에 대한 뚜렷한 정보를 제공해 준다.

〈그림 2A-9〉는 다른 종류의 수치 그래프에 대한 예이다. 이 그래프는 186개국의 표본으로부터 얻은 환경오염의 척도인 1인당 탄소배출량과 생활수준의 척도인 1인당 국내총생산(GDP)에 대한 정보를 나타낸다. 각 점은 국민의 평균 생활수준과 평균 탄소배출량을 가리킨다.

시계열 그래프(time-series graph)에서 수평축은 날짜를, 수직축은 해당 날짜에서의 변수값을 나타낸다.

그래프의 오른쪽 위에 위치한 점들은 높은 생활수준과 높은 탄소배출량을 나타내는 점으로서 미국과 같은 경제 선진국에 해당하는 국가들을 나타낸다.(가장 높은 탄소배출량을 나타내는 그래프 가장 위쪽의 국가는 카타르이다.) 반면 왼쪽 아래에 위치한 점들은 경제적으로 낮은 생활수준과 낮은 탄소배출량을 보이는 국가들로서 아프가니스탄과 시에라리온과 같은 경제 후진국을 나타낸다.

점들의 패턴은 생활수준과 탄소배출량 사이에 양의 상관관계가 있음을 나타낸다. 대체로 높은 생활수준을 가진 국가들의 국민은 더 많은 탄소를 배출하는 경향을 보인다.

이러한 유형의 그래프를 **산포도**(scatter diagram)라 부른다. 산포도에서는 주로 직선을 사용해 분산되어 있는 점들의 관계를 나타낸다. 즉 변수들 간의 일반적 관계를 비슷한 직선을 통해 근사시켜 나타낸다. 〈그림 2A-9〉에서 보듯이, 우상향하는 직선은 두 변수 간의 양의 상관관계를 가리킨다. 산포도는 자료로부터 어떠한 상관관계가 추론 가능한지를 나타내는 데 주로 사용된다.

파이 도표(pie chart)는 전체 중에서 각 부분이 차지하는 비율을 보여 주는 그림으로 보통 백분율 단위로 표현된다. 예를 들어, 〈그림 2A-10〉은 2015년 최저임금 수준 이하를 받는 노동자들의 교육수준을 보여 주고 있다. 그림에서 볼 수 있듯이, 최저임금 수준 이하를 받는 노동자 중 대

그림 2A-8 시계열 그래프

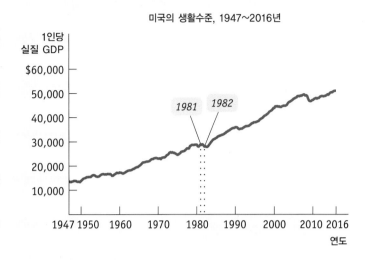

시계열 그래프는 x축의 일련의 날짜와 y축의 변수값들을 나타낸다. 이 시계열 그래프는 1947년부터 2016년 말까지 한 국가의 생활수준의 척도인 1인당 실질 국내총생산을 나타낸다.

출처 : The Federal Reserve Bank of St. Louis.

산포도(scatter diagram)는 x변수와 y변수의 관측값을 점으로 표시한 것이다. 보통 이 점들 위로 변수들의 관계를 설명하는 직선이 그려진다.

파이 도표(pie chart)는 전체가 어떤 비율로 부분으로 나뉘는지를 나타내며, 이 비율은 보통 백분율로 표시한다.

그림 2A-9 산포도

산포도에서 각 점은 관측 자료의 x, y변수에 대한 값에 대응된다. 여기서 각 점은 표본 186개국의 1인당 GDP와 1인당 탄소배출량을 보여 준다. 우상향하는 선은 이 두 변수 간의 일반적인 관계를 가장 근사적으로 보여 준다.

출처 : World Development Indicators.

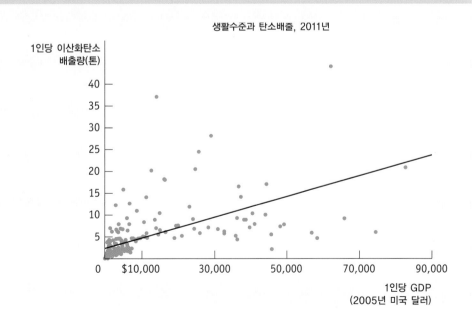

그림 2A-10 파이 도표

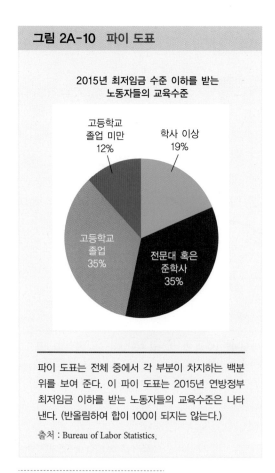

**2015년 최저임금 수준 이하를 받는
노동자들의 교육수준**

고등학교 졸업 미만 12%
학사 이상 19%
고등학교 졸업 35%
전문대 혹은 준학사 35%

파이 도표는 전체 중에서 각 부분이 차지하는 백분위를 보여 준다. 이 파이 도표는 2015년 연방정부 최저임금 이하를 받는 노동자들의 교육수준은 나타낸다. (반올림하여 합이 100이 되지는 않는다.)

출처 : Bureau of Labor Statistics.

막대그래프(bar graph)는 서로 다른 높이나 길이를 가진 막대로 한 변수를 여러 가지 기준으로 살펴보았을 때 이 관측값들의 상대적인 크기를 표시한다.

그림 2A-11 막대그래프

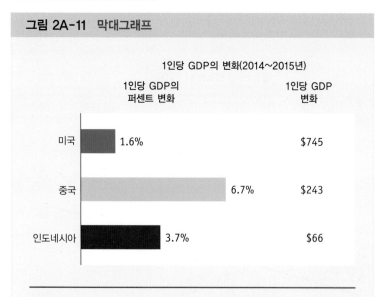

1인당 GDP의 변화(2014~2015년)

	1인당 GDP의 퍼센트 변화	1인당 GDP 변화
미국	1.6%	$745
중국	6.7%	$243
인도네시아	3.7%	$66

막대그래프는 막대의 다양한 높이나 길이로 변수를 측정한다. 이 막대그래프는 2005년 달러 기준으로 계산된 미국과 중국, 인도네이사의 1인당 GDP의 퍼센트 변화를 나타낸다.

출처 : World Bank, World Development Indicators.

다수는 대학 학위가 없음을 알 수 있다. 최저임금을 받는 노동자들 중 오로지 19%의 노동자들이 대학 졸업 이상의 학력을 보인다.

막대그래프(bar graph)는 변수들의 값을 가리키는 서로 다른 높이 혹은 길이를 가진 막대들로 구성된다. 〈그림 2A-11〉의 막대그래프는 2014년부터 2015년까지 미국, 중국, 인도네시아의 1인당 GDP 변화를 나타내고 있다. 측정된 변수들의 정확한 값은 이 그림에서처럼 막대의 끝부분에 표시될 수 있다. 예를 들어 중국의 1인당 GDP는 2014년과 2015년 사이에 6.7%나 증가하였다. 그러나 정확한 값 없이도 막대들의 높이나 길이를 비교함으로써 변수들의 서로 다른 값의 상대적 크기에 대한 유용한 정보를 얻을 수 있다.

수치 그래프를 해석하는 데 있어서의 문제점

이 부록을 시작할 때 그래프는 눈에 보이는 이미지를 이용해서 아이디어나 정보를 보다 쉽게 이해하기 위한 것이라는 사실을 강조했지만, 의도했건 의도하지 않았건 그래프는 잘못 만들어질 수 있고 이는 정확하지 않은 결론으로 이어질 수 있다. 이 절에서는 그래프를 해석할 때 주의해야 할 몇 가지 사항들에 대해 이야기하고자 한다.

그래프 구조의 특성 그래프가 보여 주는 수치를 가지고 어떤 결론을 내리기 전에 수직축과 수평축에 나타나는 눈금이나 증가분의 크기에 주의해야 한다. 변수의 작은 증가가 눈으로 보기에는 매우 큰 것처럼 과장될 수 있고, 큰 증가는 작은 것처럼 보일 수 있다. 따라서 그래프가 보여 주는 변화의 중요성을 해석할 때 그래프에 사용되는 눈금의 크기가 엉뚱한 방향으로 영향을 미칠 수 있다.

미국의 1981~1982년의 1인당 실질 GDP를 500달러 단위로 보여 주고 있는 〈그림 2A-12〉를 예로 들어 보자. 실질 GDP는 2만 8,957달러에서 2만 7,859달러로 감소했음을 볼 수 있다. 감소한 것은 확실하다. 그러나 수직축이 보이는 것처럼 감소 정도가 이렇게 클까?

1947년부터 2016년까지 미국의 1인당 실질 GDP를 나타내는 〈그림 2A-8〉을 다시 한 번 찬찬히 살펴보면 이 결론이 잘못된 것이라는 사실을 알 수 있다. 〈그림 2A-8〉은 〈그림 2A-12〉와 같은 자료를 가지고 만들어졌지만, 10,000달러의 눈금 대신 500달러의 눈금으로 그려졌다. 즉 1981~1982년의 1인당 실질 GDP 감소는 사실 상대적으로 유의하지 않음을 볼 수 있는 것이다.

사실 생활수준의 척도인 1인당 실질 GDP는 대개 상승해 왔고, 거의 하락하지 않았다. 이러한 비교를 통해 만약 그래프의 눈금 선택에 주의하지 않는다면 잘못된 결론을 내릴 수도 있다는 것을 알 수 있다.

눈금의 선택과 관련하여 그래프를 그릴 때 일부분을 잘라 내는 것에도 유의해야 한다. 범위의 일부

그림 2A-12　그래프의 해석 : 척도의 효과

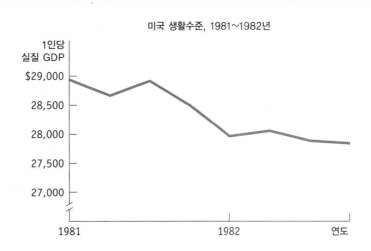

〈그림 2A-8〉에 사용된 1981년과 1982년의 데이터를 가지고 10,000달러의 단위 대신 500달러의 단위로 그래프를 그리면 이와 같다. 이러한 척도의 변화는, 〈그림 2A-8〉에 비해 생활수준 변화의 크기가 훨씬 커 보이는 결과를 낳고 있다.

출처 : Bureau of Economic Analysis.

분을 생략했을 때 축을 **잘라 내었다**(truncated)고 말하는데, 이것을 원점 근처의 축 위에 2개의 사선(//)으로 표시했다. 〈그림 2A-12〉는 수직축의 일부가 잘려 있는데, 0부터 27,000달러까지의 값들이 생략되었고 수직축 위에 //가 표시되어 있는 것을 확인할 수 있다. 일부를 잘라 냄으로써 우리는 공간을 절약해서 그래프를 그릴 수 있고, 더 큰 증가분을 나타낼 수도 있다. 따라서 일부분이 잘린 그래프 위에 그려진 변수의 변화는 더 작은 증가분을 사용하는 원래 그래프보다 더 크게 보일 수 있다.

이뿐만 아니라 그래프가 정확히 무엇을 그리고 있는지 주의를 기울여 살펴보아야 한다. 예를 들어 독자는 〈그림 2A-11〉에서 보이고 있는 것이 1인당 GDP로 변화가 아니라 비율의 변화라는 사실을 알아차려야만 한다. 이 예에서 중국의 성장률은 가장 높은 비율인 6.7%만큼 증가했다. 만약 수치변화와 비율변화를 혼동한다면, 1인당 GDP 변화가 가장 큰 국가는 중국이라고 잘못된 결론을 내릴 수 있다.

하지만 1인당 GDP 변화가 가장 큰 국가는 미국이라고 보는 것이 옳은 해석이다. 이 예시에서 미국은 1인당 GDP가 745달러 증가했으며, 이는 243달러 증가한 중국보다 크다. 비록 중국의 비율변화가 크더라도, 2014년에서 2015년까지 수치변화는 미국보다 작았다. 즉 중국의 1인당 GDP 증가액은 미국의 1인당 GDP 증가액보다 작았다. 이와 마찬가지로 인도네시아의 1인당 GDP는 3.7% 올랐으나 사실상 66달러만 증가하였다.

누락된 변수　산포도는 두 변수가 서로 양의 상관관계를 갖고 있는지, 음의 상관관계를 갖고 있는지를 보여 주기 때문에 이로부터 두 변수의 인과관계에 대해 쉽게 결론을 내릴 수 있다. 그러나 두 변수의 관계가 항상 직접적인 원인과 결과로부터 나타나는 것은 아니다. 두 변수 간의 관측된 관계는 관측되지 않은 제3의 변수가 각각의 변수에 미치는 영향에 의한 것일 수도 있다.

관측되지 않은 변수는 다른 변수들에 대한 영향을 통해 변수들 간의 직접적인 인과관계를 잘못 판단하도록 할 수 있는데, 이러한 변수들을 **누락된 변수**(omitted variable)라 부른다. 예를 들어, 뉴잉글랜드 지방에서 일주일 동안 내린 눈의 양이 일반적으로 사람들로 하여금 더 많은 눈삽을 구입하도록 만들 것이라고 하자. 이는 또한 사람들로 하여금 더 많은 제빙제를 구입하도록 할 것이다. 그러나 만약 강설량의 영향을 누락시키고 단순히 눈삽과 제빙제 간의 관계를 산포도로 나타낸다면 양의 기울기를 가지는 점들을 보게 될 것이고, 이는 눈삽 판매량과 제빙제 판매

주로 공간을 절약하기 위해서 축의 한 부분이 생략된 경우, 축을 **잘라 내었다** (truncated)고 한다.

누락된 변수(omitted variable)는 그것이 다른 변수에 영향을 미친다고 하더라도 관측되지 않기 때문에 변수들 간의 직접적인 인과관계를 잘못 판단하도록 할 수 있다.

량 간에 양의 상관관계가 있다는 것을 의미한다.

그러나 두 변수 간의 인과관계를 이런 식으로 판단하는 것은 잘못된 것이다. 더 많은 눈삽 판매량이 더 많은 제빙제 판매량을 의미하지는 않으며, 그 반대도 마찬가지이다. 이 둘은 누락된 변수인 강설량이라는 제3의 변수의 영향에 의해 같은 방향으로 움직이는 것이다.

따라서 산포도에 나타난 경향을 보고 두 변수 사이의 인과관계를 섣불리 판단하기 전에, 그러한 경향이 누락된 변수에 의해 나타난 것이 아닌가를 고려하는 것이 중요하다. 간단하게 말해서 상관관계가 인과관계를 뜻하는 것은 아니라는 것이다.

역의 인과관계 만약 누락된 변수가 없다는 것이 확실하고, 수치 그래프에 두 변수 간의 인과관계가 나타날지라도 어떤 변수가 독립변수인지 아니면 종속변수인지를 반대로 생각하면 틀린 결론을 내릴 수 있으니 **역의 인과관계**(reverse causality)의 실수를 저지르지 않도록 주의해야 한다.

예를 들어 한 축에 학생 20명의 학점과 다른 한 축에 그들이 공부하는 시간을 표시해서 산포도를 그린다고 생각하자. 점들 사이를 연결하는 직선은 아마도 양의 기울기를 가질 것이고, 이는 학점과 공부시간 사이의 양의 상관관계를 보여 준다. 합리적으로 판단하기에 공부시간이 독립변수이고, 학점이 종속변수라고 볼 수 있다. 그러나 만약 역의 인과관계의 오류를 범한다면, 높은 학점을 받으면 학생이 더 많이 공부하고, 낮은 학점을 받으면 더 적게 공부하도록 한다는 잘못된 결론을 내릴 수도 있는 것이다.

그래프를 어떻게 잘못 해석하게 되는지를 이해하는 것이 중요한 이유는 학문적인 이유에서 그치는 것이 아니다. 정책결정, 기업의 의사결정, 그리고 정치적 논쟁은 종종 방금 우리가 논의한 형태의 수치 그래프의 해석을 둘러싸고 일어나는 경우가 많다. 그래프 구조의 특성을 잘못 이해하거나, 누락된 변수를 생각하지 못하거나, 역의 인과관계의 오류에 빠지는 등의 실수들은 매우 치명적이고 바람직하지 않은 결과를 낳을 수 있다.

두 변수 사이의 인과관계를 반대로 파악하는 경우 **역의 인과관계**(reverse causality) 오류를 범했다고 한다.

연습문제

1. 다음과 같은 4개의 그림과 이어지는 명제를 살펴보고 각각의 명제에 대하여 어떤 그림이 대응되는지 답하라. 각각

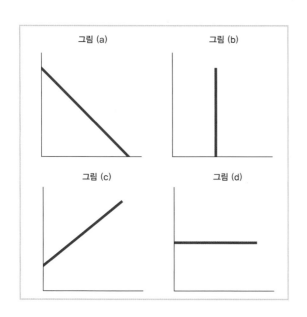

그림 (a)   그림 (b)

그림 (c)   그림 (d)

의 명제에 대응하는 그림에서 수평축과 수직축은 각각 무엇에 대응되는지, 기울기가 음이 될지, 양이 될지, 영이 될지, 무한대가 될지 판단하라.

a. 영화관람 가격이 오른다면 영화를 보려는 사람들은 점점 줄어들 것이다.

b. 보다 숙련된 근로자들은 보통 덜 숙련된 근로자에 비해 더 높은 임금을 받는다.

c. 기온에 상관없이 미국인들은 하루 평균 같은 수의 핫도그를 소비한다.

d. 소비자들은 아이스크림 가격이 오를 때 얼린 요구르트를 더 많이 소비한다.

e. 다이어트하는 사람들을 대상으로 한 연구조사 결과, 다이어트 책 구입 권수와 다이어트를 통해 줄인 체중량(파운드 단위)과는 아무런 상관관계가 없는 것으로 나타났다.

f. 가격에 상관없이 미국인은 일정량의 소금을 소비한다.

2. 레이건 대통령 재임 동안 경제학자 아서 래퍼(Arthur Laffer)는 세수를 늘리기 위해 소득세를 낮추는 방안에 찬성했다. 다른 경제학자들처럼 그는 어느 정도 이상의 세율에서는 세수가 떨어질 것이라고 믿었다. 왜냐하면 높은 세금은 사람들로 하여금 일할 의욕을 저하시키고 세금을 낸 후 아무런 소득도 없다면 아예 일하기를 거부할 것이기 때문이다. 이러한 세율과 세수와의 관계는 래퍼 곡선으로 알려진 그림으로 나타낼 수 있다. 비선형곡선의 모양으로 래퍼 곡선을 그려 보라. 다음의 질문들은 곡선을 그리는 데 도움을 줄 것이다.

   a. 독립변수와 종속변수로 무엇을 선택할 것인가? 즉 어떤 축에 소득세율을 나타내고 어떤 축에 소득세수를 나타낼 것인가?

   b. 0% 소득세율에 대하여 세수는 얼마나 될 것인가?

   c. 가능한 최대소득세율을 100%라고 할 때, 100% 소득세율에서 세수는 얼마나 될 것인가?

   d. 래퍼 곡선 상의 최대점이 세율이 약 80%일 때 나타났다고 한다. 그렇다면 세율이 80%보다 낮을 때는 세율과 세수의 관계가 어떠한지, 그리고 이러한 관계가 어떻게 기울기에 나타나는지 기술하라. 80% 이상의 세율에 대해서는 세율과 세수의 관계가 어떠한지, 그리고 이러한 관계가 어떻게 기울기에 나타나는지 기술하라.

3. 다음의 그림에서 각 축의 숫자들이 지워져 버렸다. 분명히 알 수 있는 것은 수평축의 단위와 수직축의 단위가 동일하다는 사실뿐이다.

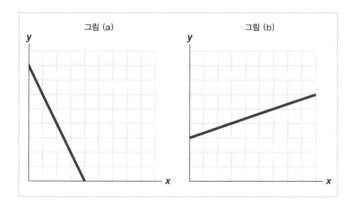

   a. 그림 (a)에서 직선의 기울기는 무엇을 나타내는가? 직선 상에서 기울기가 동일함을 보이라.

   b. 그림 (b)에서 직선의 기울기는 무엇을 나타내는가? 직선 상에서 기울기가 동일함을 보이라.

4. 다음의 각 질문에 대하여 관계식을 그림으로 나타내어 답하라.

   a. 수평축을 따라 오른쪽으로 갈수록 세 점을 잇는 곡선의 기울기가 −0.3에서 −0.8, −2.5로 변한다고 할 때 이 곡선을 그래프로 나타내 보라. 이 그래프에서 나타낸 관계를 기술해 보라.

   b. 수평축을 따라 오른쪽으로 갈수록 5개 점을 잇는 곡선의 기울기가 1.5에서 0.5, 0, −0.5, −1.5로 변한다고 할 때 이 곡선을 그래프로 나타내 보라. 이 그래프는 극대점을 갖는가? 아니면 극소점을 갖는가?

5. 다음의 그래프에서 색칠된 직각삼각형의 넓이를 구하라.

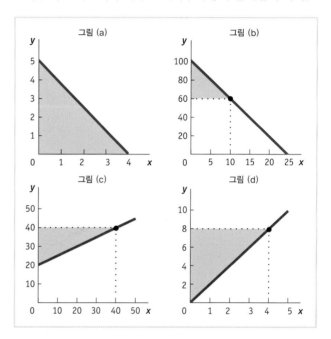

6. 직각삼각형의 밑변은 10이고 넓이는 20이다. 이 직각삼각형의 높이는 얼마인가?

7. 다음 표는 주당 근로시간과 근로자의 시간별 임금률을 나타내고 있다. 그들이 다른 시급을 받고 있다는 사실 외에는 5명의 근로자는 모두 동일하다고 가정하자.

이름	노동량(주별 노동시간)	임금(시급)
아테나	30	$15
보리스	35	30
커트	37	45
디에고	36	60
에밀리	32	75

   a. 독립변수와 종속변수는 각각 무엇인가?

   b. 이 관계를 나타내는 산포도를 그려 보라. 수직축을 시간당 임금률로 하여 각 점을 연결하는 (비선형)곡선을 그려 보라.

   c. 임금률이 15달러에서 30달러로 증가함에 따라 근로시간은 어떻게 반응하는가? 아테나와 보리스 데이터의

점 사이를 연결하는 선의 평균 기울기 값은 얼마인가?

d. 임금이 60달러에서 75달러로 증가함에 따라 근로시간은 어떻게 반응하는가? 디에고와 에밀리 데이터의 점 사이를 연결하는 선의 평균 기울기 값은 얼마인가?

8. 보험회사에 따르면 화재로 인한 재산상의 막대한 피해액은 화재 현장에 도착한 소방관의 숫자와 양의 상관관계를 갖는다고 한다.

a. 보험회사의 주장을 그래프로 나타내라. 소방관의 수를 수평축에, 재산상 피해액은 수직축에 나타내라. 이 그래프는 어떤 주장을 나타내고 있는가? 수평축과 수직축을 반대로 바꾼다면 그림을 통해서 어떤 논증을 이끌어 낼 수 있는가?

b. 보험계약자에게 지급되는 지불금을 줄이기 위해 보험회사는 화재 현장에 더 적은 소방관을 보내 달라고 요청해야 하는가?

9. 다음 표는 5명의 연봉과 소득세 부담금을 나타내고 있다. 그들이 서로 다른 연봉과 서로 다른 소득세를 부담하고 있다는 사실 외에는 모든 조건이 동일하다고 가정하자.

이름	연봉	소득세
수잔	$22,000	$3,304
에두아르도	63,000	14,317
존	3,000	454
카밀라	94,000	23,927
피터	37,000	7,020

a. 이 표를 그래프로 옮긴다면 에두아르도와 카밀라의 점을 연결하는 선의 평균 기울기 값이 어떤 값이 될지 호 계산법을 이용하여 계산하라. 이 기울기의 의미를 어떻게 해석할 수 있을까?

b. 이 표를 그래프로 옮긴다면 존과 수잔의 점을 연결하는 선의 평균 기울기를 호 계산법을 이용하여 계산하라. 이 기울기의 의미를 어떻게 해석할 수 있을까?

c. 연봉이 증가함에 따라 기울기는 어떻게 되는가? 이러한 관계는 소득세의 수준이 더 높은 소득을 얻으려는 개인의 유인에 미치는 영향에 대하여 무엇을 의미하는가?

10. 한 국가의 연간 경제성장률과 대기오염물질의 연간 증가율의 관계를 연구한 결과에 따르면, 경제성장률이 높을수록 그 국가의 국민들은 보다 많은 자동차를 갖고 여행을 더 자주 가기 때문에 더 많은 대기오염물질을 배출한다고 한다.

a. 독립변수와 종속변수는 각각 무엇인가?

b. 서드랜드국의 경우 연간 경제성장률이 3%에서 1.5%로 하락함에 따라 대기오염물질의 연간 증가율이 6%에서 5%로 떨어졌다고 가정하자. 호 계산법을 이용하여 이 점을 연결하는 비선형곡선의 평균 기울기를 계산하라.

c. 연간 경제성장률이 3.5%에서 4.5%로 상승함에 따라 대기오염물질의 연간 증가율이 5.5%에서 7.5%로 상승하였다. 호 계산법을 이용하여 이 점을 연결하는 비선형곡선의 평균 기울기를 계산하라.

d. 이 문제에서 나타난 두 변수 간의 관계를 기술하라.

지난 수년간 부킹 홀딩스사(Booking Holdings)의 주식을 가지고 있던 투자자들은 2018년 봄에 짭짤한 수익을 올렸다. 부킹 홀딩스사는 여행 관련 온라인 예약 서비스를 제공하는 프라이스라인닷컴(priceline.com)의 모회사로, 이때 주식 가격은 2,000달러 이상의 사상 최고치를 기록하였다. 이는 최저가인 2002년 10월 6.6달러에서 30,000% 증가한 가격이었다.

더욱더 놀라운 점은 이 회사가 2002년에 매우 큰 어려움을 겪어 많은 사람들이 살아남기 어려울 것이라고 예측했다는 것이다. 1999년부터 2002년까지 기업가치가 90억 달러에서 4억 2,500만 달러로 감소하여 95%의 하락세를 보였다. 무엇이 이런 상승–급하락–급상승의 변화를 가져왔을까?

1998년 회사가 설립되었을 때 투자자들은 그 회사가 여행산업에 혁명을 일으켰다는 인상을 받았다. 그 회사의 성공은 그 자신과 소비자를 활용한 기회를 찾아낸 능력 덕분이었다. 프라이스라인닷컴은 빈좌석을 그대로 둔채 이륙하거나 호텔 방이 비게 되면 비용이 발생할 것이라는 사실을 이해하고 있었다. 이 비용은 곧 빈자리가 채워졌을 때 얻을 수 있는 매출이다. 프라이스라인닷컴의 혁신은 항공사와 호텔의 빈좌석과 빈방을 여행객들에게 이어준 데 있다.

우선 소비자가 자신이 지불할 수 있는 금액을 제시하고, 예약을 한 후에 프라이스라인은 해당 가격에 상품을 판매할 항공사와 호텔 목록을 보여 준다. 보통 여행 날짜가 가까울수록 가격은 낮아진다. 비록 몇몇 여행객들은 사전에 안전한 예약을 선호해 보험으로 추가 비용을 내고자 했으나, 다른 이들은 더 낮은 가격으로 예약하기 위해 최적의 항공편 및 호텔 선택지를 얻지 못할 위험을 감수하며 마감까지 기다렸다.

프라이스라인은 모든 예약에 대행료를 받아 그 후에 자기 자신을 포함해 모든 이들에게 이익이 될 방법을 찾았다.

그러나 2002년 회사는 어려움에 처하게 되었다. 2001년 9·11테러 이후 많은 미국인들이 비행기 여행을 멈추었기 때문이다. 경제가 깊은 침체기로 빠져들면서 항공사는 텅 빈 비행기를 비행장에 세워둔 채 수십억 달러의 손해를 날려 보내야 했다. 몇몇 주요 항공사는 순식간에 파산에 이르렀고, 프라이스라인닷컴은 1년에 수백만 달러를 잃고 있었다.

항공산업의 붕괴를 막기 위해 의회는 산업 안정화에 중요한 150억 달러의 원조 계획을 통과시켰다.

그것은 프라이스라인의 전환점의 시초가 되었다. 후발주자인 익스피디아(Expedia)와 오르비츠(Orbitz)의 등장에 대해서도 프라이스라인은 발빠르게 대응하였다. 여전히 시장 규모가 작은 유럽 지역과 호텔 예약에 공격적으로 사업을 집중시켰다. 프라이스라인닷컴의 네트워크는 전국적 체인 형태의 대규모 호텔로 구성되어 있는 미국 시장보다 상대적으로 다수의 소규모 호텔들로 구성되어 있던 유럽 시장에서 특히 가치를 드러냈다. 노력은 결실을 맺어 2003년에 처음 흑자로 전환했다. 프라이스라인닷컴은 2005년에서 2018년까지 부킹닷컴(booking.com), 카약닷컴(kayak.com), 아고다닷컴(agoda.com), 랜탈카스닷컴(rentalcars.com), 오픈테이블닷컴(opentable.com)을 인수하였으며, 명칭도 부킹 홀딩스로 바꾸었다. 2017년에 127억 달러의 매출을 냈고, 지난 3년간 평균 15% 매출 증가율을 보였다.

생각해 볼 문제

1. 이 이야기에서 열두 가지 경제원칙은 어떻게 그려지고 있는가?

2015년 잘 알려진 보잉 777을 업그레이드한 보잉 777X를 출시한 후 보잉사는 제조공정을 재개발할 계획이라고 밝혔다. 보잉사는 **절약형 생산방식**(lean production)이라고 알려진 매우 성공적인 생산방식에 로봇 공정을 합치고 생산을 더욱 정규화하여 **선진형 생산**(advanced manufacturing)이라고 알려진 제조공정을 만들고자 하였다.

절약형 생산방식은 일본의 토요타 자동차가 시작한 방식이다. 이는 공정에 필요한 부품들이 생산에 필요한 제때에 작업현장에 도착하도록 하는 것에 기초하고 있다. 이는 보잉사가 가지고 있는 재고 및 작업에 필요한 공장 부지를 줄일 수 있게 해 주었다. 절약형 생산방식에서 선진 생산으로 도약하기 위해서 토요타의 고위 기술자를 고용하였다.

1999년, 보잉은 가장 유명한 상업용 비행기인 보잉 737을 생산하는 데 있어 절약형 생산방식을 도입했다. 2005년까지 지속적인 개선을 거듭한 후 보잉사는 비행기를 생산하는 데 드는 시간을 50%가량 단축시킬 수 있었고, 대략 60%의 재고 감소를 이루어 냈다. 가장 중요한 특징은 움직이는 조립라인이었다. 조립라인이 일정한 속도로 한 팀에서 다음 팀으로 이동함에 따라 노동자들은 한 공정을 마친 후 도구를 찾아서 다음 조립 파트로 이동하며 떠돌 필요가 없게 되었다.

토요타의 절약형 생산방식은 모든 제조공정에서 폭넓게 도입되었고, 전 세계의 제조공정을 혁신화했다. 쉬운 말로 절약형 생산방식은 조직화와 소통에 집중한다. 노동자들과 각 공정 파트는 낭비되는 노력이나 자원을 최소화하기 위해 유연하고 일관성 있는 작업 흐름을 만들 수 있도록 조직되었다. 또한 절약형 생산방식은 세단의 생산을 늘리거나, 미니밴의 생산을 줄이는 등 소비자의 수요 변화에 맞추어 생산품 조합을 빠르게 변화시킬 수 있다. 원점으로 돌아와서 보잉 737을 재개발한 737 MAX에 선진 생산이 도입되었고, 2017년에 배송을 시작했다.

토요타의 절약형 생산방식은 매우 성공적이어서 전 세계 자동차산업을 바꾸었으며, 한때 세계시장을 지배했던 미국의 자동차 생산자들을 위협했다. 1980년대까지 '빅3'로 불렸던 크라이슬러, 포드, 그리고 제너럴 모터스(GM)가 미국 자동차산업을 지배했고, 수입 자동차는 전혀 팔리지 않았다. 토요타는 그들의 높은 질과 상대적으로 낮은 가격으로 미국에서 매우 유명해졌고, 너무 유명해진 나머지 '빅3'는 미국 정부로 하여금 일본 자동차 판매량에 제한을 두게 함으로써 토요타를 저지했다. 이에 토요타는 미국에 조립공정을 설치하고, 이후 미국 제조업계에 널리 퍼뜨려진 절약형 생산방식을 도입함으로써 대응했다.

생각해 볼 문제

1. 노동자들이 한 공정을 마친 후 도구를 찾아서 이동하며 떠도는 데 대한 기회비용은 무엇인가?
2. 어떻게 토요타의 절약형 생산방식이 배분에 있어서 경제의 효율성을 개선했는지 설명하라.
3. 절약형 생산방식 도입 이전에 일본은 대부분 가전제품을 미국에 팔았다. 절약형 생산방식으로의 혁신이 일본의 미국에 대한 비교우위를 어떻게 바꾸었는가?
4. 토요타의 생산공정을 일본에서 미국으로 이동시켰을 때 양국 간 자동차 생산에 있어서 비교우위 패턴이 어떻게 변화할지 예측하라.

3 공급과 수요

천연가스 붐

2010년의 칸스 카운티는 상대적으로 적은 양의 석유와 천연가스를 생산하는 지역이었으나, 2015년 불과 5년 사이에 텍사스의 최대생산지가 되었다. 그것은 바로 수압파쇄법(hydraulic fracturing)의 개발 덕분이었다.

새로운 착굴 기술의 도입은 천연가스 가격을 낮추었고, 격렬한 시위를 야기했다.

그 기간에 칸스 카운티는 극도의 호황과 불황을 겪었다. 2014년에는 석유 1배럴당 100달러였으나 2015년에 45달러로 급락하였고, 천연가스는 8달러에서 2달러 이하로 떨어졌다. 이러한 행운의 역전은 무엇 때문인가? 이 또한 수압파쇄법 덕분이다. 수압파쇄법은 화학약품을 섞은 물을 고압으로 분출하여 수천 피트 아래의 사암층에 매장된 천연가스(그리고 약간의 석유)를 추출하는 방법이다. 거의 한 세기 전에는 땅을 뚫는 것이 매우 어려웠기 때문에 사암에 매장된 천연가스를 추출하는 것이 불가능했다.

더 이상은 그렇지 않다. 몇십 년 전에 개발된 채굴 기술을 이용하면 지하 깊숙한 곳에 묻힌 천연가스를 손쉽게 채굴할 수 있다. 최근 10여 년간 천연가스 가격이 크게 오르면서 에너지 회사들은 이런 신기술을 개발하고 도입하게 되었다. 천연가스 가격은 2002년에서 2006년 사이 4배로 증가했다. 천연가스의 공급과 수요라는 두 가지 주요 요인이 이러한 가격 상승을 설명할 수 있다.

먼저 수요 측면의 원인을 살펴보자. 2002년 미국 경제는 불황의 늪에 빠져 있었다. 경제의 활기는 떨어져 있었고, 실업률은 높았으며, 개인과 기업은 저마다의 에너지 소비를 줄였다. 돈을 아끼기 위해 집주인들은 겨울에 온도조절장치의 설정 온도를 낮추었고, 여름에는 설정 온도를 높였다. 하지만 2006년부터는 경기가 다시 회복되기 시작했고, 천연가스 소비 또한 증가했다.

둘째로, 공급 측면을 보면 2005년 발생한 허리케인 카트리나 때문에 천연가스 생산업체가 밀집한 걸프만 지역이 초토화되었다. 이로 인해 천연가스 소비가 급증한 2006년에 천연가스 공급은 급감했고, 2002년에 1,000입방피트당 2달러였던 천연가스 가격이 2006년에는 14달러로 급등했다.

2013년의 상황으로 가 보자. 1,000입방피트당 천연가스 가격은 다시 2달러로 떨어졌다. 이 경우는 경기침체 때문이 아니라 새로운 생산 기술 때문에 발생했다. 2012년에 미국은 2010년의 2배인 8조 1,300억 입방피트의 천연가스를 추출해 냈다. 2015년에는 거의 10조 입방피트에 달하는 천연가스를 생산해 러시아와 사우디아라비아를 뛰어넘어 세계 최대생산국이 되었다. 2013년에서 2014년으로 넘어가는 겨울은 유독 추워서 약간의 가격 상승이 있었지만, 기술의 발달로 2015년에는 2달러 이하로 떨어졌다.

낮은 천연가스 가격은 난방비를 낮춘 데 그치지 않고, 미국 산업 전역에 영향을 미쳤다. 발전소에서 사용하는 연료가 석탄에서 천연가스로 바뀌었고, 대중교통 또한 석유가 아닌 천연가스를 사용하게 되었다. 천연가스 가격 하락의 충격은 4배가량 비싼 가격에 천연가스를 사야 하는 유럽 기업들이 생산 공장을 미국으로 옮길 정도로 컸다. 추가적으로 다시 살아난 미국 천연가스 업계는 수만 개의 일자리를 창출해 냈다.

수압파쇄법 적용으로 천연가스 가격이 하락하여 긍정적인 현상이 일어났지만, 동시에 환경에 미치는 영향에 대한 논쟁과 깊은 우려가 생겼다. 소비자나 기업들이 오염물질을 많이 배출하는 석탄이나 석유보다 연소 부산물이 적은 천연가스를 사용하게 된 것은 긍정적이나, 수압파쇄법은 다른 종류의 환경오염을 일으킬 소지가 있다. 우선 수압파쇄법에 사용된 화학약품이 지하수를 오염시킬 가능성이 있다. 또 낮은 천연가스 가격 때문에 보다 친환경적인 재생가능 에너지 도입이 늦어지고, 결과적으로 화석연료에 대한 의존도가 높아질 수 있다.

수압파쇄법에 대한 논쟁은 관심이 매우 높고 아직 진행 중이다. 이 책의 저자는 경제학뿐만 아니라 과학도 최선을 방법을 제시해 줄 수 있으리라 믿으며 어느 쪽도 지지하지 않는다.

다시 공급과 수요에 대해 이야기해 보자. 이 장에서는 공급과 수요에 대해서만 다룰 것이다. 정확히 어떤 이유로 10여 년 전의 높은 천연가스 가격이 최근에 높아진 천연가스 자동차 수요로 이어졌는가? 짧게 답하자면 수요와 공급의 법칙 때문이다. 하지만 이 말은 무엇을 의미하는가? 많은 사람들이 '수요와 공급'의 법칙을 '시장의 법칙'을 설명하는 경구로 사용한다. 하지만 경제학자들에게 수요와 공급의 법칙은 보다 엄밀하게 정의된다. 이는 많은 종류의 **시장이 작동하는 방식**을 이해하는 데 매우 유용한 모형이다.

이 장에서는 **수요와 공급모형**을 구성하는 요소들을 설명하고 이를 짜맞추어 모형이 어떻게 사용되는지를 설명하려고 한다. ●

이 장에서 배울 내용

- 완전경쟁의 의미
- 공급곡선과 수요곡선의 정의
- 공급과 수요곡선이 균형가격과 균형량을 결정하는 방법
- 초과 및 부족이 생기는 이유와 가격의 이동으로 초과와 부족이 해소되는 이유

‖ 수요와 공급 : 완전경쟁시장의 모형

천연가스 판매자들과 구매자들은 시장 — 구매자와 판매자들의 모임 — 을 구성한다. 이 장에서는 완전경쟁시장이라고 알려진 특정 유형의 시장에 초점을 맞춘다. **완전경쟁시장**(competitive market)은 같은 종류의 재화나 서비스에 대해 수많은 구매자와 판매자가 존재하는 시장이다. 보다 엄밀하게, 완전경쟁시장의 핵심적인 요소는 어떤 개인의 행동도 그 재화나 서비스가 팔리는 가격에 영향을 줄 수 없다는 것이다. 이것이 모든 시장에 대한 정확한 정의는 아님을 이해해야 한다.

예를 들어 이 개념은 콜라 시장에 대해서는 적용할 수 없다. 콜라 시장에서는 코카콜라(Coca-Cola)와 펩시(Pepsi)가 전체 시장 매출에서 큰 비중을 차지하고 있기 때문에 그들이 콜라 가격에 영향을 미칠 수 있다. 그러나 이는 천연가스 시장에 대해서는 적용된다. 전 세계의 천연가스 시장은 매우 크기 때문에 엑슨모빌(Exxon Mobil) 같은 큰 채굴업체도 전체 시장에서는 매우 작은 비중을 차지하며 따라서 엑슨모빌이 천연가스를 사고파는 가격에 영향을 줄 수는 없다.

완전경쟁시장이 다른 시장과 어떻게 다른지는 완전경쟁시장의 작동 원리를 이해하기 전까지는 쉽게 알 수 없다. 따라서 이에 대해서는 잠시 보류하고 이 장의 끝에서 다시 거론하겠다. 단지 다른 시장보다 완전경쟁시장이 모형화하기 쉽다는 것만 알아 두자. 쉬운 문제부터 해결하는 것은 아주 좋은 전략이다. 이 전략을 따라 우선 쉬운 모델인 완전경쟁시장부터 살펴보겠다.

시장이 경쟁상황일 때 그것의 행태는 **수요와 공급모형**(supply and demand model)에 의해서 잘 설명된다. 실제로 많은 시장이 경쟁적이므로 수요와 공급모형은 매우 유용하다.

이 모형의 다섯 가지 핵심 요소는 다음과 같다.

- 수요곡선
- 공급곡선
- 수요곡선의 변동요인과 공급곡선의 변동요인
- 균형가격과 균형량을 포함하는 시장균형
- 수요곡선이나 공급곡선의 이동 시 시장균형의 변화

수요와 공급모형을 이해하기 위해 이 요소들을 하나하나 살펴보기로 하자.

‖ 수요곡선

미국의 소비자들은 천연가스를 얼마나 사고 싶어 할까? 당신은 아마도, 우선 미국 가계와 기업이 그해에 소비하는 양을 더하면 된다고 생각할 것이다. 그러나 미국인들이 천연가스를 얼마나 사고 싶어 하는지는 천연가스의 가격에 좌우되기 때문에 간단하게 생각할 수는 없다.

완전경쟁시장(competitive market)은 동질적인 재화나 서비스에 대해 수많은 구매자와 판매자가 존재하는 시장이다.

수요와 공급모형(supply and demand model)은 어떻게 완전경쟁시장이 작동하는지에 대한 모형이다.

2006년에서 2015년 사이에 그랬던 것처럼, 천연가스 가격이 떨어진다면 소비자들은 일반적으로 더 많은 천연가스를 살 것이다. 예를 들어 사람들은 온도조절장치의 온도를 높게 설정해서 겨울을 더욱 따듯하게 보낼 것이고, 천연가스를 연료로 하는 자동차를 구매할 것이다. 일반적으로 사람들이 사고 싶어 하는 천연가스 또는 어떠한 재화나 서비스의 양은 가격에 의해 좌우된다. 어떤 상품이나 재화의 가격이 높을수록 사람들은 이를 덜 소비하고자 한다. 다른 말로, 가격이 낮을수록 사람들은 물건을 더 사고 싶어 한다.

그러므로 "얼마나 많은 양의 천연가스를 구매하고 싶어 할 것인가?"에 대한 대답은 천연가스의 가격에 좌우된다. 만약 가격이 무엇인지 모른다면 우선 각기 다른 가격하에서 사람들이 얼마만큼의 천연가스를 소비하고 싶어 하는지를 표로 나타내 보자. 이러한 표를 수요표라고 한다. 이것은 수요와 공급모형의 핵심 요소인 수요곡선을 그리는 데 사용될 수 있다.

수요표와 수요곡선

수요표(demand schedule)는 각각 다른 가격에 대해 얼마나 많은 재화나 서비스를 사람들이 사려 하는가에 대한 표이다. 〈그림 3-1〉의 오른쪽에 천연가스에 대한 가상적인 수요표가 있다. 천연가스 양을 나타내는 데 일반적으로 사용되는 BTU(영국열량단위)를 기준으로 적혀 있다. 천연가스 수요량에 대한 실제 데이터를 이용하지 않는다는 점에서 가상적이다.

표에 따르면 1BTU의 천연가스가 3달러일 때 소비자들은 1년간 10조 BTU를 사길 원하고, 3.25달러일 때는 8.9조 BTU를 사길 원한다. 2.75달러일 때는 11.5조 BTU를 사길 원한다. 즉 가

수요표(demand schedule)는 각각 다른 가격에서 소비자가 얼마나 많은 재화와 서비스를 사려고 하는지를 보여준다.

그림 3-1 수요표와 수요곡선

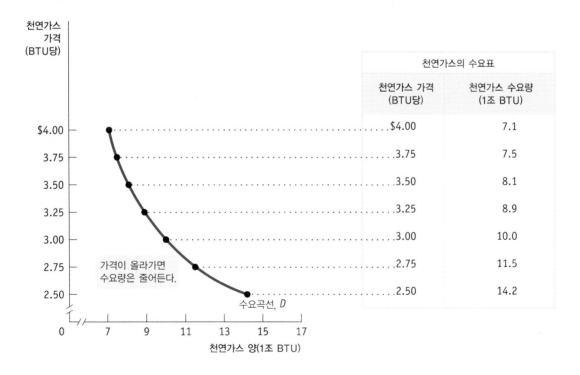

천연가스의 수요표	
천연가스 가격 (BTU당)	천연가스 수요량 (1조 BTU)
$4.00	7.1
3.75	7.5
3.50	8.1
3.25	8.9
3.00	10.0
2.75	11.5
2.50	14.2

천연가스의 수요표가 수요곡선으로 나타나 있다. 수요곡선은 주어진 가격에서 소비자들이 얼마나 많은 재화를 소비하려 하는지를 나타낸다. 수요곡선과 수요표는 수요법칙을 반영한다. 즉 가격이 올라가면 수요하고자 하는 양은 줄어들고, 가격이 떨어지면 수요량은 늘어난다. 따라서 수요곡선은 우하향한다.

수요량(quantity demanded)은 특정 가격에서 소비자가 사고자 하는 실제 수량이다.

수요곡선(demand curve)은 수요표를 그래프로 표현한 것이다. 주어진 가격에서 소비자가 사려고 하는 재화나 서비스를 나타낸다.

수요법칙(law of demand)은 다른 조건이 일정할 때 재화의 가격이 높아짐에 따라 사람들이 재화를 더 적게 수요하는 것을 말한다.

격이 오를수록 천연가스 **수요량**(quantity demanded)이 떨어지는 것이다.

〈그림 3-1〉의 그래프는 표의 정보를 그림으로 표현하고 있다. (제2장의 부록에 있는 경제학의 그래프에 관한 설명을 복습하는 것이 좋을 것이다.) 세로축은 천연가스의 가격이고, 가로축은 천연가스의 수요량이다. 그래프 상의 각 점은 수요표에 기입된 각 숫자에 대응된다. 이 점들을 잇는 선이 **수요곡선**(demand curve)이다. 수요곡선은 수요표를 그래프로 표현한 것이고, 수요량과 가격의 관계를 보여 주는 또 다른 방법이다.

〈그림 3-1〉의 수요곡선은 우하향한다. 이는 가격이 높을수록 수요량이 줄어들고, 가격이 낮을수록 수요량이 많아진다는 가격과 수요량 간의 역의 관계를 반영한다. 〈그림 3-1〉의 수요곡선을 통해 확인할 수 있다. 가격이 낮아지면 수요곡선을 따라 수요량이 증가한다. 반대로 가격이 높아지면 수요곡선을 따라 수요량이 감소한다.

현실에서 수요곡선은 거의 항상 우하향한다. (예외적인 경우는 극히 드물기 때문에 무시해도 될 것이다.) 일반적으로 다른 조건이 같다면 어떤 재화의 가격이 올라가면 사람들이 이 재화를 덜 수요한다는 명제는 아주 확실하기 때문에 경제학자들은 이것을 **수요법칙**(law of demand)이라고 부른다.

수요곡선의 이동

2006년도의 천연가스 가격이 2002년보다 크게 상승하였지만, 2006년도의 천연가스 소비량이 더 많았다. 이 사실을 가격이 올라가면 수요량이 감소한다는 수요법칙에 부합되게 설명하려면 어떻게 해야 할까?

대답은 '다른 조건이 같다'면이라는 문구에 담겨 있다. 즉 이 경우에는 다른 조건이 같지 않았다. 어떠한 주어진 가격하에서도 천연가스의 수요를 증가시킬 만큼 2002년과 2006년 사이 미국 경제는 변했다. 하나의 예로 2002년에 비해 2006년의 경기가 좋았다. 〈그림 3-2〉는 이러한 현상을 천연가스에 대한 수요표와 수요곡선을 이용하여 나타내고 있다.(전과 마찬가지로 사용된 자료는 가상의 자료다.)

〈그림 3-2〉의 표에는 두 가지 수요표가 나타나 있다. 첫 번째는 〈그림 3-1〉에서 본 것과 같은 2002년의 수요표이고, 두 번째는 2006년의 수요표이다. 2006년 수요표는 2002년 수요표와

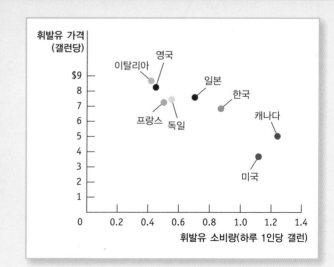

국제비교　　**비싸면 덜 쓴다**

휘발유 소비량이 휘발유 가격에 의해 좌우된다는 사실은 현실에서 수요법칙을 이해할 수 있는 좋은 예이다. 대부분의 유럽과 많은 동아시아 국가에서는 휘발유와 경유에 높은 세금이 붙기 때문에 휘발유 가격이 미국의 두 배 이상 비싸다. 수요법칙에 따르면 유럽인들은 미국인들보다 더 적은 양의 휘발유를 소비해야 하며, 실제로도 그렇다. 그림에서 볼 수 있듯이 유럽인들은 주로 경차를 선호하기 때문에 미국인들의 휘발유 사용량의 절반보다 더 적은 양의 휘발유만을 소비한다.

연료 소비량을 결정하는 것이 비단 가격만은 아니지만, 유럽인들과 미국인들의 휘발유 사용량에 차이가 나는 원인은 아마도 가격 때문이 아닐까 싶다.

출처 : World Development Indicators and U.S. Energy Information Administration, 2013.

그림 3-2 수요의 증가

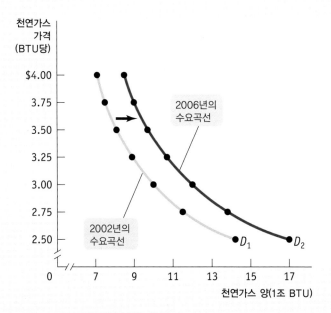

천연가스의 수요표		
천연가스 가격 (BTU당)	천연가스 수요량 (1조 BTU)	
	2002년	2006년
$4.00	7.1	8.5
3.75	7.5	9.0
3.50	8.1	9.7
3.25	8.9	10.7
3.00	10.0	12.0
2.75	11.5	13.8
2.50	14.2	17.0

경기호황은 천연가스 수요를 늘린, 즉 가격이 같더라도 더 많이 수요하게 만든 한 가지 요인이다. 수요의 증가를 불황기였던 2002년과 호황기였던 2006년의 수요가 적혀 있는 수요표와 각각의 수요곡선을 통해 확인할 수 있다. 수요가 증가하면서 수요곡선은 오른쪽으로 이동한다.

다른데, 2006년도에는 미국 경제의 호황 덕분에 천연가스의 수요량이 증가했기 때문이다. 미국 경기호황으로 2002년에 비해 2006년의 수요량이 더 많다. 예를 들어 BTU당 3달러의 가격에서 구매하고 싶어 했던 천연가스의 양은 10조 BTU에서 12조 BTU로 증가하였고, 3.25달러에서 구매하고 싶어 했던 천연가스의 양은 8.9조에서 10.7조 BTU로 증가하였다.

이 예를 통해 확인할 수 있는 것은 2002년에서 2006년 사이의 변화가 모든 가격대에서 원래 수요표보다 많은 수요량을 보여 주는 새로운 수요표를 만들어 냈다는 것이다. 〈그림 3-2〉의 두 곡선은 같은 정보를 그림으로 보여 주고 있다. 보다시피 2006년의 새로운 수요표는 2002년의 수요곡선인 D_1의 오른쪽에 있는 D_2와 일치한다. **수요곡선의 이동**(shift of the demand curve)은 주어진 가격에서 수요량의 변화를 나타내는데, 이것은 D_1과 D_2의 위치의 차이로 나타내진다.

수요곡선의 이동과 재화의 가격 변화에 따른 수요량의 변화인 **수요곡선 상의 이동**(movements along the demand curve)을 구분하는 것이 중요하다. 〈그림 3-3〉이 그 차이를 보여 준다.

점 A에서 B로의 이동은 수요곡선 상의 이동을 나타낸다. 수요량은 가격이 하락함에 따라 증가한다. 그림에서 BTU당 3.5달러에서 3달러로의 가격 변화는 8.1조에서 10조 BTU로의 수요량 증가를 유발한다. 그러나 수요량 증가는 가격이 고정된 상태에서 수요가 늘어난 경우에도 생긴다. 이것은 〈그림 3-3〉에서 수요곡선 D_1에서 D_2로의 이동으로 표현되어 있다. 가격이 3.5달러로 고정된 상황에서 수요량이 점 A의 8.1조 BTU에서 점 C의 9.7조 BTU로 늘어났다.

경제학자들이 'X재화에 대한 수요가 증가했다' 혹은 'Y재화에 대한 수요가 감소했다'라고 이야기할 때는 가격 변화에 따른 수요 증가나 감소가 아닌 X재화나 Y재화의 수요곡선 자체가 이동했음을 의미한다.

수요곡선의 이동(shift of the demand curve)은 주어진 가격에서 수요량의 변화이다. 원래 수요곡선에서 새로운 위치로 변하는 것이며 새로운 수요곡선으로 표기된다.

수요곡선 상의 이동(movements along the demand curve)은 재화의 가격 변화에 따른 수요량의 변화이다.

그림 3-3 수요곡선 상의 이동과 수요곡선의 이동

*A*점에서 *B*점으로의 이동이 보여 주는 수요량 증가는 수요곡선 상의 이동을 의미한다. 이는 가격 하락으로 인한 결과이다. *A*점에서 *C*점으로의 이동은 수요곡선 자체의 이동을 의미한다. 이는 어떤 주어진 가격에 대해서도 수요량이 증가한 결과이다.

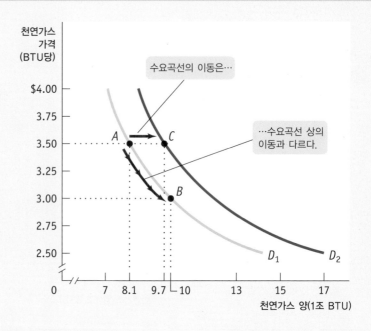

수요곡선의 이동에 대한 이해

〈그림 3-4〉는 수요곡선 이동의 두 가지 기본적인 양상을 보여 준다.

1. 경제학자들이 '수요의 증가'를 이야기할 때는 수요곡선이 **오른쪽으로** 이동하는 것을 의미하는데 이것은 주어진 가격에서 소비자들이 전보다 더 많은 양을 소비하는 것을 뜻한다. 이 것은 〈그림 3-4〉에서 수요곡선 D_1이 D_2로 이동하는 모습에 나타나 있다.
2. 반대로 '수요의 감소'는 왼쪽으로의 이동, 즉 주어진 가격에서 소비자들이 재화와 서비스를 더 적게 소비하는 것이고, 〈그림 3-4〉에서는 이것이 D_1에서 D_3로의 이동으로 나타나 있다.

그렇다면 무엇이 수요곡선을 이동하게 했을까? 우리는 이미 2002년의 경기에 비해 좋았던 2006년의 경기를 예로 들었다. 조금 더 생각해 본다면, 천연가스 수요를 늘리는 다른 요소를 찾을 수 있다. 예를 들어, 난방용 기름의 가격이 상승한다면, 집이나 사무실 난방에 기름을 사용하는 일부 소비자들은 기름 대신 천연가스를 이용해서 난방을 할 것이고, 이 때문에 천연가스 수요가 증가할 것이다.

함정

수요 vs. 수요량

경제학자들이 '수요의 증가'라고 말할 때는 보통 수요곡선이 오른쪽으로 이동하였음을 의미하며, '수요의 감소'라고 말할 때는 수요곡선이 왼쪽으로 이동하였음을 의미한다.

일반적인 대화에서 경제학자들을 비롯한 대부분의 사람들은 수요라는 단어를 일상적으로 사용한다. 예를 들어 경제학자가 "항공비용 감소로 인해 지난 15년간 항공 여행에 대한 수요가 두 배로 증가하였다."라고 할 때는 수요량이 두 배로 증가했음을 의미할 것이다.

물론 일상적인 대화에서 엄밀하게 말할 필요는 없지만 경제학 분석을 할 때는 수요곡선 상의 이동인 수요량의 변화와 수요곡선 자체의 변화를 구분해 주어야 한다(그림 3-3 참조).

간혹 학생들은 다음과 같은 표현을 쓴다. "수요가 증가하면, 가격이 오르지만 이는 수요의 감소를 야기하기 때문에 가격이 하락하게 된다…."

수요곡선 자체의 이동을 의미하는 수요의 변화와 수요량의 변화를 명확하게 구분해 준다면 이러한 혼동을 피할 수 있다.

그림 3-4 수요곡선의 이동

수요를 증가시키는 사건은 수요곡선을 오른쪽으로 이동시키며, 이는 주어진 가격에서 수요량의 증가를 반영한다. 수요를 감소시키는 사건은 수요곡선을 왼쪽으로 이동시키며 이는 주어진 가격에서 수요량의 감소를 반영한다.

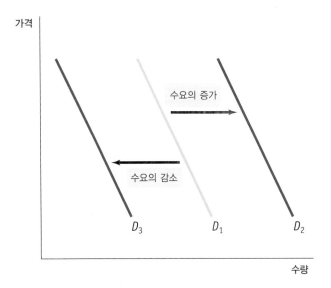

경제학자들은 수요곡선의 이동 요인에 대한 다섯 가지 주요 원인을 다음과 같이 생각했다.

- 관련 재화나 서비스의 가격 변화
- 소득의 변화
- 기호의 변화
- 기대의 변화
- 소비자 수의 변화

이것이 완벽한 목록은 아닐 것이나, 수요곡선 이동의 원인으로 가장 중요한 다섯 가지를 담고 있다. 다른 조건이 같다는 전제하에서 가격이 하락하면 수요량이 증가한다고 말할 때는 이 요인들이 변하지 않았음을 의미한다. 이제 이러한 요인들이 어떻게 수요곡선을 이동시키는지 자세히 살펴보기로 하자.

관련 재화나 서비스의 가격 변화 난방용 기름은 경제학자들이 대체재라고 부르는 것의 한 예이다. 한 재화(난방용 기름)의 가격이 상승했을 때 다른 재화(천연가스)를 사려는 사람들이 늘어나면 이 두 재화를 **대체재**(substitutes)라고 한다. 대체재는 커피와 차, 머핀과 도너츠, 기차와 버스 등과 같이 비슷한 기능을 하는 재화들을 일컫는다. 어떤 재화의 대체재 가격이 상승하면 소비자들이 그 재화 대신 원래의 재화를 사게 만들고 이것은 원래 재화의 수요곡선을 오른쪽으로 이동시킨다.

그러나 때로는 어떤 재화의 가격 상승이 또 다른 재화의 수요량을 감소시키기도 하는데 이러한 재화들을 **보완재**(complements)라고 부른다. 보완재는 스마트폰과 앱, 커피와 달걀 맥머핀, 차와 휘발유 등 보통 같이 사용되는 재화들이다. 소비자들은 한 재화를 소비 시에 그 재화의 보완재도 함께 소비하고 싶어 하기 때문에 한 재화의 가격이 변화할 경우 보완재의 수요에도 영향을 미치게 된다. 특히 한 재화의 가격이 상승할 경우에는 보완재의 수요가 감소하고 보완재의 수요곡선을 왼쪽으로 이동시키게 된다. 그러므로 2009년에 갤런당 3달러였던 휘발유 가격이 2011년

한 재화의 가격이 상승할 때 다른 재화를 소비자가 더 많이 사려고 하면 두 재화는 **대체재**(substitutes)이다.

한 재화의 가격이 상승할 때 다른 재화를 소비자가 더 적게 사려고 하면 두 재화는 **보완재**(complements)이다.

에 갤런당 4달러로 상승하면, 휘발유 자동차의 수요는 감소할 것이다.

소득의 변화　왜 2002년에 비해 2006년의 경기가 좋았던 점이 천연가스 수요의 증가로 이어졌을까? 경기가 좋을수록 소득이 늘어날 것이고, 이는 사람들이 대부분의 재화와 서비스를 더 많이 구매하게 만들 것이다. 예를 들어 소득이 더 많다면, 소득이 적을 때에 비해 겨울에 난방을 더 많이 할 것이다.

또한 주요한 발전연료인 천연가스에 대한 수요는 재화와 서비스에 대한 수요와 밀접하게 관련되어 있다. 예를 들어 기업은 재화나 서비스를 생산하기 위해 전기를 사용해야 한다. 따라서 경기가 좋고, 가게의 소득이 높을 때 기업은 더 많은 전기를 사용할 것이고, 따라서 천연가스 또한 더욱 많이 사용될 것이다.

왜 '모든 재화'가 아닌 '대부분의 재화'인가? 대부분의 재화는 **정상재**(normal goods), 즉 소득이 증가하면 수요도 증가하는 재화이지만 어떤 재화의 경우는 그 반대로 소득이 증가하면 수요가 감소한다. 소득이 증가할 때 수요가 감소하는 재화를 **열등재**(inferior goods)라고 한다. 열등재는 보통 다른 비싼 대체재들보다 덜 선호되는 재화를 의미하는데, 버스와 택시의 경우를 예로 들 수 있다. 사람들은 보다 비싼 재화를 살 경제적 여유가 생기면 열등재의 소비를 중단하고 보다 더 선호되는 비싼 재화를 소비한다. 그러므로 한 재화가 열등재이면, 소득의 증가는 그 재화의 수요곡선을 왼쪽으로 이동시키며 소득의 감소는 수요곡선을 오른쪽으로 이동시킬 것이다.

정상재와 열등재를 명확하게 구분할 수 있는 한 예로 가벼운 식사를 할 수 있는 레스토랑인 치폴레와 올리브가든과 패스트푸드 체인점인 버거킹과 맥도날드의 차이점을 생각해 보면 되겠다. 미국인들의 소득이 증가하면 그들은 레스토랑에서의 식사 횟수를 늘린다. 그리고 이는 자연적으로 맥도날드와 같은 패스트푸드점에서의 식사 횟수가 줄어듦을 의미한다. 따라서 레스토랑에서의 식사는 정상재이고, 패스트푸드점에서의 식사는 열등재인 셈이다.

기호의 변화　왜 사람들은 욕구를 가지고 있는가? 다행히도 우리는 이 물음에는 답할 필요가 없다. 우리는 단지 사람들이 특정한 선호와 기호를 가지고 있다는 것을 인정하면 된다. 경제학자들은 보통 유행이나 신념, 혹은 문화 변동을 기호 혹은 선호의 변화라고 뭉뚱그려 표현한다.

예를 들어 한때 남자들은 모자를 많이 썼다. 제2차 세계대전까지만 해도 점잖은 남자가 모자를 쓰지 않으면 차려입은 것이라 할 수 없었다. 그러나 점점 격식을 차리지 않은 스타일이 유행하게 되었고, 아이젠하워 대통령은 종종 모자를 쓰지 않고 다녔다. 결과적으로 모자 수요의 감소를 반영하여 모자에 대한 수요곡선은 왼쪽으로 이동하게 되었다.

경제학자들은 소비자들의 기호를 변화시키는 요인에 대해서는 별로 할 말이 없다.(물론 마케터와 광고주들은 할 말이 많겠지만!) 그러나 기호의 변화는 수요를 예측할 수 있다. 기호의 변화에 있어서 주된 특징은 경제학자들의 판단 근거가 부족하고 보통 주어진 것으로 받아들여진다는 것이다. 즉 기호의 변화가 어떤 재화에 호의적으로 변하면 주어진 가격에서 더 많은 사람이 그것을 사게 되고, 수요곡선은 오른쪽으로 이동한다. 반대로 사람들의 기호가 어떤 재화에 불리한 방향으로 변하면 수요곡선이 왼쪽으로 이동한다.

기대의 변화　소비자들이 구매 시기를 결정할 때, 현재 그 재화에 대한 수요는 종종 미래의 가격에 대한 기대에 의하여 영향을 받는다. 예를 들어 영리한 쇼핑광들은 종종 세일 시즌을 기다린다. 크리스마스 이후에 크리스마스 상품을 사는 것이다. 이 경우에 미래의 가격 하락에 대한 기대가 현재의 수요를 감소시켰다고 할 수 있다. 반대로 미래의 가격 상승에 대한 기대는 현재의 수요를 증가시킬 것이다.

예를 들어 최근 몇 년간 2달러대로 하락한 천연가스 가격은 2002년에 비슷한 가격으로 하락했을 때에 비해 더 많은 사람들이 천연가스를 구매하도록 만들었다. 왜 더 많은 사람들이 석유나 재생가능 에너지가 아닌 천연가스를 연료로 선택했을까? 왜냐하면 2002년에는 소비자들이 가격 하락이 길게 지속되지 않을 것이라고 예상했기 때문이다. 그리고 이는 정확한 예상이었다.

2002년에 천연가스 가격은 경기가 나빴기 때문에 하락했다. 이런 상황은 경기가 빠르게 좋아지던 2006년에 바뀌었고, 가격이 급등했다. 반면에 소비자들은 최근의 가격 하락이 일시적이지 않다고 예상했다. 이는 막대한 매장량에 접근이 가능해진 영구한 변화 때문이다.

미래 소득에 대한 기대 변화 또한 수요를 변화시킨다. 만약 당신이 미래의 소득 증가를 기대한다면, 현재의 당신은 돈을 빌려 특정 재화에 대한 수요를 늘릴 것이다. 그리고 미래의 소득 감소를 예측한다면 현재의 당신은 돈을 아끼고 일부 재화의 수요를 감소시킬 것이다.

소비자 수의 변화 수요의 변화를 야기할 또 다른 요인은 소비자 수의 변화다. 예를 들어 미국 인구가 증가하면서 더 많은 집과 더 많은 기업이 난방과 냉방을 해야 했고, 이 때문에 천연가스 수요가 증가했다.

여기서 개별수요곡선이라는 새로운 개념을 소개하겠다. **개별수요곡선**(individual demand curve)은 개별 소비자가 수요하고자 하는 양과 가격 사이의 관계를 나타낸 곡선이다. 예를 들어 곤잘레스 가족은 천연가스의 소비자이며 그들은 집을 난방하고 냉방하는 데 천연가스를 소비한다고 하자. 〈그림 3-5(a)〉는 곤잘레스 가족이 한 해 동안 주어진 가격하에서 얼마나 많은 양의 천연가스를 수요하는지를 보여 주고 있다. 여기서 $D_{곤잘레스}$는 곤잘레스 가족의 개별수요곡선이다.

시장수요곡선은 한 재화에 대한 모든 소비자의 수요량이 그 재화의 가격에 따라 어떻게 변하는지를 나타낸다. (많은 경우에 수요곡선이라 함은, 시장수요곡선을 의미한다.) 시장수요곡선은 시장 내의 모든 소비자의 개별수요곡선의 수평합이다.

개별수요곡선(individual demand curve)은 개별 소비자가 수요하고자 하는 양과 가격 사이의 관계를 나타낸 곡선이다.

그림 3-5 개별수요곡선과 시장수요곡선

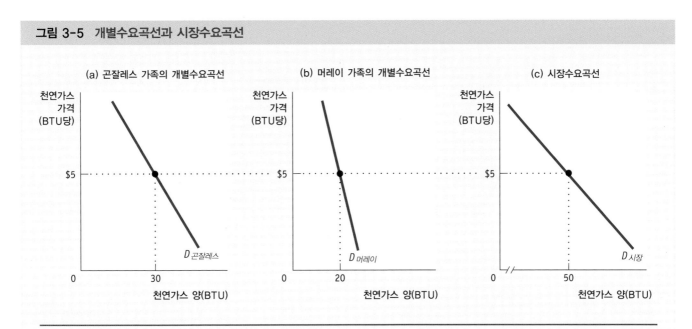

곤잘레스 가족과 머레이 가족은 천연가스 시장의 두 명의 소비자이다. 그림 (a)는 주어진 가격하에서의 매년 천연가스 수요량을 보여 주는 곤잘레스 가족의 개별수요곡선을 나타낸다. 그림 (b)는 머레이 가족의 개별수요곡선을 보여 준다. 곤잘레스 가족과 머레이 가족이 시장에 존재하는 단 두 명의 소비자라고 가정할 때, 주어진 가격하에서의 총 천연가스 수요량을 나타내는 *시장수요곡선*은 그림 (c)에 나타나 있다. 시장수요곡선은 모든 소비자의 개별수요곡선의 *수평합*이다. 이 경우 주어진 가격하에서 시장의 수요량은 곤잘레스 가족과 머레이 가족의 수요량의 합이다.

표 3-1 수요를 움직이는 요인

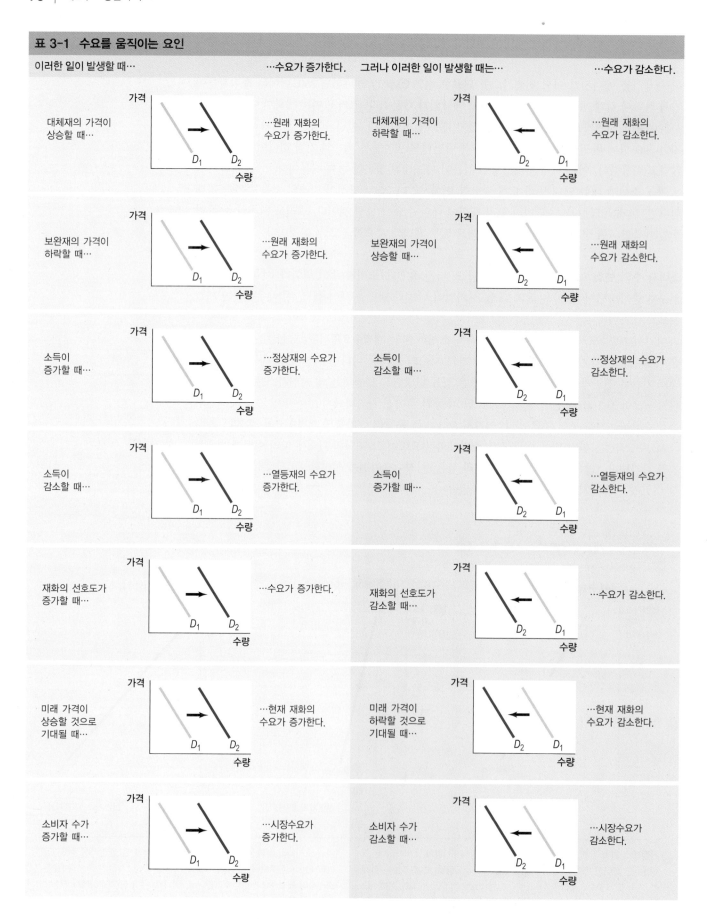

이러한 일이 발생할 때…		…수요가 증가한다.	그러나 이러한 일이 발생할 때는…		…수요가 감소한다.
대체재의 가격이 상승할 때…		…원래 재화의 수요가 증가한다.	대체재의 가격이 하락할 때…		…원래 재화의 수요가 감소한다.
보완재의 가격이 하락할 때…		…원래 재화의 수요가 증가한다.	보완재의 가격이 상승할 때…		…원래 재화의 수요가 감소한다.
소득이 증가할 때…		…정상재의 수요가 증가한다.	소득이 감소할 때…		…정상재의 수요가 감소한다.
소득이 감소할 때…		…열등재의 수요가 증가한다.	소득이 증가할 때…		…열등재의 수요가 감소한다.
재화의 선호도가 증가할 때…		…수요가 증가한다.	재화의 선호도가 감소할 때…		…수요가 감소한다.
미래 가격이 상승할 것으로 기대될 때…		…현재 재화의 수요가 증가한다.	미래 가격이 하락할 것으로 기대될 때…		…현재 재화의 수요가 감소한다.
소비자 수가 증가할 때…		…시장수요가 증가한다.	소비자 수가 감소할 때…		…시장수요가 감소한다.

수평합이 무엇인지 알아보기 위해서 일단 곤잘레스 가족과 머레이 가족이라는 두 소비자만 존재한다고 가정해 보자. 머레이의 가족은 자동차의 연료로 천연가스를 소비한다. 머레이 가족의 개별수요곡선인 $D_{머레이}$는 그림 (b)에 나타나 있다. 그림 (c)는 시장수요곡선이다. 시장 내에는 곤잘레스 가족과 머레이 가족밖에 없으므로 주어진 가격하에서의 수요량은 그 가격하에서 곤잘레스 가족과 머레이 가족이 수요하는 양을 합한 것이다. 예를 들어 가격이 BTU당 5달러일 때 곤잘레스 가족은 30BTU의 천연가스를 수요하고, 머레이의 가족은 20BTU를 수요한다면, 시장 전체의 수요량은 50BTU가 된다. 이는 그림에서 시장수요곡선, $D_{시장}$으로 나타난다.

머레이 가족이 추가되면 곤잘레스 가족만 수요자일 때에 비해 같은 가격에서도 시장의 수요량은 증가한다. 주어진 가격에서의 수요량은 제3, 제4의 소비자를 추가할수록 늘어날 것이다. 따라서 소비자의 수가 늘어날수록 수요는 증가한다.

수요를 움직이는 요인들은 〈표 3-1〉에 정리되어 있다.

현실 경제의 >> 이해

교통난과의 전쟁

모든 대도시는 교통 문제를 겪고 있고, 많은 지방정부들은 혼잡한 대도시로의 차량 진입을 억제하려고 한다. 도심으로의 차량진입을 사람들의 소비재라고 생각하면, 수요의 경제학을 교통난 해소 정책 분석에 사용할 수 있다.

하나의 공통적인 전략은 대체재의 가격을 낮춤으로써 자동차 여행에 대한 수요를 낮추는 것이다. 많은 대도시 지역에서는 버스와 기차의 운임요금을 낮추어 소비자들의 승용차 이용을 억제하려고 노력한다. 또 하나의 전략은 보완재 가격을 올리는 것이다. 미국의 주요 대도시들은 주차비에 높은 세금을 부과하여 수익도 올리고 도심으로의 차량진입도 억제하고 있다.

싱가포르, 런던, 오슬로, 스톡홀름, 밀라노와 같은 몇몇 주요 대도시들은 정치적 논란을 불러일으킬 만한 직접적인 접근방법을 택했다. 즉 혼잡통행료를 올림으로써 혼잡을 줄이는 것이다. 혼잡 가격책정(또는 영국의 '혼잡비용 부과')하에서 출퇴근 시간 도심 진입 차량에 대해 혼잡비용이 부과되었다. 운전자들은 감시소를 통과할 때마다 자동적으로 요금이 부과되는 '통행권'을 샀다. 법 준수 여부는 자동카메라와 사진 판독기를 통해 감시되었다.

도시는 혼잡통행료를 높임으로써 교통체증을 감소시킬 수 있다.

2012년 모스크바는 악명 높은 교통혼잡을 줄이고자 특정 지역에서 적절한 수준의 주차요금을 부과하였다. 대략 1.6달러의 요금이 적용되자 모스크바의 교통량은 4% 감소하였다.

현재 런던 시내에서 운전하기 위해서는 11.5파운드(대략 15달러)를 지불해야 한다. 만약 비용을 지불하지 않고 운전하면 적발될 때마다 130파운드(대략 170달러)의 벌금을 물어야 한다.

예상했겠지만 이 새로운 정책의 결과로 실제 교통량은 감소했다. 1990년대 런던은 유럽에서 교통난이 가장 심하기로 유명했다. 2003년, '혼잡비용 부과'의 도입은 즉각적으로 런던 도심가의 교통량을 대략 15% 가까이 감소시켰다. 또한 대중교통이나 자전거, 오토바이 또는 카풀링 등 대체재의 사용이 늘었다. 2001년에서 2011년 동안 런던의 자전거 이용률은 79% 증가했고, 버스 이용률 또한 30% 증가했다.

교통이 덜 혼잡해지자 교통사고 횟수와 비율 모두 감소하였다. 한 연구에 따르면 2000년부터 2010년까지 영국의 주행거리당 사고 발생수는 40% 감소하였다. 스톡홀름 또한 비슷한 효과를 경험하였다. 2013년에 혼잡비용 시행 전 대비 22% 감소하였으며, 통근시간은 3분의 1에서 2분의 1일가량 줄었으며, 대기의 질 또한 개선되었다.

>> 이해돕기 3-1
해답은 책 뒤에

1. 다음 각각의 사건이 (i) 수요곡선의 이동을 나타내는지, (ii) 수요곡선 상의 이동을 나타내는지 구분하여 설명하라.
   a. 우산 가게 주인은 소비자들이 비 오는 날 우산을 구입하기 위해 더 많은 가격을 지불할 용의가 있음을 알게 되었다.
   b. 서커스 크루즈 라인즈라는 회사가 카리브해에서의 여름 크루즈 가격을 낮춘다면 예약이 급증할 것이다.
   c. 사람들은 밸런타인데이가 있는 주에 장미꽃 가격이 연중 어느 때보다 높다 하더라도 더 많은 장미꽃을 산다.
   d. 휘발유 가격이 가파르게 상승하자 많은 통근자들이 휘발유 소비를 줄이기 위하여 자동차 카풀에 동참하기 시작했다.

공급곡선

어떤 지역은 다른 지역에 비해 천연가스를 추출하기가 더 쉽다. 수압파쇄법이 상용화되기 전까지, 천연가스 추출회사들은 추출하기 쉬운 깊이에 있는 천연가스만 총매장량으로 계산했다. 얼마나 많은 양을 추출할지, 그리고 어느 깊이까지 가스정을 개발해서 추출할지는 회사들이 예상하는 천연가스 가격에 의해 좌우된다. 예상 가격이 높을수록 개발해 놓은 가스정에서 더 많이 추출하고, 동시에 더 많은 가스정을 새로이 개발할 것이다.

따라서 사람들이 사려고 하는 천연가스의 양이 지불해야 하는 가격에 의존하는 것과 마찬가지로, 사람들이 생산하고 팔려고 하는 천연가스 혹은 어떤 재화나 서비스의 양 — **공급량**(quantity supplied) — 도 그들이 제시받는 가격에 의존한다.

공급표와 공급곡선

〈그림 3-6〉의 표는 가격에 따른 구매 가능한 천연가스의 수량 변화, 다시 말해 천연가스의 가상적인 **공급표**(supply schedule)를 보여 주고 있다.

공급표 또한 〈그림 3-1〉의 수요표와 같은 원리이다. 이 경우 각기 다른 가격에 대해 천연가스 생산자들이 팔려고 하는 천연가스의 수량이 나타나 있다. BTU당 2.5달러에서 천연가스 생산자들은 8조 BTU의 천연가스만 팔려고 할 것이며, BTU당 2.75달러의 가격에서는 9.1조 BTU를 팔려고 할 것이다. BTU당 3달러에서는 10조 BTU의 천연가스를 팔려고 한다.

같은 방식으로 〈그림 3-6〉과 같이 공급표 또한 **공급곡선**(supply curve)과 같은 그림으로 표현될 수 있다. 공급곡선의 각 점은 공급표에 기입된 각 숫자에 대응한다.

천연가스의 가격이 3달러에서 3.25달러로 오른다고 가정하자. 〈그림 3-6〉으로부터 판매하려는 양이 10조 BTU에서 10.7조 BTU로 늘어나는 것을 알 수 있다. 이것은 높은 가격이 많은 공급량을 가져온다는 일반적인 경향을 반영한 공급곡선의 정상적 상황이다. 따라서 수요곡선이 보통 우하향하는 것과 마찬가지로 공급곡선은 우상향하게 된다. 높은 가격이 제시될수록 더 많은 재화와 서비스를 팔려고 할 것이다.

그림 3-6 공급표와 공급곡선

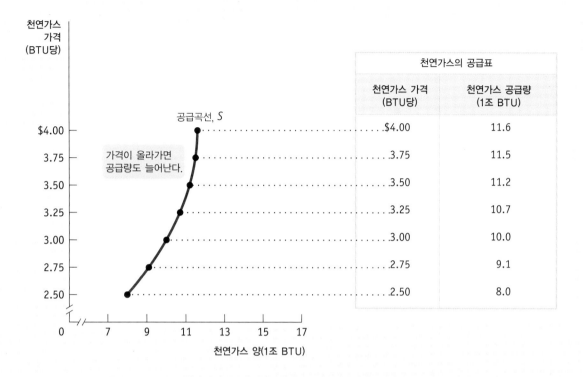

천연가스의 공급표	
천연가스 가격 (BTU당)	천연가스 공급량 (1조 BTU)
$4.00	11.6
3.75	11.5
3.50	11.2
3.25	10.7
3.00	10.0
2.75	9.1
2.50	8.0

천연가스에 대한 공급표는 공급곡선에 잘 나타나 있다. 이는 주어진 가격에 생산자들이 얼마만큼 판매할 의사가 있는지를 보여 준다. 공급곡선과 공급표는 공급곡선이 우상향한다는 사실을 반영하고 있다. 즉 가격이 상승함에 따라 공급량도 증가하는 것이다.

공급곡선의 이동

도입 사례에서 말한 것처럼 착굴 기술의 혁신으로 최근 미국의 천연가스 생산량은 크게 증가했다. 2005년에 비해 2014년에는 일간 40%를 더 생산한다. 〈그림 3-7〉은 이 사건이 공급표와 공급곡선에 어떤 영향을 주었는지 그림으로 나타낸 것이다. 〈그림 3-7〉에는 두 가지 공급표가 나타나 있다. 기술 진보 이전의 공급표는 〈그림 3-6〉과 같다. 두 번째 공급표는 진보된 기술 도입 이후의 천연가스 공급량을 나타낸다.

앞에서 수요표가 변하면 수요곡선이 이동했던 것처럼 공급표가 변하면 **공급곡선의 이동**(shift of the supply curve)이 일어난다. 이는 〈그림 3-7〉에서 새로운 기술 도입 이전의 공급곡선 S_1이 새로운 기술 도입 이후에 S_2로 이동한 것을 보면 알 수 있다. S_2가 S_1의 오른쪽에 위치한다는 사실은 공급량이 모든 가격하에서 증가함을 의미한다.

수요의 분석과 마찬가지로 공급곡선의 이동과 가격 변화에 따른 공급량의 변화인 **공급곡선 상의 이동**(movement along the supply curve)을 구분하는 것이 중요하다. 〈그림 3-8〉에서 이 둘의 차이점을 알 수 있다. 점 A에서 B로의 이동은 공급곡선 상에서의 이동이다. 가격이 증가함에 따라 공급량은 수요곡선 S_1을 따라서 증가한다. 여기서 가격이 3달러에서 3.5달러로 증가하면서 공급량은 10조 BTU에서 11.2조 BTU로 증가한다. 그러나 가격이 변하지 않아도 공급량이 증가할 수 있는데 이는 공급곡선이 S_1에서 S_2로 움직인 것처럼 오른쪽으로 이동하는 경우이다. 가격이 3달러에서 고정되어 있을 때도 S_1의 점 A에서 S_2의 점 C로 이동하면서 천연가스의 공급량은 10조 BTU에서 12조 BTU로 증가한다.

공급곡선의 이동(shift of the supply curve)은 주어진 가격에서 공급량의 변화이다. 원래의 공급곡선이 새로운 위치로 변하는 것으로, 새로운 공급곡선으로 표기된다.

공급곡선 상의 이동(movement along the supply curve)은 재화의 가격 변화에 따른 공급량의 변화이다.

그림 3-7 공급의 증가

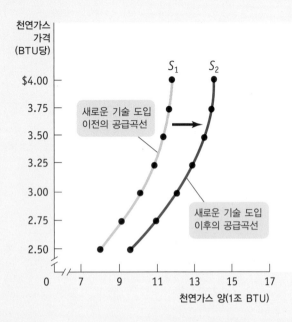

천연가스의 공급표		
천연가스 가격 (BTU당)	천연가스 공급량(1조 BTU)	
	새로운 기술 도입 이전	새로운 기술 도입 이후
$4.00	11.6	13.9
3.75	11.5	13.8
3.50	11.2	13.4
3.25	10.7	12.8
3.00	10.0	12.0
2.75	9.1	10.9
2.50	8.0	9.6

진보된 천연가스 착굴 기술의 도입은 공급 증가를 야기했다. 즉 모든 주어진 가격하에서 공급이 증가하는 것이다. 이러한 사건은 새로운 기술 도입 이전의 공급표와 이후의 공급표 및 공급곡선에 잘 나타나 있다. 공급의 증가는 공급곡선을 오른쪽으로 이동시킨다.

그림 3-8 공급곡선 상의 이동 vs. 공급곡선의 이동

A점에서 B점으로 움직일 때 공급량의 증가는 공급곡선 상의 이동으로 나타난다. 이는 재화 가격 상승으로 인한 결과이다. A점에서 C점으로 움직일 때 공급량의 증가는 공급곡선의 이동으로 나타난다. 이는 주어진 가격에서 공급량 증가로 인한 결과이다.

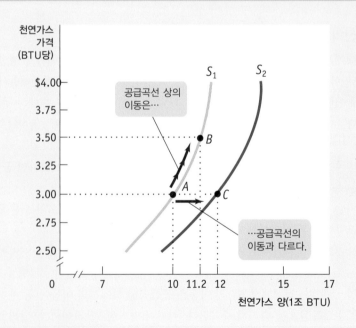

공급곡선의 이동에 대한 이해

〈그림 3-9〉는 공급곡선 이동의 두 가지 기본 양상을 설명하고 있다. 경제학자들이 '공급의 증가'를 말할 때는 공급곡선의 오른쪽 이동, 즉 모든 가격에서 사람들이 전보다 더 많이 공급하려 함

그림 3-9 공급곡선의 이동

공급을 증가시키는 사건은 공급곡선을 오른쪽으로 이동시키며 이는 주어진 가격에서 공급량의 증가를 반영한다. 공급을 감소시키는 사건은 공급곡선을 왼쪽으로 이동시키며 이는 주어진 가격에서 공급량의 감소를 반영한다.

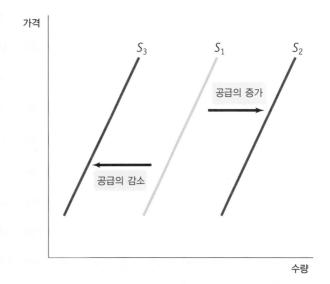

을 의미한다. 이것은 〈그림 3-9〉에서 S_1이 S_2로 이동하는 것으로 잘 나타나 있다. '공급의 감소' 역시 공급곡선의 **왼쪽** 이동으로 나타나 있고, 이것은 〈그림 3-9〉에서 S_1에서 S_3로 이동하는 것으로 표현되어 있다.

다음은 경제학자들이 제시한 공급곡선 이동의 다섯 가지 주요 원인이다(수요의 경우와 마찬가지로 다른 원인이 있을 수 있다).

- 투입요소가격의 변화
- 관련 재화 및 서비스 가격의 변화
- 기술의 변화
- 기대의 변화
- 공급자 수의 변화

투입요소가격의 변화 상품 생산에는 투입요소가 필요하다. 예로 바닐라 아이스크림을 만들려면 바닐라 빈과 크림, 설탕 등이 있어야 한다. **투입요소**(input)는 다른 재화와 서비스를 만드는 데 쓰이는 어떤 재화와 서비스이다. 상품과 같이 투입요소도 가격이 있다. 투입요소가격의 상승은 재화를 만드는 비용을 증가시키므로, 그 재화의 판매자는 종전의 가격에서 더 이상 팔지 않으려 할 것이고 공급곡선은 왼쪽으로 이동한다. 예를 들어 항공사의 주요 비용인 연료를 생각해 볼 수 있다. 2007~2008년에 유가가 폭등했을 때 항공사들은 항공 스케줄을 줄이기 시작했고, 몇몇은 폐업하기도 했다.

마찬가지로 요소가격의 하락은 최종재화의 비용을 절감시켜 주므로 판매자들이 모든 가격대에서 더 많이 팔려고 할 것이고, 공급곡선은 오른쪽으로 이동한다. 즉 공급이 증가한다.

관련 재화 및 서비스 가격의 변화 개별 생산자는 하나의 재화를 생산하기보다는 재화의 묶음을 생산한다. 예를 들어 석유 정제소는 쿠르드유로부터 휘발유를 생산하지만 난방유나 다른 종류의 기름도 생산한다. 만약에 생산자가 다양한 상품을 생산한다면, 주어진 가격하에서 한 재화의

투입요소(input)는 다른 재화와 서비스를 생산할 때 사용되는 어떤 재화와 서비스이다.

공급량은 생산자의 다른 제품가격들에 영향을 받는다.

이러한 효과는 양방향으로 진행될 수 있다. 즉 관련 재화 및 서비스 가격의 변화는 공급곡선을 왼쪽으로도, 오른쪽으로도 옮길 수 있다. 만약 난방유의 가격이 상승하면 주어진 가격하에서 석유 정제사는 휘발유 대신 난방유의 생산을 늘릴 것이며, 따라서 휘발유에 대한 공급곡선은 왼쪽으로 이동할 것이다. 그러나 난방유의 가격이 하락한다면 주어진 가격하에서 석유 정제사는 휘발유 생산을 늘릴 것이며, 휘발유의 공급곡선은 오른쪽으로 이동한다. 이는 결국 휘발유와 다른 기름 제품들이 대체재 관계에 있음을 의미한다.

반대로 어떤 재화는 **보완재**가 될 수도 있다. 예를 들어 천연가스 채취업자들은 천연가스를 채취하는 과정에서 원유를 얻는다. 채취업자는 가스를 채취하여 얻은 원유를 더 높은 가격에 팔 수 있다면, 천연가스전을 더 많이 개발할 유인을 얻게 되고, 같은 가격 아래에서 더 많은 천연가스를 공급할 유인을 갖게 된다. 달리 말하면 원유와 천연가스가 동시에 채취되기 때문에 원유가격이 올라간다면 주어진 가격 아래에서 천연가스 공급을 늘린다. 그 결과 원유는 천연가스 생산의 보완재가 된다. 반대도 성립한다. 천연가스는 원유 생산의 보완재가 된다.

기술의 변화 도입 사례에서 말한 것처럼 기술의 변화는 공급곡선에 영향을 준다. 기술이 진보하면, 공급자들은 같은 양을 생산하기 위해 투입물에 더 적은 비용을 써도 된다. 더 좋은 기술이 상용화되면, 생산비용이 감소하고, 공급이 증가하여 공급곡선이 오른쪽으로 이동한다.

기술이 진보한 덕분에 천연가스 생산업자는 2년도 안 되는 기간 동안 생산량을 두 배로 늘릴 수 있었다. 기술은 수요가 늘었음에도 천연가스 가격이 상대적으로 낮게 유지되는 하나의 주요한 원인이다.

기대의 변화 기대의 변화가 수요곡선을 이동시킬 수 있듯이 공급곡선도 이동시킬 수 있다. 공급자들이 재화를 판매하고자 할 때, 미래의 가격이 어떻게 될지에 대한 기대는 현재 공급자가 얼마만큼을 공급할지를 결정한다.

예를 들어 휘발유 및 기타 기름들은 판매되기 전까지 상당 기간 보관되는데, 이처럼 저장해 두는 것은 석유 생산자에게는 일종의 전략인 셈이다. 휘발유 수요가 여름에 상승할 것임을 안다면, 석유 정제사들은 봄에 생산한 휘발유를 여름에 판매하기 위해 저장해 놓을 것이다. 비슷하게 만약 겨울에 난방유 수요가 상승할 것임을 안다면 가을에 생산한 난방유를 겨울에 판매하기 위해 저장할 것이다.

각각의 경우 모두 현재 판매할 것인지, 저장해 둘 것인지를 결정해야 하는 상황이다. 공급자가 어떤 결정을 내릴지는 현재의 가격과 미래의 가격에 대한 기대에 의존한다. 이 예시는 기대가 공급에 어떤 변화를 끼치는지 잘 보여 준다. 미래 가격 상승에 대한 기대는 현재 공급을 감소시키고, 공급곡선을 왼쪽으로 이동시킨다. 그러나 미래 가격 하락에 대한 기대는 현재 공급을 증가시키고, 공급곡선을 오른쪽으로 이동시킨다.

공급자 수의 변화 소비자 수의 변화가 수요곡선을 이동시킬 수 있듯이, 공급자 수의 변화는 공급곡선을 이동시킬 수 있다. 여기서 **개별공급곡선**(individual supply curve)이라는 새로운 개념을 소개하겠다. 개별공급곡선은 개별 공급자가 공급하고자 하는 양과 가격 사이의 관계를 나타낸 곡선이다. 예를 들어 〈그림 3-10(a)〉는 천연가스 채취업체인 루이지애나드릴러가 한 해 동안 주어진 가격하에서 얼마나 많은 양의 천연가스를 공급하는지를 보여 주고 있다. 여기서 $S_{루이지애나}$는 루이지애나드릴러의 개별공급곡선이다.

시장공급곡선은 한 재화에 대한 모든 공급자의 공급량이 그 재화의 가격에 따라 어떻게 변하

개별공급곡선(individual supply curve)은 개별 공급자가 공급하고자 하는 양과 가격 사이의 관계를 나타낸 곡선이다.

그림 3-10 개별공급곡선과 시장공급곡선

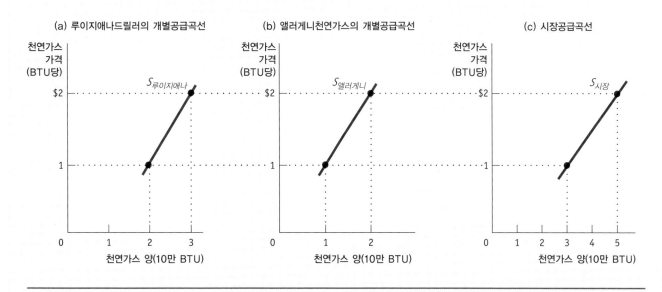

(a)는 루이지애나드릴러의 개별공급곡선 $S_{루이지애나}$를 보여 주고 주어진 가격에서 그가 팔고자 하는 천연가스의 양을 보여 준다. (b)는 앨러게니천연가스의 개별공급곡선 $S_{앨러게니}$를 보여 준다. 시장공급곡선은 주어진 가격하 에서 모든 생산자가 공급하고자 하는 천연가스의 양을 보여 주는데 이는 그림 (c)에 나타나 있다. 시장공급곡선은 개별공급곡선의 수평합이다.

는지를 나타낸다. 시장수요곡선이 시장 내의 모든 소비자의 개별수요곡선의 수평합이었듯이, 시장공급곡선은 개별공급곡선의 수평합이다. 일단 이 경제에 루이지애나드릴러와 앨러게니천 연가스라는 두 생산자만이 존재한다고 가정해 보자. 앨러게니사의 개별수요곡선은 (b)에 나타 나 있다. (c)는 시장공급곡선이다. 시장 내에는 루이지애나드릴러와 앨러게니천연가스밖에 없 으므로 주어진 가격하에서의 공급량은 그 가격하에서 루이지애나드릴러와 앨러게니천연가스가 공급하는 양을 합한 것이다. 예를 들어 BTU당 1달러의 가격하에서 루이지애나드릴러는 20만 BTU의 천연가스를 공급하고, 앨러게니천연가스는 10만 BTU를 공급한다면 시장 전체의 공급 량은 30만 BTU가 된다.

주어진 가격하에서 시장 전체의 공급량은 앨러게니천연가스나 루이지애나드릴러가 홀로 공 급할 때보다 더 많을 것이다. 주어진 가격하에서 공급량은 세 번째, 그리고 네 번째 공급자를 추 가할수록 더 많아질 것이다. 따라서 공급자 수의 증가는 공급곡선을 우측으로 이동시키는 결과 를 낳는다.

공급을 움직이는 요인들은 〈표 3-2〉에 정리되어 있다.

>> 이해돕기 3-2
해답은 책 뒤에

1. 다음 각각의 사건이 (i) 공급곡선의 이동을 나타내는지, (ii) 공급곡선 상의 이동을 나타내는지 구분하여 설명하라.
   a. 부동산 경기가 과열되어 주택 가격이 상승하면, 이전보다 더 많은 주택 소유자들이 집을 팔 것이다.
   b. 다수의 딸기 농부들은 수확 시즌에 가격이 보통보다 낮은 수준에 있다 할지라도 일시적으 로 노점판매를 한다.

>> 복습
- **공급표**는 가격의 변화에 따라 **공급 량**이 어떻게 변하는지를 보여 준 다. 이러한 관계를 **공급곡선**으로 그릴 수 있다.
- 공급곡선은 일반적으로 우상향한 다. 가격이 오를수록 사람들이 더 많은 재화를 공급하려는 것이다.
- 가격이 변하면 **공급곡선 상의 이동** 과 공급량의 변화가 일어난다.
- 수요와 마찬가지로 경제학자들이 말하는 공급의 증가나 감소는 공급 량의 변화가 아닌 **공급곡선의 이동** 을 의미한다. 공급의 증가는 우측 이동이며 주어진 가격에서 공급량 이 증가한다. 공급의 감소는 좌측 이동이며 주어진 가격에서 공급량 이 감소한다.
- 공급곡선을 이동시키는 다섯 가 지 주요 요인은 (1) **투입요소**의 가 격, (2) 관련 재화와 서비스의 가 격, (3) 기술, (4) 기대, (5) 공급자 의 수이다.
- 시장공급곡선은 시장 내의 모든 공 급자들의 **개별공급곡선**의 수평합 이다.

표 3-2 공급을 움직이는 요인

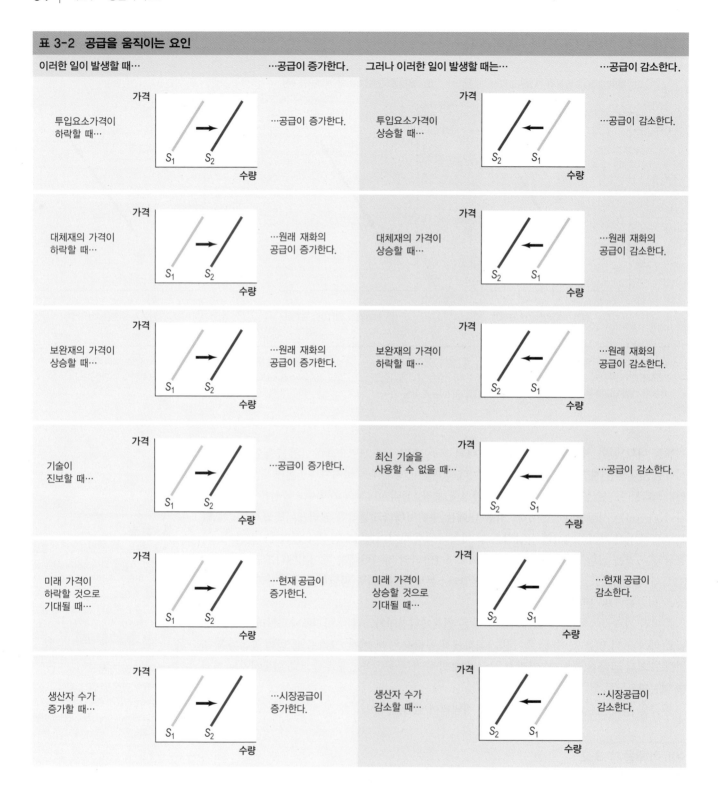

c. 학기가 시작한 직후에는 패스트푸드 체인점들이 종업원을 고용하기 위해 임금을 인상해야 한다.

d. 많은 건설 노동자들은 높은 임금을 제안받고 허리케인 피해를 입은 지역으로 일시적으로 이주한다.

e. 신기술이 개발되어 더 큰 유람선을 만들 수 있게 되자 카리브해의 유람선이 그 이전보다 더 많은 선실을 더 낮은 가격에 제공하게 되었다.

‖ 수요, 공급, 그리고 균형

지금까지 수요와 공급모형의 세 가지 주요 내용인 공급곡선, 수요곡선, 그리고 각 곡선들의 이동 요인에 대해 다루었다. 다음 단계는 이 내용들을 종합하여 상품이 사고팔리는 실제 가격을 예측하는 데 우리가 배운 것들이 어떻게 쓰일 수 있는지 보는 것이다.

　무엇이 사고팔리는 상품의 가격을 결정하는가? 무엇이 사고팔리는 상품의 거래량을 결정하는가? 제1장에서 시장이 균형으로 나아가는 것과 균형에서는 어떤 개인도 균형과 다른 행동을 취해서 이득을 얻을 수 없다는 일반적 원리를 배웠다. 완전경쟁시장의 경우 이에 대해 더 자세하게 다룰 수 있다. 완전경쟁시장은 수요와 공급이 일치하는 수준에서 가격이 결정되면 균형상태가 된다. 그 가격에서 어떤 판매자도 공급량을 조절하여 더 큰 이익을 얻을 수 없고, 어떤 구매자도 수요량을 조절하여 더 많은 이익을 얻을 수 없다. 달리 말하면 시장균형에서 가격은 소비자가 수요하는 양과 판매자가 공급하는 양을 일치시키는 수준에서 결정된다.

　공급량과 수요량을 일치시키는 가격이 **균형가격**(equilibrium price)이고, 그 가격에서 사고팔리는 수량이 **균형거래량**(equilibrium quantity)이다. 균형가격은 **시장청산가격**(market-clearing price)이라고도 한다. 그 가격을 지불하는 모든 구매자가 그 가격에 판매하는 판매자를 만날 수 있고, 그 역도 성립하는 '시장을 청산하는' 가격인 것이다. 그러면 균형가격과 균형거래량을 어떻게 찾을 수 있는가?

균형가격과 균형거래량 찾기

시장의 균형가격과 균형거래량을 찾는 가장 쉬운 방법은 같은 도표 안에 수요곡선과 공급곡선을 그리는 것이다. 공급곡선이 모든 가격에서의 공급량을 나타내고 수요곡선이 모든 가격에서의 수요량을 나타내기 때문에 두 곡선이 만나는 점이 균형가격과 균형거래량이다.

　〈그림 3-11〉은 〈그림 3-1〉의 수요곡선과 〈그림 3-6〉의 공급곡선을 겹쳐 놓은 것이다. 그 교차점인 *E*가 이 시장의 균형이다. 즉 3달러가 균형가격이고, 10조 BTU가 균형거래량인 것이다.

> 완전경쟁시장은 재화의 수요량과 공급량이 일치하는 수준에서 가격이 결정될 때 균형상태를 이룬다. 이때의 가격이 **균형가격**(equilibrium price)이며, **시장청산가격**(market-clearing price)이라고도 한다. 균형가격에서 사고 팔린 재화의 양이 **균형거래량**(equilibrium quantity)이다.

그림 3-11 시장균형

시장균형은 공급곡선과 수요곡선이 만나는 점 *E*에서 이루어진다. 균형에서 수요량은 공급량과 같다. 이 시장에서 균형가격은 3달러이며 균형거래량은 10조 BTU이다.

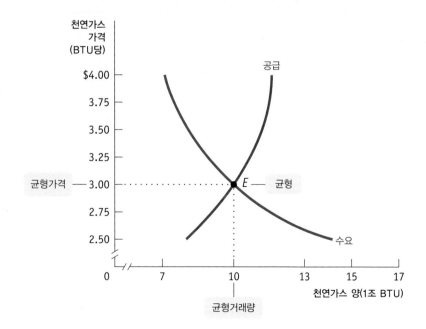

네, 비싼 건 알아요. 하지만 한 잔만 팔면 전 평생 먹고살 수 있죠.

레모네이드 한 잔에 $1,000,000

점 E가 우리가 정의한 균형과 맞는지 확인해 보자. BTU당 3달러의 가격에서 10조 BTU의 천연가스를 팔고 싶어 할 것이고, 사람들은 10조 BTU의 천연가스를 사려고 할 것이다. 따라서 3달러의 가격에서 천연가스의 공급량과 수요량이 일치한다. 이 시장의 다른 어떤 가격도 시장을 청산하지 못한다. 구매자들을 다 만나지 못하는 판매자가 있거나 판매자들을 다 만나지 못하는 구매자가 있다. 즉 3달러보다 높은 가격에서는 공급이 수요를 초과하고, 3달러보다 낮은 가격에서는 수요가 공급을 초과하게 된다.

따라서 수요와 공급모형을 통해 〈그림 3-11〉과 같은 수요와 공급곡선이 주어진 상태에서 BTU당 3달러의 가격으로 10조 BTU의 천연가스가 거래될 것을 예측할 수 있다. 그러면 시장이 균형에 도달한다는 것은 어떻게 확신할 수 있을까? 보다 단순한 세 가지 질문으로 시작해 보자.

1. 왜 시장의 모든 판매와 구매는 같은 가격에서 이루어지는가?
2. 왜 균형가격보다 높으면 시장가격이 떨어지는가?
3. 왜 균형가격보다 낮으면 시장가격이 올라가는가?

1. 왜 시장의 모든 판매와 구매는 같은 가격에서 이루어지는가? 구매자와 판매자가 누구인가에 따라 같은 물건을 다른 가격에 팔 수 있는 시장도 있다. 예를 들어 여행지의 기념품 가게에서 본 똑같은 물건을 다른 장소의 가게(혹은 바로 옆 가게)에서 더 싸게 파는 것을 본 적 있는가? 여행객들은 어떤 가게가 더 좋은 거래를 제공하는지 모르고 비교할 여유가 없기 때문에 같은 제품에 다른 가격을 지불할 수도 있다.

그러나 구매자와 판매자 모두 주변 상황을 잘 알고 있다면 구매와 판매 가격이 같은 가격으로 수렴하는 경향이 있고, 우리는 시장가격에 대해 논할 수가 있다. 이를 확인하기는 쉬운데 어떤 판매자가 잠재적 구매자에게 보통 구매자들이 지불하는 수준보다 높은 가격을 요구한다면, 그 구매자는 다른 곳에서 구매하는 손쉬운 선택을 할 수 있다.

반대로 어떤 판매자도 보통 구매자들이 지불하는 수준보다 훨씬 낮은 가격을 요구하는 구매자에게는 팔지 않을 것이다. 보다 합당한 가격을 지불하려는 구매자를 기다리는 편이 훨씬 낫기 때문이다. 따라서 잘 확립되어 현재 작동 중인 시장이라면 모든 판매자와 구매자가 거의 동일한 가격에 거래하게 될 것이다. 이것이 소위 **시장가격**이라 불리는 것이다.

2. 왜 균형가격보다 높으면 시장가격이 떨어지는가? 수요와 공급곡선이 〈그림 3-11〉과 같고, 시장가격이 균형가격인 3달러보다 높은 3.5달러라고 가정하자. 이 상황은 〈그림 3-12〉에 나타나 있다. 왜 가격이 그곳에 머무르지 못하는가?

그림에서 알 수 있듯이 3.5달러의 가격에서 소비자들이 원하는 것보다 많은 양의 천연가스가 공급되어 있다. 11.2조 BTU와 8.1조 BTU의 차이 3.1조 BTU는 3.5달러의 가격하에서 팔지 못한 천연가스의 **잉여분**(surplus)이다(초과공급이라고도 한다).

이 잉여분은 일부 천연가스 생산자들이 소비자를 찾지 못한다는 것을 의미한다. 따라서 이 잉여분은 판매자들에게 가격을 내림으로써 다른 판매자의 구매자를 빼앗을 유인 혹은 구매자들에게 낮은 가격을 요구할 협상 유인을 제공한다. 이것은 현재의 가격을 균형가격까지 떨어뜨리는 원인이 된다. 따라서 초과공급이 있으면(즉 시장가격이 균형수준보다 위에 있으면) 가격은 반드시 떨어지게 된다.

공급량이 수요량보다 많을 때 재화의 **잉여분**(surplus)이 생긴다. 잉여분은 가격이 균형가격보다 높을 때 나타난다.

그림 3-12 균형수준보다 높은 가격에 의한 잉여분

3.5달러는 균형가격인 3달러보다 높은 수준이다. 이는 잉여분을 생산한다. 즉 3.5달러에서 생산자들은 11.2조 BTU를 팔고자 하지만 소비자들은 8.1조 BTU만 수요하고, 따라서 3.1조 BTU의 잉여분이 생긴다. 이 잉여분은 시장가격이 균형가격인 3달러에 이를 때까지 가격을 낮추는 힘으로 작용할 것이다.

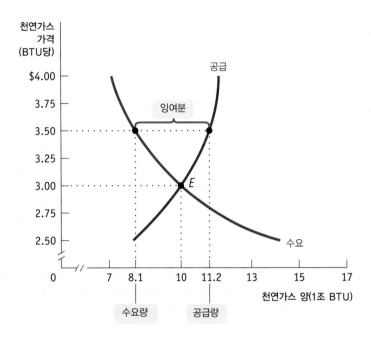

3. 왜 균형가격보다 낮으면 시장가격이 올라가는가? 〈그림 3-13〉에서처럼 이번엔 가격이 균형가격보다 낮은 2.75달러라고 가정해 보자. 이 경우 11.5조 BTU의 수요는 9.1조 BTU의 공급보다 많으므로 2.4조 BTU의 **부족분**(shortage)(또는 초과수요라고도 한다)이 생길 것이고 천연가스를 사지 못하는 사람도 생길 것이다.

부족분이 있으면 좌절하는 구매자, 즉 천연가스를 사고 싶지만 현재 가격에서 판매자를 찾지

수요량이 공급량보다 많을 때 재화의 **부족분**(shortage)이 생긴다. 부족분은 가격이 균형가격보다 낮을 때 나타난다.

그림 3-13 균형수준보다 낮은 가격에 의한 부족분

시장가격 2.75달러는 균형가격 3달러보다 낮다. 이는 부족분을 만들어 낸다. 소비자들은 11.5조 BTU를 사고 싶어 하지만, 9.1조 BTU만이 판매되고 있기 때문에 2.4조 BTU의 부족분이 생긴다. 이 부족분은 가격이 균형수준인 3달러가 될 때까지 가격을 올리는 역할을 한다.

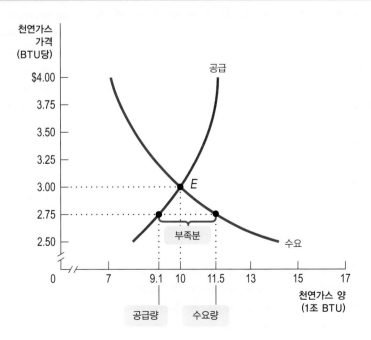

못하는 사람이 생긴다. 이 경우에는 구매자가 더 높은 가격을 제시하거나 판매자가 더 높은 가격을 매길 수 있음을 알게 된다. 어느 경우든지 결과적으로는 가격이 오르게 된다.

부족분이 있을 때는 가격이 오르게 마련이고, 가격이 균형가격보다 낮으면 부족분이 있게 마련이다. 따라서 균형가격보다 낮은 가격은 항상 올라가게 된다.

균형 개념을 이용한 시장 설명

지금까지 시장이 하나의 가격, 즉 균형가격을 가지는 것을 보았다. 균형가격보다 높으면 시장가격이 떨어지고 균형가격보다 낮으면 시장가격이 올라간다. 따라서 시장가격은 균형가격 — 잉여분도 부족분도 없는 가격 — 으로 향하게 된다.

현실 경제의 >> 이해
입장권의 가격

누구나 같은 가격에 직면하기 때문에 시장균형은 비교적 평등하다고 할 수 있다. 즉 모든 구매자가 같은 균형가격을 내고 모든 판매자가 이 가격을 받는다. 그런데 이런 상황이 현실에서도 일어날까?

콘서트 티켓 시장이 바로 이러한 상황에 반대되는 예일 것이다. 공식 매표소에서 하나의 가격이 있고, 이미 표를 구매한 사람들이 표를 재판매하는 스터브허브닷컴(StubHub.com)과 같은 온라인 시장에 또 다른 가격이 형성된다. 예를 들어 2018년 3월 테네시 내슈빌에서 열리는 데미 로바토의 공연 공식 티켓 가격은 95.45달러였지만 스터브허브에서는 169.98달러에 거래되었다.

이런 상황이 당황스럽겠지만 기회비용과 선호를 함께 생각해 본다면 그리 이상한 일도 아니다. 매우 유명한 공연의 경우 현장에서 티켓을 사려면 긴 줄에서 오랜 시간 기다려야 한다. 그러므로 인터넷으로 높은 가격에 티켓을 사는 사람들은 줄을 서서 기다리는 시간에 대한 기회비용이 크다고 생각했기 때문에 높은 가격을 감수하는 것이다. 게다가 큰 공연의 티켓을 온라인에서도 현장가와 같은 가격으로 팔면 표는 순식간에 동이 나 버린다. 이 경우 공연에 가고 싶었지만 온라인에서 낮은 현장 가격으로 표를 사지 못한 사람들은 재판매 가격에 그냥 사게 되는 것이다.

이뿐만 아니라 비슷한 좌석끼리의 가격을 비교해 보면 시장이 균형으로 이동한다는 사실을 확인할 수 있다. 예컨대 107번 구획의 3번째 줄 좌석의 스터브허브 가격은 169.99달러이며, 근처 자리의 스코어빅(ScoreBig) 가격은 168달러이다. 완전경쟁시장 모형이 예측하듯이 동일한 재화는 거의 동일한 가격에 판매된다.

완전경쟁시장 모형은 당신이 콘서트 티켓에 지불하는 가격을 결정한다.

사실 전자상거래는 가격 비교를 용이하게 함으로써 시장이 더 빨리 평형에 도달하게 한다. 시트긱(SeatGeek) 웹사이트는 100개 이상의 티켓 재판매자들의 가격을 비교하여 소비자들이 즉각적으로 최선의 거래를 할 수 있다. 경쟁자보다 낮은 가격을 제시하면 빨리 판매될 것이고, 반대로 비싼 티켓은 팔리지 않을 것이다.

또한 스터브허브에서는 인기 없는 공연의 경우 현장 판매가보다도 저렴하게 판매되고, 인기가 많은 공연의 경우에는 현장가보다 높게 판매된다. 예를 들면 2016년에 몇몇 팬들은 108년 만에 월드시리즈에서 시카고 컵스 구단이 우승하는 것을 보기 위해 2만 달러 이상 지불하기도 하였다. 스터브허브의 대표조차도 자사 사이트를 "수요와 공급 경제의 전형"이라고 말하였다.

그러므로 완전경쟁시장 이론은 그저 고안된 것이 아니다. 직접 경험해 보고 싶다면 공연 티켓을 한 장 사 보라(또는 월드시리즈 티켓을).

>> 이해돕기 3-3
해답은 책 뒤에

1. 다음 세 가지 상황에서 시장이 처음에는 균형에 있다고 하자. 아래의 각 사건이 일어난 후에는 처음의 균형가격에서 공급의 잉여분이나 부족분이 존재할까? 궁극적으로 균형가격에는 어떤 변화가 있을까?
   a. 캘리포니아의 포도 농부들에게 2015년은 풍작을 거둔 행운의 해이다.
   b. 플로리다에서 허리케인이 발생하고 나면 많은 사람들이 플로리다로 가려던 휴가계획을 취소하여 플로리다 주 호텔에 예약되었던 많은 객실이 빈 채로 남게 된다.
   c. 폭설이 내리고 나면 많은 사람들은 동네의 공구 상점에서 중고 제설도구를 사기 원한다.

>> 복습
- 완전경쟁시장에서 가격은 공급량과 수요량이 같아지는 **균형가격** 또는 **시장청산가격**으로 움직인다. 이때의 거래량이 **균형거래량**이다.
- 시장에서 모든 판매와 구매는 동일한 가격에서 일어난다. 가격이 균형가격보다 높으면 **잉여분**이 있어 가격이 내려간다. 가격이 균형가격보다 낮으면 **부족분**이 있어 가격이 올라간다.

‖ 수요와 공급의 변화

2006년에서 2013년 사이에 천연가스 가격이 BUT당 14달러에서 2달러로 큰 폭으로 하락한 사건은 소비자를 깜짝 놀라게 했을 것이다. 하지만 공급자에게 이는 자연스러운 현상이었다. 공급자는 착굴 기술이 발전하여 기존에는 채굴하기 힘들었던 가스정에 접근이 가능해졌다는 것을 미리 알았다. 따라서 공급의 증가를 예상할 수 있었고, 이에 따른 가격 하락 또한 예상할 수 있었다.

진보된 착굴 기술이 도입된 사건은 재화의 공급곡선이 수요곡선에 아무 영향을 주지 않고 이동하는 여러 경우 중의 하나이다. 비슷하게 공급곡선에 영향을 주지 않고 수요곡선만을 이동시키는 사건 또한 있다. 초콜릿이 건강에 좋다는 임상실험 결과는 초콜릿 공급을 바꾸지 않지만 수요는 증가시킬 것이다. 하나의 사건은 보통 수요곡선이나 공급곡선 하나를 이동시키고, 둘 모두에 영향을 주는 사건은 드물다. 따라서 한 사건이 어떤 곡선을 어떻게 이동시키는지를 알아보는 것은 유용하다.

우리는 수요곡선이나 공급곡선이 이동하면 균형가격과 균형거래량이 바뀌는 것을 확인했다. 우리는 앞으로 곡선의 이동이 구체적으로 어떻게 균형가격과 거래량을 바꾸는지 확인할 것이다.

수요곡선의 변화에 따른 결과

난방용 기름과 천연가스는 대체재이다. 난방용 기름의 가격이 오르면 천연가스에 대한 수요가 증가하고, 난방용 기름의 가격이 떨어지면 천연가스의 수요가 감소한다. 그러면 난방용 기름의 가격이 어떻게 천연가스의 시장균형에 영향을 미칠 것인가?

〈그림 3-14〉는 난방용 기름의 가격 인상이 천연가스 시장에 미치는 영향을 보여 주고 있다. 난방용 기름의 가격 인상은 천연가스 수요를 증가시킨다. 점 E_1은 원래 수요곡선에 의한 균형점을 나타내고, P_1과 Q_1은 각각 균형가격과 균형거래량을 나타낸다.

수요의 증가는 D_1에서 D_2로, 수요곡선의 **오른쪽** 이동으로 나타난다. 원래 시장가격인 P_1에서 이 시장은 더 이상 균형이 아니다. 수요가 공급을 초과하므로 부족분이 발생한다. 따라서 천연가스 가격은 오르고 공급량이 증가하면서 균형점은 **공급곡선 상에서** 위쪽으로 움직이게 된다. 더 높은 가격과 균형거래량인 P_2와 Q_2에서 새로운 균형점 E_2가 생긴다. 이러한 일련의 과정은 다음의 일반적인 원리를 반영한다. 재화의 수요가 늘어나면 균형가격과 균형거래량이 모두 상승한다.

반대의 경우 난방용 기름 가격이 떨어지면 어떻게 될까? 난방용 기름 가격의 하락은 천연가스의 수요를 감소시키고, 수요곡선을 왼쪽으로 이동시킨다. 원래 가격에서 공급량이 수요량을

그림 3-14 균형과 수요곡선의 이동

애초 천연가스 시장의 균형은 원래의 수요곡선 D_1과 공급곡선이 교차하는 E_1에서 형성되어 있다. 대체재인 난방용 기름 가격의 상승은 수요곡선을 D_2로 우측 이동시킨다. 원래 가격 P_1에서는 천연가스 부족현상이 일어나고, 이로 인해 공급량과 가격을 모두 상승시키는 공급곡선 상의 이동이 나타난다. 새로운 균형은 더 높은 가격인 P_2와 더 높은 균형량인 Q_2를 나타내는 E_2에서 형성된다. 재화와 서비스에 대한 수요가 증가할 때, 재화와 서비스의 균형가격과 균형거래량은 모두 증가한다.

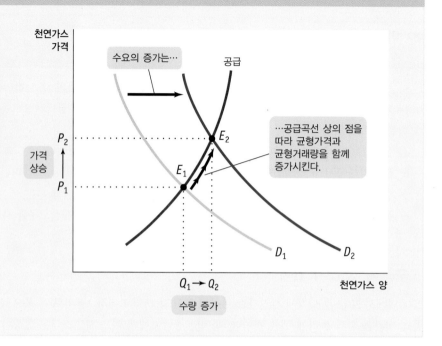

초과하여 잉여분이 생기게 된다. 가격은 떨어지고 공급의 감소와 균형가격 및 균형거래량 하락이 발생한다. 이것은 또 하나의 일반적 원리를 반영한다. 재화의 수요가 감소하면 균형가격과 균형거래량 모두 하락한다.

수요 변화에 대한 시장의 반응을 요약하면 다음과 같다. 수요가 증가하면 균형가격과 균형거래량이 모두 상승한다. 수요가 감소하면 균형가격과 균형거래량 모두 하락한다.

공급곡선의 변화에 따른 결과

현실에서는 수요의 변화보다는 공급의 변화를 예측하는 것이 좀 더 쉽다. 공급에 필요한 자원의 이용 가능한 양과 같은 물리적 요인들은 기호의 변화와 같이 수요에 영향을 주는 요인보다는 예측하기가 더 쉽다. 그러나 우리가 실제로 알게 되는 것은 공급곡선의 이동에 따른 결과이다.

도입 사례에서 언급했듯이 채굴 기술의 진보는 천연가스의 공급을 증가시켰다. 〈그림 3-15〉는 이로 인한 곡선의 이동이 시장 균형에 미친 효과를 보여 주고 있다. 원래의 공급곡선 S_1과 수요곡선이 만나는 지점인 E_1이 원래의 균형점이고 이때의 균형가격은 P_1, 균형거래량은 Q_1이다. 기술 진보의 영향으로 공급이 증가하고 공급곡선은 S_1에서 S_2로 오른쪽으로 이동한다. 이때 원래의 균형가격인 P_1에서는 천연가스의 잉여분이 생기고 따라서 시장은 더 이상 균형상태에 있지 않다. 잉여분은 천연가스의 가격을 하락시키고 수요곡선 상의 이동 과정을 거쳐서 수요량은 증가한다. 이제 새로운 균형점은 E_2로 바뀌고 균형가격은 P_2 그리고 균형거래량은 Q_2이다. 새로운 균형점인 E_2에서는 그 전보다 균형가격은 하락하고 균형거래량은 늘어난다. 이것 또한 일반적 원리로 진술될 수 있다. 공급의 증가는 균형가격의 하락과 균형거래량의 증가를 가져온다.

공급이 감소하면 어떻게 되는가? 공급의 감소는 공급곡선을 왼쪽으로 이동시키고 원래 가격에서 부족분이 생겨난다. 그 결과 균형가격이 오르고 수요량이 떨어진다. 이는 2005년 허리케인 카트리나가 멕시코만 인근의 천연가스 생산공장을 파괴했을 때 일어난 일을 설명한다. 또 하나의 일반적 원리도 알 수 있는데 공급의 감소는 균형가

함정

어느 곡선일까?

어떤 재화의 가격 변화는 일반적으로 수요나 공급의 변화를 반영한다고 할 수 있다. 그러나 어떤 것이 변하고 있는 걸까? 이때 도움이 되는 단서가 거래량이 변하는 방향이다. 예를 들어 가격과 거래량이 함께 상승해 거래량과 가격이 같은 방향으로 변하면, 수요곡선이 이동했음을 보여 준다. 만약 가격과 거래량이 *반대* 방향으로 움직이면, 공급곡선이 이동한 것으로 생각할 수 있다.

그림 3-15 균형과 공급곡선의 이동

천연가스 시장의 애초 균형은 E_1에서 형성되어 있다. 천연가스 생산기술 발달은 천연가스 공급의 증가를 초래하고, 공급곡선을 S_1에서 S_2로 우측 이동시킨다. 새로운 균형은 더 낮은 균형가격인 P_2, 높은 균형거래량인 Q_2를 나타내는 E_2에서 형성된다.

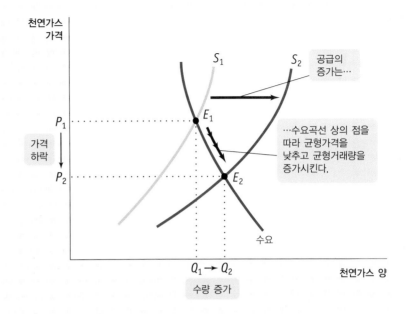

격의 증가와 균형거래량의 감소를 가져온다는 것이다.

공급 변화에 대한 시장의 반응을 요약하면, 공급의 증가는 균형가격의 하락과 균형거래량의 증가를 가져오고, 공급의 감소는 균형가격의 증가와 균형거래량의 감소를 가져온다.

수요곡선과 공급곡선의 동시적인 변화

마지막으로, 수요곡선과 공급곡선을 모두 이동시키는 사건도 발생한다. 사실 이런 경우는 흔히 찾아볼 수 있다. 현실 경제에서는 경제환경이 계속적으로 변하기 때문에 재화나 서비스의 수요와 공급곡선이 자주 이동한다.

〈그림 3-16〉이 이것을 설명한다. 양쪽 그림 모두 공급의 증가를 보여 준다. 즉 공급곡선이 S_1에서 S_2로 오른쪽으로 이동한다. 예를 들어 신기술 도입으로 천연가스 공급이 증가한다. 그림 (b)의 공급 증가는 (a)보다 상대적으로 크다. 우리는 그림 (a)는 채굴 기술의 사소한 진보, 그림 (b)는 획기적인 진보를 가정할 수 있다.

두 경우 모두 수요의 감소를 보여 준다. 즉 수요곡선은 D_1에서 D_2로 좌측 이동한 것을 볼 수 있다. 또한 그림 (b)의 수요 감소는 (a)에 비해 상대적으로 작다. 우리는 그림 (a)는 극심한 경기침체, 그림 (b)는 따뜻한 겨울이라고 생각해 볼 수 있다.

두 경우 모두 균형가격은 균형점이 E_1에서 E_2로 이동하면서 P_1에서 P_2로 감소한다. 그러나 천연가스가 사고 팔리는 균형거래량은 어떻게 되는가? 그림 (a)에서는 수요 감소가 공급의 증가보다 크기 때문에 균형거래량이 감소한다. 그림 (b)에서는 공급의 증가가 수요의 감소보다 상대적으로 크기 때문에 균형거래량이 증가한다. 즉 수요가 감소하고 동시에 공급이 증가하면, 공급곡선과 수요곡선이 각각 얼마나 변하는가에 따라서 사고팔리는 양은 늘어날 수도 줄어들 수도 있다.

일반적으로 수요와 공급이 반대방향으로 변할 때 거래량에 대한 정확한 예측은 할 수 없다. 다만 비대칭적으로 크게 변하는 곡선이 거래량에 비대칭적으로 더 큰 영향을 준다는 것만 알 수 있다. 따라서 우리는 수요와 공급곡선의 반대방향으로의 이동의 결과를 다음과 같이 예측할 수 있다.

그림 3-16 수요곡선과 공급곡선의 동시 이동

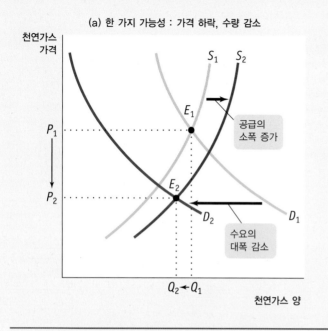

(a) 한 가지 가능성 : 가격 하락, 수량 감소

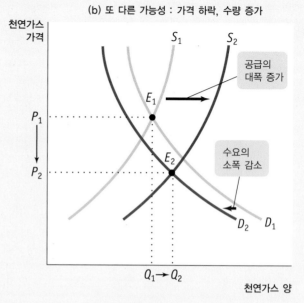

(b) 또 다른 가능성 : 가격 하락, 수량 증가

그림 (a)에서는 수요곡선의 좌측 이동과 공급곡선의 우측 이동이 동시에 일어나고 있다. 여기서 수요의 감소는 공급의 증가보다 상대적으로 더 크며, 따라서 균형가격과 균형거래량은 모두 감소한다. 그림 (b)에서도 역시

수요곡선의 좌측 이동과 공급곡선의 우측 이동이 동시에 일어나고 있다. 여기서 공급의 증가는 수요의 감소보다 상대적으로 더 크며, 따라서 균형가격은 내려가고 균형거래량은 증가한다.

- 수요가 증가하고 공급이 감소하면, 균형가격은 오르지만 균형거래량의 변화는 알 수 없다.
- 수요가 감소하고 공급이 증가하면, 균형가격은 내리지만 균형거래량의 변화는 알 수 없다.

수요곡선과 공급곡선이 같은 방향으로 움직이는 경우를 생각해 보자. 이는 2008년 금융위기에서 회복되며 수요와 공급이 모두 늘고 있는 미국에 최근 일어난 일이다. 그러면 수요와 공급곡선이 같은 방향으로 움직이면 가격과 거래량의 변화 방향을 예측할 수 있는가? 이 경우 거래량의 변화는 예측 가능하지만 가격 변화는 알 수 없다. 수요와 공급곡선이 같은 방향으로 변할 때 가능한 두 가지 결과는 다음과 같다.

- 수요와 공급이 모두 증가하면, 균형거래량은 늘어나지만 균형가격 변화는 알 수 없다.
- 수요와 공급이 모두 감소하면, 균형거래량은 감소하지만 균형가격 변화는 알 수 없다.

현실 경제의 >> 이해

과카몰리는 어디에?

2015년에는 캘리포니아에서 아보카도 한 상자에 30~40달러 정도 하였다. 하지만 2017년 8월에는 3배 가까이 가격이 올라 한 상자당 120달러를 지불해야 했다. 소비자 입장에서 평균 소매가 또한 2배 가까이 올랐다. 그 당시에 시장 유통업자는 "아보카도 시장은 지금 미쳤어요."라고 언급하였다.

사실 아보카도 시장은 전혀 미치지 않았다. 단지 수요와 공급의 힘에 반응했을 뿐이다. 첫 번째로, 미국인들은 과카몰리, 아보카도 토스트, 아보카도 스무디 같은 아보카도 음식 문화를 형

성했다. 농업 마케팅 자원 센터에 의하면 평균적으로 미국인은 1989년에는 1년 동안 1.1파운드의 과카몰리를 섭취했으나 현재는 7파운드를 먹는다. 미국에 더해 유럽과 중국에서도 아보카도 수요가 늘고 있다.

두 번째로, 공급이 존재한다. 미국에서 소비되는 아보카도의 10%가 생산되는 캘리포니아에서 5년간의 기온 상승과 가뭄으로 생산량이 현격히 감소하였다. 2016년에는 직전 해의 절반밖에 안 되는 수확물을 얻었다. 미국 소비량의 나머지 90%를 담당하고 있는 멕시코와 페루도 좋지 못한 기후로 인해 농작물이 제대로 자라지 못하였다. 미국 소비의 82%를 담당하는 멕시코는 농부들의 **파업**으로 큰 수확을 얻지 못했다.

캘리포니아의 가뭄으로 미국에서의 아보카도 가격이 오른 것을 목격한 멕시코 아보카도 농부들은 자신들이 받는 금액에 크게 실망하였다. 이에 그들은 파업을 강행하였고, 비싼 가격으로 농작물을 팔았다. 보통 매주 대략 4천만 파운드의 멕시코 아보카도가 미국으로 운반된다. 하지만 파업 중에는 68% 감소하여 1,300만 파운드만이 수출되었다. 농작물 구매자는 "[멕시코 농부들은] 캘리포니아가 점점 건조해지고 있고 다른 방도는 없으니 돈을 더 달라고 버티고 있는 중이다."라고 말했다.

따라서 수요의 증가와 공급의 급감이 결합되어 가격이 폭등한 것이다. 결국 경제 논리이다. 수요가 줄어들거나 공급이 증가하거나, 혹은 동시에 그렇게 되기 전까지는 미국의 아보카도 열망은 계속될 것이다.

수요 증가와 공급 감소는 당신의 예산을 조금 줄여 줄 것이다.

>> 이해돕기 3-4
해답은 책 뒤에

1. 다음 각각의 예에 대하여 (i) 무엇에 대한 시장인지, (ii) 수요의 이동이 일어났는지 아니면 공급의 이동이 일어났는지, 이동의 방향, 이동이 야기한 것, (iii) 균형가격과 균형거래량 상의 이동의 효과는 무엇인지를 설명하라.
   a. 미국에서 휘발유 가격이 하락하면, 많은 사람들이 큰 차를 구매한다.
   b. 기술혁신으로 폐휴지의 재생비용이 낮아지면서 재활용 종이가 더욱 빈번하게 사용되고 있다.
   c. 지역 케이블 방송사가 더욱 낮은 가격에 영화를 제공하면서 지역 극장의 좌석점유율이 더 낮아졌다.
2. 더 빠르고 새로운 칩이 도입되면서 기존의 오래되고 더 느린 칩을 사용하는 컴퓨터의 수요는 줄어들고 있다. 동시에 컴퓨터 회사는 기존 칩의 재고를 청산하기 위해 기존의 칩을 탑재한 컴퓨터 생산을 오히려 늘리고 있다.
   a. 기존의 칩을 탑재하는 컴퓨터 시장에 대한 2개의 그래프를 그려 보라 : 위와 같은 사건에 동반하여 균형거래량이 떨어지는 경우와 균형거래량이 증가하는 경우.
   b. 각각의 그래프에서 균형가격에는 어떤 변화가 있을까?

>> **복습**
- 시장에서 균형가격과 균형거래량의 변화는 공급곡선이나 수요곡선의 변화 또는 양자 모두의 변화에 의한 것이다.
- 수요가 증가하면 **균형가격**과 **균형거래량**이 모두 증가한다. 수요가 감소하면 균형가격과 균형거래량이 모두 감소한다.
- 공급이 증가하면 균형가격이 하락하지만 균형거래량은 증가한다. 공급이 감소하면 균형가격이 상승하지만 균형거래량은 감소한다.
- 시장에서 일어나는 변동은 종종 공급곡선과 수요곡선 모두의 이동과 연관이 있다. 공급곡선과 수요곡선이 같은 방향으로 움직일 때, 거래량의 변화를 예측할 수 있지만 가격의 변화는 예측하기가 어렵다. 두 곡선이 다른 방향으로 움직일 때, 가격의 변화를 예측할 수 있지만 거래량의 변화는 예측하기가 어렵다. 수요곡선과 공급곡선이 동시에 이동하면 더 많이 이동하는 곡선이 가격과 거래량의 변화에 더 큰 영향을 미친다.

|| 완전경쟁시장 그리고 기타

이 장 초반에는 완전경쟁시장을 정의하였고, 수요와 공급구조가 완전경쟁시장의 모형임을 설명하였다. 그러나 완전경쟁시장인가 그렇지 않은가의 여부가 중요한 이유에 대한 설명은 잠시 보류했었다. 이제 우리는 수요와 공급모형의 작동 원리를 배웠으므로 몇 가지 설명을 하는 것이

가능해졌다.

완전경쟁시장이 다른 시장들과 다른 이유를 이해하기 위해서 농부가 더 많은 밀을 기를 것인가 말 것인가를 고민할 때와 알코아(Alcoa)와 같은 거대 알루미늄 회사의 사장이 더 많은 알루미늄을 생산할 것인가 말 것인가를 고민할 때 대면하는 문제를 상상해 보자.

밀 농부는 추가적인 생산비용을 만회할 만큼의 가격에 밀을 팔 수 있는가의 문제만 고려하면 된다. 밀 시장은 완전경쟁시장이기 때문에 농부는 자신의 생산이 밀의 가격에 영향을 미칠 가능성에 대해서는 고려할 필요가 없다. 수천 명의 밀 농부가 있으므로 어떤 농부의 결정도 시장가격에 큰 영향을 미칠 수 없다.

알코아의 사장에게 추가 생산의 문제는 알루미늄 시장이 경쟁적이지 않기 때문에 그리 간단한 문제가 아니다. 그는 알루미늄 시장에는 알코아를 포함해 소수의 대규모 회사가 있을 뿐이고 그들의 결정이 시장가격에 적지 않은 영향을 미친다는 것을 잘 알고 있다. 이 상황은 생산자가 결정해야 할 문제를 더 복잡하게 만든다. 알코아는 추가적인 생산이 추가비용을 상쇄하고 남을 만큼 팔 수 있는가의 여부만으로는 추가 생산을 결정할 수 없다. 추가 생산이 시장가격에 영향을 미쳐 수익을 줄일 수 있다는 가능성에 대해서도 고민해야 하는 것이다.

시장이 완전경쟁시장일 때는 불완전경쟁시장보다 덜 복잡한 의사결정 과정을 거친다. 이는 경제학자들이 모형을 만들 때 불완전경쟁시장보다 완전경쟁시장이 더 쉽다는 것을 의미한다.

그렇다고 해서 경제학자들이 불완전경쟁시장에 대해 분석할 수 없다는 것은 아니다. 오히려 경제학자들은 다른 종류의 시장에 대해 매우 중요한 통찰을 제공한다. 그러나 그러한 통찰을 얻기 위해서는 다른 모형이 필요하다.

문제 풀어보기　　설탕, 설탕

"미국의 설탕가격이 세계시장가격보다 치솟다." 이것은 《월스트리트저널》의 표제다. 당시에 국제시장에서의 설탕 가격이 파운드당 0.15달러였지만 미국 구매자들은 0.25달러, 즉 거의 50% 더 내고 있었다. 그 영향을 매주 75,000파운드의 설탕을 구매하는 PEZ 캔디 등 사탕 제조사들이 느꼈다. 왜 이러한 차이가 생겼는가?

국내 설탕 농부들을 보호하기 위하여 미국 정부는 PEZ 캔디 등 국내 사탕 제조사가 국제시장에서 구입할 수 있는 설탕량을 제한하였다. 이 제한은 미국 구매자가 국내 공급자로부터 높은 가격에 구입할 수밖에 없게 만들었다.

표는 미국 설탕 시장의 가상적인 수요와 공급량이다.

수요와 공급곡선을 이용하여 미국 설탕 시장의 균형가격과 수량을 구하라. 만약에 미국 설탕 농부들이 가격을 0.15달러로 시장가격과 같은 가격으로 설정하게 하였으면 설탕 부족분이 어떻게 생겼는지를 보이라.

설탕 가격 (파운드당)	설탕 수량(100만 톤)	
	수요량	공급량
$0.45	1.6	2.8
0.35	1.8	2.4
0.25	2.0	2.0
0.15	2.2	1.6
0.05	2.4	1.2

단계 | 1　수요와 공급곡선을 그리고 항목을 표시하라. 균형수요량을 찾으라.

68~70, 78~79, 85~88쪽을 복습하라.

균형수요량은 수요량과 공급량이 같아지는 E점이다. 그림과 표에서 보이듯이 균형가격은 0.25달러이며 균형수량은 20억 파운드다.

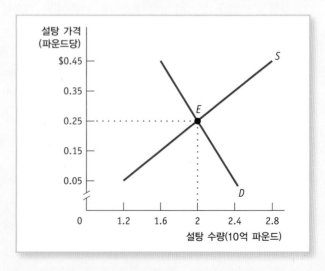

단계 | 2 가격이 0.15달러였으면 발생했을 설탕 부족분을 계산하라.

85~88쪽을 복습하라.

두 번째 그림에서 보인 것처럼 가격이 0.15달러일 때 공급량은 공급곡선의 *A*점에 해당된다. 가격이 0.15달러일 때 국내 농부들이 공급할 수 있는 수량은 *A*점에서 점선을 따라서 수평으로 내려가면 16억 파운드임을 알 수 있다. 마찬가지로 가격이 0.15달러일 때의 수요량은 수요곡선의 *B*점에 해당된다. 가격이 0.15달러 때 수요량은 *B*점에서 점선을 따라서 수평으로 내려가면 22억 파운드임을 알 수 있다. 수요량과 공급량의 차이는 22 − 16 = 6억 파운드다. 이 차이를 표를 통해서도 구할 수 있다. 표를 보면 공급량이 수요량보다 6억 파운드 낮다.

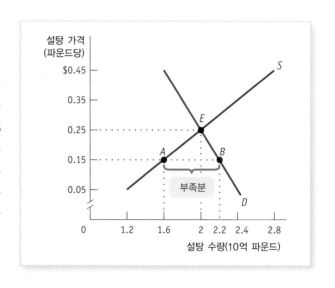

요약

1. **수요와 공급모형**은 **완전경쟁시장**이 어떤 원리로 움직이는 가를 보여 준다.

2. **수요표**는 각 가격에서의 **수요량**을 나타내고 **수요곡선**은 이를 그래프로 보여 준다. **수요법칙**은 수요곡선이 우하향한다는 사실을 설명해 준다. 즉 다른 조건이 일정한 상황에서, 재화와 용역의 가격이 높아지면 사람들이 보다 적은 양을 수요하게 된다.

3. **수요곡선 상의 이동**은 가격이 변화할 때 일어나는 것으로 수요량의 변화를 일으킨다. 경제학자들이 수요의 증가와 감소를 말할 때 그들은 **수요곡선의 이동**, 즉 주어진 가격에서 수요량의 변화를 의미한다. 수요가 증가하면 수요곡선이 오른쪽으로 이동하며, 수요가 감소하면 수요곡선은 왼쪽으로 이동한다.

4. 수요곡선이 이동하는 원인에는 다음과 같은 다섯 가지 주요한 요소가 있다.
   • **대체재**와 **보완재**와 같은 관련 재화 가격의 변화
   • 소득의 변화 : 소득이 상승할 때 **정상재** 수요는 증가하고 **열등재** 수요는 감소한다.
   • 기호의 변화
   • 기대의 변화
   • 소비자 수의 변화

5. 시장수요곡선은 시장 내의 모든 소비자의 **개별수요곡선**의 수평합이다.

6. **공급표**는 각 가격에서의 **공급량**을 나타내고, **공급곡선**은 이를 그래프로 보여 준다. 공급곡선은 일반적으로 우상향한다.

7. **공급곡선 상의 이동**은 가격이 변화할 때 일어나고 공급량의 변화를 일으킨다. 경제학자들이 '공급이 증가한다'고 말하거나 '공급이 감소한다'고 말할 때, 그들은 주어진 가격에서의 공급량의 변화, 즉 **공급곡선의 이동**을 의미한다. 공급이 증가하면 공급곡선은 오른쪽으로 이동하며 공급이 감소하면 공급곡선은 왼쪽으로 이동한다.

8. 공급곡선이 이동하는 원인에는 다음과 같은 다섯 가지 주요한 요소가 있다.
   • **투입요소가격의 변화**
   • 관련 재화 및 서비스 가격의 변화
   • 기술의 변화
   • 기대의 변화
   • 공급자 수의 변화

9. 시장공급곡선은 시장 내의 모든 공급자의 **개별공급곡선**의 수평합이다.

10. 수요와 공급모형은 시장에서의 가격이 **균형가격**, 즉 **시장청산가격**(수요량이 공급량과 일치하는 가격)을 향하여 움직인다는 원칙에 기반하고 있다. 이때의 수요량과 공급량이 **균형거래량**이다. 가격이 시장청산가격보다 높은 수준에 있을 때 공급의 **잉여분**이 가격을 하락시키는 작용을 한다. 반면 가격이 시장청산가격보다 낮은 수준에 있을 때 공급의 **부족분**이 가격을 상승시키는 작용을 한다.

11. 수요의 증가는 균형가격과 균형거래량을 둘 다 증가시킨다. 반면 수요의 감소는 반대의 효과를 가진다. 공급의 증가는 균형가격을 내리고 균형거래량을 증가시킨다. 반면 공급의 감소는 반대의 효과를 가진다.

12. 수요곡선과 공급곡선의 이동은 동시에 일어날 수 있다. 두 곡선이 반대방향으로 이동할 때 가격의 변화는 예상 가능하지만, 거래량의 변화는 예상 불가능하다. 반대로 두 곡선이 같은 방향으로 이동하면 거래량의 변화는 예상 가능하지만, 가격의 변화는 그렇지 않다. 일반적으로 더 큰 폭으로 이동하는 곡선이 가격과 거래량의 변화에 더 큰 영향을 미친다.

주요용어

완전경쟁시장	보완재	투입요소
수요와 공급모형	정상재	개별공급곡선
수요표	열등재	균형가격
수요량	개별수요곡선	균형거래량
수요곡선	공급량	시장청산가격
수요법칙	공급표	잉여분
수요곡선의 이동	공급곡선	부족분
수요곡선 상의 이동	공급곡선의 이동	
대체재	공급곡선 상의 이동	

토론문제

1. 행크 아론은 베이 시티 야구팀의 유명한 타자이다. 그는 조만간 한 시즌 동안 홈런 타격 메이저리그 기록을 깰 것이다. 다음 경기에서 그 기록을 깰 것으로 기대된다. 따라서 다음 경기 입장권은 매우 인기 있는 상품이 되고 있다. 그런데 그가 무릎부상을 입어 다음 경기에서 뛰지 않을 것이라는 발표가 오늘 있었다. 시즌 입장권을 갖고 있는 사람들은 원한다면 입장권을 되팔 수 있다고 가정한다. 수요와 공급 그래프를 이용해 다음 사항을 설명하라.

   a. 발표가 있은 후에 발표 전보다 균형가격이 더 낮아지고 균형거래량이 더 적어지는 경우를 보이라.

   b. 발표가 있은 후에 발표 전보다 균형가격이 더 낮아지고 균형거래량이 더 많아지는 경우를 보이라.

   c. 무엇이 a 또는 b의 경우가 일어날지를 설명하는가?

   d. 암표상은 행크 아론이 다음 경기에 출전할 수 없다는 사실이 발표되기 전에 이를 알았다고 한다. 암표상은 어떤 행동을 취하겠는가?

2. 각 진술은 어떤 오류를 범하고 있는가? 공급과 수요 및 이들에 영향을 주는 요인과 관련하여 설명하라.

   a. 2016년에 스타벅스에서 음료를 사 먹는 사람은 비합리적인 사람이다. 왜냐하면 음료당 10~30센트 정도 가격을 인상했음에도 불구하고 스타벅스 음료를 구매했기 때문이다.

   b. 수입이 증가하였는데도 창고형 마트 코스트유레스(Cost-U-Less)에서 덜 구매하는 것은 비합리적이다.

   c. 아이폰 8이 더 저렴한데 아이폰 X를 구매하는 것은 비합리적이다.

3. 2016년 석유가격은 12년 전 가격으로 떨어졌다. 휘발유가격이 급감함에 따라 자동차 운전비용이 상당히 줄어들었다. 항공산업에서도 연료비용이 주요 지출이었기 때문에 운행비용이 줄었다.

   a. 공급과 수요곡선을 그리고 연료 가격의 하락이 어떻게 비행기 여행의 공급에 영향을 주는지 설명하라.

   b. 공급과 수요곡선을 그리고 석유의 가격 하락이 비행기 여행의 수요에 어떤 영향을 미치는지 설명하라. (힌트 : 자동차 운전과 같이 비행기 여행의 대체재를 고려하라.)

   c. a와 b의 곡선을 하나로 모아라. 비행기 여행의 균형가격과 균형거래량이 어떻게 변하는지 설명하라.

   자동차 운전비용이 감소했음에도 불구하고 2014년에서 2016년까지 많은 미국인들은 그들의 목적지까지 비행기를 이용하였다. 수입이 증가하고 사람들이 대공황 동안 미뒀던 휴가에 돈을 아낌없이 사용했기 때문이다.

d. c의 결과로 바탕으로 그래프를 수정하여 사람들이 더 많이 비행기를 이용함에 따라 비행기 여행 균형가격이 증가하는 현상을 설명하라.

연습문제

1. 야후에서 시행된 조사에 따르면 미국에서 가장 인기 있는 아이스크림은 초콜릿 아이스크림이다. 다음 사항이 초콜릿 아이스크림에 대한 수요 또는 공급에 미칠 수 있는 영향과 균형가격 및 균형거래량에 미치는 영향을 설명하라.
   a. 중서부의 심한 가뭄으로 인해 낙농업자들은 젖소의 숫자를 3분의 1로 줄인다. 이 낙농업자들은 초콜릿 아이스크림을 만드는 데 쓰이는 크림을 공급한다.
   b. 미국의학협회의 보고서는 초콜릿이 실제로 건강에 상당히 도움이 된다고 밝혔다.
   c. 더 싸게 바닐라 맛을 내는 합성물이 발견되어서 바닐라 아이스크림의 가격이 더 하락한다.
   d. 아이스크림을 혼합하고 얼리는 새로운 기술이 나와서 초콜릿 아이스크림 생산에 드는 제조비용이 낮아진다.

2. 수요와 공급 그래프에 다음 사건으로 인해 도시의 햄버거 수요가 이동하는 것을 나타내라. 각각의 경우에서 균형가격과 균형거래량에 미치는 영향을 보이라.
   a. 타코의 가격이 상승한다.
   b. 햄버거 판매자들이 모두 감자튀김의 가격을 올린다.
   c. 도시 소득이 떨어진다. 햄버거는 대부분의 사람들에게 정상재라고 가정한다.
   d. 도시 소득이 떨어진다. 햄버거는 대부분의 사람들에게 열등재라고 가정한다.
   e. 핫도그 판매상이 핫도그 가격을 내린다.

3. 재화 시장은 휴일, 휴가, 생산의 계절적 변화 등의 사건에 따라 연간 예측할 수 있는 방향으로 변한다. 수요와 공급을 이용해 다음 각 경우에서 가격의 변화를 설명하라. 수요와 공급이 동시에 이동할 수 있다는 점을 명심하라.
   a. 사람들이 다른 기간보다 여름에 바닷가재를 먹는 것을 더 좋아하는데도, 여름에 한창 수확하는 기간에는 바닷가재의 가격이 일반적으로 내려간다.
   b. 크리스마스트리는 크리스마스 이후에 가격이 더 낮아지지만 덜 팔린다.
   c. 에어프랑스를 타고 파리로 가는 왕복여행권의 가격은 9월에 학교 방학이 끝난 후에는 200달러 이상 낮아진다. 이런 현상은 이 기간에 대체로 날씨가 좋지 않아 파리까지의 운행비용이 증가해서 에어프랑스가 주어진 어떤 가격에서도 파리행 운행 횟수를 줄이려고 해도 나타난다.

4. 다음 각 사건이 수요곡선, 공급곡선, 균형가격, 균형거래량에 미치는 영향을 그래프로 보이라.
   a. 시내의 신문 시장
      사례 1 : 저널리스트의 봉급이 오른다.
      사례 2 : 시내에 큰 뉴스거리가 있어서 신문에 실린다.
   b. 시에틀 시호크스 면 티셔츠 시장
      사례 1 : 시호크스가 슈퍼볼에서 이긴다.
      사례 2 : 면 가격이 오른다.
   c. 베이글 시장
      사례 1 : 사람들이 베이글이 사람을 얼마나 뚱뚱하게 만드는지 깨닫는다.
      사례 2 : 사람들이 아침식사를 직접 요리할 수 있는 시간이 줄어든다.
   d. 크루그먼과 웰스의 경제학 교과서 시장
      사례 1 : 교수가 모든 학생에게 크루그먼과 웰스의 교과서를 권장도서로 지정한다.
      사례 2 : 합성종이를 이용하면서 교과서를 인쇄하는 비용이 줄어든다.

5. 2억 9,400만 명의 미국인이 1명당 평균 37갤런의 음료수를 갤런당 2달러의 가격에 소비하였다고 가정하자. 갤런당 1.5달러의 가격에 개별 소비자는 50갤런의 음료수를 소비한다. 위의 정보를 토대로, 가격이 1.5달러일 때와 2달러일 때 음료수의 시장수요표를 계산하라.

6. 메인 주의 바닷가재에 대한 공급표가 다음과 같다.

바닷가재 가격(파운드당)	바닷가재 공급량(파운드)
$25	800
20	700
15	600
10	500
5	400

메인 바닷가재는 미국에서만 팔린다고 가정한다. 메인 바닷가재에 대한 미국의 수요표는 다음과 같다.

바닷가재 가격(파운드당)	바닷가재 수요량(파운드)
$25	200
20	400
15	600
10	800
5	1,000

a. 메인 바닷가재의 수요곡선과 공급곡선을 그리라. 바닷가재의 균형가격과 균형거래량은 얼마인가?

이제 프랑스에서도 메인 바닷가재를 팔 수 있다고 가정한다. 메인 바닷가재에 대한 프랑스의 수요표는 다음과 같다.

바닷가재 가격(파운드당)	바닷가재 수요량(파운드)
$25	100
20	300
15	500
10	700
5	900

b. 프랑스 소비자도 이제 메인 바닷가재를 살 수 있을 때 수요표는 무엇인가? 바닷가재에 대한 새로운 균형가격과 균형거래량을 나타내는 수요와 공급 그래프를 그려 보라. 어부가 바닷가재를 팔 수 있는 가격은 얼마가 되는가? 미국 소비자가 지불하는 가격은 얼마가 되는가? 미국 소비자의 소비량은 얼마가 되는가?

7. 다음 진술에서 특히 수요와 공급곡선의 이동과 곡선 상의 이동을 구별하면서 논리적인 결함을 찾으라. 실제로 각 경우에 어떻게 되는지 그래프로 그려 보라.

a. "재화의 생산비용을 낮추는 기술혁신이 처음에는 소비자가격을 낮출 것으로 보였다. 그러나 가격이 낮아지면 재화에 대한 수요가 증가해 다시 가격이 올라갈 것이다. 결국 기술혁신이 가격을 실제로 낮출지는 불확실하다."

b. "하루에 마늘 1쪽을 먹는 것이 심장병 예방에 도움을 준다는 연구가 나와서 많은 소비자들이 마늘을 더 많이 수요하려고 한다. 이러한 수요의 증가로 마늘 가격이 올라간다. 마늘 가격이 올라가면 소비자는 마늘에 대한 수요를 줄인다. 이것은 마늘에 대한 수요를 줄여서 마늘 가격을 떨어뜨린다. 따라서 연구 결과가 마늘 가격에 미치는 궁극적인 효과는 불확실하다."

8. 다음은 어느 정상재에 대한 수요표를 보여 준다.

가격	수요량
$23	70
21	90
19	110
17	130

a. 가격의 하락(21달러에서 19달러로)에 따른 수요량의 증가(90에서 110으로의)가 소비자들의 소득 증가에 따른 결과라고 생각하는가? 왜 그런지 아니면 왜 그렇지 않은지를 명확하고 간단히 설명하라.

b. 이제 이 재화가 열등재라고 가정하자. 위의 수요표가 열등재에 대해서도 유효한가?

c. 마지막으로 이 재화가 정상재인지 열등재인지 모른다고 가정해 보자. 둘 중 어떤 재화인지 판별할 수 있는 실험을 고안해 보고 설명하라.

9. 최근 중국의 자동차 생산자 수는 급속도로 증가하고 있다. 사실 현재 중국은 미국보다 더 많은 자동차 브랜드를 가지고 있다. 더욱이 자동차 판매는 매년 지속적으로 늘었고 생산자들은 더 빠른 속도로 그들의 생산량을 늘려, 그 결과 치열한 경쟁과 함께 가격이 점차 하락하고 있다. 동시에 중국 소비자들의 수입은 증가하고 있다. 자동차가 정상재라는 가정하에 중국 자동차 시장의 공급, 수요곡선을 그리고, 이를 이용하여 중국에서 무슨 일이 일어난 것인지 설명하라.

10. 록 음악 팬과 록 스타들이 콘서트 입장권의 높은 가격에 대해 슬퍼하고 있었다. 한 유명 스타는 "내가 연주하는 것을 보는 것이 수백, 수천 달러의 가치를 갖진 않는다. 누구도 콘서트에 가려고 그렇게 돈을 많이 지불해서는 안 된다."라고 주장했다. 이제 이 록 스타 공연이 전국에서 평균 75달러의 입장권 가격으로 매진되었다고 가정하자.

a. 입장권 가격이 높다는 주장을 어떻게 평가하겠는가?

b. 이 록 스타의 항의 때문에 입장권 가격이 50달러로 낮아졌다고 한다. 어떤 관점에서 이 가격이 매우 낮은 것인가? 자신의 의견을 뒷받침하도록 수요 및 공급곡선을 이용해 그래프를 그려라.

c. 위의 록 스타가 정말로 입장권 가격을 낮출 것을 원했다고 가정하자. 그의 밴드가 콘서트 서비스 공급을 제한하고 있다면 그들에게 뭐라고 조언해 주겠는가? 수요와 공급 그래프를 이용해 설명하라.

d. 이 밴드의 다음 번 음반은 완전히 실패했다고 한다. 그들이 여전히 입장권 가격이 매우 높은 것을 우려한다고 생각하는가? 왜 그런가 아니면 왜 그렇지 않은가? 자신

의 의견을 뒷받침하도록 수요와 공급 그래프를 그려라.

   e. 이 그룹이 다음 콘서트가 마지막이 될 것이라고 발표했다고 한다. 이러한 발표가 입장권의 수요와 가격에 어떤 영향을 주겠는가? 수요와 공급 그래프로 설명하라.

11. 몇 년간 가격 하락이 있은 후에 수공예 어쿠스틱 기타가 다시 등장했다. 이 기타는 실력이 매우 좋은 몇 안 되는 제작자가 일하는 작은 작업장에서 만들어진다. 다음 각 사건의 결과가 수공예 어쿠스틱 기타의 균형가격과 균형거래량에 미치는 영향을 평가하라. 어떤 곡선이 어느 방향으로 이동하는지 나타내라.

   a. 환경보호론자들이 미국에서 브라질산 로즈우드를 사용하는 것을 금지시켰기 때문에 제작자들은 좀 더 비싼 나무를 대체재료로 사용해야 한다.

   b. 외국 생산자가 기타를 만드는 과정을 다시 설계해서 동일한 기타가 시장에 넘쳐난다.

   c. 수공예 어쿠스틱 기타로 연주되는 음악이 헤비메탈과 얼터너티브 록 음악에 싫증이 난 청중에 의해 다시 등장한다.

   d. 도시가 심한 불황에 빠져서 평균 미국인의 소득이 급격히 감소한다.

12. 수요에 관한 어려운 문제 : 다음의 각 진술에서 나타나는 수요관계를 그래프로 그려 설명하라.

   a. "나는 절대 테일러 스위프트 음반을 사지 않을 거야! 네가 공짜로 준다고 해도 싫어."

   b. "나는 가격이 떨어지면 일반적으로 커피를 좀 더 많이 사지만 가격이 한 번에 파운드당 2달러가 내려가면 슈퍼마켓에 있는 커피를 모두 사겠어."

   c. "나는 가격이 올라갈 때도 오렌지 주스에 돈을 더 많이 쓴다." (이 진술이 수요의 법칙에 위배되는 것을 의미하는가?)

   d. 수업료가 올라서 대부분의 대학생들이 가처분소득이 더 낮아졌다는 사실을 안다. 그들 대부분은 학교 구내식당의 식사 가격이 올랐어도 학교식당에서 식사를 더 자주 하고 음식점은 덜 간다. (학교식당 식사에 대한 수요곡선과 공급곡선을 모두 그리는 것이 필요하다.)

13. 윌 셰익스피어는 16세기 런던에서 생활고에 시달리는 극작가이다. 연극 대본을 써서 받게 되는 가격이 오르면, 그는 연극 대본을 더 쓰려고 한다. 다음 각 사건이 셰익스피어 연극 대본에 대한 시장의 균형가격과 균형거래량에 어떤 영향을 미치는지 그래프를 이용해 설명하라.

   a. 셰익스피어의 경쟁자인 극작가 크리스토퍼 말로우는 술집에서 말다툼 중에 죽임을 당한다.

   b. 치명적인 전염병인 림프절 흑사병이 런던에 퍼진다.

   c. 엘리자베스 여왕이 스페인의 무적함대를 무찌른 공적을 축하하기 위해서 몇 주간 축제를 열 것을 선언한다. 축제에는 새로운 연극을 선보이는 것도 포함된다.

14. 올해 미들링의 작은 도시에서 출생률이 갑자기 두 배가 되었다가 3년 후에 출생률이 원래대로 된다. 이 사건이 다음의 사항에 미치는 영향을 그래프를 이용해 설명하라.

   a. 현재 시간당 육아서비스 시장

   b. 오늘 태어난 아이가 아이를 돌봐 주는 사람으로 일하기에 충분한 14년 후 미래의 시간당 육아서비스 시장

   c. 오늘 태어난 아이가 아이를 가질 만한 30년 후 미래의 시간당 육아서비스 시장

15. 다음 사건이 피자의 균형가격과 균형거래량에 어떻게 영향을 주는지 그래프를 이용해 설명하라.

   a. 모차렐라 치즈의 가격이 오른다.

   b. 햄버거가 건강상 위험하다는 것이 널리 알려진다.

   c. 토마토소스의 가격이 떨어진다.

   d. 소비자의 소득이 증가하고 피자는 열등재이다.

   e. 소비자는 다음 주에 피자 가격이 떨어질 것으로 예상한다.

16. 파블로 피카소는 작품을 많이 그리는 화가였으나 '청색 시대'에는 1,000점의 유화만을 그렸다. 지금은 피카소가 죽었고 청색 시대의 작품 모두가 현재 유럽과 미국 전역의 미술관과 개인 갤러리에 전시되어 있다.

   a. 피카소가 청색 시대에 그린 작품에 대한 공급곡선을 그리라. 이 공급곡선은 왜 지금까지 본 공급곡선과 다른가?

   b. a에서 그린 공급곡선이 주어졌을 때 피카소가 청색 시대에 그린 작품의 가격은 전적으로 어떤 요인에 의해 좌우되는가? 그런 작품의 균형가격이 어떻게 결정되는지를 보여 주는 그래프를 그리라.

   c. 부유한 미술작품 수집가가 피카소가 청색 시대에 그린 작품을 필수적으로 소장하기로 했다고 한다. 이러한 결정이 이 미술품 시장에 미치는 영향을 보이라.

17. 다음의 각 경우에 적합한 곡선을 그리라. 지금까지 본 곡선과 같은지 아니면 다른지 설명하라.

   a. 정부에서 모든 비용을 지불할 때의 심장동맥수술에 대한 수요

   b. 환자가 모든 비용을 지불할 때의 긴급하지 않은 성형수술에 대한 수요

   c. 램브란트 그림의 모조품에 대한 공급

18. 다음 표는 매년 미국의 소형 트럭에 대한 수요와 공급표를 보여 준다.

트럭 가격	트럭 수요량 (백만 대)	트럭 공급량 (백만 대)
$20,000	20	14
25,000	18	15
30,000	16	16
35,000	14	17
40,000	12	18

a. 이 계획을 이용해서 수요 및 공급곡선을 그리라. 그래프에 균형가격과 균형거래량을 표시하라.

b. 소형 트럭에 쓰이는 타이어에 결함이 있는 것으로 드러났다고 한다. 소형 트럭 시장에 무슨 일이 생기겠는가? 그래프로 보이라.

c. 미국 교통부가 각각의 주어진 가격에서 공급을 3분의 1로 줄이는 규제를 시행한다고 한다. 새로운 공급표를 계산해서 그림으로 그리고, 새로운 균형가격과 균형거래량을 표시하라.

4 가격규제와 수량규제 : 시장에 대한 간섭

시장의 반격!

2015년, 한 부동산 개발자는 뉴욕의 아파트 한 채를 구매하고 수십 년간 그곳에 살던 세 명의 노인 입주자를 퇴거시키려고 했다.

그러나 그 아파트는 뉴욕의 **집세규제법**이 적용되는 27,000가구 중 하나였기 때문에 그들을 퇴거시키는 것은 쉬운 일이 아니었다. 임대료가 규제된 아파트에서는 집주인이 시 당국의 특별 허가를 받지 않는 이상 임대료를 올리거나 세입자를 퇴거시킬 수 없다. 해당 법에 따르면 이들 입주자를 강제로 퇴거시키는 것은 사실상 불가능했다.

이 상황은 어떻게 해결되었을까? 치열한 협상 끝에 이 세 명의 입주자는 부동산 개발자로부터 2,500만 달러를 받고 나가기로 동의했다.

부동산 개발자는 왜 그렇게 많은 돈을 기꺼이 냈을까? 주거 공간이 부족하여 수익성이 매우 높은 뉴욕의 주택 시장에서는 임대료가 규제되지 않아 매우 높은 임대료를 받을 수 있는 더 큰 아파트를 건설하여 더 많은 돈을 벌 수 있었기 때문이다. 일부 부동산 개발자들은 뉴욕의 집세규제로 입주자를 내보내기 어려워져 더 많은 주택을 지을 수 없게 되고, 이는 저렴한 아파트든 비싼 아파트든 부족하게 만든다고 주장한다.

집세규제는 수요와 공급—이 경우에는 뉴욕의 임대 아파트에 대한 수요와 공급—이라는 시장의 힘을 지배하기 위한 정부 정책인 **시장개입**의 한 유형이다.

집세규제법은 입주자의 이익을 보호하기 위해 제2차 세계대전 당시 미국의 많은 주요 도시에서 도입되었지만, 이로 인해 생긴 문제로 대부분의 도시에서 폐지되고 말았다. 뉴욕과 샌프란시스코는 주목할 만한 예외지만, 이들 도시에서도 임대료가 규제되는 아파트의 비율은 매우 낮으며 또한 감소하고 있다.

제3장에서는 시장가격이 사람들이 공급하고자 하는 양과 수요하고자 하는 양을 동일하게 해주는 수준으로 조정된다는 사실로부터 시장이 균형상태로 다가간다는 원칙을 배웠다. 하지만 정부는 시장에 개입할 때 이러한 원칙에 위배되는 행위를 시도한다.

정부가 시장가격 혹은 시장거래량을 균형과 다르게 통제하려고 할 때마다 시장은 예상 가능한 방식으로 반격한다. 뉴욕의 아파트 부족 사태는 시장 논리를 거스를 때 무슨 일이 발생할 것인지 보여 주는 예이다. 집세규제와 같은 시장개입은 아파트 임대료를 시장균형보다 낮게 유지하여 공급 부족 및 다른 심각한 문제들의 원인이 된다. 그리고 앞으로 살펴보겠지만 이런 문제들은 필연적으로 승자와 패자를 만들어 낸다.

정부가 수요와 공급을 무시할 때 무슨 일이 일어날 것인가를 예측하는 우리의 능력은 수요와 공급분석 그 자체의 힘과 유용성을 보여준다.

시장개입의 또 다른 형태로는 뉴욕과 다른 도시에서 실행한, 택시 승차 횟수를 시장균형보다 줄이는 택시 면허 시스템을 살펴볼 수 있다. 이 시스템은 본래 택시기사와 승객 모두의 이익을 보호하기 위해 마련된 것임에도 불구하고, 집세규제와 마찬가지로 택시의 부족 사태를 불러일으켰다. 하지만 최근 몇 년간 우버(Uber)와 리프트(Lyft)와 같은 회사의 부상은 택시 산업의 시장규제를 뒤엎고 시장을 균형에 가깝게 움직였다.

이 장에서는 먼저 재화와 서비스 구매를 통해 얻는 편익인 **소비자잉여**에 대하여 살펴볼 것이다. 그다음으로 생산자가 재화와 서비스 판매를 통해 얻는 편익인 **생산자잉여**에 대하여 공부할 것이다. 그 후 정부가 (임대료 규제정책과 같은) 균형가격보다 낮은 가격—**가격상한**—을 책정하거나 (많은 국가에서 시행하는 최저임금제와 같은) 높은 가격—**가격하한**—을 책정하는 등 경쟁시장의 가격을 통제하려 할 때 어떠한 일이 발생하는지를 살펴볼 것이다. 다음으로 택시 면허와 같은 상품의 거래 수량을 관리하기 위한 시도에 대해 알아본다.

시장개입에는 승자도 있고 패자도 있지만 사회 전체를 본다면 손실이 발생하게 된다. 경제학자들이 잘 정의된 특정한 상황을 제외하고는 시장개입을 전반적으로 회의적으로 보게 만든 이런 결과에 대해서도 또한 알아본다. ●

뉴욕 시에서는 적정 가격의 임대 아파트를 구하기가 어렵다.

이 장에서 배울 내용

- **소비자잉여**의 정의
- **생산자잉여**의 정의
- **총잉여**의 의미와 시장에서 교역으로부터의 이익을 설명하는 데 사용되는 이유
- 시장개입의 의미와 **가격규제**와 **수량규제**가 시장개입의 주요한 두 형태인 이유
- 가격규제와 수량규제가 **자중손실**을 만들어내는 이유
- 시장개입으로 이득을 얻는 사람과 손실을 보는 사람

소비자의 재화에 대한 **지불할 용의**(willingness to pay)는 그 재화를 구입할 때 지불하고자 하는 최대한의 금액이다.

‖ 소비자잉여와 수요곡선

중고서적 시장은 매해 수십억 달러로 거래 액수로만 보자면 큰 시장이다. 그렇지만 더 중요하게 우리에게는 소비자잉여와 생산자잉여 개념을 도출하는 데 매우 적절한 예다. 우리는 소비자잉여와 생산자잉여의 개념을 어떻게 사는 사람과 파는 사람이 경쟁시장으로부터 이득을 얻고, 그것이 얼마나 큰지를 이해하는 데 사용할 것이다. 또한 이러한 개념들은 경쟁시장이 제대로 작동하지 않거나 시장에 방해 요소가 있을 때 무슨 일이 일어나는지를 분석하는 데 중요한 역할을 할 것이다.

먼저 구매자 입장에서 중고서적 시장을 살펴보자. 우리가 곧 보게 되겠지만, 여기에서 핵심은 수요곡선이 그들의 취향과 선호에 따라서 결정된다는 것과 이러한 선호가 중고서적을 사는 기회로부터 얻는 이익을 결정한다는 것이다.

지불할 용의와 수요곡선

중고서적은 새책만큼 좋지는 않다. 중고서적에는 커피 쏟은 자국이 남아 있을 수도 있고, 누군가가 밑줄을 그어 놓았을 수도 있으며, 최신판이 아닐 수도 있다. 당신의 선호에 따라 이러한 중고서적의 단점을 기피하는 정도가 달라진다. 중고서적이 새책보다 조금만 싸더라도 중고서적을 사는 사람이 있는가 하면 상당한 정도로 가격 차이가 나지 않으면 중고서적을 구입하지 않는 사람도 있다.

잠재적 구매자의 **지불할 용의**(willingness to pay)를 중고서적을 구입할 때 지불하고자 하는 최대한의 금액이라고 정의하자. 잠재적 구매자는 중고서적의 가격이 지불할 용의보다 높으면 중고서적을 구입하지 않고, 낮을 경우에는 중고서적을 구입할 것이다. 중고서적 가격이 지불할 용의와 같다면 중고서적을 구입하는 것과 그렇지 않은 것이 무차별할 것이다.

〈표 4-1〉의 표는 새책 가격이 100달러인 중고서적을 사고자 하는 잠재적 구매자들의 지불할 용의를 나타낸다. 엘리샤는 중고서적이 59달러여도 중고서적을 사려고 할 것이다. 브래드는 엘리샤에 비해 중고서적에 대한 지불할 용의가 낮으며 가격이 45달러 이하일 때만 중고서적을 살 것이다. 클라우디아는 35달러, 대런은 25달러, 그리고 에드위나는 중고서적을 그다지 선호하지 않으며 가격이 10달러 이하일 때만 중고서적을 살 것이다.

이 5명 중 누가 중고서적을 살 것인가? 그것은 중고서적의 가격에 따라 달라진다. 중고서적 가격이 55달러라면 엘리샤만 중고서적을 구매할 것이고 가격이 40달러라면 엘리샤와 브래드가 책을 구매할 것이다. 따라서 표의 정보는 중고서적에 대한 수요표를 구성하는 데 사용될 수 있다.

표 4-1 중고서적 가격이 30달러일 때 소비자잉여

잠재적 구매자	지불할 용의	지불가격	개별 소비자잉여 = 지불할 용의 - 지불가격
엘리샤	$59	$30	$29
브래드	45	30	15
클라우디아	35	30	5
대런	25	—	—
에드위나	10	—	—
모든 구매자			총소비자잉여=$49

지불할 용의와 소비자잉여

교내 서점이 중고서적을 30달러에 판다고 가정해 보자. 엘리샤와 브래드, 클라우디아는 책을 살 것이다. 그렇다면 그들은 책을 구입함으로써 이익을 얻게 되는 것일까? 이익을 얻는다면 그것은 얼마인가?

답은 〈표 4-1〉에 나와 있듯이 각 학생들은 순이익을 얻지만 그 이익은 학생들마다 다르다는 것이다.

엘리샤는 59달러를 지불할 용의가 있고 따라서 그녀의 순이익은 $59-$30=$29이다. 브래드는 45달러를 지불할 용의가 있고 따라서 그의 순이익은 $45-$30＝$15이다. 클라우디아는 35달러를 지불할 용의가 있고 따라서 그녀의 순이익은 $35-$30＝$5이다. 대런과 에드위나는 30달러에 책을 사지 않을 것이므로 그들은 이익을 얻지도 손해를 보지도 않는다.

소비자들이 재화를 구입함으로써 얻는 순이익을 **개별 소비자잉여**(individual consumer surplus)라고 한다. 우리는 이 예를 통하여 모든 소비자가 어느 정도의 소비자잉여를 누린다는 것을 알 수 있다.

개별 소비자잉여를 모두 합한 것은 시장에서의 **총소비자잉여**(total consumer surplus)라고 한다. 〈표 4-1〉에서 총소비자잉여는 엘리샤, 브래드 그리고 클라우디아의 개별 소비자잉여를 모두 더한 것으로 $29＋$15＋$5＝$49이다.

경제학자들이 주로 쓰는 **소비자잉여**(consumer surplus)라는 용어는 개별 소비자잉여와 총소비자잉여를 모두 가리키며, 문맥에 따라 소비자잉여가 개별 소비자잉여를 가리키는지 총소비자잉여를 가리키는지 알 수 있다. 총소비자잉여는 그래프로 나타낼 수 있다. 제3장에서 보았듯이 우리는 수요표를 사용하여 〈그림 4-1〉의 수요곡선을 유도할 수 있다. 우리는 지금 소수의 소비자들만을 고려하고 있기 때문에, 이 곡선은 제3장에서 본 수백, 수천 명의 소비자를 포함한 매끄러운 수요곡선과는 다르게 그려진다.

이 수요곡선은 수평과 수직으로 나타나는 계단식이다. 각 계단은 한 명의 잠재구매자가 지불하고자 하는 용의이자 책 한 권과 개개인의 소비자를 나타낸다. 예를 들어 엘리샤의 계단의 높이는 59달러이고, 이는 그녀의 지불할 용의이다. 이 계단은 사람들이 중고서적 가격으로 실제 지불하는 30달러를 밑변으로 하는 사각형들로 이루어져 있다.

엘리샤의 사각형의 넓이는 ($59-$30)×1＝$29이고 이것은 30달러의 가격에 책을 구매할 때 그녀의 소비자잉여를 나타낸다. 따라서 엘리샤가 누리는 개별 소비자잉여는 〈그림 4-1〉의 짙은 파란색으로 표시된 사각형의 넓이이다.

엘리샤와 더불어 브래드와 클라우디아도 중고서적 가격이 30달러이면 중고서적을 구입한다.

개별 소비자잉여(individual consumer surplus)란 소비자들이 재화를 구입함으로써 얻는 순이익이다. 이는 소비자의 지불할 용의와 가격의 차와 같다.

총소비자잉여(total consumer surplus)란 각 개별 소비자잉여의 합과 같다.

소비자잉여(consumer surplus)는 개별 소비자잉여와 총소비자잉여를 모두 가리키는 용어이다.

그림 4-1 중고서적 시장에서의 소비자잉여

중고서적 가격이 30달러라면 엘리샤와 브래드, 클라우디아는 책을 사고 대런과 에드위나는 책을 사지 않을 것이다. 그렇다면 엘리샤와 브래드, 클라우디아는 색칠된 부분이 나타내는 것처럼 지불할 용의와 실제 책 가격의 차이만큼의 소비자잉여를 얻을 것이다. 대런과 에드위나의 지불할 용의는 30달러보다 작으므로 이들은 책을 사지 않을 것이다. 따라서 이들은 영의 소비자잉여를 얻는다. 총소비자잉여는 전체 색칠된 부분으로 엘리샤, 브래드 그리고 클라우디아의 개별 소비자잉여를 모두 더한 $29＋$15＋$5＝$49이다.

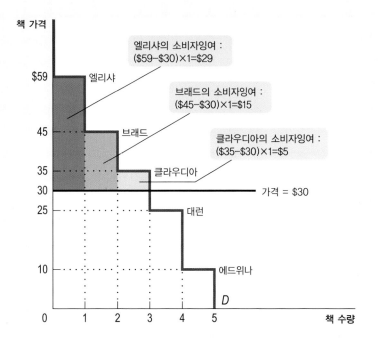

그림 4-2 소비자잉여

아이패드의 수요곡선은 매끄럽다. 왜냐하면 많은 잠재적 구매자들이 존재하기 때문이다. 500달러에서 100만 대의 아이패드가 수요된다. 이 가격에서 소비자잉여는 색칠된 부분, 즉 수요곡선 아래, 가격 윗부분의 넓이와 같다. 이는 가격이 500달러일 때 소비자들이 아이패드를 사고 소비함으로써 얻는 순이익을 뜻한다.

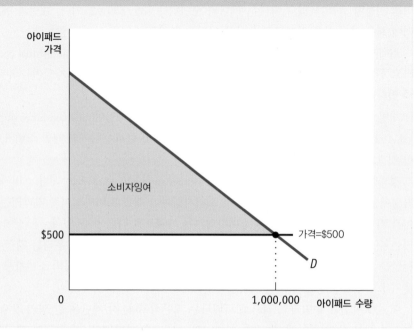

이 시장에서 얻을 수 있는 총소비자잉여는 엘리샤, 브래드, 클라우디아가 얻는 소비자잉여의 총합이다. 따라서 총소비자잉여는 〈그림 4-1〉에서 색칠된 세 사각형의 넓이의 합과 같다. 다시 말하면 총소비자잉여의 크기는 가격선 위, 수요곡선 아래의 면적과 같다는 것이다.

〈그림 4-1〉은 다음의 일반 원리를 설명한다. 주어진 가격에서 재화를 구입함으로써 발생하는 총소비자잉여는 수요곡선 아래, 가격선 위의 면적과 같다. 같은 원리는 소비자의 수와 상관없이 성립한다.

큰 시장을 분석할 때 그래프를 사용하여 나타내면 분석이 훨씬 쉽다. 예를 들어 수백만 명의 잠재적인 구매자가 있는 아이패드 시장을 생각해 보자. 잠재적 구매자들은 각자 지불할 용의가 있는 최대한의 가격을 정해 둘 것이다. 잠재적 구매자들이 많으면 수요곡선은 〈그림 4-2〉에서 보는 것과 같이 매끄러운 형태가 될 것이다.

이때 아이패드의 가격이 500달러이고 총 100만 대의 아이패드가 팔렸다고 하자. 그러면 소비자들은 아이패드를 구입함으로써 얼마나 많은 소비자잉여를 누릴 수 있는가? 우리는 각 개별 소비자잉여를 계산한 다음 모든 소비자의 소비자잉여를 더함으로써 그 답을 얻을 수 있다. 그러나 〈그림 4-2〉에서 색칠된 면적과 소비자잉여가 같다는 사실을 이용하면 더욱 쉽게 답을 얻을 수 있다. 중고서적 거래의 예에서 살펴본 것과 같이 소비자잉여는 수요곡선 아래, 가격선 위의 면적과 같다.(삼각형 면적을 구하는 방법은 제2장의 부록을 떠올려 보라.)

‖ 생산자잉여와 공급곡선

재화의 구매자가 재화에 대해 그들이 실제로 지불한 가격보다 더 많이 지불할 의사가 있는 것과 같이 재화의 판매자도 그들이 실제로 받은 가격보다 더 낮은 가격에 그것을 판매할 의사가 있다. 그러므로 소비자들이 시장에서 구매함으로써 소비자잉여를 얻을 수 있는 것과 마찬가지로, 생산자들도 시장에서 판매함으로써 생산자잉여를 얻을 수 있다.

비용과 생산자잉여

중고서적의 잠재적 판매자들을 생각해 보자. 다양한 잠재적 판매자들은 각기 다른 선호를 가지고 있으므로 각각 다른 가격에 책을 팔고자 한다. 〈표 4-2〉의 표는 몇몇 학생들이 책을 팔고자 하는 가격을 보여 준다. 앤드류는 그가 5달러 이상만 받을 수 있다면 기꺼이 책을 팔려고 한다. 베티는 적어도 15달러, 카를로스는 25달러, 도나는 35달러, 엥겔베르트는 45달러를 받지 못한다면 책을 팔려고 하지 않을 것이다.

잠재적 판매자들이 팔려고 하는 가격 중에서 가장 낮은 가격을 일컫는 경제학 용어가 있다. 이것을 판매자의 **비용**(cost)이라고 한다. 따라서 앤드류의 비용은 5달러, 베티의 비용은 15달러 등이다.

표 4-2 중고서적 가격이 30달러일 때 생산자잉여			
잠재적 판매자	비용	받은 가격	개별 생산자잉여 = 받은 가격 − 비용
앤드류	$5	$30	$25
베티	15	30	15
카를로스	25	30	5
도나	35	—	—
엥겔베르트	45	—	—
모든 판매자			총생산자잉여=$45

비용이라고 하면 흔히 재화를 생산할 때 드는 화폐 가치로서의 비용을 생각하기 때문에 중고서적 판매자들에게 비용이 있다고 하니 이상하게 들릴지도 모르겠다. 학생들이 중고서적을 제조해 내는 것이 아니고 단지 팔릴 수 있도록 하면 되기 때문에 비용이 전혀 들지 않는다고 생각할 수도 있다.

바로 그렇다! 그러나 중고서적을 판매하는 학생들은 더 이상 자신의 책을 소유할 수 없게 된다. 따라서 해당 수업과정이 모두 끝났다고 하더라도 교과서를 파는 행위에는 기회비용이 따른다. 우리가 경제학의 기본 원리를 공부할 때 어떤 행위의 비용을 측정할 때는 항상 어떤 행위를 하기 위해서 포기해야 하는 것의 가치인 기회비용으로 측정한다는 것을 상기해 보자.

따라서 판매자들이 중고서적을 판매하는 데 실질적인 비용이 들지 않는다고 하더라도, 그들이 팔고자 하는 가장 최소의 가격을 '비용'이라고 하는 것은 매우 경제학적인 방법이다. 물론 대부분의 실제 경제에서 생산자는 직접 재화를 생산하는 사람들이고 재화를 팔기 위해서는 돈을 써야 한다. 이 경우에 생산에 드는 비용은 기회비용에 화폐가치의 비용을 더한 것이 된다.

우리의 예로 다시 돌아가서 앤드류가 책을 30달러에 판다고 생각해 보자. 분명히 그는 거래를 통해서 이익을 얻게 된다. 그는 5달러에도 책을 팔 용의가 있었기 때문에 25달러의 이익을 얻는다. 그가 실제 받은 금액과 비용의 차액인 이익은 **개별 생산자잉여**(individual producer surplus)라고 부른다.

소비자잉여의 경우와 마찬가지로 각 개인의 생산자잉여를 합하면 **총생산자잉여**(total producer surplus)를 구할 수 있다. 경제학자들은 **생산자잉여**(producer surplus)라는 용어를 개별 생산자잉여와 시장 전체의 총생산자잉여 두 가지 경우에 모두 사용한다. 〈표 4-2〉는 중고서적 가격이 30달러일 때 각 학생들이 얻는 순이익을 정리해 놓은 것이다. 앤드류는 25달러, 베티는 15달러, 카를로스는 5달러이고, 총생산자잉여는 $25 + $15 + $5 = $45이다.

소비자잉여처럼 생산자잉여도 그래프로 나타낼 수 있다. 우리는 각 소비자의 지불할 용의로부터 수요곡선을 유도하듯이 각 생산자의 비용으로부터 공급곡선을 유도할 수 있다. 〈그림 4-3〉의 계단식 곡선은 〈표 4-2〉의 비용을 나타내는 공급곡선을 의미한다. 공급곡선의 각 계단 너비가 책 한 권이며 이것은 개개인의 판매자를 나타낸다. 앤드류가 해당하는 계단의 높이는 그의 비용인 5달러가 된다. 이것이 사각형의 밑변을 이루고 그가 책을 팔면 받는 돈 30달러가 윗변이 되어서 사각형을 만든다. 이때 사각형의 넓이는 ($30 − $5) × 1 = $25이고 이것은 그의 생산자잉여를 나타낸다. 따라서 앤드류가 누리는 생산자잉여는 짙은 빨간색으로 표시된 사각형의 넓이

판매자의 비용(cost)이란 팔려고 하는 가격 중에서 가장 낮은 가격을 일컫는다.

개별 생산자잉여(individual producer surplus)란 재화를 판매함으로써 판매자가 얻는 순이익이다. 이는 실제 받은 금액과 비용의 차액과 같다.

총생산자잉여(total producer surplus)란 각 개별 생산자잉여의 합과 같다.

경제학자들은 **생산자잉여**(producer surplus)라는 용어를 개별 생산자잉여와 시장 전체의 총생산자잉여 두 가지 경우에 모두 사용한다.

그림 4-3 중고서적 시장에서의 생산자잉여

중고서적 가격이 30달러이면 앤드류, 베티, 카를로스는 책을 팔지만 도나와 엥겔베르트는 책을 팔지 않을 것이다. 따라서 앤드류, 베티, 카를로스는 색칠된 가격과 비용의 차이만큼의 개별 생산자잉여를 누릴 것이다. 도나와 엥겔베르트의 비용은 30달러 이상이므로 그들은 책을 팔지 않으려고 하며, 따라서 생산자잉여는 영의 값을 가진다. 총생산자잉여는 앤드류, 베티, 카를로스의 생산자잉여의 합으로 $25+$15+$5=$45이다.

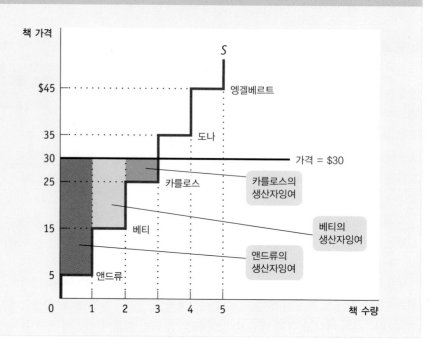

이다.

구내 서점에서 30달러의 가격에 책을 팔고자 하는 모든 사람의 책을 다 사 준다고 가정하자. 그러면 앤드류뿐 아니라 베티와 카를로스도 책을 팔 것이다. 이들은 앤드류보다 비용이 높기 때문에 앤드류만큼 생산자잉여가 크지는 않지만, 이들 역시 중고서적을 판매함으로써 이익을 얻는다. 앤드류는 25달러, 베티는 15달러, 카를로스는 5달러의 이익을 얻게 된다.

총생산자잉여를 판단할 때도 소비자잉여에서처럼 일반적인 원칙이 있다. 주어진 가격에서 재화를 판매함으로써 발생하는 총생산자잉여는 공급곡선 위, 가격선 아래의 면적과 같다.

이 원리는 〈그림 4-3〉처럼 매우 적은 수의 생산자만 존재해서 공급곡선이 계단 함수의 형태를 가지는 경우뿐만 아니라 현실 경제에서와 같이 매우 많은 생산자들이 존재해서 공급곡선이 매끄러운 모양을 하는 경우에도 적용될 수 있다.

예를 들어 밀 공급 시장을 생각해 보자. 〈그림 4-4〉는 생산자잉여가 가격에 따라 어떻게 변화하는지를 보여 준다. 밀 가격이 부셸당 5달러이고 농부들이 100만 부셸을 공급한다고 가정하자. 이때 밀을 5달러에 판매함으로써 농부들이 얻는 이익은 얼마인가? 그들의 생산자잉여는 색칠된 부분, 즉 공급곡선 위와 5달러의 가격선 아래의 면적과 같다.

‖ 교역으로부터의 이익

중고서적 시장의 개념을 떠올리되, 이번에는 주립대학교라는 좀 더 큰 시장을 생각해 보자. 책의 잠재적 구매자들이라 할 수 있는 신입생을 그들이 지불하고자 하는 중고서적 가격의 높고 낮음에 따라 한 줄로 세운다고 하자. 가장 높은 가격을 지불할 용의가 있는 학생은 1번이 되고, 그 다음 높은 가격을 지불할 의사가 있는 학생은 2번이 되는 식으로 줄이 만들어질 것이다. 그러면 우리는 〈그림 4-5〉와 같이 그들의 지불할 용의를 나타내는 수요곡선을 도출할 수 있다.

비슷한 방법으로 책의 잠재적 판매자들인 졸업생을 그들이 받기 원하는 가격에 따라 줄을 세우고, 가장 낮은 가격을 받기 원하는 학생을 맨 앞에 세운다면 같은 그림에 있는 공급곡선을 도

그림 4-4 생산자잉여

이것은 밀의 공급곡선이다. 밀 가격이 부셸당 5달러일 때 농부들은 100만 부셸의 밀을 공급한다. 이 가격에서의 생산자잉여는 색칠된 부분으로 공급곡선 위, 5달러의 가격선 아래의 면적과 같다. 이것은 밀을 5달러에 판매함으로써 농부들이 얻는 이익이다.

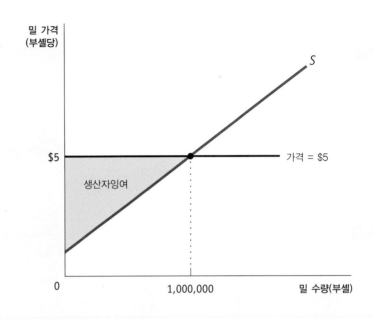

출할 수 있다.

우리가 그린 곡선에서처럼 시장의 균형은 책 1권에 30달러의 가격에서 이루어지고, 그 가격에서 1,000권의 책을 사고판다. 2개의 삼각형은 각각 이 시장에서 생겨난 소비자잉여(파란색)와 생산자잉여(빨간색)를 의미한다. 이들 소비자잉여와 생산자잉여를 합한 것을 시장에서 생겨난 **총잉여**(total surplus)라 한다.

시장에서 생겨난 **총잉여**(total surplus)란 소비자와 생산자가 시장에서 거래로부터 얻는 총순이익이다. 이는 소비자잉여와 생산자잉여를 합한 것과 같다.

그림 4-5 총잉여

중고서적 시장의 균형은 30달러의 가격에서 이루어지고 이때의 균형거래량은 1,000권이다. 소비자잉여는 수요곡선 아래와 가격선 윗부분으로 파란색으로 표시되어 있고, 생산자잉여는 공급곡선 위와 가격선 아랫부분으로 빨간색으로 표시되어 있다. 두 삼각형의 면적을 합한 것이 총잉여이며 이것은 재화를 생산하고 소비함으로써 얻을 수 있는 사회적 이익이다.

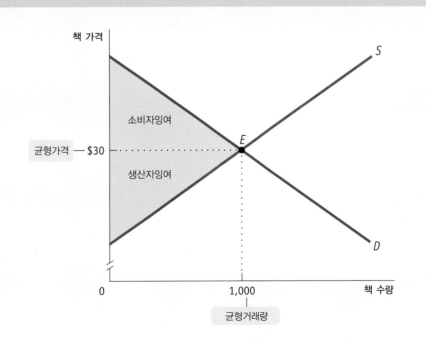

현실 경제의 >> 이해
제발 열쇠를 받아 주세요

소유주들은 에어비앤비와 같은 시장을 이용해 가진 것을 현금으로 전환할 수 있다.

에어비앤비(Airbnb) 공동 창업자인 게비아(Joe Gebbia)는 "에어비앤비는 수학 문제에서 비롯되었다."고 말했다. "우리는 창업을 하기 위해 퇴사를 했다. 그런데 감당할 수 없을 만큼 집주인이 월세를 올렸다. 우리는 당장 산수 문제를 풀어야 했다. 그리고 마침 그 주 주말에 디자인 콘퍼런스가 샌프란시스코에서 열렸고, 모든 호텔방이 동이 났다. 모든 게 맞아떨어졌다. 우리가 살던 집에는 빈 방이 있었다. 이게 air bed-and-breakfast의 시작이었다."

절박함 끝에 나온 번쩍임이 현재 세계에서 가장 큰 단일 숙박 시설 공급 기업의 시작이었다. 2014년을 기준으로 총 2천만 명의 사람들이 숙소를 찾기 위해 에어비앤비를 이용했으며, 그중 절반이 2014년 한 해 동안의 이용객이었다. 에어비앤비의 웹사이트에는 현재 전 세계 4백만 개의 주택이 등록되어 있다. 에어비앤비는 성공적이고 유명한 '공유경제' 공급자이다. 사람들이 물건을 공유할 수 있는 거래장을 만들어 주는 기업은 에어비앤비 이외에도 다른 사람에게 차를 빌릴 수 있게 하는 투로(Turo)와 겟어라운드(Getaround), 배를 빌리게 도와주는 보트바운드(Boatbound), 사무실 대여를 중개하는 데스크타임(Desktime), 주차할 장소를 빌릴 수 있는 저스트파크(JustPark) 등 아주 많은 사례가 있다.

'공유'가 이렇게 인기인 이유는 무엇일까? 결국 돈을 벌기 위한 것이지 이타심의 발현은 아닐 것이다. 사용하지 않고 놀리는 물건이 있으면 다른 사람에게 빌려주어 돈을 벌지 않을 이유가 없지 않은가? 예일 경영대학 경제학 교수인 슈발리에(Judith Chevalier)는 "이런 회사들은 놀리고 있는 물건에서 가치를 쥐어짤 수 있게 해 준다."고 말했다. 그리고 이렇게 가치를 조금이라도 더 만들어 내는 것은 자원을 효율적으로 사용할 수 있게 만든다. 그 결과 사람들은 뉴욕대 스턴경영대학 교수 순다라라잔(Arun Sundararajan)이 말한 것처럼 "소비하는 방법에 대해 다시금 생각하게 되었다."

>> 복습
- 재화에 대한 수요곡선은 각 잠재적 구매자들의 **지불할 용의**에 의해 결정된다.
- **개별 소비자잉여**란 재화를 구매함으로써 얻는 순이익이다.
- **총소비자잉여**는 시장수요곡선 아래, 가격선 위의 면적과 같다.
- 경제학자들은 **소비자잉여**라는 용어를 개별 소비자잉여와 시장 전체의 총소비자잉여 두 가지 경우에 모두 사용한다.
- 재화에 대한 공급곡선은 서로 다른 판매자들의 **비용**으로부터 도출할 수 있다.
- 실제 받은 금액과 비용의 차액을 **개별 생산자잉여**라고 한다.
- **총생산자잉여**는 시장공급곡선 위, 가격선 아래의 면적과 같다.
- 경제학자들은 **생산자잉여**라는 용어를 개별 생산자잉여와 시장 전체의 총생산자잉여 두 가지 경우에 모두 사용한다.
- **총잉여**는 시장에서 교역으로부터 얻는 이익을 측정한다.

>> 이해돕기 4-1
해답은 책 뒤에

1. 케이시와 조시는 점심에 치즈가 든 할라피뇨 고추를 먹기를 원한다. 카라와 제이미 2명의 생산자가 있다. 소비자의 지불할 용의와 생산자의 비용이 다음 표에 제시되어 있다. 고추량이 4개 이상

고추 수량	케이시의 지불할 용의	조시의 지불할 용의	카라의 비용	제이미의 비용
첫 번째 고추	$0.90	$0.80	$0.10	$0.30
두 번째 고추	0.70	0.60	0.10	0.50
세 번째 고추	0.50	0.40	0.40	0.70
네 번째 고추	0.30	0.30	0.60	0.90

일 경우 그 누구도 소비하거나 생산하기를 원하지 않는다고 가정하자.

a. 이 표를 이용하여 고추의 가격이 0.00달러, 0.10달러, 0.90달러일 때까지의 수요와 공급계획을 작성하라.
b. 치즈가 든 할라피뇨 고추 시장에서의 균형가격과 균형거래량을 구하라.

c. 시장균형에서의 소비자잉여, 생산자잉여, 총잉여를 구하라.

2. 다음의 세 가지 경우가 총잉여를 어떻게 줄이는지 설명하라.

   a. 조시는 균형거래량보다 고추를 하나 적게 소비하고 케이시는 하나 더 소비하는 경우

   b. 카라는 균형거래량보다 고추를 하나 적게 생산하고 제이미는 하나 더 생산하는 경우

   c. 조시는 균형거래량보다 고추를 하나 적게 소비하고 카라는 하나 적게 생산하는 경우

‖ 정부가 가격을 통제하는 이유

제3장에서는 시장이 균형을 향해 움직인다는 것을 배웠다. 즉 시장가격은 수요량과 공급량이 일치하는 수준으로 움직인다. 그러나 이러한 균형가격은 구매자나 판매자를 항상 만족시키는 것은 아니다.

구매자는 항상 더 적게 지불하려고 할 것이고, 때때로 그들이 더 낮은 가격을 지불하도록 강력한 도덕적 혹은 정치적인 압력을 만들어 낼 수도 있다. 예를 들어 만약 대도시 주택의 수요와 공급 사이의 균형가격이 보통의 근로자들이 지불할 수 없을 만큼 높다면 어떻게 할 것인가? 이러한 경우 정부는 집주인이 부과할 수 있는 집세에 한계를 두라는 압력을 받게 된다.

반면에 판매자들은 항상 그들이 파는 재화에 대해 좀 더 많은 돈을 받기를 원하고 때때로 그들은 더 높은 가격을 지불받아야만 하는 강력한 도덕적 혹은 정치적 이유를 만들어 낸다. 노동시장을 생각해 보자. 근로자 1명이 1시간 동안 일하고 받는 돈을 임금률이라고 한다. 만약 미숙련 근로자의 수요와 공급 사이의 균형가격인 임금률이 빈곤수준 이하에서 책정된다면 어떨까? 이런 경우 정부는 고용자들에게 특정한 최저임금 이하로는 지불할 수 없도록 요구하라는 압력을 받을 것이다.

다시 말해 정부는 종종 시장에 개입하라는 강력한 도덕적·정치적인 요구를 받는다. 정부가 가격을 통제하기 위해서 시장에 개입하는 경우 우리는 이것을 **가격규제**(price control)라고 한다. 이러한 규제는 대개 **가격상한제**(price ceiling)나 **가격하한제**(price floor)의 형태로 실현된다.

그러나 시장에 무엇을 하라고 지시하는 것은 쉬운 일이 아니다. 이제부터 살펴보려는 바와 같이 정부가 가격규제를 시도하는 경우—가격상한을 두어 가격을 떨어뜨리거나 가격하한을 두어 가격을 상승시키는 경우—예상 가능하지만 그다지 유쾌하지 않은 부작용들이 발생한다.

‖ 가격상한제

오늘날 미국에는 집세규제 이외에는 가격상한제가 그다지 많이 존재하지 않는다. 그러나 때에 따라 가격상한제가 전 미국에 널리 시행된 적이 있었다. 가격상한제는 전쟁, 흉작, 자연재해 등과 같은 위기 시에 주로 시행되었는데, 이는 이러한 사건들이 종종 많은 사람들을 고통스럽게 하고 극소수의 사람들에게 큰 이익을 가져다주는 가격 급등을 초래하기 때문이었다.

미국 정부는 제2차 세계대전 동안 많은 가격상한제를 시행하였다. 전쟁은 알루미늄, 강철과 같은 원자재에 대한 수요를 급격히 증가시켰기 때문에, 가격규제는 원자재 판매자들이 막대한 이윤을 벌어들이지 못하도록 하였다. 1973년 아랍의 산유국들에 의한 수출금지 조치가 미국의 정유회사들에게 엄청난 이익을 안겨 줄 것으로 예상되었을 때는 석유에 대해 가격규제가 시행되었다. 허리케인 샌디의 여파로 뉴욕과 뉴저지 당국은 2012년 가격규제를 다시 시행하였다. 가스 부족으로 인해 곳곳에서 바가지 요금이 만연했기 때문이다.

도입 사례에서 본 뉴욕에서의 집세규제는 제2차 세계대전의 유산이다. 집세규제는 전시 생산

> **가격규제**(price control)는 시장가격이 얼마만큼 높거나 낮게 책정될 수 있는지에 대한 법적인 제약이다. 판매자가 재화에 부과할 수 있는 최대가격인 **가격상한제**(price ceiling)와 구매자가 재화에 지불해야 하는 최소가격인 **가격하한제**(price floor)가 있다.

이 아파트 수요를 증가시키는 경제 호황으로 이어졌지만, 건설에 사용되어야 했을 노동력과 원자재가 대신 전쟁에 이기기 위해 이용되었던 상황에서 시행되었다. 대부분의 가격규제가 전쟁이 끝난 후 사라졌음에도 불구하고 뉴욕의 집세 제재정책은 계속되었고, 오히려 전에는 포함하지 않았던 건물들에까지 점차 확대되면서 불합리한 상황들을 만들어 냈다.

만약 한 달에 몇천 달러를 지불하고 그다지 넓지 않은 공간에서 살 용의가 있다면, 상당히 짧은 시간 안에 맨해튼의 침실 하나짜리 집에 세를 들 수 있을 것이다. 그러나 어떤 사람들은 비슷한 아파트에 대해 단지 이 금액의 일부분만을 지불하고, 또 다른 사람들은 더 좋은 지역에 있는 보다 큰 아파트에 대해 거의 같은 돈을 지불하기도 한다.

그렇다면 뉴욕의 집세규제 시스템으로 인한 일련의 결과들은 무엇인가? 이 물음에 답하기 위해서는 제3장에서 전개하였던 수요와 공급모형으로 돌아갈 필요가 있다.

가격상한제의 모형화

경쟁시장에서 정부가 가격상한제를 시행하였을 때 무엇이 잘못될 수 있는지 보기 위해서 뉴욕 아파트 시장을 단순화한 〈그림 4-6〉을 보자. 단순화를 위해서 우리는 모든 아파트가 정확히 같은 재화이고, 따라서 규제되지 않은 시장에서는 똑같은 가격의 집세가 결정된다고 가정하자.

그림 안에 있는 표는 수요와 공급표를 나타낸다. 수요곡선과 공급곡선은 그림의 왼쪽에 나타나 있다. 가로축에는 아파트의 수량, 세로축에는 월세가 나와 있다. 가격규제가 시행되지 않은 시장에서 균형은 E에서 결정된다는 것을 알 수 있다. 즉 한 달에 1,000달러의 집세로 200만 채의 아파트가 거래된다.

이제 정부가 균형가격보다 낮은 수준에서, 예를 들어 800달러로 집세를 제한하여 가격상한을 설정했다고 가정해 보자.

그림 4-6 가격규제가 없을 때의 아파트 시장

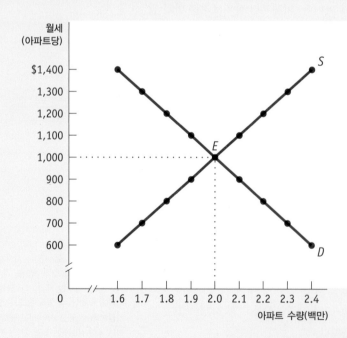

월세 (아파트당)	아파트 수량(백만)	
	수요량	공급량
$1,400	1.6	2.4
1,300	1.7	2.3
1,200	1.8	2.2
1,100	1.9	2.1
1,000	2.0	2.0
900	2.1	1.9
800	2.2	1.8
700	2.3	1.7
600	2.4	1.6

정부 개입이 없을 때 아파트 시장은 월세 1,000달러, 수량 200만인 E점에서 균형을 달성한다.

〈그림 4-7〉은 가격상한의 영향을 800달러에서의 선을 통해 보여 준다. 800달러의 집세를 강요한다면 집주인은 아파트를 제공해야 할 유인을 덜 가지게 될 것이고, 그로 인해 균형가격인 1,000달러의 집세를 받았을 때와 같은 양의 아파트를 공급하려 하지 않을 것이다. 따라서 그들은 공급곡선 상의 A점을 선택하여 가격상한제가 없는 시장보다 20만 채가 줄어든 180만 채의 아파트만 공급하게 될 것이다.

이와 동시에 균형가격 1,000달러에서보다 800달러에서 더 많은 사람들이 아파트를 수요하려 할 것이다. 수요곡선 상의 B점에서처럼 800달러의 집세에서 수요되는 아파트의 양은 가격상한이 없는 시장보다 20만 채가 더 늘어난 220만 채이고, 전체적으로는 40만 채의 초과수요가 발생하게 된다. 따라서 이제는 지속적인 임대주택 부족 문제에 봉착하게 된다. 800달러의 집세에서 40만 명의 사람들이 실제 구할 수 없는 아파트를 구하려고 노력하게 된 것이다.

그렇다면 가격상한은 항상 부족 문제를 야기하는가? 항상 그런 것은 아니다. 가격상한이 균형가격보다 높게 설정되었다면 그것은 어떠한 효과도 발생시키지 않는다. 균형가격(집세)이 1,000달러인데 시정부가 가격상한을 1,200달러에서 설정하였다고 가정해 보자. 누가 신경 쓰겠는가? 이 경우 가격상한은 실질적으로 시장의 행동을 제약하지 못하고 시장에 그 어떤 영향도 미치지 못한다.

가격상한제가 비효율적인 이유

〈그림 4-7〉에서 나타난 주택 부족 문제는 단순히 성가신 것에서 그치지 않는다. 가격규제가 심각하게 해로울 수 있는 이유는 가격규제에 의한 여타 부족 문제와 마찬가지로 비효율성이 유발되기 때문이다. 다른 말로 하면, 실현되지 않은 거래의 이득이 있다는 것이다.

가격상한제와 같이 집세를 통제하는 것은 적어도 네 가지 측면에서 비효율성을 발생시킨다.

1. 아파트의 거래량은 효율적인 수준보다 아래에 있게 된다.

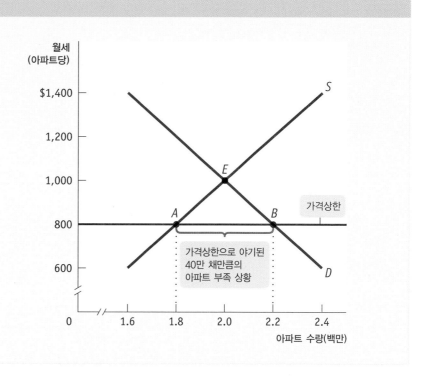

그림 4-7 가격상한의 효과

검은색 수평선은 정부에 의해 부과된 800달러인 월세의 가격상한을 나타낸다. 이 가격상한은 공급량을 180만 채로 감소시키고(점 A), 수요량을 220만 채로 증가시킨다(점 B). 이는 40만 채의 지속적인 아파트 부족 상황을 야기한다. 즉 800달러의 법적 임대료에서 아파트를 구하기 원하는 40만 명의 사람들이 아파트를 구할 수 없다.

자중손실(deadweight loss)은 행동이나 정책이 거래량을 효율적인 시장거래량 아래로 줄이면서 일어나는 총잉여의 손실을 뜻한다.

2. 일반적으로 소비자에 대한 아파트의 비효율적 배분이 일어난다.

3. 아파트를 찾는 사람들의 시간과 노력의 낭비를 가져온다.

4. 집주인으로 하여금 아파트를 비효율적으로 질 낮은 상태로 유지하게 한다.

또한 가격상한은 비효율성뿐만 아니라 사람들로 하여금 그것을 회피하고자 시도하는 불법행위를 증가시킨다.

지금부터 가격상한이 발생시키는 이러한 비효율성을 각각 살펴보자.

비효율적으로 낮은 거래량 집세규제는 아파트 공급량을 줄이기 때문에 임대되는 아파트의 수도 줄인다.

〈그림 4-8〉은 이때 총잉여가 함의하는 것을 보여 준다. 총잉여는 공급곡선 위와 수요곡선 아래에 나타나는 면적의 합이다. 만약 집세규제의 영향이 임대 가능한 아파트의 수를 줄이는 것이라면, 이것은 그림에서 색칠된 부분의 면적만큼 잉여의 감소를 일으킨다.

경제학에서 이 삼각형의 면적은 **자중손실**(deadweight loss)이라는 특별한 이름을 가지고 있다. 이는 시장개입으로 인해 더 이상 일어나지 않는 거래와 관련해 사라진 잉여를 뜻한다. 이 예에서 자중손실은 가격상한제 때문에 더 이상 일어나지 않는 아파트 임대와 관련해 사라진 잉여가 된다. 이러한 손실은 실망한 임대인과 임차인 모두에게 해당된다. 경제학자들은 〈그림 4-8〉에 있는 것과 같은 삼각형을 주로 **자중손실 삼각형**이라고 부른다.

자중손실은 경제학에서 중요한 개념으로, 행동이나 정책이 거래량을 효율적인 시장거래량 아래로 줄일 때마다 만나게 될 것이다. 자중손실은 사회의 손실이라는 것을 이해하는 것이 중요하다. 이것은 총잉여의 감소이며, 아무도 이를 통해 이득을 보지 않는다. 이것은 한 사람의 손실을

그림 4-8 비효율적으로 낮은 거래량을 만드는 가격상한제

가격상한제는 공급량을 시장균형 거래량 이하로 줄이며, 이는 자중손실을 일으킨다. 색칠된 삼각형 영역은 비효율적으로 낮은 거래량에 의해 감소된 총잉여의 양을 나타낸다.

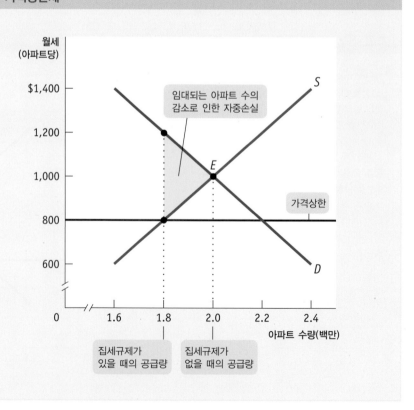

통해 다른 사람이 이득을 보는 잉여의 이전(transfer)과는 다른 개념이다. 다음 단락에서는 가격상한제가 임대인과 임차인 간 잉여의 이전을 가져오는 것뿐만 아니라 어떻게 자중손실을 발생시키는지 그 예시를 살펴볼 것이다. 자중손실은 가격상한제로 인해 발생하는 유일한 비효율이 아니다. 비효율은 임대 가능한 아파트 수량 감소에 지나지 않는다. 소비자에 대한 비효율적 배분, 낭비된 자원, 비효율적으로 낮은 품질과 같이 추가적으로 발생하는 비효율들은 총잉여의 감소를 자중손실 이상으로 만든다.

소비자에 대한 비효율적 배분 집세규제는 아파트가 덜 공급되는 문제로 끝나는 것이 아니다. 이것은 또한 가용한 아파트의 잘못된 배분도 일으킬 수 있다. 정말 살기를 원하는 사람이 아파트를 찾지 못할 수도 있고, 덜 간절히 원하는 사람이 아파트를 점유할 수도 있다.

〈그림 4-7〉의 경우를 보면 220만 명의 사람들이 800달러의 월세로 아파트를 빌리고 싶어 하지만 단지 180만 채의 아파트만 사용 가능하다. 물론 아파트를 구하는 220만 명의 사람들 중에서 어떤 이들은 아파트를 간절히 원해서 더 높은 가격을 지불할 용의도 있을 것이다. 그리고 다른 사람들은 아마도 대체할 수 있는 주택을 가지고 있기 때문에 아파트를 급하게 필요로 하지 않고 따라서 단지 낮은 가격만 지불하고자 할 수도 있다. 효율적인 아파트 배분은 이러한 차이를 반영한다. 아파트를 진정으로 필요로 하는 사람은 아파트를 얻을 수 있어야 하고, 아파트를 찾는 데 그다지 심각하지 않은 사람은 얻지 못해야 한다. 아파트의 비효율적인 분배는 반대상황이 일어날 때 발생한다. 아파트를 급하게 구하지 않아도 되는 사람이 아파트를 얻고, 그것을 절실히 구하는 사람은 얻지 못하는 것과 같은 일이 발생하게 되는 것이다.

가격규제하에서 사람들은 대개 운이나 개인적인 연고를 통해 아파트를 구하게 되기 때문에, 집세를 규제하는 것은 전반적으로 **소비자에 대한 비효율적 배분**(inefficient allocation to consumers)을 가져온다.

비효율성을 살펴보기 위해 대체 주택을 가지고 있지 않고, 따라서 집세로 1,500달러까지 낼 용의가 있으나 한 채도 구하지 못한 리즈 가족의 처지를 고려해 보자. 또한 대부분 플로리다에서 생활하지만 40년 전에 세 든 뉴욕의 아파트가 여전히 임대 상태에 있는 조지라는 은퇴자도 고려해 보자. 조지는 800달러의 월세를 내고 있지만 만약 850달러로 집세가 오른다면, 그는 아파트를 포기하고 뉴욕에 있을 때는 자녀들의 집에서 함께 머무를 것이다.

이와 같이 조지는 아파트를 임대하고 리즈는 임대하지 못한 아파트 배분상태는 잃어버린 기회라고 할 수 있다. 추가적인 비용을 들이지 않고 리즈와 조지 모두의 후생을 증가시킬 수 있는 방법이 존재하기 때문이다. 리즈 가족은 아파트를 구하기 위해 조지에게, 예를 들어 한 달에 1,200달러를 기꺼이 지불할 용의가 있을 것이다. 그리고 조지는 아파트가 자신에게 849달러 이상의 가치는 없으므로, 그 제안을 행복하게 받아들일 것이다. 조지는 자신이 계속 아파트에 세 들어 있는 것보다 리즈 가족에게 돈을 받는 것을 더욱 선호할 것이다. 리즈 가족은 돈보다는 아파트를 임대하는 것을 더욱 선호할 것이다. 따라서 이러한 거래를 통해 모두의 후생이 증진될 수 있으며, 다른 누구의 후생도 감소하지 않는다.

일반적으로 진정으로 아파트를 원하는 사람이, 덜 원하지만 아파트를 임대하고 있는 사람들로부터 그것을 전대받을 수 있다면 아파트를 전대받는 사람들과 돈을 받고 자신의 임대 아파트를 거래하는 사람 모두 후생이 증진될 수 있다. 그러나 전대는 상한가격보다 더 높은 수준에서 가격이 결정될 수 있기 때문에 가격통제하에서는 불법이다.

실제로 불법적인 전대를 추적하는 것이 뉴욕 시 사설 탐정들의 주요 업무이다. 그들은 임대료가 규제된 아파트의 합법적인 세입자들이 자신의 집을 두세 배 더 비싼 가격에 세를 놓고 다른 곳에서 산다는 것을 입증하기 위해 고용된다.

가격상한제는 종종 **소비자에 대한 비효율적 배분**(inefficient allocation to consumers)을 안겨 주는 방식으로 비효율성을 일으킨다. 재화를 몹시 원해서 높은 가격을 지불할 의사가 있는 사람과 상대적으로 재화를 덜 좋아해서 낮은 가격을 지불할 의사가 있는 사람 간에 재화에 대한 배분이 비효율적으로 일어나게 된다.

가격상한제는 비효율적으로 **낭비된 자원**(wasted resources)을 초래한다. 사람들은 가격상한제에 따른 재화의 부족에 대처하기 위해 돈과 노력을 들여야 한다.

가격상한제는 종종 **비효율적으로 낮은 품질**(inefficiently low quality)의 재화가 제공되는 비효율성을 야기한다. 구매자가 높은 가격에 좋은 질을 선호함에도 불구하고 판매자는 낮은 가격에 질이 낮은 재화를 제공하는 것이다.

암시장(black market)은 제품 판매 자체가 불법적이거나 가격상한제에 의해 법적으로 금지된 가격으로 판매되는 경우처럼 재화나 서비스가 불법적으로 거래되는 시장이다.

임대인과 정부가 불법적인 전대를 적극적으로 반대하지만 여전히 아파트 분배의 비효율성 문제가 남아 있다.

낭비된 자원   가격상한이 비효율성을 야기하는 두 번째 이유는 그것이 **낭비된 자원**(wasted resources)을 초래하기 때문이다. 1979년으로 돌아가서, 미국의 석유 가격 통제는 석유 부족 사태를 가져왔으며, 이것은 수백만 명의 미국인들이 매주 긴 시간 동안 주유소에서 줄을 서서 기다리게 했다. 주유소에서 줄을 서는 데 사용된 시간의 기회비용─그 시간 동안 벌 수 있는 임금, 즐기지 못한 여가─은 소비자의 입장에서, 그리고 경제 전체적인 관점에서 자원의 낭비이다.

집세규제로 인해 리즈 가족은 수개월 동안 그들의 여유시간을 일을 하거나 가족 활동을 하는 대신 아파트를 구하는 데 사용해야 할 것이다. 즉 리즈 가족이 아파트를 구하기 위해서는 여가나 더 많은 소득과 같은 기회비용을 지불해야 한다.

만약 아파트 시장이 경쟁적으로 작동한다면 리즈 가족은 1,000달러의 균형집세로 아파트를 빠르게 구할 수 있었을 것이고 그 여유시간에 소득을 더 많이 벌거나 여가를 즐길 수 있을 것이다. 이는 다른 사람들의 후생 감소 없이 그들의 후생을 증대시킬 수 있다는 것을 의미한다. 다시 한 번, 집세규제는 잃어버린 기회를 양산한다.

비효율적으로 낮은 품질   가격상한이 비효율성을 발생시키는 세 번째 방법은 비효율적으로 낮은 품질을 통해서이다. **비효율적으로 낮은 품질**(inefficiently low quality)은 구매자가 높은 가격에 좋은 질을 선호함에도 불구하고 판매자는 낮은 가격에 질이 낮은 재화를 제공하는 것이다.

다시 집세규제의 예로 돌아가 보자. 집주인은 집수리 비용을 상환할 만큼 집세를 올려서 받을 수 없는 반면, 세입자를 쉽게 찾을 수 있기 때문에 더 좋은 상태의 아파트를 제공할 아무런 유인이 없다. 많은 경우 세입자들은 좀 더 나은 환경─에어컨이나 컴퓨터를 안전하게 작동시킬 수 없는 낡은 전기 시스템을 업그레이드시키는 등─을 위해 집주인이 부과하는 집세보다 더 많은 돈을 지불할 용의가 있다. 그러나 이러한 개선에 드는 추가적인 비용은 합법적인 집세 상승이라고 여겨짐에도 불구하고 금지되어 있다.

실제로 가격이 규제된 아파트는 유지 상태가 매우 안 좋고 페인트칠이 거의 되어 있지 않으며, 전기와 배수 문제가 자주 발생하는 등 악명이 높다. 그리고 때때로 거주자들에게 매우 위험하기까지 하다. 맨해튼에 있는 빌딩의 매니저로 있었던 어떤 사람은 그의 직업을 이렇게 묘사하였다. "가격규제가 시행되지 않는 아파트에서 우리는 입주자들이 요구하는 것들 대부분을 처리합니다. 그러나 가격규제가 있는 아파트의 경우 우리는 단지 법이 요구하는 (최소한의) 것들만 처리했지요…. 우리는 입주자들을 불행하게 만드는 심술궂은 유인을 가지고 있었어요." 이러한 상황은 잃어버린 기회이다. 어떤 입주자들은 더 좋은 환경을 위해 기꺼이 돈을 지불하길 원하고, 집주인은 기꺼이 그 돈을 받고 더 좋은 환경을 제공하기를 원한다. 그러나 그러한 교환은 시장이 자유로이 작동하도록 허락된 상태에서만 발생할 수 있다.

암시장   이러한 네 가지 비효율성에 더해 가격상한의 마지막 측면은 불법적인 활동의 유인을 제공하는 것, 즉 **암시장**(black market)의 출현이다. 우리는 이미 암시장 행위의 한 종류에 대해 묘사한 적이 있다. 입주자에 의한 전대 행위가 그것이다. 그러나 그것은 거기서 그치지 않는다. 집주인은 잠재적인 세입자에게 "만약 당신이 나에게 매달 집세에 추가적으로 수백 달러만 더 얹혀준다면, 당신은 아파트에 세를 얻을 수 있어요."라고 말하고 싶은 유혹을 받는다. 그리고 만일 세입자들이 합법적인 최고 집세보다 더 많은 돈을 기꺼이 지불하고자 하는 사람들이라면 그들은 이러한 제안에 동의할 것이다.

암시장의 단점은 무엇인가? 일반적으로 만약 어떤 것이 사람들로 하여금 법 전반을 무시하는 행위를 독려하여 사람들이 어떤 법을 위반하게 된다면, 이는 부정적이라고 말할 수 있다. 더욱 나쁜 것은 이러한 불법 행위가 정직하게 살려고 노력하는 사람들의 처지를 악화시킨다는 사실이다. 만약 리즈 가족이 양심적이어서 가격규제 정책을 위반하지 않으려고 하는 반면, 다른 사람들―아파트를 원하고는 있지만 리즈 가족만큼 절실하지는 않은―은 집주인에게 뇌물을 준다면 리즈 가족은 세 들 수 있는 아파트를 결코 찾을 수 없을 것이다.

집세규제의 승자와 패자

위에서 가격규제가 어떻게 비효율을 발생시키는지 살펴보았다. 누군가는 집세규제와 같은 정책으로부터 이득을 얻고, 일부는 손해를 봄에 따라 이러한 비효율은 결국 승자와 패자를 만든다.

우리는 소비자잉여와 생산자잉여의 개념을 사용해 집세규제의 승자와 패자를 그림으로 표현할 수 있다. 〈그림 4-9(a)〉는 규제가 없는 경우, 즉 집세규제 이전 아파트 시장의 균형에서 소비자잉여와 생산자잉여를 보여 준다. 수요곡선 아래와 가격 위 면적으로 나타나는 영역인 소비자잉여는 시장균형에서 소비자에게 돌아가는 총순이익이다. 비슷하게 가격과 공급곡선 사이에 나타나는 영역인 **생산자잉여**는 시장균형에서 생산자에게 돌아가는 총순이익이다.

〈그림 4-9(b)〉는 가격상한이 800달러로 정해진 이후 시장의 소비자잉여와 생산자잉여를 보여 준다. 그림에서 확인할 수 있듯이, 집세규제하에서 아파트를 얻을 수 있는 소비자에 대하여 소비자잉여는 증가한다. 이 세입자들은 분명히 승자다. 그들은 아파트를 규제되기 전의 시장가격보다 200달러 적은 800달러에 임대하고 있다. 이들은 낮은 집세를 통해 집주인으로부터 잉여를 직접적으로 이전받고 있는 것이다.

그러나 모든 세입자가 승자는 아니다. 여기에는 규제되지 않았을 때보다 더 적은 아파트만이 시장에 나와 있고, 세입자들은 집을 구하기가 어려워진다.

이익과 손실에 대한 정확한 계산 없이는 일반적으로 세입자들이 집세규제에 의해 더 좋아졌

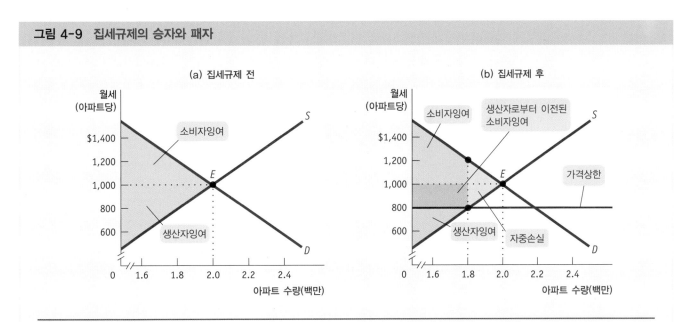

그림 4-9 집세규제의 승자와 패자

그림 (a)와 같이 아파트 시장에서 총잉여는 집세규제가 없는 경우에 최대가 된다. 집세규제가 도입된 이후에는 그림 (b)의 노란색 삼각형으로 나타난 자중손실만큼 총잉여가 줄어든다. 하지만 집세규제 이후에 생산자잉여가 소비자잉여로 이전된 양을 나타내는 보라색 사각형으로 보듯, 소비자들은 더 좋아지기도 한다.

는지 나빠졌는지가 불분명하다. 우리가 말할 수 있는 것은 자중손실이 클수록, 즉 임대되는 아파트의 감소가 클수록 세입자의 손실이 커질 가능성이 높다는 것이다.

그러나 우리는 집주인이 나빠진다는 것은 분명하게 말할 수 있다. 생산자잉여는 분명히 감소한다. 계속 임대를 주는 집주인들은 임대료로 200달러를 더 적게 받으며, 그렇지 않은 집주인들의 아파트는 시장에서 거래되지 않는다. 그림 (b)에서 노란색으로 색칠된 자중손실 삼각형은 집세규제에 의해 세입자와 집주인 모두가 입는 손실을 나타낸다.

가격상한제의 존재 이유

우리는 가격상한제의 세 가지 일반적인 결과에 대해 살펴보았다.

- 지속적인 재화 부족
- 비효율적으로 낮은 수량(자중손실), 소비자에 대한 재화의 비효율적인 배분, 재화를 찾는 데 낭비되는 자원, 그리고 제공되는 재화의 지나치게 낮은 품질의 형태로 이러한 지속적인 부족으로부터 야기되는 비효율성
- 불법적인 암시장 거래의 출현

이처럼 유쾌하지 않은 결과들이 있는데도 왜 때때로 정부는 가격상한제를 시행하는 것일까? 그리고 특히 왜 뉴욕에서는 집세규제가 계속해서 이루어지는가?

이에 대한 한 가지 답은 가격상한제가 역효과를 가지고 있음에도 불구하고 그것이 어떤 사람들에게는 이익을 가져다주기 때문이라는 것이다. 실제로 우리의 단순한 모형보다는 훨씬 복잡한 뉴욕의 집세규제법은 대부분의 거주자들을 고통스럽게 하지만, 소수의 세입자들에게는 그들이 원래 시장에서 얻을 수 있는 것보다 훨씬 싸게 집을 구할 수 있도록 한다. 그리고 가격규제로부터 이익을 얻는 사람들은 그것으로부터 손해를 보는 사람들보다 대개 더욱 조직화되어 있고 목소리도 크다.

또한 가격상한이 오랫동안 시행되는 경우 구매자들은 그것이 없을 때 어떤 일이 발생할지에 대하여 현실적인 생각을 갖지 못하게 될 수도 있다. 앞의 예에서처럼 규제되지 않은 시장(그림 4-6)에서의 월세 1,000달러는 규제된 시장(그림 4-7)에서의 월세 800달러보다 25%밖에 더 비싸지 않다. 그러나 세입자들이 이를 어떻게 알겠는가? 실제로 그들은 훨씬 높은 가격에서 이루어지고 있는 암시장 거래에 대해 들어 보았을지도 모르지만—리즈 가족이나 다른 가족들이 조지에게 1,200달러 혹은 그 이상을 지불하는 것과 같은—이 암거래 가격이 완전히 자유로운 시장에서 결정되는 가격(월세)보다 더욱 비싸다는 사실을 깨닫지 못한다.

마지막 답은 정부 관료들이 종종 수요와 공급분석을 이해하지 못하고 있다는 것이다! 현실에서의 경제정책들이 항상 분별력 있고 실정에 맞는다고 가정하는 것은 매우 큰 오판이다.

현실 경제의 >> 이해
베네수엘라의 가격규제가 쓸모없는 이유

어떻게 보더라도 베네수엘라는 세계 최대 원유 생산국 중 하나인 부유한 국가이다. 하지만 그부에도 불구하고 가격규제가 경제를 지나치게 왜곡시킨 나머지 2016년까지 베네수엘라는 시민들을 먹여 살리는 데 어려움을 겪고 있었다. 화장지, 쌀, 커피, 옥수수, 밀가루, 우유, 고기 등 생필품은 만성적으로 부족했다.

국영 상점에서 가격이 규제된 물건을 사기 위해 몇 시간 동안 대기하는 베네수엘라 사람들은

종종 빈손으로 나오게 된다. 90세 농부 헤수스 로페즈(Jesús López)는 "진열대는 모두 비어 있고 아무도 이 부유한 나라에 음식이 왜 없는지 설명해 주지 않는다. 이건 용납할 수 없다."고 지적했다.

베네수엘라 식량 부족 사태의 기원은 베네수엘라 전 대통령 우고 차베스(Hugo Chávez)의 정책이다. 경제 엘리트보다는 빈곤층과 노동자 계급의 입맛에 맞는 공약으로 1998년에 처음 선출된 차베스 대통령은 기본적인 식료품에 대한 가격규제를 시행했다. 가격이 너무 낮게 설정되어 농민들은 생산량을 줄였고, 2006년까지 심각한 공급 부족 현상이 발생했다. 결과적으로 1998년의 베네수엘라는 식량 자급자족이 가능했으나 2016년에는 식량의 70% 이상을 수입해야 했다.

베네수엘라의 식량 부족은 어떤 좋은 의도로 시행되더라도 가격상한제는 절대 좋은 생각이 아니라는 교훈을 준다.

동시에 빈곤층과 노동자 계급을 위한 관대한 정부 프로그램은 높은 수요를 만들어 냈다. 가격규제로 인해 줄어든 공급과 높아진 수요는 암시장 가격의 가파른 상승으로 이어졌고, 결국 규제된 가격에 팔리는 상품에 대한 더 큰 수요를 만들어 냈다. 콜롬비아 국경 너머에서는 우유 한 병이 베네수엘라의 규제된 가격의 7~8배에 팔려 밀수도 만연하게 되었다. 당연히 신선한 우유는 베네수엘라 시장에서는 거의 볼 수가 없다.

이러한 상황의 역설적인 점은 빈곤층과 노동자 계급을 돕기 위해 시행된 정책이 그들에게 더 큰 타격을 주었다는 것이다. 2016년에 기본적인 식료품 한 바구니는 암시장에서 베네수엘라 월 최저 임금의 6배가 되었고 사람들은 한 번에 12시간씩 줄을 서느라 시간을 보낸다. 저소득층의 한 쇼핑객은 "쌀 한자루를 사기 위해서 하루를 보내는 것은 나를 분노로 가득 채운다. 나는 결국 재판매자에게 더 많은 비용을 지불하게 된다. 결국 이 모든 가격규제는 쓸모없는 것으로 판명되었다."고 말했다.

2016년 말까지 베네수엘라에서는 식량과 의약품과 같은 생필품의 부족과 급증하는 범죄로 인한 이웃 나라로의 대규모 탈출이 벌어지고 있다. 한 여성은 "나는 아무것도 가지고 가지 않는다. 하지만 나는 그래야만 한다. 그렇지 않으면 우리는 여기서 그냥 굶어 죽을 것이다."고 말했다.

>> 이해돕기 4-2

해답은 책 뒤에

1. 미들타운대학 경기장 근처의 자택소유자들은 스포츠 경기 관람객들에게 11달러를 받고 그들의 주차공간을 임대해 주곤 했었다. 그런데 새롭게 마을 조례가 제정되면서 이와 같은 주차 요금을 최대 7달러까지만 받도록 규제하였다. 공급과 수요 도표를 이용하여 다음과 같은 상황들이 어떻게 가격상한 개념과 대응되는지 설명하라.

   a. 어떤 사택소유자들은 방문한 스포츠 팬들에게 주차공간을 임대해 주기 위해 애쓸 가치가 없다고 생각한다.

   b. 과거 주차요금 때문에 카풀을 하던 스포츠 팬들은 이제 각자 차를 몰고 온다.

   c. 어떤 방문객들은 주차공간을 찾지 못해 경기를 보지도 못하고 돌아간다.

   다음 각각의 상황이 어떻게 가격상한제로부터 비롯된 것인지 설명하라.

   d. 어떤 팬들은 주차공간을 확보하기 위해 경기가 시작하기

>> **복습**

- **가격규제**는 법적으로 최고가격제인 **가격상한제**나 법적으로 최소가격제인 **가격하한제**의 방식으로 이루어진다.

- 균형가격 이하인 가격상한제는 성공한 판매자에게는 도움이 되지만 지속적인 부족분 같은 예측할 수 있는 부작용을 야기한다. 비효율성에는 **자중손실, 소비자에 대한 비효율적 배분, 낭비된 자원, 비효율적으로 낮은 품질** 등 네 가지 유형이 있다.

- 자중손실은 정책이나 행동이 거래량을 효율적인 시장균형 수준 아래로 떨어뜨릴 때마다 발생하는 총잉여의 손실이다.

- 가격상한제는 판매자와 구매자가 가격규제를 회피하도록 만들어서 **암시장**을 형성시킨다.

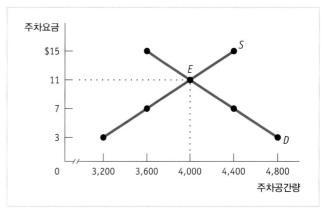

(그래프: 주차요금 대 주차공간량. 수요곡선 D와 공급곡선 S가 균형점 E에서 만남. 공급곡선은 (3,200, $3), (3,600, 7), (4,000, 11, E), (4,400, $15, S)를 지나고, 수요곡선은 (3,600, 7), (4,000, 11, E), (4,400, 7), (4,800, 3, D)를 지남. 가격축: $15, 11, 7, 3. 수량축: 0, 3,200, 3,600, 4,000, 4,400, 4,800)

몇 시간 전에 도착한다.

e. 경기장 근처의 자택소유자의 지인들은 스포츠 경기의 대단한 팬이 아님에도 불구하고 정기적으로 경기를 관람한다. 반대로 대단한 팬들 중에는 주차 문제 때문에 경기에 오지 못하는 경우도 있다.

f. 어떤 자택소유자들은 7달러 이상의 주차요금을 받고 주차공간을 임대해 주지만 겉으로는 친구나 가족에게 무료로 임대해 주는 것처럼 가장한다.

2. 다음 각각에 대하여 참, 거짓을 판별하고 설명하라. 다음 항목은 효율적인 시장의 균형가격보다 가격이 낮은 가격상한제하에서 나타나는 결과를 의미한다.

a. 공급량이 증가한다.

b. 재화를 소비하고자 하는 사람들의 후생이 악화된다.

c. 모든 생산자의 후생이 악화된다.

3. 다음 중 어떤 것이 자중손실을 일으키는가? 또한 어떤 것이 한 사람에게서 다른 사람으로의 잉여 이전을 가져오는가? 설명하라.

a. 당신은 애완 보아뱀을 키우던 사실을 집주인에게 들키는 바람에 집세규제가 되고 있는 아파트에서 쫓겨났다. 아파트는 같은 가격에 다른 사람에게 바로 임대되었다. 당신과 새로운 세입자가 아파트에 대해 같은 지불할 용의를 가지고 있다는 보장은 없다.

b. 시합에서 이겨서 당신은 재즈 콘서트 티켓을 하나 받았다. 그러나 당신은 시험 때문에 콘서트에 갈 수 없고, 시합 규정 때문에 티켓을 팔거나 다른 사람에게 줄 수 없다. 만약 당신이 티켓을 팔 수는 없지만 다른 사람에게 줄 수는 있다면 이 문제의 답은 어떻게 바뀌겠는가?

c. 저지방 식단을 선호하는 당신 학교의 교장 선생님이 더 이상 학교 내에서 아이스크림을 팔지 못하도록 금지시켰다.

d. 당신의 아이스크림이 땅에 떨어졌고, 개가 그것을 주워 먹었다. (당신의 개를 사회의 구성원으로 생각하라. 그리고 개 또한 아이스크림에 대해 당신과 동일한 지불할 용의를 가지고 있다고 생각하라.)

|| 가격하한제

때때로 정부는 시장가격을 내리는 것이 아니라 올리기 위해 시장에 개입한다. 가격하한제는 농부들의 소득을 지원해 주기 위한 방법의 하나로 밀과 우유 같은 농산물 부문에 폭넓게 시행되어 왔다. 역사적으로 트럭 화물 운송이나 항공 여객과 같은 서비스업에서도 가격하한제가 시행되었는데, 이는 1970년대부터 미국에서 단계적으로 사라졌다.

패스트푸드 음식점에서 일해 본 경험이 있다면 가격하한제의 적용을 받았을 수도 있다. 미국과 다른 여러 나라에서는 근로자의 시간당 임금에 대해 가격하한제를 유지하고 있다. 즉 노동의 가격에 대한 가격하한제라고 말할 수 있는데 이를 **최저임금**(minimum wage)이라고 한다.

가격상한제와 마찬가지로 가격하한제는 어떤 사람들을 도와주고자 의도된 것이지만, 바람직하지 않은 부작용을 예상할 수 있다. 〈그림 4-10〉은 버터에 대한 가상적인 수요와 공급곡선을 나타낸다. 원래 상태에서 시장은 1,000만 파운드의 버터가 파운드당 1달러의 가격에 거래되는 균형점 *E*로 움직인다.

그러나 정부가 낙농업자들을 지원하기 위해 1파운드당 1.2달러의 가격을 매기는 가격하한제를 시행했다고 가정해 보자. 그것의 효과는 〈그림 4-11〉에 나와 있는데, 1.2달러에서 그어진 선이 바로 가격하한선이다. 파운드당 1.2달러의 가격에서 생산자는 1,200만 파운드의 버터를 공급

최저임금(minimum wage)은 시장노동의 가격인 임금에 대한 법적 하한이다.

그림 4-10 정부규제가 없을 때의 버터 시장

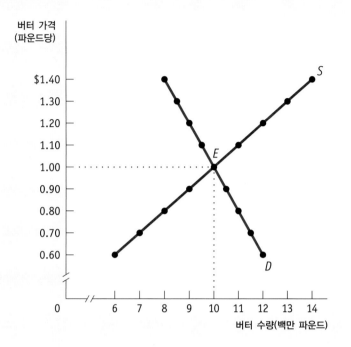

버터 가격 (파운드당)	버터 수량(백만 파운드)	
	수요량	공급량
$1.40	8.0	14.0
1.30	8.5	13.0
1.20	9.0	12.0
1.10	9.5	11.0
1.00	10.0	10.0
0.90	10.5	9.0
0.80	11.0	8.0
0.70	11.5	7.0
0.60	12.0	6.0

정부규제가 없을 때 버터 시장은 파운드당 1달러라는 가격과 1,000만 파운드의 수량에서 균형을 달성한다.

하려고 하겠지만(공급곡선의 *B*점), 소비자는 단지 900만 파운드만 사고자 할 것이다(수요곡선의 *A*점). 따라서 300만 파운드의 버터가 초과공급 상태에 놓이게 된다.

그림 4-11 가격하한의 효과

검은색 수평선은 정부에 의해 부과된 1파운드당 1.2달러인 가격하한을 나타낸다. 300만 파운드에 달하는 버터의 지속적인 초과공급을 발생시키면서 공급량은 1,200만 파운드까지 증가한 반면 수요량은 900만 파운드까지 감소한다.

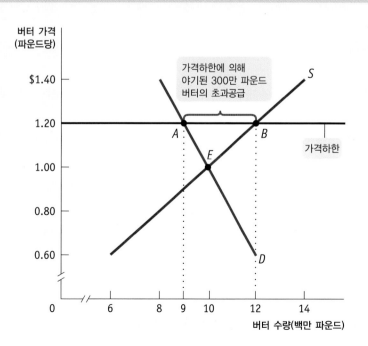

가격하한제는 항상 초과공급을 초래하는가? 항상 그런 것은 아니다. 가격상한제의 경우와 마찬가지로 가격하한제에서도 하한가격이 균형가격 0.8달러처럼 1달러보다 낮게 책정되는 경우 시장에 아무런 영향을 미치지 않는다.

가격하한이 효과가 있는 경우를 생각해 보자. 원하지 않는 공급(초과공급)에 대해서 어떤 일이 발생할까? 그 답은 정부정책에 따라 달라진다. 농작물에 대해 가격하한제를 시행할 때, 정부는 초과공급된 농작물을 사들인다. 따라서 미국 정부는 때때로 정부 창고에 수천 톤의 버터, 치즈 등의 농작물을 쌓아 놓기도 한다.[유럽 대부분 국가들의 가격하한제를 관리하는 유럽연합집행위원회(European Commission)는 한때 자신들이 오스트리아 전체 인구의 체중을 합한 것과 같은 무게의 버터로 만들어진 산의 주인이라는 사실을 발견했었다.] 정부는 이러한 잉여 재화를 처리할 수 있는 방법을 생각해야 할 것이다.

어떤 나라들은 수출업자에게 이러한 물건들을 해외에 더 싼 가격에 팔도록 장려한다. 이는 유럽연합이 취하는 표준적인 절차이다. 미국은 과잉생산된 식료품을 필요로 하는 시민과 학교 급식에 무상 분배하여 처분하려고 하였다. 어떤 경우 정부는 실제로 과잉생산된 물건들을 폐기하였다.

정부가 과잉생산물을 구매할 준비가 되어 있지 않다면, 가격하한은 판매자가 구매자를 찾을 수 없게 만든다. 이것이 바로 최저임금제를 시행할 때 일어나는 일이다. 최저임금이 균형임금보다 높게 책정될 때 일을 하고 싶어 하는 사람들—말하자면 노동력을 파는 사람들—은 구매자, 즉 그들에게 일자리를 줄 수 있는 고용주를 찾을 수 없게 된다.

가격하한제가 비효율적인 이유

가격하한제로 인해 발생하는 지속적인 과잉 문제는 비효율성이라는 잃어버린 기회를 초래한다. 이는 가격상한제로 인해 발생하는 부족 문제와 유사하다. 가격상한제와 비슷하게, 가격하한제는 최소 네 가지의 경로로 비효율을 유발한다.

1. 가격하한제는 효율적인 수준 이하로 거래를 일어나게 하며 자중손실을 초래한다.
2. 가격하한제는 판매자들 사이에서 판매가 비효율적으로 일어나게 된다.
3. 가격하한제는 자원의 낭비로 이어진다.
4. 가격하한제는 공급자로 하여금 지나치게 높은 품질의 재화를 생산하도록 한다.

비효율성에 더하여 가격상한제와 유사하게 가격하한제는 법정가격 이하로 판매하는 등 법을 위반하는 행위를 부추긴다.

비효율적으로 낮은 거래량 가격하한제는 가격을 상승시키기 때문에 상품 수요량을 줄인다. 판매자는 소비자가 원하는 수량 이상으로 팔 수 없기 때문에 가격하한제는 거래량을 시장균형 거래량 이하로 줄이고 자중손실을 일으킨다. 이것은 가격상한제와 **동일한 효과**임을 주목하라. 당신은 아마도 가격하한제와 가격상한제가 서로 반대의 효과를 가져올 것이라고 생각할지 모른다. 하지만 둘은 거래량을 줄이는 동일한 효과를 가지고 있다(다음 페이지의 '함정' 참조).

시장균형은 소비자잉여와 생산자잉여의 합을 극대화시키기 때문에 거래량을 균형보다 적게 만드는 가격하한제는 총잉여를 감소시킨다. 〈그림 4-12〉는 버터 가격의 하한이 총잉여에 주는 영향을 나타내고 있다. 총잉여는 공급곡선과 수요곡선 사이의 영역이다.

버터 거래량을 줄임으로써 가격하한은 색칠된 삼각형 영역만큼의 자중손실을 일으킨다. 그러나 가격상한의 경우와 마찬가지로 자중손실은 가격규제가 일으키는 여러 비효율 중 하나에 불과하다.

그림 4-12 비효율적으로 낮은 거래량을 만드는 가격하한제

가격하한제는 수요량을 시장균형 거래량 이
하로 줄이며, 이는 자중손실을 일으킨다.

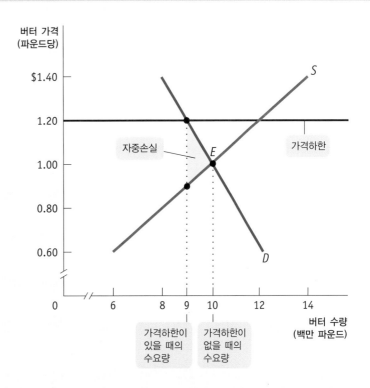

판매자들 간 비효율적 판매 배분　가격하한제는 **판매자들 간 비효율적 판매 배분**(inefficient
allocation of sales among sellers)을 낳을 수 있다. 가장 낮은 가격으로 판매하고자 하는 판매자들
은 판매를 할 수 없으며 더 높은 가격으로 판매하려는 판매자에게만 판매가 이루어진다.

　가격하한제에 의한 판매 기회의 비효율적 배분에 대한 실례에는 1980년대 이후의 많은 유럽
국가들의 노동시장의 상황을 들 수 있다. 이 국가들에서는 최저임금이 높기 때문에 최저임금 이
상을 지불하는 공식 노동시장에서 좋은 직업을 갖고 있는 운 좋은 사람들과 좋은 일자리를 찾을
수 있는 아무런 전망이 없는 나머지 사람들로 구성된 2계층 노동 체제가 생겨났다.

　노동시장에서 실업자이거나 불완전 고용 상태에 놓여 있는 운 없는 사람들은 18세에서 30대
초반까지 불균형적으로 젊은 층에 몰려 있다. 공식 노동시장에서 좋은 일자리를 원해서 최저임
금보다 낮은 금액을 받아들일 의사가 있음에도 불구하고, 즉 낮은 가격으로 노동을 기꺼이 팔고
자 할지라도 고용주가 최저임금보다 적은 금액을 지불하는 것은 불법이다.

　실업과 불완전고용의 문제가 유발하는 비효율성은 젊은 세대가 적절한 직업 훈련을 받지 못

> 가격하한제는 **판매자들 간 비효율적
> 판매 배분**(inefficient allocation of
> sales among sellers)을 낳는다. 가장
> 낮은 가격으로 판매하고자 하는 판매자
> 들은 판매를 할 수 없으며 더 높은 가
> 격으로 판매하려는 판매자에게만 판매
> 가 이루어진다.

함정

가격상한과 하한, 그리고 거래량

가격상한제는 가격을 내려가게 만들고, 가격하한제는 가격을 올라가게 만든
다. 따라서 가격하한제의 효과가 가격상한제의 효과와 반대로 나타날 것이
라고 생각하기 쉽다. 그렇다면 만약 가격상한제가 사고팔리는 상품의 양을
줄인다면, 가격하한제는 그 양을 늘릴 것인가?

　그렇지 않다. 사실 가격상한제와 가격하한제 모두 사고파는 상품의 양을
줄인다. 왜 그럴까? 상품의 공급량과 수요량이 같지 않을 때 판매량은 더 적

은 부분에 의해 결정된다. 만약 판매자가 구매자가 원하는 만큼 판매하려 하
지 않으면, 실제 판매량을 결정하는 것은 판매자가 된다. 왜냐하면 구매자는
팔기를 원하지 않는 판매자가 억지로 물건을 팔도록 할 수 없기 때문이다.
반대로 만약 구매자가 판매자가 원하는 만큼 구매하려 하지 않으면, 실제 판
매량을 결정하는 것은 구매자가 된다. 왜냐하면 판매자는 사기를 원하지 않
는 구매자가 억지로 물건을 사도록 할 수 없기 때문이다.

가격하한제는 종종 **비효율적으로 높은 품질**(inefficiently high quality)의 재화가 제공된다는 점에서 비효율성을 야기한다. 구매자들은 더 낮은 가격에 더 낮은 품질을 선호하지만, 판매자들은 더 높은 가격에 더 높은 품질의 재화를 제공한다.

하고, 경력을 개발하지 못하고, 미래를 대비할 수 없는 것들과 혼합되어 있다. 이 젊은 사람들은 또한 범죄에 개입할 가능성도 더 크다. 그리고 이러한 나라들에서는 가장 똑똑한 젊은이들이 이민을 떠났는데, 이는 향후 경제 활력을 영구적으로 떨어뜨릴 수 있다. 사회적 손실은 유럽 국가들이 이러한 문제를 상당히 줄인 노동시장 개혁에 착수해야 했을 정도로 커졌다.

낭비된 자원 또한 가격상한제와 마찬가지로 가격하한은 낭비된 자원으로 인한 비효율성을 초래한다. 정부가 잉여 농산물을 가격하한제의 가격에 맞추어 모두 사들이는 경우를 생각해 볼 수 있다. 과잉생산물은 때때로 폐기되는데 이때 이들은 완전히 쓰레기처럼 처리된다. 다른 경우 저장된 생산물들은 정부 관료의 완곡한 표현처럼 '사용할 수 없는 상태'가 되어 버리는 것이다.

가격하한은 또한 시간과 노력의 낭비를 가져온다. 최저임금제를 생각해 보자. 가격하한 상황에서 일자리를 구하는 데 많은 시간을 사용하거나 오랫동안 줄을 서서 기다리는 근로자들은 가격상한 상황에서 아파트를 구하기 위해 고생하는 불행한 가족들과 똑같은 처지에 있는 것이다.

비효율적으로 높은 품질 가격상한제와 마찬가지로 가격하한제는 생산되는 재화의 품질 면에서 비효율을 초래한다.

우리는 가격상한이 시행될 때 공급자들이 지나치게 낮은 품질의 재화를 생산한다는 것을 보았다. 구매자들은 돈을 더 지불해서라도 질 좋은 물건을 사고 싶어 하지만, 판매자들은 가격상한으로 인해 그에 대한 보상을 받을 수 없기 때문에 판매하는 물건의 질을 개선하려는 노력을 기울이지 않는다. 이와 똑같은 논리가 가격하한제에서는 반대로 적용된다. 공급자들이 **비효율적으로 높은 품질**(inefficiently high quality)의 재화를 제공하려고 하는 것이다.

이것이 어떻다는 말인가? 질 높은 물건이 좋은 것 아닌가? 그렇다. 하지만 그럴 만한 가치가 있을 경우에만 그렇다. 공급자들이 매우 좋은 물건을 만들기 위해 많은 시간과 노력을 기울이지만, 소비자들은 높은 질을 선호하기보다는 오히려 질이 좀 낮더라도 더 싼 가격으로 물건을 살 수 있기를 원한다고 가정해 보자. 이러한 상황은 잃어버린 기회를 나타낸다. 구매자들이 다소 낮은 질의 물건을 낮은 가격으로 사는 것을 통해 판매자와 구매자 모두 상호 이익을 얻을 수 있는 거래가 가능해지기 때문이다.

대서양을 횡단하는 항공기의 요금이 국제조약에 의해 지나치게 높게 책정되어 있는 것은 과도하게 높은 품질의 비효율성을 보여 주는 좋은 예이다. 저가의 비행기 표로 고객을 두고 경쟁하는 것이 금지되어 항공사들은 대부분 먹지 않고 버려지는 사치스러운 기내식을 제공하는 등 비싼 서비스를 제공했다. 승객들이 진정으로 원하는 것은 좀 더 적은 기내식과 좀 더 싼 항공료라는 사실을 고려했을 때 이런 관습은 낭비였다.

1970년대 미국 항공사에 대한 규제 완화 이후, 미국 승객들은 기내식의 질과 양의 저하 등과 더불어 큰 폭의 항공료 인하를 경험하였다. 모든 이가 서비스에 대해서는 불만을 터뜨렸지만, 규제 완화 이후의 낮은 항공료 덕으로 미국 항공사를 이용하는 승객의 수는 1,300억 여객 마일 수준에서 2018년에는 약 1조 여객 마일로 증가했다.

불법 행위 마지막으로 가격상한과 마찬가지로 가격하한은 불법 행위에 대한 유인을 제공한다. 예를 들어 최저임금이 균형임금보다 훨씬 높은 국가에서 일자리를 간절하게 찾는 근로자들은 때때로 정부로부터 그들의 고용 사실을 감추려는 고용주를 위해 비정규직으로 일하는 것에 동의한다. 유럽에서 **불법노동**(black labor)이라고 불리는 이러한 고용 상황은 이탈리아와 스페인 같은 남부 유럽 국가들에서 흔히 발생하고 있다.

가격하한제의 존재 이유

요약하자면 가격하한제는 다음과 같은 다양한 부작용을 초래한다.

- 지속적인 재화의 과잉생산
- 비효율적으로 적은 거래량(자중손실), 공급자들 사이에서 발생하는 판매의 비효율적인 배분, 낭비된 자원, 그리고 비효율적으로 높은 품질의 문제 등 지속적인 과잉으로부터 야기되는 비효율성
- 불법 행위 가담에 대한 유혹, 특히 정부 관료에 대한 뇌물과 부패

그렇다면 이러한 부작용이 있음에도 불구하고 정부는 왜 가격하한제를 시행하는 것일까? 그 이유는 가격상한제를 시행하는 이유와 유사하다. 정부 관료는 관련 시장이 수요와 공급모형에 잘 들어맞지 않다고 여기거나, 더 빈번하게는 수요와 공급모형을 이해할 수 없기 때문에 종종 가격하한제의 결과에 대한 경고를 무시하곤 한다. 무엇보다도 가격상한제가 종종 몇몇의 영향력 있는 구매자들을 위해 시행되는 것처럼, 가격하한제는 힘 있는 판매자들 때문에 시행된다.

현실 경제의 >> 이해

무급 인턴의 확대와 축소

가격하한제의 가장 잘 알려진 예는 최저임금제도이다. 그러나 대부분의 경제학자들은 최저임금이 미국의 전반적인 고용시장에 미치는 영향이 거의 없다고 믿는다. 최저임금이 너무 낮기 때문이다. 1964년 미국의 최저임금은 블루칼라 노동자 평균임금의 53%였고, 2015년에는 약 35%까지 떨어졌다. 그러나 최저임금이 실제로 구속력을 발휘할 수 있는 미국 취업시장의 한 분야가 있는데 바로 인턴 시장이다.

2011년부터 무급 인턴들이 잇따라 제기한 임금 사기 소송 사건이 대중의 관심을 끌었다. 이러한 불만들의 공통점은 인턴이 잃어버린 휴대전화 추적과 같은 교육적 가치가 없는 '고된 일'에 업무를 배정받았다는 것이다. 다른 일부 무급 인턴 사원은 정규 직원급의 업무를 할당받았다고 불평하기도 했다. 그리고 2015년까지 이러한 소송들은 대부분 성공적이었다. 콩데나스트 출판(Condé Nast Publications)은 580만 달러에, 위성 라디오를 판매하는 시리우스 XM(Sirius Satellite XM Radio)은 130만 달러에, 미디어 기업인 바이어컴(Viacom)은 720만 달러에 합의를 보았

"우리는 무급 전일제 인턴십으로 전환될 수 있는
무급 기간제 인턴십 일자리를 제공합니다."

다. 2017년에는 패션 기업인 듀얼스타 엔터테인먼트(Dualstar Entertainment)를 소유한 올슨 자매가 무급 인턴들에게 14만 달러를 내놓아야 했다.

결과적으로 회사들은 그들의 인턴십 프로그램에 학점과 같은 교육적 요소가 있다는 걸 명확하게 보여 주지 않는 이상 인턴십 프로그램 자체를 완전히 폐지하거나 최저임금을 지급해야 한다.

일부에서는 무급 인턴십이 없어지는 것은 귀중한 교육을 제공했던 프로그램이 사라지는 것이라고 우려하고 있다. 그러나 어떤 변호사가 지적했듯 "법은 당신이 일할 때 최저임금 이상을 받아야 한다고 말한다."

>>복습
- 가장 친숙한 가격하한제는 **최저임금**이다. 가격하한제는 농산물에도 부과된다.
- 균형가격 이상인 가격하한제는 성공한 판매자에게는 이득이지만 지속적인 초과공급과 같은 예측할 수 있는 부작용을 일으킨다. 비효율성에는 비효율적으로 낮은 수량으로부터의 자중손실, **판매자들 간 비효율적 판매 배분**, 낭비된 자원, **비효율적으로 높은 품질** 등 네 가지 유형이 있다.
- 가격하한제는 고용 사실을 비밀로 하고 일하는 근로자의 경우처럼 정부 부패로 이어질 수 있는 불법 행위를 부추긴다.

>> 이해돕기 4-3
해답은 책 뒤에

1. 주 의회에서는 갤런당 P_F로 휘발유의 가격하한을 정했다. 다음 각각의 상황에 대하여 평가를 내리고, 다음의 그림을 사용하여 설명하라.
   a. 찬성자들은 그것이 주유소의 소득을 증가시킬 것이라고 주장한다. 한편 반대자들은 가격하한이 오히려 휘발유 수요를 줄여 주유소 수입에 타격을 줄 것이라고 주장한다.
   b. 찬성자들은 주유소가 보다 나은 서비스를 제공할 것이므로 소비자들의 후생이 더 나아질 것이라고 주장하는 데 반해 반대자들은 소비자가 더 낮은 가격에 휘발유를 구매하기 원하기 때문에 소비자 후생이 더 악화될 것이라고 주장한다.
   c. 찬성자들은 이 법이 그 밖에 어느 누구에게도 손해를 주지 않으면서 주유소에 도움이 될 것이라고

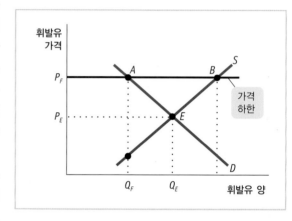

주장한다. 반면 반대자들은 소비자들이 후생에 타격을 입을 것이고 근처의 다른 주나 암시장에서 휘발유를 사게 될 것이라고 주장한다.

수량규제

1930년대 뉴욕 시는 택시면허 시스템을 정비하였다. '영업면허'를 가지고 있는 택시만이 거리에서 택시를 부르는 승객을 태울 수 있도록 허가된 것이다. 이 시스템은 서비스의 질을 보장하기 위해서 의도된 것이기 때문에 영업면허 소유자들은 안전과 청결을 포함하여 일정한 표준을 유지시킬 것으로 기대되었다. 총 1만 1,787건의 영업면허가 발급되었는데 택시 소유자들은 영업면허 하나에 10달러를 지불함으로써 얻을 수 있었다.

뉴욕은 세계의 금융 중심지가 되었고 매일 수십만의 사람들이 택시를 잡기 위해 서둘러야 함에도 불구하고, 1995년 뉴욕에는 여전히 단지 1만 1,787건의 영업면허만 있었다. 2015년까지 영업면허를 가진 택시의 수는 1만 3,635대까지만 늘어났다. 그리고 몇 년 전까지만 하더라도 뉴욕의 택시 영업면허 제한은 영업면허를 아주 가치 있는 것으로 만들었다. 만약 뉴욕에서 택시사업을 하고 싶다면 누군가로부터 영업면허를 빌리거나 사야만 한다.

하지만 택시 수의 규제는 규제를 우회하려는 노력을 유발하여 결국 우버나 리프트 같은 모바일 앱 기반의 자동차 서비스를 출현시켰다. 그들의 차는 택시와 같이 거리에서 부르는 방식이 아니고, 사실 거리에서 승객을 태우는 것도 금지되어 있다. 대신 승객들은 스마트폰으로 이동 경로를 지정하여 가능한 기사가 승객에게 오도록 한다. 물론 어디에나 존재하는 스마트폰도 이런 자동차 서비스의 출현에 기여했다.

2013년 이후로 우버와 리프트는 뉴욕과 다른 대부분의 주요 도시의 택시시장에 큰 영향을 미쳤다. 하지만 이런 영향에 대한 논의는 영업면허가 있는 택시만이 운행을 할 수 있을 때의 시장이 어떻게 작용하는지에 대해 배운 이후로 미루기로 한다.

택시 영업면허 시스템은 **수량규제**(quantity control) 또는 **수량할당**(quota)의 형태로 이루어져

있는데, 이는 정부가 거래가격이 아닌 사고팔리는 물건의 수량을 규제하는 것이다. 이는 가격상한제나 가격하한제와 같이 정부가 시장에 개입하는 또 다른 방법이다. 수량규제하에서 거래될 수 있는 물건의 총량을 **수량할당제한**(quota limit)이라고 부른다. 대개 정부는 **면허**(licenses)를 발급함으로써 시장에서 수량을 제한한다. 면허를 가진 사람들만 합법적으로 물건을 공급할 수 있도록 하는 것이다.

뉴욕 시는 영업면허를 가지고 있는 사람들에게만 택시사업을 할 수 있도록 제한함으로써 택시서비스의 양을 통제하였다. 더 일반적으로 수량규제 또는 수량할당은 거래될 수 있는 상품의 양의 상한을 설정한다. 예를 들어 수량할당은 멸종위기 어류 자원의 포획량을 제한하기 위해 빈번히 사용되었다. 이 경우에 수량할당은 멸종위기 어류 자원의 보호라는 좋은 경제학적 이유로 적용된 것이다.

하지만 어떤 수량할당은 나쁜 경제학적 이유, 대표적으로 수량할당 수혜자들을 부유하게 만들기 위해 적용된다. 예를 들면 안전하고 청결한 택시만 운행을 허용하겠다는 일시적인 문제에 수량규제가 적용되는 경우, 일단 문제가 해결된 이후라도 이를 제거하기 어렵게 된다. 수량할당의 수혜자들은 이로부터 이익을 얻고 정치적 압력을 가하기 때문이다.

수량규제(quantity control)나 **수량할당**(quota)은 사거나 팔 수 있는 어떤 재화에 대한 수량의 상한이다. 수량규제하에서 거래될 수 있는 물건의 총량을 **수량할당제한**(quota limit)이라고 부른다.

면허(licenses)는 소유자에게 물건을 공급할 수 있는 권리를 준다.

수량규제에 대한 자세한 분석

뉴욕의 택시 영업면허가 왜 그렇게 큰 가치가 있는 것인지 이해하기 위해서 〈그림 4-13〉에 있는 단순화된 택시사업 시장모형을 생각해 보자. 집세규제 분석 때 모든 아파트가 동일하다고 가정했던 것처럼, 이제 모든 택시서비스가 동일하다고 가정하자.

그림 안에 있는 표는 수요와 공급 계획을 보여 준다. 그림의 E점, 그리고 표의 강조된 부분으로 나타나 있는 균형은 택시서비스 1회당 5달러의 요금으로 1년에 1,000만 회의 서비스가 거래되는 것을 나타낸다.(왜 이러한 방법으로 균형을 표시하는지는 잠시 후면 알 수 있다.)

뉴욕 영업면허 시스템은 택시의 수를 제한하지만 택시기사 각각은 그들이 할 수 있는 한 많은

그림 4-13 정부규제가 없을 때의 택시 승차 시장

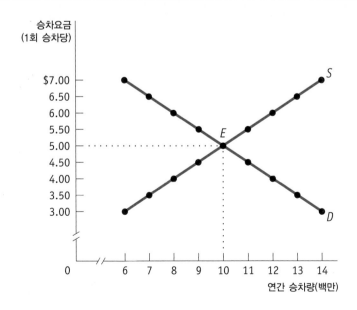

승차요금 (1회 승차당)	연간 승차량(백만)	
	수요량	공급량
$7.00	6	14
6.50	7	13
6.00	8	12
5.50	9	11
5.00	10	10
4.50	11	9
4.00	12	8
3.50	13	7
3.00	14	6

정부규제가 없을 때 시장은 1회 승차당 5달러의 요금에서 연간 1,000만 번 승차하는 시장 상황에서 균형을 달성한다.

주어진 수량의 **수요가격**(demand price)은 소비자가 그 수량을 수요하려는 가격이다.

주어진 수량의 **공급가격**(supply price)은 생산자가 그 수량을 공급하려는 가격이다.

택시서비스를 제공할 수 있다. 그러나 분석의 단순화를 위해서 영업면허 시스템이 택시서비스의 수를 제한하여 1년에 800만 회의 택시서비스만 합법적으로 운영될 수 있다고 가정하자.

지금까지 우리는 다음과 같은 질문에 대한 대답으로써 수요곡선을 도출하였다. "가격이 5달러일 때 승객은 얼마나 많은 택시서비스를 이용하고자 할 것인가?" 그러나 반대로 이렇게 묻는 것도 가능하다. "어떤 가격에서 소비자들은 1년에 1,000만 회의 택시서비스를 구입하기 원하는가?" 가격 5달러에 1,000만 회의 서비스를 사는 것처럼 소비자들이 주어진 수량을 사기 원하는 가격이 바로 그 수량에서의 **수요가격**(demand price)이 된다. 〈그림 4-13〉에 있는 수요표를 통해 택시서비스 600만 회의 수요가격은 7달러이고, 700만 회의 수요가격은 6.5달러라는 것을 알 수 있다.

마찬가지로 공급곡선은 다음과 같은 질문의 대답으로 표현된다. "5달러의 가격에 택시기사는 얼마나 많은 택시서비스를 제공하려고 할 것인가?" 그러나 이 질문을 바꿔서 이렇게 물어볼 수도 있다. "어떤 가격에서 공급자들이 1년에 1,000만 회의 택시서비스를 제공하려고 할 것인가?" 5달러에 1,000만 회의 서비스를 제공하는 것처럼 공급자들이 주어진 양을 공급하고자 하는 가격이 바로 그 양에 대한 **공급가격**(supply price)이 된다. 〈그림 4-13〉에 있는 공급표로부터 택시서비스 600만 회에 대한 공급가격은 3달러이고, 700만 회에 대한 공급가격은 3.5달러라는 것을 알 수 있다.

이제 수량할당을 분석할 준비가 되었다. 우리는 시정부가 1년 동안 택시서비스의 수를 800만 회로 제한하였다고 가정했다. 1년에 특정 수의 택시서비스를 제공할 수 있는 권리를 의미하는 영업면허는 택시서비스가 총 800만 회가 제공될 수 있도록 선택된 사람들에게만 주어진다. 영업면허 소유자들은 자신의 택시를 운전하거나 면허를 다른 사람들에게 돈을 받고 대여하기도 한다.

〈그림 4-14〉는 택시서비스 시장에서의 수량할당을 보여 준다(연간 800만 회의 승차량에서 그려진 검은색 수직선). 택시서비스의 수량이 800만에서 제한되어 있기 때문에 소비자들은 수요곡선 상 *A*점에 있을 것이다. 이는 수요표에서 강조된 부분으로 나타나 있다. 800만 택시서비스의 수요가격은 6달러이다. 반면에 택시기사들은 공급곡선 상의 *B*점에 위치해 있을 것이고 이는 공급표에서 강조된 부분으로 나타나 있다. 800만 서비스의 공급가격은 4달러이다.

그러나 택시를 타는 사람들이 지불하는 가격이 6달러인데 어떻게 택시기사가 받는 가격이 4달러가 될 수 있는가? 그 답은 택시서비스 시장 이외에 영업면허에 대한 시장도 존재한다는 것이다. 영업면허 소유자들이 항상 자신의 택시를 운전하고 싶어 하지는 않을 것이다. 아플 수도 있고 휴가를 다녀올 수도 있다. 택시운전을 원하지 않는 영업면허 소유자들은 다른 사람들에게 영업면허를 사용할 수 있는 권리를 팔 것이다.

따라서 우리는 여기서 두 가지 거래, 즉 2개의 가격에 대해 고려할 필요가 있다. (1) 택시서비스 시장에서의 거래와 이러한 거래가 일어나는 가격, 그리고 (2) 영업면허 시장에서의 거래와 이러한 거래가 일어나는 가격이 바로 그것이다. 우리가 2개의 시장을 고려하고 있기 때문에 4달러와 6달러의 가격 둘 다 맞는 것으로 판명되었다.

이 모든 것이 어떻게 작동하는지 보기 위해 알리와 진이라는 두 택시기사가 있다고 생각해 보자. 알리는 영업면허를 가지고 있지만 심하게 골절된 손목이 회복상태에 있기 때문에 영업면허를 사용할 수 없는 상태이다. 그래서 그는 다른 사람에게 그의 영업면허를 임대하려고 한다. 진은 영업면허가 없지만 대여받고 싶어 한다. 또한 언제든지 알리처럼 영업면허를 대여하려는 사람들뿐만 아니라 진처럼 영업면허를 대여받기 원하는 사람들이 다수 존재한다. 이제 알리는 진에게 자신의 영업면허를 대여해 주기로 하였다. 단순화를 위해 모든 기사는 하루에 오직 1회의 택시서비스만을 제공할 수 있고, 알리는 그의 영업면허를 진에게 하루만 대여해 준다고 가정하

그림 4-14 택시 승차 시장에서 수량할당의 효과

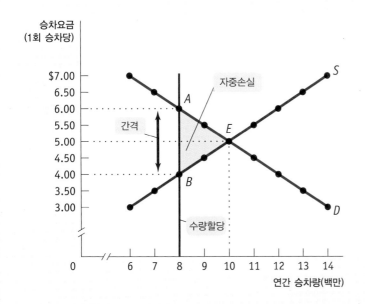

승차요금 (1회 승차당)	연간 승차량(백만)	
	수요량	공급량
$7.00	6	14
6.50	7	13
6.00	8	12
5.50	9	11
5.00	10	10
4.50	11	9
4.00	12	8
3.50	13	7
3.00	14	6

표는 각 수량에 대응되는 수요가격과 공급가격(수요되고 공급되는 수량에서의 각 가격)을 보여 준다. 시정부는 검은색 수직선으로 나타낸 것과 같이 오직 800만 건의 택시 운전면허를 판매함으로써 800만의 수량할당을 부과한다. 소비자가 지불하는 가격은 점 A에서 보이는 바와 같이 800만 회의 승차가격인 1회 승차당 6달러까지 상승한다. 800만 승차의 공급가격은 점 B에서 보이는 바와 같이 1회 승차당 오직 4달러이다. 이 두 가격 간의 차이가 면허 소유자로서 얻는 이익인 할당지대이다. 할당지대는 수요가격과 공급가격 간의 간격으로부터 나온다. 그리고 수량할당은 상호 이득이 될 수 있는 거래가 이뤄지지 못하게 함으로써 삼각형 크기의 자중손실을 발생시킨다.

자. 그들이 합의하는 임대료는 과연 얼마가 될 것인가?

이 질문에 대답하기 위해 우리는 거래를 양쪽 기사 모두의 관점에서 바라볼 필요가 있다. 일단 영업면허를 가지게 되면 진은 하루에 수량할당하에서의 택시서비스 수요가격인 6달러를 벌 수 있다는 사실을 안다. 그리고 그녀는 하루에 적어도 수량할당제하에서의 공급가격인 4달러를 벌 수 있을 때 영업면허를 대여받으려고 할 것이다. 따라서 알리는 6달러와 4달러의 차이인 2달러를 초과하는 임대료를 요구할 수 없다. 그리고 만약 진이 알리에게 2달러 이하의 금액만 임대료로 지불하려 한다면, 다른 열성 기사가 그에게 2달러까지 대여료를 내고 영업면허를 받으려고 할 것이다. 진이 영업면허를 얻고 싶다면 알리에게 적어도 2달러를 지불해야 한다. 대여료가 2달러 이상도 2달러 이하도 될 수 없으므로 그것은 정확히 2달러가 되어야 할 것이다.

2달러라는 임대료가 수량할당하에서의 수요가격인 6달러와 공급가격인 4달러의 차이와 정확하게 일치한다는 사실은 우연이 아니다. 공급이 합법적으로 제한되는 모든 경우에는 거래량의 수요가격과 공급가격 사이에 **간격**(wedge)이 존재한다.

〈그림 4-14〉의 양방향 화살표로 나타나 있는 이러한 두 직선 사이의 선분은 특별한 명칭을 가지고 있다. **할당지대**(quota rent)가 바로 그것이다. 이것은 가치 있는 상품의 소유권에 대한 면허 보유에 따르는 소득이라고 생각할 수 있다. 알리와 진의 예에서는 알리가 면허를 가지고 있기 때문에 2달러의 할당지대가 알리에게 돌아간다. 그리고 택시서비스의 가격인 6달러 중 나머지 4달러는 진에게 돌아갈 것이다.

〈그림 4-14〉는 또한 뉴욕 택시서비스 시장에서의 할당지대를 보여 준다. 수량할당은 1년에 800만 회로 택시서비스의 수를 제한한다. 이는 수요가격인 6달러가 공급가격인 4달러를 초과할 때의 수량이다. 이 두 가격의 선분의 길이인 2달러는 택시서비스 시장에서 시행되는 수량할당으

수량규제나 수량할당은 수요가격과 공급가격 사이에 **간격**(wedge)을 만든다. 즉 구매자가 지불한 가격은 판매자가 받는 가격보다 더 높게 형성된다. 수량할당제한에서 수요가격과 공급가격의 차이가 **할당지대**(quota rent)이다. 재화를 팔 수 있는 소유권에 의해 면허 보유자에게 귀속되는 이득으로, 면허가 거래될 때 면허에 대한 시장가격과 동일하다.

로 인한 할당지대라고 할 수 있다.

그러나 잠깐만 생각해 보자. 만약 알리가 그의 영업면허를 임대하지 않는다면 어떻게 될 것인가? 알리 자신이 그것을 사용한다면? 이는 그가 6달러를 얻을 수 없다는 것을 의미하는가? 그렇지 않다. 만일 알리가 그의 영업면허를 다른 사람에게 대여하지 않는다고 할지라도, 면허를 대여한 것과 같은 이익을 얻는다. 즉 영업면허가 2달러의 기회비용을 가지고 있다는 의미이다. 만일 알리가 영업면허를 진에게 대여하지 않고 자신의 택시를 운전하기로 결정했다면, 2달러는 영업면허를 다른 사람에게 대여하지 않았을 때 그의 기회비용을 나타낸다. 다시 말해 2달러의 할당지대는 이제 그가 자신의 택시를 운전함으로써 포기하는 임대소득이 된다.

실제로 알리는 택시 운전과 영업면허 대여사업 2개의 사업에 몸담고 있는 것이다. 그는 택시를 운전할 때마다 4달러의 요금을 얻고, 그의 영업면허를 대여해 주면 2달러를 얻는다. 이 특별한 경우에 그가 자신에게 영업면허를 대여한다고 생각하는 것은 하등의 차이점도 없다.

그러므로 영업면허 보유자가 그것을 자신이 사용하든, 아니면 다른 사람에게 대여하든지 간에 영업면허는 가치 있는 자산이 된다. 그리고 이는 뉴욕 시 택시 영업면허 시세에 반영되어 있다. 2013년에 영업면허는 100만 달러가 넘는 가격에도 꾸준히 팔렸다. 그 시절에는 영업면허를 대여해 주는 소유자는 한 달에 2,500달러를 벌거나, 다른 투자와 비교했을 때 상당히 매력적인 수치인 3%의 수익률을 올릴 수 있었다.

수량할당이 가격상한이나 가격하한과 마찬가지로 항상 실제적인 효과를 갖는 것은 아니라는 사실을 알아 둘 필요가 있다. 만약 수량할당이 원래 시장에서의 평균 거래량보다 많은 1,200만 회로 설정되었다면 그것은 시장에 아무런 영향도 미치지 못할 것이다.

수량규제의 비용

가격규제와 마찬가지로 수량규제는 몇 가지 바람직하지 않은 부작용을 수반한다. 첫 번째는 이제는 익숙해진 잃어버린 기회로 인한 비효율성의 문제이다. 수량규제는 구매자와 판매자 모두에게 상호 이익이 되는 거래가 발생하는 것을 막는다.

수량제한에 의해 800만 회로 제한이 되면 수요자와 공급자 모두 수량제한이 없는 경우에 비해 추가적 이익을 잃어버리게 된다. 예를 들어 〈그림 4-14〉에서 추가적인 100만 회의 서비스를 위해 뉴욕커들은 적어도 5.5달러를 지불할 용의가 있고, 택시기사들은 서비스 1회당 4.5달러를 받을 수 있는 한 택시서비스를 제공할 용의가 있음에도 이러한 기회를 잃어버리게 된다.

그다음 100만 회에 대해서도 마찬가지이다. 뉴요커들은 택시서비스의 수량이 900만 회에서 1,000만 회로 늘어난다면 적어도 5달러를 지불할 용의가 있고, 택시기사들은 5달러를 받을 수 있는 한 택시서비스를 제공하려고 할 것이다. 다시 한 번 이러한 택시서비스의 증가는 수량할당이 없었다면 일어날 수 있는 일이었다.

시장이 1,000만 회의 자유시장 균형거래량에 다다랐을 때만 '잃어버린 탑승 기회'가 존재하지 않게 된다. 800만 회의 수량제한이 200만 회의 '잃어버린 탑승 기회'를 야기한 것이다.

일반적으로 할당된 수량의 수요가격이 공급가격을 초과하는 한 거기에는 잃어버린 기회가 발생한다. 구매자는 판매자가 기꺼이 받고자 하는 가격으로 물건을 사길 원하지만 이러한 거래는 수량제한으로 인해 일어나지 않게 되는 것이다. 200만 회의 잃어버린 탑승 기회로부터 일어난 자중손실은 〈그림 4-14〉에 색칠된 삼각형으로 나타나 있다.

그리고 원하지만 허가되지 않은 거래의 존재로 인해 수량규제는 사람들에게 이를 회피할 유인을 제공한다. 우버와 리프트가 등장하기 전에는 상당한 수의 무면허 택시가 단순히 법을 무시하고 영업면허 없이 승객을 태웠다. 이런 규제되지 않은 무면허 택시들은 교통사고에서 큰 비중을 차지했다.

하지만 우버와 리프트는 영업면허가 없는 차량은 거리에서 바로 승객을 태우지 못한다는 규제를 합법적으로 우회한다. 2018년에 우버는 뉴욕에서 영업면허를 가진 택시의 수 1만 3,587대보다 훨씬 많은 6만 5,000대의 차량을 가지고 있었다.

명백히 뉴욕의 택시규제는 상당히 약화되었다. 사실 우버와 리프트의 진입으로 〈그림 4-14〉의 수량할당 선은 균형거래량에 가까운 오른쪽으로 옮겨갔다.

지난 몇 년간 택시 영업면허를 지닌 사람들의 할당지대가 줄어듦에 따라 영업면허의 가격 또한 상당히 떨어졌다. 요약하자면 수량규제는 대표적으로 다음과 같은 바람직하지 않은 부작용을 낳는다.

- 상호 이익을 가져다주는 거래가 발생하지 않음으로 인한 자중손실
- 불법적인 행위로의 유인

현실 경제의 >> 이해

알래스카의 게 조업, 수량할당제, 그리고 생명 구조

알래스카 킹크랩과 스노우크랩은 세계적 진미로 간주된다. 그리고 게 조업은 알래스카 경제에서 가장 중요한 산업 중 하나이다. 1983년 남획으로 인해 게 잡이가 90%나 감소했을 때 많은 사람들이 당연한 우려를 표했다. 이에 대해 해양생물학자들은 매년 게 **총어획량 할당제**를 시행하여 게 개체수가 건강하고 지속 가능한 수준으로 돌아갈 수 있도록 했다.

그런데 알래스카의 게 할당량은 이미 오래전 경제적 타당성을 잃은 뉴욕 택시 할당량과는 달리 광범위한 경제 및 환경적 고려에 의해 정당화된 할당량의 한 예이다. 또 다른 중요한 차이점은 뉴욕의 택시와 달리 알래스카 게 잡이 어선 소유자는 개별 할당량을 사거나 팔 수 없다는 점이다. 고갈된 게는 결국 총어획량 할당제로 회복되었지만 의도하지 않은 치명적인 또 다른 결과가 있었다.

알래스카 크랩 시즌은 대략 10월에서 1월 사이로 상당히 짧으며 악천후로 인해 더 짧아질 수 있다. 1990년대 알래스카 게 어부들은 '낚시 경기'에 참여했다. 크랩 시즌이 시작될 때 할당량 한도를 유지하기 위해 보트 선원들은 위험하고 얼음이 많은 거친 물에서 게를 잡으려 서둘렀고 며칠 만에 수십만 달러 가치의 수확을 위해 힘썼다. 결과적으로 배에 종종 과부하가 걸려 전복되기도 했고, 이는 알래스카의 게 조업을 평균 노동자의 80배에 이르는 사망률인 연간 평균 7.3명의 사망자가 발생하는 가장 위험한 직업 중 하나로 만들었다.

2006년 어업 감독 당국은 **할당량 공유**(quota share)라는 또 다른 수량할당제도를 제정하여 알래스카의 게뿐만 아니라 게 어부를 보호하기도 했다. 개별 할당량 공유제도하에서 각 어선은 3개월 동안 채우는 할당량을 받았다. 또한 개별 할당량은 판매하거나 임대할 수 있었다. 이러한 변화로 인해 대형 어선 소유자는 작은 어선의 개별 할당량을 구입하여 크랩 어선 수를 급격히 줄였다. 더 큰 어선은 전복 가능성이 훨씬 작아 선원의 안전을 개선할 수 있다.

또한 어획 시즌을 연장함으로써 할당량 공유 시스템은 게 개체수와 게 가격을 증가시켰으며 치어와 암컷 게를 잡지 않고 바다로 돌려보낼 수 있었다. 어획 시즌이 길어질수록 시장에 서서히 공급되므로 공급충격이 시장을 강타하더라도 가격 급락 효과를 제거할 수 있다. 알래스카 게

할당량 공유 시스템은 게 개체수를 보호하고 게 어부의 생명을 살렸다.

어부는 총어획량 할당제보다 할당량 공유 시스템에서 더 많은 돈을 벌었다.

>> 이해돕기 4-4
해답은 책 뒤에

1. 택시 탑승에 대한 공급과 수요가 〈그림 4-13〉과 같고, 할당량이 800만 대신에 600만 탑승으로 지정되어 있다고 하자. 다음 각각의 값을 제시하고 〈그림 4-13〉에 그것을 나타내라.
   a. 탑승 가격
   b. 할당지대
   c. 자중손실
   d. 택시 탑승에 대한 수량할당제한이 900만으로 증가했다고 가정하자. 할당지대에는 어떠한 변화가 있겠는가? 자중손실에는?
2. 수량할당제한이 800만 탑승으로 정해져 있다고 가정하자. 수요가 여행 감소에 따라 줄어들 때, 수량할당이 시장에 영향을 미치지 않기 위해서는 수요곡선이 최소한 왼쪽으로 얼마나 평행 이동해야 하는가? 〈그림 4-13〉을 이용하여 답하라.

문제 풀어보기 　　세계에서 두 번째로 비싼 도시

최근까지도 런던은 아파트 임대료가 세계에서 가장 비싼 곳 중 하나였다. 여러분이 전에 런던에 방문한 적이 있다면 자연과 개방성을 위해 도시 성장을 억제하는 '그린벨트'라는 도시 주변에 있는 구역을 한 번쯤 봤을 것이다. 토지사용제한법은 그린벨트처럼 토지에 주택가를 건설하는 것을 거의 불가능하게 만들었다. 토지사용제한이 없는 런던의 가상적인 아파트 시장을 가정하자.

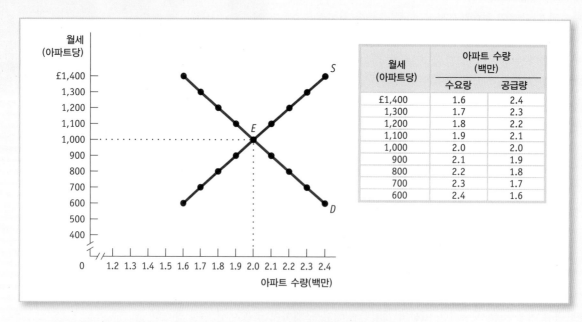

월세 (아파트당)	아파트 수량 (백만)	
	수요량	공급량
£1,400	1.6	2.4
1,300	1.7	2.3
1,200	1.8	2.2
1,100	1.9	2.1
1,000	2.0	2.0
900	2.1	1.9
800	2.2	1.8
700	2.3	1.7
600	2.4	1.6

위 그림은 〈그림 4-6〉과 똑같기 때문에 당신에게 익숙할 것이다. 단지 화폐가 미국 달러가 아니라 영국 파운드일 뿐이다. 이 글을 쓸 때 영국 파운드는 1.3달러 정도였다.

이제 그린벨트의 토지사용제한을 고려하여 보자. 170만 채 아파트 수량할당의 영향을 그림을 사용하여 보이라. 할당지대가 무엇이며 누가 가져가는지 논하라.

단계 | 1 **170만 채 아파트 수량할당의 영향을 그림을 사용하여 보이라.**

124~128쪽을 복습하라.

그림에서의 검은색 수직선은 170만 채 수량할당을 나타낸다. 아파트 수가 제한되어 있기 때문에 소비자는 수요곡선에서 A 점에 있을 것이다. 170만 채 아파트의 수요가격은 1,300파운드다. 그러나 공급가격은 B점의 700파운드다. 따라서 수량할당은 £1,300 − £700 = £600어치 차이를 만든다.

단계 | 2 **할당지대가 무엇이며 누가 가져가는지 논하라.**

124~128쪽을 복습하라.

뉴욕 택시 시장의 경우에는 영업면허 소유자가 할당지대를 가져간다. 런던의 그린벨트 구역의 경우에 할당지대는 수요가격과 공급가격의 차이인 600파운드다. 이 간격은 런던의 아파트 현재 소유자에게 간다. 토지사용제한법의 엄격한 적용 때문에 현재 아파트 소유자들은 큰 이득을 얻는다.

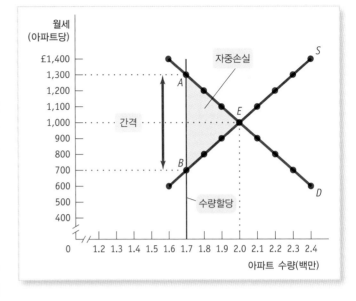

요약

1. 개별 소비자의 **지불할 용의**는 수요곡선을 결정한다. 가격이 지불할 용의보다 낮거나 같으면 잠재적 소비자는 재화를 구입한다. 가격과 지불할 용의의 차이는 소비자에게 순이익이 되고 이것을 **개별 소비자잉여**라고 한다. **총소비자잉여**는 시장에서 모든 개별 소비자잉여를 더한 값으로 수요곡선과 가격 사이에 있는 영역 넓이와 같다. **소비자잉여**는 개별 소비자잉여와 총소비자잉여를 모두 가리키는 용어이다.

2. 개별 잠재적 생산자의 **비용**은 생산자가 한 단위의 재화를 생산하려고 하는 최소한의 가격을 뜻하며, 이것은 공급곡선을 결정한다. 재화의 가격이 생산자의 비용보다 높으면 생산자에게 순이익을 가져다주며 이것을 **개별 생산자잉여**라고 한다. **총생산자잉여**는 시장에서 모든 개별 생산자잉여를 더한 값으로 가격과 공급곡선 사이에 있는 영역의 넓이와 같다. **생산자잉여**는 개별 생산자잉여와 총생산자잉여를 모두 가리키는 용어이다.

3. **총잉여**는 재화의 생산과 소비로 인하여 사회가 얻는 총이익을 지칭하며 이것은 소비자잉여와 생산자잉여의 합

이다.

4. 심지어 시장이 효율적이더라도 정부는 좀 더 공평성을 달성하기 위해, 또는 이익 집단을 달래기 위해 시장에 개입한다. 시장개입은 **가격규제**와 수량규제의 형태로 이루어질 수 있다. 그러나 이러한 조치들은 다양한 형태의 비효율성과 불법 행동과 같은 예측 가능하고 바람직하지 않은 부작용을 일으킨다.

5. 균형가격보다 낮은 최고 시장가격인 **가격상한제**는 소비에 성공한 사람들에게는 이익을 주지만, 지속적인 공급 부족의 문제를 일으킨다. 가격이 균형가격 아래에서 유지되기 때문에 균형거래량보다 수요량이 초과하고 공급량은 부족하게 된다. 이것은 **자중손실, 소비자에 대한 비효율적 배분, 낭비된 자원,** 그리고 **비효율적으로 낮은 품질**과 같은 형태의 비효율성과 같은 예상 가능한 문제로 이어지고 사람들이 재화를 얻기 위해 **암시장**으로 돌아서게 되는 등의 불법 행위를 부추긴다. 이러한 문제들로 인하여 가격상한제는 일반적으로 경제정책 도구로서의 이점은 없다. 그러나 어떤 국가들은 계속해서 가격상한제를 실시하기도 하는데

이는 그들이 이러한 효과를 제대로 이해하지 못하고 있거나 또는 가격상한제가 몇몇 영향력 있는 집단에게 이익을 안겨 주기 때문이다.

6. 균형가격보다 최저 시장가격을 높게 책정하는 **가격하한제**는 판매에 성공한 사람들에게 이익을 안겨 주지만, 지속적인 공급 과잉의 문제를 일으킨다. 가격이 균형가격 위에서 유지되기 때문에 균형거래량에 비해 수요량은 적고 공급량은 초과하게 된다. 이것은 예상 가능한 문제들로 이어져 **판매자 간 비효율적 판매 배분**, 낭비된 자원, 그리고 **비효율적으로 높은 품질**과 같은 비효율성의 문제를 일으키고, 또한 불법 행위와 암시장을 부추긴다. 가장 잘 알려진 종류의 가격하한은 **최저임금**이다. 그뿐만 아니라 가격하한제는 농산물 시장에도 흔히 적용된다.

7. **수량규제** 또는 **수량할당**은 팔거나 살 수 있는 재화의 양에 제한을 둔다. 판매가 허용되는 총량을 **수량할당제한**이라고 하는데 정부는 개개인에게 **면허**, 즉 재화의 주어진 양을 팔 수 있는 권리를 발급한다. 면허 소지자는 **할당지대**, 즉 재화를 파는 권리를 소유한 소유권으로부터 나오는 소득을 벌어들인다. 이는 수량할당제한하에서의 **수요가격**, 즉 소비자가 그 수요량에 대하여 기꺼이 지불할 의사가 있는 금액과 수량할당제한하에서의 **공급가격**, 즉 공급자가 그 공급량에 대하여 받아들일 의사가 있는 금액의 차이다. 경제학자들은 수량할당이 수요가격과 공급가격 사이의 **간격**을 가져온다고 말한다. 이 차이는 곧 할당지대와 동일하다. 수량규제는 불법 행위를 부추기는 것과 아울러 상호 이익이 되는 거래가 일어나지 않게 되는 비효율성의 문제를 일으킨다.

주요용어

지불할 용의	가격상한제	수량규제
개별 소비자잉여	가격하한제	수량할당
총소비자잉여	자중손실	수량할당제한
소비자잉여	소비자에 대한 비효율적 배분	면허
비용	낭비된 자원	수요가격
개별 생산자잉여	비효율적으로 낮은 품질	공급가격
총생산자잉여	암시장	간격
생산자잉여	최저임금	할당지대
총잉여	판매자들 간 비효율적 판매 배분	
가격규제	비효율적으로 높은 품질	

연습문제

1. 다음 각각의 상황에서 발생하는 소비자잉여를 구하라.
   a. 레옹은 옷가게에서 새로 나온 티셔츠를 구매하는 데 10달러를 지불할 용의가 있다. 그는 자신의 마음에 드는 10달러의 재화를 선택하였다. 계산대에서 그가 선택한 티셔츠가 반값에 할인된 가격에 판매되고 있다는 것을 알게 되었다.
   b. 알베르토는 최대 30달러에 중고 너바나 히트집을 구매하기 위하여 음반가게에 갔다. 실제로 상점에서 30달러에 판매되고 있었다.
   c. 축구 연습 후에 스테이시는 생수를 마시기 위해서 2달러를 지불할 용의가 있었다. 세븐일레븐은 생수를 병당 2.25달러에 판매하고 있다.

2. 다음 각각의 상황에서 발생하는 생산자잉여를 구하라.
   a. 고든은 리오넬 전기 기차를 이베이에서 경매에 부쳤다. 그는 받아야겠다고 생각하는 금액을 최소 75달러로 정했다. 5일 후 최고 경매가격은 정확히 75달러였다.
   b. 소희는 학생신문 중고차 코너에 그녀의 차를 2,000달러에 내놓았다. 그녀는 최소한 1,500달러를 받고 싶어 한다. 그러나 그녀가 받은 최고의 제안은 1,200달러다.
   c. 샌제이는 자신의 직업을 너무 좋아해서 대가를 받지 않

고 일할 의사가 있다. 그러나 그의 연봉은 8만 달러다.

3. 당신은 펀 월드라는 조그마한 놀이공원을 운영하고 있다. 다음의 그래프는 펀 월드를 방문하는 일반적인 소비자의 수요곡선을 보여 준다.

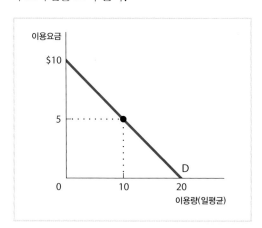

a. 놀이기구를 한 번 이용하는 데 드는 가격이 5달러라고 가정하자. 그 가격에서 개개의 소비자는 얼마나 많은 소비자잉여를 얻게 되는가?(삼각형의 넓이는 1/2×밑변×높이이다.)

b. 펀 월드는 가격을 5달러로 유지하면서 입장료를 받으려고 한다. 최대한으로 받을 수 있는 입장료는 얼마인가?(모든 잠재적 소비자가 입장료를 지불할 충분한 돈을 가지고 있다고 가정하라.)

c. 펀 월드는 놀이기구 이용료를 영으로 낮추었다. 개개의 소비자가 얻는 소비자잉여는 얼마인가? 펀 월드가 받을 수 있는 최대한의 입장료는 얼마인가?

4. 다음 그래프는 택시기사의 개별 공급곡선을 나타낸다.(모든 택시가 동일한 거리를 간다고 가정하자.)

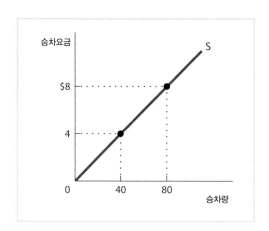

a. 시 당국이 택시 승차요금을 4달러로 책정했고, 이 가격에서 택시기사는 그가 원하는 만큼 택시 승차를 판매할 수 있다고 가정하자. 택시기사의 생산자잉여는 얼마인가?(삼각형의 넓이는 1/2×밑변×높이이다.)

b. 시 당국은 택시 승차요금을 4달러로 책정함과 동시에 택시기사들에게 면허료를 부과하기로 결정하였다. 시 당국이 택시기사들에게 부과할 수 있는 최대 면허료는 얼마인가?

c. 시 당국이 택시 승차요금을 8달러로 올리는 것을 승인하고, 이 가격에서 택시기사는 그가 팔고자 하는 승차량을 제공한다고 가정하자. 택시기사들 개개인의 생산자잉여는 어떻게 되는가? 시 당국이 면허료로 택시기사들에게서 징수할 수 있는 최대 금액은 얼마인가?

5. 유권자의 환심을 사기 위해서 고담 시장은 택시 승차요금을 낮추기로 결정한다. 단순하게 모든 택시 승차는 거리가 같아 비용이 동일하다고 가정한다. 다음 표는 택시 승차에 대한 수요와 공급표를 보여 준다.

승차요금 (1회 승차당)	연간 승차량(백만)	
	수요량	공급량
$7.00	10	12
6.50	11	11
6.00	12	10
5.50	13	9
5.00	14	8
4.50	15	7

a. 도시에 공급될 수 있는 택시 승차 횟수에 제한이 없다고 가정한다(즉 택시 영업면허증 제도가 없다). 균형가격과 균형량을 찾으라.

b. 시장이 5.5달러로 가격상한을 두었다고 한다. 승차 부족분은 얼마인가? 그래프로 설명하라. 이 정책으로 누가 이득을 얻고 누가 손해를 입었는가?

c. 주식시장이 붕괴되어 고담 시 사람들이 더 가난해졌다고 한다. 이로 인해 주어진 각 가격에서 승차 수요량이 연간 600만만큼 감소한다. 시장의 새로운 정책이 이제 어떤 영향을 미칠 것인가? 그래프로 설명하라.

d. 주식시장이 회복되어 택시 승차 수요가 원래대로 되었다고 한다(즉 수요표가 앞에 주어진 표로 되었다). 이제 시장은 택시기사들의 환심을 얻고자 기존의 택시기사들에게 영업면허증을 주는 정책을 발표한다. 면허증 발급수량은 탑승량이 연간 1,000만이 될 수 있도록 제한된다. 이 정책이 시장에 미치는 영향을 그래프로 설명하고 이에 따라 형성되는 가격과 거래량을 표시하라. 탑승 할당지대는 얼마인가?

6. 18세기 후반에 뉴욕 시의 빵 가격이 제한되어 제한가격이 시장가격보다 높게 형성되었다.

   a. 정책이 미치는 영향을 보여 주는 그래프를 그리라. 정책은 가격상한제 아니면 가격하한제로 작용했는가?

   b. 시장가격 이상으로 빵 가격이 통제될 때 어떤 비효율성이 나타났을지 자세히 설명하라.

   이 기간 어느 해에는 밀 수확이 좋지 않아 빵 공급곡선이 왼쪽으로 이동해 시장가격이 상승했다. 뉴욕의 제빵사들은 제한가격이 시장가격보다 낮은 것을 알았다.

   c. 이 1년 동안 빵 시장의 가격제한이 미치는 영향을 보여 주는 그래프를 그리라. 정책은 가격상한제 아니면 가격하한제로 작용했는가?

   d. 이 기간 동안 어떤 비효율성이 나타났을지 자세히 설명하라.

7. 유럽 정부는 미국 정부보다도 가격규제를 빈번하게 쓰는 경향이 있다. 예를 들면 프랑스 정부는 고등학교 졸업과 비슷한 자격인 르 바(le bac)를 마친 신규 노동자의 연간 최소 초봉을 정해 두고 있다. 르 바를 가진 신규 노동자에 대한 수요표와 유사한 자격증을 가진 새로운 취업자에 대한 공급표가 다음 표와 같다. 여기서 가격은 프랑스에서 통용되는 화폐인 유로가 주어졌을 때의 연봉과 동일하다.

임금(연간)	수요량 (연간 새로운 일자리)	공급량 (연간 새로운 구직자)
€45,000	200,000	325,000
40,000	220,000	320,000
35,000	250,000	310,000
30,000	290,000	290,000
25,000	370,000	200,000

   a. 정부 개입이 없을 때 매년 고용되는 졸업자의 균형고용자 수와 균형임금은 무엇인가? 그래프로 설명하라. 균형임금수준에서 취업을 원하지만 할 수 없는 사람이 있겠는가? 즉 비자발적인 실업상태인 사람이 있는가?

   b. 프랑스 정부는 최소 연봉을 3만 5,000유로로 정했다고 한다. 이 임금수준에서 비자발적인 실업이 존재하는가? 만약 그렇다면 얼마나 되는가? 그래프로 설명하라. 만약 최소 연봉이 4만 유로라면 어떻게 되겠는가? 그래프로 설명하라.

   c. b의 답과 표의 정보가 주어질 때 비자발적 실업과 최소 임금수준 사이에 어떤 관계가 있겠는가? 그런 정책이 시행되면 누가 이득을 얻고 누가 손해를 보는가? 여기

에서 잃어버린 기회는 무엇인가?

8. 북대서양 연안에는 한때 어류가 풍부했다. 지금은 상업적인 선단에 의한 과도한 어획으로 물고기가 심각하게 고갈되었다. 1991년에 미국 상무부 어업해양국에서는 물고기 수가 회복되도록 수량할당제한을 실시했다. 2016년에 수량할당제한은 미국에서 어업이 허가된 선박에 의해 잡히는 황새치의 양을 연간 700만 파운드로 한정하는 방식이었다. 미국 어업 선박이 수량할당제한을 따르자 이후에 황새치의 어획이 줄어들었다. 다음 표는 연간 미국에서 잡히는 황새치에 대한 가상적인 수요 및 공급표이다.

황새치 가격 (파운드당)	황새치 연간 어획량(백만 파운드)	
	수요량	공급량
$20	6	15
18	7	13
16	8	11
14	9	9
12	10	7

   a. 1991년에 수량할당제한이 황새치 시장에 미친 영향을 그래프를 이용해서 보이라. 그래프에 비효율적으로 낮은 수량으로부터의 자중손실을 그리라.

   b. 이 정책에 대응해서 어부들은 물고기 잡는 방식을 어떻게 바꿨겠는가?

9. 메인 주에서 바닷가재를 상업적으로 잡으려면 면허를 발급받아야 한다. 메인 주는 연안에서 발견되는 바닷가재의 공급량이 감소하는 것을 걱정한다. 주정부의 해양국은 메인 수역에서 잡을 수 있는 바닷가재를 매년 8만 파운드로 제한하기로 결정했다. 또한 올해는 작년에 면허를 갖고 있는 어부들에게만 면허를 주기로 결정했다. 그림은 메인 바닷가재에 대한 수요와 공급곡선을 보여 준다.

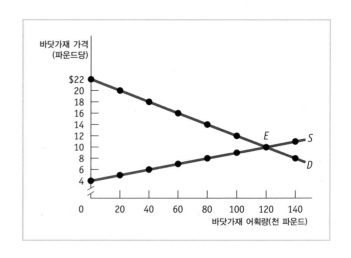

a. 정부의 제한이 없을 때 균형가격과 균형량은 무엇인가?

b. 소비자가 바닷가재 8만 파운드를 구매하려는 수요가격은 얼마인가?

c. 공급자가 바닷가재 8만 파운드를 판매하려는 공급가격은 얼마인가?

d. 8만 파운드로 팔릴 때 바닷가재의 파운드당 할당지대는 얼마인가?

e. 수량할당제한에 의해 금지되었지만 판매자와 구매자 모두에게 이득이 되는 거래에 대해 설명하라.

10. 베네수엘라 정부는 볶은 커피콩의 소매가격에 가격상한을 설정하였다. 다음 그림은 커피콩 시장을 나타낸다. 가격규제가 없을 때, 균형은 E점에서 나타나며 이때의 균형가격은 P_E, 균형거래량은 Q_E다.

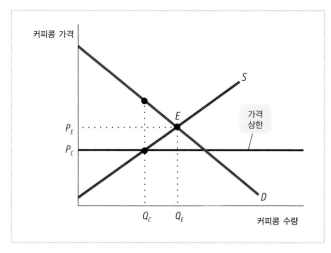

a. 가격상한 이전 소비자잉여와 생산자잉여를 구하라. 가격상한이 도입된 이후, 가격은 P_C, 거래량은 Q_C로 떨어졌다.

b. 가격상한 도입 이후 소비자잉여를 보이라.(지불할 용의가 높은 순서대로 구매한다고 가정한다. 즉 소비자 사이에 비효율적인 배분은 없다는 뜻이다.)

c. 가격상한 도입 이후 생산자잉여를 보이라.(생산비용이 낮은 순서대로 판매한다고 가정한다. 즉 생산자 사이에 비효율적인 배분은 없다는 뜻이다.)

d. 그림을 이용하여 가격상한 도입 이후 생산자잉여의 어느 정도가 소비자잉여로 이전되는지 보이라.

e. 그림을 이용하여 가격상한 도입 이후 총잉여가 얼마나 감소하는지 보이라. 즉 자중손실은 어느 정도인가?

11. 2014년에 미국 하원은 유제품 생산자들을 위한 수익 보호 프로그램을 설립하는 새로운 농업법에 동의했다. 이 프로

그램은 사료비와 우유 가격의 차이가 파운드당 0.08달러 아래로 떨어질 때 낙농가를 지원한다. 현재 사료비는 파운드당 0.10달러이며 이는 우유의 가격하한이 파운드당 0.18달러로 설정됨을 의미한다. 2015년에 이 가격 수준에서 생산되는 우유의 양은 2,400억 파운드였고 수요량은 1,400억 파운드였다. 가격하한을 유지하기 위해 미국 농무부는 1,000억 파운드의 우유 잉여분을 구입해야 한다. 그림은 우유 시장의 수요곡선과 공급곡선을 보여 준다.

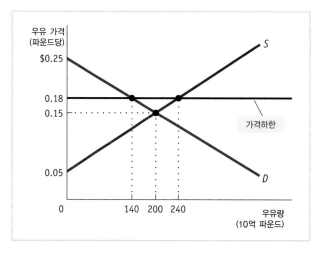

a. 가격하한이 없을 때 소비자잉여는 얼마인가? 생산자잉여는? 총잉여는? (소비자잉여와 생산자잉여의 합)

b. 가격하한이 파운드당 0.18달러에 있을 때 소비자는 1,400억 파운드의 우유를 구매한다. 소비자잉여는 얼마인가?

c. 가격하한이 파운드당 0.18달러에 있을 때 생산자는 2,400억 파운드의 우유를 판매한다(일부는 소비자에게, 일부는 농무부에 판매하는 것이다). 생산자잉여는 얼마인가?

d. 우유 잉여분을 구입하는 데 미국 농무부는 얼마의 비용을 지불해야 하는가?

e. 잉여분 구입에 필요한 지출은 세금으로 조달되어야 한다. 그 결과 총잉여는 농무부가 구매한 만큼 줄어든다. b에서 d까지 당신의 답안을 이용하면, 가격하한이 있을 때 총잉여는 얼마나 되는가? a에서 가격하한이 없을 때와 비교하면 어떠한가?

12. 다음 표는 연간 우유에 대한 수요와 공급표를 보여 준다. 미국 정부는 낙농업자들이 살아남기 위해 특정한 수준의 소득을 유지해 주기로 결정하였다. 이러한 이유로 정부는 가격하한을 파인트당 1달러로 설정하였고, 그 가격에 도달할 수 있도록 잉여분을 사들였다.

우유 가격 (파인트당)	우유량(연간 백만 파인트)	
	수요량	공급량
$1.20	550	850
1.10	600	800
1.00	650	750
0.90	700	700
0.80	750	650

a. 표를 이용해서 비효율적으로 낮은 거래량으로 인해 발생하는 자중손실을 보이라.

b. 이 정책으로 인해 발생하는 우유의 잉여분이 얼마나 되는가?

c. 이 정책으로 인해 정부가 지불해야 할 비용은 얼마나 되는가?

d. 우유는 단백질과 칼슘이 풍부하기 때문에 정부는 구매한 우유를 초등학교에 파인트당 0.6달러에 공급하기로 결정하였다. 학교는 모든 물량을 소화할 수 있다고 가정하자. 하지만 자녀들이 학교에서 우유를 먹는 바람에 부모들이 모든 가격대에서 5,000만 파인트씩 덜 사게 되었다. 그렇다면 이러한 정책으로 인해 정부가 지불해야 할 비용은 얼마나 되는가?

e. 이 정책으로 인해 발생하는 비효율을 판매자에 대한 비효율적인 배분과 낭비된 자원의 측면에서 논하라.

13. 지난 80년 동안 미국 정부는 미국 농가에 소득을 보조해주는 가격지원정책을 사용해 왔다. 정부는 가격하한제를 시행할 때는 농가의 잉여생산물을 사 주는 방식이었다. 목표가격을 사용할 때는 정부가 목표가격과 시장가격의 차이만큼을 농가에 주는 방식이었다. 다음 그림에 묘사된 옥수수 시장에 대해 생각해 보자.

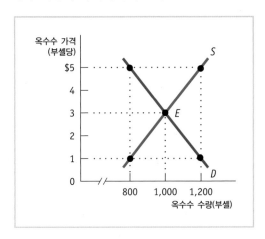

a. 정부가 부셸당 5달러로 가격하한제를 실시한다면 옥수수는 얼마나 생산되겠는가? 소비자는 얼마나 사는가?

정부는 얼마나 사는가? 이 프로그램에 정부는 비용을 얼마나 지불하는가? 옥수수 농부는 수입을 얼마나 얻는가?

b. 정부가 1,000부셸이 공급될 때까지는 부셸당 5달러를 목표가격으로 정했다고 한다. 소비자는 어떤 가격에 얼마만큼의 옥수수를 사는가? 정부는 어떤 가격에 얼마나 사는가? 이 프로그램에 정부는 비용을 얼마만큼 지불하는가? 옥수수 농부는 수입을 얼마나 얻는가?

c. a와 b의 프로그램 중에서 어느 프로그램에 옥수수 소비자가 비용을 더 지불하는지, 어느 프로그램에 정부가 비용을 더 지불하는지 설명하라.

d. 이 중 다른 것에 비해 덜 효율적인 정책이 있는가? 설명하라.

14. 많은 유럽 국가들에서 높은 최저임금은 높은 수준의 실업과 낮은 고용 및 2계층의 노동 체제를 야기했다. 공식 노동시장에서 근로자들은 최저임금 이상을 지불하는 좋은 직업을 가지고 있다. 비공식 노동시장 또는 노동 암시장에서 근로자는 낮은 임금을 받고 최저임금보다 낮은 임금을 받는다.

a. 수평축을 노동시간, 수직축을 시장임금으로 하여 전체 노동시장에 대한 최저임금 부과의 효과를 보여 주는 수요곡선과 공급곡선을 그리라. 공급곡선은 임금에 따라 근로자가 제공한 노동시간을 나타내야 하며, 수요곡선은 임금에 따라 고용주가 필요로 하는 노동시간을 나타낸다. 도표에 최저임금 부과로 인한 자중손실을 표시하라. 수요 또는 공급, 어떤 종류의 부족이 생성되는가? 도표에 부족량을 표시하라.

b. 높은 최저임금의 부과는 경제의 위축을 초래하여 공식 노동시장에서 고용주가 노동에 대한 수요와 생산량을 삭감한다고 가정하자. 이 효과가 노동시장 전체에 미치는 영향을 설명하라. 자중손실의 크기는 어떻게 되는가? 부족한 수요 또는 공급의 양은 어떠한가? 도표로 설명하라.

c. 적어도 최저임금 이상의 임금을 지급받을 수 없는 근로자가 최저임금이 없는 비공식 노동시장으로 이동한다고 가정한다. 경제 수축의 결과로 비공식 노동시장 규모는 어떻게 될 것인가? 비공식 노동시장에서 균형임금은 어떻게 되는가? 비공식 시장에 대한 공급 및 수요 도표로 설명하라.

15. 다음 그림은 1975년부터 1985년까지 물가를 조정한 미국의 평균 항공료에 대한 미국 노동통계국의 자료다. (시간이 지남에 따라 대체로 오르고 있다.) 1978년에 통과된 항

공 규제 철폐 법안(Airline Deregulation Act)은 항공료에 설정되어 있던 가격하한을 폐지하였고, 새로운 항로를 여는 데 큰 유연성을 주었다.

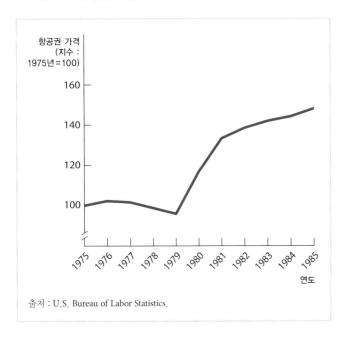

출처 : U.S. Bureau of Labor Statistics.

a. 그림에 있는 항공료 자료를 보면 1978년 이전에 적용되던 가격하한제는 실효가 있었던 것일까? 즉 가격하한이 균형가격의 위아래 중 어디에 있었겠는가? 수요 및 공급곡선 그림을 그리고, 1978년 이전에 가격하한이 어디에 있었을지를 균형가격과 관련해서 나타내 보라.

b. 대부분의 경제학자들은 마일당 평균 항공료는 법안 시행 이후에 실제로 하락했다는 사실에 동의한다. 보고 있는 그림과 관련해 이러한 주장을 어떻게 이해할 수 있을까?

16. 뉴욕의 집세규제가 폐지되기로 결정되어 임대시장이 활성화된다고 가정하자. 모든 임대 가구는 동질적이고 이에 따라 임대료 또한 동일하다고 하자. 임대료를 낼 수 없는 거주자들의 어려움을 해결하기 위해 집세규제가 적용되던 때의 임대료와 시장 임대료의 차이와 동일한 금액의 소득 보조금이 모든 저소득층 가정에 지급될 예정이다.

a. 도표를 이용하여 집세규제의 철폐가 임대시장에 미친 영향을 보이라. 공급되는 임대주택의 수량과 질은 어떻게 될 것인가?

b. 다른 도표를 그려 소득 보조금 정책이 시장에 미칠 추가적인 영향을 보이라. a의 답과 비교할 때 시장 임대료와 임대주택의 공급량에는 어떤 영향이 있는가?

c. 이러한 정책들의 결과로 세입자들의 후생은 더 나아지는가 혹은 더 나빠지는가? 집주인들의 후생은 어떠한가? 사회 전체의 후생은 어떠한가?

d. 왜 도시들이 저소득층 가정의 주거를 위한 소득 보조금 정책을 시행하는 대신 집세규제에 의존하려 했다고 생각하는가?

5 | 탄력성과 조세

 ## 바가지 씌우기

정말로 위급한 상황이라면 가장 가까운 응급실까지 구급차를 타고 가는 것에 대해 고민할 필요가 없다. 하지만 위급한 상황이 아니라면 어떨까? 수영하다 수영장 벽에 부딪혀 이가 3개나 부러져 누가 구급차를 불렀는지조차도 알지 못하는 키라 밀라스의 사례를 들어 보자. 그녀는 15분 동안 구급차를 타고 지역 병원에 갔다. 일주일 후, 그녀는 1,772.42달러의 청구서를 받고 깜짝 놀랐다. 그녀는 "단지 9마일을 운전했고 그것은 생명을 위협하지 않는 부상이었다. 응급 치료는 절대로 필요하지 않았다."라고 말했다.

키라의 경험은 결코 예외적인 것이 아니다. 구급차는 주변에 있던 사람이나 911 차량 배차원에 의해 요청되지만 정작 청구서를 받는 것은 환자이다. 의심할 여지 없이 의학적인 응급 상황에서 환자는 구급차를 이용할 수 있을 때 행운을 느낀다. 그러나 키라와 같은 상황에도 많은 환자들은 구급차가 도착하면 타야만 할 것

같은 의무감을 느낀다. 그리고 키라처럼 그들은 입원비용에 대해 알지 못한다. 그리고 많은 사람들이 구급차 서비스비용의 일부 또는 전부를 충당할 건강보험을 가지고 있지만, 환자는 궁극적으로 나머지 비용을 지불할 책임이 있다.

140억 달러의 비용으로 추정되는 4,000만 건의 구급차 운행이 해마다 지역 소방서와 같은 비영리단체 및 미국의 영리단체에 의해 제공된다. 최근 몇 년 동안 영리를 목적으로 하는 회사는 수익 창출의 기회를 감지하여 운영을 크게 확대했으며 종종 비영리단체로부터 인계받았다. 그리고 대규모 투자자들은 구급차 서비스가 상당한 이익을 창출할 것이라는 데 베팅하고 있다. 2개의 구급차 회사가 최근 투자자들에 의해 매입되었는데, 하나는 30억 달러이고, 다른 하나는 4억 3,800만 달러였다. 비슷한 현상이 구급항공기 시장에도 나타나고 있다. 높은 이윤은 폭발적인 성장을 불러왔고, 환자들은 육로였다면 더 짧고 안전했을 이송의 대가로 몇만 달러나 되는 청구서를 받는다.

구급차 승차 요금은 수백 달러에서 수만 달러에 이르기까지 전국적으로 다양하다. 비용은 구급차 팀의 기술 수준에서 이동한 거리까지, 또는 친구 또는 친척의 동승(수백 달러의 비용이 추가됨) 등 환자의 의학적 필요 이외의 여러 가지 사항에 달려 있다.

구급차 서비스 비용의 극단적인 변화를 설명하는 요인은 무엇인가? 구급차가 실제로 필요한지 여부에 관계없이 이러한 서비스는 수천 달러를 청구할 수 있나? 환자가 다리가 부러졌을 때 심폐소생 기능을 갖춘 구급차 비용을 청구할 수 있을까? 이 질문에 대한 해답은 가격 비반응성에서 찾을 수 있다. 많은 소비자들, 특히 진정한 응급 상황이 발생한 사람들은 구급차의 가격에 반응하지 않는다. 구급차 운전자는 상당수의 환자가 탑승하기 전 "응급실로 가는 데 드는 비용은 얼마입니까?"라고 묻지 않을 것이라고 판단

한다. 즉 구급차 승차 가격의 대폭적인 인상은 수요를 상대적으로 거의 변하지 않게 만든다.

매우 다른 시나리오를 생각해 보자. 특정 브랜드의 아침 시리얼의 제조사가 원래 가격의 10배를 부과하기로 결정했다고 가정하자. 소비자가 훨씬 더 높은 가격을 기꺼이 지불하는 것은 불가능하지는 않더라도, 매우 어려울 것이다. 즉 아침 시리얼 소비자는 구급차를 타는 소비자보다 가격에 훨씬 더 잘 반응한다.

어떻게 반응성을 정의할 수 있을까? 경제학자들은 **수요의 가격탄력성**이라고 불리는 특정 값으로 가격에 대한 소비자들의 반응을 측정한다. 이 장에서는 수요의 가격탄력성을 계산하는 방법과 수요량이 가격 변화에 어떻게 반응하는지에 대한 가장 좋은 방법인 이유에 대해 논의할 것이다. 수요의 가격탄력성은 **수요의 소득탄력성**, **수요의 교차가격탄력성** 및 **공급의 가격탄력성**을 비롯한 관련 탄력성 개념들과 공통점을 가진 개념이라는 것을 살펴볼 것이다.

그리고 공급과 수요 탄력성이 조세의 비용과 이득에 어떤 영향을 미치는지를 다루면서 마칠 것이다. ●

병원까지 구급차를 이용하는 수요는 가격에 상대적으로 덜 반응한다.

이 장에서 배울 내용

- 탄력성이 가격이나 소득의 변화에 대한 반응 정도를 측정하기 위해 사용되는 이유

- 탄력성의 종류와 의미

- 가격이나 정부 수수료를 정하기 전에 관련 있는 탄력성의 크기를 알아내는 것이 중요한 이유

- 세금이 수요와 공급에 영향을 미치는 방법

- 수요와 공급의 탄력성이 조세의 비용과 이득에 영향을 미치는 방법

∥ 탄력성의 정의와 측정방법

투자자가 구급차 사업에서 상당한 이익을 얻을 수 있는지의 여부를 알기 위해서는 구급차 승차 수요의 가격탄력성을 알아야 한다. 이 정보를 통해 투자자는 구급차 가격의 현저한 상승으로 인해 매출이 증가하는지 여부를 정확하게 예측할 수 있다.

수요의 가격탄력성 계산하기

〈그림 5-1〉은 구급차를 타는 가상의 수요곡선을 보여 준다. 승차당 200달러의 가격으로, 소비자는 연간 1,000만 번 이용한다(A점). 1회 승차에 210달러의 가격으로, 소비자는 연간 990만 번 이용한다(B점).

〈그림 5-1〉은 가격 변화에 따라 수요량이 어떻게 변화하고 있는지를 나타내고 있다. 그런데 이러한 가격 변화에 대한 반응을 어떻게 측정할 수 있을까? 그것은 수요의 가격탄력성을 계산하는 것으로 가능하다.

수요의 가격탄력성(price elasticity of demand)은 수요곡선 상에서 수요량의 변화 비율과 가격의 변화 비율(백분율)을 비교해서 계산해 낼 수 있다. 이 값은 수요곡선을 따라 움직이면서 계속해서 변한다. 이 장의 마지막 부분에서도 언급하겠지만, 경제학자들이 이처럼 탄력성을 계산하는 데 백분율을 사용하는 이유는 측정 단위(말하자면 1마일 구급차 이동 대 10마일 구급차 이동)에 따라 탄력성의 값이 영향을 받아 달라지는 일을 막기 위해서이다. 이를 더 자세히 살펴보기에 앞서 탄력성을 계산하는 방법에 대해 살펴보자.

가격탄력성을 계산하기 위해서는 먼저 수요곡선을 따라 변해 가는 가격 변화의 백분율과 그에 따른 수요량 변화의 백분율을 계산해야 한다. 이는 다음과 같이 나타낼 수 있다.

> **수요의 가격탄력성**(price elasticity of demand)은 수요곡선 상에서 수요량 변화의 비율과 가격 변화의 비율(백분율)을 비교해서 계산해 낼 수 있다.

$$(5\text{-}1) \quad \text{수요량 변화의 백분율} = \frac{\text{수요량의 변화}}{\text{기존 수요량}} \times 100$$

그리고

그림 5-1 구급차 승차 수요

승차당 200달러의 가격으로, 소비자는 연간 1,000만 번 이용한다(A점). 1회 승차에 210달러의 가격으로, 소비자는 연간 990만 번 이용한다(B점).

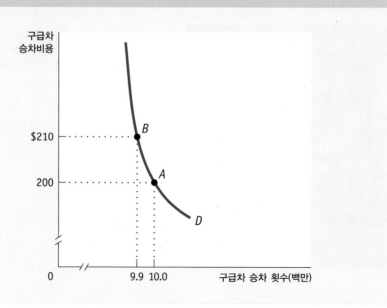

$$(5-2) \qquad \text{가격 변화의 백분율} = \frac{\text{가격의 변화}}{\text{기존 가격}} \times 100$$

〈그림 5-1〉에서 가격이 200달러에서 210달러로 상승하면 수요량이 1,000만에서 990만으로 떨어지면서 수요에 변화가 생김을 알 수 있다. 수요량의 변화율은 다음과 같다.

$$\text{수요량 변화의 백분율} = \frac{-10\text{만 번의 승차}}{1,000\text{만 번의 승차}} \times 100 = -1\%$$

초기 가격은 200달러이고 가격의 변화는 10달러이므로 가격 변동률은 아래와 같다.

$$\text{가격 변화의 백분율} = \frac{\$10}{\$200} \times 100 = 5\%$$

수요의 가격탄력성을 계산하는 방법은 수요량 변화의 백분율과 가격 변화의 백분율의 비율을 구하는 것이다.

$$(5-3) \qquad \text{수요의 가격탄력성} = \frac{\text{수요량 변화의 백분율}}{\text{가격 변화의 백분율}}$$

따라서 〈그림 5-1〉에서 나타나는 수요의 가격탄력성은 다음과 같다.

$$\text{수요의 가격탄력성} = \frac{1\%}{5\%} = 0.2$$

수요의 가격탄력성인 마지막 방정식을 계산할 때 수요량의 변화율 계산에 나타난 마이너스 기호가 삭제되었음을 알 수 있다. 왜 그렇게 한 것일까? **수요의 법칙**에 의하면 수요곡선은 우하향하는 모습을 하고 있다. 따라서 가격과 수요량은 항상 반대 방향으로 움직인다. 만약 가격 상승(가격 변화가 양의 값)이 있다면 수요량은 줄어들 것이고, 가격 하락(가격 변화가 음의 값)이 있다면 수요량은 늘어날 것이다. 이는 수요의 가격탄력성이 음의 값임을 의미한다.

그러나 음의 부호를 계속해서 사용하는 것은 매우 성가신 일이다. 따라서 경제학자들이 수요의 가격탄력성을 이야기할 때는 보통 음의 부호를 생략한 **절댓값**을 사용한다. 예를 들어 위의 경우에 "수요의 가격탄력성이 0.2이다."라고 하더라도 이 값에 음의 부호가 이미 포함된 것으로 이해해야 한다. 따라서 우리도 이러한 관습을 따라 수요의 가격탄력성을 이야기할 때는 음의 부호를 생략하도록 하겠다.

수요의 가격탄력성이 클수록 가격 변화에 반응하는 수요량의 변화가 더 크다. 수요의 가격탄력성이 클 때(가격 변화의 비율에 비해 수요량 변화의 비율이 큰 폭으로 변할 때) 경제학자들은 수요가 탄력적이라고 말한다.

이후에 간략히 살펴보겠지만 위에서 계산한 가격탄력성이 0.2라는 것은 가격 변화에 대해 수요량이 적게 변화한 것이다. 이것은 가격이 상승할 때 수요량이 상대적으로 적은 양만큼 감소한다는 것이고 경제학자들은 이를 **비탄력적인 수요**라고 말한다. 그리고 이와 같은 비탄력적인 수요야말로 구급차 탑승의 가격 상승을 통해 수입을 증가시키기 위해서 필요로 했던 것이었다.

중간값 계산법(midpoint method)은 백분율 변화를 계산하는 방법이다. 이 방법은 처음값과 마지막값의 평균, 또는 중간값과 변수의 변화를 비교하여 계산한다.

탄력성의 중간값 계산법

수요의 가격탄력성은 가격 변화의 백분율과 수요량 변화의 백분율을 비교하여 구하게 된다. 우리는 다른 탄력성에 대해 간략히 논의할 때 백분율을 사용하는 것이 중요한 이유를 살펴볼 것이다. 그러나 그것에 앞서 변수 변화량의 백분율을 구하기 위한 기술적인 문제들에 대해 살펴보도록 하자.

이 문제를 이해하는 가장 좋은 방법은 실제 예를 통해 살펴보는 것이다. 여러 다른 나라들의 휘발유 가격과 소비를 비교하여 휘발유 수요의 가격탄력성을 추정한다고 생각해 보자. 높은 세금으로 인해서 유럽에서의 휘발유 가격은 종종 미국 가격의 세 배 정도가 된다. 그러면 미국과 유럽에서의 휘발유 가격 차이의 백분율은 어떻게 될까?

그것은 측정 방법에 따라 달라진다. 유럽의 휘발유 가격은 미국 휘발유 가격의 세 배이므로 200% 정도가 더 높다. 한편 미국의 휘발유 가격은 유럽 가격의 3분의 1이므로 66.7%가 더 낮다.

이렇게 여러 가지로 표현하는 것은 성가신 일이므로 측정 방법에 따라 달라지지 않는 가격 변화의 백분율을 계산하도록 한다. 가격이 오르고 내림에 따라 탄력성을 여러 번 계산하는 것을 피하기 위한 한 가지 방법으로 중간값 계산법을 사용할 수 있다.

중간값 계산법(midpoint method)은 한 변수 X에서의 백분율을 정의하는 통상적인 방법을 대신하게 된다.

$$(5\text{-}4) \quad X \text{ 변화량의 백분율} = \frac{X\text{의 변화량}}{X\text{의 평균값}} \times 100$$

X의 평균값은 다음과 같이 정의된다.

$$X\text{의 평균값} = \frac{X\text{의 초깃값} + X\text{의 마지막값}}{2}$$

이 중간값 계산법을 사용하여 수요의 가격탄력성을 계산할 때 가격과 수요의 변화량의 백분율은 위와 같은 평균값을 사용하여 계산될 수 있다. 이러한 방법이 실제로 어떻게 사용될 수 있는지를 살펴보기 위해 어떤 재화에 대해 다음과 같은 정보를 가지고 있다고 가정해 보자.

	가격	수요량
상황 A	$0.90	1,100
상황 B	$1.10	900

상황이 A에서 B로 바뀔 때, 수요량 변화의 백분율을 얻기 위해서는 수요량의 변화된 값 200을 두 경우에 수요량의 평균값과 비교해야 한다.

$$\text{수요량 변화의 백분율} = \frac{-200}{(1{,}100 + 900)/2} \times 100 = \frac{-200}{1{,}000} \times 100 = -20\%$$

같은 방법으로 우리는 가격 변화의 백분율을 다음과 같이 계산할 수 있다.

$$\text{가격 변화의 백분율} = \frac{\$0.20}{(\$0.90 + \$1.10)/2} \times 100 = \frac{\$0.20}{\$1.00} \times 100 = 20\%$$

따라서 이 경우에 수요의 가격탄력성을 다음과 같이 계산하게 된다.

$$수요의\ 가격탄력성 = \frac{수요량\ 변화의\ 백분율}{가격\ 변화의\ 백분율} = \frac{20\%}{20\%} = 1$$

중요한 점은 A에서 B로 변화할 때나, B에서 A로 변화할 때의 가격탄력성은 모두 1로 같은 값을 갖는다는 것이다.

가격탄력성을 구하기 위한 좀 더 보편적인 식을 얻기 위해서 수요곡선 상의 두 점을 알고 있다고 가정해 보자. 첫 번째 점에서의 수요량과 가격을 (Q_1, P_1), 두 번째 점에서의 수요량과 가격을 (Q_2, P_2)라 하자. 그러면 수요의 가격탄력성을 계산하기 위한 식은 다음과 같다.

(5-5) $$수요의\ 가격탄력성 = \frac{\dfrac{Q_2 - Q_1}{(Q_1 + Q_2)/2}}{\dfrac{P_2 - P_1}{(P_1 + P_2)/2}}$$

앞에서 살펴본 것처럼 중간값 계산법으로 수요의 가격탄력성을 구할 때도 보통 음의 부호를 생략하고 절댓값만을 사용한다.

현실 경제의 >> 이해

탄력성의 추정

아마도 실제 현실의 데이터로 수요의 가격탄력성을 계산하는 일이 쉬운 일이라 생각할 수도 있을 것이다. 즉 앞서 말한 것처럼 가격 변화의 백분율과 수요량 변화의 백분율을 비교하는 것으로 가격탄력성을 간단히 얻으리라 여길지도 모른다. 그러나 불행히도 그렇게 간단한 경우는 흔치 않다. 왜냐하면 가격 변화가 수요량 변화에 영향을 미치는 유일한 요인이 아니기 때문이다. 소득의 변화, 기호의 변화, 다른 재화 가격의 변화 같은 다른 요인의 변화 또한 주어진 가격하에서의 수요량을 변화시키며 수요곡선을 이동시킨다.

따라서 수요의 가격탄력성을 계산하기 위해서 경제학자들은 신중하게 통계분석을 사용하여 반드시 다른 조건들은 동일하게 유지한 후에 다양한 요소가 미칠 수 있는 각각의 영향을 분리해서 살펴보아야 한다.

경제학자들은 많은 재화와 서비스에 대한 수요의 가격탄력성을 추정해 왔다. 〈표 5-1〉은 이들 중 일부를 요약하고 넓은 범위의 가격탄력성을 보여 준다. 휘발유와 같이 가격의 변화에 수요가 거의 반응하지 않는 제품도 있다. 여가를 위한 항공여행이나 코카콜라, 펩시 등은 수요량이 가격에 매우 민감하다.

〈표 5-1〉에서 재화들이 탄력적인 재화와 비탄력적인 재화의 두 부분으로 나뉘어 있는 것에 주목하라. 다음 절에서는 이러한 구분의 의미에 대해서 살펴볼 것이다.

표 5-1   몇몇 재화에 대한 수요의 가격탄력성 추정치

재화	수요의 가격탄력성
비탄력적 수요	
휘발유(단기)	0.09
휘발유(장기)	0.24
대학(주 내 학생 학비)	0.60~0.75
항공여행(업무)	0.80
탄산음료	0.80
탄력적 수요	
주거	1.2
대학(주 외 거주)	1.2
항공여행(여가)	1.5
코카콜라/펩시	3.3

>> 복습
- **수요의 가격탄력성**은 수요곡선 상에서 수요량 변화의 백분율을 가격 변화의 백분율로 나눈 값과 같다.
- 백분율 변화는 **중간값 계산법**을 사용하여 가장 잘 측정될 수 있으며, 각 변수의 백분율 변화는 초깃값과 마지막값의 평균을 사용하여 계산한다.

>> 이해돕기 5-1

해답은 책 뒤에

1. 딸기의 가격이 한 상자에 1.5달러에서 1달러로 떨어지고 수요량은 10만 상자에서 20만 상자로 증가하였다. 중간값 계산법을 이용하여 수요의 가격탄력성을 구하라.

2. 현재 영화표 1장의 가격이 5달러이고 수요량은 4,000장이며, 이때 수요의 가격탄력성은 1이다. 중간값 계산법을 이용하여 5,000장의 영화표를 팔기 위해서는 가격을 몇 퍼센트나 줄여야 하는지 계산하라.

3. 현재 아이스크림 샌드위치 하나의 가격은 0.5달러이고 수요량은 10만 개이다. 이때 아이스크림 샌드위치 수요의 가격탄력성은 1.2이다. 가격이 0.05달러만큼 상승할 때 수요의 변화량을 구하라. 식 (5-1)과 식 (5-2)를 이용하여 비율 변화를 구하고 식 (5-3)을 이용하여 수요의 가격탄력성을 구하라.

‖ 수요의 가격탄력성의 이해

진정한 응급 상황에서 환자는 병원까지 구급차를 타고 가게 될 때의 가격을 묻지 않을 것이다. 키라처럼 치아가 부러진 비응급 상태에서도 환자들은 비용을 인지하지 못하기 때문에 수요량을 줄임으로써 구급차 가격 상승에 대처할 수 없는 경우가 많다. 결과적으로 민간 구급차 회사의 투자자는 구급차 서비스를 제공하며 이익을 창출할 기회를 얻는다. 수요의 가격탄력성이 작기 때문이다. 그것이 의미하는 바는 무엇일까? 또한 가격탄력성이 낮다고 하기 위해서는 얼마나 낮아야 하는 것일까? 마찬가지로 가격탄력성이 높다고 하기 위해서는 얼마나 높아야 하는 것일까? 또한 수요의 가격탄력성이 높거나 낮도록 결정하는 요소는 무엇인가?

이러한 질문에 답하기 위해서 우리는 수요의 가격탄력성에 대해 조금 더 깊게 살펴보아야 한다.

얼마나 탄력적이어야 탄력적인 것일까

수요의 가격탄력성을 분류하기 위한 첫 번째 단계로 다소 극단적인 경우들을 살펴보기로 하자.

첫째로, 뱀독 해독제와 같이 사람들이 가격에 대해 아무도 관심을 갖지 않는 재화의 수요를 생각해 보자. 미국 소비자들은 가격에 상관없이 매년 1,000회분의 해독제를 산다. 이 경우에 해독제에 대한 수요는 〈그림 5-2(a)〉와 같이 1,000회분의 양을 나타내는 지점에서 수직선 모양을 하고 있다. 어떤 가격 변화에도 수요량이 변화하는 비율은 영이기 때문에 이 경우 수요의 가격탄력성은 영이 된다. 이와 같이 수요의 가격탄력성이 영일 때 **완전 비탄력적 수요**(perfectly inelastic demand)라 한다.

위와는 정반대로 아주 작은 가격 상승이나 하락이 일어나더라도 수요량이 엄청나게 큰 값으로 감소하거나 증가하는 극단적인 경우도 생각해 볼 수 있다.

〈그림 5-2(b)〉는 분홍색 테니스 공의 수요를 나타내고 있다. 지금 테니스를 치는 사람들은 공의 색깔에 대해서는 전혀 신경 쓰지 않는다고 가정해 보자. 이 경우 그들은 공이 노란색인지 형광 초록색인지의 여부는 상관하지 않을 것이다. 다른 색 공의 가격이 모두 12개 한 묶음에 5달러일 때, 분홍색 공의 가격만 5달러보다 높다면 아무도 분홍색 공을 사려 하지 않을 것이다. 반대로 분홍색 공의 가격이 5달러보다 낮다면 모든 소비자가 분홍색 공을 사려 할 것이다. 따라서 이 경우의 수요곡선은 한 다스에 5달러를 나타내는 지점에서 수평선 모양을 하고 있을 것이다. 이 수요곡선 상에서 앞뒤로 이동한다면 가격은 5달러에서 고정되고 수요량만 변화할 것이다. 간단히 말해서 어떤 수를 영으로 나누려 하면 그것은 무한대(∞)가 되므로 이 경우 수요의 가격탄력성은 무한대가 된다. 이처럼 수요의 가격탄력성이 무한대일 경우 경제학자들은 **완전 탄력적 수요**(perfectly elastic demand)라고 말한다.

거의 대부분 재화에 대한 수요의 가격탄력성은 이 극단적인 두 경우의 중간에 존재하게 된다. 경제학자들은 이러한 중간적인 경우를 분류하기 위한 주요 기준으로서 수요의 가격탄력성이

가격 변화에 대해 수요량이 전혀 반응하지 않으면 **완전 비탄력적 수요**(perfectly inelastic demand)라고 한다. 수요가 완전 비탄력적이면 수요곡선은 수직이다.

가격 상승으로 수요량이 영으로 떨어질 때 **완전 탄력적 수요**(perfectly elastic demand)라고 한다. 수요가 완전 탄력적이면 수요곡선은 수평이다.

그림 5-2　수요의 가격탄력성에 대한 두 가지 극단적인 경우

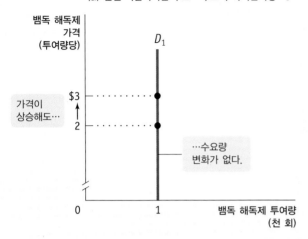

(a) 완전 비탄력적인 수요 : 수요의 가격탄력성=0

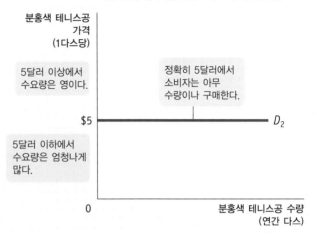

(b) 완전 탄력적인 수요 : 수요의 가격탄력성=∞

그림 (a)는 수직의 완전 비탄력적 수요곡선을 나타낸다. 뱀독 해독제의 수요량은 가격에 상관없이 1,000회분이다. 따라서 수요의 가격탄력성은 영이다. 즉 수요량은 가격에 영향을 받지 않는다. 그림 (b)는 수평의 완전 탄력적 수요곡선을 나타낸다. 5달러에서 수요자는 분홍색 테니스공을 아무 수량이나 구매할 것이다. 하지만 5달러 이상이면 아무도 구매하지 않을 것이다. 그리고 5달러보다 낮다면 다른 색은 구매하지 않고 분홍색 테니스공만 구매할 것이다.

1보다 큰지 작은지를 따진다. 수요의 가격탄력성이 1보다 클 때는 **탄력적 수요**(elastic demand)라 하고, 1보다 작을 경우에는 **비탄력적 수요**(inelastic demand)라 한다. 그 기준점이 되는 수요의 가격탄력성이 정확히 1이 되는 경우에는 **단위탄력적 수요**(unit-elastic demand)라고 말한다.

수요의 가격탄력성이 1인 경우가 좋은 기준이 되는 이유를 살피기 위해 다음과 같은 가상적인 경우를 예로 들어 보자. 어떤 주정부의 고속도로 사무국에 의해 운영되는 다리가 통행료를 받는다고 하자. 이 경우에 요금이 비쌀수록 운전자들은 다리를 적게 이용하게 될 것이다.

〈그림 5-3〉은 세 가지 경우의 가상적인 수요곡선을 나타내고 있다. 첫 번째 경우는 수요가 단위탄력적일 경우이고 나머지 두 경우는 비탄력적인 수요와 탄력적인 수요를 나타내고 있다. 각각의 경우에 A점은 0.9달러의 요금일 때의 통행량을 나타내고, B점은 1.1달러의 요금일 때의 통행량을 나타내고 있다. 만약 다리 통행요금이 0.9달러에서 1.1달러로 상승한다면 중간값 계산법을 통해 20%라는 변화의 백분율을 계산할 수 있다.

그림 (a)는 단위탄력적인 수요의 경우에 요금이 0.9달러에서 1.1달러로 상승했을 때 수요량이 어떻게 변화하는지를 나타내고 있다. 이 경우에 20%만큼의 가격 상승이 하루 동안 다리를 통행하는 운전자 수를 1,100명에서 900명으로 감소시켜 20%의 수요량 변화(중간값 계산법을 사용)를 이끌어 냈다. 따라서 이 경우 수요의 가격탄력성은 20%/20%=1이 된다.

그림 (b)는 비탄력적인 수요의 경우에 0.9달러에서 1.1달러로 20%의 가격 상승이 있었을 때 수요량이 1,050대에서 950대로 줄어드는 것을 나타낸다. 이 경우에는 10%의 수요량 감소가 있었을 뿐이므로 수요의 가격탄력성은 10%/20%=0.5가 된다.

그림 (c)는 탄력적인 수요의 경우에 요금이 0.9달러에서 1.1달러로 20%의 가격 상승이 수요량을 1,200대에서 800대로 40%만큼 감소시키고 있음을 나타낸다. 따라서 이 경우 수요의 가격탄력성은 40%/20%=2이다.

여기서 단위탄력적인 수요와 비탄력적인 수요 그리고 탄력적인 수요로 구분하는 것이 중요한

수요의 가격탄력성이 1보다 크면 **탄력적 수요**(elastic demand), 1보다 작으면 **비탄력적 수요**(inelastic demand), 그리고 1이면 **단위탄력적 수요**(unit-elastic demand)라고 한다.

그림 5-3 단위탄력적 수요, 비탄력적 수요, 탄력적 수요

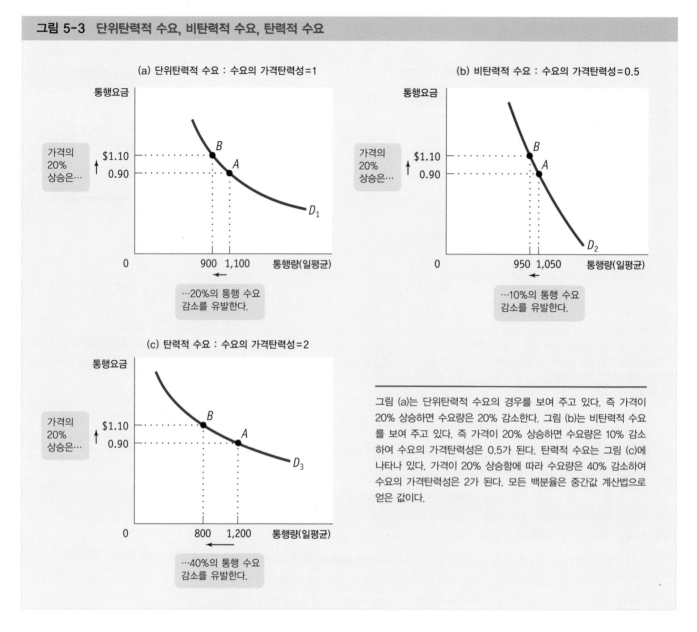

(a) 단위탄력적 수요 : 수요의 가격탄력성=1

(b) 비탄력적 수요 : 수요의 가격탄력성=0.5

(c) 탄력적 수요 : 수요의 가격탄력성=2

그림 (a)는 단위탄력적 수요의 경우를 보여 주고 있다. 즉 가격이 20% 상승하면 수요량은 20% 감소한다. 그림 (b)는 비탄력적 수요를 보여 주고 있다. 즉 가격이 20% 상승하면 수요량은 10% 감소하여 수요의 가격탄력성은 0.5가 된다. 탄력적 수요는 그림 (c)에 나타나 있다. 가격이 20% 상승함에 따라 수요량은 40% 감소하여 수요의 가격탄력성은 2가 된다. 모든 백분율은 중간값 계산법으로 얻은 값이다.

이유는 무엇일까? 이러한 분류는 재화의 가격 변화가 그 재화의 판매로부터 오는 **총수입**에 미치는 영향을 예상할 때 유용한 역할을 한다. 실제의 많은 상황에서 가격 변화가 총수입에 어떠한 영향을 줄지를 예상하는 것은 매우 중요한 일이다. 여기서 **총수입**(total revenue)은 재화나 서비스의 총판매액의 가치로 정의된다. 즉 전체 팔린 양에 가격을 곱한 값이다.

(5-6)   총수입＝가격×팔린 재화의 양

가격 인상의 결과로 총수입은 수요의 가격탄력성에 따라 증가할 수도 있고 감소할 수도 있다. 이것은 가격탄력성이 서로 다른 2개의 수요곡선을 살펴봄으로써 쉽게 이해할 수 있다. 〈그림 5-4 (a)〉는 〈그림 5-3(a)〉와 동일한 정보를 나타낸 것이다. 앞에서 다리 통행료가 0.9달러일 때 1,100 명의 운전자가 다리를 이용할 것이라는 사실을 확인한 바 있고, 이때의 총수입은 $0.90×1,100 ＝$990였다. 이 값은 그림 (a)에서 원점(0, 0)과 (1100, 0.90)을 모서리로 하는 연두색 직사각형의 넓이와 같다. 보편적으로 어떤 가격에서든지 총수입은 높이를 가격으로 하고, 너비를 그 가격에

총수입(total revenue)은 재화나 서비스의 총판매액의 가치로 정의된다. 즉 전체 팔린 양에 가격을 곱한 값이다.

그림 5-4　총수입

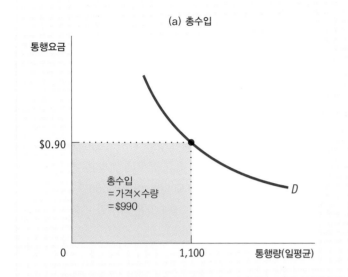

(a) 총수입

통행요금

$0.90

총수입
=가격×수량
=$990

0　　　　　　　　1,100　　통행량(일평균)

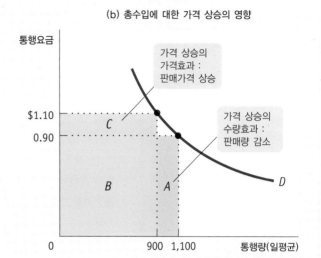

(b) 총수입에 대한 가격 상승의 영향

통행요금

가격 상승의
가격효과 :
판매가격 상승

$1.10

0.90

가격 상승의
수량효과 :
판매량 감소

C

B　　A

D

0　　　900　1,100　　통행량(일평균)

그림 (a)에서 연두색 직사각형은 0.9달러의 요금을 지불하는 1,100명의 운전자로부터 얻어진 총수입을 나타낸다. 그림 (b)는 가격이 0.9달러에서 1.1달러로 오를 때 총수입이 어떻게 변하는지를 보여 준다. 수량효과로 인

하여 총수입은 A 넓이만큼 감소하고 가격효과로 인하여 총수입은 C 넓이만큼 증가한다. 종합적 효과는 수요의 가격탄력성에 따라 증가할 수도 있고 감소할 수도 있다.

서의 수요량으로 하는 직사각형의 넓이와 같다.

총수입이 중요한 이유에 대해 알아보기 위해 다음과 같은 상황을 생각해 보자. 다리 통행에 부과된 현재의 요금은 0.9달러인데 추가적인 도로 보수공사를 하기 위해 당국은 자금을 필요로 하고 있다. 이때 자금확보를 위해 가능한 방법 중 하나가 통행요금을 인상하는 것이다. 그러나 이 계획은 오히려 다리 이용자들을 과도하게 감소시켜 오히려 더 손해를 보게 할 수도 있다. 만약 다리를 이용하는 교통량이 현저히 감소할 경우에는 인상된 통행요금이 실제로는 총수입을 증가시키기보다는 감소시킬 것이다. 따라서 도로관리 당국이 요금 인상에 대해 운전자들이 어떻게 반응할 것인지를 파악하는 것은 매우 중요한 일이다.

통행요금의 인상이 총수입에 미치는 영향을 〈그림 5-4(b)〉를 통해 살펴볼 수 있다. 통행요금이 0.9달러일 때의 총수입은 직사각형 A와 B를 합한 것으로 나타낼 수 있다. 또한 통행요금이 1.1달러로 인상된 이후에 총수입은 직사각형 B와 C를 합친 것으로 나타나게 된다. 따라서 통행요금이 인상되고 난 후의 수입은 A영역의 넓이만큼 손해를 보았고 C만큼을 더 얻은 것으로 나타난다.

이 두 영역의 넓이는 중요한 의미를 지닌다. C영역은 0.2달러만큼의 추가적인 가격 인상으로부터 오는 수입을 나타낸다. 이는 가격 인상 이후에도 다리를 계속해서 사용하는 900명의 운전자들에게서 $0.20×900＝$180만큼의 수입을 매일 더 얻을 수 있다는 것을 나타내고, 이것이 C영역의 넓이이다. 반면에 200명의 운전자들은 0.9달러의 요금에서는 다리를 이용했지만 가격 인상 후에는 더 이상 다리를 사용하지 않는다. 따라서 $0.90×200＝$180만큼의 손해가 매일 발생하게 되고, 이는 A영역의 넓이로 나타난다. (이 특수한 예에서는 〈그림 5-3(a)〉와 같이 수요가 가격에 대해 단위탄력적이기 때문에 요금 인상이 수입에 영향을 미치지 않는다. 즉 A영역과 B영역의 넓이가 같다.)

완전 탄력적이거나 완전 비탄력적인 수요의 경우처럼 현실에서는 보기 힘든 극단적인 경우를 제외하고는 한 판매자가 가격을 인상시키려 할 때는 이 두 가지 상반된 효과를 함께 경험하게 된다.

고속도로국 수요의 가격탄력성을 사용해 더 높은 통행료로 인한 매출의 변화를 계산한다.

- 가격효과 : 가격 인상 이후에 각각의 재화에 더 높은 가격을 매기게 되므로 수입의 증가를 가져오게 된다.
- 수량효과 : 가격 인상 이후에 더 적은 재화가 판매되므로 수입을 감소시키는 효과가 있다.

그러면 여기서 궁극적인 결과, 즉 총수입이 과연 증가할 것인지 감소할 것인지에 대한 궁금증이 생길 수 있다. 그에 대한 답은 일반적으로 총수입은 증가할 수도 있고, 감소할 수도 있다는 것이다. 만약 두 가지 효과 중에서 가격효과의 영향이 더 강할 경우에는 총수입이 증가하게 될 것이다. 반대로 수입을 감소시키는 영향을 가진 수량효과의 크기가 더 큰 경우에는 총수입은 감소할 것이다. 또한 만약 우리가 살펴본 예의 경우처럼 이 두 가지 효과의 크기가 정확히 같다면(180달러의 가격효과로 인한 이익과 180달러만큼의 수량효과로 인한 손해가 있었다.) 가격 인상에도 불구하고 총수입은 아무런 변화가 없을 것이다.

수요의 가격탄력성은 가격이 변화할 때 총수입이 어떻게 변할 것인지를 알려 준다. 즉 가격탄력성의 크기는 가격효과와 수량효과의 두 가지 중에서 어떠한 효과가 더 클 것인지를 알려 준다. 보다 구체적으로 살펴보면 다음과 같다.

- 만약 어떤 재화의 수요가 단위탄력적이라면(수요의 가격탄력성이 1이라면) 가격 인상이 총수입에 영향을 미치지 않을 것이다. 이 경우에는 수량효과와 가격효과의 크기가 정확히 같고 서로 상쇄한다.
- 만약 어떤 재화의 수요가 비탄력적이라면(수요의 가격탄력성이 1보다 작다면) 가격 인상이 총수입의 증가를 가져올 것이다. 이 경우에는 가격효과가 수량효과보다 더 크다.
- 만약 어떤 재화의 수요가 탄력적이라면(수요의 가격탄력성이 1보다 크다면) 가격 인상이 총수입의 감소를 가져올 것이다. 이 경우에는 수량효과가 가격효과보다 더 크다.

〈표 5-2〉는 〈그림 5-3〉에서와 같은 자료를 사용하여 가격탄력성이 달라짐에 따라 가격 인상이 총수입에 어떤 영향을 미치게 되는지를 나타내고 있다. 수요가 단위탄력적일 때는 가격이 0.9 달러에서 1.1달러로 증가했을 때 총수입은 990달러로 변함이 없다. 수요가 비탄력적일 때는 가격효과가 수량효과보다 커서 같은 가격 인상에도 총수입이 945달러에서 1,045달러로 증가했다. 그리고 수요가 탄력적일 때는 수량효과가 가격효과보다 커서 가격 인상이 총수입을 1,080달러에서 880달러로 감소시켰다.

수요의 가격탄력성은 또한 가격이 하락할 경우에 총수입이 어떻게 변화할지에 대한 예상도 가능하게 한다. 가격이 하락할 때도 앞에서와 같은 두 가지 상반된 효과가 존재하는데 그 영향은 정확히 반대방향으로 나타난다. 낮아진 가격에 대해 재화가 하나씩 팔릴 때마다 수입을 감소시키는 가격효과가 존재하고, 반대로 더 많은 재화를 팔리게 하여 수입을 증가시키는 수량효과가 존재한다. 가격탄력성의 크기에 따라서 이러한 두 가지 효과 중 어떠한 것의 영향이 더 커지는지의 여부가 결정된다. 다음은 이에 관한 간략한 요약이다.

표 5-2 수요의 가격탄력성과 총수입

	통행요금＝$0.9	통행요금＝$1.1
단위탄력적 수요 (수요의 가격탄력성＝1)		
수요량	1,100	900
총수입	$990	$990
비탄력적 수요 (수요의 가격탄력성＝0.5)		
수요량	1,050	950
총수입	$945	$1,045
탄력적 수요 (수요의 가격탄력성＝2)		
수요량	1,200	800
총수입	$1,080	$880

- 수요가 단위탄력적일 때는 두 가지 효과가 정확히 상반되어 가격 하락이 총수입에 아무런 영향을 미치지 않게 된다.
- 수요가 비탄력적일 때는 가격효과가 수량효과보다 커서 가격 하락이 총수입의 감소를 가져온다.
- 수요가 탄력적일 때는 수량효과가 가격효과보다 커서 가격 하락이 총수입의 증가를 가져온다.

수요곡선 상에서 변화하는 가격탄력성

경제학자들이 "커피 수요에 대한 가격탄력성이 0.25이다."라고 했다고 가정하자. 이때 그들이 의미하는 것은 현재가격에서의 탄력성이 0.25라는 것이다. 앞에서 살펴본 통행요금의 경우에 우리가 계산했던 가격탄력성은 정확히 말하면 0.9달러 가격에서의 가격탄력성이다. 왜 이러한 제한을 두는 것일까? 대부분의 수요곡선의 경우에는 같은 수요곡선 상이라도 곡선 위의 다른 점에서의 가격탄력성은 각기 다르기 때문이다.

이것을 좀 더 자세히 알아보기 위해 〈그림 5-5〉의 가상적인 수요를 나타낸 표를 살펴보자. 표의 마지막 열은 각 가격과 수요량에 의해 발생되는 총수입을 나타낸다. 〈그림 5-5〉의 위쪽 그림은 상응하는 수요곡선을 나타낸다. 아래쪽 그래프는 총수입을 보여 준다. 각각의 가격과 대응되는 수요량 위에서 주어진 막대그래프의 높이는 그 가격에서의 총수입을 나타낸다.

〈그림 5-5〉에서는 가격이 낮을 때 가격을 인상하면 총수입을 증가시킬 수 있다는 사실을 보여 주고 있다. 1달러에서 2달러로 가격을 인상하면 총수입을 9달러에서 16달러로 증가시킬 수 있다. 이것은 가격이 낮을 때 수요가 비탄력적임을 나타낸다. 뿐만 아니라 0달러에서 5달러 가격까지의 수요곡선 영역에서는 수요가 비탄력적이다.

그러나 가격이 높을 때 가격을 더 높이는 것은 총수입을 감소시키는 결과를 가져온다. 8달러에서 9달러로 가격을 인상하면 총수입은 16달러에서 9달러로 감소한다. 이것은 가격이 높을 때 수요가 탄력적임을 나타낸다. 더군다나 수요곡선 상에서 가격이 5달러에서 10달러인 영역은 모두 수요가 탄력적이다.

대부분의 재화의 경우에 수요의 가격탄력성은 수요곡선을 따라서 변화한다. 따라서 가격탄력성을 측정한다는 것은 수요곡선 상의 어느 특정한 점이나 영역 위에서의 탄력성을 측정하는 것이다.

수요의 가격탄력성의 결정요인

구급차 회사의 투자자들은 구급차를 타기 위한 수요의 가격탄력성이 두 가지 중요한 이유 때문에 낮다고 믿는다. 첫째, 대부분의 경우는 아닐지라도 구급차를 타는 것은 의학적 필요성에 의한 것이다. 둘째, 비상시에는 구급차가 제공하는 치료를 대체할 대안이 없다. 구급차 중에서도 일반적으로 대체재가 없다. 특정 지역에는 대개 단 하나의 구급차 제공업체가 있기 때문이다. 예외적으로 인구 밀집 지역이 있다. 하지만 인구밀도가 높은 지역에서도 구급차 배차원은 가격 리스트를 봐 가면서 구급차 업체를 선택하지는 않을 것이다.

일반적으로 탄력성을 결정하는 주요 요소는 네 가지가 있다. 재화가 필수재인지 사치재인지, 가까운 대체재가 있는지 여부, 해당 재화에 대한 소비가 소득에서 차지하는 비중, 그리고 가격의 변화 이후 경과된 시간이 바로 그것이다. 이들 요소 각각을 간단히 살펴보겠다.

재화가 필수재인지 사치재인지 여부   머리말 이야기가 보여 주듯 병원에 데려다주는 구급차와 같은 필수재의 경우 수요의 가격탄력성이 낮아지는 경향이 있다. 없이도 살 수 있는 사치재라면

그림 5-5 수요곡선 상에서 변하는 수요의 가격탄력성

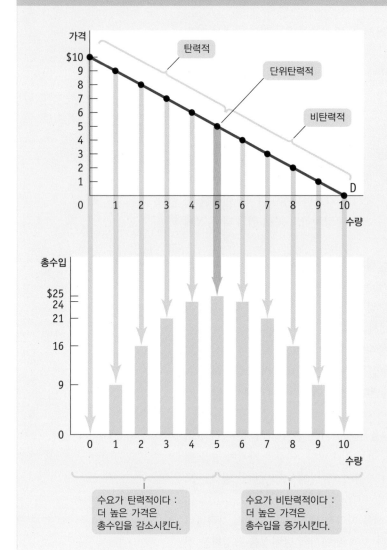

선형 수요곡선에 대한 수요표와 총수입		
가격	수요량	총수입
$0	10	$0
1	9	9
2	8	16
3	7	21
4	6	24
5	5	25
6	4	24
7	3	21
8	2	16
9	1	9
10	0	0

위쪽 그림은 수요곡선을 나타내고, 아래쪽 그래프는 수요곡선을 따라 총수입이 어떻게 변하는지를 보여 준다. 막대그래프의 높이는 각 가격과 수요량의 조합에서 얻어진 총수입을 나타낸다. 그림으로부터 우리는 낮은 가격에서는 가격이 상승함에 따라 총수입이 증가함을 알 수 있다. 따라서 낮은 가격에서 수요는 비탄력적이다. 그러나 높은 가격에서는 가격이 상승함에 따라 총수입이 감소하는 것을 확인할 수 있고, 따라서 높은 가격에서 수요는 탄력적이다.

수요의 가격탄력성이 높아진다. 예를 들어 대부분의 사람들은 110인치 고화질 TV가 사치품이라고 여긴다. 갖추면 좋지만 없이도 살 수 있는 것이기 때문이다. 따라서 병원에 데려다주는 구급차보다 가격탄력성이 훨씬 높을 것이다.

가까운 대체재의 이용 가능성 방금 언급한 바와 같이 가까운 대체재가 없거나 얻을 수 없는 경우 수요의 가격탄력성이 낮아지는 경향이 있다. 반대로 수요의 가격탄력성은 소비자가 유사한 것으로 간주하는 즉시 이용 가능한 다른 상품이 있는 경우 높은 경향이 있다. 예를 들어 대부분의 소비자들은 자신이 좋아하는 브랜드의 시리얼에 가까운 대체 식품이 있다고 생각한다. 결과적으로 특정 브랜드의 시리얼 제조사가 가격을 크게 올린다면 가격이 인상되지 않은 다른 브랜드에 판매량의 전부는 아니더라도 많은 부분을 빼앗기게 될 가능성이 커진다.

재화에 소비된 지출의 소득에서의 비중 휘발유와 같이 매일 일부 사람들이 직장 출퇴근 또는 일에서 사용하는 재화를 생각해 보라. 이러한 소비자의 경우 일반적으로 휘발유에 대한 지출은 소득의 상당 부분을 흡수한다. 결과적으로 휘발유 가격이 오르면 소비자들은 가격 변화에 매우 민감하게 반응하고 수요의 탄력성이 높아질 것이다. 재화가 소비자의 소득 중 상당 부분을 흡수할 때, 혼자 운전하는 대신 카풀로 전환하는 등 가격이 올라갈 때 수요를 줄이는 방법을 찾는 데는 시간과 노력을 들이는 것이 가치 있기 때문이다. 대조적으로 휘발유를 드물게 소비하는 사람들 — 예컨대 직장에 걸어가거나 버스를 타는 사람들 — 은 휘발유에 소비되는 소득의 비율이 낮아 수요의 탄력성이 낮다.

가격 변화 이후 경과된 시간 일반적으로 수요의 가격탄력성은 소비자가 수요를 조정할 시간이 많을수록 증가하는 경향이 있다. 이것은 수요의 장기간 가격탄력성이 종종 단기 탄력성보다 높다는 것을 의미한다.

높은 휘발유 가격에 대한 반응으로 지난 10년 동안의 미국인 행동의 변화는 좋은 예시이다. 1998년에 1갤런의 휘발유는 약 1달러에 불과했다. 그러나 지난 수년간 휘발유 가격은 꾸준히 상승하여, 2008년에는 미국의 많은 지역에서 휘발유 가격이 갤런당 4달러가 넘었다. 그러나 시간이 지남에 따라 사람들은 점차 휘발유 소비를 줄일 수 있는 방식으로 습관과 선택을 변경했다. 최근 설문조사에서 응답자의 53%는 더 적은 휘발유 소비, 더 연료효율적인 자동차를 얻는 것, 버스나 자전거와 같은 다른

운송 수단을 사용하는 등 높은 휘발유 가격에 대처하기 위해 중요한 삶의 변화를 만들었다고 말했다. 일부는 휘발유를 절약하기 위해 보다 편리한 장소로 이사했다. 이러한 변화는 미국의 휘발유 소비 데이터에 반영되었으며, 소비 추세선은 2003년경까지 변동하다가 급락했다. 2013년에 미국인들은 매일 3억 5,000만 갤런이 못 되는 휘발유를 구매했으며, 이는 2007년 매일 거의 3억 8,000만 갤런의 휘발유를 구매한 것이나 지속적으로 증가하는 기존의 추세를 따를 때의 구매량인 4억 5,000만 갤런에 훨씬 못 미치는 수치였다. 이는 휘발유에 대한 장기간의 가격탄력성이 실제로 단기간의 가격탄력성보다 훨씬 크다는 것을 확인시켜 준다.

2014년부터 2017년 초까지 휘발유 가격은 평균 2.25달러라는 극적인 수치까지 떨어졌다. 휘발유 소비가 다시 늘기 시작한 것도 놀라운 일이 아니다. 그리고 이러한 가격 하락이 유지된다면 소비자들은 다시 휘발유 소비를 극적으로 늘릴 수 있다.

현실 경제의 >> 이해

등록금에 대한 반응

대학교 등록금은 계속 오르는 것만 같고 실제로도 그렇다. 지난 10년간 등록금의 평균 증가율은 매년 물가 상승률을 5%에서 6% 초과하는 것으로 추산되었다. 교육자들과 정책입안자들에게 중요한 질문은 등록금 인상이 과연 사람들이 대학에 가는 것을 그만두게 만드는가이다. 그리고 만일 그렇다면 얼마나 그럴 것인가?

몇몇 연구는 등록금 인상이 등록 인원에 지속적인 부정적 영향을 준다는 것을 밝혔다. 4년제

2년제 학교의 학생들은 4년제 학교의 학생들에 비해 수업료에 대해 더 민감하다.

대학의 경우 수요의 가격탄력성은 0.67에서 0.76으로 추산되었다. 다시 말해 4년제 대학에서 등록금을 3% 인상할 경우 등록 인원은 대략 2%(3×0.67)에서 2.3%(3×0.76) 감소한다. 2년제 대학의 경우 더 큰 변화가 있었다. 3%의 등록금 인상은 2년제 대학 등록 인원을 2.7% 감소시켰고, 이때의 수요의 가격탄력성은 0.9이다. 또 다른 연구는 학자금 지원을 받는 학생들의 경우 수요의 가격탄력성이 1.18까지 올라 3%의 등록금 인상이 등록 인원을 3.54% 줄인다는 것을 밝혀냈다. 반면에 장학금이나 융자 지출은 등록 인원을 증가시켰으나 그 효과가 크지는 않았다. 장학금의 경우 수요의 가격탄력성은 0.33으로 보조금이 3% 증가할 때 등록 인원은 1% 증가하며, 융자의 경우 탄력성은 0.12로 융자가 3% 증가할 때 등록 인원은 0.36% 증가한다.

이러한 결과는 학자금 지원과 등록금을 똑같이 증가시켰을 때 등록 인원은 줄어든다는 것을 의미한다. 즉 학생들은 등록금에서 학자금 지원액을 뺀 금액인 순등록금만을 고려하는 것이 아니라 등록금 지출의 구성 또한 신경을 쓰고, 높은 등록금과 더 많은 학자금 지원보다는 낮은 등록금을 선호한다.

따라서 등록금 인상은 대학으로의 진입장벽이 되고, 이런 효과는 4년제 대학보다는 2년제 대학에서 더 크다. 2년제 대학 학생들은 학비를 스스로 충당하는 경우가 많아 4년제 대학 학생들보다 등록금이 소득에서 차지하는 비중이 더 높음을 시사하는 증거들에 비추어 볼 때 이는 타당한 추론이다(4년제 대학 학생들은 부모님의 소득에 의존할 확률이 높다).

2년제 대학 학생들은 실업률 변화에 더 잘 반응한다. 높은 실업률은 등록 인원을 늘리고 이는 학생들이 대학 진학과 일 사이에서 선택을 하고 대학을 대체재로 고려한다는 것을 의미한다. 등록금이 소득에서 차지하는 비중이 높고 대학을 대체재로 보는 이 두 요인은 모두 2년제 대학 학생들이 4년제 대학 학생들보다 등록금 변화에 더 많이 반응하게 만든다.

등록금 인상은 학자금 지원을 받는 학생들에게 그렇지 않은 학생들보다 더욱 진입장벽으로 작용한다. 학자금 지원을 받는 학생들은 장학금을 잃을 두려움이나 융자를 갚을 비용에 대한 걱정으로 등록금 액수에 더 민감하게 반응할 수 있다.

>> 이해돕기 5-2
해답은 책 뒤에

1. 다음의 항목이 묘사하는 상황이 수요의 가격탄력성에 대한 어떤 조건하에서 가능한 것인지 구분하라(탄력적 수요, 비탄력적 수요, 단위탄력적 수요).
    a. 가격이 상승할 때 총수입이 감소한다.
    b. 판매량 증가로 인한 추가수입은 가격이 하락함으로써 발생하는 손실에 의해 상쇄된다.
    c. 생산량이 증가할 때 총수입은 감소한다.
    d. 산업 전체의 생산량을 줄이기 위해서 협력을 한다면 산업 내의 생산자들은 총수입을 증가시킬 수 있다.
2. 아래의 재화에 대하여 수요의 탄력성을 설명하라. 수요곡선의 모양은 어떠하겠는가?
    a. 사고를 당한 사람의 수혈에 대한 수요
    b. 학생들의 초록색 지우개에 대한 수요

‖ 다른 수요 탄력성

재화의 수요량은 가격뿐 아니라 다른 여러 가지 요소에 의존한다. 특히 수요곡선은 관련된 재화

>> 복습
- 가격의 변화에 대하여 수요량이 전혀 반응하지 않을 때 수요가 **완전 비탄력적**이라고 한다. 수요량의 반응 정도가 무한대이면 수요가 **완전 탄력적**이라고 한다.
- 수요의 가격탄력성이 1보다 크면 **탄력적**, 1보다 작으면 **비탄력적**, 그리고 1이면 **단위탄력적**이라고 한다.
- 수요가 탄력적이면 수량효과가 가격효과보다 더 커서 가격 상승이 **총수입**의 감소를 가져온다. 반면 수요가 비탄력적이면 가격효과가 수량효과보다 더 커서 가격 상승이 총수입의 증가를 가져온다.
- 수요의 가격탄력성은 수요곡선을 따라서 변할 수 있으므로 경제학자들은 특정 수요의 가격탄력성을 언급할 때 수요곡선 상의 어느 특정한 점을 염두에 두게 된다.
- 어떤 상품에 대해서 적합한 대체재를 쉽게 찾을 수 있을수록 그 상품에 대한 수요가 더 탄력적이다. 또한 수요의 가격탄력성은 소비자가 가격 변화에 대해 적응할 시간을 더 많이 가질수록 커지게 된다. 필수재는 탄력성이 작으며 사치재는 탄력성이 크다. 수요는 소비자들의 소득에서 차지하는 비율이 낮은 재화의 경우 비탄력적인 경향이 있으며, 그 비율이 높은 재화의 경우 탄력적인 경향이 있다.

Blend Images/Andersen Ross/Getty Images

의 가격 변화나 소비자의 소득 변화에 의해 움직인다. 이러한 효과를 측정하는 것은 매우 중요하며 가장 좋은 측정수단이 바로 탄력성이다. 구체적으로 다른 재화의 가격에 의해 영향을 받는 수요는 수요의 교차가격탄력성에 의해 잘 측정될 수 있고, 소득 변화에 따른 수요 변화는 수요의 소득탄력성에 의해 잘 측정될 수 있다.

수요의 교차가격탄력성

제3장에서 재화의 수요는 관련재 — 보완재 혹은 대체재 — 의 가격 변화에 영향받는다는 것을 배웠다. 또한 관계된 재화의 가격 변화는 해당 재화의 수요량 변화를 반영하여 수요곡선을 이동시키는 것을 확인하였다. 수요에 대한 이러한 '교차' 효과는 한 재화에 대한 수요량의 백분율 변화와 다른 재화 가격의 백분율 변화의 비로 정의되는 **수요의 교차가격탄력성**(cross-price elasticity of demand)으로 측정된다. 수요의 가격탄력성과 같이 교차가격탄력성도 중간값 계산법을 이용하여 계산한다.

$$(5\text{-}7) \qquad \text{재화 A와 B 사이 수요의 교차가격탄력성} = \frac{\text{재화 A 수요량의 백분율 변화}}{\text{재화 B 가격의 백분율 변화}}$$

핫도그와 햄버거처럼 두 재화가 대체재일 때 교차가격탄력성의 부호는 양이다. 핫도그 가격의 증가는 햄버거의 수요를 증가시킨다. 즉 그것은 햄버거의 수요곡선을 오른쪽으로 이동시킨다. 만약 매우 밀접한 대체재이면 교차가격탄력성은 절댓값이 큰 양의 값이다. 밀접한 대체재가 아니라면 교차가격탄력성은 절댓값이 작은 양의 값이다. 따라서 교차가격탄력성이 양의 값일 때 그것은 두 재화가 얼마나 밀접한 대체관계에 있는지를 말해 주는 지표가 된다.

핫도그와 핫도그 빵처럼 두 재화가 보완재일 때 교차가격탄력성의 부호는 음이다. 핫도그 가격의 증가는 핫도그 빵의 수요를 감소시킨다. 즉 그것은 햄버거의 수요곡선을 왼쪽으로 이동시킨다. 대체재의 경우와 마찬가지로 만약 매우 밀접한 보완재이면, 교차가격탄력성은 절댓값이 큰 음의 값이다. 밀접한 보완재가 아니라면 교차가격탄력성은 절댓값이 작은 음의 값이다. 즉 교차가격탄력성의 크기는 두 재화 간의 보완관계가 얼마나 강한지를 말해 주는 지표가 된다.

수요의 교차가격탄력성의 경우에는 부호가 매우 중요함을 알 수 있다. 그것은 두 재화가 보완재인지 대체재인지를 말해 준다. 따라서 수요의 가격탄력성의 경우처럼 부호를 생략할 수는 없다.

수요의 교차가격탄력성은 앞서 논의했던 탄력성 개념의 장점을 그대로 갖고 있다. 탄력성은 단위에 의존하지 않는 측도이다. 즉 각 재화가 측정되는 단위와 무관하게 결정된다.

잠재적인 문제를 보기 위해 누군가가 "핫도그 가격이 0.3달러 오르면 미국인들은 1,000만 개의 핫도그를 덜 소비할 것이다."라고 말했다고 가정해 보자. 만약 핫도그 빵을 한 번이라도 사 보았다면 궁금증이 생길 것이다. 0.3달러는 핫도그 빵 하나당 0.3달러를 의미하는 것인가, 아니면 빵 묶음당 0.3달러인가? 핫도그 빵은 보통 8개 한 묶음으로 판매된다. 어떤 단위를 사용하는가에 따라 큰 차이가 있는 것이다! 그러나 누군가가 교차가격탄력성이 −0.3이라고 말했다면 이것은 낱개인지 묶음인지 설명할 필요가 없는 것이다. 따라서 탄력성은 단위에 의한 혼동을 피하기 위해 백분율의 비로 정의된다.

수요의 소득탄력성

수요의 소득탄력성(income elasticity of demand)은 소비자의 소득 변화에 의해 재화의 수요가 얼마나 영향받는지를 측정한다. 이것은 재화 수요가 소득 변화에 의해 어떻게 반응하는가뿐 아니라

수요의 교차가격탄력성(cross-price elasticity of demand)은 한 상품에 생긴 가격의 변화가 다른 상품의 수요에 얼마나 영향을 주는지를 측정하는 개념이다. 이는 한 재화 수요량의 백분율 변화와 다른 재화 가격의 백분율 변화의 비와 같다.

수요의 소득탄력성(income elasticity of demand)은 소득수준에 변화가 생겼을 때 수요량의 백분율 변화를 소득수준의 백분율 변화로 나눈 것과 같다.

그 재화가 정상재인지 열등재인지도 알 수 있게 한다.

$$(5\text{-}8) \quad \text{수요의 소득탄력성} = \frac{\text{수요량의 백분율 변화}}{\text{소득의 백분율 변화}}$$

두 재화의 관계가 대체재 혹은 보완재인지에 따라서 교차가격탄력성의 부호가 양 혹은 음인 것과 마찬가지로, 수요의 소득탄력성 또한 양과 음의 값을 가질 수 있다. 제3장에서 배웠듯이 소득이 늘어날 때 수요가 증가하는 재화가 정상재이고, 소득이 증가할 때 수요가 감소하는 재화가 열등재이다. 이러한 정의는 수요의 소득탄력성의 부호와 직접적으로 연결된다.

- 수요의 소득탄력성이 양의 값이면 정상재이다. 즉 어떤 주어진 가격에서 소득이 증가하면 수요량이 늘어난다. 마찬가지로 어떤 주어진 가격에서 소득이 감소하면 수요량이 감소한다.
- 수요의 소득탄력성이 음의 값이면 열등재이다. 즉 어떤 주어진 가격에서 소득이 증가하면 수요량이 줄어든다. 마찬가지로 어떤 주어진 가격에서 소득이 감소하면 수요량이 증가한다.

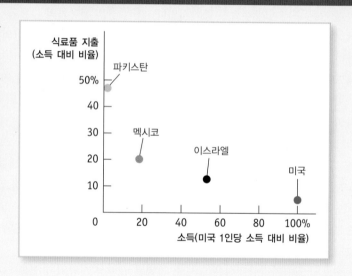

국제비교 세계의 예산과 식료품 지출

만약 식료품에 대한 수요의 소득탄력성이 1보다 작다면, 우리는 저개발국의 사람들이 선진국의 사람들보다 그들의 소득 중 더 많은 비율을 식료품 소비에 사용하고 있을 것이라 기대할 것이다. 그리고 자료는 그것을 정확하게 보여 준다. 이 그래프에서는 전체 소득을 인구수로 나눈 1인당 소득과 소득 대비 식료품 지출 비율을 비교한다. (그래프를 적당한 크기로 만들기 위해 1인당 소득은 미국 1인당 소득 대비 비율로 나타내었다.)

파키스탄과 같이 매우 못사는 나라들에서는 사람들이 자신의 소득 중 대부분을 식료품 소비에 쓰고 있다. 이스라엘과 멕시코 같은 중산국에서는 식료품에 대한 지출 비율이 훨씬 더 낮다. 그리고 이는 미국과 같은 선진국에서는 더욱 낮다.

출처 : USDA and World Bank, World Development Indicators.

경제학자들은 종종 수요의 소득탄력성 추정치를 소비자들의 소득이 시간이 지나 증가함에 따라 어떤 산업이 가장 급격하게 성장할 것인지 예측하기 위해 사용한다. 그 과정에서 종종 정상재도 소득탄력적인지 소득비탄력적인지에 따라 구분하는 것이 유용하다.

어떤 재화의 수요에 대한 소득탄력성이 1보다 클 때 이 재화를 **소득탄력적**(income-elastic)이라 한다. 소득이 증가할 때 소득탄력적인 재화의 수요는 소득보다 더 **빠르게** 증가한다. 집이나 해외여행과 같은 사치재는 소득탄력적인 경우가 많다. 어떤 재화의 수요에 대한 소득탄력성이 양의 값이지만 1보다 작을 때 이 재화를 **소득비탄력적**(income-inelastic)이라 한다. 소득이 증가할 때 소득비탄력적인 재화의 수요는 소득보다 느리게 증가한다. 의류나 음식 같은 필수재는 소득비탄력적인 경우가 많다.

어떤 재화의 수요에 대한 소득탄력성이 1보다 클 때 이 재화를 **소득탄력적** (income-elastic)이라 한다.

어떤 재화의 수요에 대한 소득탄력성이 양의 값이지만 1보다 작을 때 이 재화를 **소득비탄력적**(income-inelastic)이라 한다.

>> 이해돕기 5-3
해답은 책 뒤에

1. 첼시의 연간 수입이 1만 2,000달러에서 1만 8,000달러로 증가한 이후, 그녀의 음반 수요는 연간 10장에서 40장으로 증가하였다. 중간값 계산법을 이용하여 첼시의 음반 수요의 소득탄력성을 구하라.

2. 샌제이와 같이 대부분의 사람들에게 고급 레스토랑에서의 식사는 소득탄력적인 재화이다. 그의 소득이 올해 10% 감소하였다고 가정하자. 고급 레스토랑에서 식사하는 것에 대한 그의 수요는 어떻게 변화할 것이라고 예측할 수 있는가?

3. 마가린의 가격이 20% 상승함에 따라 제과업종의 생산자는 버터의 수요를 5% 늘렸다. 마가린과 버터의 교차가격탄력성을 구하라. 버터와 마가린은 이 생산자에게 있어서 대체재인가 보완재인가?

공급의 가격탄력성

구급차 서비스 시장의 근본적인 특징은 공급이 제한적이라는 것이다. 예를 들어 근처에 더 낮은 가격을 제공하는 구급차 제공업체가 많은 경우 키라에게 병원까지 15분 정도가 소요된 것으로 1,772.42달러를 청구하기는 훨씬 어려웠을 것이다. 그러나 그렇지 않은 경제적 이유가 있다. 건강상의 응급 상황을 경험한 사람들 중 누구라도 자신들의 건강과 안전을 '저렴한 가격'의 구급차로 지킬 수 있는지에 의문을 가지기 때문이다. 그리고 비용을 회수하기 위해 높은 가격을 청구하지 않으면서 누구도 고품질의 구급차 서비스를 제공하는 비용을 지불하는 공급자가 되려고 하지 않을 것이다. 따라서 놀랍지 않게도 대부분의 지역에서 우리가 보았듯이 이용 가능한 구급차 공급자는 하나뿐이다.

요약하면 구급차 제공업체가 높은 가격을 책정하는 데 있어 중요한 요소는 공급이 제한적이라는 것인데, 이는 구급차를 타기 위해 고가로 지불되는 가격의 변화에 대해 공급의 반응성이 떨어진다는 것이다. 구급차 공급자의 가격 변화에 대한 반응을 측정하려면 수요의 가격탄력성과 비슷한 척도, 즉 공급의 가격탄력성이 필요하다.

공급의 가격탄력성 측정

공급의 가격탄력성(price elasticity of supply)은 수요의 가격탄력성과 같은 방식으로 정의된다.

$$(5\text{-}9) \qquad 공급의\ 가격탄력성 = \frac{공급량의\ 백분율\ 변화}{가격의\ 백분율\ 변화}$$

차이점은 오직 수요곡선에 따른 변화가 아닌 공급곡선에 따른 변화를 본다는 것이다.

토마토 가격이 10% 올랐다고 가정하자. 토마토 공급량이 똑같이 10% 늘어났다면 토마토 공급의 가격탄력성은 1(10%/10%)이고, 공급은 단위탄력적이다. 만약 공급량이 5% 늘어났다면 공급의 가격탄력성은 0.5이며, 20% 늘어났다면 2이다.

수요의 경우와 마찬가지로 공급의 가격탄력성이 극단적인 값을 가지는 경우는 간단한 그림으로 표현된다. 〈그림 5-6(a)〉는 휴대전화 신호의 송수신에 적합한 라디오 스펙트럼의 비율에 해당하는 휴대전화 주파수의 공급곡선이다. 정부는 휴대전화 운용회사에 이 부분을 팔 수 있는 권리가 있다. 그러나 정부는 그들이 공급하는 휴대전화 주파수의 수량을 조절할 수 없다. 기술적

공급의 가격탄력성(price elasticity of supply)은 가격의 변화에 대한 공급의 반응 정도를 측정한다. 이는 공급곡선상에서 공급량의 백분율 변화와 재화 가격의 백분율 변화의 비와 같다.

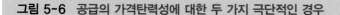

그림 5-6 공급의 가격탄력성에 대한 두 가지 극단적인 경우

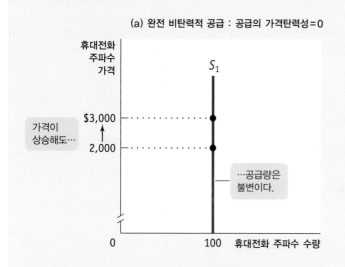

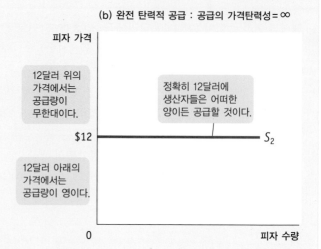

그림 (a)는 수직선인 완전 비탄력적 공급곡선을 보여 준다. 공급의 가격탄력성은 영으로 공급량은 가격에 상관없이 언제나 동일하다. 그림 (b)는 수평선인 완전 탄력적 공급곡선을 보여 준다. 12달러의 가격에서 생산자는 어떤 양이든지 공급하려 할 것이다. 그러나 12달러보다 낮은 가격에서는 공급하지 않으려 할 것이고, 12달러보다 높은 가격에서는 극단적으로 많은 무한대에 가까운 양을 공급하려 할 것이다.

인 이유로 휴대전화 운용에 적합한 주파수의 양은 고정되어 있다.

따라서 우리가 주파수를 100에서 공급한다고 가정하면 공급곡선은 수직선이다. 이 곡선을 따라 움직인다 해도 정부의 공급량 변화는 없다. 따라서 그림 (a)는 공급의 가격탄력성이 영인 경우다. 이 경우를 **완전 비탄력적 공급**(perfectly inelastic supply)이라 한다.

〈그림 5-6(b)〉는 피자의 공급곡선이다. 피자 판매에 필요한 암묵적인 비용 등 모든 기회비용을 포함하여, 피자 하나를 만드는 데 12달러가 필요하다고 가정하자. 가격이 12달러보다 낮다면 피자를 생산하는 것은 수익성이 없으며 미국의 모든 피자 가게는 문을 닫을 것이다. 그러나 만약 수익성이 있다면 피자 가게를 운영할 수 있는 생산자는 매우 많다. 밀가루, 토마토, 치즈 등의 재료는 풍부하다. 그리고 필요하다면 더 많은 토마토를 재배하거나 피자치즈를 위해 더 많은 우유를 생산할 수도 있다. 따라서 12달러보다 높은 가격은 엄청나게 많은 피자 공급을 유발할 것이다. 따라서 공급곡선은 수평선이다.

가격의 매우 작은 변화에도 엄청나게 큰 공급량 변화가 생기므로 공급의 가격탄력성은 무한대라고 할 수 있다. 이 경우는 **완전 탄력적 공급**(perfectly elastic supply)의 경우이다.

휴대전화 주파수나 피자의 경우와 같이, 완전 탄력적 공급 혹은 완전 비탄력적 공급의 현실세계에서의 예는 수요의 경우보다 찾기가 훨씬 쉽다.

공급의 가격탄력성의 결정요인

위의 예에서 공급의 가격탄력성의 주요 결정요인을 알 수 있다. 바로 투입요소의 이용 가능성이다. 게다가 수요의 경우와 마찬가지로 시간 역시 탄력성 결정에 영향을 미친다. 이 두 가지를 요약해 보자.

투입요소의 이용 가능성 공급의 가격탄력성은 투입요소를 쉽게 이용할 수 있고 상대적으로 낮은 비용으로 생산량을 조정할 수 있을 때 커지는 경향이 있고, 투입요소를 얻기가 어려우며 상

공급의 가격탄력성이 영이어서 재화 가격의 변화가 수요량에 전혀 영향을 주지 못할 때 **완전 비탄력적 공급**(perfectly inelastic supply)이라 한다. 완전 비탄력적 공급곡선은 수직선이다.

가격의 매우 작은 변화에도 엄청나게 큰 공급량 변화가 생겨서 공급의 가격탄력성이 무한대가 될 때 **완전 탄력적 공급**(perfectly elastic supply)이라 한다. 따라서 공급곡선은 수평선이다.

대적으로 높은 비용으로만 생산지 안팎으로 이동할 수 있는 경우에는 작아지는 경향이 있다. 구급차 서비스의 경우, 우수한 구급차 서비스를 제공하는 데 드는 높은 비용은 공급의 탄력성을 매우 낮게 유지하는 데 중요한 요소이다.

시간 공급의 가격탄력성은 생산자가 가격 변화에 대응할 시간이 많을수록 커진다. 즉 장기의 공급 탄력성은 단기의 공급탄력성보다 크다.

투입요소를 얻기가 매우 쉽기 때문에 피자 공급의 가격탄력성은 매우 크다. 가장 핵심적인 요소 — 라디오 스펙트럼 — 가 고정되어 있기 때문에 휴대전화 주파수의 가격탄력성은 영에 가깝다.

많은 산업이 큰 공급의 가격탄력성을 가진다. 특별하거나 얻기 힘든 자원을 필요로 하지 않기 때문에 쉽게 공급을 늘릴 수 있는 것이다. 반면에 공급의 가격탄력성은 수량이 제한된 자원과 관계가 있는 재화에 대한 완전 탄력적인 수준보다는 보통 훨씬 작다. 예를 들면 특정 지역에서만 잘 자라는 커피 같은 농작물이나 금, 구리 등의 광물, 또한 어느 수준까지만 써야 재생 가능한 수산자원 등이 있다.

그러나 충분한 시간이 주어지면 생산자는 제한된 천연자원 또는 매우 값비싼 투입물이 포함된 경우에도 가격 변동에 따라 생산량을 크게 바꿀 수 있다. 농업 시장은 좋은 본보기이다. 미국 농민들이 밀과 같은 특정 상품에 대해 (호주 같은 큰 밀 생산 국가의 가뭄으로 인해) 훨씬 높은 가격을 받으면 다음 재배 시즌에 다른 농작물에서 재배한 작물을 밀로 전환할 가능성이 있다.

이러한 이유로 경제학자들은 종종 몇 주 혹은 몇 개월에 해당하는 공급의 단기 탄력성과 몇 년에 해당하는 공급의 장기 탄력성을 구분한다. 대부분의 산업에서 공급의 장기 탄력성은 단기 탄력성보다 크다.

현실 경제의 >> 이해

중국과 2016년의 전 세계적 원자재 공급 과잉

지난 10년간 중국의 경제가 급속이 성장하여 세계의 제조 강국으로 발전함에 따라 중국의 경제는 금속, 식료품, 연료와 같은 원자재의 게걸스러운 소비자였다. 중국의 이러한 변화를 지탱할 원자재의 수요가 치솟음에 따라 이를 공급하는 국가들의 소득도 같이 치솟았다.

하지만 2016년에 중국 경제가 불안정해짐에 따라 이는 결국 급작스럽게 멈추었다. 전 세계의 많은 원자재 생산자들이 막 공급을 늘리기 위해 값비싼 프로젝트에 투자하고 있을 때, 그들은 수요의 극적인 감소를 목도했다. 예를 들어 구리의 주요 생산지인 칠레는 17억 톤의 자재를 파내며 구리 광산의 대규모 확장에 착수했으나 구리 가격은 전 세계적으로 곤두박질쳤다. 인도는 활용되지 않는 탄광과 수출 시장을 연결하기 위해 철도를 건설하는 중이었으나 세계적인 석탄 공급 과잉이 발생했다. 그리고 호주는 천연가스 생산을 150% 늘릴 계획이었으나 연료 수요의 위축과 가격급락으로 전 세계의 여러 천연가스 회사들이 파산했다.

이들 국가는 공급 능력을 늘리기 위해 몇십 억 달러를 투자한 관계로 간단히 생산을 중단할 수는 없었다. 생산은 계속되었고 기존의 원자재 공급 과잉은 더욱 심각해졌다.

원자재 생산자들이 잊은 것으로 보이는 것은 공급의 가격탄력성의 논리이다. 지속적인 높은 가격과 공급 능력을 늘리기 위한 자원 투입의 용이함(이 경우에 주된 자원 투입은 금융 자본이다)을 결합할 때 예측 가능한 결과는 원자재 공급의 큰 증가이다(공급곡선의 오른쪽 이동).

또 예측할 수 있는 것은 일단 원자재 수요의 증가 속도가 느려지면 급격한 가격 하락이 이어질 것이라는 점이다. 미국외교협회의 원자재 전문가인 마이클 레비(Michael Levi)는 "생산자들은 결국 자신들의 최악의 적이 되었다. 아무도 그들이 너무 많이 생산할 것이라고는 걱정하지 않았지만, 이는 실제로 일어났고 그들을 이 엉망인 상황으로 몰아넣었다."고 말했다.

>> 이해돕기 5-4

해답은 책 뒤에

1. 웹 디자인 서비스의 가격이 1시간에 100달러에서 150달러로 상승할 때 거래 시간은 30만 시간에서 50만 시간으로 증가하였다. 이때 중간값 계산법을 사용하여 웹 디자인 서비스 공급의 가격탄력성을 구하라. 공급이 탄력적인가, 비탄력적인가, 아니면 단위탄력적인가?
2. 다음 진술들이 각각 참인지 거짓인지 설명하라.
   a. 우유의 수요가 상승할 때 공급이 탄력적이면 비탄력적일 때보다 장기적으로 우유 소비자들의 후생은 증가할 것이다.
   b. 공급의 장기 가격탄력성은 일반적으로 공급의 단기 가격탄력성보다 크다. 따라서 단기 공급곡선의 기울기가 장기 공급곡선보다 일반적으로 더 평평하다.
   c. 공급이 완전 탄력적이라면 수요의 변화는 가격에 아무런 영향을 미치지 않는다.

탄력성 집합

우리는 조금씩 다른 여러 가지 탄력성을 배웠다. 이것을 모두 기억하는 것은 쉬운 일이 아니다. 따라서 〈표 5-3〉에 지금까지 배운 탄력성들과 이들의 의미를 요약하였다.

조세의 이득과 비용

정부가 어떤 조세를 부과할지 여부를 고려하거나 조세제도를 어떻게 고안할지 생각할 때는 조세의 이득과 비용을 저울질해 봐야 한다. 우리는 주로 조세를 이득이 될 만한 것으로 생각하지 않지만, 정부가 국방이나 어려운 사람들을 위한 건강보험과 같이 사람들이 원하는 것을 제공하기 위해서는 자금이 필요하다. 조세의 이득은 이러한 서비스를 지불하기 위해 충당되는 세입이라고 할 수 있다. 불행하게도, 이러한 이득은 비용—소비자들과 생산자들이 납부하는 금액보다 일반적으로 더욱 큰 비용—을 수반한다. 먼저, 조세를 통해 얼마나 많은 세입을 거둘 수 있는지 살펴보고, 그다음에 조세가 부과하는 비용에 대해 알아보자. 조세의 경제학을 이해하기 위해서는 **소비세**(excise tax)—구매된 재화나 서비스의 각 단위마다 부과되는 조세—로 알려진 한 가지 단순한 형태의 조세를 살펴보는 것이 도움이 된다.

소비세(excise tax)는 재화나 서비스에 대한 판매에 부과되는 세금이다.

소비세의 세입

포터빌 시에 있는 호텔방의 수요와 공급이 〈그림 5-7〉에 나타난 것과 같다고 해 보자. 단순화를 위해 모든 호텔방은 동일하다는 가정을 할 것이다. 조세가 부과되지 않을 경우 호텔방의 균형가격은 하룻밤당 80달러이고 균형거래량은 1만 개이다.

이제 포터빌 정부에서 호텔방에 대해 하룻밤에 40달러의 소비세를 부과한다고 가정해 보자. 즉 한 호텔방이 하룻밤 사용될 때마다 호텔 소유주는 시에 40달러씩 내야 하는 것이다. 예를 들어 만약 고객이 80달러를 지불한다면, 40달러는 조세로 징수되고 호텔 소유주에게는 40달러만이 남게 된다.

소비세로부터 정부는 얼마만큼의 세입을 거둘 수 있는가? 이 호텔방 예에서 보면 세입은 〈그

"다른 사람들에게 어떤 세금이 부과되었으면 하시나요?"

표 5-3 탄력성 집합

수요의 가격탄력성 $= \dfrac{\text{수요량의 백분율 변화}}{\text{가격의 백분율 변화}}$ (음의 부호는 생략)

0	**완전 비탄력적** : 가격이 수요량에 미치는 효과가 없다(수직의 수요곡선).
0과 1 사이	**비탄력적** : 가격의 증가가 전체 수입의 증가를 초래한다.
정확히 1	**단위탄력적** : 가격의 변화가 전체 수입에 아무런 영향도 끼치지 못한다.
1보다 크고 무한대보다 작을 때	**탄력적** : 가격의 증가가 전체 수입의 감소를 초래한다.
무한대	**완전 탄력적** : 어떠한 가격 상승도 수요량을 0으로 떨어지게 한다. 어떠한 가격 하락도 수요량을 무한대로 만든다(수평의 수요곡선).

수요의 교차가격탄력성 $= \dfrac{\textit{한 재화의 수요량의 백분율 변화}}{\textit{다른 재화의 가격의 백분율 변화}}$

음수	**보완재** : 다른 재화의 가격이 상승하면 한 재화의 수요가 감소한다.
양수	**대체재** : 다른 재화의 가격이 상승하면 한 재화의 수요가 증가한다.

수요의 소득탄력성 $= \dfrac{\text{수요량의 백분율 변화}}{\text{소득의 백분율 변화}}$

음수	**열등재** : 소득이 증가하면 수요가 감소한다.
양수 그리고 1보다 작을 때	**정상재, 소득비탄력적** : 소득이 증가하면 증가하지만 소득의 증가 속도보다 느리게 증가한다.
1보다 클 때	**정상재, 소득탄력적** : 소득이 증가하면 증가하고 소득의 증가 속도보다 빠르게 증가한다.

공급의 가격탄력성 $= \dfrac{\text{공급량의 백분율 변화}}{\text{가격의 백분율 변화}}$

0	**완전 비탄력적** : 가격이 공급량에 아무런 영향도 끼치지 못한다(수직의 공급곡선).
0보다 크고 무한대보다 작을 때	일반적인 우상향하는 공급곡선
무한대	**완전 탄력적** : 어떠한 가격 하락도 공급량을 0으로 감소시킨다. 가격 상승은 공급량을 무한대로 증가시킨다(수평의 공급곡선).

림 5-7〉에서 색칠된 직사각형의 넓이에 해당한다.

왜 이 부분이 각 호텔방에 부과된 40달러의 조세로부터 징수된 세입을 나타내는지 보기 위해서 일단 직사각형의 높이가 40달러, 즉 한 방당 부과된 조세징수액과 같다는 사실을 눈여겨볼 필요가 있다. 이것은 또한 앞서 본 것과 같이, 조세가 공급가격(생산자들이 받게 되는 가격)과 수요가격(소비자들이 지불하는 가격) 사이에 벌려 놓은 간격의 크기와도 같다. 한편 직사각형의 너비는 40달러의 조세가 있을 때 균형거래량인 방 5,000개이다. 이러한 정보를 가지고 우리는 다음과 같은 계산을 할 수 있다.

징수된 세입은 다음과 같다.

$$\text{세입} = \text{각 방당 } \$40 \times 5{,}000\text{개의 방} = \$200{,}000$$

색칠된 직사각형의 넓이는 다음과 같다.

그림 5-7 소비세로부터의 세입

호텔방에 대한 소비세 40달러에서 얻는 세입은 20만 달러로서, 세율 40달러-조세가 공급가격과 수요가격 사이에 벌려 놓은 간격의 크기-에 호텔방 거래량인 5,000개를 곱한 것과 같은 값이다. 이것은 색칠된 직사각형의 넓이와 같다.

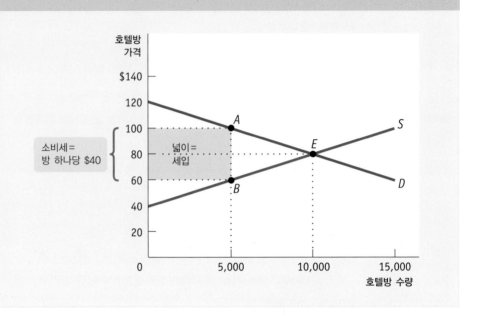

$$넓이 = 높이 \times 너비 = 각 방당 \$40 \times 5,000개의 방 = \$200,000$$

즉

$$세입 = 색칠된 직사각형의 넓이$$

다음은 일반적인 원칙이다. 소비세에서 징수된 세입은 높이가 공급곡선과 수요곡선 사이의 조세 간격과 같고 너비가 세후거래량과 같은 직사각형의 넓이와 동일하다.

세율과 세입

〈그림 5-7〉에서 한 방당 40달러는 호텔방의 세율이다. **세율**(tax rate)이란 조세가 부과되는 대상의 단위마다 매겨지는 조세징수액을 뜻한다. 세율은 주로 재화나 서비스의 한 단위당 달러의 액수로 표현된다. 예를 들면 판매되는 담배 1갑당 2.46달러와 같이 표현된다. 다른 경우 물건 값의 백분율로 표현되기도 한다. 예를 들면 2018년의 급여세는 12만 8,400달러 이하 연봉의 15.3%에 해당한다.

분명히 세율과 세입 간에는 긴밀한 관계가 성립한다고 할 수 있다. 하지만 그 관계는 일대일의 관계는 아니다. 일반적으로 재화나 서비스의 소비세율을 두 배로 늘린다고 해서 징수된 세입이 두 배가 되지는 않는데, 이는 조세의 증가로 인해 거래되는 재화나 서비스의 양이 줄어들기 때문이다. 그리고 조세의 크기와 징수된 세입의 크기 사이의 관계가 양의 관계가 아닐 수도 있다. 몇몇의 경우에는 세율을 높이는 것이 오히려 정부가 거두는 세입의 크기를 감소시킨다.

우리는 호텔방의 예시를 통해 이러한 관점을 확인해 볼 수 있다. 〈그림 5-7〉은 호텔방당 40달러의 조세를 통해 정부가 얻는 세입을 나타내고 있다. 〈그림 5-8〉은 정부가 다른 두 세율-한 방당 20달러에 불과한 낮은 세율과 한 방당 60달러의 더 높은 세율-을 통해 거두게 될 세입을 나타내 주고 있다.

〈그림 5-8(a)〉를 보면 〈그림 5-7〉과 비교할 때 절반에 해당하는 20달러의 조세가 붙는 경우를 보여 주고 있다. 이처럼 더 낮은 세율의 경우 7,500개의 방이 거래되어 총세입은 다음과 같다.

세율(tax rate)이란 조세가 부과되는 대상의 단위마다 매겨지는 조세징수액을 뜻한다.

그림 5-8 세율과 세입

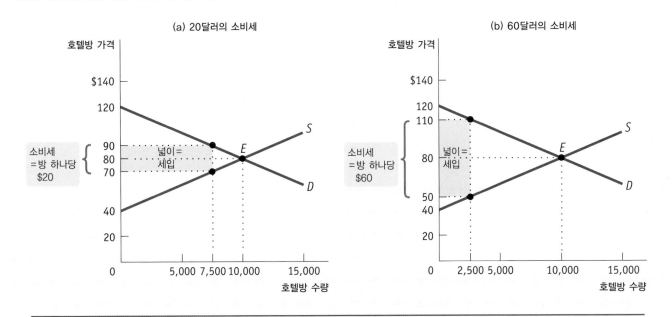

(a) 20달러의 소비세   (b) 60달러의 소비세

일반적으로 재화나 서비스의 소비세를 두 배로 높인다고 해도 세금 인상으로 거래되는 재화와 서비스의 양이 감소할 것이기 때문에 징수된 세입은 두 배까지 증가하지 않는다. 그리고 조세의 크기와 세입의 양 사이의 관계는 양의 관계가 아닐 수도 있다. 그림 (a)를 보면 〈그림 5-7〉의 절반에 불과한 한 방당 20달러의 세율을 통해 징수된 세입을 나타내고 있다.

색칠된 직사각형의 넓이와도 같은 총세입은 40달러의 세율에서 거둔 세입 20만 달러의 75%에 해당하는 15만 달러이다. 그림 (b)는 60달러의 세율로 거둔 세입 또한 15만 달러라는 것을 보여 주고 있다. 따라서 40달러에서 60달러로 세율을 높이는 것은 오히려 세입을 감소시키는 결과를 가져온다.

$$세입 = 방당 \$20 \times 7,500개의 방 = \$150,000$$

이때 40달러의 세율을 통해 징수된 총세입은 20만 달러였다는 점을 되새겨 보자. 따라서 세율이 20달러인 경우 거두어들인 세입 15만 달러는 세율이 두 배만큼 높을 경우에 거두어들인 총세입의 75% 정도에 해당한다($150,000/$200,000 \times 100 = 75\%$). 다른 방법으로 생각해 보면, 방당 20달러에서 40달러로의 100% 증가율은 15만 달러에서 20만 달러로 1/3, 또는 33.3%에 불과한 세입의 증가율을 가져온다[($200,000 - $150,000)/$150,000 \times 100 = 33.3\%$].

〈그림 5-8(b)〉는 세율이 한 방당 40달러에서 60달러로 증가하여 거래된 방의 수가 5,000개에서 2,500개로 줄어들 경우 어떤 일이 벌어지는지를 보여 주고 있다. 세율 60달러에서 징수된 세입은 다음과 같다.

$$세입 = 방당 \$60 \times 2,500개의 방 = \$150,000$$

이것 또한 40달러의 조세에서 거두어들인 총세입보다는 적은 양이다. 따라서 세율을 40달러에서 60달러로 올리는 것은 실제로 세입을 감소시키는 결과를 가져온다. 좀 더 정확히 말하면, 이 경우 세율을 50% 인상시키는 것[($60 - $40)/$40 \times 100 = 50\%$]이 세입을 25% 감소시킨다[($150,000 - $200,000)/$200,000 \times 100 = -25\%$]. 왜 이러한 일이 생긴 것일까? 이는 호텔방의 거래량이 줄어듦에 따라 감소한 세입의 크기가 세율의 인상에 따라 증가한 세입의 크기를 넘어섰기 때문이다. 다시 말해서 세율을 너무 높게 정해 거래량이 상당히 많이 감소하게 된다면 세입은 감소할 가능성이 크다.

소비세 인상에 의한 세입 효과에 대해 생각해 보는 한 가지 방법은 조세 인상이 두 가지 측면에서 세입에 영향을 준다고 보는 것이다. 한편에서 보면, 조세 인상은 판매된 재화의 각 단위마다 정부가 더욱 높은 세입을 거둔다는 것을 의미하고, 다른 조건들이 동일하다면 이는 세입의 증가로 이어질 것이다. 다른 한편에서 보면, 조세 인상은 판매량의 감소로 이어져 다른 조건들이 동일할 때 세입의 감소를 가져오게 된다. 최종적인 결과는 공급과 수요의 가격탄력성, 그리고 처음 조세의 크기에 따라 결정된다.

만약 공급과 수요 둘 다 가격탄력성이 낮다면 조세 인상은 판매된 재화의 양을 크게 줄이지 못할 것이고, 따라서 세입은 반드시 증가하게 될 것이다. 만약 가격탄력성이 높으면 최종적인 결과를 확실하게 이야기하기 힘들어진다. 충분히 높을 경우, 조세는 판매량을 너무 크게 감소시켜 세입은 줄어들게 된다. 한편 시초에 세율이 낮았을 경우 정부는 판매량의 감소에서 오는 세입의 변화에서 잃을 것이 많지 않게 되므로 조세 인상은 분명 세입의 증가로 이어지게 된다. 만약 시초에 세율이 높았다면 결과는 또다시 불분명해진다. 가격탄력성이 높고 이미 높은 세율이 적용되고 있는 그런 경우에만 조세 인상이 세입의 감소 혹은 아주 미미한 증가로 이어질 가능성이 크다.

더 높은 세율이 세입을 줄일 수도 있는 가능성, 그리고 마찬가지로 세율을 낮춤으로써 세입을 늘릴 수 있는 가능성은 정책자들이 세율을 정하는 데 있어서 고려하는 기본적인 원리이다. 다시 말해서, 세입을 거둘 목적으로 만들어진 조세(반대로 악행세로 알려진 조세들은 바람직하지 않은 행동을 규제하기 위해 만들어졌다)를 고려함에 있어서 영리한 정책자라면 세율을 약간 줄일 때 오히려 세입이 증가할 만큼 지나치게 높은 세율을 부과하지는 않을 것이다.

현실 세계에서 정책자들이 항상 이러한 사실에 정통한 것은 아니겠지만 또한 그들이 무턱대고 무지한 것도 아니어서 세입을 감소시킨 조세 인상의 경우나 세입을 증가시킨 조세 인하의 실례를 찾기는 매우 어렵다.

조세의 비용

조세의 비용은 무엇일까? 납세자들이 정부에 내는 돈이라고 답할 수도 있을 것이다. 다시 말해 징수된 세입이 바로 조세의 비용이라고 생각할 수도 있다. 하지만 정부가 납세자들이 원하는 서비스를 제공하기 위해 세입을 사용한다고 가정해 보자. 또는 보다 간단하게 정부가 납세자들에게 세입을 다시 나누어 준다고 생각해 보자. 이런 경우 우리는 조세가 아무런 비용이 들지 않는다고 할 수 있는가?

그렇지 않다. 왜냐하면 조세는 수량할당처럼 상호 이익이 되는 거래가 발생하는 것을 방해하기 때문이다. 〈그림 5-7〉을 다시 한 번 생각해 보자. 여기에서 손님들은 호텔방에 부과된 40달러의 조세를 포함해서 한 방당 100달러를 지불하지만 호텔 소유주들은 한 방당 60달러밖에 받지 못한다. 조세로 인해 생긴 간격 때문에 조세만 아니었더라면 발생할 수 있었을 거래들이 일어나지 않게 된다.

예를 들어 공급곡선과 수요곡선을 보면 40달러의 세금 부과 이후에도 하룻밤에 90달러까지 지불할 용의가 있는 잠재적인 소비자들과 70달러까지 받아야 방을 제공할 호텔 소유주들이 존재하는 것을 알 수 있다. 만약 이 두 집단이 조세가 없는 상황에서 거래를 할 수 있게 되었다면, 상호 이익이 되는 거래가 성사되어 호텔방은 사용될 것이다.

하지만 이러한 거래는 40달러의 조세가 납부되지 않았기 때문에 불법 거래가 된다. 조세가 부과되지 않았을 때 손님과 호텔 소유주 모두에게 이익을 주는 가운데 사용될 수 있었던 잠재적인 5,000개의 방은 조세 때문에 거래되지 않을 것이다. 구체적으로 5,000개의 방(거래되지 않은 방의 수)은 10,000(조세가 없을 때 80달러 가격에서의 균형거래량)에서 5,000(조세 부과로 거래된

그림 5-9 조세는 소비자잉여와 생산자잉여를 감소시킨다

조세가 부과되기 이전, 균형가격과 균형거래량은 각각 P_E와 Q_E이다. 단위당 T의 소비세가 부과되고 나면, 소비자가 지불하는 가격은 P_C로 오르며 소비자잉여는 A라고 적힌 파란색 직사각형의 넓이와 B라고 적힌 옅은 파란색 삼각형의 합만큼 감소하게 된다. 조세는 또한 생산자들이 받는 가격을 P_P까지 떨어뜨리며, 생산자잉여는 C라고 쓰인 빨간색 직사각형과 F라고 쓰인 옅은 빨간색 삼각형의 합만큼 감소하게 된다. 정부는 조세로부터 세입 $Q_T \times T$를 얻게 되는데 이는 A와 C 넓이의 합과 같다. B와 F의 넓이는 정부에 의해 세입으로 징수되지 않은 소비자잉여와 생산자잉여의 손실분을 나타낸다. 이것이 조세의 사회적 자중손실이다.

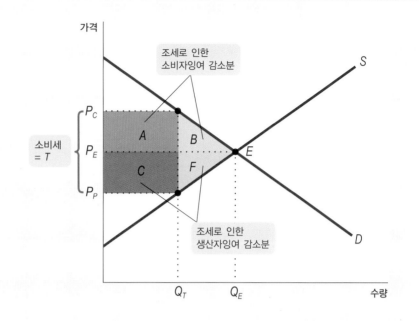

방의 수)을 뺀 값과 같다.

따라서 소비세는 상호 이익이 되는 거래를 방해함으로써 발생하는 비효율성이라는 형태로 세입을 훨씬 넘어서는 비용을 치르도록 만든다. 제4장에서 배운 것처럼, 이러한 비효율성 — 상호 이익이 되는 거래가 상실한 가치 — 의 사회적 비용은 자중손실이라고 부른다. 현실의 조세들은 모두 어느 정도 자중손실을 초래하지만, 잘못 고안된 조세는 잘 설계된 조세보다 더욱 큰 자중손실을 가져온다.

조세로부터 자중손실을 계산하기 위해서 우리는 생산자잉여와 소비자잉여라는 개념을 논의할 필요가 있다. 〈그림 5-9〉는 소비세가 생산자잉여와 소비자잉여에 미치는 효과를 보여 주고 있다. 조세가 없는 상황에서 균형점은 E점이고, 균형가격과 균형거래량은 각각 P_E와 Q_E이다. 소비세는 조세의 크기만큼 생산자가 받는 가격과 소비자가 지불하는 가격 사이에 간격을 벌리는 역할을 하기 때문에 거래량은 감소하게 된다. 이러한 경우 단위당 조세가 T달러라고 할 때 거래량은 Q_T로 떨어지게 된다. 소비자들이 지불하는 가격, 즉 줄어든 거래량 Q_T에 해당하는 수요가격은 P_C로 오르게 되고 생산자들이 받는 가격, 즉 감소한 거래량에서 공급가격은 P_P로 떨어지게 된다. 이 두 가격 사이의 차이 $P_C - P_P$는 소비세 T와 동일하다.

〈그림 5-9〉의 파란색 사각형 A와 옅은 파란색 삼각형 B의 합은 소비자들이 지불한 가격 상승으로 인해 발생한 손실을 나타낸다.

한편 생산자들이 받는 가격의 하락은 생산자잉여의 감소로 이어진다. 이것 또한 직사각형과 삼각형 넓이의 합과 동일하다. 생산자잉여의 손실된 부분은 〈그림 5-9〉에서 C라고 쓰인 빨간색 직사각형과 F라고 쓰인 옅은 빨간색 삼각형을 합한 넓이와 같다.

물론 조세로 인해 소비자들과 생산자들은 손해를 보았더라도 정부는 세입을 얻게 된다. 정부가 징수한 세입은 판매 단위당 부과된 세금 T에 판매량 Q_T를 곱한 것과 같다. 이러한 세입은 또한 너비가 Q_T이고 높이가 T인 직사각형의 넓이와도 같게 된다. 이미 그래프 상에 이러한 직사각형이 나타나 있다. 즉 직사각형 A와 직사각형 C의 합이 그것이다. 따라서 정부는 소비세로 인한 소비자들과 생산자들의 손실 중 일부를 얻게 된다.

그림 5-10 조세의 자중손실

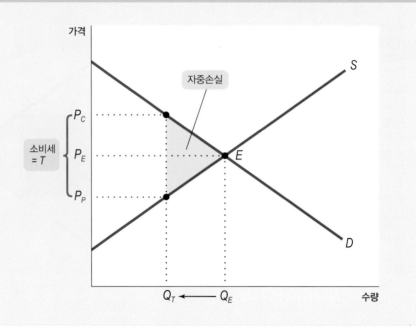

조세는 비효율성을 초래하기 때문에 자중손실로 이어지게 된다. 얼마간의 상호 이익이 되는 거래들, 다시 말해 $Q_E - Q_T$만큼의 거래량은 조세로 인해 발생하지 않게 된다. 여기에서 노란색 부분은 자중손실의 가치를 나타낸다. 이는 $Q_E - Q_T$만큼의 거래로 얻어질 수 있었던 총잉여를 말한다. 만약 조세가 거래를 방해하지 않았다면—만약 거래량이 Q_E에 머물렀다면—자중손실은 전혀 없었을 것이다.

하지만 조세로 인해 생산자들과 소비자들이 손해를 본 부분은 정부가 본 이득과 정확히 상쇄되지 않는다—좀 더 구체적으로 말하면 삼각형 B와 F가 남는다. 조세로 인해 발생한 자중손실은 이 두 삼각형의 넓이를 더한 것과 같다. 또한 이 부분은 조세로 인해 발생한 최종적인 사회적 잉여의 손실분을 나타낸다. 즉 거래가 성사되었다면 발생할 수도 있었지만 결국 조세 때문에 달성되지 않은 잉여의 크기를 말해 주는 것이다.

〈그림 5-10〉은 〈그림 5-9〉에서 직사각형 A(소비자로부터 정부로 옮겨진 잉여의 크기)와 직사각형 C(생산자로부터 정부로 옮겨진 잉여의 크기)를 제외하고 노란색 삼각형으로 표시된 자중손실만을 보여 주고 있다. 이 삼각형의 밑변은 조세 간격 T와 동일하고 삼각형의 높이는 조세 때문에 줄어든 거래량 $Q_E - Q_T$와 같다. 명백하게도 조세 간격이 넓을수록 그리고 거래량의 감소분이 클수록 조세의 비효율성은 커지게 된다.

하지만 이와는 반대되는 중요한 점 한 가지 또한 유념해야 할 것이다. 만약 소비세가 어쩌다가 이 시장의 거래량을 줄이지 않았더라면—만약 Q_T가 조세 부과 이후에도 Q_E와 동일하게 남아 있었다면—노란색 삼각형은 없어질 것이고 조세 부과로 인한 자중손실은 영이 될 것이다. 이러한 결과는 앞서 이 장에서 알게 된 원리에 대한 단순한 이면에 불과하다. 조세는 구매자와 판매자 사이에 상호 이익이 되는 거래를 방해하기 때문에 비효율성을 초래한다. 따라서 만약 조세가 거래를 방해하지 않는다면 자중손실 또한 전혀 끼치지 않을 것이다. 이러한 경우 조세는 단순히 잉여를 소비자와 생산자로부터 곧바로 정부로 옮기는 역할만 하게 된다.

삼각형을 이용하여 자중손실을 계산하는 방법은 경제학의 많은 분야에 적용되고 있다. 예를 들어 자중손실 삼각형은 소비세뿐만 아니라 다른 종류의 조세들로 발생한 자중손실을 계산하는 데도 사용된다. 또한 독점이나 다른 시장 왜곡에 의해 발생한 자중손실을 계산하는 데도 이러한 방법이 사용된다. 그리고 자중손실 삼각형은 종종 조세 이외의 공공정책—특정 물품에 대한 안전 기준을 높여야 하는지 여부와 같은 것—의 이득과 비용을 평가하는 데 사용되기도 한다.

조세로 인해 발생한 비효율성의 총량을 고려할 때 〈그림 5-10〉으로부터는 알 수 없는 또 다른 한 가지를 생각해야 한다. 조세를 징수하기 위해 정부가 사용한, 그리고 납세자들이 세금을 납부하기 위해 사용한, 조세징수액을 뛰어넘는 양의 자원이 그것이다. 이처럼 손실된 자원은 조세의 **행정비용**(administrative costs)이라고 한다. 미국의 조세제도에서 가장 흔한 행정비용은 소득세 서류를 작성하기 위해 쓰는 시간 혹은 납세 관련 서류를 회계사들에게 맡기는 대신 지불해야 하는 비용이다. (후자는 사회적 관점에서 비효율적이라고 간주될 수 있는데, 회계사들은 이 직업 대신에 조세와 무관한 서비스를 제공하는 직업을 가질 수 있었기 때문이다.)

행정비용에 포함된 또 한 가지는 납세자들이 합법적, 불법적으로 조세를 회피하기 위해 사용하는 자원이다. 국세청을 운영하는 비용, 연방 소득세 징수의 임무를 맡고 있는 연방정부의 지부에 드는 비용은 사실상 납세자들이 지는 행정비용에 비하면 매우 적은 부분이다.

따라서 우리는 아래와 같은 식을 얻는다.

사회는 결국 조세의 행정비용을 지불한다.

$$조세가 유발하는 비효율성의 총량＝자중손실＋행정비용$$

따라서 조세가 초래하는 비효율성의 총량은 자중손실과 행정비용의 합과 같다. 경제정책의 일반적인 원칙은, 같은 조건하에서 사회에 끼치는 비효율성이 최소화되도록 조세제도가 고안되어야 한다는 것이다. 현실에서는 이 외에도 다른 고려사항들이 함께 적용되지만 (위스키 반란 사건에서 조지 워싱턴 정권이 배웠듯) 여전히 이 원칙은 중요한 지향점을 보여 준다. 행정비용은 대부분 잘 알려져 있는 경우가 많고 조세 징수방법에 관한 최신 기술에 의해 어느 정도 결정된다(예를 들면 납세 신고서를 손으로 작성하는 것과 컴퓨터로 작성하는 것은 기술상의 차이에 근거한다).

그렇다면 우리는 주어진 특정 조세와 관련된 자중손실의 크기를 어떻게 예측할 수 있을까? 조세 귀착에 대한 분석에서처럼 공급과 수요의 가격탄력성이 이러한 예측을 하는 데 결정적인 역할을 하게 된다.

탄력성과 조세의 자중손실

소비세가 상호 이익이 되는 거래의 발생을 방해하기 때문에 자중손실이 생긴다는 점을 배웠다. 좀 더 구체적으로, 상실된 거래 기회로 버려진 생산자잉여와 소비자잉여는 자중손실의 크기와 동일하다. 이것은 조세가 더욱 많은 거래를 방해할수록 자중손실의 크기도 커진다는 것을 의미한다.

이러한 사실은 탄력성과 조세의 자중손실 크기 사이의 관계를 이해하는 데 중요한 단서를 제공한다. 기억을 돌이켜 보면 수요나 공급이 탄력적일 때 수요량이나 공급량은 상대적으로 가격의 변화에 민감하게 변화한다. 따라서 수요나 공급 어느 한쪽이, 또는 둘 다 탄력적인 경우 그 재화에 부과된 조세는 상대적으로 거래량을 크게 감소시켜 자중손실을 많이 초래할 것이다. 또한 수요나 공급의 탄력성이 클수록 조세로 인한 자중손실도 커진다.

수요나 공급이 비탄력적이라는 것은 수요량이나 공급량이 가격 변화에 대해 상대적으로 민감하지 않다는 것을 뜻한다. 결과적으로 수요나 공급 한쪽이 또는 둘 다 비탄력적일 경우 그 재화에 부과된 조세는 상대적으로 거래량을 적게 감소시켜 작은 크기의 자중손실을 가져오게 된다.

〈그림 5-11〉의 네 그림은 어떤 재화에 대한 수요와 공급의 가격탄력성과 조세 부과로 인해

조세의 **행정비용**(administrative costs)은 조세를 거두고 지불하는 데 사용된 자원이다.

발생하는 자중손실 사이에 존재하는 양의 관계를 설명해 준다. 각 그림은 같은 크기의 조세가 각각 다른 재화에 부과된 것을 보여 주고 있다. 자중손실의 크기는 색칠된 삼각형의 크기로 주어져 있다. 그림 (a)를 보면 재화에 대한 수요가 상대적으로 탄력적이기 때문에 자중손실을 나타내는 삼각형의 크기가 크게 나타난다. 즉 많은 양의 거래가 조세의 부과로 사라지게 되었다. 그림 (b)를 보면, 그림 (a)와 동일한 공급곡선이 그려져 있지만 이 재화에 대한 수요는 상대적으로

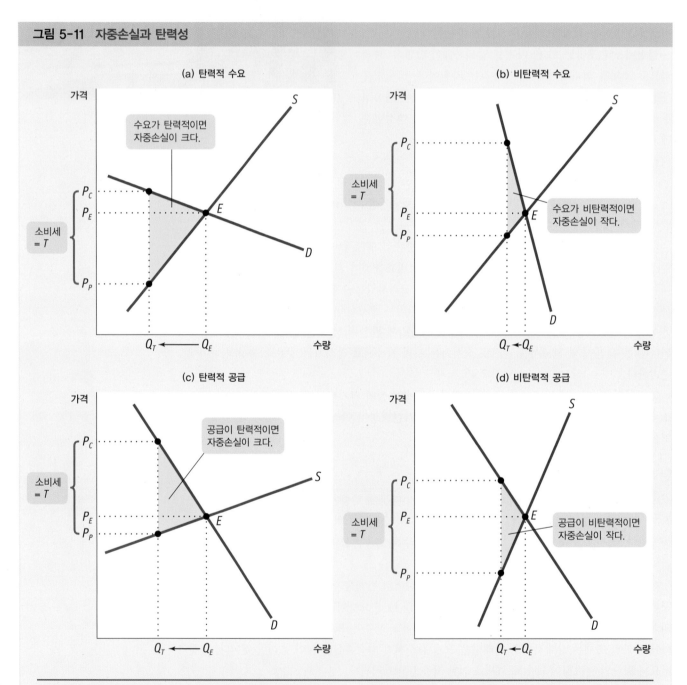

그림 5-11 자중손실과 탄력성

수요는 그림 (a)에서는 탄력적이고 그림 (b)에서는 비탄력적이지만, 공급곡선은 두 경우 동일하다. 공급은 그림 (c)에서는 탄력적이고 그림 (d)에서는 비탄력적이지만, 수요곡선은 두 경우 역시 동일하다. 그림 (a)와 (c)의 자중손실 크기가 그림 (b)와 (d)에서보다 더 큰데, 이는 수요나 공급의 가격탄력성이 클수록 조세로 인한 거래량의 감소분이 더욱 크기 때문이다. 대조적으로, 수요나 공급의 가격탄력성이 작을수록 조세로 인한 거래량의 감소분이 작아지고 이에 따라 자중손실의 크기도 작게 나타난다.

비탄력적이다. 그 결과, 적은 수의 거래만이 상실되었기 때문에 삼각형의 크기 또한 작게 나타난다. 마찬가지로, 그림 (c)와 (d)는 같은 수요곡선을 가지고 있으나 공급곡선은 다르게 그려져 있다. 그림 (c)에서는 탄력적인 공급곡선이 커다란 자중손실 삼각형을 초래하지만, 그림 (d)에서는 비탄력적인 공급곡선이 작은 자중손실 삼각형을 초래한다.

이러한 결과의 의미는 다음과 같이 명백하다. 만약 조세의 비용을 최소화하고 싶다면, 수요나 공급 중 한쪽 또는 양쪽 모두 상대적으로 비탄력적인 재화에 대해서만 세금을 부과하면 된다. 그러한 재화들의 경우 가격의 변화가 행동에 미치는 영향력이 상대적으로 작기 때문에 조세가 행동에 끼치는 영향력 또한 작다. 수요가 완전 비탄력적인 극단적인 경우(수직의 수요곡선) 수요량은 조세의 부과에도 변동이 없게 된다. 결과적으로 조세는 자중손실을 전혀 초래하지 않는다. 마찬가지로 만약 공급이 완전 비탄력적이라면(수직의 공급곡선) 조세로 인한 공급량의 변화는 전혀 일어나지 않게 되고, 따라서 자중손실 또한 전혀 없게 된다.

그러므로 누구에게 조세를 부과할지 결정하여 자중손실을 최소화시키는 목표를 달성하려면 조세는 가장 비탄력적인 반응을 보이는 재화와 서비스 — 즉 조세에 대해 소비자와 생산자의 행동이 가장 반응을 보이지 않는 재화와 서비스 — 에 대해 부과되어야 할 것이다. 또한 이러한 교훈의 이면은 미성년자의 음주와 같은 해로운 행동을 규제하기 위한 목적으로 조세를 사용할 경우 그러한 행동이 탄력적으로 수요되고 공급될 때 가장 큰 효과가 있을 것이라는 점이다.

현실 경제의 >> 이해

담배에 조세 부과하기

미국에서 가장 중요한 소비세 중 하나는 담배에 부과되는 조세이다. 연방정부는 1갑당 1.01달러의 조세를 부과한다. 주정부들의 경우 미주리에서는 1갑당 0.17달러부터 뉴욕에서는 1갑당 4.35달러까지 다양하다. 많은 지역에서는 여기에 추가적인 세금을 더 부과하고 있다. 일반적으로 담배에 부과되는 세율은 증가세를 보여 왔다. 이는 점점 더 많은 정부가 담배세를 세입의 원천으로서뿐만 아니라 흡연을 방지하기 위한 방편으로 생각했기 때문이다. 하지만 담배세의 증가가 점진적이지는 않았다. 주정부가 담배세를 인상하기로 한 번 결정하면 아주 큰 폭으로 올리는 경우가 대부분이었다. 이로써 경제학자들은 큰 폭의 조세 인상이 있는 경우에 어떤 일이 발생하는지에 대한 유용한 자료를 얻을 수 있게 되었다.

〈표 5-4〉는 담배세가 크게 인상되었을 때 나타난 결과를 보여 주고 있다. 각 경우에 앞서 분석한 결과와 마찬가지로 판매는 떨어졌다. 큰 폭의 세율 인상 후에 세입이 감소하는 것이 비록 이론적으로는 가능할지 모르지만 현실에서 세입은 모든 경우에 증가한 것을 볼 수 있다. 이는 담배 수요의 가격탄력성이 낮기 때문이다.

표 5-4 담배세 인상의 결과

주	세금 인상분 (1갑당)	새로운 주세(state tax) (1갑당)	거래량의 변화	세입의 변화
일리노이	$1.00	$1.98	−31.2%	39.0%
미네소타	1.60	2.83	−24.0	56.0
뉴멕시코	0.75	1.66	−7.8	67.5
플로리다	1.00	1.33	−27.8	193.2
워싱턴	1.00	3.03	−20.5	17.0

출처 : Orzechowski & Walker, Tax Burden on Tobacco. U.S. Alcohol and Tobacco Tax and Trade Bureau.

>> 이해돕기 5-5

해답은 책 뒤에

1. 제시된 표는 다이어트 음료 한 캔에 대한 5명의 소비자들의 지불할 용의 및 5명의 생산자들이 음료수 1캔을 판매하는 데 드는 비용을 보여 주고 있다. 각 소비자는 최대한 1캔의 음료수를 살 수 있으며, 각 생산자는 최대로 1캔의 음료수를 팔 수 있다. 정부에서 당신에게 이 음료수 1캔당 0.40달러의 소비세를 부과할 경우 어떤 영향이 있을지에 대한 조언을 부탁하였다고 하자. 조세 부과에 따른 행정비용은 없다고 가정한다.

소비자	지불할 용의	생산자	비용
애나	$0.70	장	$0.10
베르니스	0.60	이브스	0.20
치즈코	0.50	자비에	0.30
다그마르	0.40	월터	0.40
엘라	0.30	베른	0.50

   a. 소비세가 부과되지 않을 경우 거래되는 음료수의 균형가격과 균형거래량은 무엇인가?

   b. 소비세는 소비세 부과 후 소비자들이 지불하는 가격을 0.60달러로 상승시키고 생산자들이 받는 가격을 0.20달러로 하락시킨다. 소비세가 부과될 경우 거래되는 음료수의 양은 얼마인가?

   c. 소비세가 없는 경우, 각 소비자가 얻는 개별 소비자잉여는 얼마만큼인가? 세금으로 인하여 얼마만큼의 총잉여가 감소하였는가?

   d. 소비세가 없는 경우, 각 생산자가 얻는 개별 생산자잉여는 얼마만큼인가? 세금으로 인하여 얼마만큼의 총잉여가 감소하였는가?

   e. 세금으로 인하여 얼마만큼 정부수입이 증가하였는가?

   f. 소비세 부과로 인한 자중손실의 크기는 얼마만큼인가?

2. 다음의 경우에 수요의 가격탄력성에 초점을 맞추어 세금으로 인한 자중손실의 크기가 작은지 큰지를 그림으로 설명하라. 그리고 그 이유를 설명하라.

   a. 휘발유

   b. 밀크 초콜릿 바

문제 풀어보기 | 차를 몰아야 하는가

2013년 말 미국의 휘발유 가격은 갤런당 4달러에서부터 하락하기 시작하여, 2015년에는 2.5달러 아래로 떨어졌다. 우리는 가격이 하락하면 수요량이 상승함을 배웠다. 그러나 휘발유의 경우에는 소비자들이 행동을 바꾸기까지 시간이 걸린다. 그래서 낮은 휘발유 가격에도 불구하고, 단기적으로 소비자들은 휘발유 소비가 많은 SUV를 사거나, 장거리 자동차 여행을 떠나는 등 자신들의 운전행동을 바꾸려고 당장 달려 가지는 않았다. 그러나 낮은 휘발유 가격이 꾸준히 유지되면, 소비자 행동은 장기적으로 변화했다. 2015년에 《뉴욕타임스》는 소비자들이 기록적으로 SUV를 구입하는 동안 전기 또는 하이브리드 자동차의 판매가 저조하였음을 보도했다.

소비자들이 휘발유 가격 변화에 따라 행동을 변화하는 데 시간이 오래 걸리기 때문에, 경제학자들은 수요의 탄력성을 다시 추정하였다. 구체적으로, 경제학자들은 휘발유 소비의 단기 탄력성은 0.1, 장기 탄력성은 0.3 정도 되는 것으로 추정하였다.

휘발유 가격은 2013년 갤런당 4달러에서부터 떨어져서 2016년까지도 2.5달러 아래로 유지되고 있음을 확인하였다. 위에 제시된 탄력성을 이용하면 휘발유의 단기 및 장기 수요 변화는 어떻게 계산되는가? 미국에서는 배럴당 4달러의 가격에서 매일 1,000만 배럴의 휘발유가 소비된다고 가정하고, 장기 탄력성이 반영된 수요곡선을 그리라.

단계 | 1 단기적으로 휘발유의 소비가 몇 퍼센트 변화하는지 구해 보라.

140~143쪽을 복습하라.

$$가격 변화의 백분율 = 가격의 변화/기존 가격 \times 100$$

식 (5-3)을 참고하면,

수요의 가격탄력성 = 수요량 변화의 백분율/가격 변화의 백분율이고

수요량 변화의 백분율 = 수요의 가격탄력성 × 가격 변화의 백분율로 다시 쓸 수 있다.

식 (5-2)를 사용하면 우리는 가격 변화의 백분율을 찾을 수 있다. 가격이 배럴당 4달러에서 2.5달러로 변했기 때문에 가격 변화의 백분율은 ($4 − $2.5)/$4 × 100 = 37.5%이다. 위의 식 (5-3)에 대입하면 단기 수요량의 변화는 단기 탄력성 0.1에 가격 변화의 백분율 37.5%를 곱하여 3.75%를 얻는다.

단계 | 2 장기적으로 휘발유의 소비가 몇 퍼센트 변화하는지 구해 보라.

위와 동일한 방법을 사용하면 되지만, 이번에는 단기 탄력성 0.1 대신에 장기 탄력성 0.3으로 대체한다. 식 (5-3)에 대입하면 장기 수요량의 변화는 0.3 × 37.5% = 11.25%로 계산된다.

단계 | 3 배럴당 4달러의 가격에서 매일 1,000만 배럴의 휘발유가 소비된다고 가정하고, 장기 탄력성이 반영된 수요곡선을 그리라.

아래의 두 단계를 이용하라.

단계 | 4 갤런당 2.5달러일 때의 수요량을 찾아서 x축에 관련 값을 적으라.

다시 140~143쪽을 복습하라.

$$수요량 변화의 백분율 = 수요량의 변화/기존 수요량 \times 100$$

식을 다시 쓰면 수요량의 변화 = 수요량 변화의 백분율 × 기존 수요량/100이다.

질문으로부터 우리는 4달러의 가격이 1,000만 배럴의 소비와 연관됨을 알고 있다. 만약 가격이 2.5달러로 하락한 경우 장기 탄력성 0.3을 사용하면 소비의 변화량이 11.25%임을 단계 2로부터 알고 있다. 이를 사용하여 식을 다시 쓰면 수요량의 변화 = (11.25 × 1,000만 배럴)/100 = 112만 5,000배럴이 얻어진다. 따라서 2.5달러하에서 새로운 수요는 기존의 1,000만 배럴에 112만 5,000 배럴을 더한 1,112만 5,000배럴이 된다.

단계 | 5 수요곡선을 그리고 항목을 표시하라.

144~147쪽을 복습하라.

<그림 5-3(b)>를 보고 만약 탄력성이 그림과 같은 0.5가 아니라 0.3 이었다면 그림이 어떻게 바뀔지 생각해 보라.

수요의 탄력성이 0.3이라면 0.5인 경우에 비해서 약간 덜 탄력적 이므로, 수요곡선을 약간 더 가파르게 그려야 할 것이다. 이는 그래 프를 오른쪽으로 약간 회전시키는 것이다. 단계 4에서 계산된 것과 같이 점 A는 4달러라는 가격하에 1,000만 배럴의 소비, 그리고 점 B는 2.5달러 가격에서 1,112만 5,000배럴의 소비를 나타낸다.

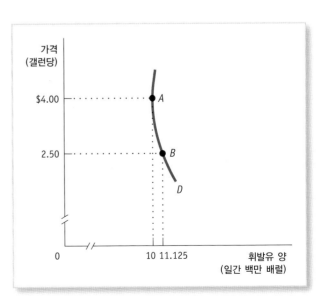

요약

1. 많은 경제학적 문제들은 가격이나 기타 변수에 소비자나 생산자가 얼마나 크게 반응하는가에 관한 문제이다. 탄력성은 그러한 문제에 답하는 데 이용될 수 있는 민감성의 일반적 측정이다.

2. **수요의 가격탄력성**은 가격의 변화에 대한 수요량의 반응을 측정하는 것으로 수요량의 변화 비율을 가격의 변화 비율로 나눈 값이다. 실제로 계산할 때는 가격과 수요량의 변화 비율을 변화 전과 변화 후의 평균을 이용하여 계산하는 **중간값 계산법**을 사용하는 것이 가장 좋다.

3. 가격의 변화에 대한 수요량의 반응 정도에 따라 가격에 의해 수요량이 전혀 변하지 않는 **완전 비탄력적 수요**부터 특정한 가격에서 생산되는 만큼 수요량이 결정되는 **완전 탄력적 수요**까지 존재한다. 수요가 완전 비탄력적이면 수요곡선은 수직이고, 수요가 완전 탄력적이면 수요곡선은 수평이 된다.

4. 수요의 가격탄력성은 1을 기준으로 나누어진다. 탄력성이 1보다 크면 **탄력적 수요**이고, 1보다 작으면 **비탄력적 수요**, 1이면 **단위탄력적 수요**라고 한다. 이러한 분류는 **총수입**, 즉 총판매가치가 가격 변화에 따라 어떻게 변화하는지를 결정한다. 수요가 탄력적이라면 가격이 상승할 때 총수입은 감소하고, 가격이 하락할 때 총수입은 증가한다. 반대로 수요가 비탄력적이라면 가격이 상승할 때 총수입은 증가하고, 가격이 하락할 때 총수입은 감소한다.

5. 수요의 가격탄력성은 재화의 대체재(탄력성이 높다)가 존재하는지, 그 재화가 사치재(탄력성이 높다)인지 필수재(탄력성이 낮다)인지, 재화에 소비된 지출의 소득에서의 비중(탄력성이 높다)은 얼마인지, 가격이 변화한 이후 얼마만큼 시간이 흘렀는지(탄력성이 높다)에 따라서 결정된다.

6. **수요의 교차가격탄력성**은 한 재화 가격의 변화가 다른 재화의 수요량에 미치는 영향을 측정한다. 재화들이 대체재 관계에 있으면 수요의 교차가격탄력성은 양의 값을 가지고, 보완재 관계에 있으면 수요의 교차가격탄력성은 음의 값을 가진다.

7. **수요의 소득탄력성**은 수요량의 변화 비율을 소득의 변화 비율로 나눈 값으로 소득의 변화에 대한 수요량이 얼마나 반응하는지를 측정하는 것이다. 재화가 열등재라면 소득탄력성이 음이고, 정상재라면 소득탄력성은 양이다. 소득탄력성이 1보다 크면 그 재화는 **소득탄력적**이고, 소득탄력성이 양이나 1 이하이면 그 재화는 **소득비탄력적**이다.

8. **공급의 가격탄력성**은 공급량의 변화 비율을 가격의 변화 비율로 나눈 값이다. 가격에 의해 공급량이 전혀 변하지 않으면 **완전 비탄력적 공급**이고 공급곡선은 수직이 된다. 특정 가격 이상에서는 생산량이 무한대이고 그 이하에서는 전혀 생산하지 않는다면 **완전 탄력적 공급**이다. 이때의 공급곡선은 수평이 된다.

9. 공급의 가격탄력성은 생산을 증가시키기 위한 자원을 확보할 수 있는지 여부와 시간에 따라 결정된다. 투입요소를 쉽게 구할 수 있을수록, 가격이 변화한 이후 시간이 지날수록 탄력성이 커진다.

10. 조세로부터 징수된 세입은 **세율**과 조세부과 이후의 거래량에 따라 결정된다. 소비세는 상호 이익이 되는 거래를 방해하기 때문에 자중손실이라는 형태의 비효율성을 초래한다. 조세에는 **행정비용** 또한 따르게 된다. 이는 조세를 징수하고 납부하며(여기에 드는 자원은 실제 조세징수액보다도 훨씬 크다) 회피하기 위해 드는 자원들을 뜻한다.

11. **소비세**는 정부세입을 충당하지만 전체 잉여는 감소시킨다. 이러한 감소분은 세입을 넘어서기 때문에 사회적으로 자중손실이 발생하게 된다. 이러한 자중손실은 조세로 인해 포기된 거래의 가치와 같은 넓이의 삼각형 모양으로 나타난다. 수요나 공급, 또는 두 가지 모두의 가격탄력성이 클수록 조세로 인한 자중손실은 커지게 된다. 수요나 공급이 완전 비탄력적이라면 조세로 인한 자중손실은 전혀 없게 된다.

주요용어

수요의 가격탄력성	탄력적 수요	수요의 교차가격탄력성
중간값 계산법	비탄력적 수요	수요의 소득탄력성
완전 비탄력적 수요	단위탄력적 수요	소득탄력적
완전 탄력적 수요	총수입	소득비탄력적

공급의 가격탄력성　　　　　완전 탄력적 공급　　　　　　세율
완전 비탄력적 공급　　　　　소비세　　　　　　　　　　행정비용

토론문제

1. 살균한 피하 주삿바늘이 약물이 남용되고 있는 도시에 무료로 제공되어야 하는지에 대하여 논쟁이 있다. 옹호자들은 그렇게 하는 것이 HIV/AIDS와 같이 종종 마약 중독자들 사이에서 주삿바늘에 의하여 전염되는 질병의 발병률을 감소시킬 수 있을 것이라고 주장한다. 반대자들은 주삿바늘을 제공하게 되면 이러한 행위의 위험을 감소시킴으로써 마약 사용을 오히려 장려하는 셈이 될 것이라고 주장한다. 정책을 평가하게 된 경제학자로서 당신은 다음을 알아야 한다. (i) HIV/AIDS와 같은 질병의 발병률이 살균된 주삿바늘의 가격에 대해 얼마나 민감하게 반응하는가, (ii) 마약 사용이 주삿바늘의 가격에 얼마나 민감하게 반응하는가. 이와 같은 두 가지 사실을 알고 있다고 가정하자. 주삿바늘의 수요의 가격탄력성과 마약과 주삿바늘 간 교차가격탄력성의 개념을 사용하여 다음 질문에 답하라.

   a. 어떠한 상황에서 이것이 바람직한 결과를 가져오는 정책이 되는가?

   b. 어떠한 상황에서 이것이 바람직하지 못한 결과를 가져오는 정책이 되는가?

2. 전 세계적으로 커피 재배자들은 지난 몇 년 동안 커피 경작지를 늘려 왔다. 그 결과 10~20년 전보다 더 많은 커피를 생산하게 되었다. 그러나 커피 재배자들은 상당한 총수입 감소를 겪어야 했다. 탄력성 개념을 이용하여 이러한 현상을 설명하라. 이를 그림 혹은 도표로 나타내고 수량효과와 가격효과를 표시하라.

13. 1990년 미국은 고급 승용차에 조세를 부과하기 시작했다. 단순화를 위해 1대당 6,000달러의 소비세가 부과되었다고

가정해 보자. 주어진 그래프는 고급 승용차에 대한 가상의 수요와 공급곡선을 나타낸다.

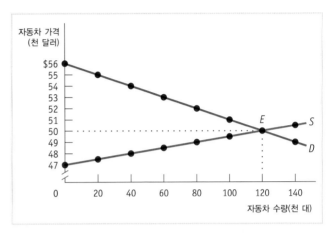

   a. 소비자들이 조세부과하에 지불하는 가격은 얼마인가? 생산자들이 받는 가격은 얼마인가? 이 소비세로 인한 정부세입은 얼마인가?

   시간이 지나면서 고급 승용차에 대한 과세는 점차적으로 축소되었다(2002년에는 완전히 철폐되었다). 소비세가 1대당 6,000달러에서 4,500달러로 감소했다고 가정해 보자.

   b. 소비세가 1대당 6,000달러에서 4,500달러로 감소한 이후 소비자들이 지불한 가격은 얼마가 되었는가? 생산자들이 받는 가격은 얼마인가? 세입은 얼마가 되었는가?

   c. a와 b에서 징수된 총세입을 비교하라. 소비세의 축소로 인한 세입의 변동은 무엇으로 설명되는가?

연습문제

1. 다음의 사건이 일어날 때 포드의 SUV에 대한 수요의 가격탄력성이 증가할지, 감소할지 또는 영향받지 않을지를 답하고 이에 대해 설명하라.

   a. 제너럴 모터스와 같은 다른 자동차 생산자가 SUV를 생산하여 판매하기로 결정했다.

   b. 미국 시장에서 외국에서 생산된 SUV의 판매가 금지되었다.

   c. 광고로 인하여 미국인들이 SUV가 일반 승용차보다 훨씬 안전하다고 믿게 되었다.

   d. 탄력성을 측정하는 시간적 범위를 길게 한다. 그 기간에 사륜구동 카고 밴과 같은 새로운 모델이 등장한다.

2. 2015년의 미국은 밀을 재배하기에 좋지 않은 해였다. 그리고 밀 공급이 감소함에 따라 밀 가격은 급격히 상승했고, 이는 수요 감소를 이끌었다(수요곡선 상의 이동). 다음

표는 가격과 밀 수요량의 변화를 보여 준다.

	2014년	2015년
수요량(부셸)	22억	20억
평균 가격(부셸당)	$3.42	$4.26

a. 중간값 계산법을 사용하여 겨울 밀의 수요에 대한 가격탄력성을 계산하라.

b. 2014년과 2015년의 미국 밀 농부들의 총수입은 얼마인가?

c. 흉작은 미국 밀 농부들의 총수입을 증가 또는 감소시켰는가? **a**에 대한 답에서 이를 어떻게 예상할 수 있겠는가?

3. 다음 표는 미국에서 개인용 컴퓨터에 대한 공급표 중 일부를 나타낸다.

컴퓨터 가격	컴퓨터 공급량
$1,100	12,000
900	8,000

a. 중간값 계산법을 사용하여 900달러에서 1,100달러로 가격 상승 시 공급의 가격탄력성을 계산하라. 계산 결과는 탄력적인가, 비탄력적인가, 단위탄력적인가?

b. 기술진보로 인하여 동일한 가격에 1,000대의 컴퓨터를 더 생산할 수 있게 되었다고 가정하자. 가격이 900달러에서 1,100달러로 상승하면서 공급의 가격탄력성이 **a**와 비교하여 어떻게 되겠는가?

c. 고려되는 기간이 길어지면 주어진 가격에서의 공급량이 위 표와 비교했을 때 20% 증가한다고 가정하자. 가격이 900달러에서 1,100달러로 상승할 때 공급의 가격탄력성은 **a**와 비교하여 어떻게 되겠는가?

4. 다음 표는 몇 가지 재화에 대해서 수요의 교차가격탄력성의 값을 나타낸다. 수량의 백분율 변화는 첫 번째 재화, 가격의 백분율 변화는 두 번째 재화에 대해서 측정되었다.

재화	수요의 교차가격탄력성
에어컨과 전력	−0.34
코카콜라와 펩시	+0.63
연료를 많이 소비하는 SUV와 휘발유	−0.28
맥도날드 햄버거와 버거킹 햄버거	+0.82
버터와 마가린	+1.54

a. 각 교차가격탄력성의 부호를 설명하라. 이는 두 재화 간 관계에 대하여 무엇을 의미하는가?

b. 교차가격탄력성의 절댓값을 비교하고 그 크기를 설명하라. 예를 들어 왜 맥도날드와 버거킹의 교차가격탄력성이 버터와 마가린의 교차가격탄력성보다 더 작은가?

c. 표의 정보를 이용하여 펩시의 5%의 가격 인상이 코카콜라의 수요량에 어떠한 영향을 미칠 것인가를 계산하라.

d. 표의 정보를 이용하여 휘발유 가격의 10% 인하가 SUV의 수요량에 어떠한 영향을 줄 것인지를 계산하라.

5. 다음 각각의 진술에서 수요의 가격탄력성에 대해서 어떠한 결론을 내릴 수 있겠는가?

a. "이 도시에서 피자 배달 사업은 매우 경쟁적이다. 만약 내가 가격을 10% 올리게 된다면 내 고객의 절반을 잃을 것이다."

b. "나는 현존하는 2개의 제리 가르시아의 육필 석판인쇄를 모두 가지고 있다. 나는 그중 하나를 이베이에서 높은 가격에 판매하였다. 그러나 내가 두 번째 것을 판매할 때 가격이 80%로 떨어졌다."

c. "경제학 교수가 수업에서 크루그먼과 웰스의 교과서를 사용하기로 결정하였다. 나는 이 책을 살 수밖에 없다."

d. "나는 항상 매주 커피를 마시는 데 정확히 10달러를 쓴다."

6. 다음 표는 크리스탈 레이크 타운을 방문하는 관광객의 평균소득에 따른 기념품 티셔츠의 가격과 연간 판매량을 나타낸다.

티셔츠 가격	관광객의 평균소득이 2만 달러일 때 티셔츠 수요량	관광객의 평균소득이 3만 달러일 때 티셔츠 수요량
$4	3,000	5,000
5	2,400	4,200
6	1,600	3,000
7	800	1,800

a. 중간값 계산법을 사용하여 티셔츠 가격이 5달러에서 6달러로 상승할 때 관광객의 평균소득이 2만 달러인 경우 수요의 가격탄력성을 계산하라. 마찬가지로 3만 달러인 경우도 계산하라.

b. 중간값 계산법을 사용하여 티셔츠의 가격이 4달러이고 관광객의 평균소득이 2만 달러에서 3만 달러로 증가할 때 수요의 소득탄력성을 계산하라. 마찬가지로 티셔츠 가격이 7달러인 경우도 계산하라.

7. 최근 연구는 폭스바겐 제타의 탄력성을 다음과 같이 계산하였다.

$$수요의\ 가격탄력성 = 2$$
$$수요의\ 소득탄력성 = 1.5$$

제타의 공급은 탄력적이다. 이러한 정보에 기반하여 다음과 같은 진술이 참인지 거짓인지 결정하고 그 이유를 설명하라.

a. 제타 가격의 10% 인상은 수요량을 20% 감소시킬 것이다.

b. 소비자 소득의 증가는 제타의 가격과 판매량을 상승시킬 것이다.

8. 다음과 같은 경우 공급의 가격탄력성이 (i) 완전 탄력적, (ii) 완전 비탄력적, (iii) 탄력적이나 완전 탄력적이지는 않은 경우, (iv) 비탄력적이나 완전 비탄력적이지는 않은 경우 중 어디에 속할 것인가? 도표를 사용하여 설명하라.

a. 올 여름 고급 유람선에 대한 수요 증가는 퀸 메리호 선실의 판매 가격을 크게 증가시킨다.

b. 전력 가격이 전력에 대한 수요가 많을 때도 전력에 대한 수요가 적을 때와 동일하다.

c. 비행기 승객이 2월에는 다른 달보다 더 적다. 항공사는 티켓 가격이 이달에 20% 하락하자 10% 정도의 운항계획을 취소하였다.

d. 메인에 있는 별장 주인은 여름 동안 집을 대여한다. 이번 해의 경기 부진으로 대여료가 30% 하락하면 절반 이상의 별장 주인이 타인에게 대여하지 않고 그 자신이 여름 동안 별장에서 보내게 된다.

9. 탄력성 개념을 사용하여 다음과 같은 현상을 설명하라.

a. 경기가 좋을 때는 체육관이나 태닝 살롱과 같은 사업이 식료품점보다 더 많이 생겨난다.

b. 멕시코에서 시멘트는 빌딩 건설에 기초적으로 쓰이는 자재이다. 새로운 기술이 개발되어 시멘트 생산가격이 더 싸지자 멕시코 시멘트산업의 공급곡선이 상대적으로 더 평평해졌다.

c. 전화와 같이 한때 사치재라고 여겨졌던 상품들이 이제 필수재라고 여겨진다. 그 결과 전화서비스에 대한 수요곡선은 시간이 지남에 따라 더 가팔라졌다.

d. 과테말라와 같이 덜 개발된 국가의 소비자들은 캐나다와 같이 더 개발된 국가의 소비자들보다 소득의 더 많은 부분을 재봉틀과 같이 가내수공업에 필요한 장비를 사는 데 소비한다.

10. 미국의 에너지자원부의 자료에 따르면 연비가 좋은 토요타 프리우스 하이브리드 판매는 2014년 19만 4,108대에서 2015년 18만 603대로 감소했다. 같은 기간에 미국의 에너지 자원 정보 행정부의 자료에 따르면 휘발유 가격은 3.36달러에서 2.43달러로 하락했다. 중간값 계산법을 사용하여, 토요타 프리우스와 휘발유의 교차가격탄력성을 계산하라. 산출된 수요의 교차가격탄력성에 따르면 두 제품은 보완재인가 대체재인가? 정답은 합리적으로 도출되었는가?

11. 2015년에 《미국예방의학저널》에 실린 한 논문은 주류 가격의 인상이 성병 감염에 미치는 영향에 대해 연구했다. 특히 연구자들은 메릴랜드의 주류세 인상 정책이 임질 감염 감소에 미치는 영향을 연구했다. 이 논문은 주류세율을 3% 인상한 것이 임질 감염 건수를 1,600건 감소시켰다는 결론을 내렸다. 조세 인상 이전에 임질 감염 건수는 7,450건이었다고 가정하자. 중간값 계산법을 이용하여 임질 감염 건수의 감소율을 밝히고, 주류와 임질 감염 간 수요의 교차가격탄력성을 계산하라. 계산 결과에 따르면 주류와 임질은 보완재인가 대체재인가?

12. 미국에서는 국내선 비행기표의 판매에 소비세가 붙는다. 2015년 소비세가 비행기표 1장당 6.10달러였다고 가정해 보자(이는 비행세 3.60달러에 9 · 11 사태 요금 2.50달러가 더해진 것으로 구성된다). 교통정보국에 따르면 2015년 6억 4,300만 명의 승객이 평균 380달러의 가격으로 국내선을 이용한 것으로 나타났다. 다음은 비행기표에 대한 공급과 수요표이다. 평균가격 380달러에 대한 수요량만이 실제 통계량이고 나머지는 가상적인 자료이다.

비행기표 가격	비행기표 수요량 (백만 장)	비행기표 공급량 (백만 장)
$380.02	642	699
380.00	643	698
378.00	693	693
373.90	793	643
373.82	913	642

a. 2015년에 소비세로부터 얻은 정부세입은 얼마인가?

b. 2016년 1월 1일, 소비세는 비행기표 1장당 6.20달러로 증가하였다. 균형거래량이 얼마가 되었는가? 비행기표의 평균가격은 얼마가 되었는가? 2016년 정부세입은 얼마인가?

c. 이와 같은 소비세의 증가는 세입을 증가시키는가, 아니면 감소시키는가?

13. 모든 주정부는 휘발유에 대해 소비세를 부과하고 있다. 연방도로관리청의 자료에 따르면 캘리포니아 주는 휘발유 1갤런당 0.40달러의 소비세를 부과하고 있다. 2015년 캘

리포니아 휘발유 판매량은 146억 갤런으로 집계되었다. 휘발유 소비세로 인한 캘리포니아 주의 세입은 얼마인가? 만약 캘리포니아 주가 소비세를 두 배로 올렸다면 세입이 두 배가 되겠는가? 그 대답에 대한 이유는 무엇인가?

14. 미국 정부는 미국에 트럭을 수출하는 외국 자동차 기업들과 미국의 자동차 산업이 경쟁할 수 있도록 지원하려 한다. 이를 위해서는 미국에서 판매되는 외제 트럭에 소비세를 부과할 수 있다. 다음 표는 가상적인 세전 수요와 공급계획을 나타낸다.

수입 트럭 가격	수입 트럭 수량(천 대)	
	수요량	공급량
$32,000	100	400
31,000	200	350
30,000	300	300
29,000	400	250
28,000	500	200
27,000	600	150

a. 정부의 개입이 없는 경우 수입 트럭의 균형가격은 얼마인가? 균형거래량은? 도표로 설명하라.

b. 수입 트럭 1대당 정부가 3,000달러의 소비세를 부과한다고 가정할 때, 이 소비세의 효과를 a에서 그린 도표에 나타내 보라. 이제 몇 대의 수입 트럭이 얼마의 가격에 거래되는가? 외국의 자동차 기업들은 1대당 얼마의 가격을 받게 되는가?

c. b에서 말한 소비세로 징수된 정부세입이 얼마인지 계산하고 도표에 표시하라.

d. 수입 트럭에 부과된 소비세가 미국 자동차 기업에 어떻게 혜택을 주는가? 누가 손해를 입는가? 이러한 정부정책에 의해 비효율성은 어떻게 발생하는가?

15. 온라인 서점인 나일닷컴은 총수입을 증대시키고자 한다. 전략 중 하나로 중간값 계산법을 사용하여 10% 할인된 가격에 판매하도록 하고 있다. 나일닷컴은 고객이 가격 인하에 대한 반응에 따라서 두 그룹으로 분리될 수 있음을 알고 있다. 다음 표는 두 그룹이 가격 인하에 어떻게 반응하는지 보여 준다.

	A그룹 (주당 판매액)	B그룹 (주당 판매액)
10% 가격 인하 전 판매액	155만	150만
10% 가격 인하 후 판매액	165만	170만

a. 중간값 계산법을 사용하여 A그룹과 B그룹의 수요의 가격탄력성을 계산하라.

b. 가격 인하가 각 그룹에서의 총수입에 어떠한 영향을 줄 것인지 설명하라.

c. 나일닷컴이 고객이 로그인할 때 어떤 그룹에 속할지 알고 있으며, 그 고객에게 10% 할인율을 제공할지 여부를 결정할 수 있다고 가정하자. 만약 나일닷컴이 총수입을 증대시키고자 한다면 할인율을 A그룹 또는 B그룹 중 어디에 적용시켜야 하는가? 아니면 두 그룹 모두에 적용하거나 두 그룹 모두에 적용하지 말아야 하는가?

2009년에 개릿 캠프(Garrett Camp)와 트래비스 칼라닉(Travis Kalanick)이라는 젊은 창업자 두 명은 택시를 잡아야 하지만 빈 택시가 없다는 흔히 겪는 좌절을 덜어주기 위해 우버를 설립했다. 뉴욕 시 같이 인구가 고도로 밀집한 도시에서 택시 잡기는 보통 힘든 일이 아니다. 길모퉁이에 서서 손을 들면 잠시 후에 택시가 당신 앞에 설 것이다. 그리고 택시 요금이 시 정부에 의해 정해지기 때문에 택시에 타기 전에 택시 요금이 정확히 얼마나 나올지도 알 수 있다.

하지만 비 오는 날이나 퇴근 시간 같은 때는 택시 잡기가 매우 어려워 상당히 오래 기다려야 할 수도 있다. 당신은 기다리는 동안 퇴근을 위해 지나쳐 가는 빈 택시를 목격하곤 할 것이다. 게다가 눈 폭풍이 불거나 새해 전날인 경우와 같이 택시를 잡는 것이 불가능한 시기도 있다.

우버는 이런 문제들을 해결하기 위해 만들어졌다. 우버는 스마트폰 앱을 활용하여 승객을 운전자와 연결한다. 우버는 또한 운전자들을 등록하고, 요금을 정하고, 등록된 승객의 신용카드에서 요금을 자동으로 징수한다. 우버가 25%의 요금을 가져가고, 나머지는 운전자가 가져간다. 2018년에 우버는 85개 국가의 903개가 넘는 도시에서 운영되어 120억 번 이상의 운행 예약이 이루어졌다.

평상시 뉴욕에서 우버의 요금은 일반적인 택시와 대략적으로 견줄 만하다. 여기서 평상시라는 단어가 중요한데, 우버는 평상시가 아니라면 요금이 크게 변동하기 때문이다. 준비된 차량보다 차를 찾는 사람이 더 많은 경우 우버는 일시적인 가격인상 정책을 사용한다. 이는 우버를 이용하고 싶어 하는 사람이 준비된 차량 숫자와 같아질 때까지 운임을 계속해서 올리는 정책이다. 예를 들어 눈 폭풍이 불 때나 새해 전날에는 우버 요금이 평상시 가격의 9배에서 10배까지 올라간다.

하지만 칼라닉에 따르면 우버의 '일시적인 가격인상 정책'은 단지 고객들을 만족시키기 위한 방법일 뿐이다. '일시적인 가격'은 차를 타지 못하는 사람을 최대한 줄이려고 계산되기 때문이다. 그는 "우리 회사는 자동차를 보유하지도, 운전기사를 고용하지도 않는다. 높은 비용은 자동차 소유자가 우버에 참여하게 하기 위해 필요하고, 이들이 가장 붐비는 시간에도 일하게 하기 위해 필요하다."고 말했다. 하지만 우버에 더 많은 운전자가 참여함에 따라 운전자들은 충분한 수입을 얻는 데 더 긴 시간이 걸린다는 것을 알았다. 따라서 택시를 부르기 힘든 도시에서는 우버 운전자들이 단결하여 토요일 밤과 같은 황금 시간대에 일제히 영업을 멈춘다. 이러한 영업 중단은 가격을 치솟게 해 운전자들이 차를 몰고 나가게 만든다. 분명히 우버 운전자들은 수요와 공급이 어떻게 작용하는지 알고 있다.

생각해 볼 문제

1. 우버가 운행되기 이전에 날씨가 좋은 날에는 일반적으로 택시를 잡기 쉽고, 날씨가 나쁜 날에는 택시 잡기가 어려운지 어떻게 설명할 수 있는가?
2. 우버의 '일시적인 가격인상 정책'은 어떤 방식으로 이 문제를 해결하였는가? 이 정책이 택시를 타지 못하는 사람을 최대한 줄였다는 칼라닉의 주장을 평가하라.
3. 수요와 공급곡선을 그려 우버 운전자들이 어떻게 일제히 영업을 중단하여 가격을 치솟게 만들 수 있었는지 보이라. 왜 이러한 전략은 뉴욕과 같이 택시가 잘 정비된 대도시에서는 통하기 어려운가?

2014년은 음악계에 군림하는 커플 제이지와 비욘세에게 매우 수익성이 높은 해였다. 그 전까지 이 오랜 경력의 두 예술가는 공동 투어를 연 적이 없었다. 제이지와 비욘세가 'On the Run' 투어에서 창조적 영향력을 합쳤을 때, 그들의 공연 티켓 가격은 크게 치솟았다. 2014년 8월에 호주에서 투어가 마무리되었을 때 총 19개 공연의 좌석 점유율은 90%에 총이익은 1억 달러 이상이었다.

한 음악산업 전문가는 이에 놀랄 필요가 없다고 지적하며 "제이지와 비욘세는 합해서 거의 2억 장의 음반 판매량에 36번의 그래미 수상 경력에 무시할 수 없는 창작 능력까지 갖춘 예술가이다. 그들의 재능이 결합하면 적어도 공연 티켓 가격에 대해서는 금액의 상한이 없다."고 말했다. 그리고 스텁허

브(StubHub)나 티켓나우(TicketsNow)와 같은 공연 티켓 재판매 웹사이트에서 이들의 공연 티켓이 평균 342.67달러에 팔림으로써 시장도 이에 동의했다.

하지만 이들의 공연 티켓에 대한 높은 수요에도 불구하고 제이지와 비욘세는 한 티켓당 평균 342.67달러보다는 상당히 적은 금액을 받았다. 왜 그랬을까? 이 공연의 제작자인 오마르 알 줄라니(Omar Al-Joulani)는 티켓 가격이 40달러부터 아무리 높아도 275달러는 넘지 않도록 폭넓게 매겨졌다고 설명했다. 그는 "우리 전략은 사람들이 그러한 티켓 체인에 들어가 있으면 어느 곳이든 공연을 볼 수 있는 기회를 갖도록 티켓 가격을 책정하는 것이었다."고 말했다.

따라서 만일 당신이 매표소에서 줄을 서든 티켓마스터(Ticketmaster)와 같은 온라인 공식 예매 사이트를 이용하든 직접 공연 티켓을 얻었다면 이를 시장가격에 되팔아서 상당한 돈을 받을 수 있었을 것이다. 이는 제이지와 비욘세가 그들의 음악뿐만 아니라 부를 나누는 한 방법이었을지도 모른다.

생각해 볼 문제

1. 소비자잉여와 생산자잉여의 개념을 이용해 티켓 재판매가 없을 때의 제이지와 비욘세, 그들 팬들 사이의 거래를 분석하라(이는 모든 사람이 티켓을 직접 구매하고 콘서트에 간다는 것을 의미한다). 이를 보여 주는 도표를 그리라.

2. 1번 문제에서 그린 도표를 참고하여 공연 티켓 재판매가 제이지와 비욘세, 그들 팬 사이의 소비자잉여와 생산자잉여의 분배에 미치는 영향을 설명하라.

2015년의 항공사 업계는 2013년의 약 120억 달러보다 오른 360억 달러의 수익을 올렸다. 그러나 2008년 경기침체 동안의 업계는 재앙으로 금방이라도 치달을 것 같은 상태였다. 국제 항공운송협회에 따르면 그해에 업계는 110억 달러의 손실을 입었다.

2009년이 되어 경제는 여전히 매우 취약하고 항공운항은 정상수준을 한참 밑돌았지만 수익성은 회복되기 시작했다. 그리고 경기침체가 지속되고 있는 2010년부터 항공산업의 전망은 완전히 회복되었고, 그해 89억 달러의 이윤을 창출할 수 있었다.

어떻게 항공산업은 그러한 극적인 변화국면을 맞이할 수 있었을까? 이유는 간단하다. 적게 운항하고 높은 비용을 청구하는 것이다. 2011년에 요금은 전년도보다 8%, 2009년과 비교했을 때 17% 증가했다. 항공운항은 지난 10년보다 더욱 붐비게 되었고, 국내항공조차 빈 좌석의 비율이 5분의 1 이하일 정도였다. 그리고 그러한 추세는 오늘날에도 계속된다.

운항 횟수를 줄인 것뿐만 아니라 항공사는 항공기가 출발하는 때와 티켓을 구매한 시기에 근거하여 티켓 가격을 책정하기 시작했다. 예를 들어 화요일이나 수요일에 출발하는 항공 요금이 가장 저렴했고, 금요일과 토요일의 운임이 가장 비쌌다. 당신이 적어도 새벽 4시에 일어나서 출발해야 하는 아침 첫 비행기의 운임은 뒤의 비행운임보다 저렴했다. 그리고 동부 표준시로 화요일 오후 3시에 표를 구매하는 것이 가장 저렴했고, 주말에 구매하는 표의 가격이 가장 비쌌다.

그리고 그것은 여기서 그치지 않는다. 항공사는 기내식, 담요, 수하물, 비행기에 먼저 탑승하는 것, 그리고 좌석을 먼저 고를 수 있는 것 등에 대해 새로운 요금을 부과하거나 기존 요금들을 인상했다. 항공사들도 여행자들이 미리 알아차리지 못하게 비용을 부과하고자 하는 유인을 갖는다. 예를 들어 휴일에 요금을 올리지 않는다고 하면서 휴일 할증료(holiday surcharge)를 여행객들에게 부과한다.

2007년에 항공사들이 챙긴 운임은 24억 5천만 달러로 꽤 적은 금액이었다. 하지만 2016년에는 그 수치가 폭발적으로 증가하여 2007년보다 거의 2,500% 증가한 700억 달러에 이르렀다. 이러한 항공사의 수익증가 이면에는 유류 할증료(fuel surcharge)가 있다. 유류 할증은 미 연방정부가 유류 가격이 매우 높은 경우 항공사가 승객들에게 그 비용을 전가하게 한 제도이다. 지난 6년 동안 유류 가격이 낮은 수준이었음에도 유류 할증료를 지속적으로 부과함으로써 항공사의 수익이 늘어난 것이다.

하지만 산업 분석가들은 과연 항공사가 현재의 높은 수익성을 계속 유지할 수 있는가에 대해 반문한다. 과거에 항공사는 여행자들의 수요가 급증하자 좌석을 늘리는 등 설비를 재빨리 구축함으로써 비행요금을 낮추었다. 어느 항공산업 연구자는 "가장 중요한 것은 수용능력이다."라고 이야기한다. 수용능력을 늘리는 한 번의 움직임이 중요할 뿐이며 우리는 그것을 따르며 그것이 만들어 낸 좋은 것들은 제자리로 돌아갈 뿐이다."

생각해 볼 문제

1. 이번 사례에서 주어진 정보를 통해 비행에 대한 수요의 가격탄력성을 묘사해 보라.
2. 탄력성의 개념을 이용해서 왜 항공사가 언제 비행기 표를 구매할지, 그리고 언제 비행할지에 근거해서 가격을 큰 폭으로 변화시킬 수 있는지 설명하라. 사람에 따라 불편한 시간대에 탑승하거나 값싼 표를 구하기 위해 시간을 쓸 의향이 있는 사람도 있으며 그렇지 않은 사람들도 있다고 가정하라.
3. 탄력성의 개념을 이용해서 왜 항공사가 수하물 수속 등에 비용을 청구하는지 이야기하라. 왜 그들은 요금을 숨기거나 속이는가?
4. 탄력성의 개념을 이용하여 미래에 어떤 조건하에서 항공사가 높은 수익성을 유지할 수 있는지 설명하라.

공급곡선의 이면 : 투입과 비용

 ## 농부의 선택

"오 아름다워라, 광활한 하늘과 누런 곡식의 물결…"이란 가사로 노래 〈아름다운 아메리카〉(미국민의 정서를 대표하는 노래—역자 주)는 시작한다. 가사에 나오는 누런 곡식의 물결은 상상 속의 것이 아니다. 미국 인구 중에 농부는 극소수이지만 미국의 농업생산성은 엄청나게 높아서 전 세계 인구의 대부분을 먹여 살리고 있다.

그런데 농업 통계를 보면 조금 놀라운 사실이 있다. 에이커당 산출량을 볼 때 미국은 선두 근처에도 못 미치는 경우가 많다는 점이다. 예를 들면 서부유럽의 에이커당 밀 생산량은 미국의 세 배 가까이 된다. 유럽인들이

미국인들보다 밀 생산에 더 유능한 것일까?

그렇지 않다. 유럽의 농부들이 대단히 유능한 것은 사실이지만 미국 농부들보다 더 뛰어난 것은 아니다. 그들이 더 많은 밀을 생산하는 이유는 에이커당 더 많은 투입물—비료와 노동력(특히 후자)—을 사용하기 때문이다. 당연히 비용도 유럽 쪽이 더 높다. 그러나 정부 시책으로 인해 유럽 농부들은 미국 농부들보다 밀에 대해 더 높은 가격을 받는다. 이것이 유럽의 농부들로 하여금 더 많은 투입물을 사용하게 만들고, 한계적으로 에이커당 생산량을 증가시키는 데 더 많은 노력을 투입하게 만드는 인센티브가 된다.

'한계적으로'라는 용어의 사용에 주목하기 바란다. 편익과 비용을 비교하게 되는 대부분의 결정이 그렇듯이 투입물과 생산에 관한 결정은 한계수량—생산량을 조금 더 증가시키는 데 따른 한계비용과 한계편익—의 비교를 수반한다.

이 장과 다음 장에서는 공급곡선의 이면에서 생산량이 어떻게 결정되는지 한계분석을 통해 알아본다. 그 첫 단계로서 기업의 투입물과 산출물 사이의 관계—기업의 **생산함수**—가 어떻게 기업의 **비용곡선**, 즉 생산량과 비용과의 관계를 결정하는지 알아본다. 이것이 이 장에서 살펴볼 내용이다. 제7장에서는 기업의 비용곡선에 대해 배운 것을 이용하여 개별공급곡선과 시장공급곡선을 도출하게 된다. ●

토지를 얼마나 집약적으로 경작하는가 하는 한계적 결정은 농부가 받는 가격에 따라 달라진다.

이 장에서 배울 내용

- 기업의 **생산함수** 의미
- 한 **투입요소**에 대한 **수익체감**이 흔히 나타나는 이유
- 기업의 비용을 분류하고, 이로부터 기업의 한계비용곡선과 **평균비용곡선**을 도출하는 방법
- 기업의 비용이 **단기**와 **장기**에 있어 다른 이유
- **규모에 대한 수익증가**와 그것이 발생시키는 이점

‖ 생산함수

기업이란 판매를 목적으로 재화와 서비스를 생산하는 조직이다. 생산은 투입물을 산출물로 전환하는 과정이다. 기업이 생산하는 산출물의 수량은 투입물의 수량에 따라 결정되는데 이 산출량과 투입량의 관계를 기업의 **생산함수**(production function)라고 부른다. 이 생산함수가 기업의 비용곡선을 결정함을 앞으로 배우게 될 것이다. 우선은 가상적인 생산함수를 놓고 그 특징을 살펴보도록 하자.

투입과 산출

생산함수의 개념을 설명하기 위해 토지와 노동 두 가지를 투입하여 밀 한 가지만을 생산하는 농장을 생각해 보자. 이 농장은 조지와 마서라고 하는 부부가 소유하고 있다. 이들 부부는 일꾼을 고용하여 농장에서 필요한 육체노동을 시키고 있다. 우리는 모든 노동자가 동질적이라고, 즉 농장 일에 필요한 지식과 능력을 똑같이 가졌다고 가정한다.

조지와 마서의 농장에는 10에이커의 토지가 있으며 토지를 매매하거나 빌려서 그 경작 면적을 증가시키거나 감소시킬 수 없다. 여기서 토지는 경제학자가 말하는 **고정요소**(fixed input) — 수량이 고정되어 변경 불가능한 요소 — 이다. 반면에 조지와 마서는 자신의 농장에서 일할 노동자의 수는 자유로이 선택할 수 있다. 이들 노동자가 공급하는 노동은 **가변요소**(variable input) — 기업이 수량을 아무 때나 변동시킬 수 있는 요소 — 라고 부른다.

현실에서 어떤 요소의 수량이 고정되어 있는지 여부는 주어진 시간에 따라 결정된다. 충분한 시간이 주어진 **장기**(long run)에는 어떤 요소의 수량도 조정될 수 있다. 따라서 장기에는 고정요소가 없다.

반면에 **단기**(short run)는 적어도 하나의 요소가 고정되어 있는 시간으로 정의된다. 단기와 장기의 구분에 대해서는 이 장 뒷부분에서 더 엄밀하게 살펴볼 것이다. 우선은 관심을 단기에 두고 적어도 하나의 고정요소가 있다고 가정한다.

조지와 마서는 밀 산출량이 노동자의 수에 따라 달라진다는 것을 알고 있다. 현대의 농업기술로는 노동자 1명으로도 10에이커의 토지를 경작할 수 있다. 노동자가 2명일 때는 5에이커씩, 3명일 때는 3 1/3에이커씩, 이런 식으로 노동자가 추가될 때마다 토지를 모든 사람에게 똑같이 할당하면, 노동자가 추가됨에 따라 10에이커의 토지는 더 집약적으로 경작되고 밀 산출량은 증가한다.

고정요소의 수량이 주어졌을 때 노동량과 산출량의 관계가 농장의 생산함수가 된다. 토지가 고정요소이고 노동이 가변요소인 조지와 마서 농장의 생산함수가 〈그림 6-1〉에 있는 표의 처음 두 열에 주어져 있고 같은 내용이 그래프로 표시되어 있다. 〈그림 6-1〉의 곡선은 주어진 수량의 고정요소에 대해 가변요소의 투입량에 따라 산출량이 어떻게 변화하는지를 보여 주는데 이를 **총생산곡선**(total product curve)이라 부른다.

수평축에는 고용된 사람 수로 표시한 가변요소, 즉 노동의 투입량이 표시되어 있고 수직축에는 부셀로 표시한 밀 산출량이 표시되어 있다. 총생산곡선이 상승하는 것은 노동자가 더 많이 고용될수록 더 많은 밀이 생산됨을 나타낸다.

〈그림 6-1〉의 총생산곡선은 모든 구간에서 상승하지만 그 기울기는 일정하지 않다. 곡선을 따라 오른쪽으로 올라갈수록 기울기는 완만해진다. 이 기울기의 변화를 이해하려면 〈그림 6-1〉에 있는 표의 세 번째 열을 보라. 여기에는 노동자가 한 사람씩 추가될 때마다 발생하는 산출량의 변화가 표시되어 있다. 이것이 노동의 한계생산(MPL), 곧 노동 한 단위(즉 일꾼 한 사람)를 더 사용할 때 얻어지는 산출량의 증가이다. 일반적으로 어떤 요소의 **한계생산**(marginal product)이란

그림 6-1 조지와 마서 농장의 생산함수와 총생산곡선

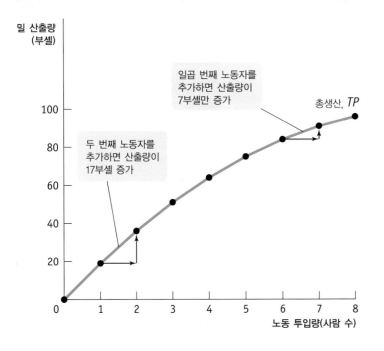

노동 투입량 (사람 수) L	밀 산출량 (부셀) Q	노동의 한계생산 (1인당 부셀) MPL = ΔQ/ΔL
0	0	
		19
1	19	
		17
2	36	
		15
3	51	
		13
4	64	
		11
5	75	
		9
6	84	
		7
7	91	
		5
8	96	

표에는 가변요소의 투입량이 노동자 수로, 산출량이 밀의 부셀 수로 각각 표시되어 있고 이 두 변수 간의 관계, 즉 생산함수가 고정요소의 일정 투입량에 대해 표시되어 있다. 그리고 노동의 한계생산도 계산되어 있다. 총생산곡선은 생산함수를 그래프로 나타낸 것이다. 총생산곡선이 상승하는 이유는 노동자를 더 많이 고용할수록 밀이 더 많이 생산되기 때문이다. 총생산곡선의 기울기가 점차 완만해지는 이유는 노동자가 더 많이 고용될수록 노동의 한계생산이 감소하기 때문이다.

그 요소를 한 단위 더 사용할 때 추가적으로 얻어지는 산출량이다.

이 경우에는 노동자가 세 사람일 때의 산출량, 네 사람일 때의 산출량처럼 한 사람 간격의 자료가 있지만 경우에 따라서는(예컨대 노동자가 40명일 때, 50명일 때와 같이) 자료가 한 단위 간격으로 얻어지지 않을 수도 있다. 이럴 때는 다음 식과 같이 노동의 한계생산을 구할 수 있다.

(6-1)　노동의 한계생산=노동 한 단위 추가로 발생하는 산출량의 변화

$$= \frac{\text{산출량의 변화}}{\text{노동 투입량의 변화}}$$

기호로는

$$MPL = \frac{\Delta Q}{\Delta L}$$

이 식의 Δ(그리스어의 대문자 델타)는 한 변수의 변화량을 나타낸다.

이제는 총생산곡선의 기울기가 무엇을 의미하는지 설명할 수 있다. 그것은 노동의 한계생산과 같다. 직선의 기울기는 높이를 밑변으로 나눈 것과 같다(제2장 부록 참조). 따라서 총생산곡선의 기울기는 산출량의 변화(높이)를 노동 투입량의 변화(밑변)로 나눈 것이다. 그리고 식 (6-1)에서 보는 바와 같이 이것은 바로 노동의 한계생산이다. 그러므로 〈그림 6-1〉에서 첫 번째

국제비교 | 세계의 밀 수확량

지역에 따라 밀 수확량은 상당히 차이가 난다. 특히 이 그래프에 나타난 프랑스와 미국의 격차는 두 나라 모두 부유하고 농업기술 수준이 비슷하다는 점을 고려할 때 놀라운 수준이다. 그러나 이러한 격차의 원인은 단순하다. 정부정책의 차이인 것이다. 미국에서는 농부들이 정부로부터 소득보조금을 받지만 유럽에서는 최저가격제의 혜택을 받는다. 유럽의 농부들은 미국에 비해 생산물에 대해 더 높은 가격을 받기 때문에 가변요소를 더 많이 투입하여 훨씬 더 높은 수확을 얻는다. 흥미로운 사실은 우간다나 에티오피아와 같이 가난한 국가에서는 해외원조가 수확량을 상당히 감소시킬 수 있다는 점이다. 부유한 국가들로부터의 해외원조는 흔히 잉여농산물의 형태로 이루어지는데, 이는 원조를 받는 국가들의 시장가격을 하락시켜 가난한 나라들을 지탱해 주는 농업에 상당한 타격을 준다. 옥스팜(OXFAM)과 같은 자선단체에서는 이러한 문제를 해결할 수 있도록 극심한 식량부족사태 이외의 경우에는 식량 대신 현금으로 원조정책을 수정해 줄 것을 부유한 식량생산국들에게 요구해 왔다.

출처 : FAO STATS, 2016.

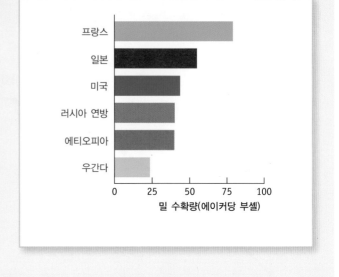

한 투입요소에 대한 수익체감(diminishing returns to an input)이란 다른 모든 요소의 투입량을 고정시킨 채 한 요소의 투입량을 증가시킬 때 그 요소의 한계생산이 감소하는 것을 말한다.

노동자의 한계생산이 19라는 것은 노동 투입량이 0에서 1로 변할 때 총생산곡선의 기울기가 19라는 것을 뜻한다. 마찬가지로 노동 투입량이 1에서 2로 변할 때 총생산곡선의 기울기는 두 번째 노동자의 한계생산과 같고 이것은 17이며 그다음도 마찬가지다.

이 예에서는 노동자가 더 많이 고용될수록 노동의 한계생산은 감소한다. 즉 노동자들이 차례로 추가될 때 새로 추가되는 노동자가 증가시키는 산출량은 그 전의 노동자에 비해 더 적어진다. 이에 따라 고용량이 증가할수록 총생산곡선의 기울기는 완만해진다.

〈그림 6-2〉는 농장에서 일하는 노동자 수에 따라 노동의 한계생산이 어떻게 달라지는지 보여 준다. 수평축에는 노동자 수가 표시되어 있고, 수직축에는 노동의 한계생산(MPL)이 추가 노동자 한 사람당 밀 산출량(부셸로 표시)으로 표시되어 있다. 〈그림 6-1〉의 표를 보면 노동자 수가 4에서 5로 증가할 때 산출량이 64에서 75로 증가함을 알 수 있다. 이 경우 노동의 한계생산은 11부셸인데 〈그림 6-2〉에 표시된 바와 같다. 11부셸이 고용자가 4에서 5로 증가할 때의 한계생산임을 나타내기 위해 이 경우에 해당되는 점을 4와 5의 중간에 찍어 놓았다.

이 예에서는 노동자 수가 증가할 때 노동의 한계생산이 점차 감소한다. 즉 조지와 마서의 농장에서는 노동에 대한 수익이 체감하고 있다. 일반적으로 **한 투입요소에 대한 수익체감**(diminishing returns to an input)이란 다른 모든 요소의 투입량을 고정시킨 채 한 요소의 투입량을 증가시킬 때 그 요소의 한계생산이 점차 감소하는 것을 말한다. 노동에 대한 수익이 체감하고 있기 때문에 MPL 곡선은 마이너스의 기울기를 갖는다.

수익이 체감하는 이유를 파악하려면 조지와 마서가 토지 투입량을 고정한 채 노동자를 점점 더 많이 고용할 때 어떤 일이 일어날지 생각해 보라. 노동자 수가 증가할수록 토지는 더 집약적으로 경작되고 산출량은 늘어날 것이다. 그런데 노동자들이 차례로 추가될 때마다 노동자들은 전보다 더 작은 면적의 토지에서 일하게 된다. 이 결과로 새로이 추가되는 노동자는 그 이전의 노동자만큼 생산할 수 없게 된다. 따라서 노동자들이 추가될 때 한계생산이 떨어지는 것은 당연하다.

수익체감의 법칙에 대해 꼭 짚고 넘어갈 것은 많은 경제학 명제가 그렇듯이 이것도 '다른 조

그림 6-2 조지와 마서 농장의 노동의 한계생산곡선

노동의 한계생산곡선은 노동자를 한 사람씩 추가할 때 발생하는 산출량의 증가, 즉 노동의 한계생산을 그린 것이다. 노동자 수는 수평축에, 산출량의 변화는 수직축에 표시되어 있다. 조지와 마서 농장에서는 처음 고용된 노동자가 19부셸의 산출량 증가를 발생시키고 두 번째 노동자가 17부셸의 산출량 증가를 발생시키는 식이다. 곡선이 하강하는 것은 노동에 대한 수익이 체감하기 때문이다.

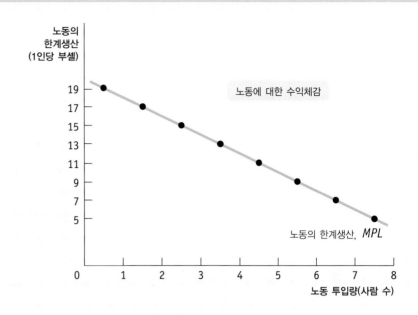

건이 같다면'이란 전제를 달고 있다는 점이다. 한 요소의 투입량을 증가시킬 때 만일 다른 모든 요소의 투입량이 고정되어 있다면 산출량의 증가는 전보다 작아진다는 것이다.

만일 다른 요소들의 투입량이 변경될 수 있다면 어떻게 될까? 〈그림 6-3〉에서 그 답을 찾을 수 있다. 그림 (a)에는 2개의 총생산곡선 TP_{10}과 TP_{20}이 그려져 있다. TP_{10}은 농장의 경작 면적이 10에이커일 때의 총생산곡선으로서 〈그림 6-1〉의 총생산곡선과 같은 것이다. TP_{20}은 경작 면적이 20에이커로 증가되었을 때의 총생산곡선이다. 노동자 수가 0일 때를 제외하고는 모든 곳에서 TP_{20}이 TP_{10}보다 더 위쪽에 있는데, 그 이유는 경작 면적이 넓을수록 같은 수의 노동자가 더 많은 산출량을 생산하기 때문이다. 그림 (b)에는 각각에 해당하는 노동의 한계생산곡선이 그려져 있다. MPL_{10}은 경작 면적이 10에이커일 때의 한계생산곡선으로서 〈그림 6-2〉와 같은 것이다. MPL_{20}은 경작 면적이 20에이커일 때의 한계생산곡선이다.

두 곡선이 모두 하강하는 이유는 두 경우 모두 경작 면적이 (각기 다른 수준에) 고정되어 있기 때문이다. 그러나 MPL_{20}이 모든 곳에서 MPL_{10}보다 위쪽에 있는데, 이는 함께 투입된 고정요소의 양이 많을수록 노동의 한계생산이 높아진다는 사실이 그림에 반영된 것이다.

〈그림 6-3〉은 총생산곡선의 위치는 다른 요소들의 투입량에 따라 달라진다는 일반적인 현상을 잘 보여 주고 있다. 다른 요소들의 투입량을 변경하면 투입량이 변경되지 않은 요소의 총생산곡선과 한계생산곡선이 모두 이동하게 된다.

생산함수에서 비용곡선으로

조지와 마서가 자신들의 생산함수를 알게 되면 노동 및 토지의 투입량과 밀 산출량의 관계를 알 수 있다. 그러나 이윤을 최대로 만들려 한다면 이 지식을 산출량과 비용에 관한 정보로 전환해야 한다. 이 작업을 어떻게 해야 할지 살펴보도록 하자.

기업의 생산함수에 관한 정보를 비용에 관한 정보로 전환하려면 요소를 구입하는 데 얼마나 지불하는지 알 필요가 있다. 우리는 조지와 마서가 토지 사용의 대가로 **명시적**으로 또는 **암묵적**으로 지불하는 비용이 400달러라고 가정한다. **명시적 비용**(explicit cost)이란 실제로 현금이 지출된 비용을 말한다. **암묵적 비용**(implicit cost)이란 현금지출이 이루어지지는 않지만 포기한 이득

명시적 비용(explicit cost)은 현금지출이 수반되는 비용이다.

암묵적 비용(implicit cost)은 현금지출을 수반하지 않으며 포기한 이득의 가치를 금액으로 표시한 것이다.

그림 6-3 총생산, 한계생산과 고정요소

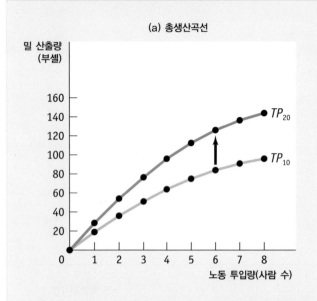

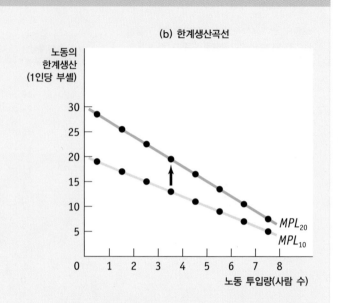

이 그림은 고정요소의 투입량에 따라 총생산곡선으로 표시된 산출량과 한계생산이 어떻게 변화하는가를 나타낸 것이다. 그림 (a)에는 조지와 마서 농장의 총생산곡선이 2개 예시되어 있다. TP_{10}은 경작 면적이 10에이커일 때, TP_{20}은 경작 면적이 20에이커일 때의 총생산곡선이다. 경작 면적이 클수록 같은 노동자가 밀을 더 많이 생산할 수 있다. 따라서 고정요소 투입량을 증가시키면 총생산곡선은 TP_{10}에서 TP_{20}으로 상승한다. 같은 이유

로 각 노동자의 한계생산은 경작 면적이 10에이커일 때보다 20에이커일 때 더 높다. 따라서 경작 면적을 증가시킴에 따라 노동의 한계생산곡선은 MPL_{10}에서 MPL_{20}으로 상향 이동한다. 그림 (b)에 표시된 것이 노동의 한계생산곡선이다. 노동에 대한 수익체감으로 인해 두 한계생산곡선이 모두 하강함을 주목하라.

의 가치를 금액으로 표시한 것이다. 조지와 마서가 다른 사람에게 400달러를 지불하고 토지를 임차하거나, 다른 사람에게 임대하여 받을 수 있는 400달러를 포기하면서 자신의 토지를 사용하거나 비용은 마찬가지이다. 어떤 경우든 밀을 경작하기 위해 토지를 사용하려면 400달러의 기회비용을 지불하게 된다. 그리고 토지가 고정요소이기 때문에 토지에 지출하는 400달러는 (단기적으로) 산출량에 관계없이 지출되는 **고정비용**(fixed cost)이다. 이를 *FC*로 표시한다. 업계에서는 고정비용을 흔히 간접비(overhead cost)라고 부른다.

우리는 또한 조지와 마서가 노동자 한 사람당 200달러를 지불해야 한다고 가정한다. 생산함수를 이용하면 생산하려는 밀의 수량에 따라 노동자를 몇 명 고용해야 하는지 알 수 있다. 노동비용은 노동자 수에 200달러를 곱해서 얻어지는데 이는 산출량에 따라 달라지는 **가변비용**(variable cost)이다. 이를 *VC*로 표시한다.

어떤 산출량을 생산하는 데 들어가는 **총비용**(total cost) *TC*는 고정비용과 가변비용의 합이다. 고정비용, 가변비용, 총비용 간의 관계는 다음 식과 같이 표시된다.

고정비용(fixed cost)이란 생산량에 따라 달라지지 않는 비용으로서 고정요소의 비용을 말한다.

가변비용(variable cost)이란 생산량에 따라 달라지는 비용으로서 가변요소의 비용을 말한다.

총비용(total cost)은 어떤 산출량을 생산하는 데 들어가는 고정비용과 가변비용의 합이다.

(6-2) 총비용 = 고정비용 + 가변비용

기호로는

$$TC = FC + VC$$

〈그림 6-4〉의 표에는 조지와 마서 농장의 총비용을 계산하는 방법이 표시되어 있다. 두 번째

그림 6-4 조지와 마서 농장의 총비용곡선

표에는 조지와 마서의 10에이커 농장에서 여러 산출량을 생산할 때 발생하는 가변비용, 고정비용 및 총비용이 표시되어 있다. 총비용곡선은 총비용(수직축에 표시)이 산출량(수평축에 표시)에 따라 어떻게 달라지는지 보여 준다. 곡선에 기호로 표시된 점들은 각각 그 기호에 해당하는 표의 각 행을 나타낸다. 총비용곡선이 상승하는 이유는 산출량이 증가함에 따라 더 많은 노동력이 필요하고 이에 따라 총비용이 증가하기 때문이다. 산출량이 증가함에 따라 곡선의 경사가 점점 더 커지는 이유는 노동에 대한 수익체감 때문이다.

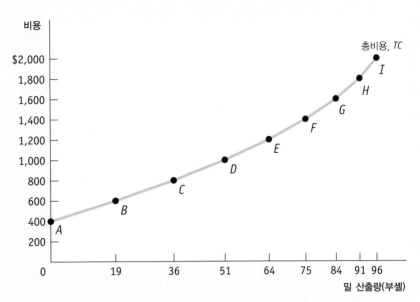

그래프의 점	노동 투입량 (사람 수) L	밀 산출량 (부셸) Q	가변비용 VC	고정비용 FC	총비용 TC = FC + VC
A	0	0	$ 0	$400	$400
B	1	19	200	400	600
C	2	36	400	400	800
D	3	51	600	400	1,000
E	4	64	800	400	1,200
F	5	75	1,000	400	1,400
G	6	84	1,200	400	1,600
H	7	91	1,400	400	1,800
I	8	96	1,600	400	2,000

열에는 고용된 노동자 수가 L로 표시되어 있고, 세 번째 열에는 고용된 노동자 수에 해당하는 산출량이 Q로 〈그림 6-1〉의 표로부터 옮겨져 적혀 있다. 네 번째 열에는 노동자 수에 200달러를 곱해서 얻은 가변비용이 VC로 적혀 있다. 다섯 번째 열에는 노동자 수에 관계없는 고정비용 400달러가 FC로 적혀 있다. 여섯 번째 열에는 가변비용과 고정비용의 합인 총비용이 TC로 적혀 있다.

첫 번째 열에는 이 표의 각 행을 나타내는 기호가 A부터 I까지 적혀 있는데, 이 기호는 다음 단계를 이해하는 데 도움이 될 것이다. 다음 단계는 산출량에 따른 총비용의 변화를 보여 주는 **총비용곡선**(total cost curve)을 도출하는 것이다.

조지와 마서의 총비용곡선은 〈그림 6-4〉의 그래프에 표시되어 있는데, 수평축에는 부셸로 나타낸 밀 산출량이 표시되어 있고, 수직축에는 총비용이 달러로 표시되어 있다. 곡선에 기호로 표시된 점들은 각각 그 기호에 해당하는 〈그림 6-4〉에 있는 표의 각 행을 나타낸다. 예컨대 A점은 고용된 노동자 수가 0일 때를 나타낸다. 이때 산출량은 0이고 총비용은 고정비용과 같은 400달러이다. B점은 고용된 노동자 수가 1일 때를 나타내는데, 산출량은 19부셸이고 총비용은 고정비용 400달러와 가변비용 200달러를 합한 600달러이다.

총생산곡선과 마찬가지로 총비용곡선도 상승한다. 가변비용 때문에 산출량이 증가할수록 총

총비용곡선(total cost curve)은 산출량에 따른 총비용의 변화를 보여 준다.

비용은 증가한다. 그러나 노동량이 증가할수록 경사가 더 완만해지는 총생산곡선과는 달리 총비용곡선은 경사가 더 커진다. 즉 산출량이 증가할수록 총비용곡선의 기울기는 더 커진다. 총비용곡선의 기울기가 더 커지는 이유는 역시 가변요소에 대한 수익이 체감하기 때문임을 곧 보게 될 것이다. 이에 앞서 우선 여러 가지 형태로 표시된 비용들 간의 관계에 대해 알아볼 필요가 있다.

현실 경제의 >> 이해
적절한 팀 크기의 결정

사무실에서나 교육환경에서나 팀 과제는 작업을 정리하는 데 있어 가장 널리 사용되는 방법이다. 한 연구에 의하면 가장 효율적인 팀의 크기는 4~5명 사이(정확하게는 4.6인)이다. 그러나 과제를 기획하는 사람들은 흔히 효율적인 것보다 더 큰 규모의 팀을 구성하는 것이 연구를 통해 밝혀졌다. 과제 기획자들이 무엇을 이해하지 못하는 것일까?

큰 팀일수록 사용할 수 있는 자원, 특히 노동력과 인적 자본이 더 많은 것은 사실이다. 그러나 팀의 크기를 결정하는 것은 한계적 결정이라는 것을 기억해야 한다. 연구 결과는 5명으로 구성된 팀에 한 명을 더 추가하는 것은 일반적으로 기존 구성원들의 한계생산을 감소시킨다는 것을 보여 준다. 이런 결과는 **사회적 태만**이란 현상 때문이다. 팀이 커질수록 각자의 노력 부족을 숨기기가 쉬워져 개인의 노력과 보상의 연관성이 약해진다. 따라서 팀 구성원들이 게으름을 피운다는 것이다. 결과적으로 여섯 번째 구성원의 한계생산은 그가 개별적으로 기여한 것에서 다른 팀 구성원들에게 초래한 사회적 태만으로 인한 손실을 뺀 것이다.

큰 팀일수록 행동을 조정하기 위해 더 많은 시간이 필요하게 되어 각 팀 구성원의 한계생산이 감소한다. 구성원을 한 사람 늘릴 때마다 팀의 손실은 커진다. 따라서 어떤 순간에 사회적 태만과 조정비용으로 인한 팀의 손실이 여섯 번째 팀 구성원의 개별적 기여를 능가하게 된다. 이런 결과는 소프트웨어 프로그래머들로 구성된 팀들에서는 잘 알려져 있다. 어떤 순간에는 구성원을 한 명 더 추가하면 전체 팀 생산이 감소한다.

이러한 상황이 〈그림 6-5〉에 예시되어 있다. 상단 그림은 팀 과제의 성과가 팀 구성원 수에 따라 어떻게 변하는지 표시되어 있다. 팀 구성원이 한 사람씩 추가될 때마다 산출량의 증가는 이전에 비해 감소하며, 일정 수준을 넘어서면 구성원을 추가하는 것이 오히려 생산을 저해한다. 하단 그림은 팀 구성원을 추가할 때 각 구성원의 한계생산을 나타내고 있는데, 한계생산은 구성원이 추가될수록 감소하여 결국에는 마이너스가 됨을 보여 준다. 다시 말하면 여섯 번째 팀 구성원의 한계생산은 마이너스이다.

과제 기획자들은 한 사람을 추가할 때 전체 팀의 한계생산 대신 추가되는 팀 구성원의 개별적인 기여에만 초점을 맞추는 잘못된 판단으로 인해 팀을 너무 크게 구성하는 경향이 있는 것처럼 보인다. 따라서 하나의 큰 과제를 10명으로 구성된 팀에게 맡기는 것보다 큰 과제를 2개의 작은 과제로 나누어 5명으로 구성된 팀에게 맡기는 것이 더 효율적이고 생산적일 것이다. 한계적 관점에서 생각해 보면 팀워크에서 왜 5+5가 10이 되지 않는지, 즉 5명씩 구성된 2개의 팀이 10명

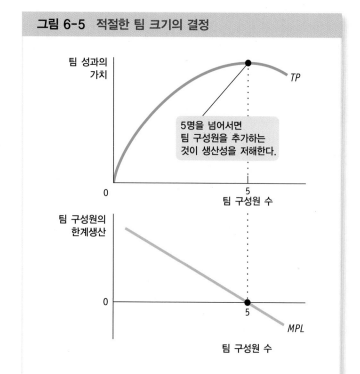

그림 6-5 적절한 팀 크기의 결정

5명을 넘어서면 팀 구성원을 추가하는 것이 생산성을 저해한다.

으로 구성된 하나의 팀보다 더 많이 생산하는지를 이해할 수 있다.

>> 이해돕기 6-1
해답은 책 뒤에

1. 버니의 제빙공장에서는 10톤짜리 기계와 전기를 이용해서 얼음을 생산한다. 다음 표에는 파운드로 표시한 얼음 산출량이 주어져 있다.
   a. 고정요소와 가변요소는 각각 무엇인가?
   b. 가변요소의 한계생산을 보여 주는 표를 작성하라. 수익체감이 나타나는가?
   c. 고정요소의 크기를 50% 증가시키면 각 가변요소 투입량에 대해 산출량이 100% 증가한다고 한다. 이제 고정요소는 무엇인가? 이 경우에 대해 산출량과 한계생산을 보여 주는 표를 작성하라.

전력량(킬로와트)	얼음양(파운드)
0	0
1	1,000
2	1,800
3	2,400
4	2,800

>> 복습
- 기업의 **생산함수**는 투입량과 산출량의 관계를 나타낸다. **총생산곡선**은 **고정요소**의 투입량이 주어졌을 때 **가변요소**의 투입량에 따라 산출량이 어떻게 달라지는지 보여 주며, 그 기울기는 가변요소의 **한계생산**과 같다. 단기에는 고정요소의 투입량이 변경될 수 없다. 장기에는 모든 요소가 가변적이다.
- 다른 모든 요소의 투입량이 고정되었을 때는 **한 투입요소에 대한 수익체감**이 나타나서 한계생산곡선이 하강하며 총생산곡선의 기울기는 산출량이 증가함에 따라 더 완만해진다.
- **명시적 비용**과 **암묵적 비용**으로 구성된 어떤 산출량의 **총비용**은 **고정비용**과 **가변비용**의 합이다. 가변요소에 대한 수익체감으로 인해 **총비용곡선**은 산출량이 증가함에 따라 기울기가 더 커진다.

두 개의 주요 개념 : 한계비용과 평균비용

기업의 생산함수로부터 총비용을 구하는 방법을 배웠으므로 총비용을 더 탐구하여 앞으로 매우 유용하게 사용될 한계비용과 평균비용이라는 두 개념을 도출해 보자. 이 두 개념 사이에는 다소 놀라운 관계가 존재함을 앞으로 보게 될 것이다. 그뿐만 아니라 기업의 산출량 선택과 시장공급곡선을 분석할 때 이들 변수가 매우 중요한 역할을 하게 된다.

한계비용

한계비용(marginal cost)이란 산출량을 한 단위 더 증가시킬 때 발생하는 총비용의 증가분을 말한다. 이미 본 바와 같이 투입량 한 단위별로 산출량에 대한 자료가 있을 때 한계생산을 가장 쉽게 계산할 수 있다. 마찬가지로 한계비용도 산출량 한 단위별로 총비용에 대한 자료가 있을 때 가장 쉽게 계산할 수 있다. 한 단위별로 자료를 얻을 수 없는 경우에도 다소 불편하기는 하지만 각 구간별로 한계비용을 계산할 수 있다. 그러나 이해를 돕기 위해 한 단위별로 자료를 얻을 수 있는 경우의 예를 보기로 하자.

셀레나의 고급살사에서는 병에 든 살사를 생산한다. 〈표 6-1〉에는 하루에 생산하는 살사의 상자 수에 따라 비용이 어떻게 달라지는지 표시되어 있다. 이 기업의 고정비용은 식품제조기의 비용으로서 표의 두 번째 열에 적혀 있는 바와 같이 하루에 108달러이다. 표의 세 번째 열에는 가변비용이, 네 번째 열에는 총비용이 각각 적혀 있다. 〈그림 6-6(a)〉에는 총비용곡선이 그려져 있다. 〈그림 6-4〉에 있는 조지와 마서 농상의 총비용곡선과 마찬가지로 이 곡선도 상승하며 오른쪽으로 갈수록 기울기가 더 커진다.

총비용곡선의 기울기가 중요하다는 것은 한계비용, 즉 추가 산출량에 들어가는 비용을 계산한 〈표 6-1〉의 다섯 번째 열에 잘 나타나 있다. 한계비용을 계산하는 일반공식은 다음과 같다.

(6-3)   한계비용＝산출량 한 단위 추가로 인한 총비용의 증가

$$= \frac{\text{총비용의 변화}}{\text{산출량의 변화}}$$

기호로는

어떤 재화나 서비스의 **한계비용**(marginal cost)이란 그 재화나 서비스를 한 단위 더 생산할 때 추가로 발생하는 비용이다.

$$MC = \frac{\Delta TC}{\Delta Q}$$

한계생산의 경우와 마찬가지로 한계비용은 '높이'(총비용의 증가)를 '밑변'(산출량의 증가)으로 나눈 값이다. 따라서 한계생산이 총생산곡선의 기울기와 같았던 것처럼 한계비용은 총비용곡선의 기울기와 같다.

이제 총비용곡선이 오른쪽으로 갈수록 경사가 더 커지는 이유를 알 수 있다. 〈표 6-1〉에서 보는 바와 같이 셀레나의 고급살사의 한계비용은 산출량이 늘어남에 따라 증가한다. 〈그림 6-6(b)〉에는 〈표 6-1〉의 자료에 대응하는 한계비용곡선이 그려져 있다. 〈그림 6-2〉에서와 같이 살사의 산출량을 0에서 1로 증가시킬 때 발생하는 한계비용은 0과 1의 중간지점에 표시하고, 산출량을 1에서 2로 증가시킬 때 발생하는 한계비용은 1과 2 사이에 표시하는 식으로 곡선을 그렸다.

한계비용곡선이 상승하는 이유는 무엇일까? 그 이유는 투입요소에 대한 수익체감 때문이다. 산출량이 증가함에 따라 가변요소의 한계생산이 감소한다. 이는 산출량이 증가해 갈 때 산출량 한 단위를 추가로 생산하는 데 필요한 가변요소의 양이 점점 증가함을 의미한다. 그런데 가변요소에 대해서는 단위당 정해진 대가를 지불해야 하므로 추가되는 산출량 한 단위당 비용이 증가하게 되는 것이다.

또한 총생산곡선의 기울기가 감소하는 이유도 투입요소에 대한 수익체감 때문이었음을 기억하기 바란다. 다른 요소들의 투입량이 고정된 채로 한 요소의 투입량이 증가할수록 그 요소의 한계생산은 감소한다. 산출량이 증가할 때 총생산곡선의 기울기가 감소하는 것과 총비용곡선의 기울기가 증가하는 것은 동일한 현상의 양면과 같은 것이다. 즉 산출량이 증가함에 따라 가변요소의 한계생산이 감소하기 때문에 생산물의 한계비용도 상승하는 것이다.

제7장에서 기업이 이윤극대화를 위한 산출량을 선택하는 문제를 고려할 때 한계비용을 다시 보게 될 것이다. 우선은 또 하나의 비용 개념인 **평균비용**을 살펴보자.

표 6-1 셀레나의 고급살사의 비용

살사 산출량(상자) Q	고정비용 FC	가변비용 VC	총비용 $TC = FC + VC$	살사 1상자의 한계비용 $MC = \Delta TC / \Delta Q$
0	$108	$0	$108	
				$12
1	108	12	120	
				36
2	108	48	156	
				60
3	108	108	216	
				84
4	108	192	300	
				108
5	108	300	408	
				132
6	108	432	540	
				156
7	108	588	696	
				180
8	108	768	876	
				204
9	108	972	1,080	
				228
10	108	1,200	1,308	

그림 6-6   셀레나의 고급살사의 총비용곡선과 한계비용곡선

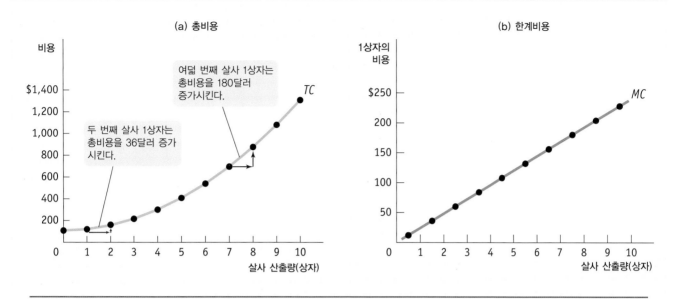

(a) 총비용

(b) 한계비용

그림 (a)에는 〈표 6-1〉의 자료를 이용한 총비용곡선이 그려져 있다. 총비용곡선은 〈그림 6-4〉의 경우와 같이 상승하며 오른쪽으로 갈수록 기울기가 증가한다. 그림 (b)에는 한계비용곡선이 그려져 있다. 가변요소에 대한 수익체감을 반영하여 한계비용곡선도 상승한다.

평균비용

총비용과 한계비용 외에도 **평균총비용**(average total cost) 또는 간단히 **평균비용**(average cost)이라 하는 것을 알아 두면 유용할 때가 많다. 평균총비용은 총비용을 산출량으로 나눈 값이다. 즉 이는 산출량 한 단위당 총비용과 같다. 평균총비용을 ATC로 표시하면 계산식은 다음과 같다.

$$(6\text{-}4) \quad ATC = \frac{총비용}{산출량} = \frac{TC}{Q}$$

평균총비용은 평균적으로 또는 통상적으로 생산물 한 단위 생산에 들어가는 비용이 얼마인가를 알려 준다. 이에 비해 한계비용은 생산물을 한 단위 더 생산하는 데 들어가는 비용이 얼마인지 알려 준다. 두 개념이 비슷해 보일지 몰라도 이 두 비용의 크기는 보통 일치하지 않는다.

〈표 6-2〉에는 셀레나의 고급살사 자료를 이용하여 계산한 평균총비용이 적혀 있다. 예컨대 살사 4상자를 생산하는 데 들어가는 총비용은 고정비용 108달러와 가변비용 192달러를 합한 300달러이다(〈표 6-1〉 참조). 따라서 살사 4상자를 생산하는 데 들어가는 평균비용은 $300/4 = $75이다. 〈표 6-2〉에서 보는 바와 같이 산출량이 증가할 때 평균총비용은 처음에는 하락하다가 다음에는 상승한다.

〈그림 6-7〉에는 이 자료를 이용하여 산출량에 따라 평균총비용이 어떻게 달라지는지 알 수 있도록 나타낸 평균총비용곡선이 그려져 있다. 전과 마찬가지로 달러로 표시한 비용이 수직축에, 산출량이 수평축에 표시되어 있다. 평균총비용의 독특한 U자 형태는 산출량 증가에 따라 평균총비용이 처음에는 하락하다가 다음에는 상승하는 것을 보여 준다. 경제학자들은 여러 산업에서 이러한 **U자형 평균총비용곡선**(U-shaped average total cost curve)이 나타나는 것이 정상이라고 믿고 있다.

평균총비용곡선이 왜 U자 형태를 갖게 되는지 알 수 있도록 〈표 6-2〉에는 평균총비용을 평균

평균총비용(average total cost)은 흔히 **평균비용**(average cost)이라고도 하는데, 이는 총비용을 산출량으로 나눈 값이다.

U자형 평균총비용곡선(U-shaped average total cost curve)은 산출량이 적을 때는 하락하다가 산출량이 많아지면 상승한다.

표 6-2 셀레나의 고급살사의 평균비용

살사 산출량(상자) Q	총비용 TC	1상자당 평균총비용 ATC = TC/Q	1상자당 평균고정비용 AFC = FC/Q	1상자당 평균가변비용 AVC = VC/Q
1	$120	$120.00	$108.00	$12.00
2	156	78.00	54.00	24.00
3	216	72.00	36.00	36.00
4	300	75.00	27.00	48.00
5	408	81.60	21.60	60.00
6	540	90.00	18.00	72.00
7	696	99.43	15.43	84.00
8	876	109.50	13.50	96.00
9	1,080	120.00	12.00	108.00
10	1,308	130.80	10.80	120.00

평균고정비용(average fixed cost)은 생산물 한 단위당 고정비용이다.

평균가변비용(average variable cost)은 생산물 한 단위당 가변비용이다.

고정비용과 평균가변비용이라는 두 요소로 나누어 표시하였다. **평균고정비용**(average fixed cost) 혹은 *AFC*는 고정비용을 산출량으로 나눈 값으로서 산출량 한 단위당 고정비용이라 할 수 있다. 예컨대 셀레나의 고급살사에서 살사를 4상자 생산한다면 평균고정비용은 살사 1상자당 $108/4 = $27이다. **평균가변비용**(average variable cost) 혹은 *AVC*는 가변비용을 산출량으로 나눈 값으로서 산출량 한 단위당 가변비용이라 할 수 있다. 살사를 4상자 생산할 때 평균가변비용은 1상자당 $192/4 = $48이다.

이를 수식으로 나타내면 다음과 같다.

그림 6-7 셀레나의 고급살사의 평균총비용곡선

셀레나의 고급살사의 평균총비용곡선은 U자 형태로 되어 있다. 산출량이 적을 때는 평균고정비용이 하락하는 '분산 효과'가 평균가변비용이 상승하는 '수익체감 효과'를 능가하기 때문에 평균총비용이 하락한다. 산출량이 많을 때는 반대가 되어 평균총비용이 상승한다. *M*점은 하루 살사 생산량이 3상자가 되는 점인데 이 점에서 평균총비용이 최소가 된다.

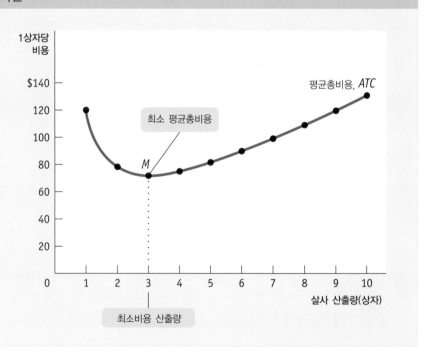

(6-5) $$AFC = \frac{고정비용}{산출량} = \frac{FC}{Q}$$

$$AVC = \frac{가변비용}{산출량} = \frac{VC}{Q}$$

평균총비용은 평균고정비용과 평균가변비용의 합이다. 그것이 U자 형태를 갖는 것은 산출량이 증가할 때 두 요소가 각기 반대 방향으로 움직이기 때문이다.

산출량이 증가할 때 평균고정비용은 하락하는데 그 이유는 분자(고정비용)는 일정한데 분모(산출량)는 증가하기 때문이다. 달리 표현하면 산출량이 많아질수록 고정비용은 더 많은 생산물에 분산되어 결국 생산물 한 단위당 고정비용(평균고정비용)은 하락한다는 것이다. 이런 현상이 〈표 6-2〉의 네 번째 열에 잘 나타나 있다. 산출량이 증가함에 따라 평균고정비용이 계속 하락하는 것을 볼 수 있다.

그러나 평균가변비용은 산출량이 증가함에 따라 상승한다. 이미 본 바와 같이 이는 가변요소의 수익체감을 반영한다. 산출량을 한 단위 더 증가시키는 데는 이전보다 더 많은 비용이 들기 때문에 가변비용은 산출량보다 더 빠른 속도로 증가한다.

그러므로 산출량이 증가할 때 상반된 두 가지 효과 — '분산 효과'와 '수익체감 효과' — 가 평균총비용에 영향을 준다.

1. 분산 효과 : 산출량이 클수록 고정비용이 분산되는 산출물 수량이 증가하므로 평균고정비용이 낮아진다.
2. 수익체감 효과 : 산출량이 클수록 생산물 한 단위를 추가로 생산하는 데 필요한 가변요소의 투입량이 증가하므로 평균가변비용이 높아진다.

산출량이 적을 때는 산출량이 조금만 증가해도 평균고정비용이 많이 감소하기 때문에 분산 효과가 큰 영향력을 발휘하게 된다. 따라서 산출량이 적을 때는 분산 효과가 수익체감 효과를 능가하여 평균총비용곡선이 하락하게 된다. 그러나 산출량이 많을 때는 평균고정비용이 이미 상당히 작아져 있기 때문에 산출량의 증가가 분산 효과에 미치는 영향은 매우 작다.

반면에 산출량이 커질수록 수익체감은 점점 더 큰 비중을 갖게 되는 것이 보통이다. 그래서 산출량이 많을 때는 수익체감 효과가 분산 효과를 능가하여 평균총비용곡선이 상승하게 된다. 〈그림 6-7〉에 점 M으로 표시된 U자형 평균총비용곡선의 최저점에서는 두 효과가 정확히 균형을 이루게 된다. 이 점에서 평균총비용은 가장 작아진다.

〈그림 6-8〉에는 하나의 그림에 우리가 지금까지 셀레나의 고급살사의 총비용곡선으로부터 도출한 4개의 비용곡선 — 한계비용곡선(MC), 평균총비용곡선(ATC), 평균가변비용곡선(AVC) 및 평균고정비용곡선(AFC) — 이 표시되어 있다. 모두 〈표 6-1〉과 〈표 6-2〉의 자료로부터 구한 것이다. 전과 마찬가지로 산출량은 수평축에, 비용은 수직축에 표시되어 있다.

여러 비용곡선의 특징을 잠시 살펴보자.

- 한계비용은 상승한다 — 수익체감으로 인해 생산물 한 단위를 더 생산하는 비용이 점차 증가하기 때문이다.
- 평균가변비용도 역시 상승한다(이 또한 수익체감으로 인해) — 그러나 한계비용곡선보다는 기울기가 작다. 이는 평균가변비용을 계산할 때에 생산물 한 단위를 더 생산함으로써 초래

그림 6-8 셀레나의 고급살사의 한계비용곡선과 평균비용곡선

옆에는 한계비용곡선(MC), 평균총비용곡선(ATC), 평균가변비용곡선(AVC), 평균고정비용곡선(AFC) 등 셀레나의 고급살사의 비용곡선들이 그려져 있다. 평균총비용곡선이 U자형인 것에 유의하라. U자 맨 밑에 있는 점 M은 〈표 6-2〉와 〈그림 6-7〉의 최소 평균총비용에 해당한다. 한계비용곡선은 평균총비용곡선을 점 M에서 아래에서 위로 지나간다.

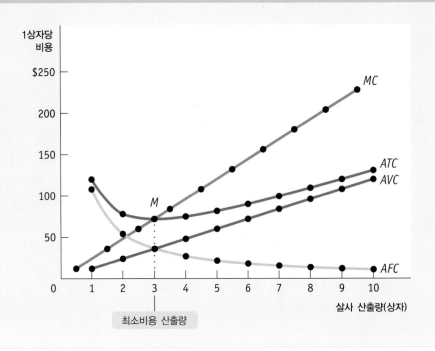

되는 추가 비용을 전체 산출량으로 나누기 때문이다.
- 평균고정비용은 분산 효과로 인해 하락한다.
- 한계비용곡선이 〈그림 6-8〉에 점 M으로 표시된 평균총비용곡선의 최저점을 아래로부터 위로 지나간다. 이 마지막 특성이 우리가 다음에 공부할 주제이다.

최소 평균총비용

U자형 평균총비용곡선에서 평균총비용은 U자의 맨 밑에서 최소가 된다. 경제학자들은 평균총비용이 최소가 되는 산출량 수준을 가리켜 **최소비용 산출량**(minimum-cost output)이라 부른다. 셀레나의 고급살사의 경우에는 최소비용 산출량이 하루에 3상자이다.

〈그림 6-8〉에서 U자 형태의 최저점에서는 한계비용곡선이 평균총비용곡선을 아래로부터 지나가고 있다. 이것은 우연이 아니다. 이는 일반적인 원리에 따른 것으로서 모든 기업의 한계비용곡선과 평균총비용곡선에 대해 성립한다.

1. 최소비용 산출량 수준에서 평균총비용은 한계비용과 동일하다.
2. 최소비용 산출량보다 작은 산출량 수준에서는 한계비용이 평균총비용보다 작고 평균총비용은 하락한다.
3. 최소비용 산출량보다 큰 산출량 수준에서는 한계비용이 평균총비용보다 크고 평균총비용은 상승한다.

최소비용 산출량(minimum-cost output)은 평균총비용이 가장 낮은 산출량으로서 U자형 평균총비용곡선의 최저점이다.

이 원리를 이해하려면 한 과목의 학점(예컨대 물리과목 학점 3.0)이 전체 평점에 미치는 효과를 생각해 보라. 만일 물리과목의 학점을 받기 전 평점이 3.0보다 높았다면 물리과목의 학점은 전체 평점을 떨어뜨릴 것이다.

마찬가지로 만일 한계비용—생산물 한 단위를 더 생산하는 비용—이 평균총비용보다 낮다

그림 6-9 평균총비용곡선과 한계비용곡선의 관계

한계비용곡선(MC)이 평균총비용곡선을 최저점(점 M)에서 교차하며 지나가는 이유를 알기 위해 한계비용이 평균총비용과 다를 때 어떻게 되는지 살펴보자. 만일 한계비용이 평균총비용보다 작다면 산출량이 증가함에 따라 평균총비용은 A_1에서 A_2로 이동할 때와 같이 하락할 것이다. 만일 한계비용이 평균총비용보다 크다면 산출량이 증가함에 따라 평균총비용은 B_1에서 B_2로 이동할 때와 같이 상승할 것이다.

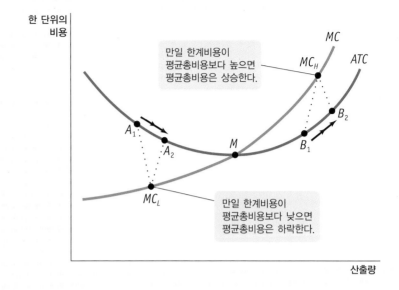

면 한 단위를 더 생산함으로써 평균총비용은 낮아지게 된다. 이것은 〈그림 6-9〉에서 A_1에서 A_2로의 이동으로 예시되고 있다. 이때 생산물을 한 단위 더 생산하는 데 드는 한계비용은 한계비용곡선 상에서 MC_L점으로 표시된 바와 같이 낮다. 생산물을 한 단위 더 생산하는 비용이 평균총비용보다 낮을 때는 산출량 증가에 따라 평균총비용이 감소한다. 따라서 한계비용이 평균총비용보다 낮을 때 평균총비용은 U자 형태의 하락하는 부분에 있게 된다.

그러나 만일 사회학 학점이 이전의 평점보다 높다면 이는 전체 평점을 향상할 것이다. 마찬가지로 만일 한계비용이 평균총비용보다 높다면 한 단위 더 생산함으로써 평균총비용은 높아지게 된다. 이것은 〈그림 6-9〉에서 한계비용(MC_H)이 평균비용보다 높은 B_1에서 B_2로의 이동으로 예시되고 있다. 따라서 한계비용이 평균총비용보다 높을 때 평균총비용은 U자 형태의 상승하는 부분에 있게 된다.

마지막으로 만일 새 학점이 이전의 평점과 똑같다면 새 점수가 추가되어도 평점은 올라가지도 떨어지지도 않고 그대로 있을 것이다. 이것이 〈그림 6-9〉의 점 M에 해당한다. 한계비용이 평균총비용과 같을 때는 평균총비용이 상승하지도 않고 하락하지도 않아야 하는데 그런 점은 U자형의 최저점뿐이기 때문이다.

한계비용곡선은 항상 상승할까

지금까지 우리는 한계생신곡선이 언제나 하락하고 한계비용곡선이 언제나 상승하게 만드는 수익체감의 중요성을 강조해 왔다. 그러나 사실 경제학자들은 생산량이 영으로부터 어떤 낮은 수준까지 증가하는 동안에는 흔히 한계비용곡선이 하락하고, 생산량이 높아져야만 한계비용이 상승한다고 믿고 있다. 그 모양은 〈그림 6-10〉에 있는 MC 곡선과 같다.

처음에 곡선이 하락하는 이유는 노동자 수가 아주 적을 때는 노동자 수가 늘고 산출량이 증가됨에 따라 노동자들을 여러 작업에 특화시킬 수 있기 때문이다. 이로 인해 산출량이 증가할 때 한계비용이 낮아진다. 예를 들어 한 사람이 살사를 생산하면 재료를 선별하여 요리하고, 살사를 섞어 병에 넣고, 상표를 붙여서 상자에 넣는 일까지 모든 공정을 혼자서 해내야 한다. 노동자가 더 많이 고용될수록 각자가 살사 제조 전 과정 중 한두 작업에 특화하는 분업이 가능해진다.

그림 6-10 더 현실적인 비용곡선

현실의 한계비용곡선은 나이키 로고 모양이다. 산출량이 아주 낮은 수준에서는 흔히 산출량이 증가함에 따라 한계비용이 감소한다. 그 이유는 노동자를 더 고용함에 따라 작업의 특화가 늘어나 수익 증가가 나타나기 때문이다. 그러나 일단 특화가 달성되면 추가 노동에 대해 수익체감이 시작되어 한계비용이 상승한다. 이에 대응하는 평균가변비용은 평균총비용과 마찬가지로 U자 형태를 하게 된다.

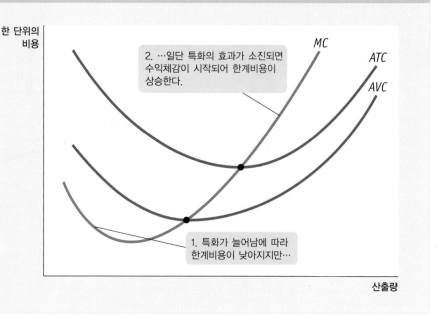

이러한 특화가 추가 노동자를 고용하는 것의 수익을 증가시켜 한계비용곡선이 앞부분에서 하락하게 만들 수 있다. 그러나 일단 모든 특화의 이득이 소진될 정도로 충분한 수의 노동자가 고용된 후에는 노동의 수익체감이 시작되고 한계비용곡선은 방향을 바꾸어 상승하게 된다. 그래서 전형적인 한계비용곡선의 실제 형태는 〈그림 6-10〉의 MC와 같이 '나이키 로고' 모양을 취하고 있다. 같은 이유로 전형적인 평균가변비용곡선의 형태는 그냥 상승하는 것이 아니라 〈그림 6-10〉의 AVC와 같이 U자형을 하고 있다.

그러나 또한 〈그림 6-10〉으로부터 셀레나의 고급살사 예에서 보았던 중요한 특징들, 즉 평균총비용곡선이 U자형을 하고 있고, 한계비용곡선이 평균총비용곡선의 최저점과 함께 평균가변비용곡선의 최저점을 지난다는 사실은 여전히 성립한다는 것을 알 수 있다.

>> 이해돕기 6-2
해답은 책 뒤에

1. 알리샤의 애플파이는 길가에 있는 가게다. 알리샤는 매일 9달러를 임차료로 지불해야 한다. 매일 첫 번째 파이를 생산하는 데는 추가로 1달러의 비용이 들고 그다음부터는 이전보다 50% 더 높은 비용이 추가로 든다. 예를 들어 두 번째 파이는 $1.00 \times 1.5 = $1.50의 비용이 드는 식이다.

   a. 하루 생산량이 0에서 6까지 증가할 때 한계비용, 가변비용, 평균총비용, 평균가변비용 및 평균고정비용을 구하라. (힌트 : 파이 2개의 가변비용은 첫 번째 파이의 한계비용에 두 번째 파이의 한계비용을 더하는 방식이다.)

   b. 분산 효과가 우월한 범위와 수익체감 효과가 우월한 범위를 각각 구하라.

   c. 최소비용 산출량은 얼마인가? 산출량이 최소비용 산출량보다 작을 때는 파이를 하나 더 만들 때 평균총비용이 감소하는 이유를 설명하라. 마찬가지로 산출량이 최소비용 산출량보다 클 때는 파이를 하나 더 만들 때 평균총비용이 증가하는 이유를 설명하라.

>> 복습

- 생산량 한 단위 증가에 따른 총비용의 변화인 **한계비용**은 총비용곡선의 기울기와 같다. 수익체감으로 인해 한계비용곡선은 상승한다.
- **평균총비용**(또는 **평균비용**)은 **평균고정비용**과 **평균가변비용**의 합과 같다. **U자형 평균총비용곡선**이 하락할 때는 고정비용이 많은 생산물에 분산되는 분산 효과가 지배한다. 평균총비용곡선이 상승할 때는 생산물 한 단위 추가 생산에 더 많은 가변요소가 필요하게 되는 수익체감 효과가 지배한다.
- **최소비용 산출량**에서 한계비용은 평균총비용과 같다. 산출량이 더 많으면 한계비용이 평균총비용보다 높고 평균총비용은 상승한다. 산출량이 더 적으면 한계비용이 평균총비용보다 낮고 평균총비용은 하락한다.
- 산출량 수준이 낮을 때는 특화의 이점으로 인해 요소에 대한 수익이 증가하는 경우가 많다. 이때는 한계비용곡선이 처음에는 하락하다가 다음에는 상승하는 '나이키 로고' 모양이 된다.

‖ 단기와 장기 비용

지금까지는 단기에 초점을 맞춰 고정비용은 기업이 전혀 조정할 수 없는 것으로 취급해 왔다. 그러나 앞에서 언급한 대로 장기에는 모든 투입요소가 가변적이다. 이는 장기에는 고정비용도 달라질 수 있음을 뜻한다. 다시 말하면 장기에는 고정비용도 기업이 그 값을 선택할 수 있는 변수가 된다. 시간이 충분하다면 예컨대 셀레나의 고급살사는 새로운 식품제조 설비를 구입하거나 갖고 있던 설비를 처분할 수 있다.

이 절에서는 한 기업의 비용이 단기와 장기에 어떻게 달라지는지 살펴본다. 또한 장기에는 고정비용이 예상되는 산출량에 따라서 기업에 의해 선택되는 것임을 보게 될 것이다.

이제 셀레나의 고급살사가 식품제조 설비를 추가로 구입할지를 고려하고 있다는 가정으로부터 시작해 보자. 설비를 추가로 구입하게 되면 총비용에 두 가지 영향을 주게 된다. 첫째로 추가 설비를 임차하거나 구입해야 하는데 이는 단기에는 고정비용이 더 높아질 것을 의미한다. 둘째로 노동자들은 더 많은 설비를 갖게 되므로 생산성이 높아질 것이다. 주어진 산출량을 생산하는 데 필요한 노동자 수가 적어져서 가변비용은 감소할 것이다.

〈그림 6-11〉에는 추가로 기계를 1대 더 구입할 경우 비용이 어떻게 달라지는지 표시되어 있다. 원래의 예에서는 고정비용이 108달러라고 가정했었다. 표의 왼쪽 부분에는 고정비용이 108달러일 때의 가변비용, 총비용 및 평균총비용이 적혀 있다. 이때의 평균총비용곡선이 〈그림 6-11〉에 ATC_1로 표시되어 있다. 이것과 식품제조 설비를 1대 더 구입하여 고정비용이 216달러로 두 배가 되는 한편 가변비용이 축소된 상황을 비교해 보자. 표의 오른쪽 부분은 고정비용이 두 배가 되었을 경우의 가변비용, 총비용 및 평균총비용을 보여 준다. 고정비용이 216달러일 때의 평균총비용곡선은 〈그림 6-11〉에 ATC_2로 표시되어 있다.

그림을 보면 산출량이 작을 때, 즉 하루에 살사 4상자 이하일 때는 설비를 추가로 구입하지 않고 108달러 수준의 낮은 고정비용을 유지함으로써 평균총비용을 더 작게 할 수 있다. 즉 ATC_1이 ATC_2의 아래쪽에 있다. 예를 들어 하루에 살사 3상자를 생산한다면 기계를 추가하지 않을 때 평균총비용은 72달러인 데 반해 기계를 추가하면 평균총비용은 90달러가 된다. 그러나 산출량이 하루 4상자 이상으로 증가하면 고정비용을 216달러로 늘려 설비를 1대 더 구입하는 것이 평균총비용을 더 낮추는 길이다. 예컨대 하루에 살사 9상자를 생산한다면 고정비용이 108달러일 때는 평균총비용이 120달러인 데 반해 고정비용이 216달러이면 평균총비용은 78달러에 불과하다.

고정비용이 증가할 때 평균총비용이 이처럼 달라지는 이유는 무엇일까? 산출량이 적을 때는 설비 1대를 추가로 구입하는 데 들어가는 고정비용의 증가가 노동생산성 증가로 인한 가변비용의 감소를 능가하게 된다. 즉 고정비용의 증가를 충분히 분산하기에는 산출량이 너무 작은 것이다. 따라서 셀레나가 살사를 하루에 4상자 이하로 생산할 계획이라면 평균총비용을 낮추기 위해서는 고정비용을 108달러로 낮게 선택하는 것이 더 유리하다. 그러나 산출량을 높일 계획이라면 기계를 더 구입해야 한다.

일반적으로 각 산출량 수준마다 평균총비용을 최소로 만드는 고정비용이 있을 것이다. 따라서 앞으로 유지하고자 하는 바람직한 산출량 수준이 있다면 그 수준에 가장 적합한, 즉 평균총비용을 최소로 만드는 고정비용을 찾아 선택해야 한다.

고정비용이 달라질 수 있는 상황을 분석하고 있는 현시점에서는 평균총비용을 논의할 때 항상 시간 변수를 염두에 둘 필요가 있다. 우리가 지금까지 보아 왔던 평균비용곡선들은 모두 일정 수준의 고정비용을 가정한 것, 즉 고정비용이 변하지 않는 단기의 비용곡선들이었다. 이를 강조하기 위해 이 장의 남은 부분에서는 이러한 평균총비용곡선들을 단기 **평균총비용곡선**이라 부르기로 한다.

그림 6-11 셀레나의 고급살사의 고정비용 선택

산출량이 주어져 있을 때, 높은 고정비용 및 낮은 가변비용과 낮은 고정비용 및 높은 가변비용 사이에서 선택을 해야 한다. ATC_1은 고정비용이 108달러일 경우의 평균총비용곡선이다. 이때의 가변비용은 상대적으로 높다. ATC_2는 고정비용이 216달러로 더 높지만 가변비용이 상대적으로 낮은 경우의 평균총비용곡선이다. 하루에 4상자 이하의 낮은 산출량 수준에서는 ATC_1이 ATC_2보다 낮다. 즉 고정비용이 108달러일 때가 평균총비용이 더 낮다. 그러나 산출량이 증가하면 고정비용이 216달러일 때 평균총비용이 더 낮아서 하루에 산출량이 4상자 이상일 때는 ATC_2가 ATC_1보다 아래쪽에 오게 된다.

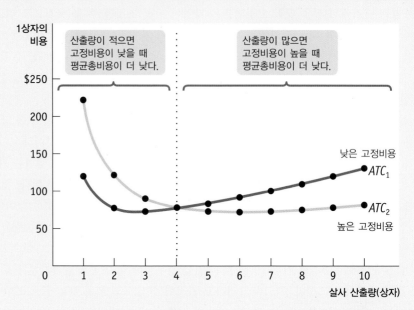

살사 산출량 (상자)	낮은 고정비용(FC = $108)			높은 고정비용(FC = $216)		
	높은 가변비용	총비용	1상자의 평균총비용 ATC_1	낮은 가변비용	총비용	1상자의 평균총비용 ATC_2
1	$12	$120	$120.00	$6	$222	$222.00
2	48	156	78.00	24	240	120.00
3	108	216	72.00	54	270	90.00
4	192	300	75.00	96	312	78.00
5	300	408	81.60	150	366	73.20
6	432	540	90.00	216	432	72.00
7	588	696	99.43	294	510	72.86
8	768	876	109.50	384	600	75.00
9	972	1,080	120.00	486	702	78.00
10	1,200	1,308	130.80	600	816	81.60

현실에 있어 대부분의 경우 기업이 선택할 수 있는 고정비용은 두 가지만 있는 것이 아니라 많이 있다고 가정할 수 있다. 각 고정비용 수준에 대해 하나씩의 평균총비용곡선이 대응되므로 이러한 기업에게는 단기 평균총비용곡선이 여러 개 존재함을 알 수 있다. 이들을 일컬어 단기 평균총비용곡선 '집합(family)'이라 부른다.

어느 한 시점에서 기업은 당시의 고정비용 수준에 해당하는 단기 평균총비용곡선 상의 한 점에 있게 되고, 산출량이 달라지면 같은 곡선 상의 다른 점으로 이동하게 된다. 변화된 산출량이 오래 지속될 것으로 예상되면 현재의 고정비용은 더 이상 적절한 수준이 아닐 가능성이 크다. 충분한 시간이 주어진다면 기업은 새로운 산출량 수준에서 평균총비용이 최소가 되도록 고정비용을 새로운 수준으로 조정하고자 할 것이다.

예를 들어 셀레나가 108달러의 고정비용으로 하루에 살사를 2상자씩 생산하다가 앞으로는 하루에 8상자씩 생산하게 되는 상황을 맞았다면, 장기적으로는 하루에 8상자의 산출량에서 평균총비용을 최소로 할 수 있도록 더 많은 설비를 구입하고 고정비용을 증가시켜야 한다.

기업이 각 산출량 수준에 적합한 고정비용을 자유로이 선택할 수 있는 가상적 상황에서 각 산출량 수준의 최소 평균총비용을 계산한다고 해 보자. 이러한 가상적 실험의 결과물에 대해 경제학자들은 장기 평균총비용곡선이라는 이름을 붙였다. 구체적으로 **장기 평균총비용곡선**(long-run average total cost curve, *LRATC*)이란 각 산출량 수준에 대해 평균총비용이 최소가 되도록 고정비용을 선택했을 때 얻어지는 산출량과 평균총비용 사이의 관계를 말한다. 선택할 수 있는 고정비용 수준이 많이 있다면 장기 평균총비용곡선은 〈그림 6-12〉에 표시된 *LRATC*와 같이 친숙하고 매끈한 U자 형태의 모습을 하게 될 것이다.

이제 단기와 장기의 구분을 더 명확하게 할 수 있게 되었다. 장기에는 생산자가 원하는 산출량에 적합한 고정비용을 선택할 시간이 있어 장기 평균총비용곡선 상의 어느 한 점에 있게 된다. 그러나 산출량이 바뀌면 더 이상 장기 평균총비용곡선 상에 있을 수 없고 당시의 단기 평균총비용곡선을 따라 움직이게 된다. 새로운 산출량 수준에 적합하도록 고정비용을 재조정한 후에야 다시 장기 총비용곡선 상에 있게 된다.

〈그림 6-12〉는 이 사실을 보여 준다. 곡선 ATC_3는 셀레나가 하루에 살사 3상자를 생산할 때 평균총비용이 최소가 되도록 고정비용을 선택한 경우의 단기 평균총비용을 나타낸다. 하루 3상자의 산출량에서 ATC_3가 장기 평균총비용곡선 *LRATC*에 접하고 있다는 사실로 이를 확인할 수 있다. 마찬가지로 ATC_6는 셀레나가 하루에 살사 6상자를 생산할 때 평균총비용이 최소가 되도록 고정비용을 선택한 경우의 단기 평균총비용을 나타낸다. ATC_6는 하루 6상자의 산출량에서 *LRATC*에 접하고 있다. 그리고 ATC_9는 셀레나가 하루에 살사 9상자를 생산할 때 평균총비용이 최소가 되도록 고정비용을 선택한 경우의 단기 평균총비용을 나타낸다. ATC_9는 하루 9상자의 산출량에서 *LRATC*에 접하고 있다.

KalSyer/iStock/Getty Images

시간에 따른 기업의 활동을 이해하려면 단기와 장기 평균총비용을 구별해야 한다.

장기 평균총비용곡선(long-run average total cost curve, *LRATC*)은 각 산출량 수준에 대해 평균총비용이 최소가 되도록 고정비용을 선택해서 얻어지는 산출량과 평균총비용의 관계를 나타낸다.

그림 6-12 단기와 장기 평균총비용곡선

단기와 장기의 평균총비용이 다른 이유는 장기에는 기업이 고정비용을 선택할 수 있기 때문이다. 만일 셀레나가 하루에 살사 6상자를 생산할 때 단기 평균총비용을 최소로 하는 고정비용을 선택했고 실제 생산량도 하루에 6상자씩이라면 *LRATC*와 ATC_6 상의 *C*점에 있게 된다. 그러나 만일 3상자만을 생산한다면 *B*점으로 이동하게 된다. 민일 그녀가 오랫동안 3상자만을 생산할 것으로 예상한다면, 장기적으로는 고정비용을 줄여서 ATC_3 상의 *A*점으로 이동할 것이다. 마찬가지로 (*Y*점에서) 9상자를 생산하고 이것이 오랫동안 지속될 것으로 예상한다면, 셀레나는 장기적으로 고정비용을 늘려서 ATC_9 상의 *X*점으로 이동할 것이다.

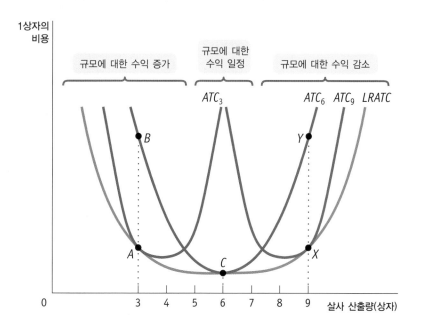

셀레나가 처음에는 ATC_6에 있도록 선택했다고 하자. 만일 셀레나가 실제로 하루에 6상자를 생산한다면 단기와 장기 평균총비용곡선 상에 있는 점 C에 있게 된다. 그러나 셀레나가 하루에 살사를 3상자만 생산하게 되었다고 하자. 단기적으로 이 기업의 평균총비용은 ATC_6에 있는 점 B로 표시된다. 더 이상 $LRATC$ 상에 있지 않다. 만일 셀레나가 하루에 3상자만 생산하게 될 것을 알았더라면 고정비용을 줄임으로써 평균총비용을 낮추는 것이 더 좋았을 것이다. 즉 ATC_3에 해당하는 수준의 고정비용을 선택하는 것이 더 좋았을 것이다. 그랬다면 점 B의 아래쪽에 있고 장기 평균총비용곡선 상에 있는 점 A에 도달할 수 있었을 것이다.

이번에는 하루에 살사를 9상자 생산하게 되었다고 해 보자. 단기적으로 이 기업의 평균총비용은 ATC_6에 있는 점 Y로 표시된다. 그러나 고정비용을 증가시키고 가변비용을 줄여 ATC_9로 이동하는 것이 더 좋을 것이다. 그랬다면 점 Y의 아래쪽에 있고 장기 평균총비용곡선 상에 있는 점 X에 도달할 수 있었을 것이다.

단기와 장기 평균총비용에 대한 구분은 현실에서 기업의 운영방식이 시간의 흐름에 따라 달라지는 것을 이해하는 데 매우 중요하다. 예상치 않게 증대된 수요에 맞추기 위해 산출량을 갑자기 늘리게 된 기업은 보통 단기적으로 평균총비용이 급격히 상승하는 것을 보게 될 것이다. 그러나 새로운 공장을 짓고 기계를 도입할 수 있는 시간이 주어지면 단기 평균총비용은 하락할 것이다.

규모에 대한 수익

장기 평균총비용곡선의 모양을 결정하는 것은 무엇일까? 해답은 기업 활동의 크기를 가리키는 규모가 장기 평균총비용을 결정하는 데 중요한 역할을 한다는 것이다. 장기 평균총비용은 규모의 효과로 인해 산출량에 따라 크게 달라진다. 장기 평균총비용이 산출량이 증가함에 따라 감소할 때는 **규모에 대한 수익이 증가**(increasing returns to scale)한다고[또는 규모의 경제(economies of scale)가 있다고] 말한다.

〈그림 6-12〉에서 보는 바와 같이 셀레나의 고급살사에서는 장기 평균총비용곡선이 하락하는 0부터 5까지의 산출량 수준에서 규모에 대한 수익이 증가하고 있다. 반면에 산출량 증가에 따라 장기 평균총비용이 증가할 때는 **규모에 대한 수익이 감소**(decreasing returns to scale)한다고[또는 규모의 불경제(diseconomies of scale)가 있다고] 말한다. 셀레나의 고급살사에서는 장기 평균총비용곡선이 상승하는 7 이상의 산출량 수준에서 규모에 대한 수익이 감소하고 있다.

장기 평균총비용과 규모 사이에는 세 번째 관계도 성립할 수 있다. 산출량이 증가할 때 장기 평균총생산이 변하지 않는다면 **규모에 대한 수익이 일정**(constant returns to scale)하다고 한다. 규모에 대한 수익이 일정한 산출량 구간에서는 장기 평균총비용곡선이 수평이 된다. 〈그림 6-12〉에서 보는 바와 같이 셀레나의 고급살사에서는 5와 7 사이의 산출량 수준에서 규모에 대한 수익이 일정하다.

생산에서 이런 규모의 효과가 나타나는 이유는 무엇일까? 해답은 결국 기업이 보유하고 있는 생산기술에서 찾을 수 있다. 규모의 경제는 대체로 대규모 생산으로 가능하게 된 **특화**로부터 발생한다. 대규모 생산은 노동자 각자가 좀 더 특화된 작업에 몰두하여 기술을 익히고 그 일을 효과적으로 수행할 수 있게 해 준다.

규모의 경제가 나타나는 또 다른 이유로서 대규모의 초기 투자비용을 들 수 있다. 자동차, 발전, 정유 등의 산업에서는 생산을 시작하려면 초기에 공장과 설비의 형태로 많은 고정비용을 지출해야 한다.

규모의 경제가 나타나는 세 번째 요인은 소프트웨어 개발과 같은 일부 첨단산업에서 나타나는데, 한 개인이 어떤 재화나 서비스로부터 얻는 가치가 그 재화나 서비스를 사용하는 사람들이

산출량이 증가함에 따라 장기 평균총비용이 하락할 때는 **규모에 대한 수익이 증가**(increasing returns to scale)한다고 한다.

산출량이 증가함에 따라 장기 평균총비용이 상승할 때는 **규모에 대한 수익이 감소**(decreasing returns to scale)한다고 한다.

산출량이 증가할 때 장기 평균총비용이 변하지 않으면 **규모에 대한 수익이 일정**(constant returns to scale)하다고 한다.

많을수록 더 커지는 **네트워크 외부효과**(network externality) 때문이다. 고전적 예는 컴퓨터 운영체제이다. 세계적으로 대부분의 개인용 컴퓨터는 마이크로소프트 윈도우로 구동된다. 애플의 컴퓨터 운영체제가 더 우수하다는 점은 많은 사람들이 인정하지만 개인용 컴퓨터가 보급되던 초기에 윈도우가 더 많이 사용된 이유로 더 많은 소프트웨어가 개발되었고 기술지원이 더 많았기 때문에 시장에서의 지배력이 지속될 수 있었다. 제8장에서 독점을 공부할 때 규모에 대한 수익 증가가 기업과 산업의 행동에 매우 중요한 영향을 미칠 수 있음을 보게 될 것이다.

> 한 재화를 사용하는 사람들의 수가 많을수록 한 개인에게 그 재화의 가치가 더 크다면 그 재화에는 **네트워크 외부효과**(network externality)가 있다고 말한다.

이와 반대로 규모에 대한 수익 감소는 보통 대규모 기업에서 협력과 의사소통의 어려움 때문에 발생한다. 기업의 규모가 커질수록 의사소통과 활동을 조직하는 것이 점점 더 어려워져서 비용이 증가한다. 규모의 경제는 기업의 확장을 유도하지만 규모의 불경제는 확장을 제한하게 된다. 그리고 규모에 대한 수익이 일정할 경우에는 규모의 크기가 장기 평균총비용에 아무런 영향을 주지 않는다. 1개를 생산하나 10만 개를 생산하나 장기 평균총비용은 같다.

비용의 요약

기업이 최적의 생산량을 선택하려면 산출량과 비용의 관계를 이해해야 한다. 〈표 6-3〉에는 지금까지 배운 비용의 종류와 개념이 간략히 요약되어 있다.

표 6-3 비용의 종류와 개념

	종류	정의	수학적 표기
단기	고정비용	산출량에 영향을 받지 않는 비용	FC
	평균고정비용	산출량 한 단위당 고정비용	$AFC = FC/Q$
단기와 장기	가변비용	산출량에 영향을 받는 비용	VC
	평균가변비용	산출량 한 단위당 가변비용	$AVC = VC/Q$
	총비용	고정비용(단기)과 가변비용의 합	$TC = FC$(단기)$+ VC$
	평균총비용(평균비용)	산출량 한 단위당 총비용	$ATC = TC/Q$
	한계비용	산출량을 한 단위 더 추가할 때 발생하는 총비용의 변화	$MC = \Delta TC/\Delta Q$
장기	장기 평균총비용	각 산출량 수준에서 평균총비용이 최소가 되도록 고정비용을 선택했을 때의 평균총비용	$LRATC$

현실 경제의 >> 이해

고정비용을 감소시키는 공유경제

공유경제는 비교적 새로운 현상으로서 신기술로 인해 모르는 사람(기업이나 개인)끼리 사무실, 집, 연산능력, 소프트웨어, 자동차, 소형 제트기, 기계, 금융자본, 책이나 심지어 옷에 이르기까지 자산을 함께 사용하는 현상을 말한다. 공유경제가 어떻게 작동하는가 하는 것은 가장 잘 알려진 우버나 에어비앤비의 예를 보면 알 수 있다. 이 기업들은 그들의 웹을 통해 자동차를 소유한 운전자나 빈 방이 있는 주택소유자들로 하여금 그들의 자산을 다른 사람들과 공유할 수 있도록 한다. 여러분이 사진이나 팀 과제 작업물을 공유하기 위해 업로드하는 디지털 네트워크인 클라우드 자체도 기업이나 개인들로 하여금 연산능력, 저장 공간, 소프트웨어 등을 빌려

lindenblade/iStockphoto

공유경제에서는 넷제츠와 유사한 기업들이 고정비용을 가변비용으로 전환하는 데 도움을 주고 자원을 더 효율적으로 사용할 수 있게 만든다.

쓸 수 있게 하기 때문에 공유경제의 특성이 있다고 볼 수 있다.

그러면 공유경제는 고정비용과는 무슨 연관이 있는 것일까? 많은 연관이 있다. 어떤 자산을 필요할 때만 사용할 수 있다면 그 비용은 고정비용이 아니라 가변비용이 되는 것이다. 예를 들어 회사의 전용기를 보자. (아마도 대부분의 시간을 활주로에 방치되어 있을) 전용기를 소유하고 보수 유지하는 대신 이제 회사들은 넷제츠나 유사한 기업들을 통해 제트기 서비스를 필요에 따라 구입할 수 있게 되었다. 공유경제는 소유와 운영이라는 고정비용을 가변비용으로 변환시킴으로써 결과적으로 작은 기업들도 전에는 이익이 나지 않던 시장에 진출할 수 있도록 허용할 것이다. 마찬가지로 공유경제는 사람들로 하여금 전에는 구입할 수 없었던 자산들(자동차, 주택, 명품 핸드백)을 이제는 이들을 이용해 수입을 낼 수 있게 함으로써 구입할 수 있도록 만들어 준다.

그뿐만 아니라 공유경제 시장은 자원을 가장 잘 사용할 수 있는 사람에게 배분함으로써 사회의 자원 전체를 더욱 효율적으로 사용할 수 있게 해 준다.

>> **복습**

- 장기적으로 기업은 예상 산출량에 따라 고정비용을 선택한다. 고정비용이 높으면 산출량 수준이 높을 때의 평균총비용이 감소한다. 고정비용이 낮으면 산출량 수준이 낮을 때의 평균총비용이 감소한다.
- 고정비용 수준에 따라서 단기 평균총비용이 달라지므로 단기 평균총비용곡선은 여러 개가 존재한다. **장기 평균총비용곡선**(LRATC)은 장기에 각 산출량 수준에 대해 평균총비용이 최소가 되도록 고정비용을 선택했을 때의 평균총비용을 표시한 것이다.
- 산출량 수준에 맞춰 고정비용을 충분히 조정했다면 그 기업은 당시의 단기 평균총비용곡선 상에 있을 뿐 아니라 장기 평균총비용곡선 상에 있게 된다. 산출량 수준이 달라지면 당시의 단기 평균총비용곡선을 따라 이동하게 된다. 새로운 산출량에 대해 고정비용을 다시 조정하게 되면 그 기업은 새로운 단기 평균총비용곡선 상에 있게 되고 장기 평균총비용곡선 상에 오게 된다.
- 규모의 효과는 생산기술로부터 발생한다. **규모에 대한 수익이 증가**하면 기업 규모가 확장되는 경향이 있다. **네트워크 외부효과**는 규모에 대한 수익이 증가하는 하나의 이유가 된다. **규모에 대한 수익이 감소**하면 기업 규모가 제한되는 경향이 있다. **규모에 대한 수익이 일정**하면 기업 규모가 아무런 영향을 받지 않는다.

>> **이해돕기 6-3**

해답은 책 뒤에

1. 다음 표에는 가능한 고정비용과 평균가변비용의 세 가지 조합이 제시되어 있다. 이 예에서 평균가변비용은 일정하다(산출량에 따라 변하지 않는다).

선택	고정비용	평균가변비용
1	$8,000	$1.00
2	12,000	0.75
3	24,000	0.25

   a. 세 가지 선택 각각에 대하여 12,000, 22,000, 30,000단위를 생산하는 평균총비용을 계산하라. 각각의 수량에 대해 어떤 조합이 평균총비용을 최소로 하는가?

   b. 역사적으로 12,000단위를 생산해 오던 기업이 급격하고 영구적인 수요 증가로 인해 22,000단위를 생산하게 되었다고 하자. 평균총비용이 단기와 장기에 각각 어떻게 변할지 설명하라.

   c. 만일 기업이 수요 변화가 일시적이라고 생각한다면 어떻게 해야 할지 설명하라.

2. 다음의 각 경우에 기업에는 어떤 규모의 효과가 나타날지 설명하고 그 이유를 설명하라.

   a. 직원들이 컴퓨터와 전화기를 사용하여 전화를 걸어 상품을 판매하는 통신판매회사

   b. 기업 소유주의 전문 기술에 의존하여 디자인 사업을 하는 인테리어 디자인회사

   c. 다이아몬드 채굴회사

3. 〈그림 6-12〉와 같은 그래프를 그리고, 장기적으로 하루 5상자의 살사를 생산하기로 결정했을 때 이에 대응하는 단기 평균총비용곡선을 그려 넣으라. 이 그래프를 이용하여 오랫동안 하루 4상자만 생산할 것으로 예상한다면 왜 고정비용을 다르게 해야 하는지 설명하라.

문제 풀어보기 　테슬라의 생산에 대한 도전

테슬라 자동차는 캘리포니아 주 프리몬트에 있는 옛 토요타의 공장에서 전기자동차를 생산한다. 스포츠카인 테슬라 로드스터가 이 회사에서 최초로 설계된 제품이며 2008년부터 판매되었다. 최근에 설계되어 2017년에 출시된 테슬라 모델 3은 사륜구동의 고급 중형 4도어 세단이다. 모델 3은 휘발유를 사용하지 않고 한 번 충전하여 220에서 310마일까지 갈 수 있으며 배기관 배출물이 전혀 없다. 또한 완전히 자율 주행할 수 있는 기능이 갖추어져 있다.

모델 3에 대한 사전 주문량은 45만 대가 넘는데 이는 이전 모델인 2013 테슬라 모델 X에 비해 거의 세 배 가까이 되는 숫자다. 수요가 많긴 하지만 프리몬트 공장에서 생산되는 모델 3의 수량은 기대에 뒤처져 있다.

테슬라는 모델 3에 대한 수요를 충족시키기 위해 생산량을 주 6,000대, 즉 연간 약 30만 대로 증가시킬 것이라고 발표했다. 현재는 2017년 테슬라의 총판매량인 연간 약 10만 대를 생산할 장비를 갖추고 있다. 다음 표를 사용하여 각 공장 규모와 생산량 수준에 대해 테슬라의 평균총비용을 구하라. 테슬라가 30만 대를 생산하기 위한 장비를 갖춘 새로운 공장을 짓는다면 A 규모의 공장이 그보다 생산비가 더 높은 이유를 설명하라.

	총비용(10억 달러)		
공장 규모	10만 대 판매	20만 대 판매	30만 대 판매
A	$1.75	$3.25	$5.5
B	2.0	3.0	5.0
C	2.5	4.0	4.5

단계 | 1 각 규모의 공장에서 주어진 수량을 생산할 경우의 평균총비용을 구하라.

189~192쪽을 복습하라.

평균총비용은 총비용을 생산량으로 나누어 구한다. 따라서 만일 테슬라가 10만 대의 자동차를 생산하는 데 총비용이 1억 7,500만 달러가 들었다면 평균비용은 $1,750,000,000/100,000 = $17,500이다. 앞의 표에서 각 규모의 공장에서 주어진 수량을 생산할 경우의 평균비용을 구하면 오른쪽 표와 같다.

	평균비용		
공장 규모	10만 대 판매	20만 대 판매	30만 대 판매
A	$17,500	$16,250	$18,333
B	$20,000	$15,000	$16,667
C	$25,000	$20,000	$15,000

단계 | 2 A규모의 공장에서 생산할 때의 비용이 테슬라가 30만 대를 생산하기에 적합한 새로운 규모의 공장보다 높은 이유를 설명하라.

195~198쪽을 복습하라.

테슬라가 30만 대 생산을 기준으로 새 공장을 짓는다면 C규모의 공장을 선택할 것이다. 테슬라는 새로운 생산 수준에 대해 평균총비용을 최소화하도록 고정비용을 조정할 수 있을 것이다. 만일 테슬라가 공장 규모를 쉽게 변경할 수 있다면 항상 장기 평균총비용곡선에서 평균총비용을 최소화하는 규모의 공장을 지을 것이다. 그러나 공장 규모가 A로 고정되어 있다면 테슬라는 A규모 공장에 대한 단기 평균총비용곡선 상에 있게 될 것이다.

요약

1. 투입물과 산출물의 관계가 생산자의 **생산함수**이다. 단기에는 **고정요소**의 투입량이 변경될 수 없지만 **가변요소**의 투입량은 변경될 수 있다. **장기**에는 모든 요소의 투입량이 변경될 수 있다. 고정요소의 투입량이 주어졌을 때 **총생산곡선**은 가변요소의 투입량에 따라 산출량이 어떻게 변화하는가를 보여 준다. 또한 우리는 한 요소의 **한계생산**, 즉 그 요소를 한 단위 더 사용하였을 때 산출물의 증가분을 구할 수도 있다.

2. **한 투입요소에 대한 수익체감**이란 다른 모든 요소의 투입량을 고정시키고 한 요소의 투입량을 증가시킬 때 그 요소의 한계생산이 점차 감소하는 것을 말한다.

3. **총비용곡선**에 의해 표시되는 **총비용**은 생산량에 영향을 받지 않는 **고정비용**과 생산량에 따라 달라지는 **가변비용**의 합이다. 총비용에는 실제로 현금이 지출되는 **명시적 비용**뿐 아니라 현금 지출이 발생하지 않는 **암묵적 비용**도 포함된다. 요소에 대한 수익체감으로 인해 산출량을 한 단위 더 생산하는 데 드는 총비용의 증가분, 즉 **한계비용**은 보통 산출물이 증가함에 따라 늘어난다.

4. 총비용을 산출량으로 나눈 **평균총비용**(또는 **평균비용**)은 산출물 한 단위당 비용을 의미하는 반면, 한계비용이란 산출물을 한 단위 더 생산할 때 드는 비용이다. 경제학자들은 **U자형 평균총비용곡선**이 전형적이라고 믿고 있다. 이는 평균총비용이 두 부분으로 분할되기 때문인데, 산출량이 증가함에 따라 감소하는(분산 효과) **평균고정비용**과 산출량이 증가함에 따라 증가하는(수익체감 효과) **평균가변비용**이 바로 그것이다.

5. 평균총비용이 U자형으로 되어 있을 때 U자형의 최저점은 평균총비용이 최소화되는 산출량 수준을 나타내는데, 이를 **최소비용 산출량**이라고 부른다. 이는 한계비용곡선이 평균총비용곡선을 아래에서 교차하며 지나가는 지점이기도 하다. 특화의 이점으로 인해 한계비용곡선은 상승하기 전 초기에는 하락하기 때문에 '나이키 로고' 모양이 된다.

6. 장기에는 생산자가 고정요소 투입량과 고정비용 수준을 변경할 수 있다. 더 높은 고정비용을 지불하는 대신 기업은 주어진 산출량 수준에서 가변비용을 줄일 수 있으며, 그 반대 또한 가능하다. **장기 평균총비용곡선**은 각 산출량 수준에 대해 평균총비용이 최소가 되도록 고정비용을 선택하였을 때 얻어지는 산출량과 평균총비용 사이의 관계를 말한다. 산출량을 증가시킬 때 단기 평균총비용곡선을 따라 움직이다가, 새로운 산출량 수준에 적합하도록 고정비용을 재조정한 후에는 단기 평균총비용곡선과 장기 평균총비용곡선에 동시에 속해 있는 한 점으로 회귀하게 된다.

7. 산출량이 증가함에 따라 장기 평균총비용이 하락하면 **규모에 대한 수익이 증가**, 상승하면 **규모에 대한 수익이 감소**한다고 하며, 만약 장기 평균총비용이 변하지 않으면 **규모에 대한 수익이 일정**하다고 한다. **네트워크 외부효과**가 규모에 대한 수익이 증가하는 원인이 되기도 한다. 규모효과는 생산기술에 의해 결정된다.

주요용어

생산함수	암묵적 비용	평균고정비용
고정요소	고정비용	평균가변비용
가변요소	가변비용	최소비용 산출량
장기	총비용	장기 평균총비용곡선
단기	총비용곡선	규모에 대한 수익이 증가
총생산곡선	한계비용	규모에 대한 수익이 감소
한계생산	평균총비용	규모에 대한 수익이 일정
한 투입요소에 대한 수익체감	평균비용	네트워크 외부효과
명시적 비용	U자형 평균총비용곡선	

토론문제

1. 멋있는 꽃집은 결혼식, 졸업식 및 다른 행사에서 꽃장식을 전문으로 하는 꽃집이다. 멋있는 꽃집은 장소와 기계를 확보하는 데 매일 100달러의 고정비용을 지불해야 한다. 노동자에게는 한 사람당 매일 50달러씩을 지불한다. 멋있는 꽃집의 생산함수는 다음 표와 같다.

노동 투입량(사람 수)	꽃장식 수량
0	0
1	5
2	9
3	12
4	14
5	15

   a. 각 노동자의 한계생산을 구하라. 고용된 노동자의 수가 증가하면 노동자 1인당 한계생산이 감소하는 것은 어떠한 원리로 설명할 수 있는가?

   b. 각 산출량 수준에서 한계비용을 구하라. 꽃장식이 증가함에 따라 꽃장식에 드는 한계비용이 증가하는 것을 어떠한 원리로 설명할 수 있는가?

2. 경제학 수업에서 1번의 숙제당 최대 100점을 기준으로 점수가 매겨지고 있다. 이번 학기 10번의 숙제 중에서 9번의 숙제가 끝났는데, 현재 당신의 평균점수는 88점이다. 당신의 10번째 숙제 점수가 어느 정도가 되어야 당신의 전체 평균을 올릴 수 있겠는가? 어느 정도의 점수 영역이 당신의 전체 평균을 내리겠는가? 설명해 보라.

연습문제

1. 주요 상품의 가격 변화는 기업의 성과에 큰 영향을 준다. 거의 모든 기업에 있어 에너지가 전체 비용에서 차지하는 비중이 매우 크다. 그뿐만 아니라 소고기, 닭고기, 고과당 시럽, 에탄올 등을 생산하는 기업들과 같이 많은 산업이 옥수수 가격에 큰 영향을 받는다. 최근 옥수수 가격이 상당히 인상되었다.

   a. 에너지 비용이 고정비용도 될 수 있고, 가변비용도 될 수 있음을 설명하라.

   b. 에너지가 고정비용이고 에너지 가격이 상승한다고 가정하자. 기업의 평균총비용곡선은 어떻게 되겠는가? 한계비용곡선은 어떻게 되겠는가? 그래프를 그려 설명하라.

   c. 에탄올 생산에 있어 옥수수 비용이 가변비용은 될 수 있어도 고정비용은 될 수 없는 이유를 설명하라.

   d. 옥수수 가격이 상승할 때 에탄올 생산자의 평균총비용곡선은 어떻게 되겠는가? 한계비용곡선은 어떻게 되겠는가? 그래프를 그려 설명하라.

2. 마티의 얼린 요구르트는 대학가에서 얼린 요구르트를 컵에 담아 판매하는 가게이다. 마티는 요구르트 얼리는 기계를 3대 가지고 있다. 다른 투입요소는 냉장고, 얼린 요구르트 믹스, 컵, 토핑재료이며 물론 노동자도 포함된다. 마티는 고용된 노동자 수가 변화할 때 자신의 생산함수가 다음과 같다고 생각한다.

노동 투입량(사람 수)	얼린 요구르트 산출량(컵)
0	0
1	110
2	200
3	270
4	300
5	320
6	330

   a. 얼린 요구르트를 생산할 때의 고정요소와 가변요소로는 어떠한 것들이 있는가?

   b. 총생산곡선을 그려 보라. 수평선에는 노동 투입량을, 수직선에는 얼린 요구르트의 양을 표시하라.

   c. 첫 번째 노동자의 한계생산은 얼마인가? 두 번째 노동자와 세 번째 노동자의 경우는 어떠한가? 노동자 수가 증가함에 따라 한계생산이 감소하는 까닭은 무엇인가?

3. 마티의 얼린 요구르트의 생산함수는 2번 문제에 주어진 바와 같다. 마티는 노동자에게 한 사람당 80달러의 임금을 매일 지불한다. 다른 가변요소의 경우에는 요구르트 1컵당 0.5달러의 비용이 든다. 마티의 고정비용은 매일 100달러씩이다.

   a. 110컵의 요구르트를 생산할 때 마티의 가변비용과 총비용은 얼마인가? 200컵의 요구르트를 생산할 때는 어

따한가? 2번 문제에 주어진 모든 산출량 수준에 따른 가변비용과 총비용을 계산하라.

　b. 마티의 가변비용곡선을 그려 보라. 같은 그래프에 마티의 총비용곡선을 그려 보라.

　c. 처음 110컵의 요구르트를 생산할 때 1컵당 한계비용은 얼마인가? 그다음 90컵의 요구르트의 경우에는? 나머지 산출량 수준에 대하여 한계비용을 계산하라.

4. 마티의 얼린 요구르트의 생산함수는 2번 문제에 주어진 바와 같다. 비용은 3번 문제에 주어진 바와 같다.

　a. 주어진 각 산출량 수준에서 얼린 요구르트 1컵을 생산하는 데 드는 평균고정비용(*AFC*), 평균가변비용(*AVC*), 평균총비용(*ATC*)을 계산해 보라.

　b. 하나의 그래프에 *AFC*, *AVC*, *ATC* 곡선을 그려 보라.

　c. 산출량이 증가함에 따라 *AFC*가 감소하는 것을 어떠한 원리로 설명할 수 있는가? 산출량이 증가함에 따라 *AVC*가 증가하는 현상은 어떻게 설명될 수 있는가? 자신의 답을 설명해 보라.

　d. 평균총비용이 최소화될 때 얼린 요구르트는 몇 컵이 생산되는가?

5. 많은 기업에서 노동비용이 총비용 중 가장 큰 비중을 차지한다. 노동청 통계에 의하면 미국의 노동비용은 2014년에 비교해 2015년에 2.0% 상승했다.

　a. 노동비용이 상승할 때 평균총비용과 한계비용은 어떻게 되는가? 노동비용이 가변비용만 되는 경우와 가변비용도 되고 고정비용도 되는 경우로 나누어 생각하라. 노동생산성이 상승한다는 것은 각 노동자가 더 많은 산출물을 생산한다는 것을 의미한다. 최근의 노동생산성 자료에 의하면 농업을 제외한 미국 기업의 노동생산성은 1970년부터 1999년 사이에 1.7%, 2000년부터 2009년 사이에 2.6%, 그리고 2010년부터 2015년 사이에 1.1% 성장하였다.

　b. 생산성 성장률이 양수일 때 노동의 총생산곡선과 한계생산곡선은 어떻게 되는가? 그래프를 이용해 설명하라.

　c. 생산성 성장률이 양수일 때 한계비용곡선과 평균총비용곡선은 어떻게 되는가? 그래프를 이용해 설명하라.

　d. 만일 노동비용이 시간이 흐름에 따라 평균적으로 상승한다면, 기업은 왜 노동생산성을 높이는 장비와 기술을 채택하는 것일까?

6. 어떤 회사의 비용이 다음 표와 같다고 한다. 빠진 부분을 완성하라.

산출량	총비용 TC	한계비용 MC	평균총비용 ATC	평균가변비용 AVC
0	$20		—	—
1	?	$20	?	?
2	?	10	?	?
3	?	16	?	?
4	?	20	?	?
5	?	24	?	?

7. 다음의 진술에 대한 진위 여부를 따져 보라. 만약 진술이 사실이라면 그 이유를 설명하고, 진술이 틀렸다면 어디가 잘못되었는지 밝히고 그것을 고쳐 보라.

　a. 한계생산이 감소하면 한계비용은 반드시 증가한다.

　b. 고정비용의 증가는 최소비용 산출량을 증대시킨다.

　c. 고정비용의 증가는 한계비용을 증가시킨다.

　d. 한계비용이 평균총비용보다 더 높으면 평균총비용은 반드시 감소한다.

8. 마크와 제프는 기념품용 축구공을 생산하는 작은 회사를 운영한다. 그들의 고정비용은 월 2,000달러다. 매달 1인당 1,000달러의 임금을 지불하고 노동자를 고용할 수 있다. 이들의 축구공 생산함수는 다음과 같이 주어져 있다.

노동 투입량(사람 수)	축구공 산출량
0	0
1	300
2	800
3	1,200
4	1,400
5	1,500

　a. 각 노동 투입량에 대해 평균가변비용(*AVC*), 평균고정비용(*AFC*), 평균총비용(*ATC*), 한계비용(*MC*)을 계산해 보라.

　b. 하나의 그래프에 *AVC*, *ATC*, *MC* 곡선을 그려 보라.

　c. 마크와 제프는 어떤 산출량 수준에서 평균총비용을 최소화할 수 있는가?

9. 당신은 어떤 제품을 생산하고 있다. 현재 4개의 제품을 생산하는 데 총비용으로 40달러가 쓰였다.

　a. 당신의 평균총비용은 얼마인가?

　b. 5달러의 한계비용으로 제품을 1개 더(다섯 번째 제품) 생산해 낼 수 있다고 가정하자. 만약 다섯 번째 제품을

생산한다면 당신의 평균총비용은 얼마가 되겠는가? 당신의 평균총비용은 증가하는가, 혹은 감소하는가? 그 이유는 무엇인가?

c. 이번에는 20달러의 한계비용으로 제품을 1개 더(다섯 번째 부품) 생산해 낼 수 있다고 가정하자. 만약 다섯 번째 제품을 생산한다면 당신의 평균총비용은 얼마가 되겠는가? 당신의 평균총비용은 증가하는가, 혹은 감소하는가? 그 이유는 무엇인가?

10. 단은 콘크리트 믹스 회사를 소유하고 있다. 고정비용이 드는 것은 콘크리트 제조기계와 혼합 트럭이다. 가변비용은 모래와 자갈과 같은 콘크리트를 생산해 내는 투입요소, 기계와 혼합 트럭을 유지하는 데 필요한 연료와 유지비, 노동자에 대한 비용이다. 단은 혼합 트럭을 몇 대 구입할지 결정하려 한다. 그는 그의 회사가 일주일 동안 받게 되는 주문 건수를 기반으로 다음 표와 같이 비용을 추정해 보았다.

트럭 수	고정비용	가변비용		
		20건	40건	60건
2	$6,000	$2,000	$5,000	$12,000
3	7,000	1,800	3,800	10,800
4	8,000	1,200	3,600	8,400

a. 각각의 고정비용 수준에서 20, 40, 60건의 주문을 받는 데 필요한 총비용을 계산하라.

b. 만약 단이 일주일마다 20건의 주문을 받는다면 몇 대의 트럭을 구매해야 하며, 이때 평균총비용은 얼마가 되겠는가? 40, 60건의 주문에 대해서도 같은 질문에 답하라.

11. 10번 문제에 소개된 단의 콘크리트 믹스 회사를 다시 보자. 단이 일주일당 40건의 주문을 받을 것으로 예상하고 3대의 트럭을 구입했다고 가정하자.

a. 단기적으로 단의 사업 규모가 축소되어 주당 20건의 주문을 받게 된다고 가정하자. 이때 단기에 주문한 건당 평균총비용은 얼마인가? 만약 그의 사업 규모가 확장되어 주당 60건의 주문을 받게 된다면 단기에 주문 1건당 평균총비용은 얼마인가?

b. 주당 20건의 주문을 처리하는 장기 평균총비용은 얼마인가? 트럭이 3대로 고정되었을 때, 일주일당 20건의 주문을 처리하는 단기 평균총비용이 일주일당 20건의 주문을 처리하는 장기 평균총비용보다 더 큰 이유를 설명하라.

c. 장기 평균총비용곡선을 그려 보라. 트럭이 3대일 때 단기 평균총비용곡선을 그려 보라.

12. 다음은 참인가 거짓인가? 추론 과정을 설명하라.

a. 단기 평균총비용은 결코 장기 평균총비용보다 낮아질 수 없다.

b. 단기 평균가변비용은 결코 장기 평균총비용보다 낮아질 수 없다.

c. 장기에 더 높은 수준의 고정비용을 선택하면 장기 평균총비용곡선이 상승한다.

13. 볼프스부르크 웨건(WW)은 작은 자동차회사이다. 다음의 표는 WW의 장기 평균총비용을 나타낸다.

자동차 산출량	자동차의 장기 평균총비용
1	$30,000
2	20,000
3	15,000
4	12,000
5	12,000
6	12,000
7	14,000
8	18,000

a. 어떤 산출량 수준에서 규모에 대한 수익이 증가하는가?

b. 어떤 산출량 수준에서 규모에 대한 수익이 감소하는가?

c. 어떤 산출량 수준에서 규모에 대한 수익이 일정한가?

14. 다음 표는 자동차 제조사가 자동차를 생산하는 데 드는 총비용을 나타낸다.

자동차 수량	총비용
0	$500,000
1	540,000
2	560,000
3	570,000
4	590,000
5	620,000
6	660,000
7	720,000
8	800,000
9	920,000
10	1,100,000

a. 이 제조사의 고정비용은 얼마인가?

b. 각각의 산출량 수준에서 가변비용(VC)을 계산하라. 영인 경우를 제외한 모든 산출량 수준에서 평균가변비용(AVC), 평균총비용(ATC), 평균고정비용(AFC)을 계산하라. 최소비용 산출량은 얼마인가?

c. 각각의 산출량 수준에 따른 이 제조사의 한계비용(MC)을 계산하라.

d. 하나의 그래프에 AVC, ATC, MC 곡선을 그려 보라.

7 완전경쟁과 공급곡선

크리스마스 장식

크리스마스 휴가철이 되었다는 한 가지 확실한 징표는 전국적으로 빈터와 주차장 그리고 원예용품점에 갑자기 나타나는 크리스마스트리 시장이다. 1950년대까지는 거의 대부분 개인들이 근처 숲에서 나무를 베어 크리스마스트리로 사용하였다. 그러나 1950년대에 이르러 인구증가에 따른 수요 증가와 삼림 감소로 인한 공급 감소로 시장이 출현할 기회가 발생했다. 크리스마스트리를 육성 판매함으로 이윤을 얻을 수 있다는 것을 발견한 농부들이 움직인 것이다.

이에 따라 스스로 나무를 베기 위해 숲속으로 모험을 떠나는 대신 다양한 크기와 종류의 나무들을 집 가까운 곳에서 고를 수 있게 되었다. 2017년에는 2,700만 가까이 되는 재배된 트리들이 20억 달러에 거래되었다.

크리스마스트리의 공급은 두 가지 이유로 인해 비탄력적이다. 재배할

토지를 얻는 데 시간이 걸리고 나무를 재배하는 데에도 시간이 걸리기 때문이다. 그러나 이러한 제한은 단기에만 적용된다. 시간이 흐름에 따라 기존의 농장은 용량을 늘릴 수 있고 새로운 농장이 사업에 뛰어들 수도 있다. 그리고 시간이 흐르면 나무가 성장하고 수확도 가능하게 된다. 따라서 가격 상승에 따른 공급의 증가는 단기보다 장기에 있어 훨씬 더 클 것이다.

공급곡선은 어디에서 오는 것일까? 단기와 장기 공급곡선에 차이가 있는 이유는 무엇인가? 이 장에서는 제6장에서 배운 비용에 대한 지식을 바탕으로 공급곡선을 분석할 것이다. 앞으로 보겠지만 이를 위해서는 개별 기업의 행동뿐 아니라 이들로 구성된 전체 산업의 행동을 이해할 필요가 있다.

이 장의 분석에서는 대상이 되는 산업이 **완전경쟁**의 특성을 지녔다고 가정한다. 먼저 완전경쟁의 개념을 설명하고 완전경쟁적 산업이 발생할 수 있는 조건을 간략히 소개한다. 다음에는 완전경쟁하에서 생산량이 어떻게 결정되는지를 본다. 마지막으로 개별 기업의 비용곡선을 이용하여 완전경쟁산업의 **산업공급곡선**을 도출한다.

경쟁산업이 시간의 흐름에 따라 변화해 가는 방법을 분석함으로써 경쟁산업에서 수요의 변화가 미치는 영향—예컨대 크리스마스트리에 대한 수요의 변화가 크리스마스트리 산업에 미치는 영향—을 단기와 장기로 구분하는 법을 배우게 된다. 결론 부분에서는 한 산업이 완전경쟁적으로 되는 데 필요한 조건들을 보다 깊이 있게 논의할 것이다. ●

Richard L. Levine/Corbis via Getty Images

크리스마스트리나 스마트폰이나 마찬가지로 재화가 어떻게 생산되느냐에 따라 생산비용이 결정된다.

이 장에서 배울 내용

- 완전경쟁의 의미와 완전경쟁이 경제학에서 중요한 기준이 되는 이유
- 완전경쟁기업 또는 완전경쟁산업의 조건
- **완전경쟁산업**에서 이윤극대화 산출량의 결정
- 이윤산출 여부의 판단 기준
- 단기와 장기에 기업들이 다르게 행동하는 합리적인 이유
- 단기와 장기에 있어 **산업공급곡선**의 차이

가격수용적인 생산자(price-taking producer)란 자신이 판매하는 상품의 시장가격에 영향을 미치지 못하는 생산자를 말한다.

가격수용적인 소비자(price-taking consumer)란 자신이 구매하는 상품의 시장가격에 영향을 미치지 못하는 소비자를 말한다.

완전경쟁시장(perfectly competitive market)이란 모든 시장 참가자가 가격수용적인 시장을 말한다.

완전경쟁산업(perfectly competitive industry)이란 모든 생산자가 가격수용적인 산업을 말한다.

‖ 완전경쟁

크리스마스트리를 생산하는 이브와 조이라는 두 농부가 있다고 하자. 두 사람 모두 동일한 크리스마스트리 소비자들에게 물건을 판매하는 실질적인 경쟁자라 하자.

그렇다면 이브는 조이가 크리스마스트리를 생산하지 못하게 막거나 아니면 두 사람이 생산량을 줄이는 협약이라도 맺어야 하는 것일까? 아마도 아닐 것이다. 크리스마스트리 농장은 수백, 수천 개나 있을 것이고 이브와 조이는 자기들뿐 아니라 이들 모두와 경쟁하고 있기 때문이다. 너무나 많은 농부들이 크리스마스트리를 팔고 있기 때문에 어느 한 사람이 좀 더 많이 혹은 적게 생산한다고 해도 눈에 띌 만큼 시장가격에 미치는 효과는 없을 것이다.

기업 간의 경쟁을 말할 때 사람들이 흔히 마음속에 그리는 것은 두세 개의 경쟁기업들이 서로 우위를 차지하려고 격렬하게 애쓰는 상황이다. 그러나 경제학자들은 기업이 소수의 경쟁자에게만 신경을 쓰는 상황은 사실상 경쟁이 상당히 제한되어 있는 증거라고 생각한다. 크리스마스트리의 예에서 알 수 있는 것처럼 충분한 경쟁이 있을 때는 경쟁자가 누구인지 밝혀내는 것조차 부질없는 일이다. 경쟁자가 너무나 많아서 그중에 어느 한 사람만을 경쟁자로 지목할 수가 없기 때문이다.

다른 말로 표현하자면 이브와 조이는 가격수용적인 생산자이다. 생산자의 행동이 자신이 판매하는 상품의 시장가격에 아무런 영향도 미칠 수 없을 때 이 생산자를 **가격수용적인 생산자**(price-taking producer)라고 한다. 따라서 가격수용적인 생산자는 시장가격을 주어진 것으로 생각한다. 충분한 경쟁이 있을 때, 즉 경제학자가 말하는 '완전경쟁'일 때 모든 생산자는 가격수용자이다.

소비자에게도 비슷한 개념을 정의할 수 있다. **가격수용적인 소비자**(price-taking consumer)란 자신의 행동이 시장가격에 아무런 영향을 미칠 수 없는 소비자를 말한다. 즉 시장가격은 이 소비자가 재화를 얼마나 많이 혹은 적게 사는가에 따라 영향을 받지 않는다.

완전경쟁의 정의

완전경쟁시장(perfectly competitive market)에서는 모든 참가자, 즉 소비자와 생산자 모두 가격수용자이다. 즉 개별 소비자의 결정이나 개별 생산자의 결정이 시장가격에 아무런 영향을 미치지 않는다.

제3장에서 처음 소개하고 그 후 여러 번 사용한 수요와 공급 모형은 완전경쟁시장을 나타낸 것이다. 근본적으로 이는 커피콩 시장이나 크리스마스트리 시장을 불문하고 그 시장의 판매자나 구매자 한 사람 한 사람이 상품의 가격에 영향을 미칠 수 있다고 생각하지 않는다는 가정에 기초를 두고 있다.

일반적으로 소비자는 사실 가격수용자이다. 소비자들이 가격에 영향을 줄 수 있는 상황은 찾기 힘들다. 그러나 다음 장에서 보는 바와 같이 생산자들이 가격에 영향력을 갖는 경우는 매우 흔하다. 따라서 완전경쟁 모형은 어떤 시장의 분석에는 적합하지만 모든 시장에 적합한 것은 아니다. 생산자들이 가격수용자인 산업을 가리켜 **완전경쟁산업**(perfectly competitive industry)이라 한다. 몇몇 산업은 분명 완전경쟁산업이 아니다. 완전경쟁 모형에 들어맞지 않는 산업을 분석하는 방법은 나중에 배우게 될 것이다.

어떤 경우에 모든 생산자가 가격수용자가 될까? 다음 절에서 보는 바와 같이 완전경쟁산업에는 두 가지 필요조건이 있고, 세 번째 조건도 충족되는 것이 보통이다.

완전경쟁의 두 가지 필요조건

밀과 옥수수 같은 주요 곡물 시장은 완전경쟁적이다. 구매자는 물론이고 밀이나 옥수수를 재배하는 농부들도 시장가격을 주어진 것으로 간주한다. 한편 아침식사용 시리얼과 같이 이러한 곡물로 만든 제품의 시장은 결코 완전경쟁적이라 할 수 없다. 시리얼 제품 간에는 경쟁이 치열하지만 완전경쟁은 아니다. 밀과 시리얼 시장의 차이점을 알면 완전경쟁의 두 가지 필요조건을 이해할 수 있다. 한 산업이 완전경쟁산업이 되기 위해서는

1. 많은 생산자 중 어느 한 생산자에게도 시장점유율이 크지 않아야 한다. 한 생산자의 **시장점유율**(market share)이란 전체 산업의 산출량 중에서 그 생산자의 제품이 차지하는 비율을 말한다. 곡물 시장과 아침용 시리얼 시장의 주요한 차이점 중 하나는 시장점유율의 분포이다.

밀 시장에서 밀을 재배하는 농부의 수는 헤아릴 수 없이 많고 각 사람은 전체 밀 판매량의 극히 일부분만을 생산한다. 반면에 미국의 시리얼 시장은 켈로그, 제너럴 밀스, 포스트, 퀘이커 오츠의 네 생산자가 지배하고 있다. 켈로그와 제너럴 밀스만 해도 전체의 65%에 해당하는 시리얼 제품을 판매한다. 켈로그의 임원들은 자신들이 콘플레이크 판매량을 증가시키려 하면 콘플레이크의 시장가격이 하락할 가능성이 높다는 것을 알고 있다. 즉, 그들은 자신들이 시장에서 차지하는 비중이 너무 커서 생산량을 변경하면 전체 공급량이 상당한 영향을 받아 시장가격에 영향을 줄 수 있다는 사실을 알고 있다. 시장에 켈로그와 같은 대형 사업자가 없는 경우에 한해서 생산자들이 가격수용자라고 가정하는 것이 타당하다.

2. 그 산업의 모든 기업이 표준화된 제품을 생산해야 한다. 생산자가 다르더라도 소비자가 동일하다고 생각하는 생산품이 **표준화된 제품**(standardized product) 또는 **상품**(commodity)이다. 소비자들은 한 농부가 생산한 밀과 다른 농부가 생산한 밀을 완전히 대체 가능한 것으로 생각하므로 밀은 표준화된 제품이라고 할 수 있다. 따라서 한 농부가 자신이 생산한 밀의 가격을 높이려 한다면 모든 고객을 다른 농부에게 빼앗기게 될 것이다.

그러나 밀을 갈아서 만든 아침식사용 시리얼은 전혀 그렇지 않아서 표준화된 제품이라 할 수 없다. 소비자들은 '캡틴 크런치'(퀘이커 오츠의 아침식사용 시리얼 – 역자 주)와 '위티스'(제너럴 밀스의 아침식사용 시리얼 – 역자 주)를 대체 가능하다고 생각하지 않는다. 따라서 위티스의 생산자는 어느 정도 가격을 인상해도 모든 고객을 캡틴 크런치 생산자에게 빼앗길 것이라고는 생각하지 않는다.

완전경쟁의 또 다른 특징 : 자유로운 진입과 퇴출

대부분의 완전경쟁산업에는 또 하나의 특징이 있다. 새로운 기업의 진입이 쉽고 현재 산업에 속해 있는 기업의 퇴출이 쉽다는 점이다. 즉 정부의 규제로 인한 진입장벽이나 필수요소의 공급제한으로 인해 새로운 기업이 진입하는 데 방해를 받는 일이 없다. 그리고 회사를 정리하고 산업을 떠나는 데도 추가적인 비용이 들지 않는다.

경제학자들은 새로운 기업이 산업으로 들어오는 것을 진입이라 하고 기업이 산업을 떠나는 것을 퇴출이라 한다. 한 산업으로의 진입과 퇴출에 아무런 장애가 없을 때 이 산업은 **진입과 퇴출이 자유롭다**(free entry and exit)고 말한다.

진입과 퇴출의 자유가 완전경쟁에 필수적인 조건은 아니다. 제4장에서 알래스카 주에서의 대게잡이의 경우를 보았는데 규제로 인해 한 철에 잡을 수 있는 대게의 수량에 한도가 있어 조업은 쿼터를 배정받은 기존 어선에만 허용되고 있다. 그럼에도 불구하고 운행되는 어선의 수가 충분해서 어부들은 가격수용자이다. 그러나 대부분의 경쟁산업에서 진입과 퇴출의 자유는 중요한

한 생산자의 **시장점유율**(market share)이란 산업 전체의 산출량 중에서 그 생산자가 생산한 산출량이 차지하는 비율을 말한다.

소비자들이 다른 생산자들의 제품을 동일하다고 생각할 때 그 제품은 비로소 **표준화된 제품**(standardized product) 또는 **상품**(commodity)이 된다.

새로운 생산자가 한 산업에 쉽게 진입하고 퇴출할 수 있으면 **진입과 퇴출이 자유롭다**(free entry and exit)고 한다.

역할을 한다. 시장 여건의 변화에 따라 생산자 수가 조절될 수 있도록 해 주는 것이다. 무엇보다도 현재 생산자들이 인위적으로 다른 기업이 들어오지 못하도록 막는 것을 방지해 준다.

요약하면 완전경쟁에는 두 가지 필요조건이 있다.

1. 그 산업에 많은 수의 생산자가 있어 각자의 시장점유율이 작아야 한다는 것이다.
2. 그 산업에서 생산되는 제품이 표준화되어 있어야 한다는 것이다.

이에 더하여 완전경쟁산업은 보통 진입과 퇴출이 자유롭다.

이상의 세 조건을 만족하는 산업에서는 어떤 일이 일어날까? 이 질문에 대한 해답을 구하는 첫걸음으로 완전경쟁산업에 속한 생산자가 이윤을 최대로 하기 위해 어떻게 행동하는지 살펴보자.

현실 경제의 >> 이해

지연에 대한 보상

때로는 한 산업이 완전경쟁산업이 되어 가는 과정을 볼 수 있다. 제약업계에서는 인기 있는 약품의 특허 기간이 끝나고 복제약을 생산하는 경쟁자들이 시장에 진입하면서 이러한 과정이 시작된다.

Jose Luis Pelaez Inc/Getty Images

제약회사들은 특허권에 의해 새로운 약품에 대해 20년간 합법적인 독점권을 갖는다.

한 회사가 신약을 개발하면 보통 20년간 특허―배타적으로 제품을 판매할 수 있는 **합법적인 독점권**―를 얻을 수 있다. 특허권자의 허락 없이는 법적으로 누구도 그 약품을 판매할 수 없다.

특허권이 만료되면 다른 회사들도 자신들이 제조한 같은 성분의 복제약을 판매할 수 있도록 시장이 개방되고 가격은 급속히 하락한다. 평균적으로 복제약의 비용은 동일한 특허 약품 가격의 15% 정도이며 발매되는 즉시 특허 약품의 시장 점유율을 90%까지도 감소시킨다. 파이저의 콜레스테롤 인기 치료제인 리피토의 경우 복제약의 가격은 리피토의 8%에 불과했다.

그러나 이 과정은 아무런 장애가 없을 때에만 순조롭게 진행될 수 있다. 특허를 가진 제약회사는 복제약 경쟁자들의 진입을 막거나 미연에 방지하기 위해 여러 가지 전략을

사용한다. 매우 성공적인 하나의 전략은 **지연에 대한 보상**이라 일컫는 것으로 특허권을 가진 제약회사가 복제약 생산자와 계약을 통해 대가를 지불하고 진입을 늦추도록 하는 것이다. 그 결과 특허권을 가진 제약회사는 계속해서 높은 가격을 받고, 복제약 생산자는 이익을 챙기고 소비자는 피해를 본다.

지연에 대한 보상 계약으로 인한 소비자의 피해는 2005년부터 2013년 사이에 매년 35억 달러에 달하는 것으로 추산된다. 그러나 대법원이 연방규제기관으로 하여금 이러한 계약을 반경쟁적 행위로 기소할 수 있도록 판결한 후 2014년에는 그런 계약 숫자가 급격히 감소했다. 이 권한을 가지고 연방거래위원회는 제약회사인 테바로부터 기면증 치료제인 프로비질과 관련해 지연에 대한 보상 행위를 한 혐의에 대해 12억 달러의 합의금을 받아 냈다.

>> 이해돕기 7-1

해답은 책 뒤에

1. 다음 각 상황에 처해 있는 산업이 완전경쟁적이라고 생각하는가? 이유를 설명하라.
   a. 여러 곳에서 판매되는 알루미늄의 생산자가 전 세계에 두 기업뿐이다.
   b. 천연가스 가격은 세계의 수요와 공급에 의해 결정된다. 전체 공급 중 작은 부분만이 북해에 위치한 소수의 회사들에 의해 생산된다.
   c. 수십 명의 디자이너가 고급 패션 의류를 판매한다. 디자이너마다 고유한 스타일이 있고 단골고객이 있다.
   d. 미국에는 야구 팀이 많이 있다. 주요 도시마다 한두 팀이 있으며 각자 자기 도시의 야구 입장권을 판매한다.

>> 복습
• **가격수용적인 생산자**나 **가격수용적인 소비자**는 제품의 시장가격에 영향을 줄 수 없다.
• **완전경쟁시장**에서는 모든 생산자와 소비자가 가격수용자이다. 소비자들은 거의 예외 없이 가격수용자이나 생산자들은 그렇지 않은 경우가 많다. 모든 생산자가 가격수용자인 산업을 **완전경쟁산업**이라고 한다.
• 완전경쟁산업에는 수많은 생산자들이 있어 **표준화된 제품**(**상품**이라고도 함)을 생산하며 각자의 **시장점유율**도 크지 않다.
• 대부분의 완전경쟁산업은 **진입**과 **퇴출이 자유롭다**는 특징이 있다.

‖ 생산과 이윤

노엘은 크리스마스트리 농장을 운영하고 있다. 크리스마스트리의 시장가격은 1그루당 18달러이며, 노엘은 주어진 가격에 원하는 수량만큼 판매할 수 있는 가격수용자라고 하자. 〈표 7-1〉에 주어진 자료로부터 계산을 통해 이윤이 최대가 되는 생산량을 찾을 수 있다.

첫 번째 열에는 트리 산출량이, 두 번째 열에는 이 산출물을 시장에 판매하여 얻는 총수입이 적혀 있다. 총수입 TR은 산출량을 시장가격으로 곱한 것과 같다.

$$(7\text{-}1) \qquad TR = P \times Q$$

이 예에서 총수입은 산출량에 나무 1그루 가격인 18달러를 곱한 값이다.

〈표 7-1〉의 세 번째 열에는 총비용이 적혀 있다. 네 번째 열에는 총수입에서 총비용을 뺀 이윤이 적혀 있다.

$$(7\text{-}2) \qquad 이윤 = TR - TC$$

표에서 알 수 있는 것처럼 산출량이 50그루일 때 이윤이 최대가 되는데 그때의 이윤은 180달러이다. 이윤이 최대가 되는 산출량을 선택하는 문제를 한계분석의 관점에서 보게 되면 더 깊이 이해할 수 있는데 이것이 우리가 지금부터 하려고 하는 작업이다.

한계분석을 사용하여 이윤이 최대가 되는 산출량 선택하기

제6장에서 배운 한계비용의 정의를 기억해 보자. 그것은 어떤 재화나 서비스 한 단위를 더 생산하는 데 추가로 드는 비용이다. 마찬가지로 어떤 재화나 서비스의 **한계편익**(marginal benefit)은 그 재화나 서비스를 한 단위 더 생산하여 추가로 얻는 편익이다. 이제 우리는 **한계분석의 원리**(principle of marginal analysis)를 사용할 준비가 되었는데, 이에 의하면 어떤 활동의 최적 수준은 한계편익과 한계비용이 같아지는 수준이다.

표 7-1 시장가격이 18달러일 때 노엘 농장의 이윤

트리 산출량 Q	총수입 TR	총비용 TC	이윤 TR−TC
0	$0	$140	−$140
10	180	300	−120
20	360	360	0
30	540	440	100
40	720	560	160
50	900	720	180
60	1,080	920	160
70	1,260	1,160	100

어떤 재화나 서비스의 **한계편익**(marginal benefit)은 그 재화나 서비스를 한 단위 더 증가시킴으로써 얻는 추가 편익이다.

한계분석의 원리(principle of marginal analysis)에 의하면 어떤 활동의 최적 수량은 한계편익이 한계비용과 같아지는 수량이다.

한계수입(marginal revenue)이란 산출량을 한 단위 증가시켜 얻을 수 있는 총수입의 변화를 말한다.

최적산출량 원칙(optimal output rule)에 의하면 마지막 한 단위의 한계수입이 한계비용과 같아지는 산출량을 생산할 때 이윤이 최대가 된다.

이 원리를 적용하기 위해 산출량을 한 단위씩 증가시킬 때 이윤에 미치는 영향을 생각해 보자. 한 단위로부터 얻는 한계편익은 그것을 팔아 추가로 얻게 되는 수입이다. 이것에는 이름이 있는데 그것이 바로 **한계수입**(marginal revenue)이다. 한계수입의 일반적인 공식은 다음과 같다.

$$(7\text{-}3) \qquad 한계수입 = 산출량 \ 한 \ 단위 \ 증가로 \ 인한 \ 총수입의 \ 변화 = \frac{총수입의 \ 변화}{산출량의 \ 변화}$$

즉

$$MR = \frac{\Delta TR}{\Delta Q}$$

따라서 노엘은 한계수입과 한계비용이 같아질 때까지 생산량을 증가시킴으로써 이윤이 최대가 되게 할 수 있다. 다시 말하면 마지막 한 단위의 한계수입이 한계비용과 같아지는 산출량을 생산함으로써 이윤이 최대가 되게 할 수 있다는 것인데 이를 생산자의 **최적산출량 원칙**(optimal output rule)이라 한다. 즉 최적산출량에서는 $MR=MC$가 된다.

〈표 7-2〉에는 노엘 농장의 단기비용들이 표시되어 있는데 이를 보면서 최적산출량 원칙을 적용하는 방법을 알아보자. 두 번째 열에는 가변비용이 적혀 있고, 세 번째 열에는 고정비용이 140달러일 때의 총비용이 적혀 있다. 네 번째 열에는 한계비용이 적혀 있다. 이 예에서는 산출량이 증가함에 따라 한계비용이 처음에는 감소하다가 다음에는 증가하여 제6장 셀레나의 고급살사의 예에서 말한 '나이키 로고' 모양을 하고 있음을 알 수 있다. 이 모양이 단기 생산량 결정에 중요한 의미를 가지고 있음을 머지않아 알게 될 것이다.

다섯 번째 열에는 한계수입이 적혀 있는데 특이한 점은 모든 산출량 수준에서 한계수입이 항상 18달러라는 것이다. 마지막 열에는 크리스마스트리 1그루당 순이익을 계산한 것이 적혀 있는데, 이는 한계수입에서 한계비용을 뺀 값, 즉 시장가격에서 한계비용을 뺀 값과 같다. 표에서 보는 바와 같이 그 값은 10그루에서 50그루까지는 양수이므로 이것들을 생산하면 이윤이 증가한다. 그러나 51번째부터 70번째까지는 순이익이 음수이므로 이것들을 생산하면 이윤이 증가하는 것이 아니라 감소하게 된다. 따라서 이윤을 최대로 하기 위해서는 마지막 한 단위의 한계수입이 마지막 한 단위의 한계비용보다 크거나 같은 점까지 생산해야 한다. 더 이상 생산하면 이윤이 감소한다. 그러므로 50그루가 이윤을 최대로 하는 생산량이다.

생산된 크리스마스트리 한 그루당 18달러의 가격을 받기 때문에 노엘 농장은 가격수용자임을 알 수 있다. 가격수용적인 기업의 행동은 시장가격에 영향을 주지 않는다. 가격수용적인 기업은 판매량을 늘려 시장가격을 하락시킬 수도 없고, 판매량을 줄여 시장가격을 상승시킬 수도 없기 때문에 시장가격은 항상 주어진 것으로 생각한다. 따라서 가격수용적인 기업에 있어서는 산출량을 한 단위 더 생산할 때 추가적으로 얻어지는 수입은 항상 시장가격이 된다. 앞으로 완전경쟁이 아닌 산업에서는 기업이 가격수용자가 아니어서 한계수입이 시장가격과 다르다는 사실을 배우게 되는데,

표 7-2 노엘 농장의 단기비용

트리 산출량 Q	가변비용 VC	총비용 TC	1그루의 한계비용 MC=ΔTC/ΔQ	1그루의 한계수입 MR	1그루의 순이익 MR-MC
0	$0	$140			
			$16	$18	$2
10	160	300			
			6	18	12
20	220	360			
			8	18	10
30	300	440			
			12	18	6
40	420	560			
			16	18	2
50	580	720			
			20	18	-2
60	780	920			
			24	18	-6
70	1,020	1,160			

그림 7-1   가격수용적인 기업의 이윤극대 산출량

이윤이 최대가 되는 산출량 수준에서는 한계비용이 시장가격과 같아진다. 한계비용곡선이 한계수입곡선(시장가격에서 수평으로 표시됨)을 지나는 점이 이 산출량을 나타낸다. 여기서는 E점으로 표시된 50그루가 이윤을 최대로 하는 점이다.

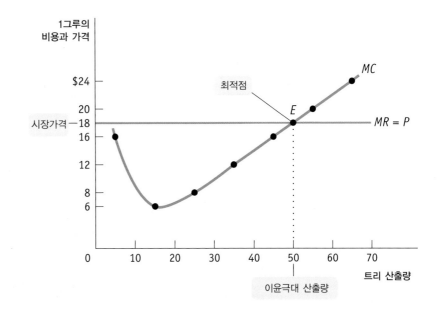

이에 대비하여 가격수용적인 기업의 경우를 기억해 둘 필요가 있다. 앞으로 이 장에서 고려하는 산업은 크리스마스트리 농장처럼 완전경쟁적이라고 가정한다.

〈그림 7-1〉에서는 노엘 농장의 이윤이 최대가 되는 산출량이 정말 50그루인 것을 볼 수 있다. 그림에 표시된 한계비용곡선 MC는 〈표 7-2〉의 네 번째 열에 표시된 자료를 그린 것이다. 제6장에서와 같이 산출량을 10에서 20으로 늘릴 때의 한계비용은 10과 20의 중간에 표시하였다. MC 곡선은 크리스마스트리가 한 그루 더 생산될 때 한계비용이 어떻게 달라지는지 알 수 있도록 매끈하게 그려져 있다. 18달러에 그려진 수평선 MR은 **한계수입곡선**(marginal revenue curve)을 나타낸다.

기업이 가격수용자라면 한계수입곡선은 항상 시장가격에서 그려지는 수평선으로 표시된다는 것을 기억하라. 그 기업은 시장가격에서 원하는 만큼 판매할 수 있기 때문이다. 그 기업의 판매량이 증가하거나 감소하는 것과 관계없이 시장가격은 일정하다. 결국 개별 기업은 완전탄력적인 수평의 개별수요곡선을 갖게 되는 것이다. 한계비용곡선은 점 E에서 한계수입곡선을 지난다. 당연히 E점에서의 산출량은 50그루이다.

이 예에서 한계분석으로부터 얻을 수 있는 또 하나의 일반원칙인 **가격수용적인 기업의 최적산출량 원칙**(price-taking firm's optimal output rule)을 볼 수 있다. 그것은 가격수용적인 기업은 마지막 한 단위의 한계비용이 시장가격과 같아지는 산출량을 생산함으로써 이윤을 최대로 할 수 있다는 것이다. 즉 가격수용적인 기업의 최적산출량에서는 $P=MC$가 성립한다. 사실 가격수용적인 기업의 최적산출량 원칙이라는 것은 최적산출량 원칙을 가격수용적인 기업이라는 특수한 경우에 적용한 것에 지나지 않는다. 그 이유는 가격수용적인 기업의 경우에는 한계수입이 시장가격과 같기 때문이다.

그렇다면 '한계비용이 가격과 같아질 때까지 생산하라'는 원칙이 생산량 결정에 관한 모든 것을 말해 준다고 할 수 있을까? 그렇지 않다. 한계분석의 원칙에 따라 생산량을 결정하기에 앞서 생산을 하려는 사람은 우선 첫 단계로 생산을 할 것인지 말 것인지 '양자택일'의 선택을 해야 한다. 생산을 하는 것이 좋다면 다음 단계로 넘어가 '얼마나' 생산할

한계수입곡선(marginal revenue curve)은 산출량에 따라 한계수입이 어떻게 달라지는지 보여 준다.

가격수용적인 기업의 최적산출량 원칙(price-taking firm's optimal output rule)에 의하면 가격수용적인 기업은 마지막 한 단위의 한계비용이 시장가격과 같아지는 산출량을 생산함으로써 이윤을 최대로 할 수 있다.

함정

한계수입과 한계비용이 똑같지 않다면?

최적산출량 원칙에 의하면 이윤을 최대로 하기 위해서는 한계수입과 한계비용이 같아지는 산출량을 생산해야만 한다. 그러면 한계비용이 한계수입과 같아지는 산출량이 없을 경우에는 어떻게 해야 하나? 그럴 때는 한계수입이 한계비용보다 큰 산출량 중에서 가장 큰 산출량을 생산한다. 산출량이 많아서 수백 또는 수천 단위가 된다면 이 단순한 최적산출량 원칙이 적용된다. 이때는 한계비용이 조금씩 증가하여 한계비용이 한계수입과 거의 똑같은 산출량이 항상 존재할 것이기 때문이다.

것인지 결정하게 된다. 이때 비로소 한계비용이 가격과 같아지는 산출량을 선택하여 이윤을 최대로 할 수 있다.

생산량 결정의 첫 단계에 '양자택일'의 선택이 필요한 이유를 알기 위해서는 생산을 하는 것이 이익이 되는지 손해가 되는지 판별하는 방법을 알아볼 필요가 있다. 즉, 기업이 생산을 해야 할지 또는 말아야 할지를 판별할 필요가 있다.

생산하는 것이 이익이 되는 것은 언제일까

한 기업이 어떤 산업에 남아 있을 것인가의 결정은 **경제학적 이윤**(economic profit) — 기업의 수입에서 그 사업에 사용된 자원들의 기회비용을 뺀 것 — 에 달려 있다. 좀 더 자세히 설명하자면 경제학적 이윤을 계산할 때 총비용 속에는 실제 현금지출로 나타나는 명시적 비용은 물론 기업이 자원을 사용하기 위해 포기한 — 차선의 용도로 사용해서 얻을 수 있었던 — 이익 또한 암묵적 비용으로 포함된다.

반면에 **회계상의 이윤**(accounting profit)은 기업이 명시적으로 지불한 비용만 사용하여 계산된다. 즉 경제학적 이윤에는 기업 소유로서 생산에 사용된 자원의 기회비용이 반영되어 있지만 회계상의 이윤에는 이것이 반영되어 있지 않다.

한 기업의 경제학적 이윤은 영이나 마이너스일 때도 회계적 이윤은 양수가 될 수 있다. 기업이 생산할 것인가 말 것인가, 사업을 계속할 것인가 폐업할 것인가의 결정은 회계적 이윤이 아니라 경제학적 이윤에 따라 이루어져야 한다는 것을 분명히 이해해야 한다.

우리는 항상 그런 것처럼 〈표 7-1〉과 〈표 7-2〉에 주어진 비용에는 모든 비용, 즉 명시적 비용은 물론 암묵적 비용까지 포함되어 있으며, 따라서 〈표 7-1〉에 계산된 이윤은 경제학적 이윤이라고 가정한다. 그러면 노엘의 농장이 이윤을 내는가 아니면 손실을 내는가를 결정하는 것은 무엇일까? 해답은 비용곡선들이 주어졌다면 이윤을 내는가 여부는 크리스마스트리의 시장가격에 달려 있다는 것이다. 구체적으로 말하면 시장가격이 최소 평균총비용보다 더 높은가 아니면 더 낮은가에 달려 있다.

〈표 7-3〉에는 노엘 농장의 단기 평균가변비용과 단기 평균총비용이 계산되어 있다. 고정비용은 주어진 것으로 간주했기 때문에 계산된 값은 단기비용들이다(고정비용이 변할 경우의 효과도 잠시 후에 보게 될 것이다). 〈그림 7-2〉에는 〈그림 7-1〉에 그려졌던 한계비용곡선 MC와 함께 단기 평균총비용곡선 ATC가 그려져 있다. 보는 바와 같이 평균총비용은 C점에서 최소가 되는데 이 점에서의 산출량 — 최소비용 산출량 — 은 40그루이고 평균총비용은 1그루당 14달러가 된다.

표 7-3 노엘 농장의 단기 평균비용

트리 산출량 Q	가변비용 VC	총비용 TC	1그루의 단기 평균가변비용 $AVC = VC/Q$	1그루의 단기 평균총비용 $ATC = TC/Q$
10	$160.00	$300.00	$16.00	$30.00
20	220.00	360.00	11.00	18.00
30	300.00	440.00	10.00	14.67
40	420.00	560.00	10.50	14.00
50	580.00	720.00	11.60	14.40
60	780.00	920.00	13.00	15.33
70	1,020.00	1,160.00	14.57	16.57

이 곡선들을 이용하여 생산하는 것이 이익이 될지 여부를 판별하는 방법을 알려면 이윤은 총수입에서 총비용을 뺀 것($TR - TC$)임을 기억하라. 즉

- 기업이 $TR > TC$인 점에서 생산하면 이윤이 발생한다.
- 기업이 $TR = TC$인 점에서 생산하면 수지가 균형을 이룬다.
- 기업이 $TR < TC$인 점에서 생산하면 손실이 발생한다.

그림 7-2 단기의 비용과 생산

이 그림에는 한계비용곡선 MC와 단기 평균총비용곡선 ATC가 그려져 있다. 시장가격이 14달러일 때 산출량은 최소비용 산출량인 40 그루이며 C점으로 표시된다. 최소 평균총비용과 같은 14달러는 이 기업의 손익분기가격이다.

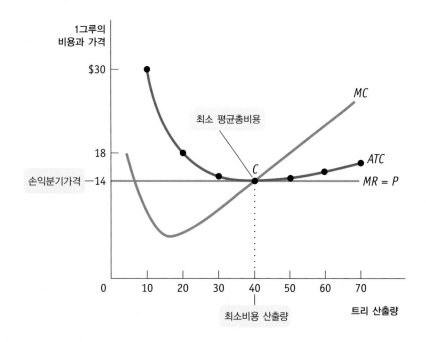

이 조건은 산출물 한 단위당 수입과 비용으로 표시할 수도 있다. 이윤을 산출량 Q로 나누면 다음 식을 얻는다.

(7-4)   이윤$/Q = TR/Q - TC/Q$

TR/Q는 평균수입, 즉 시장가격이다. TC/Q는 평균총비용이다. 따라서 시장가격이 평균총비용보다 높으면 이윤이 발생하고, 시장가격이 평균총비용보다 낮으면 손실이 발생한다. 즉

- 기업이 $P>ATC$인 점에서 생산하면 이윤이 발생한다.
- 기업이 $P=ATC$인 점에서 생산하면 수지가 균형을 이룬다.
- 기업이 $P<ATC$인 점에서 생산하면 손실이 발생한다.

〈그림 7-3〉에 이 결과가 표시되어 있는데, 이를 보면 기업의 수익성이 어떻게 시장가격에 따라 결정되는지 알 수 있다. 같은 그림에서 또한 이윤이 어떻게 그려지는지도 알 수 있다. 각 그림에는 한계비용곡선 MC와 단기 평균총비용곡선 ATC가 그려져 있다. 평균총비용은 C점에서 최소가 된다. 그림 (a)에는 우리가 이미 보았던 경우, 즉 크리스마스트리의 시장가격이 1그루당 18 달러인 경우가 표시되어 있다. 그림 (b)에는 크리스마스트리의 시장가격이 더 낮은 경우, 즉 1그루당 10달러인 경우가 표시되어 있다.

그림 (a)에서는 1그루당 18달러의 가격에서 이윤을 최대로 하는 산출량은 50그루임을 알 수 있는데 이는 한계비용곡선 MC가 한계수입곡선—가격수용적인 기업에 있어서는 시장가격에서 수평선이다—과 만나는 점 E로 표시된다. 이때 평균총비용은 그루당 14.4달러인데 점 Z로 표시된다. 1그루당 가격이 1그루당 평균총비용보다 높으므로 노엘의 농장은 수익성이 있다.

시장가격이 18달러일 때의 총이윤은 그림 (a)에서 색칠한 직사각형의 면적으로 표시된다. 그

그림 7-3 수익성과 시장가격

그림 (a)에서 시장가격은 18달러이다. 시장가격이 최소 평균총비용이자 손익분기가격인 14달러보다 높으므로 농장은 이윤을 낼 수 있다. 농장의 최적산출량 수준은 점 E로 표시되며 50그루이다. 50그루의 평균총비용은 ATC 곡선 상의 점 Z로 표시되며 14.4달러이다. E와 Z의 수직거리는 단위당 이윤이며 $18.00−$14.40 = $3.60이다. 총이윤은 색칠된 직사각형의 면적으로 표시되며 $50×$3.60=$180.00이다. 그림 (b)에서 시장가격은 10달러이다. 가격이 최소 평균총비용 14달러보다 낮기 때문에 농장은 이윤을 낼 수 없다. 생산을 할 때 최적산출량은 점 A로 표시되며 30그루이다. 단위당 손실은 $14.67 − $10.00 = $4.67이며 A와 Y의 수직거리로 표시된다. 총손실은 색칠된 직사각형으로 표시되며 $30×$4.67=$140.00(근사오차를 조정한 값)이다.

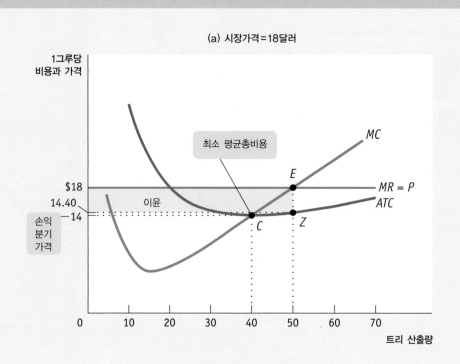

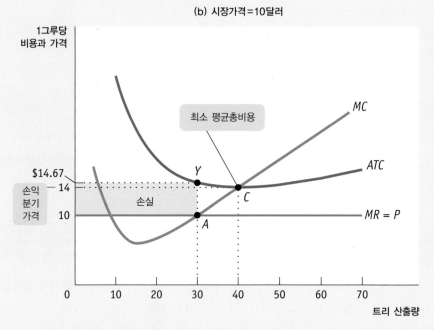

이유를 이해하기 위해 총이윤을 한 단위당 이윤으로 표시해 보자.

$$(7-5) \quad 이윤 = TR - TC = (TR/Q - TC/Q) \times Q$$

또는

$$이윤 = (P - ATC) \times Q$$

두 번째 식은 $TR/Q = P$, $TC/Q = ATC$로부터 얻어진다. 그림 (a)의 색칠한 직사각형의 높이는 두 점 E와 Z의 수직거리에 해당한다. 이는 $P-ATC = \$18.00 - \$14.40 = \$3.60$가 된다. 색칠한 직사각형의 밑변은 산출량($Q=50$그루)과 같다. 따라서 이 직사각형의 면적은 한 단위당 이윤 $\$3.60 \times 50$그루$=\$180$, 즉 〈표 7-1〉에서 계산했던 이윤이 된다.

그림 (b)에 표시된 상황에 대해 알아보자. 여기서는 크리스마스트리의 시장가격이 1그루당 10달러이다. 한계비용과 가격이 같아지는 점 A가 이윤극대 산출량인 30그루를 나타낸다. 이 산출량 수준에서 평균총비용은 1그루당 14.67달러이고 점 Y로 표시된다. 이윤극대 산출량인 30그루에서 평균총비용은 시장가격보다 높다. 이것은 노엘의 농장이 이윤이 아니라 손실을 보게 됨을 의미한다.

시장가격이 10달러일 때 생산을 하게 되면 손실액은 얼마일까? 1그루당 손실액은 $ATC-P = \$14.67 - \$10.00 = \$4.67$로서 두 점 A와 Y의 수직거리에 해당하는 금액이다. 그리고 생산량은 30그루로서 색칠한 직사각형의 밑변에 해당한다. 따라서 총손실액은 $\$4.67 \times 30 = \$140.00$(근사오차를 조정한 값)이며 이 금액은 (b)에 표시된 색칠한 직사각형의 면적에 해당한다.

그러면 일반적으로 생산자는 사업이 이익을 낼 것인지 여부를 어떻게 알 수 있을까? 시장가격을 **최소 평균총비용**과 비교해 보는 것이 중요하다. 노엘의 농장에서 최소 평균총비용은 14달러인데 이는 산출량이 40그루인 C점에서 얻을 수 있다.

시장가격이 최소 평균총비용보다 높기만 하면 평균총비용이 시장가격보다 낮은 산출량이 반드시 존재한다. 이는 생산자가 이윤이 생기는 산출량을 찾을 수 있음을 의미한다. 노엘의 농장은 시장가격이 14달러보다 높기만 하면 이윤이 발생한다. 그리고 그들은 한계비용이 시장가격과 같아지는 산출량을 생산함으로써 최대 이윤을 얻게 될 것이다.

반면에 만일 시장가격이 최소 평균총비용보다 낮을 때는 어떤 산출량 수준에서도 가격이 평균총비용보다 높을 수 없다. 따라서 어떤 산출량 수준에서도 이윤이 생기지 않는다. 이미 본 바와 같이 가격이 10달러일 때 — 최소 평균총비용보다 낮다 — 노엘은 사실 손실을 내고 있었다. 한계비용이 시장가격과 같아지는 산출량을 생산함으로써 최선을 다한 셈이지만 최선을 다한 결과는 140달러의 손실이었다. 산출량을 달리했다면 손실은 더 증가했을 것이다.

가격수용적인 기업의 최소 평균총비용을 **손익분기가격**(break-even price)이라고 부르는데 이는 이윤이 영이 되는 가격이다(이 이윤은 물론 경제학적 이윤이다). 시장가격이 손익분기가격보다 높으면 이윤이 생기고, 시장가격이 손익분기가격보다 낮으면 손실이 발생한다. 노엘의 손익분기가격은 14달러이고 〈그림 7-2〉와 〈그림 7-3〉에서 점 C로 표시된다.

따라서 생산을 함으로써 이윤을 낼 수 있는지의 여부는 시장가격과 손익분기가격, 즉 최소 평균총비용을 비교함으로써 판별할 수 있다.

- 시장가격이 최소 평균총비용보다 높으면 이윤이 발생한다.
- 시장가격이 최소 평균총비용과 같으면 수지가 균형을 이룬다.
- 시장가격이 최소 평균총비용보다 낮으면 손실이 발생한다.

단기의 생산량 결정

시장가격이 최소 평균총비용보다 낮아서 손실이 발생한다면 그 기업은 생산을 하지 말아야 한다고 생각하기 쉽다. 그러나 단기에 있어 이 결론은 옳지 않다.

단기에는 가격이 최소 평균총비용보다 낮을지라도 생산을 해야 하는 경우가 있다. 그 이유는 총비용에는 **고정비용**(생산량에 관계없이 지출되는 비용)이 포함되어 있기 때문이다.

단기에는 기업이 생산을 하든 안 하든 고정비용은 여전히 지출되어야 한다. 예를 들어 노엘이

> 가격수용적인 기업의 **손익분기가격**(break-even price)은 이윤이 영이 되는 시장가격이다.

조업중단가격(shut-down price)은 최
소 평균가변비용과 같은데 단기에는 시
장가격이 이 수준보다 낮아질 때 기업
이 생산을 중단하게 된다.

냉장트럭을 1년간 빌렸다면 크리스마스트리 생산과 관계없이 임차료를 지불해야 한다. 단기에는 이것을 바꿀 수 없으므로 단기에 생산을 할 것인가 말 것인가를 결정하는 데 고정비용은 아무런 상관도 없는 것이다.

단기에 생산을 할 것인가를 결정하는 데 고정비용은 아무런 역할도 하지 않지만 다른 비용, 즉 가변비용은 중요한 역할을 한다. 가변비용의 한 예는 식목과 수확을 도와줄 일꾼들에게 지불되는 임금이다. 생산을 중단하면 가변비용을 절약할 수 있다. 따라서 단기에 생산을 할 것인가를 결정하는 데 영향이 없을 수 없다.

〈그림 7-4〉를 보자. 여기에는 〈표 7-3〉의 자료로부터 그려진 단기 평균총비용곡선 ATC와 단기 평균가변비용곡선 AVC가 표시되어 있다. 이 두 곡선의 차이 — 수직거리 — 는 평균고정비용, 즉 산출량 한 단위당 고정비용 FC/Q를 나타낸다.

한계비용곡선이 '나이키 로고' — 처음에는 하락하다가 나중에는 상승하는 — 모양을 하고 있으므로 단기 평균가변비용곡선은 U자형을 하고 있다. 처음에는 한계비용이 하락하므로 평균가변비용도 하락하다가 나중에는 한계비용이 끌어올리는 힘에 의해 평균비용도 상승한다. 평균가변비용곡선은 산출량이 30그루인 점 A에서 최솟값 10달러에 도달한다.

이제 단기에 최적생산량을 결정하는 문제를 분석할 모든 준비가 갖추어졌다. 이를 두 가지 경우로 나누어 분석한다: (1) 시장가격이 최소 평균가변비용보다 낮을 경우, (2) 시장가격이 최소 평균가변비용보다 높거나 같을 경우.

1. **시장가격이 최소 평균가변비용보다 낮을 경우** : 이 경우에는 가격이 단위당 가변비용을 충당하지 못한다. 이 상황에 처한 기업은 즉시 생산을 중단해야 한다. 그 이유는 어떤 산출량을 선택해도 기업의 총수입이 가변비용 — 조업을 중단함으로써 방지할 수 있는 비용 — 을 충당하지 못하기 때문이다. 이때는 생산을 중단함으로써 — 결국 손실을 최소화함으로써 — 이윤을 최대로 할 수 있다. 단기에는 여전히 고정비용을 지출하지만 더 이상 가변비용은 지출하지 않게 된다. 따라서 최소 평균가변비용은 **조업중단가격**(shut-down price) — 단기에 기업이 생산을 중단하게 되는 가격 — 과 같다. 노엘의 트리농장 예에서는 단기적으로 노동자들을 해고하고 식목과 벌목을 멈춤으로써 생산을 중단할 것이다.

2. **가격이 최소 평균가변비용보다 높을 경우** : 이때는 한계비용이 시장가격과 같아지는 산출량을 선택함으로써 이윤을 최대로 — 즉 손실을 최소로 — 할 수 있다. 이런 상황에 처한 기업은 단기에는 생산을 해야 한다. 예를 들어 크리스마스트리의 시장가격이 1그루당 18달러이면 노엘은 〈그림 7-4〉의 점 E로 표시되는 50그루를 생산해야 한다. 〈그림 7-4〉의 점 C가 농장의 손익분기가격인 14달러를 표시한다. E가 C보다 위에 있으므로 노엘의 농장은 이윤을 낼 것이다. 1그루당 이윤은 시장가격이 18달러일 때 $18.00 - $14.40 = $3.60가 될 것이다.

그러면 시장가격이 조업중단가격과 손익분기가격 사이, 즉 최소 평균가변비용과 최소 평균총비용 사이에 있으면 어떻게 될까? 노엘의 농장에서는 가격이 10달러와 14달러 사이에 있는 경우가 이에 해당한다. 예를 들어 시장가격이 12달러라 하자. 이 가격에서는 이윤을 낼 수 없다. 시장가격이 최소 평균총비용보다 낮으므로 1그루당 가격과 평균총비용의 차이만큼 손실을 보게 된다.

그렇지만 비록 총비용을 다 회수하지는 못하더라도 가변비용은 다 회수하고 있으며, 전부는 아니지만 고정비용의 일부도 회수하고 있다. 이 상황에서 기업이 조업을 중단하면 가변비용은 지출할 필요가 없게 되지만 고정비용 전부를 손해 보게 된다. 따라서 조업을 중단하게 되면 조업

그림 7-4 단기 개별공급곡선

시장가격이 노엘의 조업중단가격 10달러—점 *A*로 표시된 최소 평균가변비용—보다 높으면 한계비용이 가격과 같아지는 산출량을 생산할 것이다. 따라서 최소 평균가변비용보다 높은 가격에서는 단기 개별공급곡선은 한계비용곡선이다. 이것이 개별공급곡선 중 상승하는 부분을 이룬다. 시장가격이 최소 평균가변비용 이하로 떨어지면 기업은 단기적으로 조업을 중단한다. 이것이 개별공급곡선 중 수직인 부분—수직축을 따라 그려져 있다—을 이룬다.

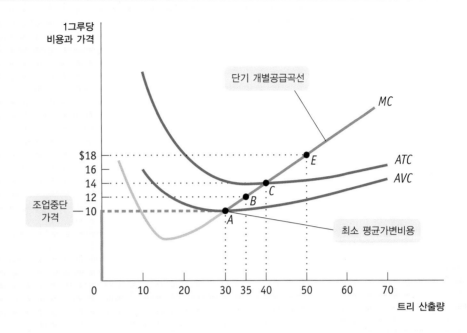

을 계속할 때보다 더 큰 손실을 보게 되는 것이다.

그러므로 가격이 최소 평균총비용과 최소 평균가변비용 사이에 있을 때는 단기에는 생산을 하는 편이 더 낫다. 그 이유는 생산을 함으로써 손실은 발생하지만, 가변비용을 회수할 수 있고 고정비용도 일부는 회수할 수 있기 때문이다. 이 경우 한계비용이 시장가격과 같아지는 산출량을 선택함으로써 이윤을 최대로—즉 손실을 최소로—할 수 있다. 따라서 시장가격이 1그루당 12달러라면 이윤극대 산출량은 〈그림 7-4〉에서 *B*점으로 표시된 35그루이다.

기업이 가변비용은 회수할 수 있지만 고정비용 전부를 회수할 수 없는 경우에도 생산을 한다는 결정이 매몰비용을 무시한다는 결정과 유사하다는 것은 기억할 만한 가치가 있다. **매몰비용** (sunk cost)이란 이미 지출되었고 회수할 수 없는 비용이다. 그리고 이것은 바뀔 수 없기 때문에 현재의 결정에는 아무런 영향을 미치지 말아야 한다.

단기의 생산량 결정에서 고정비용은 결국 매몰비용과 같다. 그것은 이미 지출되었고 단기에는 회수될 수 없다. 이러한 비교로부터 왜 단기에 가변비용이 중요한 역할을 하는지도 알 수 있다. 그것은 조업을 중단함으로써 아낄 수 있는 것이기 때문이다.

그러면 시장가격이 조업중단가격, 즉 최소 평균가변비용과 똑같은 경우에는 어떻게 될까? 이때는 30그루를 생산하는 것과 하나도 생산을 하지 않는 것에 대해 무차별하다. 곧 보게 되겠지만 이는 산업 전체의 현상을 분석할 때 중요한 역할을 한다. 분석의 명료성을 위해 가격이 조업중단가격과 같을 때는 비록 무차별하지만 기업은 생산을 한다고 가정한다.

이제는 모든 것을 종합하여 **단기 개별공급곡선**(short-run individual supply curve)을 그릴 수 있다. 그것은 단기에 이윤극대 산출량이 가격에 따라 어떻게 변화하는지 보여 주며 〈그림 7-4〉에 빨간색 선으로 표시되어 있다. 보는 바와 같이 곡선은 두 부분으로 구성되어 있다. *A*점에서 시작하여 상승하는 부분은 시장가격이 조업중단가격인 1그루당 10달러보다 높을 때의 단기 이윤극대 산출량을 보여 준다.

시장가격이 조업중단가격보다 높을 때는 한계비용이 시장가격과 같아지는 산출량을 생산한다. 즉 시장가격이 조업중단가격보다 높을 때는 기업의 단기 공급곡선이 한계비용곡선과 일치

매몰비용(sunk cost)은 이미 지출되어 회수될 수 없는 비용이다. 장래 행동을 결정할 때 매몰비용은 무시해야 한다.

단기 개별공급곡선(short-run individual supply curve)은 고정비용이 주어졌을 때 개별 생산자의 이윤극대 산출량이 시장가격에 따라 어떻게 변화하는지 보여 준다.

한다. 그러나 시장가격이 최소 평균가변비용 — 이 경우에는 그루당 10달러 — 보다 낮을 때는 단기에 기업은 조업을 중단하고 산출량은 영으로 떨어진다. 이것이 수직축 상에 그려진 수직선 부분에 해당한다.

기업들이 정말 사업을 그만두지 않고 일시적으로 조업을 중단할까? 그렇다. 사실 어떤 사업에서는 일시적인 조업중단이 일상적으로 일어난다. 가장 흔한 예는 추운 겨울이 있는 지역의 야외 오락공원과 같이 수요가 상당히 계절적인 산업이다. 추운 계절에 고객을 끌기 위해서는 매우 낮은 가격을 제시해야 할 것인데 가격이 너무 낮아 가변비용(주로 임금과 전기료)도 충당할 수 없을 것이다. 경제적으로 현명한 선택은 기후가 따뜻해져 더 높은 가격을 지불할 고객들이 충분히 많아질 때까지 조업을 중단하는 것이다.

장기의 생산 : 고정비용의 변화, 진입과 퇴출

장비를 구입 또는 매각함으로써 기업의 고정비용을 바꿀 수 있다.

단기에는 고정비용을 바꿀 수 없지만 장기에는 기계나 건물 등을 새로 구입할 수도 있고 처분할 수도 있다. 장기에는 고정비용 수준도 선택에 의해 달라질 수 있다. 기업은 원하는 산출량을 생산하는 데 드는 평균총비용이 최소가 되도록 고정비용 수준을 선택한다. 이제 기업이 고정비용을 선택할 때 고려해야 하는 더 큰 문제를 보려고 한다. 그것은 사업을 계속함으로써 조금이라도 고정비용을 지출할 가치가 있는가 하는 문제이다.

장기에는 항상 공장과 설비를 처분함으로써 고정비용을 없앨 수 있다. 물론 그렇게 하면 다시는 생산을 할 수 없게 된다. 산업으로부터 퇴출이 이루어진 것이다. 반면에 잠재적 생산자가 고정비용을 지출하여 기계와 다른 자원을 구입함으로써 생산자의 지위를 획득할 수도 있다. 산업으로의 진입이 이루어진 것이다.

이는 완전경쟁산업에서 단기에는 기업의 수가 고정되어 있음을 뜻한다. 반면에 장기에는 고정비용이 달라질 수 있기 때문에 기업의 수는 기업들의 진입이나 퇴출에 따라 달라진다.

노엘의 농장을 다시 한 번 생각해 보자. 분석을 단순하게 만들기 위해 여러 고정비용 수준 중에서 어떤 것을 선택할 것인가 하는 문제는 피해 가기로 한다. 대신 지금부터는 조업을 하기로 한다면 고정비용은 140달러 한 가지만 선택할 수 있다고 가정한다. 그러지 않으려면 영의 고정비용을 선택하고 산업을 퇴출해야 한다. 단기 평균총비용과 장기 평균총비용이 다른 것은 고정비용 때문이다. 이 가정에 의해 노엘의 단기 평균총비용과 장기 평균총비용은 동일하다.

크리스마스트리의 시장가격이 오랜 기간에 걸쳐 지속적으로 14달러보다 낮다고 가정해 보자. 이 경우 노엘은 고정비용을 완전히 회수할 수 없게 된다. 사업이 적자로 운영되는 것이다. 그렇다면 장기적으로는 사업을 그만두고 퇴출하는 것이 더 낫다. 즉 장기에는 시장가격이 지속적으로 손익분기가격 — 최소 평균총비용 — 보다 낮으면 기업들은 산업으로부터 퇴출하게 될 것이다.

한편 크리스마스트리의 시장가격이 오랜 기간에 걸쳐 지속적으로 손익분기가격 14달러보다 높다고 가정해 보자. 농장에서 이윤이 발생하므로 노엘은 이 산업에 남아 생산을 계속할 것이다.

그런데 거기서 일이 끝나는 것이 아니다. 완전경쟁적인 크리스마스트리 시장은 **자유로운 진입** 조건을 충족한다. 크리스마스트리 생산에 필요한 요소들은 쉽게 얻을 수 있기 때문에 잠재적 생산자들이 많이 있다. 그리고 다른 생산자들이 사용하는 기술이 노엘이 사용하는 기술과 매우 비슷할 가능성이 크므로 이 잠재적 생산자들의 비용곡선도 노엘의 비용곡선과 비슷할 가능성이 높다. 가격이 현재 생산자들에게 이윤이 생길 만큼 충분히 높다면 이 잠재적 생산자들의 일부는 이 가격에 이끌려 이 산업에 진입하게 될 것이다. 따라서 장기에는 14달러보다 높은 가격이 진입을 초래할 것이다. 즉 새로운 생산자들이 크리스마스트리 산업으로 들어올 것이다.

다음 절에서 보는 바와 같이 퇴출과 진입으로 인해 단기 **산업공급곡선**과 장기 **산업공급곡선** 사이에는 중요한 차이가 발생한다.

표 7-4   완전경쟁기업의 수익성 조건과 생산 조건의 요약

수익성 조건 (최소 ATC = 손익분기가격)	결 과
$P >$ 최소 ATC	수익성 있음. 장기적으로 산업으로의 진입 발생
$P =$ 최소 ATC	수지 균형. 장기적으로 산업으로의 진입과 퇴출 없음
$P <$ 최소 ATC	수익성 없음. 장기적으로 산업으로부터의 퇴출 발생
생산 조건 (최소 AVC = 조업중단가격)	결 과
$P >$ 최소 AVC	단기적으로 생산 계속. $P <$ 최소 ATC이면 가변비용 전부와 고정비용 일부 회수 가능. $P >$ 최소 ATC이면 가변비용과 고정비용 전액 회수 가능
$P =$ 최소 AVC	단기적으로 생산을 하는 것과 하지 않는 것에 대해 무차별. 가변비용만 회수 가능
$P <$ 최소 AVC	단기적으로 조업중단. 가변비용 회수 불가

요약 : 완전경쟁기업의 수익성 조건과 생산 조건

이 장에서는 완전경쟁기업의 공급곡선이 어떻게 도출되는지 알아보았다. 모든 완전경쟁기업은 이윤을 최대로 하는 생산량을 선택하려 하며 이 선택에 의해 공급곡선이 결정된다. 〈표 7-4〉에는 완전경쟁기업의 수익성 조건과 생산 조건이 요약되어 있다. 또한 이들 조건과 산업으로의 진입 및 퇴출과의 관계도 표시되어 있다.

현실 경제의 >> 이해

농부들은 방법을 알고 있다

기업이 이윤을 극대화하는 방법을 알아야 하는 산업을 하나 꼽으라면 그것은 농업이다. 농부들은 계속 변하는 산출물 가격뿐만 아니라 계속 변하는 투입물 가격에도 대응해야만 한다. 더욱이 농업은 수많은 가격수용자인 농부들로 구성되어 있어 경쟁시장의 조건을 만족시킨다.

2003년부터 2013년까지의 농작물과 농지 가격의 최근 추이를 보면 농부들의 경제적 감각을 잘 알 수 있다. 이 10년 사이에 옥수수와 콩 가격은 꾸준히 상승하여 각각 300%와 250%의 상승 폭을 보이며 2012년과 2013년에 역대 최고가에 도달하였다.

이러한 장기적인 상승은 주로 두 가지의 수요 측 요인에 기인한다. 첫째는 미국의 수입 원유 의존도를 줄이려는 목적으로 휘발유에 첨가될 생물연료인 옥수수로부터 제조된 에탄올 사용량을 증가시켜야 한다는 법안이 국회를 통과하여 옥수수 가격이 상승한 것이다. 둘째는 중국과 다른 발전도상국가들에 대한 수출이 급격히 증가하여 농작물 가격을 상승시킨 것이다.

현명한 이윤극대화 생산사답게 농부들은 예컨대 더 많은 비료를 사용하는 등 농지를 더 집약적으로 사용하며 농지면적을 증가시키는 것으로 대응했다. 2013년에는 2005년에 비해 비료 가격이 두 배가 되었다. 그리고 2003년부터 2013년까지 10년 동안 평균 농지 가격은 세 배가 되었으며 일부 농지는 2003년에 비해 열 배의 가격에 팔리기도 했다.

이러한 행동은 각 농부들이 자신의 개별공급곡선을 따라 상향 이동한 것으로 경제학적으로 충분히 설명된다. 그리고 개별공급곡선은 한계비용곡선이므로 산출량을 늘리기 위해 더 많은 투입물을 사용함에 따라 농부들의 비용 또한 상승하였다.

농부들은 농작물의 가격 변화에 따라 공급곡선을 위아래로, 즉 공급을 증감함으로써 경제학적 감각을 보여 준다.

>> 복습

- **한계분석의 원리**에 의하면 어떤 활동의 최적 수준은 **한계편익**과 **한계비용**이 같아지는 수준이다.

- 생산자들은 **최적산출량 원칙**에 따라 산출량을 선택한다. 가격수용적인 기업에서는 **한계수입**이 가격과 같고 산출량은 **가격수용적인 기업의 최적산출량 원칙** $P=MC$에 따라 결정된다.

- 어떤 회사의 **경제학적 이윤**에는 **명시적 비용**과 **암묵적 비용**이 포함되어 있다. 경제학적 이윤은 **회계상의 이윤**과 항상 일치하지는 않는다.

- 시장가격이 **손익분기가격**, 즉 최소 평균총비용보다 높으면 기업은 수익성이 있다. 가격이 손익분기가격보다 낮으면 기업은 수익성이 없다. 그리고 가격이 손익분기가격과 같으면 수지가 균형을 이룬다.

- 고정비용은 매몰비용과 마찬가지로 단기의 최적산출량을 결정하는 데 아무 영향을 미치지 않는다. 단기에는 가격이 **조업중단가격**보다 높으면 가격수용적인 기업은 한계비용이 가격과 같아지는 산출량을 생산한다. 가격이 조업중단가격보다 낮으면 조업중단 원칙에 따라 생산을 중단해야 한다.

- 가격이 최소 평균총비용(손익분기가격)과 최소 평균가변비용(조업중단가격) 사이에 있으면 잠정적 생산 결정 원칙이 적용된다. 기업은 손실을 최소화하기 위해 단기에 생산을 한다. 이로써 기업의 **단기 개별공급곡선**이 결정된다.

- 장기에는 고정비용이 바뀔 수 있다. 가격이 오랫동안 최소 평균총비용보다 낮으면 기업은 산업으로부터 퇴출한다. 가격이 최소 평균총비용보다 높으면 기업은 수익성이 있어 생산을 계속한다. 이에 더하여 다른 기업들이 산업에 진입할 것이다.

산업공급곡선(industry supply curve)은 상품의 가격과 산업 전체 총산출량의 관계를 표시한다.

그러나 수압파쇄법이 개발됨에 따라 에탄올 가격이 하락하고 달러화의 강세로 미국 농작물에 대한 수요가 감소하자 2016년에 이르러 농작물 가격은 2012년 최고가에 비해 50% 이상 하락하였다. 공급 측면에서는 2014년의 풍작이 농작물 가격을 하락시켰다.

농부들은 경제학자처럼 자신의 공급곡선을 따라 하향 이동하여 가장 비싼 경작지로부터 철수하고 추가 경작지에 대한 수요를 줄여서 대응했다. 이 결과로 아이오와 주의 농지 평균 가격은 2012년부터 2015년 사이에 12% 하락하였고 아니나 다를까 비료 가격도 상당히 하락하였다.

>> 이해돕기 7-2
해답은 책 뒤에

1. U자형의 평균총비용곡선, U자형의 평균가변비용곡선, '나이키 로고' 모양을 한 한계비용곡선으로 구성된 단기 비용곡선의 그래프를 그려 보라. 다음 각각의 행동이 최적 선택이 되는 산출량과 가격의 범위를 그래프에 표시하라.
   a. 즉시 조업을 중단한다.
   b. 손실이 발생하지만 단기에는 생산을 계속한다.
   c. 이윤을 내며 생산을 계속한다.

2. 메인 주에서는 바닷가재 사업이 활발한데 바닷가재는 여름철에 잡힌다. 1년 중 다른 기간에는 세계 다른 지역에서 바닷가재를 구입해 올 수 있지만 가격이 훨씬 비싸다. 또 메인 주에는 여름철에만 길가에서 바닷가재 요리를 판매하는 바닷가재 음식점이 넘쳐 난다. 왜 바닷가재 음식점이 여름철에만 장사를 하는 것이 최선인지 이유를 설명하라.

‖ 완전경쟁에서의 산업공급곡선

크리스마스트리에 대한 수요가 증가할 때 왜 처음에는 가격이 많이 상승하다가 장기적으로는 훨씬 더 적게 상승하는 것일까? 해답은 **산업공급곡선**(industry supply curve) ─ 가격과 산업 전체 산출량의 관계 ─ 에서 찾을 수 있다. 앞에서 공급곡선 또는 시장공급곡선이라고 부르던 것이 바로 산업공급곡선이다. 여기서는 한 기업의 **개별공급곡선**과 산업 전체의 공급곡선을 구분할 수 있도록 특별히 주의할 것이다.

앞 절을 공부하면서 짐작했겠지만 단기와 장기의 산업공급곡선은 분석 방법에 약간의 차이가 있다. 단기부터 시작해 보자.

단기 산업공급곡선

단기에는 진입이나 퇴출이 불가능하므로 한 산업 안에 있는 기업의 수가 고정되어 있음을 배웠다. 그리고 제3장에서 산업공급곡선은 모든 생산자의 개별공급곡선을 수평으로 합한 것 ─ 각 가격에서 모든 공급자의 총산출량을 합한 것 ─ 이라고 배운 것을 기억할 것이다. 우리는 여기서 모든 생산자가 동일하다는 ─ 도출 과정을 단순하게 만들어 줄 ─ 가정하에서 이 작업을 시행할 것이다. 이제 노엘 농장과 똑같은 비용을 가진 크리스마스트리 농장이 100개 있다고 가정하자.

이들 100개 농장의 개별 단기 공급곡선은 모두 〈그림 7-4〉에 있는 것과 같을 것이다. 가격이 10달러 이하일 때는 아무도 생산하지 않을 것이다. 가격이 10달러 이상일 때는 모두 한계비용이 시장가격과 같아지는 산출량을 생산할 것이다. 〈그림 7-4〉에서 보는 바와 같이 가격이 14달러일 때는 40그루씩, 18달러일 때는 50그루씩 등을 생산하게 될 것이다. 따라서 100개의 농장이 있을 때 가격이 1그루당 18달러라면 산업 전체로서는 5,000그루를 생산하게 될 것이다. 이와 같

그림 7-5 단기 시장균형

단기 산업공급곡선 *S*는 생산자 수
－여기서는 100－가 주어졌을 때
의 산업공급곡선이다. 조업중단가격
인 10달러 이하의 가격에서는 단기
에는 아무도 생산하려 하지 않는다.
10달러 이상의 가격에서는 가격이
높아짐에 따라 생산자들이 모두 산
출량을 증가시키므로 단기 산업공
급곡선은 상승한다. 단기 산업공급
곡선은 시장가격 18달러와 산출량
5,000그루에 해당하는 단기 시장
균형인 점 E_{MKT}에서 수요곡선 *D*와
만난다.

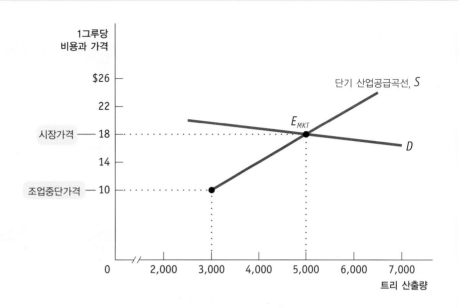

이 하여 〈그림 7-5〉에 *S*로 표시된 **단기 산업공급곡선**(short-run industry supply curve)을 구할 수
있다. 이 곡선에는 생산자 수가 주어졌을 때 여러 가격에서 전체 생산자가 공급하는 수량이 표시
된다.

〈그림 7-5〉의 수요곡선 *D*는 18달러의 가격과 5,000그루의 수량에 해당하는 점 E_{MKT}에서 단
기 산업공급곡선과 만난다. 점 E_{MKT}는 생산자 수가 주어졌을 때 공급량과 수요량이 같아지는
단기 시장균형(short-run market equilibrium)이다. 그러나 장기에는 농장들이 산업으로 진입하거
나 퇴출할 수 있기 때문에 균형이 상당히 다를 수 있다.

장기의 시장균형

이미 크리스마스트리 사업을 하고 있는 100개의 농장 외에도 잠재적 생산자가 많이 있다고 하
자. 그리고 이 잠재적 생산자들도 사업을 시작한다면 노엘같이 이미 생산을 하고 있는 사람들과
동일한 비용곡선을 갖게 된다고 하자.

새로운 생산자들이 추가로 사업을 시작하게 되는 것은 언제일까? 기존의 생산자들이 이윤을
내고 있을 때, 즉 시장가격이 손익분기가격이자 최소 평균총비용인 14달러보다 높을 때이다. 예
컨대 가격이 18달러라면 새로운 생산자들이 추가로 사업을 시작할 것이다.

새로운 생산자들이 추가로 사업을 시작하게 되면 어떻게 될까? 주어진 모든 가격에서 공급되
는 수량이 늘어날 것이 분명하다. 단기 산업공급곡선은 오른쪽으로 이동할 것이다. 그 결과 시
장균형이 영향을 받아 시장가격이 낮아질 것이다. 그러나 생산을 하는 기업의 수가 더 많아졌기
때문에 산업의 총산출량은 증가할 것이다.

〈그림 7-6〉에는 이러한 과정이 기존의 기업과 시장에 미치는 효과가 표시되어 있다. 그림 (a)
에는 시장이 어떻게 반응하는지 표시되어 있고, 그림 (b)에는 기존의 기업이 새로운 생산자들의
진입에 어떻게 반응하는지 나타나 있다(가격 변화에 따라 이윤이 어떻게 달라지는지를 좀 더 자
세히 나타내기 위해 눈금을 〈그림 7-4〉와 〈그림 7-5〉에 비해 확대하였다). 그림 (a)에서 S_1은 생
산자 100명이 있는 처음의 단기 산업공급곡선이다. 처음 단기 시장균형은 E_{MKT}에서 얻어지는데
이 점에서 균형시장가격은 18달러이고 5,000그루가 생산되고 있다. 이 가격에서 기존의 생산자

단기 산업공급곡선(short-run industry
supply curve)은 생산자 수가 고정되
었을 때 산업 전체에서 공급되는 산출
량이 시장가격에 따라 어떻게 달라지는
지 보여 준다.

생산자 수가 주어졌을 때 공급량과 수
요량이 일치하면 **단기 시장균형**(short-
run market equilibrium)이 얻어진다.

그림 7-6 장기 시장균형

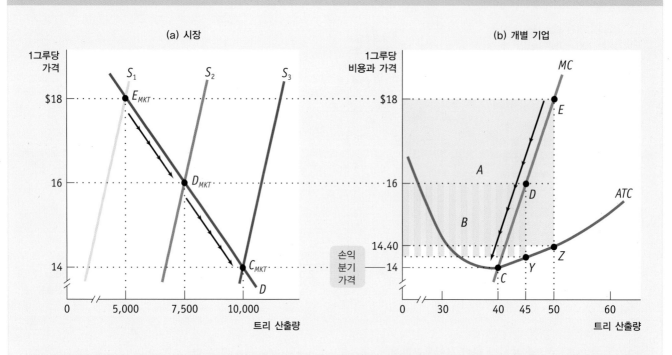

(a) 시장

(b) 개별 기업

그림 (a)의 점 E_{MKT}는 초기의 단기 시장균형을 나타낸다. 기존의 생산자 100명 모두가 그림 (b)의 녹색 직사각형 A로 표시된 경제적 이윤을 내고 있다. 이 이윤을 보고 새로운 생산자들이 진입하여 단기 산업공급곡선은 그림 (a)에 표시된 바와 같이 S_1에서 S_2로 바깥쪽으로 이동하게 된다. 이 결과 단기 시장균형은 점 D_{MKT}로 바뀌어 가격은 16달러로 낮아지고 산업의 산출량은 증가하게 된다. 기존 기업들의 산출량과 이윤은 줄어들었지만 아직 이윤을 내고 있는데 그림 (b)의 줄 쳐진 직사각형 B가 이 이윤을 표시한다. 진입이 계속 이루어지고 단기 산업공급곡선이 바깥쪽으로 이동함에 따라 가격도 하락하고 산업의 산출량도 계속 증가한다. 시장균형이 그림 (a) 공급곡선 S_3의 점 C_{MKT}에서 이루어지면 마침내 진입이 중단된다. 이 점에서 시장가격은 손익분기가격과 같아지고 기존 생산자들의 경제학적 이윤은 영이 되어 더 이상 진입이나 퇴출이 발생할 유인이 없어지게 된다. 그러므로 점 C_{MKT}는 단기균형이면서 동시에 장기 시장균형이 되는 것이다.

들은 그림 (b)에 표시된 바와 같이 이윤을 내고 있다. 시장가격이 18달러일 때 기존의 기업이 얻는 이윤은 A로 표시된 직사각형으로 나타난다.

이 이윤을 보고 새로운 생산자들이 산업에 진입하게 되어 단기 산업공급곡선은 오른쪽으로 이동하게 된다. 예를 들어 생산자 수가 167이 되었을 때 단기 산업공급곡선은 S_2가 된다. 이 공급곡선에 대응하는 새로운 단기 시장균형은 점 D_{MKT}로서 시장가격은 16달러이고 산출량은 7,500그루가 된다. 가격이 16달러일 때 한 기업이 45그루를 생산하여 산업 전체 산출량은 $167 \times 45 = 7,500$그루(근사치)가 된다.

그림 (b)로부터 생산자 67명이 새로 진입한 결과 기존 기업이 어떤 영향을 받는지 알 수 있다. 가격 하락으로 인해 산출량이 감소되었고 이윤도 감소하여 직사각형 B의 면적으로 표시되고 있다.

줄어들기는 했어도 점 D_{MKT}에서는 기존의 기업들이 이윤을 내고 있기 때문에 진입은 계속되고 기업의 수는 증가할 것이다. 생산자 수가 250에 이르면 단기 산업공급곡선은 다시 바깥쪽으로 S_3까지 이동하고 시장균형은 점 C_{MKT}에서 얻어진다. 이때 산출량과 수요량은 1만 그루이고 시장가격은 14달러이다.

점 E_{MKT}, D_{MKT}와 같이 점 C_{MKT}도 단기 시장균형이다. 그러나 점 C_{MKT}는 단기 시장균형 이상의 의미를 가지고 있다. 14달러의 가격은 모든 기업의 손익분기가격이기 때문에 기존의 기업들은

이윤극대 산출량인 40그루를 생산함으로써 경제적 이윤이 영이 되도록—이윤도 손실도 없이
—할 수 있다.

손익분기가격에서는 잠재적 생산자가 이 산업에 진입할 유인도, 기존의 생산자가 이 산업으로부터 퇴
출할 유인도 없다. 그러므로 점 C_{MKT}는 **장기 시장균형**(long-run market equilibrium)—생산자들이
산업에 진입하거나 퇴출할 수 있도록 충분한 시간이 흐른 후에 공급량과 수요량이 같아지는 상
황—에 해당한다. 장기 시장균형에서는 기존의 생산자와 잠재적 생산자가 모두 장기적으로 필요한 모
든 조정을 마치고 최적의 선택을 하고 있다. 따라서 더 이상 진입과 퇴출이 없고 모든 기업의 이윤은 0
이 된다.

장기 산업공급곡선

단기와 장기균형의 차이가 의미하는 바를 좀 더 자세히 알기 위해 진입이 자유롭고 현재 장기균
형 상태에 있는 산업에서 수요가 증가할 때 어떻게 되는지 살펴보자. 〈그림 7-7〉의 (b)에는 시장
이 어떻게 조정되는지가 나타나 있다. 그림 (a)와 (c)에는 기존의 개별 기업들이 그 과정에서 어
떻게 행동하는지가 그려져 있다.

〈그림 7-7〉의 그림 (b)에서 D_1은 처음의 수요곡선이고 S_1은 처음의 단기 산업공급곡선이다.
그 교차점인 X_{MKT}는 단기 시장균형인 동시에 장기 시장균형이다. 균형가격 14달러에서 경제적
이윤이 영이 되고 따라서 진입이나 퇴출이 발생하지 않기 때문이다. 이 점은 그림 (a)에서 점 X에
해당한다. 이 점에서는 기존의 기업들이 모두 평균총비용곡선의 최저 수준에서 생산하고 있다.

이제 어떤 이유로 수요곡선이 바깥쪽으로 D_2까지 이동한다고 해 보자. 그림 (b)에 그려진 것
처럼 단기에는 산업 산출량이 단기 산업공급곡선 S_1을 따라 새로운 단기 시장균형인 S_1과 D_2의
교차점 Y_{MKT}까지 증가한다. 시장가격은 18달러까지 오르고 산업 산출량은 Q_X에서 Q_Y까지 증가
한다. 이것은 시장가격이 상승함에 따라 기존의 기업들이 산출량을 그림 (a)의 X에서 Y까지 증가
시키는 것과 대응된다.

그러나 18달러의 가격은 최소 평균총비용보다 높아서 기존의 생산자들이 경제적 이윤을 내고
있으므로 Y_{MKT}는 장기 시장균형이 아니다. 이윤으로 인해 기업들이 추가로 이 산업에 진입할 것
이다.

시간이 흐름에 따라 단기 산업공급곡선은 오른쪽으로 이동할 것이다. 장기적으로 단기 산업
공급곡선은 S_2까지 이동하여 점 Z_{MKT}에서 균형이 이루어질 것이다. 가격은 14달러로 다시 하락
하고 산업 산출량은 Q_Y에서 Q_Z로 더 증가한다. 수요가 증가하기 전의 X_{MKT}처럼 Z_{MKT}는 단기 시
장균형인 동시에 장기 시장균형이다.

진입이 기존 기업에 미치는 영향은 그림 (c)에서 Y에서 Z로 개별공급곡선을 따라 생산량이 변
화하는 것으로 표시된다. 기업들은 가격이 하락함에 따라 산출량을 감소시켜 평균총비용곡선의
최저점에 해당하는 처음 산출량 수준으로 되돌아오게 된다. 사실 현재 생산을 하고 있는 모든
기업—처음에 생산하고 있던 기업들과 새로 진입한 기업들—은 평균총비용곡선의 최저점인 Z
에서 생산하게 될 것이다. 이는 Q_X에서 Q_Z로의 산업 산출량의 증가가 모두 새로운 기업의 진입
으로부터 발생했음을 의미한다.

그림 (b)에서 X_{MKT}와 Z_{MKT}를 지나는 직선 LRS가 **장기 산업공급곡선**(long-run industry supply
curve)이다. 이 곡선은 생산자들이 진입이나 퇴출을 실행하기에 충분한 시간이 주어졌을 때 산업
산출량이 가격에 따라 어떻게 변화하는지를 보여 준다.

이 예에서 장기 산업공급곡선은 14달러의 가격에서 수평선이다. 즉 이 산업에서는 공급이 장
기적으로 완전탄력적이다. 진입과 퇴출을 할 수 있는 시간이 주어졌을 때 소비자의 수요가 얼마
든 간에 생산자들은 14달러의 가격에서 그 수량을 공급할 것이다. 실제로 장기 산업공급곡선이

장기 시장균형(long-run market equi-
librium)은 산업으로의 진입과 퇴출이
이루어질 수 있도록 충분한 시간이 주
어진 후 공급량과 수요량이 일치할 때
얻어진다.

장기 산업공급곡선(long-run industry
supply curve)은 생산자들이 진입이
나 퇴출을 실행하기에 충분한 시간이
주어졌을 때 산출량이 가격에 따라 어
떻게 변하는지를 보여 준다.

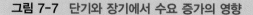

그림 7-7 단기와 장기에서 수요 증가의 영향

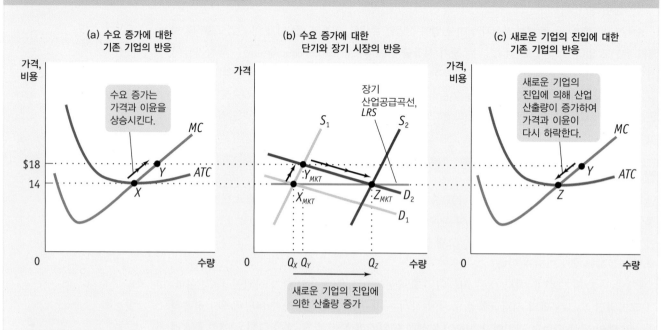

그림 (b)는 수요 증가에 대해 단기와 장기에 산업이 어떻게 조정되는가를 보여 준다. 그림 (a)와 그림 (c)에는 이에 상응하는 기업의 조정이 표시되어 있다. 처음에 시장은 그림 (b)의 점 X_{MKT}에서 단기와 장기균형을 이루고 있으며 가격은 14달러, 산업 산출량은 Q_X이다. 기존의 기업들은 그림 (a)의 점 X로 표시되는 평균총비용의 최저점에서 생산하고 있으며 이윤은 영이다. 수요가 D_1에서 D_2로 증가하여 시장가격이 18달러로 상승한다. 기존의 기업들이 생산량을 증가시키고 산업 산출량은 단기 산업공급곡선 S_1을 따라 새로운 단기균형인 Y_{MKT}까지 증가한다. 이것은 그림 (a)에서 기존의 기업들이 점 X에서 점 Y로 이동하는 것에 해당한다. 그러나 18달러의 가격에서는 기존의 기업들이 이윤을 내고 있다. 따라서 그림 (b)에 표시된 바와 같이 장기적으로 새로운 기업들이 진입하여 단기 산업공급곡선은 S_1

에서 S_2까지 오른쪽으로 이동한다. 가격은 14달러로 낮아지고 산업 산출량은 Q_Z로 증가하여 점 Z_{MKT}에서 새로운 균형이 얻어진다. 기존의 기업들은 그림 (c)의 점 Y에서 점 Z로 이동하여 처음의 산출량으로 되돌아오고 영의 이윤을 얻게 된다. 산업 산출량의 증가분인 $Q_Z - Q_X$는 모두 새로 진입한 기업들이 생산하게 된다. X_{MKT}과 마찬가지로 Z_{MKT} 또한 단기 및 장기균형이다. 기존의 기업들이 벌어들이는 경제학적 이윤이 영이므로 새로운 기업이 진입하거나 기존의 기업이 퇴출할 유인이 존재하지 않는다. X_{MKT}와 Z_{MKT}를 지나는 수평선 LRS가 장기 산업공급곡선이다. 소비자들이 수요하는 수량이 얼마든 간에 장기적으로 생산자들은 손익분기가격 14달러에서 그 수량을 공급하게 된다.

완전탄력적인 산업이 많이 있다. 이러한 산업을 가리켜 비용이 일정한 산업이라고 한다. 기존의 기업이든 새로 진입한 기업이든 각 기업은 동일한 비용구조를 갖는다(즉 동일한 비용곡선을 갖는다). 농업이나 제빵업과 같이 투입물의 공급이 완전탄력적인 산업이 이에 해당된다.

그러나 다른 산업에서는 장기 산업공급곡선까지도 우상향한다. 그 이유 중에 가장 흔한 것은 공급이 제한되어 있는(즉 공급이 비탄력적인) 투입물 사용이 불가피하기 때문이다. 산업이 확장됨에 따라 그러한 투입물의 가격이 상승한다. 따라서 나중에 산업에 진입하는 기업은 먼저 진입한 기업들에 비해 비용이 높게 된다. 한 예가 가장 좋은 해변가의 땅을 두고 경쟁해야 하는 해변 휴양지 호텔들이다. 이러한 경우를 가리켜 산업의 비용이 증가한다고 한다.

장기 산업공급곡선이 우하향할 수도 있다. 이러한 경우는 그 산업에서 규모에 대한 수익이 증가하여 산출량이 증가함에 따라 평균비용이 하락할 때 나타날 수 있다. 산업에서 수익 증가가 나타나는 경우라고 말한 것을 유의하라. 수익 증가가 개별 기업의 수준에서 발생하게 되면 그 산업은 대체로 소수의 기업들에 의해(과점) 또는 하나의 기업에 의해(독점) 지배되는 것으로 귀결된다.

어떤 경우에는 산업 전체에 대한 대규모의 이점이 그 산업에 속한 모든 기업에 나타나기도 한

그림 7-8   단기와 장기 산업공급곡선의 비교

장기 산업공급곡선은 우상향할 수는 있으나 항상 단기 산업공급곡선보다는 기울기가 작다. 즉 더 탄력적이다. 이것은 진입과 퇴출 때문이다. 가격이 높으면 장기에는 새로운 기업이 진입하여 산업 산출량이 증가하고 가격은 떨어진다. 가격이 낮으면 장기에는 기존의 생산자 중에 퇴출하는 기업이 있어 산업 산출량은 감소하고 가격은 높아진다.

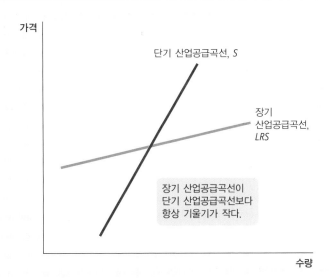

다. 예를 들어 태양전지와 같은 새로운 기술의 경우 산업이 성장함에 따라 지식의 발전, 적절한 기술을 가진 노동자 인력의 대량 공급 등으로 인해 비용이 하락하는 경향이 있다.

장기 산업공급곡선이 수평선이건 상승곡선이건 혹은 하강곡선이건 장기공급의 가격탄력성은 진입과 퇴출이 자유로운 이상 단기공급의 가격탄력성에 비해 더 높다. 〈그림 7-8〉에 표시된 바와 같이 장기 산업공급곡선은 항상 단기 산업공급곡선보다 기울기가 더 작다. 그 이유는 진입과 퇴출 때문이다. 수요 증가에 의해 가격이 높을 때는 새로운 생산자들이 진입하여 산업 산출량이 증가하며 가격은 결국 하락하게 되고, 수요 감소에 의해 가격이 낮을 때는 기존의 기업들이 퇴출하여 산업 산출량이 감소하며 결국 가격이 상승하게 된다.

단기와 장기 산업공급곡선을 구분하는 것은 현실적으로 매우 중요한 일이다. 〈그림 7-7〉에 표시된 바와 같이 진행되는 사건을 자주 볼 수 있다. 수요가 증가하여 처음에는 가격이 많이 상승했다가 새로운 기업이 산업에 진입하면서 가격이 점차 하락하여 원래의 수준으로 돌아온다. 또는 그 반대의 경우도 있다. 수요가 감소하여 단기에는 가격이 하락하지만 생산자들이 산업에서 퇴출함에 따라 원래의 수준으로 회복된다.

장기균형에서의 생산비용과 효율성

이상의 분석을 통해 완전경쟁산업에 있어 장기균형에서의 생산비용과 효율성에 대해 세 가지 결론을 얻을 수 있다. 이 결과들은 제8장에서 어떻게 독점에서 비효율성이 발생하게 되는지를 배울 때 요긴하게 사용된다.

1. **완전경쟁산업의 균형에서는 모든 기업의 한계비용이 동일하다.** 그 이유는 모든 기업이 한계비용과 시장가격이 같아지는 산출량을 생산하고 또한 그들이 가격수용자인 까닭에 동일한 시장가격에서 생산하기 때문이다.
2. **진입과 퇴출이 자유로운 완전경쟁산업에서는 장기균형에서 모든 기업의 이윤이 영이 된다.** 모든 기업이 평균총비용을 최소로 하는 산출량― 〈그림 7-7(c)〉의 점 Z ― 을 생산한다. 따라서 완전경쟁산업에서는 산업 산출량의 총비용이 최소가 된다.

산업 전반에 걸쳐 비용이 상승하는 경우는 예외이다. 시장가격이 충분히 높을 때 초기에 생산을 시작한 기업들은 이윤을 내지만 나중에 시장가격이 하락할 때 생산에 가담한 기업들은 이윤을 내지 못한다. 산업이 장기균형에 도달함에 따라 나중에 생산을 시작한 기업들은 최소비용에서 생산하지만 초기 기업들에 대해서는 그렇지 않을 수 있다.

3. **완전경쟁산업의 장기 시장균형은 효율적이다. 즉 서로에게 이로운 거래는 남김없이 실현된다.** 이를 이해하기 위해서 효율성의 필수조건을 다시 한 번 생각해 볼 필요가 있다. 판매자의 비용 이상을 지불할 용의가 있는 소비자들은 모두 상품을 소비할 수 있어야 한다. 또한 시장이 효율적일 때는 (분명하게 정의된 어떤 경우를 제외하고는) 시장가격 이상을 지불할 용의가 있는 모든 소비자는 시장가격 이하의 비용으로 생산하는 모든 생산자와 거래하게 된다.

따라서 완전경쟁산업의 장기 시장균형에서는 생산이 효율적이다. 즉 비용이 최소화되고 자원의 낭비가 없다. 또한 소비자에 대한 재화의 배분도 효율적이다. 즉 재화 한 단위의 생산비용을 지불할 용의가 있는 소비자들은 모두 그 재화를 얻게 된다. 사실 서로에게 유리한 거래가 실현되지 않고 남아 있는 경우는 없다. 그뿐만 아니라 시간의 흐름에 따라 상황이 바뀌어도 이 조건들은 여전히 성립한다. 경쟁의 힘이 생산자로 하여금 소비자 욕구의 변화나 기술 변화에 대해 반응하도록 만드는 것이다.

현실 경제의 >> 이해

컬컬해? 세계적인 포도주 과잉에서 부족으로

2016년에 아직도 포도주 생산자로서 사업을 계속하고 있다면 매우 다행으로 생각해야 할 것이다. 왜냐하면 당신은 세계적인 포도주 과잉으로 인해 매우 힘든 몇 년을 견디고 살아남았기 때문이다.

2004년부터 2010년까지 포도주 산업은 세계 도처의 장기적인 포도 경작지 증가로 인한 과잉공급, 계속된 세계적인 풍작, 2008년의 세계적 불황으로 인한 수요의 감소로 난타당했다. 포도주 가격이 폭락하자 많은 포도주 생산자들은 사업을 접을 수밖에 없었다. 생산 과잉이 너무 심각해서 유럽국가들은 포도 생산을 줄이도록 농부들에게 보조금을 지불했다. 2012년까지 프랑스의 포도주 생산은 17%, 스페인의 포도주 생산은 11% 감소했다.

gunnerl/Getty Images

역사적으로 볼 때 포도주 부족은 생산자들의 진입을 통하여 포도주 과잉을 초래할 가능성이 크다.

그러나 2016년에 이르러 상황은 극적으로 달라졌다. 과잉은 부족으로 바뀌었고 포도주 생산자들은 수요를 따라잡기 위해 행복한 투쟁을 하게 되었다. 무엇이 공급과잉과 급속한 반전을 통한 공급부족을 초래한 것일까? 해답은 공급과 수요의 힘에 의해 포도주 산업에 발생한 진입과 퇴출에 있다. 2000년대에는 세계적인 수요 증대로 포도주 산업이 단기 산업공급곡선을 따라 상향 이동함으로써 포도주 산업으로의 진입이 많이 이루어졌다. 공급과잉과 2008년의 불황으로 인한 수요감소로 가격 폭락과 함께 포도주 생산자들의 퇴출이 이루어졌고, 단기 산업공급곡선을 따라 하향 이동이 나타났다.

그러나 세계적 수요 회복과 포도주 공급 감소로 가격

은 다시 상승하였다. 프랑스에서는 2016년 포도 가격이 10년 동안의 최고가였다. 물론 높은 가격은 다시 더 많은 생산자를 포도주 산업으로 인도할 것이다. 그러니 기다려 보라. 현재의 부족은 다시 한 번 공급과잉으로 바뀔 수 있다.

>> 이해돕기 7-3
해답은 책 뒤에

1. 다음 중 어떤 사건들이 기업이 산업에 진입하도록 할 유인이 되겠는가? 어떤 사건들이 기업의 퇴출을 유발하겠는가? 그 이유를 설명하라.
   a. 기술 발전으로 그 산업에 있는 모든 기업의 고정비용이 하락한다.
   b. 그 산업의 노동자들에게 지불되는 임금이 상승한다.
   c. 영구적인 소비자 취향의 변화로 인해 그 상품에 대한 수요가 증가한다.
   d. 주요 생산요소의 장기적인 공급 부족으로 그 요소의 가격이 상승한다.
2. 달걀 생산산업이 완전경쟁산업이고 장기균형을 이루고 있으며 장기 산업공급곡선은 완전탄력적이라고 가정하자. 그러다가 콜레스테롤에 대한 건강 염려로 수요가 감소하였다. 〈그림 7-7〉과 유사한 그래프를 그리고 단기에 일어나는 현상과 장기균형이 회복되는 과정을 보이라.

> **>> 복습**
> * **산업공급곡선**은 이전 장들의 공급곡선에 대응된다. 생산자 수가 고정된 단기에는 **단기 산업공급곡선**과 수요곡선의 교점에서 **단기 시장균형**이 결정된다. 생산자들의 진입과 퇴출이 가능한 장기에는 **장기 산업공급곡선**과 수요곡선의 교점에서 **장기 시장균형**이 결정된다. 장기 시장균형에서는 어느 생산자도 산업에 진입하거나 산업으로부터 퇴출할 인센티브가 없다.
> * **장기 산업공급곡선**은 보통 수평이지만 필요한 생산요소의 공급이 제한된 경우에는 우상향할 수도 있다. 장기 산업공급곡선은 항상 단기 산업공급곡선보다 더 탄력적이다.
> * 완전경쟁시장의 **장기 시장균형**에서는 모든 기업이 같은 한계비용에서 생산하며, 한계비용은 시장가격과 같고, 산업의 산출물을 생산하는 총생산비는 최소가 된다. 그것은 또한 효율적이다.

문제 풀어보기 | 무엇이 문제인가

시애틀의 파이크 플레이스 어시장은 싱싱한 연어, 넙치, 알래스카산 킹크랩과 더불어 생선을 포장하기 위해 공중으로 던지는 유쾌한 직원들로 유명하다.

이 시장의 공급자로서 치누크 연어 수확을 주업으로 어선을 운영하는 한 어부의 가상적인 하루의 비용이 오른쪽 표와 같다고 하자. 이 어부의 하루는 어시장에서 받을 가격을 예상하면서 출어를 할 것인가 여부를 결정하는 것으로 시작된다. 입거료, 어선의 면허료, 임대료와 같은 고정비용은 출어 여부와 관계없이 지출된다. 고정비용에 추가하여 생선을 항구까지 수확해 오는 데에는 가변비용이 지출된다. 따라서 이 어부는 수확량을 선택해야 한다.

위 표를 사용하여 평균가변비용, 평균총비용과 한계비용을 구하고 생선 한 단위당 손익분기가격을 구하라. 만일 시장가격이 14달러로 하락한다면 이 어부는 단기에 생선을 얼마나 시장에 공급하겠는가?

생선 수량 Q	가변비용 VC	총비용 TC
30	$280	$680
40	320	720
50	440	840
60	600	1,000
70	840	1,240
80	1,160	1,560
90	1,560	1,960
100	2,040	2,440

단계 | 1 생선 한 상자의 평균가변비용, 평균총비용, 한계비용을 구하라.

제6장 187~192쪽과 식 (6-3), (6-4), (6-5)를 복습하라.

평균가변비용은 가변비용을 수량으로 나눈 값(VC/Q)이고, 평균총비용은 총비용을 수량으로 나눈 값(TC/Q)이며, 한계비용은 총비용의 변화를 수량의 변화로 나눈 값($\triangle TC/\triangle Q$)이다. 이 비용들은 다음 표에 계산되어 있다.

생선 수량 Q	가변비용 VC	총비용 TC	한계비용 $MC = \triangle TC/\triangle Q$	평균가변비용 $AVC = VC/Q$	평균총비용 $ATC = TQ/Q$
30	$280	$680		$9.33	$22.67
			$4.00		
40	320	720		8.00	18.00
			12.00		
50	440	840		8.80	16.80
			16.00		
60	600	1,000		10.00	16.67
			24.00		
70	840	1,240		12.00	17.71
			32.00		
80	1,160	1,560		14.50	19.50
			40.00		
90	1,560	1,960		17.33	21.78
			48.00		
100	2,040	2,440		20.40	24.40

단계 | 2 생선 한 단위당 손익분기가격을 구하라.

214~217쪽과 〈그림 7-2〉를 복습하라.

손익분기가격을 구하기 위해서는 최저 평균총생산비를 구해야 한다. 표에서 최저 평균총비용은 생선 60단위에서 달성되는 것을 알 수 있다. 따라서 손익분기가격은 단위당 16.67달러이다.

단계 | 3 만일 시장가격이 14달러로 하락한다면 이 어부는 단기에 생선을 얼마나 시장에 공급하겠는가?

211~214쪽과 213쪽의 '함정'을 복습하라.

가격수용적인 기업의 경우에 한계수입은 시장가격과 같다. 따라서 최적 수량을 구하려면 $P=MC$가 되는 점을 찾아야 한다. $P=MC$가 되는 점이 표에 없다면 이 어부는 P가 MC보다 큰 수량 중 최대 수량을 선택하려 할 것이다. 수량이 40에서 50으로 증가할 때 MC는 12달러인데 50에서 60으로 증가할 때에는 16달러이다. 따라서 P가 MC보다 높은 최대 수량은 50이다. 가격이 평균총비용보다는 낮지만 평균가변비용보다는 높기 때문에 어부는 이날 출어를 하기로 선택할 것이다.

요약

1. **완전경쟁시장**이란 모든 생산자가 **가격수용적인 생산자**이고 모든 소비자가 **가격수용적인 소비자**인 시장을 말한다. 요컨대 어느 누구의 행동도 시장가격에 아무런 영향을 미칠 수 없다. 소비자들은 일반적으로 가격수용자이지만, 생산자들의 경우에는 대개 그렇지 않다. **완전경쟁산업**이란 모든 생산자가 가격수용적인 산업을 말한다.

2. 완전경쟁산업에는 두 가지 필요조건이 있다. 많은 생산자가 있어 어느 한 생산자도 **시장점유율**이 크지 않아야 하고, 소비자들이 동질적으로 생각하는 **표준화된 제품**, 즉 **상품**을 생산해야 한다는 것이다. 세 번째 조건 또한 충족되

는 경우가 보통인데, 이는 그 산업에 대한 기업의 **진입과 퇴출이 자유롭다**는 것이다.

3. 어떤 재화나 서비스의 **한계편익**이란 그 재화나 서비스를 한 단위 더 생산함으로써 추가적으로 얻어지는 편익을 말한다. **한계분석의 원리**에 의하면 어떤 활동의 최적 수준은 한계편익과 한계비용이 같아지는 수준이다.

4. 생산자는 **최적산출량 원칙**에 따라 **한계수입**이 한계비용과 같아지는 산출량을 선택한다. 가격수용적인 기업에 있어서 한계수입은 가격과 같고, 그 기업의 **한계수입곡선**은 시장가격에서 수평선으로 그려진다. 기업은 **가격수용적인**

기업의 최적산출량 원칙에 따라 가격과 한계비용이 같아지는 산출량을 선택한다. 그러나 최적산출량 수준에서 생산활동을 하는 기업에 이윤이 나지 않을 수도 있다.

5. 기업은 현금지출을 수반하는 명시적 비용뿐 아니라 현금지출을 수반하지 않지만 포기된 편익의 화폐가치로 측정되는 암묵적 비용까지를 고려한 **경제학적 이윤**을 기준으로 결정을 해야 한다. **회계상의 이윤**은 명시적 비용과 감가상각만을 고려하고 암묵적 비용을 고려하지 않기 때문에 경제학적 이윤에 비해 상당히 큰 것이 보통이다.

6. 기업에 이윤이 발생하는가 여부는 시장가격과 **손익분기가격**, 즉 최소 평균총비용과의 관계에 의해 결정된다. 만약 시장가격이 손익분기가격을 초과하면 이윤이 발생하고, 시장가격이 손익분기가격보다 낮으면 손실이 발생한다. 만약 시장가격과 손익분기가격이 동일하게 되면 그 기업은 수지가 균형을 이룬다. 이윤이 발생하는 기업의 한 단위당 이윤의 크기는 $P-ATC$이다. 손실이 발생하는 기업의 한 단위당 손실의 크기는 $ATC-P$가 된다.

7. 고정비용은 **매몰비용**과 마찬가지로 기업이 단기에 있어 최적생산량을 고려하는 문제와는 관련이 없다. 단기 최적생산량은 그 기업의 최소 평균가변비용인 **조업중단가격**과 시장가격에 의해 결정된다. 시장가격이 조업중단가격보다 높은 경우 기업은 한계비용이 시장가격과 같아지는 산출량을 생산한다. 시장가격이 조업중단가격보다 낮은 경우 그 기업은 단기에 생산을 중단한다. 이로부터 기업의 **단기 개별공급곡선**이 얻어진다.

8. 장기에는 고정비용이 중요하다. 만약 오랫동안 시장가격이 최소 평균총비용보다 낮으면 장기적으로 기업들이 그 산업에서 퇴출할 것이다. 만약 시장가격이 최소 평균총비용보다 높으면 기존의 기업들은 이윤을 얻고, 장기적으로 새 기업들이 그 산업으로 진입하게 된다.

9. 완전경쟁하에서 **산업공급곡선**은 단기/장기 여부에 따라 달라진다. **단기 산업공급곡선**은 생산자의 수가 주어졌을 때의 산업공급곡선이다. **단기 시장균형**은 단기 산업공급곡선과 수요곡선이 만나는 점에서 결정된다.

10. **장기 산업공급곡선**은 산업으로 진입하거나 산업에서 퇴출할 수 있는 충분한 시간이 주어졌을 때의 산업공급곡선을 말한다. **장기 시장균형**은 장기 산업공급곡선과 수요곡선이 만나는 점에서 결정되며, 이 균형에서는 어느 누구에게도 산업에 진입하거나 산업에서 퇴출하려는 유인이 존재하지 않는다. 장기 산업공급곡선은 보통 수평선으로 나타난다. 만약 투입요소의 공급량이 제한되어 있다면 장기 산업공급곡선은 우상향하여 산업의 비용이 증가할 것이다. 장기 산업공급곡선은 심지어 우하향할 수도 있는데 이 경우 산업의 비용이 감소한다고 한다. 그러나 장기 산업공급곡선은 항상 단기 산업공급곡선에 비해서는 기울기가 완만하다.

11. 완전경쟁산업의 장기 시장균형에서 각 기업은 시장가격과 일치하는, 동일한 한계비용 수준에서 생산함으로써 이윤을 최대로 하게 된다. 진입과 퇴출이 자유롭다는 것은 각 기업이 평균총비용이 최소가 되는 점에서 생산하면서 영의 이윤을 얻게 된다는 것을 의미한다. 따라서 산업 산출량의 총생산비용은 최소화된다. 이러한 결과는 한계비용 이상의 가격을 지불하려는 모든 소비자가 그 상품을 갖게 된다는 점에서 효율적이다.

주요용어

가격수용적인 생산자	한계분석의 원리	매몰비용
가격수용적인 소비자	한계수입	단기 개별공급곡선
완전경쟁시장	최적산출량 원칙	산업공급곡선
완전경쟁산업	한계수입곡선	단기 산업공급곡선
시장점유율	가격수용적인 기업의 최적산출량 원칙	단기 시장균형
표준화된 제품	경제학적 이윤	장기 시장균형
상품	회계상의 이윤	장기 산업공급곡선
진입과 퇴출이 자유롭다	손익분기가격	
한계편익	조업중단가격	

토론문제

1. 다음은 캘리포니아에서 조사된 셔츠 세탁 가격표이다.

세탁소 상호	도시	가격
A-1	산타바바라	$1.50
레갈	산타바바라	1.95
세인트 폴	산타바바라	1.95
집 클린 드라이	산타바바라	1.95
에피 테일러	산타바바라	2.00
매그놀리아 투	골레타	2.00
마스터	산타바바라	2.00
산타바바라	골레타	2.00
써니	산타바바라	2.00
카시타스	카핀테리아	2.10
록웰	카핀테리아	2.10
노벨 베이스	산타바바라	2.15
아블릿츠 파인	산타바바라	2.25
캘리포니아	골레타	2.25
후스토 더 테일러	산타바바라	2.25
프레스드 포 타임	골레타	2.50
킹스	골레타	2.50

a. 골레타에서 셔츠 세탁의 평균가격은 얼마인가? 산타바바라에서는 얼마인가?

b. 골레타에 있는 캘리포니아 세탁소가 완전경쟁기업이고 단기에 이윤을 내고 있다고 가정하고 전형적인 한계비용곡선과 평균비용곡선을 그려라. 이 세탁소의 단기균형점을 그래프에 표시하고 이윤에 해당하는 면적을 표시하라.

c. 골레타에서 단기 균형가격이 2.25달러라고 가정하자. 전형적인 단기 시장수요곡선과 시장공급곡선을 그리고 균형점을 표시하라.

d. 골레타에서 이윤이 발생하는 것을 보고 다이아몬드 세탁소라고 하는 새로운 세탁소가 시장에 진입하였다. 이 세탁소는 셔츠당 1.95달러를 받는다. 골레타에서 셔츠 세탁의 새로운 평균가격은 얼마인가? 진입이 골레타의 평균가격에 미치는 영향을 단기 공급곡선이나 수요곡선 또는 두 가지 모두의 이동으로 표시하라.

e. 캘리포니아 세탁소가 이제 새로운 평균가격을 받으면서 겨우 수지를 맞춘다고(즉 경제적 이윤이 영이라고) 가정하자. 진입의 효과가 어떤 것인지 b에서 그린 그래프에 표시하라.

f. 세탁업이 완전경쟁적이라 할 때 골레타와 산타바바라 지역 간 평균가격의 차이로부터 두 지역의 비용에 대해 무엇을 알 수 있는가?

연습문제

1. 다음에 제시된 산업의 경우 생산자가 가격수용자인가? 자신의 답을 설명해 보라.
   a. 주위에 유사한 커피숍이 다수 존재하는 대학가의 어떤 커피숍
   b. 펩시콜라 제조사
   c. 농산물 시장에서 많은 호박 판매자 중 어느 한 사람

2. 주어진 각각의 보기에 대해서 완전경쟁산업인지 여부를 따져 보라. 시장점유율, 표준화된 제품, 그리고 필요하면 진입과 퇴출이 자유로운 정도를 언급하면서 자신의 답을 설명해 보라.
   a. 아스피린
   b. 앨리샤 키스 콘서트
   c. 레저용 차량(SUV)

3. 밥은 블루레이 영화를 생산·판매하고 있다. 생산을 위해 서는 건물과 기존의 영화를 블루레이로 복사하는 기계만 있으면 된다. 밥은 한 달에 3만 달러를 주고 건물을 임대했고, 한 달에 2만 달러를 주고 기계를 빌리기로 했다. 이는 밥의 고정비용이다. 밥의 가변비용은 다음 표와 같다.

블루레이 수량	가변비용
0	$0
1,000	5,000
2,000	8,000
3,000	9,000
4,000	14,000
5,000	20,000
6,000	33,000
7,000	49,000

8,000	72,000
9,000	99,000
10,000	150,000

a. 각 산출량에 대해 밥의 평균가변비용, 평균총비용, 한계비용을 구하라.

b. 산업으로의 진입은 자유롭다. 그리고 시장에 진입하는 사람은 밥과 같은 비용함수를 가진다. 현재 블루레이의 가격이 25달러라고 하자. 밥의 이윤은 얼마인가? 이 가격이 장기균형이 될 수 있을 것인가? 만약 그렇지 않다면 블루레이 가격은 장기에 얼마가 되겠는가?

4. 밥의 블루레이 회사가 3번 문제와 같이 주어져 있다고 하자. 블루레이 생산업이 완전경쟁산업이라고 가정하자. 각각의 경우에 자신의 답을 설명하라.

a. 밥의 손익분기가격은 얼마인가? 조업중단가격은?

b. 블루레이 가격이 2달러라고 가정하자. 단기에 밥이 취해야 할 행동은?

c. 블루레이 가격이 7달러라고 가정하자. 이윤을 최대로 하는 블루레이 산출량은 얼마인가? 이때 총이윤은 얼마가 될 것인가? 밥은 단기에 생산을 하겠는가 아니면 조업을 중단하겠는가? 밥은 장기에 이 산업에 남아 있겠는가 아니면 퇴출하겠는가?

d. 블루레이 가격이 20달러라고 가정하자. 이윤을 최대로 하는 블루레이 산출량은 이제 얼마인가? 이때 총이윤은 얼마인가? 밥은 단기에 생산을 하겠는가 아니면 조업을 중단하겠는가? 밥은 장기에 이 산업에 남아 있겠는가 아니면 퇴출하겠는가?

5. 3번 문제에 주어진 밥의 블루레이 회사를 다시 한 번 고려하자.

a. 밥의 한계비용곡선을 그려 보라.

b. 가격대가 어느 정도가 되어야 밥이 단기에 블루레이 생산을 중단하겠는가?

c. 밥의 개별공급곡선을 그려 보라. 그래프를 그릴 때 가격의 범위를 0달러에서 60달러까지 10달러 간격으로 눈금을 표시하라.

6. **a.** 이윤을 극대로 하는 기업이 1년간 1만 달러의 경제적 손실을 보고 있다. 고정비용은 1년에 1만 5,000달러이다. 이 기업은 단기에 생산을 해야 하는가 아니면 조업을 중단해야 하는가? 장기에 이 기업은 이 산업에 남아 있어야 하는가 아니면 퇴출해야 하는가?

b. 이번에는 이 기업의 고정비용이 6,000달러라고 가정하자. 이 기업은 단기에 생산을 해야 하는가 아니면 퇴출

해야 하는가? 장기에 이 기업은 이 산업에 남아 있어야 하는가 아니면 퇴출해야 하는가?

7. 어떤 도시에서 초밥 전문점이 처음으로 개점하였다. 초기에 사람들은 익히지 않은 작은 생선을 먹는 것에 대해 무척 조심스러웠다. 이 도시에서는 고기를 큼직하게 잘라 그릴에 구워 먹는 것이 일반적이었기 때문이다. 그러나 곧 영향력 있는 건강 관련 보고서가 소비자들에게 고기를 구워 먹는 것에 대해 경고를 하고 생선 소비, 특히 익히지 않은 생선의 소비를 증가시킬 것을 권고했다. 초밥 전문점은 인기를 끌게 되어 이윤이 증가하였다.

a. 초밥 전문점의 단기이윤에는 어떠한 변화가 일어나겠는가? 장기에 이 도시의 초밥 전문점 수는 어떻게 되겠는가? 첫 번째 초밥 전문점이 장기에도 단기에서와 같은 이윤을 유지할 수 있겠는가? 자신의 답을 설명해 보라.

b. 이 지역의 스테이크 하우스는 초밥 전문점의 인기로 인해 손실이 발생하기 시작했다. 장기에 이 도시의 스테이크 하우스의 수는 어떻게 되겠는가? 자신의 답을 설명해 보라.

8. 어떤 완전경쟁기업의 단기 총비용이 다음 표와 같다.

산출량	총비용
0	$5
1	10
2	13
3	18
4	25
5	34
6	45

이 기업의 제품에 대한 시장수요는 아래 표와 같이 주어져 있다.

가격	수요량
$12	300
10	500
8	800
6	1,200
4	1,800

a. 이 기업의 한계비용을 구하고, 영을 제외한 모든 산출량 수준에서 이 기업의 평균가변비용과 평균총비용을 계산하라.

b. 이 산업에는 100개의 기업이 있는데 비용조건이 모두

이 기업과 동일하다. 단기 산업공급곡선을 그려라. 같은 그래프에 시장수요곡선을 그려라.

c. 시장가격은 얼마인가? 각 기업이 얻는 이윤은 얼마인가?

9. 치명적인 질병에 대한 새로운 백신이 이제 막 개발되었다. 현재 매년 55명이 이 질병으로 인해 죽어 간다. 새로운 백신은 환자들의 생명을 구할 것이나, 이 역시 완전하지는 않다. 백신을 맞은 환자들 중 일부는 거부반응으로 인해 죽을 수도 있다. 예상되는 백신접종 효과는 다음 표와 같다.

백신접종 인구비율	질병에 의한 총 사망자 수	백신접종으로 인한 총 사망자 수	백신 접종의 한계편익	백신 접종의 한계비용	'이윤'
0	55	0	—	—	—
10	45	0	—	—	—
20	36	1	—	—	—
30	28	3	—	—	—
40	21	6	—	—	—
50	15	10	—	—	—
60	10	15	—	—	—
70	6	20	—	—	—
80	3	25	—	—	—
90	1	30	—	—	—
100	0	35	—	—	—

a. '한계편익' 및 '한계비용'이란 여기에서 어떻게 해석되는가? 접종비율이 10% 증가할 때마다 한계편익과 한계비용을 계산해 보라. 자신이 구한 답을 표에 적어 넣으라.

b. 어느 정도의 인구에 이 백신을 접종해야 최적상태라 할 수 있는가?

c. 여기에서 '이윤'이란 어떻게 해석할 수 있는가? 각 접종 수준에서의 이윤을 계산해 보라.

10. 다음에 주어진 명제의 진위를 판단해 보라. 명제가 참이면 왜 그러한지를 설명해 보라. 명제가 거짓이면 잘못된 부분을 지적하고 수정하라.

a. 이윤을 최대로 하는 기업은 시장가격과 한계비용의 차이가 최대가 되는 산출량 수준을 선택해야 한다.

b. 고정비용의 증가는 단기에 이윤을 최대로 하는 산출량 수준을 낮춘다.

11. 밀과 같은 농산물 산업은 몇 안 되는 완전경쟁산업의 예이다. 여기서는 미국 농무부에서 발표한 2016년 미국의 밀 생산에 관한 연구 결과에 대해 살펴본다.

a. 밀 경작지 1에이커당 평균가변비용은 115달러였다. 에이커당 44부셸이 생산된다고 가정하고 밀 1부셸당 평균가변비용을 구하라.

b. 2016년에 밀 1부셸에 대해 농부가 받은 평균가격은 4.89달러였다. 단기에 평균적인 농장이 산업으로부터 퇴출했으리라고 생각하는가? 설명하라.

c. 에이커당 밀 생산량은 44부셸이고 일반 농장의 부셸당 평균총비용은 7.71달러였다. 미국에서 호밀의 경작 면적은 2013년 4,880만 에이커에서 2016년 4,390만 에이커로 감소하였다. a, b에 나타난 가격과 비용에 관한 정보를 이용하여 경작지 감소가 발생한 이유를 설명하라.

d. 위의 정보를 고려할 때 2016년 이후의 밀 생산과 가격은 어떻게 되겠는가?

12. 케이트의 케이터링에서는 연회 음식을 제공하는데, 이러한 산업은 완전경쟁적이다. 케이트가 장비에 지출하는 비용은 하루에 100달러이고, 이것이 유일한 고정요소이다. 케이트의 가변비용은 주방요리사들에게 지급되는 급료와 식품재료 구입비용이다. 각 산출량 수준에서의 가변비용은 다음 표와 같다.

음식 산출량	가변비용
0	0
10	200
20	300
30	480
40	700
50	1,000

a. 각 산출량에 대해 총비용, 평균가변비용, 평균총비용, 한계비용을 구하라.

b. 손익분기가격과 산출량은 얼마인가? 조업중단가격과 산출량은 얼마인가?

c. 케이트가 한 단위당 21달러의 가격에 식사를 제공할 수 있다고 가정하자. 단기에 케이트는 이윤을 얻을 것인가? 단기에 케이트는 생산을 해야 하는가 아니면 조업을 중단해야 하는가?

d. 케이트가 한 단위당 17달러의 가격에 식사를 제공할 수 있다고 가정하자. 단기에 케이트는 이윤을 얻을 것인가? 단기에 케이트는 생산을 해야 하는가 아니면 조업을 중단해야 하는가?

e. 케이트가 한 단위당 13달러의 가격에 식사를 제공할 수 있다고 가정하자. 단기에 케이트는 이윤을 얻을 것인가? 단기에 케이트는 생산을 해야 하는가 아니면 조업을 중단해야 하는가?

Justin Sullivan/Getty Images

여러분이 미각의 즐거움을 추구하면서 아마존이 제공하는 한 시간 내에 배달되는 레스토랑 서비스를 누릴 수 있는 확장 중인 목록에 있는 도시에 산다면 인생이 훨씬 더 흡족할 것이다. 여러분이 만일 아마존이 상품을 당일 배달하는 수많은 지역에 산다면 비록 한 시간 이상을 기다려야 할지는 모르지만 그래도 주문한 상품이 그날 문 앞에 도착할 것이다.

이렇게 빠른 배달이 가능한 것은 아마존의 수많은 키바 로봇 덕분이다. 이 로봇들은 주문을 조합하고 들어오는 물품을 정리하는 인간 노동자들에게 700파운드에 달하는 높게 쌓인 상품 선반을 매일같이 가져다주고 있다.

2018년에는 아마존이 취급하는 50억 상품들의 배급을 담당하는 75개의 고객처리 센터에 이미 10만 대 이상의 로봇이 있었다. 로봇이 사용되기 이전에는 매일 10~15마일을 걸으며 무거운 짐을 나르는 단순 노동을 인간이 담당하였다. 10여 마일을 걸으며 상품을 운반하는 일을 인간이 담당하지 않게 되면서 창고 작업은 훨씬 더 효율적으로 바뀌었다. 그뿐만 아니라 로봇은 인간처럼 선반 사이에 많은 공간을 필요로 하지 않기 때문에 아마존 고객처리 센터의 상품 저장 공간도 늘어나게 되었다.

과거 20년 동안 아마존은 주문한 상품을 빨리 받기 원하는 고객들의 욕구를 충족시키기 위해 창고 운영과 주문처리 작업을 완벽하게 처리하기 위하여 엄청난 금액을 투자해 왔다. 이 회사의 대변인 필 하딘은 로봇 사용이 늘어난 것을 다음과 같이 설명한다. "그것은 우리 비용구조의 여러 요소에 대해 많은 의미를 갖는 투자입니다. 우리에게 있어 대단한 혁신이었고… 우리는 이로 인해 창고의 생산성이 더욱 향상되었다고 생각합니다."

전문가들은 아마존이 로봇을 사용함으로써 주문처리 비용을 48%나 절약했다고 분석한다.

아마존의 경쟁자들도 이를 주목하였음이 분명하다. 많은 회사들, 특히 스테이플스나 월마트와 같은 다른 대형 소매업자들이 아마존의 배달 속도에 경쟁할 수 있도록 주문처리 속도를 신속하게 할 수 있는 로봇 시스템을 사용하고 있다. 그러나 아마존이 크게 앞서고 있기 때문에 다른 소매업자들이 따라잡을 수 있을지는 두고 보아야 알 수 있을 것이다.

생각해 볼 문제

1. 이 장에서 배운 개념들에 근거해서 아마존의 비용구조의 변화를 서술하라. 아마존은 단기 비용곡선 혹은 장기 비용곡선 상에 있는가? 아마존 운영에 적용될 수 있는 규모의 경제는 무엇인가?

2. 아마존의 전략의 장단점은 무엇인가?

3. 로봇 시스템으로 인해 아마존이 경쟁자들에 비해 어떤 이점을 갖게 되었는가? 경쟁자들이 아마존을 따라잡을 가능성은 얼마나 있는가? 그 가능성은 시장의 어떤 요인들에 의해 영향을 받겠는가?

전통적 오프라인 상점들이 모바일 쇼핑 앱과 정면 승부하다

타깃, 베스트바이, 월마트와 같은 전통적인 오프라인 상점들에는 정말 짜증나고 생존을 위협하는 문제가 있다. 사람들이 물건을 사기 위해서가 아니라 다른 목적으로 상점에 오는 것이다. 이들은 **쇼루밍(showrooming)**을 하기 위해 온다. 즉 전통적인 오프라인 상점을 방문하여 물건을 살펴보고는 즉시 스마트폰을 꺼내어 같은 물건을 더 싼 값에 온라인 구매를 하는 것이다.

모바일 쇼핑 앱의 폭발적인 성장으로 인해 사람들은 물건을 더 싸게 살 수 있는 다양한 방법을 갖게 되었다. 예를 들면 구글 쇼핑과 바이비아(BuyVia)를 이용하면 가격들을 비교해서 온라인 구매를 할 수 있다. 숍새비(ShopSavvy)와 숍어드바이저(ShopAdvisor)는 할인 정보를 보내주고, 쿠폰즈닷컴(Coupons.com)은 구입 조건에 맞는 쿠폰이나 판촉 코드를 찾을 수 있게 해 준다.

2017년 휴대기기를 통한 판매는 2016년의 1,150억 달러로부터 1,560억 달러 이상으로 성장하였고, 2021년까지 세 배 가까이 성장할 것으로 예상된다. 자문전문기업인 액센츄어의 조사에 의하면 휴대기기를 사용하는 고객의 73%가 판매원과 상담하기보다는 휴대기기를 통해 구입하기를 원하는 것으로 나타났다. 2021년에는 모든 소매 전자상거래의 54%가 휴대전화로 이루어질 것이라는 사실은 그리 놀라울 것도 없다.

그러나 전통적인 소매점들도 반격을 하고 있다. 타깃은 쇼루밍을 하는 사람들이 가격을 비교할 수 없도록 자신들만을 위해 약간의 변형을 가하여 주문 제작된 제품들을 전시하고 있다. 다른 소매점들과 마찬가지로 타깃도 온라인 판매를 확장하고 고객들의 휴대전화에 쿠폰과 할인 정보를 보내고 있다. 월마트는 온라인 구매상품에 대해 상점까지 무료배송을 제공하여 고객들이 배송비를 절약할 수 있도록 하였다. 그리고 스테이플스는 사용하던 프린터를 가져오면 새 프린터 가격을 할인해 준다.

그러나 생존 여부는 가격에 달려 있다는 사실을 전통적인 소매점들도 알고 있다. 그래서 베스트바이, 월마트, 타깃은 경쟁 소매점의 가격에 맞추어 자신들의 가격을 할인해 준다. 심지어 월마트는 월마트 영수증을 스캔하여 경쟁자가 광고한 가격과 비교해서 차액을 월마트 기프트 카드에 적립할 수 있는 모바일 앱을 개발하였다.

이는 분명한 생존 경쟁이다. 한 분석가의 말처럼 "극소수의 상점만이 최저가격 게임을 감당할 수 있다. 가격 경쟁력이 없거나 뛰어난 판매 경험이 없는 상점들의 몰락이 가속화될 것"이다.

생각해 볼 문제

1. 이 사례에 나타난 증거들을 볼 때 여러분은 모바일 앱을 통한 가격 비교 구매가 나타나기 이전의 전자제품 소매시장이 완전경쟁이라고 생각하는가 아니라고 생각하는가? 경쟁의 가장 큰 장애는 무엇인가?

2. 쇼핑 앱의 도입이 전자제품 소매시장에서의 경쟁에 어떤 영향을 주겠는가? 베스트바이와 같은 전통적인 오프라인 상점들의 이윤에는 어떤 영향을 주겠는가? 이런 제품을 구입하는 사람들의 소비자잉여에는 어떤 영향을 주겠는가?

3. 일부 상점들이 제조업자에게 자신들에게만 약간 변형되거나 특별한 사양의 제품을 판매하도록 요구하는 이유는 무엇인가? 이러한 경향이 증가하겠는가 감소하겠는가?

8 독점

 모든 사람에게 보석을

몇 년 전 세계 다이아몬드의 주 공급회사인 드비어스(De Beers)는 남편들로 하여금 부인에게 다이아몬드 장신구를 사 주도록 자극하는 광고를 냈다. "그녀는 결혼서약 때 부유해지든 가난해지든 변함없이 남편을 사랑하기로 약속했었습니다. 어떻게 되어 가고 있는지 그녀가 알게 해 주세요."라는 문구였다.

엉뚱한가? 그렇다. 효과가 있었을까? 물론이다. 수 세대에 걸쳐 다이아몬드는 아름다움뿐 아니라 희소성으로도 가치를 인정받는 사치의 상징이었다. 그러나 지질학자들은 다이아몬드가 그렇게 희귀한 것은 아니라고 말할 것이다. 사실 《다우 존스—어윈 고급보석 안내서(Dow Jones –Irwin Guide to Fine Gems and Jewelry)》에 의하면 다이아몬드는 "다른 어떤 유색 보석류보다 더 흔하다. 다만 희귀하게 보일 뿐이다."

보석을 가졌나요?

왜 다이아몬드가 다른 보석류보다 더 희귀하게 보이는 것일까? 그 해답의 일부는 뛰어난 판매전략이다. 그러나 다이아몬드가 희귀하게 보이는 주된 이유는 드비어스가 다이아몬드를 희귀하게 **만들었기** 때문이다. 이 회사는 세계의 다이아몬드 광산 대부분을 소유하며 시장에 공급되는 다이아몬드 수량을 제한한다.

지금까지 우리는 완전경쟁시장—생산자들이 완전경쟁기업인 시장—만을 공부하였다. 그러나 드비어스는 우리가 지금까지 공부해 온 생산자들과는 다르다. 그것은 **독점기업**, 한 재화의 (거의) 유일한 생산자이다. 독점기업은 완전경쟁기업과 다르게 행동한다. 완전경쟁기업은 자신이 판매하는 상품가격을 주어진 것으로 생각하지만 독점기업은 자신의 행동이 시장가격에 영향을 미친다는 것을 알고 있고 생산량을 결정할 때는 그 효과를 고려한다.

분석을 시작하기 전에 잠시 물러서서 시장을 분류하는 더 큰 체계의 일부로서 독점과 완전경쟁을 알아보자.

완전경쟁과 독점은 **시장구조**의 특수한 유형들이다. 경제학자들은 두 가지 주요 특성에 따라 시장과 산업을 몇 가지로 구분하는데, 그중 두 가지가 완전경쟁과 독점이다.

이 장에서는 우선 시장구조의 형태들에 대해 간략히 훑어본다. 이것은 이 장과 다음 장들에서 왜 시장들이 서로 다르고 다른 시장의 생산자들이 매우 다르게 행동하는지를 더 깊이 이해하는 데 도움이 될 것이다. ●

이 장에서 배울 내용

- 어떤 상품의 유일한 생산자인 **독점기업**만으로 이루어진 **독점**의 중요성
- 독점기업의 가격과 산출량 결정
- 독점의 존재가 일반적으로 사회후생을 감소시키는 이유
- 정책입안자가 독점에서 발생하는 문제를 다루기 위해 사용할 수 있는 정책
- **가격차별**의 의미와 가격차별이 가능한 이유

시장구조의 유형

현실세계에는 믿기 어려울 만큼 여러 가지 형태의 시장이 있다. 시장에 따라서 생산자들도 매우 다른 행동을 보인다. 어떤 시장에서는 생산자들이 극히 경쟁적이다. 어떤 시장에서는 생산자들이 경쟁을 피하기 위해 어떤 방법으로든 서로의 행동을 조정하는 듯하다. 그리고 방금 도입부에서 소개한 것처럼 어떤 시장은 경쟁자가 전혀 없는 독점이다.

원리를 찾아내고 시장과 생산자들의 행동을 예측하기 위해 경제학자들은 시장구조에 관한 주요 모형 네 가지를 개발했다. 그것은 독점, 과점, 완전경쟁 그리고 **독점적 경쟁**이다. 시장구조 분류는 두 가지 특성에 근거를 두고 있다.

1. 시장에 있는 생산자의 수(하나, 소수 또는 다수)
2. 판매되는 상품이 동질적인지 **차별화**되어 있는지 여부

차별화된 상품이란 서로 다르기는 하지만 소비자들이 어느 정도 대체 가능하다고 생각하는 상품이다(코카콜라와 펩시콜라를 생각해 보라). 〈그림 8-1〉은 이 두 가지 특성에 의해 분류된 시장구조의 형태를 알기 쉽게 간략히 정리한 것이다. 독점에서는 하나의 생산자가 하나의 차별화되지 않은 상품을 판매한다. 과점에서는 소수의-둘 이상이고 크지 않은 수-생산자가 판매를 하는데 제품은 동일할 수도 있고 차별화되어 있을 수도 있다. 여러분이 아는 바와 같이 완전경쟁에서는 많은 생산자들이 모두 동일한 상품을 판매한다. 그리고 마지막으로 **독점적 경쟁**에서는 많은 수의 생산자가 차별화된 제품을 판매한다(경제학 교과서 생산자를 생각해 보라).

한 시장에서 기업의 수가 어떻게 결정되는지-하나(독점)가 될지 소수(과점)가 될지 또는 다수(완전경쟁과 독점적 경쟁)가 될지-여러분이 궁금해할지 모르겠다. 이 문제는 이 장 뒷부분과 제9장에서 자세히 다룰 것이므로 여기서는 대답을 보류한다.

다만 장기적으로 정부의 진입규제, 생산에 있어 규모의 경제, 기술적 우월성, 필수요소나 자원의 통제와 같이 새로운 기업이 시장에 진입하는 것을 어렵게 만드는 조건이 있느냐에 따라 결정된다는 것만 기억하기 바란다. 이러한 조건하에서는 독점이나 과점이 나타나는 경향이 있으

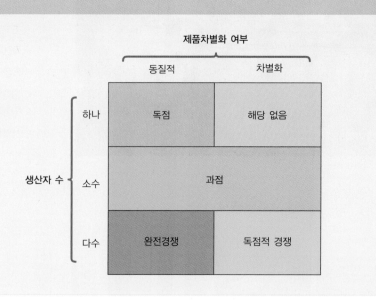

그림 8-1 시장구조의 유형

기업의 행동과 그 기업이 활동하고 있는 시장은 네 가지 시장구조-독점, 과점, 완전경쟁, 독점적 경쟁-중에서 하나를 이용하여 분석된다. 시장구조의 분류는 두 가지 특성에 근거를 두고 있다. (1) 판매되는 상품이 동질적인지 차별화되어 있는지 여부와 (2) 시장에 있는 생산자의 수(하나, 소수 또는 다수)이다.

며, 이러한 조건이 없으면 완전경쟁이나 독점적 경쟁이 나타나는 경향이 있다.

또한 왜 어떤 시장에서는 제품차별화가 일어나고 다른 시장에서는 동일한 제품이 판매되는지 궁금할지 모른다. 그 답은 재화의 성질과 소비자의 선호에 의해 결정된다는 것이다. 어떤 재화, 예를 들면 음료수, 경제학 교과서, 아침식사용 시리얼 등은 소비자의 안목이나 선호에서 볼 때 차별화하기가 쉽다. 다른 재화, 예컨대 망치와 같은 재화는 차별화하기가 그리 쉽지 않다.

이 장에서는 독점을 다루지만 독점의 중요한 특징들은 다른 시장구조―과점과 독점적 경쟁―에도 그대로 적용된다. 다음 절에서는 독점을 정의하고 이를 가능하게 하는 조건들을 알아본다. 같은 조건이 다소 완화되었을 때는 과점이 나타난다. 그다음에는 독점기업이 어떻게 시장에 공급하는 수량을 제한함으로써 이윤을 증가시킬 수 있는지 알아본다. 과점과 독점적 경쟁에서도 이런 행동이 나타난다.

앞으로 보겠지만 이러한 행동은 생산자에게는 좋지만 소비자에게는 나쁘고 또한 비효율을 초래한다. 이로 인한 손실을 줄이기 위해 정부가 어떤 정책을 사용할 수 있는가 하는 것이 중요한 연구 주제가 될 것이다. 마지막으로 독점으로 인해 발생할 수 있는 놀라운 현상을 살펴본다. 이는 과점과 독점적 경쟁에서도 흔히 나타나는 현상으로 같은 재화에 대해 다른 소비자들이 서로 다른 가격을 지불하는 것이다.

> **독점기업**(monopolist)이란 비슷한 대체재가 없는 상품을 혼자서 공급하는 기업이다. 독점기업이 있는 산업을 **독점**(monopoly)이라 한다.

‖ 독점의 의미

남아프리카의 드비어스 독점은 영국 사업가인 세실 로즈(Cecil Rhodes)에 의해 1880년대에 만들어졌다. 1880년에 이미 남아프리카의 광산들은 세계 다이아몬드 공급을 지배하였다. 그러나 당시에는 많은 광산이 서로 경쟁하고 있었다. 1880년대에 로즈는 이들 광산의 대다수를 매입하여 하나의 회사인 드비어스로 통합하였다. 1889년 드비어스는 세계 다이아몬드 생산의 거의 전부를 장악하였다.

다시 말해 드비어스는 독점기업이 된 것이다. **독점기업**(monopolist)이란 비슷한 대체재가 없는 재화를 혼자서 공급하는 생산자이다. 독점기업이 있는 산업을 **독점**(monopoly)이라 한다.

독점 : 완전경쟁으로부터의 첫 이탈

제7장에서 본 것처럼 수요와 공급으로 표시되는 시장 모형은 모든 시장에 타당한 것은 아니다. 그것은 시장구조의 여러 형태 중 하나인 완전경쟁의 모형이다. 한 시장이 완전경쟁이 되려면 동일한 제품을 생산하는 다수의 생산자가 있어야만 한다. 독점은 완전경쟁과는 가장 거리가 먼 시장 형태라 할 수 있다.

현실적으로 현대 미국 경제에서 진정한 독점은 찾아보기 힘든데 이는 법적인 제약 때문이기도 하다. 오늘날 어떤 사업가가 옛날 로즈가 했던 것처럼 한 산업의 모든 기업을 하나로 통합하려고 했다가는 즉시 독점 발생을 예방할 목적으로 제정된 **빈독점법** 위반 혐의로 기소될 것이다. 소수의 대기업으로 구성된 시장구조인 과점이 훨씬 흔하다. 사실 자동차에서부터 항공권에 이르기까지 우리가 구입하는 대부분의 재화와 서비스는 과점기업들에 의해 공급된다.

그러나 어떤 산업(예컨대 제약업)에서는 독점이 중요한 역할을 하고 있는 것이 사실이다. 그뿐만 아니라 독점의 분석이 추후 완전경쟁과 구별되는 과점이나 독점적 경쟁 같은 시장구조를 분석하는 기초가 된다.

독점기업의 행동

왜 로즈는 남아프리카 다이아몬드 생산자들을 하나의 회사로 통합하려 했을까? 세계 다이아몬드 시장에는 어떤 변화가 생겼을까?

〈그림 8-2〉는 예비적으로 독점의 영향을 간략히 보여 주고 있다. 완전경쟁에서는 공급곡선이 수요곡선과 C에서 교차하고 가격은 P_C, 산출량은 Q_C가 되는 것을 알 수 있다.

이 산업이 독점으로 통합된다고 하자. 독점기업은 수요곡선을 따라 공급량을 M과 같은 점으로 감소시켜 완전경쟁에 비해 생산량은 Q_M으로 감소하고, 가격은 P_M으로 상승한다.

독점기업은 산출량을 감소시켜 가격을 경쟁 수준 이상으로 인상할 수 있는데 이 능력을 **시장지배력**(market power)이라 한다. 그리고 시장지배력이 독점의 모든 것이라 할 수 있다. 10만 명 중의 한 사람인 밀 경작자는 시장지배력을 갖지 못한다. 이 사람은 현재의 시장가격에 밀을 판매할 수밖에 없다. 그러나 지역 케이블 TV회사는 시장지배력을 갖는다. 이 회사는 가격을 인상하고도 (모두는 아니지만) 다수의 고객을 유지할 수 있다. 고객이 다른 회사로 갈 수가 없기 때문이다. 한마디로 이 회사가 독점기업이기 때문이다.

독점기업이 산출량을 줄이고 가격을 완전경쟁산업에 비해 높은 수준으로 인상하는 이유는 이윤을 증가시키기 위해서이다. 세실 로즈가 다이아몬드 생산자들을 드비어스로 통합한 이유는 전체 가치가 개별 가치의 합보다 크다—독점이 경쟁기업 각각의 이윤의 합보다 더 큰 이윤을 낼 수 있다—는 것을 알았기 때문이다. 완전경쟁에서는 장기적으로 경쟁기업들의 진입으로 인해 경제적 이윤이 없는 것이 정상이다. 독점에서는 이윤이 사라지지 않는다. 독점기업은 장기에도 계속 이윤을 얻을 수 있다.

사실 독점기업만이 시장지배력을 갖는 것은 아니다. 다음 장에서 배우게 될 과점기업 역시 시장지배력을 가질 수 있다. 일정한 조건하에서 과점기업도 독점기업과 마찬가지로 산출량을 제한함으로써 장기에도 양의 경제적 이윤을 얻을 수 있다.

그러면 왜 이윤이 경쟁에 의해 사라지지 않을까? 무엇이 독점기업이 독점을 유지할 수 있게 만드는 것일까?

그림 8-2   독점기업의 행동

완전경쟁시장에서 가격과 거래량은 수요와 공급에 의해 결정된다. 가격이 P_C이고, 거래량이 Q_C인 C점에서 균형이 얻어진다. 독점기업은 공급량을 Q_M으로 줄이고 수요곡선을 따라서 C에서 M으로 이동하여 가격을 P_M으로 올린다.

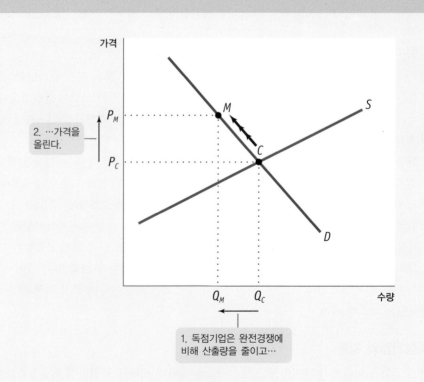

독점기업은 왜 존재하는가

독점기업이 다른 기업들 모르게 이윤을 낼 수는 없다. (여기서 이윤이란 '경제학적 이윤', 즉 총수입에서 기업이 사용한 자원의 기회비용을 뺀 것이다.) 그렇다면 다른 기업들이 그 활동의 일부를 가로채고 가격과 이윤을 떨어뜨려 잔치를 망칠 염려는 없을까?

이익을 내는 독점이 지속되기 위해서는 무언가가 다른 기업들이 같은 사업에 끼어들지 못하도록 막아 주어야 한다. 그 '무언가'를 **진입장벽**(barrier to entry)이라 부른다. 진입장벽으로 중요한 것에는 다섯 가지가 있다. 희소한 자원이나 생산요소의 장악, 규모에 대한 수익 증가, 기술적 우월성, 네트워크 외부효과, 그리고 정부가 만들어 낸 장벽이다.

1. 희소한 자원이나 생산요소의 장악 독점기업이 한 산업에 필수적인 자원이나 생산요소를 장악하면 다른 기업들이 시장에 진입하는 것을 막을 수 있다. 세실 로즈는 세계 다이아몬드의 상당량을 생산했던 광산을 장악함으로써 드비어스의 독점을 만들어 냈다.

2. 규모에 대한 수익 증가 많은 미국인의 가정에는 요리와 난방용 천연가스관이 연결되어 있다. 예외 없이 지역 가스회사는 독점기업이다. 그러면 왜 가스를 공급하는 경쟁사가 없는 것일까?

19세기 초 가스 산업이 막 시작되었을 때는 지역의 소비자를 놓고 기업들이 경쟁을 했었다. 그러나 이 경쟁은 오래 지속되지 못했다. 가스관을 통해 한 마을에 가스를 공급하려면 많은 고정비용이 필요했기 때문에 머지않아 대부분의 마을에서 지역 가스 사업은 독점이 되었다. 가스관을 설치하는 비용은 회사가 판매하는 가스량과 무관했기 때문에 판매량이 큰 기업은 비용상 이점이 있었다. 그들은 고정비용을 많은 판매량에 분산할 수 있었으므로 작은 기업에 비해 평균 총비용이 낮았다.

지역 가스 사업은 산출량이 증가할수록 항상 평균총비용이 하락하는 산업이다. 제6장에서 배운 바와 같이 이러한 현상을 규모에 대한 수익 증가라고 한다. 거기에서 산출량이 증가할 때 평균총비용이 하락하면 기업의 규모는 커지는 경향이 있음을 배웠다. 규모에 대한 수익이 증가하는 산업에서는 큰 회사일수록 더 많은 이윤을 내고 작은 회사를 몰아내게 된다. 같은 이유로 기반을 잡은 회사는 새로 진입하려는 기업에 대해 비용 면에서 유리하고 이것이 효과적인 진입장벽이 된다. 따라서 규모에 대한 수익이 증가할 때—규모의 경제—독점이 쉽게 발생할 뿐 아니라 또한 오래 지속되는 경향이 있다.

규모에 대한 수익 증가에 의해 발생되고 유지되는 독점을 **자연독점**(natural monopoly)이라 한다. 자연독점을 결정짓는 특징은 그 산업에서 가능한 산출량 범위에서는 규모에 대한 수익 증가가 나타난다는 것이다. 이것이 〈그림 8-3〉에 예시되어 있는데 거기에는 독점기업의 평균총비용곡선(ATC)과 시장수요곡선(D)이 그려져 있다. 가격이 평균총비용보다 높은 산출량 수준에서 자연독점기업의 ATC 곡선은 우하향하는 것을 볼 수 있다.

따라서 자연독점기업에서는 생산을 계속할 수 있는 산출량 범위 전체—장기적으로 손실이 발생하지 않을 산출량 수준—에서 규모의 경제가 나타난다. 이런 특성이 나타나는 원인은 고정비용이 크기 때문이다. 생산을 하는 데 많은 고정비용이 소요될 때는 주어진 산출량을 둘 이상의 작은 기업들이 생산하는 것보다 하나의 큰 기업이 생산함으로써 평균총비용을 더 낮출 수 있다.

현대 경제에서 가장 쉽게 볼 수 있는 자연독점은 수도, 가스, 발전소, 광섬유 케이블과 같은 지역 공공서비스들이다. 이 장 후반부에서 보는 바와 같이 자연독점은 공공정책에서 해결해야 할 특별한 과제가 되고 있다.

3. 기술적 우월성 어떤 기업이 잠재적인 경쟁자들에 비해 지속적으로 기술적 우위를 유지한다

독점기업이 이윤을 얻기 위해서는 다른 기업이 그 산업에 진입하지 못하게 하는 **진입장벽**(barrier to entry)에 의해 보호되어야 한다.

규모에 대한 수익 증가로 인해 한 기업이 산업 전체의 제품을 공급하는 것이 비용 면에서 유리할 때 **자연독점**(natural mono-poly)이 발생한다.

그림 8-3 규모에 대한 수익이 증가할 때 자연독점이 발생한다

자연독점은 생산을 하는 데 높은 고정비용이 소요될 때 발생할 수 있다. 고정비용이 높으면 그 기업의 *ATC* 곡선은 가격이 평균총비용과 같거나 높은 산출량 범위에서 우하향한다. 이로 인해 장기적으로 손실이 발생하지 않을 산출량 수준 전체에서 그 기업의 규모에 대한 수익이 증가한다. 그 결과, 둘 혹은 그 이상의 기업이 생산할 때보다 하나의 기업이 생산할 때 주어진 산출량을 더 낮은 비용으로 생산할 수 있다.

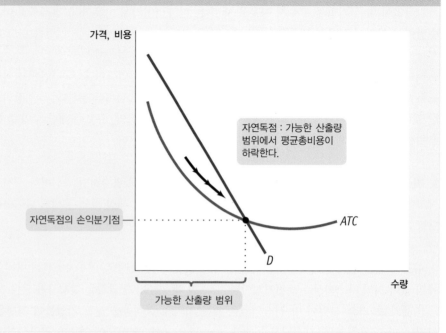

면 독점기업이 될 수 있다. 예컨대 칩 생산자인 인텔(Intel)은 1970년대부터 1990년대까지 컴퓨터를 작동하는 마이크로프로세서를 설계하고 생산하는 데 있어 잠재적 경쟁자들에 비해 지속적으로 우위를 유지할 수 있었다. 그러나 일반적으로 기술적 우위는 단기적인 진입장벽일 뿐 장기적인 장벽은 될 수 없다. 시간이 흐름에 따라 경쟁기업들은 선두기업의 기술과 경쟁할 수 있는 자신들의 기술을 개발하는 데 투자할 것이다.

최근 몇 년 사이에 인텔의 기술적 우위는 경쟁자 AMD에 의해 잠식되었다. 이제 AMD는 속도와 성능에서 인텔과 거의 대등한 칩을 생산하고 있다.

4. 네트워크 외부효과 만일 당신이 전 세계에서 유일하게 인터넷에 연결되어 있다면 이것이 당신에게 얼마나 가치가 있겠는가? 대답은 물론 아무 가치가 없다는 것이다. 인터넷 연결이 가치 있는 것은 다른 사람도 연결되어 있을 때뿐이다. 그리고 일반적으로 더 많은 사람이 연결되어 있을수록 인터넷 연결의 가치도 높아진다. 이처럼 다른 사람들이 같은 재화나 서비스를 더 많이 사용할수록 그 재화나 서비스의 가치가 더 높아지는 현상을 **네트워크 외부효과**(또는 망외부성, network externality)라 한다. 네트워크의 가치는 그 사용자로 하여금 다른 사용자들의 네트워크에 참여할 수 있게 해 준다는 데 있다.

네트워크 외부효과는 일찍이 운송 부문에서 나타났다. 도로나 비행장의 가치는 그것을 사용할 수 있는 사람들의 숫자와 함께 증가하였다. 그러나 네트워크 외부효과가 특히 두드러지게 나타나는 분야는 그 경제의 기술과 통신 부문이다.

전형적인 예가 컴퓨터 운영체제이다. 세계적으로 대부분의 개인용 컴퓨터는 마이크로소프트 윈도우로 작동된다. 많은 사람들이 애플이 더 우수한 운영체제를 갖고 있다고 생각하지만 개인 컴퓨터가 사용되기 시작하던 초기에 윈도우가 더 널리 사용된 까닭에 더 많은 소프트웨어가 개발되고 더 쉽게 기술지원이 이루어져 윈도우가 지속적으로 우위를 차지하게 되었던 것이다. 네트워크 외부효과를 통해 산업에서 지배적 위치를 차지하게 된 최근의 예를 보면 이베이(eBay), 아이튠즈(iTunes), 페이스북, 인스타그램, 왓츠앱(WhatsApp), 페이팔(PayPal), 스냅챗(Snapchat)

한 재화나 서비스를 사용하는 사람들이 많을수록 한 개인에게 그 재화나 서비스의 가치가 더 크다면 **네트워크 외부효과**(또는 망외부성, network externality)가 존재한다고 말한다.

등이 있다.

네트워크 외부효과가 있을 때는 가장 많은 고객 네트워크를 가진 기업이 새로운 고객을 유치하는 데 유리하기 때문에 그 기업이 독점기업이 될 수 있다. 최소한 지배적인 기업이 경쟁자들보다 더 높은 가격을 책정할 수 있어 더 높은 이윤을 얻을 수 있다. 그뿐만 아니라 네트워크 외부효과는 자금력이 가장 풍부한 기업을 유리하게 만든다. 자금이 가장 많은 기업은 많은 고객을 확보하기 위해 손해를 보면서라도 가장 많은 제품을 판매할 수 있기 때문이다.

5. 정부가 만들어 낸 장벽 1998년 제약회사인 머크(Merck)는 탈모에 효능이 있는 약품 프로페시아(Propecia)를 생산했다. 프로페시아는 많은 이윤을 냈고, 다른 제약회사들은 제조법을 알고 있었지만 어떤 회사도 머크의 독점에 도전하지 않았다. 그 이유는 미국 정부가 머크에게 그 약품의 미국 내 독점생산권을 부여했기 때문이다. 프로페시아는 정부가 만들어 낸 장벽에 의해 보호되는 독점의 예이다.

오늘날 중요한 합법적인 독점은 대부분 **특허권**과 **저작권**에 의하여 발생한다. **특허권**(patent)은 발명자에게 그 발명품을 일정 기간 — 대부분 14년에서 20년 — 제조·사용·판매할 권리를 부여한다. 특허권은 의약품이나 기구와 같은 새로운 제품을 발명한 사람에게 주어진다. 마찬가지로 **저작권**(copyright)은 문학이나 예술 작품을 창작한 사람에게 일정 기간 — 보통 작가 사후 70년까지 — 그 작품을 이용할 수 있는 모든 권한을 부여한다.

특허권과 저작권을 부여하는 이유는 인센티브 때문이다. 만일 발명자가 특허권의 보호를 받지 못한다면 쓸모 있는 발명이 세상에 알려지는 순간 다른 사람들이 그것을 흉내 내어 제품을 판매할 것이기 때문에 자신의 노력에 대한 보상을 거의 받을 수 없을 것이다. 그리고 만일 발명자들이 자신의 발명품으로부터 이윤을 기대할 수 없다면 애초에 발명에 필요한 비용을 지출할 인센티브가 없게 될 것이다. 문학이나 예술 작품도 마찬가지다. 따라서 법에 의해 재산권을 부여하고 일시적으로 독점을 용인함으로써 발명과 창작을 권장하는 것이다.

특허권과 저작권이 일시적인 이유는 절충이 필요하기 때문이다. 법적 보호를 받는 동안 제품 가격이 높은 것으로 발명가에게 발명비용을 보상하는 한편, 법적인 보호가 소멸된 후 제품 가격이 낮아지면 소비자가 이득을 보게 된다.

일시적인 독점의 기간이 상황에 따라 조정될 수 없기 때문에 제도가 완벽할 수 없으므로 일부 유익한 거래의 기회가 활용되지 못하는 경우도 발생한다. 경우에 따라서는 후생의 문제가 심각할 수도 있다. 예를 들어 가난한 국가의 제약회사들이 미국 의약품에 대한 특허권을 침해하는 것은 의약품의 소매가격을 부담할 수 없는 가난한 환자의 형편과 이 의약품들을 개발하기 위해 막대한 연구비용을 지출한 제약회사의 이해를 두고 첨예한 논쟁을 일으키는 주요한 원천이 되어 왔다.

이 문제를 해결하기 위해 미국의 일부 제약회사들과 가난한 국가들은 특허권을 준수하는 동시에 의약품을 매우 싼 값에 판매하는 합의를 도출하기도 했다. (이것은 이번 장 뒷부분에서 다루게 될 가격차별의 예이다.)

현실 경제의 >> 이해

유사 독점 : 중국과 희토류 시장

2010년 미국의 첨단 기술과 군사 분야에는 공포의 전율이 훑고 지나갔다. 스마트폰과 같은 첨단 기술 제품과 군용 제트기 부품 생산에 필수요소인 17개 원소로 이루어진 희토류가 갑자기 구하기 힘든 상황이 된 것이다.

특허권(patent)은 발명가에게 그 발명품의 사용과 판매에 대해 한시적인 독점권을 부여한다.

저작권(copyright)은 문학이나 예술 작품을 창작한 사람에게 그 작품을 이용할 수 있는 모든 권한을 부여한다.

중국은 전 세계의 희토류 공급의 85~97%를 장악하고 있었는데, 2009년까지는 세계시장에서 풍부한 공급을 통해 가격을 낮게 유지하고 있었다. 그러나 2010년에 중국은 수출 쿼터제―수출되는 희토류 수량에 제한을 두는 것―를 실시하여 세계시장의 공급을 상당히 억제하였고 결과적으로 가격은 급속히 상승했다. 예를 들면 희토류 디스프로슘의 가격은 2010년에 kg당 166달러였는데 2011년에는 kg당 1,000달러로 거의 6배 상승하였다.

그러나 이 공포는 오래가지 않았다. 희토류 시장에서 중국의 지배력은 낮은 생산비 때문이었지 독점적 지위 때문은 아니었던 것이다. 실제로 전 세계 희토류 매장량의 3분의 1 정도만이 중국에 있었다. 호주와 미국에서 낮은 가격 때문에 사용되지 않고 있던 희토류 광산들이 높은 가격으로 인해 다시 문을 열었다. 또한 버려진 컴퓨터 장비에서 희토류를 추출해 내는 등 다른 공급원도 등장했다.

이 사건은 중국 밖의 정부와 기업주들에게 자신들이 중국산 희토류 공급의 교란에 얼마나 노출되어 있는지를 일깨워 주었다. 이 결과로 이들은 비록 가격이 하락하더라도 대체 공급원을 유지하기로 결정했다. 그리고 중국 지도자들은 전 세계 희토류 공급을 장악하지 않은 이상 독점적 지위처럼 보였던 것이 사실은 그렇지 않다는 것을 깨닫게 되었다.

>> 이해돕기 8-1
해답은 책 뒤에

1. 텍사스 티 오일사는 현재 알래스카 프리지드에 가정난방용 기름을 제공하는 유일한 그 지역 공급자이다. 이번 겨울에 가정난방용 기름 가격이 두 배로 오른 것을 보고 놀란 주민들은 자신들이 시장지배력의 희생자라고 믿게 되었다. 다음 중 어떤 증거들이 이를 뒷받침하는지, 혹은 약화시키는지 설명해 보라.
   a. 가정난방용 기름은 전국적으로 부족하며, 텍사스 티 오일사는 전체 기름 중에서 단지 제한적인 양만을 차지하고 있다.
   b. 작년에 텍사스 티와 다른 몇 개의 지역회사들이 하나로 합병하였다.
   c. 텍사스 티 오일사가 정유회사로부터 구입하는 가정난방용 기름 구매비용이 상당히 증가하였다.
   d. 최근 이 지역에 본부를 두지 않은 기업들이 텍사스 티보다 훨씬 낮은 가격으로 텍사스 티 오일사의 일반 고객들에게 가정난방용 기름을 공급하기 시작하였다.
   e. 텍사스 티는 알래스카 주에서 유일한 난방용 기름 파이프라인에서 기름을 공급받을 배타적 권리를 정부로부터 확보하였다.

2. 정부가 특허권의 기간을 20년에서 30년으로 연장할 것을 고려하고 있다고 하자. 이러한 변화가 다음 각각에 대해 어떤 영향을 미치겠는가?
   a. 신제품을 개발할 인센티브
   b. 소비자들이 높은 가격을 지불해야 하는 시간의 길이

3. 다음 각 경우에 대해 네트워크 외부효과의 성격을 설명하라.
   a. 패스포트라고 불리는 새로운 신용카드
   b. 태양전지로 움직이는 새로운 유형의 자동차 엔진
   c. 그 지역에서 생산된 재화와 서비스 교환을 위한 웹 사이트

독점기업은 어떻게 이윤을 극대화하는가

세실 로즈가 서로 경쟁하는 남아프리카의 다이아몬드 생산자들을 한 회사로 통합한 후에는 산업활동에 변화가 나타났다. 공급량이 감소하고 시장가격이 상승한 것이다. 이 절에서는 독점기업이 어떻게 생산량을 감소시킴으로써 이윤을 증대시킬 수 있는지 배울 것이다. 그리고 독점기업이 완전경쟁산업과 다르게 행동하는 데 시장수요가 어떤 중요한 역할을 하는지 볼 것이다. (여기서 이윤이라 함은 회계상의 이윤이 아니라 경제학적 이윤임을 기억하라.)

독점기업의 수요곡선과 한계수입

생산자의 최적산출량 원칙을 회상해 보라. 이윤을 최대로 하려는 기업은 마지막 한 단위를 생산하는 한계비용이 한계수입―마지막 한 단위의 산출물로부터 발생하는 총수입의 변화―과 같아지는 산출량을 생산한다. 즉 이윤을 최대로 하는 산출량에서는 $MR=MC$가 성립한다.

최적산출량 원칙은 모든 기업에 대해 성립하지만 이 원칙을 적용하면 독점기업에서는 이윤극대 산출량이 완전경쟁기업, 즉 가격수용적인 기업과는 달라지게 됨을 잠시 후에 보게 된다. 이러한 차이가 발생하는 이유는 독점기업이 생각하는 수요곡선이 각각의 완전경쟁기업이 생각하는 수요곡선과 다르기 때문이다.

수요곡선의 비교 완전경쟁산업을 구성하는 개별 기업들은 〈그림 8-4(a)〉의 D_C와 같이 완전탄력적인 수평의 수요곡선을 접한다는 사실을 기억하라. 완전경쟁기업은 시장가격에서 얼마든지 판매할 수 있지만, 시장가격보다 더 높은 가격을 받으려 하면 모든 고객을 잃게 될 것이다.

따라서 완전경쟁기업의 한계수입은 바로 시장가격이다. 그러므로 가격수용적인 기업의 최적산출량 원칙은 마지막 한 단위 생산물의 한계비용이 시장가격과 같아지는 산출량을 생산하는 것이다.

그림 8-4 완전경쟁기업과 독점기업의 수요곡선

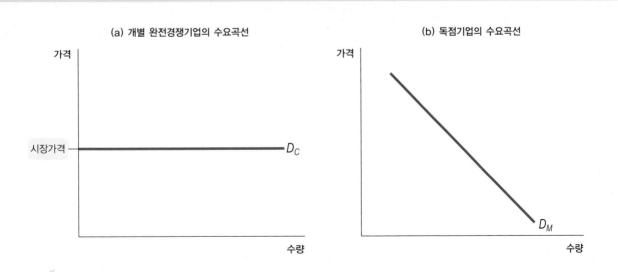

완전경쟁시장의 개별 생산자들은 상품의 시장가격에 영향을 미칠 수 없기 때문에 그림 (a)에서 보이는 D_C와 같은 수평적인 수요곡선을 접하게 된다. 반면 독점기업은 가격에 영향을 미칠 수 있다. 독점기업은 그 산업에서 유일한 공급자이므로 그림 (b)에서 보는 것처럼 시장수요곡선 D_M이 자신의 수요곡선이 된다. 더 많은 산출물을 판매하기 위해서는 가격을 낮추어야 하고 공급량을 줄이면 가격이 상승한다.

표 8-1 드비어스의 수요, 총수입 및 한계수입

다이아몬드 가격 P	다이아몬드 수량 Q	총수입 $TR = P \times Q$	한계수입 $MR = \Delta TR / \Delta Q$
$1,000	0	$0	
			$950
950	1	950	
			850
900	2	1,800	
			750
850	3	2,550	
			650
800	4	3,200	
			550
750	5	3,750	
			450
700	6	4,200	
			350
650	7	4,550	
			250
600	8	4,800	
			150
550	9	4,950	
			50
500	10	5,000	
			−50
450	11	4,950	
			−150
400	12	4,800	
			−250
350	13	4,550	
			−350
300	14	4,200	
			−450
250	15	3,750	
			−550
200	16	3,200	
			−650
150	17	2,550	
			−750
100	18	1,800	
			−850
50	19	950	
			−950
0	20	0	

반면에 독점기업은 그 재화를 혼자서만 공급하기 때문에 독점기업의 수요곡선은 바로 시장수요곡선이다. 그리고 모든 시장수요곡선이 그런 것처럼 독점기업의 수요곡선은 〈그림 8-4(b)〉의 D_M처럼 우하향한다. 그 결과 독점기업이 판매량을 늘리려면 가격을 인하해야 한다. 이 우하향의 기울기로 인해 재화의 가격과 한계수입－재화 한 단위를 더 생산함으로써 얻을 수 있는 수입의 변화－에 '간격'이 발생한다.

한계수입과 가격의 비교 〈표 8-1〉의 처음 두 열에는 드비어스 다이아몬드에 대한 가상적인 수요가 표시되어 있다. 문제를 단순하게 만들기 위해 모든 다이아몬드가 다 똑같다고 가정한다. 그리고 계산을 쉽게 만들기 위해 판매되는 다이아몬드 수량이 실제보다 훨씬 적다고 가정한다. 예를 들어 다이아몬드 가격이 500달러일 때 10개만이 판매된다고 가정한다. 이 표로부터 얻어지는 수요곡선이 〈그림 8-5(a)〉에 그려져 있다.

〈표 8-1〉의 세 번째 열에는 다이아몬드를 판매하여 얻어지는 드비어스의 총수입－가격과 다이아몬드 판매량의 곱－이 표시되어 있다. 마지막 열에는 한계수입－다이아몬드 한 단위를 더 생산·판매하여 얻어지는 총수입의 변화－이 계산되어 있다.

독점기업이 한 단위를 더 판매하여 얻는 한계수입은 그 한 단위가 판매되는 가격보다 낮다. 이는 〈표 8-1〉의 첫 번째 다이아몬드 이후를 보면 분명하다. 예를 들어 드비어스가 다이아몬드 10개를 판매하면 열 번째 다이아몬드가 판매되는 가격은 500달러이다. 그러나 한계수입－판매량을 9에서 10으로 증가시킬 때 얻어지는 총수입의 변화－은 50달러에 불과하다.

이 열 번째 다이아몬드로부터 얻어지는 한계수입이 가격보다 작은 이유는 독점기업이 생산량을 증가시킬 때 수입이 두 가지 상반된 영향을 받기 때문이다.

1. 수량효과 : 한 단위가 더 판매됨으로써 그 재화가 판매되는 가격만큼 총수입이 증가한다.(여기서는 +500달러)
2. 가격효과 : 그 마지막 한 단위를 팔기 위해서 독점기업은 판매될 모든 수량에 대해 가격을 인하해야 한다. 이로 인해 총수입이 감소한다. (여기서는 9×(−50)=−450달러만큼)

독점기업이 판매량을 9에서 10단위로 증가시킬 때의 수량효과와 가격효과가 〈그림 8-5(a)〉에 색칠된 2개의 직사각형으로 표시되어 있다. 다이아몬드 판매량을 9에서 10으로 증가시키는 것은 수요곡선을 따라 A에서 B로 이동하여 다이아몬드 가격이 550달러에서 500달러로 하락하는 것을 의미한다. 초록색 직사각형은 수량효과를 나타낸다. 드비어스는 열 번째 다이아몬드를 500달러에 판매한다. 그러나 이것은 노란색 직사각형으로 표시된 가격효과에 의해 상쇄된다. 드비

그림 8-5 독점기업의 수요, 총수입 및 한계수입곡선

그림 (a)는 〈표 8-1〉로부터 도출한 독점기업의 수요곡선과 한계수입곡선을 보여 주고 있다. 한계수입곡선은 수요곡선 아래에 위치한다. 왜 그러한지 보기 위해 수요곡선 상의 A점을 고려해 보자. 이 경우 9개의 다이아몬드를 각각 550달러에 판매하여 독점기업의 총수입은 4,950달러가 된다. 열 번째 다이아몬드를 판매하기 위해서 10개의 다이아몬드에 대한 가격은 B점에서 보는 바와 같이 500달러로 낮아져야 한다. 그 결과, 총수입은 초록색 직사각형만큼 증가하지만(수량효과 : +500달러), 노란색 직사각형만큼 감소한다(가격효과 : −450달러). 그러므로 열 번째 다이아몬드를 판매하여 얻는 한계수입(초록색 직사각형과 노란색 직사각형의 차이)은 500달러라는 가격보다 훨씬 낮은 50달러이다. 그림 (b)는 다이아몬드 독점기업의 총수입곡선을 나타낸다. 공급되는 다이아몬드 개수가 0개에서 10개로 증가함에 따라 총수입은 증가한다. 10개의 다이아몬드가 공급될 때─한계수입이 0인 수준에서─총수입은 극대화되고, 그 이후로는 감소한다. 총수입이 증가할 때는 수량효과가 가격효과보다 우세하다. 총수입이 감소할 때는 가격효과가 수량효과보다 우세하다.

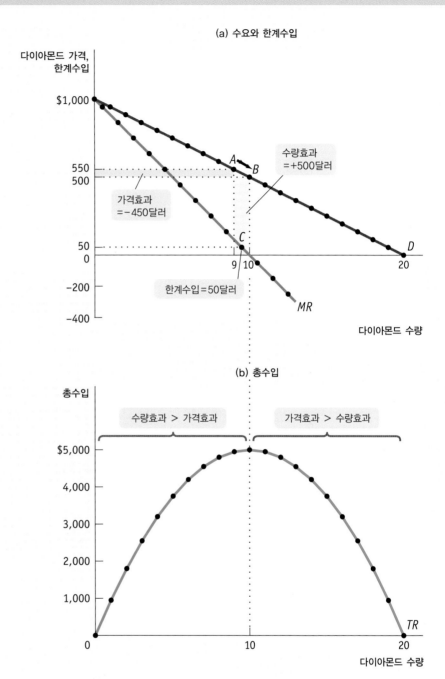

어스는 모든 다이아몬드의 가격을 550달러에서 500달러로 인하해야 한다. 따라서 노란색으로 표시된 금액 9×$50=$450만큼 총수입이 감소한다. 점 C가 보여 주는 바와 같이 다이아몬드를 9에서 10으로 한 단위 더 판매함으로써 얻어지는 총수입의 변화─한계수입─는 50달러에 불과하다.

점 C는 〈그림 8-5(a)〉에 MR로 표시된 독점기업의 한계수입곡선 상에 있으며 이는 〈표 8-1〉의 마지막 열에서 구해진 것이다. 독점기업의 한계수입곡선의 중요한 특징은 그것이 항상 수요곡선 아래쪽에 있다는 점이다. 그 이유는 가격효과 때문이다. 독점기업이 한 단위를 추가로 판매

함정

독점가격의 결정

독점기업의 *이윤극대 산출량*을 알기 위해서는 한계수입곡선이 한계비용곡선과 교차하는 점을 찾아야 한다. 〈그림 8-6〉의 점 A가 그 예이다.

그러나 점 A가 또한 독점기업이 제품을 판매하는 *가격*을 나타낸다고 생각하는 오류에 빠지지 않도록 유의해야 한다. 점 A는 가격이 아니라 가격보다 낮은 것으로 밝혀진 *한계수입*을 나타낸다.

독점가격을 알기 위해서는 A에서 수요곡선까지 수직으로 이동해야 한다. 거기서 소비자들의 수요가 이윤극대 산출량과 같아지는 가격을 구할 수 있다. 따라서 이윤극대 가격－산출량 조합은 항상 〈그림 8-6〉의 B와 같이 수요곡선 상에 있다.

하여 얻는 한계수입은 항상 그 전 단위를 판매하는 가격보다 작다. 독점기업의 한계수입과 가격 사이에 간격이 생기는 것은 바로 이 가격효과 때문이다. 다이아몬드 한 단위를 추가로 판매하기 위해 드비어스는 판매될 모든 수량의 시장가격을 인하해야 하는 것이다. 사실 이 간격은 예컨대 독점기업뿐 아니라 과점기업과 같이 시장지배력을 갖는 모든 기업에서 나타난다. 시장지배력을 갖는다는 것은 수요곡선이 우하향한다는 것을 의미한다. 그 결과로 산출량을 증가시키면 항상 가격효과가 나타난다. 따라서 시장지배력을 갖는 기업에서는 한계수입곡선이 항상 수요곡선 아래쪽에 있게 된다.

잠시 독점기업의 한계수입곡선과 시장지배력을 갖지 못한 완전경쟁기업의 한계수입곡선을 비교해 보자. 완전경쟁기업에서는 산출량을 증가시킬 때 가격효과가 나타나지 않는다. 한계수입곡선은 바로 수평인 수요곡선이다. 따라서 완전경쟁기업에서는 시장가격과 한계수입이 항상 동일하다.

시장지배력을 갖는 생산자에서 수량효과와 가격효과가 어떻게 상쇄되는지를 강조하기 위해 〈그림 8-5(b)〉에 드비어스의 총수입곡선을 표시하였다. 보는 바와 같이 그것은 산 모양을 하고 있다. 산출량이 0에서 10으로 증가함에 따라 총수입은 증가한다. 이것은 산출량 수준이 낮을 때는 수량효과가 가격효과보다 더 강한 것을 반영한다. 독점기업이 판매량을 증가시킬 때 가격 인하가 적용될 판매량이 작아서 가격효과가 작기 때문이다. 산출량이 10 이상으로 증가함에 따라 총수입은 실제로 감소한다. 이것은 산출량 수준이 높을 때는 가격효과가 수량효과보다 더 강한 것을 반영한다. 독점기업이 판매량을 증가시킬 때 이제는 가격 인하가 적용될 판매량이 커서 가격효과가 매우 크기 때문이다.

이에 따라 산출량 수준이 10 이상일 때는 한계수입곡선이 영(0) 이하로 내려간다. 예를 들어 산출량을 11에서 12로 증가시킬 때 열두 번째 다이아몬드로부터의 수입은 400달러에 불과한데, 1부터 11까지의 다이아몬드로부터의 수입은 모두 550달러만큼 감소한다. 결과적으로 열두 번째 다이아몬드의 한계수입은 －150달러가 된다.

독점기업의 이윤극대 산출량과 가격

독점기업이 어떻게 이윤을 최대로 하는지 보기 위해 이제 한계비용을 도입한다. 고정비용은 없다고 가정하고 드비어스가 다이아몬드를 추가로 생산하는 데 드는 한계비용은 생산량에 관계없이 200달러로 일정하다고 가정하자. 그러면 한계비용은 항상 평균총비용과 같고 한계비용곡선(그리고 평균총비용곡선)은 〈그림 8-6〉에 표시된 것처럼 200달러에서 수평인 직선이다.

이윤을 최대로 하기 위해 독점기업은 한계비용과 한계수입을 비교한다. 만일 한계수입이 한계비용보다 높으면 생산량을 증가시킴으로써 이윤을 높일 수 있고, 한계수입이 한계비용보다 낮으면 생산량을 감소시킴으로써 이윤을 높일 수 있다. 따라서 독점기업은 다음과 같은 최적산출량 원칙에 따라 생산함으로써 이윤을 극대화한다.

(8-1)   독점기업의 이윤극대 산출량에서 $MR = MC$

독점기업의 최적점이 〈그림 8-6〉에 표시되어 있다. A에서 한계비용곡선 MC가 한계수입곡선 MR과 교차한다. 이때의 산출량 수준 8이 독점기업의 이윤을 최대로 하는 산출량 수준 Q_M이다. 소비자들의 수요가 8이 되는 가격은 600달러이므로 독점가격 P_M은 점 B에 대응되는 600달러가 된다. 다이아몬드 한 단위를 생산하는 비용이 200달러이므로 독점기업은 단위당 $600-$200 = $400의 이윤을 얻고 총이윤은 색칠된 직사각형으로 표시된 바와 같이 $8 \times \$400 = \$3,200$가 된다.

독점과 완전경쟁

세실 로즈가 독립적인 여러 다이아몬드 생산자들을 드비어스로 통합했을 때 완전경쟁 산업이 독점으로 전환되었다. 이제 분석을 통해 그러한 통합의 효과를 알아보자.

〈그림 8-6〉을 다시 보면서 이 시장이 독점이 아니라 완전경쟁이었다면 어떻게 되었을까 알아보자. 전과 마찬가지로 고정비용이 없고 한계비용이 일정하여 평균총비용과 한계비용이 같다고 가정한다.

만일 다이아몬드 산업이 여러 완전경쟁기업들로 구성되어 있다면 이들 각 생산자들은 시장가격을 주어진 것으로 생각할 것이다. 즉 각 생산자에게는 한계수입이 시장가격과 동일하다. 따라서 산업 내의 각 기업은 가격수용적인 기업의 최적산출량 원칙에 따라 행동할 것이다.

$$(8-2) \quad \text{완전경쟁기업의 이윤극대 산출량에서 } P = MC$$

이는 〈그림 8-6〉에서 다이아몬드 가격 P_C가 한계생산비와 동일하게 200달러가 되는 점 C에서 생산하는 것을 의미한다. 따라서 완전경쟁에서 이윤이 최대가 되는 산업 산출량 Q_C는 16이다.

그러면 완전경쟁산업은 C에서 이윤을 내고 있을까? 그렇지 않다. 200달러란 가격은 한 단위당 생산비와 동일하다. 따라서 이 산업이 완전경쟁 산출량을 생산할 때 경제적 이윤은 발생하지 않는다.

산업이 독점으로 통합되고 나면 결과가 매우 다르다는 것을 이미 보았다. 독점기업이 한계수입을 계산할 때는 가격효과를 고려하므로 한계수입은 가격보다 작다. 즉

$$(8-3) \quad \text{독점기업의 이윤극대 산출량에서 } P > MR = MC$$

함정

독점기업의 공급곡선?

독점기업이 어떻게 최적산출량 원칙에 따라 행동하는지 알았으므로 이로부터 독점기업의 공급곡선을 구할 수는 없을까 생각할지 모른다. 그러나 이는 무의미한 생각이다. 독점기업에는 공급곡선이 없기 때문이다.

공급곡선은 주어진 시장가격에서 생산자가 공급하려는 수량을 나타낸다. 그러나 독점기업은 가격을 주어진 것으로 생각하지 않는다. 독점기업은 가격에 미치는 영향을 고려하여 이윤을 최대로 하는 산출량을 선택하기 때문이다.

그림 8-6 독점기업의 이윤극대 산출량과 가격

이 그림은 수요곡선, 한계수입곡선, 한계비용곡선을 나타낸다. 다이아몬드 1개당 한계비용은 200달러이고, 한계비용곡선은 200달러에서 수평으로 나타난다. 최적산출량 원칙에 따르면 독점기업의 이윤을 극대화하는 산출량 수준은 $MR=MC$가 성립하는 점에서 발생하는데, 이 그림에서는 A에 해당한다. 다이아몬드 산출량이 8인 A에서 한계비용곡선과 한계수입곡선이 교차하고 있다. 다이아몬드 1개당 드비어스사에서 부과할 수 있는 가격은 A점에서 수요곡선으로 수직 이동한 점에서 결정되어 다이아몬드 1개당 600달러가 된다. 이때 독점이윤은 $400\times8=3,200$이 된다. 완전경쟁산업은 $P=MC$가 성립하는 산출량 수준만큼 생산하는데, 이는 수요곡선과 한계비용곡선이 교차하는 C점에 해당한다. 그러므로 경쟁산업에서는 다이아몬드를 16개 생산해서 200달러에 판매하여 영의 이윤을 얻는다.

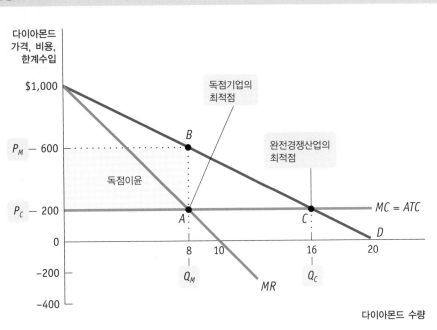

이미 본 바와 같이 독점기업은 경쟁산업보다 더 적은 수량—16이 아니라 8—을 생산한다. 완전경쟁하에서는 가격이 200달러에 불과한 반면 독점하에서는 가격이 600달러이다. 독점기업은 양의 이윤을 얻으나 경쟁산업은 그렇지 않다.

따라서 앞서 언급한 바와 같이 경쟁산업과 비교할 때 독점기업은 다음과 같이 행동한다.

- 더 적은 수량을 생산한다 : $Q_M < Q_C$
- 더 높은 가격을 받는다 : $P_M > P_C$
- 이윤을 얻는다.

독점 : 일반적 분석

〈그림 8-6〉에서는 특정한 숫자를 사용했는데 한계비용이 일정하고 고정비용이 없어 평균총비용곡선이 수평선이라고 가정했다. 〈그림 8-7〉은 더 일반적인 독점의 행동을 보여 준다. D는 시장수요곡선, MR은 한계수입곡선, MC는 한계비용곡선이고, ATC는 평균총비용곡선이다. 여기서는 이전에 보통 가정한 바와 같이 한계비용곡선이 '나이키 로고' 모양을 갖고 있고, 평균총비용곡선이 U자형을 갖는다고 가정한다.

최적산출량 원칙을 적용하면 이윤극대 산출량 수준은 한계수입이 한계비용과 같아지는 A점으로 표시된 산출량임을 알 수 있다. 이윤극대 산출량은 Q_M이고 독점기업이 받는 가격은 P_M이다. 이윤극대 산출량 수준에서 독점기업의 평균총비용은 ATC_M이고 점 C로 표시된다.

이윤은 총수입과 총비용의 차이와 같으므로 다음 식을 얻는다.

$$(8-4) \quad 이윤 = TR - TC$$
$$= (P_M \times Q_M) - (ATC_M \times Q_M)$$
$$= (P_M - ATC_M) \times Q_M$$

〈그림 8-7〉에서 색칠된 직사각형의 높이가 $P_M - ATC_M$이고 밑변이 Q_M이므로 이윤은 이 직사

그림 8-7 독점기업의 이윤

이 경우 한계비용곡선은 '나이키 로고' 모양을 갖고 있고, 평균총비용곡선은 U자형이다. 독점기업은 한계수입이 한계비용과 같아지는 A점으로 표시된 산출량 Q_M을 생산함으로써 이윤을 극대화한다. 독점기업의 가격 P_M은 A점에서 수요곡선으로 수직 이동한 지점에서 정해지며 그림에서는 B점에 해당한다. Q_M에서의 평균총비용은 C점으로 표시된다. 이윤은 색칠된 직사각형의 면적에 해당한다.

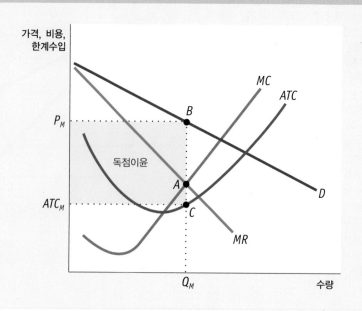

각형의 면적과 같다.

　제7장에서 우리는 완전경쟁산업은 단기에는 이윤을 낼 수 있지만 장기에는 그렇지 않다는 것을 배웠다. 단기에는 가격이 평균총비용보다 높아 이윤을 낼 수 있다. 그러나 아는 바와 같이 이것이 지속될 수는 없다.

　완전경쟁산업에서는 장기적으로 새로운 기업이 시장에 진입함에 따라 모든 이윤이 경쟁에 의해 사라지고 만다. 반면에 독점기업은 단기와 장기에 모두 이윤을 낼 수 있다.

현실 경제의 >> 이해

높은 전기 요금의 충격

역사적으로 전력산업은 자연독점으로 간주되었다. 전력회사들은 지리적으로 한정된 지역에 전기를 공급하며 전기를 생산하는 발전소와 함께 각 소비자에게 전기를 공급하는 전선을 소유하고 있다. 소비자에게 청구되는 요금은 정부의 규제를 통해 전력회사가 운영비용을 충당하고 주주들에게 적절한 배당을 줄 수 있는 수준으로 정해졌었다.

　그런데 1990년대 후반에 경쟁이 전력요금을 더 낮출 수 있을 것이라는 생각을 바탕으로 규제를 없애는 변화가 있었다. 발전소에서 소비자로 가는 연결고리 중 두 군데에 경쟁이 도입되었다. (1) 배전회사들이 소비자에게 판매하는 과정에서 경쟁할 수 있고, (2) 발전소들이 배전회사에게 공급하는 과정에서 경쟁할 수 있다.

　최소한 이론상으로는 그랬다. 2018년까지 16개 주만이 전력산업에 대한 규제를 풀었고, 7개 주는 규제를 풀었다 중단했으며, 나머지 27개 주는 규제를 계속하였다. 왜 이렇게 적은 수의 주만이 규제를 풀었을까?

　규제를 풀어서 전력요금을 낮추는 데 중요한 장애 요인 중 하나는 대부분의 발전에는 여전히 막대한 고정비용의 선행 투자가 필요하기 때문에 일반적으로 발전소의 선택이 불가능하다는 것이다. 많은 시장에서 발전소는 오직 하나뿐이다. 소비자들은 여러 배전 사업자 중에서 선택할 수 있는 것처럼 보이나 이들 모두가 결국은 동일한 발전소로부터 전력을 얻어야 하기 때문에 이는 착각에 불과할 뿐이다. 그리고 발전소를 선택할 수 있는 경우에는 송전선이 독점기업 소유로 되어 있어 송전 부문에서 선택의 여지가 없는 경우가 많았다.

　사실 발전소가 하나뿐이라면 규제를 풀었을 때 발전소가 가격을 올릴 의도로 고의적으로 배전 사업자에게 공급되는 전력량을 줄이는 시장 조작이 가능하게 되기 때문에 소비자들에게 불리할 가능성이 있다. 가장 충격적인 사건이 정전 사태와 수십억 달러의 추가 전력요금을 가정과 기업에 부담시킨 2000~2001년 캘리포니아 에너지 위기 때 발생하였다. 추후에 규제기관이 입수한 녹음테이프에는 노동자들이 어떻게 하루에 백만 달러 이상을 캘리포니아 주로부터 '훔치고' 있는지 농담하면서, 에너지 수요가 가장 높은 시간에 발전을 중단하는 계획에 대해 논의하는 내용이 담겨 있었다.

　또 다른 문제는 당국이 가격을 정해 주지 않으면 새로운 발전소를 건설했을 때 수익성이 보장되지 않아서 위험 부담이 훨씬 더 크다는 것이다. 다수의 새 발전소가 많은 부채를 안고 건설되었는데 수요가 부채를 감당할 만큼 증가하지 않아 파산했다. 그래서 새로운 발전소 건설사들은 투자를 하기 전

1990년대에 전력산업에 대한 규제가 풀렸으나 최근에 다시 규제하는 방향으로 움직이고 있다.

에 훨씬 더 높은 가격을 요구했다. 그리고 규제가 철폐된 주에서는 발전용량이 수요 증가를 따라가지 못했다. 예컨대 규제가 철폐된 텍사스 주에서는 발전용량 부족으로 대규모 정전 사태가 발생하였고, 뉴저지 주와 메릴랜드 주에서는 당국이 개입하여 전력 사업자가 발전소를 더 건설하도록 강제하였다.

마지막으로 규제가 없어진 주의 소비자들은 전기 요금이 갑자기 증가하는 것을 경험했는데, 이때는 규제가 지속되고 있는 주의 요금보다 훨씬 높은 경우가 자주 있었다. 여러 주에서 이에 분노한 소비자들과 규제당국이 규제를 다시 도입하도록 촉구하여 일리노이, 몬태나, 버지니아 주가 다시 규제로 돌아섰다. 심지어 캘리포니아 주와 몬태나 주는 배전회사들이 발전소를 다시 구입하는 것을 의무화하였다. 그리고 규제당국은 텍사스와 뉴욕 및 일리노이 주의 전력회사에 벌금을 부과했으며 감시를 계속하고 있다.

>> **이해돕기 8-2**
해답은 책 뒤에

1. 다음에 주어진 10캐럿짜리 에메랄드를 생산하는 독점기업 에메랄드 주식회사의 총수입 표를 이용하여 **a**에서 **d**까지 요구하는 사항을 구하고, **e**에 대하여 답하라.
   a. 수요표
   b. 한계수입표
   c. 각 산출량 수준에 대해 한계수입 중 수량효과가 차지하는 부분
   d. 각 산출량 수준에 대해 한계수입 중 가격효과가 차지하는 부분
   e. 에메랄드 주식회사가 이윤을 극대화하는지 알아보기 위해서는 어떠한 정보가 추가적으로 요구되는가?

에메랄드 수요량	총수입
1	$100
2	186
3	252
4	280
5	250

2. 다이아몬드 생산의 한계비용이 200달러에서 400달러로 증가할 때, 다음 대상에 어떠한 변화가 발생하는지를 〈그림 8-6〉을 이용하여 나타내라.
   • 한계비용곡선
   • 이윤극대 가격과 산출량
   • 독점기업의 이윤
   • 완전경쟁산업의 이윤

‖ 독점과 공공정책

독점사업자가 되는 것은 좋지만 독점사업자의 고객이 되는 것은 그리 좋은 일이 아니다. 독점기업은 산출량을 감소시키고 가격을 인상하여 소비자를 희생시키고 이득을 본다. 그러나 구매자와 판매자는 항상 이해가 상충하는 법이다. 구매자는 적게 지불하기를 원하고 판매자는 많이 받기를 원한다. 독점하의 이해상충이 완전경쟁하의 이해상충과 차이가 있는 것일까?

그렇다. 독점은 비효율의 원인이 되기 때문이다. 독점으로 인한 소비자의 손실은 독점기업의 이득보다 더 크다. 독점으로 인해 경제에 순손실이 발생하기 때문에 정부는 흔히 독점의 발생을 예방하거나 독점의 효과를 제한하려고 노력한다. 이 절에서는 독점이 비효율을 발생시키는 이유를 알아보고 이 비효율을 예방하기 위해 정부가 사용하는 정책을 검토할 것이다.

>> **복습**
• 독점기업과 같이 시장지배력이 있는 기업과 완전경쟁산업의 기업 간 가장 큰 차이는 완전경쟁기업은 수평적인 가격곡선을 접하는 가격수용자이지만, 시장지배력이 있는 기업은 우하향하는 수요곡선을 접한다는 점이다.
• 산출량을 증가시킬 때 따르는 가격효과 때문에 시장지배력이 있는 생산자의 한계수입곡선은 언제나 수요곡선 아래에 위치한다. 그러므로 이윤을 극대화하는 생산자는 — 가격이 아닌 — 한계비용이 한계수입과 동일한 지점에서 산출량 수준을 결정한다.
• 그 결과 독점기업은 완전경쟁산업의 경우보다 더 적은 산출량을 생산하여 더 높은 가격에 판매한다. 단기와 장기에 독점기업은 이윤을 얻는다.

독점의 후생효과

한계비용이 시장가격과 같아지는 수준 이하로 산출량을 감소시킴으로써 독점기업은 이윤을 증가시키지만 소비자들은 피해를 입는다. 독점기업의 이윤 증가를 소비자의 손실과 비교해 보면 소비자의 손실이 독점기업의 이득보다 더 크다는 것을 알 수 있다. 따라서 독점은 사회에 순손실을 가져다준다.

이유를 알기 위해 〈그림 8-8〉에 표시된 바와 같이 한계비용곡선이 수평선이고 고정비용이 없는 경우로 돌아가 보자. 여기서 한계비용곡선은 MC이고, 수요곡선은 D, 그리고 그림 (b)에서 한계수입곡선은 MR이다.

그림 (a)는 이 산업이 완전경쟁일 때 어떻게 될 것인가를 보여 준다. 균형산출량은 Q_C이다. 재화의 가격 P_C는 한계비용과 같고, 고정비용이 없고, 한계비용이 일정하기 때문에 한계비용은 또한 평균총비용과 같다. 각 기업은 정확히 산출물 한 단위당 비용을 벌어들이고 있기 때문에 이 균형에서 생산자잉여는 없다.

이 시장에서 발생하는 소비자잉여는 그림 (a)에 있는 파란색 삼각형의 면적 CS_C와 같다. 산업이 완전경쟁일 때는 생산자잉여가 없기 때문에 CS_C는 또한 총잉여를 나타낸다.

그림 (b)는 똑같은 시장이 독점이라고 가정할 때 얻어지는 결과를 보여 준다. 독점기업은 한계비용이 한계수입과 같아지는 산출량 수준 Q_M을 생산하고 P_M의 가격을 받는다. 독점기업은 이제 녹색 직사각형의 면적 PS_M과 같은 크기의 이윤—생산자잉여와도 같다—을 얻는다. 이 이윤은 소비자잉여가 파란색 삼각형의 면적 CS_M으로 감소함에 따라 소비자로부터 이전된 잉여라는 점을 주목하라.

그림 (a)와 (b)를 비교함으로써 소비자로부터 생산자에게로 잉여가 재분배되었을 뿐 아니라 또 다른 중요한 변화가 발생한 것을 알 수 있다. 이윤과 소비자잉여의 합—총잉여—이 완전경쟁에서보다 독점에서 더 작은 것을 알 수 있다. 즉 CS_M과 PS_M의 합이 그림 (a)의 CS_C 면적보다 더

그림 8-8 독점의 비효율성

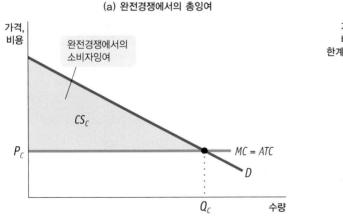
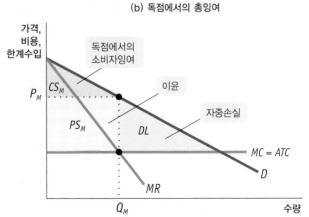

그림 (a)는 완전경쟁산업을 나타낸다. 산출량은 Q_C이며, 시장가격은 한계비용과 동일한 P_C형이다. 가격이 각 생산자의 단위당 생산비용과 동일하므로 생산자잉여는 존재하지 않는다. 그러므로 총잉여는 소비자잉여와 같게 되며, 그림에서 색칠된 영역에 해당한다. 그림 (b)는 독점기업을 나타낸다. 독점기업은 산출량을 Q_M 수준까지 낮추고 P_M을 받는다. 소비자잉여(파란색 삼각형)가 감소된 것을 알 수 있는데, 이는 기존의 소비자잉여가 독점기업의 이윤(초록색 사각형)에 의해 잠식되었기 때문이다. 총잉여는 감소한다. 자중손실(노란색 삼각형)은 독점기업의 행동 때문에 실현되지 못한 상호 유익한 거래의 가치를 나타낸다. 이 결과로 총잉여가 감소한다.

작다. 시장이 완전경쟁으로부터 독점으로 바뀜에 따라 총잉여는 노란색 삼각형의 면적 DL 만큼 감소한다. 따라서 독점은 사회에 DL 면적만큼의 순손실을 발생시킨다.

이 순손실은 서로에게 유익한 거래의 일부가 이루어지지 못하기 때문에 발생한다. 재화 한 단위를 더 소비하는 것의 가치가 그것을 생산하는 데 드는 한계비용보다 더 크다고 느끼지만 P_M 을 지불할 생각은 없기 때문에 재화를 소비하지 않는 사람들이 있는 것이다. 독점기업에 의해 발생한 가격과 한계비용 사이의 간격은 앞에서 배운 조세에 의해 발생한 간격과 매우 유사한 방법으로 작용한다. 다시 말해 독점은 소비자에 대한 조세처럼 작용하여 이와 동일한 비효율, 즉 더 높은 가격과 더 낮은 공급량을 발생시킨다.

독점의 방지

독점에 대한 정책은 문제의 산업이 자연독점 — 규모의 경제에 의해 대규모 생산자일수록 평균 총비용이 낮아지는 산업 — 인지 여부에 따라 크게 달라진다. 만일 그 산업이 자연독점이 아니라면 최선의 정책은 독점이 발생하지 않도록 방지하는 것이고 이미 발생했다면 그것을 분리하는 것이다. 먼저 이 경우에 초점을 맞추고 자연독점을 해결하는 더 어려운 문제는 나중에 살펴보도록 하자.

드비어스의 다이아몬드 독점은 발생할 필요가 없었다. 다이아몬드 생산은 자연독점이 아니다. 산업의 비용은 독립적이고 경쟁적인 여러 생산자가 있다고 해서 더 높아지지 않을 것이다(예컨대 금 생산과 마찬가지로).

따라서 만일 남아프리카 정부가 독점이 소비자에게 미치는 영향을 우려했더라면 세실 로즈가 산업을 지배하는 것을 금지하거나 독점이 형성된 후 이를 분리할 수 있었을 것이다. 오늘날에는 정부가 독점이 형성되는 것을 방지하거나 형성된 독점을 분리하려 하는 경우가 자주 있다.

드비어스는 오히려 특수한 경우이다. 복잡한 역사적 이유로 해서 독점으로 남아 있도록 허용되었던 것이다. 그러나 지난 한 세기에 걸쳐 대부분의 유사한 독점들은 분리가 되었다. 미국에서 가장 유명한 예는 1870년 록펠러(John D. Rockefeller)가 설립한 스탠더드오일(Standard Oil)이다. 1878년에는 스탠더드오일이 미국 정유산업의 대부분을 장악했다. 그러나 1911년 법원이 그 회사를 후에 엑슨(Exxon)과 모빌(Mobil)이 된 회사들(그리고 1999년 합병하여 엑슨모빌이 되었다)을 비롯한 몇 개의 작은 단위로 분리할 것을 명령했다.

독점을 방지하거나 소멸시키기 위해 사용되는 정부정책들은 **반독점 정책**으로 알려져 있으며 다음 장에서 논의할 것이다.

자연독점의 해결

자연독점이 아닌 경우에 회사를 분리하는 것은 분명 좋은 생각이다. 소비자의 이득이 생산자의 손실을 능가한다. 그러나 대규모 생산자들이 소규모 생산자들보다 평균총비용이 낮은 자연독점의 경우는 분리할 경우 평균총비용이 높아지기 때문에 회사를 분리해야 할지 분명치 않다. 예를 들어 시 정부가 지역 가스 공급 — 이미 언급한 대로 자연독점임이 분명하다 — 을 한 회사가 장악하는 것을 막으려 한다면 주민들에게 가스를 공급하는 비용이 높아질 것이다.

그러나 자연독점의 경우에도 이윤을 극대화하려는 독점기업의 행동은 비효율을 초래한다. 자연독점기업 역시 소비자에게 한계비용보다 높은 가격을 부과함으로써 잠재적으로 이득이 되는 거래를 막는다. 또한 어떤 기업이 독점적 지위를 차지하게 되었다고 해서 소비자들을 희생시켜 가면서 많은 이윤을 번다는 것이 불공평하게 보일 수도 있다.

이에 대해 공공정책을 통해 어떤 일을 할 수 있을까? 흔히 사용되는 해법에는 두 가지가 있다.

1. 공영화 여러 국가에서 자연독점 문제에 대한 바람직한 해법이 **공영화**(public ownership)였다. 민영 독점기업이 한 산업을 장악하도록 허용하는 대신 정부가 공공기관으로 하여금 재화를 공급하고 소비자 이익을 보호하도록 하는 것이다. 미국 공영회사의 예로서는 공영회사인 암트랙(Amtrak)이 제공하는 철도승객 운송, 미연방우체국(U. S. Postal Service)이 담당하는 정규 우편 배달이 있다. 로스앤젤레스를 비롯한 몇몇 도시들은 공영 전력회사를 운영하고 있다.

공영회사인 암트랙은 승객이 적은 지역에 손실을 보면서 열차를 운행해 오고 있다.

원칙적으로 공영화의 장점은 공영화된 자연독점기업은 이윤극대화의 기준이 아니라 효율성의 기준에 따라 가격을 책정할 수 있다는 것이다. 완전경쟁산업에서는 이윤극대화 행위가 효율적이다. 생산자들이 가격을 한계비용과 같게 책정하기 때문이다. 바로 이것이 예컨대 크리스마스트리 농장을 공영화해야 한다는 경제적 논의가 없는 이유이다.

그러나 경험에 의하면 자연독점의 문제를 공영화로 해결하는 것은 현실적으로 잘못되는 경우가 많다. 한 가지 이유는 공영화된 기업이 비용을 절감하거나 제품의 품질을 높이는 일에 민간기업들만큼 열심을 내지 않는 것이다. 또 다른 이유는 공영기업들은 정치적 목적―연줄이 있는 사람에게 공사 계약이나 일거리를 주는 일 등―에 이용되는 경우가 너무 빈번하다는 점이다. 예를 들어 암트랙은 승객이 적은―그러나 유력한 의원이 지역구에 포함된―지역에 손실을 보면서 열차를 운행하는 것으로 유명하다.

2. 정부의 규제 사업은 민간이 운영하고 그 대신 정부의 규제를 받도록 하는 것이 미국에서 더 자주 사용되어 온 해법이다. 특히 전기, 전화, 천연가스 등과 같은 대부분의 지역 공공서비스는 부과할 수 있는 가격에 제한을 두는 **가격규제**(price regulation)를 받고 있다.

우리는 제4장에서 경쟁산업에 가격상한을 두는 것은 품귀 및 암시장을 비롯한 각종 고약한 부작용을 발생시키는 지름길임을 보았다. 그렇다면 예컨대 지역 가스회사가 책정할 수 있는 가격에 제한을 가하는 것은 동일한 부작용을 발생시키지 않을까?

꼭 그렇지는 않다. 독점에 가격상한을 둔다고 해서 반드시 품귀를 일으키는 것은 아니다. 가격상한이 없다면 독점기업은 한계생산비보다 높은 가격을 책정할 것이다. 따라서 가격을 더 낮게 책정해야 한다고 해도―그 가격이 M_C보다 높고 전체 생산에서 이윤을 낼 수 있다면―여전히 그 가격에서 수요되는 수량을 생산할 동기를 갖고 있다.

다음 '현실 경제의 이해'에서는 정치가들의 판단에 따라 규제를 받기도 하고 안 받기도 했던 자연독점인 고속 데이터 통신망의 경우를 보여 주고 있다.

수요독점 공급자가 아니라 수요자가 시장지배력을 갖는 것이 가능할까? 다르게 표현해서 수요자는 한 사람인 데 반해 판매자가 많아서 수요자가 힘을 발휘해 판매자로부터 잉여를 얻는 시장이 존재할 수 있다. 그러한 시장을 **수요독점**(monopsony)이라 한다.

독점기업과 마찬가지로 **수요독점기업**(monopsonist)도 더 많은 잉여를 얻기 위해 경쟁시장의 결과를 왜곡한다. 차이점은 수요독점기업은 판매량과 판매가격이 아니라 구매량과 구매가격을 통해 그렇게 한다는 것이다.

수요독점이 존재하기는 하나 독점보다는 드물다. 전형적인 예는 외딴 곳의 공장처럼 작은 마을에서 노동자로부터 노동력을 구입하는 하나뿐인 고용자의 경우다. 이미 배운 바와 같이 독점

독점기업의 **공영화**(public ownership)를 통해 재화는 정부나 정부가 소유한 기업에 의해 공급된다.

가격규제(price regulation)는 독점기업이 부과할 수 있는 가격을 제한하는 것을 말한다.

수요독점(monopsony)은 재화에 대한 수요자가 한 사람일 때 나타난다.

수요독점기업(monopsonist)은 한 시장의 유일한 수요자가 되는 기업이다.

기업은 재화의 판매가격에 영향력을 행사하여 산출량을 감소시켜 가격을 상승시키고 이윤을 증가시킨다. 수요독점기업도 매우 유사한 행동을 한다. 바뀐 점은 노동공급곡선을 따라 내려감으로써 지불하는 임금이 낮아지는 것을 이용하여 고용할 사람 수를 감소시켜 임금을 하락시키고 이윤을 증가시킨다는 것이다.

독점기업이 너무 적은 수량의 재화를 생산하여 자중손실을 발생시키는 것처럼 수요독점기업은 너무 적은 수의 노동자를 고용하여 (따라서 산출량도 적어진다) 자중손실을 발생시킨다.

수요독점은 노동자들이 특정한 기능을 갖고 있고 그러한 기능을 가진 노동자를 고용하는 기업이 하나뿐인 경우에 가장 흔히 나타난다. 예를 들어 대부분의 환자들이 한두 개의 보험회사에 가입되어 있는 지역에서 보험회사가 의사에게 지불하는 의료수가가 너무 낮다고 불평하는 의사들을 자주 볼 수 있다.

2014년 가장 큰 두 케이블 회사인 타임워너와 컴캐스트가 합병할 계획을 발표했을 때도 독점과 수요독점 가능성이 거론되었다. 독점 가능성은 두 회사가 합병할 경우 가입자 수가 3,000만 명이 되는데, 이는 케이블 서비스에 가입한 사람의 대다수이기 때문이며, 수요독점 가능성은 두 회사가 합병할 경우 실질적으로 케이블용 쇼 프로그램을 구입하는 유일한 회사가 될 것이기 때문이다. 따라서 연방통신위원회가 두 회사에게 강한 반대 의사를 표한 것은 당연하다. 결국 2015년 두 회사는 합병 계획을 취소한다고 발표했다.

따라서 수요독점이 드물기는 하지만 중요한 현상이기도 하다.

독점에 대한 정책 지금까지의 논의를 통해 밝혀진 바와 같이 독점(및 수요독점)을 통제하는 것은 상충관계의 존재로 인해 어려운 점이 있다. 예컨대 의약품의 독점에 있어 현재의 의약품 판매 대금이 새로운 의약품 연구와 개발에 사용된다면 소비자가 현재 의약품에 지불하는 가격을 얼마나 낮춰야 하겠는가?

전력 생산과 같은 자연독점을 규제하는 경우에는 수익률이 규제에 의해 고정되어 있어 시장의 힘이 작동하지 않는다면 어떻게 비용절감을 기대할 수 있으며 발전용량의 확대를 기대할 수 있겠는가? 반면에 전력산업의 규제가 철폐되는 경우에는 당국이 어떻게 소비자가 시장조작에 의해 바가지 쓰는 것을 방지할 수 있겠는가?

우리가 전력산업 규제 폐지에서 본 것처럼 이런 문제들에 대한 최선의 해답은 흔히 시행착오를 통해 발견되기 때문에 경제학자들과 정책입안자들은 수십 년간 이런 문제들과 씨름해 왔다.

그리고 항상 규제의 **포획**(regulatory capture)이라고 하는 위험이 존재한다. 큰 이권이 걸려 있기 때문에 규제당국이 감독을 해야 할 대상에 의해 부당하게 영향을 받는 경우가 발생할 수 있는 것이다.

독점을 다루는 데 최선의 방법은 아마도 경제학자나 정책입안자들이 항상 경계심을 가지고 중도에 정책 수정이 필요할지도 모른다는 사실을 인정하는 것일지도 모른다.

현실 경제의 >> 이해

미국 고속 인터넷 시장의 (혁신적) 진화

서울(한국)에서는 고화질 영화 한 편을 다운받는 데 7초 걸리는데 인터넷 요금은 한 달에 25달러 이하이다. 그러나 미국의 일반 도시에서는 같은 영화를 다운받는 데 (가장 빠른 경우에도) 1.4분이 걸리며 인터넷 요금은 한 달에 대략 300달러이다.

한국이나 네덜란드에 비해 미국의 인터넷은 느리고 비싸다. 〈그림 8-9〉에는 몇 개국에 대해 인터넷 다운로드 속도와 메가비트당 가격이 표시되어 있다. 선두를 달리는 클라우드 서비스 공급자 아카미 테크놀로지의 2015년 조사에 의하면 미국은 평균 다운로드 속도에서 20위를 차지하고 있다.

미국의 광대역 서비스 시장을 보면 자연독점의 경우 단기와 장기의 소비자 이익에 균형을 맞추는 일이 어려운 이유를 알 수 있다. 대부분의 미국인들이 광대역 서비스를 받는 수단인 케이블 서비스는 각 가정에 케이블을 연결해야 하기 때문에 고정비용이 큰 자연독점이다. 그래서 초기에는 케이블 회사들이 독점기업으로 규제를 받았고 지방정부가 가격을 결정했다.

그러나 20년 전 의회가 광대역 서비스 시장의 규제를 풀자 산업은 타임워너와 컴캐스트 2개의 큰 회사로 통합되어 각 지역의 작은 회사들을 합병하였다. 당연히 소비자들은 매년 가격 인상을 겪어야 했다. 2010년부터 2015년 사이 케이블 서비스 평균 가격은 매년 물가상승률의 4배 이상인 8%가량 상승하였다.

그리고 미국에서 인터넷 서비스 가격이 높은 또 하나의 이유는 미국의 규제에는 다른 나라에서 사용되는 공적 의무조항이 없다는 점이다. 이 조항은 케이블 회사로 하여금 소비자에게 인터넷 서비스를 제공하려는 다른 회사에게 의무적으로 네트워크 설비 일부를 임대하도록 하여 경쟁할 수 있도록 하는 것이다. 이런 규제가 없었기 때문에 미국 시민 대다수에게 하나의 케이블 공급자만 있었고 독점 가격을 지불할 수밖에 없었다. 2015년 여러 도시의 케이블 서비스를 비교해 본 결과 한 도시에 여러 공급자가 있는 곳에서도 지역을 나누어 각 지역에서 한 회사만 공급함으로써 경쟁을 회피했다는 사실이 밝혀졌다.

그러나 시장은 빠르게 변하고 있다. 미국 케이블 회사가 많은 이윤을 내자 기반시설에 대한 투자가 유리해졌다. 광대역 인터넷 회사들은 최신 4G 설비와 광케이블, 일부 지역에는 위성기술 등 네트워크에 1조 4,000억 달러를 투자하였다. 뉴욕처럼 인구밀도가 높은 도시에서는 가정까지 광케이블을 설치하는 비용이 상대적으로 낮기 때문에 버라이즌 파이오스(Verizon Fios)와 같은 진입 기업이 생겨나 경쟁이 가열되었고 가격이 안정되었다. 그뿐만 아니라 많은 미국 시민들이 케이블 서비스를 해지하고 스마트폰을 이용하여 인터넷에 접속하고 있다. 시골에서는 케이블의 대안으로 위성 서비스가 제공된다.

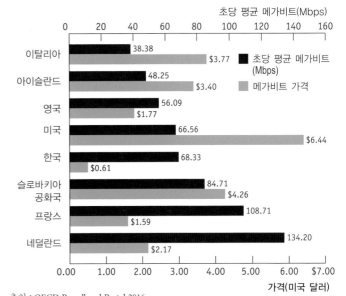

그림 8-9 국가별 고속 데이터 통신망 속도 및 요금 비교

초당 평균 메가비트(Mbps)

국가	초당 평균 메가비트(Mbps)	메가비트 가격
이탈리아	38.38	$3.77
아이슬란드	48.25	$3.40
영국	56.09	$1.77
미국	66.56	$6.44
한국	68.33	$0.61
슬로바키아 공화국	84.71	$4.26
프랑스	108.71	$1.59
네덜란드	134.20	$2.17

가격(미국 달러)

출처 : OECD Broadband Portal 2016.

>> 이해돕기 8-3

해답은 책 뒤에

1. 다음의 경우에 어떠한 정부정책이 시행되어야 하는가? 설명해 보라.
   a. 오하이오 주 애니타운에서는 인터넷 서비스가 케이블로 공급되고 있다. 소비자들은 요금이 너무 비싸다고 느끼지만, 케이블 회사 측에서는 케이블 설치비용을 만회할 수 있는 요금을 부과해야 한다고 주장한다.
   b. 현재 알래스카 항공편을 제공하는 단 두 곳의 항공사가 합병하기 위해서는 정부의 인가를 받아야 한다. 다른 항공사들도 알래스카로의 운항을 원하고 있지만, 이를 위해서는 정부가 배당하는 착륙시간대를 얻어야 한다.
2. 참인가 거짓인가? 자신의 답을 설명해 보라.

>> **복습**

- 산출량을 줄이고 한계비용보다 높은 가격을 부과함으로써 독점기업은 소비자잉여의 일부를 이윤으로 가져가고, 자중손실을 발생시킨다. 자중손실의 발생을 피하기 위해 정부는 정책을 통해 독점기업의 행동을 규제하기 위해 노력한다.
- 독점기업이 자연독점이 아니라 '만들어지는' 경우, 정부는 독점기업이 새로 형성되는 것을 규제하거나 기존의 독점기업을 와해하려는 시도를 하게 된다.
- 정책상 난제는 자연독점이다. 가능한 해결책으로 **공영화**를 들 수 있으나, 공영화된 기업의 성과는 좋지 않은 경우가 많다.
- 미국의 일반적인 대응책은 **가격규제**이다. 독점기업에 대한 가격상한제는 너무 낮은 수준에서 가격이 설정되지 않는 한 공급부족현상을 발생시키지 않는다.
- 아무런 조치를 취하지 않는 정책도 항상 가능하다. 독점산업이 이로운 것이 아니라함은 분명하나, 치료책이 정작 질병보다 더 해로울 수도 있는 것이다.
- 재화의 구매자가 하나뿐인 **수요독점** 역시 자중손실을 발생시킨다. **수요독점기업**은 구매가격에 영향을 미칠 수 있다. 구매량을 감소시켜 가격을 하락시킴으로써 수요독점기업은 판매자로부터 잉여를 얻어 낼 수 있다.

> a. 독점산업으로 인해 사회 후생이 줄어드는데 이는 소비자잉여의 일부가 독점기업의 이윤으로 전이되기 때문이다.
> b. 독점기업이 비효율적인 이유는 지불용의가 독점기업의 한계비용보다 높거나 같지만, 독점기업이 설정한 가격보다는 낮은 소비자들이 존재하기 때문이다.

3. 어떤 독점기업이 한계수입은 언제나 시장가격과 동일하다고 잘못 알고 있다고 가정해 보라. 한계비용이 일정하며 고정비용이 없다고 가정하고, 영리한 독점기업의 경우와 비교하여 이 어리석은 독점기업의 이윤 수준, 소비자잉여, 총잉여, 자중손실을 그림을 통해 나타내 보라.

‖ 가격차별

지금까지 우리는 모든 소비자에게 동일한 가격을 받는 **단일가격 독점기업**(single-price mono-polist)의 경우만 고려하였다. 용어에서 알 수 있듯이 모든 독점기업이 다 그런 것은 아니다. 사실 대부분은 아닐지 몰라도 많은 독점기업들이 동일한 재화에 대해 소비자에 따라 다른 가격을 받음으로써 이윤을 증가시킬 수 있음을 알고 있다. 이들은 **가격차별**(price discrimination)을 한다.

가격차별 중 가장 눈에 띄는 것은 항공요금이다. 항공사는 여러 개가 있지만 미국 내 대부분의 노선은 한두 회사만이 운항을 하고 있기 때문에 이들은 시장지배력을 가지고 가격을 책정할 수 있다. 따라서 항공기를 자주 이용해 본 승객이라면 "그곳까지 항공요금이 얼마인가요?"라는 질문에 대한 답변이 결코 간단하지 않다는 것을 곧 알게 된다.

만일 당신이 교환 불가능한 항공권을 한 달 전에 구입하고 토요일을 그곳에서 지낸다면 왕복요금이 150달러밖에 안 되고, 당신이 나이가 많거나 학생이라면 그보다 더 쌀 수도 있다. 그러나 만일 당신이 회사일로 화요일인 내일 떠나서 수요일에 돌아와야 한다면 왕복요금이 550달러가 될 수도 있다. 그렇지만 업무상의 여행자든 가족을 방문하는 노인이든 동일한 상품 ─ 동일한 비좁은 좌석과 (혹시 제공된다면) 형편없는 식사 ─ 을 제공받는다.

항공사들은 대개 독점이 아니라 과점이라고 이의를 제기할 사람이 있을지 모른다. 사실 가격차별은 독점뿐 아니라 과점이나 독점적 경쟁에서도 발생한다. 그러나 완전경쟁에서는 나타나지 않는다. 그리고 왜 독점기업이 때때로 가격차별을 하는 것인지 이해하고 나면 다른 경우도 이해하기가 쉬워질 것이다.

가격차별의 논리

모든 소비자에게 동일한 가격을 받는 것보다 가격차별이 이윤이 더 많이 나는 이유를 예비적으로 알아보기 위해 에어선샤인사가 노스다코타 주의 비즈마크와 플로리다 주의 포트로더데일 간 유일한 직항편을 제공한다고 상상해 보자. 수용능력의 제한은 없다 ─ 승객이 있는 한 얼마든지 항공편을 제공할 수 있다 ─ 고 가정한다. 또한 고정비용이 없다고 가정한다. 승객 수에 관계없이 좌석 하나를 공급하는 한계비용은 125달러이다.

항공사가 아는 바로는 두 부류의 승객이 이 항공편을 이용하려 한다고 가정하자. 매주 두 도시 사이를 업무차 여행하려는 2,000명의 승객과 여행을 하려는 2,000명의 학생들이다.

잠재적 승객들이 항공편을 이용할 것인가는 가격에 달려 있다. 업무 때문에 여행하려는 사람들은 되도록이면 항공편을 이용하려 한다는 것이 밝혀졌다. 이들은 요금이 550달러를 초과하지 않는 한 비행기를 이용하려 한다. 그러나 학생들은 가진 돈은 적고 시간은 많아 가격이 150달러를 초과하면 버스를 이용하려 한다. 이러한 상황을 나타낸 수요곡선이 〈그림 8-10〉에 표시되어 있다.

그러면 항공사는 어떻게 해야 할까? 만일 모든 사람에게 동일한 요금을 적용해야 한다면 선

단일가격 독점기업(single-price monopolist)은 자신의 생산물을 모든 소비자에게 동일한 가격으로 제공하는 기업을 말한다.

판매자가 **가격차별**(price discrimination)을 한다는 것은 동일한 재화에 대하여 소비자에 따라 다른 가격을 부과하는 것을 말한다.

그림 8-10 두 부류의 항공여객

에어선샤인 항공에는 두 부류의 고객이 있다. 업무상 여행자는 항공권당 550달러까지 지불할 용의가 있고, 학생 여행자는 항공권당 150달러까지 지불할 용의가 있다. 각 부류에 2,000명의 소비자가 존재한다. 에어선샤인 항공의 좌석당 한계비용은 125달러이다. 만약 두 부류의 여객에게서 다른 가격을 받을 수 있다면 에어선샤인 항공은 업무상 여행자로부터는 550달러를, 학생 여행자로부터는 150달러를 받음으로써 이윤을 극대화할 수 있을 것이다. 이때 기업은 모든 소비자잉여를 이윤으로 획득하게 된다.

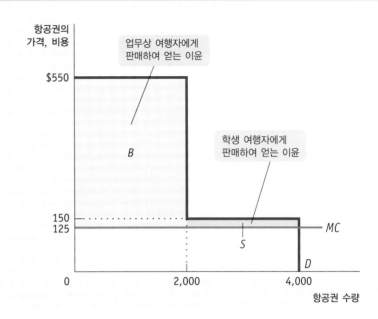

택은 제한되어 있다. 우선 550달러를 받을 수 있다. 그러면 업무상 여행자로부터 최대의 수입을 얻을 수 있으나 학생 시장을 잃게 된다. 아니면 150달러를 받을 수 있다. 그러면 두 부류의 승객을 모두 유치할 수는 있으나 업무상 여행자로부터 얻는 수입은 상당히 감소한다.

이 두 가지 선택으로부터 얻는 이윤을 간단히 계산해 볼 수 있다. 요금을 550달러로 하면 업무상 여행자들에게 2,000장의 항공권을 판매하여 $550 \times 2,000 = \$1,100,000$의 총수입과 $125 \times 2,000 = \$250,000$의 총비용이 발생하므로 이윤은 〈그림 8-10〉에 색으로 구별되도록 B라고 표시된 85만 달러가 될 것이다.

만일 요금을 150달러로 하면 4,000장의 항공권을 판매하여 $150 \times 4,000 = \$600,000$의 총수입과 $125 \times 4,000 = \$500,000$의 총비용이 발생하여 이윤은 10만 달러가 될 것이다. 만일 항공사가 모든 사람에게 동일한 가격을 받아야 한다면 분명 높은 가격을 받고 학생들에게는 판매를 포기하는 것이 더 유리하다.

그러나 항공사가 정말 원하는 것은 업무상 여행자들에게는 550달러를 다 받고 학생들에게는 150달러에 항공권을 판매하는 것이다. 150달러는 업무상 여행자가 지불할 가격보다는 훨씬 낮지만 그래도 한계비용보다는 높다. 따라서 항공사가 학생들에게 2,000장의 항공권을 추가로 판매할 수 있다면 5만 달러의 이윤을 추가로 얻을 수 있다. 즉 항공사는 〈그림 8-10〉에 B와 S로 표시된 면적에 해당하는 이윤을 얻게 될 것이다.

각 집단의 수요에 어느 정도의 '유연성'이 있다고 가정하는 것이 더 현실적일 것이다. 550달러 이하의 가격에서는 업무상 여행이 어느 정도 증가할 것이고, 150달러 이상의 가격에서도 일부 학생들은 여전히 항공권을 구매하려 할 것이다. 그러나 이것이 가격차별의 논리를 무효화하지는 못한다는 것이 밝혀졌다.

중요한 점은 가격에 대한 반응이 두 집단에 다르게 나타난다는 것이다. 가격이 높아질 때 학생들은 구매를 쉽게 포기하지만 업무상 여행자들은 그렇지 않다. 집단별로 가격에 대한 반응이 다르다면 독점기업은 이들에게 다른 가격을 책정함으로써 더 많은 소비자잉여를 흡수하여 이윤을 증가시킬 수 있다.

많은 항공 노선에서 여행자가 지불하는 요금은 그 여행자가 어떤 유형의 여행자인가에 따라 달라진다.

가격차별과 탄력성 더 현실적인 항공여행 수요함수는 각 부류의 여행객들이 항공편을 이용하려는 가격에 의해서만 결정되지는 않을 것이다. 그 대신 각 부류의 여행객들은 가격에 대한 반응도, 즉 수요의 가격탄력성에 따라 구분될 수 있다.

어떤 회사가 쉽게 구별되는 두 부류의 사람들―업무상 여행자와 학생 여행자―에게 제품을 판매한다고 하자. 업무상 여행자들은 본질적으로 가격에 대해 반응도가 별로 높지 않다. 일정량을 가격에 상관없이 구매하려 하고 가격을 인하해도 그 이상 구매하려 하지 않는다. 그러나 학생들은 훨씬 더 탄력적이다. 좋은 가격에는 상당량을 구매하려 하고, 가격을 너무 높이면 다른 것을 구매한다. 이 회사는 어떻게 해야 할까?

해답은 이미 우리가 단순화된 예에서 본 바와 같다. 이 회사는 가격탄력성이 낮은 업무상 여행자들에게 탄력성이 높은 학생들보다 더 높은 가격을 책정해야 한다.

완전가격차별

〈그림 8-10〉에 예시되었던 비즈마크와 포트로더데일 사이를 여행하는 업무상 여행자와 학생의 예로 돌아가서 만일 항공사가 두 집단의 고객을 구별할 수 있고, 가격차별을 한다면 어떻게 될 것인가?

항공사는 당연히 각 집단의 지불용의, 즉 각 집단이 지불하고자 하는 최대금액에 해당하는 가격을 요구할 것이다. 업무상 여행자의 지불용의는 550달러이고 학생의 지불용의는 150달러이다. 가정한 바와 같이 한계비용은 산출량에 관계없이 125달러이므로 한계비용곡선은 수평선이다. 항공사의 이윤은 쉽게 알 수 있다. 그것은 직사각형 B와 S의 면적의 합이다.

이 경우 소비자는 아무런 소비자잉여도 얻지 못한다! 모든 잉여가 이윤의 형태로 독점기업에 흡수된다. 독점기업이 이와 같이 모든 잉여를 흡수할 수 있을 때 독점기업은 **완전가격차별**(perfect price discrimination)을 달성했다고 말한다.

일반적으로 독점기업이 책정할 수 있는 차별가격의 수가 많을수록 완전가격차별에 더 근접할 수 있다. 〈그림 8-11〉은 우하향하는 수요곡선을 가진 독점기업을 보여 주고 있다. 우리는 이 독점기업이 지불용의가 큰 소비자에게는 높은 가격을 받으면서 여러 집단의 소비자에게 각기 다른 가격을 받을 수 있다고 가정한다.

그림 (b)에는 두 가격을, 그림 (b)에는 세 가격을 받는 경우가 그려져 있다. 이로부터 두 가지를 알 수 있다.

1. 독점기업이 책정하는 차별가격의 수가 많을수록 그중 최저가격의 수준은 낮아진다. 즉 어떤 소비자는 한계비용에 가까운 가격을 지불하게 된다.
2. 독점기업이 책정하는 차별가격의 수가 많을수록 소비자로부터 흡수하는 금액은 커진다.

차별가격의 수가 아주 많아지면 그림 (c)와 같이 보일 것이다. 이것이 완전가격차별의 경우이다. 이 경우에 재화를 구입할 의사가 가장 적은 소비자는 한계비용을 지불하고 모든 소비자잉여는 이윤으로 흡수된다.

항공요금의 예와 〈그림 8-11〉의 예 모두 또 한 가지 사실을 보여 준다. 그것은 독점기업이 완전가격차별을 할 수 있게 되면 비효율이 전혀 없다는 점이다! 그 이유는 비효율의 원인이 제거되었기 때문이다. 한계비용 이상의 가격에서 재화를 구입하고 싶으나 그럴 기회가 없는 소비자가 존재하지 않는다. 오히려 독점기업은 다른 소비자들보다 낮은 가격을 제시하여 이런 소비자들을 '건질' 수 있다.

아마도 현실에서는 완전가격차별이 결코 이루어질 수 없을 것이다. 근본적으로 완전가격차별

독점기업이 각 소비자의 지불할 용의―소비자가 지불하고자 하는 최대금액―에 해당하는 가격을 부과하는 경우 **완전가격차별**(perfect price discrimination)이 이뤄졌다고 말한다.

그림 8-11 가격차별

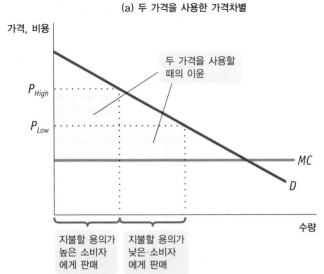

(a) 두 가격을 사용한 가격차별

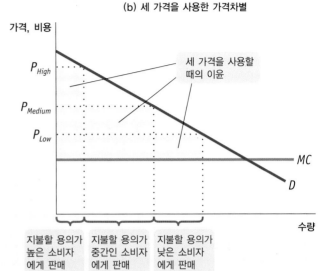

(b) 세 가격을 사용한 가격차별

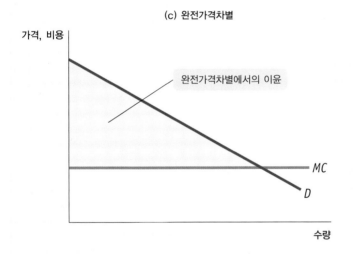

(c) 완전가격차별

그림 (a)는 독점기업이 두 가격을 부과하고 있는 경우를 나타낸다. 독점기업의 이윤은 색칠된 영역이다. 그림 (b)는 독점기업이 세 가격을 부과하고 있는 경우를 나타낸다. 이 경우에도 색칠된 영역이 독점기업의 이윤이다. 이 독점기업은 더 많은 소비자잉여를 획득함으로써 자신의 이윤을 증대시킨다. 즉 독점기업은 더 많은 수의 가격을 부과함으로써 더 많은 소비자잉여를 획득하여 더 높은 이윤을 얻는다. 그림 (c)는 독점기업이 각각의 지불 용의에 해당하는 가격을 소비자에게 부과하고 있는 완전가격차별의 경우를 나타낸다. 독점기업의 이윤은 색칠된 삼각형이다.

을 달성할 수 없다는 것은 가격이 경제적 신호로서 문제가 있음을 의미한다.

가격이 경제적 신호로 작동하면 모든 상호 유익한 거래들이 실제로 모두 달성되도록 보장하는 데 필요한 정보가 전달된다. 시장가격은 판매자의 비용을 알려 주고 소비자들은 지불용의가 시장가격 이상일 경우에는 그 재화를 구입함으로써 지불용의를 알려 준다.

그러나 현실에서의 문제는 가격이 완전한 신호가 아닌 경우가 많다는 것이다. 업무상 여행자가 항공권을 싸게 구입하기 위해 학생이라고 주장한다면 소비자의 진정한 지불용의는 위장될 수 있다. 그러한 위장이 성공한다면 독점기업은 완전가격차별을 달성할 수 없다.

그러나 독점기업은 다양한 가격전략을 사용하여 완전가격차별에 근접하려고 노력한다. 자주 사용되는 가격차별 수단은 다음과 같다.

- 선구매 제약 : 아주 일찍 구매하면 가격이 더 싸다(경우에 따라서는 마지막 순간에 사면 가격이 싸다). 이를 통해 더 나은 가격을 찾는 사람과 그렇지 않은 사람을 구별할 수 있다.

- **수량할인** : 많은 수량을 구입하면 가격이 더 싼 경우가 많이 있다. 어떤 재화를 많이 소비할 계획인 소비자에게는 마지막 한 단위의 비용—소비자의 한계비용—이 평균가격보다 상당히 낮다. 이를 통해 많은 수량을 구입할 계획을 가지고 있고 따라서 가격에 더 민감한 사람과 그렇지 않은 사람을 구별할 수 있다.

- **이부가격** : 이부가격이란 고객이 정해진 요금을 미리 지불하고 그 이후로는 구입하는 상품에 대해 단위별 가격을 지불하는 것이다. 샘스 클럽(Sam's Club)과 같은 할인 클럽(이는 독점기업은 아니지만 독점적 경쟁기업이다)에서는 구매 상품 비용뿐 아니라 연회비를 지불한다. 따라서 결과적으로 처음 사는 물건의 비용은 나중에 사는 물건의 비용보다 훨씬 더 높다. 그러므로 이부가격은 마치 수량할인과 같은 작용을 하게 된다.

이상의 논의는 또한 왜 독점에 대한 정부정책이 대체로 가격차별보다는—공평성에 중대한 문제가 있지 않는 한—자중손실을 방지하는 데 더 초점을 맞추고 있는지 이해하는 데 도움이 된다. 단일가격 독점기업에 비해 가격차별은—비록 완전하지 않은 경우라도—시장의 효율을 높일 수 있다.

만일 예전에는 가격이 높아 시장에서 배제되었으나 이제는 더 낮은 가격에 재화를 구입하게 된 소비자의 잉여가 현재의 높아진 가격에서 더 이상 재화를 구입하지 않게 된 소비자잉여의 감소를 상쇄할 만큼 충분히 크다면 가격차별로 인해 총잉여는 증가한다.

노인들에게 많이 처방되는 의약품이 한 예이다. 노인들은 대개 소득이 고정되어 있어 가격에 대단히 민감하다. 제약회사로 하여금 노인들에게는 낮은 가격을 받고, 다른 사람들에게는 높은 가격을 받을 수 있도록 허용하는 정책은 모든 사람에게 같은 가격을 받는 정책에 비해 실제로 총효용을 증가시킬 수 있다. 그러나 공평성에 심각한 문제를 야기하는 가격차별—예를 들어 환자들이 응급한 정도에 따라 가격을 요구하는 구급차 서비스—은 금지될 가능성이 크다.

현실 경제의 >> 이해
세일, 공장직판장, 그리고 유령도시

여러분은 왜 백화점들이 때때로 세일을 통해 상품을 일상 가격보다 상당히 싸게 판매하는지 의아해한 적이 있는가? 또는 미국의 간선도로를 운전하다가 다른 도시들에서 몇 시간 떨어진 곳에 '공장직판장'이 몰려 있는 있는 것을 보고 의아해한 적이 있는가?

경제생활에서 우리에게 익숙한 이런 모습들은 잘 생각해 보면 사실은 조금 이상하다. 왜 겨울철마다 갑자기 침대보와 수건이 일주일 동안 싸지는 것일까? 또는 왜 레인코트가 보스턴보다 메인 주 프리포트에서 더 싸게 팔리는 것일까? 이 모든 경우의 답은 판매자들—흔히 과점기업이거나 독점적 경쟁기업들—이 교묘한 형태로 가격차별을 실시하고 있다는 것이다.

왜 침대보와 수건을 정기 세일하는 것일까? 어떤 소비자들은 이런 상품이 필요하게 되었을 때만 구입한다는 것을 백화점들은 잘 알고 있다. 이런 고객들은 가격이 싼 곳을 찾기 위해 많은 노력을 들이지 않으므로 상대적으로 수요의 가격탄력성이 낮다. 따라서 보통 때 오는 고객들에게는 높은 가격을 책정하게 된다.

상점들은 주기적인 세일을 통해 수요탄력성이 높은 고객과 낮은 고객에 대해 가격차별을 한다.

hxdbzxy/Shutterstock

그러나 미리 계획을 하고 낮은 가격을 찾는 손님들은 세일이 실시될 때까지 기다릴 것이다. 따라서 그러한 세일을 가끔씩만 실시함으로써 백화점은 결국 가격탄력성이 높은 고객과 낮은 고객을 차별할 수 있는 것이다.

공장직판장도 같은 목적으로 운영된다. 싼 가격이지만 상당히 떨어진 장소에서 상품을 판매함으로써 싼 가격을 찾기 위해 상당한 노력을 하려는—따라서 상대적으로 수요의 가격탄력성이 높은—고객들을 위한 별도의 시장을 마련할 수 있는 것이다.

마지막으로 항공권의 경우로 돌아가서 가격에 있어 정말로 기이한 특성을 한 가지 언급하고자 한다. 흔히 하나의 중요한 지점으로부터 또 다른 중요한 지점으로의 항공편은 훨씬 가깝지만 작은 도시로의 항공편보다 더 싸다. 역시 그 이유는 수요의 가격탄력성이 다르다는 사실 때문이다. 소비자가 선택할 수 있는 시카고와 로스앤젤레스 간 항공편은 많기 때문에 어느 한 항공편에 대한 수요는 매우 탄력적이다. 반면에 작은 도시(예 : 솔트레이크시티)로의 항공편은 거의 선택의 여지가 없기 때문에 수요의 탄력성은 훨씬 작다.

그런데 가끔 두 중요 지점 사이의 항공편이 중간에 다른 지점에, 예컨대 시카고를 출발하여 로스앤젤레스로 가는 비행기가 솔트레이크시티에 기착하는 경우가 있다. 이런 경우에 때로는 더 먼 도시로 가는 항공요금이 중간 기착지까지의 항공요금보다 더 싼 경우가 있다. 예를 들면 로스앤젤레스까지의 표를 끊어 솔트레이크시티에서 내리는 것이 솔트레이크시티까지의 표를 끊는 것보다 더 쌀 수가 있다! 말도 안 되는 것 같지만 독점 가격 결정의 논리를 생각해 보면 충분히 납득할 수 있다.

그러면 승객들은 왜 단순히 시카고에서 로스앤젤레스로 가는 표를 끊고 솔트레이크시티에서 내리지 않을까? 어떤 사람들은 실제 그렇게 한다. 그러나 항공사들은 고객들이 그런 '유령도시'에 대해 잘 알지 못하도록 만들어 놓고 있다. 그뿐만 아니라 종착지까지의 항공권을 가진 사람에 대해서는 중간 기착지에서 짐을 찾을 수 없도록 만들어 놓았다(그리고 승객이 중간에 내린 경우에는 왕복권을 사용할 수 없다). 이런 모든 제약은 가격차별이 가능하도록 시장을 분리하기 위한 수단이다.

>> 이해돕기 8-4
해답은 책 뒤에

1. 참인가 거짓인가? 자신의 답을 설명해 보라.
   a. 단일가격 독점기업은 가격차별 독점기업들이 상품을 판매하지 않은 일부 소비자들에게 상품을 판매한다.
   b. 가격차별 독점기업은 단일가격 독점기업에 비해 더 많은 소비자잉여를 획득하므로 가격차별 독점기업이 발생시키는 비효율성은 단일가격 독점기업에 비해 더 크다.
   c. 가격차별을 하게 되면 가격탄력성이 높은 고객은 가격탄력성이 낮은 고객보다 더 낮은 가격을 지불할 것이다.
2. 다음 중 가격차별에 해당하는 것과 그렇지 않은 것은 무엇인가? 가격차별의 경우에는 가격탄력성이 높은 소비자와 가격탄력성이 낮은 소비자를 구분해 보라.
   a. 가격이 낮게 책정된 손상된 재고품
   b. 고령자에게 할인가격을 제공하는 레스토랑
   c. 신문에 재고품에 대한 할인가격 쿠폰을 게재한 식품제조사
   d. 여름 성수기 때 더 값비싼 항공권

>> **복습**
- 모든 독점기업이 **단일가격 독점기업**은 아니다. 많은 독점기업들뿐 아니라 과점기업과 독점적 경쟁기업들도 **가격차별**을 실시하고 있다.
- 가격에 민감한 정도가 소비자마다 다른 경우에 가격차별이 이익이 된다. 독점기업은 가격탄력성이 낮은 소비자에게는 더 높은 가격을, 가격탄력성이 높은 소비자에게는 더 낮은 가격을 매김으로써 이윤을 극대화하려 한다.
- 각각의 지불용의에 따라 소비자에게 상품에 대한 가격을 매기는 독점기업은 **완전가격차별**을 달성하고 있으며, 이 경우 서로 이득이 될 수 있는 거래가 모두 성사되었기 때문에 비효율을 초래하지 않는다.

문제 풀어보기   진통제 가격

근육통이나 두통 혹은 열이 있을 때 우리는 대부분 고통을 덜기 위해 진통제인 이부프로펜을 찾는다. 1986년까지 영국의 제약회사인 부츠 연구소가 이부프로펜의 특허권을 소유하고 애드빌이란 이름으로 판매했다. 그때까지는 부츠 연구소가 이 약품을 독점 생산·판매하였다. 당시에 이부프로펜 알약 100정이 든 한 통 가격은 5달러였는데 현재 가격으로 환산하면 10달러에 해당한다. 그러나 1986년 특허가 소멸되자 무명의 제약회사들이 시장에 진입하여 한 통 가격은 2달러 아래로 떨어졌다.

옆의 표는 이부프로펜에 대한 가상적인 수요를 나타낸다.

이부프로펜 알약 100정이 든 한 통의 한계비용이 2달러라고 가정하고, 무명의 제약회사들이 시장에 진입하지 않았을 때 총수입, 한계수입과 이윤을 극대로 하는 가격 및 산출량을 구하라. 다음에는 완전경쟁산업을 가정하고 무명의 제약회사들이 시장에 진입했을 때 균형가격과 산출량이 어떻게 되는지 설명하라.

가격	알약 100정이 든 약통 수 (백만 단위)
$20	0
18	1
16	2
14	3
12	4
10	5
8	6
6	7
4	8
2	9

단계 | 1 애드빌의 최적 가격과 산출량을 계산하기 위해 한계수입을 구하라.

245~248쪽을 복습하라.

총수입은 가격과 수량을 곱하여 구한다($TR = P \times Q$). 한계수입은 총수입의 변화량을 산출량의 변화로 나누어 구한다($MR = \Delta TR / \Delta Q$). 다음 표에서 보는 바와 같이 100개가 든 알약 100만 통을 판매하여 얻는 총수입은 100만×$18=1,800만 달러이고 200만 통을 판매하여 얻는 총수입은 200만×$16=3,200만 달러이다. 100만 통으로부터 다시 100만 통을 추가로 생산할 때 얻는 한계수입은 100만 통을 추가로 생산하여 얻은 총수입의 증가분을 산출량 증가분인 100만으로 나눈 (32−18)/(2−1)=14달러이다.

가격	알약 100정이 든 약통 수 (백만 단위)	총수입(백만 달러) $TR = P \times Q$	한 통당 한계비용(달러) $MR = \Delta TR \times \Delta Q$
$20	0	$0	
			$18
18	1	18	
			14
16	2	32	
			10
14	3	42	
			6
12	4	48	
			2
10	5	50	
			−2
8	6	48	
			−6
6	7	42	
			−10
4	8	32	
			−14
2	9	18	

단계 | 2 이부프로펜의 최적 가격과 산출량을 구하라.

248~250쪽을 복습하라.

독점기업은 한계수입과 한계비용이 같아지는 수량을 생산할 때 이윤을 극대로 한다. 이 예에서는 애드빌의 한계비용이 한 통당 2달러이다. 표에서 보라색으로 표시된 500만 통을 생산할 때 한계수입이 2달러가 됨을 알 수 있다. 또한 가격이 한 통당 10달러이고 산출량이 500만 통일 때 이윤이 4,000만 달러로 가장 높은 것을 확인할 수 있을 것이다.

단계 | 3 무명의 제약회사들이 산업에 진입하여 이부프로펜을 생산할 때 균형가격과 산출량은 어떻게 될 것인가?

252~254쪽을 복습하라.

이부프로펜에 대한 특허가 소멸되면 많은 기업들이 이 약을 생산하기 시작하여 산업은 완전경쟁에 거의 근접하게 되며 가격이 한계비용과 같아지게 된다. 표에서 연두색으로 표시된 것처럼 900만 통을 생산할 때 2달러인 한계비용이 가격과 같아지게 된다.

요약

1. 시장구조는 산업에 존재하는 기업의 수와 제품차별화 여부에 따라 완전경쟁, 독점, 과점, 독점적 경쟁의 네 가지 유형으로 구분된다.

2. **독점기업**이란 비슷한 대체재가 없는 상품을 혼자서 공급하는 생산자이다. 독점기업이 있는 산업을 **독점**이라 한다.

3. 독점과 완전경쟁산업 간 가장 큰 차이는 완전경쟁산업의 개별 생산자는 수평적인 가격곡선을 접하지만, 독점기업은 우하향하는 수요곡선을 접한다는 점이다. 이로 인해 독점기업은 완전경쟁산업보다 산출량 수준을 낮추어 시장가격을 올릴 수 있는 **시장지배력**을 갖게 된다.

4. 독점이 지속되기 위해서는 **진입장벽**에 의해 보호되어야 한다. 진입장벽으로는 희소한 자원이나 생산요소의 장악, **자연독점**을 발생시키는 규모에 대한 수익 증가, 기술적 우월성, **네트워크 외부효과**, 그리고 **특허권**이나 **저작권**과 같이 다른 기업의 진입을 금지하는 정부규제가 있다.

5. 독점기업의 한계수입은 수량효과(추가된 한 단위 산출량 판매에서 얻는 가격)와 가격효과(모든 산출량이 판매되는 가격의 하락)로 구성된다. 가격효과 때문에 독점기업의 한계수입은 언제나 시장가격보다 낮고, 한계수입곡선은 수요곡선 아래에 위치한다.

6. 독점기업이 이윤을 극대화하는 산출량 수준에서 한계비용은 한계수입과 같고 가격보다 낮다. 완전경쟁기업이 이윤을 극대화하는 산출량 수준에서 한계비용은 시장가격과 동일하다. 따라서 완전경쟁산업과 비교할 때 독점기업은 더 적게 생산하고, 더 높은 가격을 받으며, 단기와 장기에 모두 더 높은 이윤을 얻는다.

7. 독점기업은 한계비용보다 높은 가격을 받음으로써 자중손실을 초래한다. 소비자잉여의 손실분이 독점기업의 이윤을 초과한다. 그러므로 독점기업은 시장실패의 원인이 되며, 자연독점을 제외한 독점기업은 금지되거나 분할되어야 한다. 재화의 수요자가 한 사람뿐인 **수요독점**은 독점보다 더 드물게 나타난다. **수요독점기업**은 구매하는 재화의 가격에 영향을 미칠 수 있다. 수요독점기업은 구매 수량을 감소시켜 가격을 하락시킴으로써 판매자로부터 잉여를 얻어 낼 수 있다. 수요독점기업은 거래되는 재화의 수량을 비효율적으로 낮은 수준으로 감소시킴으로써 자중손실을 발생시킨다.

8. 자연독점 역시 자중손실을 발생시킨다. 이러한 자중손실을 제한하기 위해 정부에서는 **공영화**를 시행하거나 **가격규제**를 한다. 완전경쟁산업의 경우와 달리 독점기업의 가격상한은 공급부족현상을 야기하지 않으며 총잉여를 증대시킨다.

9. 모든 독점기업이 **단일가격 독점기업**은 아니다. 과점기업이나 독점적 경쟁기업과 같이 독점기업 또한 더 높은 이윤을 얻기 위해 **가격차별**을 시행한다. 가격차별 독점기업은 각각의 가격탄력성에 따라 소비자들을 차별화하는 다양한 기술을 이용하여 가격탄력성이 낮은 소비자에게 더 높은 가격을 부과한다. **완전가격차별**을 달성하는 독점기업은 각각의 지불용의에 해당하는 가격을 소비자에게 부과한다. 완전가격차별은 비효율성을 발생시키지 않으나 이를 현실적으로 실행하기는 불가능하다.

주요용어

독점기업	네트워크 외부효과	수요독점
독점	특허권	수요독점기업
시장지배력	저작권	단일가격 독점기업
진입장벽	공영화	가격차별
자연독점	가격규제	완전가격차별

토론문제

1. 스카이스크래퍼 도시의 지하철요금은 편도당 1.5달러이다. 시장은 지하철요금을 3분의 1 낮춘 1달러선으로 조정하라는 압력을 받고 있다. 시장은 이 조치로 인해 스카이스크래퍼 도시의 지하철 승차권 판매수입이 3분의 1 줄게 될 것이라고 생각하고 무척 낙심하였다. 이때 경제고문이 시장에게 현재 수량효과는 무시한 채 가격효과만을 고려하고 있다는 것을 상기시켰다. 승차권 판매수입이 3분의 1 줄게 될 것이라는 시장의 추정이 과대평가된 이유를 그림을 이용하여 설명해 보라.

2. 다음에 주어진 그림은 지역 전력사의 자연독점을 나타내고 있다. 그림에는 킬로와트시당(kWh) 전력 수요곡선, 전력사의 한계수입(MR)곡선, 한계비용(MC)곡선, 평균총비용(ATC)곡선이 그려져 있다. 정부는 가격상한제를 통해 독점기업을 규제하려 한다.

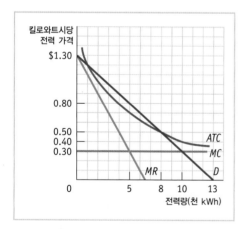

   a. 만약 정부가 독점기업을 규제하지 않는다면 독점기업이 부과하는 가격은 어느 수준이 될 것인가? 독점산업으로 인해 발생하는 자중손실을 색칠하여 비효율성을 표시해 보라.

   b. 정부가 가격상한선을 한계비용 0.3달러로 규제한다면 독점기업은 이윤을 얻을 것인가, 혹은 손실을 입겠는가? 독점기업의 이윤(혹은 손실)을 색칠해 보라. 정부가 가격상한제를 실시한다면 장기적으로 기업이 생산활동을 지속하겠는가?

   c. 정부가 0.5달러의 가격을 상한으로 정한다면 독점기업은 이윤을 얻겠는가, 손실을 입겠는가, 수지 균형을 이루겠는가?

3. 독점기업이 산출량 수준을 8에서 9단위로 확대하면 이로 인해 산출물 가격은 2달러에서 1달러로 낮아진다는 것을 알고 있다. 수량효과와 가격효과를 계산해 보라. 이 결과를 이용하여 독점기업의 아홉 번째 단위를 생산함으로써 얻는 한계수입을 계산해 보라. 아홉 번째 단위를 생산하는 한계비용은 영보다 크다. 독점기업이 아홉 번째 단위를 생산하는 것이 좋은 생각인가?

4. 다음 상황을 설명하라.

   a. 유럽에서는 많은 무선전화 사업자가 무선전화에 가입하는 사람에게 매우 비싼 무선전화기를 무료로 제공한다. 사업자들이 이렇게 하는 이유가 무엇일까?

   b. 영국에서는 반독점 당국이 무선전화 사업자인 보다폰(Vodaphone)이 고객들에게 다른 보다폰 고객에게 거는 전화를 무료로 제공하는 요금안을 금지했다. 보다폰이 이러한 전화를 무료로 제공한 이유가 무엇이었을까? 정부가 이런 요금안에 개입하여 이러한 관행을 금지시킨 이유는 무엇일까? 정부가 이런 방식으로 개입하는 것이 좋지 않을 수도 있는 이유는 무엇일까?

5. 생명을 위협하는 알레르기가 있는 사람은 에피네프린을 자동 주입할 수 있는 기구(**자동주사기**라 부른다)를 반드시 소지해야 한다. 2016년 여름 널리 사용되고 있던 자동주사기 에피펜을 생산하던 마일란은 실질적인 독점기업이 되었다. 1년 전 주된 경쟁 제품인 오비-Q가 오작동으로 인해 잘못된 용량을 주입할 수 있다는 우려로 인해 시장에서 회수되었다. 또한 미국 식품의약국이 제약회사인 테바가

무상표 자동주사기를 시장에 판매하는 것을 허가하지 않았다. 이 일이 있기 전에 2개로 구성된 에피펜 한 상자가 약 100달러에 판매되었다. 그러나 그 해 여름 마일란은 상자당 가격을 600달러 이상으로 인상하여 한동안 뉴스거리가 되고 인터넷 청원과 소비자들의 분노를 샀다. 마일란은 소비자들이 에피펜을 보험에서 구입하기 때문에 가격 인상의 영향을 받지 않는다고 반박했다. 마일란은 보험에 가입하지 않아 가격 전부를 부담해야 하는 사람에게는 300달러의 할인카드를 제공했다.

   a. 에피네프린 자동주사기가 완전경쟁시장에서 거래될 때 소비자잉여와 생산자잉여를 그래프로 표시하라. 기업들의 한계생산비가 한 팩당 100달러로 일정하다고 가정하라.

   b. 같은 그래프를 사용하여 오비-Q가 시장에서 회수되고 테바의 진입이 식품의약국에 의해 저지된 후 소비자잉여, 생산자잉여, 자중손실이 얼마나 변화했는지 보이라.

   c. 보험이 없는 사람들에게 제공된 할인카드가 어떻게 가격차별의 예가 될 수 있는가? (힌트 : 의료보험의 혜택을 받는 환자들은 소득이 높아 가격 전부를 부담할 수 있는 소비자와 같다.) 할인카드 제도하에서 소비자잉여와 생산자잉여가 어떻게 달라지는지 그래프로 표시하라.

연습문제

1. 다음의 각 기업은 모두 시장지배력을 가지고 있다. 시장지배력이 가능한 이유가 무엇인지 설명하라.
   a. 머크 : 콜레스테롤을 낮추는 약 제티아에 대한 특허권을 가짐
   b. 워터웍스 : 수돗물 공급자
   c. 치키타 : 바나나 공급자이자 대규모 바나나 농장 대부분의 소유자
   d. 월트 디즈니사 : 미키 마우스 창작자

2. 밥, 빌, 벤, 브래드 형제는 자신들의 농구 팀에 대한 다큐멘터리 영화를 만들었다. 그들 모두는 영화가 인터넷에서 내려받기되도록 하는 방안을 생각하고 있고, 원한다면 단일가격 독점기업으로 행동할 수 있다. 매번 영화를 내려받을 때마다 이 형제들은 인터넷 서비스 공급자로서 4달러의 요금을 부과한다. 이 형제들은 구매자가 영화를 내려받을 때 매회 얼마의 가격을 받을 것인가를 논의하고 있다. 다음에 주어진 표는 그들의 영화에 대한 수요표를 나타낸다.

내려받기 가격	내려받기 수요량
$10	0
8	1
6	3
4	6
2	10
0	15

   a. 내려받기 횟수에 대한 총수입과 한계수입을 각각 계산해 보라.
   b. 제작된 영화에 큰 자부심을 갖고 있는 밥은 최대한 많은 사람들이 영화를 내려받기를 원한다. 밥은 어떤 가격을 선택할 것인가? 이때 내려받기 횟수는 몇 회인가?
   c. 빌은 최대한 높은 총수입을 얻기를 원한다. 빌은 어떤 가격을 선택할 것인가? 이때 내려받기 횟수는 몇 회인가?
   d. 벤은 이윤을 극대화하기를 원한다. 벤은 어떤 가격을 선택할 것인가? 이때 내려받기 횟수는 몇 회인가?
   e. 브래드는 효율적인 가격을 매기고 싶어 한다. 브래드는 어떤 가격을 선택할 것인가? 이때 내려받기 횟수는 몇 회인가?

3. 마테오는 메이저리그 야구경기장을 내려다볼 수 있는 방을 가지고 있다. 마테오는 주당 50달러의 요금을 지불하고 망원경을 빌려 자신의 친구들과 동급생에게 요금을 받고 그 망원경을 이용하여 30초간 야구게임을 볼 수 있게 하기로 했다. 마테오는 '관람 시설'을 대여하는 단일가격 독점기업으로서 행동할 수 있다. 30초 동안 게임을 관람하는 사람 1명당 마테오가 렌즈를 닦는 데 0.2달러의 비용이 소요된다. 다음 표는 특정한 주간에 마테오가 제공하는 서비스의 수요에 대한 정보를 보여 주고 있다.

관람 요금	관람에 대한 수요량
$1.20	0
1.00	100
0.90	150
0.80	200
0.70	250
0.60	300

0.50	350
0.40	400
0.30	450
0.20	500
0.10	550

a. 각각의 가격에 대하여 관람 서비스를 판매함으로써 얻는 총수입과 관람 서비스 1회당 한계수입을 계산해 보라.

b. 수량을 어느 수준으로 정할 때 마테오의 이윤이 극대화되겠는가? 마테오가 부과할 가격은 어느 수준이겠는가? 마테오의 총이윤은 얼마가 되겠는가?

c. 마테오의 집주인이 건물 안으로 들어오는 방문객들에 대해 불만을 표시했고, 마테오에게 관람 서비스를 판매하지 말 것을 요구했다. 그러나 만약 판매되는 모든 관람 서비스에 대해 1회당 0.2달러를 집주인에게 준다면 그런 불평을 하지 않을 것이다. 관람 서비스 1회당 지불해야 하는 이러한 0.2달러의 회유책이 한계비용에 미치는 영향은 무엇인가? 이윤을 극대화하는 새로운 관람 횟수는 얼마가 되겠는가? 관람 서비스 1회당 지불해야 하는 이러한 0.2달러의 회유책이 마테오의 총이윤에 미치는 영향은 무엇인가?

4. 드비어스가 다이아몬드 시장에서 단일가격 독점기업이라고 가정하자. 드비어스는 5명의 잠재적 고객을 가지고 있다. 라켈, 재키, 조안, 미아, 소피아가 그들이다. 이들 고객은 다이아몬드의 가격이 그녀들의 지불용의와 같거나 그보다 낮은 경우에 한해서 최대한 1개의 다이아몬드를 구매하려고 한다. 라켈의 지불용의는 400달러이며, 재키의 경우 300달러, 조안의 경우 200달러, 미아의 경우 100달러, 소피아의 경우 0달러이다. 드비어스의 한계비용은 다이아몬드 1개당 100달러이다. 이를 토대로 수요표를 작성하면 다음과 같다.

다이아몬드 가격	다이아몬드 수요량
$500	0
400	1
300	2
200	3
100	4
0	5

a. 드비어스의 총수입과 한계수입을 계산해 보라. 계산한

바를 토대로 수요곡선과 한계수입곡선을 그려 보라.

b. 드비어스가 우하향하는 수요곡선을 접하게 되는 이유를 설명하고, 다이아몬드 1개를 추가로 판매할 때의 한계수입이 다이아몬드의 가격보다 낮은 이유를 설명하라.

c. 드비어스가 현재 다이아몬드에 대해 200달러의 가격을 받고 있다고 가정한다. 만약 100달러로 가격을 낮추면 가격효과는 얼마가 되겠는가? 수량효과는 얼마가 되겠는가?

d. 그림에 한계비용곡선을 그리고, 드비어스의 이윤을 극대화하는 수량과 가격 수준을 구하라.

5. 4번 문제에 주어진 수요표를 사용하라. 다이아몬드 생산의 한계비용은 100달러로 일정하다. 고정비용은 존재하지 않는다.

a. 만약 드비어스가 독점가격을 부과한다면, 각 구매자가 얻는 개별 소비자잉여는 얼마겠는가? 개별 소비자잉여를 더하여 총소비자잉여를 계산해 보라. 생산자잉여는 얼마인가?

러시아와 아시아에서 생산자들이 새로이 시장에 진입하여 시장이 완전경쟁적이 되었다고 가정하자.

b. 완전경쟁가격은 얼마인가? 완전경쟁시장에서 판매되는 수량은 얼마인가?

c. 완전경쟁시장에서 정해진 가격과 거래량에서 각 소비자들의 소비자잉여는 얼마인가? 총소비자잉여는 얼마인가? 생산자잉여는 얼마인가?

d. c에서 얻은 답과 a에서 얻은 답을 비교해 보라. 독점산업으로 인해 발생한 자중손실은 얼마인가?

6. 4번 문제에 주어진 수요표를 사용하라. 드비어스는 독점기업이며 이제 5명의 모든 잠재적 구매자에 대해 완전가격차별을 달성한다고 하자. 드비어스의 한계비용은 100달러로 일정하고 고정비용은 없다.

a. 드비어스가 완전가격차별을 달성한다면 어떤 구매자에게 얼마의 가격으로 다이아몬드를 판매하겠는가?

b. 각각의 개별 소비자잉여는 얼마인가? 총소비자잉여는? 각각의 판매를 통해 얻은 생산자잉여를 더함으로써 총생산자잉여를 계산해 보라.

7. 다운로드 레코드사에서는 그룹 '메리와 작은 양'의 앨범을 판매하기로 결정했다. 이 앨범을 공급하는 데 드는 고정비용은 없으나, 디지털 앨범을 제작하고 메리에게 로열티를 지급하는 데 6달러의 비용이 든다. 다운로드 레코드사는 단일가격 독점기업으로 행동할 수 있다. 판매부에서 조사한 앨범에 대한 수요표는 다음과 같다.

앨범 가격	앨범 수요량
$22	0
20	1,000
18	2,000
16	3,000
14	4,000
12	5,000
10	6,000
8	7,000

a. 총수입과 한계수입을 계산하라.

b. 각 앨범을 생산하는 데 드는 한계비용은 6달러로 일정하다. 이윤을 극대화하려면 다운로드 레코드는 산출량 수준을 어떻게 결정해야 하며, 이에 따라 각 앨범당 부과되어야 할 가격은 얼마인가?

c. 메리는 재계약을 해서 이제 다운로드되는 앨범당 더 높은 로열티를 받게 되었다. 그래서 한계비용이 상승하여 14달러로 일정하게 되었다. 이윤을 극대화하려면 다운로드 레코드는 산출량 수준을 어떻게 결정해야 하며, 이에 따라 각 앨범당 부과되어야 할 가격은 얼마인가?

8. 칼리지타운 극장의 고객은 900명의 학생과 100명의 교수이다. 영화표에 대한 학생들의 지불용의는 5달러이다. 교수들의 지불용의는 10달러이다. 모두 최대 1장의 표를 구매한다. 영화표 1장당 극장의 한계비용은 3달러로 일정하며, 고정비용은 없다.

   a. 극장에서 가격차별을 할 수 없고, 영화표 1장당 학생들과 교수들에게 동일한 요금을 부과해야 한다고 가정하자. 만약 극장에서 5달러의 요금을 부과한다면 누가 영화표를 구매할 것이며, 이때 극장의 이윤은 얼마가 될 것인가? 소비자잉여의 크기는 얼마인가?

   b. 극장에서 10달러를 부과한다면 누가 영화표를 구매할 것이며, 이때 극장의 이윤은 얼마가 될 것인가? 소비자잉여의 크기는?

   c. 극장 측에서 학생증을 요구함으로써 학생들에게는 5달러, 교수들에게는 10달러로 학생과 교수 간 가격차별을 할 수 있다고 가정하면 극장에서 얻게 되는 이윤의 크기는 얼마나 되겠는가? 소비자잉여의 크기는 얼마인가?

9. 미국에서는 연방거래위원회(Federal Trade Commission, FTC)가 경쟁을 제고하며 가격 인상을 초래할 가능성이 큰 기업합병에 이의를 제기하는 역할을 맡고 있다. 몇 년 전 사무용품을 전문으로 공급하는 두 대형 상점인 스테이플

스와 오피스디포가 합병에 합의했다고 발표했다.

   a. FTC의 합병 비판자들은 두 회사의 합병이 미국 여러 지역에서 사무용품 판매 시장의 독점을 초래할 것이라고 주장했다. FTC의 주장과 가격 인상을 초래할 가능성이 높은 기업합병에 이의를 제기하는 역할에 근거해서 볼 때 FTC가 이 합병을 승인했으리라고 생각하는가?

   b. 스테이플스와 오피스디포는 일부 지역에서 사무용품 판매 시장의 독점이 초래될 수는 있으나 FTC가 (슈퍼마켓과 다른 소매점 등과 같은) 모든 사무용품 공급자를 포함하는 더 큰 시장을 고려해야 한다고 주장했다. 그러한 시장에서 스테이플스와 오피스디포는 다른 많은 소규모 상점들과 경쟁할 것이다. 만일 모든 사무용품 공급자를 포함하는 것이 FTC가 고려해야 할 타당한 시장이라면 FTC가 합병을 승인할 가능성은 더 커지겠는가, 더 작아지겠는가?

10. 1990년대 말 이전에는 발전회사가 고압선을 통해 전력을 배급하는 일도 하였다. 그 이후에 16개 주와 워싱턴 시는 발전과 배전을 분리하여 발전회사와 배전회사들 간의 경쟁을 도입하였다.

   a. 배전 시장이 과거부터 현재까지 자연독점이라고 가정하자. 정부가 가격을 평균총비용과 같도록 규제했을 때 배전 시장을 그래프로 표시하라.

   b. 발전 시장에 대한 규제를 해제했을 때 완전경쟁시장이 된다고 가정하자. 그리고 발전산업은 자연독점의 특성을 갖지 않는다고 가정하자. 장기균형에서 이 산업에 속한 개별 기업의 비용곡선들을 그래프로 표시하라.

11. 2014년 타임워너와 컴캐스트가 합병할 계획을 발표했다. 두 회사가 합병할 경우 미국에서 케이블 서비스에 가입한 사람 대다수가 고객이 되기 때문에 독점 논란을 일으켰다. 또한 두 회사가 합병할 경우 실질적으로 케이블용 쇼 프로그램을 구입하는 유일한 회사가 될 것이기 때문에 수요독점 가능성이 거론되었다. 궁극적으로 합병은 허용되지 않았지만 합병이 이루어졌다고 가정하고 다음 각 경우에 그것이 독점이나 수요독점의 증거가 될 수 있는지 또는 아무 증거도 아닌지 답하라.

   a. 케이블의 월간 소비자 가격이 프로그램을 제작하여 케이블로 전달하는 비용에 비해 상당히 더 많이 상승한다.

   b. 케이블 TV에 광고를 하는 회사들이 더 높은 가격을 지불하여야 한다.

   c. 방송용 쇼를 제작하는 회사들이 전과 같은 금액을 받고 더 많은 쇼를 제작해야만 한다.

d. 소비자들이 전과 동일한 월간 요금을 지불하고 전보다 더 많은 쇼를 볼 수 있다.

12. 월마트는 세계 최대의 소매점이다. 그 결과로 월마트는 "절약해서 더 나은 삶"이라는 이 회사의 구호에 맞게 공급자들에게 가격을 낮추도록 요구할 수 있는 충분한 협상력을 갖고 있다.

a. 공급자들로부터 상품을 구입할 때 월마트는 독점기업처럼 행동하는가 수요독점기업처럼 행동하는가? 설명하라.

b. 월마트는 고객들의 소비자잉여에 어떤 영향을 미치는가? 이 회사의 공급자들의 생산자잉여에는 어떤 영향을 미치는가?

c. 장기적으로 월마트 공급자들이 생산하는 제품의 품질이 어떻게 달라질 것 같은가?

13. 수요곡선(D)과 한계비용곡선(MC)이 다음과 같이 주어진 산업을 보자. 고정비용은 존재하지 않는다. 만약 단일가격 독점산업이라면 독점기업의 한계수입곡선은 그림에서 MR로 주어질 것이다. 다음 물음에 대해 적절한 점 혹은 영역을 지적하여 답하라.

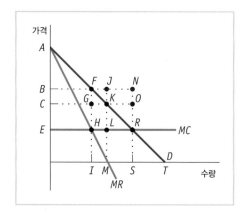

a. 산업이 완전경쟁적이라면 총공급량은 얼마가 되겠는가? 이때 가격은 얼마인가?

b. 완전경쟁산업에서 소비자잉여를 나타내는 영역은 어디인가?

c. 만약 단일가격 독점산업이라면 독점기업은 얼마나 생산하는가? 가격은 얼마나 부과하겠는가?

d. 단일가격 독점기업의 이윤을 나타내는 영역은 어디인가?

e. 단일가격 독점산업에서의 소비자잉여를 나타내는 영역은 어디인가?

f. 단일가격 독점산업으로 인한 자중손실을 나타내는 영역은 어디인가?

g. 독점기업이 완전가격차별을 달성하고 있다면, 이때 독점기업의 산출량은 얼마인가?

9 | 과점 및 독점적 경쟁

규제당국에 의해 펑크 난
브리지스톤 타이어

2015년 매출액이 270억 달러가 넘는 브리지스톤은 미국에서 매출액이 최대인 타이어 회사다. 그러나 2014년 이 회사는 규제당국자의 방문이라는 매우 치욕적인 사건을 겪었다. 그 해에 브리지스톤은 과거 수년간 경쟁자인 히타치 자동차 및 미쓰비시 전기와 모임을 가져왔음을 시인했다. 그 모임에서 회사들은 고무로 된 자동차 부품들의 가격을 정하고 시장을 분할하는 소위 가격담합을 도모했다. 총 26개의 회사가 고무로 된 자동차 부품의 가격담합을 시인했고, 32명이 기소되었으며, 총 20억 달러 이상의 벌금이 부과되었다.

브리지스톤과 그 공모자들이 취한 행동은 불법이었다. 법무부가 작성한 기소장에 따르면 그들의 행동은 "경쟁을 막고 제거하기 위한" 것이었다. 이런 행동의 효과는 제너럴 모터스로부터 토요타, 크라이슬러에 이르기까지 미국 내 모든 자동차 생산자들에게 판매하는 자동차 부품 가격을

인상하는 것이었다. 이 장에서 우리는 규제당국이 어떻게 가격담합 여부를 판정하고 브리지스톤이 어떻게 소비자에게 손해를 입혔는지 알게 될 것이다.

브리지스톤과 공모자들의 사건은 완전경쟁도 아니고 순수한 독점도 아닌 **과점**에서 발생하는 문제들을 잘 보여 준다. 과점이란 소수의 생산자들만이 있는 시장 형태다. 현실에서는 과점이 독점보다 훨씬 더 자주 발생한다. 그리고 현대 경제에서 완전경쟁보다 더 일반적인 시장 형태임에 틀림없다.

과점에서 발생하는 문제 때문에 법무부는 반경쟁적일 수 있는 수십 개의 사건들을 조사하느라 매우 바쁘다. 최근의 사건 중에는 아메리칸 익스프레스 카드 회사의 요금 책정, 애플사와 출판사들의 전자책 가격담합, 주요 국제 은행들의 조작된 금융거래, 원양 해운사들의 가격담합 등이 있다.

과점의 경우처럼 한 산업에 소수의 생산자들만이 있을 때에는 한 기업의 행동이 다른 기업들의 행동에 영향을 미치는 **전략적 행위** 문제가 발생한다. 서로의 행동에 영향을 미칠 수 있으므로 기업들은 브리지스톤과 그 공모자들처럼 경쟁을 완화하고 이윤을 높이기 위하여 행동을 조정할, 즉 **담합**할 유혹을 느낀다. 이런 행동 때문에 규제당국은 소비자를 보호하기 위해 때때로 과점 산업에 개입하게 된다.

이 장에서 우리는 먼저 과점이란 무엇이며 왜 그것이 중요한가에 대해 살펴본다. 다음에는 과점기업들의 행동을 알아볼 것이다. 마지막으로 독점적 경쟁의 의미와 독점적 경쟁기업들이 어떻게 제품차별화를 통해 경쟁하는지를 살펴볼 것이다. ●

담합을 한 과점 기업가가 연행되고 있다.

AP Photo/Courtesy WNYW-TV

이 장에서 배울 내용

- **과점**의 의미와 발생 이유
- **과점기업**들이 담합으로 이득을 보는 이유와 그로부터 소비자들이 손해를 보는 원인
- 과점기업 간의 담합을 방지하기 위한 **반독점정책**이 정부의 중요한 기능인 이유
- **게임이론**으로 얻은 통찰력이 과점기업들의 전략적 행위 이해에 도움이 되는 방법
- **독점적 경쟁**의 의미와 독점적 경쟁기업들이 제품을 차별화하는 이유

‖ 과점의 의미

브리지스톤과 그 공모자들이 가격담합을 하고 있던 시기에 고무로된 자동차 부품의 세계시장은 어느 한 기업에 의해 지배된 것이 아니었다. 다만 주요 생산자는 소수가 있을 뿐이었다. 소수 공급자가 있는 산업을 **과점**(oligopoly)이라 하고 과점산업에 속해 있는 기업을 가리켜 **과점기업**(oligopolist)이라 한다. 과점기업들은 당연히 서로 판매 경쟁을 벌인다. 그러나 브리지스톤이나 미쓰비시는 자신들이 판매하는 제품 가격을 주어진 것으로 간주하는 완전경쟁기업들과는 달랐다. 이들은 각 회사의 생산량에 따라 시장가격이 달라질 것을 알고 있었다. 즉 독점과 마찬가지로 이들 각 기업은 어느 정도의 **시장지배력**을 갖고 있었다. 따라서 이 시장의 경쟁은 '완전'하지 못했다.

경제학자들은 기업들이 경쟁을 하지만 동시에 시장지배력 — 시장가격에 영향을 미칠 수 있는 능력 — 을 가지고 있는 상황을 가리켜 **불완전경쟁**(imperfect competition)이라 한다. 제8장에서 본 바와 같이 사실 불완전경쟁에는 두 가지 중요한 형태가 있다. 과점과 **독점적 경쟁**이다. 이들 중 현실에서는 아마도 과점이 더 중요하다고 할 수 있다.

자동차의 고무 부품은 수십억 달러에 달하는 사업이기는 하지만 대부분 소비자들에게 친숙한 제품은 아니다. 하지만 소비자들에게 친숙한 많은 재화와 서비스가 소수의 경쟁적 판매자들에 의해 공급되고 있는데 이는 이러한 산업들이 과점인 것을 의미한다. 예를 들어 미국 검색엔진 시장에서는 구글이 63%의 시장점유율을 차지하고, 빙과 야후!가 합쳐서 34%의 점유율을 갖는다. 미국 스마트폰 시장에서는 애플과 삼성이 각각 47%와 22%의 시장점유율을 갖고 있다. 미국 치약 시장에서는 콜게이트-파몰리브가 48%, 크레스트와 센소다인이 각각 29%와 22%를 차지하고 있다. 버라이즌, AT&T, T-모바일이 미국 무선전화 계약의 85%를 점유하고 있으며, 대부분 국내 항공편이 두세 개의 항공편에 의해 제공되고 있다. 목록을 만들다 보면 책 한 권은 족히 될 것이다.

과점이 반드시 대기업으로 구성된 것은 아니라는 사실을 알 필요가 있다. 중요한 것은 규모 자체가 아니라 경쟁기업의 수이다. 작은 마을에 잡화점이 둘뿐이라면 여기서의 잡화 판매업은 뉴욕과 워싱턴 간 정기항공편과 똑같이 과점이라 할 수 있다.

어째서 과점이 이처럼 흔한 것일까? 본질적으로 과점은 독점이 발생하는 것과 같은 이유로 그러나 약화된 형태로 나타난 것이라고 할 수 있다. 아마도 과점이 발생하는 가장 중요한 이유는 대기업이 소기업에 비해 비용 면에서 유리한 **규모의 경제** 때문일 것이다. 이 규모의 경제가 매우 강력할 때는 독점이 나타나지만, 규모의 경제가 그렇게 강하지 않을 때는 소수의 기업이 경쟁하는 시장이 발생한다.

예를 들면 대규모 잡화점이 일반적으로 소규모 잡화점에 비해 비용이 낮다. 그러나 규모의 우위는 적당한 크기를 넘어서면 약화된다. 이러한 이유로 작은 도시에서도 보통 두세 개의 상점이 살아남게 된다.

과점이 그처럼 흔하다면 왜 이 책은 대부분을 다수 기업이 존재하는 산업의 경쟁에 할애하고 있는 것일까? 그리고 상대적으로 희소한 독점을 왜 먼저 공부한 것일까? 이유는 두 가지가 있다.

첫째로 완전경쟁시장에서 배운 것들의 대부분 — 비용, 진입과 퇴출, 효율성 등 — 은 산업이 완전경쟁이 아니더라도 유효하다는 것이다. 둘째로 과점의 분석에서는 쉽게 답할 수 없는 의문점들이 발견된다는 사실이다. 거의 모든 일에 있어 — 시험에서나 생활 전반에서 — 우선 답하기 쉬운 문제부터 해결하고 난 뒤 어려운 문제들을 고민하는 것이 지혜로운 방법이다. 우리는 단지 같은 전략을 따라 상대적으로 명쾌하게 설명되는 완전경쟁과 독점이론을 먼저 다루고 나서 과점에서 발생하는 의문점을 다루는 것뿐이다.

과점의 이해

과점기업들은 **상호의존**(interdependence) 상태에서 영업을 하기 때문에 다른 시장 형태의 기업들과는 근본적으로 다르게 행동한다. 이것은 한 기업의 가격이나 생산 결정이 경쟁기업의 이윤에 상당한 영향을 미친다는 뜻이다. 과점기업들이 어떻게 생각하고 행동하는지를 이해하기 위해 하나의 예로부터 시작해 보자.

복점의 예 이제 가장 단순한 형태의 과점, 즉 **복점기업**(duopolist)이라 불리는 두 생산 기업만 있는 산업―**복점**(duopoly)―을 살펴보자.

처음 소개한 이야기에서 브리지스톤과 히타치만이 타이어를 생산하고 있다고 생각해 보자. 문제를 더 간단히 만들기 위해 일단 타이어를 생산하는 데 필요한 고정비용을 지출하고 나면 추가 생산에 드는 한계비용은 영이라고 가정하자. 따라서 회사들은 판매수입에만 관심을 갖고 비용에는 관심이 없다.

⟨표 9-1⟩에는 가상적인 타이어 수요와 여러 가격하에서 얻어지는 산업의 총수입이 표시되어 있다.

만일 이 산업이 완전경쟁산업이었다면 각 기업은 시장가격이 한계비용보다 높기만 하면 생산을 계속 증가시키려 했을 것이다. 한계비용이 영이므로 이는 균형에서 타이어가 무료로 공급됨을 의미한다. 기업들은 가격이 영이 될 때까지 생산을 증가시켜 총생산량은 1억 2,000만 개가 되고 두 기업의 수입은 영이 될 것이다.

그러나 물론 기업들이 그렇게 어리석지는 않을 것이다. 산업에 기업이 둘뿐이므로 각자가 생산을 증가시키면 시장가격이 하락한다는 것을 알고 있을 것이다. 따라서 각 기업은 독점기업과 같이 생산을 억제하면 이윤이 더 높아진다는 것을 알 것이다.

그러면 두 기업은 얼마나 생산할 것인가?

하나의 가능성은 **담합**(collusion)―서로의 이윤을 높이기 위해 협력하는 것―이다. 가장 강한 형태의 담합은 각 기업의 생산량을 할당하는 기구인 **카르텔**(cartel)이다. 세계에서 가장 유명한 카르텔은 이 장 뒷부분의 '현실 경제의 이해'에서 서술한 석유수출국기구(OPEC)이다.

이름이 시사하는 바와 같이 OPEC은 사실 기업이 아니라 정부 사이에 체결된 협정이다. 이 카르텔이 정부 간 협정인 데는 이유가 있다. 기업들 사이의 카르텔은 미국을 비롯한 많은 국가에서 불법이다. 그러나 잠시 법을 무시하기로 하자(물론 브리지스톤은 현실에서 그렇게 했다가 불행을 자초하였지만).

이제 브리지스톤과 히타치 두 기업만으로 이루어진 카르텔의 예를 가지고 생각해 보자. 이 카르텔이 마치 독점인 것처럼 산업 전체의 이윤을 극대화하기로 결정했다고 가정하자. ⟨표 9-1⟩로부터 두 기업 모두의 이윤을 극대로 하기 위해서는 산업 전체의 생산량을 6,000만 개로 제한해야 함을 알 수 있다. 그러면 타이어는 개당 6달러씩에 판매되어 3억 6,000만 달러의 최대수입이 발생하게 될 것이다.

유일한 문제는 이 6,000만 개의 타이어 생산을 두 기업이 어떻게 분담하는가 하는 것이다. 아마도 각 기업이 3,000만 개씩 생산하고 1억 8,000만 달러의 수입을 얻는 것이 공평할 것이다.

그러나 두 기업이 그렇게 하기로 합의했다고 하더라도 문제가 발생할 수 있다. 각 기업은 약

표 9-1 타이어에 대한 수요표

타이어 가격	타이어 수요량 (백만 개)	총수입 (백만 달러)
$12	0	$0
11	10	110
10	20	200
9	30	270
8	40	320
7	50	350
6	60	360
5	70	350
4	80	320
3	90	270
2	100	200
1	110	110
0	120	0

속을 어기고 더 많은 양을 생산할 동기가 있는 것이다.

담합과 경쟁 브리지스톤과 히타치 사장들이 내년에 타이어를 각자 3,000만 개씩 생산하기로 합의할 예정이라 하자. 두 사람 모두 이 계획이 두 회사 이윤의 합을 최대로 한다는 것을 알 것이다. 그리고 또한 두 기업 모두 약속을 깰 동기를 갖게 될 것이다.

그 이유를 알기 위해 히타치는 약속을 지켜 3,000만 개만 생산하지만 브리지스톤이 약속을 무시하고 4,000만 개를 생산할 때 어떻게 될 것인지 알아보자. 그러면 총생산량이 증가하여 가격이 6달러에서 5달러(7,000만 개가 수요되는 가격)로 하락할 것이다. 산업 전체의 수입은 3억 6,000만 달러($6×6,000만 개)에서 3억 5,000만 달러($5×7,000만 개)로 하락한다. 그러나 브리지스톤의 수입은 1억 8,000만 달러($6×3,000만 개)에서 2억 달러($5×4,000만 개)로 증가할 것이다. 한계비용이 영이라고 가정하고 있으므로 이는 곧 브리지스톤의 이윤이 2,000만 달러만큼 증가함을 의미한다.

그러나 히타치의 사장도 똑같은 계산을 하고 있을지 모른다. 만일 두 기업 모두 타이어를 4,000만 개 생산하면 가격은 4달러로 하락할 것이다. 따라서 각 기업의 이윤은 1억 8,000만 달러에서 1억 6,000만 달러로 감소할 것이다.

개별 기업이 결합이윤을 극대로 하는 수준 이상으로 생산량을 증가시키려는 동기를 갖는 이유는 무엇일까? 그것은 어느 기업에게도 진짜 독점기업만큼 생산을 제한할 충분한 동기가 없기 때문이다.

잠시 독점이론으로 돌아가 보자. 이윤을 극대로 하는 독점기업은 한계비용(여기서는 영이다)을 한계수입과 같게 할 것이다. 그런데 한계수입이란 무엇인가? 상품을 한 단위 더 생산할 때 두 가지 효과가 발생한다는 것을 상기해 보자.

1. **양의 수량효과** : 한 단위가 더 판매되어 총수입은 그 상품이 판매되는 가격만큼 증가한다.
2. **음의 가격효과** : 한 단위를 더 많이 판매하기 위해서는 전체 상품이 판매되는 시장가격을 인하해야 한다.

음의 가격효과로 인해 독점기업의 한계수입은 시장가격보다 낮다. 그런데 생산량을 증가시킬 때의 효과를 고려할 때 개별 기업은 동료 과점기업은 제외하고 오로지 자신이 판매하는 상품에 대한 가격효과만을 고려한다. 만일 브리지스톤이 타이어를 추가로 생산하여 가격이 하락한다면 브리지스톤과 히타치가 모두 음의 가격효과로 피해를 볼 것이다. 그러나 브리지스톤은 오로지 자신이 판매하는 상품에 대한 음의 가격효과만 염려하지 히타치의 손실은 염려하지 않는다.

이로부터 우리는 과점에서 개별 기업이 생각하는 가격효과는 독점기업의 가격효과보다 작다는 것을 알 수 있다. 그러므로 이들이 생각하는 한계수입은 독점에서보다 더 높을 것이다. 따라서 과점기업에서는 생산량을 증가시키는 것이 산업 전체의 이윤은 감소시키더라도 자신에게는 유리하게 보일 수 있다. 그러나 모든 기업이 그렇게 생각한다면 결국은 모든 기업이 더 낮은 이윤을 얻게 되는 것이다!

지금까지 우리는 생산자들이 이윤을 극대화하기 위해서는 어떻게 해야 하는가를 봄으로써 그들의 행동을 분석할 수 있었다. 그러나 비록 브리지스톤과 히타치 모두 이윤을 극대화하려고 노력한다고 하더라도 그들의 행동에 대해 어떤 예측을 할 수 있는가? 그들이 결합이윤을 극대로 하는 합의에 도달하여 그것을 준수할까? 아니면 비록 모두의 이윤이 하락하더라도 각자 자신의 이익을 추구하여 **비협조적인 행동**(noncooperative behavior)을 보일 것인가? 두 행위 모두 이윤을 극대화하는 것 같아 보인다. 실제 그들의 행동은 과연 어떤 것일까?

기업들이 자신의 행동이 다른 기업의 이윤에 주는 영향을 고려하지 않고 행동할 때 이를 **비협조적인 행동**(noncooperative behavior)이라 한다.

이제 여러분은 소수의 기업만이 존재하는 과점에서 왜 담합이 실제로 가능한지 알게 되었다. 만일 수십 또는 수백 개의 기업이 있다면 기업이 비협조적으로 행동한다고 가정해도 무방할 것이다. 그러나 몇 안 되는 기업만이 한 산업에 존재한다고 해서 담합이 반드시 성사되는 것은 아니다. 다음 절에서 설명하는 이유들로 인해 과점기업들은 종종 담합에 실패한다.

담합이 궁극적으로는 비협조적인 행동보다 더 많은 이윤을 주기 때문에 기업에는 가능하기만 하다면 담합을 할 동기가 있다. 담합을 하는 한 가지 방법은 그것을 공식화하는 것이다—합의서(심지어는 합법적인 계약서)를 작성하거나 회사들이 가격을 높게 책정하도록 재정적인 동기를 부여하는 것이다. 그러나 미국을 비롯한 많은 국가에서는 그러한 행위가 법적으로 금지되어 있다. 회사가 가격을 높게 유지하는 계약을 합법적으로 체결할 수 없다. 그러한 계약은 효력이 없을 뿐만 아니라 작성하는 것 자체가 감옥행을 초래한다. 법적 효력은 없지만 도덕적 의무감을 줄 수 있는 '신사협정'도 맺을 수 없다. 그것 또한 불법이다.

사실 경쟁사의 임원들은 대화가 부적절한 방향으로 흘러가지 않도록 지켜 줄 변호사 없이는 잘 만나지도 않는다. 가격이 좀 더 높았으면 얼마나 좋을까를 암시하는 말만으로도 법무부나 연방통상위원회—두 기관 모두 과점의 담합을 방지하는 법 집행을 담당한다—와 원치 않는 면회를 하게 될 수도 있다.

예를 들면 2003년에 법무부는 몬산토(Monsanto)와 유전자가 조작된 씨앗을 생산하는 다른 대기업들을 가격담합 혐의로 고소하였다. 법무부는 몬산토와 파이어니어 하이브레드 인터내셔널(Pioneer Hi-Bred International)—두 회사는 미국 옥수수와 콩 종묘 시장의 60%를 점유하고 있다—이 가졌던 일련의 회합에 주목하였다. 유전자가 조작된 씨앗과 관련된 기술협약 당사자인 두 회사는 그 회합에서 불법적인 가격담합 논의는 없었다고 주장했다. 그러나 두 회사가 기술협약의 일부로서 가격을 논의했다는 사실만 가지고도 법무부가 행동을 취하기에 충분했던 것이다.

우리가 이미 본 바와 같이 때로는 과점기업들이 규칙을 무시하기도 한다. 그러나 그보다 과점기업들은 나중에 보는 바와 같이 공식적인 합의 없이도 담합을 형성하는 방법을 찾아낸다.

과점의 실태

과점시장이 실제 어떻게 작동해 가는가 하는 것은 기업의 활동을 규제하는 법 제도와 공식합의 없이 협력할 수 있는 기업의 능력에 달려 있다.

법 제도   실제에 있어 과점의 가격결정을 이해하려면 먼저 과점기업들이 영향을 받고 있는 법적 규제를 알아야 한다. 미국에서 과점이 처음 문제가 된 것은 철도—그 자체도 과점산업이었다—의 발달로 많은 상품이 전국을 시장으로 삼게 된 19세기 후반부터였다.

곧이어 석유, 철강을 비롯한 많은 제품을 생산하는 대기업들이 출현하였다. 오래지 않아 사업가들은 가격경쟁을 제한할 수 있다면 더 많은 이윤을 낼 수 있다는 사실을 간파했다. 그래서 많은 산업에서 카르텔이 형성되었다. 즉 그들은 생산을 제한하고 가격을 인상하기로 공식적인 합의문에 서명하였다. 그러한 카르텔을 금지하는 첫 연방 법안이 통과된 1890년까지 이것은 완전히 합법적이었다.

이러한 카르텔이 합법이긴 했어도 법적 구속력을 지닌 것은 아니었다—카르텔 구성원이 합의를 어긴 기업에 대해 법원을 통해 생산을 감축하도록 강제할 수는 없었다. 우리의 복점 예에서 알 수 있는 그런 이유로 인해 기업들이 합의를 어기는 일은 자주 있었다. 각 기업들은 항상 카르텔에서 합의된 것보다 더 많이 생산하려는 유혹을 받았다.

1881년 록펠러가 설립한 스탠더드오일 소속의 약삭빠른 변호사들이 해법을 찾아냈다—소위

"솔직히 나는 여러 가지를 복잡하게 엮어서 정신이상을 이유로 반독점법 위반행위에 대해 무죄를 주장하는 것이 의심스럽네."

Sidney harris/Cartoonstock.com

트러스트(기업결합)였다. 트러스트에서는 한 산업 내 주요 회사들의 소유권자들이 그 소유권을 모든 회사를 통괄하는 수탁위원회에 위탁하는 것이다. 이것은 사실상 모든 회사를 하나의 회사로 통합하는 것이었고 통합된 회사는 독점적으로 가격을 책정할 수 있었다. 이렇게 해서 스탠더드오일 트러스트는 석유산업에 독점과 다름 없는 기구를 형성했고, 이 방법은 곧 설탕, 위스키, 납, 목화씨 기름, 아마씨 기름 산업으로 파급되었다.

결국 사회적 반발이 일어났다. 일부는 트러스트 확산이 가져올 경제적 효과에 대한 우려 때문이었고, 일부는 트러스트 소유자들이 지나친 권력을 갖게 되는 것에 대한 우려 때문이었다. 그 결과로 1890년 셔먼 반독점법(Sherman Antitrust Act)이 제정되었다. 이 법은 더 이상 독점이 형성되는 것을 방지하는 것뿐만 아니라 기존의 독점을 해체하는 것까지를 목표로 삼았다. 초기에는 대체로 이 법이 집행되지 않았다. 그러나 그 후 수십 년에 걸쳐 연방정부는 확고한 태도로 과점기업들이 독점화되거나 독점기업처럼 행동하는 것을 방지하는 데 노력을 증가시켜 왔다. 이러한 노력은 오늘날까지 **반독점정책**(antitrust policy)으로 알려져 있다.

선진국 중에서도 미국은 반독점정책의 역사가 길다는 점에서 특별하다. 최근까지도 다른 선진국들에서는 가격담합을 처벌하는 정책이 없었고, 심지어 자국 기업들이 외국 기업들과 경쟁하는 데 유리할 것이라는 생각에서 카르텔 형성을 장려하는 국가들도 있었다. 그러나 유럽연합(EU) — 회원국에 대해 반독점정책을 실시하는 임무를 가진 초국가적 단체 — 이 미국의 관례에 가까이 따르게 됨에 따라 상황이 급속히 바뀌게 되었다. 오늘날 국제무역의 확장에 따라 가격담합도 '국제화'되었기 때문에 유럽연합과 미국의 규제기관이 같은 기업을 대상으로 하는 일도 흔하게 되었다.

1990년대 초 미국은 가격담합에 참여한 기업이 함께 참여했던 다른 기업들에 대해 신고를 하면 처벌의 대부분을 감면해 주는 일종의 사면정책을 시작하였다. 이에 더하여 유죄판결 시 부과되는 벌금의 최고액이 의회에서 대폭 증가되었다. 이 두 가지 새로운 정책은 명백히 카르텔 상대방을 고발하는 것이 우월전략이 되게 만들었고, 성과가 있었다. 최근에 미국은 물론 벨기에, 영국, 캐나다, 프랑스, 독일, 이탈리아, 멕시코, 네덜란드, 한국, 스위스의 경영자들이 미국의 법정에서 카르텔 행위로 유죄판결을 받았다. 어떤 변호사의 말처럼 공모자들끼리 서로 먼저 자백하려 함에 따라 "법정으로의 경주가 시작되었다."

과거 몇 년 사이에 카르텔을 운영하기가 훨씬 어려워졌다.

암묵적 담합과 가격전쟁 만일 현실의 산업이 우리의 타이어 예처럼 단순했다면 아마도 징역의 위험을 무릅쓰고 기업의 대표가 만나거나 할 필요도 없었을 것이다. 두 기업 모두 생산을 3,000만 개로 제한하는 것이 서로에게 이익이 되고, 생산을 늘려 얻어지는 단기이익은 상대가 보복함으로써 입게 되는 미래의 손실에 비해 훨씬 작다는 것을 파악할 수 있을 것이다. 따라서 아무런 명시적 합의 없이도 결합이윤을 극대화하는 데 필요한 **암묵적 담합**을 어렵지 않게 달성할 수 있을 것이다.

우리의 예처럼 과점기업들이 구속력을 갖는 합의 없이도 다른 기업들의 호의를 기대하며 그들의 이윤이 증가하도록 생산량을 억제하는 것을 **암묵적 담합**(tacit collusion)이라 한다. 그러나 합의가 '있는 것처럼' 행동할 뿐이지 가격에 대해 논의하는 것조차 처벌 대상이 된다.

현실 산업은 결코 이 예처럼 단순하지 않다. 그럼에도 불구하고 대부분의 과점산업에서 대부분의 경우 기업들은 가격을 비협조적 수준 이상으로 유지하는 데 성공하는 것처럼 보인다. 다시 말하면 암묵적 담합이 과점의 정상적 상태이다.

반독점정책(antitrust policy)이란 과점기업들이 독점화되거나 독점기업처럼 행동하는 것을 방지하기 위한 정부차원의 노력을 일컫는다.

과점기업들이 공식적인 합의가 없음에도 불구하고 서로의 이윤을 높이는 방향으로 자신의 생산량을 제한하고 가격을 올릴 때, 우리는 기업들이 **암묵적 담합**(tacit collusion)을 하고 있다고 말한다.

비록 암묵적 담합이 흔하다고 해도 가격을 독점 수준까지 인상하는 경우는 드물다. 담합은 대개 완전한 수준과는 거리가 멀다. 한 산업이 높은 가격을 유지하기 어려운 데는 다음의 네 가지 요인이 작용한다.

1. 낮은 집중도 집중도가 낮은 산업에서는 집중도가 높은 산업에 비해 기업들의 시장점유율이 낮을 것이다. 이것이 기업들로 하여금 비협조적으로 행동하게 만드는데, 점유율이 낮을수록 산출량을 늘렸을 때 이로 인해 발생하는 이윤의 대부분을 자신이 차지할 수 있기 때문이다. 그리고 만일 경쟁기업들이 산출량을 늘려 보복하려고 할 때 시장점유율이 낮으면 손실이 제한되기 때문이다. 한 산업에 집중도가 낮다는 것은 일반적으로 진입장벽이 낮다는 증거이다.

2. 제품과 가격책정제도의 복잡성 우리의 타이어 예에서는 두 기업이 오로지 한 제품만 생산한다. 그러나 현실에서는 과점기업들이 수천 개 또는 수만 개의 제품을 생산하는 일도 자주 있다. 이런 상황에서는 다른 기업들이 무엇을 생산하고 얼마의 가격을 받는지 일일이 점검하기가 곤란하다. 이로 인해 어떤 기업이 암묵적 합의를 깼는지를 판단하기가 어렵다.

3. 이해관계의 차이 타이어 예에서는 시장을 똑같이 분할하겠다는 암묵적 합의가 두 기업 모두가 받아들일 수 있는 자연스러운 결과로 보인다. 그러나 현실의 산업에서는 무엇이 공정한가에 대한 각 기업의 견해나 실제 이해관계에 차이가 있는 것이 보통이다.

예를 들어 히타치는 사업을 오랫동안 해 왔고 브리지스톤은 비교적 최근에 이 산업에 진입했다고 가정해 보자. 히타치는 자신이 계속해서 브리지스톤보다 더 많이 생산해야 한다고 생각하는 반면, 브리지스톤은 자신도 사업의 50%를 차지할 자격이 있다고 생각할 수 있다. 이번에는 브리지스톤의 한계비용이 히타치보다 더 낮다고 가정해 보자. 그들이 시장점유율에 합의한다고 해도 이윤을 최대로 하는 산출량 수준에 대해서는 의견이 다를 것이다.

4. 구매자들의 협상력 과점기업들은 개별 소비자가 아니라 대규모 구매자—다른 기업, 전국 체인점 등—에게 판매하는 경우가 흔하다. 이 대규모 구매자들은 과점기업과 가격을 낮추기 위해 협상할 수 있는 위치에 있다. 이들은 한 기업을 상대로 할인을 요구하면서 자신들의 요구가 관철되지 않으면 경쟁사에게 가겠다고 위협할 수 있다. 월마트와 같은 대형 판매점이 소규모 판매점보다 더 낮은 가격을 소비자에게 제시할 수 있는 중요한 이유는 바로 그 규모를 이용해 공급자로부터 더 낮은 가격을 얻어 낼 수 있기 때문이다.

암묵적 담합을 집행하는 데는 이러한 어려움이 있었기 때문에 타이어 산업의 사건에서 본 것처럼 기업들은 때때로 법을 어기고 불법적인 카르텔을 형성하기도 했다. 다음에 소개할 '현실 경제의 이해'에서는 초콜릿 산업을 볼 것이다.

암묵적 담합은 달성하기 어려울 때가 많아서 대부분의 과점기업들은 그 산업을 독점기업이 지배하는 경우—또는 과점이 명시적 담합을 할 수 있는 경우—에 비해 상당히 낮은 가격을 받는다. 게다가 어떤 때는 담합이 붕괴되어 **가격전쟁**(price war)이 발생한다. 가격전쟁이 일어나면 경우에 따라 단순히 가격이 비협조적 수준으로 하락하기도 한다. 그러나 어떤 때는 공급자들이 경쟁자를 시장에서 몰아내거나 최소한 배신 행위로 생각되는 행동에 대한 징계를 하기 위해 그 이하로 하락시키기도 한다.

가격전쟁(price war)이란 암묵적 담합이 깨지고 가격이 하락하는 것을 말한다.

현실 경제의 >> 이해
초콜릿 생산자 상대의 사건이 녹아내리다

초콜릿 제조업자들이 가격담합을 하고 있을까?

브리지스톤 사건에서는 회사 간부가 가격담합을 시인한 것이 부인할 수 없는 담합의 증거가 되어 검찰이 회사를 기소할 수 있었다. 그러나 확고한 증거가 없는 경우에는 가격담합을 기소하는 것이 매우 어려울 수도 있다. 캐나다와 미국에서 있었던 초콜릿 산업의 가격담합 수사 결과가 다르게 나타난 것이 이 점을 명확히 보여 준다.

2015년 늦게 8년에 걸친 캐나다의 주요 초콜릿 생산자에 대한 담합 수사가 마침내 종결되었다. 수사는 캐드버리 캐나다가 허쉬 캐나다, 네슬레 캐나다, 마르스 캐나다와 담합해 왔다고 밝힘에 따라 시작되었다. 이어 벌어진 법정 공방에서 13명의 캐드버리 캐나다 임원은 자발적으로 다른 회사들과의 회합에 관한 정보를 공개했다. 이 중에는 네슬레 캐나다 임원이 앞으로 있을 가격 인상에 대한 자세한 내용을 캐드버리 캐나다에 건네준 사건도 포함되어 있었다. 재판기록에 의하면 허쉬 캐나다, 네슬레 캐나다, 마르스 캐나다의 고위급 임원들이 가격을 조작하기 위해 비밀 회동을 가졌다. 오랜 재판 끝에 4개 회사가 합계 2,300만 달러 이상의 벌금을 지불하기로 합의하여 재판이 종결되고 벌금은 후에 소비자들에게 나눠 주었다.

국경의 남쪽에서는 미국의 대형 슈퍼 체인점들과 스낵 소매점들이 자신들 역시 초콜릿 생산자들의 담합의 희생자라고 확신하였다. 2010년 이들 중 하나인 슈퍼밸류(SuperValu)가 이 4대 초콜릿 생산기업의 미국 회사에 대해 소송을 제기하였다. 캐나다에서는 이 4대 기업이 50%를 약간 밑도는 시장을 장악하고 있었는 데 반해 미국에서는 이들이 75% 이상 장악하고 있었다. 슈퍼밸류는 이 4대 기업의 미국 회사가 2002년부터 정기적으로 며칠 간격을 두고 차례로 가격을 5~10% 이상 인상해 왔다고 주장했다.

실제로 미국에서 초콜릿 캔디 가격은 급격히 상승하여 2008년부터 2010년 사이에는 물가상승률보다 훨씬 높은 17%가 인상되었다. 그러나 초콜릿 제조사들은 단지 코코아 콩, 낙농제품, 설탕 등의 원가 인상을 반영한 것뿐이라고 자신들의 행동을 정당화하였다. 그리고 반독점 전문가들의 지적처럼 기업들이 같은 시기에 가격을 인상하는 것은 불법이 아니기 때문에 가격담합을 증명하는 것은 매우 어렵다.

2014년 미국의 판사는 4대 초콜릿 생산기업의 임원들이 캐나다 동료들의 반경쟁적인 행위를 알고 있었다는 증거가 없고 거의 동시에 가격을 인상했다고 해서 담합이 있었다는 충분한 증거가 되지 않기 때문에 담합에 대해 혐의가 없다고 판결했다. 연방 판사인 크리스토퍼 코너는 피고들이 예상되는 비용 인상을 고려하여 가격을 인상한 것은 "합리적이고 경쟁적인 행위"였다고 결론지었다. 2015년 캐나다의 규제당국은 이 4개 회사에 대해 더 이상의 형사 책임을 묻지 않기로 결정함으로써 이 사건을 종결지었다.

>> 이해돕기 9-1
해답은 책 뒤에

1. 다음 각 산업이 왜 완전경쟁이 아니라 과점인지를 설명하라.
   a. 페르시아만 부근의 몇몇 국가가 세계 석유매장량의 상당 부분을 차지하는 세계 석유산업
   b. 인텔과 그의 숙적 AMD가 기술적 우위를 차지하고 있는 마이크로프로세서 산업

>> 복습
- **과점**은 흔히 볼 수 있는 시장구조이며 과점에서는 한 산업에 **과점기업**이라 불리는 소수의 기업만이 존재한다. 과점을 유발하는 원동력은 독점과 동일하며, 단지 그 힘의 세기가 보다 약할 뿐이다. 과점기업들은 **상호의존**적인 상태에서 영업한다.
- 과점의 중요한 문제들은 과점의 가장 간단한 형태인 **복점**−두 기업(**복점기업**)만으로 구성된 산업−을 통해서 살펴볼 수 있다.
- 과점기업들은 마치 하나의 기업체인 것처럼 행동함으로써 결합이윤을 극대화시킬 수 있다. 그러므로 **카르텔**을 형성할 유인이 생긴다.
- 그러나 개별 기업은 카르텔을 위반할 유인, 즉 카르텔 합의하에서 생산하기로 했던 양보다 더 많은 양을 생산할 유인을 가지고 있다. 그러므로 성공적인 **담합** 및 카르텔 위반으로 인한 **비협조적 행동**이라는 두 가지 주요 결과가 나타날 수 있다.
- 과점기업들은 **반독점정책**이라는 법적 규제 속에서 운영된다. 그럼에도 불구하고 기업들이 구속력을 갖는 합의 없이 서로의 이윤이 증가하도록 생산량을 억제하여 가격을 높이는 행위인 **암묵적 담합**이 성공하는 경우가 많다.
- 암묵적 담합은 다수의 기업, 상품과 가격 책정의 복잡성, 이해의 차이, 구매자들의 협상력과 같은 다양한 요인으로 인해 유지되기 어렵다. 담합이 붕괴되면 **가격전쟁**이 발생한다.

c. 미국 기업인 보잉사와 유럽 기업인 에어버스로 구성되어 있으며, 엄청나게 높은 고정비용이 특징인 대형 민간 항공기 산업

2. 다음 중 어떤 요인들이 과점기업이 다른 기업들과 담합할 가능성을 높이겠는가? 어떤 요인들이 과점기업이 비협조적으로 행동하여 생산량을 늘리게 하겠는가? 자신의 답을 설명하라.

   a. 이 기업의 초기 시장점유율은 낮은 편이다. (힌트 : 가격효과에 대해 생각해 보라.)

   b. 이 기업은 경쟁기업들에 비해 비용 면에서 우위를 가지고 있다.

3. 다음의 어떤 요인들이 산업 내 암묵적 담합이 존재한다는 결론을 뒷받침하는가? 어떤 요인들이 이러한 결론을 뒷받침하지 못하는가? 설명하라.

   a. 시간의 흐름에 따라 산업 내 기업들의 시장점유율에 많은 변동이 있었다.

   b. 소비자들이 한 제품에서 다른 제품으로 변경하기 어렵도록 기업들이 제품에 불필요한 특징을 추가한다.

   c. 매년 기업들이 모여 예상되는 연간 제품판매량을 논의한다.

   d. 기업들이 자신들의 제품 가격을 같은 시기에 상향 조정한다.

‖ 과점기업의 게임

복점의 예에서나 실생활에서나 과점기업들은 자신의 이윤이 경쟁자의 행동에 따라 달라지고 경쟁자의 이윤이 자신의 행동에 따라 달라진다는 것을 알고 있다. 기업들은 상호의존적인 상황, 즉 각 기업의 결정이 다른 기업(또는 기업들)의 이윤에 상당한 영향을 미치는 상황에 처해 있다.

결국 기업은 각자의 이윤이 자신의 행동뿐 아니라 다른 참가자(또는 참가자들)의 행동에도 영향을 받는 게임을 하고 있는 것이다. 과점기업들이 어떻게 행동하는가를 더욱 상세히 이해하기 위해 경제학자들은 수학자들과 더불어 그러한 게임을 연구하는 분야, 즉 **게임이론**(game theory)이라고 불리는 분야를 개발하였다.

게임이론이 과점을 이해하는 데 어떤 도움을 주는지 살펴보자.

수감자의 딜레마

게임이론은 어느 한 참가자에게 주어지는 대가ㅡ**보상**(payoff)ㅡ가 자신의 행동뿐 아니라 그 게임에 참여하고 있는 다른 사람의 행동에도 영향을 받는 모든 상황을 다룬다. 과점의 경우에 보상은 바로 각 기업의 이윤이다.

복점처럼 두 사람만이 게임에 참여하고 있을 때 참가자들 간의 상호의존성은 〈그림 9-1〉에 있는 것과 같은 **보상행렬**(payoff matrix)로 나타낼 수 있다. 각 행은 한 참가자(여기서는 브리지스톤)의 행동에 대응되고, 각 열은 다른 참가자(여기서는 히타치)의 행동에 대응된다. 간단히 브리지스톤은 다음 두 가지 중 하나를 선택할 수 있다고 가정하자. 브리지스톤은 타이어를 3,000만 개 생산하거나 4,000만 개 생산할 수 있다. 히타치도 동일한 두 가지 선택을 할 수 있다.

보상행렬은 4개의 칸으로 되어 있고, 칸들은 대각선으로 분할되어 있다. 하나의 칸에는 두 기업의 선택으로부터 발생하는 두 기업의 보상이 표시된다. 대각선 아래쪽의 숫자는 브리지스톤의 이윤을, 대각선 위쪽의 숫자는 히타치의 이윤을 나타낸다.

이 보상들은 우리가 앞선 분석에서 얻은 결론들을 보여 준다. 두 기업의 결합이윤은 각 기업이 3,000만 개를 생산할 때 최대가 된다. 또한 각 기업은 상대방이 3,000만 개를 생산할 때 4,000만 개를 생산함으로써 자신의 이윤을 증가시킬 수 있다. 그러나 두 기업 모두 4,000만 개를 생산하면 두 기업 모두 3,000만 개를 생산했을 때보다 적은 이윤을 얻게 된다.

여기에 표시된 것은 특수한 상황이지만 이는 다양한 양상으로 관찰되는ㅡ또한 역설적으로

상호의존적인 상황에서의 행동을 연구하는 분야를 **게임이론**(game theory)이라 한다.

과점기업의 이윤과 같이 게임에서 참가자가 받는 대가를 그 참가자의 **보상**(payoff)이라 한다.

보상행렬(payoff matrix)은 두 사람만이 게임에 참여하고 있을 때 각 참가자들의 보상이 어떻게 상대의 행동에 영향을 받는지 보여 준다. 이러한 행렬이 상호의존적인 상황을 분석하는 데 도움을 준다.

그림 9-1 보상행렬

브리지스톤과 히타치 두 기업은 타이어를 얼마나 생산할지 결정해야 한다. 두 기업의 이윤은 상호의존적이다. 즉 각 기업의 이윤은 자신의 선택뿐 아니라 다른 기업의 선택에도 영향을 받는다. 각 행은 브리지스톤의 선택을, 각 열은 히타치의 선택을 나타낸다. 두 기업 모두 적은 양을 생산하는 것이 모두에게는 더 좋지만 많은 양을 생산하는 것이 개별 기업에는 더 유리하다.

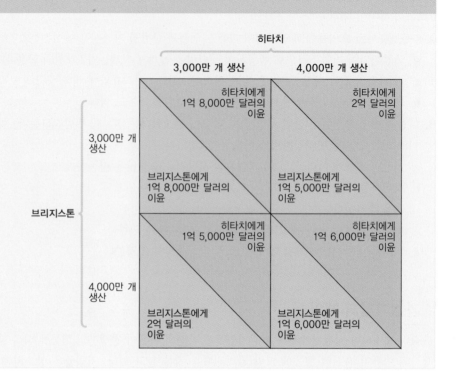

보이는―널리 알려진 현상의 한 예이다. **수감자의 딜레마**(prisoners' dilemma)로 알려져 있는 이 상황은 보상행렬이 다음과 같은 특징을 갖는 게임을 말한다.

- 각 참가자가 상대방이 어떤 선택을 하는가에 관계없이 항상 배반할―상대를 희생시켜 자신의 이익을 취할―동기를 갖는다.
- 두 사람이 모두 배반하면 모두가 배반하지 않을 때보다 나쁜 결과를 얻는다.

수감자의 딜레마의 예는 경찰에 검거된 두 공범―이들을 델마와 루이스라 부르자―에 대한 가상적인 이야기에서 비롯되었다. 경찰은 이들에게 5년 징역형을 부과할 만한 증거를 갖고 있다. 뿐만 아니라 이들이 20년형에 해당하는 중죄를 범했다는 것을 알고는 있으나 불행히도 이에 대해 유죄를 입증할 만한 증거가 없다. 유죄를 입증하려면 각 수감자가 서로 상대방의 범행을 증언해야 한다.

그래서 경찰은 이들을 다른 방에 수감하고 다음과 같이 말한다. "만일 아무도 자백하지 않으면 너도 알다시피 5년형을 받을 것이다. 만일 네가 자백하고 동료의 범행을 증언했는데 동료가 자백을 하지 않는다면 네 형량을 2년으로 줄여 주겠다. 그러나 만일 네 동료가 자백을 했는데 네가 자백하지 않는다면 너는 최대형량인 20년형을 받을 것이다. 그리고 만일 너희 모두가 자백한다면 15년형을 받게 해 주겠다."

〈그림 9-2〉에는 각자가 자백과 부인을 선택함에 따라 얻게 되는 보상이 표시되어 있다(보통 보상행렬에는 참가자의 보상이 표시되고 이는 높을수록 좋은데 여기서는 그렇지 않다. 형량은 높을수록 좋은 것이 아니라 오히려 나쁜 것이다!). 수감자들은 서로 연락을 취할 수 없고 상대를 해치지 않겠다는 등의 맹세도 한 적이 없다고 가정하자. 따라서 각자는 자신의 이익에 따라 행동한다. 이들은 어떻게 행동할까?

대답은 분명하다. 두 사람 모두 자백할 것이다. 우선 델마의 관점에서 생각해 보자. 루이스의

수감자의 딜레마(prisoners' dilemma)는 두 가지를 전제로 하는 게임이다. (1) 게임의 참가자들은 다른 참가자의 이익을 희생해서라도 자신에게 유리한 행동을 선택할 유인을 가지고 있다. (2) 두 참가자 모두 이와 같이 행동할 때, 이들은 협조적으로 행동할 때보다 더 낮은 보상을 얻게 된다.

그림 9-2 수감자의 딜레마

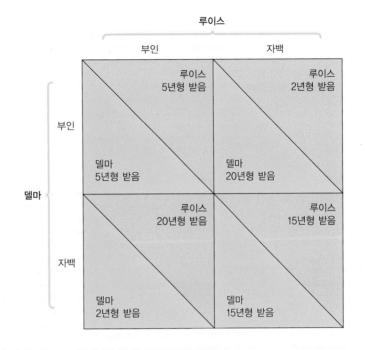

다른 방에 수용되어 있는 용의자 두 사람에게 동료가 자백을 하지 않았을 때 당신이 자백하고 동료의 범행을 증언하면 당신에게 가벼운 형량을 부과하고, 동료가 자백했는데 당신이 자백하지 않는다면 당신에게 무거운 형량을 부과하겠다 등등을 경찰이 제안한다. 자백하지 않는 것이 두 사람 모두에게는 유리하지만 각 개인에게는 자백하는 것이 더 유리하다.

선택에 관계없이 델마는 자백하는 것이 유리하다. 만일 루이스가 자백하지 않는다면 델마는 자백함으로써 형량을 5년에서 2년으로 단축할 수 있다. 만일 루이스가 자백한다면 델마는 자백함으로써 형량을 20년에서 15년으로 단축할 수 있다. 어떤 경우에나 분명히 자백하는 것이 델마에게 유리하다. 그리고 루이스도 똑같은 상황에 처해 있기 때문에 루이스도 자백하는 것이 분명 유리하다. 이런 상황에서 자백하는 행동을 경제학자들은 **우월전략**(dominant strategy)이라고 부른다. 우월전략이란 다른 사람들이 취하는 행동에 관계없이 자신에게 항상 유리한 행동을 말한다.

꼭 알아야 할 것은 모든 게임에 우월전략이 있는 것은 아니라는 점이다. 그것은 게임의 보상체계에 의해 결정된다. 그런데 델마와 루이스의 경우에는 자백이 각자에게 우월전략이 되도록 보상체계를 고안해 내는 것이 분명 경찰에 도움이 된다. 두 수감자가 아무도 자백하지 않기로 구속력 있는 합의를 할 방법이 없는 한 (서로 통신할 수 없다면 이러한 합의는 불가능하고 경찰은 자백을 받기 위해 통신을 허용하지 않을 것이 명백하다) 델마와 루이스는 서로 상대에게 불리한 행동을 취할 것이다.

그러므로 각 수감자가 자신의 이익에 따라 합리적으로 행동한다면 모두가 자백할 것이다. 그러나 두 사람 모두 자백하지 않았다면 두 사람은 훨씬 가벼운 형을 받았을 것이다! 수감자의 딜레마에서 각자는 명백히 상대를 해치는 행동을 취할 동기를 갖는다. 그러나 두 사람이 모두 그러한 선택을 할 때 모두가 손해를 보게 된다.

델마와 루이스가 모두 자백을 하는 것이 이 게임의 **균형**이다. 이 책에서는 균형의 개념을 여러 번 사용해 왔다. 균형이란 어떤 개인이나 기업도 자신의 행동을 바꿀 아무런 동기가 없는 결과를 말한다.

게임이론에서는 이런 종류의 균형, 즉 각 참가자가 다른 모든 참가자의 행동이 주어졌을 때 자신에게 가장 유리한 행동을 취하는 상태를 수학자이며 노벨상 수상자인 존 내쉬(John Nash)의 이름을 따 **내쉬균형**(Nash equilibrium)이라 부른다[내쉬의 일생은 베스트셀러 전기인 『뷰티풀 마인드(A Beautiful Mind)』로 출간되었고 영화로도 제작되었다]. 내쉬균형에서 참가자들은 자신의

우월전략(dominant strategy)이란 다른 사람들이 취하는 행동에 관계없이 자신에게 항상 유리한 행동을 말한다.

비협조적 균형(noncooperative equilibrium)이라고도 알려져 있는 **내쉬균형**(Nash equilibrium)이란 자신의 행동이 다른 참가자들의 보상에 미치는 영향을 고려하지 않은 채, 게임의 모든 참가자가 다른 참가자들의 행동이 주어진 상태에서 자신의 보상이 극대화되도록 자신의 행동을 선택했을 때 얻어지는 결과를 말한다.

수감자의 딜레마에서 공정하게 선택하기

수감자의 딜레마에 대한 공통된 반응 중 하나는 자백이 정말 합리적인 행동은 아니라는 주장이다. 델마는 루이스에게 폭행당할 것을 우려하거나 루이스가 자신을 배신하지 않을 것이므로 죄책감 때문에 자백하지 않을 것이라는 주장이다.

그러나 이런 식의 답변은 잘못된 것이다. 이것은 보상행렬에 적힌 보상을 바꾸는 것과 마찬가지다. 딜레마를 이해하기 위해서는 주어진 대로 자신의 형량만 의식하는 수감자를 상상해야 한다.

다행히 과점에는 기업들이 오로지 자신의 이윤에만 신경을 쓴다고 믿는 것이 별로 어렵지 않다. 브리지스톤의 누구도 히타치를 두려워하거나 좋아한다고 생각할 아무런 이유도 없고 그 반대도 마찬가지다. 이들 간의 게임은 순전히 사업상의 문제인 것이다.

행동이 다른 사람에게 미치는 영향을 고려하지 않기 때문에 이 균형은 **비협조적 균형**(noncooperative equilibrium)으로도 불린다.

다시 〈그림 9-1〉을 보자. 브리지스톤과 히타치는 델마와 루이스 같은 상황에 처해 있다. 각 기업은 다른 기업의 선택에 관계없이 많이 생산하는 것이 유리하다. 그러나 두 기업이 모두 4,000만 개를 생산하면 합의한 대로 두 기업 모두 3,000만 개만 생산하는 것보다 못하게 된다. 그러므로 두 가지 경우 모두 개인의 이익추구 — 이윤을 최대화하거나 형량을 최소화하려는 노력 — 가 두 사람 모두를 해치는 얄궂은 효과를 갖는 것이다.

수감자의 딜레마는 여러 양상으로 나타난다. 수감자의 딜레마에 처한 사람들이 협조적인 행동을 취하게 만드는 방법만 있다면 — 델마와 루이스가 침묵하기로 맹세했거나 브리지스톤과 히타치가 3,000만 개 이상 생산하지 않기로 법적 효력을 갖는 합의서에 서명을 했다면 — 분명히 더 큰 이익을 얻을 수 있다.

그러나 미국에서 두 과점기업의 생산량을 조작하기로 한 합의는 효력을 갖지 못한다. 그것은 불법이다. 따라서 원치 않는 비협조적 균형만이 가능한 것처럼 보인다. 과연 그럴까?

수감자의 딜레마 극복하기 : 반복 접촉과 암묵적 담합

델마와 루이스가 수감된 채 하고 있는 게임은 일회성 게임이다. 즉 이들은 이 게임을 같은 상대와 단 한 번만 한다. 자백할 것인지 버틸 것인지 단 한 번만 결정하게 되고 그것으로 그만이다. 그러나 과점기업들의 게임은 대부분 일회성이 아니다. 그들은 동일한 게임을 같은 상대와 반복하게 될 것으로 예상한다.

과점기업은 보통 상당 기간에 걸쳐 사업을 지속할 계획을 하며, 오늘 상대방을 배신하는 행동이 미래에 다른 기업들이 자신을 대하는 태도에 영향을 줄 수 있음을 안다. 따라서 영리한 기업이라면 선택을 하는 데 단기이익에 미치는 영향만을 고려하여 결정하지 않는다. 그 대신 자신이 오늘 취한 행동이 다른 참가자들의 미래 행동에 미칠 영향을 고려한 **전략적 행동**(strategic behavior)을 선택하게 된다. 그리고 적당한 조건하에서는 전략적인 행동이 마치 공식적인 담합과 같은 행동으로 나타날 수 있다.

브리지스톤과 히타치가 타이어 사업에 여러 해 동안 종사하여 〈그림 9-1〉에 표시된 바와 같이 배신하거나 담합하는 게임을 반복하게 될 것으로 예상한다고 가정하자. 과연 그들이 서로 배신하는 일을 매번 반복할까?

아마도 그렇지 않을 것이다. 브리지스톤이 두 전략을 고려한다고 가정해 보자. 하나는 히타치가 어떻게 하든 상관없이 항상 배신하는 것, 즉 매년 4,000만 개의 타이어를 생산하는 것이다. 다른 하나는 좋게 시작하여 첫해에 3,000만 개를 생산하고 상대방의 행동을 관찰하는 것이다. 만일 히타치 역시 생산을 자제하면 브리지스톤은 협조적인 태도를 유지하여 다음 해에도 3,000만 개만 생산한다. 그러나 만일 히타치가 4,000만 개를 생산하면 브리지스톤도 다음 해에는 공격적인 태도를 취하여 4,000만 개를 생산한다. 두 번째 전략 — 협조적인 행동으로 시작하지만 다음부터는 상대방이 전에 한 것과 똑같이 행동하는 것 — 은 일반적으로 **갚아 주기**(tit for tat)라고 부른다.

갚아 주기는 다른 사람들의 미래 행동에 영향을 주기 위한 행동, 즉 앞에 정의한 전략적 행동의 한 형태이다. 갚아 주기는 다른 참가자들이 협조적 행동을 한 것에 대해서는 상을 준다(네가 협조적으로 행동하면 나도 그럴 것이다). 이는 또한 배신에 대해서는 징계를 가한다(네가 배신할 거라면 앞으로 나로부터 좋은 대접은 기대하지 마라).

다른 기업의 미래 행동에 영향을 주려는 기업의 행동을 **전략적 행동**(strategic behavior)이라고 한다.

갚아 주기(tit for tat) 전략은 처음에는 협조하고, 그다음부터는 다른 참가자가 전기에 한 것과 같은 행동을 취하는 전략이다.

이들 두 전략으로부터 브리지스톤이 얻는 보상은 히타치가 어떤 전략을 선택하느냐에 따라 달라질 것이다. 〈그림 9-3〉에 표시된 네 가지 가능성을 살펴보자.

1. 만일 브리지스톤과 히타치가 모두 갚아 주기를 선택하면, 두 기업 모두 매년 1억 8,000만 달러의 이윤을 얻는다.
2. 만일 브리지스톤이 항상 배신을 선택하고 히타치는 갚아 주기를 선택한다면, 브리지스톤은 첫해에 2억 달러의 이윤을 얻지만 다음부터는 매년 1억 6,000만 달러만 얻게 된다.
3. 만일 브리지스톤은 갚아 주기를 선택했는데 히타치가 항상 배신을 선택했다면, 브리지스톤은 첫해에 1억 5,000만 달러만 얻지만 다음부터는 매년 1억 6,000만 달러를 얻는다.
4. 만일 두 기업 모두 항상 배신을 선택한다면 두 기업 모두 매년 1억 6,000만 달러를 얻는다.

어떤 전략이 더 나은가? 첫해에는 히타치의 전략에 관계없이 항상 배신을 택하는 것이 브리지스톤에게 더 유리하다. 그렇게 함으로써 2억 달러 또는 1억 6,000만 달러가 보장된다(두 가지 중 실제로 얼마를 얻을 것인가는 히타치의 선택에 달려 있다). 이것은 갚아 주기를 선택했을 때 브리지스톤이 첫해에 얻는 금액 1억 8,000만 달러 또는 1억 5,000만 달러보다 크다. 그러나 2년째부터는 항상 배신 전략은 히타치의 선택에 관계없이 매년 1억 6,000만 달러를 얻게 해 준다.

이것은 갚아 주기를 선택했을 때 브리지스톤이 얻는 금액보다 작다. 2년째부터 브리지스톤은 1억 6,000만 달러보다 적게 얻는 경우는 없을 것이고 히타치도 갚아 주기를 선택하면 1억 8,000만 달러까지 얻을 것이다. 따라서 어떤 전략이 더 유리한가는 두 가지에 의해 결정된다. 브리지스톤이 이 게임을 몇 년 동안 할 것인가와 경쟁자가 어떤 전략을 선택할 것인가이다.

만일 브리지스톤이 가까운 장래에 타이어 사업을 끝낼 것으로 생각한다면 이것은 사실상 일회성 게임이 된다. 그렇다면 현재 얻을 수 있는 것을 확보하는 편이 나을 것이다. 브리지스톤이

그림 9-3 반복 접촉에 의한 담합

'갚아 주기' 전략은 처음에는 협조적으로 행동하고 그다음부터는 상대방의 행동을 따라 하는 것이다. 이로써 상대의 좋은 행동에는 상을 주고 나쁜 행동에는 벌을 주게 된다. 상대가 배신하면 '갚아 주기'는 '항상 배신'에 비해 일시적으로만 불리하다. 그러나 만일 상대방이 '갚아 주기'를 선택하면 나 역시 '갚아 주기'를 선택하는 것이 장기적인 이득이 된다. 따라서 기업들마다 다른 기업들이 '갚아 주기'를 선택할 것으로 기대한다면 그들도 같은 선택을 할 것이고 암묵적 담합이 성공하게 된다.

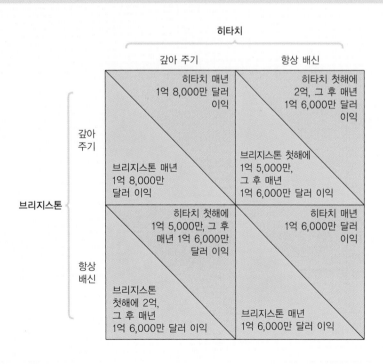

타이어 사업을 오래 지속할 생각이더라도 (그렇다면 히타치와 이 게임을 반복적으로 되풀이해야 할 것이다) 어떤 이유에서든 히타치가 항상 배신할 것으로 예상한다면 브리지스톤도 항상 배신해야 한다. 즉 옛말과 같이 브리지스톤은 "다른 사람이 너를 대접하기 전에 네가 먼저 다른 사람을 대접해야 한다."

그러나 만일 브리지스톤이 오랫동안 이 사업을 계속할 생각이고 히타치가 갚아 주기를 선택할 가능성이 크다고 생각한다면 브리지스톤 역시 갚아 주기를 택함으로써 장기적으로 더 많은 이윤을 얻을 수 있다. 처음에 배신한다면 추가적인 단기이윤을 얻을 수는 있겠지만 이는 히타치의 배신을 유발하여 결국은 이윤을 감소시킬 것이다.

이 이야기로부터 배울 수 있는 점은 과점기업들이 오랜 기간 서로 경쟁할 것으로 생각한다면 같은 산업의 다른 기업들에게 유익하게 행동하는 것이 자신에게도 유리하다고 판단하기 쉽다는 것이다. 따라서 과점기업은 공식적인 합의 없이 상대방이 호의를 갚아 주기를 기대하며 다른 기업들의 이윤이 증가되도록 생산량을 억제할 것이다. 즉 이들은 암묵적 담합을 하고 있는 것이다.

현실 경제의 >> 이해

OPEC의 종말

2015년 말 에너지 전문가 제이미 웹스터는 "많은 사람이 OPEC은 끝났다고 말했는데 이제 OPEC이 그것을 보여 주고 있다."고 선언했다. 역사상 가장 성공적인 다국적 카르텔인 OPEC의 종말은 전 세계를 뒤흔들 만한 엄청난 규모의 사건이었다. 알제리, 앙골라, 오스트리아, 카메룬, 에콰도르, 적도기니, 가봉, 이란, 이라크, 쿠웨이트, 리비아, 나이지리아, 콩고공화국, 사우디아라비아, 시리아, 아랍에미리트, 베네수엘라의 17개국으로 구성된 석유수출국기구(OPEC)는 전 세계 원유 수출의 42%, 밝혀진 원유 매장량의 80%, 천연가스 매장량의 47%를 차지하고 있다. 카르텔 구성이 법적으로 금지된 기업들과는 달리 국가들은 가격을 결정하는 데 있어 아무런 제약이 없다.

여러 해 동안 OPEC은 세계에서 가장 크고, 가장 성공적이고, 경제적으로 가장 중요한 카르텔이었다. OPEC의 회원국들은 정기적으로 만나 원유가격과 생산 쿼터를 결정했다. 〈그림 9-4〉는 1947년 이후 원유가격(불변 달러로)을 보여 준다. OPEC이 처음으로 그 위력을 보여 준 것은 1973년이었다. 제4차 중동전쟁 동안 OPEC 생산자들은 생산을 제한했고 그 결과로 나타난 가격상승에 만족해서 이 관행을 지속하기로 결정했다. 1979년 이란-이라크 전쟁으로 인한 제2차 파동 이후 생산 쿼터는 더욱 감소했고 가격은 더욱 상승했다.

높은 원유가격으로 인해 탐사와 생산이 촉진되어 1980년대 중반에는 세계시장에서 원유가 점점 과잉공급되었고, 현금에 쪼들린 OPEC 회원국들이 협약을 위반하여 가격이 폭락하였다. 그러나 1990년대 말에는 타회원국에 비해 훨씬 많이 생산하는 사우디아라비아가 타회원국으로 하여금 마음껏 생산하게 하고 자신의 생산량을 통해 총생산량의 한도를 맞추는 '결정적 생산자'의 역할을 담당함으로써 OPEC이

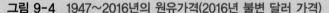

그림 9-4 1947~2016년의 원유가격(2016년 불변 달러 가격)

출처 : Energy Information Administration ; FRED.

다시 한 번 성공을 거두었다. 2008년에 이르러 원유가격은 배럴당 145달러로 치솟았다.

그러나 OPEC 회원국이 아닌 두 원유 강대국 러시아와 미국이 출현함에 따라 2015년 말 성공적인 카르텔로서의 OPEC은 사실상 종말을 맞았고, 2016년 초에는 가격이 배럴당 30달러 이하로 하락하였다. 러시아는 1990년대 말 원유 생산이 급감한 이후로부터 생산을 증가시켰다. 또한 미국에서는 새로운 수압파쇄 기술로 인해 대량의 매장 원유를 채굴할 수 있게 되었다. 러시아와 미국이 생산량 한도에 구애받지 않기 때문에 OPEC의 국제 가격 결정력은 눈에 띄게 감퇴되었다. 2016년 모든 원유 생산국이 최대한으로 생산하고 있기 때문에 "OPEC 회원국과 비회원국의 구분은 의미가 없게 되었다."고 에너지 전문가인 부샨 바리는 말한다.

>> 이해돕기 9-2
해답은 책 뒤에

1. 다음 보상행렬에 대해 (비협조적) 내쉬균형 행동을 구하라. 니키타와 마가렛의 전체 보상을 극대화하는 행동은 무엇인가? 의사소통이 없을 때 그러한 행동이 선택될 가능성이 낮은 이유는 무엇인가?

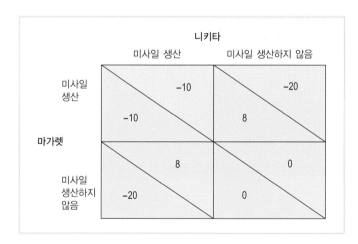

2. 다음 중 어떠한 요인이 과점기업들로 하여금 비협조적으로 행동하게 만들 가능성이 큰가? 어떠한 요인이 과점들로 하여금 암묵적 담합을 하게 만들 가능성이 큰가? 설명하라.
   a. 과점기업마다 미래에 몇 개의 새로운 기업들이 시장에 진입할 것으로 예상하고 있다.
   b. 다른 기업이 생산량을 증가시키는지 여부를 알아내기가 매우 어렵다.
   c. 기업들이 오랫동안 높은 가격을 유지하면서 공존해 왔다.

|| 독점적 경쟁의 의미

레오는 커다란 상점가에서 '원더풀 웍'이라는 가게를 운영하고 있다. 이 가게가 그곳에서 유일한 중국음식점이지만 거기에는 '뛰어난 버거', '피자천국'을 비롯하여 10개가 넘는 경쟁자들이 있다. 음식 값을 결정할 때 레오는 이 경쟁자들을 고려해야 한다는 사실을 알고 있다. 아무리 볶음요리를 좋아하는 사람이라도 버거, 감자튀김, 음료수를 4달러에 살 수 있다면 점심으로 15달러까지 내려고 하지는 않을 것이다.

그러나 레오는 자신의 점심메뉴가 경쟁자보다 다소 비싸더라도 고객을 모두 잃지는 않으리라는 것도 알고 있다. 중국음식은 버거나 피자와 같지 않다. 그날따라 정말 중국음식이 먹고 싶은

>> 복습
• 경제학자들은 기업들 간 보상에 상호의존성이 존재할 때 기업의 행동을 분석하기 위해 **게임이론**을 이용한다. 게임은 **보상행렬**로 표시될 수 있다. **보상**에 따라서 참가자들은 **우월전략**을 가질 수도 있고 갖지 않을 수도 있다.
• 개별 기업이 배반할 유인이 있으나 두 기업이 모두 배반하면 모두가 배반하지 않을 때보다 나쁜 결과를 얻을 때 그 상황을 **수감자의 딜레마**라고 한다.
• 상호의존성을 고려하지 않는 참가자들은 **내쉬** 혹은 **비협조적 균형**에 도달하게 된다. 그러나 게임이 반복적으로 시행되는 경우, 참가자들은 미래 행동에 영향을 미치기 위해 단기이익을 희생하는 **전략적 행동**을 하게 된다.
• 수감자의 딜레마 게임이 반복되는 경우 **갚아 주기**가 좋은 전략이 되는 경우가 많으며, 이를 통해 암묵적 담합이 달성될 수 있다.

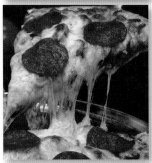

우리 미각의 경쟁자들

사람이 있을 수 있다. 이들은 버거가 값이 더 싸더라도 레오의 가게에서 주문을 할 것이다. 물론 그 반대의 경우도 있을 수 있다. 중국음식이 조금 더 싸더라도 어떤 사람은 버거를 선택할 것이다. 다시 말해서 레오는 어느 정도의 시장지배력을 갖고 있다. 자신의 가격을 선택할 능력이 어느 정도 있는 것이다.

그러면 레오의 상황을 어떻게 나타낼 수 있을까? 그는 분명 가격수용자가 아니기 때문에 완전경쟁은 아니다. 그러나 독점이라고 할 수도 없다. 그 식당가에서 중국음식을 공급하는 유일한 사람이기는 하지만 다른 음식판매자와 경쟁을 하고 있다.

그리고 과점이라 보는 것도 잘못이다. 과점이란 소수의 기업들 간의 경쟁이며 산업은 제한적이기 하지만 일종의 진입장벽에 의해 보호되어 있고 이윤은 상당히 상호의존적이다. 이 상호의존성으로 인해 과점기업들은 암묵적으로라도 담합할 수 있는 방법을 모색할 동기를 갖는다. 그러나 레오의 경우에는 암묵적 담합이 성립하기에는 상점가에 너무 많은 음식점이 있다.

경제학자들은 레오가 처한 상황을 **독점적 경쟁**(monopolistic competition)이라 한다. 독점적 경쟁은 음식점이나 주유소와 같은 서비스 산업에 특히 많이 나타나지만 제조업에서도 볼 수 있다. 독점적 경쟁은 세 가지 조건을 특징으로 한다. 다수 기업의 경쟁, 제품차별화, 그리고 장기적으로는 산업으로의 진입과 퇴출이 자유롭다는 것이다.

독점적 경쟁에서는 각 생산자가 차별화된 자신의 상품에 대해 가격을 선택할 능력을 어느 정도 갖고 있다. 그러나 받을 수 있는 가격은 기존의 기업 및 동일하지는 않지만 가까운 대체재를 생산할 잠재적 생산자로부터 받는 경쟁에 의해 제한되어 있다.

다수의 기업

독점적 경쟁산업에는 다수의 생산자가 있다. 그런 산업은 전혀 경쟁이 없는 독점이나 소수의 경쟁자만 있는 과점과는 다르다. 대신 각 판매자에게는 경쟁자가 많이 있다. 큰 식당가에는 다수의 음식점이 있고, 간선도로에는 주유소가 많이 있으며, 유명한 휴양지 해변에는 호텔이 많이 있다.

장기적으로 자유로운 진입과 퇴출

독점적 경쟁산업에서는 새로운 생산자가 장기적으로 자신의 고유한 제품을 가지고 자유로이 진입할 수 있다. 예를 들어 이윤이 있을 것으로 생각한다면 다른 음식점이 상점가에 개업을 할 수 있다. 그리고 어떤 기업이 장기적으로 비용을 충당하지 못한다고 생각하면 그 산업으로부터 퇴출할 수 있다.

차별화된 제품

독점적 경쟁산업에서 각 생산자는 소비자가 볼 때 경쟁기업 제품과 다르지만 동시에 가까운 대체재를 판매한다. 레오가 있는 식당가에 똑같은 종류와 품질의 음식을 파는 가게가 15곳이 있었다면 그것은 완전경쟁이라 할 수 있을 것이다. 누구든 다른 가게보다 더 높은 가격을 받으려 하면 고객이 없을 것이다. 그러나 원더풀 웍이 유일한 중국음식점이고, 뛰어난 버거가 유일한 햄버거 가게이고 다른 가게도 이와 같다고 하자. 이러한 차별화의 결과는 각 판매자가 자기 제품 가격을 결정할 능력을 어느 정도 갖게 된다는 것이다. 각 생산자는 어느 정도의 — 제한된 것이기는 하지만 — 시장지배력을 갖는다.

제품차별화(product differentiation) — 자신의 제품이 다르다는 인식을 심어 주기 위한 기업의 시도 — 는 독점적 경쟁기업들이 어느 정도의 시장지배력을 가질 수 있는 유일한 방법이다. 그러면 동일한 산업 내의 기업들 — 패스트푸드 판매점, 주유소 또는 초콜릿 회사 — 이 어떻게 자신

독점적 경쟁(monopolistic competition)이란 한 산업 내에 다수의 생산자가 존재하여 차별화된 제품을 공급하고, 장기적으로 진입과 퇴출이 자유로운 시장구조를 일컫는다.

제품차별화(product differentiation)란 기업들이 자신의 제품이 같은 산업 내 다른 기업의 제품과는 다르다는 인식을 소비자에게 심어 주기 위해 노력하는 것을 말한다.

의 제품을 차별화할까? 어떤 경우에는 광고나 제품명을 사용하여 제품 자체보다는 주로 소비자들의 마음에 차별된 제품을 만들어 낸다. 그러나 일반적으로 기업들은 자신의 제품을 ─ 놀랍게도! ─ 실제로 다르게 제조함으로써 차별화를 달성한다.

제품차별화의 비결은 소비자들의 선호가 다양하다는 것과 소비자들이 그 선호를 충족시키기 위해 좀 더 지출할 용의가 있다는 사실이다. 각 생산자는 일부 소비자들의 특정한 선호를 다른 제품들보다 더 잘 만족시키는 제품을 생산함으로써 틈새시장을 장악할 수 있는 것이다.

제품차별화에는 주로 세 가지 형태가 있다: 모양이나 유형에 따른 차별화, 장소에 따른 차별화, 품질에 따른 차별화. 이 세 가지를 살펴본 후 제품이 차별화된 산업의 두 가지 중요한 특징을 알아볼 것이다.

모양이나 유형에 따른 차별화   레오가 있는 식당가의 판매자들은 햄버거, 피자, 중국음식, 멕시코음식 등 다양한 유형의 패스트푸드를 제공한다. 소비자들마다 이들 중 어떤 음식에 대한 선호를 가지고 식당가에 도착한다. 이 선호는 소비자의 감정, 식사습관, 또는 그날 어떤 음식을 먹었는지에 따라 결정된다. 이러한 선호가 있다고 해서 소비자들이 가격에 무관심한 것은 아니다. 만일 원더풀 웍이 에그롤 하나에 15달러씩 받는다면 누구나 뛰어난 버거나 피자천국으로 갈 것이다. 그러나 어떤 사람은 특정한 음식이 자신의 선호에 더 가깝기 때문에 값이 더 비싸더라도 그 음식을 택할 것이다. 따라서 여러 점포의 제품들은 대체재이긴 하지만 완전대체재는 아니다 ─ 그들은 불완전대체재이다.

식당가의 점포들만 유형에 따라 제품을 차별화하는 것이 아니다. 의류상점들도 여성복 아니면 남성복, 정장 아니면 스포츠웨어, 유행 아니면 고전 스타일 등에 전문화한다. 자동차 제조업자들은 세단, 미니밴, SUV, 스포츠카 등을 운전자들의 다양한 요구와 기호에 맞춰 생산한다.

서적도 유형과 양식에 따른 차별화의 또 다른 예가 된다. 추리물은 연애소설과 구별된다. 추리물은 또 다시 본격 탐정소설과 스릴러물과 경찰 수사물로 구별할 수 있다. 판타지 소설 작가도 각자의 특성이 있다. J. K. 롤링과 조지 R. R. 마틴은 모두 자신만의 독자를 확보하고 있다.

사실 제품차별화는 대부분의 소비재에서 나타난다고 할 수 있다. 사람들이 다양한 기호를 갖고 있는 한 생산자들은 다양한 제품을 생산해 내고 이윤을 얻을 수 있다.

장소에 따른 차별화   도로를 따라 자리 잡고 있는 주유소들은 차별화된 제품을 공급한다. 연료 자체는 동일하다고 할 수 있다. 그러나 주유소의 위치가 다르고 소비자들에게는 그것이 중요하다. 집이나 사무실 또는 연료 계기판이 바닥을 가리키는 장소에서 가까운 곳일수록 편리하다.

사실 독점적 경쟁산업에서 장소에 따라 차별화된 상품을 공급하는 경우는 흔하다. 특히 세탁소에서부터 미용실까지 소비자가 낮은 가격보다는 가까운 곳을 찾는 서비스 산업에서 그렇다.

품질에 따른 차별화   초콜릿에 대한 욕구가 있는가? 거기에 얼마나 지불할 용의가 있는가? 초콜릿에도 다양한 종류가 있다. 보통 초콜릿은 그리 비싸지 않지만 고급 초콜릿은 한 조각에 몇 달러씩 하기도 한다.

초콜릿이 그렇듯 많은 상품에는 다양한 품질이 있다. 쓸 만한 자전거를 100달러 이내로 살 수도 있는 반면 훨씬 더 멋진 자전거 가격은 10배가 넘을 수도 있다. 모든 것은 추가적인 품질이 소비자에게 얼마나 중요하고, 그 돈으로 살 수 있는 다른 물건들을 얼마나 원하느냐에 달려 있다.

소비자들마다 높은 품질에 대해 지불하고자 하는 금액이 다양하기 때문에 생산자들은 품질에 따라 자기 제품을 차별화할 수 있다 ─ 어떤 사람은 낮은 품질의 제품을 낮은 가격에, 어떤 사람은 높은 품질의 제품을 높은 가격에 판매한다.

장소에 따라 차별화되는 산업에서는 가까운 것이 가장 중요하다.

독점적 경쟁산업의 특징 그러므로 제품차별화는 다양한 형태로 나타날 수 있다. 어떤 형태가 되었든 제품이 차별화된 산업에는 두 가지 중요한 특징이 있다.

1. 공급자들 사이에 경쟁이 있다. 차별화된 제품을 판매하는 사람들은 동일한 재화를 공급하는 것이 아님에도 불구하고 어떤 면에서는 한정된 시장을 놓고 경쟁한다. 시장에 더 많은 기업이 있으면 각 기업은 주어진 가격에서 더 적은 수량을 판매하게 될 것이다. 예를 들어 어떤 도로에 새로운 주유소가 개업하면 기존의 주유소들은 전보다 약간 적은 양을 판매하게 될 것이다.
2. 다양성에는 가치가 있다. 차별화된 제품이 확산됨으로써 소비자는 이득을 얻게 된다. 동일한 가격일지라도 식당가에 음식점이 8개 있다면 6개가 있을 때에 비해 소비자들은 더 큰 만족을 얻을 수 있다. 소비자들이 자신이 생각하던 것에 더 가까운 식사를 할 수 있게 되기 때문이다. 운전자에게는 주유소가 2마일마다 있는 도로가 5마일마다 있는 도로에 비해 더 편리하다.

다양한 품질의 제품이 공급되면 어쩔 수 없이 원하는 것보다 더 높은 품질을 사거나 원하는 것보다 더 낮은 품질을 사야 하는 소비자 수는 줄어들 것이다. 다시 말하면 더욱 다양한 제품이 공급됨으로써 소비자들은 혜택을 보게 되는 것이다.

독점적 경쟁은 우리가 지금까지 살펴보았던 세 가지 시장구조와는 다르다. 기업들이 가격을 선택할 능력을 갖고 있으므로 완전경쟁과 구별된다. 기업들이 경쟁을 하고 있으므로 순수독점과 구별된다. 또한 다수의 기업과 자유로운 진입으로 인해 과점에서 매우 중요하게 여기는 담합의 가능성이 없으므로 과점과도 구별된다.

현실 경제의 >> 이해
차고 넘치는 풍성함!

식료품점 진열대에서 수십 가지의 파스타 소스 중에서 하나를 선택하면서 압도당한 느낌을 받아 본 적이 있는가? 그렇다면 감사와 비난을 함께 보낼 사람은 하워드 모스코비츠다. 25년 전에는 선택이 훨씬 간단했다. 뉴먼의 소카루니도 구운 마늘을 넣은 바릴라의 매운 마리나라도 마리오 바탈리의 아라비아타도 없었다. 실은 프레고와 라구 두 제품밖에 없었다. 그리고 각각 단순한 스파게티 소스 한 종류만 판매했다.

1980년대 말 프레고는 경쟁자 라구에 비해 어려움을 겪고 있었다. 사업을 다시 일으키려고 여러 방법을 모색하고 있던 중에 프레고는 자신들의 제품이 라구의 파스타 소스와 별반 차이가 없다는 결론을 얻었다. 그러나 프레고는 경쟁자와 가격경쟁을 시작하는 대신 시장조사 전문가인 하워드 모스코비츠를 고용했고, 모스코비츠는 프레고의 딜레마를 해결할 방법은 소비자들의 미각에 맞는 것을 찾아 라구의 제품과 차별하는 것이라고 생각했다. 모스코비츠는 단맛, 매운맛, 신맛, 짠맛, 걸쭉한 정도 등 생각할 수 있는 모든 점에서 다양한 45종의 파스타 소스를 만들었다. 그리고는 전국을 돌며 시식회를 열었다. 부각된 사실은 소비자들이 그때까지 존재하지 않았던 덩어리가 많은 소스를 좋아한다는 것이었다. 당시에는 프레고와 라구 모두 매우 혼합된 묽은 소스를 판매하고 있었다.

독점적 경쟁으로 인해 혼란스러울 정도로 다양한 파스타 소스를 구할 수 있다.

1989년 프레고는 덩어리가 많은 제품을 시장에 내놓았고, 매우 성공적이었다. 오늘날에는 그의 방법이 전혀 혁신적으로 느껴지지 않는다는 것이 그의 성공을 말해 주는 척도라 할 수 있다. 20년 전 식품업계는 소비자들의 입맛을 완전히 만족시킬 이상적인 '비현실적 요리'를 창조해야 한다고 믿었다. 프레고와 라구가 묽은 파스타 소스를 판매한 것은 이탈리아 소스에 대한 이상이 반영되었기 때문이었다. 그러나 프레고는 결국 망할 수밖에 없는 라구와의 정면 가격경쟁을 피하면서 자신의 제품을 부각시키는 것이 더 중요함을 깨달았다. 그때 모스코비츠가 나타나서 미국 소비자들의 다양성과 독특한 맛에 대한 열망을 마음껏 충족시킬 수 있도록 식품 산업을 해방시켜 준 것이다.

>> 이해돕기 9-3
해답은 책 뒤에

1. 다음에 제시된 재화와 서비스는 모두 차별화된 상품이다. 독점적 경쟁의 결과로 차별화된 것은 무엇이고, 그렇지 않은 것은 무엇인가? 그 이유를 설명하라.
   a. 사다리
   b. 탄산음료
   c. 백화점
   d. 강철 제품
2. 한 산업이 다음에 제시되는 두 가지 시장구조 중 어디에 해당되는지 판단해야 하는데, 그 산업에 대해 한 가지만 질문할 수 있다. 그 산업이 다음 중 어디에 해당하는지 알아보기 위해서는 어떤 질문을 해야 하겠는가?
   a. 완전경쟁인가 아니면 독점적 경쟁인가?
   b. 독점인가 아니면 독점적 경쟁인가?

>> 복습
● 독점적 경쟁에서는 다수의 공급자가 차별화된 제품으로 경쟁을 하며, 장기적으로 진입과 퇴출이 자유롭다.
● 제품차별화에는 주로 세 가지 형태가 있다: 모양이나 유형에 따른 차별화, 장소에 따른 차별화, 품질에 따른 차별화. 경쟁기업들이 공급하는 제품은 소비자들에게 있어 불완전대체재로 인식된다.
● 생산자들은 동일한 시장을 두고 경쟁을 하므로 더 많은 생산자들이 진입하게 되면, 기존 생산자들이 주어진 가격에서 판매할 수 있는 수량이 줄게 된다. 한편 제품의 다양성이 증가함에 따라 소비자가 얻게 되는 이익은 증가한다.

문제 풀어보기 ─ 원유가격의 상승(그리고 하락)

세계적으로 가장 잘 알려진 카르텔은 앞의 '현실 경제의 이해'에서 소개한 OPEC으로 불리는 석유수출국기구이다. OPEC을 구성하고 있는 17개 나라가 매년 1조 달러에 가까운 석유제품을 수출하고 있다. 최대 생산국인 사우디아라비아는 연간 산출량의 3분의 1을 생산하며 모든 결정에서 중요한 역할을 한다. 결과적으로 이 상황은 델마와 루이스가 처한 수감자의 딜레마와 유사한데 다만 게임의 참가자들이 사우디아라비아와 OPEC의 나머지 국가들인 것이다.

사우디아라비아와 OPEC의 나머지 국가들은 원유 생산 수준을 유지할 것인지 증가할 것인지 결정해야 한다.

● 만일 쌍방 모두가 원유 생산 수준을 유지하기로 결정하면 원유가격과 각국의 원유 수출액은 전과 동일할 것이다.
● 만일 둘 중 한쪽이 원유 생산을 늘리면 원유가격은 하락할 것이다.
● 만일 어느 한쪽만 독자적으로 생산을 늘리면 원유 수출액이 증가할 것이나, 쌍방이 모두 생산을 늘리면 총수출액은 감소할 것이다.

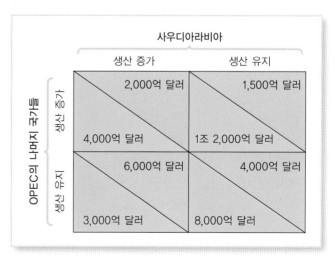

		사우디아라비아	
		생산 증가	생산 유지
OPEC의 나머지 국가들	생산 증가	2,000억 달러 / 4,000억 달러	1,500억 달러 / 1조 2,000억 달러
	생산 유지	6,000억 달러 / 3,000억 달러	4,000억 달러 / 8,000억 달러

위의 보상행렬은 사우디아라비아와 OPEC의 나머지 국가들이 취할 수 있는 행동과 그 결과를 (연간 총 원유 수출액으로) 나타낸다. 사우디아라비아와 OPEC의 나머지 국가들의 우월전략, 내쉬(또는 비협조적)균형, 그리고 암묵적 담합으로 유도하는 전략을 구하라.

단계 │ 1 사우디아라비아와 OPEC의 나머지 국가들의 우월전략을 구하라.

279~282쪽을 복습하라.

이 예에서는 사우디아라비아와 OPEC의 나머지 국가들의 우월전략은 모두 생산 증가이다. OPEC의 나머지 국가들이 어떤 선택을 하든 관계없이 사우디아라비아는 생산을 증가시키는 것이 유리하다. 보상행렬을 보면 OPEC의 나머지 국가들이 생산 유지를 선택하는 경우 생산을 증가시키는 경우 원유 수출액을 6,000억 달러로 증가시킬 수 있는데 이는 생산을 유지할 경우 얻게 되는 4,000억 달러보다 더 많다. 만일 OPEC의 나머지 국가들이 생산 증가를 선택한다면 사우디아라비아도 생산을 증가시킴으로써 1,500억 달러 대신 2,000억 달러를 수출하여 손실의 일부를 만회할 수 있다. OPEC의 나머지 국가들도 사우디아라비아와 똑같은 처지에 있기 때문에 이들 역시 생산을 증가시키는 것이 자신들에게 유리하다.

단계 │ 2 비협조적 또는 내쉬균형을 구하라. 그리고 사우디아라비아와 OPEC의 나머지 국가들이 생산을 어떻게 할 것인지 구하라.

279~282쪽을 복습하라.

비협조적, 내쉬균형에서는 양쪽이 모두 생산을 증가시키고 사우디아라비아가 원유를 2,000억 달러 OPEC의 나머지 국가들이 4,000억 달러를 수출하게 될 것이다. 여기서는 양쪽이 모두 자신들의 우월전략을 따를 것이다. 양쪽 모두 전보다 손해를 보지만 어느 한쪽도 결정을 바꿀 인센티브가 없다. 수감자의 딜레마에 빠진 것이다.

단계 │ 3 사우디아라비아와 OPEC의 나머지 국가들이 반복 게임을 하고 갚아 주기 전략을 따른다면 어떤 결과가 얻어질지 설명하라.

282~284쪽을 복습하라.

현실에서는 사우디아라비아와 OPEC의 나머지 국가들이 반복 게임을 하고 있다. 이들은 미래에도 계속해서 생산량을 결정해야 하는 상황에 처해 있다. 만일 사우디아라비아가 갚아 주기 전략을 따라 생산 유지를 선도한다면 OPEC의 나머지 국가들도 생산 유지를 선택할 것이다. 이럴 경우 양쪽은 암묵적 담합을 하고 있는 것이며 더 바람직한 결과를 얻게 된다. 이 전략을 따를 때 사우디아라비아는 4,000억 달러의 원유를 수출하고 OPEC의 나머지 국가들은 8,000억 달러를 수출할 것이다. 어느 한쪽이 이익을 얻으려고 상대를 배신하여 생산을 증가시키기 전까지 반복 게임은 이 상태를 유지할 것이다.

요약

1. 많은 산업은 소수의 공급자가 존재하는 **과점**이다. 특히 공급자가 둘뿐인 산업을 **복점**이라 한다. 과점기업은 독점기업이 발생하는 것과 비슷한 환경에서 그 힘이 약할 때 발생한다. 과점의 특징은 **불완전경쟁**이다. 즉 기업들이 경쟁을 하지만 시장지배력을 가지고 있다.

2. **과점기업**들은 한 기업의 행동이 경쟁자들의 이윤에 상당한 영향을 미치는 **상호의존** 상태에서 영업을 한다. 과점기업은 **카르텔**로서 행동하여 마치 하나의 독점기업처럼 개별 기업 생산량을 할당함으로써 결합이윤을 극대화할 수 있다. 이러한 행동이 가능하다면 과점기업들은 **담합**을 달성한 것이다. 그러나 개별 기업들은 합의된 생산량보다 더 많이 생산하는 **비협조적인 행동**을 취할 유인을 갖는다.

3. 과점기업들이 담합하여 하나의 독점기업처럼 행동하는 것을 방지하기 위해 대부분의 정부에서는 담합을 어렵게 만드는 **반독점정책**을 추진하고 있다. 그러나 현실적으로는 **암묵적 담합**이 널리 발생되고 있다.

4. 다수의 기업, 제품 및 가격 책정의 복잡성, 이해의 차이, 구매자의 협상력 등과 같은 많은 요인으로 인해 암묵적 담합은 유지되기가 어렵다. 암묵적 담합이 붕괴되면 **가격전쟁**이 일어난다.

5. 개별 기업의 이익이 다른 기업의 행동에 따라 현저히 영향을 받는 상호의존성의 상황은 **게임이론**의 연구 대상이 된다. 참가자가 2명인 게임에서 개별 참가자의 **보상**은 자신의 행동과 상대편의 행동 모두에 영향을 받게 된다. 이러한 상호의존성은 **보상행렬**로 표시될 수 있다. 보상행렬의 구조에 따라 참가자는 **우월전략**―상대방의 행동에 상관없이 언제나 가장 유리한 전략―을 갖게 될 수도 있다.

6. **복점기업**은 **수감자의 딜레마**로 알려진 특정 형태의 게임 상황에 놓여 있다. 개별 기업이 자신만의 이익에 따라 독립적으로 행동할 때 얻어지는 **내쉬균형** 혹은 **비협조적 균형**은 모두에게 바람직하지 않다. 그러나 게임이 반복될 것을 예상하는 기업들은 **전략적 행동**을 통해 서로의 미래 행동에 영향을 주려고 시도한다. 암묵적 담합을 유지하는 데 특히 잘 작동되는 전략 중의 하나가 **갚아 주기**이다.

7. **독점적 경쟁이**란 다수의 공급자가 존재하여 차별화된 제품을 판매하며, 장기적으로 진입과 퇴출이 자유로운 시장구조를 말한다. **제품차별화**에는 주로 세 가지 형태가 있다. 모양이나 유형에 따른 차별화, 장소에 따른 차별화, 그리고 품질에 따른 차별화이다. 소비자들은 경쟁기업들의 상품을 불완전대체재로 인식하며, 모든 기업은 각각 우하향하는 수요곡선과 한계수입곡선을 갖고 있다.

주요용어

과점	비협조적인 행동	우월전략
과점기업	반독점정책	내쉬균형
불완전경쟁	암묵적 담합	비협조적 균형
상호의존	가격전쟁	전략적 행동
복점	게임이론	갚아 주기
복점기업	보상	독점적 경쟁
담합	보상행렬	제품차별화
카르텔	수감자의 딜레마	

연습문제

1. 다음 표는 비타민 D에 대한 수요표이다. 비타민 D를 생산하는 데 드는 한계비용은 영이라고 가정하자.

비타민 D의 가격(톤당)	비타민 D의 수요량(톤)
$8	0
7	10
6	20
5	30
4	40
3	50
2	60
1	70

a. BASF가 비타민 D를 생산하는 유일한 생산자이며 독점기업으로 행동한다고 가정하자. 이 기업이 현재 1톤당 4달러의 가격으로 40톤의 비타민 D를 생산하고 있다. 만약 BASF가 10톤 더 생산한다면, 가격효과는 얼마이며 수량효과는 얼마인가? 결국 BASF는 10톤을 추가 생산하려는 유인을 갖겠는가?

b. 이제 로슈라는 기업이 시장에 진입하여 비타민 D를 생산함으로써 산업이 복점구조가 되었다고 가정하자. BASF와 로슈가 합하여 40톤, 즉 각자 20톤의 비타민을 생산하기로 합의하였다. BASF가 로슈와의 약속을 위반한다고 해서 처벌받지는 않는다. 만약 BASF가 자사의 이익을 위하여 로슈를 배반하고 10톤의 비타민을 더 생산한다면 이때 가격효과는 얼마이며, 수량효과는 얼마

인가? BASF로서는 10톤의 비타민을 추가로 생산할 유인을 갖는가?

2. 뉴욕 시의 올리브기름 시장은 소프라노와 콘트랄토 두 가문에 의해 통제되고 있다. 두 가문은 뉴욕의 올리브기름 시장에 진입하려는 어떤 다른 가문도 가차 없이 제거할 계획이다. 올리브기름의 한계생산비용은 1갤런당 40달러로 일정하다. 고정비용은 없다. 다음 표는 올리브기름의 수요표를 나타낸다.

올리브기름 가격(갤런당)	올리브기름 수요량(갤런)
$100	1,000
90	1,500
80	2,000
70	2,500
60	3,000
50	3,500
40	4,000
30	4,500
20	5,000
10	5,500

a. 소프라노와 콘트랄토가 카르텔을 형성한다고 가정하자. 표의 각 수량에 대해 카르텔의 총수입과 추가 1갤런에 대한 한계수입을 계산하라. 카르텔에서 판매하게 될 올리브기름의 총수량과 그때의 가격을 구하라. 두 가문이 시장을 균등하게 점유하고 있다(즉 각 가문에서는 카르텔 총생산량의 반만큼씩 생산하고 있다). 각 가문의 이윤은 얼마인가?

b. 소프라노 가문의 총책임자인 엉클 주니어는 약속을 깨고 카르텔에서 합의한 것보다 500갤런을 더 많이 생산했다. 콘트랄토가 합의를 이행한다고 가정했을 때, 이로 인해 올리브기름의 가격과 두 가문이 얻게 될 이윤은 각각 어떻게 되겠는가?

c. 콘트랄토의 총책임자인 안토니 콘트랄토는 자신의 판매량을 똑같이 500갤런만큼 증가시킴으로써 엉클 주니어에게 보복하기로 결정했다. 이때 두 가문의 이윤은 각각 어떻게 되겠는가?

3. 프랑스에서는 생수 시장이 두 대기업, 페리에와 에비앙에 의해 주도되고 있다. 각 기업은 100만 유로의 고정비용과 생수 1리터당 2유로의 일정한 한계비용을 지불한다. 다음은 프랑스 생수 시장의 수요표이다.

생수 가격(리터당)	생수 수요량(100만 리터)
€10	0
9	1
8	2
7	3
6	4
5	5
4	6
3	7
2	8
1	9

a. 두 기업이 카르텔을 형성하여 하나의 독점기업처럼 행동한다고 가정하자. 카르텔의 한계수입을 계산하라. 독점가격과 독점공급량은 얼마가 되겠는가? 기업이 공급량을 균등하게 배분한다고 가정할 때 개별 기업의 생산량과 이윤은 어떻게 되겠는가?

b. 페리에가 생산량을 100만 리터 증가시키기로 결정했다. 에비앙은 생산량을 변경하지 않았다. 새로운 시장가격과 공급량은 얼마가 되겠는가? 페리에의 이윤과 에비앙의 이윤은 각각 얼마인가?

c. 페리에가 생산량을 300만 리터 증가시킨다면 어떻게 되겠는가? 에비앙은 생산량을 변경하지 않는다. 그때의 공급량과 이윤은 b의 결과와 비교해 각각 어떻게 되겠는가?

d. 위의 결론을 통해 우리는 합의를 배반하게 될 가능성에 대해 어떻게 말할 수 있는가?

4. 지난 40년간 석유수출국기구(OPEC)는 카르텔 협정을 체결하고 유지하는 데 성공과 실패를 거듭해 왔다. 다음 요인들이 어떻게 가격 및 산출량에 대한 합의를 도출하거나 유지하는 데 어려움을 가중시키는지 설명하라.

a. 멕시코만과 북해에서 새로운 원유 매장지가 발견되어 OPEC 비회원국에 의한 석유시추사업이 증가하였다.

b. 유황 함유도가 낮을수록 휘발유로 정제하는 비용이 더 적게 들기 때문에 원유는 유황 함유 정도에 따라 차별화되고 있다. OPEC 회원국에 매장된 석유는 저마다 유황 함유도가 다양하다.

c. 수소 자동차가 개발되었다.

5. 당신이 법무부의 반독점국에서 일하고 있는 경제학자라고 가정하자. 당신의 업무는 다음의 각 경우에 대해 불법행위 가능성에 대한 조사가 필요한 경우인지, 아니면 바람직하

지는 않지만 불법이 개입되지 않은 암묵적 담합의 경우인
지를 결정하는 것이다. 당신의 추론을 설명하라.

a. 두 회사가 산업용 레이저 시장을 장악하고 있다. 몇 사
람이 두 회사의 이사회에 모두 소속되어 있다.

b. 미국 서부지역의 석유 대부분을 생산하고 있는 두 회사
가 최근 파이프라인을 독자적으로 건설하는 것을 포기
하고 이 시장에 공급되는 석유제품을 수송하는 데 유일
한 통로가 되는 파이프라인을 공유하기로 결정했다.

c. 허브 보조식품 시장을 장악하고 있는 두 주요 기업이
각기 모회사와 동일한 제품을 상표 없이 대량으로 판매
하는 자회사를 설립했다.

d. 가장 큰 규모의 신용카드 회사인 패스포트와 옴니카드
사는 자신들의 카드 사용을 승인하고 있는 모든 은행과
소매업자들에게 다른 경쟁사 카드의 사용을 제한해 줄
것을 요구하였다.

6. 북대서양 어족을 보존할 목적으로 미국과 유럽연합(EU)
에서 각 1개씩 단 2개의 어선단만을 허용하기로 하였다.
그러나 이 어업협정이 무효화되어 각 선박들이 비협조적
으로 행동한다고 가정하자. 미국과 EU는 제각기 어선단
을 1개 혹은 2개 내보낼 수 있다. 어장에 나가는 어선단의
수가 많아질수록 생선의 총포획량은 증가하되 개별 선단
의 포획량은 감소하게 된다. 위 행렬은 양측이 벌게 될 주
당 이윤(달러)을 보여 주고 있다.

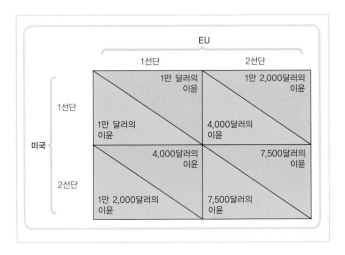

a. 비협조적인 내쉬균형은 무엇인가? 양측에서 내보내는
선단의 수는 1개가 되겠는가, 2개가 되겠는가?

b. 어족이 감소되었다고 가정하자. 양측은 미래를 고려하
여 '갚아 주기'—상대방이 선단을 1개 내보내는 경우에
만 선단을 1개 내보내는—전략을 행사하기로 동의하
였다. 어느 한편이라도 협정을 위반하고 2개의 선단을
내보내는 경우, 그 상대편도 똑같이 2개의 선단을 내보

낸다. 이러한 보복은 경쟁자가 1개의 선단을 내보내기
전까지 계속된다. 만약 모두가 이러한 '갚아 주기' 전략
을 택하는 경우, 양측의 이윤은 주당 얼마가 되겠는가?

7. 언타이드 항공과 에어알어스만이 칼리지빌과 빅타운 간
항공편을 운행한다. 즉 이들은 복점산업을 구성하고 있다.
각 항공사는 항공권 가격을 높게 혹은 낮게 매길 수 있다.
다음에 주어진 행렬은 두 항공사의 좌석당 이윤(달러)으로
표시되는 보상이 두 항공사의 선택에 따라 어떻게 달라지
는지 나타낸다.

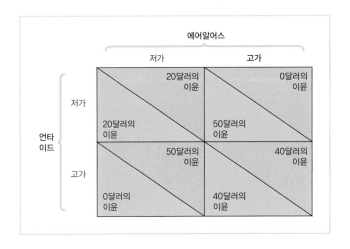

a. 항공사들이 일회성 게임 — 한 번만 하고 다시는 되풀이
하지 않는 게임 — 을 한다고 가정하자. 이러한 일회성
게임에서의 내쉬(비협조적)균형은 무엇인가?

b. 두 항공사가 이 게임을 두 번 반복한다고 가정하자. 각
항공사는 두 전략 중 하나, 즉 '항상 낮은 가격' 혹은 갚
아 주기 전략을 선택할 수 있다. 여기에서 '갚아 주기'
전략이란 첫 기에는 높은 가격을 책정하고, 다음 기에
는 상대 항공사가 그 전기에 책정했던 가격을 책정하는
것을 말한다. 다음 네 가지 가능성에 대해 언타이드 항
공사의 보상을 구하라.

i. 에어알어스사가 '항상 낮은 가격' 전략을 선택하고,
언타이드사도 '항상 낮은 가격' 전략을 선택한다.

ii. 에어알어스가 '갚아 주기' 전략을 선택하고, 언타이
드사는 '항상 낮은 가격' 전략을 선택한다.

iii. 에어알어스가 '항상 낮은 가격' 전략을 선택하고,
언타이드사는 '갚아 주기' 전략을 선택한다.

iv. 에어알어스가 '갚아 주기' 전략을 선택하고, 언타이
드사도 '갚아 주기' 전략을 선택한다.

8. 코카콜라와 펩시콜라가 콜라 음료의 유일한 두 생산자, 즉
복점기업이라고 가정하자. 두 기업의 한계비용은 영이고
고정비용은 10만 달러이다.

a. 먼저 소비자들이 코카콜라와 펩시콜라를 완전대체재로 간주한다고 가정하자. 현재 모든 콜라가 1캔에 0.2달러에 판매되고 있고, 이 가격에서 각 기업은 하루에 400만 개의 콜라(캔)를 판매하고 있다.

    i. 펩시콜라의 이윤은 얼마인가?

    ii. 펩시콜라가 1캔에 0.3달러로 가격을 올렸을 때 펩시콜라의 이윤은 어떻게 되겠는가?

b. 다른 기업과 차별화를 하기 위해 각 기업이 광고를 한다고 가정하자. 광고를 한 결과, 펩시콜라에서는 가격을 높이거나 낮출 때 자사의 공급량이 다음 표에 주어진 것과 같이 변한다는 것을 알게 되었다.

펩시콜라의 가격(캔당)	펩시콜라의 수요량(100만 캔)
$0.10	5
0.20	4
0.30	3
0.40	2
0.50	1

만약 펩시콜라가 가격을 0.3달러로 높인다면 이윤은 어떻게 되겠는가?

c. a의 i와 b에서의 결과를 비교할 때, 펩시콜라에서 지불하고자 하는 최대 광고비는 얼마겠는가?

9. 쉬크사와 질레트사는 타사로부터 고객을 빼앗아 오기 위해 매년 자사 면도기에 대한 광고비로 엄청난 액수를 쏟아붓고 있다. 매년 쉬크사와 질레트사가 광고비를 지출할지 말지를 결정해야 한다고 가정하자. 만약 아무도 광고를 하지 않으면 각 기업은 200만 달러의 이윤을 얻게 된다. 만약 두 기업 모두 광고를 하면 각 기업은 150만 달러의 이윤을 얻는다. 만약 한 기업은 광고를 하고 다른 기업은 광고를 하지 않는다 할 때, 광고를 하는 기업은 280만 달러의 이윤을 얻고 상대 기업은 100만 달러의 이윤을 얻는다.

a. 보상행렬을 사용하여 주어진 문제를 나타내 보라.

b. 쉬크사와 질레트사가 미래 행동에 대해 구속력이 있는 계약을 체결한다고 가정하자. 이 경우 협조적 결과는 무엇이 되겠는가?

c. 구속력이 있는 계약이 없을 때 내쉬균형은 무엇이 되겠는가? 왜 이러한 결과가 얻어질 가능성이 높은지 설명하라.

10. 이 장에서 제시된 독점적 경쟁의 세 가지 조건을 이용하여 다음 중 어떤 기업들이 독점적 경쟁기업일 가능성이 높은지 판단해 보라. 만일 이 기업들이 독점적 경쟁기업이 아니라면 그 기업들은 독점, 과점, 혹은 완전경쟁기업 중 어디에 해당하겠는가?

a. 결혼식, 연회 등에서 연주하는 지역 악단

b. 개인용으로 제공되는 주스를 판매하는 미닛메이드사

c. 동네 세탁소

d. 콩을 생산하는 농부

11. 당신이 커피전문점 개업을 고려하고 있다고 가정하자. 커피전문점 시장은 독점적 경쟁이다. 당신이 살고 있는 지역에는 이미 3개의 스타벅스와 이와 매우 유사한 2개의 커피전문점이 들어서 있다. 당신은 시장지배력을 획득하기 위해 자신의 커피전문점을 차별화하기를 원할 것이다. 상품을 차별화할 수 있는 세 가지 방법에 대해 생각해 보고 스타벅스 커피를 모방할 것인지, 아니면 완전히 다른 방법으로 커피를 판매할 것인지에 대해 당신이 어떻게 결정할지 설명하라.

12. 북대서양 어족을 보존할 목적으로 미국과 유럽연합(EU)에서 각 1개씩 단 2개의 어선단만을 허용하기로 한 6번 문제의 어업협정을 다시 생각해 보자. 다음 표는 이 지역에서 포획되는 생선에 대한 일주일간의 시장 수요표를 나타낸다. 비용은 고정비용만 존재하여 어선들은 수입을 극대화함으로써 이윤을 극대화할 수 있다.

생선 가격(파운드당)	생선 수요량(파운드)
$17	1,800
16	2,000
15	2,100
14	2,200
12	2,300

a. 만약 두 어선단이 담합한다면 북대서양 어장권에서 총수입을 극대화하는 산출량은 얼마인가? 이때 생선 1파운드의 가격은 얼마인가?

b. 두 어선단이 담합하여 산출량을 균등하게 나눈다면 EU 측 어선단의 총수입은 얼마인가? 미국 측 어선단의 총수입은 얼마인가?

c. EU 측이 협정을 위반하여 포획량을 주당 100파운드 증가시켰다. 미국 측의 포획량은 변함이 없다. 이때 미국 측 어선단의 수입은 얼마이며, EU 측의 수입은 얼마인가?

d. EU 측 위반에 대한 보복으로 미국 측 어선단도 역시 포획량을 주당 100파운드만큼 증가시켰다. 이때 미국 측 어선단의 수입은 얼마이며, EU 측의 수입은 얼마인가?

David Ryder/Getty Images

2014년 5월 미국에서 세 번째로 큰 도서판매점인 아마존 (Amazon)과 네 번째로 큰 출판사인 아셰트(Hachette) 사이에 전면전이 발발했다. 갑자기 스티븐 콜베어, 댄 브라운, J. D. 샐린저와 같은 베스트셀러들을 포함하여 (종이책과 전자책으로 구성된) 아셰트 출판물들이 아마존을 통해 배달되는 데 몇 주씩 지연이 되면서 동시에 독자들에게는 아셰트에서 발간되지 않은 책이 대체물로 제시되었다. 그뿐만 아니라 『해리 포터』 시리즈의 작가 J. K. 롤링의 책을 포함하여 앞으로 출간될 아셰트 책들을 사전예약할 수 있는 옵션이 다른 많은 아셰트 책들과 함께 아마존의 웹 사이트에서 사라졌다. 이 도서들은 반스앤노블(Barnes and Noble)과 같은 경쟁 도서판매점에서 대체로 더 낮은 가격에 쉽게 구할 수 있었다.

모든 출판사는 판매가격의 일정 비율을 도서판매점에 지불한다. 이 경우에는 아마존이 아셰트에게 자신의 몫을 30%에서 50%로 높여 달라고 요구한 데서 반감이 촉발되었다. 이는 이미 익숙한 일이었다. 아마존은 매년 계약협상에서 점점 더 높은 비율을 요구해 왔다. 아마존은 합의가 이루어지지 않으면 출판사의 책을 판매하지 않았으므로 합의가 지연되어 판매가 이루어지지 않는 것은 출판사에게는 재앙이었다. 그러나 이번에는 아셰트가 승복하기를 거부하고 아마존의 요구를 공개하고 나섰다.

아마존은 출판사가 이윤 — 전자책에서는 75%, 종이책에서는 60%, 하드커버 책에서는 40% — 중에서 더 지불할 능력이 있다고 주장하였다. 사실 아마존은 공공연하게 장기적으로는 출판사를 대신해 자신들이 직접 저자들과 거래하는 것이 목표라고 시인했다. 그리고 이는 전통적인 출판사들로부터는 거부당했으나 아마존을 통해 직접 독자들에게 판매하여 성공을 거둔 몇몇 저자들의 지지를 받았다. 그러나 출판사들은 아마존의 계산은 편집, 마케팅, 광고비용과 경우에 따라서는 고군분투하는 저자들이 성공할 때까지 돕는 비용을 고려하지 않은 것이라고 반박하였다. 그들은 아마존이 궁극적으로 출판산업을 파괴할 것이라고 주장했다.

분쟁 과정에서 아마존에 매우 분노한 작가들도 있었다. 아셰트의 추리소설 베스트셀러 작가인 더글러스 프레스턴의 책 판매량은 이 분쟁이 발생한 이후 60% 이상 감소하였다. 프레스턴은 아마존이 자신의 책을 전혀 판매하지 않기로 결정한다면 성공적인 저술로 가능해진 안락한 생활도 "끝장날 것"이라고 전망했다. 결국 작가들과 일부 독자들까지도 아마존에 등을 돌렸기 때문에 이 분쟁은 아마존에게 최악의 홍보 실패 사례가 되었다. 결국 아마존이 굴복하여 아셰트에게 전자책 가격을 결정하도록 허용하였다. 그러나 아마존의 규모와 영향력에 비추어 작가들은 미래에 대해 조심하게 되었다.

실제로 몇 년 후 아마존은 미국의 최대 도서 소매업자가 되었다. 이는 비록 아마존이 경쟁 웹사이트보다 높은 가격을 받을 때도 있지만, 웹사이트와 창고 및 빠른 배송 시스템에 많은 투자를 한 것이 가장 큰 요인이다. 이러한 개선은 수십억 달러의 손실을 감내하며 20년을 인내심을 가지고 기다려 준 아마존 투자자들의 지원으로 가능하였다. 마침내 2015년 아마존은 전환점을 맞이하였다. 그 해에 약간의 이익을 낸 것이다. 그 이후로는 줄곧 이윤이 증가하였다. 2018년에는 100억 달러를 상회했다. 투자자들의 기다림이 열매를 맺었다. 같은 기간에 아마존의 주가는 거의 500%가량 상승하였다.

생각해 볼 문제

1. 이 산업에서 잉여의 원천은 무엇인가? 누가 그것을 만들었는가? 이 잉여는 여러 사람들(저자, 출판사, 소매업자)에게 어떻게 나눠지는가?

2. 여기서 시장지배력의 원천은 어떤 것들이 있는가? 각 당사자들에게는 어떤 위험이 있는가?

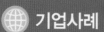

Ian Waldie/Getty Images

영국에는 2개의 장거리 항공사(두 대륙 사이를 운행하는 항공사)가 있다. 영국항공(British Airways)과 버진 애틀랜틱(Virgin Atlantic)이다. 런던과 아메리카 대륙의 도시들을 연결하는 여러 항로에서 대체로 영국항공이 50~100%의 시장점유율을 차지하며 우위에 있지만 버진 애틀랜틱이 집요하게 경쟁해 오고 있다.

두 회사 간의 관계는 비교적 평온한 관계에서부터 공개적으로 적대적인 관계에 이르기까지 다양한 모습을 보여 왔다. 1990년대에 영국항공은 버진 애틀랜틱을 몰아내기 위해 '더러운 계략'을 사용한 혐의에 대해 법원에서 패소하였다. 그러나 2010년 4월에는 영국항공이 반대의 입장에 처한 것이 아닌가 생각했을 것이다.

모든 일의 발단은 2004년 7월 중순 원유가격이 인상되고 있을 때 시작되었다. 영국 당국이 두 항공사가 연료에 대한 추가 요금을 받기로 모의하였다고 혐의를 제기한 것이다. 당국에 의하면 두 회사는 그 후 2년 동안 카르텔을 통해 추가요금 인상을 조정해 왔다는 것이었다. 원유가 배럴당 38달러에 거래되고 있을 때 먼저 영국항공이 장거리 비행에 대해 5파운드(8.25달러)의 추가요금을 도입했다. 영국항공은 추가요금을 여섯 번 인상하여 원유가 배럴당 69달러에 거래되고 있던 2006년에 추가요금은 70파운드(115달러)였다. 같은 시기에 버진 애틀랜틱도 70파운드의 요금을 부과했다. 이 요금 인상은 며칠 간격으로 발생했다.

결국 버진 애틀랜틱의 임원 세 사람이 면책을 보장받는 조건으로 자백하기로 결정했다. 영국항공은 즉시 혐의를 받고 있던 임원들을 직위해제하고 미국과 영국의 당국에게 5억 달러에 가까운 벌금을 지불했다. 그리고 2010년 영국 당국에 의해 4명의 영국항공 임원들이 모의에 가담한 혐의로 기소당했다.

이 임원들의 변호인단은 두 항공사가 정보를 교환한 것은 맞지만 이것이 범죄가 성립될 만한 모의의 증거는 될 수 없다고 주장했다. 이들은 사실 버진항공의 임원들이 미국 규제당국을 너무나 두려워한 나머지 범죄를 저질렀는지 여부를 확인하지도 않고 혐의를 인정했다고 주장했다.

변호인단의 한 사람인 클레어 몽고메리는 반경쟁적 행위에 대한 미국의 법률이 영국에 비해 훨씬 더 엄격해서 회사들로서는 조사를 피하기 위해 자백할 수밖에 없을 수도 있다고 주장했다. "만일 당신이 먼저 자백하지 않으면 면책을 받을 수 없다. 자신을 보호할 수 있는 유일한 방법은 당국에 자백하는 것이다. 아무 잘못이 없더라도." 그 결과는 버진항공의 임원들은 미국과 영국에서 모두 면책을 받았고, 영국항공의 임원들은 양국에서 기소되는 (그리고 경우에 따라 수년간 수감되는) 위험에 처하게 된 것이다.

2011년 말에 이 사건은 버진항공과 영국 당국에게 놀라운 결말을 맞게 된다. 버진항공이 어쩔 수 없이 결국 법원에 제출하게 된 이메일에 근거하여 재판부는 두 항공사 간에 모의가 있었다는 증거가 불충분하다고 판결했다. 재판부는 버진항공의 세 임원에게 너무 화가 난 나머지 면책을 취소하겠다고 위협할 정도였다.

생각해 볼 문제

1. 버진 애틀랜틱과 영국항공이 원유가격이 상승함에 따라 담합할 수도 있는 이유를 설명하라. 시장은 담합하기에 좋은 형편이었는가?
2. 불법행위가 실제로 있었는지를 어떻게 판단할 수 있겠는가? 이 사건을 불법행위 이외에 어떻게 설명할 수 있겠는가?
3. 두 항공사와 각 항공사의 임원들이 처한 딜레마를 설명하라.

10 외부효과와 공공재

대악취 사건

19세기 중엽 런던은 주민이 250만 명에 달하는 세계에서 가장 큰 도시가 되었다. 불행하게도 이 모든 사람이 많은 오물을 만들어 냈다. 그

19세기(위)와 현재의 런던 템스강. 정부의 개입으로 개방된 오물처리장에서 깨끗한 수로로 변모하였다.

리고 그 도시를 관통하며 흐르는 템스강 외에는 오물이 갈 곳이 없었다. 코가 제대로 된 사람이라면 누구도 그 결과를 무시할 수 없었다. 강은 냄새만 고약했던 것이 아니라 콜레라, 장티푸스와 같은 수인성 질병을 전염시켰다. 템스강 근처 주거지의 콜레라 사망률은 템스강으로부터 가장 멀리 떨어진 주거지의 여섯 배나 되었다. 그리고 대부분의 런던 사람들이 템스 강물을 식수로 이용하였다.

뜨거운 여름은 후에 '대악취(Great Stink)'라고 불리게 된 사건을 발생시켰는데 얼마나 지독했던지 한 건강 잡지는 "사람들이 악취에 쓰러졌다."고 보도했다. 특권층과 권력층까지도 피해를 입었다. 의회가 강 근처의 건물에서 열리고 있었던 것이다. 화학물질을 적신 커튼으로 창문을 덮어 악취를 차단하려는 노력이 실패한 후 의회는 결국 거대한 하수도망과 하수를 도시 밖으로 유도할 펌프장 건설 계획을 승인하였다. 1865년에 개통된 하수도망은 도시 생활의 질에 극적인 개선을 가져다주었다.

사람들은 템스강에 폐기물을 방출함으로써 모든 런던 주민에게 해를 끼쳤다. 사람들이 다른 사람들에게 해를 끼치거나 편익을 주지만 그러한 비용이나 편익을 고려할 경제적 유인이 없을 때 이를 경제학에서는 외부효과가 있는 상황이라고 말한다.

이 장에서는 외부효과의 경제학을 살펴볼것이다. 외부효과가 경제적 효율을 달성하는 데 어떤 장애를 일으키고, 어떻게 시장이 실패하도록 만들고, 왜 정부가 개입을 해야 하는지, 그리고 경제 분석을 이용해 어떻게 정부정책에 도움을 줄 수 있는지 볼 것이다.

대악취 사건과 그에 따른 정부의 정책적 대응은 정부가 경제에 개입해야 하는 중요한 이유 두 가지를 보여 준다. 런던의 새로운 하수도망은 공공재─대가를 지불했는지 여부에 관계없이 또한 다른 사람들이 얼마나 많이 혜택을 입는가에 관계없이 많은 사람에게 동일한 혜택을 주는 재화─의 예를 명확히 보여 준다. 곧 보게 되는 바와 같이 공공재는 우리가 지금까지 공부한 사유재와 중요한 차이가 있다. 그리고 이 차이로 인해 공공재는 시장을 통해 효율적으로 공급될 수 없다. ●

이 장에서 배울 내용

- 외부효과의 의미와 외부효과가 시장의 비효율성과 정부 개입으로 이어지는 이유
- 부정적 외부효과, 긍정적 외부효과 및 네트워크 외부효과의 차이점
- 경우에 따라 개인들끼리 외부효과 문제를 해결할 수 있는 이유를 설명하는 코즈정리의 작동원리
- 외부효과를 해결하기 위한 정부정책 중 효율적인 정책과 그렇지 못한 정책의 차이점
- 공공재와 사유재의 차이점

외부효과

개인이나 기업이 보상을 지불하지 않고 다른 사람에게 해를 입히는 **외부비용**(external cost) 중에 가장 잘 알려져 있고 또 가장 중요한 예는 오염으로 인한 환경비용이다. 현대 경제에서는 개인이나 기업이 다른 사람에게 손해를 입히는 외부비용의 예가 많이 있다. 매우 친근한 예가 교통혼잡의 외부비용이다. 러시아워에 차를 가지고 가기로 결정하는 사람은 교통혼잡을 증가시키지만 다른 사람에게 발생하는 불편을 고려할 인센티브가 없다. 또 다른 흔한 예는 운전 중 문자를 보내는 사람으로 인한 비용인데 이는 치명적인 사고 위험을 증가시킨다.

우리는 이 장 뒷부분에서 개인이나 기업이 대가를 받지 않고 다른 사람들에게 제공하는 이득인 **외부편익**(external benefit)의 중요한 예들을 또한 보게 될 것이다. 예컨대 독감 예방주사를 맞으면 함께 사는 사람에게 독감 바이러스를 전염시킬 확률이 줄어든다. 그러나 그 비용과 고통은 혼자 부담해야 한다.

외부비용과 편익을 통틀어 **외부효과**(externalities)라 한다. 외부효과는 개인이나 기업이 사회에 비용을 발생시키거나[**부정적 외부효과**(negative externality) 편익을 발생시키는 **긍정적 외부효과**(positive externality)] 사적인 결정을 내릴 때 발생한다. 어떤 경우든지 외부효과는 시장이 사회적으로 바람직한 수량을 생산하지 못하게 만든다. 왜 그런지 오염의 경우에 초점을 맞춰 자세히 살펴보자.

부정적 외부효과의 경제학 : 오염

오염은 나쁜 것이다. 그러나 오염은 대부분 우리에게 좋은 것을 공급하는 활동의 부산물로 발생한다. 공기는 도시를 밝히는 전기를 생산하는 발전소에 의해 오염되며 강물은 식품을 생산하는 농장에서 흘러나온 비료에 의해 오염된다. 그리고 지하수 오염은 비교적 청정한 연료를 생산하는 데 이용되는 수압파쇄법 때문에 발생할 수 있다. 제3장에서 우리는 수압파쇄법이 강력한 액체를 분사하여 수천 피트 지하의 셰일암반층에 갇혀 있는 천연가스와 원유를 뽑아내는 방법임을 배웠다.

그러면 우리는 어느 정도의 오염을 편리한 생활의 비용으로 받아들여야 하는 것일까? 사실은 이미 그렇게 하고 있다. 심지어 확고한 환경론자들도 우리가 오염을 완전히 제거할 수 있다거나 그렇게 해야 한다고 생각하지 않는다. 아무리 환경을 의식하는 사회라 할지라도 어느 정도의 오염은 유용한 재화와 서비스를 생산하기 위한 비용으로 받아들일 것이다. 환경론자들이 주장하는 것은 강력하고 효과적인 환경정책이 없다면 오염이 너무 많이 — 나쁜 것이 너무 많이 — 산출될 것이라는 점이다. 여기에는 거의 모든 경제학자가 동의한다.

동의하는 이유를 알기 위해서는 사회에 어느 정도의 오염이 있어야 하는지를 분석할 수 있는 도구가 필요하다. 그러면 왜 아무 간섭이 없으면 시장경제가 적정 수준보다 더 많은 오염을 배출하는지 알 수 있을 것이다. 우리는 이 문제를 연구하기 위해 우선 가장 단순한 모형을 채택한다 — 오염 배출량을 직접 관찰하고 통제할 수 있다고 가정하는 것이다.

오염의 비용과 편익

사회적으로 어느 정도의 오염이 허용되어야 할까? 이 '수량 선택' 문제를 해결하려면 제7장에서 배운 한계분석의 원리를 적용해야 한다. 이 원리에 따르면 어떤 것을 한 단위 더 추가하여 얻어지는 한계편익과 그것을 추가하는 데 드는 한계비용을 비교해야 한다. 오염도 마찬가지다.

오염의 사회적 한계비용(marginal social cost of pollution)은 오염 한 단위가 추가됨으로써 사회 전체적으로 부담하게 되는 추가비용이다.

외부비용(external cost)은 개인이나 기업이 아무 보상 없이 다른 사람에게 초래하는 비용이다.

외부편익(external benefit)은 개인이나 기업이 아무 대가 없이 다른 사람에게 주는 편익이다.

외부비용과 외부편익을 **외부효과**(externality)라 부른다. 외부비용을 **부정적 외부효과**(negative externality), 외부편익을 **긍정적 외부효과**(positive externality)라고 부른다.

오염의 사회적 한계비용(marginal social cost of pollution)은 오염 한 단위가 추가됨으로 해서 사회 전체적으로 부담하게 되는 추가비용이다.

예를 들어 석탄을 연료로 사용하는 발전소로부터 배출되는 아황산가스는 빗물과 결합하여 산성비가 되는데 이는 어장, 농작물, 삼림에 피해를 주고, 수압파쇄법의 부작용으로 발생할 수 있는 지하수 오염은 건강에 해를 입힐 수 있다. 일반적으로 오염의 사회적 한계비용은 증가한다. 즉 오염이 한 단위 추가로 발생할 때마다 입는 피해는 그 전 단위에 비해 더 커진다. 그 이유는 오염 수준이 낮을 때는 자연이 스스로 안전하게 정화할 수 있는 것이 보통이나 오염 수준이 높아지면 피해가 더 커지기 때문이다.

오염의 사회적 한계편익(marginal social benefit of pollution)은 오염이 한 단위 더 추가됨으로써 사회가 얻는 추가적인 편익이다. 이는 혼란을 불러일으키는 개념인 것처럼 보일 수도 있다. 어떻게 오염이 사회에 편익을 가져다줄 수 있겠는가? 그 해답은 오염은 비용을 지출해야만 감소시킬 수 있다는 것을 이해하는 데 있다. 예를 들어 석탄을 연료로 사용하는 발전소로부터 발생하는 대기오염은 더 비싼 석탄이나 고비용의 세정기술을 사용하여 감소시킬 수 있으며, 수압파쇄법으로 인한 지하수 오염은 비용이 더 많이 드는 굴착기술을 사용하여 줄일 수 있고, 하수로 인한 하천이나 해양 오염은 오수처리 장치를 설치하여 감소시킬 수 있다.

오염을 감소시키는 이런 방법들은 모두 기회비용을 갖는다. 즉 오염을 방지하기 위해서는 다른 재화나 서비스 생산에 사용될 수 있는 희소한 자원을 사용할 필요가 있다. 따라서 오염의 사회적 한계편익은 사회가 오염 한 단위를 추가로 허용함으로써 얻을 수 있는 재화와 서비스이다.

부유한 국가와 가난한 국가에서 허용되는 오염 수준을 비교해 보면 한 사회가 허용하고자 하는 오염 수준을 결정하는 데 오염의 사회적 한계편익 수준이 중요한 역할을 한다는 것을 알 수 있다. 가난한 국가들은 오염을 감소시키는 데 사용되는 자원의 기회비용이 높기 때문에 허용하는 오염 수준이 더 높다. 예를 들면 세계보건기구에서는 가난한 국가들에서 나무, 동물의 배설물, 석탄과 같이 유해한 연료에서 발생하는 오염된 실내 공기로 인해 350만 명이 제 수명을 채우지 못하고 죽어 간다고 추산하고 있다. 이러한 상황을 피할 능력이 부유한 국가의 주민들에게는 있다.

〈그림 10-1〉은 가상적인 숫자를 이용하여 **사회적 최적 오염량**(socially optimal quantity of

> **오염의 사회적 한계편익**(marginal social benefit of pollution)은 오염 한 단위가 추가됨으로 해서 사회 전체적으로 얻게 되는 추가편익이다.
>
> **사회적 최적 오염량**(socially optimal quantity of pollution)은 오염의 모든 사회적 비용과 편익을 완전히 고려했을 때 사회가 선택할 오염량이다.

그림 10-1 사회적 최적 오염량

오염은 비용과 편익을 모두 발생시킨다. 여기서 *MSC* 곡선은 아황산가스가 한 단위 더 배출될 때 사회 전체의 한계비용이 아황산가스의 배출량에 따라 어떻게 달라지는지를 보여 준다. *MSC* 곡선이 우상향하는 것은 사회적 한계비용이 오염 증가에 따라 증가함을 나타낸다. *MSB* 곡선은 아황산가스가 한 단위 더 배출될 때 사회 전체에 미치는 한계편익이 아황산가스의 배출량에 따라 어떻게 달라지는지를 보여 준다. *MSB* 곡선이 우하향하는 것은 사회적 한계편익이 오염 증가에 따라 감소함을 나타낸다. 사회적 최적 오염량은 Q_{OPT}이다. 이 수량에서 사회적 한계편익과 사회적 한계비용은 같으며 그 값은 200달러이다.

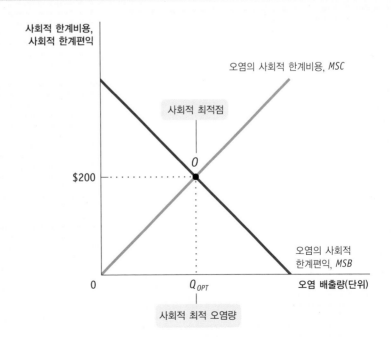

pollution) — 모든 사회적 비용과 편익을 완전히 고려했을 때 사회가 선택할 오염량 — 을 어떻게 구할 수 있는지 보여 준다. 우상향하는 사회적 한계비용곡선 MSC는 오염 한 단위가 추가될 때 사회에 대한 한계비용이 오염량에 따라 어떻게 달라지는지 보여 준다. 오염이 한 단위씩 추가될수록 이전 한 단위에 비해 더 많은 피해를 주기 때문에 사회적 한계비용은 일반적으로 증가한다. 반면에 사회적 한계편익곡선 MSB는 우하향한다. 오염 수준이 높을수록 오염을 한 단위 감소시키는 비용은 비교적 작기 때문이다. 그러나 오염 수준이 낮아질수록 오염을 감소시키기 위해서는 더 값비싼 기술을 사용해야 하기 때문에 오염을 감소시키는 일은 점점 더 비용이 많이든다. 따라서 오염 수준이 낮을 때 MSB는 더 높다.

〈그림 10-1〉에서 알 수 있는 바와 같이 이 예에서 사회적 최적 오염량은 영이 아니다. 그것은 MSB와 MSC가 만나는 점 O에 해당하는 수량 Q_{OPT}이다. Q_{OPT}에서 오염량이 한 단위 추가될 때 발생하는 사회적 한계편익과 사회적 한계비용이 200달러로 같아진다.

그런데 시장경제가 스스로 사회적 최적 오염량에 도달할까? 그렇지 않을 것이다. 그 이유를 알아보자.

시장경제에서 오염이 과다하게 배출되는 이유

오염은 사회에 비용과 편익을 모두 가져다주는 반면, 정부 개입이 없는 시장경제에서는 과다한 오염이 발생하게 된다. 이 경우 오염의 배출량을 결정하는 것은 오염자 — 예컨대 발전소 소유자나 가스개발회사 — 자신뿐이다. 그리고 이들에게는 오염이 다른 사람들에게 발생시키는 비용을 고려할 인센티브가 없다. 대신 회사의 인센티브는 석탄가격, 킬로와트당 전기요금 등 발전에 들어가는 사적 비용과 편익에 의해 결정된다.

〈그림 10-2〉는 편익을 얻는 사람과 비용을 부담하는 사람 사이의 이러한 비대칭성으로 인해 어떤 결과가 초래되는지를 보여 준다. 정부가 개입하지 않는 시장경제에서는 오염자들만이 결정에 참

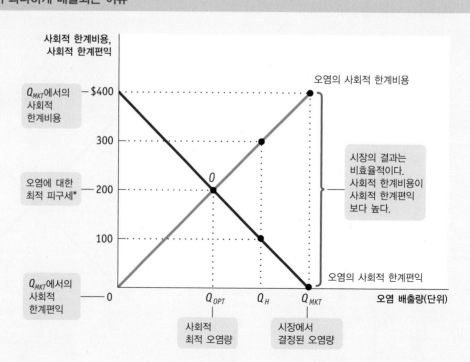

그림 10-2 시장경제에서 오염이 과다하게 배출되는 이유

정부 개입이 없을 때 오염량은 오염자에게 오염의 사회적 한계편익이 영이 되는 Q_{MKT}가 될 것이다. 이 오염량은 비효율적으로 높다. 사회적 한계비용 400달러가 사회적 한계편익 0달러보다 훨씬 높기 때문이다. 오염의 사회적 한계비용이 사회적 한계편익과 같아지는 수준인 200달러의 최적 피구세*를 부과하면 시장은 사회적 최적 오염량인 Q_{OPT}로 이동한다.

*피구세는 다음 절에서 오염정책을 다룰 때 설명한다.

여하므로 오염량을 결정하는 데 사회적 비용은 고려되지 않고 오로지 오염의 편익만이 고려된다. 따라서 시장경제에서 오염 배출량은 사회적으로 최적 수준인 Q_{OPT}가 아니라 Q_{MKT}가 될 것이다. Q_{MKT}에서 오염이 한 단위 추가될 때의 사회적 한계편익은 영이 되는 반면 오염이 한 단위 추가될 때의 사회적 한계비용은 이보다 훨씬 더 높은 400달러이다.

왜 그럴까? 오염량이 Q_{OPT} 수준일 때 오염자가 어떻게 할 것인가를 잠시 생각해 보라. MSB 곡선은 오염을 한 단위 더 허용함으로써 얻어지는 자원을 나타낸다는 것을 기억하라. 오염자가 MSB 곡선을 따라 Q_{OPT}로부터 오염 배출량을 한 단위 더 증가시키면 100달러의 이득을 볼 수 있다. 이 100달러의 이득은 비용이 덜 들고 오염 배출이 더 많은 기술을 사용함으로써 얻어진 것이다. 오염자는 이로 인한 비용을 부담하지 않는다는 것을 기억하라. 비용은 온전히 다른 사람들의 몫이다. 그러나 여기서 멈출 이유가 없다. MSB 곡선을 따라 오염 배출량을 증가시킴으로써 추가 이득을 얻을 수 있다. 이것은 더 값싸고 오염 배출이 심한 기술을 사용함으로써 가능하다. 결국 Q_{MKT}에서 멈추게 되는데 이는 오염 한 단위의 사회적 한계편익이 영이 되기 때문이다. 즉 Q_{MKT}에서는 더 싸고 오염 배출이 많은 기술을 사용하여 얻는 이득이 아무것도 없다.

시장에서 얻어진 결과인 Q_{MKT}는 비효율적이다. 아는 바와 같이 다른 사람에게 해를 주지 않고 누군가를 더 좋게 만들 수 있다면 그러한 결과는 비효율적이다. 비효율적인 상태에서는 서로에게 유익한 거래가 이루어지지 못하고 있다. Q_{MKT}에서는 마지막 한 단위의 오염이 오염자에게 주는 편익은 매우 작다─실질적으로 영이라 할 수 있다. 그러나 그 마지막 한 단위의 오염이 사회에 끼치는 비용은 매우 높다─400달러이다. 따라서 Q_{MKT}에서 오염을 한 단위 감소시킴으로써 오염의 사회적 총비용은 400달러만큼 감소하는 반면 사회적 총편익은 실질적으로 전혀 감소하지 않는다.

따라서 Q_{MKT}에서 오염이 한 단위 감소하면 총잉여는 대략 400달러만큼 증가한다. Q_{MKT}에서 마지막 한 단위의 오염을 줄이는 대가로 사회는 오염자에게 400달러까지 지불할 용의가 있고, 그 마지막 한 단위가 오염자에게 주는 편익은 실질적으로 아무것도 없기 때문에 오염자는 기꺼이 이 제안을 수락할 것이다. 그러나 이 시장경제에는 이러한 거래를 가능하게 하는 수단이 없기 때문에 비효율적인 결과가 나타나게 되는 것이다.

외부효과의 사적 해결

방금 본 바와 같이 시장경제에서는 외부효과가 비효율적인 결과를 발생시킨다. 즉 서로에게 유익한 거래가 이루어지지 않고 있다. 그러면 정부의 개입 없이 민간부문이 외부효과 문제를 해결할 수 있을까? 개인들끼리 스스로 그런 거래를 할 수 있을까?

경제학자이며 노벨상 수상자인 로널드 코즈(Ronald Coase)는 1960년 경제학에 많은 영향을 끼친 한 논문에서 이상적인 세상에서는 실제로 민간부문이 외부효과로 인한 비효율성 문제를 해결할 수 있다고 지적하였다. 이 **코즈정리**(Coase theorem)에 의하면 비록 외부효과가 있더라도 거래를 성사시키는 데 드는 비용이 충분히 작기만 하면 경제는 항상 효율적인 해결책을 달성할 수가 있다. 거래를 성사시키는 데 드는 비용을 **거래비용**(transaction cost)이라 부른다.

코즈정리가 어떻게 성립하는지를 보기 위해 굴착으로 인해 지하수가 오염되는 경우를 생각해 보자. 이 문제를 사적 거래를 통해 접근하는 방법에는 두 가지가 있다. 첫째는 지하수가 오염될 우려가 있는 토지의 주인이 비용을 부담하여 값이 더 비싸고 오염이 적은 기술을 사용하도록 유도하는 것이다. 둘째는 굴착회사가 토지 주인에게 지하수에 가해지는 피해를 보상하는 것이다. 예를 들면 토지 주인이 다른 곳으로 이사할 수 있도록 직접 토지를 매입할 수 있다. 만일 법적으로 굴착회사에게 오염이 허용된다면 첫 번째 방법이 사용될 가능성이 크다. 만일 굴착회사에 합법적인 오염권이 없다면 두 번째 방법이 사용될 가능성이 크다.

코즈정리(Coase theorem)에 의하면 비록 외부효과가 있더라도 **거래비용**(transaction cost)─거래를 성사시키는 데 드는 비용─이 충분히 작기만 하면 경제는 항상 효율적인 해결책을 달성할 수가 있다.

사람들이 외부효과를 고려하는 것을 가리켜 **외부효과를 내부화한다**(inter-nalize the externality)고 말한다.

코즈가 주장하는 바는 어떤 경우든 거래비용이 충분히 작다면 굴착회사와 토지 주인이 서로에게 이익이 되는 거래를 성사시킬 수 있다는 것이다. 거래가 어떤 방식으로 이루어지는가에 관계없이 결정을 내리는 데 오염의 사회적 비용이 고려되고 있다. 사람들이 결정을 내릴 때 외부효과를 고려하는 것을 가리켜 경제학에서는 사람들이 **외부효과를 내부화한다**(internalize the externality)고 말한다.

그렇다면 왜 사람들이 외부효과를 항상 내부화할 수 없을까? 효율적인 결과가 나타나지 못하도록 만드는 것은 여러 가지 형태로 발생하는 거래비용이다. 거래비용의 예에는 다음과 같은 것들이 있다.

- 높은 의사소통 비용 : 발전소에서 발생하는 오염이 넓은 지역으로 퍼져 간다고 해 보자. 그 영향을 받는 많은 사람들과 소통하는 비용은 매우 높을 것이다.
- 법적 구속력을 갖는 합의서를 적시에 작성하는 고액의 비용 : 일부 토지소유자들이 연합하여 굴착회사에 보상을 하고 지하수 오염을 줄이는 방법은 어떠한가? 변호사 선임, 지하수 검사, 기술자 고용 등으로 인해 효과를 볼 수 있는 합의를 도출하는 일에는 고액의 비용이 들 수 있다. 뿐만 아니라 협상이 순조롭게 짧은 시일 안에 끝난다는 보장도 없다. 자신의 지하수가 보호된다고 해도 어떤 토지소유자들은 대가를 지불하지 않으려고 할 수 있고 굴착회사는 더 좋은 조건을 얻어 내려고 버틸 수 있다.

물론 현실에서는 외부효과가 내부화되는 예들이 있다. 진입로에 있는 대지에는 주차할 수 없다든지 자정을 지나서는 요란한 파티를 할 수 없다는 규정을 시행하는 사설 주택단지가 그 예가 될 수 있다. 이러한 규정들은 한 주택의 부주의나 소란한 행동이 다른 주택에 미치는 외부효과를 내부화하고 있다. 그러나 광범위한 오염과 같은 규모가 큰 외부효과에 대해서는 사적으로 효과적인 결과를 얻기에는 거래비용이 너무나 커서 정부를 통한 해결을 모색하는 것이 필요하다.

사람들이 거래비용을 줄이는 방법을 찾아내어 외부효과를 내부화하는 경우도 있다. 예를 들어 마당에 쓰레기가 가득하고 페인트가 벗겨진 집은 잠재적인 주택 매입자의 눈으로 볼 때 주택 가치를 떨어뜨리기 때문에 이웃한 사람들에게 부정적인 외부효과를 발생시킨다. 그래서 사람들은 이웃 간 협상을 할 필요가 없는 주택유지와 행동 규정이 정해져 있는 사설 주택단지에 입주한다. 그러나 거래비용이 너무 높아서 사적인 행동을 통해서는 외부효과의 문제에 적절히 대응할 수 없는 경우도 많다. 수천만 명의 사람들이 산성비의 피해를 보는 것이 그 한 예이다. 그 모든 사람과 발전소 사이에 해결책을 모색하려 한다면 천문학적인 비용이 들 것이다.

거래비용으로 인해 외부효과를 민간부문에서 해결할 수 없다면 정부를 통한 해결책을 찾아야 한다. 다음 절에서 공공정책에 대해 알아보기로 하자.

현실 경제의 >> 이해

실제 전기료는 얼마인가?

저명한 세 명의 경제학자, 니콜라스 Z. 뮬러, 로버트 멘델슨, 윌리엄 노드하우스는 미국의 산업별로 오염의 외부비용을 추산하는 논문을 2011년에 게재했다. 비용에는 건강에 미치는 해로운 효과에서부터 농작물 수확감소에 이르기까지 여러 가지가 포함되었다. 발전 부문의 경우에는 기후 변화를 일으키는 온실가스의 하나인 이산화탄소가 사회에 끼치는 비용이 포함되었다.

이들 비용을 평가하는 것은 논란의 소지가 많으므로 저자들은 보수적인, 상대적으로 낮은 추계치를 사용하였다 — 또한 이 비용이 미래 세대의 부담인 때문이기도 하다. 이들은 산업별로 오염의 총외부비용(total external cost, TEC)을 계산하였다. 몇몇 산업에서 총외부비용이 그 산업의 부가가치(value added, VA), 즉 생산물의 시장가치보다 현저하게 높았다. 이것이 그 산업이 폐쇄되어야 함을 의미하는 것은 아니지만 시장이 오염의 비용을 고려하지 않고 있음을 명백히 보여 준다.

여러 분석이 있지만 그중에서 이 논문은 석탄과 천연가스 두 가지 연료를 사용한 전기 생산의 외부비용을 비교하였다. 첨부된 표에서 두 산업의

	TEC/VA	킬로와트시당 TEC
석탄	$2.83	$0.039
천연가스	1.30	0.005

탄소의 사회적 비용은 무엇인가?

TEC/VA 비율과 킬로와트시당 TEC를 볼 수 있다. 보는 바와 같이 두 가지 방법 모두 부가가치를 초과하는 큰 외부비용을 발생시키고 있다. 그러나 천연가스를 사용할 때의 킬로와트시당 TEC가 석탄을 사용할 때에 비해 훨씬 낮은데, 그 이유는 천연가스가 이산화탄소나 다른 오염물질을 석탄보다 적게 배출하기 때문이다. 킬로와트시당 외부비용은 석탄의 경우 적게 잡아도 소매가의 3분의 1, 천연가스의 경우 소매가의 20분의 1 정도가 된다.

2014년 환경보호국(Environmental Protection Agency, EPA)은 새로 건설되는 발전소에서 배출하는 탄소량을 제한하는 규정을 발표하였다. 천연가스의 경우 EPA의 기준을 만족시키기 때문에 이 규정이 발전소가 새로 건설되는 데에 아무런 장애가 되지 않겠지만 석탄의 경우 탄소를 걸러서 지하에 묻는 기술을 사용하지 않는 한 새 발전소를 건설할 수 없다.

그뿐만 아니라 수압파쇄법으로 인한 천연가스의 가격 하락으로 발전회사들이 석탄을 천연가스로 대체해 오고 있다. 그래서 2016년에는 역사상 처음으로 발전에서 석탄보다 천연가스가 차지하는 비중이 더 커졌다.

>> 이해돕기 10-1
해답은 책 뒤에

1. 대규모 양계장에서 흘러나오는 오수로 인근 주민들이 피해를 보고 있다. 다음을 설명해 보라.
   a. 발생한 외부비용의 성격
   b. 정부 개입이나 개인 간 거래가 존재하지 않을 때의 결과
   c. 사회적 최적산출량
2. 야스민은 대학도서관에서 책을 빌리고서 기일 안에 반납하지 못한 학생들은 다른 학생들에게 부정적 외부효과를 미친다고 생각한다. 야스민은 도서관에서 작은 연체료 대신 아주 큰 액수의 연체료를 매겨 책을 빌린 사람들이 다시는 연체를 하지 않도록 해야 한다고 주장한다. 야스민의 경제학적 논리가 옳은가?

>> 복습
- 외부비용과 외부편익을 **외부효과**라고 부른다. 오염은 외부비용 혹은 **부정적 외부효과**의 한 예이다. 반면에 어떤 활동은 **외부편익** 혹은 **긍정적 외부효과**를 발생시킬 수 있다.
- 오염을 줄이는 데는 편익뿐 아니라 비용도 있기 때문에 최적 오염량은 영이 아니다. **사회적 최적 오염량**은 오염의 사회적 한계비용이 **오염의 사회적 한계편익**과 같아지는 오염량이다.
- 시장경제에 맡겨 두면 오염자들이 다른 사람들에게 발생하는 비용을 고려할 유인이 없어 일반적으로 오염이 비효율적으로 많이 발생한다.
- **코즈정리**에 의하면 경우에 따라서는 외부효과가 민간부문 자체의 힘으로 해결될 수 있다. 만일 **거래비용**이 너무 크지 않으면 개인들이 **외부효과를 내부화**하는 합의에 도달할 수 있다. 거래비용이 너무 높으면 정부의 개입이 정당화될 수 있다.

‖ 정부정책과 오염

1960년대에 미국 북동부와 캐나다 남동부 넓은 땅의 유령 같은 시든 나무들은 불길한 진실을 보여 주었다. 이 거대한 숲은 죽어 가고 있었다. 그뿐만 아니라 그 안의 호수와 강들도 물고기와 다른 수중 생물들이 급감하며 죽어 가고 있었다.

범인은 산성비였다. 이는 석탄발전소에서 대기로 유출된 아황산가스가 비와 섞여 나타난 현상이다. 그 결과 수목과 수중 생물에 유독한 산도 높은 비가 내리게 된다. 1970년 이전 미국에는 석탄발전소에서 배출되는 아황산가스의 양을 규제하는 법이 존재하지 않았다.

1970년 의회가 대기오염방지법(Clean Air Act)을 통과시켜 발전소들이 배출물을 감소시키도록 강제하는 규정들을 마련하였다. 그리고 이 법의 효력이 발생하여 비의 산성도가 확연히 감소되었다. 그러나 경제학자들은 시장의 효력을 잘 이용하는 유연한 정책을 사용하면 비용을 줄이면서도 오염을 더 낮출 수 있다고 주장했다. 1990년 이 이론이 반영되어 대기오염방지법이 수정되었다. 결과는 어떻게 되었을까? 경제학자들이 옳았다!

이 절에서는 정부가 환경오염을 해결하기 위해 일반적으로 사용하는 환경기준, 배출세, 양도가능한 배출허가권, 이 세 가지 유형의 정책을 살펴볼 것이다.

또한 이들 정책을 개선하기 위해 어떻게 경제학적 분석이 사용되었는지를 볼 것이다. 그리고 기후 변화의 문제와 이를 해결하기 위해 정부정책이 어떻게 사용될 수 있는지도 살펴볼 것이다.

환경기준

오늘날 가장 심각한 외부비용은 아마도 환경 파괴적 행위ー대기오염, 수질오염, 생태계 파괴 등ー일 것이다. 모든 선진국에 있어 환경보호야말로 정부가 담당해야 할 중요한 역할이 되었다. 미국에서는 환경보호국이 주정부와 지방정부의 도움을 받아 국가차원의 환경정책을 담당하는 주관부서이다.

한 국가의 환경보호는 어떻게 이루어지는가? 현재로서 주요한 정책수단은 생산자와 소비자가 지켜야 할 행동을 규정한 **환경기준**(environmental standards)이다. 거의 모든 자동차가 촉매정화장치를 부착하여 스모그나 질병을 일으킬 수 있는 화학물질의 배출을 감소시키도록 규정한 법이 우리가 잘 알고 있는 환경기준의 한 예이다. 다른 규제들은 지역사회가 하수처리를 하도록 규정하거나, 공장에서 특정 오염물을 배출하는 것을 금지 또는 제한하고 있다. 그리고 '방금 현실 경제의 이해'에서 본 바와 같이 2014년에 시행된 환경기준은 석탄이나 천연가스를 사용하는 발전소들로 하여금 더욱 깨끗한 연소 기술을 도입할 것을 요구하고 있다.

"이 주에서는 매우 엄격한 오염방지법이 시행 중이지."

환경기준은 1960년대와 1970년대에 널리 사용되기 시작했고 환경오염을 감소시키는 데 상당한 성공을 거두었다. 예를 들어 미국에서 1970년 대기오염방지법이 통과된 이후 인구가 3분의 1이나 증가하고 경제규모가 두 배 이상 커졌음에도 불구하고 대기로의 오염물질 배출은 3분의 1 이상 감소하였다.

배출세

환경오염을 해결할 수 있는 다른 방법은 환경을 오염시키는 사람에게 **배출세**(emissions tax)를 부과하는 것이다. 배출세는 기업이 배출하는 오염물질의 양에 따라 부과되는 세금이다. 제5장에서 배운 것처럼 어떤 활동에 세금을 부과하면 그 활동 수준이 감소한다.

정부의 개입이 없으면 오염 행위자들은 사회적으로 적절한 수준 이상으로 오염을 증가시킬 인센티브가 있음을 기억하라. 사실 이들은 사회적 한계비용이 0이 될 때까지 생산하려 할 것이다.

만일 (〈그림 10-2〉에 예시된 바와 같이) 추가 한 단위 오염의 사회적 한계편익과 사회적 한계비용이 200달러로 같다고 하면 오염 한 단위당 200달러의 세금을 부과함으로써 배출량을 사회적으로 적절한 수준까지 감소시킬 수 있다.

이것은 사회적 최적 오염 수준에서의 사회적 한계비용과 동일한 배출세를 부과함으로써 오염시키는 사람으로 하여금 외부효과를 내부화하도록ー자신들의 행동이 유발하는 실제 사회적 비용을 고려하도록ー유도할 수 있다는 일반적인 사실을 예시해 준다.

환경기준(environmental standards)은 환경을 보호하기 위해 생산자와 소비자가 지켜야 할 행동을 명시한 규정이다.

배출세(emissions tax)는 기업이 배출하는 오염물질의 양에 따라 부과되는 세금이다.

또한 배출세는 모든 오염원에 대해 오염의 한계편익이 동일하게 되도록 보장하므로 오염을 줄이는 데 환경기준보다 더 효율적이다(비용을 더 절감한다). 반면 환경기준은 오염자마다 오염을 감소시키는 비용이 다름에도 불구하고 모든 오염자를 동일하게 취급한다.

배출세란 용어는 조세가 단지 한 종류의 외부비용, 즉 오염에 대해서만 적절한 해결책이라는 잘못된 인상을 줄 수 있다. 사실 조세는 운전(휘발유 생산비용을 초과하는 환경파괴를 초래함)이나 흡연(담배 제조비용보다 훨씬 큰 보건비용을 사회에 초래함) 등의 부정적 외부효과를 발생시키는 모든 활동을 억제하기 위해 사용될 수 있다.

일반적으로 외부비용을 줄이도록 고안된 조세를 **피구세**(Pigouvian tax)라 하는데 이는 1920년 발간된 고전『후생경제학(The Economics of Welfare)』에서 조세의 유용성을 강조한 경제학자 피구

> 외부비용을 줄이도록 고안된 조세를 **피구세**(Pigouvian tax)라 한다.

🌐 국제비교 6개국의 경제성장과 온실가스

그림 (a)에 나타난 여러 나라의 1인당 온실가스 배출량을 비교해 보면 처음에는 호주, 미국, 캐나다가 가장 심각한 오염원인 것처럼 보인다. 우즈베키스탄이 1인당 3.9톤, 중국이 1인당 6.7톤, 인도가 1인당 1.8톤인 데 반해, 미국은 1인당 평균 16.1톤(CO_2로 환산한 측정치)의 온실가스 – 지구 온난화를 일으키는 오염 – 를 배출한다.

그러나 이러한 결론은 한 국가의 온실가스 배출 수준을 결정하는 데 있어 중요한 요소 하나를 빠뜨리고 있다. 그것은 국내총생산, 즉 GDP – 한 국가의 자국 내 산출물 가치의 합 – 이다. 보통 더 많은 에너지가 없이는 산출물을 생산할 수 없고, 더 많은 에너지를 사용할수록 더 많은 오염이 발생한다. 실제로 어떤 사람들은 경제발전의 수준을 고려하지 않고 한 국가의 온실가스 수준을 비난하는 것은 잘못된 것이라고 주장했다. 그러한 비난은 마치 한 국가가 경제발전을 더 많이 이룩한 것을 나무라는 것과 같을 것이다.

그림 (b)에 표시된 것처럼 한 국가의 GDP 100만 달러당 배출량을 측정하는 것이 국가 간 오염 수준을 더 의미 있게 비교하는 방법이다. 이 기준에 의하면 이제 미국, 캐나다, 호주는 '녹색' 국가가 되고 우즈베키스탄, 중국과 인도는 그렇지 않다. GDP를 고려했을 때

이러한 역전이 생기는 것은 어떤 이유에서일까? 그 답은 희소한 자원이다.

우즈베키스탄이나 인도(그리고 과거의 중국)처럼 가난하고 산업화를 시작하는 국가에서는 오염 감소에 돈을 쓰는 것보다 다른 일에 쓰는 것이 더 낫다고 생각한다. 이들의 관점에서는 부유한 선진국처럼 깨끗한 환경을 갖추기에는 자신들이 너무 가난하다. 이들은 부유한 국가의 환경기준을 자신들에게 강요하는 것은 자신들의 경제성장을 위협하는 일이라고 주장한다.

그러나 온실가스가 *기후 변화*의 원인이라는 과학적 증거와 오염이 없는 에너지원의 가격 하락으로 인해 가난한 국가들의 태도가 변화하고 있다. 기후 변화로 인해 가난한 국가의 시민들이 고통받을 가능성이 더 큰 것을 알고 이들도 부유한 국가들과 힘을 합쳐 2015년 *파리협약*에 서명하였다. 이는 196개국이 지구의 온도를 섭씨 2℃ 이내로 유지하기로 한 협약이다. 2℃가 넘으면 기후 변화의 영향은 큰 재앙이 될 것이고 되돌릴 수 없을 것으로 생각된다. 이 시점에서 미국이 협약을 취소하겠다고 선언했는데 이는 협약을 거부한 세계 유일의 국가다.

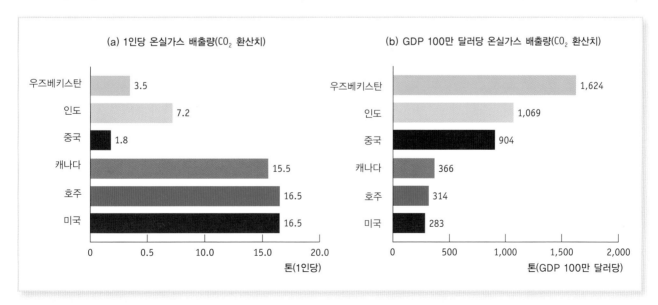

출처 : Global Carbon Atlas, IMF–World Economic Outlook.

(A. C. Pigou)의 이름에서 따온 것이다. 우리의 예에서는 최적피구세가 200달러이다. 〈그림 10-2〉에서 보는 바와 같이 이것은 최적 오염량 Q_{OPT}에서의 사회적 한계비용에 해당한다.

배출세의 큰 단점은 현실에 있어 정부관리가 조세액을 어떤 수준으로 책정해야 할지 잘 모르는 경우가 많다는 것이다. 만일 조세를 너무 낮게 책정하면 환경개선이 너무 적게 이루어질 것이고, 조세를 너무 높게 책정하면 오염 배출량은 효율적인 수준에 비교하여 너무 많이 감소하게 될 것이다. 이러한 불확실성이 완전히 근절될 수는 없지만 다른 대안, 즉 양도 가능한 허가권을 사용함으로써 위험의 성격은 변화될 수 있다.

양도 가능한 배출허가권

양도 가능한 배출허가권(tradable emission permit)이란 오염자들 사이에 매매될 수 있는 제한된 분량의 오염물질을 배출할 수 있는 면허를 말한다. 오염을 일으키는 기업들은 대개 오염을 감소시키는 데 드는 비용이 각자 다르다. 예를 들면 옛 기술을 이용하는 공장들은 신기술을 이용하는 공장들에 비해 오염을 감소시키는 비용이 더 많이 든다. 초기에 규제당국은 오염을 발생시키는 기업들에게 일정한 기준에 따라ー예컨대 한 기업이 과거에 발생시킨 배출량의 50%ー배출허가권을 발행해 준다. 그 후에 기업들은 서로 허가권을 거래할 수 있다.

이 제도하에서는 오염 허가권 시장이 나타나게 된다. 오염 허가권에 높은 가치를 두는 기업들(옛 기술을 가진 기업들)이 오염 허가권에 더 낮은 가치를 두는 기업들(신기술을 가진 기업들)로부터 오염 허가권을 구입할 것이다. 그 결과로 배출 물질에 더 높은 가치를 두는 기업들이 더 낮은 가치를 두는 기업들에 비해 더 많은 오염을 발생시키게 된다.

결국에는 오염을 줄이는 비용이 가장 낮은 기업이 오염을 가장 많이 줄이고, 오염을 줄이는 비용이 가장 높은 기업이 오염을 가장 적게 줄이게 될 것이다. 전체적인 효과는 효율적으로, 즉 비용이 가장 적게 드는 방법으로 오염을 감소시키도록 배분하는 것이다.

배출세와 마찬가지로 양도 가능한 배출허가권은 오염자들에게 오염의 사회적 한계비용을 고려할 유인을 제공한다. 그 이유를 알기 위해 오염 한 단위를 배출할 수 있는 권리가 시장에서 200달러에 거래된다고 가정해 보자. 그러면 모든 오염자가 자신의 오염 배출량을 그 한계편익이 200달러가 되는 점까지 감소시킬 인센티브를 갖게 된다. 왜 그럴까?

만일 오염 한 단위를 더 늘릴 때의 한계편익이 200달러보다 크다면 오염을 줄이기보다는 늘리는 것이 더 이익이 된다. 이런 경우에는 오염자가 허가권을 구입하여 오염을 증가시킬 것이다. 그리고 만일 오염 한 단위를 더 늘릴 때의 한계편익이 200달러보다 작다면 오염을 늘리기보다는 줄이는 것이 더 이익이 된다. 이런 상황에서는 오염자가 200달러 하는 허가권을 사기보다는 오염을 줄일 것이다.

이 예로부터 우리는 배출허가권 가격이 배출세와 같다면 어떻게 동일한 성과를 올릴 수 있는지 알 수 있다. 오염자들이 오염 한 단위를 더 배출할 권리에 대해 200달러를 지불해야 한다면 오염 한 단위에 대해 200달러의 세금을 지불해야 하는 사람과 동일한 인센티브를 갖는 것이다. 그리고 이런 인센티브는 자신이 계획하고 있는 오염량보다 더 많은 허가권을 받은 오염자들에게도 똑같이 적용된다. 오염을 한 단위 덜 배출함으로써 200달러에 팔 수 있는 허가권 한 단위를 얻을 수 있는 것이다. 다시 말하면 이 기업에게 오염 한 단위의 기회비용은 그것을 배출하느냐에 관계없이 200달러인 것이다.

최적 오염량을 달성하기 위해 배출세를 사용할 때의 문제는 적정 수준의 세금을 찾는 데 있다는 것을 기억하라. 세금이 너무 낮으면 오염이 너무 많이 발생하고 세금이 너무 높으면 오염이 너무 적게 발생한다(즉 오염을 줄이는 데 너무 많은 자원이 사용된다). 비슷한 문제가 배출허가권에서도 나타나는데 그것은 적정 수준의 배출허가권 수량을 찾는 문제다. 이는 배출세 수준을 찾는 것과 대응되는 문제라 할 수 있다.

　　최적 오염 수준을 결정하기 어렵기 때문에 규제당국은 허가권을 너무 많이 발행해서 오염이 너무 적게 감소하거나, 허가권을 너무 적게 발행해서 오염이 너무 많이 감소하는 경우가 발생할 수 있다.

　　아황산가스의 경우 미국 정부는 초기에는 환경기준을 이용하다가 나중에 양도 가능한 배출허가권 제도를 도입했다. 현재 가장 규모가 큰 배출허가권 거래 제도는 유럽연합이 이산화탄소 배출을 규제하기 위해 도입한 제도이다.

환경정책의 비교 예시

〈그림 10-3〉에는 A와 B, 두 공장으로 구성된 가상적인 산업이 표시되어 있다. A공장이 B공장보다 더 새로운 기술을 사용하여 오염을 감소시키는 비용이 더 적게 든다고 가정한다. 이러한 비용의 차이를 반영하여 A공장의 오염의 한계편익곡선 MB_A는 B공장의 오염의 한계편익곡선 MB_B의 아래쪽에 있다. 모든 수량에 대해 B공장의 오염 감소 비용이 더 크므로 오염을 한 단위 추가하는 것이 A공장보다는 B공장에 있어 가치가 높다.

　　정부가 아무런 조치를 취하지 않을 때는 오염시키는 사람이 오염물질을 한 단위 추가로 더 배

그림 10-3　환경정책의 비교

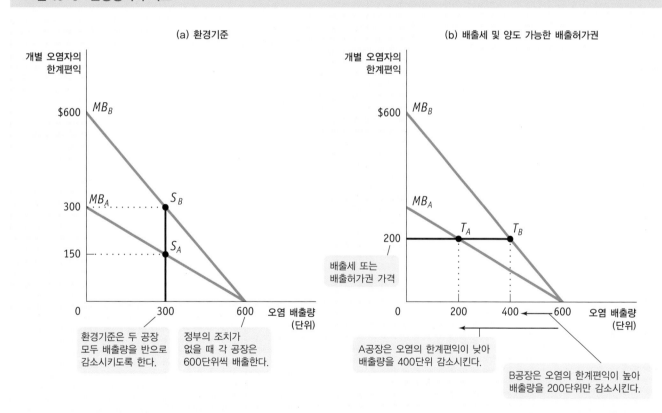

두 그림에서 MB_A와 MB_B는 각각 A공장과 B공장의 오염의 한계편익을 나타낸다. 정부의 개입이 없다면 각 공장은 600단위의 오염물질을 배출할 것이다. 그러나 MB_A가 MB_B보다 아래에 있다는 사실에서 나타난 것처럼 오염물질을 감소시키는 비용이 A공장에서 더 낮다. 그림 (a)에는 두 공장 모두 오염 배출량을 반으로 줄여야 하는 환경기준의 결과가 표시되어 있다. 이 결과는 B공장의 오염의 한계편익이 A공장보다 높기 때문에 비효율적이다. 그림 (b)는 배출세 및 양도 가능한 배출허가권에 의해 동일한 오염 총량이 효율적으로 달성되는 것을 보여 준다. 단위당 배출세가 200달러이거나 배출허가권 한 단위 가격이 200달러일 때 두 공장 모두 오염의 한계편익이 200달러가 되도록 오염을 감소시킨다.

출하는 것의 사회적 한계편익이 영이 될 때까지 배출을 계속할 것이다. 그러므로 정부의 개입이 없다면 각 공장은 자신의 한계편익이 영이 될 때까지 오염물질을 배출할 것이다. 이는 두 공장에 대해 각각 600단위의 배출량─MB_A와 MB_B가 각각 영이 되는 오염량─에 해당한다. 따라서 두 공장이 오염 배출을 한 단위 줄이는 비용은 다르지만 두 공장은 동일한 양의 오염을 배출하게 될 것이다.

이제 규제당국이 이 산업으로부터 발생하는 오염의 총량을 1,200단위에서 600단위로 줄이기로 결정했다고 하자. 〈그림 10-3(a)〉에는 이 목표가 각 공장의 배출량을 600단위에서 300단위로 반으로 줄이도록 규정한 환경기준에 의해 어떻게 달성될 수 있는지 표시되어 있다. 환경기준은 배출 총량을 1,200단위에서 600단위로 감소시키는 목표는 달성하지만 이를 비효율적으로 달성한다.

그림 (a)에서 보는 바와 같이 이 환경기준에 의하면 A공장은 오염의 한계편익이 150달러인 S_A점에서 생산하지만, B공장은 오염의 한계편익이 그 두 배가 되는 300달러인 S_B점에서 생산한다.

두 공장의 한계편익이 다르기 때문에 B공장으로 하여금 300단위 이상을 배출하게 하는 대신 A공장으로 하여금 300단위 이하를 배출하게 함으로써 더 적은 비용으로 동일한 오염 목표를 달성할 수 있음을 알 수 있다. 사실 오염을 효율적으로 줄이는 방법은 모든 공장의 오염의 한계편익이 같아지도록 산업 전체의 오염 배출량을 조절하는 것이다. 모든 공장이 오염 한 단위에 대해 동일한 가치를 부여할 때는 공장들 간에 오염 배출량을 어떻게 조절해도 총비용을 더 낮출 방법이 없을 것이다.

그림 (b)에서 어떻게 배출세를 통해 바로 이러한 결과가 얻어지는지 알 수 있다. A와 B공장이 단위당 200달러의 배출세를 지불하여 한 단위를 추가로 배출하는 한계비용이 영이 아니라 200달러라고 가정해 보자. 이 결과로 A공장은 T_A점, B공장은 T_B점에서 생산하게 된다. 그래서 A공장은 600단위에서 200단위로 경직적인 환경기준하에서보다 오염을 더 많이 감소시키고, B공장은 600단위에서 400단위로 오염을 더 적게 감소시킨다.

결국 총오염량─600단위─은 환경기준하에서와 동일하지만 총잉여는 더 높아진다. 그 이유는 오염 배출을 더 낮은 비용으로 달성할 수 있는 A공장이 오염량을 감소시키는 데 더 많은 몫을 담당하여 오염 감소가 보다 효율적으로 이루어졌기 때문이다. (생산자잉여는 한계편익곡선 아래 가격선 위쪽 부분이므로 그림 (b)에서 발생하는 생산자잉여가 그림 (a)에서 발생하는 생산자잉여보다 더 크다.)

그림 (b)는 또한 양도 가능한 배출허가권 제도가 어떻게 두 공장 사이에 효율적인 오염 배분을 달성하는지 보여 준다. 허가권 시장에서 두 공장이 각각 300단위의 허가권을 갖고 있고 허가권 가격이 200달러라고 가정해 보자. B공장은 오염을 줄이는 비용이 높아서 A공장으로부터 100단위의 허가권을 구입하여 400단위의 오염을 배출할 것이다. 이에 반해 A공장은 비용이 낮아 허가권 100단위를 B공장에 팔고 200단위의 오염만 배출할 것이다. 허가권의 시장가격이 최적 배출세와 같다면 두 제도는 동일한 결과를 달성하게 된다.

기후 변화의 경제학

가까운 장래에 세계가 해결해야 할 중대한 문제가 **기후 변화**(climate change)이다. 온실가스의 배출이 지구의 기후를 변화시킨다는 것이 과학에 의해 최종적으로 증명되었다. **온실가스**(greenhouse gases)는 지구 대기의 열을 가두어 가뭄, 홍수, 기온 변동, 파괴적인 폭풍, 해수면의 상승 등 극단적인 기상 변화를 일으킨다. 기후 변화는 흉작이 들고, 집들이 떠내려가고, 열대성 질병이 퍼지고, 동물의 멸종이 일어나고, 살 수 없는 지역이 늘어나게 만들어 막대한 비용과 고통을 초래한다. 최근의 한 추계에 따르면 기후 악화로 인한 비용이 2100년에는 세계 국내총생산

화석연료 사용으로 인해 온실가스가 축적되어 지구 기후가 변하는 것을 **기후 변화**(climate change)라고 부른다.

온실가스(greenhouse gas)란 대기에 열을 잡아두는 배출가스를 말한다.

의 20%에 이를 것이라 한다.

지구 기온의 상승은 19세기 전반에 시작되어 1980년대부터 가속되기 시작했다. 거의 대부분의 온실가스는 석탄, 석유, 천연가스 등과 같은 화석연료를 발전이나 차량 운행을 위해 태우는 인간 활동으로부터 발생한다. **화석연료**(fossil fuels)는 공급이 한정되어 있는 반면에 **재생 가능한 에너지원**(renewable energy sources)은 고갈되지 않는다. 태양과 풍력 발전이 그 예다. 화석연료와 달리 재생될 수 있는 에너지원은 온실가스 배출이 없어 **청정 에너지원**(clean energy sources)이다.

화석연료는 세계 에너지 소비의 81.4%를 차지하는 반면 재생 가능한 에너지원은 2.6%밖에되지 않는다. 그 이유는 금전적인 문제다. 역사적으로 화석연료가 재생 가능한 에너지보다 값싼에너지원이었다.

그러나 지금은 화석연료의 직접적인 비용이 사회적 비용을 크게 밑돈다는 것이 널리 알려져있다. 세계은행이 위탁한 연구에서 경제학자인 조셉 스티글리츠(Joseph Stiglitz)와 니콜라스 스턴(Nicholas Stern)은 탄소 배출물이 환경에 끼치는 실제 비용이 2017년에 톤당 50~100달러에 달하고 2050년에는 400달러까지 높아질 수 있다고 추산했다. 기후 변화 문제를 해결하기 위해서는인간이 화석연료에 대한 과도한 의존에서 벗어나 청정 에너지원의 사용을 늘려야 한다. 그러나현대 경제의 생산능력 중 큰 부분이 화석연료에 의존하고 있어서 이전이 일어나기 위해서는 경제적 변화와 청정 에너지 생산능력에 대한 대규모의 투자가 필요하다.

이전 과정을 촉진할 정부정책의 예로는 이전을 촉진할 세액 공제와 보조금, 배출물의 의무적감축, 청정 에너지 사용에 대한 산업 및 회사들의 헌신, 빌딩 및 주택과 차량에 대한 높은 효율기준, 가정용 에너지 사용에 대한 스마트 미터링 등을 들 수 있다.

현실 경제의 >> 이해

상한과 거래

미국의 산성비와 유럽연합의 온실가스 억제를 위해 마련된 양도 가능한 배출허가권 제도는 **상한과 거래 제도**(cap and trade system)의 예이다. 정부가 상한을 정하여 거래될 수 있는 배출허가권을발행하고 배출된 오염물질의 양에 해당하는 허가권을 보유하고 있어야 한다는 법규가 지켜지는지 매년 확인한다. 목적은 좋은 환경을 만들 수 있도록 상한을 낮게 정하되 오염을 배출하는 기업에게 환경기준을 충족하는 데 있어 유연성을 보장하면서 보다 적은 비용으로 오염을 감소시킬 수 있는 신기술을 사용하도록 동기를 부여하는 데 있다.

1995년 미국은 발전소들에 대해 과거 석탄 소비 실적에 근거하여 아황산가스 배출허가권을발행함으로써 아황산가스에 대해 상한과 거래 제도를 시작하였다. 이 제도 덕분에 1994년부터2015년 사이에 아황산가스 배출이 75%나 감소하였다. 아황산가스의 상한과 거래 제도를 분석한 경제학자들은 또 하나의 성공요인을 지적했다. 시장에 근거하지 않은 규제 정책을 사용하여오염 배출을 이만큼 감소시키려면 훨씬 더 많은 비용 – 정확히 80%의 추가비용 – 이 들었을 것이라고 한다.

2005년 최초의 상한과 거래 제도가 유럽연합에 의해 (탄소거래라고 불리는) 온실가스 거래에도입되었다. 10년 이상이 지난 지금 탄소거래는 전 세계에서 빠르게 성장하여 이제는 전체 인류가 배출하는 온실가스 전체의 8%를 차지한다. 과거 수년 사이에 캘리포니아, 한국, 퀘벡 및 중국의 3대 산업 중심지를 아우르는 몇 개의 새로운 온실가스 시장이 시작되었다. 2018년에는 전세계적으로 대략 1,640억 달러의 허가권이 거래되었다.

그럼에도 불구하고 상한과 거래 제도가 세계적인 오염 문제를 해결할 만능 정책은 아니다. 이제도가 아황산가스나 온실가스처럼 지리적으로 분산되어 있는 오염에 대해서는 적합하지만 지

석탄이나 원유 같은 **화석연료**(fossil fuel)는 화석으로부터 얻는다.

태양과 풍력 같은 **재생 가능한 에너지원**(renewable energy source)은 고갈되지 않는 에너지원이다. (반면 화석연료는 고갈된다.)

청정 에너지원(clean energy source)은 온실가스를 배출하지 않는 에너지원이다. 재생 가능한 에너지원은 청정 에너지원이기도 하다.

하수와 같이 지역화되어 있는 오염에 대해서는 효과가 없다. 그뿐만 아니라 이 제도가 효력을 갖기 위해서는 규정이 제대로 지켜지고 있는지 끊임없는 감시가 필요하다. 마지막으로 상한과 거래 제도를 효율적으로 운영하려는 정부에게는 상한을 어떤 수준으로 책정하는가가 어려운 정치적 문제가 되고 있다.

정치적인 어려움은 상한을 낮게 책정할수록 기업들은 오염을 대폭 감소시키거나 가격이 높아진 허가권을 구입해야 하기 때문에 비용 부담이 커지는 데 기인한다. 따라서 기업들은 정부가 상한을 높이도록 로비를 한다. 2018년 현재 오직 5개국(핀란드, 프랑스, 스웨덴, 노르웨이, 스위스)만이 국제 배출물 거래 협회(International Emissions Trading Association)가 재앙적인 기후 변화를 피하기 위해 필요하다고 추산되는 톤당 44달러 이상의 가격이 유지되도록 상한을 책정하고 있다. 실제로 대부분의 탄소거래 가격은 15달러를 훨씬 밑돈다. 한 에너지 경제학자의 말처럼 "효과를 볼 만큼의 수준으로 탄소거래 가격을 유지하는 것은 정치적으로 어려운 일이다." 높은 조세는 소비자나 생산자가 받아들이려 하지 않기 때문에 탄소에 대한 조세도 마찬가지다.

그래서 비록 탄소거래와 탄소 조세가 온실가스 배출을 줄이는 효율적인 수단이지만, 이런 수단에 대한 정치적 압력 때문에 정책입안자는 직접 규제를 사용하려는 경향이 있다. 2014년 미국 환경보호국이 새로 건설되는 석탄발전소와 가스발전소에 대해 배출량을 제한하는 법령을 채택한 것이 이러한 예다. 그리고 2012년에는 오바마 행정부가 차량의 연료 효율성을 2025년까지 두 배로 높이는 행정명령을 채택했다.

> ### >> 복습
>
> - 정부는 흔히 **환경기준**을 정하여 오염을 억제한다. 일반적으로 그러한 기준은 경직되어 있기 때문에 오염을 줄이는 데 비효율적인 방법이다.
> - 환경 목표는 기본적으로 두 가지 방법에 의해 효율적으로 달성될 수 있다. **배출세와 양도 가능한 배출허가권**이다. 이 방법들은 유연하여 오염을 가장 값싸게 처리할 수 있는 사람들이 오염을 더 많이 줄이도록 배분하기 때문에 효율적이다. 이 제도들은 또한 공장들이 오염을 감소시키는 신기술을 도입하도록 동기를 부여한다. 배출세는 **피구세**의 일종이다. 최적 피구세는 사회적 최적 오염량 수준에서의 사회적 한계비용과 같다.
> - 화석연료와 달리 태양이나 풍력발전과 같은 **재생 가능한 에너지원**은 고갈되지 않는다. 조세, 세액 공제, 보조금, 행정명령, 스마트미터링 사용 및 산업의 헌신이 필요하다.

>> 이해돕기 10-2
해답은 책 뒤에

1. 양도 가능한 배출허가권 제도에 대해 반대하는 사람들은 반대 이유로 배출허가권을 판매하는 오염자들이 환경을 오염시키는 행위를 통해 금전적으로 편익을 얻는다는 점을 지적한다. 이러한 논의에 대해 평가해 보라.
2. 다음을 설명해 보라.
   a. 배출세가 Q_{OPT}에서의 사회적 한계비용보다 낮거나 높게 책정되면 배출세가 최적 수준으로 책정되었을 때에 비해 총잉여가 감소하는 이유
   b. 양도 가능한 배출허가권 제도에서 허용된 오염량이 Q_{OPT}보다 더 많거나 적게 책정되면 허용량이 최적 수준으로 책정되었을 때에 비해 총잉여가 감소하는 이유
   c. 탄소 배출물에 대한 조세인 탄소세가 소비자로 하여금 재생 가능한 에너지원을 사용하도록 하는 이유

뉴저지 주민들은 농지를 보존하는 것이 자신들에게 더 유익하다는 것을 이해했다.

‖ 긍정적 외부효과의 경제학

뉴저지 주는 워싱턴 D.C.에서 보스턴에 이르기까지 거의 개발이 멈추지 않는 동부해안에 위치한 인구밀도가 매우 높은 지역이다. 그러나 뉴저지 주를 지나다 보면 한 가지 놀라운 사실을 발견하게 된다. 그것은 옥수수나 호박부터 유명한 저지 토마토에 이르기까지 모든 것을 경작하는 농지가 이어져 있다는 것이다. 이러한 상황은 결코 우연이 아니다. 뉴저지 주민들은 1961년을 시작으로 자신의 농지를 개발업자에게 팔지 않고 영구적으로 보전하려는 농부들을 보조하는 일련의 법안들을 통과시켰다. 2016년까지 주에서 운영하는 녹지 프로그램에 의해 68만 에이커 이상의 공공용지가

보존되었다.

뉴저지 주민들은 어떤 이유로 농지 보존을 보조하기 위해 자신들의 세금을 인상하는 법안을 통과시킨 것일까? 그 이유는 이미 상당히 개발이 진행된 지역에서 농지를 보존하는 것이 자연 경관, 신선한 농산물, 야생 조류의 보존과 같은 외부편익을 발생시킨다고 믿었기 때문이다. 그 뿐만 아니라 농지를 보존하게 되면 도로 건설, 상수도 공급, 공공서비스 공급뿐 아니라 필연적인 오염 증가로 인한 외부비용 부담도 덜 수 있다.

이 절에서는 긍정적 외부효과에 관한 주제를 살펴볼 것이다. 이것은 여러 측면에서 부정적 외부효과와 대칭되는 특징을 갖는다. 시장에 맡겨 두면 재화(이 경우는 뉴저지의 보존된 농지)가 너무 적게 생산될 것이다. 그런데 이러한 재화의 공급을 증가시키는 정책을 채택하면 사회 전체로는 이익을 얻게 될 것이다.

농지 보존 : 긍정적 외부효과

농지의 보존은 사회에 편익과 비용을 동시에 발생시킨다. 정부의 개입이 없으면 보존의 비용은 자신의 농지를 팔려고 하는 농부가—농지를 개발업자에게 판매하여 얻을 이익을 포기하는 형태로—모두 부담하게 된다. 그러나 농지 보존의 편익은 농지 처분에 대해 아무 권리도 없는 그 농부의 이웃 주민들에게 돌아간다.

〈그림 10-4〉에 사회의 문제가 나타나 있다. MSC로 표시된 농지 보존의 사회적 한계비용은 그러한 농지 1에이커를 추가할 때 사회에 추가로 발생하는 비용이다. 이는 농부가 자신의 토지를 개발업자에게 팔았을 때 얻을 수 있었으나 포기된 이윤을 나타낸다. 이 곡선은 우상향하는데 그 이유는 보존된 농지가 적을 때는 개발될 수 있는 토지가 많이 있으므로 토지 1에이커를 개발업자에게 팔아서 얻을 수 있는 이윤이 작기 때문이다. 그러나 보존된 농지가 증가할수록 개발될 수 있는 토지가 적어지므로 개발업자가 그에 대해 지불하고자 하는 금액과 더불어 농부가 포기

그림 10-4 시장경제가 너무 적은 농지를 보존하는 이유

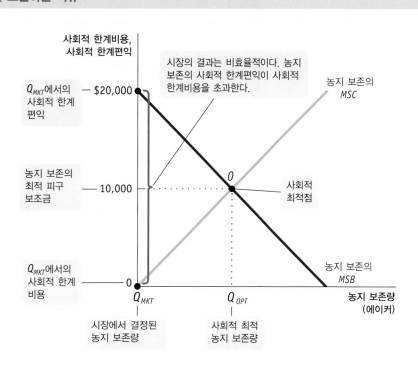

정부의 개입이 없으면 보존되는 농지의 양은 사회적 한계비용이 영이 되는 0에 이커일 것이다. 이것은 비효율적으로 적은 양이다. 사회적 한계편익은 2만 달러인 반면 사회적 한계비용은 영이기 때문이다. 사회적 한계편익이 사회적 한계비용과 같아지는 1만 달러의 최적 피구 보조금 수준에서 시장은 사회적 최적 농지 보존 수준인 Q_{OPT}를 달성할 수 있다.

하는 이윤도 증가한다.

MSB 곡선은 보존된 농지의 사회적 한계편익을 나타낸다. 이는 농지 1에이커가 추가로 보존됨으로 인해 사회에 ─ 이 경우에는 그 농부의 이웃에게 ─ 발생하는 추가적 편익이다. 이 곡선은 우하향하는데, 그 이유는 보존되는 농지가 늘어날수록 추가 농지로부터 사회가 얻는 편익은 감소하기 때문이다.

〈그림 10-4〉에 표시된 것처럼 사회적 한계비용과 사회적 한계편익이 같아지는 점 *O* ─ 이 예에서는 에이커당 1만 달러의 가격에서 ─ 가 사회적 최적점이다. 사회적 최적점에서는 Q_{OPT} 에이커의 농지가 보존된다.

시장만으로는 Q_{OPT} 에이커의 농지가 보존되지 않을 것이다. 시장에서는 어떤 농지도 보존되지 않는다. 즉 Q_{MKT} 로 표시된 시장에서 보존된 농지는 0에이커이다. 농부들이 보존된 농지의 사회적 한계비용 ─ 포기된 이윤 ─ 을 영과 같게 하고 모든 농지를 개발업자에게 팔 것이기 때문에 시장에서는 비효율적으로 적은 농지만이 보존되는 결과가 나타날 것이다.

보존된 농지의 양이 0에이커일 때 농지 1에이커의 사회적 한계편익은 2만 달러이기 때문에 이 결과는 분명히 비효율적이다. 그렇다면 이 경제는 어떻게 해야 사회적 최적 수준인 Q_{OPT} 에이커의 농지를 보존할 수 있을까? 그 해답은 긍정적 외부효과를 발생시키는 활동을 장려하기 위해 고안된 지출, 곧 **피구 보조금**(Pigouvian subsidy)이다. 〈그림 10-4〉에 표시된 것처럼 최적 수준의 피구 보조금은 사회적 최적 수준의 농지가 보존되었을 때 얻어지는 사회적 한계편익과 같다. 즉 에이커당 1만 달러이다.

따라서 뉴저지의 유권자들이 스스로 세금을 징수하여 농지 보존을 위한 보조금을 지불하는 것은 사실 사회적 후생을 높이기에 적절한 정책을 시행하고 있는 것이다.

오늘날 경제에서의 긍정적 외부효과

미국 경제 전반에 걸쳐 가장 중요한 긍정적 외부효과의 원천은 지식의 창조이다. 프로그래밍, 앱 설계, 로봇공학, 친환경 기술, 생명공학과 같은 첨단산업에서는 한 기업이 새로운 기술을 개발하면 곧 이어서 동일 산업의 경쟁사들이 모방기술과 개량기술을 개발해 낸다. 개인과 기업 간의 이러한 지식 전파를 가리켜 **기술파급**(technology spillover)이라 한다. 요즘 경제에 기술파급이 일어나는 가장 큰 원천은 주요 대학과 연구기관들이다.

미국, 일본, 영국, 독일, 프랑스, 이스라엘과 같이 기술적으로 진보된 국가들에서는 가까운 거리에 위치한 기업, 주요 대학과 연구기관들 사이에 끊임없이 인적 교류와 의견 교환이 이루어지고 있다. 이들 연구단지에서 일어나는 동적인 상호작용이 기술혁신과 경쟁, 이론의 발전, 그리고 실생활에의 응용의 원동력이 된다. 이러한 기술파급 지역들은 궁극적으로 경제 생산성을 높이고 생활수준을 향상한다.

그러나 연구단지들이 저절로 발생하는 것은 아니다. 기업들이 장기적인 관점에서 기본 연구에 공동투자하는 예외적인 경우를 제외하면 연구단지는 주요 대학들을 중심으로 성장해 왔다. 그리고 뉴저지의 농지 보존의 경우처럼 주요 대학들과 그들의 연구는 정부의 보조를 받는다. 실제로 선진국의 정책입안자들은 오래전부터 기본교육을 비롯하여 첨단기술 연구까지의 지식으로부터 발생하는 외부편익이야말로 장기적인 경제성장의 열쇠라는 점을 잘 알고 있다.

>> 복습
- 긍정적 외부효과, 즉 외부편익이 있을 때 정부가 개입을 하지 않으면 시장경제는 보통 그 재화나 활동을 너무 적게 생산한다. 최적 피구 보조금을 지급함으로써 그 재화나 활동의 사회적 최적 수량을 달성할 수 있다.
- 경제의 가장 중요한 외부편익의 예는 **기술파급**을 통한 지식의 창조이다.

>> 이해돕기 10-3
해답은 책 뒤에

1. 2016년 미국 교육부는 대학생 학자금 지원으로 거의 290억 달러를 지출하였다. 이것이 어떻

게 지식창조를 장려하기 위해 적절한 정책이 될 수 있는지 설명하라.

2. 다음의 각 경우에 발생한 것이 부정적 외부효과인지 긍정적인 외부효과인지 판단해 보고, 이에 따른 적절한 정책적 대응이 무엇인지 설명해 보라.

    a. 도심지역에 심어진 나무들은 대기의 질을 향상시키고 여름철 기온을 낮춘다.

    b. 용수절약형 변기는 강이나 지하수로부터 물을 끌어올리는 필요성을 감소시킨다. 주택 소유자에게 물 1갤런의 비용은 사실상 영이다.

    c. 음료수는 폐기되었을 때 분해되지 않는 플라스틱 병에 담겨 판매된다. 따라서 많은 매립지가 사용되거나 공해물질을 배출하면서 소각해야 한다.

‖ 공공재

도입 사례에서 사람들이 폐기물을 템스강에 방출하여 발생한 부정적 외부효과인 1858년의대악취 사건을 소개하였다.

개혁가들은 런던에 필요한 것은 오물을 강으로부터 떨어진 곳으로 운반할 하수도망이라고 말했다. 그러나 어느 누구도 그런 하수도망을 건설하려 하지 않았고, 영향력 있는 사람들은 정부가 그런 문제를 책임져야 한다는 생각에 반대하였다.

결국 의회가 거대한 하수도망과 하수를 도시 밖으로 유도할 펌프장 건설 계획을 승인하였고, 규칙적으로 발생하던 콜레라와 장티푸스는 완전히 자취를 감췄다. 템스강은 세계의 대도시를 흐르는 강 중 가장 더러운 강에서 가장 깨끗한 강으로 변화되었고, 하수도망의 주설계자인 조셉 바잘게트 경은 "빅토리아 여왕 시대에 공무원으로서는 가장 많은 생명을 구한 사람"으로 칭송을 받았다. 당시의 추산에 의하면 바잘게트의 하수도망으로 인해 런던 시민의 평균수명이 20년은 늘어난 것으로 생각되었다.

그렇다면 집 안에 새 화장실을 짓는 것과 도시의 하수도망을 건설하는 것의 차이는 무엇일까? 밀을 재배하는 것과 공해상에서 물고기를 잡는 것의 차이는 무엇일까?

이것은 넌센스 퀴즈가 아니다. 두 경우 모두 재화의 특성에는 근본적인 차이가 있다. 화장실 설비와 밀은 시장이 효율적으로 작동하도록 만드는 데 필요한 특성을 갖추고 있다. 하수도망과 공해상의 물고기는 그렇지 않다.

이 결정적인 특징이 무엇인지 그리고 왜 그것이 문제가 되는지 살펴보자.

재화의 특성

곧 보게 되는 바와 같이 화장실 설비나 밀과 같은 재화는 재화가 시장경제에서 효율적으로 공급되는 데 필수적인 두 가지 특성을 갖추고 있다.

- **배제성**(excludability)을 갖는다. 재화의 공급자가 대가를 지불하지 않은 사람은 그 재화를 소비하지 못하게 막을 수 있다.
- **소비 경합성**(rivalry in consumption)을 갖는다. 두 사람 이상이 동일한 재화 한 단위를 동시에 소비할 수 없다.

어떤 재화가 배제성과 소비 경합성을 모두 갖추고 있을 때 이러한 재화를 **사유재**(private good)라 한다. 밀은 사유재의 한 예가 된다. 밀은 배제성을 갖는다. 농부가 한 소비자에게 밀 1부셸을 판매할 때 다른 사람에게까지 공급할 필요는 없다. 밀은 소비 경합성을 갖는다. 만일 내가 농부의 밀로 만든 빵을 먹으면 그 빵은 더 이상 다른 사람이 소비할 수 없다.

재화의 공급자가 대가를 지불하지 않은 사람은 그 재화를 소비하지 못하게 막을 수 있을 때 그 재화는 **배제성** (excludability)을 갖는다.

두 사람 이상이 동일한 재화 한 단위를 같은 시간에 소비할 수 없을 때 그 재화는 **소비 경합성**(rivalry in consumption)을 갖는다.

배제성과 소비경합성을 동시에 갖추고 있는 재화를 **사유재**(private good)라 한다.

어떤 재화가 **비배제성**(nonexcludability)을 가지면 공급자가 대가를 지불하지 않은 사람이 그 재화를 소비하는 것을 막을 수 없다.

두 사람 이상이 동일한 재화 한 단위를 동시에 소비할 수 있을 때 그 재화는 **소비 비경합성**(nonrivalry in consumption)을 갖는다.

그러나 모든 재화가 이 두 가지 특성을 다 갖는 것은 아니다. 어떤 재화는 **비배제성**(nonexcludability)을 갖는다―공급자가 대가를 지불하지 않은 사람이 그 재화를 소비하는 것을 막을 수 없다. 화재 진압이 한 예이다. 소방대가 화재가 확산되기 전에 진화를 하면 소방공제회에 기부를 한 사람뿐 아니라 도시 전체에 그 서비스를 제공하는 것이다. 환경 개선이 또 다른 예이다. 런던 시가 일부 주민에게만 문제를 해결해 주고 다른 사람에게는 템스강이 악취가 나게 내버려 둘 수는 없다.

또한 모든 재화가 소비 경합성을 갖는 것도 아니다. 두 사람 이상이 동일한 재화 한 단위를 동시에 소비할 수 있을 때 그 재화는 **소비 비경합성**(nonrivalry in consumption)을 갖는다. TV 프로그램은 소비 비경합성을 갖는다. 한 사람이 어떤 프로그램을 보기로 결정해도 다른 사람들이 같은 프로그램을 보지 못하는 것은 아니다.

재화는 배제성을 가질 수도 있고 비배제성을 가질 수도 있으며, 소비 경합성을 가질 수도 있고 소비 비경합성을 가질 수도 있으므로 재화의 종류에는 〈그림 10-5〉에 표시된 것과 같이 네 가지 유형이 있을 수 있다.

- 사유재 : 밀과 같이 배제성과 소비 경합성을 갖는 재화
- 공공재 : 공공 하수도망과 같이 비배제성과 소비 비경합성을 갖는 재화
- 공유자원 : 깨끗한 강물과 같이 비배제성과 소비 경합성을 갖는 재화
- 인위적으로 희소한 재화 : 케이블을 통해 요금을 지불하고 보는 영화와 같이 배제성과 소비 비경합성을 갖는 재화

그림 10-5 네 가지 유형의 재화

	소비 경합성	소비 비경합성
배제성	**사유재** • 밀 • 화장실 설비	**인위적으로 희소한 재화** • 프로그램당 요금지불 영화 • 컴퓨터 소프트웨어
비배제성	**공유자원** • 깨끗한 물 • 생물 다양성	**공공재** • 공중위생 • 국방

네 가지 유형의 재화가 있다. 재화의 유형은 (1) 배제성을 갖는지―생산자가 다른 사람이 그것을 소비하지 못하도록 막을 수 있는지 여부와 (2) 소비 경합성이 있는지―어떤 재화 한 단위를 동시에 두 사람 이상이 소비할 수 있는지 여부에 따라 결정된다.

물론 재화의 유형을 구별하는 특성은 필수품과 사치품, 정상재와 열등재 등 이 밖에도 여러 가지가 있다. 무슨 이유로 재화가 배제성을 갖는지 그리고 소비 경합성을 갖는지에 초점을 맞추는 것일까?

사유재만이 시장에서 효율적으로 공급되는 이유

이미 배운 바와 같이 시장경제는 한 사회가 그 구성원들에게 재화와 서비스를 공급하는 목적을 가장 잘 수행하는 도구라 할 수 있다. 즉 잘 정의된 시장지배력이나 외부효과 및 기타 시장실패의 경우를 제외하면 시장은 효율적이다. 그러나 또 하나 충족되어야 할 조건이 있는데 이는 재화의 특성에 관련된 것이다. 시장은 배제성과 소비 경합성을 갖는 사유재가 아니면 재화와 서비스를 효율적으로 공급할 수 없다.

배제성이 중요한 이유를 보기 위해 두 가지 선택만이 가능한 농부를 생각해 보자. 이 농부는 밀을 생산하지 않을 수 있지만 만일 생산한다면 이 나라에 거주하는 사람이 원할 경우 대가를 지불하든 말든 누구에게나 밀을 제공해야 한다고 하자. 이러한 조건하에서 밀을 생산하려는 사람이 있을 가능성은 극히 희박해 보인다.

그런데 공중 하수도망을 운영하는 사람이 당면하는 문제가 이런 가상적 농부의 경우와 거의 유사하다. 하수도망은 도시 전체를 더 깨끗하고 건강하게 만들어 주지만 그 혜택은 대가지불 여

부에 관계없이 모든 주민에게 돌아간다. 개인 사업가 누구도 런던의 대악취를 해결할 계획을 들고 나오지 않은 이유가 바로 이것이다.

일반적으로 어떤 재화가 비배제성을 가질 때 합리적인 소비자라면 누구도 그 대가를 지불하려 하지 않을 것이다. 누군가 다른 사람이 지불할 때 '무임승차'하려 할 것이다. 즉 **무임승차 문제**(free-rider problem)가 발생한다. 무임승차 문제의 예는 일상생활에서 흔히 볼 수 있다. 학생들이 그룹별로 문제를 해결해야 할 때 이러한 경우가 발생하는 것을 볼 수 있는데 여러분 자신도 겪었을지 모른다. 그룹 중에는 다른 사람들이 일을 맡기 바라며 일을 회피하는 구성원들이 가끔 있다. 일을 회피하는 사람들은 다른 사람들의 노력에 무임승차하는 것이다.

무임승차 문제 때문에 이기심만으로는 비배제성을 갖는 재화가 효율적인 수준으로 생산되지 못한다. 생산이 증가하면 소비자들이 혜택을 볼 수 있음에도 불구하고 누구도 개별적으로는 더 소비하는 것에 대해 대가를 지불하려 하지 않고 따라서 아무도 그것을 생산하려 하지 않는다. 그 결과로 비배제성을 갖는 재화는 시장경제에서 **비효율적으로 적은 양만이 생산**된다. 사실 무임승차 문제가 있는 경우에 이기심만 가지고는 —효율적인 수량은커녕— 생산이 조금이라도 이루어질지조차 보장할 수 없다.

케이블을 통해 요금을 지불하고 보는 영화와 같이 배제성과 소비 비경합성을 갖는 재화에서는 다른 종류의 비효율성을 찾을 수 있다. 어떤 재화가 배제성을 가지면 대가를 지불하는 사람에게만 그 재화를 공급함으로써 이윤을 얻을 수 있다. 이 때문에 생산자들이 배제성을 갖는 재화를 기꺼이 공급하려 하는 것이다. 그러나 소비 비경합성을 만족하기 때문에 추가로 한 사람 더 영화를 보게 하는 데 드는 한계비용은 영이다. 따라서 효율적인 소비자가격은 역시 영이다. 다시 말하면 사람들이 각자의 한계편익이 영이 될 때까지 TV 영화를 시청하도록 해야 한다.

그런데 만일 아마존이 실제로 VOD 요금으로 시청자에게 4달러를 받으면 시청자들은 자신들의 한계편익이 4달러가 될 때까지만 그 재화를 소비할 것이다. 소비자들이 소비 경합성이 없는 재화에 대해 영보다 높은 가격을 지불해야 한다면, 소비자들이 지불하는 가격은 그 재화를 소비하도록 허용할 때의 한계비용 —이것은 영이다— 보다 높다. 따라서 시장경제에서 소비 경합성이 없는 재화는 **비효율적으로 적은 양만이 소비**된다.

어째서 사유재만이 경쟁시장에서 효율적으로 생산·소비될 수 있는지 이제 알 수 있다. (즉 사유재는 시장지배력이나 외부효과, 기타 시장실패 요인이 없는 시장에서 효율적으로 생산·소비될 수 있다.) 사유재는 배제성을 갖기 때문에 생산자는 대가를 요구할 수 있고 따라서 그것을 생산할 유인을 갖게 된다. 그리고 또한 사유재는 소비 경합성이 있으므로 소비자들이 양의 가격 —한계생산비와 동일한 가격— 을 지불하는 것이 효율적이다. 이 중 어느 한 가지 특성이라도 성립하지 않으면 시장경제에서는 이 재화가 효율적으로 생산·소비되지 못할 것이다.

시장체제에 다행인 것은 대부분의 재화가 사유재라는 사실이다. 식품, 의복, 주택, 그리고 대부분의 다른 생활에 필요한 재화들은 배제성과 소비 경합성을 가지므로 대부분의 물건이 시장에 의해 공급될 수 있다. 그러나 중요한 재화 중에 이러한 기준을 만족하지 못하는 것들이 있다. 대부분의 경우에 이는 정부가 개입해야 함을 뜻한다.

공공재의 공급

공공재(public good)는 사유재의 정반대이다. 그것은 비배제성과 소비 비경합성을 갖는 재화이다. 하수도망은 공공재의 한 예이다. 강물을 깨끗하게 유지하려면 강둑 근처에 사는 모든 사람에게 강물이 깨끗해야 하고, 한 사람이 악취로부터 보호된다고 해서 다른 사람이 악취를 맡아야

함정

정확히 무엇의 한계비용인가?

소비 경합성이 없는 재화의 경우에는 그 재화 한 단위를 *생산하는* 한계비용과 그 재화 한 단위를 소비하도록 *허용하는* 것의 한계비용을 혼동하기 쉽다.

예를 들어 아마존 프라임 비디오가 가입자들에게 영화 한 편을 제공하기 위해서는 그 영화를 제작하고 방송하는 데 사용되는 자원의 비용만큼의 한계비용을 지출한다. 그러나 *일단 그 영화가 방송되면* 추가로 한 가정이 그것을 더 볼 수 있도록 하는 데는 아무런 한계비용이 들지 않는다. 다시 말해서 이미 제작되어 방송되는 영화를 한 가정 더 소비하는 데는 값비싼 자원이 사용되지 않는다.

그런데 어떤 재화가 소비 경합성을 가질 때는 이런 복잡한 문제가 없다. 이 경우에는 그 재화 한 단위를 생산하는 데 사용된 자원은 한 사람이 그것을 소비함으로써 사라지게 된다. 그것은 더 이상 다른 사람의 소비에 사용될 수 없다. 따라서 어떤 재화가 소비 경합성을 가질 때는 어떤 사람에게 그 재화 한 단위를 소비하도록 허용하는 것의 사회적 한계비용은 그 재화 한 단위를 생산하는 데 사용된 자원비용, 즉 한계생산비와 동일하다.

비배제성을 갖는 재화에 대해서는 **무임승차 문제**(free-rider problem)가 발생한다. 사람들은 자신의 소비에 대한 대가를 지불할 유인이 없으며 누군가 다른 사람이 지불할 때 '무임승차'하려 한다.

공공재(public good)는 비배제성과 소비비경합성을 갖는 재화이다.

하는 것은 아니다. 공공재의 또 다른 예에는 다음과 같은 것들이 있다.

- **질병예방** : 의사들이 전염병이 퍼지기 전 초기에 이를 근절하기 위한 조치를 취할 때 전 세계 사람들이 보호를 받는다.
- **국방** : 강한 군대는 모든 시민을 보호한다.
- **과학적 연구** : 더 많은 지식은 모든 사람에게 혜택을 준다.

이러한 재화들은 비배제성으로 인해 무임승차 문제를 갖고 있으므로 어떤 민간기업도 이 재화들을 생산하려 하지 않는다. 그리고 이러한 재화들은 소비 경합성이 없으므로 사람들에게 대가를 받는 것은 비효율적이다. 이런 이유들로 인해 사회는 시장 이외의 방법으로 이 재화들을 공급할 방법을 찾아야 한다.

공공재는 여러 가지 방법으로 공급된다. 정부가 항상 개입하는 것도 아니다. 무임승차 문제를 정부 없이 해결하는 방법이 많이 발견되었다. 그러나 이런 해결책들은 대개 불완전한 측면을 갖고 있다.

공공재 중 어떤 것은 자발적인 기부를 통해 공급된다. 예를 들면 과학적 연구 중 상당 부분은 개인 기부금의 지원을 받는다. 그러나 개인 기부금만으로는 기초 의학 연구와 같이 거대하고 사회적으로 중요한 사업을 재정적으로 지원하기에 부족하다.

어떤 공공재는 공급하는 사람이 간접적으로 이익을 볼 수 있어서 이해 당사자인 개인이나 기업에 의해 공급된다. 공중파 TV 방송이 전형적인 예로서, 미국에서는 전적으로 광고에 의해 방송이 운영된다. 이렇게 간접적으로 자금을 조달하는 데는 부정적인 측면도 있는데, 그것은 공공재의 성격이나 공급량에 왜곡을 가져올 뿐만 아니라 소비자에게 추가적인 부담을 준다는 것이다. TV 방송국들은 많은 광고수익을 낼 수 있는 프로그램(즉 처방약, 체중감량제 등을 구입하는 계층의 사람들에게 이러한 제품을 팔기에 적합한 프로그램)을 방송하는데, 이것이 반드시 많은 사람들이 보기를 원하는 프로그램은 아니다. 그리고 시청자들은 상업광고를 참고 봐야 한다.

케이블을 통해 요금을 지불하고 보는 영화처럼 공공재의 가능성이 있는 재화 중 어떤 것들은 요금을 부과할 수 있게 고의적으로 배제성을 갖도록 만들어진다. 그러나 이미 지적한 바와 같이 비경합적 재화에 대해 공급자가 영보다 높은 가격을 요구하면 그 재화의 소비량은 비효율적으로 낮은 수준이 될 것이다.

작은 마을에서는 상당한 수준의 사회적 자극과 압력이 사람들로 하여금 자금과 시간을 기부하여 효율적인 수준의 공공재가 공급되도록 작용할 수 있다. 소방대원들의 자발적 참여와 지역 주민들의 기부금으로 운영되는 자치소방대가 좋은 예이다. 그러나 마을 규모가 커지고 사람들끼리 서로 잘 알지 못하게 되면 사회적 압력은 점점 더 영향력을 갖기 어렵게 되므로 어쩔 수 없이 큰 도시에서는 소방 서비스를 제공하기 위해 유급 소방관을 고용하게 된다.

마지막 예가 보여 주는 것처럼 다른 해법이 없을 때 공공재를 공급하는 일은 정부에 달려 있다. 사실 가장 중요한 공공재들—국방, 법률체제, 방역, 대도시의 소방활동 등—은 정부가 공급하고 조세에 의해 자금이 조달된다. 경제이론에 의하면 공공재의 공급은 정부의 중요한 역할 중 하나이다.

공공재는 얼마나 공급되어야 할까

공공재의 공급은 '하느냐 마느냐'의 이분법적 결정인 경우도 있다. 런던 시는 하수도망을 건설할 수도 있고 건설하지 않을 수도 있다. 그러나 정부가 공공재를 공급할 것이냐 하는 것뿐만 아니라 그 공공재를 얼마나 공급할 것이냐 하는 것까지도 결정해야 하는 경우가 대부분이다. 예를 들어 거리청소는 공공재인데 거리를 얼마나 자주 청소해야 할까? 한 달에 한 번 해야 할까, 두 번 해야 할까, 아니면 매일 해야 할까?

테드와 앨리스 두 사람만이 살고 있는 도시를 상상해 보자. 거리청소가 공공재이고 공공재 한 단위는 거리를 한 달에 한 번 청소하는 것을 가리킨다고 하자. 두 사람은 공공재 한 단위에 대해 얼마만큼의 가치를 느끼는지 정부에 사실대로 알린다고 가정하자. 구체적으로 각자가 정부에게 **공공재를 한 단위 더 공급하는 것에 대해 얼마를 지불할 용의가 있는지** ― 공공재를 한 단위 더 소비하는 것에 대한 **개별 한계편익** ― 를 알린다고 하자.

다른 사람이 청소를 맡아 주면 우리 모두가 이익을 본다.

이 정보와 그 재화를 공급하는 데 드는 비용 정보를 이용하여 정부는 한계분석을 통해 효율적인 공공재 공급 수준 ― 공공재의 사회적 한계편익이 공공재의 한계생산비와 같아지는 수준 ― 을 찾을 수 있다. 앞에서 배운 바와 같이 한 재화의 사회적 한계편익이란 그 재화 한 단위를 추가로 소비할 때 사회 전체에 추가로 발생하는 편익이다.

그런데 공공재 한 단위 ― 그것은 비배제성과 소비 비경합성을 갖기 때문에 한 소비자뿐만 아니라 모든 소비자의 효용을 증가시킨다 ― 를 추가할 때 발생하는 사회적 한계편익은 무엇인가? 이 질문을 통해 다음과 같은 중요한 원칙을 얻게 된다. 특별히 공공재의 경우에는 재화 한 단위의 **사회적 한계편익은 그 한 단위로부터 모든 소비자가 얻는 개별 한계편익의 합과 같다.**

또한 조금 다른 각도에서 보면 만일 소비자가 공공재를 소비하기 위해서 대가를 지불해야 한다면(공공재가 배제성을 갖게 된다면) 사회적 한계편익은 그 재화 한 단위에 대해 소비자가 지불하고자 하는 금액의 합과 같다. 이 원칙을 적용하면 거리청소를 한 달에 한 번 더 늘리는 것의 사회적 한계편익은 테드의 개별 한계편익과 앨리스의 개별 한계편익을 합한 것과 같다.

그 이유는? 공공재가 소비 비경합성을 갖기 때문이다. 거리가 깨끗해짐으로써 테드가 편익을 얻는다고 앨리스의 편익이 감소하지 않으며, 그 역도 성립하기 때문이다. 모든 사람이 동일한 공공재 한 단위를 동시에 소비할 수 있기 때문에 공공재 한 단위를 추가할 때 사회적 한계편익은 그 공공재를 소비하는 모든 사람의 개별 한계편익의 합이다. 그리고 효율적인 공공재의 수량은 사회적 한계편익이 공공재를 공급하는 한계비용과 같아지는 수량이다.

〈그림 10-6〉에 3개의 한계편익곡선과 함께 공공재의 효율적인 공급이 표시되어 있다. 그림 (a)에는 거리청소에 대한 테드의 개별 한계편익곡선 MB_T가 그려져 있다. 테드는 시에서 한 달에 한 번 거리청소를 하는 것에 대해 25달러를 지불할 용의가 있고, 추가로 한 번 더 청소하는 것에 대해서는 18달러를 지불할 용의가 있다. 그림 (b)에는 거리청소에 대한 앨리스의 개별 한계편익 곡선 MB_A가 그려져 있다. 그림 (c)에는 거리청소에 대한 사회적 한계편익곡선 MSB가 그려져 있다. MSB는 테드와 앨리스의 한계편익곡선 MB_T와 MB_A를 수직으로 합한 것이다.

사회의 후생을 극대화하기 위해서는 정부가 한 번 더 청소하는 것의 사회적 한계편익이 한계비용보다 높지 않은 수준까지 거리를 청소해야 한다. 거리청소의 한계비용이 6달러라고 가정하자. 그러면 이 도시는 한 달에 다섯 번 거리청소를 해야 한다. 왜냐하면 횟수를 4회에서 5회로 늘릴 때 사회적 한계편익은 8달러지만 5회에서 6회로 늘릴 때 사회적 한계편익은 2달러밖에 안 되기 때문이다.

〈그림 10-6〉을 통해 우리는 공공재를 효율적인 수준까지 공급하는 문제에 있어 왜 개인의 이기심만으로 충분하지 않은가를 더욱 잘 이해할 수 있다. 이 도시가 효율적인 수준보다 한 번 적게 거리청소를 하고 있으며 테드나 앨리스 중 한 사람이 한 번 더 청소하는 비용을 부담하도록 부탁받았다고 해 보자. 누구도 그 비용을 부담하지 않으려 할 것이다! 테드는 거리청소를 한 번

그림 10-6 공공재

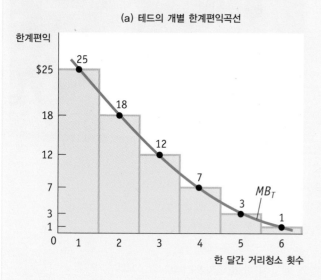

(a) 테드의 개별 한계편익곡선

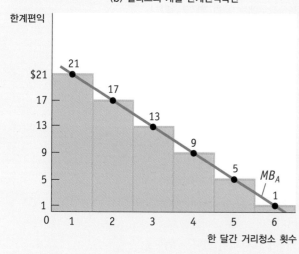

(b) 앨리스의 개별 한계편익곡선

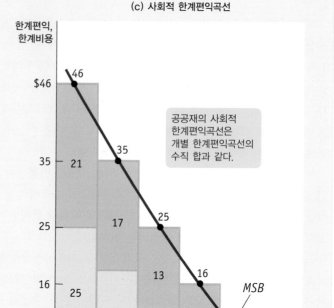

(c) 사회적 한계편익곡선

공공재의 사회적 한계편익곡선은 개별 한계편익곡선의 수직 합과 같다.

효율적인 공공재 수량

그림 (a)에는 한 달간 거리청소에 대한 테드의 개별 한계편익곡선 MB_T가 그려져 있고, 그림 (b)에는 앨리스의 개별 한계편익곡선 MB_A가 그려져 있다. 그림 (c)에는 모든 소비자(이 경우에는 테드와 앨리스)의 개별 한계편익의 합과 동일한 공공재의 사회적 한계편익이 그려져 있다. 사회적 한계편익곡선 MSB는 개별 한계편익곡선 MB_T와 MB_A의 수직 합이다. 한계비용이 6달러로 일정할 때 한 달에 5회의 거리청소가 실시되어야 한다. 청소를 4회에서 5회로 늘릴 때 사회적 한계편익은 8달러(테드의 3달러 더하기 앨리스의 5달러)이고 5회에서 6회로 늘릴 때 사회적 한계편익은 2달러에 불과하기 때문이다.

더 함으로써 개인적으로 3달러에 해당하는 만큼의 효용만 추가로 얻으므로 추가 청소의 한계비용 6달러를 지불하려 하지 않을 것이다. 앨리스도 개인적으로 5달러에 해당하는 효용만 추가로 얻으므로 비용을 지불하려 하지 않을 것이다.

중요한 점은 공공재 한 단위를 추가로 공급할 때 사회적 한계편익은 항상 어느 한 사람의 개별 한계편익보다 크다는 것이다. 이것이 아무도 그 재화를 효율적인 수준까지 생산하도록 대가를 지불하려 하지 않는 이유이다.

공공재의 문제를 공공재 한 단위를 추가로 생산하는 것의 사회적 한계편익이 어느 한 사람의 한계편익보다 크다고 묘사하는 것이 조금 귀에 익숙하지 않은가? 그럴 것이다. 이와 상당히 유사한 상황을 **긍정적 외부효과**를 논의하면서 언급한 적이 있다. 긍정적 외부효과의 경우에는 그 재화 한 단위로 인해 모든 소비자에게 발생하는 사회적 한계편익이 그 한 단위를 생산함으로써 생산자가 얻는 한계편익보다 더 커서 시장에서는 그 재화가 너무 적게 생산됨을 보았다.

공공재의 경우에는 한 소비자의 개별 한계편익이 긍정적 외부효과의 경우에서 생산자의 한계편익과 같은 역할을 한다. 두 경우 모두 그 재화의 적정량을 생산하기에는 인센티브가 부족하다.

공공재 공급의 문제는 긍정적 외부효과를 해결하는 문제와 매우 유사하다. 두 경우 모두 시장의 실패로 인해 정부의 개입이 요구된다. 정부가 존재함으로 인해 시민들이 조세를 거두어 공공재 ― 특히 국방과 같이 필수적인 ― 를 공급할 수 있다는 것이 기본적인 정부의 존재 이유 중 하나이다.

만일 사회가 정말 두 사람만으로 구성되어 있다면 물론 두 사람이 어떤 합의점을 찾아 공공재를 공급할 수 있을 것이다. 그러나 100만 명의 주민이 있어 각자의 한계편익이 사회적 한계편익의 극히 작은 부분만 차지하는 도시를 한번 상상해 보라. 거리청소가 효율적으로 이루어지도록 모든 주민이 비용을 부담하기로 자발적인 합의에 도달하는 것은 불가능한 일일 것이다. 무임승차의 가능성 때문에 그렇게 많은 수의 사람들이 약속을 하고 이를 이행하도록 만드는 일은 너무 어려울 것이다. 그러나 자신들에게 조세를 부과하여 그 자금으로 도시위생과를 운영하는 안건을 표결에 부쳐 통과시킬 수는 있을 것이다.

비용편익분석

정부가 공공재를 얼마나 공급할 것인지 실제로는 어떻게 결정할까? 정책입안자가 단순히 추측해서 ― 또는 재선에 유리하다고 생각되는 대로 ― 결정하는 경우도 있다. 그러나 책임이 있는 정부는 공공재 공급에 따르는 사회적 편익과 사회적 비용을 추정하려고 노력한다. 이 과정을 **비용편익분석**(cost-benefit analysis)이라 한다.

공공재의 공급비용을 추정하는 것은 단순하다. 편익을 추정하는 것이 더 복잡하다. 사실 이것은 매우 어려운 문제이다.

정부가 사람들에게 공공재에 대해 얼마나 지불할 용의가 있는지(그들의 개별 한계편익)를 조사하여 사회적 한계편익을 추정하면 되지 않겠는가라고 생각하는 사람이 있을지 모르겠다. 그런데 문제는 정직한 대답을 얻기 어렵다는 것이다.

사유재에는 이런 문제가 없다. 우리는 사람들이 실제 선택하는 것을 보고 이들이 각자 사유재 한 단위를 더 얻는 대가로 얼마를 지불하고자 하는지 알 수 있다. 그러나 사람들이 공공재에 대한 대가를 실제로 지불하는 것이 아니기 때문에 얼마나 지불할 의사가 있는가 하는 질문은 언제나 가상적인 질문에 불과하다.

그뿐만 아니라 이 질문에 대해 사람들은 거짓말을 할 동기를 갖는다. 사람들은 당연히 공공재를 보다 많이 소비하기를 원한다. 사람들이 공공재를 얼마나 사용하든 그 대가를 요구할 수 없기 때문에 공공재를 얼마나 원하느냐는 질문에 대해 사람들은 실제 욕구보다 과장된 답을 하기 쉽다. 예컨대 거리청소를 주민들이 진술한 대로만 실시한다면 매일 해야 할 것이다. 이것은 비효율적이다.

따라서 공공재의 공급량을 결정할 때 정부는 단순히 대중의 의사표시에 의존해서는 안 된다는 사실을 알아야 한다. 만일 그대로 하면 너무 많은 양이 공급되기 쉽다. 반면에 대중에게 투표를 통해 얼마나 많은 공공재를 원하는지 의사표시를 하게 만드는 방법도 문제가 있다. 이때는 너무 적은 양이 공급될 가능성이 크다.

정부가 공공재 공급에 따르는 사회적 편익과 사회적 비용을 추정하는 것을 **비용편익분석**(cost-benefit analysis)이라 한다.

현실 경제의 >> 이해

미국의 기반시설, 평점 D+를 받다

뉴저지는 미국에서 세 번째로 부유한 주이며, 그 소득의 대부분은 뉴욕시 금융 산업과의 밀접한 경제적 유대에서 나온다. 매일 수십만의 뉴저지 시민들이 미국에서 두 번째로 복잡한 통근노선을 따라 기차나 버스를 탄다. 대중교통은 하루 평균 100만 명(뉴저지 주 인구의 10%) 가까운 사람들이 사용하는 뉴저지 경제의 생명줄이다.

그러나 뉴저지 경제에 지극히 중요함에도 불구하고 최근 몇 년간 대중교통 시스템은 만성적인 자금 부족을 겪고 있다. 2015년 주정부가 대중교통 운영 예산에 보조하는 금액은 2009년의 10%에 불과하여 그 해에 대중교통은 4,500만 달러의 적자를 보아야 했다. 이용객 수가 20% 증가함에 따라 자본 투자는 20% 감소하였다. 예상대로 버스는 항상 늦게 도착하고, 만원이며 고장이 잦았다. 한 통근자의 말처럼 "나는 직장에서 상당히 곤란을 겪고 있어요. 직장에서는 내가 꾸며대는 걸로 알아요." 그리고 2016년 9월 만원인 뉴저지 통근 열차가 전속력으로 역에 충돌하여 114명이 부상하고 한 명이 사망하였다. 안타깝게도 1년 전 뉴저지 교통국은 자동 브레이크 시스템의 도입을 연기했었다.

뉴저지의 기반시설 문제는 예외적인 것이 아니다. 실은 미국 전체가 이런 상태다. 2016년 연구에 의하면 주정부와 지방정부의 기반시설—학교, 상하수도 처리시설, 도로, 고속도로, 교량 등—에 대한 지출은 30년 중 최저수준이다. 4년마다 미국 토목공학협회(ASCE)는 미국의 기반시설 상태를 점검하여 보고서를 작성한다. 2013년 미국은 수십 년에 걸친 자금 부족으로 "심각하게 만기를 넘긴 기반시설에 대한 정비와 현대화의 절실한 필요성에 근거하여" D+를 받았다. ASCE에 의하면 미국의 기반시설을 B(우량) 수준까지 끌어올리려면 2020년까지 3조 6,000억 달러가 필요할 것으로 추산된다. 현재의 자금 부족분을 고려하면 2025년까지의 국내총생산 손실은 3조 9,500억 달러로 추산되는데 이는 가구당 1년에 3,900달러의 손실에 해당한다.

〈그림 10-7〉에는 각 기반시설 유형에 대한 2013년의 예상되는 지출과 자금 부족분 그리고 성적표가 표시되어 있다. 보는 바와 같이 대부분의 기반시설에 대한 자금 부족은 심각하다. 특히 지상교통, 학교, 수상교통의 자금 부족이 가장 심각하다. 전반에 걸쳐 각 기반시설 유형에 대한 성적은 거의 모두가 나쁘다. 기반시설의 개선이 필요하다는 것은 분명하다.

미국의 기반시설이 이처럼 악화된 원인은 무엇일까? 그것은 연방의회나 주의회에서의 정치적 갈등과 장기적 자산으로서 기반시설의 중요성을 간과한 단기적 안목의 불행한 결과라 할 수 있다.

수년간 정치적 교착 상태로 인해 연방정부나 주정부가 차입이나 조세인상을 통해 기반시설에 투자할 적절한 자금을 마련하지 못했다. 그 결과 기존의 기반시설은 위험한 수준까지 악화되었다. 도로, 학교, 수질 등 모든 것이 무시하지 못할 정도로 악화되자 의회가 최근에 더 많은 예산을 배정하기 시작했다. 이제 시작은 되었지만 구멍 난 기반시설을 복구하려면 오랜 기간 많은 지원이 필요할 것이다.

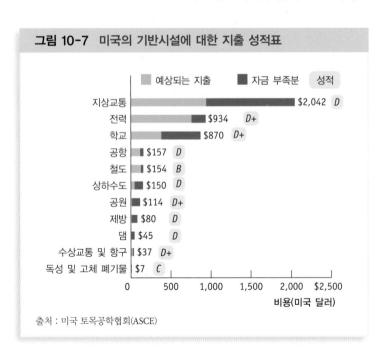

그림 10-7 미국의 기반시설에 대한 지출 성적표

출처 : 미국 토목공학협회(ASCE)

>> 이해돕기 10-4
해답은 책 뒤에

1. 배제성과 소비 경합성에 따라 다음의 재화들을 분류해 보라. 각 재화는 어떻게 분류되는가?

   a. 공원으로 사용되는 공공장소

   b. 치즈 부리토

   c. 비밀번호로 접근이 보호된 웹상의 정보

   d. 일반에게 발표된 진행 중인 허리케인의 이동경로에 대한 정보

2. 16명이 살고 있는 센터빌 마을 주민은 가정적인 사람과 파티를 좋아하는 사람의 두 유형으로 구성되어 있다. 마을에서는 다음에 주어진 표를 토대로 송년파티에 얼마나 지출할지 결정해야 한다. 마을 사람들 중 아무도 파티 비용을 직접 부담할 것이라고 생각하지 않는다.

   a. 가정적인 유형이 10명, 파티 유형이 6명이 있다. 사회적 한계편익표를 구해 보라. 효율적인 파티 비용 수준은 얼마인가?

   b. 가정적인 유형이 6명, 파티 유형이 10명이 있다. 이때 a에 대한 답변은 어떻게 달라지는가? 설명해 보라.

파티 비용	추가적인 파티 비용 1달러에 대한 개별 한계편익	
	가정적인 유형	파티 유형
$0	$0.05	$0.13
1	0.04	0.11
2	0.03	0.09
3	0.02	0.07
4		

   c. 개별 한계편익표는 알려져 있으나 가정적 유형과 파티 유형의 실제 숫자는 아무도 모른다고 하자. 각 사람들에게 그들의 선호를 질문했다. 각자가 추가로 공급되는 공공재의 양이 얼마든지 그 비용을 다른 사람들이 지불할 것으로 생각한다면 어떤 결과가 발생할 것 같은가? 파티 비용이 비효율적으로 높아질 것 같은 이유는 무엇인가? 설명해 보라.

문제 풀어보기   그리 달콤하지만은 않은 성공의 냄새

아시아의 매운 소스인 스리라차가 미국인들 사이에 인기를 얻고 있다. 미국 어디를 가든지 조미료 섹션에 가면 상표에 수탉이 그려져 있는 이 빨간 소스를 찾을 수 있다. 피자헛이나 서브웨이 같은 패스트푸드 체인들은 허니 스리라차 피자 크러스트, 스리라차 치킨 멜트와 같이 스리라차를 넣은 메뉴를 개발하기까지 했다.

스리라차는 캘리포니아 어윈데일에 있는 허이 퐁 푸드(Huy Fong Foods)가 생산한다. 이 회사에서는 맛있는 소스를 생산하기 위해 매년 1억 파운드 이상의 칠리 고추를 가공한다. 그러나 이 칠리 고추들을 모두 구워 내는 가운데 의도치 않은 결과가 발생한다. 바로 오염이다. 2013년 주민들이 공장에서 발생하는 이 매운 냄새가 속쓰림, 코피, 그리고 기침을 유발하는 것 같다고 항의하기 시작했다.

다음의 가상적인 표는 냄새 배출로 인한 오염의 사회적 한계편익(MSB)과 사회적 한계비용(MSC)을 나타낸 것이다. 스리라차 생산으로부터 발생한 오염이 어떻게 사회적 한계편익을 가질 수 있을까?

이미 배운 바와 같이 오염을 피하려면 다른 재화나 서비스 생산에 사용될 수 있을 희소한 자원이 필요하다. 더 많은 오염을 배출하도록 허용하면 추가비용이 그만큼 더 절약된다. 오염의 사회적 편익은 스리라차 생산 과정에 발생하는 냄새를 감소시키기 위해 새로운 장비에 투자하지 않아도 되어서 절약된 금액이다. 일반적으로 오염 허용치가 증가함에 따라 오염을 줄이는 비용은 감소하므로 오염이 증가할 때 사회적 한계편익은 감소한다.

냄새의 사회적 한계비용과 편익

냄새 배출량 (냄새 천 단위)	사회적 한계편익 (냄새 단위당 달러)	사회적 한계비용 (냄새 단위당 달러)
0	$80	$0
1	72	8
2	64	16
3	56	24
4	48	32
5	40	40
6	32	48
7	24	56
8	16	64
9	8	72
10	0	80

냄새의 사회적 한계비용과 사회적 한계편익을 그래프로 표시하라. 시장에서 결정되는 냄새의 배출량은 얼마인가? 시장에서 결정되는 수준에서 배출량을 1단위 감소시킬 때 얻어지는 사회적 이득은 얼마인가?

단계 | 1 사회적 한계편익과 사회적 한계비용곡선을 그리고 각각 이름을 표기하라. 최적의 냄새 배출량 수준을 구하라.

298~300쪽과 〈그림 10-1〉을 복습하라.

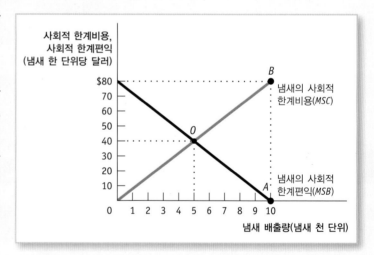

사회적 최적 오염량은 오염의 사회적 한계편익이 오염의 사회적 한계비용과 같아지는 점에서 결정된다. 그래프에서 보는 바와 같이 사회적 한계비용곡선과 사회적 한계편익곡선이 만나는 점 *O*에서 이 둘이 같아진다. 점 *O*에서 최적 배출량은 5,000단위이고 오염의 사회적 한계편익은 오염의 사회적 한계비용과 같으며 이는 40달러이다.

단계 | 2 시장에서 결정되는 배출량은 얼마인가?

300~301쪽을 복습하라.

시장에서 오염의 배출량은 오염시키는 사람의 한계편익이 영이 되는 점에서 결정될 것이다. 오염시키는 사람들이 얻는 비용절감 이상의 사회적 한계편익은 없으므로 시장에서 결정되는 오염량은 사회적 한계편익이 영이 되는 점이다. 이 점은 그림에서 *A*점으로 표시된 1만 단위이다.

단계 | 3 시장에서 결정되는 수준에서 배출량을 1단위 감소시킬 때 얻어지는 사회적 이득은 얼마인가?

300~301쪽을 복습하라.

그림에서 점 *A*로부터 점 *B*로 이동해 보면 시장에서 결정되는 수준인 1만 단위에서 오염의 사회적 한계비용은 단위당 80달러이다. *A*점에서 오염의 사회적 한계편익은 영이다. 오염 수준 1만 단위에서 오염의 사회적 한계비용은 단위당 80달러이고 오염의 사회적 한계편익은 단위당 영이므로 오염을 1단위 감소시킴으로써 얻어지는 총잉여의 순이득은 $80 - 0 = $80이다.

요약

1. 오염의 사회적 비용은 **외부비용**의 한 사례에 해당한다. 그러나 어떤 경우에는 경제활동이 **외부편익**을 낳는다. 외부비용과 외부편익을 함께 **외부효과**라고 한다. 오염은 다른 사람들에게 아무런 보상 없이 손실을 부담시키는 **부정적 외부효과**의 예다. 반면 독감 예방주사와 같은 **긍정적 외부효과**는 다른 사람들에게 아무런 대가 없이 혜택을 준다.

2. 오염 수준이 직접적으로 관찰되고 통제될 수 있을 때, 정부 정책은 **오염의 사회적 한계비용**이 **오염의 사회적 한계편익**과 일치하는 **사회적 최적 오염량**이 배출되도록 설계되어야 한다. 정부 개입이 없으면 오염자가 자신들이 오염으로부터 얻는 편익만을 고려하고, 타인에게 부과되는 비용은 고려하지 않기 때문에 시장에서는 오염이 너무 많이 배출된다.

3. **코즈정리**에 의하면 개인들이 **외부효과를 내부화**할 수 있는 방법을 찾을 수 있기 때문에, 거래를 성사시키는 데 드는 **거래비용**이 충분히 적은 경우에는 정부 개입을 필요로 하지 않는다. 그러나 많은 경우에 거래비용이 너무 높아 그러한 거래가 성사되지 않는다.

4. 정부는 종종 **환경기준**을 설정함으로써 오염을 규제하려고 하나, 경제학자들은 환경기준이 오염을 감소시키는 데 대체로 비효율적인 방법이라고 본다. 오염을 줄이는 두 가지 효율적인(비용을 최소로 하는) 방법으로는 **피구세**의 일종인 **배출세와 양도 가능한 배출허가권**을 들 수 있다. 최적 피구세는 사회적 최적 오염량 수준에서의 사회적 한계비용과 같다. 또한 이러한 조치들은 오염을 줄이는 생산기술을 고안하거나 적용하도록 하는 유인을 제공한다.

5. 오랫동안 **온실가스**를 배출하는 **화석연료**에 크게 의존해 온 결과 **기후 변화**로 인한 문제에 직면하게 되었다. 파리 협정은 온실가스를 줄이기 위해 196개국이 의무감을 갖고 조인한 약속이다. 화석연료와 달리 **재생 가능한 에너지원**은 고갈되지 않는다.

6. 한 재화나 활동이 **기술파급**과 같은 외부편익, 즉 긍정적 외부효과를 낳을 때, 최적 **피구 보조금**이 생산자에게 지불되면 시장은 사회적 최적 생산량을 생산하게 된다.

7. 경쟁시장은 배제성과 소비 경합성을 갖는 **사유재**의 생산과 소비를 효율적으로 달성할 수 있다. 재화가 비배제성, 소비 비경합성, 혹은 두 가지 다 지니는 경우 경쟁시장은 효율적인 결과를 달성하지 못한다.

8. 재화는 **배제성**과 **소비 경합성** 여부에 따라 그 종류가 구분된다.

9. 재화가 **비배제성**을 갖는 경우 **무임승차 문제**가 발생한다. 즉 소비자들이 재화에 대해 대가를 지불하지 않아 생산이 비효율적으로 낮아진다. **소비 비경합성**을 갖는 재화는 무상으로 공급되어야 하며, 양의 가격을 받으면 소비가 비효율적으로 낮아진다.

10. **공공재**는 비배제성과 소비 비경합성을 갖는다. 공공재는 대부분의 경우 정부가 공급해야 한다. 공공재의 사회적 한계편익은 소비자들의 개별 한계편익의 합과 같다. 사회적 한계편익과 사회적 한계비용이 같아지는 수준이 효율적인 공공재의 생산량이다. 긍정적 외부효과와 마찬가지로 사회적 한계편익이 어느 한 사람의 한계편익보다 커서 어떤 사람도 효율적인 수량을 공급하려 하지 않는다.

11. 정부의 존재 이유 중 하나는 시민에게 조세를 부과하여 공공재를 공급해 줄 수 있다는 것이다. 정부는 **비용편익분석**을 이용하여 효율적인 공공재 공급 수준을 결정한다. 그러나 사람들은 공공재의 가치를 과장하려는 경향이 있기 때문에 비용편익분석에 어려움이 있다.

주요용어

외부비용	사회적 최적 오염량	양도 가능한 배출허가권
외부편익	코즈정리	기후 변화
외부효과	거래비용	온실가스
부정적 외부효과	외부효과의 내부화	화석연료
긍정적 외부효과	환경기준	재생 가능한 에너지원
오염의 사회적 한계비용	배출세	청정 에너지원
오염의 사회적 한계편익	피구세	피구 보조금

기술파급   사유재   무임승차 문제
배제성   비배제성   공공재
소비 경합성   소비 비경합성   비용편익분석

토론문제

1. 한 의약품 회사가 사스(SARS) 바이러스 백신 개발 과정에서 무척 높은 고정비용을 부담하게 되었다. 그러나 환자에게 백신을 투여하는 한계비용은 무시할 수 있을 정도로 낮다(영이라고 생각하자). 그 의약품 회사는 백신에 대해 독점적인 특허권을 보유하고 있다. 당신은 그 의약품 회사가 받을 가격을 결정해야 하는 규제 담당관이다.

   a. 규제가 없을 경우 의약품 회사가 책정하게 될 백신 가격을 그림을 그려 나타내고, P_M으로 표시하라. 효율적인 백신 가격은 얼마인가? 가격이 P_M인 경우에 발생하는 자중손실을 표시하라.

   b. 다른 그림에 의약품 회사가 여전히 백신을 개발하도록 유도하면서 규제자가 책정할 수 있는 가장 낮은 가격을 표시하라. 그 가격을 P^*라 하자. 가격이 P^*인 경우에 발생하는 자중손실을 표시하라. 이때의 자중손실은 P_M인 경우에 발생하는 자중손실에 비해 어떠한가?

   c. 당신이 의약품 회사의 고정비용에 대해 정확한 정보를 가지고 있다고 가정하자. 정부의 부담이 가장 적으면서도 백신이 효율적으로 공급되도록 하려면 의약품 회사에 대한 가격규제와 정부보조를 어떻게 사용해야 하겠는가?

연습문제

1. 다음의 각 예에서 묘사되고 있는 외부효과는 어떤 종류(긍정적 또는 부정적)인가? 그 활동으로 인한 사회적 한계편익이 개인의 한계편익보다 더 크거나 같은가? 그 활동으로 인한 사회적 한계비용이 개인의 한계비용보다 더 크거나 같은가? 정부 개입이 없을 때 결과적으로 이 활동은 (사회적 최적 수준에 비해) 더 적게 생산되겠는가 혹은 더 많이 생산되겠는가?

   a. 차우 씨는 앞마당에 화려한 꽃을 많이 심는다.

   b. 옆집에 사는 이웃 사람이 모닥불 피우는 것을 좋아하는데 그 불꽃이 종종 당신 집으로 날아온다.

   c. 사과 과수원 옆에서 살고 있는 메이자는 꿀을 생산하기 위해 양봉을 하기로 결정했다.

   d. 저스틴은 휘발유를 많이 소모하는 대형 SUV를 구입한다.

2. 캘리포니아 낙농업자들 대다수가 가축 배설물에서 배출된 메탄가스로부터 전기를 만들어 내는 새로운 기술을 이용하고 있다(젖소 한 마리가 하루에 2킬로와트에 달하는 전기를 생산할 수 있다). 이로 인해 대기에 방출되는 메탄가스의 양이 줄어든다. 전기요금을 줄이는 것 외에도 농부들은 유리한 요금으로 전기를 판매할 수 있다.

   a. 메탄가스의 획득 및 변환을 통해 이득을 얻을 수 있게

된 것이 어떻게 메탄가스 오염에 대한 피구세처럼 작용하여 낙농업자들로 하여금 메탄가스를 효율적으로 방출하게 하는지 설명해 보라.

   b. 어떤 낙농업자들의 경우 메탄가스를 전기로 변환시키는 데 드는 비용이 다른 낙농업자들에 비해 더 낮다고 가정하자. 어떻게 이 시스템이 낙농업자들 간에 오염 배출량이 효율적으로 감소되도록 하는지 설명해 보라.

3. 미국 인구통계조사 보고서에 따르면, "고등학교 교육을 마친 정규 노동자의 (평생의) 평균수입은 약 120만 달러인데 반해, 대학 교육을 마친 경우는 210만 달러이다." 이는 대학졸업자들이 교육에 대한 투자로부터 상당한 이득을 누리고 있음을 나타낸다. 대부분의 주립대학 등록금은 그 비용의 3분의 2에서 4분의 3만큼만 충당하므로 주정부에서는 대학 교육에 피구 보조금을 지급하는 셈이다.

   만약 피구 보조금이 적절하다면, 대학 교육에 의해 발생된 외부효과는 긍정적인가 부정적인가? 그렇다면 사회적 비용과 편익에 비해 학생들에게 사적으로 발생하는 비용과 편익의 차이는 어떠할 것인가? 그러한 차이가 발생하는 이유에는 어떤 것들이 있는가?

4. 버지니아 주 폴스 처치 시에서는 도로에서 15피트 내에 있는 자기 집 앞마당에 나무를 심을 경우 보조금을 지급한다.

a. 이 장에서 배운 개념을 이용하여 지방자치단체가 도로 가까이에 있는 사유지 내에 심은 나무에 대해 보조금을 지급하려고 하는 이유를 설명하라.

b. 〈그림 10-4〉와 같은 그래프를 그려 나무의 사회적 한계 편익, 사회적 한계비용, 최적 피구 보조금을 표시하라.

5. 은대구 남획으로 인해 은대구가 멸종위기에 처했었다. 정부는 몇 년간 은대구 고기잡이에 대한 금지조치를 취한 후에 이제 그 소유자가 일정한 분량의 은대구를 잡을 수 있는 양도 가능한 허가권 제도를 도입하고자 한다. 규제받지 않는 고기잡이가 부정적 외부효과를 발생시키는 이유를 설명하고, 허가권 제도가 어떻게 이 외부효과로 인해 야기된 비효율성을 극복할 수 있는지 설명하라.

6. 칼리지타운에는 대학세탁소와 빅그린세탁소의 두 세탁소가 존재하는데 이들이 대기오염의 주원인이다. 두 세탁소는 현재 350단위의 대기오염을 발생시키고 있는데 마을에서는 이를 200단위로 낮추기를 원한다. 다음 표는 각 세탁소에서 발생되는 현재 오염 수준과 오염 수준을 낮추는 데 소요되는 한계비용을 보여 주고 있다. 한계비용은 일정하다.

세탁소	초기 오염 수준 (단위)	오염 수준을 낮추는 한계비용(단위당)
대학세탁소	230	$5
빅그린세탁소	120	2

a. 마을에서 각 세탁소가 100단위 한도 내에서 오염을 배출하도록 하는 환경기준법을 통과시킨다고 가정하자. 각 세탁소가 100단위로 오염 배출량을 줄이려고 할 때 드는 총비용은 얼마인가?

　환경기준법 대신 칼리지타운에서 1장당 1단위의 오염배출을 허용하며 양도 가능한 허가서를 각 세탁소에 100장씩 발행한다고 가정해 보자.

b. 대학세탁소에게 오염허가권 1장의 가치는 얼마이겠는가? 빅그린세탁소의 경우는? (즉 허가권 1장을 추가로 얻기 위해 각 세탁소가 지불하고자 하는 최대금액은 얼마인가?)

c. 누가 허가권을 판매하고 누가 구매하겠는가? 거래되는 허가권의 양은 얼마인가?

d. 허가권 제도하에서 오염 조절에 지출되는 두 세탁소의 총비용은 얼마인가?

7. 정부는 여러 재화와 서비스 공급에 관여하고 있다. 다음에 제시된 재화나 서비스가 소비 경합성을 갖는지 여부와 배제성을 갖는지 여부를 판단해 보라. 그 재화의 종류는 무엇인가? 정부 개입이 없는 경우 공급되는 수량은 효율적인가, 비효율적으로 낮은가, 혹은 비효율적으로 높은가?

a. 도로 표지판

b. 철도 서비스

c. 공해 규제

d. 통행료가 없는 지역 간 고속도로

e. 해안가의 등대

8. 어떤 경제학자가 박물관 관리자에게 관람객이 드문 시간대에는 입장료를 받지 않고, 관람객이 많으면 할증요금을 받아야 한다고 조언하였다.

a. 박물관이 한적할 때 박물관은 소비 경합적인가? 배제성을 갖는가? 이 시간대에 박물관은 어떤 재화인가? 이 시간대에 관람객에게 어떤 가격을 받는 것이 효율적이고, 그 이유는 무엇인가?

b. 박물관이 혼잡할 때 박물관은 소비 경합적인가? 배제성을 갖는가? 이 시간대에 박물관은 어떤 재화인가? 이 시간대에 관람객에게 어떤 가격을 받는 것이 효율적이고, 그 이유는 무엇인가?

9. 계획된 공동체에서는 보통 주택소유자협회가 공동체 생활의 여러 측면을 규제하고 있다. 이 규제는 주택의 구조 제한, 보행로의 제설 의무, 뒷마당의 수영장과 같은 외부시설 금지, 마을회관과 같은 공용 공간에서의 행동강령 등을 포함하고 있다. 일부 주택소유자들은 이러한 규제 중 어떤 것은 너무 지나친 간섭이라고 느껴 갈등이 있어 왔다. 당신이 이 갈등을 조정하기 위해 불려 왔다. 당신은 규제 중 어떤 것이 적절하고 어떤 것이 부적절하다는 것을 경제학을 이용하여 어떻게 판단하겠는가?

10. 다음 표는 타니샤와 아리가 한 달간 거리청소 횟수에 대해 느끼는 개별 한계편익을 나타낸다. 거리청소의 한계비용은 매회 9달러로 일정하다고 가정하자.

월간 거리청소 횟수	거리청소에 대한 타니샤의 한계편익	거리청소에 대한 아리의 한계편익
0		
	$10	$8
1		
	6	4
2		
	2	1
3		

a. 탸니샤가 거리청소 비용을 혼자서 부담해야 한다면 거리청소 횟수는 얼마이겠는가?

b. 거리청소의 사회적 한계편익을 계산하라. 거리청소의 최적 횟수는 얼마인가?

c. 거리청소의 최적 횟수를 고려하자. 그 최적 횟수의 마

지막 청소에 드는 비용은 9달러이다. 타니샤는 이 마지막 청소비용을 혼자서 부담하려고 하겠는가? 아리는 이 마지막 청소비용을 혼자서 부담하려고 하겠는가?

11. 당신 기숙사 옆에 있는 여학생 기숙사에서 흘러나오는 큰 음악소리는 부정적 외부효과이며 그 수준은 직접적으로 측정 가능하다고 한다. 다음 표는 음악소리의 데시벨(dB, 음량측정단위)당 사회적 한계편익과 사회적 한계비용을 보여 준다.

음량(dB)	음악소리의 사회적 한계편익	음악소리의 사회적 한계비용
90		
91	$36	$0
92	30	2
93	24	4
94	18	6
95	12	8
96	6	10
97	0	12

a. 사회적 한계편익곡선과 사회적 한계비용곡선을 그려 보라. 그린 도표를 사용하여 음악소리의 사회적 최적 수준을 구하라.

b. 여학생 기숙사 가입자들만이 음악의 편익을 얻고 있으며 아무런 비용도 지불하지 않는다. 이들이 선택하게 될 음량 수준은 얼마인가?

c. 대학 당국에서는 음악소리에 대해 데시벨당 3달러의 피구세를 부과하기로 했다. 앞에 그렸던 도표로부터 여학생 기숙사 가입자들이 새로이 선택하게 될 음량 수준을 구하라.

12. 한 공동체에 안전을 염려하는 100명의 주민이 있다. 다음 표는 주민들이 24시간 경비 서비스를 사용하는 데 드는 총비용과 각 주민이 느끼는 총편익을 보여 주고 있다.

경비원 수	총비용	각 주민의 개인별 총편익
0	$0	$0
1	150	10
2	300	16
3	450	18
4	600	19

a. 경비 서비스가 공동체의 주민들에게 공공재인 이유를 설명하라.

b. 한계비용, 각 주민의 한계편익, 사회적 한계편익을 계산하라.

c. 만일 한 주민이 자신의 비용으로 경비원을 몇 명 고용할지 결정해야 한다면 이 사람은 경비원을 몇 명 고용하겠는가?

d. 만일 주민들이 공동으로 행동한다면 경비원을 몇 명 고용하겠는가?

빈곤, 불평등과 복지국가

오바마 케어의 도래

2014년 1월 1일, 루 빈센트 씨는 결국 건강보험을 갖게 되었다. 오하이오 주민인 빈센트 씨는 제2형 당뇨병을 앓고 있고, 그 때문에 10년 동안 보험을 가입해 주는 보험회사를 찾지 못했었다. 그의 아내는 "우리는 30장의 거절 통보를 받았어요."라고 이야기했다. 그렇다면 2014년 초 어떤 변화가 있었던 것일까? 주요한 정부정책, 환자보호 및 적정부담보호법(Patient Protection and Affordable Care Act)—속칭 적정부담보호법, ACA, 혹은 오바마 케어—이 발효되었다.

오바마 케어의 시행은 미국 복지정책의 주요 확장이었다.

수많은 미국인들이 65세 이상을 대상으로 하는 메디케어와 오바마 케어(ACA)로 확대되어 빈곤한 사람에게 적용되는 메디케이드를 바탕으로 정부로부터 직접적인 건강보험혜택을 받게 되었다. 오바마 케어는 광범위한 규제 대상이 되는 민간보험회사를 통해서 움직였는데, 특히 질병을 앓고 있던 빈센트 씨와 같이 보험혜택을 거절당하거나 특별 요율을 적용하는 행위로부터 피보험자를 보호한다는 점에서 기존과 다른 형태를 띤다.

보험회사를 규제하는 것을 넘어서 ACA는 모든 개인에게 보험이 적용될 수 있도록 재정 지원을 제공한다. 이 법은 저소득층에게 직접 보험을 제공하는 메디케이드를 확장한 것이다. 하지만 이런 확장은 이를 동의한 주에서만 적용되었고, 2019년에 확장에 동의하지 않은 주가 14곳 있다. 또한

이 법은 고소득층이 개인 보험에 들 수 있도록 돕는 보조금도 지급한다.

ACA는 적용된 이후로 몇 가지 부분이 수정되었다. 특히 많은 사람이 이 법을 훼손하기 위한 노력이었다고 생각하는, 2017년에 공화당이 입안한 감세 및 일자리법은 건강보험이 특정 최소 기준을 충족하지 않는 사람에 대한 가산세를 제거했다. 보통 개인 의무 조항으로 일컬어지는 이 가산세는 이 프로그램을 실행 가능하게 만드는 ACA의 중심 원리였다. 전반적으로 ACA는 경제에서의 정부의 역할을 크게 확장한 것이다. 특히 이것은 경제적 불안정과 불평등들을 억제하도록 기획된 정부정책으로서의 1960년대의 복지국가 이후로 가장 큰 확장이다.

이런 복지국가로서의 적절한 규모와 역할에 대해 강도 높은 정치적 논쟁이 있다. 실제로 여러분은 이런 논쟁이 정치가 무엇인지를 보여 주는 것이라 주장할 수 있다. 진보주의자들은 복지국가의 권한을 늘리려 하고, 보수주의자들은 그 범위를 줄이려 하는 것에서 확인할 수 있다. 오바마 케어에 관한 의견은 급격하게 나뉜다. 현대 미국에서 몇몇 정치인들은 금전적으로 문제를 겪고 있는 가정이 건강보험, 주택, 음식 등 필수품에 대해 지원을 받아야 하는지에 대해 동의하지 않지만, 그런 가정들이 어느 정도 도움이 필요하다는 것에는 넓은 범위의 공감대가 형성되어 있다.

그러나 어려움을 겪는 가정에게 도움을 주어야 한다는 폭넓은 정치적 합의가 있다. 심지어 보수주의자들도 일반적으로 대규모의 복지국가 형태를 받아들인다. 부유한 국가의 정부는 건강보험부터 은퇴까지, 가난한 사람과 실업자를 돕기 위한 역할을 하고 있다.

이번 장에서는 복지국가 프로그램의 정당성에 관해 논의하면서 시작하고자 한다. 그리고 나서 미국의 두 가지 주요 프로그램을 살펴보기로 한다. **소득지원 프로그램**—이 중에서는 사회보장(Social Security)이 가장 큰 부분을 차지함—과 **보건 프로그램**—이 중에서는 노인 및 장애의료보험제도인 메디케어(Medicare)와 저소득층 의료보장제도인 메디케이드(Medicaid)가 지배적인 부분이지만 통상 오바마 케어라고 부르는 ACA의 역할이 증가하고 있다. ●

이 장에서 배울 내용

- 복지국가의 의미와 사회에 이익이 되는 방법
- 빈곤의 원인과 결과
- 사회보장제도와 같은 사회보험제도가 빈곤과 소득 불평등에 미치는 영향
- 민간의료보험을 둘러싼 우려와 정부가 이를 다루어 온 방법
- 복지국가의 규모를 둘러싼 정치적 논쟁

‖ 빈곤, 불평등, 그리고 공공정책

복지국가(welfare state)라는 용어는 국민의 경제적 고충을 덜어 주기 위해 노력하는 정부의 정책이나 제도를 의미하였다. 부유한 국가들은 정부지출의 상당 부분을 개인이나 가정으로의 **정부 이전지출**(government transfer)로 할애한다. 정부 이전지출은 빈곤층으로의 재정지원, 실업자에 대한 보조, 노년층에 대한 소득지원 그리고 의료비 지출 부담이 큰 사람들에 대한 지원 등을 제공한다.

복지국가의 논리

복지국가의 생성은 세 가지 주요한 근거를 갖는다. 각각에 대해 살펴보자.

1. 소득 불평등의 완화 연간 소득이 1만 5,000달러에 불과한 테일러네 가족이 정부로부터 더 좋은 곳으로 이사를 가거나 좀 더 좋은 음식을 먹는 등의 방식으로 그들의 삶의 질을 향상시키는 데 쓸 수 있도록 수표를 받았다고 상상해 보자. 한편 연간 소득이 30만 달러나 되는 피셔네 가족이 정부로부터 1,500달러의 추가 세금을 징수당하는 상황을 생각해 보자. 아마도 이 세금은 그들의 삶의 질에 큰 영향을 주지 않고 단지 그들은 몇몇 사치품을 포기하면 그만일 것이다.

위에서 가정한 이러한 교환이 소득 불평등을 완화시키고자 하는 복지국가의 중요한 이론적 밑바탕을 암시한다. 가난한 사람에게 있어 추가적인 1달러는 부유한 사람의 1달러보다 훨씬 더 귀중한 가치를 가진다. 따라서 부유층에서 빈곤층으로의 적당한 소득 이전은 부유층에 큰 해를 끼치지 않으면서 빈곤층을 이롭게 할 수 있다. 빼앗은 돈이 상대적으로 크지 않은 한 사회가 얻는 이득은 소득 이전으로 인한 비효율보다 클 것이다. 가난한 계층을 지원하는 제도는 **빈곤제도**(poverty program)라고 부른다.

2. 경제적 불안정성의 완화 복지국가의 두 번째 중요한 이론적 근거로서 경제적 불안정성의 완화를 들 수 있다. 홍수나 질병 같은 나쁜 일들은 일어났을 때 제한된 사람에게만 영향을 미친다. 예를 들어 2017년에 파괴적인 홍수가 텍사스를 덮쳤을 때, 100만 명이 넘는 텍사스 사람들이 집을 잃었다. 하지만 홍수는 또한 많은 텍사스 사람들과 미국의 나머지 지역에는 피해를 미치지 못했다. 또는 하지만 구체적으로 어떤 가정에게 발생할지는 몰라도 적어도 한 가정에게는 불행한 일이 찾아오는 상황을 생각해 보자. 예를 들면 각 가정은 10분의 1의 확률로 해고를 당하거나 큰 의료비 부담을 지게 되어 소득이 크게 감소할 위험을 가지고 있다. 이와 같은 사건들은 해당 가족들로 하여금 학업을 중단하거나 살고 있던 보금자리를 잃게 할 수 있다.

이제 정부가 나서서 불행한 사건을 겪지 않은 나머지 가정들로부터 세금을 걷어서 고통받고 있는 불행한 가족을 지원해 주는 상황을 생각해 보자. 현재 지원을 받지 않는 가정들도 미래의 어느 시점에 도움이 필요할 수 있으므로, 이러한 정부정책은 분명히 모든 가정을 이롭게 할 것이다. 모든 가정은 자신들에게 불운한 일이 찾아올 때 정부가 지원해 줄 준비가 되어 있음을 알고 있을 것이다. 이와 같이 사전예측이 힘든 미래의 재정적 위험에 대비하여 지원을 해 주는 정부의 제도를 **사회보험제도**(social insurance program)라고 한다.

앞서 배운 소득 불평등과 경제적 불안정성을 완화하기 위한 복지국가의 두 가지 이론적 근거는 조세 형평성의 주요 원칙인 **납부능력원칙**—납부자의 납부능력에 따라 세금을 부과한다는 원칙—과 밀접한 관련이 있다. 이에 따르면, 추가소득 1달러에 큰 경제적 만족을 느낄 수 있는 저소득층은 상대적으로 경제적 만족감이 무딘 고소득층에 비해 소득 대비 낮은 비율의 세금을 납부하도록 해야 한다. 같은 원리로 생각해 보면 빈곤층은 실제로 돈을 돌려받아야 함을 의미한다.

3. 가난의 감소와 의료 서비스 이용 제공   복지국가의 마지막 주요 근거는 가난한 가정의 어린이들에게 특히 적용되는 가난의 감소와 의료 서비스 이용의 사회적 이득이다. 연구자들은 그러한 어린아이들이 일생 동안 불리함을 겪는다고 보고한다.

경제적으로 빈곤한 아이들은 심지어 그들의 능력을 조정한 후에도, 심각한 사회적 비용을 야기하는 자신의 능력 이하의 일을 하거나 실업상태에 머물고, 범죄를 저지르거나 만성적인 건강 문제에 시달린다. 이 증거에 따라서 가난을 줄이고 의료 서비스 이용을 제공하는 데 도움이 되는 프로그램은 사회에 외부편익을 가져온다.

좀 더 광범위하게 이야기하자면, 정치적 철학자는 사회적 정의원칙에 따라서 사회는 가난하고 불운한 사람들을 마땅히 돌보아야 한다고 주장한다. 하지만 이에 반대하는 자들은 복지정책이 정부의 적절한 역할 수준을 넘나들 위험이 있다고 우려한다. 이와 같은 두 철학적 입장을 흔히 정치에서 이야기하는 **자유주의**와 **보수주의**로 해석할 수 있다.

하지만 실제 상황은 이와 같이 간단히 요약될 수 없음을 유념해야 한다. 정부의 제한된 역할을 강조하는 보수주의자들도 일반적인 복지정책에 대해서는 찬성하는 편이다. 또한 복지국가를 지향하는 경제학자들조차도 빈곤층에 대한 지원이 확대됨에 따라 이것이 그들의 저축과 근로의 유인에 미치는 악영향에 대해서 우려하곤 한다. 세금과 같은 복지정책은 상당한 규모의 경제적 자중손실을 유발할 수 있기 때문에 정책의 실제적인 경제적 비용은 눈에 보이는 금액 이상일 수 있다.

이 장 후반부에서 복지국가의 비용과 효과에 대해서 다루기로 한다. 그 전에 복지국가가 당면할 수 있는 문제점을 먼저 살펴보자.

빈곤의 문제

대공황 이후로 미국 대통령의 대부분은 빈곤을 줄이는 데 최선의 노력을 다하겠다고 한결같이 약속했었다. 1964년 당시 대통령이었던 린든 존슨(Lyndon Johnson)은 소위 말하는 '빈곤과의 전쟁'을 선포하여 빈곤층을 돕기 위한 수많은 제도들을 정비했다. 사회보험제도들 역시 상당 부분을 차지하지만 반(反)빈곤 대책들은 복지국가 미국의 핵심부분을 차지한다.

하지만 빈곤이 정확히 무엇이고 어떤 것을 의미할까? 여러 가지 빈곤의 정의가 가능하지만 1965년부터 미국 정부는 **빈곤선**(poverty threshold)에 대한 공식적인 정의를 내려 오고 있다. 빈곤선은 생활필수품을 구입하기에 충분한 여력이 되는 최소한의 연간 소득을 의미한다. 빈곤선 아래의 소득을 버는 가정들은 빈곤층으로 분류된다.

공식적인 빈곤선은 가족의 크기와 구성에 의존하며, 생활비의 변화를 반영하기 위해 매년 조정된다. 2018년에는 혼자 사는 성인 기준으로 측정된 빈곤선은 12,140달러였으며, 2명의 아이가 있는 4인 가족 기준으로는 25,100달러였다.

빈곤의 추세

지난 몇십 년간 미국 경제는 더욱 번영했지만, 최저생계비 아래로 살아가는 미국 인구의 비율인 미국의 공식적 **빈곤율**(poverty rate)은 감소하지 않았다.

〈그림 11-1〉의 주황색 선은 1967년부터 2017년까지의 빈곤율을 나타낸다. 그림에서 볼 수 있듯이, 1967년부터 빈곤율은 장기적으로 뚜렷한 추세 없이 상승과 하락을 반복하고 있다. 2017년에는 미국 전체가 훨씬 부유했음에도 불구하고 빈곤율은 1960년대와 거의 비슷했다.

이런 복잡한 결과를 이해하기 위해 경제학자들은 식품 구입권(food stamp)과 같은 정부 지원으로 인한 수입을 포함하는 **보조빈곤율**(supplemental poverty measure)이라는 지표를 만들었다. 몇몇 전문가들은 이 지표를 빈곤율보다 더 정확하다고 여긴다.

빈곤선(poverty threshold)은 빈곤하다고 여겨지는 가족의 연간 소득의 상한선이다.

빈곤율(poverty rate)은 빈곤선 하에서 생활하고 있는 인구의 비율이다.

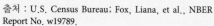

그림 11-1 미국의 빈곤율 추세, 1967~2017년

공식적인 빈곤율은 1960년대 말 이후로는 명확한 추세를 보이지 않는다. 그러나 전문가들이 좀 더 정확하다고 생각하는 빈곤율 대체측정치인 보조빈곤율 혹은 SPM은 적은 수준이나마 꾸준하게 하락해 왔다.

출처 : U.S. Census Bureau; Fox, Liana, et al., NBER Report No. w19789.

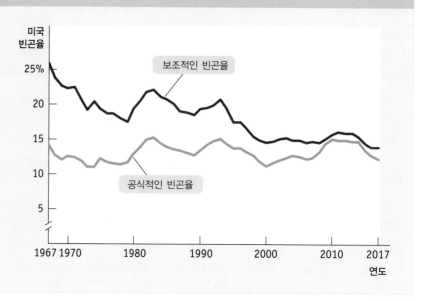

〈그림 11-1〉의 빨간색 선은 이 측정치가 해마다 어떻게 변해 왔는지를 보여 준다. 일반적인 측정치에 비해서 더 진전된 모습을 보이지만, 미국의 실질 평균 소득이 250%가 넘게 올랐다는 사실을 고려하면 여전히 빈곤율의 변화는 놀랍도록 적다.

빈곤층은 누구인가 대부분의 미국 사람들은 마음속에서 전형적인 빈곤층의 모습을 가지고 있다. 남편이 없는 아프리카계 미국인 또는 히스패닉계로서 일시적으로나마 실업상태에 있는 여성 가장이다. 이 모습이 전혀 엉뚱한 것은 아니다. 빈곤율은 아프리카계 미국인과 히스패닉계들 사이에 그리고 여성이 가장인 가구에서 비례 이상으로 높다. 그러나 대부분의 빈곤층은 고정관념과는 다르다.

2017년에는 약 3,970만 명의 미국인이 빈곤층이었다. 이는 인구의 12.3%이며, 미국 전체 인구 중 8명당 1명꼴이다. 빈곤층의 가장 큰 단일 그룹은 히스패닉계가 아닌 백인이며 전체의 43%를 차지한다. 다음은 히스패닉계로 약 27%이다. 그리고 아프리카계 미국인이 23%, 아시아인이 5%이다. 하지만 아프리카계 미국인, 히스패닉계, 아시아인들은 히스패닉계가 아닌 백인보다 가난할 확률이 높다. 그리고 빈곤층 인구 중 3분의 1은 어린이로, 미국의 어린이 5명 중 한 명이 빈곤층이다.

가족 구성과 빈곤에도 상관관계가 있다. 남편 없이 여성이 가장인 가구는 25.6%로서 매우 높은 빈곤율을 기록하고 있다. 하지만 결혼한 가구는 빈곤할 가능성이 훨씬 낮아서 빈곤율이 4.9%밖에 되지 않았다. 그러나 빈곤층 가구의 39%는 결혼한 부부였다.

그렇지만 자료에서 가장 두드러지는 점은 빈곤과 적절한 고용의 결핍 사이의 관계이다. 전일제 노동을 하는 성인이 빈곤할 가능성이 극히 낮다. 2017년에는 2%에 불과하다. 여러 직종, 특히 소매와 서비스 부문에서 주로 시간제 노동자들을 고용하고 있다. 대부분의 시간제 직무에는 의료보험, 유급휴가 그리고 은퇴연금 같은 혜택이 없을 뿐만 아니라 유사한 전일제 직무에 비해 시간당 임금도 낮다. 이 결과로 빈곤층의 다수가 **노동하는 빈곤층**, 즉 소득이 빈곤선에 미치지 못하는 노동자들이다.

빈곤의 원인은 무엇인가 가난은 종종 교육의 부족에서 비롯된다. 그리고 교육수준은 확실히 소득수준과 강한 양의 상관관계를 갖는다. 평균적으로 더 많이 교육을 받은 사람들은 돈을 많이 벌고, 적게 받은 사람들은 적게 번다. 예를 들어 1979년에는 대학교육을 받은 남자는 고등학교 졸업 출신의 남자보다 주급의 중간값이 약 29% 더 높았는데, 2017년에는 '대학교육을 받은 프리미엄'은 약 86% 정도까지 증가하였다.

교육 부족과 마찬가지로 영어에 능숙하지 못한 것이 높은 소득을 얻는 데 장애가 될 수 있다. 예를 들어 미국에 있는 멕시코 출신 노동자들—이들의 3분의 2는 고등학교를 졸업하지 못했고 다수가 영어에 능숙하지 못하다—은 미국 태생의 노동자들 소득의 반밖에 벌지 못한다.

또한 인종과 성에 따른 차별 역시 아직 무시할 수 없다. 차별이 60년 전에 비해서는 심하지 않지만 아직도 많은 미국인들의 진출에 만만찮은 장애가 되고 있다. 같은 수준의 교육을 받은 유색인들은 백인들보다 더 적게 벌고 고용 가능성도 더 낮다. 비슷한 자격을 갖춘 여자들은 남자들에 비해 더 낮은 소득을 벌고 있다. 연구에 의하면 아프리카계 남자들은 고용주로부터 백인, 아프리카계 여자, 히스패닉계 이민자들에 비해서 지속적으로 차별을 받고 있다. 여자들은 비슷한 조건 남자보다 소득이 적다.

이와 더불어 빈곤의 중요한 원인의 하나로서 간과하지 말아야 할 것으로 안전망이 없는 상황에서의 불운을 들 수 있다. 적절한 의료비 지원과 저축이 없는 상황에서 임금소득자가 직장을 잃거나 가업이 실패하거나 가족 중 누군가가 심각한 병에 걸리면 빈곤해지는 가정이 많다.

미국의 빈곤율은 다른 부유한 나라보다 높다.

빈곤의 결과 빈곤의 결과는 특히 어린이들에게 심각하고 오래 지속되는 경우가 빈번하다. 2017년 미국에서는 17.5%의 어린이들이 빈곤하게 살아간다. 빈곤은 대개 건강관리의 부재와 관련이 있기 때문에 건강하지 못한 아동들은 훗날 정상적으로 학교에 다니며 일할 준비를 하는 데 어려움을 겪곤 한다. 주거비도 부담이 되는 경우가 많아 빈곤 가정은 이사를 자주 하게 되고 이로 인해 수업과 회사일에 방해를 받기도 한다.

최근 의학 연구에 따르면 어린 시절 극심한 가난을 겪으며 자란 아동들은 평생 학습장애를 겪을 가능성이 크다고 한다. 즉 빈곤한 생활을 겪으며 자라난 미국의 아동들은 인생 시작점에서부터 뒤처지게 되며 평생 동안 불이익을 겪게 되는 것이다. 심지어 가난한 가정에서 자라난 유능한 아이들조차도 대학교육을 마치기는 쉽지 않다.

미국 교육부가 수행한 장기 조사는 8학년부터의 학생들을 재능과 부모의 소득, 고용에 따라 추적했다. 적성검사에서 상위 25%의 성적을 받았지만 경제적으로 불리한 환경의 학생 중 29%만이 대학교육을 마쳤다. 가정의 소득이 더 높고 같은 재능을 가진 아이들은 대학교육을 마칠 확률이 74%였다. 이 결과는 불리한 환경의 아이들은 빈곤을 극복하는 데 필요한 교육을 마치기 더 어렵고 빈곤이 재생산됨을 보여 준다.

다른 연구는 가난한 아이들이 자라난 환경 또한 차이를 만듦을 보여 준다. 분리된 빈민가 이웃 사이에서 자라난 빈곤한 아이들은 똑같이 빈곤하지만 경제적으로 다양하고 덜 분리된 지역에서 자라난 아이들보다 성인이 되었을 때 고용될 확률이 낮았다. 가족이 더 나은 지역으로 이사를 가면 아이들은 학교에 남아 졸업할 확률이 더 높았다. 이런 이익은 아이가 개선된 환경에서 자란 기간이 길수록 증가했다.

경제적 불평등

미국은 부유한 국가 중 하나이다. 2017년 미국 가구의 평균 소득은 8만 6,220달러이다. 그럼에

표 11-1 미국의 2017년도 소득 분포

소득 집단	소득 범위	평균 소득	전체 소득 중 비중
최하위 5분위	$24,638 미만	$13,258	3.1%
두 번째 5분위	$24,638~$47,110	35,401	8.2
세 번째 5분위	$47,111~$77,552	61,564	14.3
네 번째 5분위	$77,553~$126,855	99,030	23.0
최상위 분위	$126,855 초과	221,846	51.5
상위 5%	$237,034 이상	385,289	22.3
평균 가구 소득=$81,331		평균 가구 소득=$61,372	

출처 : U.S. Census Bureau.

도 불구하고 왜 수많은 미국인들은 아직도 가난에 허덕이고 있는 걸까? 정답은 바로 평균치보다 못 버는 가구와 이들보다 훨씬 더 많이 버는 다른 가구들로 인해서 야기되는 소득 불평등 때문이다.

〈표 11-1〉은 통계청이 조사한 연방 소득세 납부 이전의 세전소득으로 추정된 2017년의 소득 분포를 가리키고 있다. 가구들은 5분위 계수로 분류되었으며 각 집단은 전체 인구의 20%를 차지하고 있다. 첫 번째 행에 제시된 집단은 소득이 최저 20백분위수 수준을 차지하고 있으며, 두 번째 행에 제시된 집단의 소득은 20~40백분위수(하위기준)에 속하는 식이다.

집단별로 〈표 11-1〉은 3개의 수치가 제시되어 있는 것을 볼 수 있는데, 두 번째 열은 각 집단을 결정지어 주는 소득의 범위를 나타내 준다. 예를 들어 2017년에는 최하위 20%에 속하는 가구의 연간 소득은 2만 4,638달러에 못 미치며, 다음 집단(20~40%)에 속하는 가구의 소득은 2만 4,638달러와 4만 7,110달러 사이인 식이다. 세 번째 열에서는 각 집단의 평균 소득을 확인할 수 있는데, 그 범위는 최하계층의 소득인 1만 3,258달러부터 최상위 5%에 속하는 계층인 38만 5,289달러에 이른다. 마지막으로 네 번째 열에서는 각 집단이 전체 소득에 기여하는 비율을 확인할 수 있다.

평균 대 중간 가구 소득 〈표 11-1〉의 하단부에서는 미국 가구의 소득에 관한 두 가지 유용한 수치를 찾을 수 있다. **평균 가구 소득**(mean household income)은 전체 미국 국민의 소득을 가구 수로 나누어 구한 수치이다. **중간 가구 소득**(median household income)은 소득 분포에서 정확히 가운데에 위치하는 가구의 소득—해당 소득보다 낮은 가구와 높은 가구는 모두 각각 정확하게 전체 가구의 절반이 되게끔 하는 수준의 소득—을 이야기한다. 이 두 값이 항상 정확하게 일치하는 것이 아님을 기억해야 한다.

경제학자들은 보통 비슷한 예로서 이 둘의 차이를 이야기할 때 한 방에 수십 명의 각기 다른 직업을 가진 사람들이 들어가 있는 상황을 이야기한다. 이때 1년에 수억 달러 이상을 버는 월스트리트의 증권 거물이 들어왔다고 하자. 이 증권 거물의 소득수준이 워낙 높기 때문에 방에 있는 사람들의 평균 소득은 치솟을 것이지만, 중간 소득의 값은 이처럼 가파르게 오르지는 않을 것이다.

이와 같은 예를 통해 알 수 있듯이 경제학자들은 일반적인 미국 가정들의 경제적 지위에 대한 안내 지표로서 평균 소득보다는 중간 소득을 더욱 신뢰하는 편이다. 왜냐하면 평균 소득은 전체 인구를 대표한다고 보기에는 힘든, 상대적으로 그 수가 적은 고소득층에 의해서 강하게 영향을 받는 반면 중간 소득은 그렇지 않기 때문이다.

〈표 11-1〉로부터 우리가 알 수 있는 사실은 미국의 소득 불평등 정도가 꽤 심하다는 것이다. 하위 20% 가구의 평균 소득은 중간 집단에 속하는 가구의 4분의 1 수준도 채 안 되며, 최상위 20%의 소득은 중간 집단 소득의 세 배가 넘는다. 또한 최상위 20% 집단의 평균 소득은 최하위 계층의 무려 17배에 달한다. 실제로 미국의 소득 분포는 1980년 이래로 계속해서 불평등해지는 모습을 보이고 있으며 이는 중요한 정치적 논란거리가 되어 오고 있다. 미국의 소득 불평등 정도의 장기 추세는 이 절 마지막의 '현실 경제의 이해'에서 보다 자세히 다루겠지만, 개략적인 추세는 1930년대와 1940년대 사이에는 다소 감소하였지만, 제2차 세계대전 이후 30년간 다소 안정적이었다가 1970년대 후반부터 다시 상승하기 시작했다.

평균 가구 소득(mean household income)은 모든 가구에 대한 평균 소득이다.

중간 가구 소득(median household income)은 소득 분포에서 정확히 가운데에 위치한 가구의 소득이다.

〈표 11-1〉의 자료를 볼 때 주의해야 할 점이 있다. 자료에 나타나는 미국의 불평등 정도는 어느 정도 실제보다 과장되어 있으며, 이에 대한 두 가지 이유는 다음과 같다.

첫 번째, 가구 소득은 매년 달라진다. 특정한 연도에 소득 분포의 아래에 있는 가구 중 많은 가구는 소득 분포의 위에 있는 가구 중 많은 가구가 특별히 좋은 해를 보내고 있는 것과 마찬가지로 특별히 나쁜 해를 보내고 있다. 시간이 지남에 따라 그들의 소득은 안정될 것이고, 이에 따라 측정된 불평등 수준도 개선될 것이다.

두 번째, 가구 소득은 평생에 걸쳐 달라진다. 젊은이들과 은퇴한 사람은 평균적으로 한창 일하는 나이의 사람과 비교하면 소득이 낮다. 따라서 나이가 다른 사람들을 섞어 놓은 자료는 비슷한 나이의 사람끼리 비교하는 자료보다 소득 불평등이 더 큰 것으로 보인다.

이러한 단서에도 불구하고 미국은 실제로 소득 불평등이 상당하다.

지니계수 미국의 소득 불평등 수준에 대해 더 잘 이해하기 위한 좋은 방법은 이를 다른 나라와 비교하는 것이다. 이를 위해 경제학자들은 〈표 11-1〉과 같은 유형의 자료를 바탕으로 소득 불평등을 측정하는 지표로 **지니계수**(Gini coefficient)를 사용한다. 수학적으로 한 나라의 지니계수는 소득 분포가 완전히 같음을 나타내는 0부터 한 가구가 모든 소득을 다 가지는 가장 불평등한 분포를 나타내는 1까지의 값을 가질 수 있다.

소득 불평등이 높은 나라들은 지니계수가 0.5에 가깝다. 아프리카의 몇몇 나라를 제외하고 라틴아메리카, 특히 콜롬비아에서 가장 높은 불평등 정도를 찾아볼 수 있다. 매우 평등한 소득 분포를 가진 나라들은 지니계수가 0.25에 가깝다. 가장 공평하게 소득이 분포되어 있는 지역은 유럽인데, 그중에서도 스칸디나비아다.

최근의 자료에 따르면 미국의 지니계수는 0.41이다. 따라서 비록 라틴아메리카 국가의 수준 정도는 아니더라도 다른 선진국과 비교하였을 때 미국은 상당히 불평등한 국가라고 할 수 있다. 2016년에는 미국의 상위 1% 계층(39만 달러 이상)은 국가 소득의 20%를 가져간 데 비해, 덴마크는 6%, 캐나다는 14%만을 가져갔다.

소득 불평등이 어째서 심각한 문제가 될 수 있는가? 우선 직접적으로 높은 소득 불평등도는 곧 인구의 일정 부분의 사람들이 국가의 전체 부에서 자신의 몫을 챙기지 못하고 있다고 해석할 수 있다. 미국에서 국가적으로 보았을 때 그 이전에 비해 상당히 부유해졌음에도 불구하고 소득 불평등이 심화됨에 따라서 빈곤율은 과거 50년간 계속 떨어지지 못하고 있음을 확인할 수 있다.

사실상 불평등은 개인 수준으로 오랜 기간 지속될 뿐만 아니라 세대를 거쳐서 전달된다. 가난한 부모의 아이들은 부유한 부모의 아이들보다 가난할 가능성이 훨씬 높다. 이 상황은 특히 다른 선진 국가들과 비교했을 때 미국에서 두드러지게 나타난다. 저소득층 가정에서 태어난 사람들은 적절한 영양공급과 의료지원을 받지 못해 성인이 되었을 때의 생산성이 제한된다. 그들은 또한 교육이나 취직 기회가 부족할 수도 있어 경제 성장에 기여할 능력도 제한된다. 어떤 경우 극심한 불평등은 경제 성장을 저해하는 사회적·정치적 불안정과 연결되기도 한다.

경제적 불안정

앞서 살펴본 바와 같이 빈곤과 불평등을 줄임으로써 얻게 되는 사회적 편익은 복지국가의 중요한 이론적 토대가 된다. 하지만 상대적으로 부유한 가구에까지 고통을 줄 수 있는 경제적 불안정을 줄이는 것은 복지국가의 또 다른 중요한 존재 이유가 된다.

경제적 불안정의 한 가지 예로서 가구 구성원이 실직 또는 그 전보다 더 적은 월급을 주는 직업으로 이직을 했을 때 보통 겪게 되는 소득의 급작스러운 감소를 들 수 있다. 대후퇴(great recession)의 여파로 미국 가정 여섯 곳 중 하나는 전년도보다 소득이 반으로 줄었다. 한 연구에

지니계수(Gini coefficient)는 한 국가의 소득 불평등 정도를 보여 주는 숫자로, 소득이 각 5분위 계수마다 얼마나 불균등하게 분포해 있는지를 나타낸다.

국제비교   부자 나라들의 소득, 재분배, 그리고 불평등

미국을 여행하고, 스웨덴과 덴마크를 여행하는 데는 더 많은 시간을 써라. 그렇다면 스칸디나비아가 미국에 비해서 훨씬 낮은 소득 불평등을 가진다는 인상을 받을 수 있을 것이다. 그리고 수치로 이러한 인상은 확인된다. 한 국가의 소득 불평등을 요약해 주는 지니계수는 스웨덴과 덴마크 그리고 대부분의 서유럽국가들에서 미국에 비해 훨씬 낮은 값을 가진다. 왜일까?

그 해답은 넓은 시각에서 미국의 경우 정부가 부자들로부터 가난한 사람으로의 소득 재분배를 하는 중요한 역할을 하지만, 유럽국가들은 훨씬 더 높은 복지수준을 가지고 있어서 훨씬 더 많은 소득 재분배가 이루어지기 때문이다.

옆의 그림은 많은 부자 나라들의 두 가지 지니계수 측정치를 보여 주고 있다. 완벽히 (이 그림은 가구 구성원이 모두 60세 미만인 가구만을 대상으로 한 것이다. 은퇴 나이의 차이가 나이가 더 든 가정에서의 결과를 왜곡하기 때문이다.) 동일한 가계 소득 분포를 가지는 나라는 0의 지니계수를 가질 것이다. 반대편의 극단에는 모든 소득이 하나의 가계에 집중되는 경우가 있고 1의 지니계수를 가진다. 각 국가에서 보라색 막대는 세금과 이전소득이 발생하기 이전의 지니계수를 보여 주고 있고, 주황색 막대는 세금과 이전소득이 발생한 이후의 지니계수를 보여 준다. 덴마크와 스웨덴의 시장 소득은 미국보다는 다소 낮은 수준의 불평등을 보이지만, 그들의 높은 복지수준의 결과로 훨씬 낮은 수준의 불평등이 관찰된다.

이 결론에서 주의할 점이 있다. 한편으로 데이터는 다른 어느 나

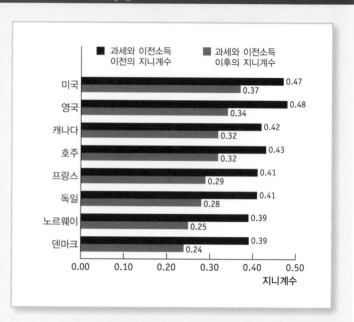

라보다 미국에서 중요한 초고소득자에 대한 추적이 정확하지 못했을 것이라는 점이다. 다른 한편으로 유럽의 복지수준은 인센티브에 영향을 주어 소득 불평등을 간접적으로 상승시켰을 수 있다는 점이다. 여전히 데이터는 부자 나라들의 불평등의 차이가 각 국가가 처한 경제적 상황보다도 정부정책에 크게 영향을 받는다는 것을 강하게 시사하고 있다.

출처 : Data from: Janet C. Gornick and Branko Milanovic, "Income Inequality in the United States in Cross–Nationa Perspective: Redistribution Revisited," Luxembourg Income Study Center, May 4, 2015.

따르면 거의 절반의 근로자가 소득이 25% 변동할 것이고, 그중 많은 사람은 소득이 빈곤선 아래로 떨어질 것이라고 한다.

소득의 감소를 겪지 않을 경우에도 가구는 지출의 큰 변화를 겪을 수 있다. 2014년 오바마 케어 실행 전까지 보통 이러한 지출 확대의 가장 대표적 이유로서 암이나 심장마비 등의 질병을 고치는 데 쓰이는 값비싼 의료비를 들 수 있다. 사실 2009년에 미국인의 개인 파산 중 60%는 의료 지출 때문인 것으로 추정되었다.

현실 경제의 >> 이해

미국 소득 불평등의 장기 추세

불평등 정도는 시간이 지남에 따라 심화될 것인가? 약화될 것인가? 아니면 현 상태에 그대로 머물러 있을 것인가? 정답은 세 가지 모두가 될 수 있다. 미국은 지난 한 세기에 걸쳐서 위의 세 가지 경향 모두를 겪고 있었다. 1930년대와 1940년대에는 불평등도가 약화되었고, 제2차 세계대전 후 약 35년간은 안정적인 편이었으며, 과거 40년간은 점점 불평등도가 심화되는 양상이다.

〈표 11-1〉에서 확인 가능한 5분위 계수별 미국의 소득 자료는 1947년 이후부터 가능하다. 〈그림 11-2(a)〉는 인플레이션이 조정된 연간 소득 증가율을 5분위 계수별로 나타내 주는데, 기간은 1947~1980년 그리고 1980~2017년까지 두 기간이다. 두 기간 사이에는 명확한 차이가 있다.

첫 번째 기간에는 각 집단이 비슷한 정도로 증가함으로써 소득 불평등도에 큰 변화가 없는 채로 전반적인 소득이 상승하였다.

하지만 1980년 이후에는 중간층보다 상위 계층의 소득 증가가 더욱 빠르며 이보다 더 빠르게 중간층과 하위층의 격차가 벌어지기 시작했다. 따라서 1980년 이후로 소득 불평등도는 심화된 편이다. 인플레이션이 조정된 상위 20% 계층의 소득은 1980~2017년 사이에 67%나 증가한 반면 하위 20% 계층의 소득은 약간 감소하였다.

1947년 이전의 소득 분포에 관한 자세한 자료를 직접 구하기 힘들지만, 경제학자들은 그 이전 시기인 1917년까지 소득세 자료와 같은 정보를 사용하여 전체 인구 중 상위 10%에 속하는 인구의 소득의 전체 대비 비율을 추정하였다. 〈그림 11-2(b)〉를 살펴보면 이 비율이 1917년부터 2017년까지 나타나 있다. 앞에서 살펴보았던 1947년 이후의 좀 더 자세한 자료와 마찬가지로, 이러한 자료들에서도 미국의 소득 불평등도는 1947년부터 1970년대 후반까지는 어느 정도 안정되었지만, 그 이후로는 상당히 심화되었다.

하지만 더 긴 기간을 담고 있는 자료들을 살펴보면 상대적으로 평등했던 1947년의 분포는 새롭게 다가온다. 19세기 후반은 '도금시대(Gilded Age, 호황기)'라고 불렸던 시기인데, 미국의 소득 분포는 매우 불평등했으며, 이러한 높은 수준의 불평등은 1930년대까지 지속되었다. 하지만 1930년대 후반부터 제2차 세계대전의 종결까지 불평등 정도는 급격히 약화되었다. 경제사가인 골딘(Claudia Goldin)과 마고(Robert Margo)는 그들의 논문에서 이러한 소득 불평등의 완화를 위대한 응축(the Great Compression)이라고 명명했다.

대체적으로 위대한 응축의 시기는 미국 정부가 임금과 물가에 관해서 특별히 통제를 가했던 제2차 세계대전 시기와 일치한다. 이러한 통제가 결국 불평등을 완화시키는 방향으로 작용했던 증거가 곳곳에 존재한다. 예를 들어서 당시 고용자들은 가장 낮은 임금을 받는 노동자들의 임금 상승에 대한 승인을 받는 것이 임원들의 임금을 높이는 것보다 훨씬 쉬웠을 것이다. 하지만 전쟁에 의해서 야기된 이러한 평준화가 1946년에 통제가 사라진 이후에도 약 10여 년간 지속되었다는 점은 여전히 수수께끼이다.

이미 확인했듯이 1970년대 이래로 불평등의 정도는 상당히 심해져 왔다. 오늘날 미국 국민들의 세전소득(pre-tax income)은 1920년대에 버금갈 정도로 불평등하게 분배되고 있다. 비록 불평등의 정도는 세금과 복지정책 등으로 인해서 다소 완화되기도 하지만 많은 논평자들은 현 상황을 두고 '새로운 도금시대'라고 부른다.

이처럼 확대되어 가고 있는 불평등의 원인에 대해서 경제학자들 사이에서는 의견이 분분하

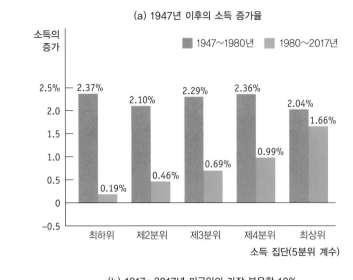

그림 11-2 미국 소득 불평등의 추세

출처 : U.S. Census Bureau (panel (a)). Emmanuel Saez, "Striking It Richer: The Evolution of Top Incomes in the United States," University of California, Berkeley, discussion paper, 2008 (updated 2017) (panel (b)).

다. 그중에서 가장 설득력 있는 설명은 기술진보에 의한 것이다. 기술진보로 인해 고숙련 노동자들에 대한 수요가 다른 노동자에 비해 상승하며, 이들 간의 임금 격차를 심화시켜 왔다. 또한 점차 증가해 온 국제무역으로 인해서 미국은 노동집약적인 상품을 자체적으로 생산하기보다는 노동력이 풍부해서 임금이 저렴한 외국에서 수입하게 되었다. 따라서 미국 안의 비숙련 노동자들의 노동수요는 감소할 수밖에 없으며 임금 하락이 뒤따른다. 늘어나는 이민은 또 다른 원인이다. 전반적으로 본토박이 미국인보다 교육수준이 낮은 이민자들은 저숙련 노동공급을 증가시키는데, 이 역시 임금을 저하시키는 요인이 된다.

하지만 앞에서 제시한 설명들은 다른 한 가지 중요한 사실을 설명하지 못한다. 불평등 증가의 상당 부분은 고학력 노동자와 그렇지 못한 노동자의 차이에 기인한 것이 아니며, 바로 고학력 노동자 집단 안에서도 임금 격차가 벌어지면서 발생한다는 점이다. 예를 들어 교사와 대기업의 임원은 비슷한 수준의 교육을 받았을 것이다. 하지만 대기업 임원의 연봉은 급속도로 오른 반면 교사는 그렇지 못하다. 어떤 이유에선가 현재의 경제는 소수의 '슈퍼스타' — 연예계에서의 슈퍼스타뿐만 아니라 월스트리트에서 근무하는 금융인이나 대기업의 임원들까지 포함하는 — 에게 이전 세대보다 훨씬 더 많은 돈을 가져다주는 구조이다. 과연 무엇이 이러한 변화를 가져왔는지는 여전히 불명확하다.

>> 이해돕기 11-1
해답은 책 뒤에

1. 다음에 제시된 제도나 정책이 빈곤제도인지 사회보험제도인지 구분하라.
   a. 고용주들의 파산 때문에 은퇴자들이 직장 연금 수령 기회를 박탈당할 것에 대비한 연금보장제도
   b. 빈곤선보다 높은 소득을 갖지만 상대적으로 여전히 적은 소득을 가진 가구의 아동들을 위한 아동건강보험제도(CHIP)
   c. 저소득층 가구를 위해서 주거비를 보조해 주는 제8구역의 주거제도
   d. 대홍수로 막대한 손해를 입은 지역에 재정적 보조를 지원해 주는 연방 재해 구호 대책

2. 빈곤선은 실제 생활수준의 변화를 반영하도록 조정되지 않았음을 기억하라. 그렇다면 빈곤선은 과연 빈곤의 상대적 측도인가, 절대적 측도인가? 즉 빈곤선은 어떤 사람이 다른 사람에 비해서 상대적으로 가난한지에 따라서 정의되는 것인지 아니면 시간의 흐름에 따라서 일정한 어떤 고정된 기준에 의해서 정해지는지 설명하라.

3. 제시된 표는 어느 소규모 경제의 소득 분포를 나타낸다.
   a. 평균 소득은 무엇인가? 소득의 중간값은 무엇인가? 어떠한 수치가 이 경제의 일반적인 사람의 소득을 더 잘 나타내고 있는가? 그 이유는?
   b. 하위 1분위 계수의 소득 범위는 얼마인가? 3분위 계수는?

4. 다음 주장 가운데 오늘날 미국에서 심화되는 불평등의 근원을 더 정확하게 나타내는 것은 어느 것인가?
   a. 선라이즈 은행 지점장의 급여가 근처 주유소 직원에 비해서 더 많이 올랐다.
   b. 비슷한 수준의 교육을 받은 선라이즈 은행 CEO의 연봉이 지점장에 비해서 더 많이 올랐다.

	소득
세포라	$39,000
켈리	17,500
라울	900,000
비제이	15,000
오스카	28,000

>> 복습

- 정부 이전지출을 포함하는 복지국가 정책은 부유한 국가의 정부지출의 상당 부분을 차지하고 있다.
- 능력원칙은 소득 불평등 정도를 완화시키며 복지국가(정책)의 하나의 이론적 근거가 되는데, 이 중 빈곤제도는 빈곤층의 지원을 목표로 한다. 사회보험제도는 경제적 불안정을 줄이고자 하는 두 번째 이론적 기반에 의한다. 빈곤 감소와 의료 접근성(특히 아이들에 대한)을 통한 사회에 대한 외부 혜택은 복지국가에 대한 세 번째 근거가 된다.
- 미국 정부에서 공식적으로 발표하는 빈곤선은 생활비용의 변화에 따라서 조정은 되고 있지만, 전반적인 삶의 수준의 변화는 반영되지 않고 있다. 또한 미국의 평균 소득은 지난 40년간 크게 증가했지만, 빈곤율은 낮아지지 않았다.
- 빈곤의 원인으로서 교육의 부족과 인종과 성에 따른 차별, 개인적 불운 등을 들 수 있다. 빈곤의 결과는 아이들에게도 위협이 된다.
- 중간 가구 소득은 평균 가구 소득보다 일반적인 가구의 소득을 잘 나타내 준다. 각 나라별로 지니계수의 비교를 통해 미국의 불평등 정도는 빈곤 국가들보다 덜하지만 다른 부유한 국가들에 비해서 심각함을 알 수 있다.
- 미국의 소득 불평등 정도는 완화되었다가 그 이후 심화되었다. 1980년 이후 미국의 소득 불평등 정도는 상당 수준 증가했으며, 이 중 상당수는 고학력 노동자들 사이의 격차가 심화됨에 기인한다.

‖ 복지국가로서의 미국

자산조사형(means-tested) 제도란 소득이 일정 수준 이하인 개인이나 가구에게만 돌아가는 제도다.

현물보조(in-kind benefit)란 재화나 서비스의 형태로 제공되는 것이다.

2017년 복지국가로서의 미국은 [사회보장제도, 메디케어(Medicare, 노인의료보험) 그리고 메디케이드(Medicaid, 국민의료보조제도)], 이렇게 세 가지 정책으로 대표되며, 오바마 케어를 포함한 빈곤층 가구를 위한 일시적 지원책, 식량 보조, 근로장려세제(Earned Income Tax Credit, EITC) 등과 같은 여러 가지 기타 정책들이 있다. 〈표 11-2〉는 2017년의 제도들을 구분하는 유용한 방법을 제시해 주며 각 제도에 지출된 금액을 함께 나타내 주고 있다.

첫 번째로, **자산조사형**(means-tested) 제도와 그렇지 않은 제도를 구분해 놓았다. 자산조사형 제도에서는 복지수혜의 혜택은 소득이나 부가 일정 수준 이하인 개인이나 가구에게만 돌아간다. 기본적으로 자산조사형 제도는 저소득층만을 지원 대상으로 하는 빈곤제도이다. 이와 대조적으로, 비자산조사형 제도들의 실혜택은 전체 국민에게 모두 돌아가며, 곧 확인하겠지만 실제로 소득 불평등 정도를 완화시키는 효과를 가져다주기도 한다.

두 번째로, 제시된 표에서는 수혜자들에게 지출의 선택권을 준다고 할 수 있는 현금보조와 현금보다는 재화와 서비스의 형태로 제공되는 **현물보조**(in-kind benefit)를 구분해 놓았다. 표 안의 수치들은 의료 혜택을 제공하는 메디케어와 메디케이드가 현물보조의 대부분을 차지하고 있음을 나타낸다. 바로 다음 절에서 의료보조제도에 대해서 살펴보기 전에 우선 다른 주요한 제도들을 먼저 살펴보자.

자산조사형 제도

흔히 사람들이 복지라는 용어를 사용할 때는 빈곤한 가구로의 금전적 지원을 의미한다. 미국에서 이와 같은 금전적 지원형 제도의 대부분은 ‘빈곤층 가구를 위한 일시적 지원(Temporary Assistance for Needy Families, TANF) 제도’에서 이루어진다. 이 제도는 가난한 모든 사람에게 지원을 주는 것이 아닌, 아이가 있거나 여생이 얼마 남지 않은 빈곤층 가구에게만 혜택을 준다.

1990년대에 도입된 TANF는 그 이전에 논란이 많았던 부양아동을 동반한 가구를 위한 보조제도(Aid to Families with Dependent Children, AFDC)를 대체하기 위해서 제정되었다. 가족의 붕괴 등을 포함하여 빈곤층에게 여러 가지 부정적 효과가 이 구 제도에 기인한 것으로 여겨졌다. 물가에 대한 조정이 이루어진 자료를 통해 보면 현대 복지국가가 한 세대 전보다 훨씬 더 관대해졌음을 알 수 있는데, 이는 위와 같은 제도들의 변화에 부분적으로 기인한다. 또한 TANF는 혜택에 있어서 시간적인 제약이 있기 때문에 편부모들이라고 할지라도 결국은 일자리를 구해야 한다. 〈표 11-2〉에서 확인할 수 있듯이, TANF는 현대 복지국가 미국의 상당히 작은 부분만을 차지하고 있다.

비록 예산은 더 들지라도 다른 자산조사형 제도들에 대한 논란은 훨씬 덜한 편이다. 보조적 보장소득제도는 일을 할 수 없을 정도의 장애를 가지거나 별다른 생계 수단이 없는 사람들을 지원해 준다. 식품 구입권 제도나 SNAP는 쿠폰으로 식량 외에는 다른 물품을 구입할 수 없게 하여 저소득층 개인이나 가구들을 지원해 준다.

표 11-2 2017년 미국의 주요 사회보장제도

	현금보조	현물보조
자산조사형	빈곤층 가구를 위한 일시적 지원 : 210억 달러 보조적인 소득 보장 : 520억 달러 근로장려세 : 610억 달러	식품 구입권 : 720억 달러 메디케이드 : 3,790억 달러 오바마 케어 : 1,100억 달러
비자산조사형	사회보장제도 : 9,460억 달러 실업보험 : 290억 달러	메디케어 : 7,010억 달러

출처 : U.S. Treasury

미국인 7명 중 1명은 공식적으로는 SNAP로 알려진 식품 구입권을 받는다.

역(逆)소득세(negative income tax)는 저소득층 가정을 지원하는 제도다.

마지막으로 경제학자는 저소득층을 지원하기 위한 제도로서 **역(逆)소득세**(negative income tax)라는 용어를 사용한다. 미국은 수백만 명의 근로자에게 추가적인 소득을 지원하는 근로장려세제(EITC)라는 제도를 시행하고 있다. 전통적인 복지정책이 상대적으로 덜 관대해짐에 따라 이 제도는 점점 확대되고 있다. 어느 정도 일정한 소득 범위 안의 근로자들만이 근로장려세제의 혜택을 받을 수 있으며, 근로자들이 더 많이 일할수록 높은 세제 혜택을 누릴 수 있다. 따라서 근로장려세제는 저임금 근로자들을 대상으로 한 역소득세와 같은 역할을 한다. 2017년에 연간 소득이 1만 4,050달러 정도인 두 자녀를 둔 기혼 가정의 경우 그들 소득의 약 40%에 해당하는 5,616달러를 근로장려세제로 지원받았다. (이 지원액은 편부모 가정이나 자녀가 없는 근로자들의 경우 약간 낮다.) 소득이 높을수록 근로장려세제의 혜택은 점점 줄어들며, 2017년에 두 자녀를 둔 기혼 가정의 경우 5만 597달러의 소득부터는 아예 없어지게 된다.

사회보장제도와 실업보험

미국의 복지제도 중에서 가장 큰 부분을 차지하는 사회보장은 일정한 자격 요건을 갖춘 노인들에게 은퇴 후 소득을 보장해 주는 비자산조사형 제도이다. 또한 이 제도는 신체장애를 갖게 된 근로자와 사망한 근로자의 유족들에 대한 '유족 급여' 지원을 포함한다.

사회보장제도의 재원은 사회보장 혜택에 대한 지불을 위해서 근로자들의 임금에 부과되는 지불급여세에서 마련된다. 근로자들이 은퇴 시에 받는 지원액은 근로 기간 중에 그들이 버는 과세 대상 소득에 비례한다. 즉 사회보장 세금의 최대 허용 한도 내에서(2017년 당시 12만 7,200달러) 근로자는 소득이 높을수록 은퇴 시 더 많은 지원을 받게 되는 것이다. 하지만 수혜액 정도가 소득에 정확히 비례하는 것은 아니다. 즉 지원액을 산출하는 공식은 고소득자가 더 많은 수혜를 받게끔 짜여 있긴 하지만 다른 제도들에 비해서 상대적으로 저소득층에게 후한 지원을 할 수 있게끔 가중치를 두고 있다.

대부분의 노인들은 그들의 전 고용주로부터 연금을 받지 않으며 은퇴 후 어느 정도 생활을 보장해 줄 만큼 충분한 고정자산을 가지고 있지 않기 때문에, 사회보장제도에서의 지원은 그들의 은퇴 후 소득에서 매우 중요한 부분을 차지한다. 65세 이상 미국인 가운데 64% 정도는 그들의 소득 중 절반 이상을 사회보장제도에 의지하고 있으며, 20%는 소득의 전부를 이것으로 충당하고 있다.

사회보장제에 비해서 정부 이전지출의 매우 작은 부분을 차지하고 있지만, 실업보험은 또 다른 사회보장제도이다. 이 제도를 통해서 일자리를 잃은 사람들은 새로운 직업을 찾거나 혹은 26주가 지나기 전까지 그들의 이전 임금의 35% 정도를 지원받는다. 사회보장제도와 마찬가지로 실업보험은 비자산조사형이다.

루스벨트 대통령은 1935년에 미국이 현대 복지국가의 대열에 합류함을 의미하는 사회보장제도를 승인했다.

복지정책이 빈곤과 불평등에 미치는 영향

정부 이전지출을 통해서 지원을 받는 사람들은 정부가 이전지출을 충당하기 위해서 세금을 걷는 사람들과 보통 다르기 때문에 미국의 복지정책은 소득 재분배의 효과를 가지고 있다. 정부의 통계학자들은 매년 이러한 재분배의 효과를 추정하기 위해 상당한 노력을 들이며, 이러한 재분배는 빈곤율에 큰 영향을 미치고 전반적인 불평등에는 다소 작은 영향만을 미친다.

여기서 주목해야 할 점은 세금과 이전지출이 야기할 수 있는 변화들을 고려하지 않고 **직접적인** 효과만을 계산하였다는 것이다. 예를 들어서 이 추정치들은 미국 노인들이 만약 사회보장제도의 혜택을 받지 않았다면 은퇴하지 않고 얼마나 일을 했는지에 대해서는 말해 주지 않고 있다. 따라

표 11-3   빈곤율을 줄이기 위한 정부정책의 효과, 2012년

	전체	아동	65세 미만 성인	65세 이상 성인
사회보장금	8.56%	1.97%	4.08%	39.86%
세금 환급	3.02	6.66	2.25	0.20
SNAP(식품 구입권)	1.62	3.01	1.27	0.76
실업 보험금	0.79	0.82	0.88	0.31
보조적 보장소득	1.07	0.84	1.12	1.21
주택보조금	0.91	1.39	0.66	1.12
급식비	0.38	0.91	0.25	0.03
빈곤가구의 단기 보조금	0.21	0.46	0.14	0.05
WIC(여성, 유아, 아동)	0.13	0.29	0.09	0.00

출처 : Council of Economic Advisers.

서 이것은 복지정책 실제 효과의 단지 부분적 지표에 불과하다. 하지만 결과는 꽤 놀랍다.

〈표 11-3〉은 2012년(사용 가능한 가장 최신 자료)에 전체 인구와 연령 집단별로 세금과 정부 이전지출이 빈곤선에 얼마나 영향을 미쳤는지 나타내 주고 있다. 정책마다 그 정책으로 인해 각 연령 집단의 빈곤율이 얼마나 하락했는지 퍼센트로 보여 주고 있다. 예를 들어 만약 사회보장제도가 없었다면, 고령의 미국인 계층에서의 빈곤율이 제도가 있을 때에 비해 40% 높아짐을 의미한다.

〈표 11-4〉는 2013년(사용 가능한 가장 최신 자료) 당시 세금과 이전소득이 전체 소득 분포에서의 5분위 계수 집단별 소득에서 차지하는 비중에 미치는 효과를 나타내고 있다. 정부의 복지제도는 가난한 80%, 특히 가장 가난한 20%의 사람들에게 돌아가는 몫을 증가시켰고, 반면에 가장 부유한 20%의 사람들에게 돌아가는 몫은 감소시켰다.

표 11-4   세금과 이전소득이 소득 분포에 미치는 영향, 2013년

5분위 계수	세금과 이전소득이 고려되지 않은 전체 소득 중 비중	세금과 이전소득이 고려된 전체 소득 중 비중
최하위 5분위	2.2%	9.3%
두 번째 5분위	7.2	10.7
세 번째 5분위	12.8	14.1
네 번째 5분위	20.8	19.9
백분위 81~99%	41.5	35.2
상위 1%	17.2	12.3

출처 : Congressional Budget Office.

현실 경제의 >> 이해

2007~2010년 대후퇴 시의 복지국가 정책과 빈곤율

2007년에 미국 경제는 1930년대 이후로 최악인 불황에 돌입하였다. 회복은 공식적으로 2009년에 시작되었으나, 그것은 느리고 실망스러웠다. 인플레이션이 조정된 실질가계소득의 평균과 중앙값이 2007년 불황 이전으로 돌아가는 데 6년 이상이 걸렸다.

경제 상황이 안 좋은 가운데, 빈곤율의 급격한 상승을 예상했듯이 〈그림 11-1〉이 보여 주는 것처럼 실질적인 빈곤율은 상승하였다. 하지만 대후퇴와 그 후속 여파가 많은 미국 가정을 위협하는 동안 정부는 대공황, 심지어는 1981~1982년의 슬럼프 때와는 다르게 자포자기하지 않았다. 그리고 많은 전문가들이 더 좋은 빈곤 측정치라고 생각하는 보조적인 빈곤 수준 측정치가 약간만 상승하였다. 왜 그럴까?

주요한 이유는 불황 시 자동으로 확대되고, 일시적으로 식료품 보조

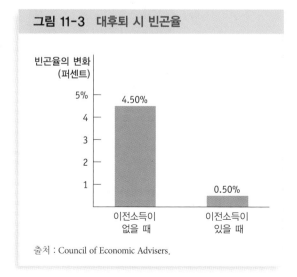

그림 11-3   대후퇴 시 빈곤율

출처 : Council of Economic Advisers.

와 다른 종류의 원조를 확대하는 법안을 강화하는 반빈곤 정책 때문이다. 〈그림 11-3〉은 실제 빈곤율 상승분과 비교하여 2007년과 2010년 사이에 복지국가 정책 없이 빈곤율이 얼마나 상승했을 것인지를 추정한다. 이전소득 없이 빈곤율은 4.5% 상승했을 것이다. 하지만 이전소득과 그 혜택 때문에 실제로는 0.5%만 상승하였다. 복지국가로서의 미국은 불황과 실업 그리고 사람들이 집을 잃는 것은 막지 못하였지만 빈곤이 확대되는 것은 확실하게 막아냈다.

>> 이해돕기 11-2

해답은 책 뒤에

1. 역소득세가 단순히 저소득 빈곤층에게 지원을 해 주기만 하는 빈곤제도가 가져다줄 수 있는 근로 유인의 왜곡을 어떻게 방지할 수 있을지 설명하라.

2. 〈표 11-3〉에 따르면 미국의 복지정책이 전반적인 빈곤율에 어떤 영향을 미쳤는가? 또한 65세 이상 인구에는 어떤 영향을 미쳤는가?

|| 의료보조제도의 경제학

미국을 비롯한 다른 선진 국가들의 복지제도 운영 지출의 상당 부분은 의료보조가 차지하고 있다. 대부분의 선진 국가들의 정부는 전체 의료비의 70~80% 정도를 담당한다. 민간부문 역시 미국의 의료보조제도의 상당 부분을 차지한다. 하지만 이러한 미국에서조차도 2016년에 정부는 전체 의료비용의 절반 이상을 담당함과 동시에 연방 세법에 따라서 간접적으로 민간 의료보험을 지원하고 있다.

〈그림 11-4〉는 2016년에 미국 의료보험 지출의 주체를 나타내고 있다. 전체 의료비의 단지 11%만이 민간부문의 호주머니에서 나왔으며, 89%의 대부분의 의료 지출은 보험에 의해서 지불되었다. 이 89% 중 절반을 차지하는 것은 민간보험이고, 나머지는 메디케어, 메디케이드와 같은 정부보험이 차지한다. 이러한 경향을 좀 더 잘 이해하기 위해서는 의료보조만의 특별한 경제적 원리를 익힐 필요가 있다.

의료보험에 대한 필요성

2016년 미국에서 개인 의료비용은 한 사람당 약 1만 372달러였으며, 전체 국내총생산의 18.1%를 차지한다. 하지만 이 수치가 단순히 미국 국민 한 명이 의료비용에 1만 달러 가깝게 지출했다는 것을 의미하지 않는다. 실제로 매년 전체 인구의 절반 정도는 매우 적은 의료비만을 지출하며, 인구의 아주 낮은 비율만이 매우 많은 의료비용을 부담하고 있는 실정이다. 미국의 10%가 전체 의료비용의 3분의 2를 지출했다.

그렇다면 높은 의료비용이 누구에게서 나올 것인지 예측하는 것이 가능할까? 어느 한도 내에서는 그렇다. 사람들이 안고 있는 질병에는 대략적인 패턴이 있기 때문이다. 예를 들어 장년층은 청년층 인구에 비해서 값비싼 외과수술이나 치료제를 필요로 한다. 중요한 사실은 모든 사람은 일반적인 가구의 경제력으로는 도저히 부담하기 힘들 정도로 비싼 의료비 지

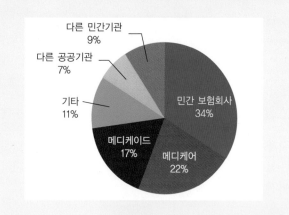

그림 11-4 2016년 미국의 의료비용은 누가 지불했을까?

- 다른 민간기관 9%
- 다른 공공기관 7%
- 기타 11%
- 메디케이드 17%
- 메디케어 22%
- 민간 보험회사 34%

2016년 미국에서 보험에 의한 지출이 의료보조 지출의 89%를 차지한다. 즉 민간보험(34%)과 메디케어(22%) 그리고 메디케이드(17%), 다른 공공기관(7%)의 합이다. 민간 보험회사에 의해 지불된 34%는 선진국 중에서 독보적으로 높은 수치이다. 그렇지만 상당히 많은 양의 미국 의료보조는 메디케어나 메디케이드 그리고 다른 정부 프로그램에 의해 구성된다.

출처 : Department of Health and Human Services Centers for Medicare and Medicaid Services.

출을 요구하는 상태에 직면할 수 있다는 것이다. 하지만 이 경우 어느 누구도 치료가 필요할 때 이 비용을 지불하지 못하는 것을 원하진 않을 것이다. 결과적으로 대부분의 사람은 의료비를 감당하기 위해 의료보험을 원할 것이다.

미국의 의료보조제도는 고용자로부터 오는 **민간보험**과 다양한 형태의 **공공보험**의 혼합으로 이루어져 있다. 다음으로 이들 각각에 대해 살펴본다.

민간 의료보험　민간 의료보험(private health insurance)에서 수많은 개인들로 이루어진 각 집단 사람들은 연간 고정된 일정 비용(프리미엄으로 불리는)을 민간 의료보험회사가 운영하는 공동 기금에 지불할 것을 동의하며, 이 공동 기금은 기금 집단 사람들의 의료비 지출 필요시 상당 부분을 지불한다. 이 구성원들은 많은 의료비 지출을 요구하지 않는 해에도 어느 정도 비용을 지불해야 하지만 그들은 위험을 줄이는 효과를 누릴 수 있다. 그들이 높은 의료비용 지출 상황에 직면했을 때 이 기금이 이 비용을 부담해 줄 것이기 때문이다. 민간 의료보험의 문제는 시장실패에 취약하다는 것이다. 왜인지 살펴보자.

사람들은 보통 건강할 때 보험료 내는 것을 아까워하고, 아프지 않은 이상 보험에 가입하려고 하지 않는다. 결과적으로 민간 건강보험에 가입하는 평균적인 사람들은 그렇지 않은 사람보다 더 아프고 더 많은 의료비용을 지출한다. 보험료는 높은 의료비용을 감당하기 위해 인상되고 이는 다시 더 많은 상대적으로 건강한 사람들이 보험에 가입하지 않고 시장을 떠나게 만든다.

특별한 개입이 없는 이상 이러한 관계는 극도로 아픈 사람만이 보험에 가입하고 민간 보험회사들이 의료비용을 감당하기에 충분한 보험료를 징수하지 못해 파산할 때까지 계속된다. 경제학자들은 이런 현상을 **민간 의료보험 시장의 죽음의 소용돌이**라고 부른다.

민간 의료보험회사들은 이를 방지하기 위한 몇 가지 대책을 도입했다. 기존 질병이 있다는 징후를 보이는 사람의 보험 가입을 거부하고, 보험 가입 중 병에 걸린 사람의 보험을 중단하며, 출산과 같은 몇몇 수술에 대한 보험금 지급을 거부하는 것이다. 결과적으로 민간 의료보험 시장은 많은 사람, 특히 기존에 병이 있어 의료보험이 가장 필요한 사람들을 열외시킨다.

민간 의료보험 시장의 기능이 제대로 작동하지 않아 미국인들은 직장 의료보험이나 정부 의료보험 혹은 오바마 케어(ACA)를 통한 정부의 시장개입을 통해 의료보험에 가입하게 된다.

직장 의료보험　대부분의 경우 보험회사는 개인이 아닌 고용주와 간접적으로 보험 계약을 맺으면서 문제를 극복한다. 회사가 그들의 고용자들에게 제공하는 **직장 의료보험**(employment-based health insurance)의 가장 큰 장점은 다음과 같다. 직장 의료보험에 가입되어 있는 고용자들은 건강한 사람과 허약한 사람이 모두 잘 섞여 있어서, 잠재적으로 높은 의료비용을 지불할 수 있는 어느 집단에게 편중되지 않게 된다. 이와 같은 사실은 수천 명을 고용하고 있는 큰 회사일 경우에 특히 잘 맞게 된다. 고용주는 고용자들에게 직장 의료보험에 가입할 것을 요구하는데, 여기 가입하지 않는 것(더 건강한 사람들이 이렇게 하고 싶어 할 것이다)은 다른 모두의 보험료를 상승시키기 때문이다.

직장 의료보험이 미국에서 매우 보편적인 또 다른 이유로 이것만의 유리한 세제 혜택을 들 수 있다. 근로자들은 보통 그들의 임금에 따라서 세금을 지불하게 되는데, 그들의 고용주로부터 건강보험을 제공받는 직장인들은 보험 혜택에 대해서만큼은 세금을 물지 않아도 된다. 따라서 직장 의료보험은 실제로 미국의 조세제도에 의해서 보조되고 있는 셈이다.

하지만 이러한 정부의 보조에도 불구하고 많은 미국인들은 직장 의료보험의 혜택을 받지 못하고 있다(특히 시간제 근로자들이 그렇다). 게다가 대부분의 노인과 실업자가 여기 포함된다. 은퇴 후에도 의료보험을 제공하는 회사들은 상대적으로 얼마 없기 때문이다.

민간 의료보험(private health insurance)하에서는 수많은 개인들로 이루어진 집단의 각 구성원들은 일정한 정도의 비용을 보험회사에 지불하며, 훗날 필요한 의료비용에 대한 지불을 약속받는다.

Frank Cotham The New Yorker Collection/The Cartoon Bank

"메디케어가 나에게 보장해 주지 않는 것을 범죄가 보장해 준다."

표 11-5 2017년 건강보험의 수혜를 받은 미국인 수(백만 명)	
민간 의료보험 수혜자	217.1
직장 의료보험	181.0
직접 구매자	51.8
정부 지원자	122.0
메디케이드	62.5
메디케어	55.6
군인 의료보험	15.5
비수혜자	28.0

출처 : U.S. Census Bureau.

정부 의료보험 〈표 11-5〉는 2017년 미국 국민이 이용한 건강보험의 종류를 나타낸다. 1억 8,100만 명이 넘는 대부분의 미국인들은 그들의 고용자들로부터 직장보험을 제공받았다. 민간 의료보험에 들지 않은 사람들 중 대다수는 메디케어와 메디케이드의 수혜를 받았다. (두 수치가 단순 합산되지 않는 이유는 중복 수혜 인구 때문이다. 예를 들어 메디케어의 많은 수혜자들은 메디케이드나 민간보험에서 추가적인 지원을 받았다.)

메디케어는 소득이나 축적한 부에 관계없이 65세 이상의 모든 미국인을 대상으로 한다. 65세 이상 미국인들의 1인당 중간 소득—3만 8,565달러—과 수혜자 1명당 연평균 메디케어 지원액(2016년 자료에 따르면 1만 달러 이상)을 비교해 보면 메디케어가 노인층의 재정 상태의 차이를 얼마나 만드는지 쉽게 이해할 수 있을 것이다.

메디케어와는 다르게 메디케이드는 자산조사형 제도이다. 하지만 이 제도는 부분적으로 주정부에 의해 운영되며 주마다 세부 규칙이 다르기 때문에 그 수혜 대상을 딱히 단정 짓기는 힘들다. 2017년에 6,250만 명의 미국인들이 메디케이드의 혜택을 받았으며 그중 3,200만 명은 18세 이하의 아이들이었으며, 나머지 중 상당수는 18세 이하 자녀를 둔 부모였다. 하지만 장기간 치료를 필요로 하는 소수의 노인층의 부양에 대부분의 메디케이드 비용이 쓰이고 있다.

미국인들이 메디케어와 메디케이드의 지원을 받는 것과 더불어 1,550만 명에 이르는 미국인들은 군 복무의 대가로 건강보험을 제공받는다. 의료비 지원을 해 주지만 직접적인 의료서비스를 제공하지는 않는 메디케어와 메디케이드 제도와는 다르게 900만의 고객을 가지고 있는 재향군인보훈처는 전국 곳곳에서 병원과 진료실을 운영하고 있다.

오바마 케어(ACA)

의회가 2010년에 ACA를 통과시켰을 때 미국의 의료 체계는 두 가지 문제에 직면했다.

첫째는 보험 혜택을 받지 않는 사람들의 급격한 증가이다. 보험 혜택을 받지 않는 미국인 노동인구의 비율은 1997년부터 2010년까지 커졌으며 미국 노동인구의 4분의 1을 차지하며 정점을 찍었다. 한 연구에 따르면 이들 대부분은 직장 의료보험 가입이 불가능하거나 높은 보험료를 감당하기 어려운 저소득층 노동자이다.

둘째는 의료비 지출이 급격히 증가함에 따라 보험료도 급격히 높아졌다. 사실 1965년 이후 미국에서 소득에 대한 비중으로서의 의료비 지출은 세 배가 되었다. 이런 높은 지출의 원인은 의료 진보이다. 의학이 진보함에 따라 이전에는 대응할 수 없었던 질병에 대응할 수 있게 되었지만 아주 큰 비용을 치르게 되었다.

2014년에 발효된 ACA는 1965년에 메디케어, 메디케이드를 만든 이후 가장 큰 규모의 복지국가 미국으로서의 확장이다. 이것은 세 가지 목적을 가지고 있다. 비보험자를 보장하고 비효율을 줄이며 비용을 통제하는 것이다.

비보험자 지원 비보험자를 보장하기 위해 ACA는 직장 의료보험 모형을 많은 면에서 참고했지만 이를 모든 미국인을 대상으로 확장했다. 먼저 직장 의료보험과 같이 모든 사람이 보험에 가입해야 한다. 이에 따라 ACA는 개인 의무 조항으로 알려진 조항을 적용하여 모든 사람이 보험에 가입하도록 했다. 두 번째로 직장 의료보험의 조세 보조와 같이 저소득층 가정에게 보험에 가입할 수 있도록 정부 보조금이 지급된다. 그리고 세 번째는 직장 의료보험과 마찬가지로 보험회사가 의료 기록에 상관없이 모든 사람에게 동일한 보험료에 동일한 대우를 하도록 하는 '커뮤니티 레이팅'이라는 규칙이다.

이 시스템이 세 다리 의자와 같음을 인지하는 것이 중요하다. 3개의 요소 모두 이 제도가 시행되기 위해 반드시 필요하다. 커뮤니티 레이팅이 없다면 이전의 질병 기록이 있는 사람들은 지원을 받지 못할 것이다. 그리고 개인 의무 조항이 없다면 많은 건강한 사람들이 보험에 가입하지 않을 것이다. 그리고 보조금이 없다면 저소득층 가구는 보험에 가입하지 못할 것이다. 이러한 이유로 2017년의 감세 및 일자리법은 개인 의무 조항과 보조금 조달을 제거함으로써 이 프로그램의 토대에 실질적인 위협이 되고 있다.

비효율 감소 미국은 다른 선진국보다 훨씬 많은 돈을 의료비에 소비하지만 보건상의 결과가 더 좋다는 뚜렷한 증거는 없다. 경제학자들은 이에 대한 한 가지 이유가 국가가 제공하는 의료 서비스나 의료보험에 더 의존하는 다른 나라들보다 민간 의료보험 시장에 더 의존하는 데서 발생하는 비효율이라고 믿는다. ACA 이전에 민간 보험회사는 마케팅과 비용이 많이 드는 지원자를 골라내는 작업으로 인한 높은 운영비용을 감당해야 했다. 하지만 ACA는 보험회사가 지원자를 골라내지 못하게 하여 효율성이 높아질 가능성이 증가했다.

비용 통제 ACA는 의료비용을 통제하기 위해 고안된 많은 수단을 포함하고 있고, 대다수는 메디케어와 관계가 있다. 의료 서비스 공급자들은 '책임의료조직'을 결성하여 비용을 절약하는 방식으로 치료를 조정하도록 장려 받는다. 이를 이행한 조직은 절약된 돈 일부분을 지급받는다. 병원들은 환자가 높은 비율로 재입원하는 경향이 있는 병원에 대한 지급금을 줄이는 규칙에 따라 효과적인 치료를 제공하도록 장려 받는다. 가장 관대한 의료보험은 비싼 치료를 받지 못하게 되어 있다. 그리고 ACA는 환자들이 고가의 치료를 요구하기 전에 자신의 건강 상태를 돌보도록 장려하기 위해 예방치료에 대한 공동 부담금을 제거했다.

밝혀진 바로는 의료비의 상승률이 ACA가 통과된 2010년쯤부터 극적으로 둔화되었다. 이 법의 영향이 어느 정도였는지는 명확하지 않다.

지금까지의 결과 ACA의 주요 법안들이 2014년부터 효력을 발휘했고 2015년까지 법안의 성과에 대한 초기 견해를 얻을 수 있었다.

첫 번째 효과는 보험 혜택을 받지 않는 노동인구를 보여주는 〈그림 11-5〉에서 찾을 수 있다. 이 비율은 2010년 이후로 떨어지고 있는데, 부분적으로는 경기 회복 때문이지만 특히 26세 이하 미국인들에게 부모와 동일한 혜택을 받도록 한 ACA의 주요 법안 때문이기도 하다. 또한 2013년 이후 법안이 온전한 효력이 생기면서 보험 혜택을 받지 않는 사람의 수가 급감하였다. 2016년까지 보험 혜택을 받지 않는 성인 노동인구의 비율은 거의 절반으로 떨어졌다.

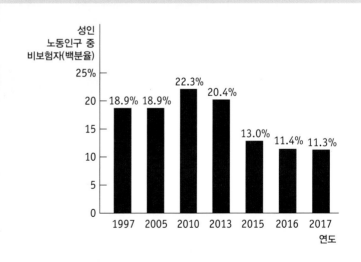

그림 11-5 미국인 노동인구 중 비보험자, 1997~2017년

ACA의 발효 이전에 의료보험이 없는 성인 노동인구의 비율은 상승하고 있었다. ACA의 발효 이후에 이 비율은 급격히 떨어졌다.

출처 : Kaiser Family Foundation, U.S. Census Bureau.

하지만 아직 많은 사람이 보험 혜택을 받지 않고 남아 있다. 이 법은 기록되지 않은 이민자에게는 적용되지 않고 거의 절반의 주가 연방 자금 지원으로 메디케이드를 확장하는 것을 받아들이지 않으면서 메디케이드도 민간 의료보험에 가입하기 위한 지원금도 받지 못하는 몇백만 명의 사람이 남아 있다. 따라서 보험 혜택을 받지 않는 사람들에게 의료보험에 가입하게 하는 일은 상당히 진척되긴 했지만 완전히는 아니다.

게다가 우리가 언급했듯 2017년에 의회의 공화당이 ACA의 주요 법안 중 하나인 개인 의무 조항을 폐지하는 데 성공했다. 하지만 법의 나머지 부분은 아직 그대로 남아 있다. 따라서 건강한 사람은 보험에 덜 가입하게 되므로 이런 변화로 보험료가 오를 것으로 예상되었다. 많은 수혜자가 이 법의 보조금 덕에 인상된 보험료의 영향을 받지 않을 것이지만, 이러한 움직임이 보험 혜택을 받지 못하는 미국인을 아마도 백만 단위로 늘릴 것으로 널리 예상된다.

현실 경제의 >> 이해
메디케이드의 역할

Darren Brode/Shutterstock

메디케이드는 수혜자의 복리후생에 큰 차이를 만듦을 보여 왔다.

사회보장제도가 실제로 수혜자들을 도와주는가? 그에 대한 대답은 언제나 생각했던 것만큼 명료하지 않다. 미국의 저소득층에게 건강보험을 제공하는 메디케이드의 예를 들어 보자. 몇몇 비관론자는 만일 메디케이드가 없다면 가난한 사람들은 여전히 필수적인 의료지원을 받을 수 있는 방안을 찾아낼 것이고, 실제로 메디케이드가 가난한 사람들을 더 건강하게 해 주었다는 증거도 없다고 주장한다.

그러한 주장을 검증하는 것은 어려운 일이다. 메디케이드의 수혜자들은 수혜받지 못하는 사람들과 상당히 다른 부분이 많기 때문에 그 둘을 단순 비교하는 것은 의미가 없다. 그리고 다른 정부 지원을 받는 다른 비교집단을 통해 통제된 실험을 하는 것도 일반적으로 불가능하다.

하지만 한때 통제된 실험과 동일한 사건이 메디케이드에 발생한 적이 있었다. 2008년 오리건 주―부족한 예산 때문에 메디케이드 프로그램을 삭감했었던―는 다시 제외되었던 수혜자 중에서 일부에게 다시 지원을 해 줄 수 있을 만큼의 예산이 확보되었음을 깨달았다. 제한된 지원을 배분하기 위해 오리건 주는 추첨 방식을 이용했다. 여기서 통제된 실험을 확인할 수 있다. 즉 연구자들은 무작위로 선출된 메디케이드의 수혜자와 선발되지 못한 사람들을 비교할 수 있었다.

그러면 결과는 어땠을까? 메디케이드는 큰 변화를 가져왔다. 메디케이드에 적용되는 사람들은

- 60% 이상의 유방조영술
- 35% 이상의 외래환자 지원
- 30% 이상의 병원 지원
- 20% 이상의 콜레스테롤 검사를 받았고

메디케이드 수혜자들은 또한

- 70%가 더 많은 일관적인 지원의 원천을 획득했고
- 55%가 같은 의사를 계속 만났고
- 45%가 더 많이 작년 한 해 자궁암 검사를 받았고(여성의 경우)

- 40%가 의료비용 때문에 발생하는 비용을 충당하기 위해 더 적게 돈을 빌리거나 지불 연체 횟수도 더 적었고
- 25%가 더 많이 그들의 건강이 좋거나 훌륭하다고 보고했고
- 15%가 더 많이 의약 처방을 받았고
- 15%가 더 많이 당뇨병이나 고혈당에 대해 검사를 받았고
- 10%가 더 적게 우울증 검사에 해당되지 않았다.

요약하면 메디케이드는 의료지원에 더 큰 접근성과 수혜자 복리후생의 향상을 가져왔다. 하지만 그것이 이 프로그램이 좋은 것임을 의미하지는 않는다. 왜냐하면 그것은 동시에 세금 납부자에게 비용을 지불하게 하기 때문이다. 하지만 오리건 주의 결과는 메디케이드에 대한 비관론자들의 주장이 유효하지 않음을 반증했다.

>> 이해돕기 11-3
해답은 책 뒤에

1. 만약 당신이 4년제 학교에 들어간다면 이미 보험에 들었다는 것을 증명할 수 있지 않는 한 학교에서 운영하는 건강보험에 가입해야 할 가능성이 크다.
   a. 여러분 나이에 아마도 여러분은 비싼 치료를 필요로 하지 않을 텐데 여러분과 여러분 부모가 이러한 건강보험으로부터 어떻게 혜택을 받을 수 있을지 설명하라.
   b. 학교에 의해 운영되는 건강보험이 민간 의료보험이 직면하는 역선택의 문제를 어떻게 회피하는지 설명하라.

‖ 복지국가에 대한 논쟁

복지국가의 목표가 가난한 국민을 돕고 모두를 금융위기로부터 보호하며 사람들에게 기본적인 의료혜택을 보장하는 것은 바람직해 보인다. 하지만 좋은 목적이 꼭 좋은 정책을 낳는 것은 아니다. 복지국가가 얼마나 커야 하는지에 대해서는 의견이 분분하다. 이러한 논쟁은 철학의 차이 외에도 복지국가 정책의 부작용에 대한 우려를 반영하고 있다. 복지국가의 크기 논쟁은 현대 정치의 결정적인 주제이기도 하다.

복지국가 반대론

복지국가 반대론에는 두 가지가 있다. 하나는 논지로서 정부의 역할에 대한 철학적인 우려에 근거한다. 일부 정치이론가들은 소득의 재분배가 정부의 역할에 어긋난다고 주장한다. 이들은 정부의 역할이 법치주의를 유지하고 공공재를 공급하며 외부효과를 관리하는 데 국한되어야 한다고 본다.

점점 더 많은 복지국가에 대한 전통적인 논쟁이 효율성과 공평성의 상충적 관계를 포함하고 있다. 이미 설명했듯이, **응능부담의 원칙**(ability-to-pay principle) — 가난한 사람들에게 추가적인 1달러는 상대적으로 부유한 사람들의 추가적인 1달러보다 더 가치 있다는 주장 — 은 정부가 부유한 사람들에서보다 상대적으로 적은 비용으로 가난한 사람들을 도와줄 수 있음을 의미한다. 그런데 부유한 사람으로부터 가난한 사람으로의 이러한 소득의 재분배는 부유한 사람들에게 더 많은 세금을 부과할 것을 요구해, 부유한 사람들은 가난한 사람들보다 소득의 더 많은 부분을 세금으로 납부하게 된다. 이것이 누진세의 원리이다.

>> 복습
- 건강보험은 값비싼 의료비를 부담하기 힘든 대부분의 가구들에게 중요한 도움을 주고 있다. **민간 의료보험**은 내재적인 문제점을 가지고 있다. 보험에 가입하는 사람은 평균보다 더 아픈 사람이 많고 이는 보험료를 올려 더 많은 건강한 사람들이 보험을 포기하도록 만든다. 심화되는 보험료 인상은 결국 보험회사를 파산하게 만든다. 보험회사의 스크리닝은 이러한 문제를 줄여 주며, 대부분의 미국인을 지원하고 있는 직장 의료보험은 이러한 문제를 방지해 준다.
- 민간 의료보험의 지원을 받지 못하는 대부분의 미국인들은 비자산조사형의 **일원화된 의료보험제도**인 메디케어의 지원을 받는데, 이는 65세 이상의 노인만을 대상으로 한다. 또한 소득을 기초로 메디케이드의 지원을 받는다.
- 의학적 진보로 인해 의료서비스에 대한 비용이 급격히 증가하고 있다. ACA 제정은 의료보험에 들지 않은 미국인의 증가에 대비하고 의료비 지출의 증가율을 줄이기 위한 것이었다.

일원화된 의료보험제도(single-payer system)는 정부가 주된 지불인이 되어 세금으로 의료비용을 지불하는 의료보험제도이다.

결론적으로 복지국가가 지향하는 목표는 부유한 사람들의 근로의욕과 위험에의 투자 인센티브를 감소시키는 높은 세율이라는 효율성 비용을 감안하여 균형되게 설정되어야 할 것이다. 누진세 시스템은 사회 전체를 다소 가난하게 만드는 경향이 있고, 그 시스템으로 혜택을 주려고 하는 사람들에게도 해를 입힐 수 있다. 거대 복지국가는 주로 국방과 같은 공공재 생산으로 역할이 제한된 작은 복지국가에 비해 높은 세수와 높은 세율을 요구한다. 그러므로 복지국가의 규모를 선택함에 있어서 정부는 효율성과 형평성 간의 균형을 맞추어야 한다.

정부가 이러한 복지국가의 비용을 줄이기 위해 선택할 수 있는 한 가지 방법이 변제자력조사에 의한 보조금(means testing benefits) 제도로, 보조금이 필요한 사람에게만 지급될 수 있게 하는 제도이다. 하지만 변제자력조사에도 효율성과 형평성 간의 또다른 상충관계가 있다. 아래의 예시를 보자. 연 소득이 2만 달러 미만인 가정에만 지급되는 2천 달러 상당의 보조금이 있다. 이제 현 소득이 연 1만 9,500달러인 가정에서 한 구성원이 새 직업을 구하기로 해, 연 소득이 2만 500달러로 늘었다고 하자. 직업을 구해 1천 달러의 소득을 얻지만 2천 달러의 정부 보조금을 잃기 때문에 이 가정의 후생은 더 나빠지게 된다. 이러한 효과는 보조금 노치(benefits notch)로 알려져 있다.

변제자력조사는 주의 깊게 설계되어야 하는데, 그 이유는 빈곤가구의 소득이 증가하여 보조금 지급대상에서 제외되면 실제 소득이 큰 폭으로 하락하는 상황에 직면할 수 있기 때문이다. 2005년의 한 연구 결과는 연간 2만 달러의 소득—2005년 기준으로 빈곤선 바로 위의 소득수준—에서 3만 5,000달러 사이의 소득을 가진 2명의 성인과 2명의 아동으로 구성된 가구는 세후소득은 증가하더라도, 이 중 거의 대부분은 근로소득장려세제와 메디케이드, 식품 구입권과 같은 혜택의 상실로 인해서 상쇄됨을 보고하였다.

복지국가의 정치

오늘날의 미국 정치인들도 좌파와 우파로 갈라져 있으며, 이들은 주로 복지국가의 적절한 규모에 대해 서로 합의를 보지 못하고 있다. ACA에 대한 논쟁이 대표적인 예라고 할 수 있는데 법안에 대한 투표가 크게 민주당(좌파)의 찬성과 공화당(우파)의 반대로 나뉜 것을 볼 수 있다.

여러분은 정치적 논쟁이라는 것이 실제로 복지국가를 얼마나 크게 만들어야 하는 것인가로 생각할 수 있지만 이것은 과잉단순화일 수 있다. 하지만 정치학자들은 일단 의원들의 성향을 우파에서 좌파 순으로 나열한 후, 이러한 순위가 의원들이 국회에 상정된 법안에 대한 투표를 매우 잘 예측하는 것을 찾아냈다.

몇몇 연구 역시 미국 정치가 더욱 양극화되어 있음을 보여 준다. 40년 전까지만 하더라도 주요 정당 사이에 상당히 겹치는 부분들이 있었다. 어떤 민주당원들은 공화당들처럼 우파적이었거나, 혹은 당신이 이러한 식의 표현을 선호한다면, 어떤 공화당원들은 민주당원들만큼이나 좌파적이었다. 하지만 오늘날 민주당원 중 가장 우파적인 당원들은 가장 급진적인 공화당원들보다도 급진적이다.

경제학적인 분석이 이러한 정치적 갈등을 해결하는 데 도움을 줄 수 있을까? 어느 정도의 수준까지는 가능하다. 복지국가에 관한 어떤 정치적 논쟁들은 우리가 지금까지 이야기했던 상충관계에 대해서 의견을 달리하는 것이다. 만약 관대한 복지혜택과 높은 세금이 경제적 유인을 매우 크게 떨어뜨린다고 생각한다면, 당신은 위와 같은 효과가 크지 않다고 하는 사람들보다 복지정책이나 제도를 덜 호의적으로 보기 쉬울 것이다.

경제학적 분석은 사실에 관한 우리의 지식을 넓히는 데 도움을 줌으로써 이러한 몇몇 차이를 줄이는 데 도움이 된다. 하지만 복지국가에 관한 몇몇 의견 불일치는 경제에 대한 오해, 예를 들면 의료보험 시장의 작동 원리에 대한 오해의 산물이다. 또 몇몇 갈등은 경제정책이 어떻게 만들어지는지에 대한 오해에 기반한다. 예컨대 어떤 복지정책을 유지하겠다는 약속은 그 정책이 의존하는 세수를 삭감하며 이루어질 수는 없다는 것을 인식하는 것이 중요하다.

하지만 복지국가의 크기에 대한 의견 차이는 가치와 철학의 차이를 어느 정도 반영한다. 그리고 그와 같은 것은 경제학이 풀어낼 수 없는 차이점이다.

>> 이해돕기 11-4
해답은 책 뒤에

1. 다음과 같은 정책들이 어떻게 근로나 위험 투자를 감수할 유인을 떨어뜨리는지 설명하라.
   a. 소비품에 대한 높은 판매세
   b. 연간 소득이 2만 5,000달러 이상으로 상승할 경우 주거 보조의 중단
2. 과거 40년간 의회에서의 의견 양극화는 증가, 감소 혹은 이전과 동일한 수준인가?

>> 복습
● 복지국가의 크기에 대한 격렬한 논쟁은 철학 그리고 공평성과 효율성에 관한 고려에 중심을 두고 있다. 큰 복지국가를 운영하기 위해 필요한 높은 한계세율은 일할 유인을 줄일 수 있다. 자산조사형 제도로 인해 복지국가의 지출 비용을 낮추는 경우에도 수혜자에게 높은 실효 한계세율을 부과함으로써 비효율을 야기할 수 있다.
● 정치는 보통 좌파와 우파의 대결로 묘사된다. 현대 미국에서는 이런 분열은 주로 효율성과 형평성 간 상충의 크기에 대한 관점, 경제에 대한 오해, 철학적 차이와 같은 세 가지 이유에서 나타난다.

요약

1. **복지국가**는 모든 부유한 국가에서 정부지출의 많은 부분을 차지한다. **정부 이전지출**은 정부가 개인이나 가계에 지급하는 돈을 말한다. **빈곤제도**는 가난한 사람을 도움으로써 소득 불평등을, **사회보험제도**는 생활불안을 완화한다. 사회복지제도는 사회구성원, 특히 아동들에게 의료서비스에 대한 접근을 보장하고 빈곤을 줄임으로써 사회에 대한 외부편익을 제공한다.

2. **빈곤선**은 생활수준보다는 생활비용에 의해 조정되고 또한 미국의 평균 소득이 지난 40여 년간 크게 상승했음에도 불구하고, 빈곤선 수준에 미치지 못하는 인구 비율인 **빈곤율**은 40여 년 전보다 낮아지지 않았다. 빈곤의 원인은 교육의 부족, 차별의 대물림, 그리고 불운 등으로 다양하다. 빈곤의 결과는 특히 아동에 나쁜 영향을 미치는데, 만성질환, 생애소득의 저하, 그리고 범죄율의 증가를 낳는다.

3. 소득 분포에서 정확히 가운데에 위치하는 가구의 소득인 **중간 가구 소득**은 전체 미국 국민의 소득을 가구 수로 나누어 구한 수치인 **평균 가구 소득**보다 전형적인 가구의 소득을 나타내는 좋은 지표가 된다. 그 이유는 중간 가구 소득에는 소수의 부유한 가구의 소득이 포함되지 않으므로 왜곡이 덜하기 때문이다. 한 나라의 소득 불평등도를 측정해 나타내 주는 수치인 **지니계수**는 국가 내의 소득 불평등 정도를 비교하는 데 이용된다.

4. **자산조사형** 제도와 그렇지 않은 제도 모두 빈곤을 줄여 준다. 의료 혜택을 제공하는 메디케어와 메디케이드가 **현물보조**의 대부분을 차지하고 있다. **역소득세**가 완화된 것과 비교하면, 빈곤 가정에 대한 지원은 지원으로 인해 일할 유인이 사라지거나 가족의 단합이 완화될 것을 우려한 나머지 그다지 관대해지지 않았다. 사회보장제도는 미국의 가장 큰 복지정책이고 노인층의 빈곤을 크게 감소시켰다. 실업보험 역시도 핵심적인 보험정책이다.

5. 대부분의 가정은 비싼 의료 시술을 감당할 능력이 없기 때문에 의료보험은 중요하다. **민간 의료보험**은 직장 의료보험이거나 지원자를 신중하게 골라내지 않은 이상 역선택의 문제에 빠질 가능성이 있다. 대부분의 미국인들은 직장에서 제공하는 민간 의료보험에 가입되어 있다. 가입되지 않은 나머지 사람들은 메디케어(세금을 재원으로 대부분의 병원비를 정부가 부담하는, 65세 이상을 위한 **일원화된 의료보험제도**) 또는 메디케이드(저소득층 대상)에 의해 보호받는다.

6. 다른 국가에 비해 미국은 민간 의료보험에 대한 의존도가 높고, 상당히 높은 의료비에도 불구하고 의료서비스의 질이 높지는 않다. 의료비 지출은 기술의 진보로 인해 증가하고 있으며 오바마 케어(ACA)는 보험에 가입되지 않은 사람의 숫자와 의료비 지출액의 증가를 줄이고자 제정되었다.

7. 복지국가의 크기에 대한 논쟁은 철학, 그리고 공평성과 효율성의 대립에 대한 고려를 바탕으로 한다. 효율성 대 형평성의 논쟁은 복지국가의 확장이 부유한 계층에 대한 높은 세금을 의미하지만, 높은 세금이 부유한 계층의 일할 유인과 위험한 투자를 할 유인을 줄임으로써 사회의 부를

감소시킬 수 있다는 데서 기인한다. 변제자력조사는 복지국가의 이러한 비용을 줄일 수 있지만 가난한 계층의 일할 유인을 감소시키지 않기 위해 섬세하게 고안되어야 한다.

8. 좌파 성향의 정치인들은 큰 복지국가를 선호하고, 우파 성향의 정치인들은 이에 반대한다. 미국 정치는 최근 몇십 년간 더욱 양극화되었다. 효율성과 형평성 간 상충의 크기에 대한 관점, 시장의 작동 원리에 대한 오해, 철학적 차이에서 이런 의견 차이가 발생한다.

주요용어

복지국가	빈곤율	현물보조
정부 이전지출	평균 가구 소득	역소득세
빈곤제도	중간 가구 소득	민간 의료보험
사회보험제도	지니계수	일원화된 의료보험제도
빈곤선	자산조사형	

연습문제

1. 다음 표는 1983~2015년의 미국 자료를 포함하고 있다. 두 번째 열은 빈곤선을 보여 주고 세 번째 열은 전반적인 물가수준인 소비자물가지수(CPI)를 보여 준다. 그리고 네 번째 열은 미국의 1인당 국내총생산(GDP)을 나타낸다.

연도	빈곤선	CPI (1982~1984년 = 100)	1인당 GDP
1983	$5,180	99.6	$15,525
2015	12,331	237.8	56,066

출처 : U.S. Census Bureau, Bureau of Labor Statistics, Bureau of Economic Analysis.

   a. 1983~2015년 사이에 빈곤선은 몇 배 상승하였는가? 즉 두 배인가 세 배인가 아니면 다른 배수인가?

   b. 소비자물가지수는 1983~2015년 사이에 몇 배 상승하였는가? 즉 두 배인가 세 배인가 아니면 다른 배수인가?

   c. 1인당 국내총생산은 1983~2015년 사이에 몇 배 상승하였는가? 즉 두 배인가 세 배인가 아니면 다른 배수인가?

   d. 당신이 도출한 결과는 미국에서 '빈곤'층으로 분류되는 사람들이 다른 미국 시민들과 비교했을 때 얼마나 경제적으로 나아졌는지에 대해 어떤 대답을 주는가?

2. 한 대도시에 100명의 거주자가 있고, 이들 각각은 75세까지 산다. 거주자들은 평생 동안 다음과 같은 소득 흐름을 가지고 있다. 14세까지는 소득이 없다. 15~29세까지는 연간 200메트로(metro, 대도시의 화폐단위)를 번다. 30~49세까지는 연간 400메트로를 번다. 50~64세까지는 연간 300메트로를 번다. 마지막으로 65세 이후에는 퇴직하고 75세까지 연간 100메트로의 연금을 받는다. 매년 모든 사람은 그해에 번 만큼을 쓴다(즉 저축이나 차입이 없다). 현재 20명이 10세이고, 20명이 20세, 20명이 40세, 20명이 60세, 20명이 70세이다.

   a. 모든 거주자의 소득 분포를 살펴보라. 인구를 소득에 따라 5분위수로 나누어 보라. 최하위 5분위수에서 얼마나 벌고 있는가? 두 번째, 세 번째, 네 번째, 최상위 5분위에서는 어떠한가? 총소득에서 각 분위로 가는 소득의 비율은 얼마나 되는가? 이를 표를 그려 나타내 보라. 이러한 소득 분포는 불평등을 보여 주는가?

   b. 이제 40세인 20명만 두고 생각해 보자. 그들의 소득 분포를 살펴보라. 20명을 소득에 따라 5분위수로 나누어 보라. 최하위 5분위수에서 얼마나 벌고 있는가? 두 번째, 세 번째, 네 번째, 최상위 5분위에서는 어떠한가? 총소득에서 각 분위로 가는 소득의 비율은 얼마나 되는가? 이러한 소득 분포는 불평등을 보여 주는가?

   c. 이러한 예가 어떤 국가의 소득 분포 자료를 평가하는 데 어떤 관련성이 있는가?

3. 아래 표는 1972~2015년 남성 근로자의 중간값 소득과 평균 소득에 관한 미국 인구조사국의 자료다. 소득에서 물가 상승의 효과는 제거되었다.

연도	소득의 중간값	소득의 평균
	(2015년 달러 기준)	
1972	$37,760	$43,766
2015	37,138	54,757

출처 : U.S. Census Bureau.

a. 이 기간에 소득의 중간값은 몇 퍼센트 변화하였는가? 소득의 평균은 몇 퍼센트 변화하였는가?

b. 1972~2015년 사이에 소득 분포는 더 불평등해졌는가, 덜 불평등해졌는가? 설명하라.

4. 이퀄러라는 경제에 100가구가 살고 있다. 이 중 99가구는 1만 달러의 소득을 가지고 있고, 한 가구는 101만 달러의 소득을 가지고 있다.

a. 이 경제의 소득의 중간값은 얼마인가? 소득의 평균은 얼마인가?

빈곤퇴치 프로그램에 따라 이퀄러의 정부는 소득을 재분배하였다. 가장 부자인 가구에게서 99만 달러를 거두어 나머지 99가구에게 동등하게 분배하였다.

b. 이제 소득의 중간값은 얼마인가? 소득의 평균은 얼마인가? 소득의 중간값이 바뀌었는가? 소득의 평균은 바뀌었는가? 소득의 중간값과 평균 중 어떤 것이 평균적인 가계의 소득을 대표하는 지표가 될 수 있을지 논하라.

5. 막스랜드라는 나라에는 다음과 같은 소득세와 사회보험제도가 있다. 모든 국민의 소득에는 평균세율 100%의 세금이 매겨진다. 이후 각 시민의 세후소득이 정확히 똑같도록 각 시민에게 돈을 나누어 준다. 즉 각 시민들은 이러한 정부의 이전지출을 통해 소득세 수입의 같은 비율을 받게 되는 것이다. 개별 시민들이 일하고 소득을 얻을 유인은 무엇인가? 이 나라의 총세금수입은 얼마나 될 것인가? 각 시민들의 세후소득은 어떻게 될 것인가? 이렇게 완전평등을 실현하는 세제가 잘 작동하리라 생각하는가?

6. 택실베이니아라는 곳은 음의 소득세를 가지고 있다. 1만 달러보다 적게 버는 사람들은 −40%의 소득세를 낸다(즉 그들은 자신들 소득의 40%를 받는다). 1만 달러보다 높은 소득을 버는 사람들은 초과하는 소득의 10%를 세금으로 낸다.

a. 아래 표의 각 시나리오에서 소득세의 양과 세후소득을 각각 계산하라.

b. 세전소득을 더 많이 벌었을 때 세후소득이 더 적어지는 경우가 있겠는가? 이를 설명하라.

시나리오	
1	로와니는 8,000달러의 소득을 벌고 있다.
2	미드램은 4만 달러의 소득을 벌고 있다.
3	하이완은 10만 달러의 소득을 벌고 있다.

7. 노칭험이라는 도시에서 각 근로자는 시간당 10달러의 소득을 벌고 있다. 노칭험에는 다음과 같은 실업급여체계가 있다. 만약 당신이 실업자라면(즉 전혀 일을 하고 있지 않다면), 당신은 정부로부터의 이전지출로 하루에 50달러를 받는다. 당신이 단지 1시간만 일한다 하더라도 실업급여는 사라진다. 즉 제도에 노치가 있는 것이다.

a. 실직자가 하루에 버는 소득은 얼마인가? 하루에 4시간 일하는 근로자가 버는 소득은 얼마인가? 당신이 실업자일 때만큼 최소한을 벌기 위해 얼마나 일해야 하는가?

b. 실업상태에 있는 대신에 하루에 4시간씩 일하는 직업을 가질 사람이 있겠는가?

c. 노칭험 정부가 실업급여 형태를 다음과 같이 바꿨다고 하자. 개인이 1달러씩 더 벌 때마다 0.5달러씩 실업급여가 적어진다. 이제 하루에 4시간 일하는 근로자가 버는 소득은 얼마인가? 이제 실업상태에 있는 것보다 4시간이라도 일할 유인이 있는가?

8. 다음 표는 2003~2015년 사이 일부 연도에 있어 미국의 총인구와 보험에 가입하지 않은 인구수를 보여 주고 있다. 또한 빈곤층 어린이−빈곤선 이하의 18세 미만−와 보험에 가입하지 않은 빈곤층 어린이의 수도 보여 주고 있다.

연도	총인구	보험 미가입 인구	빈곤층 어린이	보험 미가입 빈곤층 어린이
	(백만 명)			
2003	288.3	43.4	12.9	8.3
2005	293.8	44.8	12.9	8.0
2007	299.1	5.7	13.3	8.1
2009	304.3	50.7	15.5	7.5
2011	308.8	48.6	16.1	7.0
2013	313.1	41.8	15.8	5.4
2015	318.4	29.0	14.5	4.5

출처 : U.S. Census Bureau.

각각의 연도에 대해 보험에 가입되지 않은 인구 및 보험에 가입되지 않은 빈곤층 어린이의 비율을 구하라. 시간이 지남에 따라 이 비율이 어떻게 변하였는가? 보험에 가입되지 않은 빈곤층 어린이 비율의 변화를 어떻게 설명할 수 있겠는가?

9. 미국선거조사(ANES)는 미국 유권자의 성향에 대한 조사를 주기적으로 실시하고 있다. 다음 표는 1952~2012년까지 일부 연도에서 "공화당과 민주당 사이에 중요한 차이가 있다."라는 항목에 동의한 사람의 비율을 보여 주고 있다.

연도	동의하는 사람의 비율
1952	50%
1972	46
1992	60
2004	76
2008	78
2012	81

출처 : American National Election Studies.

이러한 자료가 시간에 따른 미국 정치의 당파심 정도에 대해 무엇을 보여 주는가?

10. 민간 의료보험 시장에는 두 종류의 사람이 있다. 하나는 비싼 치료를 받아야 할 가능성이 큰 사람이고 다른 하나는 그럴 가능성이 작으며, 치료가 필요하더라도 덜 비싼 치료를 받는 사람들이다. 한 보험회사는 평균적인 사람의 의료 서비스 수요에 맞춘 의료보험을 제공한다. 보험료는 평균적인 사람의 의료비 지출과 같다(보험회사의 비용과 정상이윤도 더해져 있다).

a. 이러한 보험이 실현 가능하기 힘든 이유를 설명하라.

역선택의 문제를 피하려고 한 민간 의료보험회사는 두 가지 종류의 의료보험을 제공한다. 하나는 더 비싼 치료를 받아야 할 가능성이 큰 사람들을 위한 것이고(따라서 보험료도 더 높다), 다른 하나는 치료를 받아야 할 가능성이 작은 사람들을 위한 것이다(따라서 보험료도 더 낮다).

b. 이러한 체계가 역선택의 문제를 해결할 수 있는가?

c. 영국의 의료보험제도는 이러한 문제를 어떻게 방지했는가?

미국 에너지 관리청은 2017에 미국에 새로 설치된 발전 시설의 약 95%는 재생에너지 시설이라고 추산했다. 재생에너지는 태양열과 풍력같이 아무리 사용해도 고갈되지 않는 무한한 자원이다. 하지만 2017년 의회의 논의로 재생에너지에 대한 연방 장기 보조금은 삭감될 위기에 처했다.

역사적으로 재생에너지는 화석 연료보다 비싸서 정부 보조금이 소비자 가격을 낮추는 데 매우 중요했다. 하지만 화석연료 사업 지지자들은 최근 재생에너지의 값이 내려가면서 재생에너지 보조금이 화석연료 시장을 불공평하게 약화시킨다고 주장했다.

재생에너지 보조금을 중단하려는 움직임이 재생에너지의 비약적인 성장을 멈추고 경제를 다시 화석연료 기반으로 돌려놓게 될까?

엑셀 에너지(Xcel Energy)의 CEO 벤자민 포크(Benjamin Fowke)는 이에 반대하고 굴하지 않았다. 재무와 회계 교육을 받은 그는 자신이 몽상가가 아니라고 이야기한다. 엑셀 에너지는 8개 주 시스템에서 전체 에너지의 60%가 재생에너지로 생성될 것이며, 2030년까지 탄소 배출량을 80% 줄이겠다고 발표했다.

포크는 엑셀 에너지가 재생에너지 생산비용에서 학습 곡선의 이득을 취하게 만들고 있다. 학습 곡선은 신기술이 등장하고, 과학자나 혁신가, 생산자들이 신기술을 더 잘 이용할 수 있게 되면서 신기술 도입이 늘고 비용이 극적으로 감소하는 현상을 말한다. 비용이 줄고 신기술을 이용하는 사람이 늘면서 추가적인 투자가 이어지고 비용이 더욱 줄어드는 선순환이 만들어진다.

태양열 발전이 그 예시이다. 태양열 에너지 1와트의 소비자 가격은 1998년에 비해 약 88% 하락했다. 최근 10년간은 학습 곡선의 경사가 가장 가팔랐던 기간으로 가격이 70% 하락했다. 풍력 발전의 경우 1980년에 비해 가격이 90% 하락했다.

포크에 따르면 현재는 가장 싼 석탄 발전소를 짓는 것보다 새로운 풍력 발전용 터빈을 짓는 것이 더 저렴하다. 예를 들어 엑셀 에너지는 2017년에 100만 와트시당 15달러에서 20달러의 가격으로 풍력 발전 터빈을 구입했는데, 재생에너지의 주 경쟁상대인 천연가스 발전은 25달러에서 35달러 정도였다.

태양열과 풍력 발전 같은 재생에너지 생산자들이 경쟁에서 우위를 점하기 위해 지속적으로 그들의 상품과 가격을 개선하도록 만드는 원동력에는 기존의 화석연료 생산자들과의 경쟁이 있다는 사실은 전혀 놀라울 일이 아니다.

생각해 볼 문제

1. 가파른 학습 곡선 효과가 있는 신기술 도입에 보조금이 어떤 영향을 주는지 설명하라. 이것은 외부효과가 존재할 때 정부 개입의 역할과 어떤 연관이 있는가?

2. 정부 보조금의 삭감 위험성이 있음에도 재생에너지 도입을 추진하는 포크의 선택은 옳은 것일까, 틀린 것일까? 화석연료 대신 재생에너지에 더 많은 투자를 할 것인지, 한다면 언제 할 것인지를 결정할 때 포크와 같은 CEO가 내려야 하는 투자 결정을 분석하라.

3. 위 사례가 시장경제에서 정부와 기업이 협력할 수 있는 방안을 어떻게 보여 주는지 설명하라.

2016년 스틴슨 딘(Stinson Dean)은 중요한 결정에 맞닥뜨렸다. 목재를 원자재로 거래하는 기업이 고용한 정통한 상인 딘은 주택 건설업계가 불황을 회복하면서 목재 시장이 상승할 시기가 되었다고 생각했다. 하지만 여기서 개인적인 이익을 얻으려면 일을 그만두고 자신만의 기업을 만들어야 했다.

하지만 창업에는 큰 위험성이 따른다. 일을 그만두면 자신과 아내, 그리고 세 명의 자식을 보호해 주는 직장 의료보험을 포기해야만 했다. 결정을 내리면서 딘은 "가족의 건강을 위험하게 하는 일은 할 수 없었습니다."라고 말했다. 사실 의료보험 혜택을 잃는 무서움 때문에 떠나지 못하고 직장에 남아 있는 경향성은 매우 흔해서 'job lock'이라는 용어도 생겨났다.

딘은 ACA를 통해 적당한 가격으로 자신과 가족을 위한 의료보험에 가입해서 마침내 용기를 낼 수 있었다. 주택 건설업계의 급등으로 딘의 사업이 예상을 뛰어넘는 수준으로 성장하면서, 딘의 도전은 멋지게 성공했다. 사업이 매우 잘 되면서 딘은 2017년에 사업을 확장하고 새로운 직원을 3~4명 정도 더 채용하려 했다. 하지만 ACA를 폐지하려는 의회의 위협이 등장하면서 딘의 확장 계획뿐만 아니라 장기적인 사업가로서의 미래에도 장애물이 생겼다.

그는 "ACA 폐지는 과거의 나와 비슷한 처지에 있는 사람들을 설득하는 걸 막는다. 좋은 회사에서의 일자리, 좋은 벌이, 훌륭한 복지, 이런 것들을 포기하고 아무런 복지도 없이 나와 일하자고 설득하기는 어렵다."고 말했다. 결국 딘은 다른 사람들을 설득해 데려오는 것에 어려움을 겪고 있다. 그뿐만 아니라 그는 가족을 위한 의료보험에 가입하기 위해 사업을 그만두고 회사로 돌아갈 수밖에 없는 상황이 될지 고민하고 있다.

생각해 볼 문제

1. 최근의 한 연구는 만성질환이 있는 근로자는 그렇지 않은 근로자보다 직장 의료보험이 적용되는 회사를 떠날 확률이 40% 낮다는 것을 밝혀냈다. 랜드 연구소의 한 연구는 의료보험의 접근성을 높이는 것이 미국의 자영업과 창업을 3분의 1은 더 증가시킬 수 있다는 것을 밝혔다. ACA의 발효 전후를 비교할 때 새로 설립되는 회사의 크기와 수에는 어떤 패턴이 있겠는가?

2. 역사적으로 작은 기업은 큰 기업에 비해 더 혁신적이었다. 이와 같은 사실이 ACA 발효 전의 미국의 혁신 빈도에 대해 무엇을 의미하는가? 발효 이후에는 어떠한가? ACA가 위협을 받는 지금의 상황에서 당신의 예상은 무엇인가?

12 | 거시경제학의 개관

 ## 그리스의 비극

2015년 여름 28세의 크리스티나 심피다는 자신의 고국을 포기하기로 했다. 그녀가 일하던 아테네의 법률사무소는 모든 직원을 해고하고 문을 닫았다. 훌륭한 자질을 갖추고 있었지만 그녀는 다른 직장을 구할 실마리조차 찾을 수 없었다. 이러한 상황에 처한 것은 그녀만이 아니었다. 2015년에는 어떤 종류의 직장이라도 구할 수 있었던 그리스 청년이 거의 없었다. 2015년에는 그리스의 실업률, 즉 일하기를 원하지만 일자리를 구할 수 없는 그리스인의 비율이 평균 25%에 달했고, 청년층의 실업률은 45%를 넘어섰다.

상황이 항상 이랬던 것은 아니다. 2000년대 중반만 해도 그리스의 실업률은 2015년의 3분의 1에 불과했으며 심피다와 같은 정도의 교육을 받은 사람이라면 거의 확실하게 일자리를 구할 수 있었다. 그렇지만 그리스는 심각한 경기후퇴를 겪었고 그 결과 일자리가 붕괴되었다. 많은 기업들이 문을 닫았고 많은 사람들이 경제적인 곤경을 겪었다. 그리스만이 그런 것은 아니었다. 미국을 비롯한 세계의 많은 국가가 2007년 이후 심각한 경기후퇴를 겪었는데, 이를 **대후퇴**(Great Recession)라 한다. 2015년에 이르러 미국은 대부분 회복했지만 많은 유럽 국가는 아직 회복하지 못했다.

대후퇴 기간 중 경제 상황이 나빴던 것은 사실이지만 세계 경제는 이전에 훨씬 더 나쁜 상황을 겪었다. 1929년 초에 **대공황**(Great Depression)이라 알려진 극심한 경기침체가 전 세계를 덮쳤으며, 이는 1940년에 제2차 세계대전이 시작할 때까지 거의 10년간 지속되었다. 대후퇴는 대공황보다는 덜 혹독했는데 여기에는 많은 이유가 있다. 그중 가장 눈에 띄는 요인은 경제학자들이 앞서의 재앙으로부터 무엇을 해야 하는지에 대해 무엇인가를 배웠다는 사실이다. 1929년 대공황이 시작되었을 때 정치 지도자와 이들의 경제 자문들은 어떤 정책들이 경기회복에 도움이 될지 또는 방해가 될지에 대해 전혀 모르고 있었다.

대공황이 발생했던 시기에는 개별 소비자와 생산자의 소비와 생산 결정 그리고 희소한 자원의 산업 간 배분에 관심을 가진 **미시경제학**은 이미 잘 발달된 경제학 분야였다. 그렇지만 경제 전체의 행동에 초점을 두는 **거시경제학**은 아직 걸음마 단계였다. 이와는 대조적으로 2007년에 이르러서는 경제학자들이 대후퇴가 닥쳤을 때 무엇을 해야 할지를 알고 있을 정도로 거시경제학이 진보했다.

경기후퇴나 경기침체가 아닌 정상적인 시기에는 일자리를 잃은 노동자가 다른 곳에서 일자리를 구할 수 있다. 그렇지만 대공황은 정상적인 시기가 아니었다. 당시 미국의 실업률은 25%에 달했으며 경제의 산출물 가치(GDP)가 26% 감소했다. 경제학자들은 향후의 재앙 발생을 방지하고 현재의 재앙으로부터 벗어나기 위해서는 미국과 세계 대부분을 뒤덮은 재앙의 본질을 이해할 필요가 있음을 깨달았다. 경제적 부진을 이해하고 이를 방지하는 방법을 찾아내기 위한 노력은 오늘날까지도 거시경제학의 핵심이라 할 수 있다. 하지만 시간이 흐름에 따라 거시경제학은 장기 경제성장, 인플레이션, 개방경제 거시경제학과 같은 다른 주제에 이르기까지 그 영역을 확대했다.

이 장은 거시경제학에 대한 개관을 제시한다. 먼저 거시경제학과 미시경제학의 차이에 대한 일반적인 설명해서 시작하여 이 분야의 주요 관심사 중 일부에 대해 간단히 설명할 것이다. ●

거시경제학자는 수백만 명이 일자리를 잃고 실업 혜택을 받기 위해 길게 줄서야 했던 2015년 그리스 경기후퇴와 같은 사건들을 이해하고 방지하고자 한다.

이 장에서 배울 내용

- 거시경제학과 미시경제학의 차이점

- **경기순환**이란 무엇이며 정책입안자들이 경기순환의 폭을 경감시키려 하는 이유

- **장기 경제성장**이 국가의 생활수준을 결정하는 과정

- **인플레이션**과 **디플레이션**의 의미와 물가안정이 선호되는 이유

- **개방 거시경제학**의 중요성과 국민경제가 **무역적자**와 **무역흑자**를 통해 상호작용하는 과정

‖ 거시경제학의 본질

거시경제학은 경제 전체의 움직임에 초점을 둔다는 점에서 미시경제학과 차이가 있다.

거시경제학적 질문

〈표 12-1〉은 경제학에서 자주 제기되는 몇 가지 질문을 열거하고 있다. 표의 왼편에는 이들 질문에 대한 미시경제학적인 표현이 제시되어 있으며, 오른편에는 이와 유사한 거시경제학적인 표현이 제시되어 있다. 여러분은 이 질문들을 비교함으로써 미시경제학과 거시경제학의 차이에 대해서 조금씩 이해할 수 있을 것이다.

표 12-1 미시경제학적 질문과 거시경제학적 질문

미시경제학적 질문	거시경제학적 질문
경영대학원에 진학해야 할까 혹은 지금 당장 취직해야 할까?	금년 중 경제 전체의 취업자 수는 얼마나 될까?
구글이 MBA 졸업생 쉐리 카마조에게 지급하는 연봉은 어떻게 결정될까?	한 해 동안 경제 전체의 근로자들에게 지급되는 총급여액을 결정하는 요인은 무엇일까?
대학에서 새 강좌를 개설하는 데 드는 비용을 결정하는 요인은 무엇일까?	경제 전체의 물가수준을 결정하는 요인은 무엇일까?
저소득층 학생이 대학에 진학할 수 있도록 하려면 정부가 어떤 정책을 채택해야 할까?	경제 전체의 고용과 성장을 촉진하기 위해 정부가 채택해야 하는 정책은 무엇일까?
씨티은행이 상하이에 새 사무소를 개설할지의 여부를 결정하는 요인은 무엇일까?	미국과 여타 국가들 사이의 재화, 서비스, 금융자산 등의 교역을 결정하는 요인은 무엇일까?

이들 질문이 보여 주듯이 미시경제학은 각 개인과 기업이 어떻게 의사결정을 내리며 이 의사결정이 어떤 결과를 가져오는지에 초점을 둔다. 예를 들면 미시경제학은 대학에서 새로운 강좌를 개설하는 데 드는 비용, 즉 강사의 급여와 강의 교재 등의 비용이 얼마나 되는지를 결정하기 위해 사용된다. 대학은 이렇게 결정된 강좌 개설 비용과 혜택을 저울질하여 강좌 개설 여부를 결정한다.

반면에 거시경제학은 경제 전체의 움직임, 즉 각 개인과 기업의 행동이 서로 작용하여 경제 전체에 있어서 어떤 수준의 성과를 가져오는지를 분석한다. 예를 들어 거시경제학은 특정한 재화나 서비스의 가격 대신 경제 전체의 일반적인 물가수준이 얼마나 되며 지난해에 비해 물가수준이 얼마나 높아졌는지에 대해 관심을 가진다.

여러분은 혹시 거시경제학적 질문들에 대한 답은 미시경제학적 질문들에 대한 답을 단순하게 더함으로써 구할 수 있으리라고 생각할 수도 있을 것이다. 예를 들면 제3장에서 소개된 수요와 공급모형은 개별 재화나 서비스의 균형가격이 어떻게 경쟁시장에서 결정되는지를 보여 준다. 따라서 수요와 공급 분석을 경제 내의 모든 재화와 서비스에 적용한 후 그 결과를 더하기만 하면 경제 전체의 총체적인 물가수준의 변화를 이해할 수 있으리라 생각할 수도 있을 것이다.

하지만 이는 옳은 생각이 아니다. 물론 수요나 공급과 같은 기초 개념은 미시경제학에서뿐만 아니라 거시경제학에 있어서도 매우 중요하지만, 거시경제학적 질문들에 답하기 위해서는 추가적인 분석도구와 평가기준이 필요하다.

거시경제학 : 전체는 부분의 합보다 크다

고속도로를 가끔 주행해 본 사람이라면 '구경꾼'으로 인한 교통혼잡 현상이 무엇인지 알 것이다. 누군가가 바람이 빠진 타이어를 교체하는 것과 같이 별로 대단치 않은 일 때문에 길가에 차를 세우면 얼마 지나지 않아 무슨 일이 생겼는지 보기 위해 속도를 줄이는 차들로 인해 긴 정체 차량의 행렬이 생긴다.

운전자들을 화나게 하는 것은 정체 차량 행렬의 길이가 이를 야기한 대단치 않은 사건에 비하면 너무나도 길다는 사실이다. 일부 운전자가 무슨 일이 일어났는지 구경하기 위해 속도를 줄이면, 뒤따르는 운전자도 속도를 줄여야 하고, 그다음 운전자도 마찬가지로 속도를 줄여야 한다.

이런 식으로 각 운전자가 속도를 늦추면 그다음 운전자는 자기 앞의 운전자보다 더욱 속도를 늦추어야 하기 때문에 결국 쓸모없이 긴 차량 행렬을 낳게 된다. 다시 말해서 각 사람의 반응이 다음 사람의 과장된 반응을 가져온다는 것이다.

구경꾼으로 인한 차량 행렬의 원리를 이해할 수 있다면 거시경제학과 미시경제학의 주요한 차이점들 중 하나를 이해할 수 있다. 즉 수천 명 또는 수백만 명 개인의 행동이 복합된 결과는 개인 행동의 단순한 합보다 훨씬 더 커질 수 있다는 것이다.

예를 들어 거시경제학자들이 절약의 역설(paradox of thrift)이라고 부르는 현상을 생각해 보자. 가계나 기업이 앞으로 경제 여건이 나빠질 것을 염려하여 지출을 줄인다고 하자. 이와 같이 지출이 감소하면 기업의 고용이 줄어드는 등 실제로 경제가 침체된다. 그 결과 가계나 기업은 경기 악화에 대비하여 지출을 감소시키지 않았을 경우보다 더 열악한 상황에 처하게 된다.

개인에게는 미덕인 행동, 즉 경제 여건의 악화에 대비하여 저축을 늘리는 행동이 경제 전체에 해가 된다는 점에서 이와 같은 현상을 역설이라 부른다. 이 역설에는 동전의 앞뒷면과 같은 원리가 적용된다. 즉 가계나 기업이 미래를 낙관적으로 보고 지출을 늘리면, 이것이 경제를 자극하고 기업으로 하여금 더 많은 노동자를 고용하도록 만들어서 실제로 경기가 팽창하게 된다는 것이다. 당장은 과도한 지출로 보일 수 있는 행동이 실제로 경기팽창이라는 좋은 결과를 낳을 수도 있다는 것이다.

거시경제학에 적용되는 핵심 원리 중 하나는 여러 개인의 의사결정이 결합된 결과가 각 개인이 의도했던 것과는 크게 다를 수 있으며 때로는 각 개인에게 불리할 수도 있다는 점이다. 정말로 거시경제의 움직임은 개인의 행동이나 개별 시장 성과의 합보다 크다.

도로에서의 개인의 행동이 의도치 않게 교통 체증을 유발할 수 있듯이 경제에서의 개인의 행동이 의도치 않은 거시경제적 효과를 일으킬 수 있다.

거시경제학 : 이론과 정책

거시경제학은 미시경제학보다 정책에 관한 질문에 더욱 관심을 가진다. 거시경제의 성과를 개선하기 위해서는 정부가 무엇을 해야 하는가? 이러한 정책에 대한 관심은 과거의 역사, 특히 1930년대 대공황에 의해서 형성되었다.

1930년대 이전까지만 해도 경제학자들은 경제를 **자율조정적 경제**(self-regulating economy)라 생각했다. 즉 이들은 실업과 같은 문제가 보이지 않는 손의 작용에 의해 고쳐질 것이며 경제성과를 개선하기 위한 정부의 시도는 기껏해야 효과가 없을 뿐이고, 많은 경우 오히려 상황을 악화시킨다고 믿었다.

대공황은 이 모든 생각을 변화시켰다. 미국 노동력의 4분의 1을 실직 상태에 빠트리고 많은 나라의 정치적 안정을 위협했던 대공황의 규모만으로도 무엇인가 해야 한다는 생각을 불러일으키기에 충분했다. 대공황은 또한 경제학자들로 하여금 경기침체를 이해하고 이를 방지하기 위한 방법을 찾기 위해 많은 노력을 기울이도록 만들었다.

1936년에 영국의 경제학자 케인즈(John Maynard Keynes)가 『고용, 이자율, 화폐에 대한 일반이론』이라는 저서를 출판했는데 이것이 바로 거시경제학을 변혁시킨 책이다. **케인즈학파 경제학**(Keynesian economics)에 따르면 침체된 경제는 부적절한 지출의 결과다. 이에 더하여 케인즈는 통화정책과 재정정책을 통한 정부의 개입으로 침체된 경제에 도움을 줄 수 있다고 주장했다. **통화정책**(monetary policy)은 화폐의 양을 조절하여 이자율을 변화시키고 그 결과 총지출 수준에 영향을 주는 정책이다. **재정정책**(fiscal policy)은 조세와 정부지출의 변화를 이용하여 총지출에 영향을 미치는 정책이다.

케인즈는 경제를 관리하는 것이 정부의 책임이라는 인식을 정립시켰다. 이와 같은 케인즈의 인식은 경제이론과 공공정책에 계속해서 강력한 영향을 미쳤다. 다음에 나오는 '현실 경제의 이해'에서 보듯이 2008년과 2009년에 의회와 백악관 그리고 연방준비제도(미국의 통화정책을 관

자율조정적 경제(self-regulating economy)에서는 실업과 같은 문제들이 정부 개입 없이 보이지 않는 손의 작용에 의해 해결된다.

케인즈학파 경제학(Keynesian economics)에 의하면 경제의 부진은 부적절한 지출에 의해 발생하고 정부의 개입에 의해 완화될 수 있다.

통화정책(monetary policy)은 화폐의 양을 조절하여 이자율을 변화시키고 총지출 수준에 영향을 미친다.

재정정책(fiscal policy)은 총지출에 영향을 미치기 위해 조세와 정부지출을 변화시키는 정책이다.

리하는 준정부기관)는 경제 부진을 피하기 위해 케인즈학파의 기풍을 가진 조치들을 취했다.

현실 경제의 >> 이해

경기침체 막기

2008년에 세계 경제는 대공황의 옛 시절을 생각나게 하는 극심한 금융위기를 겪었다. 주요 은행들이 붕괴 지경에 이르렀고, 세계 무역은 침체되었다. 2009년 봄에 경제사학자인 아이켄그린(Barry Eichengreen)과 오루크(Kevin O'Rourke)는 이용 가능한 자료를 검토한 결과 "전 세계적으로 우리는 대공황과 비슷하거나 대공황보다 더 못하다."고 지적했다.

하지만 결국 최악의 사태는 오지 않았다. 〈그림 12-1〉은 아이켄그린과 오루크가 제시한 경제활동 척도 중 하나인 세계 산업생산을 대공황(아래쪽 선)과 대후퇴(위쪽 선) 기간에 대해 보여 준

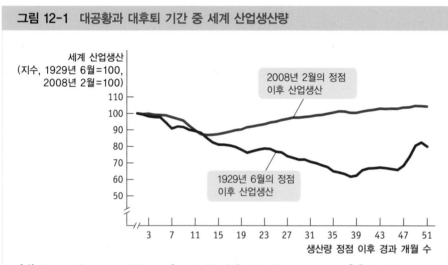

그림 12-1 대공황과 대후퇴 기간 중 세계 산업생산량

세계 산업생산
(지수, 1929년 6월=100,
2008년 2월=100)

2008년 2월의 정점
이후 산업생산

1929년 6월의 정점
이후 산업생산

생산량 정점 이후 경과 개월 수

출처 : Barry Eichengreen and Kevin O'Rourke (2009), "A Tale of Two Depressions." ⓒ VoxEU.org; CPB Netherlands Bureau for Economic Policy Analysis World Trade Monitor.

다. 두 위기의 첫해는 정말로 유사하다. 하지만 다행스럽게도 대후퇴에서는 1년 만에 세계 생산량이 바닥을 치면서 돌아섰다. 반면에 대공황에서는 3년이 지나도 세계 생산량이 계속 하락했다. 그 차이는 무엇일까?

적어도 부분적인 답은 정책입안자들이 매우 상이한 대응을 했다는 데 있다. 대공황 중에는 단순히 경기 부진이 저절로 지나가도록 놔두어야 한다는 주장이 팽배했다. 오스트리아 태생의 하버드대 경제학자로서 혁신에 대한 연구로 유명한 슘페터(Joseph Schumpeter)는 진행 중인 재난을 완화시키려는 어떤 시도도 "침

체가 수행하는 기능을 무력화시킬 것이다."라고 주장했다. 1930년대 초에는 일부 국가의 통화당국이 경기 부진에 처했을 때 실제로 이자율을 올리는 한편 정부는 지출을 삭감하고 세금을 늘리기도 했는데 이는 다음에 보듯이 경기후퇴를 더 심화시키는 행위이다.

이와는 대조적으로 2008년 위기 이후에는 이자율을 대폭 인하시켰으며 미국을 포함한 많은 국가가 총지출을 유지하기 위해 일시적으로 정부지출을 증대시키고 조세를 삭감했다. 정부는 또한 대출, 보조금, 보증 등을 통해 은행을 강화시키기 위한 조치를 취했다.

이들 중 많은 조치가 물의를 일으킬 만한 것이었다. 하지만 대부분의 경제학자들은 각국 정부가 거시경제학의 연구를 통해 습득한 지식을 이용하여 대후퇴에 적극적으로 대응함으로써 전 세계적인 재앙을 막는 데 기여했다고 믿는다.

>> 이해돕기 12-1

해답은 책 뒤에

1. 다음 질문 중 어떤 것이 미시경제학적인 질문이고 어떤 것이 거시경제학적인 질문인가? 그 근거를 제시하라.

   a. 왜 2008년에 소비자들이 자동차를 소형차로 바꿨을까?

>> 복습

- 미시경제학은 개인과 기업에 의한 의사결정과 그 결과에 초점을 둔다. 거시경제학은 경제의 총체적 움직임에 초점을 둔다.
- 개인 행동들이 결합될 경우 의도하지 않은 결과를 가져오고 모든 사람에게 더 불리한 또는 더 유리한 거시경제적 성과를 낳을 수도 있다.
- 1930년대 이전에는 경제학자들이 경제가 **자율조정적**이라고 생각했다. 대공황 이후 **케인즈학파 경제학**은 침체된 경제를 회복시키기 위해 **통화정책**과 **재정정책**을 통해 정부가 개입을 하는 것에 대해 타당성을 제공했다.

b. 왜 2008년에 경제 전체의 소비지출이 부진해졌을까?

c. 왜 제2차 세계대전 이후 첫 세대의 생활수준이 그다음 세대에 비해 빠른 속도로 향상되었을까?

d. 왜 최근에 경제학 전공 졸업생들의 초임이 큰 폭으로 상승했을까?

e. 기차를 이용할 것인가 또는 고속도로를 이용할 것인가의 선택을 좌우하는 요인은 무엇일까?

f. 왜 2000년과 2017년 사이에 노트북컴퓨터의 값이 훨씬 더 싸졌을까?

g. 왜 2010년대 들어 인플레이션율이 하락했을까?

2. 2008년에 들어 금융부문의 문제가 전 세계의 자금 공급을 고갈시켰다. 주택 구입자들은 주택 담보 대출을 구할 수가 없었으며, 학생들은 학자금 대출을 받을 수가 없었고, 자동차 구매자들은 할부 구매를 할 수가 없었다.

a. 자금 공급의 고갈이 어떻게 경제 전체에 복합적인 영향을 미치면서 경기후퇴를 가져오는지 설명하라.

b. 여러분이 경제가 자율조정적이라 믿는다면 정책입안자들이 어떻게 해야 한다고 주장하겠는가?

c. 여러분이 케인즈학파 경제학을 믿는다면 정책입안자들이 어떻게 해야 한다고 주장하겠는가?

‖ 경기순환

대공황은 단연 미국 역사에 있어서 최악의 위기였다. 그후 수십 년 동안 미국 경제는 대공황과 같은 재앙을 피할 수는 있었지만 많은 부침을 겪지 않을 수 없었다.

물론 경제의 상승은 하강보다 지속적으로 더 큰 폭으로 일어났다. 미국 경제의 변화를 추적하기 위해 사용되는 어떤 지표의 그래프도 시간에 따른 강력한 상승추세를 보여 준다. 예를 들어 〈그림 12-2〉의 (a)는 왼쪽 수직축을 미국 민간부문고용(민간기업이 제공하는 모든 일자리 수)으로 하여 1985년부터 2017년까지의 실제 자료를 보라색 실선으로 보여 준다. 이 그림은 또한 산업생산지수(미국 공장들의 총생산에 대한 척도)를 오른쪽 수직축으로 하여 1985년부터 2017년까지의 실제 자료를 붉은색 실선으로 보여 준다. 민간부문고용과 산업생산은 둘 다 전체 기간의 초기에 비해 훨씬 높아졌으며 최근 대부분의 해에 상승했다.

하지만 이들의 상승세는 꾸준하지 않았다. 그림에서 볼 수 있듯이 1990년대 초반, 2000년대 초반 그리고 2007년 후반 이후 등 세 기간에 있어서 고용과 산업생산이 부진했다. 그림 (b)는 고용과 산업생산의 전년 대비 변화율을 제시함으로써 이들 지표의 부진을 더 강조해서 보여 준다. 예를 들어 2009년 10월의 고용 변화율은 −0.6인데 이는 2009년 10월의 취업자가 2008년 10월에 비해 0.6% 적었기 때문이다. 그림에서는 세 차례의 큰 하강국면이 명백하게 드러난다.

더욱이 자료를 더 자세히 살펴보면 이들 하락세가 몇몇 산업에만 국한된 것이 아니었음을 분명히 알 수 있다. 각 하강국면에 있어서 미국 경제의 모든 부문이 생산과 고용을 감소시켰다.

다시 말하자면 이는 경제의 진전이 순탄하지 않았음을 의미한다. 이러한 경제의 불규칙한 전진, 즉 경제의 부침이야말로 거시경제학의 중대 관심사 중 하나다.

경기순환 도표 그리기

〈그림 12-3〉은 시간에 따라 진화하는 경제의 전형적인 모습을 보여 준다. 수직축은 고용에 대한 지표 또는 산업생산이나 실질 국내총생산과 같이 경제가 얼마만큼을 생산하고 있는지에 대한 지표를 나타낸다. **실질 국내총생산(real GDP)**은 경제의 총체적 생산수준에 대한 지표인데 다음 장

경기후퇴(recession) 또는 경기수축은 생산과 고용이 감소하는 경제의 하강국면을 의미한다.

그림 12-2 가끔 중단되는 미국의 경제성장, 1985~2017년

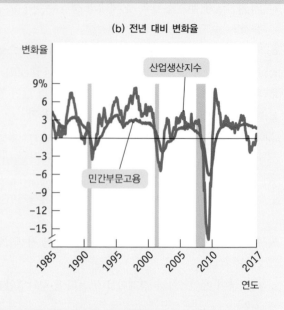

그림 (a)는 두 가지 중요한 경제지표인 산업생산지수와 민간부문고용을 보여 준다. 두 지표 모두 1985년과 2017년 사이에 큰 폭으로 상승했다. 하지만 이들의 상승세는 꾸준하지 않았다. 두 지표 모두 경기후퇴로 인해 세 차례의 하강국면을 보였는데 이는 그림에서 음영으로 표시되어 있

다. 그림 (b)는 이들 산업생산과 고용의 연간 변화율, 즉 전년 대비 증가율을 제시함으로써 이들 세 차례의 하강국면을 강조해서 보여 준다. 세 경기후퇴에 있어 모두 두 지표가 동시에 하락했음을 분명히 볼 수 있다

출처 : Federal Reserve Bank of St. Louis.

경기후퇴(recession) 또는 경기수축은 생산과 고용이 감소하는 경제의 하강국면을 의미한다.

에서 이에 대해 배울 것이다. 〈그림 12-2〉에서 알 수 있듯이 이들 두 가지 지표는 동일한 움직임을 가지고 있다. 이들의 공통적인 움직임은 경제의 단기적인 하강과 상승의 반복이라는 거시경제학의 중심 주제의 출발점이 된다.

많은 산업에 있어서 생산과 고용이 광범위하게 감소하는 광범위한 하강국면은 **경기후퇴**(recession, 경기수축이라고도 불림)라 불린다. NBER(National Bureau of Economic Research)에 의해 공식적으로 판명되는 경기후퇴는 〈그림 12−2〉에 음영으로 표시되어 있다. 경제가 경기후

그림 12-3 경기순환

이 그림은 경기순환을 나타내는 전형적인 그림이다. 수직축은 고용이나 경제의 총생산을 측정한다. 이 두 변수가 하락하는 기간은 경기후퇴이며, 상승하는 기간은 경기팽창이다. 경제가 하락으로 전환되는 점은 *경기순환의 정점*이며 상승으로 전환되는 점은 *경기순환의 저점*이다.

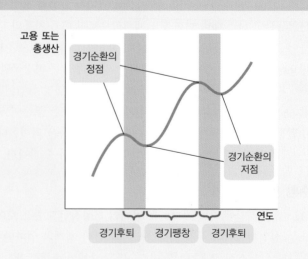

퇴 국면에 있지 않을 때, 즉 대부분의 지표가 통상적인 상승 추세를 보일 때 경제는 **경기팽창**
(expansion, 경기회복이라고도 불림) 국면에 있다고 한다.

경기후퇴와 경기팽창이 번갈아 가며 나타나는 현상을 **경기순환**(business cycle)이라 한다.
경제가 팽창국면에서 후퇴국면으로 전환되는 시점을 **경기순환의 정점**(business-cycle peak)이
라 하고, 경제가 후퇴국면에서 팽창국면으로 전환되는 시점을 **경기순환의 저점**(business-cycle
trough)이라 한다.

경기순환은 꾸준하게 나타나는 경제의 특징이다. 〈표 12-2〉는 NBER에 의해 선언된 공식
적인 경기순환 정점과 저점의 목록이다. 표에서 볼 수 있듯이 최소한 지난 160년 동안에는
경기후퇴와 경기팽창이 발생하고 있었다. 1960년대와 1990년대처럼 여느 때보다 긴 기간의
경기팽창이 발생할 때마다 이제는 경기순환이 종지부를 찍었다고 선언하는 저서나 기사가
나오곤 했다. 하지만 이와 같은 선언은 항상 옳지 않음이 판명되었다. 경기순환은 항상 되돌
아왔다.

경기후퇴의 고통

경기가 팽창하는 동안에는 경기순환에 대해 불평하는 사람들이 별로 없다. 그렇지만 경기후
퇴는 많은 고통을 가져온다.

경기후퇴의 가장 중요한 영향은 노동자가 일자리를 찾고 유지할 수 있는 가능성에 미치는
영향이다. 가장 널리 사용되는 노동시장 상황에 대한 지표는 실업률이다. 이 비율이 어떻게
계산되는지에 대해서는 제14장에서 설명될 것이다. 지금은 높은 실업률은 일자리가 희소함
을 의미하며 낮은 실업률은 일자리를 찾기가 쉬움을 의미한다고만 이해하면 충분하다.

〈그림 12-4〉는 1988년부터 2019년 초까지의 실업률을 보여 준다. 그림에서 볼 수 있듯이
실업률은 각 경기후퇴 중 또는 후에 상승했다가 경기팽창 중에 결국 하락했다. 2008년 중 실
업률이 상승하고 있는 것은 새로운 경기후퇴가 시작되고 있다는 징조로 볼 수 있는데, 이 점
에 대해서는 NBER이 2007년 12월부터 경기후퇴가 시작된 것으로 공식적으로 확인했다.

경기후퇴가 발생하면 많은 사람들이 일자리를 잃고 새로운 일자리를 구하는 것이 어려워
지기 때문에 경기후퇴는 많은 가족들의 생활수준을 저하시킨다. 경기후퇴 시기에는 보통 빈
곤선(poverty line)보다 낮은 생활수준을 가진 사람들의 숫자와 주택담보 대출 상환금을 지불
할 수 없어서 주택을 차압당하는 사람들의 숫자가 증가하는 한편 의료보험에 가입한 미국인
의 비율이 감소한다.

그렇지만 여러분은 경기후퇴로 인해 고통받는 사람이 노동자뿐이라고 생각해서는 안 된
다. 경기후퇴는 기업에도 해롭다. 고용이나 임금과 마찬가지로 이윤도 경기후퇴 시기에는
감소하고 경기팽창 시기에는 증가한다.

이 모든 것을 종합해 볼 때 경기후퇴는 모두에게 해로움을 알 수 있다. 그렇다면 경기후퇴의
빈도와 심도를 줄이기 위해 무언가를 할 수 있을까?

경기순환 길들이기

현대 거시경제학은 1929년에 시작되었고 1933년까지 43개월간 지속되었으며 대공황이라 불리
는 역사상 최악의 경기후퇴에 대한 반응으로 태어났다고 해도 과언이 아니다. 1929~1933년 경
기후퇴가 가져온 파괴력은 경제학자들로 하여금 그 원인을 이해하고 해법을 찾기 위해 노력하
도록 만들었다. 이들은 어떻게 이런 일이 일어날 수 있으며 어떻게 이를 방지할 수 있는지를 알
고 싶어 했다.

이 장의 서두에서 설명했듯이 대공황 중에 발간된 케인즈의 저서는 경기후퇴의 효과를 완화

표 12-2 경기순환의 역사

경기순환의 정점	경기순환의 저점
이전 자료 없음	1854년 12월
1857년 6월	1858년 12월
1860년 10월	1861년 6월
1865년 4월	1867년 12월
1869년 6월	1870년 12월
1873년 10월	1879년 3월
1882년 3월	1885년 5월
1887년 3월	1888년 4월
1890년 7월	1891년 5월
1893년 1월	1894년 6월
1895년 12월	1897년 6월
1899년 6월	1900년 12월
1902년 9월	1904년 8월
1907년 5월	1908년 6월
1910년 1월	1912년 1월
1913년 1월	1914년 12월
1918년 8월	1919년 3월
1920년 1월	1921년 7월
1923년 5월	1924년 7월
1926년 10월	1927년 11월
1929년 8월	1933년 3월
1937년 5월	1938년 6월
1945년 2월	1945년 10월
1948년 11월	1949년 10월
1953년 7월	1954년 5월
1957년 8월	1958년 4월
1960년 4월	1961년 2월
1969년 12월	1970년 11월
1973년 11월	1975년 3월
1980년 1월	1980년 7월
1981년 7월	1982년 11월
1990년 7월	1991년 3월
2001년 3월	2001년 11월
2007년 12월	2009년 6월

출처 : National Bureau of Economic Research.

경기팽창(expansion) 또는 경기회복은
생산과 고용이 증가하는 경제의 상승국
면을 의미한다.

경기순환(business cycle)은 경기후퇴
와 경기팽창이 단기적으로 번갈아 가며
나타나는 현상을 말한다.

경제가 팽창국면에서 후퇴국면으로 전
환되는 시점을 **경기순환의 정점**(busi-
ness-cycle peak)이라 한다.

경제가 후퇴국면에서 팽창국면으로 전
환되는 시점을 **경기순환의 저점**(busi-
ness-cycle trough)이라 한다.

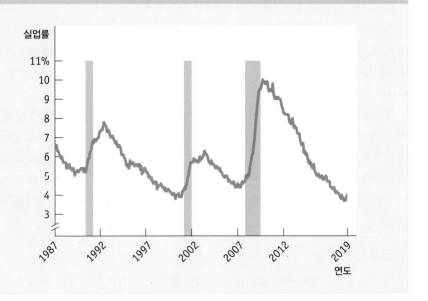

그림 12-4 미국의 실업률, 1987~2019년

실업 수준의 척도인 실업률은 경기후퇴 국면에서 급격히 상승하고 경기팽창 국면이 되면 보통 하락한다.

출처 : Bureau of Labor Statistics.

"나는 부모님 집에 들어가 살 수가 없어. 부모님이 할아버지 댁에 들어가 사시거든."

시키기 위해 통화정책과 재정정책을 사용할 것을 제안했으며 오늘날까지 정부들은 경기후퇴가 발생하면 케인즈학파의 정책을 시행했다. 나중에 또 한 명의 위대한 거시경제학자인 프리드먼(Milton Friedman)의 저서는 경기후퇴뿐만 아니라 팽창도 조절하는 것이 중요하다는 점에 대한 합의를 이끌었다. 이에 따라 오늘날의 정책입안자들은 경기순환을 '평탄하게' 만들려고 노력한다. 〈그림 12-2〉에서 분명히 볼 수 있듯이 이들이 완전히 성공적이었던 것은 아니다. 그렇지만 많은 사람들이 거시경제적 분석에 의해 인도되는 정책들이 경제를 안정시키는 데 기여했다고 믿는다.

경기순환이 거시경제학의 주요 관심사 중 하나이고 거시경제학을 발전시키는 데 중요한 기여를 했지만 거시경제학자들의 관심은 경기순환에만 국한되지는 않는다. 다음에서는 장기적인 경제성장에 대해서 알아보기로 한다.

그림 12-5 미국의 두 경기후퇴

경기순환의 정점 대비 산업생산의 백분율

2001년 경기후퇴

2007~2009년 경기후퇴

경기후퇴 시작 이후 개월 수

출처 : Federal Reserve Bank of St. Louis.

현실 경제의 >> 이해

경기후퇴의 비교

경기후퇴와 팽창의 반복은 경제활동의 항구적인 특성인 듯하다. 하지만 모든 경기순환이 똑같은 것은 아니다. 특히 어떤 경기후퇴는 다른 경기후퇴보다도 훨씬 더 심했었다.

가장 최근의 두 경기후퇴인 2001년의 경기후퇴와 2007~2009년의 대후퇴를 비교해 보자. 이들 경기후퇴는 지속기간에 있어서 차이가 있다. 첫 번째 경기후퇴는 8개월만 지속되었지만 두 번째는 두 배 이상 기간 동안 지속되었다. 그렇지만 더욱 중요한 것은 이들 경기후퇴는 깊이에 있어서 큰 차이가 있었다는 점이다.

〈그림 12-5〉는 경기후퇴가 시작된 이후의 기간

에 있어서 산업생산에 어떤 변화가 발생했는지를 봄으로써 경기후퇴의 깊이를 비교하고 있다. 각 경기후퇴에 있어서 생산은 경기후퇴 시작 시점의 생산 수준에 대한 백분율로 측정되어 있다. 따라서 2007~2009년 경기후퇴를 나타내는 선은 산업생산이 궁극적으로 시작 시점 수준의 85% 정도로 감소했음을 보여 준다.

분명히 2007~2009년의 경기후퇴는 2001년의 경기후퇴보다 경제에 훨씬 더 강력한 충격을 주었다. 2001년의 경기후퇴는 다른 많은 경기후퇴와 비교할 때 매우 완만했다.

물론 이러한 사실이 이 완만한 경기후퇴에서조차 직장을 잃었던 수백만 명의 미국 근로자에게는 전혀 위로가 되지 않을 것이다.

> **>> 복습**
> - 단기적으로 **경기후퇴**와 **경기팽창**이 번갈아 가며 나타나는 현상인 **경기순환**은 현대 거시경제학의 주요 관심사다.
> - 경기팽창이 경기후퇴로 전환되는 시점을 **경기순환의 정점**이라 한다. 경기후퇴가 경기팽창으로 전환되는 시점을 **경기순환의 저점**이라 한다.

>> 이해돕기 12-2

해답은 책 뒤에

1. 우리가 특정 산업의 부침에 대해 얘기하지 않고 경제 전체의 경기순환에 대해 얘기하는 이유는 무엇일까?
2. 경기후퇴 시기에는 누가 어떻게 피해를 입는지 설명하라.

‖ 장기 경제성장

1960년에 미국인들은 미국의 번영을 즐기고 있었다. 경제는 팽창하고 있었고 제2차 세계대전 중에 배급제로 공급되던 소비재를 이제는 누구나 구입할 수 있게 되었다. 대부분의 미국인들은 자신이 과거와 현재를 통틀어 다른 어떤 국가의 국민들보다도 더 잘살고 있다고 믿었으며 이것은 사실이었다. 하지만 오늘날의 기준으로 평가한다면 1955년도의 미국인들은 상당히 가난했었다. 〈그림 12-6〉은 1960년과 2011년에 몇 가지 가전제품에 대해 이를 보유한 미국 가구의 비율을 보여 준다. 1960년에는 소수의 미국 가구만이 세탁기를 갖고 있었고 에어컨을 가진 가구는 거의 없었다. 시계를 되돌려서 1900년으로 가면 많은 미국인들의 생활이 오늘날의 기준으로 보면 놀랄 만큼 원시적이었다는 사실을 발견할 것이다.

왜 오늘날 대부분의 미국인들은 1960년에 많은 미국인들이 사용할 수 없었던 장비를 이용할 수 있게 되었을까? 그 답은 **장기 경제성장**(long-run economic growth), 즉 경제가 생산하는 재화와 서비스 양의 지속적인 증가에 있다. 〈그림 12-7〉은 영국과 미국의 1인당 실질 국내총생산(real GDP)의 추정치를 중세부터 최근까지 선택된 몇 해에 대해 보여 준다. 두 국가 모두 장기적으로 어마어마한 1인당 생산량의 상승을 경험했는데, 이에 비하면 경기순환에 따른 1인당 생산량의 부침은 왜소해 보인다.

그렇지만 두 가지 주목할 만한 점이 있다.

1. 장기 경제성장은 근대적 산물이다. 1650년의 영국은 이보다 두 세기 전에 비해 결코 부유하지 않았으며, 1890년까지는 세계 경제의 전반적인 소득 상승이 시작되지 않았다.

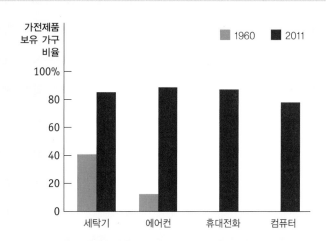

그림 12-6 미국 장기 경제성장의 열매

미국인들은 장기 경제성장 덕분에 훨씬 더 많은 물건을 가질 수 있게 되었다.

출처 : U.S. Census.

장기 경제성장(long-run economic growth)은 시간이 흐름에 따라 경제의 생산량이 보여 주는 지속적인 상승추세다.

그림 12-7 경제성장, 장기적인 시각

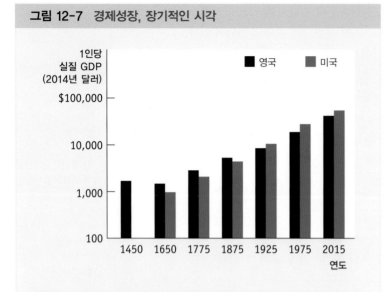

오랜 기간 영국과 미국에서 모두 1인당 실질 GDP가 증가했다. 거의 300년 동안은 영국의 1인당 실질 GDP가 더 컸다. 하지만 20세기 초에는 미국이 영국을 추월하여 더 부유한 국가가 되었다.

출처 : *Maddison Data Project*, Revision 2018.

2. 국가마다 성장 속도가 같은 것은 아니다. 영국은 한때 미국보다 훨씬 더 부유했으나 1875년에는 빠르게 성장하는 미국에 추월당했다.

장기 경제성장은 오늘날 제기되는 중요한 경제적인 의문에 대한 답을 구함에 있어서 기초가 된다. 미국 경제가 사회보장(Social Security)이나 노인의료보험(Medicare)과 같은 정부 프로그램의 미래 비용을 감당할 수 있는 능력이 있는가와 같은 중요한 정책적 질문에 대한 답은 미국 경세가 다음 수십 년 동안 얼마나 빠른 속도로 성장하는가에 달려 있다.

더 광범위하게는 미국이 발전하고 있는가에 대한 대중의 인식 역시 장기 경제성장의 성공적인 달성 여부에 달려 있다. 1970년대와 같이 성장이 둔화될 경우 국가적인 회의론을 조장할 수 있다. 특히 1인당 장기 성장, 즉 1인당 산출량의 지속적인 상승 추세는 임금을 높이고 생활수준을 향상시키는 열쇠가 된다. 거시경제학의 주요 관심사이자 제15장의 주제는 장기 경제성장의 요인을 이해하는 것이다.

장기 경제성장은 가난한 저개발국에 있어서 더욱 절박한 문제다. 더 높은 생활수준을 달성하기를 원하는 이들 국가에 있어서는 장기 경제성장을 어떻게 가속화시킬 것인가가 경제정책의 중심 과제다.

거시경제학자들은 장기 경제성장 현상을 분석할 때 경기순환을 분석하기 위해 사용하는 것과는 다른 모형을 이용한다. 따라서 우리는 두 종류의 모형을 모두 이해하고 적용할 수 있어야 한다. 장기에 있어서는 좋은 현상이 단기에 있어서는 나쁜 결과를 가져올 수도 있으며 그 반대의 경우도 있을 수 있기 때문이다. 예를 들어 절약의 역설에 따르면 가계들이 저축을 증가시키려고 하는 것은 단기에는 경제 전체에 부정적인 영향을 미친다. 그러나 경제 전체의 저축 증가는 장기 경제성장을 촉진하는 데 있어서 중요한 역할을 한다.

>> **복습**

● 미국 경제가 **장기 경제성장**을 이루었기 때문에 미국인들은 반세기 전이나 그 이전에 비해 훨씬 더 잘살게 되었다.

● 장기 경제성장은 생활수준 향상이나 정부 프로그램의 재원조달과 같은 많은 경제적인 관심사를 논의함에 있어서 매우 중요하다. 장기 경제성장은 가난한 국가에게 특히 중요하다.

>> **이해돕기 12-3**

해답은 책 뒤에

1. 많은 가난한 국가들이 높은 인구 증가율을 보이고 있다. 이와 같은 사실이 이들 국가가 1인당 생활수준을 향상하기 위해 달성해야 할 총생산의 장기 성장률에 대해 의미하는 바가 무엇인지 설명하라.

인플레이션과 디플레이션

1980년 1월에 미국의 평균적인 제조업체 종사 근로자는 시간당 6.61달러를 지급받고 있었다. 2018년 1월에 이르자 이러한 근로자의 시간당 평균 임금이 22.45달러로 상승했다. 경제성장이여 감사합니다!

잠깐만! 2018년에 미국 근로자들은 훨씬 더 많은 금액을 받았지만, 생계비 또한 훨씬 더 높아

그림 12-8 상승하는 물가

1980년과 2018년 사이에 미국 근로자의 시간당 임금은 240% 상승했다. 하지만 근로자들이 구매하는 재화의 가격도 일부는 이보다 더 오르고, 다른 일부는 이보다 덜 오르기는 했어도 거의 모두 상승했다. 전체적으로 생계비의 상승은 미국 근로자의 평균 임금 상승의 대부분을 상쇄시켰다.

출처 : Bureau of Labor Statistics.

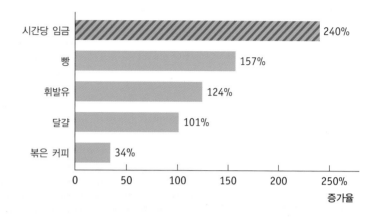

젔다. 1980년 1월에는 달걀 12개가 0.88달러에 불과했으나 2018년 1월에는 1.77달러로 상승했다. 식빵 한 덩어리의 가격은 0.50달러에서 1.28달러로 상승했다. 그리고 휘발유 1갤런의 가격은 1.13달러에서 2.54달러로 올랐다.

〈그림 12-8〉은 1980년과 2018년 사이의 시간당 임금 증가율을 몇몇 표준 품목의 가격 증가율과 비교해서 보여 준다. 근로자가 받는 시간당 임금은 어떤 재화들에 비해서는 더 큰 폭으로 상승했으나 다른 재화들에 비해서는 상승폭이 더 작았다. 전체적으로 1980년부터 2018년 사이에 220%에 달했던 생계비의 상승은 이 기간에 대표적인 미국 근로자가 누렸던 임금 상승분을 거의 상쇄시켰다. 다시 말하면 인플레이션을 감안한다면 대표적인 미국 근로자의 생활수준은 1980년부터 지금까지 별로 향상되지 못한 것이다.

요점은 1980년과 2018년 사이에 미국 경제가 상당한 **인플레이션**(inflation), 즉 전체 물가수준의 상승을 경험했다는 것이다. 인플레이션과 그 반대 현상인 **디플레이션**(deflation), 즉 전체 물가수준의 하락을 이해하는 것은 거시경제학자들에게 주어진 또 하나의 과제다.

전체 물가수준의 상승을 **인플레이션**(inflation)이라 한다.

전체 물가수준의 하락을 **디플레이션**(deflation)이라 한다.

인플레이션과 디플레이션의 원인

여러분은 전체 물가수준의 변화가 단지 수요와 공급의 문제라 생각할지도 모른다. 예를 들어 휘발유 가격의 상승은 원유 가격 상승 때문이고, 원유 가격 상승은 주요 유전의 고갈이나 중국을 비롯한 신흥시장경제의 국민들이 자동차를 구매할 만큼 부유해짐에 따른 수요 증가와 같은 요인을 반영하는 것일 수도 있다. 그렇지만 각 시장에서 일어난 일을 단순히 더하는 것만으로는 전체 물가수준에 어떤 일이 일어났는지를 설명할 수 없다.

수요와 공급은 특정 재화나 서비스가 다른 재화나 서비스에 비해 상대적으로 더 비싸지는 이유를 설명할 수 있을 뿐이기 때문이다. 예를 들어 수요와 공급만으로는 닭 생산이 더 효율적으로 이루어짐에 따라 닭 가격이 다른 재화에 비해 훨씬 싸졌음에도 불구하고 그동안 닭 가격이 상승한 이유를 설명할 수 없다.

전체 물가수준의 상승과 하락을 가져오는 요인은 무엇일까? 제14장에서 배우듯이, 단기적으로 인플레이션의 움직임은 경기순환과 밀접한 연관이 있다. 경기가 후퇴하고 일자리를 구하기가 어려워지면 인플레이션이 둔화되는 경향이 있다. 경제가 호황 상태에 있으면 인플레이션은 심화되는 경향이 있다. 예를 들어 1929~1933년의 혹독한 경기후퇴 중에는 재화와 서비스의 가격이 대부분 하락했다.

전체 물가수준이 천천히 변하거나 전혀 변하지 않을 때 경제는 **물가 안정** (price stability)을 달성하고 있다.

이와는 대조적으로 장기에 있어서는 물가수준이 구매를 위해 즉각 사용될 수 있는 자산의 총량인 화폐공급의 변화에 의해 주로 결정된다.

인플레이션과 디플레이션의 고통

인플레이션이나 디플레이션은 모두 경제에 어려움을 가져올 수 있다. 두 가지 예를 들어 보자.

첫째로 인플레이션은 사람들이 현금을 보유하는 것을 주저하게 만드는데 그 이유는 물가가 상승할 경우 현금의 가치가 하락하기 때문이다. 이는 주어진 현금으로 구매할 수 있는 재화와 서비스의 양이 감소함을 의미한다. 극단적인 경우 사람들은 현금을 일절 보유하지 않고 물물교환을 하려 들 것이다.

둘째로 디플레이션은 정반대의 문제를 일으킨다. 물가가 하락할 경우 현금의 가치가 상승하기 때문에 사람들은 새로 공장을 짓거나 생산적인 자산에 투자하는 대신 현금을 보유하려 할 것이다. 이와 같은 행동은 디플레이션을 더욱 심화시킨다.

제13장과 제14장에서는 인플레이션과 디플레이션의 비용에 대해 더 상세히 설명할 것이다. 지금은 경제학자들이 일반적으로 물가수준이 변하지 않거나 매우 천천히 변하는 현상인 **물가 안정** (price stability)을 바람직한 목표로 인정한다는 사실만 알고 넘어가자. 물가 안정은 제2차 세계대전 이후 대부분의 기간에 있어서는 도저히 도달할 수 없는 목표로 보였지만, 1990년대부터 시작하여 지금까지 계속해서 대부분의 거시경제학자들이 만족할 정도로 물가 안정이 달성되었다.

현실 경제의 >> 이해
신속한 인플레이션 지표

맥도날드가 처음 문을 연 것은 1948년이다. 맥도날드는 매우 빠르고 값싸게 음식을 제공하는 전략을 폈다. 맥도날드 햄버거의 가격은 0.15달러에 불과했으며 프렌치프라이를 곁들일 경우에도 0.25달러에 불과했다. 2018년의 맥도날드 햄버거 가격은 이것의 여섯 배를 넘는 1.00달러에 달한다. 그렇다면 맥도날드 햄버거는 더 이상 패스트푸드가 아니라 사치스러운 음식이 되었다는 말인가?

그렇지 않다. 사실 다른 소비재와 비교해 보면 햄버거의 값은 1948년에 비해 더 싸졌다. 2018년 햄버거의 값은 1948년에 비해 6.5배가 되었다. 하지만 2018년에 가장 널리 사용되는 생계비 척도인 소비자물가지수는 1948년에 비해 10배가 되었다.

햄버거 가격은 맥도날드가 처음 문을 열었을 때에 비해 여섯 배가 되었지만, 여전히 다른 소비재에 비해 값이 싸다.

>> **복습**

- 지금의 1달러로는 1980년에 1달러로 살 수 있었던 것들을 살 수가 없다. 대부분의 재화가격이 상승했기 때문이다. 물가의 상승은 지난 40년 사이에 평균적인 미국 근로자가 수령하는 임금 상승분의 대부분을 상쇄시켰다.
- 거시경제학의 연구 대상 중 하나는 물가이다. **인플레이션**이나 **디플레이션**이 모두 경제에 문제를 일으킬 수 있기 때문에 경제학자들은 보통 **물가 안정**을 유지할 것을 주장한다.

>> **이해돕기 12-4**
해답은 책 뒤에

1. 다음 중 어떤 것이 인플레이션이고, 어떤 것이 디플레이션이며, 또한 어떤 것이 애매한지를 밝히라.

a. 휘발유 가격이 10% 상승하고, 식품 가격이 20% 하락하며, 대부분의 서비스 가격이 1~2% 상승한다.

b. 휘발유 가격이 두 배가 되고, 식품 가격이 50% 상승하고, 대부분의 서비스 가격이 5~10% 상승한다.

c. 휘발유 가격에는 변함이 없고, 식품 가격은 크게 하락하고, 서비스 가격도 싸진다.

국제 불균형

미국 경제는 개방경제다. **개방경제**(open economy)란 다른 국가들과 재화, 서비스, 자산 등을 활발하게 교역하는 경제를 말한다. 이러한 미국의 대외 교역이 대체로 균형을 이루었던 시절이 있었다. 이 시절에는 미국이 여타 세계로부터 사들이는 만큼을 여타 세계에 팔고 있었다. 하지만 지금은 그런 시절이 아니다.

2018년에 미국은 대규모의 **무역적자**(trade deficit)를 내고 있었다. 다시 말해서 미국의 거주자가 여타 세계로부터 구매하는 재화와 서비스의 가치가 미국의 생산자들이 해외의 고객에게 판매하는 재화와 서비스의 가치를 훨씬 초과하고 있었다. 한편 다른 국가들 중에는 이와 반대의 위치에 있는 국가도 있었다. 이들 국가는 외국인으로부터 사는 것보다 더 많은 물건을 외국인들에게 팔고 있었다.

〈그림 12-9〉는 몇몇 주요 국가에 있어서 2017년 중 재화의 수출과 수입을 보여 준다. 그림에서 볼 수 있듯이 미국은 수출하는 것보다 훨씬 많은 것을 수입하고 있었다. 독일과 중국은 그 반대였다. 이들은 **무역흑자**(trade surplus)를 내고 있었다. 한 국가가 여타 세계로부터 구매하는 재화와 서비스의 가치가 해외에 판매하는 재화와 서비스의 가치보다 작을 때 무역흑자가 발생한다.

미국의 무역적자는 미국 경제가 무언가 잘못되어 있음을 보여 주는 신호였을까? 예를 들어 미국이 다른 나라 사람들이 구매하기를 원하는 것들을 만들지 못하고 있었던 것일까? 그렇지는 않다. 무역적자와 무역흑자는 거시경제적인 현상일 뿐이다. 이들은 부분의 합과 전체가 상이할 수 있는 상황의 하나일 뿐이다. 여러분은 생산성이 매우 높은 노동자를 보유하고 있고 널리 수요되는 재화와 서비스를 생산하는 국가들이 무역흑자를 볼 것이고, 비생산적인 노동자를 보유하고 있고 품질이 낮은 재화와 서비스를 생산하는 국가들이 무역적자를 볼 것이라고 생각할지 모른다. 하지만 현실에 있어서는 경제의 성공 여부와 무역흑자나 적자를 내는지 여부 사이에는 단순

> **개방경제**(open economy)란 다른 국가들과 재화와 서비스를 활발하게 교역하는 경제다.
>
> 한 국가가 외국인들로부터 구매하는 재화와 서비스의 가치가 외국인들에게 판매하는 재화와 서비스의 가치보다 클 때 **무역적자**(trade deficit)가 발생한다.
>
> 한 국가가 외국인들로부터 구매하는 재화와 서비스의 가치가 외국인들에게 판매하는 재화와 서비스의 가치보다 작을 때 **무역흑자**(trade surplus)가 발생한다.

그림 12-9 균형을 잃은 무역

2017년에 미국이 다른 국가들로부터 구입한 재화의 가치는 해외에 판매한 재화의 가치를 훨씬 초과했다. 독일과 중국은 그 반대였다. 무역적자와 무역흑자는 거시경제적 현상, 특히 저축과 투자지출의 차이를 반영한다.

출처 : Organization of Economics Co-operation Development.

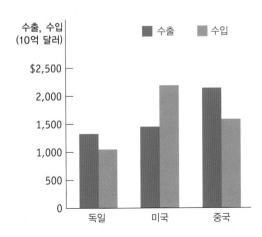

한 관계가 존재하지 않는다.

제2장에서 우리는 국제무역이 비교우위의 결과임을 배웠다. 즉 국가는 생산에 있어서 상대적으로 유리한 재화를 수출하고 그렇지 않은 재화를 수입한다. 이것이 바로 미국이 밀을 수출하고 커피를 수입하는 이유다. 하지만 비교우위의 개념으로는 왜 한 국가의 수입액이 때로는 수출액보다 적은지 또는 많은지를 설명할 수 없다.

그렇다면 한 국가가 무역흑자를 낼 것인지 또는 무역적자를 낼 것인지를 결정하는 것은 무엇일까? 제20장에서 우리는 놀라운 답을 알게 될 것이다. 수출과 수입 간의 균형 여부는 재화와 서비스를 생산하기 위해 사용되는 기계나 공장 같은 투자재에 대한 투자지출과 저축에 의해 결정된다. 저축에 비해 투자지출이 큰 국가는 무역적자를 낼 것이고, 저축에 비해 투자지출이 적은 국가는 무역흑자를 낼 것이다.

현실 경제의 >> 이해

그리스의 값비싼 흑자

1999년에 그리스는 역사적인 발걸음을 내디뎠는데, 바로 유럽국가 간 경제적 및 정치적 통합을 진전시키기 위해 도입된 공통화폐인 유로를 채택하기 위해 자기 나라의 화폐인 드라크마(drachma)를 포기한 것이다. 이것이 그리스의 국제무역에 어떤 영향을 미쳤을까?

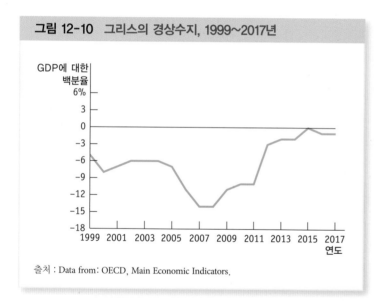

그림 12-10 그리스의 경상수지, 1999~2017년

GDP에 대한 백분율

출처 : Data from: OECD, Main Economic Indicators.

〈그림 12-10〉은 1999년부터 2017년까지 그리스의 경상수지를 보여 준다. 경상수지는 무역수지보다 더 광범위한 개념이다. 음의 경상수지란 이 나라가 무역적자를 내고 있었음을 의미한다. 그림에서 볼 수 있듯이 그리스는 유로화를 채택한 이후 대규모의 무역적자를 내기 시작했는데, 무역적자 규모가 최대일 때는 그리스가 생산한 재화 및 서비스 가치의 16%에 달했다. 그렇지만 2008년 이후에는 무역적자가 빠른 속도로 줄어들기 시작했으며, 2013년에 이르러서는 소폭의 흑자를 내고 있었다.

이것이 그리스 경제가 2000년대 중반에 형편없는 성적을 내다가 그 이후 개선되었음을 의미하는 것일까? 실제는 정반대다. 그리스가 유로화를 채택했을 때 해외의 투자자들은 그리스 경제의 전망을 좋게 보았고, 그 결과 이 나라로 돈이 물밀 듯이 들어와 경제가 빠른 속도로 팽창했다. 불행히도 이러한 낙관론은 결국 소멸되었고 외자 유입은 말라 버렸다. 그 결과 중 하나로 그리스는 더 이상 대규모의 무역적자를 감당할 수 없게 되었고, 2013년에 이르러서는 흑자를 낼 수밖에 없었다. 또 다른 결과는 심한 경기후퇴인데 그 결과 이 장의 도입 사례에서 설명한 일자리를 못 구한 대학 졸업자 크리스티나 심피다를 포함하여 매우 많은 실업자들이 발생했다.

>> 복습
• 비교우위를 통해 **개방경제**가 왜 어떤 재화와 서비스를 수입하면서 다른 재화와 서비스를 수출하는지를 설명할 수 있다. 하지만 비교우위로는 한 국가가 왜 수출보다 많은 수입을 하는지를 설명할 수 없다.
• **무역적자**와 **무역흑자**는 저축과 투자지출에 관한 결정에 의해 좌우되는 거시경제적 현상이다.

>> 이해돕기 12-5
해답은 책 뒤에

1. 다음 중 어떤 것이 비교우위의 결과이고 어떤 것이 거시경제적 현상인가?
   a. 앨버타에서 대규모 오일샌드가 발견된 덕분에 캐나다는 원유 수출국이자 제조품 수입국

이 되었다.

   b. 다른 소비재와 마찬가지로 애플사의 아이패드는 중국에서 조립된다. 물론 많은 부품들은 다른 국가에서 만들어진다.

   c. 2002년 이래 독일은 수입보다 훨씬 많은 수출을 함에 따라 대규모 무역흑자를 기록하였다.

   d. 1990년대 초반에 거의 무역균형을 이루었던 미국은 1990년대 후반 들어 기술 호황이 본격 화됨에 따라 대규모의 무역적자를 경험했다.

요약

1. 거시경제학은 경제 전체의 움직임을 연구하는 학문 분야다. 거시경제 전체의 움직임은 그 부분의 합과 다를 수 있다. 거시경제학은 이를 통해 답하고자 하는 질문의 형태가 미시경제학과 다르다. 거시경제학은 또한 정책에 대해 중점을 두고 있다. 대공황 중에 부상한 **케인즈학파 경제학**은 경기침체를 해소하기 위해 **통화정책**과 **재정정책**을 사용할 것을 주장한다. 대공황 이전만 해도 경제학자들은 경제가 **자율조정적**이라 생각했다.

2. 거시경제학의 주된 관심사 중 하나는 고용과 총생산이 감소하는 **경기후퇴**와 고용과 총생산이 증가하는 **경기팽창**이 단기적으로 반복되는 현상인 **경기순환**이다. 경제가 팽창 국면에서 후퇴국면으로 전환되는 시점을 **경기순환의 정점**이라 하고, 경제가 후퇴국면에서 팽창국면으로 전환되는 시점을 **경기순환의 저점**이라 한다.

3. 거시경제학의 또 하나의 주된 연구 분야로 경제의 총생산이 지속적으로 상승하는 추세를 의미하는 **장기 경제성장**을 들 수 있다. 장기 경제성장은 생활수준이 장기적으로 향상될 수 있는 열쇠가 되는 한편 일부 경제 프로그램의 재원 조달에 중요한 영향을 미친다. 경제성장은 가난한 국가들에 있어서 특히 중요하다.

4. 대부분의 재화와 서비스 가격이 상승하여 총체적인 물가수준이 상승할 경우 경제는 **인플레이션**을 경험한다. 총체적인 물가수준이 하락할 때 경제는 **디플레이션**을 경험한다. 단기적으로 인플레이션과 디플레이션은 경기순환과 밀접한 관계가 있다. 장기적으로 물가는 전체 화폐공급의 변화에 의해 좌우된다. 인플레이션과 디플레이션은 모두 문제를 발생시키므로 경제학자들과 정책입안자들은 일반적으로 **물가 안정**의 달성을 목표로 삼는다.

5. 비교우위는 **개방경제**가 어떤 재화를 수출하면서 다른 재화를 수입하는 이유를 설명할 수 있지만, 한 국가가 **무역흑자** 또는 **무역적자**를 겪는 이유를 설명하기 위해서는 거시경제학적 분석이 필요하다. 수출과 수입 간의 총체적인 균형 여부는 저축과 투자지출에 대한 의사결정에 달려 있다.

주요용어

자율조정적 경제	경기순환	물가 안정
케인즈학파 경제학	경기순환의 정점	개방경제
통화정책	경기순환의 저점	무역적자
재정정책	장기 경제성장	무역흑자
경기후퇴	인플레이션	
경기팽창	디플레이션	

토론문제

1. 미국의 노동부는 고용과 소득에 대한 통계를 보고하는데, 많은 경제학자들이 이 통계를 미국 경제의 건전성을 가늠하는 데 사용한다. 본문의 〈그림 12-4〉는 매달 실업률에 대한 역사적 자료를 그래프로 보여 준다. 이 숫자가 1990년대 초반과 2001년 그리고 대후퇴 이후에 매우 높은 값을 기록했다는 사실이 주목된다.

   a. 미국의 실업률에 대한 가장 최신 자료를 구하라. [힌트 : 노동부 웹 사이트(www.bls.gov)로 가서 탐색창에 '고용현황요약(Employment Situation Summary)'을 입력하고 해당 페이지를 선택하라.]

   b. 현재의 실업률을 1990년대 초반, 2001년, 2008~2017년 기간은 물론 이들 경기후퇴기 직전에 비교적 높은 경제성장을 보이던 시기와 비교하라. 현재의 수치는 경기후퇴 추세를 예고하는가?

2. 1990년대에는 아시아 금융위기라 알려진 극적인 경제적 사건이 발생했었다. 10년 후에 비슷한 사건이 발생했는데 이는 글로벌 금융위기라 불린다. 다음 그림은 1995년부터 2014년까지 미국과 일본의 실질 GDP의 성장률을 보여 준다. 그림을 이용하여 이 두 사건에 이러한 이름이 붙여진 이유가 무엇일지 설명해 보라.

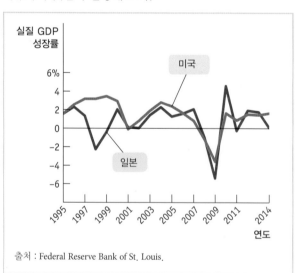

출처 : Federal Reserve Bank of St. Louis.

3. 다음 그림은 1987년 이래 미국의 무역적자를 보여 준다. 미국은 점점 더 수출하는 것보다 더 많은 재화를 수입해 왔다. 미국이 무역에 있어서 적자를 보고 있는 국가 중 하나는 중국이다. 다음 명제 중에서 이와 같은 사실을 설명할 수 있는 것은 무엇인가? 그 이유를 설명하라.

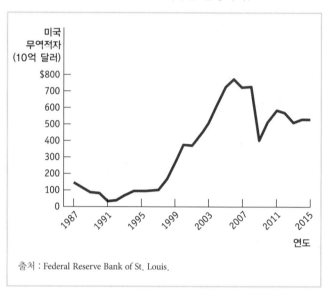

출처 : Federal Reserve Bank of St. Louis.

   a. TV와 같이 이전에는 미국에서 생산되던 많은 제품들이 이제는 중국에서 생산되고 있다.

   b. 중국 노동자의 평균 임금은 미국 노동자보다 낮다.

   c. 미국의 투자지출은 저축에 비해 상대적으로 높은 수준이나 중국은 저축이 투자지출에 비해 상대적으로 규모가 더 크다.

연습문제

1. 다음 질문 중 어느 것이 미시경제학과 거시경제학의 연구 대상으로 적절한지 구분하라.

   a. 마틴 여사가 일하는 음식점 근처에 있는 큰 공장이 문을 닫으면 마틴 여사가 받는 봉사료에는 어떤 변화가 생기는가?

   b. 경제가 침체기에 들어서면 소비지출액은 어떻게 변하는가?

   c. 서리가 내려서 플로리다의 오렌지 과수원이 피해를 입으면 오렌지 가격은 어떻게 변하는가?

   d. 노동자들이 조합을 결성하면 제조업체 공장의 임금이 어떻게 변하는가?

   e. 다른 화폐에 비해서 달러화의 가치가 하락하면 미국의 수출은 어떻게 영향을 받는가?

   f. 한 국가의 실업률과 인플레이션율의 관계는 무엇인가?

2. 어떤 사람이 저축을 하면 그의 재산은 증가하고 따라서 미래에 더 많은 소비를 할 수 있다. 하지만 모든 사람이 다 저축을 하면 모든 사람의 소득이 감소하고 그 결과 모든 사람의 현재 소비가 줄어들게 된다. 이처럼 모순되게 보이는 현상에 대해서 설명해 보라.

3. 대공황 이전까지 경제학자들과 정책입안자들의 전통적인 견해는 경제가 자율조정적이라는 것이었다.

   a. 이러한 견해는 케인즈학파 경제학과 일치하는가 또는 상충되는가? 이유를 설명하라.

   b. 대공황은 전통적인 견해에 어떤 영향을 미쳤을까?

   c. 2007∼2009년의 경기후퇴에 대한 정책입안자들의 반응과 대공황 중 정책입안자들의 반응을 대조시켜 보라. 2007∼2009년의 경기후퇴에 있어서 정책입안자들이 대공황 중 정책입안자들이 한 것과 같은 정책반응을 했더라면 어떤 결과를 가져왔을 것인지 설명하라.

4. a. 경기순환에 따라 함께 움직이는 경제지표 세 가지를 들라. 이들 지표는 경기팽창기에 어떤 방향으로 움직이는가? 경기후퇴기에는?

   b. 경기후퇴기에는 누가 어떻게 피해를 입는가?

   c. 프리드먼은 대공황 이후 등장한 경제의 운영방법에 대한 의견합치를 어떻게 변화시켰는가? 오늘날 정책입안자의 경제 관리 목표는 무엇인가?

5. 왜 우리는 경기순환의 팽창국면이 장기 경제성장과 다르다고 생각하는가? 왜 우리는 인구 증가율에 대비한 실질 국내총생산의 장기 성장률에 관심을 가질까?

6. 1798년에 맬서스는 『인구론』을 출간했다. 이 책에서 맬서스는 다음과 같이 말한다. "인구 증가가 억제되지 않는 한 인구는 기하급수적으로 증가한다. 하지만 이들을 먹여 살릴 식량은 산술적으로 증가할 뿐이다. 그 결과 식량 부족으로 인해 인구 증가는 강하고 지속적인 제약을 받게 된다." 맬서스가 의미하는 것은 인구 증가가 이용 가능한 식량의 양에 의해서 제약되고 사람들은 영원히 최저생계수준의 생활을 하게 된다는 것이다. 이와 같은 맬서스의 예상이 1800년 이후 실제로 발생한 세계 경제 현상에 부합되지 않는 이유는 무엇인가?

7. 《이코노미스트》지는 매년 여러 나라의 빅맥 가격과 환율에 대한 자료를 출간한다. 다음 표는 2007년과 2016년의 일부 자료를 보여 준다. 이 표를 이용하여 다음 질문에 답하라.

국가	2007년		2016년	
	빅맥 가격 (각국 화폐단위)	빅맥 가격 (미국 달러 단위)	빅맥 가격 (각국 화폐단위)	빅맥 가격 (미국 달러 단위)
아르헨티나	peso8.25	$2.65	peso33.0	$2.39
캐나다	C$3.63	$3.08	C$5.84	$4.14
유로지역	€2.94	$3.82	€3.72	$4.00
일본	¥280	$2.31	¥370	$3.12
미국	$3.22	$3.22	$4.93	$4.93

   a. 2007년의 미국 달러화를 기준으로 할 때 빅맥을 가장 값싸게 살 수 있었던 나라는 어디인가?

   b. 2016년의 미국 달러화를 기준으로 할 때 빅맥을 가장 값싸게 살 수 있었던 나라는 어디인가?

   c. 각국의 통화로 표시한 빅맥 가격의 증가를 이용하여 2007∼2016년 사이 물가수준의 변화율을 백분율로 구하라. 어떤 나라가 가장 극심한 인플레이션을 겪었는가? 디플레이션을 겪은 나라도 있는가?

8. 지난 수십 년간 미국의 대학 등록금은 큰 폭으로 상승했다. 이 문제를 풀기 위해 지난 20년간 등록금, 기숙사비, 식비를 포함하여 전일제 대학생이 지급하는 공립대학 교육비용이 2,871달러에서 16,789달러로 485% 상승했고, 사립대학 교육비용이 6,330달러에서 33,716달러로 433% 증가했다고 가정하자. 같은 기간 개인의 평균 세후소득은 연간 9,785달러에서 39,409달러로 302% 상승했다. 등록금 인상으로 인해 평균적인 학생이 등록금을 내는 것이 더 어려워졌는지 여부를 판별하라.

13 GDP와 CPI : 거시경제의 측정

🌐 중국, 대성공을 거두다

이 책의 서두에는 중국 동남지역에 있는 엄청난 규모의 복합단지인 주강 삼각주의 사진이 제시되었는데, 오늘날 이 지역은 세계에서 가장 큰 도시다. 이 도시는 많은 국가들의 경제 규모를 넘어서는 매우 큰 규모의 경제를 보유하고 있다. 중국은 몇몇 지표에 따라서는 세계에서 가장 큰 경제다. 다른 지표들은 미국이 여전히 더 큰 경제임을 보여 준다.

중국은 일본을 추월하여 경제적 초강대국이 되었다.

그런데 세계에서 가장 큰 경제 규모라는 것은 무엇을 의미할까? 여러분이 중국과 미국을 비교한다면 이들이 상당히 다른 것들을 하고 있음을 발견할 것이다. 예를 들어 중국은 세계 전체 의류의 상당 부분을 생산하는 데 비해 미국에서는 의류산업이 대부분 사라졌다. 반면에 미국은 세계 전체 여객기의 절반가량을 생산하는 데 비해 중국에서는 항공기산업이 이제 막 시작단계다. 따라서 여러분은 두 경제의 규모를 비교하려 드

는 것은 사과와 오렌지가 아니라 잠옷과 보잉 여객기를 비교하는 것과 같다고 생각할 수도 있다.

그렇지만 경제학자들은 으레 공간과 시간에 따른 경제의 규모를 비교하려 든다. 예를 들어 경제학자들은 미국 경제와 중국 경제의 규모를 비교하고, 오늘날 미국 경제의 규모를 과거의 규모와 비교하기도 한다. 이를 위해 이들은 **국내총생산**(gross domestic product) 또는 GDP라 알려진 지표와 이와 밀접한 관련이 있는 지표인 **실질 국내총생산**(real GDP)을 이용한다. 국내총생산은 한 국가에서 생산되는 재화와 서비스의 총체적 가치에 대한 척도이며, 실질 국내총생산은 연간 물가 변화에 대해 보정된 국내총생산이다.

국내총생산과 실질 국내총생산은 거시경제를 추적하기 위해, 즉 생산량과 물가의 총체적 수준의 움직임을 계량화하기 위해 사용되는 가장 중요한 척도 중 두 가지다. 정책입안자들은 어떤 일이 일어나고 있는지를 알 필요가 있으며 일화는 믿을 수 있는 자료를 대체할 수 없기 때문에 국내총생산이나 물가지수와 같은 척도들은 경제정책을 형성하는 데 중요한 역할을 한다. 기업을 비롯한 경제 참가자들이 공식적인 숫자를 신뢰할 수 없을 때 독립기관이 제공하는 추정치를 구하려 할 정도로 이러한 척도들은 기업의 의사결정에도 중요하다.

이 장에서는 거시경제학자들이 어떻게 경제의 주요 측면을 측정하는지에 대해 설명할 것이다. 먼저 경제의 총생산과 총소득을 측정하는 방법에 대해 탐구할 것이다. 다음으로는 경제의 물가수준과 물가변화를 어떻게 측정할 것인지에 대해 알아본다. ●

이 장에서 배울 내용

- 경제학자들이 경제 성과를 파악하기 위해 총량지표를 이용하는 방법
- **국내총생산**의 개념과 세 가지 측정방법
- **실질 국내총생산**과 **명목 국내총생산**의 차이와 실질 국내총생산이 경제의 실제 활동수준의 적절한 척도가 될 수 있는 이유
- **물가지수**의 개념과 **인플레이션율**을 측정하기 위해 물가지수를 활용하는 방법

국민소득 및 생산계정(national income and product accounts) 또는 **국민계정**(national accounts)은 경제의 여러 부문 간 화폐의 흐름을 측정한다.

최종생산물(final goods and services)은 최종 사용자에게 판매되는 재화와 서비스다.

중간투입물(intermediate goods and services)은 최종생산물을 생산하기 위해 사용되는 투입물로 한 기업이 다른 기업으로부터 구매하는 재화와 서비스다.

국내총생산(gross domestic product, GDP)은 어떤 경제에서 한 해 동안에 생산되는 최종생산물 가치의 총계로 정의된다.

‖ 거시경제의 측정

거의 모든 국가가 국민소득 및 생산계정이라고 불리는 일련의 숫자들을 계산하여 보고하고 있다. 사실 한 국가의 국민계정의 정확성은 그 국가의 경제발전 정도에 대한 훌륭한 척도가 된다. 경제적인 선진국일수록 국민계정에 대한 신뢰도가 높다. 국제경제기구들이 저개발국을 지원하려 할 때 가장 먼저 하는 일이 바로 전문가를 파견하여 국민계정을 평가하고 개선하는 것이다.

미국에서는 상무부의 한 부서인 경제분석국(Bureau of Economic Analysis)에서 국민계정을 작성한다. **국민소득 및 생산계정**(national income and product accounts) 또는 간단히 **국민계정**(national accounts)은 소비자의 지출, 생산자의 매출, 기업의 투자지출, 정부의 물품 구매를 비롯하여 서로 다른 경제 부문 간 화폐의 흐름을 측정하는데 그 원리에 대해 알아보자.

경제학자들은 경제가 생산하는 재화와 서비스의 총체적 시장가치를 측정하기 위해 국민계정을 이용한다. 이러한 척도에는 국내총생산이라는 이름이 붙여져 있다. 그런데 정식으로 국내총생산을 정의하기에 앞서서 여러 종류의 재화와 서비스 간의 중요한 차이점, 특히 **중간투입물**과 최종생산물 간의 차이점에 대해서 검토할 필요가 있다.

국내총생산

소비자가 자동차 딜러로부터 새 차를 구입하는 것은 최종생산물의 판매가 일어나는 전형적인 예라고 할 수 있다. **최종생산물**(final goods and services)이란 최종 사용자에게 판매되는 재화와 서비스를 의미한다. 반면에 자동차 제조회사가 제철소로부터 구매하는 철강이나 유리 제조사로부터 구매하는 유리는 중간투입물이다. **중간투입물**(intermediate goods and services)이란 다른 생산물을 생산하기 위해 투입되는 재화와 서비스를 의미한다. 중간투입물을 구매하는 기업은 그 생산물의 최종 사용자가 아니다.

국내총생산(gross domestic product, GDP)은 어떤 경제에서 주어진 기간에 생산되는 최종생산물 가치의 총계로 정의된다. 2017년의 미국 국내총생산은 19조 4,850억 달러였는데 이는 미국 국민 1인당으로는 5만 9,472달러에 해당한다. 여러분이 어떤 국가의 국민계정을 작성하고자 하는 경제학자라 하자. 이 국가의 국내총생산을 계산하기 위한 한 가지 방법은 그 국가 내의 모든 기업이 생산한 최종생산물의 가치를 조사해서 합산하는 직접적인 방법일 것이다. 중간투입물을 비롯한 일부 재화가 국내총생산의 계산에 포함되지 않는 이유에 대해서는 다음 절에서 설명할 것이다.

그런데 생산된 모든 최종생산물의 가치를 더하는 것은 국내총생산을 계산하는 세 가지 방법 중 하나일 뿐이다. 두 번째 방법은 국내에서 생산되는 최종생산물에 대한 지출의 합을 구하는 것이다. 국내총생산을 계산할 수 있는 세 번째 방법은 경제에서 벌어들인 총소득에 근거한 방법이다. 기업과 이들이 고용하는 생산요소는 가계가 소유하고 있으므로 기업은 자신의 수입을 궁극적으로는 가계에 지급해야 한다. 따라서 국내총생산을 계산할 수 있는 세 번째 방법은 가계가 경제 내 기업으로부터 벌어들이는 요소소득을 모두 더하는 것이다.

국내총생산의 계산

지금까지 국내총생산을 계산할 수 있는 세 가지 방법에 대해 설명했다.

1. 생산된 모든 재화와 서비스의 최종생산물의 가치를 더하는 것
2. 국내에서 생산된 재화와 서비스에 대한 모든 지출을 더하는 것
3. 가계가 경제 내의 기업으로부터 벌어들인 모든 요소소득을 더하는 것

정부의 통계 담당자는 이들 세 가지 방법을 모두 사용한다. 이 세 가지 방법이 어떻게 적용

그림 13-1 국내총생산의 계산

세 기업으로 구성된 가상 경제에서 국내총생산은 세 가지 상이한 방법에 의해 측정될 수 있다.

1. 생산된 최종생산물의 가치로 GDP를 측정하되 각 기업의 부가가치를 더함으로써 계산
2. 국내에서 생산된 최종생산물에 대한 총지출로써 GDP 측정
3. 기업으로부터 수취한 요소소득으로 GDP 측정

2. 국내에서 생산된 최종생산물에 대한 총지출=$21,500

	아메리칸 오어	아메리칸 스틸	아메리칸 모터스	총요소소득
매출액	$4,200 (철광석)	$9,000 (철강)	$21,500 (자동차)	
중간투입물	0	4,200 (철광석)	9,000 (철강)	
임금	2,000	3,700	10,000	$15,700
이자	1,000	600	1,000	2,600
임대료	200	300	500	1,000
이윤	1,000	200	1,000	2,200
기업의 총지출	4,200	9,000	21,500	
기업당 부가가치 =매출액- 중간투입물 비용	4,200	4,800	12,500	

3. 요소에 대한 총지급액 =$21,500

1. 생산된 최종생산물의 가치, 부가가치의 합계=$21,500

되는지를 보기 위해 〈그림 13-1〉에 제시된 단순화된 가상 경제를 생각해 보자. 이 경제는 매년 자동차 1대를 생산하는 아메리칸 모터스(American Motors), 자동차의 원재료로 사용되는 철강을 생산하는 아메리칸 스틸(American Steel), 철강을 생산하기 위한 철광석을 캐는 아메리칸 오어(American Ore)라는 세 기업으로 구성되어 있다. 이 경제에서는 매년 2만 1,500달러짜리 자동차 1대가 생산된다. 따라서 이 경제의 국내총생산은 2만 1,500달러다. 이제 앞서 소개한 세 가지 방법이 어떻게 동일한 국내총생산의 값을 계산해 낼 수 있는지 알아보자.

최종생산물의 가치로 국내총생산 측정하기 첫 번째 방법은 한 경제에서 생산된 모든 최종생산물의 가치를 더하는 것이다. 이 계산방법에서는 모든 중간투입물을 제외하고 국내총생산을 계산한다. 그렇다면 왜 국내총생산 계산에서 중간투입물을 제외하는 것일까? 중간투입물이라고 해서 경제에 기여하는 바가 전혀 없지는 않을 텐데 말이다.

〈그림 13-1〉에 제시된 단순한 경제를 이용하여 그 이유를 설명해 보기로 한다. 과연 철광석 생산기업과 철강 생산기업과 자동차 생산기업의 매출액을 모두 합해서 이 경제의 국내총생산을 계산하는 것이 옳은 방법일까? 만일 이와 같이 국내총생산을 계산한다면 국내총생산 계산에 철강이 두 번 중복해서 포함되어 버린다. 철강 생산기업으로부터 자동차 생산기업으로 판매될 때 한 번 계산에 포함되고, 자동차 완제품이 소비자에게 판매될 때 자동차 본체에 포함된 철강이 한 번 더 계산에 포함된다. 마찬가지 논리에 의해 철광석은 국내총생산 계산에 세 번 중복되어 포함된다. 첫 번째는 철광석이 철강 생산기업에 판매될 때, 두 번째는 철강으로 변한 철광석이 자동차 생산기업에 판매될 때, 세 번째는 그 철강이 자동차의 일부가 되어 소비자에게 판매될 때다.

따라서 각 생산기업의 생산물 판매가 일어날 때마다 모든 매출액을 국내총생산 계산에 포함시킨다면 동일한 생산물을 여러 번 중복해서 계산하게 되며 그 결과 국내총생산의 값을 크게 부풀리게 된다. 예를 들어 〈그림 13-1〉에서 최종생산물이든 중간투입물이든 관계없이 모든 생산물 매출액의 합계를 구하면 자동차 매출액 2만 1,500달러, 철강 매출액 9,000달러, 철광석 매출

철강은 중간투입물인데 그 이유는 자동차 회사와 같은 생산물 제조업체에 매각되며, 소비자와 같은 최종 구매자에게는 거의 팔리지 않기 때문이다.

액 4,200달러를 더한 3만 4,700달러가 된다. 실제 국내총생산은 2만 1,500달러인데도 말이다. 이와 같은 중복계산을 방지하기 위해서는 각 생산기업의 **부가가치**(value added)만을 국내총생산의 계산에 포함시키면 된다. 부가가치란 생산물의 매출액으로부터 그 생산물을 생산하기 위해 다른 생산자로부터 구입한 중간투입물의 구매액을 뺀 값이다.

다시 말하면 각 생산 단계에 있어서 투입된 중간재의 비용을 빼는 것이다. 우리의 가상 경제에서 자동차 생산기업의 부가가치는 제조된 자동차의 가격에서 자동차를 생산하기 위해 구입한 철강의 가격을 뺀 값으로 1만 2,500달러가 된다. 철강 생산기업의 부가가치는 생산된 철강의 가격에서 철광석 구입가격을 뺀 4,800달러다. 철광석 생산기업은 중간투입물을 전혀 사용하지 않는다고 가정했으므로 그 부가가치는 철광석 매출액과 같은 4,200달러다. 세 생산기업의 부가가치를 더하면 2만 1,500달러가 되는데 이는 바로 국내총생산과 같은 값이다.

국내에서 생산된 최종생산물에 대한 지출로 국내총생산 측정하기 국내총생산을 측정할 수 있는 또 하나의 방법은 국내에서 생산된 최종생산물을 구매하기 위한 **총지출**을 모두 합하는 것이다. 기업들이 재화와 서비스를 시장에서 판매하는 대가로 수취하는 자금 흐름의 총액을 국내에서 생산된 재화와 서비스의 최종생산물에 대한 **총지출**(aggregate spending)이라 한다. 이는 소비지출, 투자지출, 정부의 재화와 서비스 구매, 그리고 수출 빼기 수입의 합과 같다. 최종생산물인 재화와 서비스의 국내생산액으로 국내총생산을 측정하는 것과 마찬가지로 기업으로의 자금 흐름을 측정하는 이 지표 역시 중복계산을 방지하도록 적용되어야 한다.

우리의 가상 경제를 예로 들면 자동차를 구매하기 위한 소비자의 지출(〈그림 13-1〉에서 자동차의 판매가격인 2만 1,500달러에 해당)과 철강을 구매하기 위한 자동차 생산업자의 지출(〈그림 13-1〉에서 자동차에 포함된 철강의 가격인 9,000달러에 해당)을 모두 총지출에 포함시켜서는 안 된다. 두 지출을 모두 포함시킬 경우 자동차의 일부가 되어 버린 철강을 계산에 두 번 포함시키는 셈이 되기 때문이다.

이와 같은 중복계산의 문제는 최종 구매자에게 판매되는 생산물의 매출액만을 계산에 포함시킴으로써 해결될 수 있다. 여기서 **최종 구매자**(final buyer)란 소비자, 투자지출을 위해 생산물을 구매하는 기업, 정부 그리고 해외 부문을 말한다. 다시 말해 지출에서의 중복계산을 피하기 위해서는 한 기업으로부터 다른 기업으로 판매되는 중간투입물에 대한 지출은 계산에서 제외되어야 한다. 여러분은 〈그림 13-1〉에서 최종생산물인 완성차에 대한 총지출이 2만 1,500달러임을 볼 수 있을 것이다.

국내총생산은 다음과 같이 수식을 통해 총지출의 5개 구성요소의 합으로 표현될 수 있다.

(13-1) $GDP = C + I + G + X - IM$

C는 소비지출(consumer spending)을 나타내고, I는 투자지출(investment spending), 즉 다른 기업에 대한 투자재의 판매를 나타낸다. G는 정부의 재화와 서비스 구매이며, X는 외국인에 대한 판매, 즉 수출을 나타낸다.

기업 매출의 구성요소 중 하나는 소비지출이다. 그런데 현실에서는 이것이 모두 국내에서 생산된 재화와 서비스에 지출되는 것은 아니다. 따라서 우리는 수입품에 대한 지출을 고려해야 하는데 이는 (13-1)식에서 IM에 해당한다. 수입품에 지출되는 소득은 국내에서 생산되는 재화와 서비스에 지출되는 소득이 아니다. 이는 국경선을 넘어서 '누출'되는 소득이다. 지출 자료를 통해 국내생산량을 정확하게 측정하기 위해서는 수입품에 대한 지출을 빼서 국내에서 생산된 재화와 생산물에 대한 지출만을 추출해야 한다.

우리는 나중에 식(13-1)을 다시 마주칠 것이다.

부가가치(value added)는 기업이 생산한 생산물의 매출액과 그 생산물을 생산하기 위해 다른 생산자로부터 구입한 중간투입물 구매액 간의 차이다.

소비자 지출, 투자 지출, 정부의 재화 및 서비스 구매, 수출에서 수입을 뺀 합계는 국내에서 생산된 최종생산물 및 서비스에 대한 **총지출**(aggregate spending)이다

국내기업으로부터 벌어들인 요소소득으로 국내총생산 측정하기 마지막으로 국내총생산을 측정할 수 있는 또 하나의 방법은 생산요소들이 경제 내의 기업으로부터 벌어들인 소득을 모두 합하는 것이다. 이와 같은 요소소득에는 노동이 벌어들이는 임금, 기업과 정부에 돈을 빌려 준 자가 벌어들이는 이자, 주주가 벌어들이는 이윤, 토지나 건물을 기업에 임대한 자가 벌어들이는 임대료가 포함된다. 요소소득의 합으로써 국내총생산을 측정할 수 있는 이유는 기업이 재화와 서비스를 판매해서 벌어들인 수입은 반드시 이 네 가지 요소소득으로 처분되어야 하기 때문이다. 즉 기업의 수입 중 임금, 이자, 임대료를 지불하고 남는 것이 바로 이윤이며, 이 이윤 중 일부가 주주에게 배당으로 지급된다.

〈그림 13-1〉은 우리의 단순한 가상 경제에서 이와 같은 관계를 보여 준다. 오른쪽 끝에 음영으로 표시된 열은 기업이 지불한 임금, 이자 및 임대료의 총액과 이윤을 보여 준다. 이들을 모두 더한 총요소소득은 2만 1,500달러이며 이는 국내총생산의 값과 동일하다.

요소소득에 의한 국내총생산 계산방법은 앞서 소개된 다른 두 가지 방법만큼 강조되지는 않을 것이다. 그렇지만 국내에서 생산된 재화와 서비스를 구매하기 위해 지출된 모든 금액은 결국 가계에 요소소득으로 지급되며 이를 통해 경제의 순환 흐름이 이루어진다는 사실을 항상 기억할 필요가 있다.

국내총생산이 의미하는 것

지금까지 국내총생산을 측정하기 위한 여러 가지 방법을 소개했다. 그렇다면 이와 같이 측정된 국내총생산의 값은 어떤 의미를 가지는 것일까?

국내총생산은 무엇보다도 한 경제의 규모에 대한 척도로서 서로 다른 해의 경제적 성과를 비교하거나 서로 다른 국가들의 경제적 성과를 비교하는 데 사용된다. 예를 들어 여러분이 여러 국가 경제를 서로 비교하고자 할 때 국내총생산의 비교가 자연스러운 방법이 될 수 있다. 앞서 보았듯이 2017년 미국의 국내총생산은 19조 4,850억 달러였고, 중국의 국내총생산은 12조 2,370억 달러, 그리고 유럽연합(EU) 28개 회원국 전체의 국내총생산은 17조 2,810억 달러였다.

그런데 잠깐만! 이 장 서두에서는 어떤 지표에 따르면 중국이 세계에서 가장 큰 경제이며, 다른 지표에 따르면 미국이 여전히 가장 큰 경제라 하지 않았던가? 사실 국내총생산의 값을 이용하여 국가를 비교할 때 특히 시간에 따른 비교를 할 경우에는 주의를 기울여야 한다. 시간에 따른 국내총생산의 증가는 부분적으로는 산출량의 증가가 아니라 재화와 서비스 가격의 상승에 원인이 있기 때문이다. 예를 들어 미국의 국내총생산은 1997년에 8조 6,080억 달러였고, 2017년에는 그 두 배를 넘는 19조 4,850억 달러였다. 그렇지만 이 기간에 미국 경제의 규모가 실제로 두 배가 된 것은 아니었다. 총생산량의 실제 변화를 측정하기 위해서는 물가 변화에 대해 조정된 국내총생산이 필요한데 이를 **실질 국내총생산**이라 한다.

미국과 중국을 비교할 때도 비슷한 문제가 발생한다. 중국 내에서 팔리는 많은 재화와 서비스는 미국에서보다 훨씬 더 싸기 때문에 이를 감안한 중국의 실질 국내총생산 추정치는 보정되지 않은 값보다 더 크다. 다음에는 실질 국내총생산이 어떻게 계산되는지 알아본다.

>> 이해돕기 13-1
해답은 책 뒤에

1. 국내총생산 계산에 사용되는 세 가지 방법이 왜 동일한 국내총생산 추정치를 내놓을 수 있는지 설명하라.
2. 어떤 사람이 〈그림 13-1〉에 제시된 경제에서의 부가가치가 자동차와 철강의 가치의 합인

>> **복습**
- 한 국가의 **국민소득 및 생산계정** 또는 **국민계정**은 여러 경제 부문 간 화폐의 흐름을 추적한다.
- **국내총생산(GDP)**은 세 가지 다른 방법으로 측정될 수 있다. 모든 기업의 **부가가치**의 합계, 국내에서 생산된 **최종생산물**에 대한 모든 지출을 합계한 총지출, 기업이 지불한 모든 요소소득의 합의 세 가지다. **중간투입물**은 국내총생산의 계산에 포함되지 않는다.

총생산(aggregate output)은 최종생산물인 재화와 서비스의 총산출량이다.

실질 국내총생산(real GDP)은 한 국민경제에서 일정 기간에 생산된 최종생산물인 재화와 서비스의 가치를 기준연도의 가격을 사용하여 계산한 것이다.

3만 500달러라고 잘못 계산하였다면 이 사람이 중복계산한 생산물은 무엇일까?

실질 국내총생산 : 총생산의 척도

2017년에 미국 경제는 비교적 좋은 해를 맞고 있었다. 나라 전체의 일자리가 220만 개 증가했고 실업률은 4.7%에서 4.1%로 하락했다. 이 해는 분명히 1982년보다는 좋은 해였다. 1982년에는 극심한 경기후퇴로 취업자가 200만 명 감소했고 실업률이 치솟았다. 그런데 이상하게 들릴지 모르지만 국내총생산은 2017년(4.1%)에 비해 1982년(4.2%)에 조금 더 빨리 증가했다. 어떻게 이런 일이 가능할까? 그 답은 1982년에는 미국 경제가 실제로 성장하고 있었기 때문이 아니라 미국이 생산하는 재화와 서비스 가격의 상승, 즉 인플레이션이라는 잘못된 이유로 인해 미국의 국내총생산이 증가하고 있었기 때문이다. 2017년에는 인플레이션이 훨씬 더 완화되어서 실제 경제 성장에 상응하는 국내총생산의 증가가 이루어졌다.

경제성장을 정확하게 측정하기 위해서는 경제에서 생산되는 재화와 서비스의 총량인 **총생산**(aggregate output)에 대한 척도가 필요하다. 이러한 목적으로 사용되는 척도를 실질 국내총생산(real GDP)이라 한다. 시간에 따른 실질 국내총생산의 크기를 추적함으로써 우리는 가격의 변화가 재화와 서비스 생산량의 변화에 대한 측정치를 왜곡시키는 것을 막을 수 있다. 먼저 실질 국내총생산이 어떻게 계산되는지를 알아본 후 그 의미에 대해서 살펴보도록 한다.

실질 국내총생산의 계산

실질 국내총생산이 어떻게 계산되는지를 이해하기 위해 사과와 오렌지라는 두 재화만이 생산되어 모두 최종소비자에게 판매되는 경제를 상상해 보기로 한다. 〈표 13-1〉은 연속된 두 해에 있어서 두 과일의 생산량과 가격을 보여 준다.

이 자료로부터 가장 먼저 발견할 수 있는 것은 총판매액이 증가했다는 사실이다. 첫해의 총판매액은 1조 달러[=(2조×$0.25)+(1조×$0.50)]인 반면 이듬해의 총판매액은 이보다 50% 증가한 1.5조 달러[=(2.2조×$0.30)+(1.2조×$0.70)]다. 하지만 이와 같이 명목금액으로 측정한 국내총생산의 변화는 이 경제의 실질 성장을 실제보다 과다하게 나타낸다. 사과와 오렌지 생산량이 모두 증가하기는 했지만, 사과와 오렌지의 가격도 상승했기 때문에 명목금액으로 표시한 국내총생산의 증가율인 50% 중 일부는 생산량 증가가 아니라 가격 상승으로 인한 것이기 때문이다.

진정한 총생산의 증가분을 추정하기 위해서 가격에 변화가 없다면 국내총생산이 얼마나 증가했을 것인가라는 질문을 해 보기로 한다. 이 질문에 대한 답은 이듬해의 생산물의 가치를 첫해의 가격으로 평가함으로써 구할 수 있다. 첫해의 사과와 오렌지의 가격은 각각 0.25달러와 0.5달러이므로 첫해의 가격으로 평가한 이듬해의 생산물은 1조 1,500억 달러[=(2.2조×$0.25)+(1.2조×$0.50)]가 된다. 첫해의 가격으로 평가한 첫해의 생산물은 1조 달러이므로 첫해의 가격으로 평가한 국내총생산은 1조 달러에서 1조 1,500억 달러로 15% 증가하였다.

이제 우리는 실질 국내총생산에 대한 정의를 내릴 수 있다. **실질 국내총생산**(real GDP) 또는 실질 GDP는 한 국민경제에서 일정 기간에 생산된 최종생산물인 재화와 서비스의 가치를 모든 생산물의 가격을 기준연도(base year)의 가격으로 고정시킨 채 계산한 값이다. 실질 국내총생산 수치에는 항상 기준연도가 언제인지에 대한 정보가 제시된다.

표 13-1 단순한 경제에서의 GDP와 실질 GDP 계산	첫해	이듬해
사과 수량(10억 개)	2,000	2,200
사과 가격	$0.25	$0.30
오렌지 수량(10억 개)	1,000	1,200
오렌지 가격	$0.50	$0.70
GDP(10억 달러)	$1,000	$1,500
실질 GDP(첫해 달러 기준, 10억 달러)	$1,000	$1,150

반면에 물가 변화를 감안하지 않고 생산물이 생산된 해의 가격을 사용하여 계산된 국내총생산을 **명목 국내총생산**(nominal GDP) 또는 경상가격 국내총생산(GDP at current prices)이라고 한다. 사과와 오렌지의 예에서 두 해 동안의 생산량 변화를 측정하기 위해 명목 국내총생산을 사용한다면 성장률은 50%로 나타나는데 이는 실제 성장률인 15%를 과다측정하게 된다. 공통된 가격(우리의 예에서는 첫해의 가격)을 가지고 두 해의 생산물을 비교한다면 가격 변화의 영향을 배제하고 생산량의 변화에만 초점을 맞출 수 있다.

〈표 13-2〉는 현실 경제에서의 수치를 제시하고 있다. 표에서 둘째 열은 각각 2007년, 2012년, 2017년의 명목 국내총생산의 값을 보여 주며, 셋째 열은 2012년 달러가치로 평가한 각 해의 실질 국내총생산의 값을 보여 준다. 2012년에는 두 국내총생산의 값이 일치한다. 그러나 2007년에는 2012년 달러가치로 평가한 국내총생산이 명목 국내총생산보다 큰데, 이는 2012년의 생산물 가격이 일반적으로 2007년의 생산물 가격에 비해 높았음을 의미한다. 반면에 2012년 달러가치로 평가한 2017년의 실질 국내총생산은 2017년의 명목 국내총생산에 비해서 작은데, 이는 2012년의 생산물 가격이 일반적으로 2017년에 비해 낮았기 때문이다.

	명목 GDP (10억, 경상 달러)	실질 GDP (10억, 2012년 달러)
2007년	$14,452	$15,626
2012년	16,197	16,197
2017년	19,485	18,051

표 13-2 2007년, 2012년, 2017년의 명목 GDP와 실질 GDP

여러분은 〈표 13-1〉에 주어진 자료로부터 실질 국내총생산을 계산할 수 있는 방법이 한 가지가 더 있음을 알아차렸을 수도 있다. 첫해의 가격 대신 이듬해의 가격을 기준연도의 가격으로 이용해도 되지 않을까? 이 방법은 앞서 사용한 방법에 비해 별로 손색이 없어 보인다. 이 계산방법에 의하면 이듬해의 가격으로 측정한 첫해의 실질 국내총생산은 (2조×$0.30)+(1조×$0.70), 즉 1조 3,000억 달러가 되며, 이듬해의 가격으로 측정한 이듬해의 실질 국내총생산은 이듬해의 명목 국내총생산과 같은 1조 5,000억 달러가 된다. 따라서 이듬해를 기준연도로 사용할 경우 실질 국내총생산의 증가율은 ($1조 5,000억-$1조 3,000억)/$1조 3,000억=0.154, 즉 15.4%가 된다. 이 값은 첫해를 기준연도로 하여 계산한 실질 국내총생산의 증가율보다 약간 더 큰 값이다. 앞서 계산한 실질 국내총생산의 증가율은 15%였다. 15.4%와 15% 중 어느 것도 상대방보다 더 옳은 값이라고 할 수 없다.

현실에서 미국의 국민계정을 작성하는 책임을 진 정부 소속 경제학자들은 실질 국내총생산 변화의 측정법으로 **연쇄 연환**(chain-linking)이라고 알려진 방법을 채택했다. 이 방법은 앞선 기준연도를 이용하여 계산된 성장률과 나중의 기준연도를 이용하여 계산된 성장률의 평균을 이용한다. 그 결과 미국의 실질 국내총생산에 대한 통계는 항상 **연쇄 달러**(chained dollars)로 표현된다.

실질 국내총생산이 측정하지 않는 것

국내총생산은 한 국가의 총생산을 측정하는 척도다. 다른 조건이 같다면 인구가 많은 국가일수록 더 많은 사람들이 생산활동을 할 것이므로 당연히 국내총생산이 더 클 것이다. 따라서 인구 차이의 영향을 배제하고 여러 국가의 국내총생산을 비교하기 위해서는 1인당 국내총생산을 사용한다. **1인당 국내총생산**(GDP per capita)이란 국내총생산을 총인구로 나눈 값으로 각 개인의 평균 국내총생산에 해당한다. 마찬가지로 1인당 실질 국내총생산은 각 개인의 평균 실질 국내총생산과 같다.

1인당 실질 국내총생산은 국가 간 노동생산성을 비교하는 경우를 포함하여 몇몇 경우에서는 매우 유용한 지표가 될 수 있다. 하지만 1인당 국내총생산이 한 사람당 평균 실질생산량에 대한 대략적인 척도가 될 수 있음에도 불구하고 이것이 한 국가의 생활수준에 대한 척도로 사용되기에는 문제가 있다는 사실은 널리 알려져 있다. 흔히 사람들은 경제학자들이 1인당 실질 국내총

명목 국내총생산(nominal GDP)은 한 국민경제에서 일정 기간에 생산된 최종 생산물인 재화와 서비스의 가치를 생산물이 생산된 해의 가격을 사용하여 계산한 것이다.

연쇄 달러(chained dollars)는 앞선 기준연도를 이용하여 계산된 성장률과 나중의 기준연도를 이용하여 계산된 성장률의 평균을 이용하여 실질 GDP의 변화를 계산하는 방법이다.

1인당 국내총생산(GDP per capita)이란 국내총생산을 인구수로 나눈 값으로 각 개인의 평균 국내총생산에 해당한다.

생산의 성장률만이 중요하다고 생각하며 따라서 1인당 실질 국내총생산을 증가시키는 것을 경제의 궁극적인 목표로 여긴다고 생각하나 사실 이와 같은 실수를 저지르는 경제학자들은 거의 없다. 경제학자들이 1인당 실질 국내총생산만 중시한다는 생각은 도시괴담일 뿐이다.

여기서 왜 어떤 국가의 1인당 실질 국내총생산이 그 국가의 후생수준에 대한 척도로서 불충분하며, 왜 1인당 실질 국내총생산을 증가시키는 것이 그 자체로는 정책목표로서 부적당한지에 대해 알아보기로 한다.

실질 국내총생산의 증가는 한 경제의 생산가능 영역이 확대되는 것으로 생각할 수 있다. 이 경우 경제의 생산능력이 향상되므로 당연히 경제가 성취할 수 있는 것들이 더 많아질 것이다. 그렇지만 이 사회가 생활수준을 향상시키기 위해 증가된 생산잠재력을 제대로 사용할 것인지는 별개의 문제다. 달리 비유를 하자면 여러분의 소득이 작년에 비해 증가했다 하더라도 이를 여러분의 삶의 질을 향상시키기 위해 사용할 것인지 여부는 여러분의 선택에 달려 있다.

다시 말하지만 1인당 실질 국내총생산은 한 국가에 있어서 한 사람당 평균 생산물을 나타내는 척도이며 따라서 평균 생산물로 무엇을 할 수 있는지에 대한 척도에 불과하다. 1인당 실질 국내총생산을 높이는 것 자체만으로는 충분한 목적이 될 수 없는데, 그 이유는 1인당 실질 국내총생산이 생활수준을 높이기 위해 생산물이 어떻게 사용되는가에 대해서는 어떤 정보도 제공하지 못하기 때문이다. 물론 1인당 실질 국내총생산이 높은 국가일수록 높은 교육수준과 건강수준 그리고 삶의 질을 유지할 수 있는 여력이 있을 것이다. 그러나 국내총생산과 삶의 질 간에 반드시 일대일 대응관계가 있는 것은 아니다.

현실 경제의 >> 이해

베네수엘라의 기적?

남아메리카 국가인 베네수엘라에는 여러분을 놀라게 할 만한 특징이 있다. 최근 이 국가는 명목 국내총생산이 세계에서 가장 빠르게 성장하는 국가 중 하나였다. 2013년과 2017년 사이에 베네수엘라의 명목 국내총생산은 9,000% 성장한 것으로 추정되는데, 이에 비하여 미국의 성장은 15%에 그쳤다.

그렇다면 베네수엘라가 경제 기적을 경험하고 있었던 것일까? 그렇지 않다. 오히려 베네수엘라 경제는 부분적으로는 이 국가의 주요 수출품인 원유가격이 폭락하였고 부분적으로는 변덕스러운 정부정책이 생산활동에 지장을 주고 기본적인 소비재 부족현상을 초래함에 따라 엉망진창이었다. 실제로 2013년부터 2017년까지 실질 국내총생산이 32% 감소한 것으로 추정된다. 이로 인해 물자가 부족해지자 물가가 치솟았다. (암시장은 물론 공식적인 가격도 급격히 상승했다.) 더욱이 원유 수출이 감소함에 따라 재정수입의 상당 부분을 잃게 된 정부는 화폐를 인쇄해서 지출에 충당하려 했으며 그 결과 인플레이션이 가속화되었다.

다시 말해서 베네수엘라는 명목국내총생산과 실질 국내총생산을 구분하는 것이 왜 중요한지에 대한 극단적인 사례를 제공한다. 점점 더 적은 양의 재화와 서비스를 생산하였지만 생산된 재화와 서비스 가격이 세 자릿수의 비율로 상승함에 따라 명목 국내총생산이 크게 상승했던 것이다.

>> 이해돕기 13-2

해답은 책 뒤에

1. 어떤 경제에서 프렌치프라이와 양파링이라는 두 재화만 생산된다고 하자. 2015년에 프렌치

프라이 100만 개와 양파링 80만 개가 각각 0.4달러와 0.6달러에 판매되었다. 2015년과 2016년 사이에 프렌치프라이의 가격은 25% 상승한 반면 판매량은 10% 감소했다. 양파링의 경우는 가격이 15% 하락한 반면 판매량은 5% 증가했다.

    a. 2015년과 2016년의 명목 국내총생산을 계산하라. 2015년을 기준연도로 하여 2016년의 실질 국내총생산을 계산하라.

    b. 명목 국내총생산을 이용하여 경제성장률을 측정한다면 어떤 잘못을 범하는지 설명하라.

2. 2010~2015년 사이에 전자제품 가격은 크게 하락한 반면 주택 가격은 크게 상승했다. 이와 같은 사실로부터 2013년의 실질 국내총생산을 계산할 때 기준연도를 2010년으로 하는 것과 2015년으로 하는 것 간에 어떤 차이가 있는지를 설명하라.

‖ 물가지수와 총물가수준

2016년 말엽에 자동차 운전자들에게는 축하할 만한 일이 일어났다. 휘발유 가격이 갤런당 평균 2.25달러로 하락했는데 이는 2년 반 전의 정점에 비해 38% 싼 값이었다. 그런데 차량 주행비용이 더 싸진 반면에 차량을 이용하여 도착할 거주지의 비용은 점점 더 높아지고 있었다. 2016년 말이 되자 평균 임대료가 휘발유 값이 가장 비쌌을 때에 비해 10% 더 높아졌다. 그렇다면 생계비는 더 올라간 것일까 아니면 내려간 것일까?

당시 소비자물가에 어떤 일이 일어나고 있었는지를 하나의 숫자로 요약해서 보여 줄 필요가 분명히 있었다. 총체적인 생산 수준을 대표하는 하나의 숫자가 거시경제학자들에게 유용하듯이 총체적인 가격 수준을 대표하는 하나의 숫자인 **총물가수준**(aggregate price level) 역시 유용할 것이다. 하지만 경제에서는 엄청나게 많은 종류의 재화와 서비스가 생산되고 소비된다. 어떻게 이 모든 재화와 서비스의 가격을 하나의 숫자로 요약할 수 있을까? 그 답은 물가지수라는 개념에 있는데 이는 예를 통해서 가장 잘 설명될 수 있다.

시장바구니와 물가지수

플로리다 주에 서리가 내려서 감귤류 수확이 큰 피해를 보았으며, 그 결과 오렌지 값이 개당 0.2달러에서 0.4달러로 상승하고, 자몽 값은 0.6달러에서 1달러로, 레몬 값은 0.25달러에서 0.45달러로 상승했다고 하자. 그렇다면 감귤류의 가격은 얼마나 상승했을까?

물론 오렌지, 자몽, 레몬 각각의 가격 변화를 나타내는 세 숫자를 제시하는 것도 이 질문에 대한 답이 될 수 있다. 하지만 이와 같은 방법은 매우 복잡하다. 감귤류 가격 변화를 추적하기 위해 세 가지 숫자를 제시하는 것보다는 **평균적인 가격 변화**에 대한 종합적인 척도를 사용하는 것이 더 나을 것이다.

소비되는 재화와 서비스의 평균적인 가격 변화를 측정하기 위해 경제학자들은 전형적인 소비자의 소비재 묶음(consumption bundle), 즉 가격 변화 이전에 구매되었던 재화와 서비스 바구니의 비용 변화를 추적한다. 총체적인 물가수준의 변화를 측정하기 위해 사용되는 가상적인 소비재 묶음을 **시장바구니**(market basket)라 한다. 서리가 내리기 전에 전형적인 소비자가 1년 동안 오렌지 200개, 자몽 50개, 레몬 100개를 소비했다고 하자. 이것이 우리가 예로 사용할 시장바구니다.

〈표 13-3〉은 서리가 내리기 전과 후에 이 시장바구니의 구매비용을 보여 준다. 서리가 내리기 전에는 시장바구니의 구매비용이 95달러였으나 서리가 내린 후에는 175달러로 상승했다. $175/$95는 약 1.842이므로 서리가 내린 후 시장바구니 구매비용이 서리가 내리기 전 구매비용의 1.842배가 되었다. 이는 구매비용이 84.2% 증가했음을 의미한다. 이 예에서 가격 변화를 측정하기 위해 사용된 최초의 해를 기준연도로 할 때, 서리로 인해 감귤류의 평균가격은 기준연도

> **총물가수준**(aggregate price level)은 한 경제의 총체적인 가격 수준에 대한 척도다.
>
> **시장바구니**(market basket)란 소비자가 구매하는 재화와 서비스의 가상적인 묶음이다.

표 13-3 시장바구니의 비용 계산

	서리가 내리기 전	서리가 내린 후
오렌지 가격	$0.20	$0.40
자몽 가격	0.60	1.00
레몬 가격	0.25	0.45
시장바구니의 비용(오렌지 200개, 자몽 50개, 레몬 100개)	$(200 \times \$0.20) + (50 \times \$0.60) + (100 \times \$0.25) = \$95.00$	$(200 \times \$0.40) + (50 \times \$1.00) + (100 \times \$0.45) = \$175.00$

에 비해 84.2% 상승했다.

경제학자들은 총체적인 물가수준의 변화를 측정하기 위해 이와 동일한 방법을 사용한다. 예를 들어 2010년(기준연도)에서 2016년까지의 전체 물가수준의 변화를 측정하기 위해 이들은 2010년에 시장바구니를 구매하는 데 드는 비용과 2016년의 비용을 비교한다. 그런데 이들은 2011년부터 2015년까지 중간 연도의 시장바구니 비용을 일일이 파악할 필요가 없도록 또 한 가지의 단순화 작업을 한다. 이들은 선택된 기준연도에서 시장바구니 비용이 100이 되도록 총물가수준의 척도를 정규화시킨다. 시장바구니와 기준연도를 가지고 계산을 한 다음 정규화를 시키면 **물가지수**(price index)라 불리는 것이 구해지는데, 이것이 바로 총체적인 물가수준의 정규화된 척도다. 물가지수를 얘기할 때는 항상 물가수준이 측정되는 연도와 기준연도가 함께 제시된다. 물가지수는 다음과 같은 공식을 통해 계산될 수 있다.

$$(13\text{-}2) \quad 당해연도의 \; 물가지수 = \frac{당해연도의 \; 시장바구니 \; 구매비용}{기준연도의 \; 시장바구니 \; 구매비용} \times 100$$

우리의 예에서 감귤류 시장바구니의 구매비용은 기준연도, 즉 서리가 내리기 전에는 95달러였다. 따라서 식 (13-2)에 의해 감귤류의 물가지수는 (당해연도의 시장바구니 구매비용/$95)×100으로 계산될 수 있다. 그 결과 물가지수의 값은 서리가 내리기 전에는 100이고 서리가 내린 후에는 184.2가 된다. 기준연도의 물가지수를 계산하면 항상 100의 값을 가진다는 점에 유념할 필요가 있다. 즉 기준연도의 물가지수는 (기준연도의 시장바구니 구매비용/기준연도의 시장바구니 구매비용)×100=100이 된다.

물가지수를 이용하면 서리로 인해 감귤류의 평균가격이 84.2% 상승했음을 명확히 알 수 있다. 우리가 방금 사용했던 방법은 이처럼 간단하면서도 직관적으로 타당하기 때문에 여러 가지 재화와 서비스의 평균가격 변화를 측정하기 위해 고안된 다양한 물가지수의 계산을 위해 이용되고 있다. 예를 들어 바로 다음에 소개될 소비자물가지수는 총물가수준의 척도 중에서도 가장 널리 사용되는 지수로 경제 전체의 최종소비재의 종합적인 물가수준을 측정한다.

물가지수는 인플레이션의 정도를 측정하는 데도 사용된다. **인플레이션율**(inflation rate)은 공식적인 물가지수의 연간 변화율에 의해 계산된다. 즉 첫해와 그 이듬해 사이의 인플레이션율은 다음 공식을 이용하여 계산될 수 있다.

$$(13\text{-}3) \quad 인플레이션율 = \frac{이듬해의 \; 물가지수 - 첫해의 \; 물가지수}{첫해의 \; 물가지수} \times 100$$

신문이나 방송에서 '인플레이션율'이라 부르는 것은 대부분 백분율로 표시된 소비자물가지수의 연간 변화율을 말한다.

물가지수(price index)는 정해진 시장바구니를 특정 연도에 구매하는 데 드는 비용을 측정하되 기준연도에 100의 값을 갖도록 정규화시킨다.

인플레이션율(inflation rate)은 물가지수의 연간 변화율에 의해 계산되는데 주로 소비자물가지수를 가지고 측정한다.

소비자물가지수

미국에서 가장 널리 사용되는 물가지수는 **소비자물가지수**(consumer price index)인데, 흔히 **CPI**라고 부른다. 소비자물가지수는 대표적인 도시 가구가 구매하는 재화와 서비스의 비용이 시간의 흐름에 따라 얼마나 변화하는지를 측정하기 위해 만들어졌다. 따라서 소비자물가지수는 미국 도시에 거주하는 대표적인 4인 가구의 소비를 대표할 수 있는 시장바구니의 구매비용을 조사함으로써 계산된다. 현재 사용되고 있는 지수의 기준연도는 1982~1984년이다. 이는 1982~1984년의 소비자물가지수의 평균이 100이 되도록 물가지수가 계산됨을 의미한다.

실제 소비자물가지수를 계산하는 데 사용되는 시장바구니는 앞서 소개된 감귤류 시장바구니보다 훨씬 복잡하다. 소비자물가지수를 계산하기 위해서 노동통계국(Bureau of Labor Statistics)의 직원들이 슈퍼마켓, 주유소, 철물점 등 전국 75개 도시의 2만 3,000개 소매업소에 파견된다. 노동통계국은 매달 상추에서부터 건강검진에 이르기까지 8만 개 정도 품목의 가격을 조사한다.

〈그림 13-2〉는 2017년 현재 소비자물가지수에 포함된 주요 항목의 비중을 보여 준다. 예를 들어 주로 휘발유로 구성된 자동차 연료는 소비자물가지수의 3%를 차지하였다. 반면에 주거비는 소비자물가지수의 42%를 차지한다. 따라서 38%에 달하는 휘발유 가격 하락은 소비자물가지수를 대략 1%(0.38×3%) 감소시킨 데 비해 이보다 훨씬 적게 10%만 상승한 주거비는 실제로 전체 물가지수를 4.2%(0.1×42%) 상승시키는 더 큰 효과를 냈다.

〈그림 13-3〉은 1913년에 소비자물가지수 측정이 시작된 이후 미국의 소비자물가지수가 어떻게 변해 왔는지를 보여 준다. 1940년 이래로 소비자물가지수는 꾸준하게 상승했는데, 최근 들어 연간 상승률은 1970년대와 1980년대 초반에 비해서는 훨씬 낮아졌다. (이 그림에서는 모든 해에

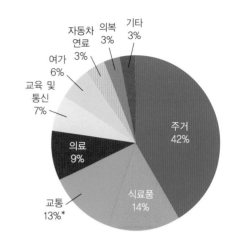

그림 13-2 2017년도 CPI의 구성

*자동차 연료 제외.

이 도표는 2017년 현재 CPI 내 주요 지출 유형의 비중을 백분율로 보여 준다. 주거비, 식료품비, 교통비, 그리고 자동차 연료비가 CPI 시장바구니의 약 72%를 차지하였다. (반올림으로 인해 비중의 합은 정확하게 100%가 되지 않는다.)

출처 : Bureau of Labor Statistics.

소비자물가지수(consumer price index) 혹은 **CPI**는 대표적인 도시 가구가 구매하는 시장바구니의 구매비용을 측정한다.

그림 13-3 소비자물가지수, 1913~2018년

1940년 이래로 소비자물가지수는 꾸준하게 상승했다. 하지만 최근 들어 연간 상승률은 1970년대와 1980년대 초반에 비해서는 훨씬 낮아졌다. (이 그림에서는 모든 해에 동일한 물가상승률이 동일한 크기로 나타나도록 수직축에 로그 눈금을 사용하였다.)

출처 : Bureau of Labor Statistics.

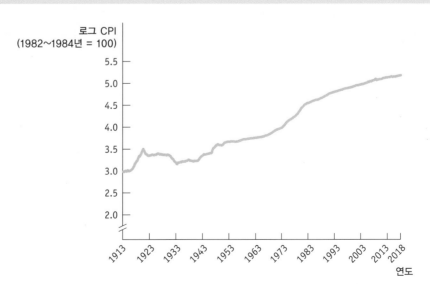

동일한 물가상승률이 동일한 크기로 나타나도록 수직축에 로그 눈금을 사용하였다.)

미국은 거의 모든 국가와 마찬가지로 소비자물가지수를 계산한다. 소비자물가지수를 계산하기 위한 시장바구니는 국가마다 상당한 차이가 있다. 1인당 소득수준이 낮은 국가에서는 소득 중 상당 부분이 식생활에 사용되기 때문에 시장바구니에서 식품이 차지하는 비중이 높다. 고소득 국가들에서는 소비패턴의 차이가 시장바구니의 차이를 가져온다. 일본의 소비자물가지수 산정을 위한 시장바구니는 미국의 시장바구니에 비해 생선회의 비중이 높은 반면 쇠고기의 비중이 낮다. 프랑스의 시장바구니에서는 와인의 비중이 상대적으로 높다.

다른 물가지수

소비자물가지수 이외에도 경제 전체의 물가 변화를 추적하기 위해 널리 사용되는 지수가 두 가지 더 있다. 하나는 **생산자물가지수**(producer price index)인데, 간단히 **PPI**라고도 하며 과거에는 도매물가지수(wholesale price index)라고도 불렸다. 명칭에서 알 수 있듯이 생산자물가지수는 생산자가 구매하는 대표적인 재화와 서비스 바구니의 구매비용을 측정하는데 이 바구니에는 철강, 전기, 석탄 등 원자재들이 포함된다. 원자재 생산자들은 수요 증가를 감지할 경우 비교적 신속하게 가격을 인상하기 때문에 생산자물가지수는 소비자물가지수에 비해 인플레이션이나 디플레이션 압력에 더 빠르게 반응하는 경향이 있다. 이에 따라 생산자물가지수는 인플레이션율 변화에 대한 '조기 경보'로 간주되기도 한다.

또 하나의 물가지수는 GDP 디플레이터다. 이것은 다른 물가지수와 동일한 목적에서 만들어지기는 했으나 정확히는 물가지수라고 할 수 없다. 〈표 13-2〉에서 **명목 국내총생산**(경상가격 GDP)과 실질 국내총생산(기준연도 가격을 이용하여 계산된 국내총생산)을 구분했었다. 어느 한 해의 **GDP 디플레이터**(GDP deflator)는 그해의 명목 국내총생산을 그해의 실질 국내총생산으로 나눈 비율에 100을 곱한 값이다. 현재 실질 국내총생산은 2012년 달러로 측정되므로 2012년의 GDP 디플레이터는 100이 된다. 명목 국내총생산이 두 배가 되었지만 실질 국내총생산에 변화가 없다면 GDP 디플레이터는 물가수준이 두 배가 되었음을 나타내 줄 것이다.

이처럼 물가지수에 따라 서로 다른 인플레이션율이 계산될 수 있지만 가장 중요한 사실은 이

생산자물가지수(producer price index) 또는 **PPI**는 생산자가 구매하는 재화들의 가격 변화를 측정한다.

어느 한 해의 **GDP 디플레이터**(GDP deflator)는 그해의 명목 국내총생산을 실질 국내총생산으로 나눈 비율에 100을 곱한 값이다.

그림 13-4 소비자물가지수, 생산자물가지수, GDP 디플레이터

그림에서 보듯이 PPI(주황색), CPI(초록색), GDP 디플레이터(보라색)의 세 가지 척도에 의해 계산된 인플레이션은 모두 매우 유사한 움직임을 가진다. 세 가지 척도 모두 1970년대에 인플레이션이 엄청나게 가속화되었으며, 1990년대에는 상대적으로 물가가 안정되었음을 보여 준다. 2009년에 짧은 기간 동안 디플레이션이 발생한 것을 제외하고는 2000년부터 2017년까지 물가는 안정적이었다.

출처 : Bureau of Labor Statistics; Bureau of Economic Analysis.

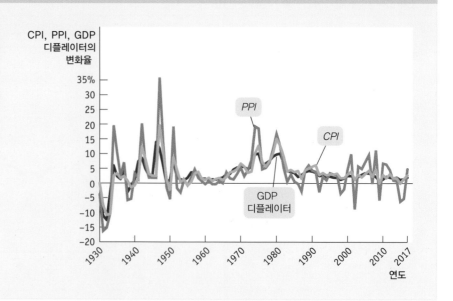

들 세 가지 물가지수에 의하여 계산되는 인플레이션율은 매우 유사한 움직임을 보인다는 점이다(물론 생산자물가지수가 다른 두 지수에 비해 더 크게 변동하는 경향이 있기는 하다). 〈그림 13-4〉는 1930년 이래 세 지수의 연간 변화율을 보여 준다. 세 지수 모두 미국 경제가 대공황 초기에 디플레이션을 경험했고 제2차 세계대전 중에 인플레이션을 경험했으며, 1970년대에는 인플레이션이 가속화되었고, 1990년대에 들어서는 물가가 상대적으로 안정되었음을 보여 준다. 그런데 2000년부터 2017년까지 생산자물가가 급격한 상승과 하락 움직임을 보이는데 이는 에너지와 식품 가격이 크게 변동했기 때문이다. 이들은 소비자물가지수나 GDP 디플레이터보다 생산자물가지수에서 훨씬 더 큰 역할을 한다.

현실 경제의 >> 이해

소비자물가지수 연동제도

국내총생산은 경제정책을 입안하는 데 매우 중요한 역할을 하지만, 국내총생산에 대한 공식 통계는 사람들의 일상생활에 직접적인 영향을 미치지 않는다. 반면에 소비자물가지수는 수백만 명의 미국인들에게 직접적이고 즉각적인 영향을 미친다.

그 이유는 지급금액이 소비자물가지수의 상승 또는 하락에 따라서 증감하는 지급제도, 즉 소비자물가지수에 '연동된' 지급제도가 상당수 있기 때문이다.

지급금액을 소비자물가지수에 연동시키는 제도는 미국이 탄생할 무렵부터 존재했다. 1780년에 매사추세츠 주의 법은 독립전쟁 중에 발생한 인플레이션으로 인해 영국군과 전쟁 중이던 군인들에게 지급되는 수당을 인상할 필요가 있음을 인정했다. 이에 따라 이 법에서는 옥수수 5부셸, 쇠고기 68 4/7파운드, 양모 10파운드, 구두용 가죽 16파운드로 구성된 시장바구니의 비용에 비례하여 군인들의 수당이 결정되는 공식을 채택했다.

오늘날 대부분이 노령자나 장애자에 해당하는 6,400만 명의 미국인들이 사회보장 급여를 수령한다. 현재 미국의 사회보장 지출은 연방정부 지출 총액의 4분의 1에 달하는데 이는 국방비 지출보다도 더 크다. 각자가 수령하는 사회보장 급여는 은퇴 이전에 받던 급여수준을 비롯한 여러 요인을 반영하는 공식에 의해 결정된다. 이에 더하여 모든 사회보장 급여는 매년 소비자물가의 상승분을 반영하여 조정된다. 매년 급여를 조정하기 위해서 사용되는 인플레이션율의 공식적인 추정치는 소비자물가지수를 이용하여 계산된다. 따라서 공식적인 인플레이션율 추정치가 1%p 상승할 때마다 수천만 명의 사람들이 금액이 1% 증가한 수표를 수령하게 된다.

약간의 소비자물가지수의 변화라도 사회보장 급여에 의존하는 사람들에게는 큰 차이를 가져올 수 있다.

사회보장 지출 이외에도 장애급여를 비롯하여 여러 가지 정부지출이 소비자물가지수에 연동되어 있다. 납세자의 소득세율을 결정하는 소득세 과세구간도 소비자물가지수에 연동되어 있다(누진세제에서는 상위 납세구간에 속하는 납세자가 더 높은 소득세율을 적용받는다). 물가연동제는 민간 부문의 계약에서도 발견되는데 소비자물가지수의 변화에 비례해서 지급액을 조정하는 생계비 수당(cost-of-living allowances, COLAs)을 포함하는 임금 계약이 대표적인 예다.

소비자물가지수는 이처럼 사람들의 생활에서 직접적이고 중요한 역할을 하기 때문에 정치적으로 매우 민감한 수치다. 소비자물가지수를 계산하는 노동통계국은 가격과 소비 자료를 모으고 해석하는 데 매우 세심한 주의를 기울인다. 노동통계국은 가계가 무엇을 어디에서 구매하는지를 알기 위해 많은 가계를 조사하는 한편 대표적인 가격을 구하기 위해 신중하게 선정된 표본 점포들을 조사한다.

>> 복습

>> 복습

- **총물가수준**의 변화는 특정한 **시장바구니**를 구입하는 데 드는 비용을 통해 측정된다. 특정 연도의 **물가지수**는 그해에 시장바구니를 구입하는 데 드는 비용을 선택된 기준 연도의 물가지수가 100이 되도록 정규화시킨 것이다.
- **인플레이션율**은 물가지수의 변화율에 의해 계산된다. 가장 보편적으로 사용되는 물가지수는 **소비자물가지수** 또는 **CPI**인데 이는 소비자들이 소비하는 재화와 서비스 바구니의 비용을 측정한다. **생산자물가지수** 또는 **PPI**는 기업의 중간 투입물로 사용되는 재화와 서비스 바구니의 비용을 측정한다. **GDP 디플레이터**도 물가수준을 측정하는데 명목 국내총생산을 실질 국내총생산으로 나눈 값에 100을 곱해서 구한다. 이 세 지수는 일반적으로 유사한 움직임을 갖는다.

>> 이해돕기 13-3

해답은 책 뒤에

1. 〈표 13-3〉에서 시장바구니가 오렌지 100개, 자몽 50개, 레몬 200개로 구성된다고 하자. 이 경우 서리가 내리기 전과 후의 물가지수는 어떻게 달라지는지 설명하라. 이 설명을 일반화하여 시장바구니의 구성이 물가지수에 어떤 영향을 미치는지에 대해서 논하라.

2. 다음 각 경우에 있어서 경제학자가 10년 전의 시장바구니를 사용한다면 오늘날 물가의 변화를 측정하는 데 어떤 편의(bias)를 초래할 것인지 설명하라.
   a. 대부분의 가구는 10년 전에 비해 더 많은 자동차를 보유하고 있다. 지난 10년간 자동차의 평균가격은 다른 재화의 평균가격에 비해 더 큰 폭으로 상승했다.
   b. 20년 전만 해도 광대역 인터넷을 이용할 수 있는 가구는 거의 없었다. 지금은 많은 가구가 인터넷을 이용하는데, 인터넷 이용가격은 매년 하락해 왔다.

3. 1982~1984년을 기준연도로 하는 미국의 소비자물가지수는 2015년에 237.846이었고, 2016년에는 242.821이었다. 2015년과 2016년 사이의 인플레이션율을 계산하라.

문제 풀어보기   운의 변화?

앞서 우리는 베네수엘라의 실질 GDP와 명목 GDP를 비교했다. 다음 표는 2005년, 2007년, 2009년, 2011년, 2013년, 2015년, 2017년에 있어서 명목 GDP(10억 볼리바르), 실질 GDP(1997년 기준 10억 볼리바르) 그리고 인구(백만 명)에 대한 기초자료를 제시한다. 2년마다의 기간 각각에 있어서 1인당 GDP의 실질 성장률을 계산하라.

연도	실질 GDP (10억 볼리바르)	명목 GDP (1997년 기준, 10억 볼리바르)	인구 (백만 명)
2005	VEB46.52	VEB304.09	26.78
2007	55.59	494.59	27.69
2009	56.65	707.26	28.59
2011	58.14	1357.49	29.46
2013	62.23	2245.84	30.32
2015	56.09	6025.33	31.16
2017	42.59	260,000.00	31.98

단계 | 1 표에서 각 해의 1인당 실질 GDP(볼리바르 단위)를 계산하라.

377~378쪽을 복습하라.

1인당 실질 GDP는 실질 GDP를 인구 규모로 나눈 값이다.

각 해의 1인당 실질 GDP는 오른쪽 표에 제시되어 있다. 실질 GDP는 10억 볼리바르 단위로 표시되었고 인구는 백만 명 단위로 표시되었다. 두 변수를 같은 단위로 환산하기 위해서는 실질 GDP에 1,000을 곱하여 백만 볼리바르 단위로 표시해야 한다. 2005년의 1인당 실질 GDP는 VEB46.52에 1,000을 곱한 후 26.78로 나누어 계산될 수 있다. 즉 (VEB46.52×1,000)/26.78＝VEB1,737.12이다.

연도	실질 GDP (10억 볼리바르)	인구 (백만 명)	1인당 실질 GDP (1997년 기준 볼리바르)
2005	VEB46.52	26.78	VEB1,737.12
2007	55.59	27.69	2,007.58
2009	56.65	28.59	1,981.46
2011	58.14	29.46	1,973.52
2013	62.23	30.32	2,052.44
2015	56.09	31.16	1,800.06
2017	42.59	31.98	1,331.77

단계 | 2 2005~2007년, 2007~2009년, 2009~2011년, 2011~2013년, 2013~2015년의 각 기간에 있어서 1인당 실질 GDP의 변화율을 계산하라.

  377~378쪽을 복습하라.

첫째 연도와 둘째 연도 사이의 1인당 실질 GDP의 변화율은 다음 공식을 통해 계산될 수 있다.

$$1인당\ 실질\ GDP\ 변화율(\%)=$$
$$\frac{둘째\ 연도의\ 1인당\ 실질\ GDP-첫째\ 연도의\ 1인당\ 실질\ GDP}{첫째\ 연도의\ 1인당\ 실질\ GDP}\times 100$$

위 공식과 식 (13-3)이 유사하다는 사실에 주목하라. 두 식이 비슷한 것은 둘 다 변화율을 측정하기 때문이다.

오른쪽 표의 둘째 열은 각 기간에 있어서 1인당 실질 GDP의 변화율을 보여 준다.

2005~2007년의 1인당 실질 GDP 변화율은 2007년의 1인당 실질 GDP에서 2005년의 1인당 실질 GDP를 뺀 값을 2005년의 1인당 실질 GDP로 나눈 후 여기에 100을 곱해서 계산된다.

$$\frac{(VEB2,000.58-VEB1,737.12)}{VEB1,737.12}\times 100=15.57\%$$

연도	1인당 실질 GDP의 변화율
2005~2007	15.57%
2007~2009	1.30%
2009~2011	−0.40%
2011~2013	4.00%
2013~2015	−12.3%
2015~2017	−26.02%

요약

1. 경제학자들은 **국민소득 및 생산계정** 또는 **국민계정**을 통해서 경제 부문 간 화폐의 흐름을 추적한다.

2. **국내총생산** 또는 **GDP**는 한 경제에서 생산된 모든 **최종생산물**의 가치를 측정한다. 여기에는 **중간투입물**이 포함되지 않는다. 국내총생산은 모든 생산물의 **부가가치**의 합, 합으로 $GDP=C+I+G+X-IM$ 식으로 표현되는 **총지출**, 국내에서 생산된 최종생산물에 대한 지출의 합, 국내기업이 생산요소에 지급하는 소득의 합 등 세 가지 방법으로 계산될 수 있다. 경제 전체로 보면 국내기업이 생산요소에 지급하는 총소득은 국내에서 생산되는 최종생산물에 대한 지출의 합과 같아져야 하므로 세 가지 방법은 동등하다.

3. **실질 국내총생산**은 특정한 기준연도의 가격을 이용하여 계산된 최종생산물 가치의 총계이다. 기준연도를 제외하면 실질 국내총생산의 값은 경상가격을 이용해 계산된 **총생산**의 가치인 **명목 국내총생산**의 값과 같지 않다. 총생산의 증가율에 대한 분석을 위해서는 반드시 실질 국내총생산을 사용해야 하는데 이는 실질 국내총생산을 사용함으로써 가격 변화에 의한 총생산물 가치의 증가를 제거할 수 있기 때문이다. **1인당 실질 국내총생산**은 개인당 평균 총생산을 측정하는 지표인데, 그 자체를 정책 목표로 사용하기에는 부적당하다. 미국의 국내총생산 통계는 항상 **연쇄 달러**로 표시된다.

4. **총물가수준**을 측정하기 위해 경제학자들은 **시장바구니**를 구입하는 데 드는 비용을 계산한다. **물가지수**는 현재 시장바구니를 구입하는 데 드는 비용을 선택된 기준연도에 시장바구니를 구입하는 데 드는 비용으로 나눈 후 100을 곱해서 구한다.

5. **인플레이션율**은 물가지수의 연간 변화율에 의해 계산된다. 인플레이션율을 구하기 위해 가장 보편적으로 사용되는 물가지수는 **소비자물가지수** 또는 **CPI**다. 이와 유사한 지수로는 기업이 구매하는 재화와 서비스 가격을 측정하는 **생산자물가지수** 또는 **PPI**가 있다. 경제학자들은 **GDP 디플레이터**를 이용하기도 하는데, 이는 명목 국내총생산을 실질 국내총생산으로 나눈 값에 100을 곱해서 구한다.

주요용어

국민소득 및 생산계정

국민계정

최종생산물

중간투입물

국내총생산(GDP)

부가가치

총지출

총생산

실질 국내총생산

명목 국내총생산

연쇄 달러

1인당 국내총생산

총물가수준

시장바구니

물가지수

인플레이션율

소비자물가지수(CPI)

생산자물가지수(PPI)

GDP 디플레이터

토론문제

1. 노동통계국 홈페이지(www.bls.gov)로 가라. 커서를 '경제 발표(Economic Releases)' 탭 위에 두어 펼쳐지는 메뉴에서 '주요경제지표(Major Economic Indicators)'를 클릭하라. '주요경제지표' 페이지로 들어가서 '소비자물가지수(Consumer Price Index)'를 클릭하라. 이 페이지로 들어가면 '목차표(Table of Contents)' 아래 '표 1 : 모든 도시 소비자의 소비자물가지수(Table 1 : Consumer Price Index for All Urban Consumers)'를 클릭하라. '조정되지 않은 (unadjusted)' 숫자를 이용할 경우 전달의 소비자물가지수는 얼마였는가? 이 숫자는 그 전달에 비해서 어떻게 변했는가? 1년 전 같은 달의 소비자물가지수와 비교해서 어떻게 변했는가?

2. 미국에서 대학교육 비용은 인플레이션보다 빠른 속도로 상승하고 있다. 다음 표는 2014학년도와 2015학년도 미국 대학교육의 평균비용을 공립대학과 사립대학에 대해 보여준다. 표에 제시된 비용이 여러 유형의 대학생이 1년 동안 경험하는 비용의 전부라고 하자.

   a. 2014년과 2015년 각 유형의 평균적인 대학생이 치르는 생활비를 각각 계산하라.

   b. 각 유형의 대학생에 대하여 2014년과 2015년 사이의 인플레이션율을 계산하라.

	2014학년도 대학교육 비용(2014년 달러 평균)			
	등록금	숙식비	교재비	기타 비용
2년제 공립대학 : 통학생	$3,161	$7,810	$1,378	$3,809
4년제 공립대학 : 주 내 학생, 기숙사 거주	8,199	9,495	1,250	3,203
4년제 공립대학 : 타 주 학생, 기숙사 거주	22,203	9,495	1,250	3,203
4년제 사립대학 : 기숙사 거주 학생	30,177	10,506	1,251	2,488
	2015학년도 대학교육 비용(2015년 달러 평균)			
	등록금	숙식비	교재비	기타 비용
2년제 공립대학 : 통학생	$3,270	$7,918	$1,422	$3,761
4년제 공립대학 : 주 내 학생, 기숙사 거주	8,445	9,760	1,275	3,272
4년제 공립대학 : 타 주 학생, 기숙사 거주	23,107	9,760	1,275	3,272
4년제 사립대학 : 기숙사 거주 학생	31,177	10,827	1,248	2,511

연습문제

1. 피자니아라는 나라에서는 빵, 치즈, 피자의 세 가지 재화가 각각 다른 회사에 의해서 생산되고 있다. 빵과 치즈를 만드는 회사는 자체적으로 필요한 투입물을 모두 생산한다. 피자 회사는 다른 회사에서 생산된 빵과 치즈를 이용해서 피자를 만든다. 세 회사는 모두 제품을 생산하기 위해서 노동자를 고용하고 있으며 판매된 제품의 가치와 노동 및 중간투입물의 가치와의 차이가 그 기업의 이윤이 된다. 다음 표는 생산된 빵과 치즈가 모두 피자 회사에 판매되어 피자를 생산하기 위한 투입물로 사용될 경우에 세 회사의 활동 내역을 요약해서 보여 준다.

	빵 회사	치즈 회사	피자 회사
투입물의 비용	$0	$0	$50(빵) 35(치즈)
임금	15	20	75
생산물의 가치	50	35	200

   a. 국내총생산을 부가가치를 가지고 계산하라.
   b. 국내총생산을 최종생산물에 대한 지출을 가지고 계산하라.
   c. 국내총생산을 요소소득을 가지고 계산하라.

2. 1번 문제에 제시되었던 피자니아 경제에서 생산된 빵과 치즈가 피자 회사에 중간투입물로 판매되는 동시에 소비자들에게 최종생산물로 판매된다고 하자. 다음 표는 이 경우에 세 회사의 활동을 요약해서 보여 준다.

	빵 회사	치즈 회사	피자 회사
투입물의 비용	$0	$0	$50(빵) 35(치즈)
임금	25	30	75
생산물의 가치	100	60	200

   a. 생산에서 발생한 부가가치로 국내총생산을 계산하라.
   b. 최종생산물에 대한 지출로 국내총생산을 계산하라.
   c. 요소소득으로 국내총생산을 계산하라.

3. 다음 거래 중에서 미국의 국내총생산에 포함되는 것은?
   a. 코카콜라가 미국에 새로운 공장을 건설한다.
   b. 델타 항공사가 가지고 있던 항공기 1대를 대한항공에 매각한다.
   c. 머니백 여사가 디즈니사의 주식(기존 발행 주식) 1주를 매입한다.
   d. 캘리포니아의 와인업자가 샤도네이 1병을 생산해서 캐

나다 몬트리올에 있는 고객에게 판매한다.
   e. 미국인이 파리에서 프랑스 향수 1병을 구입한다.
   f. 출판사가 새 책을 너무 많이 인쇄해서 금년 중에 다 팔지 못하고 남은 책들을 재고로 남긴다.

4. 다음 표는 1965, 1975, 1985, 1995, 2000, 2015년 미국의 명목 국내총생산(단위 : 10억 달러), 2009년 달러 기준 실질 국내총생산(단위 : 10억 달러), 인구(단위 : 천 명)를 보여 준다. 1965~2015년 동안 미국의 물가는 계속 상승했다.

연도	명목 GDP (10억 달러)	실질 GDP (10억 달러, 2009년 기준)	인구 (천 명)
1965	$743.7	$3,976.7	194,250
1975	1,688.9	5,385.4	215,891
1985	4,346.7	7,593.8	238,416
1995	7,664.1	10,174.8	266,458
2005	13,093.7	14,234.2	296,115
2015	17,947.0	16,348.9	321,601

   a. 2005년까지의 모든 해에서 실질 국내총생산이 명목 국내총생산보다 큰 이유는 무엇인가? 그리고 2015년에 실질 국내총생산이 명목 국내총생산보다 작은 이유는 무엇인가?
   b. 1965~1975년, 1975~1985년, 1985~1995년, 1995~2005년, 2005~2015년 실질 국내총생산의 변화율을 계산하라. 어떤 기간이 가장 높은 성장률을 보였는가?
   c. 표에 나와 있는 모든 해의 1인당 실질 국내총생산을 계산하라.
   d. 1965~1975년, 1975~1985년, 1985~1995년, 1995~2005년, 2005~2015년 1인당 실질 국내총생산의 변화율을 계산하라. 어떤 기간의 성장률이 가장 높은가?
   e. 실질 국내총생산의 증가율과 1인당 실질 국내총생산의 증가율은 어떻게 차이가 나는가? 어느 것이 더 큰가? 이와 같은 관계는 우리의 기대와 일치하는가?

5. 이스트랜드대학은 학생들이 구입해야 하는 교과서 가격이 인상되는 것을 우려하고 있다. 교과서 가격이 얼마나 상승하는지를 파악하기 위해 학장이 경제학부 최우수 학생인 당신에게 전반적인 교과서 가격지수를 만들 것을 지시한다고 하자. 평균적인 학생은 영어 교과서 3권, 수학 교과서 2권, 경제학 교과서 4권을 구입한다. 이 책들의 가격은 다음 표와 같다.

	2014년	2015년	2016년
영어 교과서	$100	$110	$114
수학 교과서	140	144	148
경제학 교과서	160	180	200

a. 2014~2016년 사이의 영어 교과서 가격의 변화율은?

b. 2014~2016년 사이의 수학 교과서 가격의 변화율은?

c. 2014~2016년 사이의 경제학 교과서 가격의 변화율은?

d. 2015년을 기준연도로 하여 모든 해의 교과서 물가지수를 계산하라.

e. 2014~2016년 사이의 물가지수의 변화율은 얼마인가?

6. CPI는 전형적인 도시 가구의 생계비를 측정하는데 주거 서비스나 식료품과 같은 각 지출 품목의 가격에 평균적인 소비자의 시장바구니에서 각 품목이 차지하는 비중을 곱한 후에 이를 모든 품목에 대해 더하여 구한다. 그렇지만 CPI 자료를 보면 서로 다른 종류의 소비자 간에 생계비의 변화 정도가 매우 상이하다는 것을 알 수 있다. 어떤 가상적인 퇴직자의 생계비와 대학생의 생계비를 비교해 보자. 퇴직자의 시장바구니는 주거비 10%, 식료품비 15%, 교통비 5%, 의료비 60%, 교육비 0%, 여가비 10%로 구성되어 있다고 하자. 그리고 학생의 시장바구니는 주거비 5%, 식료품비 15%, 교통비 20%, 의료비 0%, 교육비 40%, 여가

비 20%로 구성되어 있다고 하자. 다음 표는 2016년 5월의 품목당 소비자물가지수를 보여 준다.

	2016년 5월 CPI
주거비	242.8
식료품비	248.0
교통비	194.6
의료비	460.5
교육비	246.9
여가비	117.2

먼저 각 품목의 CPI와 각자의 시장바구니에서 각 품목이 차지하는 비중의 곱을 합함으로써 퇴직자와 대학생의 총체적인 소비자물가지수를 각각 계산하라. 2016년 5월 전체 품목의 소비자물가지수는 239.4였다. 여러분이 계산한 퇴직자의 소비자물가지수와 대학생의 소비자물가지수는 전체 소비자물가지수와 어떻게 다른가?

7. 다음 표는 미국의 연도별 실질 국내총생산(단위 : 2009년 기준 10억 달러)과 명목 국내총생산(단위 : 10억 달러)을 보여 준다.

a. 각 해의 GDP 디플레이터를 계산하라.

b. GDP 디플레이터를 이용하여 2009년을 제외한 모든 해의 인플레이션율을 계산하라.

	2009	2010	2011	2012	2013	2014	2015
실질 GDP(2009년 기준, 10억 달러)	$14,418.7	$14,783.8	$15,020.6	$15,354.6	$15,583.3	$15,961.7	$16,348.9
명목 GDP(10억 달러)	14,418.7	14,964.4	15,517.9	16,155.3	16,663.2	17,348.1	17,947.0

8. 다음 표는 2013년, 2014년, 2015년의 GDP 디플레이터와 소비자물가지수를 보여 준다. 각 물가지수를 이용해서 2013~2014년, 2014~2015년의 인플레이션율을 계산하라.

연도	GDP 디플레이터	CPI
2013년	106.929	232.964
2014년	108.686	236.715
2015년	109.775	236.995

9. 브리태니커 경제는 컴퓨터, DVD, 피자의 세 가지 재화를 생산한다. 다음 표는 2014년, 2015년, 2016년에 세 재화의 가격과 생산량을 보여 준다.

a. 2014년과 2015년 그리고 2015년과 2016년 사이의 각 재화 생산량의 변화율은 얼마인가?

연도	컴퓨터		DVD		피자	
	가격	수량	가격	수량	가격	수량
2014년	$900	10	$10	100	$15	2
2015년	1,000	10.5	12	105	16	2
2016년	1,050	12	14	110	17	3

b. 2014년과 2015년 그리고 2015년과 2016년 사이의 각 재화 가격의 변화율은 얼마인가?

c. 각 해의 브리태니커 명목 국내총생산을 계산하라. 2014년과 2015년 그리고 2015년과 2016년 사이의 명목 국내총생산의 변화율은 얼마인가?

d. 2014년 가격을 이용해 각 해의 브리태니커 실질 국내총생산을 계산하라. 2014년과 2015년 그리고 2015년과 2016년 사이의 실질 국내총생산의 변화율은 얼마인가?

14 실업과 인플레이션

두 숫자 이야기

인상적으로 들리는 명칭을 가지고 있지만 세상 사에 별 영향을 미치지 못하는 정부위원회는 많이 존재한다. 연방공개시장위원회(Federal Open Market Committee, FOMC)는 이들 중 하나가 아님이 거의 확실하다. 연방공개시장위원회는 연방준비제도의 일부로 미국의 통화정책을 결정하고 시행할 책임을 진 반자치적인 연방기구다.

연방공개시장위원회라는 명칭은 무미건조하게 들릴지 모르지만 이 위원회가 1년에 여덟 차례 내리는 결정은 미국 경제뿐 아니라 세계 경제에도 매우 중요하다. 연준 의장을 중심으로 12명의 위원으로 구성된 이 위원회는 6주마다 만나서 통화정책의 주요 내용을 결정한다.

연준 의장은 거시경제정책을 결정할 때 실업률과 물가 안정의 두 목표 간 균형을 유지한다.

위원회가 그 결정을 발표하면 전 세계 금융시장이 반응하며, 때로는 요동을 친다.

2008년 금융위기로부터 시작하여 7년간에 걸친 활기 없는 성장 끝에 연방공개시장위원회는 2015년에 미국 경제가 드디어 자발적인 상향 추세를 회복했다고 판단했다. 이들이 가지고 있던 증거는 실업률과 인플레이션율이라는 2개의 숫자로 압축될 수 있다. 대후퇴 기간에 치솟았던 실업률은 2009년 10월에 10%의 정점에 달했다. 2015년 후반에 이르자 이 비율은 역사상 저점인 5%로 하락했다. 이에 더하여 연방공개시장위원회는 인플레이션이 성장하는 경제가 전형적으로 가지는 범위 안에 머물러 있다고 보았다. 이 두 가지 증거로 인해 연방공개시장위원회는 미국 경제가 대후퇴로 인한 피해로부터 회복했다고 판단했다.

연방공개시장위원회가 알고 있듯이 높은 실업률과 높은 인플레이션율은 거시경제학의 두 가지 가장 큰 해악이다. 높은 실업률은 일하고자 하는 노동자가 일자리를 구하지 못하게 하기 때문에 경제적으로 그리고 인적으로 낭비가 된다. 높은 인플레이션율은 물가를 급격히 상승시킴으로써 통화시스템을 약화시킨다. 따라서 거시경제정책의 두 가지 주요 목표는 낮은 실업률과 물가 안정에 있다. 여기서 물가 안정은 일반적으로 낮지만 양의 값을 가진 인플레이션율로 정의된다. 그런데 이 두 가지 목표는 때로는 서로 상충이 된다. 이런 시기에는 거시경제정책 입안자들은 판단과 추측에 입각하여 균형을 유지해야 한다. 2008년에 발생한 특별한 사건처럼 다른 시기에는 두 가지 목표가 상충관계에 있지 않으며, 거시경제정책 결정이 어렵지 않다.

이 장에서는 경제에 있어 실업과 인플레이션의 동태적 움직임에 대해 알아볼 것이다. 우리는 이들이 어떻게 측정되며 왜 이들을 정확하게 측정하는 것이 정부의 중요한 기능인지를 배울 것이다. 그다음에는 낮은 실업률과 물가 안정이 거시경제정책의 주요 목표가 되는 이유를 이해할 것이다. 그렇지만 이미 지적했듯이 이 두 목표는 때로는 서로 상충이 되기도 하고 때로는 그렇지 않기도 한다. 미국 거시경제의 극적인 변화에 대응할 수 있는 능력이 바로 연방공개시장위원회가 세상에서 가장 중요한 위원회 중 하나인 이유다. ●

실업률

〈그림 14-1〉은 1948년부터 2019년까지 미국의 실업률을 보여 준다. 그림에서 볼 수 있듯이 실업률은 2007~2009년 대후퇴 기간 중 치솟았다가 그 후 수년간 매우 느리게 하락했다. 실업률의 상승은 무엇을 의미하며, 이것이 왜 사람들의 생활에서 중요한 요소가 되며, 정책입안자들이 왜 취업인구와 실업인구에 대해 주시하는지를 이해하려면 먼저 이들이 어떻게 정의되고 측정되는지를 알 필요가 있다.

실업의 정의와 측정

취업인구를 정의하는 것은 쉽다. 일자리를 가지고 있는 사람만이 취업 상태에 있다. **취업인구**(employment)는 전일제든 시간제든 현재 고용되어 있는 사람들의 수다.

그러나 실업은 보다 미묘한 개념이다. 어떤 사람이 일을 하지 않고 있다고 해서 실업자로 간주할 수는 없다. 예를 들어 2019년 1월 현재 미국에는 4,400만 명의 퇴직 근로자들이 사회보장 수표를 받고 있다. 이들 중 대부분은 아마도 더 이상 일을 할 필요가 없다는 사실에 대해 행복하게 생각하고 있을 것이다. 따라서 우리는 편안한 은퇴생활에 정착한 사람들을 실업자라고 간주하지는 않을 것이다. 이에 더해서 850만 명의 장애인들이 일을 할 수 없기 때문에 사회보장 혜택을 받고 있다. 이들 역시 일을 하고 있지 않지만 이들을 실업자라고 간주하지는 않을 것이다.

미국에서 실업에 대한 자료 수집을 담당하는 연방정부기관인 통계조사국은 '일이 없고, 일자리를 구하고 있으며, 일을 할 능력이 있는 사람'을 실업자로 간주한다. 은퇴를 한 사람은 일자리를 구하고 있지 않으므로 실업자로 계산되지 않는다. 장애인은 일을 할 능력이 없으므로 실업자로 계산되지 않는다. 보다 구체적으로 현재 일자리가 없으며 지난 4주 동안 적극적으로 일자리를 구하고 있던 사람은 실업자로 간주된다. 따라서 **실업인구**(unemployment)는 적극적으로 일자리를 구하고는 있으나 현재 취업을 못하고 있는 사람들의 수로 정의된다.

한 국가의 **경제활동인구**(labor force)는 취업인구와 실업인구의 합이다. 즉 경제활동인구는 현재 일을 하고 있거나 일자리를 구하고 있는 사람들의 수다. **경제활동참가율**(labor force

---

취업인구(employment)는 전일제든 시간제든 현재 고용되어 있는 사람들의 수다.

실업인구(unemployment)는 적극적으로 일자리를 구하고는 있으나 현재 취업을 못하고 있는 사람들의 수로 정의된다.

경제활동인구(labor force)는 취업인구와 실업인구의 합이다.

경제활동참가율(labor force participation rate)은 16세 이상 인구 중 경제활동인구의 비율이다.

그림 14-1 미국의 실업률, 1948~2019년

실업률은 시간에 따라 큰 폭으로 변동했다. 음영으로 표시된 경기후퇴기에는 언제나 실업률이 상승한다. 경기팽창기에는 항상은 아니지만 대개는 실업률이 하락한다.

출처 : Bureau of Labor Statistics; National Bureau of Economic Research.

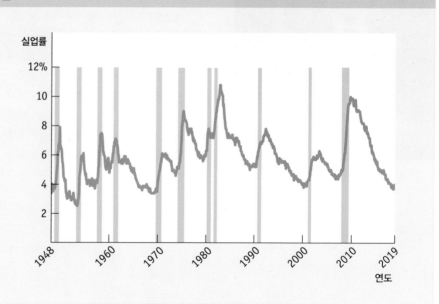

participation rate)은 생산연령인구(working-age population)에서 경제활동인구가 차지하는 비중으로 정의된다. 즉 경제활동참가율은 다음과 같이 계산된다.

실업률(unemployment rate)은 경제활동인구 중에서 실업인구의 비율이다.

$$(14\text{-}1) \quad 경제활동참가율 = \frac{경제활동인구}{16세\ 이상\ 인구} \times 100$$

실업률(unemployment rate)은 경제활동인구 중에서 실업인구의 비율로 다음과 같이 계산된다.

$$(14\text{-}2) \quad 실업률 = \frac{실업인구}{경제활동인구} \times 100$$

실업률 계산에 사용될 숫자를 추정하기 위해 미국의 통계조사국은 매달 인구현황조사(Current Population Survey)를 시행한다. 이 조사에서는 무작위로 추출된 6만 가구의 표본이 면담조사된다. 사람들은 먼저 현재 일을 하고 있는지 여부에 대해 질문받는다. 현재 일을 하고 있지 않다면 지난 4주간 일자리를 구하고 있었는지를 질문받는다. 조사 결과를 총인구에 대한 추정치를 이용하여 조정함으로써 미국의 전체 취업인구와 실업인구에 대한 추정치가 구해진다.

실업률의 유의성

실업률은 현재의 경제 상태에서 일자리를 찾는 것이 얼마나 쉬운지 또는 어려운지를 잘 보여 주는 지표다. 실업률이 낮으면 일자리를 원하는 거의 모든 사람이 일자리를 구할 수 있다. 실업률이 4%에 불과했던 2000년에는 일자리가 풍부하여 소위 '거울 시험(mirror test)'만 통과하면 직장을 구할 수 있다고 할 정도였다. 숨을 쉬기만 한다면 (그래서 거울에 입김 자국을 낼 수만 있다면) 일자리를 구할 수 있다는 말이다. 반면에 2010년에는 1년 내내 실업률이 9%를 초과했으며, 일자리를 구하는 것이 매우 힘들었다. 사실 일자리를 구하는 미국인들의 수가 비어 있는 일자리의 거의 다섯 배에 달했다.

실업률은 현재 노동시장의 상태를 잘 보여 주는 지표이긴 하지만, 이를 문자 그대로 일을 하기를 원하지만 일자리를 구하지 못하는 사람의 비율로 해석하는 데는 주의해야 한다. 어떤 면에서는 실업률이 일자리를 구하는 것이 어려운 정도를 과대평가하기 때문이다. 다른 면에서는 그 반대도 될 수 있다. 즉 낮은 실업률이 일자리 부족에 대한 깊은 좌절을 은폐시킬 수도 있다.

실업률이 실제 실업 수준을 과대평가할 수 있는 이유 여러분이 일자리를 구하고 있다고 하자. 적절한 일자리를 찾는 데 몇 주가 걸리는 것은 정상적인 현상이다. 그럼에도 불구하고 일자리를 구하는 데는 자신이 있지만 아직 일자리를 수락하지 않은 근로자는 실업자로 분류된다. 이런 이유에서 일자리가 넘쳐나는 호황기에도 실업률은 절대로 0%로 하락하지 않는다. 노동시장이 활기에 찼던 2000년 봄은 구직자에게는 매우 좋은 시절이었음에도 불구하고 실업률은 여전히 4%나 되었다. 이 장 후반부에서는 일자리가 넘쳐날 때도 실업자가 존재하는 이유에 대해서 심도 있게 설명할 것이다.

실업률이 실제 실업 수준을 과소평가할 수 있는 이유 일을 하기를 원하지만 일을 하고 있지 않는 사람들이 실업자로 계산되지 않는 경우가 종종 있다. 특히 오랫동안 심한 침체를 겪고 있는 철강마을에서 일시 해고된 철강작업자와 같이 일자리가 없기 때문에 당분간 일자리를 구하는 것을 포기한 사람들은 실업자로 분류되지 않는다. 이들은 지난 4주간 일자리를 구하려 하지 않았기 때문이다. 일을 하기를 원하지만 노동시장의 상태로 보아 직장을 구할 수 있는 전망

실망실업자(discouraged worker)는 일을 할 능력은 있지만 노동시장의 상황을 고려하여 일자리를 구하는 것을 포기한 사람들이다.

한계참여근로자(marginally attached worker)는 취업을 하고 싶으며 최근까지 일자리를 구하고 있었지만 지금은 일자리를 구하고 있지 않는 사람들이다.

과소취업자(underemployment)는 전일제 일자리를 구할 수 없기 때문에 시간제로 일을 하고 있는 노동자다.

이 어둡기 때문에 일자리를 구하지 않고 있다고 통계조사자에게 대답한 사람들을 **실망실업자**(discouraged worker)라 부른다. 실업률의 계산에는 실망실업자가 포함되지 않기 때문에 측정된 실업률은 일을 하기를 원하나 일자리를 구할 수 없는 사람의 비율을 과소평가할 수도 있다.

실망실업자는 더 큰 범주인 **한계참여근로자**(marginally attached worker)의 일부분이다. 한계참여근로자란 일을 하고는 싶고 최근까지는 일자리를 구하고 있었지만 지금은 일자리를 구하고 있지 않는 사람들이다. 이들 역시 실업률 계산에 포함되지 않는다. 마지막으로 일자리를 구하는 데 있어서 좌절을 맛보고는 있지만 실업자로 간주되지 않는 또 다른 범주의 노동자들이 있는데 이들을 **과소취업자**(underemployed)라 한다. 이들은 전일제 일자리를 구하기를 원하나 전일제 직장을 구할 수 없기 때문에 현재 시간제로 일을 하고 있는 노동자다. 이들 역시 실업률 계산에 포함되지 않는다.

노동통계국은 공식적인 실업률을 계산하는 연방정부기관이다. 노동통계국은 세 범주의 좌절한 노동자를 포함하는 보다 포괄적인 '노동 저활용(labor underutilization)에 대한 지표'를 계산하기도 한다. 〈그림 14-2〉는 실망실업자, 한계참여근로자, 과소취업자가 모두 포함될 경우 측정된 실업률이 어떻게 변할 것인지 보여 준다. 가장 광의의 실업 및 과소취업 지표는 U-6인데 위의 세 가지 지표에 실업인구를 더한 값이다. 이 지표는 언론에서 흔히 언급되는 실업률보다 상당히 높은 값을 가진다. 그렇지만 U-6와 실업률은 대체로 평행에 가까운 움직임을 가지며 이런 점에서 실업률의 변화는 좌절한 노동자를 포함하여 총체적인 노동시장의 상황 변화를 잘 보여줄 수 있다.

마지막으로 여러 인구집단에 있어서 실업률이 매우 큰 차이를 나타낸다는 사실을 인식하는 것이 중요하다. 다른 조건이 같다면 경험이 많은 노동자와 25세부터 54세까지 한창 일할 나이에 있는 노동자가 일자리를 구하는 것이 더 용이하다. 이보다 나이가 어린 노동자나 은퇴 연령에 가까운 노동자는 다른 조건이 같다면 일자리를 구하기가 더 어렵다.

〈그림 14-3〉은 전체 실업률이 역사적 기준으로는 낮은 수준이었던 2007년과 대후퇴의 여파로 실업률이 높았던 2010년, 그리고 실업률이 완전히는 아니지만 위기 이전 수준 가까이 하락했던 2019년 2월에 있어 여러 집단의 실업률을 보여 준다. 그림에서 볼 수 있듯이 아프리카계 미국

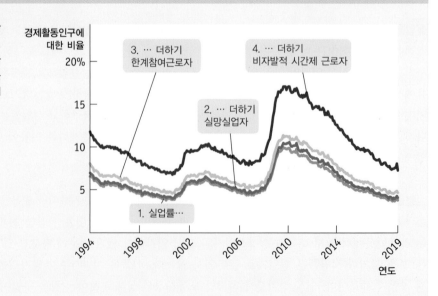

그림 14-2 실업에 대한 여러 가지 지표, 1994~2019년

언론에서 보통 인용되는 실업률 수치는 지난 4주간 일자리를 구하고 있었던 사람만 실업자로 간주한다. 더 포괄적인 지표는 실망실업자, 한계참여근로자, 과소취업자 등도 포함한다. 더 광범위한 이들 지표는 더 높은 실업을 나타내나 표준적인 실업률과 거의 평행으로 움직인다.

출처 : Bureau of Labor Statistics.

그림 14-3 여러 집단의 실업률, 2007년, 2010년, 2019년

실업률은 여러 인구집단 간에 매우 큰 차이를 나타
낸다. 예를 들어 2019년 2월의 전체 실업률은 3.8%
였지만 10대 아프리카계 미국인의 실업률은 26.8%
에 달했다. 따라서 전체적으로 실업률이 낮은 시기에
도 일부 인구집단에서는 실업이 매우 심각한 문제가
됨을 알 수 있다.

출처 : Bureau of Labor Statistics.

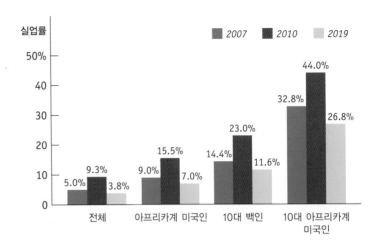

인 노동자의 실업률은 전국 평균보다 지속적으로 훨씬 더 높은 수준에 있었다. 10대(16~19세)
백인의 실업률은 보통 이보다 더 높았으며, 10대 아프리카계 미국인의 실업률은 10대 백인의 실
업률보다도 더 높았다. (일자리를 구하고는 있지만 취업이 안 되는 상황이 아닌 한 일을 하고 있
지 않더라도 실업자로 간주되지 않음을 명심하라.) 이는 전체적으로 실업률이 비교적 낮은 시기
에서도 일부 인구집단은 일자리를 구하는 데 큰 어려움을 겪을 수 있음을 의미한다.

이상의 논의로부터 실업률이 노동시장의 상태를 보여 주는 지표이기는 하지만 이를 문자 그
대로 일자리를 구하지 못한 근로자의 비율로 해석하는 것은 곤란하다는 결론을 내릴 수 있다.
그렇지만 실업률은 매우 훌륭한 경제지표다. 실업률의 상승과 하락은 사람들의 생활에 중요한
영향을 미치는 경제적 변화를 밀접하게 반영하고 있다. 이제 실업률이 변동하는 원인에 대해 알
아보자.

성장과 실업

〈그림 14-4〉는 〈그림 14-1〉에 비해 더 짧은 기간인 1979년부터 2019년까지 미국의 실업률
을 보여 준다. 음영으로 표시된 막대는 경기후퇴기를 나타낸다. 그림에서 볼 수 있듯이 모든 경
기후퇴기에는 예외 없이 실업률이 상승했다. 2007~2009년의 극심한 경기후퇴는 이보다 이른
1981~1982년 경기후퇴와 마찬가지로 실업률을 크게 상승시켰다.

이에 상응하여 경기팽창기에는 보통 실업률이 하락한다. 오랜 기간에 걸쳐 진행되었던 1990
년대의 경기팽창은 결국 실업률을 4% 미만으로 하락시켰다. 그렇지만 **경기팽창기가 항상 실업률
이 하락하는 시기는 아님**을 알아야 한다. 〈그림 14-4〉에서 최근에 발생했던 두 차례의 경기후퇴
인 1990~1991년의 경기후퇴와 2001년의 경기후퇴 직후를 보라. 두 경우 모두 실업률은 경기후
퇴가 공식적으로 종료된 이후에도 1년 이상 계속 상승했다. 이러한 현상은 경제가 성장하고는 있
었지만 실업률을 하락시킬 만큼 빠른 속도로 성장하지는 않았다는 점에 의해 설명될 수 있다.

〈그림 14-5〉는 1949년부터 2016년까지 미국의 자료를 보여 주는 산포도다. 수평축은 전년
대비 실질 국내총생산의 증가율로 측정한 연간 성장률을 나타낸다. (성장률이 마이너스였던 해,
즉 실질 GDP가 감소했던 해가 열 차례 있었음을 주목하라.) 수직축은 전년 대비 실업률의 증가
분, 즉 금년도 실업률에서 전년도 실업률을 뺀 값을 %p(퍼센트 포인트)로 나타낸다. 각 점은 특
정 해에 관찰된 실질 GDP 성장률과 실업률 변화를 보여 준다. 예를 들어 연평균 실업률은 1999

그림 14-4 실업과 경기후퇴, 1979~2019년

이 그림은 지난 40년간의 실업률을 상세하게 보여 준다. 음영으로 표시된 막대는 경기후퇴기를 나타낸다. 그림으로부터 경기후퇴기에는 실업률이 항상 상승하며 경기팽창기에는 일반적으로 하락함을 알 수 있다. 그렇지만 1990년대 초와 2000년대 초의 두 경우에는 경기후퇴의 종료가 공식적으로 선언된 이후에도 한동안 실업률이 계속 상승했다.

출처 : Bureau of Labor Statistics; National Bureau of Economic Research.

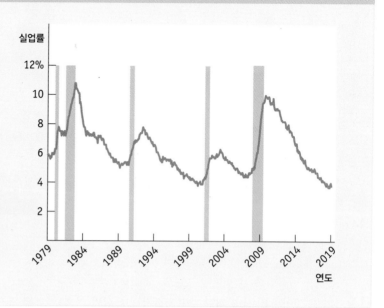

년의 4.2%에서 2000년에는 4%로 하락했는데 이는 그림에서 2000년에 해당하는 점의 수직축 값이 −0.2가 되는 것으로 나타나 있다. 같은 기간 실질 국내총생산이 4.1% 증가하였다는 사실을 2000년에 해당하는 점의 수평축 값으로부터 알 수 있다.

〈그림 14-5〉에서 산포된 점들은 전체적으로 우하향하는 경향을 갖고 있는데, 이는 경제성장률과 실업률 사이에 강한 부의 상관관계가 있음을 보여 준다. 즉 실질 GDP의 성장률이 높은 해

그림 14-5 성장과 실업률의 변화, 1949~2016년

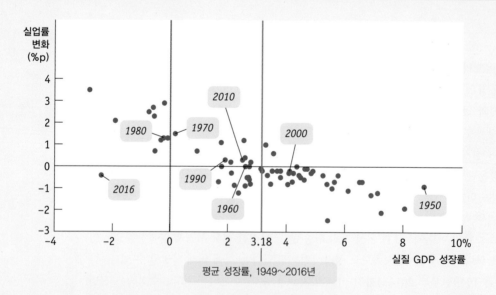

각 점은 1949년부터 2016년 사이의 한 해에 있어 성장률과 실업률 변화를 보여 준다. 예를 들어 2000년에는 경제가 4.1% 성장했고, 실업률이 4.2%에서 4.0%로 0.2%p 하락했다. 일반적으로 성장이 전체 기간의 평균치인 연 3.18%를 초과한 해에는 실업률이 하락했고, 미달한 해에는 실업률이 상승했다. 실질 GDP가 감소한 해에는 언제나 실업률이 상승했다.

출처 : Bureau of Labor Statistics; Bureau of Economic Analysis.

에는 실업률이 하락했으며 실질 GDP 성장률이 낮거나 음의 값을 가졌던 해에는 실업률이 상승했다.

그림에서 3.18%의 값에 해당하는 초록색 수직선은 1949년부터 2016년까지 연간 실질 GDP 성장률의 평균을 나타낸다. 이 선의 오른쪽에 있는 점들은 평균보다 높은 성장을 한 해를 나타낸다. 이 점들은 수직축이 대개 음의 값을 갖는데 이는 실업률이 하락했음을 의미한다. 즉 평균 이상의 성장을 보인 해에는 대개 실업률이 하락했음을 알 수 있다. 이와 반대로 수직선의 왼쪽에 있는 점들은 평균보다 낮은 성장을 보인 해에 해당한다. 이 점들은 수직축이 대개 양의 값을 갖는데 이는 실업률이 상승했음을 의미한다. 즉 평균보다 낮은 성장을 보인 해에는 대개 실업률이 상승하고 있었다.

그런데 국내총생산은 증가했지만 평균보다 낮은 성장률을 보인 해들이 있다. 이 시기에는 경제가 경기후퇴 국면에 있지는 않았지만 실업률은 계속 상승하고 있었는데 이를 **고용 없는 회복**(jobless recovery) 또는 **성장후퇴**(growth recession)라고 부른다. 그렇지만 실질 국내총생산이 감소하는 진정한 경기후퇴기는 특히 노동자들에게 고통스러운 시기다. 〈그림 14-5〉에서 수직축 왼쪽에 있는 점들이 보여 주듯이 실질 국내총생산의 감소는 언제나 실업률의 증가를 동반했으며 이는 많은 가족들에게 큰 시련을 안겨 주었을 것이다.

> **고용 없는 회복**(jobless recovery)은 실질 GDP는 정의 성장률을 보이지만 실업률이 계속 상승하고 있는 시기다.

현실 경제의 >> 이해

발사 실패

2010년 3월 미국의 고용 상황이 최악에 가까웠을 때, 《하버드 로 레코드(Harvard Law Record)》가 "실업상태의 법대 학생이 16만 달러와 연금을 받고 일할 의향이 있다."라는 제목의 간단한 기사를 실었다. 기사의 저자는 자조적인 논조로 그 전해에 하버드 법대를 졸업했지만 취업 제안을 받는 데 실패했음을 자인했다. 이 기사는 "우리 이력서 상의 어떤 내용이 하버드대학을 무색하게 할 정도로 나쁘단 말인가?"라는 질문을 던졌다.

그 답은 물론 이력서가 문제였던 것이 아니라 경제가 문제였다는 데 있다. 고실업의 시기는 새로운 졸업생들에게 특히 가혹하다. 이들에게는 업종을 불문하고 전일제 직장을 구하는 것 자체가 어렵다.

이 기사가 쓰였던 당시에는 얼마나 상황이 나빴나? 〈그림 14-6〉은 2000년부터 2018년까지 20~24세 대학 졸업자 실업률을 성별로 보여 준

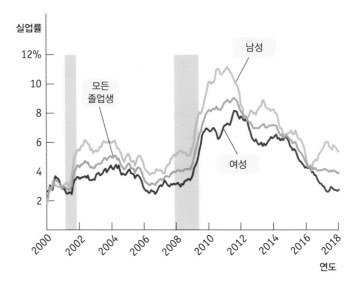

그림 14-6 20~24세 대학 졸업생의 실업률, 2000~2018년

출처 : Bureau of Labor Statistics.

다. 그림은 대후퇴의 부정적 영향이 바로 전의 2001년 경기후퇴보다 훨씬 더 컸음을 보여 준다. 이때의 경기하강은 특히 건설업과 제조업에 큰 타격을 주었고 그 결과 남성 근로자의 실업률을 두 자릿수로 밀어 올렸다. 여성의 고용비중이 높은 공공 및 서비스 부문은 이보다는 상황이 더 좋았다. 그렇지만 여성 근로자의 실업률 역시 8%를 초과하는 수준으로 상승했다. 대후퇴의 영향은 길게 지속되었고, 실업률은 경기후퇴가 시작된 후 9년이 지난 2016년까지도 위기 이전 수준을 회복하지 못했다.

>> 복습

• **경제활동인구**는 **취업인구**와 **실업인구**의 합인데 여기에는 실망실업자가 포함되지 않는다. 노동통계에는 **과소취업자**에 대한 자료도 포함되지 않는다. **경제활동참가율**은 16세 이상의 인구 중에서 경제활동인구가 차지하는 비율이다.

• **실업률**은 노동시장의 상태를 나타내는 하나의 지표일 뿐이며, 문자 그대로 직장을 구할 수 없는 근로자의 비율을 측정하는 것은 아니다. 일거리가 풍부한 경우에도 시간을 가지고 더 좋은 일자리를 구하려는 근로자들이 있기 때문에 실업은 진정한 실업수준을 과대평가하게 된다. 반면에 실업률의 측정에서는 **실망실업자, 한계참여근로자, 과소취업자** 등이 제외되는데 이로 인해 실업률은 진정한 실업수준을 과소평가할 수도 있다.

• 실질 국내총생산의 증가율과 실업률의 변화 간에는 강한 부의 상관관계가 존재한다. 경제성장률이 평균을 초과하는 때에는 일반적으로 실업률이 하락한다. 경제성장률이 평균에 미달하는 때에는 일반적으로 실업이 상승하는데 이를 **고용 없는 회복**이라 부른다. 이는 대개 깊은 경기후퇴기에 뒤따라 발생한다.

>> 이해돕기 14-1
해답은 책 뒤에

1. 취업 웹 사이트들의 등장으로 구직자들이 모두 원하는 직장을 빨리 구할 수 있게 된다면 실업률에는 어떤 변화가 생길까? 또한 이들 웹 사이트의 등장으로 구직을 포기했던 사람들도 다시 구직활동을 하기 시작한다면 실업률에는 어떤 변화가 생길까?

2. 다음 각 경우에 근로자는 실업인구로 계산되는가? 설명하라.
   a. 상당 기간 해고 상태에 있으며 몇 달 전에 구직을 포기한 고령 근로자 로사
   b. 3개월간의 여름방학 동안에는 일을 하지 않는 학교 선생님 앤소니
   c. 얼마 전에 해고를 당한 후 현재 다른 직장을 구하고 있는 가나코
   d. 고전음악을 전공하는 음악가로 동네 파티에서 연주하는 일자리밖에 구할 수 없는 세르지오
   e. 직장을 구하는 것이 어려워서 다시 학업을 계속하고 있는 대학원생 나타샤

3. 다음 중 어느 것이 〈그림 14-5〉가 보여 주는 것과 같이 실질 GDP 성장과 실업률 변화 간에 관측되는 관계와 일관성이 있는가? 어느 것이 일관성이 없는가?
   a. 실업률 상승이 실질 GDP 감소와 함께 발생한다.
   b. 예외적으로 강력한 경기회복이 취업을 한 경제활동인구의 비중 증가를 동반한다.
   c. 부의 실질 GDP 성장이 실업률 하락과 함께 나타난다.

‖ 자연실업률

빠른 속도의 경제성장은 실업률을 하락시키는 경향이 있다. 그렇다면 실업률은 얼마까지 낮아질 수 있을까? 여러분은 영이라고 말하고 싶을지도 모른다. 하지만 이것은 불가능하다. 지난 반세기 동안 미국의 실업률은 2.9% 아래로 하락한 적이 없다.

도대체 기업들이 사람을 구하는 데 어려움을 겪는 시기에 있어서조차 어떻게 이렇게 많은 실업자가 존재할 수 있다는 말인가? 이 질문에 대한 답을 구하기 위해서는 노동시장의 본질을 이해할 필요가 있다. 우리의 출발점은 경기가 가장 좋은 때에도 일자리는 계속 파괴되는 동시에 창조되고 있다는 관찰이다.

일자리의 파괴와 창조

경기가 좋은 시절에도 대부분의 미국인들은 최근 일자리를 잃은 누군가를 알고 있다. 2018년 12월 미국의 실업률은 역사적 기준으로 볼 때 상대적으로 낮은 수준인 3.9%였지만 12월 한 달 동안에 550만 명이 이직을 하였다. 여기서 '이직'이란 근로자가 해고를 당하거나 자발적으로 사직을 함으로써 고용이 종료됨을 의미한다.

일자리를 잃는 이유에는 여러 가지가 있다. 그중 하나는 경제의 구조적 변화다. 새로운 기술이 등장하고 소비자의 기호가 변함에 따라 산업들은 부침하며 이에 따라 어떤 산업은 팽창하고 새 일자리를 창출하는 데 비해 어떤 산업은 수축하고 일자리가 소멸된다. 예를 들어 자동화와 새 에너지원으로의 교체로 인해 탄광의 취업자 수는 한때의 높은 수준에서 얼마 안 되는 수준으로 감소했다. 그렇지만 구조적 변화는 새로운 일자리를 창출하기도 한다. 빠르게 발전하는 기술과 조세 유인에 힘입어 태양광 패널의 사용이 급증함에 따라 태양광 발전 부문의 취업자 수가 2010년 이후 크게 증가했다.

개별 기업의 부실한 경영성과와 불운도 일자리를 파괴한다. 예를 들어 2018년 초 JC페니가 140개 점포를 닫는다고 발표하였고 6천 명의 근로자들에게 조기퇴직을 제안했다. 같은 해 토이

저러스는 735개 점포를 닫았는데 그 결과 31,000명이 해고됐다. 한편 아마존과 같은 온라인 소매업은 팽창을 계속했다.

끊임없는 일자리의 파괴와 창조는 현대 경제의 특징 중 하나이며, 그 결과 어느 정도의 자연스러운 실업인구의 발생이 불가피하다. 이렇게 자연스럽게 발생하는 실업인구에는 두 종류의 실업이 포함되어 있는데 바로 **마찰적 실업**과 **구조적 실업**이다.

"지금 이 순간, 일자리가 있다는 것만으로도 행복합니다."

마찰적 실업

근로자가 일자리의 파괴로 인해 비자발적으로 일자리를 잃을 때 자신에게 제시되는 첫 취업 제안을 받아들이지 않는 경우가 종종 있다. 예를 들어 자기 회사의 제품 라인이 실패함에 따라 해고당한 숙련된 컴퓨터 프로그래머가 지역 신문에 실린 점원 구인광고를 본다고 하자. 그녀는 바로 광고주에게 연락하여 그 일을 할 수도 있겠지만 이는 일반적으로 어리석은 결정일 것이다. 그보다는 시간을 들여서 자신이 가진 기능을 활용할 수 있고 이에 따라 높은 급여를 지불하는 일자리를 찾아보는 것이 나을 것이다. 이에 더하여 가족의 이사, 불만족, 다른 곳에서 일자리를 찾는 것이 더 나을 것 같아서와 같은 개인적인 이유로 자발적으로 직장을 그만두는 근로자들이 항상 있기 마련이다.

경제학자들은 일자리를 찾느라 시간을 보내는 근로자들에 대해 **직장 탐색**(job search)을 하고 있다는 표현을 사용한다. 만일 모든 근로자가 동일하고 모든 직장이 동일하다면 직장 탐색이 필요 없을 것이다. 만일 일자리와 근로자에 대한 정보가 완전하다면 직장 탐색은 매우 빠르게 이루어질 것이다. 그러나 실제로는 일자리를 잃은 근로자나 첫 직장을 구하고 있는 청년 근로자는 최소한 몇 주 정도는 직장을 탐색하는 것이 정상적이다.

마찰적 실업(frictional unemployment)은 근로자들이 직장을 탐색하는 데 시간이 걸리기 때문에 발생하는 실업이다. 경제는 부단하게 변하기 때문에 현실적으로 어느 정도의 마찰적 실업은 피할 수 없다. 따라서 실업률이 낮았던 2018년 12월에조차 550만 명이 '이직', 즉 직장을 떠나거나 잃었다. 이직자들이 570만 명에 달하는 신규 취업자에 의해 상쇄되었기 때문에 전체 취업인구는 증가했다. 직장을 떠나거나 잃은 근로자 중 일부는 새로 경제활동인구에 진입하는 근로자 중 일부와 마찬가지로 어쩔 수 없이 어느 정도의 기간을 실업 상태로 지내기 마련이다.

〈그림 14-7〉은 2018년 12월 중 취업, 실업, 비경제활동인구의 세 가지 상태 간 월평균 근로자의 흐름을 보여 준다. 이 그림은 노동시장에서 많은 회전이 부단히 일어나고 있음을 보여 준다. 이와 같은 회전의 필연적 결과로 아직 다음 직장을 구하지 못한 노동자들, 즉 마찰적 실업이 발생한다.

어느 정도 제한된 수준의 마찰적 실업은 상대적으로 폐해가 적을 뿐만 아니라 경제에 도움이 될 수도 있다. 근로자들이 시간을 들여서 자신의 기능에 맞는 일자리를 구할 때 경제는 더 높은 생산성을 발휘할 수 있다. 더욱이 자신에게 맞는 일자리를 구하느라 잠시 동안 실업 상태에 있는 것은 근로자에게 그다지 고통스러운 일이 아니다. 사실 실업률이 낮을 때는 실업 기간이 짧아지는 경향이 있는데 이는 상당 부분의 실업이 마찰적임을 시사한다.

〈그림 14-8〉은 2018년 12월의 실업인구 구성을 보여 준다. 실업자 중 33%가 5주 미만 동안 실업 상태에 있었으며, 35%만이 15주 이상 실업 상태에 있었다. 실업자 5명 중 1명만이 27주 이상 실업 상태에 있는 **장기실업자**로 분류될 수 있었다.

하지만 실업률이 높은 시기에는 일자리를 구하지 못하는 기간이 길어지는데 이는 마찰적 실

일자리를 찾느라 시간을 보내는 근로자들은 **직장 탐색**(job search)을 하고 있다.

마찰적 실업(frictional unemployment)은 근로자들이 직장 탐색에 사용하는 시간으로 말미암아 발생하는 실업이다.

그림 14-7 2018년 12월의 노동시장 흐름

실업률이 낮았던 달인 2018년 12월에조차 많은 수의 노동자들이 실업 상태와 취업 상태에서 나오거나 들어갔다.

출처 : Bureau of Labor Statistics.

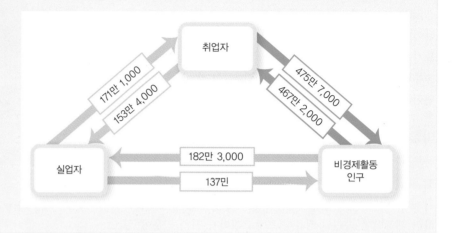

그림 14-8 실업 기간에 따른 실업자 분포, 2018년 12월

실업률이 낮을 때는 대부분의 실업자들이 짧은 기간에만 실업 상태에 있게 된다. 2018년 12월에는 실업자 중 33%가 5주 미만 동안 실업 상태에 있었으며, 65%가 15주 미만 동안 실업 상태에 있었다. 대부분의 근로자가 짧은 기간에만 실업 상태에 있었다는 사실은 대부분의 실업자가 마찰적 실업자였음을 시사한다.

출처 : Bureau of Labor Statistics.

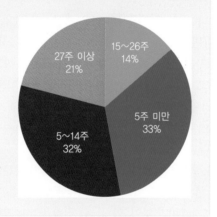

업자의 비중이 낮아짐을 시사한다. 〈그림 14-9〉는 6개월 이상 일을 하지 못하고 있었던 실업자의 비율을 2007년부터 2018년까지 보여준다. 대후퇴 후에는 이 비율이 45%로 치솟았으며, 경제가 회복됨에 따라 점차 하락했다.

구조적 실업

마찰적 실업은 일자리를 구하는 사람의 수가 제공되는 일자리의 수와 같은 경우에도 존재한다. 다시 말해서 마찰적 실업의 존재가 노동공급의 과잉을 의미하지는 않는다. 그런데 어떤 때에는 특정 노동시장에서 구직자의 과잉상태가 지속적으로 나타나는 경우가 있다. 예를 들어

그림 14-9 6개월 이상 실업 상태에 있었던 미국 실업자의 비율, 2007~2018년

대후퇴 이전에는 비교적 적은 수의 미국 근로자들이 장기간 실업 상태에 있었다. 그렇지만 장기실업자의 비율은 2007년 이후 치솟았고, 그 후 매우 점진적으로 하락했다.

출처 : Bureau of Labor Statistics.

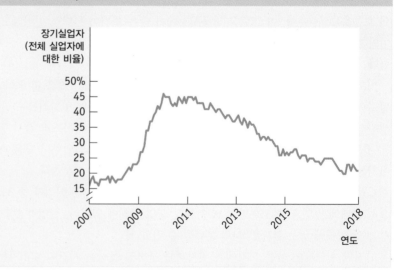

특정한 기능을 가진 근로자가 그 기능을 필요로 하는 일자리보다 많을 수도 있고, 특정 지역에 일자리보다 많은 근로자가 있을 수도 있다. **구조적 실업**(structural unemployment)은 노동시장에 현재 임금수준에서 구할 수 있는 일자리보다 일자리를 구하는 사람들이 더 많을 때 발생하는 실업이다. 수요공급모형에 따르면 재화나 서비스 또는 생산요소의 가격은 공급량과 수요량이 일치하는 균형수준으로 움직인다. 이것은 노동시장에도 마찬가지로 적용된다.

〈그림 14-10〉은 전형적인 노동시장을 보여 준다. 노동수요곡선은 노동의 가격, 즉 임금이 상승할 때 고용주들이 더 적은 양의 노동을 수요할 것임을 나타낸다. 노동공급곡선은 노동의 가격이 상승할 때 더 많은 근로자들이 노동을 공급하려 할 것임을 나타낸다. 이 두 힘이 일치할 때 특정 지역에서 특정 유형의 노동에 대한 균형임금이 달성된다. 이와 같은 균형임금은 W_E로 표시되어 있다.

균형임금인 W_E에서도 마찰적 실업은 어느 정도 존재한다. 제공되는 일자리 수가 일자리를 구하는 근로자 수와 같을 때에도 직장 탐색을 하는 근로자는 항상 존재하기 마련이기 때문이다. 하지만 이 경우 노동시장에 구조적 실업자는 존재하지 않을 것이다. 구조적 실업은 어떤 이유에서든 임금이 W_E보다 높은 수준에 계속 머물러 있는 경우에 발생한다. 임금이 W_E를 초과하도록 만드는 요인에는 여러 가지가 있는데 이 중 중요한 요인으로는 최저임금, 노동조합, 효율임금, 정부정책의 영향 그리고 피용자와 고용주 사이의 불일치 등을 들 수 있다.

최저임금 최저임금(minimum wage)은 정부가 요구하는 노동 가격의 하한이다. 2019년 초 미국의 최저임금은 시간당 7.25달러였다. 일부 주정부나 지방정부는 연방정부보다 더 높은 수준의 최저임금을 적용하기 위해 자신의 구역에 적용될 최저임금을 별도로 정하기도 한다. 예를 들어 시애틀 시는 최저임금을 시간당 15달러로 정하고 있다. 미국의 많은 노동자들은 최저임금과 무관하다. 시장 균형임금이 최저임금보다 훨씬 높기 때문이다. 하지만 숙련도가 낮은 노동자들에게는 최저임금이 구속적으로 되어 실제로 이 노동자들이 받는 임금에 영향을 미치는 한편 구조적 실업을 발생시킬 수도 있다. 다른 부유한 선진국들은 더 높은 최저임금을 적용하고 있다. 예

구조적 실업(structural unemployment)은 노동시장에서 현재 임금수준에서 구할 수 있는 일자리보다 일자리를 구하는 사람들이 더 많을 때 발생하는 실업이다.

그림 14-10 최저임금이 노동시장에 미치는 영향

정부가 최저임금을 균형임금 W_E를 초과하는 수준인 W_F에 설정하면 최저임금수준에서 일을 하기를 원하는 노동자의 수, Q_S가 이 임금수준에서 수요되는 노동자의 수, Q_D보다 많아진다. 이와 같은 노동의 과잉공급은 구조적 실업으로 간주된다.

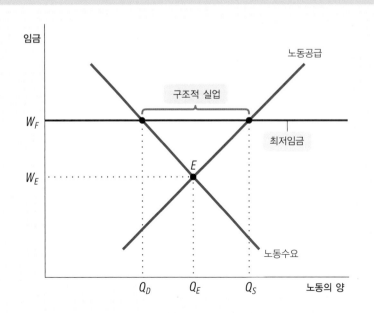

캘리포니아의 최저임금은 2022년까지 15달러로 점진적으로 인상될 것이다.

를 들어 2019년 프랑스의 최저임금은 시간당 10.03유로였는데 이는 약 11.33달러에 해당한다. 이러한 국가에서는 최저임금이 구속력을 갖는 노동자의 범위가 더 커진다.

〈그림 14-10〉은 구속적인 최저임금의 효과를 보여 준다. 이 노동시장의 법적인 임금 하한선은 W_F로 균형임금인 W_E보다 높다. 이 경우 노동시장에서는 노동공급량 Q_S가 노동수요량 Q_D보다 많은 공급과잉 현상이 지속된다. 다시 말하면 최저임금 수준에서는 더 많은 사람들이 일자리를 구하고자 하기 때문에 구조적 실업이 발생하게 된다.

여러분은 구속적인 수준의 최저임금이 구조적 실업을 야기하는데도 왜 정부가 최저임금을 부과하는지 궁금할 것이다. 그 근거는 일을 하는 사람들이 최소한의 안락한 생활을 영위하는 데 충분한 소득을 벌 수 있도록 돕는 데 있다. 하지만 여기에는 비용이 따른다. 최저임금으로 인해 더 낮은 임금수준에서 일을 할 의향이 있는 일부 근로자들이 일을 할 기회를 상실하기 때문이다. 〈그림 14-10〉이 보여 주듯이 최저임금 수준에서는 노동의 구매자보다 판매자가 더 많을 뿐만 아니라 일을 하는 사람들의 수(Q_D)가 최저임금이 없을 때(Q_E)에 비해서 더 작아진다. 게다가 최저임금이 구속적일 경우에는 숙련도가 낮은 젊은 근로자들에게 더 큰 피해를 입히고 차별적으로 종업원을 고용하는 고용주는 더 유리해진다. 일자리에 비해 일을 하려는 근로자들이 더 많기 때문이다.

경제학자들은 〈그림 14-10〉에서 보듯이 최저임금을 높이는 것이 취업자 수를 줄이는 효과가 있다는 점에 대해 대체적으로 동의하기는 하지만, 이것이 미국에서 최저임금이 어떻게 작동하는지를 잘 나타낸다고는 보지 않는다. 앞서 지적했듯이 미국의 최저임금은 다른 선진국들에 비해 매우 낮은 편이기 때문에 대다수의 노동자에게는 구속력이 없었다.

이에 더하여 일부 연구자들은 한때 미국에서와 같이 최저임금이 평균임금에 비해 상당히 낮을 경우 최저임금의 인상이 반드시 취업자 수를 감소시키는 것은 아니며, 오히려 취업자 수를 증가시킬 수도 있음을 보여 주는 증거를 제시했다. 이들은 특정한 시장에서 높은 비율의 노동자를 고용하는 기업들은 일부러 고용을 제한함으로써 임금을 낮은 수준에 유지할 수 있는데, 이 경우에는 최저임금이 약간 상승해도 일자리 손실이 발생하지 않는다고 주장한다. 하지만 대부분의 경제학자들은 최저임금이 충분히 높을 경우에 구조적 실업이 발생한다는 점에 동의한다.

노동조합 노동조합(labor union)의 활동은 최저임금과 유사한 영향을 미침으로써 구조적 실업을 발생시킬 수 있다. 노동조합은 한 기업에 종사하는 모든 노동자를 위해 집단적인 협상을 함으로써 노동자들이 개별적으로 협상을 할 때 시장이 제공할 수 있는 것보다 더 높은 수준의 임금을 고용주로부터 받아 낸다. 단체협상(collective bargaining)이라 불리는 이 과정은 협상력의 저울을 고용주로부터 노동자 쪽으로 기울이기 위해서 만들어진 것이다. 노동조합은 집단적인 근로 거부인 파업(labor strike)으로 기업을 위협함으로써 협상력을 행사한다. 파업 노동자를 대체하기 어려운 기업들에게는 파업의 위협이 매우 심각한 결과를 낳을 수 있다. 이 경우 단체행동을 하는 노동자들은 각자가 독립적으로 행동하는 경우에 비해 더 큰 협상력을 행사할 수 있다.

고용주들은 **직장폐쇄**(lockouts)를 하겠다고 위협하거나 실행하는 한편 대체 근로자를 고용함으로써 노동조합의 협상력에 대응해 왔다. 직장폐쇄란 노동조합 소속 노동자들이 직장에 출입하지 못하게 되고 실업자로 간주되는 기간을 말한다.

노동자들의 협상력이 클수록 더 높은 임금을 요구하고 받아 낼 수 있다. 노동조합은 의료비와 퇴직금과 같은 혜택에 대해서도 협상을 하는데 이들 혜택은 추가적인 임금으로 간주될 수 있다. 실제로 노동조합이 임금에 미치는 영향을 연구한 경제학자들은 조합화된 노동자들이 비슷한 능력을 가졌지만 조합화되지 않은 노동자들에 비해 더 높은 임금과 더 많은 혜택을 받는다는 사실을 밝혀냈다. 이 경우 임금 상승은 최저임금과 동일한 결과를 가져올 수 있다. 즉 노동조합은 노동자들이 받는 임금을 균형임금수준 이상으로 상승시킨다. 그 결과 지급되는 임금수준에서 일하기를 원하는 사람들이 공급되는 일자리보다 많아진다. 이는 구속력 있는 수준의 최저임금과 마찬가지로 구조적 실업을 발생시킨다. 그렇지만 미국에서는 노동조합에 가입된 노동자의 비중이 낮기 때문에 노동조합의 요구로 인해 발생하는 실업의 규모는 매우 작을 가능성이 크다. 그리고 독일이나 일본과 같은 나라에서는 더 높은 균형임금을 지지할 수 있을 만큼 더 효율적인 근로관행을 고안하기 위해 노동조합과 경영진이 협력한다.

효율임금 기업의 행동이 구조적 실업을 증가시킬 수도 있다. 기업은 종업원들의 성과를 높이기 위한 유인을 제공하기 위해 일부러 균형임금보다 높은 수준의 임금을 지급할 수도 있는데 이를 **효율임금**(efficiency wage)이라 한다.

고용주들은 여러 가지 이유에서 효율임금이 필요하다고 생각할 수 있다. 예를 들어 고용주가 종업원들이 얼마나 열심히 일하는지를 직접 관찰하기 어려운 경우가 종종 있다. 이 경우 이들은 더 높은 근로노력을 확보하기 위해 더 높은 임금을 지급할 수 있다. 시장임금보다 높은 임금을 받는 근로자들은 해고당하지 않기 위해 더 열심히 일할 가능성이 있다. 해고될 경우 더 이상 높은 임금을 받을 수 없기 때문이다.

예를 들어 2018년에 코스트코는 최저임금을 시간당 13달러에서 14달러로 인상한다고 발표했다. 당시 근로자의 평균 시급은 22달러를 조금 넘는 수준이었다. 코스트코가 지급하는 임금의 최저수준이나 평균수준은 소매부문에서 코스트코의 가장 큰 경쟁자인 월마트나 샘스클럽이 지급하는 임금보다 훨씬 더 높았다. 비교하자면 월마트의 최저임금은 시간당 11달러였고 평균임금은 시간당 14달러였다. 결과적으로 코스트코의 종업원들은 자신의 직장에 더 만족했고, 생산성이 더 높아졌으며, 더 나은 기회를 찾아 다른 직장을 기웃거리는 일이 줄어들었다. 많은 기업들이 효율임금을 지급한다면 일을 하기를 원하지만 일자리를 구할 수 없는 노동자들이 발생하게 된다. 코스트코가 효율임금을 지급하면 많은 노동자들이 월마트가 아닌 코스트코에서 일하려 할 것이다. 따라서 기업들이 효율임금을 사용하면 구조적 실업이 발생할 수 있다.

공공정책의 부작용 이에 더해서 일자리를 잃은 근로자를 돕기 위해 고안된 공공정책이 의도하지 않은 부작용으로 구조적 실업을 초래할 수도 있다. 대부분의 경제 선진국들은 해고된 근로자들이 어려운 시기를 헤쳐 나갈 수 있도록 실업급여를 지급한다. 미국의 경우 이와 같은 급여는 보통 근로소득의 45%만을 대체해 주며 26주 후에는 만료된다. (2009~2011년의 고실업 기간 중에는 몇몇 경우에 이들 혜택이 99주까지 연장되었다.) 유럽을 비롯한 다른 국가에서는 급여가 더 후하고 기간도 더 오래 지속된다. 이처럼 후한 실업급여의 단점은 근로자가 새로운 일자리를 구하려고 하는 유인을 감소시킨다는 데 있다. 1980년대에는 일부 유럽 국가에서의 실업급여가 상당수의 유럽 경제가 경험한 지속적으로 높은 수준의 실업을 일컫는 유럽경제 동맥경화증(Eurosclerosis)의 주된 원인으로 지목되기도 했다.

피용자와 고용주 사이의 불일치 근로자와 기업이 경제의 변화에 적응하는 데는 시간이 걸린다. 그 결과 피용자가 제공해야 하는 것과 고용주가 원하는 것 간에 불일치가 발생할 수 있다. 한 형태로 기능의 불일치를 들 수 있다. 예를 들어 2009년의 주택시장 붕괴 이후에는 일자리를 구하

효율임금(efficiency wage)은 성과를 높이기 위한 유인을 제공하려는 목적에서 고용주들이 균형임금보다 높은 수준으로 설정한 임금이다.

려는 건설 노동자가 일자리보다 더 많았다. 다른 형태로는 지역의 불일치를 들 수 있다. 예를 들어 미시간 주에서는 자동차산업이 쇠퇴한 후 오랜 기간 노동자의 과잉상태가 지속되었다. 잉여 노동자의 임금이 재훈련이나 지역 재배치를 유도할 만큼 충분히 하락하여 불일치가 해소될 때까지는 구조적 실업이 존재할 것이다.

자연실업률

어느 정도의 마찰적 실업의 존재가 불가피하며 많은 국가에서 구조적 실업이 존재하기 때문에 어느 정도의 실업의 존재는 정상적 또는 '자연적'이라 할 수 있다. 실제 실업률은 이 정상적인 수준을 중심으로 변동한다. **자연실업률**(natural rate of unemployment)은 이를 중심으로 실제 실업률이 변동하는 정상적인 실업률 수준이다. 자연실업률은 마찰적 실업과 구조적 실업의 효과로 인해 발생하는 실업률이기도 하다.

실제 실업률이 자연실업률로부터 이탈하는 것, 즉 실제 실업률과 자연실업률 간의 차이를 **경기적 실업**(cyclical unemployment)이라 한다. 명칭이 의미하듯이 경기적 실업은 경기가 후퇴함에 따라 증가하는 실업이다.

여러 유형의 실업률 간의 관계를 다음과 같이 요약할 수 있다.

(14-3) 자연적 실업 = 마찰적 실업 + 구조적 실업

(14-4) 실제 실업 = 자연적 실업 + 경기적 실업

자연실업률이라는 명칭 때문인지는 몰라도 자연실업률이 시간에 따라 변하지 않는 상수이며 정책으로써 영향을 미칠 수 없다고 생각하는 사람들이 있다. 이 두 명제는 모두 옳지 않다. 여기서 잠깐 설명을 멈추고 다음 두 가지 사실을 강조하고자 한다. 자연실업률은 시간에 따라 변하며 경제정책에 의해 영향받을 수 있다.

자연실업률의 변화

민간부문의 경제학자들과 정부기관은 모두 경기예측과 정책분석을 위해 자연실업률의 추정치를 필요로 한다. 대부분의 자연실업률에 대한 추정치들은 미국의 자연실업률이 시간에 따라 오르내림을 거듭했음을 보여 준다. 의회를 위해 예산과 경제를 분석하는 독립기관인 의회예산처에 따르면 1950년에는 미국의 자연실업률이 5.3%였으나 1970년대 말까지는 6.2%로 상승했다가 2018년에 4.6%로 하락했다. 유럽은 더 큰 폭의 자연실업률 변화를 경험했다.

자연실업률을 변화시키는 요인은 무엇일까? 가장 중요한 요인으로는 경제활동인구의 특성 변화, 노동시장 제도의 변화, 정부정책의 변화 등을 들 수 있다. 각각의 요인에 대해 간단히 알아보자.

경제활동인구의 특성 변화 일반적으로 숙련된 노동자들의 실업률은 비숙련 노동자들보다 낮은 경향이 있다. 숙련 노동자들은 비숙련 노동자들에 비해 한 일자리에 더 오래 머무는 경향이 있기 때문에 마찰적 실업률이 더 낮다. 이에 더해서 나이가 든 노동자들은 젊은 노동자들에 비해 가정의 생계를 책임져야 하는 경우가 많기 때문에 일자리를 구하고 유지하려는 유인이 더 강하다. 예를 들어 2018년 12월에 10대들의 실업률이 12.5%였는 데 비해 25세에서 34세까지의 근로자들에서는 실업률이 3.9%에 그쳤다.

1970년대에 자연실업률이 증가한 이유 중 하나는 경제활동에 참여하는 기혼여성의 비중이

자연실업률(natural rate of unemployment)은 이 수준의 실업률을 중심으로 실제 실업률이 변동하는 정상적인 실업률 수준이다.

경기적 실업(cyclical unemployment)은 실제 실업률의 자연실업률로부터의 이탈이다.

그림 14-11 미국 경제활동인구 구성의 변화, 1948~2018년

1970년대에는 경제활동인구에서 25세 미만 인구가 차지하는 비중과 함께 여성이 차지하는 비중이 급격히 증가했다. 이와 같은 변화는 사상 처음으로 많은 수의 여성이 급여를 받는 경제활동인구에 참여했다는 사실과 베이비붐 세대가 근로연령에 도달했다는 사실을 반영한다. 이들 중 상당수가 상대적으로 숙련도가 낮다는 사실이 이 시기에 자연실업률을 상승시킨 원인이라 할 수 있다. 오늘날의 경제활동인구는 훨씬 더 숙련도가 높은데 이것이 1970년대 이래로 자연실업률이 하락한 원인 중 하나라 할 수 있다.

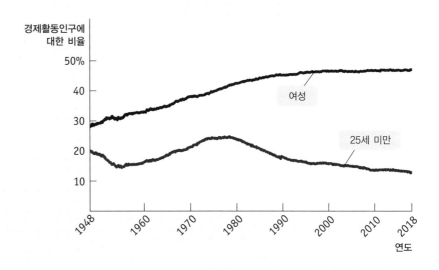

출처 : Bureau of Labor Statistics.

늘어나는 한편 제2차 세계대전 이후 태어난 베이비붐 세대가 경제활동인구에 진입함에 따라 새로운 근로자의 수가 크게 증가한 데 있다. 〈그림 14-11〉이 보여 주듯이 경제활동인구에서 25세 미만 근로자가 차지하는 비중과 여성이 차지하는 비중은 1970년대에 들어 급격히 증가했다. 하지만 1990년대 말에 이르러서는 경제활동인구에서 차지하는 여성의 비중이 증가세를 멈췄고 25세 미만 근로자의 비중은 가파르게 감소했다. 그 결과 오늘날 경제활동인구는 전반적으로 1970년대에 비해 숙련도가 더 높은데 이것이 바로 오늘날의 자연실업률이 1970년대에 비해 더 낮은 이유가 될 수 있다.

노동시장 제도의 변화 앞서 지적한 대로 균형 수준을 초과하는 수준의 임금을 협상하는 노동조합은 구조적 실업을 초래한다. 어떤 경제학자들은 강성 노동조합이 유럽의 자연실업률이 높은 원인 중 하나라 생각한다. 미국에서는 1980년 이래로 노조가입자의 수가 급격히 감소했는데 이것이 1970년대와 1990년대 사이에 자연실업률이 하락한 원인이 될 수 있다.

다른 제도적인 변화도 자연실업률에 영향을 미쳤을 것이다. 예를 들어 일부 노동경제학자들은 최근 번성하기 시작한 임시고용기관들이 근로자와 일자리의 결합을 도움으로써 마찰적 실업을 감소시켰다고 생각한다. 우버(Uber)와 태스크래빗(TaskRabbit)과 같은 긱 경제(gig economy) 회사의 번창도 근로자들이 신속히 돈을 벌고 최저임금보다 낮은 임금을 수용하는 것을 가능하게 함으로써 마찰적 실업과 구조적 실업을 감소시켰다.

노동시장의 제도 변화와 결합된 기술 변화 역시 자연실업률에 영향을 미칠 수 있다. 기술 변화는 해당 기술에 익숙한 숙련 노동자에 대한 수요를 증가시키는 반면 비숙련 노동자에 대한 수요를 감소시키는 경향이 있다. 이 경우 경제이론은 숙련 노동자의 임금 상승과 비숙련 노동자의 임금 하락을 예측한다. 하지만 최저임금과 같은 요인에 의해 비숙련 노동자의 임금이 하락할 수 없다면 기술 변화가 빠른 속도로 일어나는 시기에는 구조적 실업이 증가하고 그 결과 자연실업률이 상승할 것이다.

정부정책의 변화 높은 최저임금은 구조적 실업을 초래할 수 있다. 후한 실업급여는 구조적 실업과 마찰적 실업을 모두 증가시킬 수 있다. 따라서 근로자들을 돕기 위한 정부정책이 자연실업률을 상승시키는 부작용을 초래할 수 있다.

하지만 어떤 정부정책은 자연실업률을 낮출 수도 있다. 두 가지 예로 직업 훈련과 고용 보조금을 들 수 있다. **직업 훈련 프로그램**은 실업자들에게 기능 습득의 기회를 제공하여 더 많은 범위의 일자리를 구하는 것을 가능하게 한다. **고용 보조금**은 일자리를 제공하거나 수락하는 데 대한 금전적 유인을 제공하기 위해 근로자나 고용주에게 제공되는 지불금이다.

현실 경제의 >> 이해

스페인의 구조적 실업

스페인은 독일을 비롯한 북유럽 국가로부터 유입된 엄청난 규모의 자금이 주택 호황을 야기함에 따라 2000년 이후 극적인 부침을 겪었다. 그리고 2008년이 되자 호황은 파멸로 변했고 국내총생산과 고용이 모두 부진해졌으며, 실업률은 26%를 초과하는 수준으로 치솟았다. 붕괴가 일어나기 전에도 스페인의 경험은 비정상적인 점이 있었다. 호황이 한창일 때에도 실업률은 가장 낮을 때가 8%로 미국의 기준으로 볼 때 높은 수준이었다. 이는 스페인의 자연실업률이 매우 높음을 시사하는데, 몇몇 독립적인 기관은 실제로 스페인의 자연실업률이 16~17%에 달한다고 추정한다.

스페인의 자연실업률이 이렇게 높은 이유는 무엇일까? 국제통화기금과 유럽중앙은행 그리고 다른 기관의 연구자들은 전일제 근로자의 해고를 매우 어렵게 만든 법률의 역할을 강조한다. 이로 인해 대부분이 노동조합에 가입된 이들 '내부자'들이 다른 근로자들이 높은 실업률로 고통을 받는데도 높은 임금을 요구할 수 있게 되었다. 이들의 연구결과가 옳다면 스페인은 노동조합이 구조적 실업을 야기하는 현상을 겪고 있었던 것이다.

높은 구조적 실업이 스페인에만 고유한 현상인 것은 아니다. 다른 몇몇 유럽 국가 역시 비슷한 문제를 안고 있었던 것으로 보인다. 예를 들어 아일랜드와 포르투갈은 모두 자연실업률이 10%를 초과했다. 중요한 점은 선진국들에 있어서조차 노동시장 제도는 크게 차이가 날 수 있으며 그 결과 경제적 성과에도 크게 차이가 날 수 있다는 사실이다.

>> 복습
- 자발적인 사직은 물론 일자리의 창조와 파괴로 인해 어느 정도의 실업은 자연스럽게 발생한다.
- 실업 상태의 노동자는 **직장 탐색**을 하기 때문에 **마찰적 실업**이라 불리는 어느 정도의 실업의 존재는 불가피하다.
- 최저임금, 노동조합, **효율임금**, 실업급여와 같은 공공정책의 부작용, 피용자와 고용주 사이의 불일치를 비롯한 다양한 요인이 **구조적 실업**을 낳는다.
- 마찰적 실업과 구조적 실업의 합은 자연적 실업과 같으며 이로부터 **자연실업률**이 계산된다. 그에 반해 **경기적 실업**은 경기순환과 함께 변한다. 실제 실업은 자연적 실업과 경기적 실업의 합과 같다.
- 시간이 흐름에 따라 자연실업률은 경제활동인구의 특성과 제도 변화에 의해 변한다. 자연실업률은 정부정책에 의해서도 영향을 받는다. 특히 근로자들을 지원하기 위해 고안된 정책들이 유럽에서 높은 자연실업률이 지속되는 원인 중 하나로 간주된다.

>> 이해돕기 14-2
해답은 책 뒤에

1. 다음을 설명하라.
   a. 기술진보의 속도가 빨라질 때 마찰적 실업이 증가하는 이유
   b. 기술진보의 속도가 빨라질 때 구조적 실업이 증가하는 이유
   c. 실업률이 낮을 때 마찰적 실업이 전체 실업에서 보다 큰 비중을 차지하는 이유
2. 단체협상이 최저임금처럼 실업에 영향을 미치는 이유는 무엇인가? 그래프를 이용하여 설명하라.
3. 경기순환의 정점에 미국이 실업자에 대한 급여 혜택을 크게 증가시킨다고 하자. 자연실업률에 어떤 변화가 발생할 것인지 설명하라.

인플레이션과 디플레이션

이 장의 도입 사례에서 언급했듯이 거시경제 정책입안자들은 언제나 실업과 인플레이션이라는 두 가지 해악에 초점을 둔다. 높은 실업률이 왜 문제가 되는지를 이해하기란 쉽다. 그렇다면 정

책입안자들은 왜 인플레이션에 대해 걱정해야 할까? 왜 정책입안자들은 인플레이션율이 올라가는 것만 보아도 걱정을 하기 시작할까? 그 답은 인플레이션이 경제에 비용을 발생시킨다는 데 있다. 그런데 비용이 어떻게 발생하는지는 대부분의 사람들이 생각하는 것과는 다르다.

물가수준은 중요하지 않으나…

물가수준이 상승하는 현상인 인플레이션에 대한 대부분의 불평은 모든 사람을 더욱 빈곤하게 만든다는 것이다. 결국 정해진 양의 돈으로 살 수 있는 물건이 줄어든다는 것이다. 그렇지만 인플레이션은 모든 사람을 빈곤하게 만들지는 않는다. 그 이유를 이해하기 위해서는 미국이 다른 국가들이 가끔 하는 것처럼 달러화를 새 화폐로 교체하는 경우 어떤 일이 일어날지 상상하는 것이 도움이 될 수 있다.

이러한 종류의 화폐 교체가 발생한 가장 최근의 예로는 2002년에 프랑스가 다른 유럽 국가들과 마찬가지로 국가 화폐였던 프랑화를 새로운 범유럽 화폐인 유로화로 교체한 것을 들 수 있다. 사람들은 보유하고 있던 프랑화 지폐와 동전을 제출하고 그 대신 유로화 지폐와 동전을 받았는데 교환비율은 1유로당 6.55957프랑이었다. 이와 동시에 모든 계약이 정확히 화폐 교환에 적용된 것과 같은 비율을 적용하여 유로화 표시로 고쳐 써졌다. 예를 들어 프랑스 시민이 50만 프랑의 주택담보 대출을 갖고 있었다면 이것은 500,000/6.55957 = 76,224.51유로의 부채로 변경되었다. 노동자의 임금 계약이 시간당 100프랑을 받는 것으로 되어 있었다면 시간당 100/6.55957 = 15.2449유로의 계약으로 변경되는 식이었다.

여러분은 이와 마찬가지로 7 대 1의 비율로 달러화가 '신달러'로 교체된다고 상상할 수 있을 것이다. 여러분이 주택을 담보로 14만 달러의 빚을 지고 있다면 이것은 2만 신달러의 부채로 전환될 것이다. 여러분의 임금이 시간당 14달러라면 이것은 시간당 2신달러로 전환될 것이다. 이것은 미국 전체의 물가수준을 케네디가 대통령이었던 1962년 수준으로 되돌려놓을 것이다.

그렇다면 가격이 7분의 1이 되었기 때문에 모든 사람이 더 부유해진 것일까? 물론 그렇지 않다. 가격이 낮아지지만 임금과 소득도 함께 낮아진다. 노동자의 임금을 이전 수준의 7분의 1로 낮추는 동시에 모든 물건의 가격도 이전의 7분의 1 수준으로 낮춘다면 노동자의 **실질임금**(real wage), 즉 임금을 물가수준으로 나눈 값은 변하지 않을 것이다. 사실 전체 물가수준을 케네디 행정부 시절로 되돌리는 것은 전체 구매력에 아무런 영향을 미치지 못할 것이다. 정확히 가격이 하락하는 만큼 소득도 감소하기 때문이다.

이와 마찬가지로 1960년대 초반 이래 실제로 발생한 물가 상승은 미국을 더 빈곤하게 만들지 않았다. 임금 역시 같은 비율로 상승했기 때문이다. 소득을 물가수준으로 나눈 값인 **실질소득**(real income)은 전체 물가의 상승으로 인해 영향을 받지 않았다.

이 이야기의 교훈은 물가수준 자체는 중요하지 않다는 점이다. 모든 물건의 가격이 1962년 수준으로 낮아진다고 해도 미국은 더 부유해지지 않을 것이며, 지난 50년간의 물가 상승이 미국을 더 가난하게 만들지도 않았다.

…물가의 변화율은 중요하다

물가수준이 중요하지 않다는 결론은 인플레이션율이 중요하지 않음을 의미하는 것으로 보일 수도 있다. 하지만 그것은 사실이 아니다.

그 이유를 이해하기 위해서는 물가수준과 인플레이션율을 구별하는 것이 중요하다. 인플레이션율은 전체 물가수준의 연간 변화율이다. 인플레이션율을 다음과 같이 정의했음을 떠올려 보자.

$$인플레이션율 = \frac{이듬해의 \ 물가지수 - 첫해의 \ 물가지수}{첫해의 \ 물가지수} \times 100$$

실질임금(real wage)은 임금을 물가수준으로 나눈 값이다.

실질소득(real income)은 소득을 물가수준으로 나눈 값이다.

그림 14-12 물가수준 대 인플레이션율, 1960~2019년

2009년만이 예외일 뿐 지난 반세기 동안 소비자물가지수는 지속적으로 상승했다. 하지만 소비자물가가 상승하는 속도인 *인플레이션율*은 상승하기도 하고 하락하기도 했다. 2009년에는 인플레이션율이 잠시 동안 음의 값으로 전환되었는데 이러한 현상을 *디플레이션*이라 부른다.

출처 : Bureau of Labor Statistics.

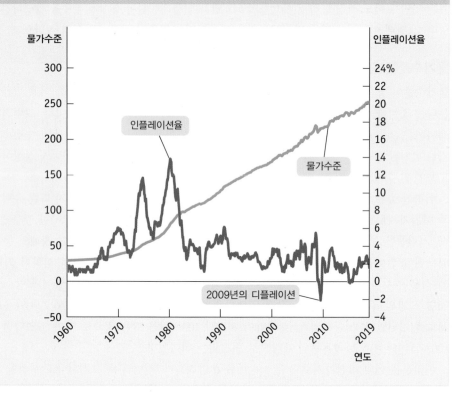

〈그림 14-12〉는 지난 반세기 동안 미국에서 물가수준과 인플레이션율 간의 차이를 강조해서 보여 준다. 물가수준은 왼쪽 수직축으로 측정되며 인플레이션율은 오른쪽 수직축으로 측정된다. 2000년대에는 미국의 전체 물가수준이 1960년보다 훨씬 높았다. 하지만 앞서 배웠듯이 이것은 중요하지 않았다. 2000년대의 인플레이션율은 1970년대보다 훨씬 낮았는데, 이것은 높은 인플레이션율이 지속되었을 경우에 비해 미국 경제를 더 부유하게 만들었음이 확실하다.

경제학자들은 높은 인플레이션율이 경제에 큰 비용을 부담시킨다고 믿는다. 이들 중 가장 중요한 비용으로 구두창 비용, 메뉴 비용, 계산단위 비용을 들 수 있다. 이들에 대해 차례대로 설명해 보기로 한다.

구두창 비용 사람들은 거래를 할 때의 편리함 때문에 지갑 속의 현금과 수표를 쓸 수 있는 은행 예금 등 화폐를 보유한다. 그렇지만 심한 인플레이션은 사람들이 화폐 보유를 주저하도록 만든다. 전체 물가수준이 상승함에 따라 지갑 속의 현금이나 은행 예금의 구매력이 감소하기 때문이다. 그 결과 사람들은 보유하는 화폐의 양을 줄일 수 있는 방법을 찾으려 드는데 이런 방법은 가끔 높은 비용을 치르도록 만든다. 예를 들어 2016년에 베네수엘라의 인플레이션이 800%에 달했을 때, 사람들은 베네수엘라 화폐 대신 담배나 (비트코인 같은) 전자화폐를 보유하기 시작했다.

모든 인플레이션 중에서도 가장 유명한 1921~1923년 독일의 초인플레이션 기간 중에는 상인들이 심부름꾼을 고용하여 하루에도 여러 차례 현금을 은행에 가져가 안정적인 외화와 같이 안정적 가치를 지닌 무언가로 바꾸어 갔다. 초인플레이션은 물가가 한 달에 50% 이상 상승하여 연간 인플레이션율이 13,000%에 달할 때 발생한다. 이때는 보유 중인 화폐의 구매력이 잠식되는 것을 막기 위해 독일 심부름꾼의 노동과 같이 귀중한 자원이 소모되었다. 이들 자원은 다른 생산적인 용도로 사용될 수도 있었을 텐데 말이다. 독일의 초인플레이션 기간 중에는 은행 거래가 너무 많이 발생하여 독일 은행들의 종업원 수는 1913년 10만 명에서 1923년 37만 5,000명에 이르기까지 네 배 가까이 증가했다.

가장 최근에는 브라질이 1990년대 초에 초인플레이션을 겪었다. 브라질의 초인플레이션 기간 중에는 금융부문이 국내총생산의 15%를 기여할 정도로 지나치게 크게 성장했다. 이는 국내총생산에 대한 비율로 볼 때 미국 금융부문의 두 배에 달하는 규모다. 인플레이션으로 인한 이와 같은 은행 부문의 팽창은 사회가 부담하는 실질비용을 대표한다.

인플레이션으로 인해 발생하는 거래비용의 증가를 **구두창 비용**(shoe-leather cost)이라 부른다. 화폐 보유를 피하려고 사람들이 이리저리 더 뛰어다니다 보면 구두 밑창이 닳을 것이라는 비유적인 표현이다. 초인플레이션은 물론 연간 100% 정도의 인플레이션이라도 겪어 본 사람들은 누구든 증언할 수 있듯이 인플레이션이 매우 심한 경제에서는 구두창 비용이 상당히 크다. 그렇지만 대부분의 추정 결과에서는 평화 시의 인플레이션율이 15%를 초과해 본 적이 없는 미국과 같은 국가에서 나타나는 인플레이션에서는 구두창 비용이 상당히 작음을 보여 준다.

메뉴 비용 현대 경제에서는 우리가 구매하는 대부분의 물건에 정가가 매겨져 있다. 슈퍼마켓 선반에 진열된 제품 아래에는 가격표가 있고, 음식점 메뉴에도 요리마다 가격이 정해져 있다. 정가를 변경하는 데는 실질적인 비용이 드는데 이것을 **메뉴 비용**(menu cost)이라 부른다. 가격이 전자적인 수단에 의해 변경될 수 있는 온라인 매출의 비중이 증가함에 따라 선진국에서는 메뉴 비용으로 인해 발생할 수 있는 잠재적 비용이 줄어들었지만 메뉴 비용은 여전히 존재한다. 예를 들어 슈퍼마켓이나 옷가게에서 정가를 변경하기 위해서는 점원들이 매장을 돌아다니면서 각 진열품에 붙여진 가격표를 교체

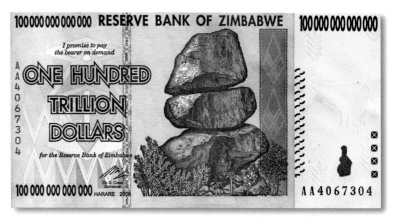

짐바브웨에서와 같이 100조 달러 단위 지폐가 통용될 때는 메뉴 비용이 엄청나게 커진다.

해야 한다. 물론 인플레이션이 발생할 때에는 물가가 비교적 안정적일 때에 비해 더욱 자주 가격을 변경해야만 할 것이다. 이는 곧 경제 전체가 높은 비용을 치러야 함을 의미한다.

인플레이션이 심할 때에는 메뉴 비용이 상당히 높을 수 있다. 예를 들어 1990년대 초반 브라질의 인플레이션 중에는 슈퍼마켓의 종업원들이 근무 시간의 절반 이상을 가격표를 새것으로 바꾸는 데 썼다고 한다. 인플레이션이 매우 심할 때에는 상인들이 가격을 자국의 화폐단위로 표시하는 대신 다른 물건의 단위로 표시하는 등 인공적인 단위를 사용하거나 미국 달러화와 같이 가치가 더 안정된 화폐단위로 표시할 것이다. 이것이 바로 1980년대 중반에 이스라엘의 부동산 시장에서 실제로 발생했던 일이다. 부동산 매매대금은 이스라엘 셰켈(shekel)로 지급되었지만 부동산 가격은 미국 달러화로 표시되었다. 마찬가지 일이 짐바브웨에서도 일어났는데 2008년 5월 이 나라의 공식적인 인플레이션 추정치는 1,694,000%에 달했다. 2009년에 이르러 정부는 짐바브웨 달러의 사용을 중지시키고 국민들이 외화를 사용하여 물건을 사고파는 것을 허용했다.

메뉴 비용은 인플레이션이 완만한 경제에도 존재하지만 그 규모는 그다지 크지 않다. 인플레이션이 완만한 경제에서는 기업들이 제품 가격을 인플레이션이 심하거나 초인플레이션이 발생하는 나라에서와 같이 매일 또는 그보다 자주 변경하지 않고 가끔씩만 변경할 것이다.

계산단위 비용 중세에는 종종 계약이 실물로 명시되기도 했다. 예를 들어 세입자는 주인에게 매년 가축 몇 마리를 제공할 의무가 있다는 식이다(영어의 'in kind'라는 어구는 고대어로 가축에

구두창 비용(shoe-leather cost)은 인플레이션으로 인해 발생하는 거래비용의 증가를 일컫는다.

메뉴 비용(menu cost)은 정가를 변경하는 데 드는 실질 비용이다.

서 유래되었다). 그 시대에는 이렇게 하는 것이 타당했을 수도 있으나 오늘날의 기준으로는 어색한 방법임에 틀림없다. 그 대신 우리는 화폐단위로 계약을 명시한다. 차입자는 매달 주인에게 몇 달러를 지급해야 하며, 채권을 발행하는 회사는 채권 만기 시 보유자에게 채권의 달러 가치를 지급한다는 식이다. 또한 우리는 경제적인 계산도 달러 단위로 하는 경향이 있다. 예산을 짜려는 가족이나 사업이 얼마나 잘되고 있는지 파악하고 싶은 중소기업가는 들어오고 나가는 화폐의 양을 추정한다.

계약과 계산의 기초로서의 달러의 역할을 화폐의 계산단위(unit-of-account) 역할이라 한다. 계산단위 역할은 현대 경제의 중요한 특징이다. 그렇지만 이 역할은 인플레이션으로 인해 손상될 수도 있다. 인플레이션이 발생하면 올해 1달러의 가치가 지난해에 비해 하락하는 등 시간이 흐름에 따라 1달러의 구매력이 변하기 때문이다. 많은 경제학자들은 이러한 효과가 경제적 의사결정의 질을 떨어뜨린다고 주장한다. 계산의 단위인 달러의 가치 변화로 인해 발생하는 불확실성 때문에 경제 전체가 자원을 덜 효율적으로 사용하게 된다는 것이다. 인플레이션의 **계산단위 비용**(unit-of-account cost)은 인플레이션이 가치척도로서의 화폐에 대한 신뢰도를 저하시킴에 따라 발생하는 비용을 의미한다.

계산단위 비용은 조세제도에서 특히 중요할 수 있다. 인플레이션이 과세의 근거가 되는 소득의 척도를 왜곡할 수 있기 때문이다. 예를 들어 인플레이션율이 10%여서 매년 모든 가격이 10%씩 상승한다고 하자. 어떤 기업이 토지와 같은 자산을 10만 달러에 매입한 후 1년 후에 11만 달러에 되판다고 하자. 근본적으로 따지면 이 기업은 이 거래를 통해 이익을 보지 못했다. 실질가치로 따지면 토지를 매입할 때 지불한 것보다 더 받은 것이 없기 때문이다. 그렇지만 미국의 세법에 따르면 이 기업은 1만 달러의 자본 이득을 챙겼으며 따라서 이 유령 이득에 대한 세금을 내야 한다.

미국이 비교적 높은 수준의 인플레이션을 겪었던 1970년대에는 조세제도에 대한 인플레이션의 왜곡효과가 매우 심각한 문제가 되었다. 어떤 기업들은 유령 이득에 대한 과세를 우려하여 생산적인 투자지출을 포기하기도 했다. 반면에 유령 손실을 발생시켜 세금을 줄일 수 있는 투자지출은 그 자체로는 비생산적인 투자라 해도 기업의 입장에서는 매력적인 투자대상이 되었다. 1980년대에 들어 인플레이션이 완만해지고 세율이 인하되자 이와 같은 문제의 중요성이 경감되었다.

인플레이션에서의 승자와 패자

계산단위 비용(unit-of-account cost)은 인플레이션이 가치척도로서의 화폐에 대한 신뢰도를 저하시킴에 따라 발생하는 비용이다.

대출에 대한 이자율(interest rate)은 차입자가 자신의 저축을 1년 동안 사용하는 것을 허용하는 데 대한 대가로 대부자가 청구하는 가격을 차입금액에 대한 백분율로 나타낸 것이다.

명목이자율(nominal interest rate)은 학자금 대출에 대한 이자율과 같이 화폐단위로 표시된 이자율이다.

실질이자율(real interest rate)은 명목이자율에서 인플레이션율을 차감한 것이다.

방금 배운 것처럼 높은 인플레이션율은 경제 전체에 비용을 발생시킨다. 이에 더하여 인플레이션은 경제 내에서 승자와 패자를 발생시킨다. 인플레이션이 어떤 사람들에게는 손해를 입히고 어떤 사람들에게는 이득을 주는 주된 이유는 대출과 같이 상당 기간 동안 유효한 계약들이 일반적으로 명목금액, 즉 화폐단위로 명시된다는 사실에 있다.

대출의 경우 차입자는 처음에 일정한 금액의 자금을 수령하고, 대출 계약은 미래 일정 시점에 갚아야 할 이자율을 명시한다. **이자율**(interest rate)은 차입자가 자신의 저축을 1년 동안 사용하는 것을 허용하는 대가로 대부자가 수령하는 수익을 차입금액에 대한 백분율로 나타낸 것이다.

하지만 대부자가 수령하는 금액이 실질적으로 얼마나 되는지, 즉 얼마만큼의 구매력을 갖고 있는지는 대출 기간에 발생하는 인플레이션율에 크게 의존한다. 경제학자들은 **명목이자율**과 실질이자율 간의 구별을 통해서 인플레이션이 차입자와 대부자에게 미치는 영향을 분석한다. **명목이자율**(nominal interest rate)은 학자금 대출에 대한 이자율과 같이 화폐단위로 표시된 이자율이다. **실질이자율**(real interest rate)은 명목이자율에서 인플레이션율을 차감한 것이다. 예를 들어 대출 이자율이 8%인데 5%의 인플레이션이 발생한다면 실질이자율은 8%-5%=3%다.

차입자와 대부자가 대출 계약을 체결할 때 이 계약은 일반적으로 달러 단위로 명시된다. 다시 말해서 계약은 명목이자율을 명시한다. (나중에 나오는 장들에서 우리가 이자율이라고 말할 때는 달리 언급하지 않는 한 명목이자율을 의미한다.) 그런데 대출 계약의 양측은 각자 미래 인플레이션율에 대한 나름대로의 예상치를 갖고 있을 것이다. 이는 이들이 대출로부터의 실질이자율에 대한 각자의 예상치를 가지고 있음을 의미한다. 이 경우 실제로 발생한 인플레이션율이 예상보다 높으면 차입자가 이득을 보고 그 이득은 대부자의 손실이 된다. 차입자는 예상했던 것보다 낮은 실질가치를 가진 자금으로 대출을 상환할 수 있을 것이기 때문이다. 이와 반대로 인플레이션율이 예상보다 낮으면 대부자가 이득을 보고 그 이득은 차입자의 손실이 된다. 차입자가 예상했던 것보다 높은 실질가치를 가진 자금으로 대출을 상환해야 하기 때문이다.

오늘날 미국에서는 주택담보 대출이 인플레이션으로부터의 이득과 손실을 발생시키는 가장 주요한 원천이다. 일부 주택담보 대출의 이자율은 인플레이션율과 연동되어 있다. 그러나 대부분의 주택담보 대출은 그렇지 않기 때문에 인플레이션율이 예상치 않게 변하면 큰 승자와 패자가 발생하기 마련이다. 1970년대 초반에 주택담보 대출을 얻은 미국인들은 얼마 되지 않아서 예상보다 높은 인플레이션으로 인해 실질지급액이 감소하였음을 알아차렸을 것이다. 반면에 1990년대 초에 주택담보 대출을 얻은 미국인들은 손해를 보았다. 인플레이션율이 예상보다 낮은 수준으로 하락함에 따라 상환 비용이 증가했기 때문이다.

예상보다 높거나 낮은 인플레이션이 승자와 패자를 발생시키기 때문에 생기는 문제가 하나 더 있다. 미래 인플레이션에 대한 불확실성은 어떤 형태로든 장기 계약을 하는 것을 주저하게 만든다. 이것은 특히 높은 인플레이션율이 발생시키는 추가적인 비용의 원천이 된다. 높은 인플레이션율은 대개 예측하기가 불가능하기 때문이다. 인플레이션이 심하고 불확실한 국가에서는 장기 계약이 거의 이루어지지 않으며 그 결과 장기 투자가 이루어지기 어렵다.

마지막으로 지적할 점은 예상되지 않은 디플레이션, 즉 물가의 예상치 못한 하락 또한 승자와 패자를 낳는다는 사실이다. 1929~1933년 사이에 미국 경제는 대공황을 겪었고 소비자물가지수는 35% 하락했다. 그 결과 많은 농부와 주택 소유자를 포함한 차입자들에 있어 부채의 실질가치가 크게 상승하였다. 차입자들이 대출을 상환하지 못함에 따라 경제 전체에서 광범위하게 부도 사태가 발생했고 이는 은행위기 발생의 원인이 되었다. 그리고 〈그림 14-12〉에서 보듯이 디플레이션은 2009년에 다시 발생했는데 이때는 깊은 경기후퇴로 인해 인플레이션율이 -2%로 하락했다. 대공황보다는 덜 심하긴 했어도 2009년의 예상치 못한 디플레이션은 채무자들에게 무거운 비용을 부담시켰다.

인플레이션은 쉽고, 디스인플레이션은 어렵다

2%에서 5%로의 상승과 같은 인플레이션율의 상승이 경제에 큰 피해를 준다는 증거는 많지 않다. 그렇지만 정책입안자들은 인플레이션율이 2%에서 3%로 살짝 오르기만 해도 이를 다시 낮추기 위해 애쓴다. 왜 그럴까? 지난 경험으로 보아 더 높은 수준의 인플레이션이 일단 자리를 잡으면 **디스인플레이션**(disinflation), 즉 인플레이션율을 다시 낮추는 것이 매우 어렵고 높은 비용이 들기 때문이다.

〈그림 14-13〉은 미국 디스인플레이션의 주요 사례로 1970년대 중반과 1980년대 초반의 디스인플레이션에서 어떤 일이 벌어졌는지를 보여 준다. 수평축은 실업률을 나타낸다. 수직축은 변동이 심한 식품 및 에너지 가격을 제외한 인플레이션 척도로 전체 소비자물가보다도 더 나은 인플레이션 지표로 간주되는 전년 대비 **핵심 인플레이션율**을 나타낸다. 각 점은 한 달 동안의 인플레이션율과 실업률을 대표한다. 각 사례에서 실업과 인플레이션은 일종의 시계 방향의 나선형 모양을 따라 움직였는데 이는 매우 높은 실업률이 지속되면서 인플레이션율이 높은 수준으로부

디스인플레이션(disinflation)은 인플레이션율을 하락시키는 과정이다.

그림 14-13 디스인플레이션 비용

미국의 현대사에서 두 차례의 주된 디스인플레이션 시기가 있었는데 바로 1970년대 중반과 1980년대 초다. 이 그림은 이들 시기에 식품과 에너지를 제외한 핵심 인플레이션율과 실업률을 추적하여 보여 준다. 각 사례에서 인플레이션을 꺾기 위해 일시적이지만 매우 큰 폭의 실업률 상승이 필요했다. 이는 디스인플레이션의 비용이 매우 높음을 잘 보여 준다.

출처 : Bureau of Labor Statistics.

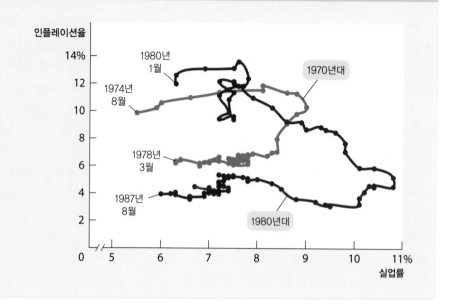

터 점진적으로 하락했음을 의미한다.

많은 경제학자들은 경기를 일시적으로 침체시킨 이러한 고실업 시기가 경제에 깊이 뿌리내린 인플레이션을 제거하기 위해 불가피했다고 믿는다. 하지만 인플레이션을 제거하기 위해 경제가 고통받는 것을 피할 수 있는 가장 좋은 방법은 인플레이션이 심각한 문제가 되는 것 자체를 미연에 방지하는 것이다. 이것이 바로 정책입안자들이 인플레이션 가속화의 조짐에 대해 경제에 예방조치를 하는 차원에서 강력한 대응을 하는 이유다.

>> 이해돕기 14-3
해답은 책 뒤에

1. 기술의 진보는 은행산업에 혁신을 가져왔으며 그 결과 고객들이 자신의 자산을 관리하는 것이 더 쉬워졌다. 이것은 인플레이션의 구두창 비용이 이전보다 높아졌음을 의미하는 것일까 아니면 낮아졌음을 의미하는 것일까?
2. 대부분의 미국인들은 2~3% 정도의 완만한 인플레이션에 익숙해져 있다. 만일 향후 15~20년간 인플레이션이 완전히 사라진다면 누가 이득을 보고 누가 손해를 보게 될까?

>> 복습
- **실질임금**과 **실질소득**은 물가수준 변화에 영향받지 않는다.
- 인플레이션은 실업과 마찬가지로 정책입안자들의 주요 관심사다. 이들은 인플레이션을 완화하는 대가로 높은 실업률의 발생을 감수하기도 한다.
- 인플레이션이 모든 사람을 가난하게 만드는 것은 아니다. 물가수준 자체는 중요하지 않기 때문이다. 그렇지만 인플레이션은 **구두창 비용**, **메뉴 비용**, **계산단위 비용** 등 경제에 실질적인 비용을 부담시킬 수 있다.
- **이자율**은 자신의 자금을 1년 동안 사용하는 데 대한 대가로 대부자가 수령하는 수익이다. **실질이자율**은 **명목이자율**에서 인플레이션율을 뺀 값과 같다. 예상되지 않은 인플레이션율은 차입자에게 유리하고 대부자에게 불리하다. 인플레이션이 심하고 불확실할 경우 사람들은 장기 투자를 회피한다.
- **디스인플레이션**은 비용이 매우 높다. 따라서 정책입안자들은 높은 인플레이션이 발생하는 상황 자체를 아예 방지하려고 든다.

문제 풀어보기　　인구현황조사

매달 미국의 통계조사국은 노동통계국을 위해 미국의 경제활동인구에 대한 정보를 수집하려고 6만 가구를 조사한다. 인구현황조사라 불리는 이 조사는 고용, 실업, 소득, 근로시간은 물론 이들 이외에도 많은 정보를 제공한다. 이들 자료가 수집되면, 노동통계국에 소속된 연구자들이 조사 결과를 보여 주는 일련의 표를 작성해 발표한다. 다음 표를 완성하고, 2017년 12월부터 2018년 12월까지의 실업률, 취업인구 비율, 경제활동참가율의 추이를 분석하라. 그리고 2018년 12월의 실업률이 역사적 기준에 비해 높은지 또는 낮은지를 판단하라.

	2017년 12월 (천 명)	2018년 10월 (천 명)	2018년 11월 (천 명)	2018년 12월 (천 명)
민간 비구금 인구	256,109	258,514	258,708	258,888
민간 경제활동인구	160,636	162,694	162,821	163,240
경제활동참가율	?	?	?	?
취업인구	154,065	156,582	156,803	156,945
취업인구 비율	?	?	?	?
실업인구	6,572	6,112	6,018	6,294
실업률	?	?	?	?
비경제활동인구	95,473	95,820	95,887	95,648

단계 | 1　표를 완성하라.

390~391쪽을 복습하고 식 (14-1)과 (14-2)를 이용하라.

식 (14-1)과 (14-2)는 경제활동참가율과 실업률을 어떻게 계산하는지를 보여 준다. 취업인구 비율은 다음과 같이 계산된다.

$$취업인구\ 비율 = \frac{취업인구}{민간\ 비구금\ 인구} \times 100$$

완성된 표는 다음과 같다.

	2017년 12월 (천 명)	2018년 10월 (천 명)	2018년 11월 (천 명)	2018년 12월 (천 명)
민간 비구금 인구	256,109	258,514	258,708	258,888
민간 경제활동인구	160,636	162,694	162,821	163,240
경제활동참가율	62.7	62.9	62.9	63.1
취업인구	154,065	156,582	156,803	156,945
취업인구 비율	60.2	60.6	60.6	60.6
실업인구	6,572	6,112	6,018	6,294
실업률	4.1	3.8	3.7	3.9
비경제활동인구	95,473	95,820	95,887	95,648

식 (14-1)에서 보듯이 경제활동참가율은 민간 경제활동인구를 민간 비구금 인구로 나눈 후 100을 곱하여 구할 수 있다. 따라서 2018년 12월의 경제활동 인구는 다음과 같다.

$$\frac{163,240}{258,888} \times 100 = 63.1\%$$

식 (14-2)에서 보듯이 실업률은 실업인구를 민간 경제활동인구로 나눈 후 100을 곱하여 구할 수 있다. 따라서 2018년 12월의 실업률은 다음과 같다.

$$\frac{6,294}{163,240} \times 100 = 3.9\%$$

취업인구 비율은 취업인구를 민간 비구금 인구로 나눈 후 100을 곱하여 구할 수 있다. 따라서 2018년 12월의 취업인구 비율은 다음과 같다.

$$\frac{156,945}{258,888} \times 100 = 60.6\%$$

단계 | 2 2017년 12월부터 2018년 12월까지의 실업률, 취업인구 비율, 경제활동참가율의 추이를 분석하라. 2018년 12월의 실업률은 역사적 기준으로 볼 때 높은 편인가 또는 낮은 편인가?

　　　390~391쪽을 복습하고 〈그림 14-1〉을 공부하라.

이 기간 중 실업률과 경제활동참가율은 꾸준하게 하락하고 있었다. 취업인구 비율은 처음에는 증가하다가 마지막 3개월 동안은 안정적이었다. 〈그림 14-1〉에서 제시된 역사적 기준으로 볼 때 3.9%의 실업률은 비교적 낮은 수준으로 과거 2000년에도 3.9%에 다다른 적이 있다.

요약

1. 거시경제정책의 두 가지 주된 목표는 물가안정(낮지만 양의 값을 가진 인플레이션율)과 낮은 실업률이다.

2. **취업인구**는 고용된 사람들의 수이며, **실업인구**는 일을 하지는 않지만 적극적으로 일자리를 구하고 있는 사람들의 수다. 이 둘의 합은 **경제활동인구**와 같다. **경제활동참가율**은 16세 이상 인구 중에서 경제활동인구의 비율이다.

3. **실업률**은 경제활동인구 중에서 일을 하지는 않지만 적극적으로 일자리를 구하고 있는 사람들의 비중인데 진정한 실업 수준을 과소평가하거나 과대평가할 수 있다. 실업률이 진정한 실업 수준을 과대평가할 수 있는 이유는 취업 제안을 받았지만 계속 일자리를 구하는 사람, 즉 마찰적 실업자를 실업자에 포함시키기 때문이다. 실업률이 진정한 실업 수준을 과소평가하는 이유는 **실망실업자, 한계참여근로자, 과소취업자**와 같은 좌절한 노동자들을 실업자에 포함시키지 않기 때문이다. 이에 더하여 실업률은 인구집단 간에 큰 차이가 있다. 대개 청년 노동자와 은퇴 연령 노동자의 실업률은 한창 일할 나이에 있는 노동자의 실업률보다 높다.

4. 실업률은 경기순환의 영향을 받는다. 일반적으로 실업률은 실질 GDP의 성장률이 평균보다 높을 때 하락하고 낮을 때 상승한다. **고용 없는 회복**은 실질 GDP는 증가하고 있지만 실업인구가 증가하는 기간을 일컫는데 종종 경기 후퇴에 뒤따라 발생한다.

5. 자발적인 이직은 물론 일자리의 창조와 파괴는 **직장 탐색**과 **마찰적 실업**을 발생시킨다. 이에 더하여 최저임금, 노동조합, **효율임금**, 실직 노동자를 돕기 위한 정부정책, 그리고 피용자와 고용주 사이의 불일치를 포함한 여러 요인이 시장임금 수준에서 노동의 초과공급이 존재하는 상황을 낳는데 이때는 **구조적 실업**이 발생하게 된다. 그 결과 마찰적 실업과 구조적 실업의 합인 **자연실업률**은 일자리가 풍부할 때조차 영보다 훨씬 높다.

6. 실제 실업률은 경기순환과 관계없는 실업인구의 비중인

자연실업률과 경기변동의 영향을 받는 실업인구의 비중인 **경기적 실업률**의 합과 같다.

7. 자연실업률은 시간에 따라 변하는데 일반적으로 경제활동 인구의 특성, 노동시장의 제도, 정부정책 등의 변화에 영향을 받는다.

8. 많은 사람들이 생각하는 것과는 달리 인플레이션은 가격을 상승시킴으로써 사람들을 더 빈곤하게 만들지는 않는다. **실질임금**과 **실질소득**이 영향을 받지 않도록 임금과 소득이 물가 상승을 고려하여 조정되기 때문이다. 그렇지만 심한 인플레이션은 경제에 **구두창 비용, 메뉴 비용, 계산단위 비용**을 부담시킨다.

9. 인플레이션은 경제 내에 승자와 패자를 발생시킬 수 있다.

장기 계약들이 일반적으로 화폐단위로 표시되기 때문이다. 대출에 명시되는 **이자율**은 보통 **명목이자율**인데 이는 인플레이션이 발생할 경우 **실질이자율**과 달라진다. 예상보다 높은 인플레이션율은 차입자에게 유리하고 대부자에게 불리하다. 예상보다 낮은 인플레이션율은 대부자에게 유리하고 차입자에게 불리하다.

10. 많은 사람들이 경제에 자리를 잡은 인플레이션을 잡기 위해서는 경제를 침체시키고 높은 실업률을 감수해야 한다고 믿는다. **디스인플레이션**은 매우 높은 비용이 들기 때문에 정책입안자들은 인플레이션이 과도해지기 전에 미리 인플레이션을 방지하려 든다.

주요용어

취업인구	고용 없는 회복	실질소득
실업인구	직장 탐색	구두창 비용
경제활동인구	마찰적 실업	메뉴 비용
경제활동참가율	구조적 실업	계산단위 비용
실업률	효율임금	이자율
실망실업자	자연실업률	명목이자율
한계참여근로자	경기적 실업	실질이자율
과소취업자	실질임금	디스인플레이션

토론문제

1. 주로 매달 첫 금요일에 노동통계국은 전달의 고용상황 요약(Employment Situation Summary)을 발표한다. www.bls.gov에서 가장 최근의 보고서를 보라. 노동통계국 홈페이지의 상단에서 '경제 보도(Economic Release)' 탭을 선택하고 '최근 보도(Latest Release)'를 찾은 후 '고용상황 (Employment Situation)'을 선택하라. 그러면 페이지 상단에 열거된 고용상황 요약(Employment Situation Summary)을 찾을 수 있다. 현재 실업률은 1개월 전에 비해서 어떻게 달라졌나? 1년 전에 비해서는 어떻게 달라졌나?

연습문제

1. 일반적으로 실질 GDP가 변할 때 실업률은 어떻게 변하는가? 심한 경기침체가 여러 분기 동안 계속된 후에 공식적인 실업률이 하락하는 현상을 관찰할 수도 있는 이유를 설명하라. 강력한 경기확장 국면이 여러 분기 동안 계속된 후에 공식적인 실업률 증가를 관찰할 수 있는 이유를 설명하라.

2. 다음 각 상황에서 멜라니는 어떤 종류의 실업을 겪을까?
   a. 복잡한 컴퓨터 프로그래밍 작업을 마친 후 멜라니는 해고당했다. 그녀가 가진 기능을 요구하는 새 직장을 구할 수 있는 전망은 매우 밝으며 그녀는 컴퓨터 프로그래머 취업 알선업체에 구직 신청을 했다. 그녀는 급여가 낮은 취업 제안을 거절했다.

b. 멜라니와 그녀의 동료들이 임금 삭감을 거부하자 그녀의 고용주는 프로그래밍 작업을 다른 나라에 있는 근로자들에게 외주했다. 이와 같은 현상이 프로그래밍 산업 전체에서 발생했다.

c. 투자지출이 부진함에 따라서 멜라니는 프로그래밍 기업으로부터 해고를 당했다. 그녀의 고용주는 사업이 다시 활발해지면 그녀를 다시 고용하겠다고 약속했다.

3. '고용상황 요약'에서 공개되는 정보 중 일부는 각 개인이 얼마나 오랫동안 실업상태에 있었는지에 대한 내용을 포함한다. www.bls.gov로 가서 가장 최근 보고서를 찾으라. 토론문제 1번에서와 동일한 방법으로 '고용상황 요약'을 찾으라. 고용상황의 거의 마지막 부분에서 '실업기간에 따른 실업자의 수(Unemployed persons by duration of unemployment)'라는 제목의 〈표 A-12〉를 클릭하라. 계절 조정된 수치를 사용하여 다음 질문에 답하라.

a. 5주 미만의 기간 동안 실업 상태에 있는 노동자들은 얼마나 되는가? 이 노동자들은 전체 노동자의 몇 퍼센트에 해당하는가? 이 숫자들은 전달의 자료와 어떻게 다른가?

b. 27주 이상 실업 상태에 있는 노동자들은 얼마나 되는가? 이들은 전체 노동자 중 몇 퍼센트에 해당하는가? 이 숫자들은 전달의 자료와 어떻게 다른가?

c. 평균적인 노동자는 얼마나 오랫동안 실업 상태에 있었는가(평균 실업 지속기간, 주 단위)? 이 숫자는 전달의 자료로부터 구한 평균과 어떻게 차이가 있는가?

d. 가장 최근의 달과 그 전달을 비교해 볼 때 장기 실업의 문제가 개선되었는가 또는 악화되었는가?

4. 한 국가의 경제활동인구는 취업 상태의 노동자 수와 실업 상태의 노동자 수의 합이다. 다음 표는 미국의 여러 지역에서 경제활동인구의 규모와 실업자 수를 보여 준다.

지역	경제활동인구(천 명)		실업자(천 명)	
	2015년 7월	2016년 7월	2015년 7월	2016년 7월
북동부	28,397	28,565	1,459	1,377
남부	57,297	58,022	2,978	2,720
중서부	34,489	34,996	1,627	1,585
서부	36,949	37,543	2,099	1,985

출처 : Bureau of Labor Statistics.

a. 2015년 7월과 2016년 7월에 각 지역에서 취업 상태에 있는 노동자 수를 계산하라. 여러분의 답을 이용하여 2015년 7월과 2016년 7월 사이 취업인구의 변화를 계산하라.

b. 각 지역에서 2015년 7월과 2016년 7월 사이 경제활동인구의 증가를 구하라.

c. 2015년 7월과 2016년 7월에 각 지역의 실업률을 계산하라.

d. 이 기간의 실업률 하락에 대해서 어떤 결론을 추론할 수 있는가? 실업률의 하락은 취업자 증가로 인한 것일까, 아니면 일자리를 구하는 사람, 즉 경제활동인구 감소로 인한 것일까?

5. 다음 중 어떤 경우에 효율임금이 존재할 가능성이 큰가? 그 이유는 무엇인가?

a. 세인과 그녀의 상사는 아이스크림을 파는 팀으로 일하고 있다.

b. 제인은 상사로부터의 직접적인 감독 없이 아이스크림을 판다.

c. 제인은 한국어를 할 수 있고 한국어가 주로 사용되는 인근 지역에서 아이스크림을 판다. 제인 이외에 한국어를 말하는 근로자를 구하기는 어렵다.

6. 다음의 각 변화는 자연실업률에 어떤 영향을 미칠까?

a. 실업자가 실업수당을 수령할 수 있는 기간을 단축시킨다.

b. 학업에 집중하기 위해서 대학을 졸업할 때까지 일자리를 구하지 않는 10대들이 늘어난다.

c. 인터넷 접속이 용이해짐에 따라서 잠재적인 고용주와 종업원들이 일자리를 광고하고 찾는 것이 더 쉬워진다.

d. 노동조합 가입자 수가 감소한다.

7. 대부분의 국민이 평생직장을 가지는 전통이 있는 일본은 한때 미국에 비해서 훨씬 낮은 실업률을 기록하고 있었다. 1960~1995년까지 일본의 실업률은 단 한 번만 3%를 초

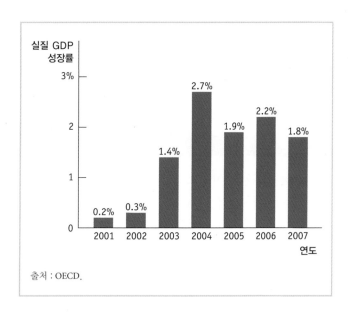

출처 : OECD.

과했을 뿐이다. 하지만 1989년의 주식시장 붕괴와 1990년대의 저조한 경제성장으로 평생직장 시스템은 붕괴되었고, 실업률은 2003년까지 5%를 초과하는 수준으로 상승했다.

a. 일본에서 이와 같은 최근의 변화가 자연실업률에 어떤 영향을 미쳤을지를 설명하라.

b. 다음 그림이 보여 주듯이 2001년 이후부터 2007~2009년 세계경제 위기 전까지 일본의 실질 GDP 성장률이 상승했다. 실질 GDP 성장률의 상승이 실업률에 미쳤을 영향을 설명하라. 자연실업률의 변화와 경기적 실업률의 변화 중 어느 것이 이 시기 실업률 변화의 원인일 가능성이 클까?

8. 다음 각 경우에 인플레이션이 경제에 순비용을 초래하지 않으면서 승자와 패자를 만들어 내는지, 또는 인플레이션이 경제에 순비용을 초래하는지를 판단하라. 만일 순비용이 발생한다면 어떤 종류의 비용이 발생할까?

a. 인플레이션이 높을 것으로 예상될 때, 노동자들은 더 자주 급여를 수령하고 은행에 더 자주 들른다.

b. 랜웨이는 출장비를 직장으로부터 환급받는다. 그런데 가끔 환급을 받는 데 오랜 시간이 걸리기도 한다. 따라서 인플레이션이 심할 때 랜웨이는 출장 가기를 주저한다.

c. 헥터는 5년 전에 체결한 6%의 고정 명목이자율 주택담보 대출(모기지)을 보유하고 있는데, 물가상승률이 예상치 않게 증가하여 현재 7%가 되었다.

d. 예상치 않게 높은 인플레이션율로 인하여 케이프 코드의 별장 운영자는 올해의 임대료를 수정한 값비싼 컬러 전단지를 다시 인쇄해서 우송해야 했다.

9. 다음 그래프는 2001~2016년 사이 알버니아 경제에서 주택담보 대출 이자율과 인플레이션율을 보여 준다. 주택담보 대출이 특히 매력적으로 된 것은 언제일까? 그 이유는 무엇일까?

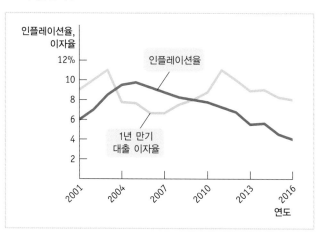

10. 다음 표는 7개국에 대해 2005년의 인플레이션율과 2006~2015년 기간의 평균 인플레이션율을 보여 준다.

국가	인플레이션율 (2005년)	평균 인플레이션율 (2006~2015년)
브라질	6.87%	5.70%
중국	1.82	2.89
프랑스	1.90	1.47
인도네시아	10.46	6.82
일본	−0.27	0.32
터키	8.18	8.30
미국	3.37	1.96

출처 : IMF.

a. 평균 인플레이션율과 메뉴 비용 간에 존재할 것으로 예상되는 관계를 감안하여 2006~2015년의 평균 인플레이션율을 바탕으로 이 국가들을 메뉴 비용이 높은 순으로 순위를 매겨라.

b. 2005년에 10년 만기 대출을 하는 경우 차입자들에게 가장 유리한 인플레이션율을 가진 국가 순으로 순위를 매겨라. 대출은 2006년부터 2015년까지의 인플레이션율이 2005년의 인플레이션율과 같을 것이라는 기대하에서 합의되었다고 가정하라.

c. 일본에서 10년 만기 대출을 한 차입자들은 손실을 입었을까 또는 이득을 봤을까? 설명하라.

11. 다음 그림은 1980~2016년 기간에 영국의 인플레이션율을 보여 준다.

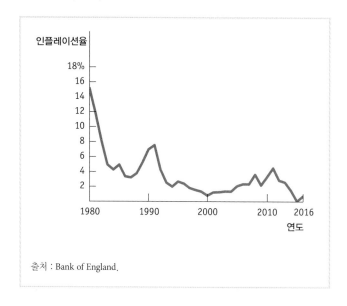

출처 : Bank of England.

a. 1980~1985년 사이에 영국의 정책입안자들은 인플레이션율을 낮추기 위해 노력했다. 1980~1985년 사이에

실업에는 어떤 일이 발생했을 것으로 예상할 수 있는가?

b. 영국의 정책입안자들은 인플레이션율이 2%의 목표치보다 높아질 때마다 강력하게 대응했다. 인플레이션율이 2016년 수준인 0.7%에서 예를 들어 5%로 높아지는 것이 왜 해로울까?

12. 프로펑크시아에는 단 하나의 노동시장이 존재한다. 모든 노동자는 동일한 기능을 가지고 있고, 모든 기업은 이 기능을 가진 노동자들을 고용한다. 노동의 공급과 수요를 보여 주는 다음 그래프를 이용하여 아래 질문에 답하라.

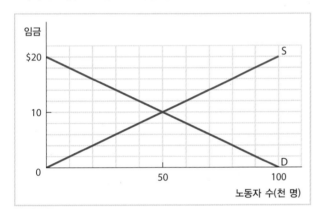

a. 프로펑크시아의 균형임금은 얼마인가? 이 균형임금수준에서 고용수준, 경제활동인구, 실업률은 얼마인가?

b. 프로펑크시아 정부가 최저임금을 12달러로 정한다면 고용수준, 경제활동인구, 실업률은 얼마가 될까?

c. 노동조합이 프로펑크시아의 기업들과 협상을 하여 임금을 14달러로 정했다고 하면 고용수준, 경제활동인구, 실업률은 얼마가 될까?

d. 노동자를 계속 보유하고 양질의 노동을 장려하기 위해 기업들이 임금을 16달러로 정한다고 하면 고용수준, 경제활동인구, 실업률은 얼마가 될까?

Chicago History Museum/Getty Images

인터넷이 있기 전에는 우편주문이 있었는데, 미국의 농촌과 소도시에 있어서 이것은 무엇보다 몽고메리 워드(Montgomery Ward)의 카탈로그를 의미했다. 1872년부터 시작된 이 카탈로그는 대도시로부터 멀리 떨어져 사는 사람들이 자전거에서부터 피아노에 이르기까지 동네 가게에 가져다 놓지 않은 물건들을 사는 것을 가능하게 했다. 1893년에 시어즈 로벅(Sears, Roebuck and Co.)이 이와 경쟁이 될 카탈로그를 내놓았고, 1920년대에는 두 회사가 모두 전국에 점포를 열었다. 두 회사는 제2차 세계대전 직전까지 우위를 점하기 위해 악전고투했다. 그렇지만 그 이후 몽고메리 워드는 훨씬 더 뒤처졌다. 결국 몽고메리 워드는 2001년에 모든 가게의 문을 닫았다.

몽고메리 워드가 휘청거렸던 이유는 무엇일까? 하나의 핵심적인 요인은 경영진이 전후 전망에 대해 그릇된 판단을 했다는 것이다. 1930년대는 대공황이라는 경제적 재앙의 여파로 소매업자 모두에게 어려운 시기였다. 〈그림 14-14〉에 제시된 백화점 매출지수는 1930년 이후 급락했다가 1940년까지도 완전히 회복하지 못했다. 몽고메리 워드는 일부 점포의 문을 닫고, 비용을 삭감하고 대규모의 현금을 축적하는 등 몸집 줄이기를 통해 이러한 혹독한 환경을 극복하려 했다. 이와 같은 전략은 잘 들어맞아 이 회사는 수익성을 회복하고 매우 탄탄한 재무 상태를 갖게 되었다.

불행히도 이 회사는 제2차 세계대전 이후에도 동일한 전략을 채택하는 실수를 범했다. 하지만 전후의 환경은 1930년대와는 판이하게 달랐다. 전반적인 백화점 매출은 급격히 증가하여 1960년에 이르자 1940년 수준의 네 배를 넘어섰다. 시어즈를 비롯한 다른 소매업자들은 이러한 수요 급증에 대응하여 성장하는 변두리 지역에 중점을 둔 확장 전략을 채택했다. 하지만 몽고메리 워드는 1930년대가 재연될 것을 기대하고 현금

을 깔고 앉아 있기만 했으며, 1959년까지는 새 점포를 열지 않았다. 시장과 함께 성장하지 못함으로써 몽고메리 워드의 시장 점유율과 명성과 브랜드 인지도는 돌이킬 수 없는 손상을 입었다.

사업의 세계에서는 어떤 것도 영원하지 않다. 결국 시어즈도 길고 느린 쇠퇴의 길에 접어들었다. 처음에는 월마트와 같은 더 새로운 소매업자에 추월당했다. 월마트의 '대형 소매상점' 매장에서는 대형 가전제품을 팔지 않았다. 그 대신 다른 물건들을 시어즈보다 더 싸게 판 데다 비용을 절감하기 위해 정보기술을 사용하기도 했다. 더 최근에는 인터넷 매출이 모든 종류의 전통적 소매업자에게 타격을 주었다. 그렇지만 제2차 세계대전 이후에 몽고메리 워드가 스스로 자초한 패배는 기업들이 보다 광범위한 경제 환경에서 어떤 일이 벌어지고 있는지를 고려하는 것, 다시 말해서 거시경제를 고려하는 것이 얼마나 중요한지를 보여 준다.

그림 14-14 백화점 매출지수, 1919~1940년

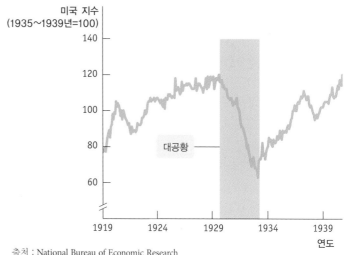

미국 지수
(1935~1939년=100)

대공황

1919   1924   1929   1934   1939
연도

출처 : National Bureau of Economic Research.

생각해 볼 문제

1. 대공황 중에 몽고메리 워드가 점포의 일부를 닫은 것은 이윤에 도움이 되었는가?

2. 〈그림 14-14〉를 이용하여 대공황과 대후퇴의 본질을 비교하라. 대공황의 어떤 점이 1940년대에 확장을 하지 않기로 한 몽고메리 워드의 결정을 합리적으로 만들었는가? 동일한 결정이 대후퇴 이후인 현재도 합리적일까? 설명하라.

Don Emmert/Getty Images

2016년 초에 《월스트리트저널》은 전설적인 투기자인 조지 소로스를 비롯하여 몇몇 대형 금융회사들이 중국 경제의 미래 성과에 관심을 가지고 있다고 보도했다. 중국은 지난 25년간 괄목할 만한 경제성장을 달성했지만 국제금융시장의 스마트 머니(smart money, 전문가들의 투자자금)는 중국의 호경기가 끝났고 경제위기의 조짐이 보인다고 생각하고 있었다. 이들은 중국 기업들이 호황기에 대규모 차입을 했기 때문에 중국 경제가 취약해질 경우 폐해가 매우 클 것으로 생각했다. 이들 중 일부는 수천만 명의 중국인들이 자신이 일으킨 재산이 사라짐에 따라 정치적인 불안정이 커질 것이라 경고했다.

같은 해에 세계적인 금융투기자본들은 중국 경제가 추락할 때 좋은 성과를 낼 수 있는 자산에 투자했다.

이러한 비관론의 근거는 무엇이었을까? 왜 수억 달러를 이런 자산에 투자하는 것이 좋다고 생각했을까? 중국의 공식 통계는 약간의 성장 둔화를 나타내긴 했어도 2015년의 성장률은 6.9%였고, 2016년에도 비슷한 성장률이 예상되는 등 여전히 견실한 성장세를 나타내고 있었다. 하지만 국제금융시장의 스마트 머니는 아무도 중국의 공식 통계를 믿지 않음을 알고 있었다.

사실 중국 내의 많은 사람들도 이를 알고 있었다. 당시 떠오르고 있던 관료인 리커창(사진에 보이는 인물)은 잠시 방심한 순간에 미국 대사에게 중국의 공식적인 국내총생산 숫자가

'인위적'이라고 말하기도 했다. 즉 그는 이들 숫자가 정부가 국민에게 알리는 낙관적인 경제 상황에 부합하게끔 중국 관료들이 만들어 낸 것임을 자인한 셈이다. 리커창은 또한 그가 중국 경제의 상태를 알려고 할 때는 구하기 쉬우면서도 중국 국민계정의 일부가 아닌 세 가지 지표인 철도 운송량, 전기 사용량, 은행 대출을 이용한다고도 했다. 이 대화가 알려지고 많은 중국 관측자들이 갖고 있던 의심이 확인됨에 따라 전 세계에 큰 파장이 일어났다. 리커창은 자신이 무슨 말을 하고 있는지 알고 있었다. 그 후 그는 중국의 총리가 되었는데, 그가 자신의 정부가 발표하는 숫자를 믿지 않는다면 누가 이를 믿을 수 있겠는가?

중국과 거래를 하는 기업으로서는 씨티은행의 연구소, 영국의 컨설팅회사인 롬바르드 스트리트 리서치, 연구 지향적 업계단체인 콘퍼런스 보드를 비롯하여 다양한 연구기관이 내어놓는 독립적인 추정치를 이용하는 것이 일반적이다. 이들의 추정치는 일종의 '리커창 지수' 변종을 이용한다. 즉 이들은 리커창이 사용하는 자료는 물론 한국과 같은 주변 국가와의 교역량처럼 오염되지 않은 통계자료라 알려진 지표들을 이용한다. 예를 들어 한국으로부터의 부품 수입 감소(이는 한국의 중국에 대한 수출 감소이기도 함)는 중국 제조업 부진에 대한 좋은 지표가 된다.

그렇다면 이들 독립 추정치들은 공식적인 통계와 얼마나 차이가 있을까? 이들 추정치는 일반적으로 중국 정부로부터 나온 숫자가 나타내는 것보다 훨씬 더 급한 경기둔화를 나타내고 있었다. 그 차이가 중국이 잘못될 것이라는 데 큰돈을 걸 만큼 컸을까? 지금은 그 답을 찾기에 너무 이르다.

생각해 볼 문제

1. 경기하강이 차입 규모가 큰 중국 기업들에 문제가 되는 이유는 무엇일까?
2. 리커창이 언급한 세 가지 통계는 각각 국내총생산을 계산하기 위한 세 가지 방법과 어떤 관계가 있을까?
3. 신뢰할 수 없는 중국의 숫자들은 기업들에 어떤 문제를 일으킬까?

The Photo Works

"이사를 하는 것이 가장 힘들다. 정원을 가꾸는 것이 가장 힘들다. 이케아 가구를 조립하는 것이 가장 힘들다." 2008년에 (RunMyErrand라는 이름으로) 창립된 태스크래빗(TaskRabbit)이 2015년에 작성한 한 보고서는 이렇게 시작한다. 이 회사는 사람들이 자신의 잡일을 처리하기 위해 다른 사람을 고용하는 것을 도와준다. 2019년 현재 이 회사에는 14만 명의 프리랜서가 일하고 있는데, 이들은 태스커(Tasker)라 불린다. 태스크래빗은 미국의 53개 도시와 영국, 캐나다에서 영업을 하고 있다.

왜 어떤 근로자에게는 태스커가 되는 것이 매력적으로 보일까? 대부분의 태스커는 일하는 시간을 유연하게 정하기를 원하는 시간제 근로자이다. 이 회사가 잠재적인 태스커에게 제시하는 홍보에는 "일을 시작하되 당신이 원하는 방법으로 돈을 벌라."는 구호와 함께 자녀 양육, 예술가 경력 등과 이 일을 병행한 근로자들의 증언이 포함된다.

다양한 고객을 위해 시간제로 일하는 것은 새로운 현상이다. 미국 전역에 걸쳐 모든 도시의 길모퉁이에는 건축 공사장과 같이 노동자에 대한 수요가 매일 그리고 때로는 예측 불가능하게 변하는 직장에서 일용직 일자리를 구하기 위해 근로자들이 아침 일찍부터 줄을 선다. 좀 더 숙련된 근로자들은 알레지스그룹(Allegis Group)과 같이 하청관계에 기반하여 수일부터 수개월에 걸쳐 근로자를 공급하는 임시인력 공급업체는 물론 다양한 온라인 서비스를 이용할 수 있다. 그리고 어떤 사람들은 여전히 구인광고를 보고 전화를 걸거나 직접 점포를 찾아다니면서 임시직 일자리를 구하고 있다.

애플이 첫 아이폰을 소개한 해에 창립된 태스크래빗은 모든 사람이 스마트폰을 갖고 있다는 점을 이용하여 이러한 과정을 단순화하려 한다. 처음에는 잠재적인 고용주와 종업원들이 입찰가를 제시하는 일종의 경매시장으로 개설되었으나 2014년부터는 우버나 리프트와 같은 자동차 서비스가 승객에게 운전자를 찾아주는 것과 유사한 간결한 체계를 이용하고 있다. 사람들은 태스크래빗 앱에서 몇 가지 보편적인 잡일 중 한 가지를 선택함으로써 일손이 필요함을 알릴 수 있다. 그러면 잠재적인 일꾼들이 자신이 인적사항에 입력했던 장소 및 기능과 일치하는 작업을 하겠다고 제안하는데 이것 역시 스마트폰에 뜨는 작업을 선택함으로써 가능하다. (이들은 원하는 시급을 이미 입력해 둔 상태다.) 이 과정은 길모퉁이에 줄을 서거나, 온라인으로 직장탐색을 하거나, 구인광고를 보고 전화를 거는 것보다 훨씬 시간과 노력을 절약할 수 있다.

태스크래빗과 같은 기업들이 얼마나 중요할까? 어떤 관측자들은 우리가 많은 사람들이 한 대기업의 종업원이 되기보다는 이리저리 일자리를 옮겨 다니며 비전속으로 일하는 긱 경제(gig economy)의 부상을 보고 있다고 주장한다. 이런 주장은 좀 과장된 측면이 있기는 해도 실제로 변화가 발생하고는 있는 것으로 보인다. 사실 최근의 한 연구는 프리랜서와 같은 대안 근로방식을 가진 사람들의 수가 2005년부터 2015년 사이에 50% 증가했으며, 이는 이 기간 중 미국에서의 일자리 순증가 전부에 해당한다는 결론을 내렸다. 2018년 현재 다양한 조사기관들이 미국 경제에서 독립적인 근로자들의 비중이 전체 근로인력의 10%에서 36%에 달한다는 사실을 발견하고 있다.

생각해 볼 문제

1. 태스크래빗과 같은 서비스를 통해 구직자와 고용주가 서로를 찾을 수 있다면 마찰적 실업에는 어떤 영향을 미칠 것인가?
2. 이러한 서비스는 경제활동인구로 간주되는 사람들의 숫자에 어떤 영향을 미칠 것인가?
3. 어떤 분석가는 대부분의 프리랜서들은 다른 직업을 갖고 있기 때문에 긱 경제는 부업에만 작용한다고 주장한다. 이러한 주장이 긱 경제가 성장하고 있다는 명백한 증거가 부족하다는 사실을 설명하는 데 어떻게 도움이 될 것인가?

지금의 대기오염 재앙

2017년 1월 2일에 한 베이징 영상이 화제가 되었다. 그것은 스모그 장벽이 중국의 수도를 집어삼킴에 따라 푸른 하늘이 거의 아무것도 볼 수 없는 암흑으로 바뀌는 장면을 보여 주는 저속 촬영 영상이었다. 불행히도 이 사건은 전혀 예외적인 현상이 아니었다. 극심한 공해에 대한 경보는 베이징을 비롯한 중국의 주요 도시에서는 보편적인 현상이 되었다.

《뉴욕타임스》는 이처럼 숨막히는 스모그를 '대재앙'이라고 불렀다. 중국 도시들에서 흔히 나타나고 있는 극심한 대기오염은 한때 악명이 높았던 로스앤젤레스의 스모그를 무색케 할 정도다. 미국 도시의 스모그는 오염에 대한 규제 덕분에 지금은 대부분 사라졌다.

중국의 대기오염이 나쁜 현상임은 두말할 나위가 없다. 하지만 이것은 매우 좋은 현상의 부산물이기도 하다. 지난 수십 년에 걸친 중국의 눈부신 경제성장은 수십억 명의 중국인을 극도의 빈곤으로부터 구해 냈다. 새롭게 부를 움켜쥔 이들은 누구든 자신의 능력이 되는 한 모든 것을 갖고 싶어 한다. 즉 더 맛있는 음식, 더 좋은 집, 그리고 많은 경우 자동차를 포함

하여 더 나은 소비재를 갖기를 원한다. 2007년만 해도 중국에는 6천만 대 미만의 자동차가 있었는데 이는 인구 20명당 1대꼴이다. 2016년이 되자 이 숫자는 세 배가 되었다. 불행히도 중국의 자동차 수 증가는 대기오염에 대한 통제를 앞서 나갔다. 이것과 우후죽순 생겨나는 공장으로부터의 오염이 결합된 결과가 바로 역사적인 스모그인 것이다.

환경 문제가 걱정스럽기는 해도 중국은 명백하게 지난 수십 년에 걸쳐 경제적으로 장족의 발전을 하였다. 중국의 최근 역사는 아마도 **장기 경제성장**, 즉 1인당 생산량의 지속적인 증가를 달성한 세계적으로 가장 극적인 사례라 할 수 있다. 이처럼 인상적인 성과를 보였지만 중국은 아직도 미국이나 일본과 같은 경제 선진국을 쫓아가려고 노력하고 있다. 중국이 경제 선진국들에 비해 상대적으로 가난한 것은 이들 선진국들이 수십 년 전부터 그리고 특히 미국과 유럽 국가들은 1세기 전부터 장기적인 경제성장 과정을 시작했기 때문이다.

많은 경제학자들이 장기 경제성장이 왜 일어나며 어떻게 장기 경제성장을 이룰 것인가가 거시경제학에 있어서 가장 중요한 주제라 주장해 왔다. 장기 경제성장이 생활수준에 직접적인 영향을 미치기 때문이다.

이 장은 장기 경제성장에 관한 몇 가지 사실을 제시하고, 경제학자들이 장기 경제성장의 속도를 결정한다고 믿는 요인들을 살펴보며, 정부의 정책이 어떻게 성장을 돕거나 방해할 수 있는지를 검토하고, 환경을 고려한 지속적인 장기 성장의 문제에 대해 논할 것이다. ●

빠르고 통제되지 않은 경제성장으로 인해 중국인의 생활수준은 훨씬 더 향상되었지만 지독한 대기오염이라는 비용을 치러야 했다.

이 장에서 배울 내용

- 장기 경제성장이 1인당 실질 국내총생산의 증가율에 의해 측정될 수 있는 이유와 1인당 실질 국내총생산의 증가율이 시간에 따라 변화해 온 과정, 그리고 국가들 간에 차이가 나는 양상

- **생산성**이 장기 경제성장의 열쇠가 되는 이유와 생산성이 **실물자본, 인적 자본, 기술진보**에 의해서 결정되는 과정

- 국가 간 경제성장률에 큰 차이가 나는 이유를 설명할 수 있는 요인들

- 전 세계 주요 지역 간 경제성장의 차이와 경제 선진국들에 있어서 **수렴가설**이 적용될 수 있는 이유

- **지속가능한** 성장의 문제와 자연자원의 희소성 및 환경 훼손이 성장에 대해 제기하는 도전

‖ 시간과 공간에 따른 경제의 비교

장기 경제성장의 원천을 분석하기에 앞서 미국 경제가 과거에 얼마만큼 성장했으며 미국과 같이 부유한 국가들과 아직 이들 국가에 비견될 만한 경제성장을 이루지 못한 국가들 간의 격차가 얼마나 되는지에 대해서 어느 정도 알 필요가 있다. 이제 숫자들을 살펴보자.

1인당 실질 국내총생산

경제성장을 파악하기 위해 사용되는 중심 지표는 1인당 실질 국내총생산, 즉 실질 국내총생산을 인구수로 나눈 값이다. 중심 지표로 국내총생산을 사용하는 이유는 제13장에서 보았듯이 국내총생산이 한 국민경제가 1년 동안 생산하는 최종생산물인 재화와 서비스의 가치를 측정함은 물론 그 국민경제에서 1년 동안 벌어들이는 소득을 측정하기 때문이다. 실질 국내총생산을 사용하는 것은 재화와 서비스 양의 변화를 물가 상승의 영향으로부터 분리하기 위해서다. 1인당 실질 국내총생산을 사용하는 것은 인구 증가의 영향을 분리시키기 위해서다. 예를 들어 다른 조건이 일정한 상태에서 인구가 증가하면 더 많은 사람들이 주어진 실질 국내총생산을 나눠 가져야 하므로 개개인의 생활수준은 하락할 것이다. 실질 국내총생산의 증가가 인구 증가에 필적하는 경우에만 평균적인 생활수준이 그대로 유지될 수 있다.

1인당 실질 국내총생산의 증가가 그 자체만을 위한 정책목표가 되어서는 안 됨을 배웠지만, 1인당 실질 국내총생산의 증가가 시간의 흐름에 따른 국민경제의 발전 정도를 집약적으로 보여 줄 수 있는 유용한 지표라는 점은 부인할 수 없다. 〈그림 15-1〉은 2011년 달러로 측정한 1900년부터 2016년까지의 미국, 인도, 중국의 1인당 실질 국내총생산을 보여 준다. 수직축은 로그 눈금으로 그려져 있기 때문에 모든 국가에 있어서 동일한 크기의 실질 국내총생산 증가율은 그림에서 동일한 크기를 가진다.

미국 경제가 얼마나 성장했는지를 보기 위해 〈표 15-1〉은 선택된 몇몇 해에 있어서의 1인당 실질 국내총생산을 1900년의 1인당 실질 국내총생산에 대한 백분율과 2016년 1인당 실질 국내총생산에 대한 백분율의 두 가지 방법으로 보여 준다. 1920년에 미국 경제는 이미 1900년의

그림 15-1 지난 한 세기 동안의 미국, 인도, 중국의 경제성장

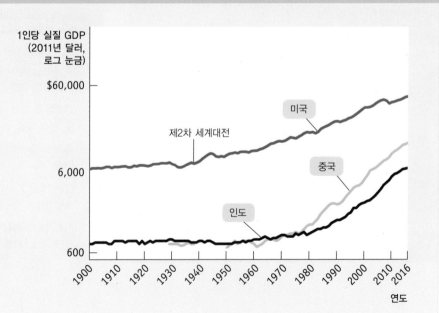

그림은 2011년 달러로 측정한 미국, 인도, 중국의 1900년부터 2016년까지의 1인당 실질 GDP를 보여 준다. 그림은 동일한 1인당 실질 GDP의 변화율이 동일한 크기를 가지도록 그려졌다. 중국과 인도를 나타내는 경사가 더 급한 선이 보여 주듯이 중국과 인도는 1980년 이후 미국에 비해 훨씬 더 높은 성장률을 보였다. 중국은 2000년에 그리고 인도는 2016년에 미국이 1900년에 달성한 것과 동일한 생활수준을 달성했다. 1940년부터 1950년까지 중국 자료가 없는 것은 전쟁 때문이다.

출처 : Maddison Project Database, version 2018. Bolt, Jutta, Robert Inklaar, Herman de Jong and Jan Luiten van Zanden (2018), "Rebasing 'Maddison': New income comparisons and the shape of long-run economic development," Maddison Project Working paper 10.

1인당 생산량의 136%를 생산하고 있었다. 2016년에는 1900년 1인당 생산량의 848%를 생산했는데 이는 일곱 배를 넘는 증가다. 달리 표현하자면 1900년에 미국 경제는 2016년 1인당 생산량의 12%만을 생산하고 있었다.

평균적인 가구의 소득은 대체로 1인당 소득에 비례하여 증가한다. 예를 들어 1인당 실질 국내총생산이 1% 증가하면 소득 분포의 중심에 있는 중간치 가구의 소득이 약 1% 증가한다. 2016년에 미국의 중간치 가구의 소득은 약 5만 7,500달러였다. 〈표 15-1〉에 따르면 1900년의 1인당 실질 국내총생산이 2016년의 12%에 불과했으므로 1900년의 평균 가구는 2016년의 평균 가구에 비해 12%에 불과한 구매력을 갖고 있었다고 할 수 있다. 이를 현재의 달러 금액으로 환산하면 약 6,250달러가 되는데 이는 극심한 빈곤계층에 해당한다. 현재 미국 평균 수준의 가구가 1900년으로 보내진다면 상당한 궁핍을 경험하게 될 것이다.

하지만 이 세상에는 한 세기 전 미국의 생활수준에조차 못 미치는 수준으로 생활하는 사람들이 많이 있다. 〈그림 15-1〉은 바로 이와 같은 사실을 보여 준다. 최근 30년간 중국이 극적인 경제성장을 보여 주었고 인도 역시 중국에는 못 미치긴 해도 가속적인 경제성장을 했음에도 불구하고 중국은 미국이 20세기 초에 달성했던 생활수준을 이제 막 달성했고, 인도는 아직도 20세기 초의 미국보다 더 가난하다. 세계인구의 상당수는 중국이나 인도보다도 더 가난하다.

세계에서 얼마나 많은 사람들이 가난하게 살고 있는지는 〈그림 15-2〉를 보면 알 수 있다. 이 지도는 미국 달러로 측정한 2015년 1인당 국내총생산 수준에 따라 전 세계 국가들을 분류해서 보여 준다. 그림에서 볼 수 있듯이 전 세계의 상당 부분이 매우 낮은 소득수준을 갖고 있다. 일반적으로 얘기하자면 유럽 및 북미 국가들과 태평양 지역의 소수 국가들만이 높은 소득수준을 갖고 있을 뿐이다. 중국과 인도를 포함하여 많은 아시아 국가들이 빠른 경제성장을 경험한 결과 중소득국가의 범주로 진입했다. 그렇지만 아프리카는 1인당 국내총생산이 5,000달러에 미달하

표 15-1	**미국의 1인당 실질 GDP**	
연도	1900년 1인당 실질 GDP에 대한 비율	2016년 1인당 실질 GDP에 대한 비율
1900	100%	12%
1920	136	16
1940	181	21
1980	474	56
2000	734	87
2016	848	100

출처 : Maddison Project Database, version 2018. Bolt, Jutta, Robert Inklaar, Herman de Jong, and Jan Luiten van Zanden (2018), "Rebasing 'Maddison': New income comparisons and the shape of long-run economic development," Maddison Project Working paper 10.

그림 15-2 2015년 세계의 소득

유럽과 북미 국가들 그리고 몇몇 태평양 국가들은 높은 소득수준을 갖고 있으나 세계의 대부분은 아직도 매우 가난하다. 오늘날 전 세계 인구의 25% 정도가 한 세기 전의 미국보다 가난한 국가에서 살고 있다.

출처 : World Development Indicators, World Bank.

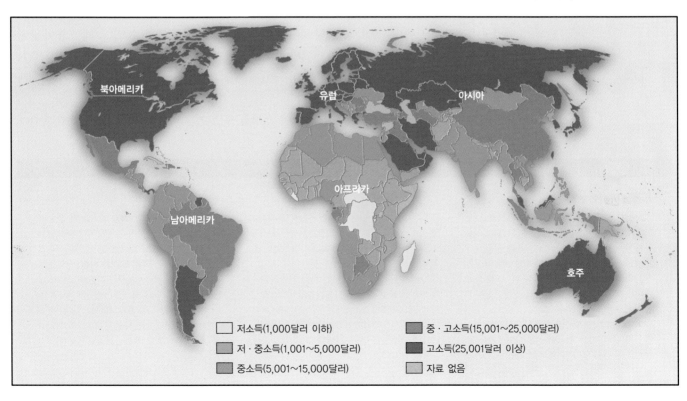

북아메리카 유럽 아시아

아프리카

남아메리카

호주

☐ 저소득(1,000달러 이하) ▨ 중·고소득(15,001~25,000달러)
☐ 저·중소득(1,001~5,000달러) ▨ 고소득(25,001달러 이상)
▨ 중소득(5,001~15,000달러) ☐ 자료 없음

70의 법칙(Rule of 70)에 따르면 시간에 따라 점진적으로 성장하는 변수의 값이 두 배가 되는 데 걸리는 시간은 대략적으로 70을 그 변수의 연간 증가율로 나눈 값과 같다.

는 국가들이 지배적이다. 사실 전 세계 인구의 25% 정도가 한 세기 전의 미국보다 더 낮은 생활 수준을 가진 국가에서 살고 있다.

경제성장률

2016년의 미국은 어떻게 1900년에 비해 여덟 배가 넘는 1인당 생산량을 생산할 수 있게 되었을까? 그 답은 매년 조금씩 생산량이 증가한 데에 있다. 보통 장기 경제성장은 1인당 실질 국내총생산이 매년 많아야 몇 퍼센트씩 증가하는 점진적인 과정이다. 1900년부터 2016년까지 미국의 1인당 실질 국내총생산은 매년 평균 1.9%씩 증가했다.

1인당 실질 국내총생산의 연간 증가율과 1인당 실질 국내총생산의 장기적 변화 간의 관계를 이해하기 위해서는 **70의 법칙**(Rule of 70)을 이용하는 것이 도움이 될 것이다. 70의 법칙은 1인당 실질 국내총생산과 같이 시간에 따라 점진적으로 증가하는 변수의 값이 두 배가 되는 데 얼마나 오랜 시간이 걸리는지를 대략적으로 계산할 수 있는 공식으로 다음과 같다.

$$\textbf{(15-1)} \quad \text{어떤 변수가 두 배가 되는 데 걸리는 햇수} = \frac{70}{\text{변수의 연간 증가율}}$$

(70의 법칙은 정의 성장률에만 적용된다.) 이 공식에 따르면 1인당 실질 국내총생산이 연 1%씩 증가한다면 두 배가 되는 데 70년이 걸린다. 만일 연 2%씩 증가한다면 두 배가 되는 데 35년이 걸린다. 실제로 미국의 1인당 실질 국내총생산은 지난 한 세기 동안 평균적으로 연 1.9%씩 증가했다.

여기에 70의 법칙을 적용한다면 미국의 1인당 실질 국내총생산이 곱절이 되는 데는 37년이 걸려야 한다. 따라서 미국의 1인당 실질 국내총생산이 세 번 곱절이 되는 데는 37년의 세 배인 111년이 걸려야 한다. 즉 70의 법칙을 적용할 경우 지난 111년간 미국의 1인당 실질 국내총생산이 2×2×2=8배 증가했어야 한다. 이는 실제 현실에 매우 근사한 숫자다. 1900~2016년 사이의 116년간 미국의 1인당 실질 국내총생산은 8배가량 커졌다.

〈그림 15-3〉은 몇몇 국가들에 대해 1980년부터 2017년까지의 1인당 실질 국내총생산의 연평균 증가율을 보여 준다. 이 중 몇몇 국가들은 분명히 성공 사례라 할 수 있다. 예를 들어 중국은 아직도 상당히 빈곤한 국가이긴 하지만 그동안 괄목할 만한 경제성장을 달성했다. 인도 역시 중국에는 못 미치지만 인상적인 성장을 이루었다. '현실 경제의 이해'에서 설명하는 방글라데시 역시 마찬가지다.

그렇지만 몇몇 국가들은 매우 실망스러운 성장을 보였다. 아르헨티나는 한때 부유한 국가로

함정

수준의 변화와 변화율

경제성장에 대해서 연구할 때에는 *수준의 변화*(change in level)와 *변화율*(rate of change)을 구분하는 것이 매우 중요하다. 우리가 실질 국내총생산이 증가했다고 말할 때에는 실질 국내총생산의 수준이 증가했음을 의미한다. 예를 들어 2017년 중 미국의 실질 국내총생산이 3,920달러 증가했다고 말할 수 있다.

우리가 2016년도 미국의 실질 국내총생산 수준을 안다면 2017년 중의 성장 정도를 변화율로 표현할 수도 있다. 예를 들어 2016년도 미국

의 실질 국내총생산이 17조 6,590억 달러였다면 2017년도 미국의 실질 국내총생산은 $17조 6,590억+$3,920억=$18조 510억이었을 것이다.

따라서 2017년 중 미국의 실질 국내총생산의 변화율 또는 성장률은 [($18조 510억−$17조 6,590억)/$17조 6,590억]×100=($3,920억/$17조 6,590억)×100=2.2%로 계산될 수 있다. 경제성장에 대한 표현에는 거의 언제나 성장률이 사용된다.

성장이나 성장률에 대해서 얘기할 때 가끔 이 두 개념을 혼용함으로써 혼동을 일으키는 경우가 있다. 예를 들어 "1970년대에는 미국의 성장이 둔화되었다."라는 표현은 사실 1970년대에 미국의 실질 국내총생산의 성장률이 1960년대에 비해 하락하였음을 의미하는 것이다. 또한 "1990년대 초반에 성장이 가속화되었다."라는 표현은 1990년대 초반에 경제성장률이 해마다 3%, 3.5%, 4%와 같이 상승했음을 의미하는 것이다.

그림 15-3 최근 성장률의 비교

그림은 몇몇 국가에 대해 1980년부터 2017년까지 1인당 실질 GDP의 연평균 성장률을 보여 준다. 중국은 괄목할 만한 성장을 이루었으며, 인도와 아일랜드도 중국만은 못하지만 인상적인 성장을 달성했다. 미국과 프랑스는 완만한 성장을 하였다. 한때 경제 선진국으로 간주되었던 아르헨티나는 부진한 성장을 하였다. 짐바브웨와 같은 국가들은 오히려 뒷걸음질을 했다.

출처 : World Development Indicators.

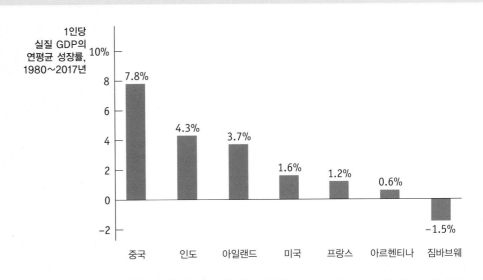

1인당 실질 GDP의 연평균 성장률, 1980~2017년

중국	인도	아일랜드	미국	프랑스	아르헨티나	짐바브웨
7.8%	4.3%	3.7%	1.6%	1.2%	0.6%	-1.5%

손꼽혔었다. 20세기 초만 해도 아르헨티나는 미국이나 캐나다와 어깨를 견줄 만한 국가였다. 하지만 그 이후 아르헨티나의 성장은 보다 역동적인 국가들에 비해 크게 뒤떨어졌다. 심지어 짐바브웨와 같은 국가들은 뒷걸음질을 치기도 했다.

이 국가들 간의 성장률의 차이를 무엇으로 설명할 수 있을까? 이 질문에 답하기 위해서는 장기 경제성장의 원천을 파악해야 한다.

현실 경제의 >> 이해

방글라데시의 경제적 돌파

서구의 방송사들은 방글라데시에 대해 거의 언급하지 않는다. 정치적 분쟁지역도 아니고, 원유를 생산하지도 않는데다 거대한 이웃인 인도에 가려져 있다. 그렇지만 이곳에는 1억 6천만 명의 인구가 살고 있고, 아직도 매우 가난하기는 하지만 지난 세대에서는 가장 위대한 경제적 성공 사례 중 하나였다.

잔혹한 전쟁 끝에 1971년에 파키스탄으로부터 독립을 성취한 방글라데시의 1인당 실질 국내총생산은 1980년대까지만 해도 1950년에 비해 겨우 더 높은 수준이었다. 하지만 1990년대 초에 이 나라는 정치적·경제적 개혁을 시작하여 군부 통치로부터 민주주의로 전환했으며, 시장을 자유화하고, 화폐와 재정을 안정시켰다. 특히 서구 시장에 대한 주요 의류 수출국으로 부상하면서 방글라데시의 성장은 본격화되었다. 1980년대 후반부터 2010년까지 1인당 실질 국내총생산은 연간 3%를 초과하여 성장했으며, 그 결과 1990년부터 2010년까지 20년 동안 두 배가 되었다.

2015년이 되자 1인당 실질 국내총생산이 거의 1990년의 2.5배가 되었다. 다른 지표들도 삶의 질이 극적으로 개선되었음을 보여 주었다. 기대수명이 12년 증가했고, 아동사망

방글라데시는 여전히 매우 가난한 나라이긴 하지만 지난 25년간 높은 성장률로 생활수준이 개선되었다.

Michael Runkel/AGE Fotostock

률이 70% 감소했으며, 취학률이 특히 여성에 있어서 크게 상승했다.

하지만 확실히 할 것이 있다. 방글라데시는 여전히 미국의 기준에서는 믿을 수 없을 만큼 가난하다. 임금이 상승하기는 하지만 매우 낮은 수준이며, 근로환경은 열악하고 위험하다. 2013년에 한 공장 복합건물이 무너졌을 때 천 명 이상의 근로자가 사망하기도 했다. 그렇지만 과거에 비하면 방글라데시는 많은 발전을 이루었고 경제성장이 사람들에게 실질적인 편익을 제공함을 보여 주었다.

>> 이해돕기 15-1
해답은 책 뒤에

1. 경제학자들이 경제성장을 측정하기 위해 실질 국내총생산이나 1인당 명목 국내총생산과 같은 변수 대신에 1인당 실질 국내총생산을 사용하는 이유는 무엇인가?
2. 70의 법칙을 〈그림 15-3〉에 제시된 자료에 적용하여 그림에 열거된 각 국가(짐바브웨 제외)의 1인당 실질 국내총생산이 두 배가 되는 데 몇 년이 걸리는지를 계산해 보라. 현재와 같은 성장률이 지속된다면 인도의 1인당 실질 국내총생산은 미래에 미국을 능가할 수 있을까? 여러분 답의 근거를 설명하라.
3. 중국과 인도는 현재 미국보다 높은 성장률을 기록하고 있지만 중국이나 인도의 대표적인 가계는 미국의 대표적인 가계보다 훨씬 더 빈곤하다. 그 이유를 설명하라.

∥ 장기 성장의 원천

장기 경제성장은 거의 전적으로 생산성 향상이라는 한 가지 요인에 의해 결정된다. 그러나 생산성을 향상시킬 수 있는 요인에는 여러 가지가 있다. 먼저 생산성이 핵심 요인인 이유를 알아보고 무엇이 생산성에 영향을 미칠 수 있는지 살펴보자.

생산성이 중요한 이유

지속적인 경제성장은 각 노동자가 생산하는 평균적인 생산물의 양이 꾸준하게 증가할 때에만 가능하다. **노동생산성**(labor productivity) 또는 단순히 **생산성**(productivity)은 노동자 1인당 생산량 또는 어떤 경우에는 시간당 생산량을 의미한다. (평균적인 노동자의 근로 시간은 나라마다 상이하다. 하지만 이것이 예를 들어 인도와 미국 같은 국가 간 생활수준의 차이를 결정하는 주된 요인이 되지는 않는다.) 이 책에서 우리는 노동자 1인당 생산량에 초점을 둘 것이다. 경제 전체에 있어서의 생산성, 즉 노동자 1인당 생산량은 단순히 실질 국내총생산을 노동자의 수로 나눈 값과 같다.

여러분은 왜 생산성 향상이 장기 경제성장의 유일한 원천인지가 궁금할 것이다. 전체 인구 중 근로인구의 수를 늘려도 1인당 국내총생산을 증가시킬 수 있지 않은가? 이 질문에 대한 답은 "그렇다. 하지만…"으로 시작된다.

짧은 기간에는 전체 인구 중 근로인구의 비중을 높임으로써 총생산의 증가율을 폭발적으로 늘릴 수도 있다. 이것이 바로 제2차 세계대전 중에 미국에서 수백만 명의 여성들이 유급 경제활동인구에 가담했을 때 발생한 일이다. 이로 인해 성인 민간인 중 피고용자의 비중이 1941년의 50%에서 1944년에는 58%로 증가했으며, 그 결과 이 기간 중 1인당 실질 국내총생산이 급증했음을 〈그림 15-1〉의 돌출 부분에서 확인할 수 있다.

하지만 보다 장기적으로는 고용의 증가율이 인구의 증가율과 크게 달라지기가 어렵다. 예를

노동생산성(labor productivity)은 간단히 **생산성**(productivity)이라고도 하는데 노동자 1인당 생산량을 의미한다.

들어 20세기 중 미국의 인구는 연간 1.3% 증가했고 취업인구는 연간 1.5% 증가했다. 1인당 실질 국내총생산은 연평균 1.9% 증가했는데, 이 중 거의 90%에 해당하는 1.7%가 생산성 향상으로 인한 것이었다. 전체적으로 실질 국내총생산은 인구 증가로 인해 늘어날 수 있지만 1인당 실질 국내총생산이 크게 증가하기 위해서는 **노동자 1인당 생산량**이 증가해야 한다.

이제 생산성 향상이 장기 경제성장의 열쇠임을 이해했다. 그렇다면 생산성을 향상시키는 요인은 무엇일까?

생산성 향상의 요인

오늘날 평균적인 미국 노동자가 한 세기 전의 노동자에 비해 훨씬 많은 양을 생산할 수 있는 이유는 세 가지를 들 수 있다. 첫째, 오늘날의 노동자는 기계와 사무실 공간을 포함하여 훨씬 많은 **실물자본**을 가지고 일한다. 둘째, 오늘날 노동자는 더 많은 교육을 받은 결과 더 많은 **인적 자본**을 갖고 있다. 마지막으로 오늘날의 기업들은 한 세기 동안의 **기술진보** 결과 더 높은 수준의 기술을 갖고 있다. 이들 요인 각각에 대해 보다 상세하게 알아보자.

실물자본의 증가 경제학자들은 건물이나 기계처럼 인간이 만든 자원을 **실물자본**(physical capital)이라 부른다. 실물자본은 노동자의 생산성을 향상시킨다. 예를 들어 굴삭기를 조작하는 노동자는 삽만 가지고 작업하는 노동자보다도 하루 동안에 훨씬 깊은 구덩이를 팔 수 있다.

오늘날 민간부문에 고용된 미국의 평균적인 노동자는 35만 달러 정도의 실물자본을 갖고 일하는데, 이는 100년 전의 미국 노동자는 물론 오늘날 대부분의 다른 국가 노동자들이 평균적으로 갖고 일하는 실물자본을 훨씬 능가하는 수준이다.

인적 자본의 증가 노동자가 좋은 장비를 갖는 것만으로는 충분치 않으며 그 장비를 갖고 무엇을 할 것인지를 알고 있어야 한다. **인적 자본**(human capital)은 교육에 의한 노동의 질적 개선과 노동력에 체화된 지식을 말한다.

지난 세기 동안 미국의 인적 자본은 극적으로 증가했다. 한 세기 전에는 대부분의 미국인들이 읽고 쓸 수는 있었지만 고등교육을 받은 미국인들은 흔치 않았다. 1910년의 경우 25세 이상 미국인들 중 13.5%만이 고등학교를 졸업했으며 3%만이 4년제 대학을 졸업했다. 2015년에는 이 비율이 각각 88%와 33%로 상승했다. 오늘날의 경제를 한 세기 전과 같이 교육수준이 낮은 인구로 운영하는 것은 거의 불가능할 것이다.

이 장에서 나중에 설명할 **성장회계**에 따르면 교육 그리고 교육이 생산성에 미치는 영향이 실물자본의 증가보다 더욱 중요한 성장요인이다.

기술진보 아마도 생산성 향상을 결정하는 가장 중요한 요인은 기술진보일 것이다. **기술진보**(technological progress)는 광범위하게 재화와 서비스를 생산하기 위한 방법의 진보로 정의될 수 있다. 우리는 잠시 후에 경제학자들이 기술이 성장에 미치는 영향을 어떻게 측정하는지를 살펴볼 것이다. 오늘날의 노동자들은 과거와 동일한 실물자본과 인적 자본을 가지고도 과거에 비해 더 많은 생산물을 생산할 수 있는데, 그 이유는 시간이 흐름에 따라 기술이 진보했기 때문이다. 경제적으로 중요한 기술진보가 반드시 첨단과학일 필요는 없다. 역사학자들은 철도나 반도체와 같은 주요한 발명뿐만 아니라 수천 건의 사소한 기술혁신도 과거의 경제성장에 기여했다고 주장한다. 예를 들어 1870년에 특허를 받은 바닥이 평평한 종이백은 여러 가지 물품과 채소를 더 많이 더 쉽게 담을 수 있게 해 주었고, 1980년에 도입된 포스트잇은 사무 능률을 획기적으로 개선시켰다. 전문가들은 20세기 말엽에 미국에서 발생한 생산성의 획기적 증가에 첨단기술 회사

실물자본(physical capital)은 건물이나 기계와 같이 인간이 만든 자원으로 구성된다.

인적 자본(human capital)은 교육에 의한 노동의 질적 향상과 노동력에 체화된 지식을 말한다.

기술진보(technological progress)는 재화와 서비스를 생산하기 위한 방법의 진보를 의미한다.

총생산함수(aggregate production function)는 생산성(노동자 1인당 실질 국내총생산)과 노동자 1인당 실물자본, 노동자 1인당 인적 자본 그리고 기술 수준 간의 관계를 나타내는 가상적인 함수다.

노동자 1인당 인적 자본과 기술 수준이 고정된 상태에서 실물자본의 투입량을 지속적으로 늘릴 때 추가적으로 투입되는 실물자본 한 단위당 생산성 증가분이 점차 감소할 경우 총생산함수는 **실물자본에 대한 수익체감**(diminishing returns to physical capital) 현상을 보인다고 한다.

보다 월마트와 같은 소매회사가 채택한 신기술이 더 큰 기여를 하였다고 주장한다.

성장회계 : 총생산함수

다른 조건이 같다면 노동자들이 보다 많은 실물자본이나 인적 자본 또는 개선된 기술을 갖출 경우 생산성이 높아진다. 그렇다면 이들 요인의 효과를 양적으로 측정할 수는 있을까? 이를 위해 경제학자들은 노동자 1인당 실물자본, 노동자 1인당 인적 자본 및 기술 수준과 생산성 간의 관계를 보여 주는 **총생산함수**(aggregate production function)를 추정한다.

시간이 흐름에 따라서 노동자들은 보다 많은 기계장비를 갖고 일하고, 보다 많은 교육을 받는 한편 기술진보의 혜택을 입기 때문에 일반적으로 이들 세 요소는 모두 시간이 흐름에 따라 증가한다. 총생산함수는 이들 세 가지 요소가 총체적인 생산성에 미치는 효과를 분리하여 파악하는 것을 가능하게 한다.

총생산함수가 실제 자료에 적용된 최근의 예로는 브루킹스 연구소의 보스워스(Barry Bosworth)와 콜린스(Susan Collins)가 시행한 중국과 인도의 경제성장에 대한 비교연구에서 찾아볼 수 있다. 이들은 다음과 같은 총생산함수를 사용했다.

$$\text{노동자 1인당 GDP} = T \times (\text{1인당 실물자본})^{0.4} \times (\text{1인당 인적 자본})^{0.6}$$

위 식에서 T는 기술 수준의 추정치를 나타낸다. 이들은 매년 교육에 의해 노동자의 인적 자본이 7%씩 성장한다고 가정했다. 이들은 이 함수를 이용하여 1978년과 2004년 사이에 중국이 인도보다 빠르게 성장한 이유를 설명하려 했다. 이들은 두 국가 간 성장률 차이의 절반 정도가 중국의 높은 투자지출로 인해 노동자 1인당 실물자본이 인도보다 빠르게 증가하였기 때문임을 발견했다. 다른 절반은 중국의 기술진보가 더 빨랐기 때문이었다.

과거의 경제성장을 분석하기 위해서 총생산함수를 추정해 본 경제학자들은 한 가지 중요한 사실을 발견했는데, 이는 추정된 총생산함수가 **실물자본에 대한 수익체감**(diminishing returns to physical capital) 현상을 보인다는 점이다. 즉 노동자 1인당 인적 자본과 기술 수준이 고정된 상태에서 노동자 1인당 실물자본을 지속적으로 늘릴 경우 생산성의 증가분이 점차 작아진다는 것이다.

〈그림 15-4〉와 부속표는 노동자 1인당 인적 자본과 기술 수준이 고정된 상태에서 노동자 1인당 실물자본이 노동자 1인당 실질 국내총생산에 미치는 영향을 가상적으로 보여 준다. 이 예에서 실물자본의 양은 달러화 단위로 측정되었다.

노동자 1인당 실물자본과 생산성 간의 관계가 수익체감 현상을 보이는 이유를 이해하기 위해 농장 설비의 추가가 농장 노동자들의 생산성에 어떻게 영향을 미치는지를 생각해 보자. 처음에는 약간의 장비 추가가 큰 차이를 가져올 것이다. 트랙터를 갖춘 노동자는 빈손으로 일하는 노동자보다 훨씬 많은 일을 할 수 있다. 물론 더 비싼 장비를 사용하는 노동자의 생산성은 더 높을 것이다. 예를 들어 4만 달러짜리 트랙터는 2만 달러짜리 트랙터보다 더 힘이 세고 다양한 작업을 할 수 있기 때문에 4만 달러짜리 트랙터를 가진 노동자가 2만 달러짜리 트랙터를 가진 노동자보다 더 많은 농지경작 작업을 할 수 있다.

그렇지만 인적 자본과 기술이 일정하다면 4만 달러짜리 트랙터를 가진 노동자가 2만 달러짜리 트랙터를 가진 노동자의 두 배의 생산성을 낼 수 있을까? 그렇지 않을 것이다. 추가되는 2만 달러어치의 장비는 처음 투입된 2만 달러어치의 장비만큼 생산성을 높이지는 못할 것이다. 따라서 20만 달러짜리 트랙터를 갖춘 노동자가 10배의 생산성을 내지 못할 것이 분명하다. 아무리 돈을 들이더라도 트랙터의 성능을 개선시키는 데는 한계가 있다. 다른 종류의 장비도 이와 마찬

그림 15-4 실물자본과 생산성

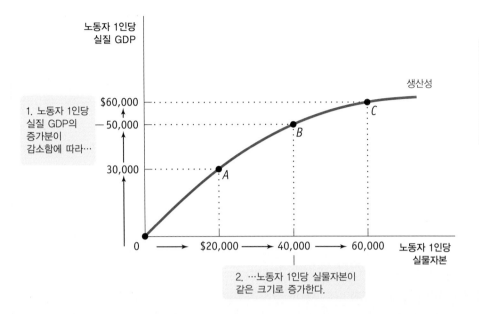

노동자 1인당 실물자본	노동자 1인당 실질 GDP
$ 0	$ 0
20,000	30,000
40,000	50,000
60,000	60,000

그림에서 총생산함수는 인적 자본과 기술 수준이 고정된 상태에서 노동자 1인당 실물자본이 증가함에 따라 생산성이 어떻게 증가하는지를 보여 준다. 다른 조건이 같다면 노동자 1인당 실물자본이 증가할 때 1인당 실질총생산이 증가하되 수익체감의 법칙에 따라 증가한다. 즉 실물자본이 계속 증가함에 따라 추가적인 실물자본 증가에 따라 발생하는 1인당 실질 국내총생산 증가분이 점차 작아진다. 원점인 0에서 출발하여 노동자 1인당 실물자본이 2만 달러 증가하면 1인당 실질 국내총생산이 3만 달러 증가한다. 노동자 1인당 실물자본이 추가적으로 2만 달러 증가하면 1인당 실질 국내총생산은 B점이 보여 주듯이 2만 달러만 증가한다. 마지막으로 1인당 실물자본이 세 번째로 2만 달러 증가하면 C점이 보여 주듯이 1인당 실질 국내총생산은 1만 달러만 증가한다.

가지일 것이므로 총생산함수는 실물자본에 대해 수익체감 현상을 보이게 된다.

실물자본에 대한 수익체감은 〈그림 15-4〉가 보여 주는 것과 같은 노동자 1인당 실물자본과 노동자 1인당 생산량 간의 관계를 의미한다. 그림에서 실물자산의 생산성 곡선과 부속표가 보여 주듯이 노동자 1인당 실물자본이 증가하면 1인당 생산량도 증가한다. 그러나 1인당 실물자본이 2만 달러 증가할 때마다 발생하는 생산성 증가분은 점차 감소한다.

부속표에서 볼 수 있듯이 처음 투입되는 2만 달러는 매우 큰 이득을 낼 수 있다. 노동자 1인당 실질 국내총생산이 3만 달러 증가하기 때문이다. 그다음에 투입되는 2만 달러 역시 생산성을 향상시키지만 처음 투입된 2만 달러만큼은 아니다. 노동자 1인당 실질 국내총생산은 2만 달러만 증가한다. 세 번째로 투입된 2만 달러는 노동자 1인당 실질 국내총생산을 1만 달러만 증가시킨다. 생산성 곡선 상의 점들을 비교해 보면 1인당 실물자본이 증가함에 따라 1인당 생산량이 증가하지만 증가분의 크기는 점차 감소함을 알 수 있다.

0으로 표시된 원점에서 A점으로의 이동은 1인당 실물자본이 2만 달러 증가할 경우 1인당 실질 국내총생산은 3만 달러 증가함을 나타낸다. A점에서 B점으로의 이동은 1인당 실물자본이 2만 달러 추가될 경우 1인당 실질 국내총생산이 2만 달러만 증가함을 나타낸다. 그리고 B점에서 C점으로의 이동은 2만 달러의 노동자 1인당 실물자본 증가가 노동자 1인당 실질 GDP를 1만 달러만 증가시킴을 나타낸다.

실물자본에 대한 수익체감은 '다른 조건이 같다'는 전제하에서 성립되는 현상임을 이해하는 것이 중요하다. 즉 인적 자본의 양과 기술 수준이 고정된 상태에서 투입되는 추가적인 실물자본은 생산성장회계(growth accounting)는 총생산함수의 주요 요소들이 경제성장에 기여하는 정도를 추정한다.

성이 더 낮다는 것이다. 1인당 실물자본이 증가함과 동시에 인적 자본의 양이 늘어나거나 기술 수준이 향상되거나 이 두 가지가 같이 발생할 경우에는 수익체감 현상이 사라질 수도 있다.

예를 들어 4만 달러짜리 트랙터를 가진 노동자가 보다 향상된 경작기술을 익힌다면 2만 달러짜리 트랙터를 가지고 있는 경작기술이 뒤떨어지는 노동자에 비해 두 배의 생산성을 발휘할 수 있을 것이다.

실물자본이든 인적 자본이든 노동자의 수든 한 가지 생산요소에 대한 수익체감 현상은 생산함수가 가진 중요한 특성이다. 추정 결과에 따르면 1인당 실물자본의 양이 1% 증가할 때 1인당 생산량은 1%의 3분의 1 또는 0.33% 증가한다.

실제 경제성장 과정에 있어서는 생산성을 높이는 데 기여할 수 있는 모든 요소가 함께 증가한다. 즉 노동자 1인당 실물자본과 인적 자본이 증가하는 한편 기술도 진보한다. 이들 생산요소 각각의 기여를 분리해 내기 위해서 경제학자들은 **성장회계**(growth accounting)를 사용한다. 성장회계는 총생산함수의 주요 요소들이 경제성장에 기여하는 정도를 추정한다. 예를 들어 다음과 같은 경우를 생각해 보자.

- 노동자 1인당 실물자본이 연간 3%씩 증가한다.
- 총생산함수에 대한 추정치에 따르면 인적 자본과 기술이 고정된 상태에서 1인당 실물자본이 1% 증가함에 따라 1인당 생산량은 1%의 3분의 1 또는 0.33% 증가한다.

이 경우 노동자 1인당 실물자본의 증가는 3%×0.33＝1%p만큼의 연간 생산성 상승을 설명할 수 있다. 인적 자본 증가의 효과를 추정하기 위해서는 이와 비슷하지만 더욱 복잡한 절차가 이용된다. 절차가 더 복잡한 이유는 인적 자본의 양에 대해서는 단순한 달러화 표시 측정치가 없기 때문이다.

성장회계를 이용하면 실물자본이나 인적 자본의 증가가 경제성장에 미치는 효과를 측정할 수 있다. 그렇다면 기술진보의 효과는 어떻게 추정할 수 있을까? 기술진보의 효과는 실물자본과 인적 자본 증가의 효과를 감안하고 남는 부분에 의해 추정된다. 예를 들어 1인당 인적 자본이 전혀 변하지 않는다고 가정하자. 이 경우 생산성 증가는 오직 실물자본과 기술 변화에 의해서만 일어난다.

〈그림 15-5〉에서 아래쪽 곡선은 〈그림 15-4〉에 제시된 것과 동일한 1인당 실물자본과 1인당 생산량 간의 관계를 보여 준다. 이제 이 곡선이 1945년의 기술 수준에 해당하는 곡선이라 가정하자. 위쪽의 곡선 역시 1인당 실물자본과 1인당 생산량 간의 관계를 보여 주는데 이 곡선은 2015년의 기술 수준에 해당한다고 하자. (70년간의 기간을 선택한 것은 70의 법칙을 적용하기 위함이다.) 2015년의 곡선은 1945년 곡선에 비해 위쪽으로 이동했는데, 이는 70년간의 기술진

함정

수익이 체감하기는 하지만 … 여전히 양의 값을 갖는다

실물자본에 대한 수익체감이 무엇을 의미하고 무엇을 의미하지 않는지를 이해하는 것은 중요하다. 이미 설명했듯이 이는 "다른 조건이 일정할 때" 적용된다. 즉 노동자 1인당 인적 자본량과 기술 수준이 고정된 상태에서 노동자 1인당 실물자본을 계속해서 한 단위씩 증가시킬 경우 1인당 실질 GDP의 증가분은 점차 감소한다.

그렇지만 이는 실물자본이 점점 더 추가됨에 따라 1인당 실질 GDP가 궁극적으로 감소함을 의미하지는 않는다. 다만 1인당 실질 GDP의 증가분이 영 또는 영보다 큰 값을 가지긴 하지만 점차 줄어듦을 의미한다. 따라서 노동자 1인당 실물자본 증가는 절대로 생산성을 감소시키지는 않는다.

그러나 수익체감으로 인해 어떤 수준에 도달하면 노동자 1인당 실물자본 증가가 더 이상 경제적 보수를 발생시키지 못하게 된다. 이때는 생산량의 증가가 너무 작아서 실물자본을 추가하는 데 필요한 비용을 치를 가치가 없다.

그림 15-5 기술진보와 생산성 증가

기술진보는 모든 노동자 1인당 실물자본 수준에서의 생산성을 증가시키며 그 결과 생산성 곡선을 위쪽으로 이동시킨다. 여기서 1인당 인적 자본은 고정되어 있다. 아래쪽 곡선(〈그림 15-4〉와 동일한 곡선)은 1945년의 기술 수준에 해당하는 곡선이고 위쪽 곡선은 2015년 기술 수준에 해당한다고 가정하기로 한다. 기술 수준과 인적 자본이 고정되어 있다면, 1인당 실물자본이 2만 달러에서 6만 달러로 세 배 증가할 경우 1인당 실질 국내총생산은 3만 달러에서 6만 달러로 두 배 증가한다. 이는 그림에서 A점에서 C점으로의 이동에 해당하며, 노동자 1인당 실질 국내총생산이 연간 약 1% 성장함을 의미한다. 현실에 있어서는 기술진보로 인해 생산성 곡선이 위쪽으로 이동했기 때문에 1인당 실질 국내총생산 증가는 경제를 A점에서 D점으로 이동시켰다. 1인당 실질 국내총생산은 연간 2%씩 증가하여 전체 기간 중에 네 배 증가했다. 추가적인 1%의 1인당 실질 국내총생산 증가율은 총요소생산성이 증가한 데 기인한다.

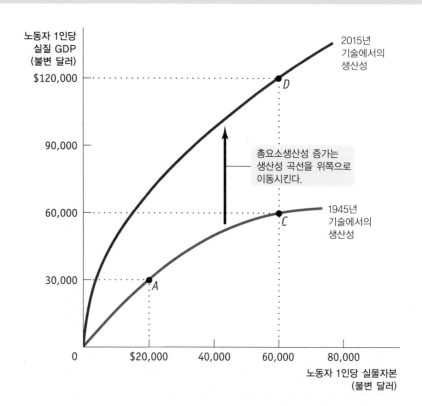

보로 인해 동일한 1인당 실물자본으로 1945년에 비해 더 많은 생산량을 생산할 수 있기 때문이다. (두 곡선은 모두 불변가격으로 측정된 것임에 유념하라.)

이제 1945년과 2015년 사이에 노동자 1인당 실물자본의 양이 2만 달러에서 6만 달러로 증가했다고 가정하자. 이와 같은 1인당 실물자본의 증가가 기술진보 없이 발생했다면 경제는 A점에서 C점으로 이동했을 것이다. 즉 1인당 생산량이 증가하기는 하되 3만 달러에서 6만 달러로만 증가할 것이다. 70의 법칙에 따르면 이는 연간 1%의 성장률에 해당한다. 그런데 실제로 경제는 A점에서 D점으로 이동했고, 생산량은 3만 달러에서 12만 달러로 연간 2%의 성장률로 증가했다. 1인당 실물자본의 증가에 더해서 기술진보가 총생산함수를 이동시켰기 때문이다.

이 경우 2%의 연간 생산성 증가 중 50%(즉 1%의 연간 생산성 증가)는 총요소생산성의 증가로 인한 것이다. **총요소생산성**(total factor productivity)이란 주어진 요소투입량으로 생산할 수 있는 생산물의 양이다. 총요소생산성이 증가하면 경제는 동일한 실물자본, 인적 자본 및 고용량으로 더 많은 생산물을 생산할 수 있다.

대부분의 추정치에 따르면 총요소생산성이야말로 경제성장의 중추라 할 수 있다. 경제학자들은 관측된 총요소생산성의 증가가 실제로 기술진보의 경제적 효과를 잘 보여 준다고 믿는다. 이는 곧 경제성장에 있어서 기술진보가 매우 중요함을 의미한다.

노동통계국은 미국의 비농업 기업에 있어서의 노동생산성과 총요소생산성의 증가율을 추정하는데, 이 추정치에 따르면 1948년부터 2017년 사이에 미국의 노동생산성은 연간 2.2%씩 높아졌다. 이 중 49%만이 노동자 1인당 실물자본과 인적 자본의 증가에 의해 설명될 수 있으며 그 나머지는 총요소생산성의 증가, 즉 기술진보에 의해 설명된다.

총요소생산성(total factor productivity)은 주어진 요소투입량으로 생산할 수 있는 생산물의 양이다.

자연자원은 어떤 영향을 미칠까

자연자원이 생산성에 영향을 줄 수 있음에도 불구하고 지금까지의 논의에서는 자연자원에 대해서 전혀 언급하지 않았다. 다른 조건이 같다면 비옥한 토지나 광물과 같은 자연자원을 풍부하게 가진 국가가 그렇지 않은 국가들에 비해 1인당 실질 국내총생산이 더 높을 것이다.

가장 분명한 예로는 막대한 원유 매장량을 가진 중동지역을 들 수 있다. 예를 들어 아랍에미리트(UAE)는 독일과 거의 같은 1인당 실질 국내총생산 수준을 갖고 있지만, 독일은 부의 원천이 높은 1인당 생산량을 가진 제조업인 데 비해 아랍에미리트는 제조업이 아니라 원유에 기반을 두고 있다.

그런데 문제는 다른 조건이 같지 않은 경우가 종종 있다는 데에 있다. 오늘날 대다수의 국가에 있어 자연자원은 인적 자본이나 실물자본에 비해 생산성에 중요한 영향을 미치지 못한다. 예를 들어 1인당 실질 국내총생산이 매우 높은 국가들 중에는 일본과 같이 자연자원이 거의 없는 국가들이 있다. 반면에 상당한 원유 매장량을 가진 나이지리아와 같이 자연자원이 풍부한 국가들 중에도 매우 가난한 국가들이 있다.

과거에는 자연자원이 생산성을 결정함에 있어서 훨씬 더 중요한 역할을 했다. 19세기에는 1인당 실질 국내총생산이 가장 높은 국가들이 미국, 캐나다, 아르헨티나, 호주와 같이 농토와 광물이 풍부한 국가들이었다. 그 결과 경제학적 사고의 발전에 있어서 자연자원이 매우 중요한 위치를 차지했었다.

1798년에 발간된 유명한 저서인『인구론(An Essay on the Principle of Population)』에서 영국의 경제학자 맬서스(Thomas Malthus)는 전 세계 토지의 양이 한정되어 있다는 사실에 근거해서 미래의 생산성에 대해 비관적인 전망을 내놓았다. 그의 주장에 따르면 인구가 증가하면 노동자 1인당 토지 면적이 감소하고, 그 결과 다른 조건이 같다면 생산성이 감소한다.

맬서스는 기술진보나 실물자본의 증가는 인구를 증가시키고 그 결과 토지 단위당 노동자의 수를 증가시킴에 따라 일시적인 생산성 향상만을 가져올 뿐이라고 주장했다. 결국 장기적으로는 대부분의 인구가 기아의 경계에서 생활하게 되는데, 이 경우에는 사망률이 높아지고 출산율이 낮아지는 것만이 인구 증가율이 생산성 증가율을 초과하는 것을 막을 수 있다는 것이 그의 결론이다.

많은 역사학자들은 인류 역사의 상당 부분이 생산성의 저하나 정체에 대한 맬서스의 예측에 부합한다고 믿지만 모든 것이 맬서스의 예측대로 된 것은 아니다. 18세기까지는 인구 증가의 압력이 생산성 증가를 어느 정도 저해했다. 하지만 맬서스가 그의 저서를 집필한 이후에는 기술진보, 인적 자본 및 실물자본 증가, 신대륙에 있어서 막대한 경작지 개발 등 다른 긍정적 요인들이 인구 증가가 생산성에 미치는 부정적인 영향을 상쇄하고도 남았다.

그렇지만 우리가 원유와 같은 자원의 공급이 제한되어 있고 환경 훼손을 흡수할 수 있는 역량이 제한된 유한한 행성에 살고 있다는 것은 엄연한 현실이다. 이 장의 마지막 절에서는 경제성장이 제기하는 제약조건들에 대해 알아본다.

현실 경제의 >> 이해

생산성 역설의 부상, 몰락과 귀환

모든 사람이 우리가 혁명적인 기술 변화의 시대에 살고 있다고 한다. 공정하게 말하자면 이처럼 열광하는 데는 충분한 이유가 있다. 스마트폰은 달에 착륙한 우주인들이 사용할 수 있었던 컴퓨터에 비해 수천 배 더 빠르고 수백만 배 더 많은 자료를 저장할 수 있다. 그렇지만 연산 능력의 극적인 향상이 이와 똑같이 극적인 경제성장을 의미할까? 경제학자들은 수십 년간 이 질문을 던져 왔지만 그 답은 아직 분명하지 않다.

　오늘날의 시각에서 보면 사용자가 원하는 어떤 색깔로도 문자를 나타낼 수 있었던 탁상용 컴퓨터나 작은 벽돌 크기의 휴대전화와 같이 1980년대에 소개된 첨단 기술은 원시적으로 보인다. 그렇지만 이들은 그 이전에 있었던 것에 비해 크게 향상된 것이다. 놀라운 것은 이들 기술이 가져온 경제적 보수를 찾기가 어렵다는 사실이다.

　〈그림 15-6〉이 보여 주듯이 1980년대의 큰 기술 변화는 오랜 기간의 총요소생산성 증가가 부진한 가운데 발생했다. 1974년부터 1995년까지 21년간 총요소생산성의 연간 증가율은 0.6%에 불과했는데, 이는 그 전 25년간 증가율의 4분의 1을 조금 상회하는 수준이다. 노벨상 수상자이자 근대 경제성장 이론의 시조인 솔로(Robert Solow)는 1987년에 "우리는 모든 곳에서 컴퓨터 시대를 발견할 수 있지만 생산성 통계에서만은 그렇지 않다."라고 말했다. 어떤 일이 일어나고 있었던 것일까?

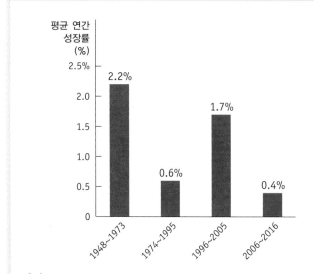

그림 15-6　총요소생산성의 부상과 몰락, 1948~2016년

출처 : Bureau of Labor Statistics.

　어떤 경제학자들은 소위 **생산성 역설**에 대한 설명으로 새 기술을 가지는 것과 이것을 가지고 무엇을 할 것인지를 아는 것에는 큰 차이가 있다고 주장했다. 이들은 개인용 컴퓨터, 근거리 통신망(LAN)과 인터넷을 이용할 수 있도록 영업 관행이 진화되면 결국 컴퓨터가 성과를 보여 줄수 있을 것이라 예측했다.

　이와 같은 낙관적 견해는 1990년대 중반의 경험에서 나온 듯하다. 1995년 무렵부터 총요소생산성이 치솟았는데, 그 상당 부분이 소매업과 같이 이전까지는 성장이 정체된 부문에서 발생했다. 당시 월마트와 같은 소매기업들이 정보기술을 활용하여 재고관리(제16장의 기업사례에서 보듯이 바코드 기술을 이용하여)와 같이 따분해 보이는 분야에서 효율성을 크게 향상시킨 덕택이다. 그렇다면 생산성 역설은 끝이 난 것인가?

　1996년부터 2005년까지의 급등 이후 총요소생산성의 성장은 2005년부터 기어가는 속도로 둔화되었다. 한편 다시 한 번 새로운 기술들이 모든 곳에서 나타났다. 스마트폰, 태블릿, 고속 무선인터넷은 2005년 이후의 나타난 발전이었다. 이들 혁신에도 불구하고 생산성 역설이 본격적으로 되돌아왔다.

　여기서 배울 수 있는 더 큰 교훈은 기술진보는 우리를 흥분시키고 궁극적으로는 매우 유용하지만 우리의 생활수준에 큰 영향을 주기까지는 이를 어떻게 사용할 것인지를 알아내기 위해 여러 해가 들 수도 있다는 사실이다.

>> 이해돕기 15-2

해답은 책 뒤에

1. 다음 각 사건이 생산성 증가율에 미치는 영향을 설명하라.
   a. 노동자 1인당 실물자본과 인적 자본에 변화가 없는 상태에서 상당한 기술진보가 발생
   b. 1인당 인적 자본과 기술 수준이 불변인 상태에서 1인당 실물자본의 양이 증가
2. 에레혼 경제는 지난 30년간 연 3%씩 성장했다. 경제활동인구는 매년 1%씩 증가했고, 실물자본의 양은 매년 4%씩 증가했다. 평균적인 교육 수준은 변하지 않았다. 경제학자들의 추정에 따르면, 다른 조건이 일정하다면 노동자 1인당 실물자본이 1% 증가할 때마다 생산성은 0.3%

>> 복습

- 생활수준의 장기적인 향상은 거의 전적으로 **노동생산성** 또는 단순히 **생산성**의 증가로 인한 것이다.
- **실물자본**의 증가는 생산성을 향상시킬 수 있는 요인 중 하나이지만 **실물자본에 대한 수익체감** 현상을 나타낸다.
- **인적 자본**과 **기술진보**도 생산성을 증가시킬 수 있는 요인이다.
- **총생산함수**는 생산성 증가의 원천을 추정하기 위해서 사용되기도 한다. **성장회계**는 기술진보로 인한 **총요소생산성**의 증가가 장기 경제성장에 있어서 핵심요인임을 보여 준다.
- 오늘날 대부분의 국가에 있어서 자연자원은 실물자본이나 인적 자본에 비해 생산성 증가의 원천으로서의 중요성이 떨어진다.

증가한다. [힌트 : (X/Y)의 %변화율＝X의 %변화율－Y의 %변화율]

    a. 에레혼 경제의 생산성은 얼마나 빨리 증가한 것인가?

    b. 노동자 1인당 실물자본은 얼마나 빠른 속도로 증가했는가?

    c. 노동자 1인당 실물자본의 증가는 생산성 증가에 얼마나 기여했는가? 기여분은 전체 생산성 증가의 몇 퍼센트인가?

    d. 기술진보는 생산성 증가에 얼마나 기여했을까? 생산성 증가 중 몇 퍼센트를 기여했는가?

3. 멀티노믹스는 전국에 사무실을 가진 대기업이다. 이 회사는 최근 회사 내에서 수행되는 모든 기능에 영향을 줄 새로운 전산시스템을 도입했다. 새 전산시스템으로 인해 종업원들의 생산성이 증가하기 위해서는 어느 정도의 기간이 지나야 하는 이유는 무엇인가? 왜 종업원의 생산성이 일시적으로 감소할 수도 있는가?

성장률에 차이가 나는 이유

경제사학자인 매디슨(Angus Maddison)의 추정에 따르면 1800년에는 멕시코가 일본보다 다소 높은 1인당 실질 국내총생산 수준을 갖고 있었다. 오늘날에는 일본이 대부분의 유럽 국가들보다도 높은 1인당 실질 국내총생산 수준을 갖고 있는 반면 멕시코는 가난한 국가다. 그 차이는 무엇일까? 1800년 이후 장기적으로 일본의 1인당 실질 국내총생산은 연 1.7%의 성장률을 기록한 반면 멕시코는 1.1%에 그쳤다.

이 예는 성장률에 있어서 작은 차이조차도 장기적으로는 큰 결과를 가져올 수 있음을 보여 준다. 그렇다면 왜 국가마다 그리고 시기마다 성장률에 차이가 있는 것일까?

성장률 차이 설명하기

우리는 총생산함수를 이용하여 빠르게 성장하는 경제는 지속적으로 실물자본이나 인적 자본의 양이 증가하거나 기술진보가 빠른 속도로 일어나는 경제일 것이라 예측할 수 있었다. 1950년대와 1960년대의 일본이나 오늘날의 중국처럼 놀라운 경제적 성공 사례는 아래의 세 가지에 모두 부합되는 나라이다.

1. 높은 수준의 저축 및 투자지출을 통해 실물자본을 신속하게 증가시킨다.
2. 교육제도를 향상시킴으로써 인적 자본을 증가시킨다.
3. 연구개발을 이용하여 빠른 속도로 기술을 진보시킨다.

이에 더하여 여러 가지 증거들이 정부정책, 재산권, 정치적 안정, 좋은 지배구조도 성장 원천을 증대시킴에 있어 중요한 역할을 함을 나타낸다.

저축과 투자지출 국가들 간 성장률의 차이가 나타나는 하나의 이유는 일부 국가들이 높은 투자지출을 통해 다른 국가들보다 빠른 속도로 실물자본의 양을 늘리기 때문이다. 1960년대에 일본은 주요 경제들 중에 가장 빠른 속도로 성장하는 경제였다. 동시에 일본은 다른 경제들에 비해 국내총생산 중 훨씬 많은 부분을 투자재에 지출하고 있었다. 오늘날 중국은 주요 경제 중 가장 빠른 속도로 성장하고 있다. 중국 역시 국내총생산 중 매우 큰 부분을 투자재에 지출하고 있다. 2015년에 중국의 투자지출은 국내총생산의 43%에 달했다. 이에 비해 미국의 투자지출은 국내총생산의 20%에 불과했다.

높은 투자지출을 위한 재원은 어디에서 조달되는 것일까? 다음 장에서 우리는 금융시장이 어떻게 저축을 투자지출로 연결시켜 주는지를 분석할 것이다. 하지만 지금은 투자지출이 국내 가계의 저축 또는 외국자본의 유입, 즉 외국 가계의 저축에 의해 지불되어야 한다는 사실만 기억하자.

외국자본은 미국을 비롯한 여러 국가의 장기 경제성장에 있어서 중요한 역할을 담당했다. 미국은 공업화 초기에 외국자본에 크게 의존했었다. 그렇지만 국내총생산의 많은 부분을 투자하는 국가들은 대부분의 경우 높은 수준의 국내저축이 있기에 그렇게 할 수 있는 것이다. 실제로 중국은 2015년에 국내에서 투자된 것보다도 더 높은 비율로 국내총생산을 저축했다. 투자하고 남은 저축은 해외에, 특히 대부분 미국에 투자되었다.

결론적으로 성장률 격차가 발생하는 하나의 이유는 국가 간 저축률과 투자율의 차이로 인해 실물자본 증가 속도에 차이가 있다는 것이다.

교육 국가들이 실물자본을 증가시키는 속도에 상당한 차이가 있듯이 교육을 통해 인적 자본을 증가시키는 속도에도 큰 차이가 존재해 왔다.

하나의 적절한 사례로 아르헨티나와 중국 간의 비교를 들 수 있다. 교육 수준은 두 국가에서 모두 꾸준하게 향상되어 왔다. 그러나 교육 수준의 향상은 중국에서 훨씬 빠른 속도로 이루어졌다.

〈그림 15-7〉은 괄목할 만한 장기 성장을 이룬 사례로 강조했던 중국과 실망스러운 성장을 보인 아르헨티나에 있어 15세를 넘어선 인구 중에서 읽고 쓸 줄 아는 사람들의 비율을 보여 준다. 35년 전에는 아르헨티나가 교육을 받은 인구가 훨씬 더 많았던 반면 많은 중국인들은 여전히 글을 몰랐다. 오늘날 중국의 평균 교육수준과 성인 식자율은 아르헨티나보다 다소 낮은데 이는 중국에 기본 교육을 전혀 받지 못한 성인들이 여전히 많이 있기 때문이다. 중등교육과 고등교육을 보면 중국이 한때 부유했던 아르헨티나를 추월했다.

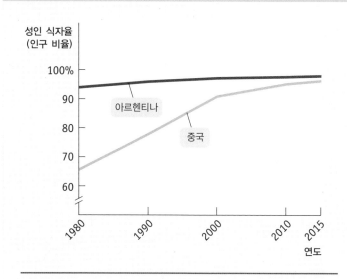

그림 15-7 중국 학생들이 따라잡고 있다, 1980~2015년

중국은 성인의 식자율에서 여전히 아르헨티나에 뒤져 있지만 차츰 따라잡고 있다. 중국이 인적 자본을 증가시키는 데 성공한 것이 바로 최근 수십 년간 괄목할 만한 장기 성장을 달성한 열쇠였다.

출처 : World Development Indicators, World Bank.

연구개발 기술진보는 경제성장의 핵심 원동력이다. 기술진보를 가져오는 요인은 무엇일까?

과학의 진보는 새로운 기술의 개발을 가능하게 한다. 오늘날 가장 대표적인 예로 들 수 있는 반도체 칩은 모든 현대 정보기술의 기초가 되지만 물리학에 있어서 양자역학이론이 없었더라면 개발될 수 없었을 것이다.

하지만 과학만으로는 충분하지 않다. 과학적 지식이 유용한 생산물과 생산과정으로 전환되어야 한다. 이를 위해서는 많은 자원이 **연구개발**(research and development) 또는 **R&D**에 투자되어 새로운 기술을 개발하고 실용화하는 데 사용되어야 한다.

일부 연구개발은 정부에 의해 수행되기도 하지만, 다음에서 보듯이 많은 연구개발 노력이 민간 부문의 자금지원으로 이루어지고 있다. 사실 미국이 전 세계를 선도하는 경제가 되는 데에 있어서 미국 기업들이 일찍부터 체계적인 연구와 개발을 기업 활동으로 채택한 것이 한몫을 하였다. 신기술을 개발하는 것과 이를 적용하는 것은 다른 일이다. 신기술을 활용하는 속도에는 국가 간 현격한 차이가 있어 왔다. 예를 들자면 2000년 이후 이탈리아는 총요소생산성의 현저한

연구개발(research and development) 또는 **R&D**는 새 기술을 개발하고 실행하기 위한 지출이다.

도로, 전력선, 정보네트워크 등 경제활동의 기초를 **사회간접자본**(infrastructure)이라 한다.

감소를 경험한 반면 미국은 전진을 계속했다(이 절 마지막의 이탈리아에 관한 '현실 경제의 이해'를 보라). 이러한 국가 간 차이의 원천을 밝히는 것은 많은 경제 연구의 대상이 되고 있다.

경제성장을 촉진시키기 위한 정부의 역할

정부는 장기 경제성장의 세 가지 원천인 실물자본, 인적 자본, 기술진보를 증진시키거나 저해함에 있어서 중요한 역할을 할 수 있다. 정부는 성장에 기여하는 요소들에 대한 보조를 하거나 또는 성장을 촉진시키거나 저해하는 환경을 만듦으로써 성장에 영향을 미칠 수 있다. 정부정책은 여섯 가지 주된 경로를 통해 경제성장률을 높일 수 있다.

1. 사회간접자본에 대한 정부 보조 정부는 **사회간접자본**(infrastructure)을 건설함에 있어서 직접적으로 중요한 역할을 한다. 도로, 전력선, 정보네트워크를 비롯하여 경제활동의 기초를 제공하는 실물자본을 사회간접자본이라 한다. 일부 사회간접자본은 민간기업에 의해 제공되기도 하지만, 대부분의 사회간접자본은 정부에 의해서 제공되거나 상당한 정부 규제와 지원을 필요로 한다.

자주 정전을 일으키는 전력선과 같이 빈약한 사회간접자본은 일부 국가들에 있어서 경제성장을 저해하는 주된 요인이 되고 있다. 우수한 사회간접자본을 공급하기 위해서는 사회간접자본을 갖출 수 있는 능력이 있어야 할 뿐만 아니라 이를 보존하고 미래를 위해 확충하기 위한 정치적 지원이 있어야 한다.

가장 중요한 사회간접자본은 아마도 우리가 거의 생각지 못한 것으로 깨끗한 물과 질병 통제와 같은 기본적인 공공 보건서비스일 것이다. 다음 절에서 보듯이 열악한 의료보건 사회간접자본이 아프리카를 비롯한 빈곤국들의 경제성장에 있어서 큰 장애요인이 되고 있다.

2. 교육에 대한 정부 보조 주로 민간 투자지출에 의해 형성되는 실물자본과는 달리 한 경제의 인적 자본은 교육에 대한 정부지출에 의해 형성된다. 정부는 초등교육과 중등교육비의 대부분을 부담한다. 이에 더하여 정부는 고등교육비의 상당 부분을 부담한다. 대학생들의 70% 이상이 국공립대학에 다니고 있으며, 정부는 사립대학에서 수행되는 연구의 상당 부분을 보조한다.

그 결과 국가들 간 인적 자본 증가율의 차이는 대체적으로 정부정책의 차이를 반영한다. 〈그림 15-7〉에서 보았듯이 중국의 성인 식자율은 아르헨티나에 비해 훨씬 더 빠른 속도로 향상되고 있다. 이것은 중국이 아르헨티나보다 더 부유하기 때문이 아니다. 최근까지만 해도 중국은 평균적으로 아르헨티나에 비해 더 가난했다. 그 대신 중국 정부가 교육과 식자율 향상에 높은 우선순위를 두었기 때문이다.

3. 연구개발에 대한 정부 보조 기술진보는 대개 민간의 주도로 이루어진다. 그렇지만 많은 선진국들에 있어서 중요한 연구개발이 정부기관에 의해 이루어지기도 한다. 예를 들어 인터넷은 미국 국방부에 의해 처음 만들어졌고 나중에 전국과학재단(National Science Foundation)에 의해 교육기관까지 확장된 아르파넷(Advanced Research Projects Agency Network, ARPANET)이라는 시스템이 발전한 것이다.

4. 잘 작동하는 금융시스템 유지 정부는 또한 민간투자율을 증진시킴에 있어서 간접적으로 중요한 역할을 할 수 있다. 한 경제의 저축 규모의 결정 그리고 이 저축을 생산적인 투자지출로 유도할 수 있는 능력은 그 경제가 가진 제도, 특히 금융시스템에 달려 있다. 경제성장에 있어서는 제대로 작동하는 은행제도가 매우 중요한데, 이는 대부분의 국가에 있어서 은행이 저축과 투자

지출을 연결시키는 주된 경로 역할을 하기 때문이다.

한 국가의 국민들이 자국의 은행을 신뢰할 경우 자신들의 저축을 은행에 예금할 것이고 은행은 예금된 돈을 다시 기업고객에게 대출할 것이다. 이와 반대로 국민들이 은행을 신뢰하지 않는 경우에는 자신의 저축을 금이나 외화의 형태로 금고나 침대 밑에 보관할 것이므로 저축이 생산적인 투자지출로 전환되지 못할 것이다. 나중에 설명하겠지만 금융시스템이 제대로 작동하기 위해서는 예금자의 자금을 보호하기 위한 적절한 정부 규제가 필요하다.

5. 재산권의 보호 재산권(property rights)은 가치가 있는 것의 소유자가 이를 원하는 대로 처분할 수 있는 권리다. 그 부분집합인 **지식재산권**(intellectual property rights)은 혁신자가 그 대가를 받을 수 있는 권리다. 일반적으로 재산권의 상태 그리고 특히 지식재산권의 상태는 국가 간 성장률의 차이를 설명함에 있어서 중요한 요인이다. 그 이유는 무엇일까? 다른 누군가가 혁신의 결과를 훔치거나 혁신의 대가를 뺏을 수 있다면 어느 누구도 혁신에 필요한 노력과 자원을 들이려 하지 않을 것이다. 따라서 혁신이 번성하기 위해서는 지식재산권이 보호를 받아야 한다.

어떤 경우에는 지식재산권의 보호가 혁신 스스로가 가진 본성에 의해 달성되기도 한다. 혁신의 결과를 베끼는 것이 너무 어렵거나 값비쌀 수가 있기 때문이다. 그렇지만 일반적으로는 정부가 지식재산권을 보호해 주어야 한다. 특허는 자신의 혁신을 사용하거나 매각할 수 있도록 정부가 혁신자에게 부여하는 창출된 일시적 독점권이다. 특허는 항구적인 독점이 아니라 일시적인 독점인데 그 이유는 혁신자에게 발명을 할 동기를 제공하는 것이 사회적으로 이득이 되는 한편 궁극적으로는 경쟁을 촉진하는 것 역시 사회적으로 이득이 되기 때문이다.

6. 정치적 안정과 좋은 지배구조 폭도들이 공장을 파괴할 수 있다면 사업에 투자할 이유가 별로 없다. 마찬가지로 정치적 권력자가 재산을 빼앗을 수 있다면 저축을 할 이유가 별로 없을 것이다. 바로 이와 같은 이유에서 정치적 안정과 좋은 지배구조(재산권 보호를 포함한)가 장기 경제성장에 있어서 핵심적인 요인이 된다.

미국과 같이 성공적인 경제에 있어서 장기 경제성장이 가능했던 이유 중 하나가 훌륭한 법률과 이 법률을 집행할 수 있는 제도, 그리고 이 제도를 유지할 수 있는 안정적인 정치체제에 있었다. 법률은 당신의 재산은 정말로 당신 것이고 아무도 이를 빼앗을 수 없음을 명시해야 한다. 법원과 경찰은 뇌물로 인해 법을 무시하는 일이 없도록 정직해야 한다. 그리고 이 법이 변덕스럽게 변하지 않도록 정치체제가 안정되어야 한다.

미국인들은 이와 같은 전제조건들을 당연하다고 여길지 모르나 이와 같은 조건들이 당연히 보장되는 것은 아니다. 전쟁이나 혁명에 의해 야기되는 혼란 이외에도 많은 국가들에 있어서 법을 집행하는 정부 관료의 부패가 경제성장을 가로막고 있다. 예를 들어 1991년까지만 해도 인도 정부는 기업 활동에 대해 많은 관료주의적 제약을 가하고 있었으며, 이 제약으로 인해 일상적인 활동에 대한 허가를 얻기 위해서도 관료들에게 뇌물을 주어야 했다. 이와 같은 뇌물은 일종의 조세와 같은 효과를 갖는다. 경제학자들은 뇌물의 부담이 줄어든 것을 최근 인도가 더 빠른 성장을 이룰 수 있었던 이유 중 하나로 손꼽는다.

정부가 부패하지 않은 경우에도 과도한 정부 개입은 경제성장에 제동을 걸 수 있다. 경제의 상당 부분이 정부 보조에 의해 지원되거나, 수입품과의 경쟁으로부터 보호를 받거나, 또는 불필요한 독점이나 경쟁제한에 의해 제약된다면 경제적 유인의 결여로 인해 생산성이 떨어지게 된다. 다음 절에서 보듯이 라틴아메리카의 경제성장이 부진한 이유로 종종 정부의 과도한 개입이 지적되기도 한다.

현실 경제의 >> 이해

도대체 이탈리아는 무슨 문제가 있는 걸까?

이탈리아는 한때 괄목할 만한 경제 성공 사례로 손꼽혔다. 한 세기 전만 해도 이 국가는 여전히 가난했다. 19세기 말과 20세기 초에는 너무나도 가난하여 수백만 명의 이탈리아인들이 더 나은 삶을 찾아 미국을 비롯한 다른 곳으로 이민을 갔다. 하지만 제2차 세계대전 이후 이탈리아는 수십 년에 걸친 빠른 성장을 경험했고 그 결과 1950년과 1990년 사이에 1인당 실질 국내총생산이 네 배가 되었다. 이 성장 분출이 끝날 무렵에는 〈그림 15-8〉에서 보듯이 이탈리아가 산업혁명을 주도했던 영국보다 훨씬 더 부유해졌다.

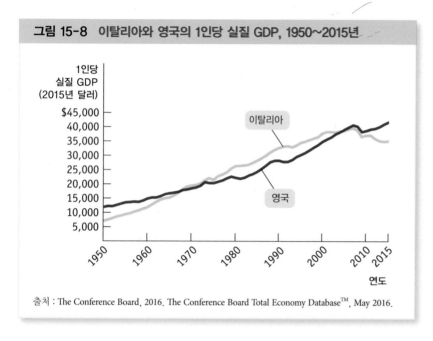

그림 15-8 이탈리아와 영국의 1인당 실질 GDP, 1950~2015년

출처 : The Conference Board, 2016. The Conference Board Total Economy Database™, May 2016.

그렇지만 이때 이탈리아의 성장이 정지했다. 1990년대 이후 1인당 실질 국내총생산의 성장은 정체되었고, 유럽의 부채위기로 인해 이탈리아 경제가 극심하게 하강했던 2008년 이후에는 1인당 실질 국내총생산이 하락하기 시작했다. 무엇이 잘못되었던 것일까?

이는 부분적으로는 생산요소의 성장이 느린 데 원인이 있다. 이탈리아의 낮은 출산율로 인구가 급속하게 고령화되었고, 근로연령 성인의 비율이 감소했다. 이탈리아의 교육 역시 뒤처져서 인구의 대학교육 비율이 유럽연합에서 가장 낮았다. 이탈리아는 기술진보를 활용하는 데도 어려움을 겪은 듯하다. 실제로 이탈리아의 총요소생산성은 2000년 이후 감소했다. 그 이유는 무엇일까?

어떤 경제학자들은 기업문화가 이를 설명할 수 있다고 생각한다. 사실 승진과 금전적 보상이 성과보다는 지나치게 연공서열에 의존하기 때문에 새로운 기술과 최선의 경영 관행을 채택할 유인이 거의 없다는 점에서 이탈리아의 경영 관행은 널리 비판을 받아 왔다.

이러한 저성과 기업문화의 저변에는 시장에 있어 효과적인 경쟁의 결여로 인해 잘못 운영되는 기업도 영원히 영업을 계속할 수 있다는 현실이 있다. 이탈리아 경제 내의 경쟁 부재는 정부 정책 실패 탓이기도 한데, 이는 이미 자리를 잡은 기업과 정부 간 관계가 지나치게 친밀한 데에도 원인이 있다. 이미 자리를 잡은 기업들이 지배적인 경제에서는 투자를 하거나 혁신을 할 유인이 거의 없다. 이탈리아의 어려움은 경제적 성공의 역사를 가진 국가들조차도 휘청거릴 수 있음을 보여 준다. 알고 보면 경제성장을 달성하는 것은 쉽지가 않다.

>> **복습**

- 국가들 간에는 1인당 실질 국내총생산의 증가율에 있어 큰 차이가 있는데, 이는 이들 국가가 실물자본과 인적 자본을 축적하는 속도와 기술진보의 차이에 의한 것이다. 성장률 격차의 주된 요인은 국내 저축과 투자지출의 차이는 물론 교육 수준과 **연구개발** 혹은 R&D 수준의 차이에 있다. R&D는 일반적으로 기술진보의 원동력이 된다.
- 정부의 행동은 장기 성장의 원천을 증진하거나 저해할 수 있다.
- 성장을 직접적으로 촉진시키는 정부정책으로는 **사회간접자본**, 특히 공공보건 사회간접자본에 대한 보조, 교육에 대한 보조, 연구개발에 대한 보조, 잘 작동하는 금융시스템의 유지를 들 수 있다.
- 정부는 재산권(특히 특허를 통한 지식재산권)을 보호하고, 정치적 안정을 유지하고, 좋은 지배구조를 통해 성장 환경을 개선시킬 수 있다. 빈약한 지배구조에는 부패와 과도한 정부 개입이 포함된다.

>> 이해돕기 15-3

해답은 책 뒤에

1. 한 국가의 성장률, 투자지출이 국내총생산에서 차지하는 비중 그리고 국내저축 간의 관계를 설명하라.
2. 미국에서 생명공학을 연구하는 학술센터들은 유럽에 비해 민간 생명공학 기업들과 가까운 관계를 맺고 있다. 이와 같은 현상이 미국과 유럽에 있어서 새로운 의약품의 창조와 발명 속

도에 어떤 차이를 가져올 수 있겠는가?

3. 1990년대에 구소련에서는 권력자들이 많은 재산을 징발하고 통제했다. 이것이 이 나라의 경제성장률에 어떤 영향을 미쳤겠는가?

성공, 실망과 실패

〈그림 15-2〉가 보여 주듯이 장기 경제성장률은 국가마다 상당한 차이가 있다. 이제 과거 수십 년간 상이한 경제성장의 경험을 가진 세 지역에 대해 알아보기로 한다. 〈그림 15-9〉는 아르헨티나, 나이지리아, 한국에 있어서 2010년 달러로 측정된 1960년 이래의 1인당 실질 국내총생산 추이를 보여 준다(〈그림 15-1〉에서와 마찬가지로 수직축은 로그 눈금이다). 이 세 국가가 선택된 것은 이들이 자신이 속한 지역에서 발생한 변화를 잘 대표하기 때문이다. 한국의 눈부신 성장은 동아시아 '경제 기적'의 일부라 할 수 있다. 반복되는 좌절로 점철된 아르헨티나의 저성장은 대체로 라틴아메리카의 특징인 실망스러운 경제 성과를 대표한다고 할 수 있다. 아르헨티나와 마찬가지로 나이지리아 또한 2000년까지 실질 국내총생산이 거의 증가하지 않았다. 그 이후로 양국은 조금 나아졌다.

동아시아의 기적

1960년만 해도 한국은 매우 가난한 국가였다. 사실 1960년 한국의 1인당 실질 국내총생산은 오늘날의 인도보다도 낮았다. 하지만 〈그림 15-9〉에서 볼 수 있듯이 1960년대 초반부터 한국은 매우 빠른 속도로 성장하기 시작했다. 그 후 30년 이상 한국의 1인당 국내총생산은 연간 7% 정도의 성장률을 보였다. 오늘날 한국은 유럽이나 미국에 비해서는 다소 뒤떨어지기는 하지만 경제적으로는 거의 선진국에 가까운 모습을 갖추고 있다.

한국의 경제성장은 역사적으로 전례를 찾아볼 수 없다. 다른 국가들이 수 세기에 걸쳐서 이룩한 성장을 한국은 단 35년 만에 이루어 냈다. 그런데 한국의 경제성장은 동아시아 경제 기적이라고 불리는 보다 광범위한 경제현상의 일부일 뿐이다. 높은 경제성장률은 한국, 대만, 홍콩, 싱

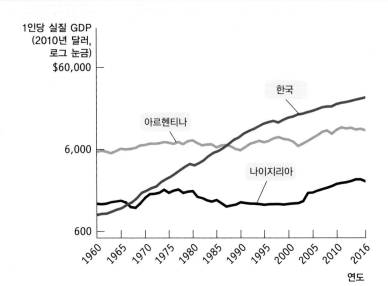

그림 15-9 성공과 실망

그림은 아르헨티나, 한국, 나이지리아에 있어서 1960년부터 2016년까지의 1인당 실질 국내총생산(2010년 달러로 측정)을 로그 눈금을 이용하여 보여 준다. 한국을 비롯한 몇몇 동아시아 국가들은 성공적으로 경제성장을 이룩했다. 아르헨티나는 대부분의 라틴아메리카 국가들과 마찬가지로 수차례의 뒷걸음질로 인해 성장이 둔화되었다. 2016년 나이지리아의 생활수준은 1960년에 비해 간신히 더 높은 수준인데, 이는 대부분의 아프리카 국가들도 마찬가지다. 아르헨티나와 나이지리아 모두 최근에는 성장률이 높아졌지만, 지난 56년간 눈에 띄는 성장을 보여 주지 못했다.

출처 : World Development Indicators.

수렴가설(convergence hypothesis)에 따르면 국가 간 1인당 실질 국내총생산의 차이는 시간이 흐름에 따라 좁혀질 것이다.

가포르에서 처음 나타났고 중국을 비롯한 동아시아 지역으로 확산되었다. 1975년 이후 동아시아 지역 전체의 1인당 국내총생산은 연간 6%의 속도로 성장했는데 이는 미국의 역사적인 연평균 성장률의 세 배에 달한다.

아시아 국가들은 어떻게 이와 같이 높은 성장률을 이룩했을까? 그 답은 생산성 향상에 필요한 모든 요인이 모두 활발하게 작동했다는 데서 찾을 수 있다. 매우 높은 저축률로 인해 노동자 1인당 실물자본의 양이 크게 증가했으며, 양질의 기초교육으로 인해 인적 자본이 빠른 속도로 개선되었다. 이에 더해서 이 국가들은 상당한 수준의 기술진보를 이루었다.

그렇다면 왜 이 국가들이 그 이전에는 이렇게 높은 성장률을 달성하지 못했던 것일까? 대부분의 경제분석가들은 이 국가들이 상대적으로 뒤떨어져 있었기 때문에 경제성장이 갑자기 폭발적으로 이루어질 수 있었다고 생각한다. 즉 동아시아 경제들이 현대 세상에 발을 디딜 무렵에는 이미 미국과 같은 선진국들이 이루어 놓은 기술진보를 이용할 수 있었다는 것이다.

1900년에는 제트기나 컴퓨터와 같이 현대 경제의 원동력이 되는 기술이 아직 발명되지 않았기 때문에 미국과 같은 국가가 오늘날과 같은 생산성을 빠른 속도로 성취하는 것이 불가능했다. 1970년의 한국의 노동생산성은 아마 1900년의 미국의 노동생산성에 못 미쳤었겠지만 그전 한 세기 동안 미국, 유럽, 일본 등에서 개발된 기술을 채택함으로써 빠른 속도로 생산성을 증가시킬 수 있었다. 여기에 더해서 보편화된 교육을 통한 인적 자본에 대한 대규모 투자도 한몫을 하였다.

동아시아의 기적은 1인당 국내총생산 수준이 높은 국가들을 쫓아가는 국가에 있어서 특히 경제성장이 빠른 속도로 이루어질 수 있음을 보여 준다. 이와 같은 경험에 근거해서 경제학자들은 **수렴가설**(convergence hypothesis)이라는 보다 일반적인 경제 원리를 제안하고 있다. 수렴가설에 따르면 1인당 국내총생산 수준이 낮은 국가가 더 빠른 속도로 성장하는 경향이 있기 때문에 국가들 간 1인당 국내총생산 수준의 차이는 점차 좁혀질 것이다. 뒤에 나오는 '현실 경제의 이해'에서는 수렴가설에 대한 증거를 살펴볼 것이다.

아직 수렴가설에 대한 증거를 살펴보기 전이지만 라틴아메리카와 아프리카의 예는 상대적으로 낮은 1인당 국내총생산을 갖고 출발한다는 것이 반드시 빠른 경제성장을 보장하지는 않음을 보여 준다.

라틴아메리카의 실망

1900년만 해도 라틴아메리카는 경제적으로 낙후된 지역이 아니었다. 이 지역은 경작지와 광물과 같은 자연자원을 풍부하게 보유하고 있었다. 아르헨티나를 비롯한 일부 국가들은 유럽으로부터 수백만 명의 이민자들을 끌어들이고 있었고, 이에 따라 아르헨티나, 우루과이, 남부 브라질 지역의 1인당 국내총생산은 거의 경제 선진국 수준과 비견할 만했다.

그러나 1920년경부터 라틴아메리카의 경제성장은 실망스러운 모습을 보였다. 〈그림 15-9〉에서 보듯이 아르헨티나는 2000년이 되어 마침내 성장하기 시작할 때까지 수십 년간 매우 실망스러운 모습을 보여 주었다. 수십 년 전만 해도 한국이 아르헨티나보다 잘살게 되리라는 것은 상상조차 할 수 없었다.

왜 라틴아메리카의 성장이 이토록 부진했을까? 동아시아의 성공 사례와 비교해 보면 몇 가지 요인을 발견할 수 있다. 라틴아메리카의 저축률과 투자율은 동아시아보다 훨씬 낮은데 여기에는 높은 인플레이션과 은행 부도를 포함한 혼란을 야기함으로써 저축을 잠식시킨 무책임한 정부정책도 부분적으로 책임이 있다. 교육, 특히 보편화된 기초교육의 중요성 역시 거의 강조되지 못했다. 자연자원이 풍부한 라틴아메리카 국가들조차 높은 수준의 부를 훌륭한 교육시스템으로 전환시키는 데 실패했다. 정치적 불안 역시 무책임한 경제정책을 남발시킴으로써 경제에 부담을 주었다.

1980년대에 들어 경제학자들은 라틴아메리카 경제가 정부의 지나친 시장개입으로 인해 병들어 있다는 점을 인식하게 되었다. 이들은 수입시장을 개방하고 정부소유 기업을 매각하는 한편 개인의 자유로운 경제활동을 보장할 것을 권고했다. 이와 같은 조치가 취해질 경우 동아시아와 같은 급격한 경제성장이 가능할 것이라는 희망과 함께. 하지만 아직까지는 지속적으로 빠른 경제성장을 이룩한 라틴아메리카 국가는 칠레 한 나라밖에 없다.

아프리카의 고난과 희망

사하라 사막 남쪽 아프리카 지역에는 미국 인구의 3배에 달하는 약 10억 명의 인구가 살고 있다. 이들은 100년 전 아니 200년 전 미국의 생활수준에도 훨씬 못 미치는 매우 가난한 삶을 살고 있다. 더욱이 이 지역에서 가장 인구가 많은 나이지리아의 예에서 볼 수 있듯이 경제성장은 매우 느리고 평탄치 못했다. 실제로 이 지역의 1인당 실질 국내총생산은 1980년부터 1994년 사이에 13% 감소했다. 물론 그 이후에 회복되기는 했다. 이처럼 부진한 성장의 결과는 혹독하고 지속적인 가난이었다.

사하라사막 남부 아프리카 지역의 느리고 일정치 않은 경제성장은 이 지역의 많은 사람들이 극도의 빈곤을 지속적으로 겪고 있는 이유다.

이 가슴 아픈 이야기를 설명하기 위해서는 몇 가지 중요한 요인이 제시될 수 있다. 아마도 가장 중요한 요인은 정치적 불안일 것이다. 1975년 이래 아프리카의 상당 지역이 수백만 명의 목숨을 앗아 간 야만스러운 내전을 겪었고 이로 인해 생산적인 투자가 이루어지기는 거의 불가능했다. 전쟁과 이로 인한 무정부 상태의 위협은 교육과 사회간접자본이라는 중요한 전제조건이 갖추어지는 것을 저해했다.

재산권 역시 문제가 되었다. 법적 안전장치가 없었기 때문에 재산 소유자들은 종종 부패한 정부에 재산을 강탈당했으며 이로 인해 사람들은 재산을 보유하거나 늘리는 것을 꺼렸다. 극도로 가난한 국가에서 이런 현상이 발생하는 것은 매우 해롭다.

많은 경제학자들이 정치적 불안과 부패한 정부를 아프리카가 저개발된 대표적인 요인으로 보고 있지만 컬럼비아대학교의 삭스(Jeffrey Sachs)나 유엔(UN)은 이와 반대되는 견해를 갖고 있다. 이들은 아프리카가 가난하기 때문에 정치적인 불안이 발생한다고 주장한다. 더 나아가 이들은 아프리카의 가난이 대륙의 상당 부분이 육지로 둘러싸여 있고, 토양이 척박하고 덥고 열대병이 창궐하는 등 극도로 비우호적인 지리적 여건에 기인한다고 주장한다.

이에 따라 삭스와 세계보건기구(WHO)의 경제학자들은 아프리카의 보건 문제를 해결하는 것이 매우 중요하다고 주장한다. 빈곤한 국가에서는 흔히 영양실조와 질병으로 인해서 노동생산성이 심하게 훼손된다. 특히 말라리아와 같은 열대병은 효과적인 공공보건 사회간접자본에 의해서만 통제될 수 있는데 아프리카는 이와 같은 사회간접자본을 갖추지 못한 상태다. 지금 이 시점에도 아프리카 각지에서는 경제학자들이 작물 수확을 늘리고, 말라리아 발병을 줄이며, 수업 출석률을 높이기 위해서 주민들에게 소정의 보조금을 직접 지급함으로써 생활수준의 자립적인 향상을 가져오는 것이 가능한지에 대한 연구를 진행하고 있다.

아프리카 국가들의 사례는 장기 경제성장이 당연히 기대할 수 있는 현상이 아님을 보여 주기는 하지만 그렇다고 해서 희망의 조짐이 없는 것은 아니다. 〈그림 15-9〉에서 보듯이 나이지리아의 1인당 실질 국내총생산은 수십 년간의 침체 끝에 2000년 이후 위쪽으로 방향을 틀었으며, 2008년과 2015년 사이에는 연평균 3%에 달하는 성장률을 달성했다.

‖ 성장에서 뒤처짐?

역사적으로 볼 때 1인당 실질 국내총생산의 증가는 그 국가 거주자 대다수의 실질소득 증가를 가져왔다. 그렇지만 반드시 그러리라는 보장은 없다. 사실 시간이 흐름에 따라 한 국가의 소득 중에서 특정한 국민 집단에게로 가는 소득의 비중이 감소한다면, 다른 집단들은 성장으로부터 혜택을 입는 반면 그 집단은 뒤처지게 된다. 국가 전체의 소득이 증가하더라도 이 집단의 실질소득은 감소할 수도 있다.

이는 이론적 가능성에 불과하지 않다. 미국과 미국보다는 적은 정도로 다른 국가들에 있어 소득분배의 정상 부근에 있는 가계, 특히 가장 소득이 높은 1%의 가계가 벌어들이는 소득의 비중은 1980년 이래 상당히 증가했다. 〈그림 15-10〉은 이러한 불평등의 증가가 야기한 하나의 결과를 보여 준다. 이 그림은 1953년 이래 미국의 1인당 실질 국내총생산과 **중간값** 가계, 즉 소득 등급의 정확히 중간에 있는 가계의 실질소득을 보여준다. 두 숫자 모두 1953년의 값을 100으로 하는 지수로 표시되어 있다.

1980년까지는 두 숫자 모두 거의 동일한 비율로 증가하였는데, 이는 소득분배가 상당히 안정적이었기 때문이다. 그렇지만 1980년 이후에는 소득 중 점점 더 큰 비중이 맨 위에 있는 비교적 적은 수의 사람들에게 귀속되었다. 그 결과 전형적인 미국인의 경험을 반영한다고 할 수 있는 중간값 가계의 소득은 1인당 실질 국내총생산보다 훨씬 더 느리게 증가했다. 다시 말해서 미국의 많은 가계가 어느 정도로는 경제성장에서 뒤처졌다.

그런데 미국에서의 이러한 추세에 대해서는 두 가지 단서를 달 필요가 있다. 첫째, 역사를 폭넓게 보면 경제성장이 인구 대부분의 생활수준을 향상시키는 것이 사실이다. 둘째, 전 세계 경제성장이 최근 수십 년에 있어서조차 주로 부유한 소수에게 혜택을 주었다고 생각하는 것은 잘못이다. 그 반대로 세계적인 시각에서 보면 최근 성장의 가장 두드러진 양상은 **범세계적 중간계층**의 부상, 특히 중국을 비롯한 신흥경제에 있어 이전까지 가난했던 수억 명의 사람들의 빠른 소득 증가였다.

그림 15-10 소득 양극화의 심화, 1953~2016년

1953년부터 1980년까지 미국에서는 1인당 GDP와 중간값 가계의 실질소득이 거의 같은 속도로 증가했는데, 이는 소득분포가 상당히 안정적이었기 때문이다. 그렇지만 1980년 이후에는 가장 부유한 미국인에게 귀속되는 국민소득의 비중이 상당히 커졌다. 1인당 실질 GDP가 계속 성장한 반면 실질 중간소득, 즉 소득분포의 중간에 위치한 가계가 버는 소득의 성장은 이에 뒤처졌다. 이는 1980년 이후 중간에 있는 많은 가계들이 경제성장에서 뒤처졌음을 의미한다.

출처 : U.S. Census; FRED.

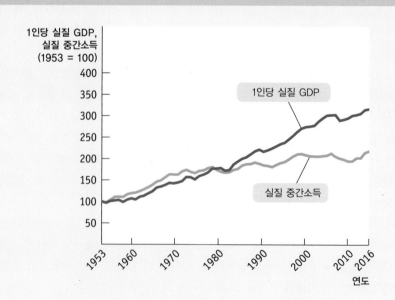

현실 경제의 >> 이해

각국의 경제는 수렴하고 있을까?

1950년대에 유럽의 대부분 지역은 미국인 방문자들에게 낯설고 낙후된 곳으로 느껴졌으며, 일본 역시 매우 가난한 국가로 생각되었다. 오늘날 파리나 도쿄를 방문하는 여행객은 뉴욕 못지않게 부유한 도시를 보게 된다. 1인당 실질 국내총생산은 미국이 다소 높기는 하지만 미국, 유럽, 일본 간에는 생활수준 차이가 상대적으로 작다고 할 수 있다.

많은 경제학자들은 이와 같은 생활수준의 수렴이 정상적인 현상이라고 주장한다. 수렴가설에 의하면 상대적으로 빈곤한 국가들이 부유한 국가들에 비해 1인당 실질 국내총생산이 더 빠른 속도로 성장할 것이기 때문이다. 오늘날 비교적 부유한 국가들을 보면 수렴가설이 잘 맞는 것처럼 보인다.

〈그림 15-11〉의 (a)는 몇몇 부유한 국가들에 있어서 2015년 달러로 측정한 자료를 보여 준다. 수평축은 1955년의 1인당 실질 국내총생산을 나타내며, 수직축은 1955년부터 2015년 사이의 1인당 실질 국내총생산의 성장률을 나타낸다. 그림을 보면 이 두 변수 간에는 분명한 부의 상관관계가 존재한다. 이들 국가 중 1955년에 가장 부유했던 국가인 미국은 가장 낮은 성장률을 보였다. 1955년에 가장 가난했던 국가인 일본과 아일랜드, 스페인은 가장 빠른 성장률을 기록했다. 이와 같은 사실은 수렴가설이 실제로 성립됨을 지지한다.

하지만 이와 비슷한 자료를 분석한 경제학자들은 이와 같은 결과가 선택된 국가들에 따라서 달라질 수 있음을 발견했다. 오늘날 높은 생활수준을 가진 성공적인 국가들을 보면 1인당 실질 국내총생산이 수렴하였음을 볼 수 있다. 하지만 아직도 가난을 면치 못하고 있는 국가들을 포함하여 전 세계 국가들을 보면 수렴의 증거를 찾기가 어렵다.

〈그림 15-11〉의 (b)는 개별 국가(미국은 예외) 대신 지역 자료를 이용하여 이와 같은 사실을 보여 준다. 1955년에 동아시아와 아프리카는 모두 가난한 지역이었다. 그 후 60년간 동아시아 지역의 경제는 수렴가설이 예측한 대로 빠른 속도로 성장한 반면 아프리카 지역의 경제는 매우 느리게 성장했다. 1955년에 서유럽은 라틴아메리카보다 1인당 실질 국내총생산이 훨씬 더 컸다. 하지만 그 후 60년간 서유럽 경제는 라틴아메리카보다 더 빠른 속도로 성장하여 두 지역 간 1인

그림 15-11 경제는 수렴할까?

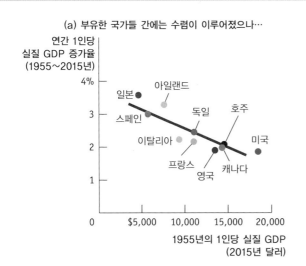

(a) 부유한 국가들 간에는 수렴이 이루어졌으나…

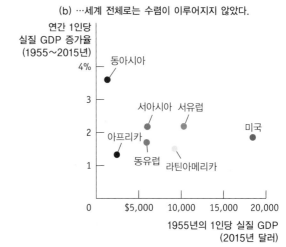

(b) …세계 전체로는 수렴이 이루어지지 않았다.

출처 : The Conference Board Total Economy Database™, May 2016.

당 실질 국내총생산의 격차가 더 커졌는데 이는 수렴가설과는 상치되는 현상이다.

그렇다면 수렴가설이 틀리다는 말인가? 그렇지는 않다. 경제학자들은 아직도 다른 조건이 같다면 상대적으로 1인당 실질 국내총생산이 낮은 국가가 높은 국가에 비해 더 높은 경제성장률을 보이는 경향이 있다고 믿는다. 문제는 교육, 사회간접자본, 법제도 등의 다른 조건들이 같지 않다는 데 있다. 통계분석을 해 보면 이와 같은 요인에 있어서의 차이를 조정할 경우 가난한 국가들이 더 높은 성장률을 보이는 경향이 있음을 알 수 있다. 이와 같은 결과를 조건부 수렴 (conditional convergence)이라 한다.

그렇지만 다른 요인들에 차이가 있기 때문에 세계경제 전체로는 수렴의 경향이 분명하게 보이지 않는다. 서유럽, 북미와 아시아 일부만이 1인당 실질 국내총생산 수준이 유사해지고 있을 뿐 이들 지역과 나머지 지역 간에는 격차가 더욱 벌어지고 있다.

>> **복습**

- 동아시아의 괄목할 만한 경제성장은 높은 저축률과 투자율, 교육의 강조, 다른 국가에서 이룩한 기술진보의 채택 등을 통해 이루어졌다.
- 열악한 교육, 정치 불안, 무책임한 정부정책 등이 라틴아메리카의 경제성장이 느린 이유다.
- 사하라 사막 남쪽의 아프리카에서는 극심한 정치적 불안, 전쟁, 열악한 사회간접자본(특히 공공 보건 관련) 등이 재난에 가까운 성장 실패를 낳았다. 하지만 최근에는 이전에 비해 훨씬 더 나은 경제적 성과를 보였다.
- **수렴가설**은 교육, 사회간접자본, 재산권을 비롯하여 경제성장에 영향을 미치는 다른 조건들이 같을 때에만 성립하는 것으로 보인다.

>> 이해돕기 15-4
해답은 책 뒤에

1. 일부 경제학자들은 아시아 국가들이 과거에 이룬 높은 생산성 증가를 지속하는 것이 불가능하다고 생각한다. 이 견해가 옳을 수 있는 이유는 무엇인가? 이들이 틀렸음을 증명하기 위해서는 어떤 일이 일어나야 하는가?
2. 〈그림 15-11〉의 (b)를 보라. 그림에 제시된 자료에 근거할 때 어느 지역이 수렴가설을 지지하는가? 어느 지역이 수렴가설을 지지하지 않는가? 설명하라.
3. 어떤 경제학자들은 아프리카 국가들을 돕기 위해서는 부유한 국가들이 기초적인 사회간접자본을 마련하기 위한 자금을 더 많이 지원해야 한다고 생각한다. 다른 학자들은 아프리카 국가들이 사회간접자본을 유지하기 위한 재정적 수단과 정치적 수단을 가지고 있지 않는 한 이와 같은 정책으로는 장기적인 성장효과를 거둘 수 없다고 생각한다. 여러분이라면 어떤 정책을 권고하겠는가?

‖ 세계의 경제성장은 지속가능한가

앞서 우리는 인구 증가의 압력이 생활수준을 제약한다고 경고한 19세기 초의 경제학자 맬서스의 견해에 대해 설명했다. 과거에 대한 맬서스의 견해는 옳았다. 문명의 기원으로부터 맬서스의 시대까지 약 58세기 동안은 제한된 경작지의 공급이 1인당 실질소득이 크게 증가하는 것을 저해했었다. 하지만 그 이후 기술진보와 실물자본 및 인적 자본의 빠른 축적 덕분에 세계경제는 맬서스의 비관론에 도전할 수 있었다.

하지만 이와 같은 일이 항상 가능할까? 일부 회의론자들은 이미 **지속가능한 장기 경제성장** (sustainable long-run economic growth)이 가능한지, 즉 자연자원의 공급이 제한되어 있고 성장이 환경에 영향을 미침에도 불구하고 경제성장이 지속될 수 있는지에 대해 의문을 제기하고 있다.

자연자원과 성장에 대한 재론

1972년에 로마클럽(Club of Rome)이라 불리는 한 과학자 집단이 『성장의 한계(The Limits to Growth)』라는 제목의 저서를 통해 큰 반향을 불러일으켰다. 이 책은 원유와 천연가스와 같은 재생 불가능한 자원의 공급이 한정되어 있기 때문에 장기적인 경제성장을 지속하는 것은 불가능하다고 주장했다. 처음에는 1970년대의 자원 가격 급등으로 인해 이와 같은 '신맬서스주의(neo-Malthusian)'가 입증되는 것처럼 보였다. 하지만 그 이후에는 자원 가격이 등락을 거듭하며 명백

지속가능한 장기 경제성장(sustainable long-run economic growth)은 제한된 자연자원과 환경에 대한 성장의 영향에도 불구하고 장기 성장이 계속될 수 있다는 것이다.

그림 15-12 원유의 실질가격, 1950~2017년

원유와 같은 자연자원의 실질가격은 1970년대에 들어 극적으로 상승했다가 1980년대에 들어 극적으로 하락했다. 2005년 이후 자연자원의 실질가격은 다시 치솟았지만 원유의 실질가격은 2014년 말엽에 1990년대의 수준으로 되돌아갔다.

출처 : Energy Information Administration ; FRED.

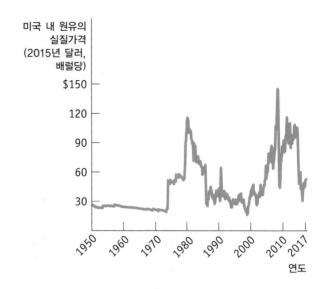

미국 내 원유의
실질가격
(2015년 달러,
배럴당)

한 추세를 보이지 않았다.

〈그림 15-12〉는 원유의 실질가격, 즉 인플레이션에 대해 조정된 원유가격을 보여 준다. 한정된 자원으로 인한 성장의 한계에 대한 관심의 증가와 감소는 그림에서 보여 주는 원유가격의 상승과 하락을 뒤쫓고 있다.

한정된 자연자원이 장기 경제성장에 미치는 영향에 대한 상이한 견해들은 다음 세 질문에 대한 답을 중심으로 하고 있다.

1. 주요 자연자원의 공급은 얼마나 클까?
2. 기술은 얼마나 효과적으로 자연자원에 대한 대체자원을 찾아낼 수 있을까?
3. 자원이 희소한데도 장기적인 경제성장이 계속될 수 있을까?

첫 번째 질문에 대한 답은 주로 지질학자들에 달려 있다. 불행히도 전문가들 사이에 의견 불일치가 큰데, 특히 미래 원유 생산에 대한 의견의 불일치가 크다. 일부 분석가들은 지하에 충분한 원유 매장량이 있기 때문에 세계 원유 생산은 앞으로 수십 년간 계속 증가할 수 있다고 믿는다. 많은 석유회사 임원을 포함한 다른 분석가들은 새로운 유전을 발견하는 것이 점점 더 어려워지고 있기 때문에 가까운 미래에 원유 생산은 성장을 멈추고 궁극적으로는 점진적으로 감소하기 시작할 것이라 믿는다. 일부 분석가들은 우리가 이미 이와 같은 상황에 도달했다고 믿는다.

두 번째 질문, 즉 자연자원에 대한 대안이 있는지에 대한 답은 공학자들로부터 나와야 한다. 그러나 이미 대체 천연자원이 활용되고 있다. 실제로 과거에는 개발할 수 없었던 원유와 가스가 수압파쇄법을 통해 대량으로 추출되고, 풍력과 태양광 발전으로 인해 전기 생산비용이 크게 감소함에 따라 2005년 이후 에너지 생산에 극적인 변화가 있었다.

세 번째 질문, 즉 자원이 희소한데도 불구하고 세계경제가 성장을 계속할 수 있을지는 주로 경제학자들에 대한 질문이다. 그리고 전부는 아니더라도 대부분의 경제학자들은 낙관적인 견해를 갖고 있다. 즉 이들은 현대 국가들이 한정된 자연자원 공급을 해결할 수 있는 방안을 찾을 수 있다고 생각한다. 이와 같은 낙관론의 배경 중 하나는 자원이 희소해짐에 따라서 자원 가격이 높아진다는 데 있다. 이처럼 높은 가격은 희소한 자원을 아끼는 동시에 새로운 대안을 모색할 동기를 부여한다. 예를 들면 1970년대에 유가가 급등한 후 미국 소비자들은 더 작고 연료 효율성이 더 높은 자동차를 구입하기 시작했고, 미국의 산업도 에너지 비용을 절감하기 위한 노력을 배가하였다.

이와 같은 가격에 대한 반응을 전제로 하여 경제학자들은 대체로 자원의 희소성이 현대 경제가 비교적 잘 관리해 온 문제이므로 근본적으로 장기 경제성장을 제약하지는 않을 것으로 보는 경향이 있다. 하지만 효과적인 정치적 행동을 필요로 하는 환경 문제는 더 해결하기 어려운 과제를 제시한다.

경제성장과 환경

다른 조건이 같다면 경제성장은 대기오염 증가, 야생동물 서식지 파괴, 멸종, 생물종 다양성의 감소를 포함하여 환경에 대한 인간의 영향을 증가시키는 경향이 있다. 예를 들면 이 장의 도입 사례에서 보았듯이 중국의 괄목할 만한 경제성장은 도시의 대기오염을 엄청나게 증가시켰다.

경제성장이 환경에 미치는 영향을 분석함에 있어서는 지리적으로 한정된 지역에만 영향을 미치는 **국지적 환경 훼손**과 더 멀리 전 세계적인 영향을 가지는 **범세계적 환경 훼손**을 구분하는 것이 유용하다. 다음에서 보듯이 범세계적 환경 훼손 특히 기후 변화의 문제를 다루는 것은 훨씬 더 어렵다.

오늘날 선진국의 도시에서 대기의 질이 향상되었다는 사실은 충분한 정치적 의지가 있고 해결책을 찾기 위해 충분한 자원이 투입되기만 한다면 국지적 환경 피해는 크게 축소될 수 있음을 보여 준다. 규제에 의해 난방용 석탄이 더 이상 사용되지 않기 전까지는 런던의 대기오염이 너무나도 심해서 1952년에는 두 주 만에 4천 명이 사망하기도 했다. 이 장의 도입 사례에서 언급했듯이 한때 로스앤젤레스에 피해를 입혔던 스모그는 청정 휘발유를 의무화하는 규제 덕분에 사라졌다. 이 두 사례에서 모두 정부의 개입과 상당한 비용 지출을 통해 모든 사람에게 더 나은 결과를 가져올 수 있었다.

그렇지만 **기후 변화**, 즉 공해와 같이 인간활동으로 인한 지구 기후의 변화는 해결하기가 더 어렵다. 정책이 범세계적인 규모로 시행되어야 하는데 이를 위해서는 많은 국가의 협력이 필요하기 때문이다. 석탄, 원유, 천연가스 등의 화석연료를 태울 경우 대기 내의 이산화탄소가 증가한다는 점에 대해서는 과학자들 사이에 광범위한 의견 일치가 이루어져 있다. 이산화탄소는 온실가스의 한 형태다. 이러한 가스는 태양 에너지를 가둠으로써 지구의 기온을 상승시키며 기후 변화를 초래해 높은 인적·경제적·환경적 비용을 치르게 만든다. 이러한 비용에는 극한 기후, 빈번한 홍수, 작물 피해 등이 포함된다. 최근의 추정치에 따르면 기후 변화가 완화되지 않을 경우 2100년까지는 그 비용이 세계 국내총생산의 20%에 달할 것이라 한다. 더욱이 이 비용은 가난한 국가에 더 큰 부담이 된다.

기후 변화 문제는 경제성장과 연결되어 있다. 경제 규모가 클수록 더 많은 주택과 공장과 자동차가 있으며, 이들은 대개 화석연료를 태워서 동력을 얻는다. 현재 전 세계 에너지 소비는 화석연료에 압도적으로 의존한다. 전체 에너지 소비의 83%가 화석연료에 의존하는 데 반해 재생 가능한 청정연료는 12.5%에 불과하다. 그 이유는 무엇일까? 역사적으로 볼 때 화석연료를 사용하는 것이 더 쌌기 때문이다. 오늘날 부유한 국가들의 대부분은 최근 한 세기 동안 공업화와 화석연료를 통해 경제를 성장시켰다. 지구의 온실가스 배출을 줄이기 위해서는 선진국과 중국과 인도처럼 규모가 큰 개도국들이 화석연료에 대한 의존도를 낮추고 풍력이나 태양열 발전처럼 재생가능한 청정연료를 더 많이 이용해야 한다. 최근까지는 화석연료로부터 청정연료로의 전환 비용을 어떻게 부담할 것인가에 대한 국가들 간 의견 불일치가 기후 변화에 대해 효과적인 행동

그림 15-13 기후 변화와 성장

온실가스 배출은 성장과 정의 관계를 갖는다. 이 그림의 미국과 유럽의 예에서 보듯이 부유한 국가들은 역사적으로 대부분의 이산화탄소 배출에 책임이 있으며 이산화탄소는 모든 온실가스 배출의 4분의 3을 초과한다. 이들 경제는 보다 부유하고 보다 빠른 속도로 성장했기 때문이다. 중국을 비롯한 다른 신흥경제들이 성장함에 따라 이들 역시 훨씬 더 많은 이산화탄소를 배출하기 시작했다. 중국은 이산화탄소 배출에 있어 미국과 유럽을 추월했다.

출처 : Energy Information Administration.

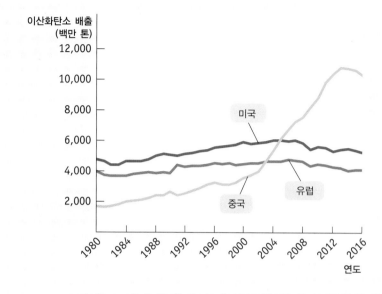

을 취하는 것을 저해했다. 〈그림 15-13〉에서 보듯이 역사적으로 볼 때는 이산화탄소 배출의 대부분이 오늘날 부유한 국가들에 의해 이루어졌으며, 이산화탄소는 전 세계 온실가스 배출의 거의 76%를 차지한다. 반면에 최근의 이산화탄소 배출 증가는 중국이나 인도와 같은 신흥경제국들에 의해 이루어지고 있다. 부유한 국가들이 온실가스 배출을 줄이더라도 새로운 선수들이 빠른 속도로 배출을 늘림에 따라 감축 노력이 실패할 것이라면 부유한 국가들은 그 비용을 치르기를 꺼릴 것이다. 반면에 아직 상대적으로 가난한 국가들은 부유한 국가들의 과거 행위에 의해 위협받고 있는 환경을 보호하는 부담을 자신들이 지는 것이 불공평하다고 생각한다.

문제의 심각성이 인정됨에 따라 2015년에는 196개국이 지구 온도 상승을 섭씨 2도 이내로 제한하기 위해 온실가스 배출을 줄일 것을 약속하는 내용의 **파리기후협약**(Paris Agreement)이 체결되었다. 이 협약의 핵심 축은 중국, 인도, 미국의 협력이었다. 중국과 인도는 자신의 온실가스 배출을 감축하는 데 동의했고, 미국은 다른 부유한 국가들과 함께 가난한 국가들이 비용을 치르는 것을 돕기 위해 여러 가지 형태의 공적 자금과 민간 자금을 조성할 것을 약속했다. 미국은 원래 파리기후협약에 참가했었지만, 2017년에 트럼프 행정부가 2020년 11월 4일자로 이 협약에서 탈퇴할 것이라 발표했다. 과연 기후 변화의 영향을 피하면서 장기 성장을 유지하는 것이 가능할까? 이 주제를 연구해 온 대부분의 경제학자들은 가능하다고 답한다. 경제적 비용이 발생하긴 하지만 청정 에너지원에 대한 기술 혁신이 진전됨에 따라 이 비용은 감소하고 있다. 지금까지 알려진 최선의 추정치에 따르면 향후 수십 년간 온실가스 배출을 크게 줄인다고 해도 1인당 실질 국내총생산의 장기적인 성장에는 약간의 손상을 입힐 뿐이다.

환경을 보호하면서 장기 경제성장을 달성하려면 정부가 규제와 환경기준과 제도를 통해 개인과 기업이 청정 에너지원으로 전환하도록 시장 유인을 제공해야 한다. 마지막으로 부유하든 가난하든 정부들이 협력을 계속해야 한다. 필요한 정책에 대한 정치적 의견일치를 이루는 것이 열쇠다.

2015년 **파리기후협약**(Paris Agreement)에서는 196개국이 지구 온도 상승을 섭씨 2도 이내로 제한하기 위해 온실가스 배출을 줄일 것을 약속했다.

Iurii/Shutterstock

답은 바람에 날리고 있다.

탄소 억제의 비용

여러분에게는 미국이 기후 변화에 대한 조치를 취하기 위해 새 법률이 제정될 필요가 없다는 사실이 놀라울 수도 있다. 미국 환경보호청(Environmental Protection Agency, EPA)은 미국 법률에 따라 공중보건을 위협하는 오염원들을 규제할 것을 요구받고 있으며, 대법원은 2007년에 이산화탄소 배출이 이 기준을 충족시켜야 한다는 판결을 내렸다.

이에 따라 환경보호청은 탄소 배출을 제한하기 위한 일련의 조치를 취하기 시작했다. 첫째, 환경보호청은 자동차로부터의 배출을 줄이기 위해 새로운 연료효율 기준을 설정했다. 그 후 새 발전소로부터의 배출을 억제하는 규정을 도입했다. 마지막으로 2014년 6월에는 기존 발전소로부터의 배출을 억제하는 계획을 발표했다. 미국과 여타 세계에서 모두 석탄을 사용하는 화력발전소가 이산화탄소 배출의 상당 부분을 차지하고 있기 때문에 마지막 계획은 매우 중요한 조치였다.

그렇다면 새로운 규정은 경제에 어떤 영향을 미칠까? 몇몇 정치가와 산업계 집단이 환경보호청의 규정이 경제성장에 심각한 손상을 입힐 것이라 주장했다. 하지만 대부분에 있어서는 경제학자들 간에 의견이 갈린다. 환경보호청 자체의 분석은 2030년까지 새로운 규정들이 미국 경제에 매년 현재 가치로 90억 달러에 달하는 비용을 부담시킬 것이라 주장하는데, 이는 매년 19조 달러에 달하는 재화와 서비스 생산의 0.05%에 불과한 사소한 금액이다.

그럼에도 불구하고 환경보호청이 제안한 규정들은 기껏해야 기후 변화 문제에 약간의 영향만을 미칠 것으로 예상된다. 이 문제를 제대로 처리할 수 있는 프로그램은 얼마나 큰 비용이 들까? 2014년에 기후 변화에 관한 정부간 패널(IPCC)은 기온 상승을 섭씨 2도 이내로 제한하기 위한 범세계적 조치는 점진적으로 비용을 증가시켜 2100년에는 총생산의 5%에 달할 것이라 추정했다. 그렇지만 세계 경제성장에 대한 영향은 매년 0.06%p 정도로 작을 것이다. IPCC의 수치는 다른 추정치들에 대체로 부합한다. 대부분의 독립적인 연구들은 환경보호가 성장을 크게 위축시키지는 않을 것임을 발견했다.

보다 근본적으로는 올바른 유인이 부여되기만 한다면 현대 경제가 (지난 수년간 값이 매우 싸진) 신재생 에너지원의 사용에서 소비자들로 하여금 친환경적 상품을 선택하도록 유도하는 것까지 탄소 배출을 줄일 수 있는 방법을 많이 발견할 수 있을 것이라는 통찰이 있다. 경제성장과 환경 훼손이 함께 동반되어야 하는 것은 아니다.

>> 복습

- **지속가능한 장기 경제성장**이 가능한지에 대해서는 큰 견해 차이가 있다. 하지만 경제학자들은 일반적으로 자원 절약과 대체자원 창출을 촉진하는 가격 반응을 통해서 현대 경제가 자연자원의 희소성이 성장에 가하는 제약을 경감할 수 있다고 생각한다.
- 환경을 보호하기 위한 조치가 취해지지 않는다면 경제성장은 환경을 훼손하는 경향이 있다. 국지적 환경 훼손은 정치적 의지와 자원을 통해 대응할 수 있다. 범세계적 환경 훼손은 많은 국가의 협력을 필요로 하기 때문에 대응하기가 어렵다.
- 화석연료를 연소함에 따른 부산물인 온실가스의 축적은 지구의 온도를 상승시켰다. 기후 변화의 영향을 피하기 위해서는 정부의 효과적인 개입이 필요하다.
- 선진국과 빠르게 성장하는 규모가 큰 국가들은 화석연료로부터 태양열 발전이나 풍력 발전과 같은 청정 에너지원으로 전환할 필요가 있다. 이러한 전환에 따른 비용은 1인당 실질 GDP 성장이 약간 저해되는 것뿐이다. 이 비용조차도 청정 에너지원에 대한 기술혁신이 진전됨에 따라 감소하고 있다.
- 2015년 **파리기후협약**에서는 196개국이 지구 온도의 상승을 제한하기 위해 온실가스 배출을 줄이는 데 동의했다.

>> 이해돕기 15-5

해답은 책 뒤에

1. 경제학자들은 보통 환경 훼손에 의해 제기되는 경제성장에 대한 제약과 자원의 희소성에 의해 가해지는 경제성장에 대한 제약 중 어느 쪽을 더 걱정하고 있을까? 부의 외부효과(보상을 요구받지 않으면서 개인이나 기업이 다른 경제 주체에 부담시키는 비용)의 역할에 주목하면

서 여러분의 답을 설명하라.

2. 온실가스 배출과 성장 간의 관계는 무엇일까? 온실가스 배출 감축은 성장에 어떤 영향을 미칠 것으로 기대되는가? 온실가스 배출 감축을 위한 부담을 국제적으로 분담하는 것이 논쟁의 대상이 될 수 있는 이유는 무엇인가?

문제 풀어보기　　　　인도의 경제성장 추적하기

1980년대 초에 인도는 제조업 생산 촉진과 국제무역에 대한 경제 개방이라는 두 가지 목적을 가진 일련의 정부 개혁 조치를 채택했다. 이 정책은 인도의 1인당 실질 GDP를 300% 증가시켰고, 지난 35년 동안 인도는 세계에서 가장 빠르게 성장하는 경제 중 하나로 손꼽혔다.

1981년부터 1985년까지와 2011년부터 2015년까지의 인도 경제를 비교하여 1980년대 초의 경제 환경 변화가 인도가 겪은 경제성장에 기여했음을 보이라. 이들 5년 기간 각각의 인도의 장기 성장률은 얼마였을까? 성장의 척도로 1인당 실질 GDP를 사용하라. 지금과 같은 장기 성장률이 지속된다면 인도의 국내총생산이 두 배가 되는 데 대략 얼마나 걸릴까?

단계 | 1 1981년부터 1985년까지와 2011년부터 2015년까지의 두 기간에 있어 인도 경제를 비교하라. [힌트 : 연준 경제 데이터베이스(FRED) 사이트(fred.stlouisfed.org)는 다양한 국가에 대해 시간에 따른 1인당 실질 GDP 통계를 제공한다.]

422~424쪽을 복습하라.

fred.stlouisfed.org 웹 사이트로 가라. 검색 상자에 "인도의 1인당 GDP(GDP per capita India)"를 입력하고 "1인당 불변 GDP(constant GDP per capita)" 옵션을 선택하라. 그림에서 1981~1985년과 2011~2015년 숫자를 복사하라.

세계은행으로부터 구한 인도의 불변 미국 달러(2010년 기준) 1인당 실질 GDP는 오른쪽 표와 같다.

연도	1인당 실질 GDP
1981	$439
1982	444
1983	466
1984	473
1985	486
2011	$1,414
2012	1,472
2013	1,547
2014	1,642
2015	1,753

단계 | 2 오른쪽 표의 숫자를 이용하여 두 기간에 있어서 인도의 실질 GDP 성장률을 구하고, 1980년대 초반 성장률과 2010년대 초반 성장률의 차이에 대해 논하라.

424쪽의 함정을 복습하라.

연도	성장률
1982	1.1%
1983	5.0
1984	1.5
1985	2.7
2012	4.1%
2013	5.1
2014	6.1
2015	6.8

첫해와 둘째 해 사이의 1인당 실질 GDP 변화율 또는 성장률은 다음 공식을 이용하여 계산될 수 있다.

$$\left(\frac{(둘째\ 해의\ 1인당\ 실질\ GDP - 첫해의\ 1인당\ 실질\ GDP)}{둘째\ 해의\ 1인당\ 실질\ GDP} \right) \times 100$$

따라서 1981년과 1982년 사이의 성장률은 다음과 같이 계산된다.

$$\left(\frac{(\$444 - \$439)}{\$439} \right) \times 100 = 1.1\%$$

표에 제시된 숫자에서 볼 수 있듯이 인도는 1981년부터 1985년까지에 완만한 성장을 했으며 2011년부터 2015년까지는 상당한 성장을 경험했다.

단계 | 3 두 5년 기간 각각의 평균 장기 성장률은 얼마였는가? 이 경제가 2011~2015년의 평균 성장률로 계속 성장한다면 인도의 국내총생산이 두 배가 되는 데 얼마나 오랜 시간이 걸릴까?

424~425쪽을 복습하고 식 (15-1)을 자세히 보라.

표에 제시된 1981년부터 1985년까지의 성장률을 더한 후 4로 나누면 평균 성장률이 2.6%임을 알 수 있다. 2011년부터 2015년 사이의 평균 성장률은 5.5%다. 70의 법칙에 따르면 인도가 평균 5.5%의 성장을 계속할 경우 인도의 1인당 실질 GDP가 두 배로 되는 데 70/5.5=12.7년이 걸릴 것이다.

요약

1. 성장은 물가수준 변화와 인구 규모 변화의 영향을 제거하기 위해 1인당 실질 국내총생산의 변화로 측정된다. 전 세계의 1인당 실질 국내총생산에는 큰 차이가 있다. 아직도 전 세계 인구의 절반 이상이 1900년의 미국보다도 빈곤한 국가에서 살고 있다. 미국의 1인당 실질 국내총생산은 1900년에 비해 8배가 되었다.

2. 1인당 실질 국내총생산의 증가율도 국가에 따라 매우 큰 차이가 있다. **70의 법칙**에 따르면 1인당 실질 국내총생산이 두 배가 되는 데 걸리는 햇수는 70을 1인당 실질 국내총생산의 연간 성장률로 나눈 값과 같다.

3. 장기 경제성장의 열쇠는 노동자 1인당 생산량인 **노동생산성** 또는 단순히 **생산성**의 증가에 있다. 생산성의 향상은 노동자 1인당 **실물자본**의 증가, 노동자 1인당 **인적 자본**의 증가 그리고 **기술진보**에 의해 이루어진다. **총생산함수**는 1인당 실질 국내총생산이 이 세 가지 요인에 어떻게 의존하는지를 보여 준다. 다른 조건이 같다면 **실물자본에 대한 수익체감** 현상이 존재한다. 즉 실물자본의 양을 계속 증가시킬 때 추가적으로 투입되는 실물자본 한 단위당 생산성 증가분이 그 이전에 비해 감소한다. 다시 말해서 1인당 실물자본이 증가할 경우 생산성 증가율은 낮아지지만 여전히 0보다 큰 값을 갖는다. **성장회계**는 한 국가의 경제성장에서 각 요소의 기여도를 추정하는데, 성장회계에 따르면 주어진 요소투입량으로부터 생산되는 생산량을 의미하는 **총요소생산성**이 장기 경제성장의 열쇠다. 총요소생산성의 증가는 일반적으로 기술진보의 결과로 해석된다. 과거와는 달리 자연자원은 오늘날 대부분의 국가에서 생산성 증가의 원천으로서의 중요성이 감소했다.

4. 국가 간 경제성장률에 큰 격차가 나는 원인으로 실물자본과 인적 자본 축적 속도의 차이와 기술진보의 차이를 들 수 있다. 외국으로부터의 해외저축의 유입도 도움을 줄 수 있지만 무엇보다도 중요한 요인은 국내저축률과 투자율이다. 실물자본에 대해 많은 투자지출을 하는 대부분의 국가들이 이를 위한 재원을 높은 수준의 국내저축에서 조달하기 때문이다. 기술진보는 대개 **연구개발**, 즉 R&D의 결과다.

5. 정부는 성장을 도울 수도 있고 저해할 수도 있다. 성장을 직접적으로 촉진하는 정부정책으로는 **사회간접자본**에 대한 보조, 특히 공공 보건을 위한 사회간접자본의 건설, 교육에 대한 보조, 연구개발에 대한 보조 그리고 저축이 투자지출, 교육, 연구개발로 연결될 수 있도록 원활하게 작동하는 금융시스템의 유지를 들 수 있다. 정부는 재산권, 특히 지식재산권을 보호하고, 정치적 안정을 유지하고, 좋은 지배구조를 제공함으로써 성장을 위한 환경을 개선할 수 있다. 좋지 않은 지배구조로는 부정부패와 과도한 정부 개입을 들 수 있다.

6. 세계경제는 장기 경제성장을 성취하려는 노력에 있어서 성공과 실패 사례를 모두 갖고 있다. 동아시아 경제들은 많은 일을 제대로 한 결과 매우 높은 성장률을 달성했다. 오랜 기간에 걸친 라틴아메리카와 아프리카 경제들의 저성장은 경제학자들로 하여금 국가들 간 1인당 실질 국내총생산의 차이가 시간이 흐름에 따라 줄어들 것이라고 주장하는 **수렴가설**이 교육, 사회간접자본, 우호적인 정부정책 및 제도 등과 같이 성장에 영향을 미치는 요인들이 같은 국가들의 자료에 있어서만 성립될 것임을 믿도록 만들었다. 최근에는 몇몇 라틴아메리카와 사하라 사막 남쪽 국가들에 있어서 주로 상품 수출 호황으로 인한 성장률의 증대가 나타났다.

7. 경제학자들은 대체로 환경 훼손이 자연자원의 희소성보다

지속가능한 장기 경제성장에 대해 더 큰 위협이 된다고 생각한다. 환경 훼손 문제를 해결하기 위해서는 효과적인 정부 개입이 필요하지만 자연자원 희소성의 문제는 시장가격의 반응에 의해 처리될 수 있다.

8. 기후 변화는 성장과 관계가 있으며 이 문제를 해결하기 위해서는 정부의 조치가 필요하다는 데 의견의 합치가 있다. 기후 변화의 영향을 피하기 위해서는 국가들이 화석연료로부터 태양열 발전이나 풍력 발전과 같은 재생가능한 청정 에너지원으로 전환할 필요가 있다. 이러한 전환에 따른 비용은 1인당 실질 GDP 성장이 약간 저해되는 것뿐이다. 이 비용조차도 청정 에너지원에 대한 기술혁신이 진전됨에 따라 감소하고 있다. 국가들은 또한 2015년 파리기후협약의 조건들을 실현하기 위해 협력할 필요가 있다. 이 조약에서는 196개국이 지구 온도의 상승을 제한하기 위해 자신의 온실가스 배출을 줄이는 데 동의했다.

주요용어

70의 법칙	기술진보	연구개발(R&D)
노동생산성	총생산함수	사회간접자본
생산성	실물자본에 대한 수익체감	수렴가설
실물자본	성장회계	지속가능한 장기 경제성장
인적 자본	총요소생산성	파리기후협약

토론문제

1. 다음 표는 세계은행의 세계개발지표(World Development Indicators)에서 구한 아르헨티나, 가나, 한국, 미국의 1960년, 1980년, 2000년, 2015년도 1인당 실질 GDP를 2010년 미국 달러로 보여 준다.

   a. 각국에 있어서 1960년과 2015년의 1인당 실질 GDP에 대한 각 연도의 1인당 실질 GDP의 백분율을 구해서 표를 완성하라.

   b. 네 국가에서 1960년부터 2015년 사이의 생활수준 향상 정도에는 서로 어떤 차이가 있을까? 차이점이 있다면 그것은 어떤 이유에서일까?

연도	아르헨티나 1인당 실질 GDP (2010년 달러)	아르헨티나 1인당 실질 GDP에 대한 비율 1960년	아르헨티나 1인당 실질 GDP에 대한 비율 2015년	가나 1인당 실질 GDP (2010년 달러)	가나 1인당 실질 GDP에 대한 비율 1960년	가나 1인당 실질 GDP에 대한 비율 2015년	한국 1인당 실질 GDP (2010년 달러)	한국 1인당 실질 GDP에 대한 비율 1960년	한국 1인당 실질 GDP에 대한 비율 2015년	미국 1인당 실질 GDP (2010년 달러)	미국 1인당 실질 GDP에 대한 비율 1960년	미국 1인당 실질 GDP에 대한 비율 2015년
1960	$5,853	?	?	$1,053	?	?	$1,103	?	?	$17,037	?	?
1980	8,408	?	?	901	?	?	3,911	?	?	28,734	?	?
2000	8,544	?	?	975	?	?	15,105	?	?	45,056	?	?
2015	12,128	?	?	1,696	?	?	25,023	?	?	51,486	?	?

2. 다음 표는 소득수준에 따라 정의된 여러 지역에 있어서 1인당 소득수준과 증가율에 대한 대략적인 통계를 보여 준다. 70의 법칙에 따르면 2015년부터 출발할 때 고소득 국가들의 1인당 GDP는 대략 70년 후인 2085년에 두 배가 될 것으로 예상된다. 본 문제에서 각 지역의 성장률이 2000년과 2015년 사이의 성장률 수준으로 고정되어 있다고 가정하라.

지역	1인당 실질 GDP (2015년)	1인당 실질 GDP의 연평균 증가율(2000~2015년)
고소득 국가	$41,038	1.0%
중소득 국가	4,584	4.4
저소득 국가	588	2.3

출처 : World Bank.

a. 다음에 대해 2015년도 1인당 GDP의 비율을 계산하라.
   i. 중소득 국가 대 고소득 국가
   ii. 저소득 국가 대 고소득 국가
   iii. 저소득 국가 대 중소득 국가

b. 저소득 국가와 중소득 국가의 1인당 GDP가 두 배가 되는 데 몇 년이 걸릴지 계산하라.

c. 각 지역에 있어서 2085년의 1인당 국내총생산을 구하라. (힌트 : 2015~2085년 사이의 햇수인 70년 동안 이들의 1인당 GDP가 두 배가 되는 것은 몇 번일까?)

d. 문제 a를 2085년에 예상되는 1인당 GDP를 가지고 반복하라.

e. 문제 a와 d에 대한 여러분의 답을 비교하라. 지역 간 경제적 불평등의 변화에 대해 논평하라.

3. 안드로드국은 현재 생산을 위하여 방법 1을 사용하고 있다. 과학자들이 우연히 안드로드의 생산성을 향상할 수 있는 기술적인 돌파구를 찾아내었다. 이 기술적인 돌파구는 또 다른 생산함수인 방법 2에 제시되어 있다. 다음 표는 노동자 1인당 인적 자본이 고정되어 있다는 가정하에 두 방법에 있어서 노동자 1인당 실물자본과 노동자 1인당 생산량의 조합을 보여 준다.

방법 1		방법 2	
노동자 1인당 실물자본	노동자 1인당 실질 GDP	노동자 1인당 실물자본	노동자 1인당 실질 GDP
0	0.00	0	0.00
50	35.36	50	70.71
100	50.00	100	100.00
150	61.24	150	122.47
200	70.71	200	141.42
250	79.06	250	158.11
300	86.60	300	173.21
350	93.54	350	187.08
400	100.00	400	200.00
450	106.07	450	212.13
500	111.80	500	223.61

a. 표에 제시된 자료를 이용하여 하나의 그래프에 두 생산함수를 모두 그리라. 현재 안드로드의 노동자 1인당 실물자본은 100이다. 여러분이 그린 그래프에 이 점을 A로 표시하라.

b. A점에서 출발하여 70년 동안 안드로드국의 노동자 1인당 실물자본이 400으로 증가한다고 하자. 안드로드가 방법 1을 사용함을 가정하고, 그래프에 새로운 생산점을 B로 표시하라. 70의 법칙을 이용하여 노동자 1인당 생산량이 연간 몇 퍼센트씩 증가한 것인지 계산하라.

c. 이제 A점에서 출발하여 70년 동안 안드로드의 노동자 1인당 실물자본이 400으로 증가하는 한편 같은 기간에 안드로드가 방법 2로 전환한다고 하자. 그래프에 새로운 생산점을 C로 표시하라. 70의 법칙을 이용하여 이번에는 노동자 1인당 생산량이 연간 몇 퍼센트씩 증가한 것인지 계산하라.

d. 안드로드 경제가 A점에서 C점으로 이동함에 따른 연간 생산성 증가 중 몇 퍼센트가 총요소생산성 향상으로 인한 것인지를 구하라.

4. 미국의 노동통계국은 정기적으로 지난달의 "생산성과 비용(Productivity and Costs)" 보고서를 발표한다. www.bls.gov로 가서 가장 최근 보고서를 찾으라.[노동통계국 홈페이지 '주제(Subject)' 탭에서 '생산성 : 노동생산성과 비용(Productivity: Labor Productivity & Costs)' 링크를 선택한 후 'LPC 보도자료(LPC News Releases)'라는 제목 밑에서 가장 최근의 "생산성과 비용(Productivity and Costs)" 보고서를 찾으라.] 직전 사분기에 있어서 기업 생산성과 비농가 기업 생산성의 변화율은 얼마인가? 위에서 조사된 분기의 생산성 변화율은 전년 동일 분기와 비교하여 어떻게 다른가?

5. 캘리포니아와 펜실베이니아의 1인당 실질 GDP는 수렴하고 캘리포니아와 미국에 접한 멕시코의 주인 바하칼리포르니아의 1인당 실질 GDP는 수렴하지 않을 것으로 기대되는 이유는 무엇인가? 캘리포니아와 바하칼리포르니아에서 수렴이 일어나려면 어떤 변화가 있어야 할까?

6. 미국의 에너지정보관리처에 따르면 2015년 현재 확인된 세계 원유 매장량이 1조 6,630억 배럴이라 한다. 같은 해 미국의 에너지정보관리처는 이들 국가의 일별 원유 생산량이 8,058만 배럴이라고 발표했다.

a. 이와 같은 생산속도가 계속된다면 확인된 세계 원유 매장량은 얼마나 지속될 수 있나? 여러분이 계산한 수치를 가지고 맬서스학파의 견해에 대해 논하라.

b. 문제 a의 계산을 위해서 시간에 따른 전체 원유 매장량의 변화에 대해 어떤 가정을 하였는가? 시간에 따른 유가의 변화에 대해서는? 이와 같은 가정은 자원의 제약에 대한 맬서스의 견해와 일치하는가?

c. 시장의 힘이 어떻게 확정 원유 매장량이 바닥날 때까지의 기간에 영향을 줄 수 있는지 논하라. 단 새로운 원유 매장량은 발견되지 않으며, 원유의 수요곡선에도 변화가 없다고 가정하라.

7. 다음 표는 선택된 국가에 있어서 2000~2014년 중 1인당 이산화탄소 배출량과 1인당 실질 GDP의 연간 증가율을 보여 준다.

국가	2000~2014년 연평균 증가율	
	1인당 실질 GDP	1인당 CO_2 배출량
아르헨티나	1.69%	1.17%
방글라데시	4.33	4.47
캐나다	0.96	0.01
중국	9.24	7.48
독일	1.20	-0.41
아일랜드	1.30	-2.56
일본	0.70	0.11
한국	3.51	2.32
멕시코	0.67	0.42
나이지리아	5.03	-1.30
러시아	4.16	1.35
남아프리카	1.64	-0.02
영국	1.02	-2.20
미국	0.85	-1.27

출처 : Energy Information Administration, World Bank.

a. 이들 국가를 이산화탄소 배출량의 증가율이 가장 높은 순서대로 순위를 매기라. 증가율이 가장 높은 5개국은 어디인가? 증가율이 가장 낮은 5개국은 어디인가?

b. 이제 이들 국가를 1인당 실질 GDP 증가율이 가장 높은 순서대로 순위를 매기라. 증가율이 가장 높은 5개국은 어디인가? 증가율이 가장 낮은 5개국은 어디인가?

c. 여러분이 도출한 결과로부터 이산화탄소 배출량과 1인당 생산량 증가율 간에 관계가 있다고 추론할 수 있는가?

d. 빠른 성장이 반드시 이산화탄소 배출량을 빠르게 증가시키는가?

연습문제

1. 세계은행의 세계개발지표에서 구한 다음 표는 지난 수십 년 동안 아르헨티나, 가나, 한국의 1인당 실질 GDP의 연평균 증가율을 보여 준다.

연도	1인당 실질 GDP의 연평균 증가율		
	아르헨티나	가나	한국
1965~1975	1.92%	-1.13%	8.29%
1975~1985	-1.42	-2.29	7.08
1985~1995	1.54	1.70	8.06
1995~2005	1.14	2.16	4.28
2005~2015	3.11	4.45	3.02

a. 각 10년 기간에 대해서 70의 법칙을 이용해서 각국의 1인당 실질 GDP가 두 배가 되는 데 걸리는 기간을 계산하라.

b. 각국이 2005~2015년 기간 중 달성한 연평균 성장률이 미래에도 영원히 지속된다고 가정하자. 2015년을 시작으로 70의 법칙을 적용하여 각국의 1인당 실질 GDP가 두 배가 되는 해를 구하라.

2. 실물자본, 인적 자본, 기술, 자연자원은 어떤 역할을 통해서 1인당 총생산의 장기 성장에 영향을 미치는가?

3. 미국의 정책과 제도는 미국 경제의 장기 성장에 어떻게 영향을 미쳐 왔는가?

4. 향후 100년간, 그로랜드의 1인당 실질 국내총생산은 연평균 2.0%의 속도로 성장할 것으로 기대된다. 하지만 슬로랜드의 경제성장은 이보다 다소 느려서 약 1.5%의 연평균 성장률을 보일 것으로 예상된다. 현재 두 나라의 1인당 실질 국내총생산이 2만 달러라면, 100년 후 두 나라의 1인당 실질 국내총생산은 어떻게 달라질까? [힌트 : 지금 실질 국내총생산이 $x인 국가가 매년 y%로 성장한다면 z년 후에 실질 국내총생산은 $x(1+(y/100))^z$가 될 것이다.

5. 다음 표는 세계은행의 세계개발지표에서 구한 프랑스, 일본, 영국, 미국의 1960년과 2015년 1인당 실질 GDP(2010년 미국 달러)를 보여 준다. 표를 완성하라. 이들 국가는 경제적으로 수렴했는가?

국가	1960년		2015년	
	1인당 실질 GDP (2010년 달러)	미국의 1인당 실질 GDP에 대한 비율	1인당 실질 GDP (2010년 달러)	미국의 1인당 실질 GDP에 대한 비율
프랑스	$12,992	?	$41,330	?
일본	8,369	?	44,657	?
영국	13,869	?	40,933	?
미국	17,037	?	51,486	?

6. 다음 표는 세계은행의 세계개발지표에서 구한 아르헨 티나, 가나, 한국, 미국의 1960년과 2015년 1인당 실질 GDP(2010년 미국 달러)를 보여 준다. 표를 완성하라. 이 들 국가는 경제적으로 수렴했는가?

국가	1960년		2015년	
	1인당 실질 GDP (2010년 달러)	미국의 1인당 실질 GDP에 대한 비율	1인당 실질 GDP (2010년 달러)	미국의 1인당 실질 GDP에 대한 비율
아르헨티나	$5,853	?	$12,128	?
가나	1,053	?	1,696	?
한국	1,103	?	25,023	?
미국	17,037	?	51,486	?

7. 여러분이 알버니아와 브리태니아의 경제 자문관으로 고용되었다고 하자. 각국에 있어서 노동자 1인당 실물 자본과 노동자 1인당 생산량 간의 관계가 다음 그림의 Productivity₁ 곡선과 같다고 하자. 알버니아는 A점에 있으 며, 브리태니아는 B점에 있다고 하자.

   a. Productivity₁ 곡선이 제시하는 관계에 있어서 고정된 생 산요소는 무엇인가? 이 국가들은 1인당 실물자본에 대 한 수익체감 현상을 경험하고 있는가?

b. 각국에 있어서 1인당 인적 자본의 양과 기술 수준이 고 정되어 있다고 가정할 때, 알버니아의 1인당 실질 GDP 를 두 배로 만들기 위한 정책을 권고해 보라.

c. 1인당 인적 자본이 변할 수 있다면 여러분의 정책 권고 가 어떻게 바뀌겠는가? 인적 자본의 증가로 1인당 실물 자본이 1만 달러일 때의 노동자 1인당 생산량이 두 배 가 된다고 가정하라. 알버니아에 대한 여러분의 새로운 정책 권고를 나타낼 수 있는 곡선을 도표에 그리라.

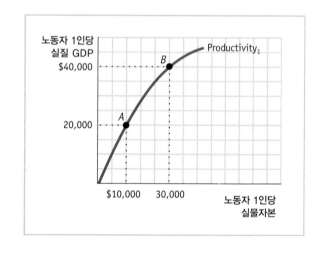

다른 세대, 다른 정책

실업과 인플레이션은 거시경제학의 두 가지 적이며, 정책입안자들은 두 가지를 모두 통제하기 위해 최선을 다한다. 그렇지만 어떤 경우에는 제14 장에서 배웠듯이 이 과제가 간단하지만은 않다. 인플레이션을 통제하기 위한 정책은 실업을 악화시킬 수 있으며, 실업을 줄이기 위한 정책은 인플레이션을 초래할 수 있다. 경우에 따라서는 인플레이션과 실업 중 어느 것이 경제에 더 큰 위협을 주는지를 알기가 어렵다.

연준이라고도 알려진 연방준비제도의 정책입안자들은 2011년에 이러한 진퇴양난에 처했는데, 당시 약 9%에 달했던 실업률은 역사적 기준으로 볼 때 매우 높은 수준이었으며, 인플레이션도 4%로 치솟았는데 이는 널리 수용되는 정책 목표인 2%의 두 배였다. 그렇다면 정책은 실업과 싸우기 위해 팽창적인 기조를 유지해야 했을까 또는 인플레이션을 낮추기 위해 수축적이어야 했을까?

결국 연준은 가속 페달을 계속 밟아서 매우 확장적인 통화정책을 계속하기로 결정했다. 즉 연준은 경제를 부양할 목적으로 이자율을 낮췄다. 연준의 관료들은 인플레이션율이 치솟은 것은 유가 상승으로 인한 일시적인 문제이고, 이는 곧 소멸되리라고 생각했다. 시간이 지나자 이들이 옳았음이 증명되었다. 유가 상승이 끝나자 인플레이션율이 바로 2% 밑으로 하락했다. 유럽중앙은행 역시 실업률이 10%이고 인플레이션율이 3%로 연준과 비슷한 상황에 처했었다. 그렇지만 유럽중앙은행은 연준과 반대되는 정책, 즉 수축적 통화정책을 선택하여 경제의 속도를 늦출 목적으로 이자율을 높였다.

비슷한 상황에 처했던 두 중앙은행이 반대 방향으로 움직인 이유는 무엇일까? 두 은행 지도자의 연령 차이가 실마리를 제공할지도 모른다. 유럽중앙은행 총재인 트리셰(Jean-Claude Trichet)는 68세인 반면 연준 의장인 버냉키(Ben Bernanke)는 57세였다. 열한 살의 차이는 대단치 않은 것 같지만, 실제로는 매우 중요했다. 각자가 성년이 되었을 때 지배적이었던 경제 문제의 종류 차이에 상응하기 때문이다.

사실 ≪뉴욕타임스≫의 네일 어윈은 정책입안자의 연령과 정책에 대한 입장 간에 상관관계가 있음을 발견했다. 1970년대의 초인플레이션 시기에 청년기를 보낸 트리셰와 같은 정책입안자들은 버냉키와 같이 더 젊은 정책입안자에 비해 인플레이션을 진정시키기 위해 이자율 인상과 긴축적인 통화정책을 요구할 가능성이 더 크다. 반면에 버냉키는 실업과 성장에 더 관심을 가졌다.

버냉키는 경제 부진이 여러 가지 상이한 충격으로부터 발생할 수 있음을 이해했다. 이러한 이해는 여러 가지 유형의 단기 경기변동을 서로 구별할 수 있는 경제 모형을 필요로 한다.

그렇다면 버냉키가 옳았던 이유는 무엇일까? 1970년대의 경기후퇴가 2007년에 시작되었고 2011년에도 여전히 경제를 괴롭히던 극심한 부진과 크게 달랐기 때문이다. 1970년대의 경기후퇴는 대략 **공급충격**에 원인이 있었던 반면에 2007~2009년의 대후퇴는 **수요충격**의 결과였기 때문이다. 트리셰와 달리 버냉키는 경제 부진이 두 가지 상이한 형태의 충격으로부터 발생할 수 있음을 이해하고 있었다.

이 장은 여러분이 이들 충격이 경제에 미치는 영향을 이해하는 것을 돕기 위해 **총수요-총공급 모형**을 소개할 것이다. 먼저 총수요의 개념을 소개한다. 다음에는 **총수요**와 대등한 개념인 **총공급**을 소개할 것이다. 마지막으로 이 두 가지를 모아서 총수요-총공급 모형으로 발전시킬 것이다. ●

Reuters

2011년에 인플레이션율이 높아지자 연준의 버냉키는 옳은 정책 선택을 한 반면 트리셰는 그러지 못했다. 총수요-총공급 모형은 그 이유를 설명해 준다.

MR. BERNANKE   MR. TRICHET

이 장에서 배울 내용

- **총수요곡선**이 나타내는 물가와 총생산물 수요량 간의 관계
- **총공급곡선**이 나타내는 물가와 총생산물 공급량 간의 관계
- 단기에서의 총공급곡선이 장기에서의 총공급곡선과 다른 점
- **총수요-총공급 모형**으로 경기변동을 분석하는 방법
- 통화정책과 재정정책이 경제를 안정시키는 방법

총수요곡선(aggregate demand curve)은 물가와 가계, 기업, 정부, 해외 부문 등에 의한 총생산물에 대한 수요량 간의 관계를 보여 주는 곡선이다.

총수요

대부분의 경제학자들은 대공황이 엄청난 부(minus)의 수요충격의 결과라는 점에 대해 동의한다. 이것은 무슨 뜻일까? 제3장에서는 경제학자들이 특정 재화나 서비스에 대한 수요 감소에 대해 얘기할 때는 수요곡선의 왼쪽으로의 이동을 의미하는 것이라 설명했다. 마찬가지로 경제학자들이 경제 전체에서 부의 수요충격을 얘기할 때는 **총수요곡선**(aggregate demand curve)이 왼쪽으로 이동함을 의미하는 것이다. 총수요곡선이란 물가와 가계, 기업, 정부, 해외 부문 등에 의한 총생산물에 대한 수요량 간의 관계를 보여 주는 곡선이다.

〈그림 16-1〉은 1929~1933년 경기후퇴기의 끝인 1933년에 총수요곡선이 어떤 모습이었을지를 보여 준다. 그림에서 수평축은 2009년 달러로 측정한 국내 재화와 서비스의 총수요량을 나타낸다. 총생산물을 측정하기 위해서는 실질 국내총생산이 이용되기 때문에 우리는 이 두 용어를 번갈아 가며 사용할 것이다. 수직축은 GDP 디플레이터로 측정된 물가를 나타낸다.

이 두 변수를 축으로 하여 각 물가수준에서 총생산물에 대한 수요량이 얼마나 될 것인가를 보여 주는 곡선 AD를 그릴 수 있다. 그림에서 AD는 1933년의 총수요곡선을 예시적으로 보여 주기 때문에 AD 곡선 상의 한 점은 1933년의 실제 자료에 해당하는데, 그것은 바로 물가가 7.3이고 구매된 국내 최종생산물의 양이 2009년 달러 기준으로 7,780억 달러인 점이다.

그림에서 보듯이 AD 곡선은 우하향하는 기울기를 갖고 있는데 이는 물가와 총수요량 간에 부의 관계가 있음을 의미한다. 즉 물가가 상승할 경우 다른 조건이 같다면 총생산물의 수요량이 감소한다. 반대로 물가가 하락할 경우 다른 조건이 같다면 총생산물의 수요량이 증가한다. 〈그림 16-1〉에 따르면 1933년의 물가가 7.3이 아니라 4.2였더라면 최종생산물에 대한 수요량은 2009년 달러로 7,780억 달러가 아니라 1조 달러였을 것이다.

총수요곡선에 대한 첫 번째 주요 질문은 왜 이 곡선이 우하향하는 기울기를 가지는가이다.

총수요곡선이 우하향하는 이유

〈그림 16-1〉에서 AD 곡선은 우하향하는 기울기를 가진다. 그 이유는 무엇일까? 다음과 같은 국

그림 16-1 총수요곡선

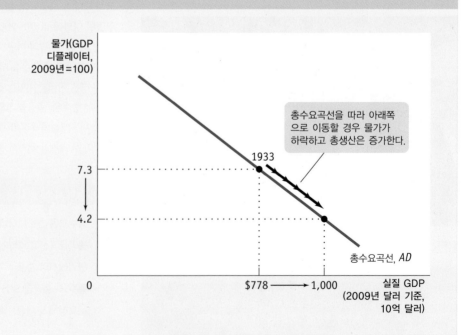

총수요곡선은 물가와 총생산물에 대한 수요량 간의 관계를 나타낸다. 물가 변화에 따른 자산효과와 이자율효과로 인해 총수요곡선은 우하향하는 기울기를 가진다. 1933년의 실제 자료에 상응하는 점에 따르면 물가는 7.3이었고 구매된 국내 최종생산물의 양은 2009년 달러로 7,780억 달러였다. 그림에 제시된 가상적인 AD 곡선에 따르면 1933년의 물가가 4.2에 불과했더라면 총생산물에 대한 수요량은 1조 달러로 증가했을 것이다.

민소득계정상의 기본식을 생각해 보자.

(16-1) $GDP = C + I + G + X - IM$

위 식에서 C는 가계의 소비지출을, I는 투자지출을, G는 정부의 재화와 서비스 구매를, X는 해외로의 수출을, 그리고 IM은 수입을 나타낸다. 이 변수들을 불변 달러, 즉 기준연도의 가격으로 측정하면 $C + I + G + X - IM$은 일정 기간 동안 국내에서 생산된 최종생산물에 대한 수요량을 나타낸다. 이 중 G는 정부에 의해 결정되는 반면 다른 변수들은 민간 부문에 의해 결정된다. 총수요곡선이 우하향하는 이유를 이해하기 위해서는 물가 상승이 C와 I를 감소시키는 이유를 이해할 필요가 있다.

여러분은 총수요곡선이 우하향의 기울기를 가지는 것이 제3장에서 배웠던 수요의 법칙에 따른 당연한 결과라 생각할 수도 있을 것이다. 즉 개별 재화의 수요곡선이 우하향의 기울기를 가지고 있기 때문에 총생산물에 대한 수요곡선도 우하향의 기울기를 가지는 것이 당연하지 않겠는가? 하지만 이것은 잘못된 추론이다. 개별 재화의 수요곡선은 다른 재화와 서비스의 가격이 일정할 경우 수요량이 재화의 가격에 따라 어떻게 변화하는지를 나타낸다. 따라서 어떤 재화의 가격이 상승할 경우 그 재화의 수요량이 감소하는 주된 이유는 소비자들이 그 재화 대신에 다른 재화를 구매하기 때문이다.

반면에 총수요곡선 상의 상향 또는 하향 이동은 모든 최종생산물의 가격이 동시에 변화함에 따른 것이다. 더욱이 소비지출에서 재화와 서비스의 구성이 변한다 해도 총수요곡선에는 별 영향이 없다. 소비자들이 의류 소비를 줄이고 그 돈으로 자동차를 더 구매한다 해도 최종생산물에 대한 수요량에는 변화가 없을 것이기 때문이다.

그렇다면 물가가 상승할 때 국내에서 생산되는 최종생산물에 대한 수요량이 감소하는 이유는 무엇일까? 여기에는 두 가지 주된 이유가 있는데 그것은 물가 변화의 **자산효과**와 **이자율효과**다.

자산효과 물가가 상승할 경우 다른 조건이 일정하다면 대다수 자산의 구매력이 감소한다. 예를 들어 5,000달러를 은행에 예금하고 있는 사람을 생각해 보자. 물가가 25% 상승하면 이전에 5,000달러 하던 물건의 가격은 6,250달러가 될 것이다. 따라서 이 5,000달러의 예금으로는 물가 상승 이전에 4,000달러를 가지고 살 수 있었던 물건밖에 살 수 없을 것이다. 이처럼 구매력이 감소하면 위와 같은 예금자는 소비를 줄일 것이다. 물가가 상승하면 모든 사람의 은행예금이 가진 구매력이 감소할 것이므로 수백만 명의 다른 사람들도 마찬가지로 반응할 것이고 그 결과 최종생산물에 대한 지출이 감소할 것이다.

마찬가지로 물가가 하락하면 소비자가 보유한 자산의 구매력이 상승함에 따라 소비 수요가 증가할 것이다. **물가 변화의 자산효과**(wealth effect of a change in the aggregate price level)란 물가 변화가 소비자가 보유한 자산의 구매력을 변화시킴으로써 소비지출에 미치는 영향을 말한다. 자산효과로 인해 물가가 상승할 때 소비지출 C는 감소하며 그 결과 총수요곡선은 우하향하는 기울기를 갖는다.

이자율효과 경제학자들은 화폐라는 용어를 현금과 당좌예금(수표로 인출할 수 있는 은행예금)을 지칭하는 좁은 의미로 사용한다. 개인과 기업이 화폐를 보유하는 것은 거래를 할 때 발생하는 비용과 불편함을 줄여 주기 때문이다. 그런데 물가가 상승하면 다른 조건이 동일하다면 일정한 화폐 보유액이 가진 구매력이 감소한다. 이 경우 물가가 상승하기 전과 동일한 재화와 서비스의 묶음을 구매하기 위해서 개인과 기업은 더 많은 금액의 화폐를 보유해야 한다. 따라서 물

물가 변화의 자산효과(wealth effect of a change in the aggregate price level)란 물가 변화가 소비자가 보유한 자산의 구매력을 변화시킴으로써 소비지출에 미치는 영향을 의미한다.

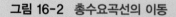

물가 변화의 이자율효과(interest rate effect of a change in the aggregate price level)란 물가 상승이 소비자와 기업이 보유한 화폐의 구매력에 대한 영향을 통해 소비지출과 투자지출에 미치는 영향을 의미한다.

가가 상승하면 사람들은 화폐 보유액을 늘리려고 할 것인데 이를 위해서는 차입을 하거나 채권과 같은 자산을 매각해야 한다. 그 결과 다른 차입자들에게 빌려 줄 수 있는 자금이 감소하고 이자율이 상승하게 된다.

이자율이 상승할 경우 자금조달 비용이 상승하기 때문에 투자지출이 감소한다. 이자율이 상승할 경우, 가계는 가처분소득 중 보다 많은 부분을 저축하려 들기 때문에 소비지출도 감소한다. 따라서 물가 상승은 화폐의 구매력에 대한 영향을 통해 투자지출(*I*)과 소비지출(*C*)을 감소시키는데 이를 **물가 변화의 이자율효과**(interest rate effect of a change in the aggregate price level)라 부른다. 물가 변화의 이자율효과 역시 총수요곡선이 우하향하는 기울기를 갖게 만든다.

화폐와 이자율에 대해서는 통화정책에 대해 소개하는 제19장에서 많은 논의가 이루어질 것이다. 지금은 물가 변화에 따른 자산효과와 이자율효과로 인해 총수요곡선이 우하향하는 기울기를 가진다는 사실만을 이해하면 된다.

총수요곡선의 이동

제3장에서 개별 재화에 대한 시장 수요와 공급 분석을 소개했을 때 우리는 수요곡선 상의 이동과 수요곡선 자체의 이동 간의 구분이 중요함을 강조했다. 마찬가지의 구분이 총수요곡선에도 적용된다. 〈그림 16-1〉은 총수요곡선 상의 이동, 즉 물가가 변할 때 재화와 서비스에 대한 총수요량의 변화를 보여 주었다.

이에 더하여 〈그림 16-2〉가 보여 주듯이 각 물가수준에서의 재화와 서비스 수요량의 변화인 총수요곡선의 이동이 있다. 우리가 총수요가 증가한다는 표현을 쓸 때는 그림 (a)에서 AD_1에서 AD_2로의 이동과 같이 총수요곡선이 오른쪽으로 이동하는 것을 의미한다. 각 물가수준에서의 총생산물에 대한 수요량이 증가할 경우 총수요곡선이 오른쪽으로 이동한다. 총수요가 감소한다 함은 그림 (b)에서와 같이 총수요곡선이 왼쪽으로 이동하는 것을 의미한다. 왼쪽으로의 이동은 각 물가수준에서 총생산물에 대한 수요량이 감소함을 나타낸다.

그림 16-2 총수요곡선의 이동

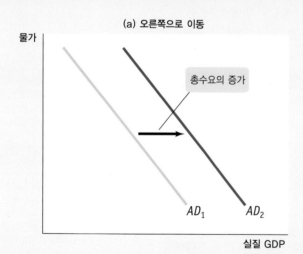
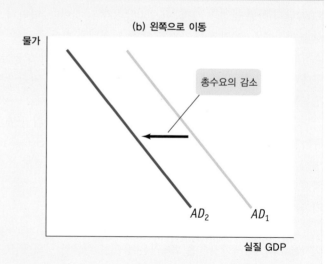

그림 (a)는 각 물가수준에서 수요되는 총생산물의 양이 소비자 신뢰의 향상이나 경영환경의 호전, 정부지출의 증가 등에 의해 늘어나는 경우를 보여 준다. 이와 같은 변화는 총수요곡선을 AD_1에서 AD_2로 오른쪽으로 이동하게 만든다. 그림 (b)는 각 물가수준에서 수요되는 총생산물의 양이 주가 하락 등으로 인해 감소하는 경우를 보여 준다. 이와 같은 변화는 총수요곡선을 AD_1에서 AD_2로 왼쪽으로 이동하게 만든다.

총수요곡선을 이동시키는 요인에는 여러 가지가 있다. 이들 중 가장 중요한 요인으로는 기대의 변화, 재산의 증감, 실물자본의 변화 등을 들 수 있다. 이에 더해서 재정정책과 통화정책도 총수요곡선을 이동시킬 수 있다. 이 다섯 가지 요인 모두 승수 과정을 작동시킨다. 우리는 총수요곡선을 이동시키는 다섯 가지 요인 각각에 대해 알아볼 것이다. 〈표 16-1〉은 이들을 개략적으로 설명하고 있다.

표 16-1 총수요를 이동시키는 요인

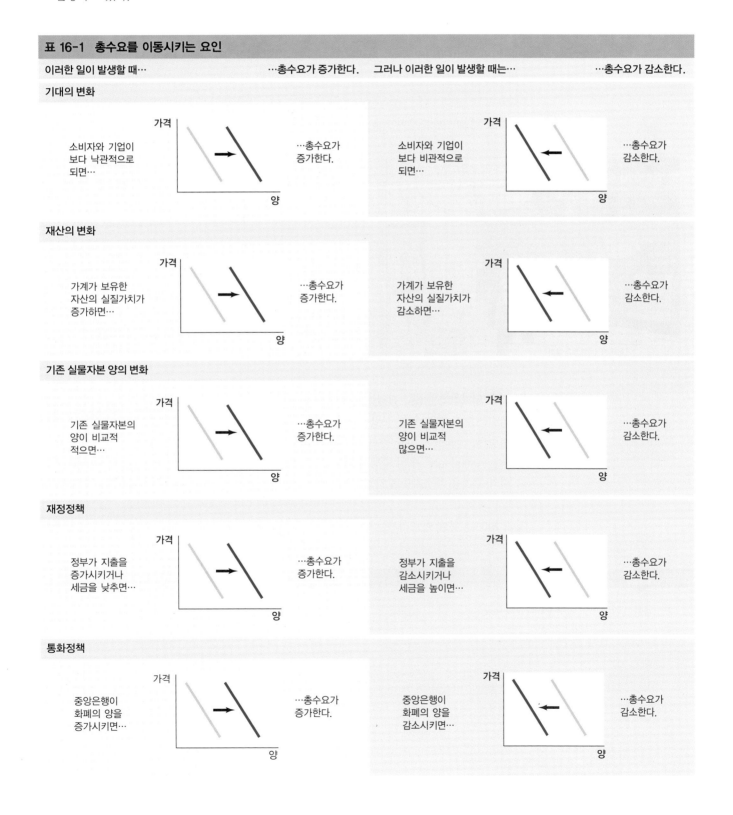

1. 기대의 변화 소비지출과 계획된 투자지출은 부분적으로는 미래에 대한 사람들의 기대에 의해 영향을 받는다. 소비자들의 소비지출은 자신의 현재소득뿐만 아니라 미래에 수령할 것으로 예상되는 소득에 의해서도 영향을 받는다. 기업들은 현재의 기업환경은 물론 미래에 벌어들일 것으로 예상되는 매출액에 의거해서 계획된 투자지출을 결정한다. 이것이 기대의 변화에 따라 소비지출과 계획된 투자지출이 늘어나거나 줄어드는 이유다. 소비자와 기업이 미래에 대해 보다 낙관적인 기대를 가지게 되면 지출이 증가한다. 이들이 보다 비관적인 기대를 가지면 지출이 감소한다.

사실 단기적인 경기예측에서는 소비자와 기업의 심리에 대한 조사 결과가 많이 참고되고 있다. 특히 경기예측 담당자들은 컨퍼런스보드에 의해 매달 작성되는 소비자신뢰지수(Consumer Confidence Index)나 미시간대학교에 의해 작성되는 이와 유사한 지표인 미시간 소비자심리지수(Michigan Consumer Sentiment Index)를 많이 참고한다.

소비자 신뢰 부추기기

2. 재산의 변화 소비지출은 부분적으로는 가계가 보유한 자산의 가치에 의해 결정된다. 자산의 실질가치가 상승할 경우 이들 자산의 구매력이 증가하며 이에 따라 총수요가 증가한다. 예를 들어 1990년대에는 주가가 상당히 상승했는데 이와 같은 주가상승은 총수요를 증가시켰다. 이와 반대로 주가폭락 등으로 인해 가계가 보유한 자산의 실질가치가 감소하면 이들 자산의 구매력이 감소하며 이에 따라 총수요가 감소한다. 1929년의 주가폭락은 대공황을 초래한 요인 중 하나다. 마찬가지로 부동산 가격의 급격한 하락이 2007~2009년 경기후퇴에서 소비지출을 위축시킨 주된 원인이었다.

3. 기존 실물자본의 양 기업은 실물자본을 늘리기 위해 계획된 투자지출을 한다. 따라서 기업이 투자지출을 얼마나 할 것인지는 부분적으로는 현재 그들이 보유하고 있는 실물자본의 양에 달려 있다. 보유하고 있는 자본의 양이 많을수록 자본을 추가할 유인이 적을 것이기 때문이다. 예를 들어 최근 많은 수의 주택이 건축되었는데 이는 신규 주택 건설에 대한 수요를 위축시키고 그 결과 주거용 투자지출을 감소시킬 것이다. 실제로 이것이 바로 2006년에 시작된 주거용 투자지출 침체의 부분적인 원인이었다. 그전 수년에 걸친 주택 호황이 주택의 과잉공급을 낳았고 그 결과 2009년 봄에 이르러서는 판매되지 않은 주택 재고가 14개월 이상의 주택 판매분에 달했으

함정

총수요곡선 상의 이동 대 총수요곡선의 이동

앞 절에서는 총수요곡선이 우하향하는 기울기를 가지는 이유 중 하나로 물가 변화의 자산효과를 소개했다. 즉 물가 상승은 가계가 보유한 자산의 구매력을 감소시키고 이에 따라 소비지출을 감소시킨다. 그런데 이 절에서는 자산의 변화가 총수요곡선 자체를 이동시킨다고 했다. 이 두 내용은 서로 상충되는 듯이 보인다. 자산의 변화는 총수요곡선을 따라서 경제를 이동시키는가 아니면 총수요곡선 자체를 이동시키는가? 사실 두 가

지 다 맞다. *자산 변화의 원인에 따라서 두 경우가 모두 발생할 수 있다.*

총수요곡선 상의 이동은 물가 변화로 인해 소비자가 기존에 보유하고 있는 자산의 구매력(자산의 실질가치)이 변할 경우에 발생한다. *이것은 바로 물가 변화의 자산효과에 해당한다.* 즉 물가 변화가 자산 변화의 원인이 되는 경우다. 예를 들어 물가가 하락하면 소비자가 보유한 자산의 구매력이 증가하고 이에 따라 경제는 총수요

곡선을 따라서 아래쪽으로 이동한다.

반면에 *물가 변화와 무관하게 발생하는 자산의 변화는 총수요곡선을 이동시킨다.* 예를 들어 주가가 상승하거나 부동산 가격이 상승하면 물가가 일정하더라도 소비자가 보유한 자산의 실질가치가 증가한다. 이 경우 재산 변화의 원천은 물가 변화 없이 자산 가치가 변하는 데 있다. 즉 모든 최종생산물의 가격이 고정된 상태에서 자산 가치가 변하는 것이다.

며 주택가격은 최고점으로부터 25% 이상 하락했다. 건축업자들이 더 이상의 주택을 지을 유인이 사라진 것은 물론이다.

4. 재정정책 거시경제학에서 중요한 직관 중 하나는 정부가 총수요에 강력한 영향을 미칠 수 있으며, 어떤 경우에는 경제성과를 개선하기 위해 이와 같은 영향력을 이용할 수 있다는 점이다. 경제를 안정시키기 위해 재화와 서비스 구매와 이전지출 등 정부지출이나 조세를 사용하는 것을 **재정정책**이라 한다. 실제로 각국의 정부는 지출 증가나 조세 감면 또는 두 가지 모두를 이용하여 경기후퇴에 대응하고 있다. 정부는 인플레이션을 억제하기 위해서 지출을 줄이거나 세금을 늘리기도 한다.

정부의 재화와 서비스 구매(G)는 총수요곡선에 **직접적인** 영향을 미치는데 그 이유는 정부구매 자체가 총수요의 일부이기 때문이다. 정부구매의 증가는 총수요곡선을 오른쪽으로 이동시키고 정부구매의 감소는 총수요곡선을 왼쪽으로 이동시킨다. 정부구매의 증가가 총수요에 어떻게 영향을 미치는가를 보여 주는 가장 극적인 예는 제2차 세계대전 중의 전비 지출에서 찾을 수 있다.

전쟁으로 인해 미국 연방정부의 구매액은 400% 급증했다. 이와 같은 정부구매의 증가는 대공황을 종식시키는 데 큰 기여를 한 것으로 평가된다. 1990년대에 들어서는 일본이 경기침체로부터 벗어나기 위해 도로 건설, 교량 건설과 같은 대규모 공공사업을 통해 총수요를 증가시켰다. 이와 마찬가지로 2009년에는 미국이 고속도로, 교량, 대중교통 등을 개선하는 사회간접자본 사업에 1,000억 달러 이상을 지출하기 시작했다.

이와는 대조적으로 조세나 이전지출의 변화는 가처분소득에 대한 영향을 통해 **간접적으로** 경제에 영향을 미친다. 세율이 낮아지면 소비자들은 소득 중 더 많은 부분을 보유할 수 있는데 이것이 바로 가처분소득의 증가다. 정부 이전지출의 증가도 소비자의 가처분소득을 증가시킨다. 두 경우 모두 소비지출이 증가하고 총수요곡선이 오른쪽으로 이동한다. 세율이 높아지거나 정부 이전지출이 감소하면 소비자들이 수령하는 가처분소득이 감소한다. 그 결과 소비지출이 감소하고 총수요곡선이 왼쪽으로 이동한다.

5. 통화정책 앞에서 2011년에 연준이 직면했던 문제에 대해서 설명했다. 연준은 **통화정책**을 결정한다. 통화정책이란 경제를 안정시키기 위해 화폐의 양이나 이자율을 변화시키는 정책을 말한다. 우리는 방금 물가가 상승할 경우 가계와 기업이 보유하고 있는 화폐의 구매력을 감소시키고 그 결과 이자율을 상승시킴을 배웠다. 이는 다시 소비지출과 투자지출을 감소시킨다.

가계나 기업이 보유하고 있는 화폐의 양이 변한다면 경제에서는 어떤 일이 일어날까? 현대 국가에서는 정부에 의해 설립된 **중앙은행**이 유통 중인 현금의 양을 결정한다. 제18장에서 배울 것이지만 미국의 중앙은행인 연방준비제도는 정부의 일부라고 볼 수도 없고 그렇다고 민간기관이라고 볼 수도 없는 특수기관이다. 중앙은행이 유통 중인 현금의 양을 증가시키면 가계와 기업이 보유한 화폐의 양이 증가하므로 이를 다른 가계와 기업에게 빌려 주려 할 것이다. 그 결과 각 물가수준에서의 이자율이 하락하고 투자지출과 소비지출이 증가할 것이다.

즉 화폐량의 증가는 총수요곡선을 오른쪽으로 이동시킨다. 화폐의 양을 줄이면 정반대의 효과가 발생한다. 자신이 보유한 화폐의 양이 줄어듦에 따라 가계와 기업은 차입을 늘리고 대출을 줄이려 할 것이다. 그 결과 이자율이 상승하고 투자지출과 소비지출이 감소하며 총수요곡선이 왼쪽으로 이동한다.

현실 경제의 >> 이해
총수요곡선 상의 이동, 1979~1980년

1979년 석유 위기 당시 물가 상승에 따른 이자율효과로 경제는 총수요곡선을 따라 위로 이동했고, 그 결과 총생산이 감소했다.

자료만 보아서는 지출의 변화가 총수요곡선 상의 이동으로 인한 것인지 또는 총수요곡선 자체의 이동으로 인한 것인지를 구분하기가 쉽지 않은 경우가 많다. 하지만 이 장의 도입 사례에서 설명된 1979년 오일 위기 직후 발생한 상황은 예외라 할 수 있다. 1980년 3월의 소비자물가 상승률이 14.8%에 달하는 등 물가가 급격히 상승하자 연방준비제도는 통화량 증가속도를 감소시키는 정책을 취했다. 이에 따라 물가는 매우 빠르게 상승하고 있었지만 경제에 공급되는 화폐의 양은 느린 속도로 증가했으며, 그 결과 미국 경제에서 유통 중인 현금 전체의 구매력이 감소했다.

구매력 감소는 다시 차입수요를 증가시켰고 이에 따라 이자율이 상승했다. 은행들이 최우량 고객에게 대출하면서 적용하는 이자율인 우대금리는 20%를 넘어섰다. 높은 이자율은 소비지출과 투자지출을 위축시켰다. 1980년 중 자동차를 비롯한 소비 내구재 구입액은 5.3% 감소했고 투자지출은 8.9% 감소했다.

다시 말하면 1979~1980년 기간 중 미국 경제는 총수요곡선을 따라서 위쪽으로 이동할 때 기대되는 것과 동일한 모습을 보여 주었다. 물가 변화에 따른 자산효과와 이자율효과로 인해 물가가 오르면서 총생산물에 대한 수요량이 감소한 것이다. 물론 이것으로는 왜 물가가 상승하는지를 설명할 수 없다. 나중에 소개될 총수요-총공급 모형에 대한 절에서는 이 질문에 대한 답이 단기 총공급곡선의 행태에 있음을 알게 될 것이다.

>> 복습
- **총수요곡선**은 우하향하는 기울기를 가지고 있는데 그 이유로는 **물가 변화의 자산효과**와 **물가 변화의 이자율효과**를 들 수 있다.
- 자산의 변화와 미래에 대한 기대의 변화로 인한 소비지출의 증가는 총수요곡선 자체를 이동시킨다. 기대의 변화와 기존 실물자본량의 변화로 인한 투자지출의 변화도 총수요곡선을 이동시킨다.
- 재정정책은 정부구매를 통해 직접적으로 총수요에 영향을 미치거나 조세나 이전지출을 통해 간접적으로 총수요에 영향을 미친다. 통화정책은 이자율의 변화를 통해 간접적으로 총수요에 영향을 미친다.

>> 이해돕기 16-1
해답은 책 뒤에

1. 다음 각 사건이 총수요에 어떤 영향을 미치는지를 밝히라. 그 영향이 총수요곡선 상의 이동(위쪽 또는 아래쪽)으로 인한 것인지 또는 총수요곡선 자체의 이동(왼쪽 또는 오른쪽)으로 인한 것인지를 설명하라.
   a. 통화정책의 변화로 인한 이자율 상승
   b. 물가 상승으로 인한 화폐의 실질가치 하락
   c. 내년도 취업시장이 어려울 것으로 전망하는 소식
   d. 세율 인하
   e. 물가 하락으로 인한 자산의 실질가치 증가
   f. 부동산 가격 급등으로 인한 자산의 실질가치 증가

‖ 총공급

1929~1933년 사이에는 각 물가수준에서의 재화와 서비스에 대한 수요량인 총수요가 크게 감소했다. 경제 전체의 수요 감소가 가져온 결과 중 하나는 대부분의 재화와 서비스의 가격이 하락한 것이다. 1933년의 GDP 디플레이터(제13장에서 정의했던 물가지수 중 하나)는 1929년에 비해 26% 하락했으며, 다른 물가지수들도 비슷한 정도로 하락했다. 수요 감소가 가져온 두 번

째 결과는 대부분의 재화와 서비스 생산량이 감소했다는 것이다. 1933년의 실질 국내총생산은 1929년에 비해 27% 감소했다. 세 번째 결과는 실질 국내총생산의 감소와 밀접한 관계가 있는 것으로 실업률이 3%에서 25%로 급상승했다는 것이다.

실질 국내총생산의 감소와 물가의 하락이 동반해서 나타난 것은 결코 우연이 아니다. 1929년과 1933년 사이에 미국 경제는 단기 총공급곡선을 따라서 아래쪽으로 이동하고 있었다. **총공급곡선**(aggregate supply curve)은 한 경제의 물가(최종생산물의 전반적인 가격 수준)와 생산자들이 공급하고자 하는 재화와 서비스의 최종생산물의 양 간의 관계를 보여 준다. (이미 배웠듯이 총생산을 측정하기 위해서는 실질 국내총생산을 사용한다. 따라서 우리는 이 두 용어를 구분하지 않고 사용할 것이다.) 좀 더 정확히 표현하자면 1929년과 1933년 사이에 미국 경제는 단기 총공급곡선을 따라서 아래쪽으로 이동했다.

단기 총공급곡선

1929년부터 1933년까지의 기간은 단기에 물가와 총생산물의 공급량 사이에 정의 관계가 있음을 보여 주었다. 즉 물가의 상승은 다른 조건이 일정할 경우 총생산물의 공급량을 증가시키고, 물가의 하락은 다른 조건이 일정할 경우 총생산물의 공급량을 감소시킨다. 이 같은 정의 관계가 존재하는 이유를 이해하기 위해 대부분의 생산자들이 고민하는 문제, 즉 생산물 한 단위를 생산하는 것이 이익이 되는가 또는 그렇지 않은가에 대해 생각해 보자. 생산물 단위당 이윤은 다음과 같이 정의될 수 있다.

(16-2)   생산물 단위당 이윤 = 생산물 단위당 가격 – 생산물 단위당 생산비용

따라서 생산자의 문제에 대한 답은 생산자가 생산물을 한 단위 팔고 수취하는 가격이 그 생산물 한 단위를 생산하는 데 드는 비용보다 큰지 또는 작은지에 달려 있다. 특정 시점에 생산자가 지급해야 할 생산물 단위당 비용은 한동안은 고정되어 변하지 않는다. 대개 생산비용 중에서 가장 유연성이 없는 부분이 근로자에게 지급되는 임금이다. 여기서 임금이란 근로자의 보수 이외에도 고용주가 지급하는 의료비 혜택과 퇴직금 등 근로자에 대한 모든 형태의 보상을 말한다.

임금은 대개 경직적인 생산비용으로 취급되는데 그 이유는 **명목임금**(nominal wage), 즉 달러화 금액으로 표시된 임금은 이전에 체결된 계약에 의해 고정되어 있기 때문이다. 공식적인 계약이 없는 경우에도 경영진과 근로자들 사이에는 비공식적인 합의가 이루어져 있는 경우가 흔한데, 이는 기업이 경제환경 변화에 따라 임금을 조정하는 것을 꺼리도록 만든다. 예를 들어 기업은 경기후퇴가 매우 길고 심각하지 않은 이상 경기가 어렵더라도 임금을 삭감하려 들지 않는다. 근로자들의 원성을 살까 봐 두렵기 때문이다. 마찬가지로 기업은 경기가 호전되더라도 경쟁 기업에 근로자를 빼앗길 위기에 처하지 않는 한 임금을 올리려 들지 않는다. 한 번 임금을 올려 줄 경우 근로자들이 으레 임금을 올려 달라고 요구할 것을 우려하기 때문이다.

이처럼 공식적 계약 또는 비공식적 합의로 인해 경제는 **경직적 임금**(sticky wage)을 특성으로 가지게 된다. 즉 명목임금은 실업률이 높아져도 느리게 하락하며 일손 부족 사태가 일어나도 느리게 상승한다. 물론 명목임금은 영원히 경직적일 수 없다. 공식적 계약이나 비공식적 합의는 결국 경제상황의 변화를 감안하여 재협상될 것이다.

많은 비용이 명목 금액으로 고정되어 있다는 사실이 어떻게 우상향하는 단기 총공급곡선을 가져오는지를 이해하기 위해서는 상이한 종류의 시장마다 가격이 다소 상이하게 결정된다는 점을 이해할 필요가 있다. 완전경쟁시장에서는 생산자들이 가격을 주어진 것으로 간주한다. 불완전경쟁시장에서는 생산자들이 자기 제품의 가격을 어느 정도 선택할 수 있다. 두 시장에서 모두 가

총공급곡선(aggregate supply curve)은 물가와 총생산물의 공급량 간의 관계를 나타낸다.

명목임금(nominal wage)은 달러화 금액으로 표시된 임금 지급액이다.

경직적 임금(sticky wage)은 실업률이 높아져도 느리게 하락하며 일손 부족 사태가 일어나도 느리게 상승하는 명목임금이다.

격과 생산물 간에 단기적으로 정의 관계가 존재하나 그 이유는 다소 상이하다.

완전경쟁시장에서의 생산자 행위부터 분석해 보자. 이들은 가격을 주어진 것으로 간주한다. 이제 어떤 이유에서 물가가 하락한다고 하자. 이는 최종생산물의 생산자가 제품을 판매하고 받는 가격이 하락함을 의미한다. 단기에는 생산비용의 상당 부분이 고정되어 있으므로 생산물 한 단위당 생산비용은 생산물의 가격이 하락하는 것만큼 감소하지는 않을 것이다. 따라서 생산물 단위당 이윤이 감소하고 이에 따라 완전경쟁시장에서의 생산자들은 단기적으로 생산물의 공급량을 줄일 것이다.

이제 어떤 이유에서든 물가가 상승하는 경우를 생각해 보자. 물가가 상승하면 생산자가 최종생산물을 판매하고 더 높은 가격을 받게 된다. 생산비용 중 상당 부분은 단기적으로 고정되어 있으므로 생산물 한 단위당 생산비용은 생산물의 가격이 상승하는 것만큼 증가하지는 않을 것이다. 완전경쟁시장에서의 생산자는 가격을 주어진 것으로 간주하므로 생산물 단위당 이윤이 증가하고 이에 따라 생산량이 증가할 것이다.

이제 자기 제품의 가격을 설정할 수 있는 불완전경쟁시장에서의 생산자를 생각해 보자. 이 생산자의 제품에 대한 수요가 증가한다면 각 가격 수준에서 더 많은 제품을 판매할 수 있을 것이다. 자신의 제품에 대한 수요가 강해지면 생산자는 생산량을 늘림은 물론 가격을 인상함으로써 생산물 단위당 이윤을 증가시키려 할 것이다. 사실 산업 분석가들은 종종 산업의 **가격 결정력**(pricing power)에 대해서 얘기한다. 즉 수요가 강할 때는 가격 결정력을 가진 기업은 가격을 인상하는 것이 가능하고 실제로도 그렇게 한다는 것이다.

이와 반대로 수요가 감소하면 기업들은 일반적으로 가격을 인하함으로써 판매량 감소를 제한하려 들 것이다.

완전경쟁산업의 기업들과 불완전경쟁산업의 기업들의 반응 모두 물가와 총생산 간에 정의 관계를 가져온다. 명목임금을 포함하여 상당 부분의 생산비용이 고정된 것으로 간주될 수 있는 기간 동안에 나타나는 물가와 총생산물의 공급량 간의 정의 관계는 **단기 총공급곡선**(short-run aggregate supply curve)을 이용하여 표현될 수 있다. 단기에 물가와 총생산량 간의 정의 관계로 인해 단기 총공급곡선은 우상향하는 기울기를 갖는다.

〈그림 16-3〉은 1929년과 1933년의 미국 경제의 실제값에 맞춰서 그린 가상적인 단기 총공급곡선(이하 *SRAS* 곡선이라 칭함)을 보여 준다. 수평축은 2009년 가격으로 측정된 총생산(실질 국내총생산), 즉 경제에서 공급되는 최종생산물의 양을 나타낸다. 수직축은 GDP 디플레이터로 측정한 물가수준을 나타낸다. GDP 디플레이터는 2009년에 100의 값을 갖도록 정규화되었다. 1929년의 물가는 9.9였으며 실질 국내총생산은 1조 570억 달러였다. 1933년에는 물가가 7.3이었고 실질 국내총생산은 7,780억 달러에 불과했다. 이처럼 *SRAS* 곡선을 따라서 아래쪽으로 이동하는 것은 바로 이 기간 중에 경험한 디플레이션과 총생산의 감소 현상과 일치한다.

무엇이 진정으로 신축적이고 무엇이 진정으로 경직적인가 대부분의 거시경제학자들은 〈그림 16-3〉이 제시하는 기본 원리, 즉 다른 여건에 변화가 없다면 단기적으로는 물가와 총생산 사이에 정의 관계가 존재한다는 점에 대해 동의한다. 그러나 세부적인 내용으로 들어가면 문제가 복잡해진다.

우리는 지금까지 물가와 명목임금이 신축성에서 차이가 있음을 강조했다. 즉 단기에 명목임금은 경직적이나 물가는 신축적이라 했다. 이와 같은 가정은 단기 총공급곡선이 우상향하는 기울기를 가지는 이유를 설명하기에는 매우 편리하다. 그러나 임금과 물가에 대한 실증자료를 보면 최종생산물의 가격은 신축적이고 명목임금은 경직적이라고 명확히 구분하기가 어렵다.

한편으로는 고용주와의 계약이나 비공식적 합의 없이 고용되는 근로자들이 존재하기 때문에

그림 16-3 단기 총공급곡선

단기 총공급곡선은 명목임금을 비롯하여 상당 부분의 생산비용이 고정된 것으로 간주될 수 있는 기간, 즉 단기에서의 물가와 총생산물의 공급량 간의 정의 관계를 나타낸다. 명목임금이 고정된 상태에서 물가가 상승할 경우 생산물 단위당 이윤이 증가하고 이에 따라 총생산이 증가하기 때문에 단기 총공급곡선은 우상향의 기울기를 가진다. 그림은 대공황 기간 중인 1929년과 1933년의 미국 경제의 실제값을 보여 준다. 이 기간 중 디플레이션의 발생으로 물가가 9.9(1929년)에서 7.3(1933년)으로 하락하자 기업들은 총생산물의 공급량을 2009년 달러 기준으로 1조 570억 달러에서 7,780억 달러로 줄였다.

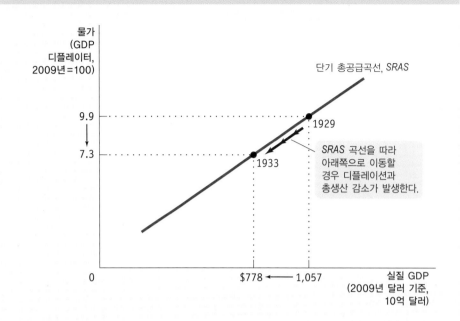

일부 명목임금은 실제로 단기에 있어서조차 신축적이다. 이처럼 신축적인 명목임금과 경직적인 명목임금이 혼재되어 있기 때문에 평균적인 명목임금, 즉 경제 전체의 노동자들이 받는 명목임금의 평균은 실업률이 급격히 증가할 때 하락한다. 예를 들어 대공황 초기에도 명목임금이 상당히 큰 폭으로 하락했다.

반면에 재화와 서비스의 가격 중에는 경직적인 것도 있다. 예를 들어 사치품이나 브랜드 인지도가 높은 제품을 생산하는 일부 기업들은 수요가 감소할 때에도 가격을 낮추기를 꺼린다. 대신 이들은 단위당 이윤이 감소할지라도 생산량을 줄이는 것을 더 선호한다.

이처럼 현실이 복잡하기는 해도 이제껏 제시된 기본적인 분석틀은 여전히 유효하다. 즉 물가가 하락할 때 일부 생산자들은 생산량을 줄이는데, 이는 이들이 지급하는 명목임금이 경직적이기 때문이다. 다른 생산자들은 제품의 가격을 인하하는 대신 생산량을 줄인다. 두 경우 모두 물가와 총생산 사이에는 정의 관계가 유지된다. 결국 단기 총공급곡선은 우상향하는 기울기를 갖는다.

단기 총공급곡선의 이동

〈그림 16-3〉은 1929년부터 1933년 사이에 물가와 총생산이 감소했던 것과 마찬가지의 단기 총공급곡선 상의 이동을 보여 준다. 하지만 단기 총공급곡선은 〈그림 16-4〉에서와 같이 그 자체가 이동할 수도 있다. 그림 (a)는 단기에 총공급이 감소하는 경우, 즉 단기 총공급곡선의 왼쪽으로의 이동을 보여 준다. 주어진 물가수준에서 각각의 생산자가 공급하고자 하는 생산물의 양이 감소할 경우 총생산은 감소한다. 그림 (b)는 단기에 총공급이 증가하는 경우, 즉 단기 총공급곡선이 오른쪽으로 이동하는 경우를 보여 준다. 주어진 물가수준에서 각각의 생산자가 공급하고자 하는 생산물의 양이 증가할 경우 총생산은 증가한다.

단기 총공급곡선이 이동하는 이유를 이해하기 위해서는 생산자들이 생산물 단위당 이윤에 의거하여 생산 결정을 내린다는 점을 상기할 필요가 있다. 단기 총공급곡선은 물가와 총생산 사이의 정의 관계를 나타낸다. 일부 생산비용은 단기에 고정되어 있기 때문에 물가의 변화는 생산물

그림 16-4 단기 총공급곡선의 이동

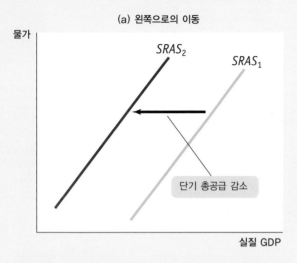

(a) 왼쪽으로의 이동

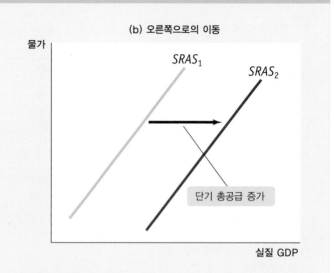

(b) 오른쪽으로의 이동

그림 (a)는 단기 총공급의 감소를 나타낸다. 단기 총공급곡선은 $SRAS_1$에서 왼쪽으로 이동하여 $SRAS_2$가 되며 각 물가수준에서 공급되는 총생산물의 양은 감소한다. 그림 (b)는 단기 총공급의 증가를 나타낸다. 단기 총공급곡선은 $SRAS_1$에서 오른쪽으로 이동하여 $SRAS_2$가 되며 각 물가수준에서 공급되는 총생산물의 양은 증가한다.

단위당 이윤을 변화시키고 이에 따라 총생산을 변화시킨다.

그런데 물가 이외에도 세 가지 요인이 생산물 단위당 이윤과 총생산에 영향을 줄 수 있는데 바로 상품 가격의 변화, 명목임금의 변화, 생산성의 변화이다.

단기 총공급곡선 자체의 이동을 이해하기 위해 유가 상승과 같이 생산비용을 증가시킬 수 있는 변화가 발생하는 경우를 생각해 보자. 생산물 가격이 고정되어 있다면 생산자의 생산물 단위당 이윤은 감소할 것이다. 이에 따라 생산자들은 주어진 물가수준에서 공급되는 생산물의 양을 감소시킬 것인데 이것이 바로 단기 총공급곡선을 왼쪽으로 이동시킨다. 이와 반대로 명목임금의 하락과 같이 생산비용을 낮추는 변화가 발생한다고 하자. 이 경우에는 각 물가수준에서 공급되는 총생산물의 양이 증가하고 그 결과 단기 총공급곡선이 오른쪽으로 이동한다.

1. 상품 가격의 변화 이 장의 도입 사례에서는 유럽중앙은행 총재인 트리셰의 견해가 어떻게 1970년대의 높은 인플레이션에 의해 형성되었는지를 보았다. 이 인플레이션 시기의 기원은 매우 중요한 상품인 원유 가격의 급격하고 지속적인 상승이었다. 높은 유가는 재빠르게 전 세계에서 생산비용을 증가시켰다.

상품이란 대량으로 매매되는 표준화된 투입물을 말한다. 원유와 같은 상품 가격의 상승은 경제 전체에 걸쳐 생산비용을 증가시켰고 이에 따라 각 물가수준에서 공급되는 총생산물의 양을 감소시켰다. 결국 단기 총공급곡선은 왼쪽으로 이동했다. 이와 반대로 상품 가격의 하락은 생산비용을 감소시키고 각 물가수준에서 공급되는 총생산물의 양을 증가시켜 단기 총공급곡선을 오른쪽으로 이동시킨다.

왜 상품 가격의 영향이 단기 총공급곡선 자체에 이미 반영되어 있지 않을까? 그것은 상품은 청량음료와는 달리 최종생산물이 아니므로 물가 계산에 포함되지 않기 때문이다. 대부분의 기업에서 상품은 명목임금과 마찬가지로 생산비에서 차지하는 비중이 매우 크다. 더욱이 다른 일반 제품과는 달리 상품의 가격은 중동전쟁이나 중국의 수요 증가와 같이 미국이 쓸 수 있는 원유를 감소시키는 산업 고유의 충격으로 인해 급변할 때가 종종 있다.

2. 명목임금의 변화   각 시점에는 많은 노동자들의 달러화 표시 임금이 과거에 체결된 계약이나 비공식적 합의에 의해 고정되어 있다. 그러나 충분한 시간이 흘러서 계약이나 비공식적 합의가 재협상될 경우에는 명목임금도 변할 수 있다.

예를 들어 경제 전체에서 고용주가 임금의 일부로 지불하고 있는 의료보험료가 올랐다고 하자. 근로자를 위해 지불하는 부담금이 증가하므로 고용주의 입장에서 보면 이는 명목임금의 상승에 해당한다. 이와 같은 명목임금의 상승은 생산비를 증가시키고 단기 총공급곡선을 왼쪽으로 이동시킨다.

반대로 의료보험료가 내려간다면 이는 고용주의 입장에서는 명목임금이 하락한 것과 같다. 즉 생산비용이 감소하고 그 결과 단기 총공급곡선은 오른쪽으로 이동한다.

1970년대에 발생한 중요한 역사적 사실은 유가 상승이 간접적으로 명목임금을 상승시켰다는 것이다. 이와 같은 연쇄반응 효과가 발생한 것은 적지 않은 수의 임금 계약들이 소비자물가가 상승할 경우 자동적으로 명목임금을 상향 조정하는 **생계비 조정항목**(cost-of-living allowance)을 포함하고 있었기 때문이다. 즉 유가 상승의 여파로 소비자물가가 상승하자 생계비 조정항목이 적용되어 명목임금도 상승한 것이다.

결국 경제는 두 차례에 걸쳐 총공급곡선이 왼쪽으로 이동하는 현상을 경험한 셈이다. 첫째는 처음 유가 상승으로 인한 이동이고, 둘째는 유가 상승으로 인해 유발된 명목임금 상승으로 인한 이동이다. 유가 상승이 경제 전체에 미치는 부정적인 영향은 임금 계약에 내재된 생계비 조정항목으로 인해 증폭되었다. 지금은 임금 계약에서 생계비 조정항목을 찾아보기가 어렵다.

3. 생산성의 변화   생산성의 증가란 동일한 양의 중간투입물을 가지고 한 노동자가 생산할 수 있는 생산량이 증가함을 의미한다. 예를 들어 소매상점들이 바코드 스캐너를 도입함에 따라 개별 점원이 진열, 주문 등의 재고관리를 더 효율적으로 할 수 있게 되었다. 그 결과 소매상점이 1달러의 매출을 올리는 데 필요한 비용은 감소하고 이윤은 증가했다. 뿐만 아니라 상점이 공급하는 재화의 양도 증가했다(월마트를 생각해 보자. 월마트의 점포 수가 증가하는 것은 총공급량의 증가에 비견할 수 있다). 따라서 그 원인이 무엇이든 간에 생산성이 향상될 경우 생산자의 이윤이 증가하고 단기 총공급곡선은 오른쪽으로 이동한다.

이와 반대로 서류를 작성하기 위해 근로자가 더 많은 시간을 들일 것을 요구하는 규제 신설 등으로 인해 생산성이 하락하면 주어진 투입물을 가지고 각 종업원이 생산할 수 있는 생산물의 양이 감소한다. 이는 단위당 생산비 증가, 이윤 감소, 공급량 감소를 낳으며 결국 단기 총공급곡선을 왼쪽으로 이동시킨다.

〈표 16-2〉는 단기 총공급곡선을 이동시키는 요인들을 요약해서 보여 준다.

장기 총공급곡선

이제까지는 단기에 명목임금의 경직성으로 인해 물가가 하락하면 총생산물의 공급량이 감소함을 보았다. 그러나 앞서 언급한 바와 같이 장기에는 계약이나 비공식적 합의가 재협상될 수 있으므로 명목임금도 물가와 마찬가지로 신축적이 된다. 이와 같은 사실은 물가와 총공급량 간의 장기적인 관계에 큰 변화를 가져온다. 사실 장기에는 물가가 총생산물의 공급량에 아무런 영향을 주지 못한다.

그 이유를 이해하기 위해 다음과 같은 상상 실험을 해 보자. 여러분이 마법의 지팡이를 갖고 있어서 경제 전체의 **모든 가격**을 동시에 절반으로 낮출 수 있다고 하자. 경제 전체의 '모든 가격'

표 16-2 총공급을 이동시키는 요인

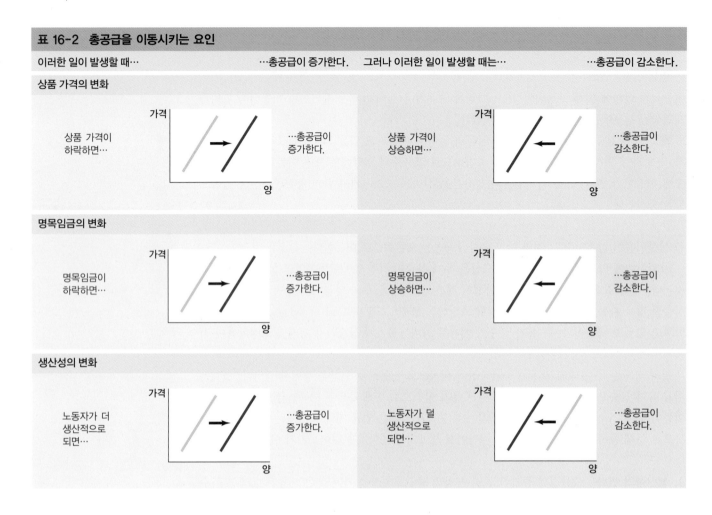

이러한 일이 발생할 때…	…총공급이 증가한다.	그러나 이러한 일이 발생할 때는…	…총공급이 감소한다.
상품 가격의 변화			
상품 가격이 하락하면…	…총공급이 증가한다.	상품 가격이 상승하면…	…총공급이 감소한다.
명목임금의 변화			
명목임금이 하락하면…	…총공급이 증가한다.	명목임금이 상승하면…	…총공급이 감소한다.
생산성의 변화			
노동자가 더 생산적으로 되면…	…총공급이 증가한다.	노동자가 덜 생산적으로 되면…	…총공급이 감소한다.

을 절반으로 낮춘다 함은 모든 최종생산물의 가격은 물론 명목임금과 모든 중간투입물의 가격도 절반으로 낮춤을 의미한다. 이처럼 모든 최종생산물과 중간투입물의 가격이 절반이 되면 총생산에는 어떤 변화가 발생할까?

그 답은 '아무 변화도 생기지 않는다'이다. 다시 한 번 식 (16-2)를 생각해 보자. 각 생산자의 입장에서 보면 자신이 생산하는 생산물의 가격이 절반으로 하락하지만 생산비용 또한 동일한 비율로 감소할 것이다. 그 결과 가격이 변하기 이전에 생산을 하면 이윤을 낼 수 있었던 생산물 단위들은 모두 가격이 변화한 후에도 여전히 이윤을 낼 수 있을 것이다. 따라서 경제 전체의 모든 가격이 절반이 되어도 각 생산자의 생산량에는 변화가 없을 것이며 그 결과 총생산에도 변화가 없을 것이다. 결국 물가의 변화는 총생산물의 공급량에 영향을 주지 못한다.

물론 현실에서는 어느 누군가가 모든 가격을 동시에 동일한 비율만큼 변화시키는 것이 불가능하다. 하지만 지금은 모든 가격이 완전히 신축적인 장기를 고려하고 있다. 장기에는 인플레이션이나 디플레이션이 발생할 경우 마치 누군가가 모든 가격을 동일한 비율만큼 변화시키는 것과 동일한 효과를 가질 것이다. 따라서 물가의 변화는 장기에 총생산물의 공급량을 변화시키지 못한다. 장기에 물가의 변화는 명목임금을 비롯한 모든 투입물 가격이 동일한 비율만큼 변화하는 현상을 동반하기 때문이다.

장기 총공급곡선(long-run aggregate supply curve)은 명목임금을 비롯한 모든 가격이 완전히 신축적일 경우에 물가와 총생산물의 공급량 간에 존재하는 관계를 보여 준다.

〈그림 16-5〉에서 *LRAS*로 표기된 **장기 총공급곡선**(long-run aggregate supply curve)은 명목임금을 비롯한 모든 가격이 완전히 신축적일 경우 물가와 총생산물의 공급량 간에 존재하는 관계를 보여 준다. 물가의 변화가 총생산에 아무런 영향을 주지 못하기 때문에 장기 총공급곡선은 수직

그림 16-5 장기 총공급곡선

장기 총공급곡선은 명목임금을 비롯한 모든 가격이 신축적일 경우에 물가와 총생산물의 공급량 간에 존재하는 관계를 보여 준다. 장기에는 물가 변화가 총생산물의 공급량에 영향을 미치지 못하기 때문에 장기 총공급곡선은 잠재생산량을 나타내는 Y_P에서 수직이다.

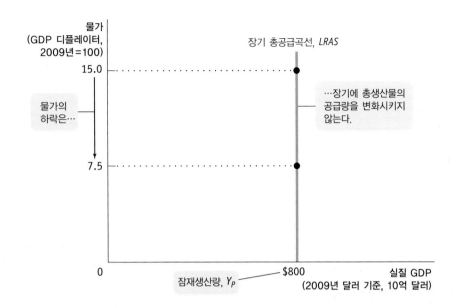

선의 모양을 가진다. 그림에 따르면 물가수준이 15.0일 때 총생산물의 공급량은 2009년 달러로 8,000억 달러다. 물가가 50% 하락하여 7.5가 되어도 장기에 있어서는 총생산물의 공급량이 여전히 2009년 달러로 8,000억 달러다.

장기 총공급곡선이 수직임을 이해하는 것 못지않게 장기 총공급곡선의 이동이 가지는 의미를 이해하는 것도 중요하다. 〈그림 16-5〉에서 LRAS가 수평축과 만나는 점(2009년 달러로 8,000억 달러)은 이 경제의 **잠재생산량**(potential output), Y_P, 즉 명목임금을 비롯한 모든 가격이 완전히 신축적일 때 이 경제가 생산할 실질 국내총생산 수준을 나타낸다.

현실에서는 실질 국내총생산이 거의 항상 잠재생산량보다 높거나 낮은 수준에 있다. 그 이유에 대해서는 앞으로 총수요-총공급 모형에 대해서 논할 때 설명할 것이다. 그럼에도 불구하고 실제 총생산이 잠재생산량을 중심으로 변동하기 때문에 잠재생산량은 매우 중요한 의미를 가진다.

미국에서는 의회예산처(CBO)가 연방정부의 예산을 분석하기 위해 잠재생산량을 추정한다. 〈그림 16-6〉에서 주황색 선은 의회예산처가 추정한 1990년부터 2018년까지 미국의 연간 잠재생산량을 보여 주며, 파란색 선은 같은 기간 미국 실질 국내총생산의 실제값을 보여 준다. 보라색 음영으로 표시된 부분은 잠재생산량이 실제 총생산을 초과하는 기간을 나타내고, 초록색 음영으로 표시된 부분은 실제 총생산이 잠재생산량을 초과하는 기간을 나타낸다.

그림에서 보듯이 미국의 잠재생산량은 꾸준하게 증가해 왔는데 이는 미국의 LRAS 곡선이 계속하여 오른쪽으로 이동해 왔음을 의미한다. 장기 총공급곡선이 오른쪽으로 이동한 원인은 무엇일까? 그 답은 제15장에서 설명한 경제성장의 요인, 즉 실물자본 및 인적 자본의 증가와 기술진보에서 찾을 수 있다. 장기적으로 경제활동인구가 많아지고 노동생산성이 높아지면 경제가 생산할 수 있는 실질 국내총생산도 증가한다. 사실 장기 경제성장이란 한 경제의 잠재생산량이 증가하는 현상으로도 볼 수 있다. 즉 우리는 일반적으로 시간이 흐름에 따라 경제가 장기적으로 성장하면서 장기 총공급곡선이 오른쪽으로 이동한다고 본다.

잠재생산량(potential output)은 명목임금을 비롯한 모든 가격이 완전히 신축적일 때 한 경제가 생산할 실질 국내총생산이다.

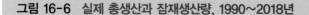

그림 16-6 실제 총생산과 잠재생산량, 1990~2018년

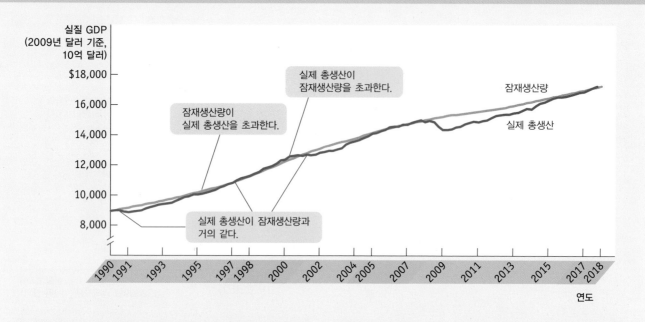

이 그림은 1990년부터 2018년까지 미국의 실제 총생산과 잠재생산량을 보여 준다. 주황색 선은 의회예산처가 계산한 미국의 잠재생산량 추정치를 나타내며 파란색 선은 실제 총생산을 나타낸다. 보라색 음영으로 표시된 해는 실제 총생산이 잠재생산량보다 낮았던 기간을 나타내고, 초록색 음영으로 표시된 해는 실제 총생산이 잠재생산량을 초과했던 기간을 나타낸다. 그림에서 보듯이 1990년대 초와 2000년 이후의 경기후퇴기에는 실제 총생산이 잠재생산량에 크게 미달했다. 1990년대 후반의 호황기에는 실제 총생산이 잠재생산량을 상당히 큰 폭으로 초과했다가 2007~2009년 경기후퇴 이후에는 엄청난 규모로 미달했다.

출처 : Congressional Budget Office; Bureau of Economic Analysis; Federal Reserve Bank of St. Louis.

단기에서 장기로

〈그림 16-6〉에서 보듯이 미국 경제의 총생산은 잠재생산량을 초과할 때도 있었고 잠재생산량에 미달할 때도 있었다. 실제 총생산은 1990년대 초에 잠재생산량에 미달했으며, 1990년대 말에 잠재생산량을 초과한 반면 2000년대의 대부분은 잠재생산량에 미달했다. 특히 2007~2009년 경기후퇴 이후에는 잠재생산량에 크게 미달했다. 따라서 경제는 보통 장기 총공급곡선이 아니라 단기 총공급곡선 상에 있었다고 할 수 있다. 그렇다면 장기 총공급곡선은 별로 필요가 없는 것이 아닐까? 도대체 경제가 단기균형으로부터 장기균형으로 가기는 하는 것일까? 그렇다면 어떻게 가는 것일까?

이 질문에 답하기 위해서는 우선 경제가 단기 총공급곡선 및 장기 총공급곡선과 관련하여 반드시 다음 두 상태 중 하나에 있다는 점을 이해해야 한다. 경제는 동시에 단기 총공급곡선과 장기 총공급곡선 상에 있을 수 있는데 이는 경제가 두 곡선이 만나는 점에 있는 경우다(〈그림 16-6〉에서 실제 총생산을 나타내는 선과 잠재생산량을 나타내는 선이 교차하는 몇 개의 연도가 이에 해당한다). 또는 경제는 단기 총공급곡선 상에만 있고 장기 총공급곡선 상에는 있지 않을 수 있다(〈그림 16-6〉에서 실제 총생산을 나타내는 선과 잠재생산량을 나타내는 선이 교차하지 않는 연도들이 이에 해당한다).

그런데 이것이 이야기의 끝이 아니다. 경제가 단기 총공급곡선 상에만 있고 장기 총공급곡선 상에 있지 않은 경우에는 두 곡선이 만나는 점에 경제가 위치하여 실제 총생산이 잠재생산량과 같아질 때까지 단기 총공급곡선이 이동하게 된다.

그림 16-7 단기에서 장기로

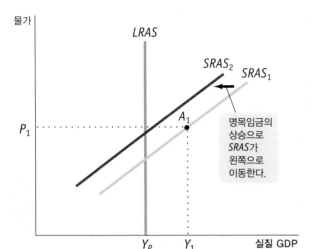

(a) 단기 총공급곡선의 왼쪽으로의 이동

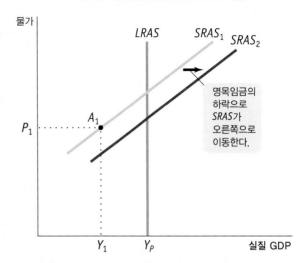

(b) 단기 총공급곡선의 오른쪽으로의 이동

그림 (a)에서 처음의 단기 총공급곡선은 $SRAS_1$이다. 물가수준이 P_1일 때 총생산물의 공급량 Y_1은 잠재생산량 Y_P를 초과한다. 결국 낮은 실업률이 명목임금을 상승시키고 단기 총공급곡선을 $SRAS_2$처럼 왼쪽으로 이동시킨

다. 그림 (b)에서는 반대되는 현상이 발생한다. 물가수준이 P_1일 때 총생산물의 공급량 Y_1은 잠재생산량 Y_P에 미달한다. 높은 실업률은 결국 명목임금을 하락시키고 단기 총공급곡선을 오른쪽으로 이동시킬 것이다.

〈그림 16-7〉은 그 과정을 예시적으로 보여 준다. (a)와 (b)에서 $LRAS$는 장기 총공급곡선이고 $SRAS_1$은 처음의 단기 총공급곡선이며 현재의 물가수준은 P_1이다. 이 경제가 현재 그림 (a)의 A_1점에 있다고 하자. 이 점에서는 잠재생산량인 Y_P를 초과하는 Y_1의 총생산이 공급되고 있다. Y_1과 같이 잠재생산량을 초과하는 생산물을 생산하는 것은 명목임금이 완전히 상향 조정되지 않았을 경우에만 가능하다.

명목임금의 상향 조정이 일어나기 전까지는 생산자들이 많은 이윤을 벌어들이고 높은 수준의 생산량을 생산한다. 하지만 총생산이 잠재생산량을 초과한다 함은 실업률이 지나치게 낮은 수준에 있음을 의미한다. 일자리는 풍부한 반면 노동자가 부족하면 시간이 흐름에 따라 명목임금이 상승할 것이고 그 결과 단기 총공급곡선은 점차 왼쪽으로 이동할 것이다. 결국 단기 총공급곡선은 $SRAS_2$와 같이 새로운 위치로 이동할 것이다.

(b)에서는 처음의 생산점인 A_1에서 총생산(Y_1)이 잠재생산량(Y_P)보다 작다. Y_1과 같이 잠재생산량(Y_P)에 미달하는 생산물을 생산하는 것은 명목임금이 완전히 하향 조정되지 않았을 경우에만 가능하다. 명목임금의 하향 조정이 일어나기 전까지는 생산자들이 작은 이윤을 내거나 손실을 입고 있을 것이고 이에 따라 낮은 수준의 생산량을 생산할 것이다. 그런데 총생산이 잠재생산량에 미달한다 함은 실업률이 높은 수준에 있음을 의미한다. 노동자는 풍부한 반면 일자리가 부족하면 시간이 흐름에 따라 명목임금이 하락할 것이고, 그 결과 단기 총공급곡선은 점차적으로 오른쪽으로 이동할 것이다. 결국 단기 총공급곡선은 $SRAS_2$와 같이 새로운 위치로 이동할 것이다.

우리는 곧 이와 같은 단기 총공급곡선의 이동이 장기적으로 경제를 잠재생산량 수준으로 복귀시킨다는 사실을 알게 될 것이다.

현실 경제의 >> 이해
대후퇴 기간 중의 임금 경직성

우리는 경직적 임금으로 인해 단기에 총공급곡선이 우상향하는 기울기를 가짐을 확인했다. 노동이 초과공급 상태에 있을 때조차 고용주들이 명목임금을 삭감하기를 주저하며 근로자들도 명목임금 삭감을 기꺼이 수용하지 않을 것이기 때문이다. 하지만 그렇다면 임금이 경직적임을 보여주는 증거가 있는 것일까?

이 질문에 대한 답은 비슷한 능력을 가진 다수의 근로자들이 실업 상태에 있으면서 더 낮은 임금을 받고서라도 일을 구하려 하기 때문에 많은 근로자들이 임금 삭감의 압력을 받으리라 예상되는 시기에 실제로 임금에 어떤 변화가 있는지를 살펴봄으로써 찾을 수 있다. 임금이 경직적이라면 이와 같은 시기에도 많은 근로자들의 임금이 변하지 않음을 발견할 것으로 기대된다. 고용주들로서는 임금을 올려 줄 이유가 없으며, 임금이 경직적이기 때문에 근로자들은 임금을 삭감당하지 않을 것이다.

바로 이것이 2007~2009년 대후퇴 기간 중과 이후에 우리가 발견할 수 있는 현상이다. 〈그림 16-8〉은 특히 놀라운 예로 2008년부터 시작되어 2013년 초에 17%를 넘어서는 실업률을 경험했던 길고도 극심한 포르투갈의 경기부진 사례를 보여 준다.

그림 (a)는 번창하던 시기인 1984년 중 포르투갈의 임금 변화 분포, 즉 임금이 주어진 금액만큼 증가한 노동자의 비율을 보여 준다. 이 시기에는 포르투갈 경제가 제법 잘나가고 있었고 상당한 인플레이션도 발생하고 있었다. 그림에서 보듯이 대부분의 노동자가 15%에서 20% 정도의 임금 상승을 경험했지만, 인금 인상폭은 매우 광범위했다. 그림 (b)는 이와 대조적으로 포르투갈 경제가 깊은 침체에 빠져 있었고 인플레이션이 영에 가까웠던 2012년의 임금 변화 분포를 보여 준다. 여러분은 이러한 상황에서는 광범위한 임금 삭감을 관측할 수 있을 것이라 기대할 것이다. 하지만 고용주들은 일반적으로 임금 삭감을 꺼린다. 따라서 우리가 목격하는 것은 80%에 가까운 대부분 노동자의 임금이 거의 변하지 않았다는 사실이다. 이는 그림에서 영의 값 위의 뾰족한 막대로부터 확인할 수 있다. 즉 임금이 경직적이었기 때문에 대부분의 임금이 상승하지도 않았고 하락하지도 않았다.

그림 16-8 포르투갈의 임금 변화 분포

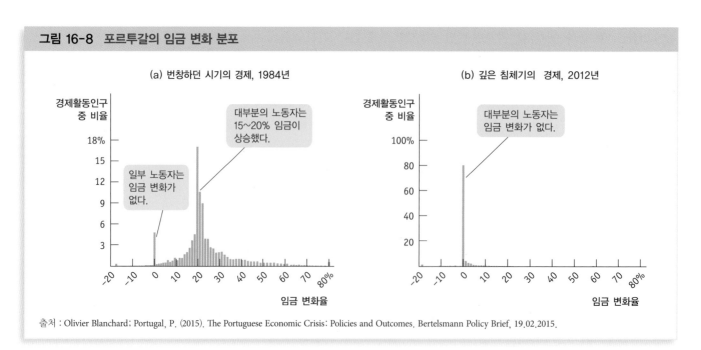

출처 : Olivier Blanchard; Portugal, P. (2015). The Portuguese Economic Crisis: Policies and Outcomes. Bertelsmann Policy Brief, 19.02.2015.

>> 이해돕기 16-2
해답은 책 뒤에

1. 다음 각 사건이 단기 총공급곡선에 미치는 영향을 분석하라. 그 영향이 단기 총공급곡선 상의 이동 때문인지 또는 단기 총공급곡선 자체의 이동 때문인지를 설명하라.
   a. 소비자물가지수(CPI)가 상승함에 따라 생산자들이 생산량을 늘린다.
   b. 유가가 하락함에 따라 생산자들이 생산량을 늘린다.
   c. 법적으로 요구되는 종업원 퇴직급여 혜택이 증가함에 따라 생산자들이 생산량을 줄인다.
2. 잠재생산량을 달성하고 있는 어떤 경제에서 총생산물의 공급량이 증가한다고 하자. 이와 같은 총생산의 증가가 단기 총공급곡선 상의 이동 때문인지 또는 장기 총공급곡선 자체의 이동 때문인지를 판별하기 위해서는 어떤 정보가 필요한지를 설명하라.

총수요-총공급 모형

1929~1933년 사이에 미국 경제는 물가가 하락함에 따라 단기 총공급곡선을 따라서 아래로 이동했다. 이와 반면에 1979~1980년 사이에는 물가가 상승함에 따라 총수요곡선을 따라서 위로 이동했다. 각각의 경우에 총공급 또는 총수요곡선을 따라서 이동하게 된 원인은 상대방 곡선이 이동한 데에 있다. 1929~1933년 사이에는 소비지출이 크게 감소함에 따라 총수요곡선이 왼쪽으로 이동한 것이 원인이었고, 1979~1980년 사이에는 오일 쇼크로 인해 단기 총공급곡선이 왼쪽으로 이동한 것이 원인이었다. 대후퇴 중에는 물가가 하락하지는 않았지만 경제학자들은 대후퇴가 1929~1933년과 마찬가지로 총수요곡선의 왼쪽으로의 이동에 원인이 있다는 데 동의한다.

이러한 사실은 경제의 움직임을 이해하기 위해서는 총공급곡선과 총수요곡선을 함께 분석해야 함을 일깨워 준다. 이 두 곡선을 함께 분석하는 것이 바로 **총수요-총공급 모형**(AD-AS model)이다. 이 모형은 경기변동을 이해하기 위해 사용되는 가장 기본적인 모형이다.

단기 거시경제 균형

먼저 단기에 초점을 둔 분석으로부터 시작하자. 〈그림 16-9〉는 총수요곡선과 단기 총공급곡선을 함께 보여 준다. AD 곡선과 SRAS 곡선이 만나는 점인 E_{SR}을 **단기 거시경제 균형**(short-run macroeconomic equilibrium)이라 부른다. 이 점에서는 총생산물의 공급량이 가계, 기업, 정부, 해외 부문 등에 의한 총생산물의 수요량과 같다. E_{SR}에서의 물가수준인 P_E를 **단기균형 물가**(short-run equilibrium aggregate price level)라 한다. 또한 E_{SR}에서의 총생산량인 Y_E를 **단기균형 총생산**(short-run equilibrium aggregate output)이라 한다.

수요공급 모형에서는 개별 재화의 부족이 시장가격을 상승시키고 잉여가 시장가격을 하락시킴을 보았다. 이와 같은 움직임에 의해 시장이 균형을 달성하는 것이 보장된다. 동일한 논리가 바로 단기 거시경제 균형에도 적용된다. 물가가 균형 수준보다 높으면 총생산물의 공급량이 총생산물에 대한 수요량을 초과한다. 이는 물가를 하락시켜서 균형 수준에 가까워지도록 만든다.

물가가 균형 수준보다 낮은 경우에는 총생산물의 공급량이 수요량보다 적다. 이는 물가를 상승시켜서 균형 수준에 가까워지도록 만든다. 이제부터는 경제가 항상 단기 거시경제 균형 상태에 있다고 가정할 것이다.

우리는 또한 현실에서 총생산과 물가가 함께 상승하는 경향이 있다는 점을 감안하여 한 가지 단순화 가정을 추가적으로 도입할 것이다. 즉 총생산이나 물가의 하락은 장기적인 상승추세에

총수요-총공급 모형(AD-AS model)에서는 경기변동을 분석하기 위해 총공급곡선과 총수요곡선이 함께 이용된다.

총생산물의 공급량이 총생산물의 수요량과 같을 때 경제는 **단기 거시경제 균형**(short-run macroeconomic equilibrium) 상태에 있다.

단기균형 물가(short-run equilibrium aggregate price level)는 단기 거시경제 균형 상태에서의 물가수준이다.

단기균형 총생산(short-run equilibrium aggregate output)은 단기 거시경제 균형 상태에서의 총생산이다.

그림 16-9 총수요–총공급 모형

총수요–총공급 모형은 총수요곡선과 단기 총
공급곡선을 결합한 모형이다. 이 두 곡선이 만
나는 점 E_{SR}은 단기 거시경제 균형점인데 이
점에서는 총생산물의 수요량이 총생산물의 공
급량과 같다. P_E는 단기균형 물가이고, Y_E는
단기균형 총생산이다.

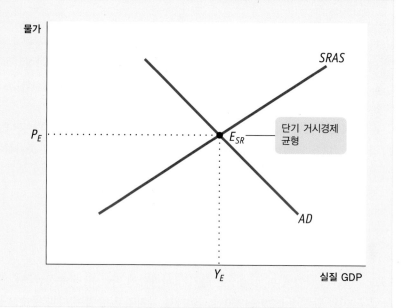

대비한 상대적인 하락이라고 가정할 것이다. 예를 들어 물가가 일반적으로 매년 4%씩 상승한다
면 물가가 3%만 상승한 해는 우리 분석에서는 물가가 1% 하락한 해로 취급될 것이다. 사실 대부
분의 국가에서 대공황 이후 물가가 실제로 하락한 것은 몇 해 되지 않는다. 1995년 이후 일본의
디플레이션은 얼마 안 되는 예외에 속한다. 반면에 물가가 장기 추세에 비해서 상대적으로 하락
한 사례는 많다.

단기균형 총생산과 단기균형 물가는 AD 곡선의 이동이나 SRAS 곡선의 이동에 의해 변할 수
있다. 이들 각각의 경우를 살펴보기로 한다.

총수요의 이동 : 단기적 효과

기대나 재산의 변화, 기존 실물자본 양의 변화, 재정정책과 통화정책의 시행과 같이 총수요곡선
을 이동시키는 사건을 **수요충격**(demand shock)이라 부른다. 대공황의 원인은 1929년의 주가폭
락과 1930~1931년 은행위기에 뒤따른 자산 가치 하락과 기업과 소비자의 신뢰 붕괴라는 부의
수요충격에 있었다.

대공황은 제2차 세계대전 중 엄청난 규모의 정부구매 증가라는 정의 수요충격에 의해서 종식
되었다. 2008년에 미국 경제는 주택시장의 호황이 불황으로 바뀌고 기업들이 지출을 축소시킴
에 따라 심각한 부의 수요충격을 경험했다.

〈그림 16-10〉은 부의 수요충격과 정의 수요충격이 미치는 단기적인 영향을 보여 준다. 그림
(a)에서 보듯이 부의 수요충격은 AD_1에서 AD_2로와 같이 총수요곡선을 왼쪽으로 이동시킨다. 경
제는 E_1에서 SRAS 곡선을 따라서 아래쪽으로 이동하여 E_2에 도달하며, 단기균형 총생산이 감소
하고 단기균형 물가가 하락한다. 정의 수요충격은 그림 (b)에서와 같이 총수요곡선을 오른쪽으
로 이동시킨다. 경제는 E_1에서 SRAS 곡선을 따라서 위쪽으로 이동하여 E_2에 도달하며, 그 결과
단기균형 총생산이 증가하고 단기균형 물가가 상승한다. 수요충격은 총생산과 물가를 같은 방
향으로 움직이도록 만든다.

총수요곡선을 이동시키는 사건을 **수요
충격**(demand shock)이라 한다.

그림 16-10 수요충격

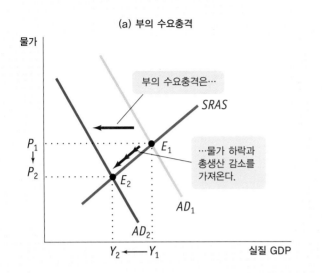

(a) 부의 수요충격

부의 수요충격은…

…물가 하락과
총생산 감소를
가져온다.

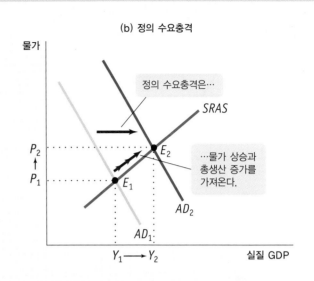

(b) 정의 수요충격

정의 수요충격은…

…물가 상승과
총생산 증가를
가져온다.

수요충격은 총수요곡선을 이동시키고 그 결과 물가와 총생산이 같은 방향으로 변화한다. 그림 (a)에서는 부의 수요충격으로 인해 총수요곡선이 AD_1에서 AD_2로 왼쪽으로 이동하며, 그 결과 물가가 P_1에서 P_2로 하락하고 총생산이 Y_1에서 Y_2로 감소한다. 그림 (b)에서는 정의 수요충격이 총수요곡선을 오른쪽으로 이동시키고, 그 결과 물가는 P_1에서 P_2로 상승하고 총생산은 Y_1에서 Y_2로 증가한다.

단기 총공급곡선의 이동

상품 가격, 명목임금 또는 생산성의 변화와 같이 단기 총공급곡선을 이동시키는 사건을 **공급충격**(supply shock)이라 한다. 부(negative)의 공급충격은 생산비용을 증가시키고 각 물가수준에서 생산자들이 공급하고자 하는 생산물의 양을 감소시키며 그 결과 단기 총공급곡선을 왼쪽으로 이동시킨다. 미국 경제는 1973년과 1979년에 세계 원유공급이 불안정해짐에 따라 격심한 부의 공급충격을 겪었다.

이와 달리 정(positive)의 공급충격은 생산비용을 낮추고 각 물가수준에서의 공급량을 증가시킴으로써 단기 총공급곡선을 오른쪽으로 이동시킨다. 미국 경제는 1995년과 2000년 사이에 인터넷 사용의 증가와 정보통신기술의 발달로 생산성이 크게 높아짐에 따라 정의 공급충격을 경험했다.

〈그림 16-11〉의 (a)는 부의 공급충격의 효과를 보여 준다. 처음에 경제는 E_1에서 균형 상태에 있으며, 이 점에서 물가는 P_1이고 총생산은 Y_1이다. 원유 공급의 불안정은 단기 총공급곡선을 $SRAS_1$에서 $SRAS_2$로 왼쪽으로 이동시킨다. 그 결과 경제가 총수요곡선을 따라서 위쪽으로 움직이면서 총생산이 감소하고 물가가 상승한다. 새 균형점인 E_2에서의 균형물가인 P_2는 이전에 비해 높아지고 균형총생산인 Y_2는 낮아진다.

그림 (a)가 보여 주는 것과 같이 인플레이션과 총생산의 감소가 함께 나타나는 현상을 '경기침체(stagnation) 더하기 인플레이션(inflation)'을 뜻하는 **스태그플레이션**(stagflation)이라 부른다. 스태그플레이션을 경험한다는 것은 매우 불쾌한 일이다. 총생산의 감소가 실업을 증가시키는 데다 물가가 상승함에 따라 구매력마저 줄어들기 때문이다. 1970년대의 스태그플레이션은 미국 전역을 비관론에 젖어들게 만들었다. 이에 더해서 정책입안자들을 딜레마에 빠뜨렸다.

그림 (b)가 보여 주는 정의 공급충격은 정확히 정반대의 효과를 갖는다. $SRAS$ 곡선이 $SRAS_1$에서 $SRAS_2$로 오른쪽으로 이동함에 따라 경제가 총수요곡선을 따라 아래로 움직이면서 총생산이

단기 총공급곡선을 이동시키는 사건을 **공급충격**(supply shock)이라 한다.

스태그플레이션(stagflation)은 인플레이션과 총생산의 감소가 결합되어 나타나는 현상이다.

그림 16-11 공급충격

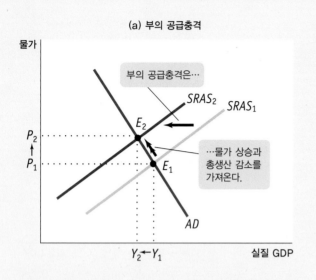

(a) 부의 공급충격

부의 공급충격은…

…물가 상승과 총생산 감소를 가져온다.

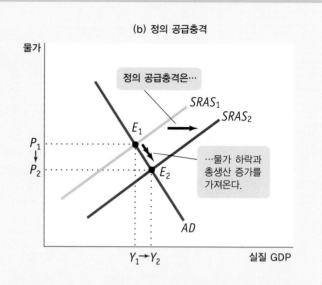

(b) 정의 공급충격

정의 공급충격은…

…물가 하락과 총생산 증가를 가져온다.

공급충격은 단기 총공급곡선을 이동시키며 그 결과 총생산과 물가가 반대 방향으로 변한다. 그림 (a)는 단기 총공급곡선을 왼쪽으로 이동시키고 그 결과 총생산이 감소하고 물가가 상승하는 스태그플레이션을 초래하는 부의 공급충격을 보여 준다. 여기서 단기 총공급곡선은 $SRAS_1$에서 $SRAS_2$로 이동하고 이에 따라 경제는 E_1에서 E_2로 이동한다. 물가는 P_1에서 P_2로 상승하며 총생산은 Y_1에서 Y_2로 감소한다. 그림 (b)는 단기 총공급곡선을 오른쪽으로 이동시키고 이에 따라 총생산을 증가시키고 물가를 하락시키는 정의 공급충격을 보여 준다. 단기 총공급곡선이 $SRAS_1$에서 $SRAS_2$로 이동함에 따라 경제는 E_1에서 E_2로 이동한다. 물가는 P_1에서 P_2로 하락하며 총생산은 Y_1에서 Y_2로 증가한다.

증가하고 물가가 하락한다. 1990년대 후반의 우호적인 공급충격은 완전고용과 인플레이션 완화를 동시에 가져왔다. 다시 말해서 물가가 장기 추세에 비해 상대적으로 하락했다. 이와 같은 현상은 한동안 전국적인 낙관론을 초래했다.

정의 충격이든 부의 충격이든 공급충격은 수요충격과는 달리 물가와 총생산을 서로 반대 방향으로 변화시킨다는 특징을 가진다.

이 외에도 공급충격과 수요충격 간에는 중요한 차이가 한 가지 더 있다. 앞서 보았듯이 정부는 통화정책과 재정정책을 통해 총수요곡선을 이동시킬 수 있다. 이는 정부가 〈그림 16-10〉에서 보는 것과 같은 충격을 창출할 수 있음을 의미한다. 그렇지만 정부가 총공급곡선을 이동시키는 것은 훨씬 더 어렵다. 그렇다면 정부가 총수요곡선을 이동시키는 것을 정당화할 수 있는 정책적인 근거가 있을까? 이 질문에 대한 답은 곧 제시될 것이다. 그 전에 먼저 단기 거시경제 균형과 장기 거시경제 균형 간의 차이에 대해 알아보자.

장기 거시경제 균형

〈그림 16-12〉는 총수요곡선과 단기 총공급곡선 및 장기 총공급곡선을 함께 보여 준다. 총수요곡선인 AD는 단기 총공급곡선인 $SRAS$와 E_{LR}점에서 교차한다. 만일 충분한 시간이 경과했다면 이 경제는 장기 총공급곡선인 $LRAS$ 상에도 있을 수 있다. 이 경우 E_{LR}은 AD, $SRAS$, $LRAS$의 세 곡선이 동시에 만나는 점이 된다. 따라서 단기균형 총생산은 Y_p, 잠재생산량과 같다. 이처럼 단기 거시경제 균형점이 장기 총공급곡선 상에 놓이는 상태를 **장기 거시경제 균형**(long-run macroeconomic equilibrium)이라 한다.

장기 거시경제 균형의 중요성을 부각하기 위해 수요충격으로 인해 경제가 장기 거시경제 균형으로부터 이탈하는 경우를 생각해 보자. 〈그림 16-13〉에서 처음에는 총수요곡선이 AD_1에 있

단기 거시경제 균형점이 장기 총공급곡선 상에 놓여 있을 때 경제가 **장기 거시경제 균형**(long-run macroeconomic equilibrium) 상태에 있다고 한다.

그림 16-12 장기 거시경제 균형

이 그림에서 단기 거시경제 균형점은 장기 총공급곡선, *LRAS* 상에 있다. 따라서 단기균형 총생산은 잠재생산량인 Y_P와 같다. 경제는 E_{LR}점에서 장기 거시경제 균형을 달성하고 있다.

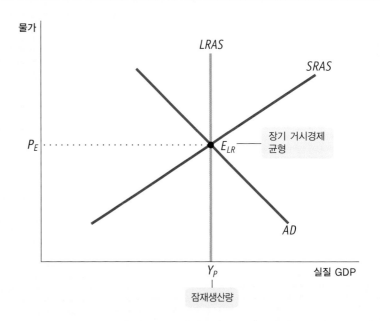

으며 단기 총공급곡선은 $SRAS_1$에 있다고 하자. 이 경우 거시경제 균형이 E_1점에서 달성되는데 이 점은 장기 총공급곡선인 *LRAS* 상에도 있다. 따라서 이 경제는 단기 거시경제 균형과 장기 거시경제 균형을 모두 충족하는 점에서 출발하며 단기균형에서의 총생산은 Y_1에서 잠재생산량과 같다.

그림 16-13 부의 수요충격의 장·단기 효과

장기에는 경제가 자기 보정 기능을 갖고 있기 때문에 수요충격은 단기적으로만 총생산에 영향을 미친다. 처음에 경제가 E_1에 있다고 할 때 부의 수요충격은 총수요곡선을 AD_1에서 AD_2로 이동시킨다. 경제는 단기적으로 E_2으로 이동하는데 이 점에서는 경기후퇴 갭이 존재한다. 결국 물가가 P_1에서 P_2로 하락하고, 총생산도 Y_1에서 Y_2로 감소하며 실업이 증가한다. 그렇지만 장기에는 Y_2에서의 고실업으로 인해 명목임금이 하락하고 이에 따라 $SRAS_1$이 $SRAS_2$의 위치에 도달할 때까지 오른쪽으로 이동한다. 이 과정에서 총생산은 Y_2에서 Y_1으로 증가하고, 물가는 P_2에서 P_3로 더욱 낮아진다. 결국 경제는 E_3점에서 장기 거시경제 균형 상태로 되돌아간다.

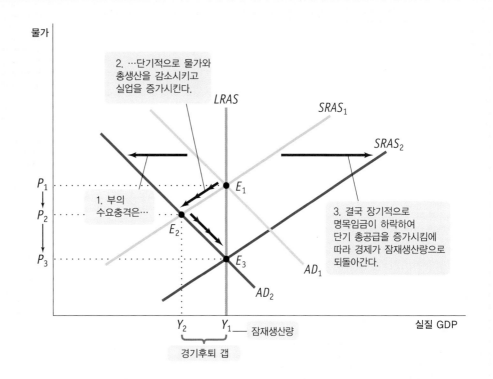

총생산이 잠재생산량에 미달할 때 **경기후퇴 갭**(recessionary gap)이 존재한다.

이제 기업과 소비자의 기대가 갑자기 악화된다든지 하는 이유로 인해 총수요가 감소하고 총수요곡선이 AD_2와 같이 왼쪽으로 이동한다고 하자. 그 결과 경제는 단기적으로 E_2점으로 이동하여 더 낮은 균형물가 P_2와 균형 총생산 Y_2를 갖게 된다. 이와 같은 총수요 감소의 단기적 효과는 미국 경제가 1929~1933년 사이에 경험한 물가 하락 및 총생산 감소 현상과 일치한다.

새 단기균형점인 E_2에서의 총생산은 잠재생산량 수준보다 낮다. 이런 경우 경제에는 **경기후퇴 갭**(recessionary gap)이 존재한다. 경기후퇴 갭은 많은 실업자를 발생시킴으로써 큰 고통을 가져온다. 1933년에 미국 경제가 경험한 큰 폭의 경기후퇴 갭은 극심한 사회정치적 혼란을 야기했다. 독일 경제를 황폐화했던 경기후퇴 갭은 히틀러가 권좌에 오르는 데 결정적인 기여를 하기도 했다.

그런데 이것이 이야기의 끝이 아니다. 고실업으로 인해 명목임금을 비롯한 경직적인 가격들이 하락할 것이고 이에 따라 생산자들이 생산량을 증가시킨다. 즉 경기후퇴 갭으로 인해 시간이 흐름에 따라 단기 총공급곡선이 점차 오른쪽으로 이동하게 된다. 이 과정은 $SRAS_1$이 $SRAS_2$의 위치에 도달하여 AD_2, $SRAS_2$, $LRAS$의 세 곡선이 모두 새로운 균형점인 E_3에서 교차할 때까지 계속된다. E_3점에서 경제는 다시 장기 거시경제 균형을 회복한다. 총생산은 다시 잠재생산량 수준인 Y_1으로 복귀하지만 물가는 P_3로 더 낮아진다. 결국 경제는 장기적으로 **자기 보정** 기능을 가지고 있다.

만일 총수요가 증가한다면 어떤 일이 일어날까? 그 결과는 〈그림 16-14〉에 제시되어 있다. 처음에는 총수요곡선이 AD_1, 단기 총공급곡선이 $SRAS_1$에 위치해 있으며 거시경제 균형점인 E_1이 장기 총공급곡선인 $LRAS$ 상에 있다고 하자. 즉 경제는 장기 거시경제 균형 상태에 있다.

이제 총수요가 증가하고 총수요곡선이 오른쪽으로 이동하여 AD_2가 된다고 하자. 이 경우 경제가 E_2점으로 이동함에 따라 물가가 P_2로 상승하고 총생산이 Y_2로 증가한다. 새 단기균형에서

그림 16-14 정의 수요충격의 장·단기 효과

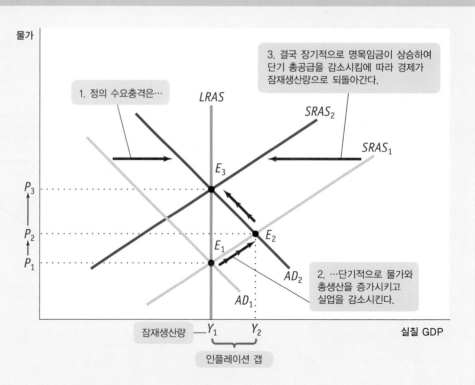

처음에 경제가 E_1에 있다고 할 때 정의 수요충격은 총수요곡선을 AD_1에서 AD_2로 이동시킨다. 경제는 단기적으로 E_2점으로 이동하는데 이 점에서는 경제에 인플레이션 갭이 존재한다. 물가는 P_1에서 P_2로 상승하고, 총생산도 Y_1에서 Y_2로 증가하며 실업은 감소한다. 그렇지만 장기에는 Y_2에서의 저실업으로 인해 명목임금이 상승하고 이에 따라 $SRAS_1$이 $SRAS_2$의 위치에 도달할 때까지 왼쪽으로 이동한다. 이 과정에서 총생산은 Y_2에서 Y_1으로 감소하고, 물가는 P_2에서 P_3로 더욱 높아진다. 결국 경제는 E_3점에서 장기 거시경제 균형 상태로 되돌아간다.

1. 정의 수요충격은…

3. 결국 장기적으로 명목임금이 상승하여 단기 총공급을 감소시킴에 따라 경제가 잠재생산량으로 되돌아간다.

2. …단기적으로 물가와 총생산을 증가시키고 실업을 감소시킨다.

물가

$LRAS$

$SRAS_2$

$SRAS_1$

E_3

E_1

E_2

P_3

P_2

P_1

AD_2

AD_1

잠재생산량 — Y_1 Y_2

실질 GDP

인플레이션 갭

의 총생산은 잠재생산량을 초과하며, 높은 수준의 총생산을 생산하기 위해서 실업이 감소한다. 이와 같은 상태에서는 경제에 **인플레이션 갭**(inflationary gap)이 존재한다.

경기후퇴 갭의 경우와 마찬가지로 이야기는 여기서 끝나지 않는다. 저실업으로 인해 시간이 흐름에 따라서 명목임금이 상승할 것이고 이에 따라 생산자들은 생산량을 줄일 것이다. 즉 인플레이션 갭으로 인해 단기 총공급곡선은 차츰 왼쪽으로 이동한다. 이 과정은 $SRAS_1$이 $SRAS_2$의 위치에 도달하여 경제가 AD_2, $SRAS_2$ 및 $LRAS$의 세 곡선이 교차하는 새로운 균형점인 E_3에 위치할 때까지 계속된다. E_3점에서 경제는 다시 장기 거시경제 균형을 회복한다. 총생산은 다시 잠재생산량 수준인 Y_1으로 복귀하지만 물가는 P_3로 더 높아진다. 다시 한 번 경제는 장기에 자기 보정을 한다.

경기후퇴 갭과 인플레이션 갭에 대해 경제가 어떻게 반응하는지는 **총생산 갭**(output gap)을 통해서 요약될 수 있다. 총생산 갭은 실제 총생산과 잠재생산량 간의 차이를 백분율로 나타낸 것이다.

$$(16\text{-}3) \quad 총생산\ 갭 = \frac{실제\ 총생산 - 잠재생산량}{잠재생산량} \times 100$$

우리의 분석에 따르면 총생산 갭은 언제나 영으로 수렴하는 경향이 있다.

경기후퇴 갭이 존재하여 총생산 갭이 음의 값을 가진다면 궁극적으로 명목임금이 하락함에 따라 경제는 잠재생산량을 회복하고 총생산 갭은 영으로 되돌아간다. 인플레이션 갭이 존재하여 총생산 갭이 양의 값을 가진다면 궁극적으로 명목임금이 하락함에 따라 경제가 잠재생산량을 회복하고 총생산 갭은 영으로 되돌아간다. 따라서 장기에 경제는 **자기 보정적**(self-correcting)이다. 즉 총수요에 대한 충격은 단기에는 총생산에 영향을 미치지만 장기에는 영향을 미치지 못한다.

> 총생산이 잠재생산량을 초과할 때 **인플레이션 갭**(inflationary gap)이 존재한다.
>
> **총생산 갭**(output gap)은 백분율로 나타낸 실제 총생산과 잠재생산량 간의 차이이다.
>
> 장기적으로 경제는 **자기 보정적**(self-correcting)이다. 총수요에 대한 충격은 단기에는 총생산에 영향을 미치지만 장기에는 아무런 영향을 미치지 못한다.

현실 경제의 >> 이해
현실에서의 공급충격과 수요충격

공급충격과 수요충격 중 어느 것이 경기후퇴의 주된 원인일까? 대다수의 거시경제학자들은 경기후퇴가 주로 수요충격에 의해 발생한다고 생각한다. 하지만 부의 공급충격으로 인해 발생하는 경기후퇴야말로 정말로 심각한 경기후퇴다.

좀 더 구체적인 예를 들어 보자. 제2차 세계대전 이후 미국 경제에는 열두 차례의 공식적인 경기후퇴가 있었다. 그런데 이 중에서 1979~1980년과 1981~1982년의 두 경기후퇴는 종종 한 차례의 **이중바닥 경기후퇴**(double-dip recession)로 취급되기도 하며, 이 경우 경기후퇴의 총수는 열한 차례가 된다. 이 열한 차례의 경기후퇴 중에서 1973~1975년 경기후퇴와 1979~1982년 이중바닥 경기후퇴의 두 경기후퇴만이 물가 상승과 총수요 감소라는 스태그플레이션의 특징을 뚜렷하게 보여 주었다. 두 경우 모두 공급충격의 원인은 1973년에 발발한 중동전쟁과 1979년에 발생한 이란 혁명으로 인해 세계 원유공급이 차질을 빚게 됨에 따라 유가가 천정부지로 치솟은 데 있었다. 실제로 경제학자들은 이 두 경기후퇴를 국제 원유 카르텔인 석유

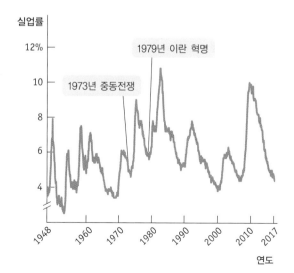

그림 16-15 부의 공급충격은 드물지만 고약하다

출처 : Bureau of Labor Statistics; Federal Reserve Bank of St Louis.

>> 복습

- **총수요-총공급 모형**은 경제 변동을 연구하기 위해 사용된다.
- **단기 거시경제 균형**은 단기 총공급곡선과 총수요곡선의 교차점에서 달성된다. 그 결과 **단기균형 물가**와 **단기균형 총생산**이 결정된다.
- 총수요곡선을 이동시키는 **수요충격**은 물가와 총생산을 같은 방향으로 움직이도록 만든다. 단기 총공급곡선을 이동시키는 **공급충격**은 물가와 총생산을 반대 방향으로 움직이도록 만든다. **스태그플레이션**은 부의 공급충격에 의해 발생한다.
- **경기후퇴 갭**이 발생하면 명목임금이 하락하고 **인플레이션 갭**이 발생하면 명목임금이 상승한다. 이와 같은 명목임금의 조정은 경제를 총수요곡선, 단기 총공급곡선, 장기 총공급곡선이 모두 만나는 **장기 거시경제 균형**으로 이동시킨다.
- 경제는 장기적으로 **자기 보정적**이기 때문에 **총생산 갭**은 항상 영으로 수렴하는 경향이 있다.

수출국기구(OPEC)의 이름을 따서 각각 'OPEC I'과 'OPEC II'라 부르기도 한다. 2007년에 시작되어 2009년까지도 지속된 세 번째 경기후퇴도 적어도 부분적으로는 유가 급등이 원인이었다.

따라서 전후 열한 차례의 경기후퇴 중 여덟 차례는 공급충격이 아니라 순수하게 수요충격에 의해 초래되었다. 그런데 실업률을 보면 몇 차례 되지 않는 공급충격으로 인한 경기후퇴가 최악의 경기후퇴였다고 할 수 있다. 〈그림 16-15〉는 1948년 이후 미국의 실업률을 보여 주는데 1973년 중동전쟁과 1979년 이란 혁명 시점이 표시되어 있다. 그림을 보면 제2차 세계대전 이래 가장 실업률이 높았던 두 시기가 바로 이 두 차례의 부의 공급충격이 발생한 직후였음을 알 수 있다.

공급충격이 특히 경제에 심각한 어려움을 가져오는 데는 이유가 있다. 거시경제정책을 가지고 수요충격보다 공급충격을 다루는 것이 더욱 어렵기 때문이다. 다음에는 왜 공급충격이 이다지도 어려운 문제를 제기하는지 그 이유에 대해서 알아보기로 한다.

>> 이해돕기 16-3

해답은 책 뒤에

1. 다음의 각 충격이 물가와 총생산에 미치는 단기적 효과를 설명하라.
   a. 정부가 최저임금을 높임에 따라 많은 노동자들의 임금이 상승했다.
   b. 태양열 에너지 회사가 대규모 투자지출 프로그램을 시작한다.
   c. 의회가 세금 인상안과 정부지출 삭감안을 통과시켰다.
   d. 기상악화로 인해 전 세계 곡물 작황이 나빠졌다.
2. 생산성의 향상으로 인해 잠재생산량이 증가했다. 그런데 일부 사람들은 증가된 생산량에 대한 수요 부족 현상이 장기에도 지속될 것을 우려하고 있다. 이와 같은 우려에 대해서 여러분은 어떻게 응답할 것인가?

‖ 거시경제정책

우리는 경제가 장기적으로 자기 보정 기능을 가지고 있으며 이에 따라 총생산은 궁극적으로 잠재생산량 수준을 회복할 수 있음을 보았다. 하지만 대부분의 거시경제학자들은 이와 같은 자기 보정 기능이 작동하는 데는 10년 또는 그 이상이 걸릴 수도 있다고 생각한다. 특히 총생산이 잠재생산량에 미달할 때 경제는 정상상태로 되돌아갈 때까지 오랜 기간 침체된 총생산과 높은 실업률로 고통을 겪어야 한다고 생각한다.

이와 같은 견해는 경제학에서 가장 유명한 인용문 중 하나인 "장기에는 우리 모두 다 죽는다."라는 케인즈의 선언에 잘 표현되어 있다.

경제학자들은 케인즈가 경제가 자기 보정을 할 때까지 정부가 기다려서는 안 된다는 권고를 했다고 해석한다. 모든 경제학자가 동의하는 것은 아니지만 많은 경제학자들이 총수요곡선이 이동한 후에 정부가 통화정책과 재정정책을 사용해서 경제를 잠재생산량 수준으로 복귀시켜야 한다고 주장한다. 이것이 바로 경기후퇴의 폭을 줄이고 지나친 경기팽창을 억제하기 위해 사용되는 정책인 적극적인 **경기안정정책**(stabilization policy)의 근거가 된다.

그렇다면 과연 경기안정정책은 경제의 성과를 개선할 수 있을까? 〈그림 16-6〉을 보면 이것이 가능한 것처럼 보인다. 1996년에 미국 경제는 대략 5년간의 경기후퇴 갭을 경험한 끝에 적극적인 경기안정정책을 통해 잠재생산량을 회복할 수 있었다. 마찬가지로 2001년에는 4년간의 인플레이션 갭을 경험한 끝에 잠재생산량을 회복했다.

이 기간들은 적극적인 경기안정정책 없이 경제의 자기 보정 기능에 의해 잠재생산량을 회복

경기안정정책(stabilization policy)은 경기후퇴의 폭을 줄이고 지나친 경기팽창을 억제하기 위해 사용되는 정부정책이다.

하는 데 걸릴 것으로 생각되는 10년의 기간보다는 훨씬 짧다. 실제로 대후퇴로부터의 회복에는 더 긴 시간이 걸렸는데(7년 걸림) 이는 부분적으로는 재정정책에 대한 정치적 제약에 원인이 있다. 버냉키가 강력한 확장적 통화정책을 취하지 않았더라면 경기회복에는 더 긴 시간이 걸렸을 것이다. 그러나 바로 다음에서 논하듯이 경기안정정책을 통해 항상 경제 성과를 개선할 수 있는 것은 아니다. 경제가 당면한 충격의 종류에 따라 결과가 다르게 나타날 수도 있다.

영국의 경제학자 케인즈(1883~1946)는 거시경제학 분야를 창조했다.

수요충격에 대한 정책

한 국민경제가 〈그림 16-13〉에서와 같이 부의 수요충격을 경험한다고 하자. 이 장에서 설명한 바와 같이 통화정책과 재정정책은 총수요곡선을 이동시킬 수 있다. 정책입안자들이 총수요 감소에 재빠르게 대응한다면 통화정책이나 재정정책을 이용하여 총수요곡선을 다시 오른쪽으로 이동시킬 수 있다. 만일 정책입안자들이 총수요곡선의 이동을 사전에 완전하게 예측할 수 있다면 〈그림 16-13〉이 보여 주는 전체 과정을 아예 처음부터 방지할 수도 있을 것이다. 즉 생산 감소와 물가 하락의 기간을 겪는 대신 정부는 경제가 E_1 점에 계속 머물도록 관리할 수도 있을 것이다.

〈그림 16-13〉이 보여 주는 조정 과정이 발생하는 것을 방지하고 경제를 원래의 균형 상태에 머무르게 할 수 있는 정책이 바람직한 이유는 무엇일까? 두 가지 이유를 들 수 있다.

1. 정책 개입이 없을 경우 나타나게 되는 총생산의 일시적 감소는 고실업과 같은 부정적인 현상을 초래한다.
2. 물가 안정은 바람직한 정책목표로 간주된다. 따라서 물가의 하락, 즉 디플레이션을 방지하는 것은 바람직한 일이다.

그렇다면 정책입안자들은 모든 총수요의 감소에 대해서 적극적으로 대응해야 할까? 반드시 그렇지만은 않다. 총수요를 증가시키기 위한 정책수단, 특히 재정적자를 증가시키는 정책수단은 장기적으로 경제성장을 저하시키는 비용을 발생시킬 수도 있다. 더욱이 현실 세계에서는 정책입안자들이 모든 경제상황을 완전히 파악할 수 없으며 정책의 효과를 완벽하게 예측하는 것도 불가능하다. 이와 같은 현실에서는 경기안정정책이 오히려 상황을 더 악화시킬 수도 있다. 즉 경제를 안정시키려는 시도가 오히려 경제를 더 불안정하게 만들 수도 있다. 이와 같은 문제에도 불구하고 대다수의 경제학자들은 총수요에 대한 대규모 부의 충격에 대해서는 이를 상쇄하기 위한 거시경제정책을 사용할 필요가 있다고 생각한다.

그렇다면 정책입안자들은 총수요에 대한 정의 충격도 상쇄하려고 노력해야 할까? 정의 수요충격을 상쇄하기 위해 정책을 사용할 필요성은 명백하지가 않은 듯 보인다. 인플레이션이 나쁘기는 하지만 총생산이 늘어나고 실업이 감소하는 것은 좋은 현상이 아닌가? 하지만 반드시 그렇지만은 않다.

오늘날 대부분의 경제학자들은 인플레이션 갭을 통해서 얻을 수 있는 단기적인 이득에 대해서는 언젠가는 대가를 치러야 한다고 믿는다. 따라서 오늘날의 정책입안자들은 부의 수요충격은 물론 정의 수요충격에 대해서도 대응을 한다. 제19장에서 설명될 여러 이유로 인해 경기후퇴 갭과 인플레이션 갭을 제거하기 위해서는 재정정책보다는 통화정책이 주로 이용되고 있다. 2007년과 2008년에 연준은 경기후퇴 갭의 증가세를 막기 위해 이자율을 급격하게 인하했다. 2000년대 초 미국 경제가 인플레이션 갭을 향해 가고 있었을 때 연방준비제도는 그 반대의 효과를 발생시키기 위해 이자율을 인상했다.

그렇다면 공급충격에 대해서는 거시경제정책이 어떻게 대응해야 하는 것일까?

공급충격에 대한 대응

〈그림 16-11〉의 (a)로 되돌아가자. 이 그림은 부의 공급충격이 총생산의 감소와 물가의 상승을 초래함을 보여 준다. 이미 언급했듯이 정책입안자들은 통화정책이나 재정정책을 통해 총수요를 원래 수준으로 되돌려놓음으로써 부의 수요충격에 대해 대응할 수 있다. 그렇다면 부의 **공급충격**에 대해서는 어떤 대응을 할 수 있거나 또는 해야만 하는가?

총수요곡선과는 달리 단기 총공급곡선을 이동시킬 수 있는 손쉬운 정책수단은 없다. 즉 생산자의 채산성에 영향을 미치고 이를 통해 단기 총공급곡선을 이동시킬 수 있는 정책수단을 찾기란 쉽지 않다. 이와 같은 이유에서 부의 공급충격에 대한 대응은 충격으로 인해 이동한 곡선을 다시 원위치로 복귀시키는 식의 정책이 될 수는 없다.

공급충격에 대한 대응으로 통화정책이나 재정정책을 사용하여 총수요곡선을 이동시키려 한다 해도 어떤 방향으로 정책을 시행해야 할지가 불분명하다. 물가 상승과 실업 증가라는 두 가지 문제가 동시에 발생하기 때문에 한 문제를 해결할 수 있는 총수요곡선의 이동은 다른 문제를 악화시키기 때문이다. 예를 들어 정부가 총수요를 증가시켜서 실업의 증가를 억제하려는 정책을 편다면 총생산의 감소를 완화할 수 있겠지만 인플레이션이 더욱 심화될 것이다. 반대로 총수요를 감소시키는 정책을 편다면 인플레이션은 억제할 수 있지만 총생산은 더 크게 감소하고 그 결과 실업이 더욱 증가할 것이다.

참으로 고약한 상충관계가 아닐 수 없다. 1970년대에 공급충격을 겪은 미국을 비롯한 경제 선진국들은 높은 실업률을 감수하면서 결국 물가 안정을 택했다. 이것은 트리셰 총재가 2011년에 유가의 일시적 변화를 공급충격으로 잘못 알고 포기하기로 했을 때 채택했던 것과 같은 정책이었다.

현실 경제의 >> 이해

경기안정정책은 경기를 안정시킬 수 있나?

우리는 수요충격에 대응하는 방법으로서 경기안정정책의 이론적 타당성을 제시했다. 그렇다면 경기안정정책은 실제로 경제를 안정시킬 수 있을까? 이 질문에 답할 수 있는 한 가지 방법은 장기에 걸친 역사적 기록을 살펴보는 것이다.

제2차 세계대전 이전에 미국 정부는 경기안정정책다운 정책을 시행한 적이 없다. 오늘날 우리가 아는 바와 같은 거시경제학이 존재하지 않았고 무엇을 해야 할 것인지에 대한 의견 일치가 없었기 때문이다. 제2차 세계대전 이후 그리고 특히 1960년 이후에 적극적인 경기안정정책이 표준적인 정책 관행으로 자리를 잡았다.

따라서 다음과 같은 질문을 제기할 수 있다. 정부가 경제를 안정시키려는 시도를 취한 이후 경제가 실제로 더 안정적으로 되었는가? 그 답은 "조건부로 그렇다"이다. 조건부라는 단서를 단 것은 두 가지 이유에서다. 한 가지 이유는 제2차 세계대전 이전의 자료가 오늘날의 자료에 비해 신뢰도가 떨어지는 데 있다. 다른 이유는 2007년에 시작된 극심하고 오랜 경기침체가 정부정책 효과에 대한 신뢰를 무너뜨린 데 있다. 그렇지만 경제 변동폭은 감소한 것으로 보인다.

그림 16-16 경기안정정책은 경기를 안정시켰나?

실업률

출처 : Christina Romer, "Spurious Volatility in Historical Unemployment Data." *Journal of Political Economy* 94, no. 1 (1986): 1–37 (years 1890–1928); Bureau of Labor Statistics (years 1929–2017).

〈그림 16-16〉은 1890년 이래 비농업 근로자의 실업률을 보여 준다. (비농업 근로자에 초점을 두는 이유는 농부들은 경제가 아무리 어렵더라도 실업자로 보고되는 경우가 거의 없기 때문이다.) 대공황 중에 실업률이 크게 치솟은 것을 무시한다 해도 실업률은 제2차 세계대전 이후보다 이전에 더 크게 변동했던 것으로 보인다. 제2차 세계대전 이후인 1975년과 1982년 그리고 어느 정도로는 2010년(앞서 국제비교에서 설명했듯이)에 나타난 봉우리는 모두 대규모 공급충격으로 인한 것임을 주목할 필요가 있다. 공급충격에 대하여 어떤 경기안정정책을 시행해야 할지에 대해서는 좋은 답이 없다.

물론 경제가 더욱 안정된 것이 정책이 아니라 행운 때문이었을 수도 있다. 하지만 증거들은 우리가 본 바와 같이 경기안정정책이 정말로 경제를 안정시켜 줌을 시사하고 있다.

>> 이해돕기 16-4
해답은 책 뒤에

1. 누군가가 "확장적인 통화정책이나 재정정책은 경제를 일시적으로 과도하게 자극할 뿐이다. 우리가 얻는 것은 잠시 동안의 생산 증가일 뿐 그 후 인플레이션의 고통이 찾아온다."라고 말한다고 하자.
   a. 위 주장을 총수요-총공급 모형을 통해서 설명해 보라.
   b. 위 주장은 경기안정정책에 대한 타당한 비판인가? 이유를 설명하라.
2. 주택 거품이 붕괴되고 상품 가격이 급등한 후인 2008년에는 연방준비제도 내에서 의견이 크게 갈렸다. 어떤 이들은 이자율을 낮출 것을 주장하고 다른 이들은 이것이 인플레이션을 촉발할 것이라 주장했다. 이들 견해 각각에 대해 총수요-총공급 모형을 이용하여 그 근거를 설명하라.

>> 복습
- **경기안정정책**은 수요충격을 상쇄하기 위해 재정정책이나 통화정책을 사용하는 것이다. 이와 같은 정책은 장기적으로 재정적자를 증가시키고 구축효과로 인해 경제성장률을 저하시킬 수도 있다. 뿐만 아니라 예측이 틀릴 경우 잘못된 정책이 경제의 불안정성을 증폭할 위험도 있다.
- 부의 공급충격이 발생할 경우 총생산의 감소에 대한 대응은 인플레이션을 심화하고 인플레이션에 대한 대응은 총생산을 더욱 감소시키는 정책 딜레마가 생긴다.

문제 풀어보기 · 충격적인 분석

2008년 가을의 금융위기 중에는 주식시장이 시가총액의 절반을 날리는 등 금융 시스템이 정신이 번쩍 들 정도의 충격을 경제에 안겨 주었다. 그리고 곧바로 소비지출이 급정거했다. 주가가 폭락한 지 6개월 만에 국내총생산이 2.5% 감소했고, 물가는 2.8% 하락했다. 총수요와 총공급 분석을 통해 어떻게 총생산과 물가에 대한 이 같은 단기적 효과가 예측될 수 있는지를 보이라. 정부개입이 없다고 가정한다면 장기에는 어떤 일이 일어나리라 예측할 수 있는가?

단계 | 1 총수요곡선과 단기 총공급곡선을 그린 후 각각의 명칭을 표시하라. 최초의 균형점, 물가, 총생산을 찾아서 그림에 명칭을 표시하라.

473~474쪽을 읽고, 〈그림 16-9〉를 복습하라.

총수요곡선과 단기 총공급곡선은 다음 그림에 제시되어 있다. 처음의 균형점은 E_1으로 표시되어 있고, 처음의 물가와 총생산은 각각 P_1과 Y_1이라 표시되어 있다.

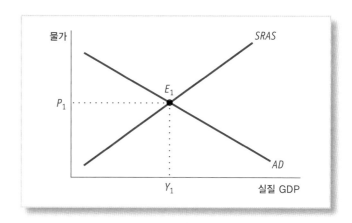

단계 | 2 단계 1의 그림에 주가하락 이후의 총수요를 나타내는 새로운 곡선을 그려 넣어 주가하락이 총수요와 총공급에 미치는 단기적 영향을 분석하라.

474~475쪽을 읽고, 〈그림 16-10(a)〉를 복습하라.

가계 자산의 감소는 소비지출을 감소시킨다. 다음 그림에서 균형점 E_1에서 출발하여 총수요곡선이 AD_1에서 AD_2로 이동한다. 경제는 E_2점에서 단기 거시경제 균형을 이룬다. 이 점에서의 물가는 P_1보다 낮고, 총생산은 처음 균형점에서의 총생산보다 작다.

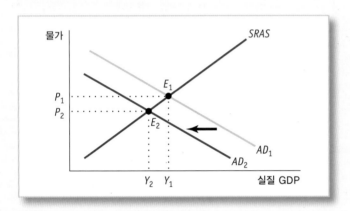

단계 | 3 처음의 균형점 E_1을 통과하는 장기 총공급곡선을 그려 넣고, 경기후퇴 갭을 표시하라.

476~479쪽을 읽고, 〈그림 16-12〉와 〈그림 16-13〉을 복습하라.

장기 총공급곡선은 다음 그림과 같이 그려질 수 있다. 경제는 이제 Y_1과 Y_2의 차이만큼 경기후퇴 갭을 경험한다.

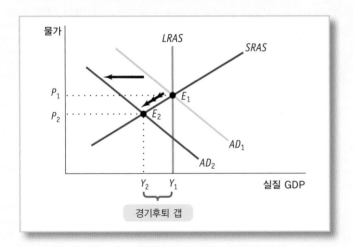

단계 | 4 장기에는 어떤 일이 일어나리라 예상되는가?

476~479쪽을 읽고, 〈그림 16-13〉을 복습하라.

시간이 흘러 임금계약이 재협상됨에 따라 명목임금이 하락하고 단기 총공급곡선이 점차적으로 $SRAS_2$까지 오른쪽으로 이동한다. $SRAS_2$는 E_3점에서 AD_2와 만난다. 그림에서 보듯이 E_3점에서 경제는 다시 처음의 총생산을 회복하지만 물가는 훨씬 더 낮아진다.

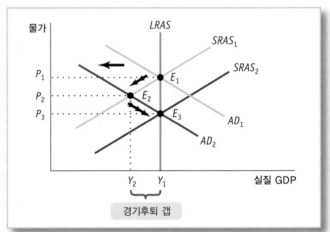

요약

1. **총수요곡선**은 물가와 총생산물의 수요량 간의 관계를 보여 준다.

2. 총수요곡선은 우하향하는 기울기를 가지는데 그 이유로는 다음 두 가지를 들 수 있다. 첫째는 **물가 변화의 자산효과**로 물가가 상승하면 가계가 보유한 자산의 구매력이 감소하고, 이에 따라 소비지출이 감소하기 때문이다. 둘째는 **물가 변화의 이자율효과**로 물가가 상승하면 가계와 기업이 보유한 화폐의 구매력이 감소하고, 이에 따라 이자율이 상승하고 투자지출과 소비지출이 감소하기 때문이다.

3. 총수요곡선은 기대의 변화, 물가 변화 이외의 요인에 의한 재산의 변화, 기존 실물자본 규모의 효과 등의 이유로 인해 이동한다. 정책입안자들은 총수요곡선을 이동시키기 위해 재정정책이나 통화정책을 사용할 수 있다.

4. **총공급곡선**은 물가와 총생산물의 공급량 간의 관계를 보여 준다.

5. **단기 총공급곡선**은 우상향의 기울기를 가지는데 이는 **명목임금**이 단기적으로 **경직적**이기 때문이다. 물가가 상승할 경우 명목임금이 경직적이라면 생산물 단위당 이윤이 증가하고 이에 따라 단기적으로 총생산이 증가한다.

6. 상품 가격, 명목임금, 생산성 등의 변화는 생산자의 이윤을 변화시키고 이에 따라 단기 총공급곡선을 이동시킨다.

7. 장기에는 명목임금을 포함한 모든 가격이 신축적이며 경제의 총생산은 **잠재생산량** 수준을 유지한다. 실제 총생산이 잠재생산량을 초과하면 낮은 실업률로 인해 명목임금이 상승하고 이에 따라 총생산이 감소한다. 잠재생산량이 실제 총생산을 초과하면 높은 실업률로 인해 명목임금이 하락하고 이에 따라 총생산이 증가한다. 따라서 **장기 총공급곡선**은 잠재생산량 수준에서 수직인 모습을 가진다.

8. **총수요-총공급 모형**에서 단기 총공급곡선과 총수요곡선의 교차점이 바로 **단기 거시경제 균형**이다. 단기 거시경제 균형에서 **단기균형 물가**와 **단기균형 총생산**이 결정된다.

9. 경기변동은 단기 총공급곡선의 이동(공급충격)이나 총수요곡선의 이동(수요충격)에 의해 발생한다. **수요충격**이 발생할 경우에는 경제가 단기 총공급곡선을 따라 이동하므로 물가와 총생산이 같은 방향으로 변한다. **공급충격**이 발생할 경우 경제는 총수요곡선을 따라서 이동하므로 물가와 총생산이 반대 방향으로 움직인다. 인플레이션과 총생산 감소가 동시에 일어나는 **스태그플레이션**은 부의 공급충격에 의해 발생하는데 아주 고약한 경제현상이다.

10. 경제는 장기적으로 **자기 보정적**이기 때문에 수요충격은 단기적으로만 총생산에 영향을 미친다. **경기후퇴 갭**이 존재하는 경우, 명목임금이 하락함에 따라 경제는 궁극적으로 총생산이 잠재생산량 수준과 동일한 **장기 거시경제 균형**으로 되돌아간다. **인플레이션 갭**이 존재하는 경우에는 명목임금이 상승함에 따라 경제가 결국 장기 거시경제 균형으로 복귀한다. 우리는 실제 총생산과 잠재생산량 간의 차이의 비율인 **총생산 갭**을 이용하여 경제가 경기후퇴 갭이나 인플레이션 갭에 대해 어떻게 반응하는지를 요약할 수 있다. 경제는 장기적으로 자기 보정적이기 때문에 총생산 갭은 항상 영으로 수렴하는 경향이 있다.

11. 경기후퇴 갭이 존재할 경우 고실업으로 인해 높은 경제적 비용이 발생하고 인플레이션 갭이 존재할 경우 미래에 여러 가지 부정적인 결과를 가져오기 때문에 경제학자들은 수요충격을 상쇄하기 위해 재정정책이나 통화정책을 사용하는 등 적극적으로 **경기안정정책**을 시행할 것을 주장한다. 이와 같은 정책들은 장기적으로 재정적자를 증가시키고 구축효과를 통해 경제성장률을 저하시키는 등 부작용을 낳기도 한다. 뿐만 아니라 정책 시행 시점이 잘못될 경우 이와 같은 정책들이 경제를 더욱 불안정하게 만들 수도 있다.

12. 부의 공급충격이 발생할 경우 정책 딜레마가 생긴다. 총생산의 감소에 대응하여 총수요를 증가시키는 정책을 시행할 경우 인플레이션이 심화되고, 인플레이션에 대응하여 총수요를 감소시키는 정책을 시행하면 경기침체가 심화되기 때문이다.

주요용어

총수요곡선	총공급곡선	단기 총공급곡선
물가 변화의 자산효과	명목임금	장기 총공급곡선
물가 변화의 이자율효과	경직적 임금	잠재생산량

총수요-총공급 모형 (*AD-AS* 모형)	수요충격	인플레이션 갭
	공급충격	총생산 갭
단기 거시경제 균형	스태그플레이션	자기 보정적
단기균형 물가	장기 거시경제 균형	경기안정정책
단기균형 총생산	경기후퇴 갭	

토론문제

1. 같이 수업을 듣는 친구가 우상향하는 기울기를 가진 단기 총공급곡선과 수직인 장기 총공급곡선이 혼동된다고 말한다. 이 두 곡선의 기울기에 차이가 있는 이유를 어떻게 설명해 주겠는가?

2. 웨이지랜드에서는 모든 노동자가 매년 1월 1일에 새 임금계약을 체결한다고 한다. 그리고 그해의 최종생산물이나 서비스 가격에 어떤 변화가 일어나든 간에 상관없이 모든 노동자는 임금계약에 명시된 임금을 받는다고 한다. 금년에 계약이 체결된 후에 최종생산물의 가격이 예상치 않게 하락한다고 하자. 경제가 잠재생산량 수준에서 출발한다고 가정하고 다음 질문에 대해서 그림을 이용하여 답하라.
   a. 단기에 총생산물의 공급량은 가격 하락에 대해서 어떻게 반응하겠는가?
   b. 만일 노동자와 기업이 임금을 재협상한다면 어떤 일이 일어나겠는가?

3. 모든 가계가 자신의 재산을 물가수준이 상승할 때마다 가치가 자동적으로 상승하는 자산으로 보유하고 있다고 하자[이와 같은 자산의 예로는 이자율이 인플레이션율과 일대일로 대응하여 변하는 '물가연동채권(inflation-indexed bond)'을 들 수 있다]. 자산을 이처럼 보유할 경우 물가수준이 변함에 따른 자산효과에는 어떤 변화가 생길까? 총수요곡선의 기울기에는 어떤 변화가 생길까? 총수요곡선이 여전히 우하향하는 기울기를 가질까? 설명하라.

4. 콘퍼런스 보드는 매달 5,000개의 대표적인 미국 가구에 대한 조사에 기초하여 소비자신뢰지수(CCI)를 발표한다. 많은 경제학자들이 경제 상태를 파악하기 위해 이 지수를 이용한다. 2016년 12월 27일에 발표된 콘퍼런스 보드의 보도자료에 의하면 "11월에 대폭 상승했던 콘퍼런스 보드의 소비자신뢰지수는 12월에 들어 추가적으로 상승했다. 이제 이 지수는 11월의 109.4보다 상승한 113.7(1985년=100)에 머물러 있다."고 한다.
   a. 경제학자인 여러분에게 이것은 경제성장에 긍정적인 소식인가?

   b. 총수요-총공급 모형을 이용하여 문제 **a**에 대한 여러분의 대답을 설명하라. 두 개의 균형점 E_1과 E_2를 가진 전형적인 그래프를 그리라. 수직축을 '물가', 수평축을 '실질 GDP'라 표시하라. 다른 주요 거시경제 요인은 불변이라고 가정하라.
   c. 이 소식에 대해 정부는 어떻게 반응해야 할까? 소비자신뢰의 저하를 중화할 수 있는 정책 수단으로는 어떤 것이 있을까?

5. 총수요곡선, 단기 총공급곡선, 장기 총공급곡선을 이용하여 다음 각 경제 사건에서 경제가 원래의 장기균형으로부터 새로운 장기균형으로 이동해 가는 과정을 설명하라. 그림을 이용하여 보이라. 각 경우에 물가와 총생산에 미치는 장·단기적 효과를 밝히라.
   a. 가계의 세금이 감소한다.
   b. 통화량이 증가한다.
   c. 정부 지출이 증가한다.

6. 다음 그림에서 경제가 E_1점에서 장기 거시경제 균형 상태에 있다고 하자. 이제 유가 충격으로 인해 단기 총공급곡선이 $SRAS_2$로 이동한다고 하자. 그림에 근거하여 다음 질문에 답하라.
   a. 유가 충격의 결과 물가와 총생산에는 단기적으로 어떤 변화가 생길까? 이와 같은 현상을 무엇이라고 하는가?
   b. 이와 같은 부의 공급충격으로 인한 문제를 해결하기 위

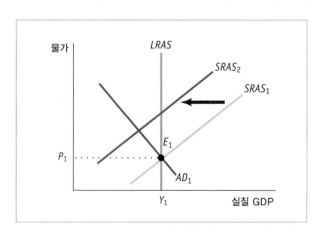

해 정부는 어떤 재정정책이나 통화정책을 사용할 수 있을까? 실질 국내총생산의 변화를 해결하기 위해 여러분이 선택한 정책의 효과를 그림을 통해서 보이라. 물

가 변화의 문제를 해결하기 위해서 여러분이 선택한 정책의 효과를 그림을 통해서 보이라.

c. 왜 공급충격은 정책입안자들에게 딜레마를 제시할까?

연습문제

1. 달러화의 가치가 다른 통화에 비해 하락할 경우 미국의 물가수준은 변하지 않더라도 외국인들은 미국의 최종생산물을 더 값싸게 살 수 있다. 그 결과 외국인들은 미국의 생산물을 더 많이 수요할 것이다. 같이 수업을 듣는 친구가 "가격 하락에 따라 외국인의 생산물 수요가 늘어난 것이기 때문에 이와 같은 현상은 총수요곡선을 따라서 아래쪽으로의 이동이 일어난 것이다."라고 말한다고 하자. 그렇지만 여러분은 이것이 총수요곡선이 오른쪽으로 이동한 것이라고 주장한다고 하자. 누구의 주장이 옳은가? 그리고 그 이유를 설명하라.

2. 현재 경제가 다음 그림의 A점에 있다고 하자. 이때 물가가 P_1에서 P_2로 상승한다고 하자. 이와 같은 물가 상승에 대해서 총공급이 단기와 장기에 각각 어떻게 반응하겠는가? 그림을 이용하여 보이라.

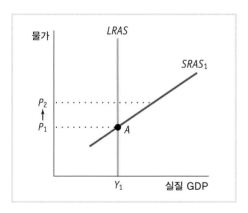

3. 현재 경제가 잠재생산량 수준에 있다고 하자. 그리고 경제정책 입안자인 여러분에게 경제학부 학생이 여러 종류의 경제충격을 가장 좋아하는 것부터 가장 싫어하는 순서로 순위를 매길 것을 부탁한다고 하자. 정의 수요충격, 부의 수요충격, 정의 공급충격, 부의 공급충격의 네 가지 충격에 대해 여러분은 어떻게 순위를 매길 것이며 그 이유는 무엇인가?

4. 다음 정부정책이 총수요곡선 또는 단기 총공급곡선 중 어느 것에 어떤 영향을 미칠 것인지를 설명하라.
   a. 정부가 최저 명목임금을 감소시킨다.
   b. 정부가 생활보호 대상자에 대한 임시 지원(TANF)을 증

가시킨다. 즉 부양할 어린이가 있는 가족에 대한 정부의 이전지출을 증가시킨다.
   c. 재정적자를 줄이기 위해 정부가 다음 해부터 각 가계로부터 더 많은 세금을 거둘 것이라고 발표한다.
   d. 정부가 군비지출을 감축한다.

5. 웨이지랜드에서는 모든 노동자가 매년 1월 1일에 연간 임금계약을 체결한다. 1월 말에 새 컴퓨터 운영시스템이 도입되어서 노동생산성이 대폭 증가한다고 하자. 웨이지랜드 경제의 단기 거시경제 균형이 어떻게 변할 것인지를 설명하고 그림을 통해서 이를 보이라.

6. 2007년 미국 경제에는 두 개의 주요한 충격이 있었으며 이들로 인해 2007~2009년의 심각한 경기후퇴가 발생했다. 그중 하나는 유가와 관련이 있으며 다른 하나는 주택시장의 침체였다. 이 문제에서는 총수요-총공급 모형을 이용하여 이들 두 충격이 국내총생산에 미칠 영향을 분석하고자 한다.
   a. 전형적인 총수요곡선과 단기 총공급곡선의 그래프를 그리라. 수평축을 '실질 GDP', 수직축을 '물가'라 표시하라. 균형점, 균형 생산량, 균형 물가를 각각 E_1, Y_1, P_1으로 표시하라.
   b. 미국 에너지부로부터 나온 자료에 따르면 전 세계 원유의 평균 가격이 2007년 1월 5일 배럴당 54.63달러에서 2007년 12월 28일에는 배럴당 92.93달러로 상승했다. 유가의 상승은 수요충격을 가져왔는가 공급충격을 가져왔는가? 문제 a의 그래프를 다시 그리고, 적절한 곡선을 이동시킴으로써 이 같은 충격의 효과를 보이라.
   c. 연방주택기업감독청이 발표하는 주택가격지수에 따르면 2007년 1월부터 2008년 1월까지 12개월 사이에 미국의 주택가격이 3.0% 하락했다. 이러한 주택가격 하락은 수요충격인가 공급충격인가? 문제 b에서 사용했던 그래프에서 적절한 곡선을 이동시킴으로써 이러한 충격의 효과를 보이라. 새로운 균형점, 균형 생산량, 균형 물가를 각각 E_3, Y_3, P_3로 표시하라.
   d. 문제 c의 그래프에서 두 균형점 E_1과 E_3를 비교하라. 두 충격은 실질 GDP와 물가에 어떤 영향(증가, 감소 또는

불분명)을 미치는가?

7. 총수요곡선, 단기 총공급곡선, 장기 총공급곡선을 이용하여 다음 각 정부정책에서 경제가 원래의 장기균형에서 새로운 장기균형으로 이동해 가는 과정을 설명하라. 그림을 이용하여 보이라. 각 경우에 물가와 총생산에 미치는 장·단기적 효과를 밝히라.

   a. 주가하락으로 가계의 재산이 감소한다.

   b. 정부가 조세를 감축함에 따라 가계의 가처분소득이 증가한다. 단 정부구매에는 아무런 변화가 없다.

8. 다음 그림에서 경제가 E_1점에서 단기 거시경제 균형 상태에 있다고 하자. 그림에 근거하여 다음 질문에 답하라.

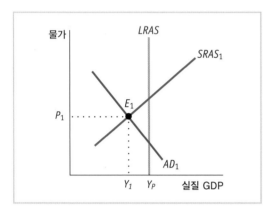

   a. 현재 경제가 인플레이션 갭이나 경기후퇴 갭을 겪고 있는가?

   b. 경제가 장기 거시경제 균형을 달성하도록 만들기 위해 정부가 시행할 수 있는 정책에는 어떤 것이 있는가? 그림을 통해서 보이라.

   c. 정부가 갭을 메우기 위해 개입을 하지 않는다면 경제는 장기 거시경제 균형으로 돌아갈 수 있는가? 이유를 설명하고, 그림을 통해서 보이라.

   d. 정부가 갭을 메우기 위해 정책을 시행할 경우 그 장점과 단점은 무엇인가?

9. 1990년대 후반 미국은 낮은 인플레이션과 상당히 높은 수준의 경제성장을 이뤘다. 즉 실질 국내총생산이 증가했음에도 불구하고 물가수준은 아주 조금밖에 오르지 않았다. 총수요곡선과 총공급곡선을 이용해서 이와 같은 경험을 설명해 보라. 그림을 이용해서 이를 보이라.

10. 다음 각 사건이 단기에 곡선의 이동을 가져오는지 또는 곡선 상의 이동을 가져오는지를 밝히라. 그리고 어떤 곡선에서 변화가 발생하며 어떤 방향으로 변화가 발생하는지도 밝히라.

   a. 달러화의 가치가 다른 통화에 비해 상승함에 따라 미국 기업들이 주요 원자재 중 하나인 수입철강에 대해서 더 적은 달러 금액을 지불한다.

   b. 연방준비제도가 화폐공급을 증가시킴에 따라 사람들이 빌려주고자 하는 화폐의 양이 증가하고 이에 따라 이자율이 하락한다.

   c. 노조 활동이 강화되어 명목임금이 상승한다.

   d. 물가가 하락함에 따라 가계가 보유한 화폐의 구매력이 증가하고, 그 결과 가계와 기업의 차입이 줄고 대출이 늘어난다.

혁신과 기술진보에 대해 생각할 때 우리는 말과 마차를 대체한 자동차나, 가스등을 대체한 전구나, 계산기와 타자기를 대체한 컴퓨터와 같이 거대하고 극적인 변화에 초점을 두는 경향이 있다. 그렇지만 많은 진보는 점진적이며 대부분의 사람에게는 보이지 않는다. 그럼에도 불구하고 이러한 화려하지 않은 변화가 시간이 흐르면서 거대한 영향을 미친다. 예를 들어 단순한 바코드 스캐너에 대해 생각해 보자.

바코드가 처음 상용화된 것은 1974년에 리글리 껌 10갑 묶음이 NCR(National Register Corporation)이 생산한 스캐너에 읽힌 것이었다. 사람의 눈에는 의미 없이 보이는 문양을 갖고 있지만 판독장치와 스마트폰으로는 인식되는 바코드와 그 이차원 후손들을 이제는 어디에서나 흔히 볼 수 있으며 선적 컨테이너로부터 항공 여객에 이르기까지 모든 것을 확인하고 보내는 데 사용되고 있다.

기계가 판독할 수 있는 라벨의 혜택은 계산대에 줄지어 선 소비자들이 느끼는 것보다 훨씬 더 어마어마하다. 예를 들어 소매상들은 연속적으로 매출을 추적하여 언제 상품을 재주문하고 선반을 다시 채우고, 창고에 무엇을 보관하고, 각 근로자들이 얼마나 생산적인지를 알기 위해 이를 이용한다. 식료품 소매업은 노동집약적인 산업인데 경제학자들의 추정치에 따르면 바코드 기술의 채택은 노동비용을 최대 40% 감소시켰다. 궁극적으로 바코드 기술은 전체 소매업의 컴퓨터화를 촉진시켰다.

여러분은 스캐너나 현금자동인출기와 같은 서비스 접점 기술에서 여전히 주요 공급자의 지위를 유지하고 있는 NCR이 이러한 기술 혁신에서의 선도적인 역할로 인해 엄청난 수익을 냈을 것이라 생각할 수도 있을 것이다. 이 기업이 잘 해 오기

는 했지만, 초기의 스캐너 판매는 엄청난 양이 아니었다. 바코드 스캐너의 채택은 20년 후의 스마트폰 확산과 비교하면 상대적으로 느린 편이었다. 역사적인 껌 묶음이 출현한 후 10년간 전체 슈퍼마켓의 3분의 1 정도만이 이를 채택했다.

그 이유는 무엇일까? 바코드 기술의 잠재력을 완전히 실현하려면 소매업자와 기업들이 먼저 스캐너와 이를 이용한 정보처리 시스템을 구매하기 위해 엄청난 돈을 지출해야 한다. 이에 못지않게 중요한 것은 제조업자들이 자신의 제품에 바코드를 넣기 위한 장치를 설치해야 한다는 점이다. 이는 소매상들이 스캐너 판독가능 제품이 더 많아질 때를 기다리는 한편 제조업자들이 스캐너를 사용하는 점포들이 더 많아질 때를 기다리는 닭이 먼저냐 달걀이 먼저냐의 문제를 일으킨다.

시간이 지나자 소매업자와 제조업자들이 필요한 투자를 실행하여 정보기술이 광범위하게 사용될 수 있는 환경이 마련됨에 따라 이 문제는 해결되었다. 사실 1990년 무렵 이후 소매업은 미국 경제의 전체 생산성 향상의 가장 주된 원천이 되었다.

유럽에서의 바코드 기술 채택은 더 느렸다. 미국에서는 큰 점포들이 가장 먼저 스캐너를 설치했으며, 이 기술은 스캐너 설비에 투자할 여력이 없었던 구멍가게의 희생하에 소매업의 집중화를 촉진했다. 하지만 유럽에서는 토지사용정책과 같은 정부정책이 구멍가게들을 보호했다.

결국 유럽도 새로운 경향을 따르기 시작했다. 바코드 기술은 미국에서 시작하여 적어도 선진국에서는 보편화되었다.

생각해 볼 문제

1. 바코드 기술은 소매업에 있어 많은 투자의 자극제가 되었다. 이 기술은 소매업 생산함수를 어떻게 변화시켰나? 새로운 기술 없이 동일한 금액의 투자가 이루어진다면 어떤 결과를 가져올까?

2. 미국에서 바코드의 확산이 지연된 것은 모든 사람이 다른 누군가가 먼저 움직이기를 기다린 데에 있다. 이러한 지연을 해결하기 위해 어떤 정책이 채택될 수 있었을까? 이러한 정책은 좋은 생각일까?

3. 위의 사례를 이용하여 세계 각국의 성장률에 차이가 나는 이유를 설명하라.

4. 처음의 장애요인에도 불구하고 바코드는 전 세계로 확산되었다. 이러한 사실은 국가 간 경제성장의 차이에 대해 어떤 의미를 갖는가?

여러분이나 여러분이 아는 누군가가 최근 새 차를 샀다면 그 차는 일본의 토요타나 혼다에서 제조되었을 가능성이 크다. 이 두 회사는 함께 전체 승용차 판매량의 4분의 1을 차지하고 있다. 하지만 항상 이런 것은 아니었다. 1973년에 두 회사는 미국 내 자동차 판매량의 2.6%밖에 차지하지 못했다. 1970년대와 1980년대 초를 거치면서 일본의 점유율이 네 배가 되었는데 그 이유는 무엇일까?

토요타는 많은 것들을 옳게 했다. 1960년대에 이 회사는 소위 적기공급 생산(just-in-time production)과 린 생산방식(lean manufacturing) 기술을 완성했는데 이는 미국의 생산기술에 비해 더 낮은 비용과 너 높은 생산성과 더 높은 품질을 제공했다.

그렇지만 토요타는 운이 좋기도 했다. 1970년대에 미국인들은 대형 세단에서 소형차로 전환하기 시작했는데 미국 자동차회사들은 이 시장을 소홀히 했다. 이들이 제공한 모형은 AMC의 그렘린이나 포드의 핀토를 포함하여 몇 개가 되지 않았고, 품질이 낮았다. 반면에 토요타는 오랫동안 자국 시장인 일본을 위해 작고, 신뢰할 수 있고, 연료 효율성이 좋은 차를 생산해 왔기 때문에 이 간격을 메울 준비가 되어 있었다.

그런데 왜 더 작고 연료 효율성이 좋은 차로의 전환이 이루어졌을까? 그 답의 하나는 미국이 일련의 극심한 경기후퇴를 겪은 결과 소비자들이 전통적인 대형차보다는 더 값싼 대안을 찾게 되었다는 데 있다. 그런데 다른 경기후퇴에서는 자동차를 구매할 때 소형화 움직임이 크게 나타난 적이 없었다. 〈그림 16-17〉은 1975년 이래 신차의 갤런당 평균 마일이 전반적으로 상승 추세를 보였지만 1970년대 후반과 1980년대 초반에 훨씬 더 빨리 증가한 후 1990년대 초에는 많은 소비자들이 연료 효율성이 더 좋은 차량을 구매하였음에도 불구하고 안정되었음을 보여 준다. 그리고 그림에서 보듯이 2007년 이후에는 이 해에 시작된 대후퇴가 1930년대 이후의 어떤 경기부진보다도 더 깊고 길었음에도 불구하고 평균 마일은 약간만 증가했다.

그렇다면 1970년대에는 무엇이 달랐을까? 그 당시에는 두 가지 나쁜 일이 일어났는데 실업이 급격히 증가하고 있었고 휘발유 가격도 급격히 증가하고 있었다. 2007년 이후에는 실업이 치솟긴 했지만 휘발유 가격은 경기후퇴 이전보다 훨씬 더 낮은 수준이었다. 이에 따라 사람들이 차를 더 적게 사긴 했지만 더 작은 차를 사지는 않았다.

요점은 토요타가 좋은 기회를 잡은 이유는 좋은 차를 생산하는 것만이 아니라 1970년대의 경제적 난국에서 소비자들에게 맞는 특별한 종류의 좋은 차를 생산한 데 있었다.

생각해 볼 문제

1. 1970년대 경기후퇴 때 휘발유 가격이 오르고 대후퇴 이후에 내린 이유는 무엇인가?
2. 이것이 각 사례에 있어서 경기후퇴의 원인에 대해 말하는 바는 무엇인가?
3. 1970년대에 자동차 대출 금리가 17.5%까지 상승했지만 토요타는 미국에서의 매출을 늘릴 수 있었다. 반면에 2007년 이후에는 이자율이 역사상 가장 낮은 수준으로 하락했지만 자동차 매출도 감소했다. (힌트 : 인플레이션과 대출 금리 간 관계를 검토하라.)

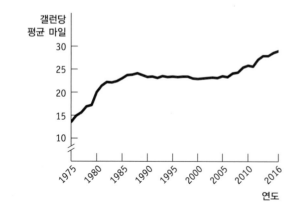

그림 16-17 신차의 갤런당 평균 마일, 1975~2016년

출처 : Environmental Protection Agency.

17 재정정책

지출하여 경기후퇴에서 빠져나오기

미국 경제는 2007년 말부터 궁극적으로는 대후퇴라 불리게 된 경기하강 국면에 들어갔지만, 2008년 가을까지는 아직 절벽에서 추락하지 않았다. 2008년 가을부터 미국 경제는 무섭게 추락하여 2008년 8월부터 2009년 6월까지 10개월 사이에 6백만 개 이상의 일자리를 잃었다. 정책입안자들은 상황을 안정시키기 위해 이자율을 인하하고 어려움에 처한 은행에 응급 지원을 제공하는 등 다각도로 노력했다.

재정정책을 마련함에 있어서는 시기 선택이 중요하다. 확장적 재정정책은 2009년과 같이 경제가 깊게 침체되었을 때 적절했다. 그렇지만 2017년처럼 경제가 강할 때에는 재정정책의 시행이 역효과를 낼 수도 있다.

그렇지만 당시 새로 선출된 오바마 대통령의 자문들은 이러한 조치들이 출혈을 억제하는 것 이상을 달성하기에 불충분하다고 생각했다. 이들은 사라지고 있는 직장을 되살리기 위해서는 연방정부예산으로부터 지출 증가와 조세 삭감의 형태로 경제에 대한 **자극**이 필요하다고 믿었다.

오바마 대통령이 자문들의 조언을 받아들임에 따라 2009년 2월 17일에 미국 회복 및 재투자법이 제정되었다. 이 법은 연방지출을 증가시켰고, 식품 구입권(food stamp)과 실업보험과 같은 연방지원 프로그램을 임시로 확대했고, 재정적으로 쪼들리는 주정부와 지방정부에 금전적 지원을 제공했다. 이 법에 따라 발생한 8,300억 달러에 달하는 비용은 모두 첫 두 해 사이에 지출되었는데, 이는 당시 연방예산의 10%에 달하는 규모였다. 정책입안자들은 이러한 부양책이 극심하게 침체된 경제에 결정적인 지원을 제공하고 경기회복을 가속화시킬 것이라 주장했다.

이 회복법은 **재정정책**의 고전적인 예다. 재정정책은 총수요곡선을 이동시켜서 경제를 안정시키기 위한 조세와 정부지출의 변화를 말한다. 이 사례에서의 재정정책은 총수요곡선을 바깥쪽으로 이동시키도록 고안된 확장적 정책이다. 반면에 총수요곡선을 안쪽으로 이동시키는 재정정책은 **긴축적**이다.

재정정책에는 종종 논쟁이 뒤따른다. 2009년에 어떤 사람들은 광범위한 어려움 속에서 정부지출을 늘리는 것은 실수라 믿었다. 한 의원은 어려운 시기에는 정부가 더 적게 지출해야 한다고 주장하면서 다음과 같이 선언했다. "미국의 가계들은 허리띠를 졸라매지만 정부는 허리띠를 졸라매는 모습을 보여 주지 않는다." 이러한 부양책이 재정적자를 확대시킬 것이라는 우려도 있었다. 하지만 대부분의 경제학자들은 경제가 침체에 빠졌을 때는 확장적 재정정책이 적절하다고 믿는다.

'경제가 침체에 빠졌을 때'라는 조건은 중요하다. 오바마의 부양책이 시행된 지 8년 후인 2017년에는 새로 선출된 트럼프 대통령의 행정부가 새로운 조세감축안을 통과시켰다. 이러한 조치는 어떤 면에서는 오바마의 부양책과 유사해 보인다. 하지만 몇몇 경제학자들이 트럼프의 부양책을 지지한 반면, 오바마의 부양책을 지지했던 자들을 포함하여 대부분의 경제학자들은 이를 지지하지 않았다. 이들은 일관성이 없는 것이 아닌가? 실제로는 그렇지 않다. 2009년 초에 미국 경제는 깊게 침체되어 있었고 더 하강하려 하고 있었다. 반면에 2017년 초 미국 경제는 성장하고 있었고 완전고용에 가까웠다. 트럼프의 부양책을 지지하기를 거절했던 경제학자들은 부적절한 시기에 시행되는 부양책은 역효과를 낳을 가능성이 큼을 알고 있었다. 이들은 재정정책을 시행함에 있어서는 시기 선택이 중요함을 이해하고 있었다.

이 장에서는 재정정책이 제16장에서 배운 경기변동 모형에 어떻게 부합하는지를 볼 것이다. 또한 재정적자와 정부부채가 어떤 이유에서 문제가 될 수 있으며, 단기와 장기에서의 관심사가 어떻게 재정정책을 상이한 방향으로 이끌 수 있는지를 볼 것이다. ●

이 장에서 배울 내용

- **재정정책**의 정의와 경기변동을 관리하는 데 재정정책이 중요한 이유
- **확장적 재정정책**에 해당하는 정책과 **긴축적 재정정책**에 해당하는 정책
- 재정정책이 승수효과를 가지는 이유와 **자동안정장치**가 승수효과에 미치는 영향
- 정부가 **순환조정된 재정수지**를 계산하는 이유
- **공공부채**가 커지는 것이 문제가 되는 이유와 정부의 **암묵적 부채**가 문제가 되는 이유

그림 17-1 일부 고소득 국가의 2017년 정부지출과 조세수입

정부지출과 조세수입이 국내총산에 대한 비율로 제시되어 있다. 프랑스는 국내총산의 절반 이상을 차지할 정도로 큰 정부를 가지고 있다. 미국 정부의 규모는 매우 크지만 국내총산에 대한 상대적인 규모는 캐나다나 대부분의 유럽국가들에 비해 작다.

출처 : IMF World Economic Outlook.

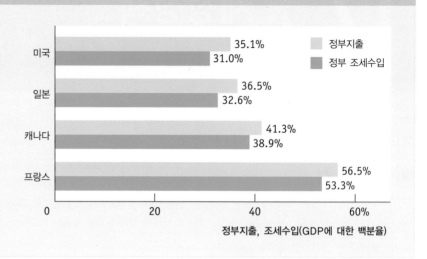

정부지출, 조세수입(GDP에 대한 백분율)

재정정책의 기초

오늘날 각국 정부는 엄청나게 많은 돈을 쓰고 있고 이를 위해서 엄청난 금액의 세금을 거두고 있다. 〈그림 17-1〉은 몇몇 고소득 국가에서 2017년 중 정부지출과 조세수입이 국내총산에서 차지하는 비중을 보여 준다. 그림에서 보듯이 프랑스는 경제의 거의 절반 이상을 차지하고 있을 정도로 큰 정부를 가지고 있다. 미국 정부는 캐나다, 일본 및 대부분의 유럽국가들의 정부에 비해 국민경제에서 차지하는 비중이 작다. 그렇지만 미국 정부가 미국 경제에서 담당하고 있는 역할은 결코 작지 않다. 그 결과 정부지출과 조세수입을 포함한 연방정부 예산의 변화는 미국 경제에 큰 영향을 미칠 수 있다.

이와 같은 영향을 분석하기 위해 먼저 조세와 정부지출이 국민경제의 소득 흐름에 어떤 영향을 미치는지를 알아볼 것이다. 그다음에는 정부지출과 조세의 변화가 총수요에 어떤 영향을 미치는지에 대해 알아볼 것이다.

조세, 재화와 서비스 구매, 정부 이전지출 그리고 차입

미국인들은 어떤 종류의 세금을 내고 있으며 세금으로 거둬들인 돈은 어떻게 사용될까? 〈그림 17-2〉는 2018년 중 미국 조세수입의 구성을 보여 준다. 물론 조세는 정부에 낼 의무가 있는 지출이다. 미국에서는 연방정부가 연방정부세를, 주정부가 주정부세를, 그리고 군, 시, 읍 등이 지방세를 거둔다. 연방정부가 거두는 세금에서는 개인소득과 법인이윤에 대한 소득세와 **사회보장세**가 주된 세목이다. 주정부세와 지방세는 다소 복잡하다. 주정부와 지방정부의 수입은 판매세, 재산세, 소득세 그리고 여러 종류의 수수료로부터 나온다.

전체적으로 개인소득세와 법인세가 2018년 전체 정부수입의 41%를 차지했고, 사회보장세는 25%, 그 외에 주정부와 지방정부가 거두는 여러 가지 세금이 나머지를 차지했다.

〈그림 17-3〉은 2017년 미국 정부의 지출 내역을 보여 준다. 지출은 크게 두 가지 형태를 취하는데 그중 하나는 재화와 서비스의 구매

그림 17-2 2018년 미국 조세수입의 원천

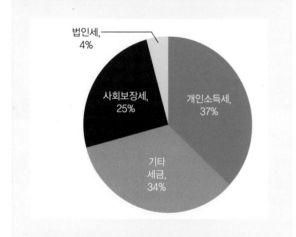

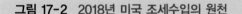

개인소득세, 법인세, 사회보장세가 정부 조세수입의 대부분을 차지한다. 그 나머지는 재산세, 판매세와 기타 수입원으로 구성된다. (반올림으로 인해 비중의 합은 정확히 100%가 되지 않는다.)

출처 : Bureau of Economic Analysis.

다. 여기에는 군사용 무기에서부터 공립학교 교사들(이들은 국민계정에서는 교육 서비스의 제공자로 취급된다)의 급여에 이르기까지 모든 것이 포함된다. 재화와 서비스 구매에서 가장 큰 비중을 차지하는 것은 국방과 교육이다. 그 외에 '기타 재화와 서비스'라고 표기된 큰 항목은 주로 경찰, 소방, 고속도로 건설 및 보수 등 다양한 서비스를 제공하기 위한 주정부와 지방정부의 지출로 이루어진다.

또 다른 정부지출 형태는 정부 이전지출이다. 이전지출이란 재화나 서비스를 대가로 받지 않고 정부가 가계에 지급하는 지출을 말한다. 오늘날 캐나다와 유럽국가들은 물론 미국에서도 이전지출은 정부 예산에서 매우 큰 비중을 차지하고 있다. 미국 정부의 이전지출은 대부분 다음 네 가지 프로그램을 위해 이루어지고 있다.

- 사회보장(Social Security)은 고령자나 장애인에게 또는 수혜자가 사망할 경우 그 배우자와 부양가족에게 보장된 소득을 지급한다.
- 메디케어(Medicare)는 65세를 초과하는 미국인들 의료비의 상당 부분을 부담한다.
- 메디케이드(Medicaid)는 저소득층 미국인들 의료비의 상당 부분을 부담한다.
- 오바마 케어(Affordable Care Act, ACA)는 모든 미국인이 건강보험을 이용할 수 있고 감당할 수 있도록 하는 것을 목표로 한다.

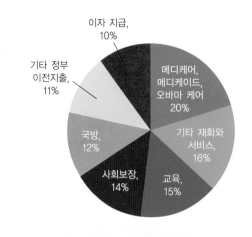

그림 17-3 2017년 미국의 정부지출

정부지출에는 재화와 서비스 구매와 정부 이전지출의 두 가지 형태가 있다. 정부구매에서 가장 큰 비중을 차지하고 있는 것은 국방과 교육이다. 정부 이전지출에서는 사회보장과 메디케어 및 메디케이드, 오바마 케어가 가장 큰 비중을 차지한다. (반올림으로 인해 비중의 합은 정확히 100%가 되지 않는다.)

출처 : Bureau of Economic Analysis.

사회보험(social insurance)은 경제적인 어려움으로부터 가계를 보호하기 위해 시행되는 정부 프로그램을 지칭한다. 사회보험에는 메디케어, 메디케이드, 오바마 케어는 물론 실업보험과 식품구입권 등 이보다 규모가 작은 프로그램들이 포함된다. 오바마 케어는 모든 미국인이 의료보험 혜택을 받을 수 있도록 규제된 민간보험시장의 시스템과 메디케이드의 수혜자 확대를 통해 작동한다. 미국의 사회보험 프로그램들은 주로 임금에 부과되는 목적세인 여러 가지 사회보험세를 통해 재원을 조달한다. 단 혜택의 대부분을 사적 의료보험 구매에 의존하는 오바마 케어는 예외다.

그런데 조세와 정부지출은 경제에 어떤 영향을 미칠까? 그 답은 조세와 정부지출은 국민경제의 총수요에 강력한 영향을 미친다는 데 있다.

정부예산과 정부지출

다음과 같은 국민소득계정상의 기본 방정식을 생각해 보자.

(17-1) $GDP = C + I + G + X - IM$

위 식의 좌변은 국내총생산, 즉 경제에서 생산된 재화와 서비스의 최종생산물의 가치다. 우변은 총지출, 즉 경제에서 생산된 최종생산물에 대한 지출의 총계다. 총지출은 가계 소비지출(C), 투자지출(I), 정부의 재화와 서비스 구매(G) 그리고 수출(X)에서 수입(IM)을 뺀 금액을 합한 것이다. 이들 지출은 모두 총수요의 원천이 된다.

정부는 식 (17-1)의 우변에 있는 변수들 중 하나를 직접적으로 통제할 수 있는데 그것은 바로 정부의 재화와 서비스 구매(G)다. 그런데 재정정책은 정부구매 이외에도 다른 변수들을 통해 총

사회보험(social insurance)은 경제적인 어려움으로부터 가계들을 보호하기 위해 시행되는 정부 프로그램을 지칭한다.

지출에 영향을 미칠 수 있다. 정부는 조세와 이전지출의 변화를 통해 소비지출(C)은 물론 경우에 따라서는 투자지출(I)에도 영향을 미칠 수 있다.

정부예산이 소비지출에 어떻게 영향을 미치는지를 보려면 가처분소득, 즉 가계가 지출할 수 있는 소득이 가계가 수취하는 임금, 배당, 이자, 지대 등의 총소득에서 조세를 빼고 이전지출을 더한 값으로 정의된다는 사실을 상기할 필요가 있다.

$$가처분소득 = 소득 - 조세 + 정부 이전지출$$

위 식에서

$$소득 = 임금 + 배당 + 이자 + 임대료 수령액$$

이 정의에 따르면 조세의 증가나 정부 이전지출의 감소는 가처분소득을 감소시킨다. 그리고 다른 조건이 같다면 가처분소득의 감소는 소비지출을 감소시킨다. 이와 반대로 조세의 감소나 정부 이전지출의 증가는 가처분소득을 증가시킨다. 물론 다른 조건이 같다면 가처분소득이 증가할 경우 소비지출도 증가한다.

정부가 투자지출에 영향을 미칠 수 있는 근거는 이보다 복잡하기 때문에 여기에서는 자세히 설명하지 않을 것이다. 중요한 것은 정부가 기업 이윤에 대해서 세금을 거두고 있으며, 이윤 중에서 정부에 내야 하는 부분의 크기를 변경함으로써 투자지출을 할 유인을 증가시키거나 감소시킬 수 있다는 사실이다.

정부구매는 그 자체가 총수요의 원천 중 하나이고 조세와 이전지출이 가계와 기업의 지출에 영향을 미치기 때문에 정부는 조세나 정부지출의 변화를 통해 총수요곡선을 이동시킬 수 있다. 제16장에서 보았듯이 총수요곡선을 이동시키는 것이 필요할 때가 종종 있다.

확장적 재정정책과 긴축적 재정정책

정부가 총수요곡선을 이동시키려 드는 이유는 무엇일까? 그것은 총생산이 잠재생산량에 미달할 경우 발생하는 경기후퇴 갭이나 총생산이 잠재생산량을 초과할 때 나타나는 인플레이션 갭을 제거하기 위해서다.

〈그림 17-4〉는 경기후퇴 갭을 겪고 있는 경제를 보여 준다. $SRAS$는 단기 총공급곡선, $LRAS$는 장기 총공급곡선, 그리고 AD_1은 처음의 총수요곡선을 나타낸다. 처음의 단기 거시경제 균형인 E_1에서는 총생산 Y_1이 잠재생산량인 Y_p보다 작다. 이 경우 정부가 원하는 것은 총수요를 증가시켜서 총수요곡선을 오른쪽으로 AD_2까지 이동시키는 것이다. 이 경우 총생산이 증가하여 잠재생산량과 동일해진다. 이처럼 총수요를 증가시키는 재정정책을 **확장적 재정정책**(expansionary fiscal policy)이라 한다. 확장적 재정정책은 일반적으로 다음 세 가지 중 하나의 형태를 취한다.

1. 정부의 재화와 서비스 구매 증가
2. 조세 감소
3. 정부 이전지출 증가

2009년의 부양책(또는 회복법)은 연방지출의 직접적 증액과 주정부가 지출을 유지할 수 있도록 돕기 위한 보조금 증액, 대부분의 가계를 위한 조세 감면, 실업자에 대한 보조금 증액을 포함하는 등 이 세 가지 형태 모두의 혼합이었다.

〈그림 17-5〉는 반대의 경우, 즉 인플레이션 갭을 겪고 있는 경제를 보여 준다. 여전히 $SRAS$는

확장적 재정정책(expansionary fiscal policy)은 총수요를 증가시키는 재정정책이다.

그림 17-4 확장적 재정정책으로 경기후퇴 갭을 제거할 수 있다

경제는 총수요곡선인 AD_1이 $SRAS$ 곡선과 만나는 E_1점에서 단기 거시경제 균형에 있다. E_1에서는 Y_P $-Y_1$만큼의 경기후퇴 갭이 존재한다. 정부의 재화와 서비스 구매 증가, 조세 감소, 정부 이전지출 증가와 같은 확장적인 재정정책은 총수요곡선을 오른쪽으로 이동시킨다. 확장적 재정정책을 통해 총수요곡선을 AD_1에서 AD_2로 이동시키고 경제를 새 단기 거시경제 균형인 E_2로 이동시킴으로써 경기후퇴 갭을 제거할 수 있다. 이 점에서는 장기 거시경제 균형도 달성된다.

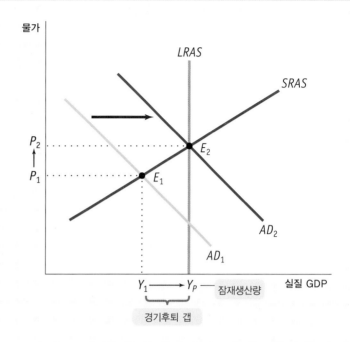

단기 총공급곡선, $LRAS$는 장기 총공급곡선 그리고 AD_1은 최초의 총수요곡선을 나타낸다. 최초의 균형점인 E_1에서의 총생산 Y_1은 잠재생산량 Y_P보다 크다.

정책입안자들은 종종 인플레이션 갭을 제거함으로써 인플레이션을 해소하려 한다. 〈그림 17-5〉에서 볼 수 있는 인플레이션 갭을 제거하기 위해서는 재정정책을 통해 총수요를 줄임

그림 17-5 긴축적 재정정책으로 인플레이션 갭을 제거할 수 있다

경제는 총수요곡선인 AD_1이 $SRAS$ 곡선과 만나는 E_1점에서 단기 거시경제 균형에 있다. E_1에서는 Y_1- Y_P만큼의 인플레이션 갭이 존재한다. 정부구매의 감소, 조세 증가, 정부 이전지출 감소와 같은 긴축적인 재정정책은 총수요곡선을 왼쪽으로 이동시킨다. 긴축적 재정정책을 통해 총수요곡선을 AD_1에서 AD_2로 이동시키고 경제를 새 단기 거시경제 균형인 E_2로 이동시킴으로써 인플레이션 갭을 제거할 수 있다. 이 점에서는 장기 거시경제 균형도 달성된다.

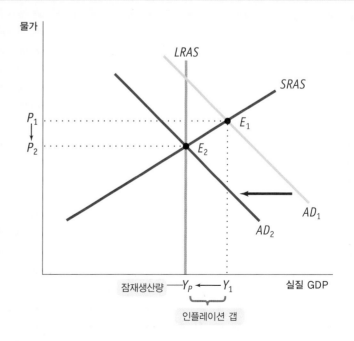

긴축적 재정정책(contractionary fiscal policy)은 총수요를 감소시키는 재정정책이다.

으로써 총수요곡선을 왼쪽으로 AD_2까지 이동시켜야 한다. 이 경우 총생산이 감소하여 잠재생산량 수준과 동일해진다. 총수요를 감소시키는 재정정책을 **긴축적 재정정책**(contractionary fiscal policy)이라 하는데 이는 확장적 재정정책과 정반대의 형태를 띤다. 긴축적 재정정책은 다음과 같은 세 가지 형태로 시행될 수 있다.

1. 정부의 재화와 서비스 구매 감소
2. 조세 증가
3. 정부 이전지출 감소

긴축적 재정정책의 고전적인 예는 1968년 미국의 정책입안자들이 인플레이션의 확산을 염려했을 때 발생했다. 당시 존슨 대통령은 소득세에 10%의 가산세를 임시로 부과했고 그 결과 모든 사람의 세금 부담이 10% 증가했다. 존슨 대통령은 또한 베트남전을 치르느라 엄청나게 늘어난 정부구매를 삭감하려 했다.

확장적 재정정책은 실제로 작동할 수 있나

현실에서 재정정책의 사용, 특히 경기후퇴 갭이 존재할 때 확장적 재정정책의 사용은 종종 논쟁의 대상이 된다. 여기서는 언제 이들 비판이 정당화될 수 있으며, 언제 정당화될 수 없는지를 이해할 수 있도록 확장적 재정정책에 관한 논쟁의 주요 쟁점들에 대해 간단히 요약하기로 한다.

확장적 재정정책의 사용을 비판하는 주장으로는 대체적으로 다음 세 가지를 들 수 있다.

- 정부지출은 항상 민간지출을 구축한다.
- 정부차입은 항상 민간투자지출을 구축한다.
- 정부 재정적자는 민간지출을 감소시킨다.

이들 중 첫째 주장은 원칙적으로는 틀리지만 정책 논쟁에서 눈에 띄는 역할을 수행했다. 둘째 주장은 모든 상황은 아니더라도 어떤 상황에서는 유효하다. 셋째 주장은 몇 가지 중요한 논점을 제기하기는 하지만 확장적 재정정책이 작동하지 않는다고 믿을 만한 좋은 이유를 제공하지는 않는다.

주장 1 : "정부지출은 항상 민간지출을 구축한다." 일부 학자들은 다음과 같은 논리에서 확장적 재정정책이 총수요를 전혀 증가시킬 수 없다고 주장한다. "정부가 지출하는 모든 1달러는 민간부문으로부터 빼앗은 1달러다. 따라서 정부지출의 증가는 어떤 것이든 동일한 규모의 민간지출 감소에 의해 상쇄된다." 다시 말해서 정부에 의해 지출되는 모든 1달러는 1달러의 민간지출을 구축 또는 대체한다는 것이다.

이 진술은 경제의 모든 생산요소가 항상 완전고용됨을 가정한다는 점에서 잘못이 있다. 이 가정은 사실이 아니다. 현실에 있어서 정부지출이 민간지출을 구축하는지 여부는 경제 상태에 따라 결정된다. 특히 경제가 경기후퇴 갭을 겪고 있을 때에는 경제에 고용되지 않은 생산요소가 존재하며, 그 결과 총생산과 총소득이 잠재생산량보다 낮은 수준에 있게 된다. 이러한 시기에 확장적 재정정책은 고용되지 못한 생산요소를 일하도록 만들며, 그 결과 더 높은 지출과 소득을 발생시킨다. 경제가 완전고용 상태에 있을 때만 정부지출이 민간지출을 구축한다. 따라서 확장적 재정정책이 항상 민간지출을 구축한다는 주장은 원칙적으로 틀리다.

주장 2 : "정부차입은 항상 민간투자지출을 구축한다." 정부차입이 민간 투자지출을 위해 활용될 자금을 사용할 가능성, 즉 정부차입이 민간투자지출을 구축한다는 주장은 얼마나 타당할까?

주장 2와 마찬가지로 주장 1도 잘못되었는데, 구축이 발생할지 여부는 경제가 침체 상태에 있는지의 여부에 달려 있기 때문이다. 경제가 침체되어 있지 않다면 정부차입의 증가는 대부자금에 대한 수요를 증가시킴으로써 이자율을 상승시키고 민간투자지출을 구축한다. 그렇지만 경제가 침체되어 있다면 어떨까? 이 경우에는 구축이 나타날 가능성이 훨씬 작다. 경제가 완전고용상태에 훨씬 미달할 때 재정팽창은 소득을 높이고 이는 다시 각 이자율 수준에서 저축을 증가시킨다. 저축이 증가하면 정부는 이자율을 상승시키지 않고도 차입을 할 수 있다. 2009년 회복법은 바로 이런 경우다. 높은 수준의 정부차입에도 불구하고 미국의 이자율은 역사적 최저 수준에 가까웠다. 결국 경제가 완전고용상태에 있을 때만 정부차입이 민간투자지출을 구축한다. (이것이 대부분의 경제학자들이 트럼프의 조세 삭감 지지를 거절했던 이유다.)

주장 3 : "정부 재정적자는 민간지출을 감소시킨다." 다른 조건이 같다면 확장적 재정정책은 재정적자를 확대시키고 정부부채를 증가시킨다. 부채가 증가하면 정부는 이를 갚기 위해 결국 조세를 증가시켜야 한다. 따라서 확장적 재정정책을 비판하는 셋째 주장에 따르면 소비자들은 현재의 정부부채를 갚기 위해 미래에 더 많은 세금을 내야 할 것을 예상하고 이에 대비하여 저축을 하기 위해 현재의 지출을 줄일 것이다. 19세기 경제학자인 데이빗 리카도(David Ricardo)에 의해 처음 제기되었던 이 주장은 리카도 동등성(Ricardian equivalence)이라 알려져 있다. 이것은 종종 원시안적인 소비자가 정부에 의한 어떠한 확장 시도도 원상태로 되돌려 버릴 것이기 때문에 확장적 재정정책이 아무 효과도 거두지 못할 것이라는 주장의 근거로 사용된다. (이런 점에서는 긴축적 재정정책도 원상태로 되돌릴 것이다.)

그렇지만 현실에서는 소비자들이 이 같은 예지력과 예산원칙을 갖고 행동한다고 믿기 어렵다. 대부분의 사람들은 (재정팽창에 의해 발생하는) 추가적인 현금을 갖게 되면 이 중 일부를 사용하려 들 것이다. 따라서 일시적인 조세 감면이나 소비자들에 대한 현금 이전지출 형태의 재정정책조차도 확장적인 효과를 가질 것이다.

이에 더하여 리카도 동등성이 성립될 때조차도 도로 신설 공사와 같이 재화와 서비스의 직접구매를 수반하는 정부지출의 일시적 증가는 단기에 총지출을 증대시킬 수 있음을 보일 수 있다. 소비자가 미래 조세 증가를 예상하여 소비지출을 줄인다 해도, 세금을 납부하기 위한 저축이 여러 기간에 걸쳐 일어날 것인 만큼 소비지출 감소도 여러 기간에 걸쳐 일어날 것이기 때문이다. 한편 추가적인 정부지출은 경제가 필요로 하는 단기에 집중될 것이다.

따라서 리카도 동등성이 강조하는 효과가 재정팽창의 효과를 감소시킬 수 있음은 인정되지만, 재정팽창을 전적으로 효과가 없게 만든다는 주장은 소비자들의 실제 행동과 불일치할 뿐 아니라 정부지출 증가가 효과가 없다고 믿을 만한 이유가 되지 않는다. 결국 이는 확장적 재정정책을 비판하는 타당성 있는 논거가 되질 못한다.

종합 확장적 재정정책이 얼마나 효과가 있을지에 대한 기대는 상황에 따라 다르다. 이 장의 도입 사례에서는 재정정책의 시행에는 시기가 중요하다고 결론 지었다. 2009년 회복법이 제정될 때처럼 경제가 경기후퇴 갭을 겪고 있다면 경제학은 이것이 바로 확장적 재정정책이 경제에 도움이 될 수 있는 상황이라 말해 줄 것이다. 그러나 경제가 트럼프의 조세 삭감이 발효된 2018년처럼 이미 완전고용에 있다면 확장적 재정정책은 잘못된 정책이며 구축, 경기 과열 그리고 인플레이션의 심화를 초래할 것이다.

주의해야 할 것 : 재정정책의 시차

〈그림 17-4〉와 〈그림 17-5〉를 보면 경기후퇴 갭이 발생할 때는 언제나 정부가 확장적 재정정책을 시행하고 인플레이션 갭이 발생할 때는 언제나 긴축적 재정정책을 시행하는 등 재정정책을 적극적으로 활용해야 할 것으로 생각된다. 그러나 많은 경제학자들은 재정정책을 너무 적극적으로 사용하는 데 대해 우려를 표명한다. 정부가 재정정책이나 통화정책을 이용하여 경제안정을 지나칠 정도로 추구할 경우 오히려 경제를 더 불안정하게 만들 수도 있기 때문이다.

통화정책과 관련된 경고에 대해서는 제19장에서 설명할 것이다. 재정정책의 시행에 주의가 필요한 주된 이유는 정책 시행에 시차가 존재하기 때문이다. 이와 같은 시차의 본질을 이해하기 위해서는 정부가 경기후퇴 갭을 제거하기 위해 지출을 증가시키기 전에 거쳐야 할 세 가지 과정을 생각해 볼 필요가 있다.

1. 우선 정부가 경기후퇴 갭이 존재한다는 사실을 인식해야 한다. 그런데 경제자료를 수집하고 분석하는 데는 시간이 걸릴 뿐만 아니라 경기후퇴는 대개 시작한 후 여러 달이 지나서야 확인되는 경우가 많다.

   일반적으로 대후퇴는 2007년 12월에 시작된 것으로 간주되지만, 일부 경제학자들은 2008년 9월까지도 이 경기후퇴가 진짜인지를 의심하고 있었다.
2. 정부가 지출계획을 세워야 하는데 이것 역시 여러 달이 걸릴 수 있다. 정치인들이 돈을 어디에 지출할 것인지에 대해 논쟁을 하거나 의회의 승인 과정에서 지체가 발생하기 때문이다.
3. 돈을 지출하는 데도 시간이 걸린다. 예를 들어 도로 신설 공사는 기초 조사에서부터 시작되는데 이 단계에서는 큰돈이 지출될 필요가 없다. 실제로 큰돈이 지출되기 시작할 때까지는 상당한 시간이 걸릴 수 있다. 회복법은 2009년 1사분기에 의회를 통과했지만 이 법이 연방지출, 특히 재화와 서비스 구매에 미친 효과의 상당 부분은 2011년이 되어서야 나타나기 시작했다.

이와 같은 시차로 인해 경기후퇴 갭을 제거하기 위해 지출을 증가시키는 데 너무 많은 시간이 지체될 경우, 이미 경제가 스스로 경기후퇴로부터 회복되었을 수도 있다. 그리하여 막상 재정지출의 효과가 나타나는 시점에는 경기후퇴 갭이 인플레이션 갭으로 전환되었을 수도 있다. 이 경우에는 재정정책이 상황을 개선시키기는커녕 오히려 더 악화시킬 것이다.

그렇다고 해서 재정정책이 절대로 적극적으로 이용되지 말아야 한다는 것은 아니다. 2009년 초에는 미국 경제가 당면한 경기침체가 깊고도 길 것이기 때문에 앞으로 1년 또는 2년 동안 시행될 재정적 부양조치가 확실히 총수요곡선을 올바른 방향으로 이동시킬 수 있다고 판단할 수 있는 충분한 이유가 있었다. 실제로 이 장 뒷부분에서 보겠지만 2009년의 경기부양책은 너무 빨리 사라져서 부양책이 끝날 때까지도 경기가 여전히 침체되어 있었다. 그렇지만 시차 문제로 인해 재정정책과 통화정책을 실제로 시행하는 것은 앞의 두 그림에서와 같은 단순한 분석에서 보는 것보다는 훨씬 더 어려운 작업임에 틀림이 없다.

현실 경제의 >> 이해
두 개의 부양책 이야기

2009년의 오바마 부양책과 2018년에 시작된 새 조세감축과 새 사회간접자본 지출을 포함하여 2017년 초 트럼프가 취임한 직후 행정부가 제시한 제안 사이에는 몇 가지 광범위한 유사점이 존재한다. 그렇지만 오바마 부양책을 지지했던 많은 경제학자들은 트럼프의 부양책에 대해서는 회의적이었는데, 바로 경제 상태에 변화가 있었기 때문이다.

〈그림 17-6〉은 두 시기에 있어서 모두 정책 토론에서 중요한 역할을 했던 두 가지 지표를 보여 준다. 하나는 실업률이고, 다른 하나는 **퇴직률**(quits rate), 즉 매달 자발적으로 일자리를 떠나는 노동자의 비율이다. 이 비율은 노동시장이 얼마나 좋은지를 나타내는 지표로 간주된다. 새로운 일자리를 구하기가 매우 어렵게 여겨질 때에는 노동자들이 일자리를 그만두기를 꺼리기 때문이다. 이런 이유에서 퇴직률은 실업률에 대한 유용한 보조지표가 된다. 실업률이 경제 상황을 정확하게 반영하는지가 확실하지 않다면 퇴직률이 같은 이야기를 하고 있는지를 확인해 보면 된다.

〈그림 17-6〉으로부터 2009년 초에 미국

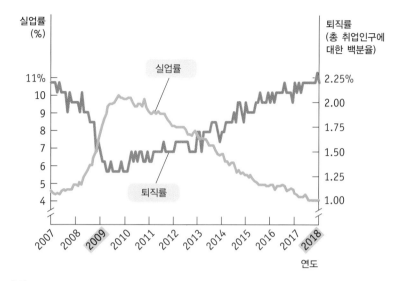

그림 17-6 2009년과 2018년 미국 경제 상태의 비교

출처 : Federal Reserve Bank of St. Louis.

경제가 깊은 경기침체에 빠졌다는 모든 신호를 보여 주었음을 알 수 있다. 추락 속도가 가속화되고, 실업률은 높은데다 증가하고 있었고, 퇴직률은 낮으면서 하락하고 있었다. 그러나 조세감축이 발효된 2018년 초에는 자료들이 그 반대의 이야기를 하고 있었다. 낮은 실업률과 높은 퇴직률은 일자리가 비교적 풍부함을 나타내고 있었다.

이러한 차이는 2018년에는 2009년에 비해 확장적 재정정책을 사용할 근거가 훨씬 약했음을 의미한다. 사실 2018년의 조건에서는 정부지출 증가가 민간지출을 구축하고 정부차입 증가가 민간투자를 구축할 가능성이 컸다. 물론 트럼프 행정부의 제안을 찬성할 이유도 몇 가지 있었다. 그렇지만 거시경제이론은 확장적 재정정책이 2009년에 비해 부정적인 면이 더 클 것임을 지적한다.

>> 이해돕기 17-1
해답은 책 뒤에

1. 다음 각 정책이 확장적 재정정책인지 또는 긴축적 재정정책인지를 판별하라.
   a. 약 1만 명의 인원을 고용하고 있던 군사기지 몇 개가 폐쇄되었다.
   b. 실업자들이 실업수당을 받을 수 있는 기간이 연장되었다.
   c. 휘발유에 대한 세금이 올랐다.
2. 태풍, 홍수, 대규모 흉작과 같은 자연재해의 희생자들에게 신속하게 구호자금을 공급하기 위해 마련된 연방 재난 구호제도가 입법을 통해서 실행되는 구호제도보다 재난 발생 후 경제를 안정시키는 데 더 효과적인 이유를 설명하라.
3. 다음 진술의 진위를 가려라. "정부가 확장할 때 민간부문은 수축한다. 정부가 수축할 때 민간부문은 팽창한다."

>> **복습**
- 재정정책의 주요 수단은 조세와 정부지출이다. 정부지출은 재화와 서비스 구매와 이전지출의 형태를 취한다.
- 미국에서는 **사회보험** 프로그램이 정부 이전지출의 대부분을 차지한다. 주로 사회보장, 메디케어, 메디케이드, 오바마 케어로 구성된 사회보험 프로그램은 경제적 어려움을 완화시키는 데 목적이 있다.
- 정부는 G에 직접적으로, 그리고 조세와 이전지출을 통해 C와 I에 간접적으로 영향을 미친다.
- **확장적 재정정책**은 정부의 재화와 서비스 구매 증가, 조세 감면, 정부 이전지출 증가를 통해서 시행된다. **긴축적 재정정책**은 정부의 재화와 서비스 구매 감소, 조세 증가, 정부 이전지출 감소를 통해서 시행된다.
- 구축에 근거한 확장적 재정정책의 효과에 대한 비판은 경제가 완전고용 상태에 있을 때만 타당하다. 리카도 동등성, 즉 소비자들이 미래 조세 증가를 예상하여 현재의 지출을 삭감할 것이기 때문에 확장적 재정정책이 작동하지 않을 것이라는 주장은 현실적으로는 사실이 아닌 것으로 보인다. 분명한 사실은 시차가 재정정책의 효과를 감소시킬 수 있으며 반대의 효과를 내도록 만들 수도 있다는 점이다.

‖ 재정정책과 승수

미국의 2009년 경기부양조치와 같은 확장적 재정정책은 총수요곡선을 오른쪽으로 이동시킨다. 긴축적 재정정책은 총수요곡선을 왼쪽으로 이동시킨다. 그러나 정책입안자들로서는 총수요곡선의 이동 방향을 아는 것만으로는 충분하지가 않다. 이들은 주어진 정책에 의해 총수요곡선이 얼마나 이동하는지에 대한 추정치를 필요로 한다. 이와 같은 추정치를 구하기 위해 승수의 개념이 이용된다.

정부의 재화와 서비스 구매 증가의 승수효과

Grafissimo/Getty Images

확장적 또는 긴축적 재정정책은 경제 전반에 걸쳐서 연쇄 반응을 일으킨다.

정부가 건물과 도로를 건설하기 위해 500억 달러를 지출하기로 결정한다고 하자. 정부의 재화와 서비스 구매는 직접적으로 최종생산물에 대한 총지출을 500억 달러 증가시킨다. 그런데 정부구매 증가는 직접적인 지출 증가에 더해서 간접적인 지출 증가를 발생시킨다. 정부구매의 증가는 경제 전체에서 연쇄반응을 일으키기 때문이다.

먼저 정부에 재화와 서비스를 판매한 기업이 벌어들인 수입은 임금, 이윤, 이자, 임대료 등의 형태로 가계로 흘러 들어간다. 그 결과 가처분소득이 증가하고 이에 따라 소비지출이 증가한다. 소비지출이 증가하면 기업은 생산을 증가시키는데 이는 다시 가처분소득을 증가시키고 이는 다시 소비지출을 증가시키는 등의 과정이 반복된다.

이 경우 승수는 정부의 재화와 서비스구매 변화에 의해 발생한 실질 국내총생산 전체 변화의 비율이다. 더 일반적으로 실질 국내총생산은 소비지출의 변화뿐 아니라 어떠한 총지출의 자발적 변화에 의해서도 변할 수 있다. **총지출의 자발적 변화**(autonomous change in aggregate spending)란 주어진 실질 국내총생산 수준에서 기업, 가계, 정부가 원하는 지출 수준에 있어서의 최초의 증가 또는 감소를 말한다. **승수**(multiplier)는 총지출의 자발적 변화에 의해 발생하는 실질 국내총생산 전체 변화를 최초의 자발적 변화의 크기로 나눈 비율이다.

반복되는 과정에서의 소비지출 증가의 효과를 모두 더할 경우 총생산에 미치는 영향은 얼마나 클까? 이 질문에 답하기 위해서는 **한계소비성향**(marginal propensity to consume) 또는 간단하게 **MPC**라 불리는 개념을 소개할 필요가 있다. 한계소비성향은 가처분소득이 1달러 증가할 때의 소비지출 증가액을 의미한다. 가처분소득이 증가 또는 감소함에 따라 소비지출이 변할 때 MPC는 소비지출의 변화분을 가처분소득의 변화분으로 나눈 값과 같다.

$$(17-2) \quad MPC = \frac{\Delta 소비지출}{\Delta 가처분소득}$$

총지출의 자발적 변화(autonomous change in aggregate spending)란 주어진 실질 국내총생산 수준에서 기업, 가계, 정부가 원하는 지출 수준에 있어서의 최초의 증가 또는 감소를 말한다.

승수(multiplier)는 총지출의 자발적 변화에 의해 발생하는 실질 국내총생산 전체 변화를 최초의 원래 자발적 변화의 크기로 나눈 비율을 말한다.

한계소비성향(marginal propensity to consume) 또는 **MPC**는 가처분소득이 1달러 증가할 때의 소비지출 증가액이다.

위 식에서 Δ는 '변화분'을 나타낸다. 예를 들어 가처분소득이 100억 달러 증가함에 따라 소비지출이 50억 달러 증가하면 MPC는 $50억/$100억=0.5다.

이제 조세와 국제무역이 없기 때문에 국내총생산의 증가가 모두 가계에 귀속되는 단순한 경제를 고려해 보자. 이에 더하여 명목 국내총생산의 증가가 곧 실질 국내총생산의 증가가 될 수 있도록 물가가 고정되어 있다고 가정하자. 또한 이자율이 고정되어 있다고 가정할 것이다. 이 경우 승수는 $1/(1-MPC)$가 된다. 예를 들어 한계소비성향이 0.5라면 승수는 $1/(1-0.5)=1/0.5$ $=2$가 된다. 승수가 2라면, 정부의 재화와 서비스 구매가 500억 달러 증가할 경우 실질 국내총생산은 1,000억 달러 증가한다. 이 1,000억 달러 중에서 500억 달러는 정부구매 증가에 따른 최초의 효과이며, 나머지 500억 달러는 그 이후 소비지출 증가에 따른 후속효과다.

이와 반대로 정부의 재화와 서비스 구매가 감소하면 어떤 일이 일어날까? 이 경우에도 계산은 동일하다. 다만 앞에 마이너스 부호가 붙을 뿐이다. 즉 정부구매가 500억 달러 감소할 경우 한계소비성향이 0.5라면 실질 국내총생산은 1,000억 달러 감소한다.

정부 이전지출과 조세 변화의 승수효과

확장적인 재정정책이나 긴축적인 재정정책은 정부구매의 변화 이외에도 이전지출이나 조세의 변화를 통해 시행될 수 있다. 그러나 정부 이전지출이나 조세의 변화는 일반적으로 같은 크기의 정부구매 변화에 비해 총수요곡선을 적게 이동시키며 그 결과 실질 국내총생산에 더 작은 영향을 미친다.

그 이유를 알아보기 위해 정부가 500억 달러를 교량을 건축하는 대신 이전지출의 형태로 지출한다고 하자. 이 경우에는 정부구매 증가와는 달리 총수요에 미치는 직접적인 효과는 없다. 다만 가계가 500억 달러의 이전지출 중 일부를 소비할 경우에만 실질 국내총생산이 증가할 수 있다. 물론 가계는 이전지출을 모두 소비하지는 않을 것이다.

〈표 17-1〉은 MPC가 0.5이고 승수가 2라는 가정하에서 두 가지 확장적 재정정책에 대한 가상적인 비교를 보여 준다. 하나는 정부가 직접 500억 달러어치의 재화와 서비스를 구매하는 것이고 다른 하나는 정부가 500억 달러어치의 수표를 소비자들에게 발송하는 형태로 이전지출을 하는 것이다. 각 경우에 정부의 구매에 의해서든 수표를 수령한 소비자의 구매에 의해서든 첫 단계에서 실질 국내총생산에 영향을 미치고, 이렇게 증가한 실질 국내총생산이 가처분소득을 증가시킴에 따라 일련의 추가적인 단계들이 이를 뒤따른다.

표 17-1 MPC가 0.5일 경우 재정정책의 가상적인 효과		
실질 GDP에 대한 효과	재화와 서비스에 대한 정부구매 $500억 증가	정부 이전지출 $500억 증가
첫 번째 단계	$500억	$250억
두 번째 단계	$250억	$125억
세 번째 단계	$125억	$62억 5,000만
· · ·	· · ·	· · ·
총효과	$1,000억	$500억
승수로 표시한 총효과	$\Delta Y = \Delta G \times 1/(1-MPC)$	$\Delta Y = \Delta TR \times MPC \times 1/(1-MPC)$

그러나 이전지출 프로그램의 경우 첫 단계 효과가 더 작다. MPC가 0.5라고 가정했으므로 가처분소득 증가액 500억 달러 중에서 250억 달러만이 지출되고 나머지 250억 달러는 저축되기 때문이다. 그 결과 모든 후속 단계들의 규모도 더 작아진다. 결국 500억 달러의 이전지출은 실질 국내총생산을 $MPC \times 1/(1-MPC)$와 같이 500억 달러만 증가시키는 반면에 같은 규모의 정부구매 증가는 실질 국내총생산을 $1/(1-MPC)$와 같이 1,000억 달러 증가시킨다.

전체적으로 확장적 재정정책이 이전지출 증가의 형태를 취할 때 실질 국내총생산은 최초의 정부지출 증가보다 크거나 작은 규모로 증가한다. 이는 승수가 1보다 크거나 작을 수 있음을 의미한다. 〈표 17-1〉에서 MPC가 0.5일 때 승수는 정확히 1이다. 500억 달러의 이전지출 증가는 실질 국내총생산을 500억 달러 증가시킨다. MPC가 0.5보다 작아서 처음의 이전지출 중에서 이보다 더 작은 부분이 지출된다면 이에 따른 승수는 1보다 작을 수도 있다. 처음의 이전지출 중 더 많은 부분이 지출된다면 승수는 1보다 클 수 있다.

조세 감소의 효과도 이전지출과 유사하다. 조세 감소는 가처분소득을 증가시키고 그 후 일련의 소비 증가 과정이 반복된다. 하지만 조세 감소가 가져오는 전체적인 효과는 동일한 크기의 정부구매 증가보다 작다. 가계가 조세 감소분의 일부를 저축하기 때문에 자발적 총수요 증가분이 더 작기 때문이다.

그런데 조세가 승수효과에 미치는 영향은 더욱 복잡하다. 조세는 승수 자체의 크기에도 영향을 미치기 때문이다. 현실에서는 정부가 세액이 소득과 무관하게 결정되는 **정액세**(lump-sum tax)를 부과하는 경우는 매우 드물다. 정액세만 있다면 승수에는 변함이 없다. 하지만 대부분의 정부 조세수입은 정액세가 아닌 조세를 통해 이뤄지며 그 결과 실질 국내총생산 수준에 따라서 변한다.

정액세(lump-sum tax)는 납세자의 소득수준에 의존하지 않는 조세다.

경기가 수축할 때 재정정책을 확장적으로 만들고, 경기가 팽창할 때 재정정책을 긴축적으로 만들 수 있는 효과를 가진 정부지출과 조세의 체계를 **자동안정장치**(automatic stabilizer)라 한다.

사실 경제학자들은 승수의 크기가 전체 인구 중에서 누가 조세 감면이나 정부 이전지출 증가의 혜택을 받을지를 결정해야 한다고 주장한다. 예를 들어 실업자에 대한 혜택 증가와 주주에게 배당금으로 지급되는 이윤에 대한 조세 감면의 효과를 비교해 보자. 소비자들에 대한 조사에 따르면 실업자는 평균적으로 배당소득 수령자보다 가처분소득의 증가분 중 더 많은 부분을 소비지출에 사용한다고 한다. 이는 실업자가 많은 주식을 소유한 사람보다 더 높은 한계소비성향을 갖고 있음을 의미한다. 주식 소유자들은 더 부유하므로 가처분소득 증가분 중 더 많은 부분을 저축할 것이기 때문이다. 이것이 사실이라면 실업 혜택으로 지급된 1달러는 배당소득세를 1달러 낮추는 것보다 총수요에 더 큰 영향을 미칠 것이다.

조세가 승수에 미치는 영향

실질 국내총생산이 증가할 때 정부의 조세수입이 증가하는 것은 정부가 의도적으로 의사결정이나 행동을 한 결과가 아니다. 단지 세법에 명시된 조세체계가 실질 국내총생산이 증가할 때 대부분의 조세에서 조세수입이 **자동적으로** 증가하도록 구성되어 있기 때문이다. 예를 들어 각 가계가 부담해야 하는 소득세는 각 가계의 소득이 증가함에 따라 세액이 증가하는 구조로 되어 있고, 실질 국내총생산이 증가하면 전체 가계의 과세대상소득도 증가하기 때문에 정부의 소득세 수입이 증가한다. 실질 국내총생산이 증가하면 판매세 수입도 증가하는데 이는 사람들이 재화와 서비스를 더 많이 구매하기 때문이다. 그뿐만 아니라 경제가 팽창함에 따라 기업의 이윤도 증가하기 때문에 법인세 수입도 실질 국내총생산의 증가에 따라서 증가한다.

그런데 이처럼 조세수입이 자동적으로 증가하게 되면 승수의 크기가 줄어든다. 승수효과는 국내총생산 증가가 가처분소득을 증가시키고 가처분소득의 증가가 소비를 증가시키고 소비 증가가 다시 실질 국내총생산을 증가시키는 연쇄반응에 의해 일어난다는 사실을 기억하자. 정부가 실질 국내총생산 증가분의 일부를 흡수한다는 것은 이와 같은 과정의 각 단계에서 소비 증가가 조세가 없을 경우에 비해 더 작아질 것임을 의미한다. 바로 이와 같은 소비 증가액의 감소로 인해 승수의 크기가 감소한다.

많은 거시경제학자들은 승수의 크기를 줄이는 것이 좋다고 믿는다. 제16장에서 우리는 모두는 아닐지라도 많은 경기후퇴가 부의 수요충격에 의해 초래된다고 주장했다. 경기가 팽창할 때 조세수입이 증가하는 것과 동일한 이유로 인해 경기가 수축할 때에는 조세수입이 감소한다. 실질 국내총생산이 감소할 때 조세수입이 감소한다면 부의 수요충격이 경제에 미치는 효과는 조세가 없는 경우에 비해 작아진다. 즉 조세수입의 감소가 최초의 총수요 감소가 가져올 부작용을 감소시킨다.

실질 국내총생산의 감소에 따라 가계가 지불하는 세금이 줄어들고 그 결과 정부 수입이 자동적으로 감소하는 것은 마치 경기후퇴기에 자동적으로 확장적인 재정정책을 시행하는 것과 같다. 마찬가지로 경기가 팽창할 때는 조세수입이 증가함으로써 자동적으로 긴축적인 재정정책을 시행하는 것과 같은 효과를 낳는다. 경기가 수축할 때 재정정책을 확장적으로 만들고 경기가 팽창할 때 재정정책을 긴축적으로 만들 수 있는 정부지출과 조세의 체계를 **자동안정장치**(automatic stabilizer)라 한다.

가장 대표적인 자동안정장치는 조세이지만 그 이외에도 여러 가지 자동안정장치가 있다. 정부 이전지출 중에도 자동안정장치의 역할을 하는 것이 있다. 예를 들어 경기가 수축할 때는 경기가 호황일 때에 비해 실업보험금을 타는 사람들이 늘어난다. 메디케이드 수혜자나 식품

재량적 재정정책의 예로는 대공황 중에 설립된 구호수단인 공공산업진흥국(Works Progress Administration, WPA)을 들 수 있다. 이 제도를 통해 실업자들이 교량, 도로, 건물, 공원 등을 건설하는 공공사업에 투입되었다.

구입권을 타는 사람들도 마찬가지로 늘어난다. 따라서 이전지출은 경기가 수축할 때 증가하고 경기가 팽창할 때 감소한다. 이와 같은 이전지출의 자동적 변화는 조세수입의 변화와 마찬가지로 주어진 실질 국내총생산의 변화에 따른 가처분소득의 변화를 감소시키기 때문에 승수의 크기를 감소시킨다.

많은 거시경제학자들은 정부 조세수입과 마찬가지로 정부 이전지출이 승수의 크기를 줄이는 것은 좋은 현상이라고 생각한다. 자동안정장치의 작동으로 인한 확장적 또는 긴축적 재정정책은 모두 경기순환을 완만하게 만듦으로써 경기를 안정시키는 데 도움이 되기 때문이다.

그렇다면 자동안정장치가 아닌 재정정책은 어떤가? **재량적 재정정책**(discretionary fiscal policy) 이란 자동적인 조절이 아니라 정책입안자의 의도적인 행동에 의한 재정정책이다. 경기후퇴기에 경기를 부양하기 위해 정부가 조세를 의도적으로 감면하거나 정부지출을 의도적으로 증가시키기 위한 법안을 통과시키는 것이 대표적인 예다. 일반적으로 경제학자들은 극심한 경기후퇴와 같이 특별한 경우에만 재량적 정책의 사용을 지지하는 경향이 있다.

> **재량적 재정정책**(discretionary fiscal policy)은 규정에 의한 행동이 아니라 정책입안자의 의도적인 행동에 따른 재정정책이다.

현실 경제의 >> 이해

내핍과 승수

우리는 재정 승수의 논리에 대해 배웠다. 하지만 실제로 승수효과에 대해 경제학자들이 제시할 수 있는 실증적 증거가 있을까? 몇 년 전까지만 해도 이 질문에 대한 답은 충분한 증거를 갖고 있지 못하다는 것이었다.

문제는 재정정책에서 큰 변화가 드물었고, 그런 변화가 있더라도 다른 것들과 동시에 일어나고 있어서 정부지출과 조세의 영향을 다른 요인으로 인한 영향과 분리하기가 어렵다는 데 있었다. 예를 들어 미국은 제2차 세계대전 중에 지출을 극적으로 증가시켰지만 주택 신축을 금지하는 등 많은 소비재에 대한 할당제를 도입하였다. 따라서 지출 증가의 효과는 평시에서 전시 경제로의 전환에 따른 효과와 구분하기가 어려웠다.

그런데 최근 사건들은 상당한 양의 새로운 증거를 제시해 준다. 2009년 이후 몇몇 유럽국가들이 채무위기에 직면했다. 이들 정부가 진 부채의 만기가 다가왔지만 이들은 새로운 자금을 조달할 수 없거나 엄청나게 높은 이자율을 지급해야 했다. 이에 따라 이들은 다른 유럽 국가들에 원조를 청해야만 했다. 원조의 조건은 재정적자를 줄이기 위한 대규모 지출 삭감과 조세 증액의 내핍이었다. 내핍은 일종의 긴축적 재정정책이다. 따라서 내핍정책을 강요받았던 국가들의 성과를 그렇지 않은 국가와 비교함으로써 우리는 지출과 조세 변화의 효과에 대해 상대적으로 더 분명하게 알 수 있다.

〈그림 17-7〉은 유럽국가들에 대하여 2009년부터 2015년 사이에 부과된 내핍 규모와 같은 기간 동안의 GDP 성장률을 비교해서 보여 준다. 내핍의 규모는 경기순환에 대해 조정된 재정수지의 변화에 의해 측정되는데 이에 대해서는 이 장 후반에 설명할 것이다. 그림에서는 극심한 지출 삭감과 엄청난 규모의 총생산 감소를 감수해야 했던 그리

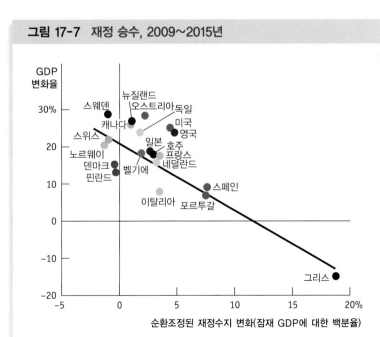

그림 17-7 재정 승수, 2009~2015년

출처 : International Monetary Fund.

스가 두드러지게 눈에 띄지만, 그리스가 없더라도 두 변수 사이에 부의 상관관계가 분명하게 나타난다. 산포된 점들에 맞춰진 선은 −1.8의 기울기를 가진다. 이는 지출 삭감이나 조세 증액은 (이 그림에서는 이 둘을 구분할 수 없지만) 평균 1.8의 승수를 가졌음을 시사한다. 다시 말해서 경제에서 1달러를 빼내는 긴축적 재정정책은 국내총생산을 1.8달러 감소시켰다.

여러분이 예상하듯이 경제학자들은 이와 같은 결과에 대해 이것이 제대로 통제된 실험이 아님을 강조하는 것을 포함하여 여러 가지 단서를 달거나 경고를 덧붙인다. 그렇지만 전반적으로는 최근의 경험은 재정정책이 1보다 큰 승수를 가지고 국내총생산을 예측된 방향으로 움직이게 한다는 주장을 지지하는 듯이 보인다.

>> 이해돕기 17-2
해답은 책 뒤에

1. 정부구매가 5억 달러 증가할 경우 정부 이전지출이 5억 달러 증가하는 경우에 비해 실질 GDP의 증가폭이 더 큰 이유를 설명하라.
2. 정부구매가 5억 달러 감소할 경우 이전지출이 5억 달러 감소하는 경우에 비해 실질 GDP의 감소폭이 더 큰 이유를 설명하라.
3. 볼도비아국은 실업보험 혜택이 전혀 없고 조세는 정액세로만 구성되어 있다. 이웃 국가인 몰도비아는 실업보험제도가 잘 마련되어 있고 거주자가 소득 중 일정 부분을 지불해야 하는 조세체계를 갖추고 있다. 정의 수요충격과 부의 수요충격이 발생할 경우 어떤 국가가 더 큰 폭의 실질 GDP 변화를 겪게 될 것인지 설명하라.

‖ 재정수지

정부 재정에 대한 신문기사 제목은 오직 한 가지 사실에 대해서만 초점을 두는 경향이 있다. 정부 재정이 적자인지 또는 흑자인지와 두 경우 모두 그 규모가 얼마인가이다. 사람들은 흔히 흑자는 좋은 것이라고 생각한다. 즉 연방정부가 2000년에 기록적인 수준의 흑자를 기록했을 때 많은 사람들이 축하할 만한 일이라고 생각했다. 반대로 사람들은 적자는 나쁜 것이라고 생각하는 경향이 있다. 미국의 연방정부가 2009년부터 2011년에 기록적인 수준의 적자를 기록했을 때 많은 사람들이 근심거리가 될 거라 생각했다.

흑자와 적자는 재정정책의 분석에 어떻게 반영될 수 있는가? 적자가 좋은 것이고 흑자가 나쁜 것일 수도 있는가? 이들 질문에 답하기 위해 먼저 재정흑자와 재정적자의 원인과 결과에 대해서 알아보자.

재정정책의 척도로서의 재정수지

재정흑자와 재정적자란 무엇을 의미하는가? 재정수지는 조세수입을 비롯한 한 해 동안의 정부수입과 재화와 서비스 구매와 이전지출을 위해 지불한 정부지출 간의 차이로 정의된다. 즉 재정수지는 식 (17-3)에서와 같이 정부저축으로 정의된다.

(17-3)　$S_G = T - G - TR$

위 식에서 T는 조세수입을, G는 정부의 재화와 서비스 구매를 그리고 TR은 정부 이전지출을 나타낸다. 재정수지가 양의 값을 갖는 경우를 재정흑자라 하고, 음의 값을 갖는 경우를 재정적

>> 복습
- 승수는 총지출의 자발적 변화에 의해 발생하는 실질 국내총생산 전체 변화를 최초의 자발적 변화의 크기로 나눈 비율이다. 승수는 **한계소비성향(MPC)**에 의해 결정된다.
- 조세나 이전지출의 변화도 실질 국내총생산을 변화시킬 수 있지만, 그 변화폭은 같은 크기의 정부구매 변화에 따른 실질 국내총생산 변화폭보다 작다.
- 조세는 **정액세**가 아닌 한 승수의 크기를 감소시킨다.
- 조세와 일부 정부 이전지출은 **자동안정장치**의 기능을 수행할 수 있다. 실질 국내총생산의 변화에 대해 조세수입은 정의 반응을 보이고 일부 정부 이전지출은 부의 반응을 보이기 때문이다. 많은 경제학자들은 조세나 정부 이전지출이 승수의 크기를 낮추는 것이 좋은 현상이라 믿는다. 반면에 **재량적 재정정책**은 논란의 여지가 많다.

자라 한다.

　다른 조건이 같다면 확장적 재정정책, 즉 정부구매 증가, 이전지출 증가 또는 조세 감소는 그 해의 재정수지를 악화시킨다. 즉 확장적 재정정책은 재정흑자 규모를 줄이거나 재정적자 규모를 증가시킨다. 반대로 긴축적 재정정책, 즉 정부구매 감소, 이전지출 감소 또는 조세 증가는 그 해의 재정수지를 개선한다. 즉 재정흑자 규모가 커지거나 재정적자 규모가 작아진다.

　이와 같은 관계를 보면 재정수지의 변화를 재정정책의 척도로 사용할 수 있다는 생각이 들 수도 있을 것이다. 사실 경제학자들은 이미 이와 같은 관계를 활용하고 있다. 즉 재정수지의 변화를 현재 시행되고 있는 재정정책이 확장적인지 또는 긴축적인지 여부를 간략히 평가하기 위한 방법으로 사용한다. 그러나 이와 같은 간략한 방법은 다음과 같은 두 가지 이유로 말미암아 재정정책의 기조에 대해 잘못된 판단을 유도할 우려가 있다.

1. 재정수지에는 동일한 영향을 미치는 두 가지 다른 재정정책이 경제에는 매우 상이한 영향을 미칠 수 있다. 이미 보았듯이 정부구매의 변화는 동일한 크기의 조세 또는 이전지출의 변화에 비해 실질 국내총생산에 더 큰 영향을 미친다.
2. 재정수지의 변화는 경기변동의 원인이 아니라 결과일 경우가 많다.

　두 번째 이유를 이해하기 위해서는 경기순환이 재정수지에 미치는 영향에 대해 알아볼 필요가 있다.

경기순환과 순환조정된 재정수지

과거 역사를 보면 연방정부의 재정수지와 경기순환 간에는 매우 강한 상관관계가 있다. 경기후퇴기에는 재정적자가 심화되는 경향이 있는 반면 경기팽창기에는 재정적자폭이 줄어들거나 재정흑자로 전환되기도 한다. 〈그림 17-8〉은 1964년부터 2018년까지의 국내총생산 대비 연방 재정적자 규모의 비율을 보여 준다. 음영으로 표시된 부분은 경기후퇴기를 나타내며 그 이외의 부분은 경기팽창기를 나타낸다. 그림에서 보듯이 연방 재정적자 규모는 대개 경기후퇴기에 증가

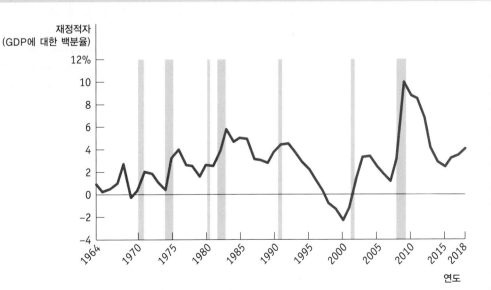

그림 17-8 미국의 연방 재정적자와 경기순환, 1964~2018년

국내총생산에 대한 재정적자의 비율은 음영으로 표시된 경기후퇴기에 증가하고 경기팽창기에 감소했다.

출처 : Federal Reserve Bank of St. Louis.

그림 17-9 미국의 연방 재정적자와 실업률, 1964~2018년

재정수지와 경기순환 간에는 밀접한 관계가 있다. 경기후퇴기에는 재정수지가 적자 방향으로 움직이고 경기팽창기에는 흑자 방향으로 움직인다. 경기순환의 지표로는 실업률이 이용될 수 있는데, 실업률이 높은 시기에는 재정적자가 늘어날 것으로 기대된다. 그림은 이와 같은 기대를 확인시켜 준다. 국내총생산 대비 재정적자 비율은 실업률과 같은 방향으로 움직인다.

출처 : Federal Reserve Bank of St. Louis.

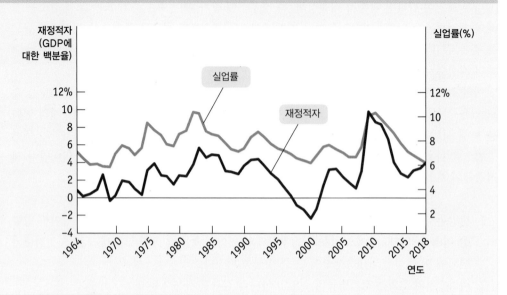

하는 한편 경기팽창기에는 감소했다. 사실 1991년부터 2001년 초까지 지속된 장기적인 경기팽창기 말엽에는 재정적자가 음의 값을 갖기도 했는데 이는 재정적자가 재정흑자로 전환되었음을 의미한다.

경기순환과 재정수지 간 관계는 〈그림 17-9〉와 같이 국내총생산에 대한 재정적자 비율을 실업률과 비교해 볼 때 더욱 분명해진다. 실업률이 증가할 때는 거의 항상 재정적자가 증가하며 실업률이 감소할 때는 재정적자도 감소한다.

그렇다면 이와 같은 경기순환과 재정수지 간의 관계는 정책입안자들이 경기후퇴기에는 확장적 재정정책을 시행하고 경기팽창기에는 긴축적 재정정책을 시행하는 등 재량적 재정정책을 시행하고 있다는 증거가 될 수 있는가? 반드시 그렇지만은 않다. 〈그림 17-9〉에 나타난 관계는 상당 부분 자동안정장치가 작동한 결과라 할 수 있다. 앞서 자동안정장치에 대한 논의에서 설명했듯이 경기가 팽창할 때 정부의 조세수입은 증가하고 실업급여와 같은 정부 이전지출은 감소하는 경향이 있다. 반대로 경기가 수축할 때 조세수입은 감소하는 반면 일부 이전지출은 증가하는 경향이 있다. 따라서 정책입안자들이 의도적으로 행동을 취하지 않더라도 재정수지는 경기팽창기에는 흑자 방향으로 움직이고 경기후퇴기에는 적자 방향으로 움직인다.

재정정책을 평가할 때는 경기순환으로 인한 재정수지의 움직임과 의도적인 정책 변화에 따른 재정수지의 움직임을 분리하는 것이 유용할 때가 있다. 전자는 자동안정장치에 의해 영향을 받으며 후자는 정부구매, 이전지출, 조세 등에서의 의도적인 변화에 의해 영향을 받는다. 한 가지 지적하고픈 것은 경기순환이 재정수지에 미치는 영향은 일시적이라는 사실이다. 경기후퇴 갭(실질 국내총생산이 잠재생산량보다 작은 경우)과 인플레이션 갭(실질 국내총생산이 잠재생산량보다 큰 경우)은 모두 장기적으로는 사라지기 마련이다. 따라서 경기후퇴 갭이나 인플레이션 갭이 재정수지에 미치는 영향을 제거한다면 정부의 조세 및 지출정책이 장기적으로 유지 가능한지를 판단하는 데 도움이 될 수 있다.

다시 말해서 정부의 조세정책이 장기적으로 정부지출을 위한 재원을 충당하기에 충분한 수입을 발생시키는가? 앞으로 배울 것이지만 이것은 정부가 금년에 재정흑자 또는 적자를 보았느냐는 것보다 훨씬 더 중요한 질문이다.

그림 17-10 실제 재정적자와 순환조정된 재정적자, 1965~2018년

순환조정된 재정적자는 경제가 잠 재생산량 수준을 달성하고 있을 때 의 재정적자 규모에 대한 추정치 다. 순환조정된 재정적자는 실제 재정적자에 비해 변동폭이 작은데 이는 재정적자 규모가 큰 해가 대 개 경기후퇴 갭이 큰 해와 일치하 기 때문이다. 보라색 막대는 1975 년, 1983년, 2009년의 대규모 재 정적자를 나타낸다. (실제 재정적 자는 그다음 해에 보고되어 있다.) 이러한 재정적자는 대부분 경기침 체로 인한 것이다.

출처 : Congressional Budget Office.

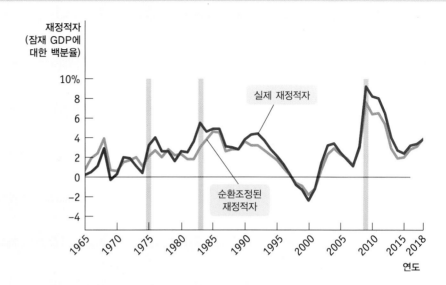

경기순환이 재정수지에 미치는 영향을 다른 요인들로 인한 영향과 분리하기 위해서 많은 국 가들이 경기후퇴 갭이나 인플레이션 갭이 없을 경우의 재정수지를 추정하고 있다. **순환조정된 재정수지**(cyclically adjusted budget balance)는 실질 국내총생산이 잠재생산량 수준과 동일한 경우 의 재정수지에 대한 추정치다. 순환조정된 재정수지는 경기후퇴 갭이 제거될 경우 정부가 추가 적으로 거둬들일 수 있는 세금과 절감할 수 있는 이전지출을 감안하여 계산된다. 물론 인플레이 션 갭이 제거될 경우 줄어들 세금수입과 늘어날 이전지출도 감안된다.

〈그림 17-10〉은 1965년부터 2018년까지의 실제 재정적자와 미국 의회예산처가 추정한 순환 조정된 재정적자를 국내총생산에 대한 비율로 보여 준다. 그림에서 보듯이 순환조정된 재정적 자는 실제 재정적자에 비해 변동폭이 작다. 특히 1975년, 1983년, 2009년과 같은 대규모 재정적 자(보라색 막대로 표시)는 부분적으로는 경기침체로 인한 것이다.

재정수지는 균형을 이루어야만 하는가

재정적자가 오랜 기간 지속될 경우 정부와 국민경제 모두에 문제가 될 수 있다. 그럼에도 불구 하고 정치가들은 항상 재정적자의 유혹에 빠지는 경향이 있다. 세금을 낮추면서도 지출을 줄이 지 않거나 세금을 더 거두지 않으면서 지출을 증가시킬 경우 유권자들로부터 인기를 얻을 수 있 기 때문이다. 이와 같은 이유로 인해 재정적자를 금지하는 입법을 하거나 심지어 헌법 개정을 통해 재정의 원칙을 바로잡으려 하는 경우도 있다. 이와 같은 입법조항은 매년 재정이 '균형'을 이루어야 함, 즉 재정수입이 적어도 재정지출과 같아야 함을 요구한다. 그렇다면 매년 균형재정 을 유지하도록 요구하는 것이 과연 좋은 생각일까?

대부분의 경제학자들의 견해는 이에 대해 부정적이다. 이들은 정부가 평균적으로 균형재정을 유지하기만 하면 된다고 생각한다. 즉 상황이 나쁜 해에는 적자를 보더라도 상황이 좋은 해의 흑자로써 이를 상쇄하면 된다는 것이다. 이들이 정부에 매년 균형재정을 유지할 것을 요구해서 는 안 된다고 생각하는 또 하나의 이유는 이와 같은 요구가 조세와 이전지출이 자동안정장치로 서의 역할을 수행하는 것을 저해하기 때문이다.

이 장의 서두에서 보았듯이 경기가 수축할 때 조세수입이 감소하고 이전지출이 증가하는 것

순환조정된 재정수지(cyclically adjusted budget balance)는 실질 국내 총생산이 잠재생산량 수준과 동일한 경 우의 재정수지에 대한 추정치다.

은 경기후퇴의 폭을 감소시키는 데 도움이 된다. 하지만 조세수입 감소와 이전지출 증가는 재정 적자를 초래한다. 균형재정을 강요할 경우 정부는 긴축적인 재정정책을 통해서 재정적자를 해 소하려 들 것이고 이는 경기후퇴를 더 심화시키게 된다.

그러나 과도한 재정적자의 발생을 우려하는 정책입안자들은 재정적자를 금지하는 엄격한 규 정이나 또는 적어도 재정적자의 상한을 설정하는 규정이 필요하다고 생각한다. 다음의 '현실 경 제의 이해'에서 설명하듯이 주정부와 지방정부는 이러한 규정을 시행하고 있으며, 이 규정은 대 후퇴와 그 이후의 재정정책에 매우 큰 영향을 미쳤다.

현실 경제의 >> 이해
경기후퇴 중에 균형재정 달성하기

그림 17-11 주정부와 지방정부의 고용, 2000~2018년

고용자 수

출처 : Bureau of Labor Statistics; Federal Reserve Bank of St. Louis.

대후퇴가 닥치자 1,600억 달러에 불과하던 미국 연 방정부 재정적자는 1조 4,000억 달러로 증가했다. 이는 부분적으로는 부양책으로 인한 것이지만 대 부분은 자동안정장치 때문이다. 재정수입이 급격 히 감소한 반면 실업급여를 포함한 일부 지출이 증 가했다. 많은 관측통들은 이러한 재정적자에 대해 우려를 표명했지만, 대부분의 경제학자들은 경기 후퇴 시기에 재정을 균형시키려 들 경우 경기후퇴 를 더 악화시킬 것이라 생각했다.

그렇지만 연방정부만 미국의 정부지출에 관여하 는 것이 아니다. 주정부와 지방정부는 전체 정부지 출의 약 40%를 차지하며 대부분의 정부 고용을 차 지한다. (대부분의 공무원은 학교 교사, 우체부, 소 방관과 같이 필수적인 서비스를 제공한다.) 그리고 거의 대부분의 주정부와 지방정부는 항상 균형재 정을 달성해야 한다는 규정을 적용받는다.

이러한 규정에는 몇 가지 이유가 있는데, 이들은 개별 주나 시 차원에서는 타당성이 있다. 그 렇지만 이들을 모두 합할 경우 이 규정은 미국 정부의 상당 부분에서 자동안정장치가 작동하 지 않음을 의미한다. 사실 주정부와 지방정부는 경기가 침체될 때 지출을 급격히 줄인다. 2009 년 부양책에 의한 연방정부의 지원이 종료된 2010년 이후에는 특히 그러했다. 〈그림 17-11〉 은 2000년부터 2018년까지 주정부와 연방정부의 공무원 수를 보여준다. 그림에서 볼 수 있듯이 2009년부터 2013년까지(보라색 막대) 재정수입이 감소함에 따라 주로 교사의 해고를 통한 대규 모 지출 삭감이 발생했다.

이러한 주정부와 지방정부의 행동은 연방정부 수준에서의 자동안정장치의 효과를 완전히 상 쇄시키지는 않았다. 하지만 이는 주정부와 지방정부가 균형재정을 달성하도록 요구받지 않는 경우에 비해 경기후퇴를 더 깊게 만들거나 경기회복을 더 느리게 만들었을 것이다.

>> **복습**
- 재정적자는 경기후퇴기에 증가하 고 경기팽창기에 감소하는 경향이 있다. 이와 같은 경향은 경기순환 이 재정적자에 영향을 미치기 때문 에 발생한다.
- **순환조정된 재정수지**는 경제가 잠 재생산량을 달성하고 있을 때 나타 날 재정수지에 대한 추정치이다. 순 환조정된 재정수지는 실제 재정수 지에 비해서 변동폭이 작다.
- 대부분의 경제학자들은 경기가 나 쁜 해에는 정부가 재정적자를 기록 하고, 경기가 좋은 해에는 재정흑 자를 기록해야 한다고 믿는다. 균 형재정을 요구하는 규정은 자동안 정장치의 역할을 저해한다.

>> **이해돕기 17-3**
  해답은 책 뒤에

1. 왜 순환조정된 재정수지가 실제 재정수지에 비해 정부정책의 장기적인 지속가능성을 더 잘

측정할 수 있다고 생각하는가?

2. 주 헌법에 의해 균형재정을 요구받는 주가 그렇지 않은 주에 비해 더욱 심한 경기변동을 겪게
되는 이유를 설명하라.

재정정책의 장기적 영향

2009년 말에 그리스 정부가 금융 장벽에 부딪혔다. 유럽 대부분의 정부와 마찬가지로 (그리고
미국 정부와 마찬가지로) 그리스 정부는 대규모 재정적자를 내고 있었는데 이는 그리스 정부가
지출을 감당하기 위해 그리고 만기가 도래하는 기존 대출을 갚기 위해 계속해서 더 많은 자금을
차입할 필요가 있었음을 의미한다. 그렇지만 기업이나 개인과 마찬가지로 정부도 자신의 채무
를 갚을 의향이 있거나 갚을 가능성이 높다고 대부자들이 믿을 때에만 자금을 차입할 수 있다.
2009년에 이르자 대부분의 투자자들이 그리스 재정의 미래에 대한 신뢰를 상실하고 더 이상 그리
스 정부에 대출할 의향이 없게 되었다. 대출을 해 줄 의향이 있었던 얼마 안 되는 투자자들은
손실 위험에 대한 보상으로 매우 높은 이자율을 요구했다.

〈그림 17-12〉는 그리스와 독일 정부에 의해 발행된 10년 만기 채권의 이자율을 비교하고 있
다. 2007년 초에 그리스는 매우 안전한 차입자라 여겨지던 독일과 거의 동일한 이자율에 차입을
할 수 있었다. 2009년에 그리스의 차입비용이 오르기 시작했고, 2011년 말에 이르자 그리스는
독일이 지불하는 이자율의 거의 열 배에 달하는 이자율을 지불해야 했다.

왜 그리스가 위기를 맞게 되었을까? 그리스 정부가 자신이 지고 있는 빚이 얼마나 많은지를
감추기 위해 변칙적인 회계방법을 사용하고 있었다는 사실이 2009년에 밝혀졌기 때문이다. 정
부부채는 결국 대부자에게 미래의 지불을 약속하는 것이다. 그런데 2010년에 이르자 그리스 정
부가 이미 자신이 이행할 수 있는 것보다 더 많은 약속을 한 것으로 판명되었다.

대부자들은 그리스 정부의 부채가 지속될 수 있는 수준이 아니라는 점, 즉 그리스 정부가 진
빚을 상환할 가능성이 없다는 점을 염려했다. 그 결과 그리스는 거의 민간자금시장에 접근할 수
없었다. 정부의 붕괴를 막기 위해 그리스는 다른 유럽 국가들과 국제통화기금으로부터 긴급 대

그림 17-12　그리스와 독일의 장기 이자율

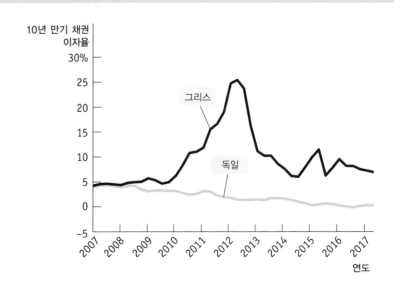

2008년 말까지만 해도 그리스 정부는 일반적으로
매우 안전한 차입자로 간주되는 독일보다 약간 더
높은 이자율만 주면 자금을 차입할 수 있었다. 그러
나 2009년 초에 그리스의 적자가 종전에 발표된 것
보다 더 크다는 사실이 밝혀지고 투자자들이 신뢰를
상실함에 따라 그리스의 차입 비용은 천정부지로 치
솟았다.

출처 : Federal Reserve Bank of St. Louis, OECD "Main
Economic Indicators Complete Database."

출을 받았다. 그렇지만 이들 대출은 그리스 정부가 극심한 지출 삭감과 조세 증액을 통해 내핍을 해야 한다는 조건을 달고 있었다. 내핍은 그리스 경제를 엉망으로 만들고 그리스인들이 심각한 경제적 곤궁을 겪게 만들었으며 대규모의 사회적 소요를 불러일으켰다.

2009년 그리스 위기는 재정흑자나 재정적자의 장기적 영향, 특히 정부부채에 대한 영향을 논하지 않고는 재정정책의 효과에 대해 완전하게 논했다고 할 수 없음을 분명히 보여 주었다. 이제부터는 재정정책의 장기적인 영향에 대해 알아보기로 한다.

적자, 흑자와 부채

한 가족이 1년 동안 벌어들인 것보다 더 많은 지출을 하려면 자산을 팔거나 빚을 내어서 부족한 자금을 마련해야 한다. 이 가족이 매년 차입을 계속한다면 많은 부채를 떠안게 될 것이다.

정부도 마찬가지다. 정부가 공원부지와 같은 자산을 매각하여 대규모의 자금을 마련하는 일은 드물다. 정부가 조세수입을 초과하는 지출을 할 때, 즉 재정수지가 적자일 때는 추가적인 자금을 마련하기 위해서 대개 차입에 의존한다. 따라서 지속적으로 재정적자를 기록하는 정부는 엄청난 부채를 떠안게 된다.

다음에 제시될 숫자들을 해석하려면 연방정부 회계의 특징에 대해서 알 필요가 있다. 역사적인 이유로 인해 미국 정부의 회계연도는 양력의 1년과 일치하지 않는다. 대신 미국 정부의 예산은 10월 1일부터 9월 30일까지의 **회계연도**(fiscal year)에 대해서 작성된다. 각 회계연도는 그 회계연도가 끝나는 시점의 양력상의 연도로써 명명된다. 예를 들어 2018 회계연도는 2017년 10월 1일에 시작해서 2018년 9월 30일에 종료되었다. (한국의 회계연도는 양력상의 한 해와 일치한다. − 역자 주)

2018 회계연도 말에 미국 연방정부의 총부채는 21조 5,000억 달러에 달했다. 그러나 이 부채 총액 중 일부는 사회보장제도와 같은 정부 프로그램에 지급해야 할 자금을 연방정부의 부채로 취급하는 특별한 회계규정으로 인한 것이다. 이와 같은 규정들에 대해서는 곧 설명할 것이다. 당분간은 개인이나 비정부기관이 소유하고 있는 정부부채인 **공공부채**(public debt)에 대해서만 논의를 한정하기로 한다. 2018 회계연도 말에 연방정부의 공공부채는 15조 8,000억 달러 또는 국내총생산의 78%에 '불과'했다. 2018 회계연도 말 미국의 부채는 2017 회계연도 말보다 더 증가했는데 이는 연방정부가 2018 회계연도 중에 재정적자를 보았기 때문이다. 지속적으로 재정적자를 기록하는 정부의 부채는 계속 증가한다. 그런데 왜 이것이 문제가 되는 것일까?

정부부채 증가가 제기하는 문제

정부가 지속적으로 재정적자를 기록하는 것을 우려해야 하는 이유로는 다음 두 가지를 들 수 있다.

미국의 **회계연도**(fiscal year)는 10월 1일부터 다음 해 9월 30일까지이며 회계연도가 종료하는 시점의 달력상의 연도로 명명된다.

공공부채(public debt)는 개인과 비정부기관이 보유한 정부부채다.

1. 구축 경제가 완전고용에 있고, 정부가 금융시장으로부터 자금을 차입할 때는 투자지출을 위한 자금을 조달하려 하는 기업들과 경쟁관계에 서게 된다. 그 결과 정부의 차입은 민간의 투자지출을 '구축'하고 이자율을 상승시켜 경제의 장기적인 성장률을 저하시킬 수 있다.

2. 재정압박과 채무불이행 현재의 재정적자가 정부부채를 증가시킴에 따라 미래 예산에 재정

국제비교   미국식 부채

미국의 공공부채는 국제적으로는 어느 수준일까? 달러 금액으로 따지면 미국이 단연 일등이다. 하지만 미국 경제의 규모나 미국 정부의 세원이 다른 어떤 국가보다도 훨씬 더 크기 때문에 달러 금액만을 따지는 것은 그다지 유용한 정보를 제공하지 못한다. 더욱 의미 있는 비교는 공공부채 대 GDP의 비율을 보는 것이다.

그림은 2018년 말 몇몇 선진국들의 '순공공부채'를 GDP에 대한 백분율로 보여 준다. 순공공부채는 정부부채에서 정부가 보유한 자산을 빼서 구하는데 이 같은 조정은 큰 차이를 낳는다. 그림은 미국이 대체로 중간 위치에 있음을 보여 준다.

그리스가 전체 목록의 가장 위에 있으며 순부채가 높은 국가들의 대부분이 부채 문제로 신문기사를 장식하던 유럽국가라는 점은 놀라운 사실이 아니다. 그렇지만 흥미로운 것은 일본 역시 목록의 상단에 있다는 점인데 이는 1990년대에 경제를 지지하기 위해 대규모의 공공지출을 했기 때문이다. 그렇지만 투자자들이 아직도 일본을 신뢰할 수 있는 정부라 생각하기 때문에 높은 순부채에도 불구하고 일본의 차입 비용은 낮은 수준에 머물러 있다.

다른 국가들과는 대조적으로 노르웨이의 공공부채는 매우 큰 '음의' 값을 가지고 있는데, 바로 원유 때문이다. 노르웨이는 세계 최대 원유 수출국 중 하나이다. 노르웨이 정부는 원유 판매 수입을 즉각적으로 지출하는 대신 사우디아라비아와 같은 전통적 산유국

의 주도에 따라 미래를 위한 투자 기금을 만들었다. 그 결과 노르웨이는 큰 정부부채 대신 큰 정부자산을 보유하고 있다.

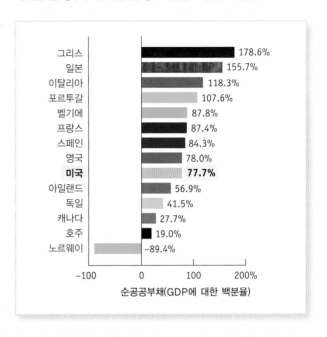

순공공부채(GDP에 대한 백분율)

출처 : International Monetary Fund; World Economic Outlook, October 2018; Congressional Budget Office; Eurostat.

적인 부담을 지운다는 것이다. 현재의 재정적자가 미래 예산에 미치는 영향은 분명하다. 개인과 마찬가지로 정부도 누적된 부채에 대해서 이자를 지급해야 한다. 정부가 빚더미 위에 앉아 있다면 이자지급 부담도 만만치 않을 것이다. 미국 연방정부는 2018 회계연도에 국내총생산의 1.6%에 달하는 3,250억 달러를 부채에 대한 이자로 지급했다. 이보다 더 큰 부채를 안고 있는 국가인 이탈리아는 2018년 중 국내총생산의 4%를 이자로 지급했다.

다른 조건이 같다면 많은 금액의 이자를 지급하는 정부는 그렇지 않은 정부에 비해서 더 많은 세금을 거두거나 더 적은 금액을 지출하거나 또는 세수와 지출 간의 차이를 메우기 위해 더 많은 차입을 해야 한다. 이와 같은 과정이 계속되면 언젠가는 대부자들이 정부의 상환능력을 의심하게 되는 상황이 발생하게 된다. 이 경우 신용카드 대출 한도를 소진한 소비자와 마찬가지로 정부도 더 이상 자금을 차입하는 것이 어려워진다. 그 결과 정부가 자신의 부채를 갚는 것을 중지하고 부도를 낼 수도 있다. 정부의 부도는 금융시장과 경제에 큰 혼란을 초래한다.

미국인들에게는 정부가 부도를 낸다는 것이 익숙하지 않겠지만, 실제로 정부 부도는 발생한다. 아르헨티나는 1990년대만 해도 비교적 소득이 높은 개발도상국이었고 경제정책은 많은 사람들의 칭송을 받았으며 국제금융시장으로부터 엄청난 금액을 차입할 수 있었다. 그러나 2001년에 이르러 이자지급액이 눈덩이처럼 불어나자 아르헨티나는 만기가 도래한 원리금의 지급을 중지했다. 결국 아르헨티나는 원래 갚아야 할 금액의 3분의 1 미만만을 지불하기로 채권자들과 타협을 보았다.

정부의 부도는 금융시장을 마비시키고 정부와 경제에 대한 국민의 신뢰를 손상시킨다. 아르

헨티나의 국가부도는 은행시스템의 위기와 심각한 경기침체를 가져왔다. 부채가 많은 정부가 부도를 모면하는 경우에도 부채 부담으로 인해 지출 삭감이나 세금 인상과 같은 조치를 취할 수밖에 없는데, 이와 같은 조치는 정부에 정치적인 타격을 줄 뿐만 아니라 경제에 큰 피해를 입힌다. 어떤 경우에는 정부가 정말로 지불할 능력이 있음을 채권자들에게 납득시키기 위한 '내핍' 조치들이 경제를 지나치게 위축시켜서 투자자들의 신뢰를 지속적으로 낮추기도 한다.

차입이 어려운 경우 자신의 화폐를 가진 정부는 돈을 찍어서 빚을 갚을 수 있다. 하지만 이 경우 인플레이션이라는 다른 문제가 발생한다. 사실 재정적자는 매우 극심한 인플레이션의 요인이 된다. 정부는 부도를 낼 것인가 또는 돈을 찍어서 인플레이션을 초래하는 방법으로 부채를 해소할 것인가의 선택을 놓고 고민해야 하는 상황에 빠지는 것을 원하지 않는다.

그렇다고 해서 재정적자의 누적이 장기적으로 경제에 미칠 수 있는 부작용에 대한 염려 때문에 불황을 극복하기 위해 재정정책을 절대 사용하지 말아야 한다는 것은 아니다. 다만 장기적인 부작용을 막기 위해 경기가 좋을 때는 재정흑자를 내서 경기가 나쁠 때의 재정적자를 어느 정도 상쇄시킬 필요는 있다. 다시 말하면 정부는 여러 해에 걸쳐 대개 균형을 이룰 수 있도록 재정을 운영해야 한다. 과연 각국의 정부는 이와 같은 재정원칙을 지키고 있을까?

현실에서의 재정적자와 정부부채

〈그림 17-13〉은 1940년부터 2017년까지 미국 연방정부의 재정적자와 부채가 변화해 온 모습을 보여 준다. 그림 (a)는 국내총생산 대비 연방정부 재정적자를 보여 준다. 그림에서 보듯이 연방정부는 제2차 세계대전 중에 막대한 규모의 재정적자를 기록했다. 전쟁 직후에는 잠시 재정흑자를 기록하기도 했으나 그 이후에는 재정적자를 내는 것이 일반적이었다. 이와 같은 재정적자의 지속은 정부가 호황기의 재정흑자로서 불황기의 재정적자를 상쇄해야 한다는 원칙에 부합하지 않는다.

그림 17-13 미국 연방정부 재정적자와 부채

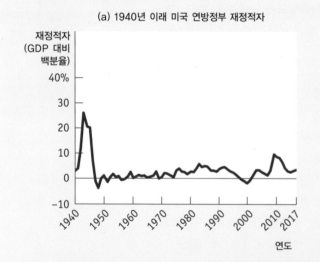

(a) 1940년 이래 미국 연방정부 재정적자

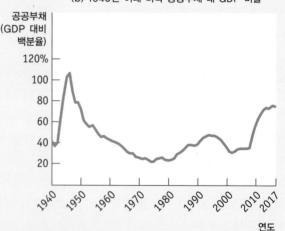

(b) 1940년 이래 미국 공공부채 대 GDP 비율

그림 (a)는 1940년부터 2017년까지 미국 연방정부 재정적자를 보여 준다. 미국 정부는 제2차 세계대전 중에 막대한 규모의 재정적자를 기록했으며 전후에는 일반적으로 보다 작은 규모의 재정적자를 기록했다. 그림 (a)와 (b)를 비교해 보면 재정적자에도 불구하고 부채 대 국내총생산 비율이 감소한 해가 상당히 많음을 알 수 있다. 이와 같은 현상은 부채 규모가 증가하더라도 국내총생산이 부채보다 빠른 속도로 증가하는 한 부채 대 국내총생산 비율이 감소하기 때문에 나타난다.

출처 : Office of Management and Budget; Federal Reserve Bank of St. Louis.

그러나 〈그림 17-13〉의 (b)는 이와 같은 재정적자의 지속에도 불구하고 부채가 통제할 수 없을 정도의 빠른 속도로 증가하지 않았음을 보여 준다. 정부의 부채상환 능력을 평가하기 위해서는 **부채 대 국내총생산 비율**(debt-GDP ratio), 즉 국내총생산 대비 정부부채의 비율이 종종 이용된다. 단순히 정부부채의 절대 규모를 이용하지 않고 이와 같은 비율을 이용하는 것은 경제 전체의 규모를 측정하는 국내총생산이 정부가 거둘 수 있는 잠재적인 조세수입의 크기를 잘 나타내기 때문이다. 정부의 부채가 국내총생산보다 느린 속도로 증가한다면 부채상환 부담이 정부의 잠재적인 조세수입에 비해서 감소한다고 할 수 있다. 이러한 조건하에서는 경제가 미래에 재정흑자를 내서 정부가 원하는 시기에 부채를 갚고 재정 압력과 부도의 위험을 피할 수 있을 정도로 강력하다.

그림 (b)는 연방정부 부채가 거의 매년 증가하였음에도 불구하고 부채 대 국내총생산 비율은 제2차 세계대전 종료 후 30년간 지속적으로 감소했음을 보여 준다. 이와 같은 사실은 부채규모가 증가할지라도 국내총생산이 부채보다 빠른 속도로 증가하면 부채 대 국내총생산 비율이 하락할 수 있음을 보여 준다. 그럼에도 불구하고 정부가 지속적으로 대규모 재정적자를 기록할 경우에는 부채가 국내총생산보다 빠른 속도로 증가하면서 부채 대 국내총생산 비율이 증가한다. 2008년 금융위기 이후 미국 정부는 제2차 세계대전 이래 볼 수 있었던 것보다 훨씬 더 큰 규모의 적자를 내기 시작했으며 그 결과 부채 대 국내총생산 비율은 가파르게 상승하기 시작했다. 이와 유사한 부채 대 국내총생산 비율의 급등이 2008년에 몇몇 다른 국가들에서 나타났다. 경제학자들과 정책입안자들은 이것이 지속가능한 추세가 아니기 때문에 다시 정부지출과 수입을 일치시켜야 한다는 점에 의견을 같이했다.

암묵적 부채

〈그림 17-13〉을 보면 2008년 위기 이전까지는 미국 연방정부의 재정이 제법 양호했다는 결론을 내릴 수도 있다. 2001년 이후 재정수지가 적자로 반전됨에 따라 부채 대 국내총생산 비율은 다소 증가했지만 과거 경험이나 일부 다른 선진국들에 비해서는 여전히 낮은 수준이었기 때문이다. 그러나 사실 장기적인 재정 문제에 대한 전문가들은 미국의 상황을 (일본이나 이탈리아와 같은 국가와 함께) 경계의 눈으로 바라보고 있다. 그 이유는 암묵적 부채에 있다. **암묵적 부채**(implicit liabilities)란 일반적인 부채 통계에는 포함되지 않지만 사실상은 정부의 부채라 할 수 있는 약정된 정부지출이다.

미국 정부의 암묵적 부채는 주로 퇴직 후의 보장과 대규모 의료비로부터 보호를 제공하기 위한 이전지출 프로그램으로 인해 발생한다.

- 사회보장은 미국의 대부분 노령자에게 주된 퇴직소득원이다.
- 메디케어는 노령자 의료비의 대부분을 지불한다.
- 메디케이드는 저소득 가계에 의료비를 제공한다.
- 오바마 케어는 메디케이드를 받을 자격이 없는 많은 저소득 및 중소득 가계에 건강보험료를 보조해 준다.

각각의 프로그램에서는 정부가 현재의 수혜자는 물론 미래의 수혜자에게 이전지출을 제공하기로 약속되어 있다. 따라서 이 프로그램들은 현재의 부채 통계에는 잡히지 않지만 정부가 갚아야 할 미래 부채를 포함하고 있다. 현재 이 세 프로그램은 연방정부 지출의 거의 50% 정도를 차지하고 있다.

재정 전문가들은 이와 같은 이전지출 프로그램으로 인한 암묵적 부채에 대해서 우려를 표명

부채 대 국내총생산 비율(debt-GDP ratio)은 GDP에 대한 정부부채의 백분율이다.

암묵적 부채(implicit liabilities)란 일반적인 부채 통계에는 포함되지 않지만 사실상은 정부의 부채라 할 수 있는 약정된 정부지출이다.

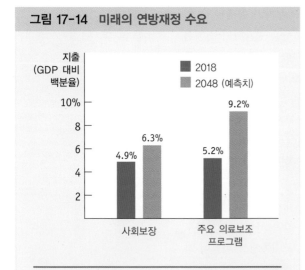

그림 17-14 미래의 연방재정 수요

이 그림은 의회예산처가 추정한 사회보험 프로그램 지출을 GDP에 대한 비율로 보여 준다. 부분적으로는 인구 고령화로 인해 그리고 주로 의료비의 증가로 인해 이들 프로그램의 비용은 훨씬 더 커질 것으로 예상되며 이는 연방재정의 문젯거리가 될 것으로 우려된다.

출처 : Congressional Budget Office.

한다. 〈그림 17-14〉는 그 이유를 보여 준다. 그림은 2018년의 사회보장과 각종 의료보조 프로그램에 대한 실제 지출을 국내총생산에 대한 비율로 보여 주는 한편, 미국 의회예산처가 예측한 2048년의 지출 비율 예측치를 보여 준다. 이 예측에 따르면 사회보장 지출이 다음 수십 년간 꾸준하게 증가하며 다른 세 의료보조 프로그램에 대한 지출은 폭발적으로 증가할 것으로 예상된다. 그 이유는 무엇일까?

사회보장의 경우 그 답은 인구연령구조의 변화에 있다. 사회보장은 '독립 채산(pay-as-you-go)' 제도, 즉 현재 일을 하고 있는 근로자들의 급여에 부과되는 세금으로 현재 퇴직자들에게 혜택을 주는 구조로 되어 있다. 따라서 인구연령구조 또는 보다 구체적으로 사회보장혜택을 받는 퇴직자 수와 사회보장제도에 기여하는 근로자 수의 비율이 사회보장의 재정에 중요한 영향을 미친다.

미국의 출산율은 1946년부터 1964년까지의 베이비붐 시대에 크게 증가했다. 이때 태어난 베이비붐 세대는 현재는 근로연령에 있기 때문에 사회보장 수혜를 받지 않고 사회보장에 기여를 하고 있다. 하지만 베이비붐 세대가 은퇴를 하면 더 이상 근로소득이 없으므로 사회보장세를 내지 않을 것이며 오히려 사회보장 수혜를 받기 시작할 것이다.

그 결과 사회보장 수혜를 받는 퇴직자 수 대 사회보장에 기여하는 근로자 수의 비율은 증가할 것이다. 2018년에는 사회보장에 기여하는 근로자 100명당 36명의 은퇴자가 사회보장 수혜를 받고 있었다. 사회보장국(Social Security Administration)에 따르면 2048년에는 이 숫자가 45명으로 늘어날 것이다. 따라서 베이비붐 세대가 은퇴함에 따라 사회보장 지출은 경제의 규모에 비해서 늘어날 수밖에 없다.

베이비붐 세대의 고령화 자체는 장기적으로 완만한 수준의 재정 문제만을 일으킬 뿐이다. 메디케어와 메디케이드 프로그램 지출은 훨씬 더 심각한 문제를 일으킬 수 있다. 메디케어와 메디케이드의 문제는 장기적으로 정부지원 의료보장제도와 사적 의료보장제도에서 모두 지출규모가 경제규모에 비해 훨씬 빠른 속도로 증가하는 경향을 갖고 있다는 데 있다.

이상에서 언급된 미국 정부의 암묵적 부채는 이미 어느 정도는 부채 통계에 반영되어 있다. 앞서 2018 회계연도 말 정부부채가 21조 5,000억 달러에 달했지만 이 중 공공부채는 15조 8,000달러에 불과하다는 얘기를 했다. 이 두 부채 통계 간에 큰 차이가 나는 주된 이유는 사회보장제도와 일부 메디케어 프로그램(병원보험 프로그램)의 경비가 목적세, 즉 급여에 부과되는 특별세에 의해 충당되기 때문이다. 어떤 때에는 이와 같은 목적세로부터의 세수가 현재의 수혜지출을 초과한다.

특히 1980년대 중반 이후에는 베이비붐 세대로 인해 사회보장에서의 세금수입이 지출을 초과해 왔다. 이와 같은 사회보장의 흑자는 사회보장 신탁기금(Social Security trust fund)의 형태로 축적되었는데 2018년 회계연도 말 현재 그 규모는 2조 9,000억 달러에 달했다.

신탁기금은 미국 정부채에 투자되어 있는데, 이 정부채는 21조 5,000억 달러에 달하는 총부채에 포함된다. 이처럼 사회보장 신탁기금이 보유하고 있는 정부채를 정부의 부채로 계산하는 것은 어쩌면 이상하게 보일 수도 있다. 결국 이 정부채는 정부의 한 부문(사회보장 이외의 정부)이 다른 정부 부문(사회보장 자체)에 지고 있는 빚이 아니겠는가? 하지만 이 부채는 암묵적이긴 하지만 실질적인 정부부채, 즉 정부가 미래의 은퇴자에게 지급하기로 약속한 부채다. 따라서 많은 경제학자들은 사회보장을 비롯하여 다른 신탁기금들이 보유하고 있는 정부부채와 공공부채의 합인 21조 5,000억 달러가 더 작은 규모인 공공부채보다 더 정확하게 재정 건전성을 나타낼 수 있는 척도라고 주장한다.

>> 이해돕기 17-4
해답은 책 뒤에

1. 다른 조건이 같다면 다음 사건들이 미국의 공공부채 또는 암묵적 부채에 어떤 영향을 미칠 것인지 설명해 보라. 공공부채 또는 암묵적 부채가 증가하는가 또는 감소하는가?
   a. 실질 국내총생산의 성장률 증가
   b. 은퇴자들의 수명 연장
   c. 조세수입의 감소
   d. 현행 공공부채의 이자를 갚기 위한 정부 차입
2. 한 경제가 침체에 빠져 있으며 현재 상당히 큰 규모의 공공부채를 안고 있다고 하자. 정책입안자들이 적자지출을 할 것인지의 여부를 결정하는 데 고려해야 할 단기 목적과 장기 목적 간의 상충관계에 대해 설명하라.
3. 재정 내핍정책이 어떻게 정부가 부채를 갚지 못할 가능성을 높이는지 설명하라.

문제 풀어보기　　갭에 유념하라

독립적인 연방기관인 의회예산처는 예산과 관련된 경제자료를 중립적으로 그리고 적시에 공급한다. 이 기관의 임무 중 하나는 국내총생산과 잠재생산량에 대한 추정치를 산출하고, 경기후퇴 갭이나 인플레이션 갭에 대한 예측을 하는 것이다. 의회는 이 정보를 가지고 확장적 또는 긴축적 재정정책이 필요한지의 여부를 결정한다. 의회예산처는 2008년도 미국의 실제 국내총생산이 14조 5,500억 달러이며, 잠재생산량이 15조 3,300억 달러라 추정했다. 이 경우 2008년의 경기후퇴 갭의 크기는 얼마였겠는가? 한계소비성향이 0.5이고 물가 변화가 없다고 가정하면, 국내총생산을 경기후퇴 갭만큼 증가시키는 데 필요한 정부의 재화와 서비스 구매의 변화는 얼마인가?

앞에서 배웠듯이 2009년 2월에 의회는 명목금액으로 7,870억 달러에 달하는 부양조치를 제공하는 것을 내용으로 하는 미국 경기회복 및 재투자법을 통과시켰다. 2010년 3월까지 620억 달러만이 실제로 지출되었다. 위에 제시된 가정을 기초로 할 경우 이 같은 정부지출은 명목 국내총생산을 얼마나 증가시킬 것으로 기대되는가?

단계 | 1 2008년에 있어서 경기후퇴 갭의 크기를 구하라.
　　　504~507쪽을 복습하라.

잠재생산량이 2008년 달러로 측정되므로, 2008년 달러로 측정한 경기후퇴 갭은 $15.33조－$14.55조＝$0.78조, 즉 7,800억 달러다.

단계 | 2 승수를 구하라.
　　　500~502쪽을 복습하라.

승수는 $1/(1-MPC)$와 같다. 따라서 이 경우 승수는 $1/(1-0.5)=2$가 된다.

단계 | 3 승수가 2일 때 갭을 메우는 데 필요한 정부의 재화와 서비스 구매 변화를 구하라.

500~502쪽을 복습하라.

물가가 변하지 않고 승수가 2일 때 7,800억 달러의 경기후퇴 갭을 메우기 위해서는 정부의 재화와 서비스 구매가 3,900억 달러 증가해야 한다. 물가수준의 변화가 없다면 총수요곡선의 이동은 같은 크기의 균형 GDP 증가를 가져온다. 이 같은 가정은 단기 총공급곡선이 수평임을 가정하는 것과 동일한 효과를 낸다.

단계 | 4 620억 달러에 달하는 정부지출은 명목 GDP를 얼마나 증가시킬 것인가?

단계 2에서 계산된 승수를 사용하라.

승수가 2일 때, 620억 달러의 정부지출은 명목 GDP를 1,240억 달러 증가시킬 것으로 기대된다. 경기후퇴 갭은 2009년 상반기 중 더욱 커져서 2009년 2사분기에 1조 1,300억 달러에 달할 것으로 추정되었는데, 이는 2008년 전체의 경기후퇴 갭인 7,800억 달러보다 훨씬 큰 값이다. 2009년 하반기와 2010년 1사분기에는 경기후퇴 갭이 줄어들기 시작했지만 그 속도는 매우 완만했다. 2011년 말에 갭은 여전히 9,560억 달러에 달했다. 2009년과 2010년 1사분기의 부양 조치는 매우 넓은 경기후퇴 갭을 신속하게 메우기에는 충분하지 않았다.

요약

1. 정부는 국내총생산의 상당 부분을 조세로 거두어들이고 재화와 서비스를 구매하며 **사회보험**과 같은 이전지출을 하는 등 경제에서 중요한 역할을 한다. 재정정책은 총수요곡선을 이동시키기 위해 조세, 이전지출, 정부의 재화와 서비스 구매를 이용하는 것을 말한다.

2. 정부의 재화와 서비스 구매는 직접적으로 총수요에 영향을 미치며 조세와 이전지출의 변화는 가계의 가처분소득의 변화를 통해 간접적으로 총수요에 영향을 미친다. **확장적 재정정책**은 총수요곡선을 오른쪽으로 이동시키며, **긴축적 재정정책**은 총수요곡선을 왼쪽으로 이동시킨다.

3. 경제가 완전고용 상태에 있을 때에만 확장적 재정정책이 민간지출과 민간투자를 구축할 잠재력이 있다. 리카도 동등성, 즉 소비자들이 미래 조세 증가를 예상하고 지금 지출을 줄이는 것으로 인해 재정정책이 효과가 없을 것이라는 주장은 현실에서는 맞지 않는 것으로 보인다. 분명한 사실은 정책 구성과 시행의 시차 때문에 매우 적극적인 재정정책이 오히려 경제를 더 불안정하게 만들 수도 있다는 점이다.

4. 재정정책은 경제에 승수효과를 미치는데 승수의 크기는 재정정책과 **한계소비성향**(*MPC*)에 달려 있다. *MPC*는 승수의 크기를 결정하는데, 승수란 **총지출의 자발적 변화**에 의해 발생한 실질 국내총생산의 전체 변화를 최초의 자발적 변화의 크기로 나눈 비율이다. **정액세**를 제외한 조세는 승수의 크기를 감소시킨다. 확장적 재정정책은 실질 국내총생산을 증가시키고 긴축적 재정정책은 실질 국내총생산을 감소시킨다. 조세 또는 이전 지출 변화의 일부가 지출의 첫 단계에서 저축으로 흡수되기 때문에 정부의 재화와 서비스 구매는 같은 크기의 조세 또는 이전지출 변화보다 경제에 더 강력한 영향을 미친다.

5. 정액세를 제외한 조세에 대한 규정이나 일부 이전지출은 승수의 크기를 줄이고 경기순환에 따른 경기변동폭을 감소시키는 **자동안정장치**로서의 역할을 수행한다. 반면에 **재량적 재정정책**은 경기순환에 따라 자동적으로 이루어지지 않고 정책입안자의 의도적인 행동에 의해서 시행된다.

6. 재정수지의 변동 중 일부는 경기순환으로 인한 것이다. 경기순환이 재정수지에 미치는 영향을 재량적 재정정책의 영향으로부터 분리하기 위해서 **순환조정된 재정수지**가 계산된다. 이는 경제가 잠재생산량을 달성하고 있을 때 나타날 재정수지에 대한 추정치다.

7. 미국 정부의 예산회계는 **회계연도**를 기준으로 작성된다. 지속적인 재정적자는 **공공부채**를 증가시킴으로써 경제에 장기적인 영향을 미친다. 공공부채의 증가가 문제가 될 수 있는 이유로 두 가지를 들 수 있다. 공공부채는 투자지출을 구축함으로써 장기 경제성장을 저해할 수 있다. 이에

더해서 극단적인 경우에는 부채의 증가로 인해 정부가 부도를 내게 되고 그 결과 경제 및 금융혼란이 발생할 수도 있다.

8. 가장 널리 사용되는 재정 건전성 지표는 **부채 대 국내총생산 비율**이다. 어느 정도의 재정적자가 발생하더라도 국내총생산이 지속적으로 증가하는 경우에는 이 비율이 안정적으로 유지되거나 감소할 수 있다. 안정적인 부채 대 국내총생산 비율이 재정의 건전성을 호도할 수도 있는데, 이는 현대 정부들이 대규모의 암묵적 부채를 갖고 있기 때문이다. 미국 정부의 가장 큰 **암묵적 부채**는 사회보장, 메디케어, 메디케이드, 오바마 케어로 인해 발생하는데 인구 고령화와 의료비용 증가로 인해 그 규모는 계속 증가하고 있다.

주요용어

사회보험	한계소비성향(MPC)	회계연도
확장적 재정정책	정액세	공공부채
긴축적 재정정책	자동안정장치	부채 대 국내총생산 비율
총지출의 자발적 변화	재량적 재정정책	암묵적 부채
승수	순환조정된 재정수지	

토론문제

1. 다음 표를 완성하여 정부구매가 100억 달러 감소하는 경우가 정부 이전지출이 100억 달러 감소하는 경우에 비해서 실질 국내총생산에 더 큰 영향을 미침을 보이라. 단, 이 경제의 한계소비성향(MPC)은 0.6이다. 표의 첫 번째와 두 번째 줄은 이미 채워져 있다. 첫째 줄에서 100억 달러에 달하는 정부구매의 감소는 실질 국내총생산과 가처분소득 YD를 100억 달러 감소시키고, 그 결과 둘째 줄에서 60억 달러(MPC×가처분소득의 변화)에 달하는 소비지출의 감소를 가져온다. 그러나 100억 달러에 달하는 이전지출 감소는 첫 단계에서는 실질 국내총생산에 아무런 영향을 미치지 못하고 가처분소득만 100억 달러 감소시키며, 그 결과 둘째 단계에서 소비지출을 60억 달러 감소시킨다.

   a. 정부구매가 100억 달러 감소할 때, 열 단계가 지난 후 실질 국내총생산 변화의 합은 얼마인가?

   b. 정부가 이전지출을 100억 달러 감소시킬 때, 열 단계가 지난 후 실질 국내총생산 변화의 합은 얼마인가?

   c. 정부구매 변화와 이전지출 변화에 대한 승수 공식을 사용하여, 정부구매가 100억 달러 감소할 경우와 이전지

단계	정부구매(G) 100억 달러 감소 (10억 달러)			정부 이전지출(TR) 100억 달러 감소 (10억 달러)		
	G 또는 C의 변화	실질 GDP의 변화	YD의 변화	TR 또는 C의 변화	실질 GDP의 변화	YD의 변화
1	$\Delta G = -\$10.00$	$-\$10.00$	$-\$10.00$	$\Delta TR = -\$10.00$	$\$0.00$	$-\$10.00$
2	$\Delta C = -6.00$	-6.00	-6.00	$\Delta C = -6.00$	-6.00	-6.00
3	$\Delta C = ?$	?	?	$\Delta C = ?$	?	?
4	$\Delta C = ?$	?	?	$\Delta C = ?$	?	?
5	$\Delta C = ?$	?	?	$\Delta C = ?$	?	?
6	$\Delta C = ?$	?	?	$\Delta C = ?$	?	?
7	$\Delta C = ?$	?	?	$\Delta C = ?$	?	?
8	$\Delta C = ?$	?	?	$\Delta C = ?$	?	?
9	$\Delta C = ?$	?	?	$\Delta C = ?$	?	?
10	$\Delta C = ?$	?	?	$\Delta C = ?$	?	?

출이 100억 달러 감소할 경우에 대해 각각 실질 국내 총생산의 총변화량을 계산하라. 두 경우의 차이를 설명하라. [힌트 : 정부의 재화와 서비스 구매에 대한 승수는 $1/(1-MPC)$이다. 그렇지만 1달러의 정부 이전지출 변화는 최초에 실질 국내총생산을 $MPC \times \$1$만큼만 변화시키므로 정부 이전지출 승수는 $MPC/(1-MPC)$가 된다.]

2. 매크로랜드 정부의 재정흑자가 최근 5년간 지속적으로 증가했다. 정부 정책입안자 두 사람이 어떤 일이 일어났는지에 대해서 의견을 달리하고 있다. 한 사람은 재정흑자의 증가가 성장하는 경제를 반영한다고 주장한다. 다른 사람은 정부가 긴축적 재정정책을 사용하고 있었다고 주장한다. 어떤 정책입안자의 주장이 옳은지 판단할 수 있겠는가? 판단할 수 없다면 그 이유는 무엇인가?

3. 〈그림 17-10〉은 1965년부터 2018년까지 미국의 순환조정된 재정적자를 실질 국내총생산에 대한 비율로 보여 준다. 잠재생산량에 아무런 변화가 없다고 가정하고, 이 그림을 이용하여 1990~2018년 사이의 어떤 해에 정부가 재량적으로 확장적 재정정책을 사용했으며, 어떤 해에 재량적으로 긴축적 재정정책을 사용했는지 판별해 보라.

4. 2016년에 이스트랜디아의 경제정책 입안자들은 여러 가지 재정적자 증가 시나리오하에서 향후 10년간 이스트랜디아의 국내총생산 대비 정부부채 비율과 재정적자 비율을 예측했다. 현재 실질 국내총생산은 연간 1조 달러로 매년 3%씩 성장할 것으로 예상되며, 2016년에 연초의 공공부채는 3,000억 달러이고 재정적자는 300억 달러다.

연도	실질 GDP (10억 달러)	부채 (10억 달러)	재정적자 (10억 달러)	부채 (실질 GDP 대비 비율)	재정정자 (실질 GDP 대비 비율)
2016	$1,000	$300	$30	?	?
2017	1,030	?	?	?	?
2018	1,061	?	?	?	?
2019	1,093	?	?	?	?
2020	1,126	?	?	?	?
2021	1,159	?	?	?	?
2022	1,194	?	?	?	?
2023	1,230	?	?	?	?
2024	1,267	?	?	?	?
2025	1,305	?	?	?	?
2026	1,344	?	?	?	?

a. 위 표를 완성하여 정부의 재정적자가 향후 10년간 계속 300억 달러에 머물러 있을 경우 정부부채 대 국내총생산 비율과 재정적자 대 국내총생산 비율을 보이라. (정부의 부채는 전년도 적자만큼 증가함을 기억하라.)

b. 정부의 재정적자가 향후 10년간 매년 3%씩 증가할 경우 정부부채 대 국내총생산 비율과 재정적자 대 국내총생산 비율이 어떻게 변할 것인지를 보이기 위해 표를 다시 작성하라.

c. 정부의 재정적자가 향후 10년간 매년 20%씩 증가할 경우 정부부채 대 국내총생산 비율과 재정적자 대 국내총생산 비율이 어떻게 변할 것인지를 보이기 위해 표를 다시 작성하라.

d. 이 세 가지 상이한 시나리오하에서 경제의 정부부채 대 국내총생산 비율과 재정적자 대 국내총생산 비율에 어떤 차이가 있는가?

5. 다음 중 어떤 경우에 정부부채 규모와 재정적자 규모가 경제에 잠재적인 문제가 있음을 나타내는가?

a. 정부부채는 비교적 적으나 전국의 주요 도시를 연결하기 위한 고속철도 시스템을 건설하느라 정부가 대규모 재정적자를 내고 있다.

b. 재정적자에 의해 재원이 조달되던 전쟁이 최근 종료됨에 따라 정부부채가 상대적으로 높은 수준에 있지만, 현재 정부는 낮은 수준의 재정적자만을 내고 있다.

c. 정부부채는 상대적으로 낮지만, 부채에 대한 이자지급 재원을 마련하기 위해서 재정적자를 내고 있다.

d. 정부부채는 상대적으로 높지만, 새로운 기반시설에 대한 재원을 마련하기 위해서 재정적자를 내고 있다.

6. 다음 각 사건이 현재 미국 정부의 공공부채와 암묵적 부채에 어떤 영향을 미쳐 왔거나 또는 미칠 것인지를 밝히라.

a. 2003년에 의회가 메디케이드 현대화법(Medicare Modernization Act)을 통과시켰고 부시 대통령이 이 법에 서명했다. 이 법안은 장애가 있는 노령자와 개인에게 처방약품 혜택을 제공한다. 이 법안하에서 일부 혜택이 즉각적으로 효력을 발휘했지만 다른 혜택은 향후 한동안은 효력이 발효되지 않을 것이다.

b. 은퇴한 사람들이 완전한 사회보장혜택을 받을 수 있는 연령이 향후 은퇴할 사람들에 대해서는 70세로 상향 조정되었다.

c. 앞으로 은퇴할 사람에 대해서는 사회보장혜택이 저소득층에게만 제한적으로 주어진다.

d. 의료비용이 물가 상승률보다 빠른 속도로 증가하고 있

기 때문에 연간 사회보장혜택이 물가 상승률 대신 연간 의료비용 상승률만큼 증가된다.

e. 2014에 발효된 오바마 케어는 병원이 정부 자금을 절약할 수 있도록 인센티브를 제공했다.

연습문제

1. 다음 그림은 현재 알버니아 경제의 거시경제 상황을 보여준다. 여러분이 잠재생산량 Y_P를 달성하는 것을 돕기 위해 경제자문관으로 고용되었다고 하자.

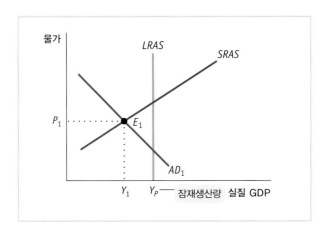

a. 알버니아는 경기후퇴 갭을 경험하고 있는가 또는 인플레이션 갭을 경험하고 있는가?

b. 확장적 재정정책과 긴축적 재정정책 중 어떤 재정정책이 알버니아가 잠재생산량인 Y_P를 달성하도록 할 수 있을까? 이와 같은 정책의 예를 들어 보라.

c. 성공적인 재정정책이 수행될 경우 알버니아 경제의 거시경제 상황을 그림으로 나타내 보라.

2. 다음 그림은 브리태니아 경제의 현재 거시경제 상황을 보여 준다. 실질 국내총생산은 Y_1과 같으며, 물가는 P_1과 같다. 여러분이 이 경제가 잠재생산량 Y_P를 달성하는 것을 돕기 위해 경제자문관으로 고용되었다고 하자.

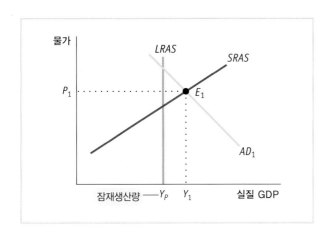

a. 브리태니아는 경기후퇴 갭을 겪고 있는가 또는 인플레이션 갭을 겪고 있는가?

b. 확장적 재정정책과 긴축적 재정정책 중 어떤 재정정책이 브리태니아가 잠재생산량인 Y_P를 달성하도록 할 수 있겠는가? 이와 같은 정책의 예를 들어 보라.

c. 성공적인 재정정책이 수행될 경우 브리태니아 경제의 거시경제 상황을 그림으로 나타내 보라.

3. 현재 장기 거시경제 균형 상태에 있는 어떤 경제에 다음과 같은 총수요충격이 일어났다고 하자. 충격 이후에 경제는 인플레이션 갭과 경기후퇴 갭 중 어떤 종류의 갭을 경험할 것이며, 어떤 종류의 재정정책이 이 경제를 다시 잠재생산량 수준으로 되돌려놓을 수 있을까? 여러분이 추천하는 재정정책은 총수요곡선을 어떻게 이동시킬까?

a. 주식시장 호황으로 인해 가계가 보유한 주식의 가치가 상승한다.

b. 기업들이 가까운 미래에 경기침체가 발생할 것이라고 믿는다.

c. 정부가 전쟁 발발 가능성을 예측하고 군수품 구매를 증가시킨다.

d. 화폐공급이 감소하고 이자율이 상승한다.

4. 2008년 중의 한 인터뷰에서 독일의 재무장관인 슈타인브뤼크는 "우리는 유럽에서 그리고 세계에서 경제 둔화와 높은 인플레이션의 결합, 즉 전문가들이 스태그플레이션이라 부르는 현상이 발생하지 않도록 경계해야 합니다."

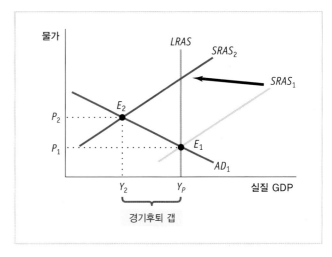

라고 말했다. 이러한 상황은 다음 그림에서 단기 총공급 곡선이 원래 위치인 $SRAS_1$에서 새로운 위치인 $SRAS_2$로 이동하여 E_2점에서 새 균형이 달성되는 것으로 나타낼 수 있다. 이 질문을 통해 우리는 왜 재정정책을 통해 스태그플레이션을 해결하는 것이 어려운지를 이해할 것이다.

a. 정부의 최대 관심사가 경제성장을 유지하는 것이라면 이러한 상황에서 가장 적절한 재정정책 대응은 무엇이었겠는가? 제안된 정책이 균형점과 물가에 미치는 영향을 도표를 통해 보이라.

b. 정부의 최대 관심사가 물가 안정을 유지하는 것이라면 이러한 상황에서 가장 적절한 재정정책 대응은 무엇이었겠는가? 제안된 정책이 균형점과 물가에 미치는 영향을 도표를 통해 보이라.

c. 문제 **a**와 **b**의 정책이 스태그플레이션을 해소하는 데는 얼마나 효과적인지에 대해 논하라.

5. 다음 각각의 사례에서 경기후퇴 갭이나 인플레이션 갭이 존재한다. 총공급곡선이 수평이어서 총수요곡선의 이동에 따른 실질 국내총생산의 변화가 총수요곡선의 이동폭과 같다고 하자. 경기후퇴 갭 또는 인플레이션 갭을 제거하기 위해 필요한 정부의 재화와 서비스 구매 변화와 이전지출 변화를 각각 계산하라.

a. 실질 국내총생산은 1,000억 달러이고, 잠재생산량은 1,600억 달러이며, 한계소비성향은 0.75다.

b. 실질 국내총생산은 2,500억 달러이고, 잠재생산량은 2,000억 달러이며, 한계소비성향은 0.5다.

c. 실질 국내총생산은 1,800억 달러이고, 잠재생산량은 1,000억 달러이며, 한계소비성향은 0.8이다.

6. 대부분의 거시경제학자들은 조세가 자동안정장치로서의 역할을 수행하고, 승수의 크기를 감소시키는 것이 좋은 현상이라고 생각한다. 하지만 승수의 크기가 작을수록 인플레이션 갭이나 경기후퇴 갭을 제거하기 위한 정부의 재화와 서비스 구매, 이전지출 또는 조세의 변화액이 더 커져야 한다. 이와 같은 외관상의 일관성 결여에 대해서 어떻게 설명할 수 있겠는가?

7. 여러분이 정부관료 후보자의 경제정책 자문을 담당하고 있다고 하자. 그녀가 연방정부에 균형재정을 요구하는 법률을 도입할 경우 경제에 미치는 영향에 대한 요약보고서를 요구하는 한편, 이와 같은 법안 도입에 대해서 지지를 해야 되는지에 대한 의견을 묻는다고 하자. 어떻게 응답하겠는가?

8. 여러분의 동료 학생이 정부의 재정적자와 부채 간의 차이

는 가계의 저축과 재산 간의 차이와 유사하다고 주장한다고 하자. 그는 또한 재정적자가 크면 부채도 클 수밖에 없다고 주장한다고 하자. 이 주장이 어떤 점에서 옳고 어떤 점에서 그른지를 밝히라.

9. 가계와는 달리 정부는 대규모 부채를 지속적으로 유지할 수 있다. 예를 들어 2016년에 미국 정부의 총부채는 19조 5,000억 달러에 달했는데 이는 GDP의 약 106.1%에 해당한다. 재무부에 따르면 당시 정부가 부채에 대해 지급하는 이자율은 평균적으로 1.3%였다. 그러나 부채 규모가 매우 커지면 재정적자를 내는 것이 어려워진다.

a. 위에서 인용된 이자율과 부채 규모를 가정하고 정부의 연간 이자 비용을 계산하라.

b. 정부가 이자지급액을 포함시키지 않고 재정균형을 유지한다면 부채 대 국내총생산 비율이 변하지 않기 위해서는 국내총생산은 얼마나 빠른 속도로 성장해야 하는가?

c. 2017년에 정부가 6,000억 달러의 적자를 낼 경우 국가 부채의 총증가액을 계산하라.

d. 2017년의 재정적자가 6,000억 달러라면 부채 대 국내총생산 비율이 변하지 않기 위해서는 국내총생산이 어떤 속도로 증가해야 하는가?

e. 부채 대 국내총생산 비율이 부채의 절대액보다 정부의 채무에 대한 척도로 더 선호되는 이유는 무엇인가? 왜 이 비율을 통제하는 것이 정부로서 중요한 일인가?

10. 다음 표는 어떤 경제에서 소비자들의 한계소비성향이 소득수준에 연관되어 있음을 보여 준다.

소득 범위	한계소비성향
$0~20,000	0.9
$20,001~40,000	0.8
$40,001~60,000	0.7
$60,001~80,000	0.6
$80,000 초과	0.5

a. 정부가 재화와 서비스 구매를 증가시킨다고 하자. 표에 제시된 각 소득집단에서 승수의 값은 얼마인가? 다시 말해서 각 소득집단에서 정부가 재화와 서비스 구매에 사용하는 각 달러가 가지는 효과는 얼마인가?

b. 정부가 경기후퇴 갭이나 인플레이션 갭을 메울 필요가 있다면, 정부구매나 조세를 가장 적게 변화시키면서 갭을 메우기 위해서는 어떤 형태의 재정정책을 권고하겠는가?

그다지 우스꽝스럽지 않은 화폐

"이 제품은 페루 전역에 산재한 지방 시설에서 값싼 노동을 이용하여 정교하게 제작된 후 조직폭력배들이 통제하는 리마의 안전 가옥에 저장되었다. 이곳에서 이들은 꾸러미로 묶인 후 비행기에 실리거나 여행용 가방, 항아리, 속이 빈 성경책, 운동화, 장난감, 또는 큰 운송용 컨테이너에 숨겨 마이애미와 같은 미국의 주요 출입국항으로 보낸다." 페루 당국이 미국의 첩보부와 공조하여 시행한 대규모 단속인 석양 작전에 대해 보도한 2016년 ≪워싱턴포스트≫ 기사는 이렇게 시작하고 있다. 그런데 이 단속의 목표는 무엇이었을까? 그것은 마약 단속이 아니라 위조지폐 단속이었다.

화폐는 현대 경제의 다양한 부분을 연결하는 핵심적인 매개체다.

최근 들어 페루는 미화 위조지폐를 생산하는 주요 본거지가 되었다. 이러한 조직에서 일하는 사람들은 수작업을 통해 인쇄된 지폐에 세부적인 장식을 꼼꼼하게 더함으로써 식별하기가 매우 어려운 고품질 위조지폐를 만들어 낸다.

우스운 일은 정교하게 장식된 종잇조각들이 내재가치가 거의 없거나 전혀 없다는 사실이다. 실제로 파란색 또는 주황색 잉크로 인쇄된 100달러 지폐는 인쇄되어 있는 종이만큼의 가치도 없을 것이다.

반면 장식된 종이에 칠해진 잉크가 제대로 된 초록색 색조를 띠고 있다면 사람들은 이를 화폐라 생각하고 재화나 서비스에 대한 대가로 수용할 것이다. 그 이유는 무엇일까? 사람들이 자신도 동일한 일을 하는 것, 즉 초록색 종잇조각을 진짜 재화나 서비스와 교환하는 것이 가능하다고 믿기 때문이다.

사실 여기에는 하나의 수수께끼가 있다. 가짜 100달러 지폐가 페루에서 미국으로 들어오고 아무도 이것이 가짜임을 알아차리지 못한 채 재화나 서비스와 교환되는 데 성공한다면 누가 손해를 보는 걸까? 가짜 100달러 지폐를 받아들이는 것은 이 지폐가 위조지폐라는 사실이 밝혀지지 않는 한 진짜 100달러 지폐인 것처럼 여러 사람의 손을 거칠 것이라는 점에서 하자가 있는 차량을 구매하거나 불량 식품을 구매하는 것과는 다르다.

이 수수께끼에 대한 답은 지폐 위조의 진짜 희생자는 미국의 납세자라는 것이다. 그 이유는 위조지폐는 미국 정부의 활동을 위한 비용을 지불하는 데 사용될 정부수입을 감소시키기 때문이다. 이런 이유 때문에 첩보부는 미국 화폐가 진품인지를 부지런히 감시하고 위조 달러에 대한 어떤 제보도 놓치지 않고 신속하게 조사하고 있다. 첩보부의 노력은 화폐가 일반적인 재화나 서비스와는 같지 않음을 입증해 준다. 게다가 이는 색이 칠해진 종이와도 같지 않다.

이 장에서는 화폐의 정의와 역할에 대해 알아보고 현대 통화시스템이 어떻게 작동하는지와 **연방준비제도**와 같이 통화시스템을 규제하고 유지하는 기관에 대해 살펴볼 것이다. ●

이 장에서 배울 내용

- **화폐의 다양한 기능**과 여러 가지 화폐의 형태
- 민간은행과 연방준비제도의 행동이 **화폐공급량**을 결정하는 이유
- 민간은행과 연방준비제도가 화폐공급을 결정하는 방법
- 연방준비제도가 **공개시장 조작**을 이용하여 **본원통화**를 변화시키는 이유

화폐의 의미

일상생활에서 사람들은 종종 돈(화폐)이라는 단어를 '재산'의 의미로 사용한다. 만일 여러분이 "마이크로소프트의 창업자인 빌 게이츠는 도대체 얼마나 돈이 많을까?"라고 묻는다면 그 대답은 "800억 달러쯤 되지 않을까? 하지만 누가 그것을 일일이 세고 있을까?"라는 식일 것이다. 즉 이 숫자는 주식, 채권, 부동산을 비롯하여 빌 게이츠가 소유한 모든 재산의 가치를 포함할 것이다.

하지만 경제학자들이 내리는 화폐의 정의에는 모든 형태의 재산이 포함되지는 않는다. 여러분의 지갑 속에 있는 달러 지폐는 화폐다. 그렇지만 자동차, 주택, 주권과 같은 재산은 화폐가 아니다. 경제학자들은 화폐와 다른 형태의 재산을 어떻게 구분할까?

화폐란 무엇인가

화폐는 수행하는 기능에 의거하여 정의된다. 즉 **화폐**(money)는 재화와 서비스를 구매하기 위해 쉽게 사용될 수 있는 자산이다. 쉽게 현금으로 전환될 수 있는 자산은 유동적(liquid)이다. 화폐는 현금 자체나 유동성이 높은 다른 자산들로 구성된다.

화폐와 같은 유동자산이 없다면 구매를 하는 것이 훨씬 더 어려웠을 것이다.

여러분은 자신이 식료품 가게에서 어떻게 대금을 지급하는지를 생각해 봄으로써 화폐와 다른 형태의 자산을 구분할 수 있을 것이다. 계산대의 점원은 우유나 냉동 피자의 대금으로 달러 지폐를 받지만 주권이나 오래된 야구카드를 받지는 않을 것이다. 주권을 식료품으로 전환하기 위해서는 먼저 주권을 팔아서 화폐로 교환한 다음에 이 화폐를 가지고 식료품을 사야 한다.

물론 많은 식료품 가게에서는 은행계좌와 연계된 가계수표나 체크카드로 대금을 결제할 수 있다. 그렇다면 여러분이 가진 은행계좌는 아직 현금으로 전환되지 않았더라도 화폐로 간주될 수 있다는 말인가? 그렇다. **유통 중인 현금**(currency in circulation), 즉 사람들이 보유하고 있는 현금은 당연히 화폐로 간주된다. 이에 더하여 수표, 체크카드, 전자지불 등을 이용하여 잔고를 인출할 수 있는 은행예금인 **당좌예금**(checkable bank deposit)도 화폐로 간주된다.

화폐의 정의에 따라서는 유통 중인 현금과 당좌예금 이외의 자산들이 포함되기도 한다. 한 경제에서 화폐로 간주되는 모든 금융자산의 총가치인 **화폐공급**(money supply)에 대해서는 두 가지 정의가 널리 사용되고 있다.

1. 협의의 정의는 유동성이 가장 높은 자산인 유통 중인 현금, 여행자 수표, 당좌예금만을 화폐로 간주한다. (한때 널리 사용되던 여행자수표는 지금은 거의 사용되지 않지만, 여전히 연준의 화폐공급 정의에 포함되어 있다.)
2. 보다 광의의 정의는 이들 세 가지 자산에 더하여 전화 통화만으로도 당좌예금으로의 자금 이체가 가능한 저축성 예금과 같이 '거의' 당좌예금에 가까운 자산들을 포함한다. 두 가지 화폐의 정의 모두 재화와 서비스 구매에 쉽게 사용될 수 있는 자산과 그렇지 않은 자산을 구분하고 있다.

화폐는 간접적인 교환을 가능하게 함으로써 교역으로부터의 이익이 발생하는 데 중추적인 기능을 담당하고 있다. 심장외과 전문의가 새 냉장고를 사려고 할 때 어떤 일이 일어날지를 생각해 보자. 심장외과 전문의는 물론 심장 수술이라는 가치 있는 서비스를 제공할 수 있다. 가전제

화폐(money)는 재화와 서비스의 구매에 쉽게 사용될 수 있는 모든 자산이다.

유통 중인 현금(currency in circulation)은 일반 대중이 보유하고 있는 현금이다.

당좌예금(checkable bank deposit)은 수표를 이용하여 잔고를 인출할 수 있는 예금이다.

화폐공급(money supply)은 화폐로 간주되는 모든 금융자산의 총가치다.

품 가게 주인 역시 냉장고를 비롯한 가전제품이라는 가치 있는 제품을 보유하고 있다. 하지만 화폐를 사용하는 대신 재화나 서비스를 물물교환해야 한다면 이 두 사람이 거래를 하는 것은 매우 어려울 것이다. 물물교환경제에서 심장외과 전문의와 가전제품 가게 주인이 거래를 하는 것은 오직 가게 주인이 심장 수술을 받기를 원하는 동시에 심장외과 전문의가 새 냉장고를 구입하기를 원할 때에만 가능하다.

이것을 욕망의 이중 일치(double coincidence of wants) 문제라고 한다. 즉 물물교환경제에서는 거래의 쌍방이 서로가 원하는 제품을 갖고 있을 때에만 교역이 이루어질 수 있다. 화폐는 이와 같은 욕망의 이중 일치 문제를 해결해 준다. 개개인은 자신이 팔고자 하는 물건을 화폐로 교환한 다음 이 화폐를 가지고 자신이 원하는 물건을 구입하면 된다.

화폐는 교역으로부터의 이익을 향유하는 것을 용이하게 해 주기 때문에 그 자체가 직접 어떤 물건을 생산하지는 않더라도 사회 전체의 후생수준을 향상시킨다.

화폐가 경제에서 수행하는 역할에 대해서 좀 더 상세히 알아보자.

화폐의 역할

현대 경제에서 화폐는 주로 세 가지 역할을 수행하는데, 교환의 매개수단, 가치 저장수단, 계산의 단위가 그것이다.

1. 교환의 매개수단 앞서 제시한 심장외과 전문의와 냉장고의 예는 **교환의 매개수단**(medium of exchange)으로서의 화폐의 역할을 잘 보여 준다. 즉 화폐는 그 자체를 소비하기 위해서가 아니라 재화 또는 서비스와 교환하기 위해서 사용되는 자산이다. 사람들은 달러 지폐를 먹을 수는 없지만 이를 음식과 교환할 수는 있다.

평상시에는 미국의 달러화, 멕시코의 페소화 등과 같이 한 국가의 공식 화폐가 그 국가에서 일어나는 모든 거래에서 교환의 매개수단이 된다. 하지만 경제가 혼란스러운 시기에는 다른 재화나 자산이 그 역할을 대신 수행할 수도 있다. 예를 들어 경제가 혼란스러운 시기에는 다른 국

> **교환의 매개수단**(medium of exchange)은 그 자체를 소비할 목적이 아니라 재화와 서비스를 거래할 목적으로 사람들이 취득하는 자산이다.

🌐 국제비교   덩치 큰 화폐들

미국인들은 달러화가 세계를 선도하는 화폐이고 전 세계에서 지불 수단으로 가장 잘 수용되는 화폐라 생각하는 경향이 있다. 그러나 이 외에도 중요한 화폐들이 있다. 한 화폐의 중요성을 측정할 수 있는 간단한 척도로 유통 중인 현금의 양을 들 수 있다. 이 도표는 2018년 말 네 가지 주요 화폐에 대하여 유통 중인 현금의 양을 10억 달러 단위로 보여 준다. 달러화는 가장 널리 유통되는 화폐인데 이는 미국 경제가 세계에서 가장 크다는 점을 생각하면 그다지 놀랄 만한 사실이 아니다. 유로화는 달러화에 이어 근접하는 2위이다. 유로화를 사용하는 국가의 결합체인 유로지역은 미국 경제와 엇비슷한 규모를 갖고 있다. 경제가 빠르게 성장하고 있는 중국은 유로화에 얼마 뒤지지 않은 화폐(위안화)를 갖고 있다. 경제 규모는 이보다 훨씬 작지만 일본도 미국의 바짝 뒤에 있다. 거래를 위해 수표나 신용카드를 주로 이용하는 유럽인이나 미국인에 비해 일본인은 현금을 훨씬 더 많이 사용하기 때문이다.

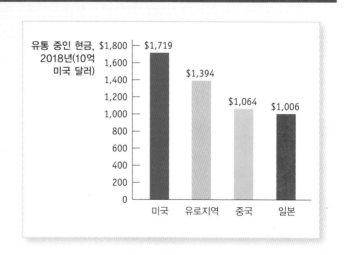

출처 : Federal Reserve Bank of St. Louis; European Central Bank; Bank of Japan; The People's Bank of China.

가의 화폐가 교환의 매개수단으로 이용되기도 한다. 중남미 국가에서는 미국 달러화가 이와 같은 역할을 수행한 적이 있으며, 동유럽에서는 유로화가 마찬가지의 역할을 수행한 적이 있다. 제2차 세계대전 중 포로 수용소에서 담배가 교환의 매개수단으로서의 역할을 한 것은 유명한 사례다. 담배를 피우지 않는 사람들도 재화나 서비스를 제공하는 대가로 담배를 받았는데 이는 담배가 다른 재화와 쉽게 교환될 수 있었기 때문이다. 1923년 독일에서 초인플레이션이 발생했을 때는 계란이나 석탄 덩어리와 같은 재화가 잠시 동안 교환의 매개수단으로 사용되기도 했다.

2. 가치 저장수단　화폐가 교환의 매개수단으로서의 역할을 하기 위해서는 무엇보다도 먼저 **가치 저장수단**(store of value), 즉 일정 기간 구매력을 보관할 수 있는 수단이 되어야 한다. 왜 가치 저장수단으로서의 역할이 필수적인지를 이해하기 위해서 아이스크림이 교환의 매개수단으로 이용되는 경제를 상상해 보자. 이런 경제는 얼마 되지 않아 돈이 녹아내리는 문제를 겪게 될 것이다. 물건을 사기도 전에 교환의 매개수단이 끈적끈적한 범벅으로 변해 버릴 것이기 때문이다. 일정 기간 구매력을 보유할 수 있는 자산은 모두 가치 저장수단이 될 수 있다. 따라서 가치 저장수단으로서의 역할은 필요조건일 뿐이며 화폐의 판별조건이 되지는 못한다.

3. 계산의 단위　마지막으로 화폐는 **계산의 단위**(unit of account)로서의 역할을 수행한다. 즉 가격을 정하고 경제적 계산을 하기 위한 척도로 사용된다. 이 역할의 중요성을 이해하기 위해 역사적인 사례를 생각해 보자. 중세 시대에는 농부들이 지주에게 화폐보다는 재화와 노동을 제공하는 의무를 지는 것이 일반적이었다. 예를 들어 농부는 일주일 중 하루는 지주의 토지에서 일해야 하고 수확한 작물의 5분의 1을 바쳐야 하는 식이었다.

오늘날 지대는 다른 가격들과 마찬가지로 거의 항상 화폐 단위로 표시되는데 이는 많은 일을 훨씬 더 분명하게 만들어 준다. 집주인들이 제각각의 방식으로 임대료를 표시한다면 어떤 아파트를 임차할 것인가를 결정하는 것이 얼마나 어려울지 상상해 보라. 예를 들어 스미스 씨는 자기 집을 일주일에 두 번 청소해 주고 매일 스테이크 1파운드를 가지고 온다면 아파트를 사용할 수 있다고 하고, 존스 여사는 일주일에 한 번만 청소를 하는 대신 매일 닭고기 4파운드를 가지고 올 것을 요구한다고 하자. 어느 쪽이 더 유리한 조건을 제시하는 것일지는 판단하기가 어렵다. 반면에 스미스 씨는 한 달에 600달러를 원하고 존스 여사는 700달러를 원한다면 비교가 쉬울 것이다. 다시 말해서 공통적으로 수용되는 척도가 없다면 거래의 조건을 결정하는 것이 더 어려워질 것이고 이에 따라 거래를 성사시키고 교역으로부터의 이익을 향유하는 것이 더욱 어려워질 것이다.

화폐의 종류

형태는 다르지만 화폐는 수천 년간 사용되어 왔다. 이 중 대부분의 기간에 **상품화폐**(commodity money)가 사용되었다. 즉 금이나 은처럼 다른 용도로도 사용될 수 있는 내재적 가치를 가진 재화가 교환의 매개수단으로 사용되었다. 상품화폐가 교환의 매개수단으로서의 역할과 상관없이 가치를 보유할 수 있는 것도 바로 이 다른 용도 때문이다. 예를 들어 제2차 세계대전 중 포로 수용소에서 화폐로서의 기능을 제공했던 담배는 많은 포로들이 흡연자였던 관계로 그 자체로도 상당한 가치가 있었다. 금 역시 동전으로 주조될 수 있다는 점 이외에 보석이나 장식품으로도 사용될 수 있기 때문에 가치가 있다.

미국이 독립을 선언하고 애덤 스미스가 『국부론』을 저술한 해인 1776년에 이르러서는 금화와 은화에 더하여 지폐가 널리 화폐로 사용되고 있었다. 하지만 지금의

여러 세기에 걸쳐 사람들은 금이나 은처럼 가치가 있는 상품을 교환의 매개수단으로 이용했다.

달러 지폐와는 달리 그 당시의 지폐는 민간은행에 의하여 발행되었다. 민간은행은 원하는 사람이라면 누구에게나 자신이 발행한 지폐를 금화나 은화로 교환해 줄 것을 약속했다. 즉 처음에 상품화폐를 대체했던 종이 화폐는 **상품에 의해 뒷받침되는 화폐**(commodity-backed money), 즉 내재적인 가치는 없지만 요구할 경우 언제든지 가치가 있는 상품으로 태환해 준다는 약속에 의해 궁극적인 가치가 보장되는 교환의 매개수단이었다.

금화와 은화 대신 사용할 지폐를 발행함으로써 은행은 화폐로서의 기능을 위해 사용되었던 귀중한 자원들을 해방시켰다.

상품에 의해 뒷받침되는 화폐가 금화나 은화와 같은 단순한 상품화폐에 대해 가지는 큰 이점은 가치 있는 자원을 절약할 수 있다는 것이다. 지폐를 발행한 은행은 여전히 일부 금화와 은화를 수중에 가지고 있어야 했지만 지폐의 태환에 대한 요구를 충족하기에 충분한 양만을 보관하기만 하면 되었다. 은행은 또한 평상시에는 발행한 지폐의 일부에 대해서만 태환 요구가 발생한다는 사실을 알고 있었기 때문에 유통 중인 지폐 총액의 일부에 해당하는 금화나 은화만을 금고에 보관하고 나머지는 이를 필요로 하는 사람에게 빌려 줄 수 있었다. 그 결과 경제 전체로서는 교역으로부터의 이익에 손상을 주지 않고서도 금과 은을 다른 목적으로 사용할 수 있게 되었다.

『국부론』의 한 유명한 구절에서 애덤 스미스는 지폐를 '공중에 낸 마찻길'이라 묘사했다. 화폐를 그 아래에 있는 토지의 가치를 손상시키지 않고 지어진 상상 속의 고속도로에 비유한 것이다. 실제 고속도로는 유용한 서비스를 제공하기는 하지만 이를 위해서는 높은 비용을 치러야 한다. 도로를 놓기 위해 사용되는 토지에서 많은 작물이 생산될 수 있기 때문이다. 공중에 도로가 놓일 수 있다면 유용한 농지를 파괴하지 않아도 된다. 애덤 스미스가 설명했듯이 스코틀랜드의 은행들이 금화나 은화를 지폐로 대체한 것은 사회가 필요로 하는 자원을 적게 사용하면서도 화폐의 기능을 제공할 수 있었다는 점에서 바로 '공중에 낸 마찻길'과 유사한 효과를 거둔 것이다.

이쯤에서 여러분은 왜 도대체 금이나 은을 교환의 매개수단으로 이용해야만 하는가에 대해 의문을 품을 수도 있을 것이다. 사실 오늘날의 화폐제도는 스미스가 칭송했던 스코틀랜드의 제도보다 더 진보되었다. 미국의 달러 지폐는 상품화폐가 아닐 뿐만 아니라 상품에 의해 뒷받침되는 화폐도 아니다. 달러 지폐의 가치는 전적으로 교환의 매개수단으로서 일반적으로 수용된다는 사실로부터 나온다. 교환의 매개수단으로서의 공식적인 지위에만 의거하여 가치가 부여되는 화폐를 **명령화폐**(fiat money)라 한다. '명령'이란 통치자에 의해 선포된 정책을 의미하는 역사적 용어인데, 화폐가 정부의 명령에 의거하여 존재한다는 의미에서 명령화폐라 불린다.

명령화폐는 상품에 의해 뒷받침되는 화폐에 비해 두 가지 주요한 장점을 갖고 있다. 첫째로, 명령화폐는 더 확실한 '공중에 낸 마찻길'이다. 명령화폐는 화폐가 인쇄된 종이를 제외한다면 어떠한 실질 자원도 사용하지 않기 때문이다. 둘째로, 명령화폐의 공급은 탐광자들이 우연히 발견하는 금과 은의 양에 의해 결정되지 않고 경제의 필요에 따라 결정될 수 있다.

다른 한편으로 명령화폐는 약간의 위험을 안고 있기도 하다. 이 장의 머리말 이야기에서는 이 같은 위험의 하나인 위조에 대해서 소개했다. 위조범들은 달러 지폐를 인쇄할 수 있는 독점적 권리를 가진 미국 정부의 특권을 침해한다. 위조범들이 위조지폐를 재화와 서비스로 교환함으로써 얻는 혜택은 미국 연방정부의 비용으로 귀착된다. 연방정부는 지출 중 작지만 무시할 수 없는 부분을, 증가하는 화폐수요를 충족하기 위한 화폐 발행으로써 충당하기 때문이다. 이보다 더 큰 위험은 정부가 원할 때 언제든지 화폐를 찍어 낼 수 있는 특권을 남용할 유혹에 빠질 수 있다는 것이다.

달러화의 간추린 역사　미국의 달러 지폐는 순수한 명령화폐다. 이는 내재적 가치를 갖고 있지

상품에 의해 뒷받침되는 화폐(commodity-backed money)는 내재적인 가치는 없지만 언제든지 가치가 있는 상품으로 태환해 준다는 약속에 의해 궁극적인 가치가 보장되는 교환의 매개수단이다.

명령화폐(fiat money)는 지불수단으로서의 공식적인 지위에만 의거하여 가치를 가지는 교환의 매개수단이다.

않으며, 내재적 가치를 가진 어떤 것에 의해서도 뒷받침되지 않는다. 하지만 미국의 화폐가 항상 이와 같은 것은 아니었다. 유럽 이주민들이 정착하던 시절 지금의 미국이 된 식민지들은 유럽에서 주조된 금화와 은화를 비롯한 상품화폐를 사용하고 있었다. 하지만 미국 대륙에서는 이와 같은 동전이 흔치 않았기 때문에 식민지 거주자들은 여러 가지 다른 형태의 상품화폐를 사용하고 있었다. 예를 들어 버지니아의 정착민들은 담배를 화폐로 사용했고 동북지역 정착민들은 일종의 조개 껍데기로 만들어진 조가비 염주(wampum)를 사용했다.

그 이후에는 상품에 의해 뒷받침되는 화폐가 널리 사용되기 시작했다. 하지만 이것 역시 오늘날 우리가 알고 있는 미국 지폐, 즉 정부가 발행하고 재무부 장관의 서명이 담긴 지폐는 아니었다. 남북전쟁 이전만 해도 미국 정부는 지폐를 전혀 발행하지 않았다. 달러 지폐는 요구가 있을 때 언제든지 은화로 교환해 준다는 약속하에서 민간은행들에 의해 발행되고 있었다. 하지만 은행들이 파산하기도 했고 이 경우 이들이 발행한 지폐는 쓸모없는 종잇조각이 되었기 때문에 이와 같은 약속은 항상 믿을 만한 것은 못 되었다. 당연히 사람들은 재정적인 어려움을 겪고 있는 것으로 의심되는 은행이 발행한 지폐를 받는 것을 꺼렸다. 이에 따라서 어떤 달러 지폐는 다른 지폐보다 값어치가 더 떨어지기도 했다.

이 당시 뉴올리언스에 본점을 둔 루이지애나 시티즌 은행이 발행한 지폐는 남부 지역에서 가장 널리 통용되는 지폐였다. 이 지폐는 한 면은 영어로 그리고 다른 한 면은 프랑스어로 인쇄되어 있었다(뉴올리언스는 원래 프랑스 식민지였기 때문에 그 당시에는 많은 거주민들이 프랑스어를 사용하고 있었다). 따라서 10달러짜리 지폐의 한 면에는 'Ten'이 쓰여 있었고 다른 면에는 10을 의미하는 프랑스어인 'Dix'가 쓰여 있었다. 이에 따라 이 10달러 지폐는 당시 '딕시(dixy)'라고 불렸는데 이것이 지금 미국 남부의 별명이 딕시즈(Dixies)가 된 기원이라 할 수 있다.

남북전쟁 이전까지는 미국 정부가 공식적인 지폐를 발행하지 않았다.

미국 정부는 남북전쟁의 비용을 지불하기 위해 1862년에 그린백(greenback)이라고 불리는 지폐를 공식적으로 발행하기 시작했다. 그린백은 처음에는 특정 상품으로 고정된 가치를 갖지 않았다. 1873년 이후 미국 정부가 금에 대한 1달러의 교환가치를 보증하기 시작했고 이에 따라서 달러 지폐는 상품에 의해 뒷받침되는 화폐가 되었다.

1933년에 루스벨트 대통령이 달러화와 금 간의 연계를 폐지했을 때 연방정부의 예산국장은 금에 의해 뒷받침되지 않는 달러화가 사람들의 신뢰를 잃을 것을 우려하여 "이것은 서양 문명의 종말이다."라고까지 선언하기도 했다. 그렇지만 그런 일은 발생하지 않았다. 수년 후 달러화와 금 간의 연계가 다시 회복되었다가 1971년 8월에 영구히 폐지되었다. 종말에 대한 경고에도 불구하고 미국 달러화는 여전히 세계에서 가장 널리 통용되는 화폐가 되었다.

화폐공급의 측정

연방준비제도는 화폐가 얼마나 엄격하게 정의되는가에 따라서 두 가지 상이한 화폐공급 지표, 즉 **통화총량**(monetary aggregate)을 계산하고 있다. 이 두 가지 총량은 비밀스럽게 M1과 M2라 불린다. (이전에는 M3라 불리는 통화총량이 있었다. 하지만 연방준비제도는 2006년에 이 총량을 측정하는 것이 더 이상 유용하지 않다는 결론을 내렸다.)

M1은 가장 협의의 정의로 유통 중인 현금, 여행자수표, 당좌예금으로만 구성된다. (가계수표가 지불수단으로 널리 이용되는 미국이나 서구에서는 수표를 이용하여 잔고를 인출할 수 있는 당좌예금이 발달되어 있다. 우리나라에서는 당좌예금 대신 보통예금과 같은 자유입출금식 예금이 보편적으로 이용되고 있다. 지불수단으로도 가계수표 대신 자동이체, 지로, 현금 등이 주

통화총량(monetary aggregate)은 화폐공급의 총괄적인 척도다.

함정

화폐공급에 포함되지 않는 것

주식이나 채권과 같은 금융자산은 화폐공급의 일부가 아닌데 이들은 유동성이 충분하지 않기 때문이다.

M1은 식료품이나 커피 한 잔을 사기 위해 사용할 수 있는 자산인 현금, 여행자수표, 당좌예금으로 구성된다. M2는 저축성 예금처럼 신속하고 쉽게 M1으로 전환될 수 있는 자산을 포함하고 있기 때문에 광의의 척도다. 예를 들어 사람들은 마우스를 클릭하거나 자동화된 전화 서비스를 통해 저축예금과 당좌예금 간 자금을 이체할 수 있다.

이와 반면에 주식이나 채권을 현금으로 전환하려면 이들을 매도해야 하는데 여기에는 어느 정도 시간이 걸리는 한편 주식중개인에게 수수료도 지급해야 한다. 이로 인해 이들 자산은 은행예금보다 유동성이 낮다. 따라서 은행예금과는 달리 주식과 채권은 화폐로 간주되지 않는다.

로 이용된다. 당좌예금이나 보통예금처럼 언제든지 잔고를 인출할 수 있는 예금을 통틀어 요구불예금이라고 하며, M1을 정의하기 위해 당좌예금 대신 요구불예금을 사용하기도 한다. – 역자주) M2에는 **준화폐**(near-money)라고 불리는 몇 가지 자산이 추가되는데 이들은 저축예금(savings deposit)과 같이 직접 교환의 매개수단으로 사용할 수는 없지만 현금이나 당좌예금으로 쉽게 전환될 수 있는 금융자산이다. 이와 같은 금융자산의 예로는 소액 **정기예금증서(CD)**를 비롯한 정기예금을 들 수 있는데, 이들은 수표를 사용할 수는 없지만 거의 벌금을 물지 않고 잔고를 인출할 수 있다. 현금과 당좌예금은 직접 교환의 매개수단으로 사용될 수 있으므로 M1은 가장 유동적인 화폐의 척도다.

〈그림 18-1〉은 2018년 2월의 실제 M1과 M2의 구성을 10억 달러 단위로 보여 준다. M1의 가치는 3조 6,141억 달러인데 유통 중인 현금이 43%를 차지하고, 나머지의 대부분이 당좌예금이며, 여행자수표가 아주 작은 부분을 차지한다. M1은 13조 8,584억 달러에 달하는 M2의 26%를 차지한다. M2는 M1에 더하여 다른 두 가지 종류의 자산으로 구성된다. 이 중 하나는 저축예금과 정기예금이라는 수표를 발행할 수 없는 은행예금이며 다른 하나는 유동성이 높은 자산에만 투자되어 은행예금과 성격이 유사한 상호기금인 MMF(money market fund)다. 이들 준화폐는 이자를 지급하는 데 반해 (유통 중인) 현금은 그렇지 않다. 준화폐는 보통 당좌예금이 지급하는 것보다 더 높은 이자율을 제공한다.

준화폐(near-money)는 직접적으로 교환의 매개수단으로 사용될 수 없지만 쉽게 현금이나 당좌예금으로 전환될 수 있는 금융자산이다.

그림 18-1 2018년 2월의 통화총량

연방준비제도는 M1과 M2라는 두 가지 화폐공급의 정의를 사용하고 있다. 그림 (a)에서 보듯이 M1은 대략 절반이 유통 중인 현금으로 구성되며 그 나머지는 거의 당좌예금으로 구성된다. M2는 그림 (b)에서 보듯이 더 광의로 정의되는데 M1뿐만 아니라 다른 예금 그리고 예금과 유사한 자산을 포함하고 있어 그 금액은 M1의 네 배에 달한다.

출처 : Federal Reserve Bank of St. Louis.

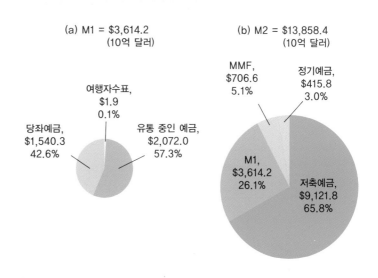

(a) M1 = $3,614.2
(10억 달러)

여행자수표,
$1.9
0.1%

당좌예금,
$1,540.3
42.6%

유통 중인 예금,
$2,072.0
57.3%

(b) M2 = $13,858.4
(10억 달러)

MMF,
$706.6
5.1%

정기예금,
$415.8
3.0%

M1,
$3,614.2
26.1%

저축예금,
$9,121.8
65.8%

현실 경제의 >> 이해

달러화부터 비트코인까지

미국에는 1조 7,000억 달러에 달하는 유통 중인 현금이 있는데, 인구 한 명당 5,000달러를 넘는 금액이다. 대부분의 개인은 이렇게 많은 돈을 지갑에 넣고 다니지 않는다. 그렇다면 나머지 현금은 모두 어디에 있다는 말인가?

그중 많은 부분이 상점의 계산대에서 발견될 수 있다. 개인뿐 아니라 기업도 현금을 보유할 필요가 있다. 그렇지만 이 어마어마한 현금의 가장 큰 부분인 60% 정도가 외국의 거주자들에 의해 보유된다. 이들은 자기 나라의 화폐를 불신한 나머지 미국 달러화를 교환의 매개수단과 가치 저장수단으로 채택한 것이다. 현금은 마약상과 같은 범죄자나 세금을 회피하려는 사업가들이 거래를 감추는데 널리 사용되기도 한다.

당국의 눈으로부터 거래를 감추려는 욕구가 2009년에 만들어진 가상화폐인 비트코인(Bitcoin)의 성장을 설명해 준다. 이것은 기본적으로 일부 사람들이 현금이나 마찬가지로 받아들이는 전자 토큰을 만들어내는 계산 알고리즘이다.

그런데 무엇이 사람들로 하여금 진짜 화폐 대신 이를 받아들일 정도로 가상화폐를 신뢰하게끔 만들까? 달러화와 마찬가지로 비트코인에 대한 신뢰는 다른 누군가가 나중에 진짜 물건에 대한 대가로 받아줄 것이라는 믿음에서 나온다. 비트코인이 인기를 끈 것도 상인들이 신용카드 수수료 부담을 피하기 위해 이를 받아들이기 시작하면서부터였다.

비트코인의 한 가지 단점은 해킹을 당할 수 있다는 것이다. 그럼에도 불구하고 비트코인과 다른 새로운 화폐인 이더리움(Ethereum)은 매우 매력적이어서 2018년 12월에는 이 두 화폐의 가치가 약 760억 달러에 이르렀다.

>> 이해돕기 18-1

해답은 책 뒤에

1. 여러분이 지정된 가게에서 특정 상품을 구매하는 데 사용할 수 있는 상품권을 가지고 있다고 하자. 이 상품권은 화폐인가? 그 이유는 무엇인가?
2. 대부분의 은행예금은 이자를 지급하지만 정기예금증서(CD)를 살 경우 더 높은 이자율을 적용받을 수 있다. CD와 당좌예금의 차이는 몇 개월이든 또는 몇 년이든 CD의 만기 이전에 이를 해지할 경우 벌금을 문다는 점이다. 소액 CD는 M2로는 취급되나 M1에는 포함되지 않는데 그 이유를 설명하라.
3. 상품에 의해 뒷받침되는 화폐제도가 상품화폐제도보다 자원을 더 효율적으로 이용하는 이유를 설명하라.

‖ 화폐공급에서 은행의 역할

가장 협의의 통화총량인 M1의 43% 정도는 1달러 지폐나 5달러 지폐와 같이 유통 중인 현금으로 구성되어 있다. 이들 현금이 어디에서 왔는지는 분명하다. 모두 미국 재무부에 의해 인쇄된 것이다. M1의 나머지는 은행예금으로 이루어져 있다. 은행예금은 보다 광의의 화폐공급인 M2의 대부분을 차지하고 있기도 하다. 다시 말해 은행예금은 화폐공급의 핵심 요소라 할 수 있다. 따라서 우리의 다음 주제는 화폐공급에서 은행의 역할이 될 것이다.

은행이 하는 일

은행은 은행예금이라는 유동적 자산을 활용하여 차입자의 비유동적 투자사업에 필요한 자금을 공급하는 금융기관이다. 은행이 유동성을 창출할 수 있는 이유는 모든 예금을 높은 유동성을 가진 자산 형태로 보유할 필요가 없다는 사실에 있다. **예금인출사태(bank run)**가 발생하는 경우를 제외하고는 은행의 모든 예금자가 동시에 모든 잔고를 인출할 리가 없기 때문이다. 따라서 은행은 예금자들에게 유동적 자산을 공급하는 동시에 예금된 자금의 상당 부분을 주택담보대출이나 기업대출과 같은 비유동적 자산에 투자할 수 있다.

그러나 은행은 예금된 자금을 모두 대출할 수는 없다. 예금자의 예금인출 요구를 충족해야 하기 때문이다. 은행은 상당한 금액의 유동적 자산을 보유해야 한다. 오늘날 미국의 은행시스템에서는 은행 금고에 보관된 현금이나 연방준비제도에 개설된 은행의 계좌에 예치된 예금이 유동적 자산의 역할을 한다. 이 중 연방준비제도에 예치된 예금은 거의 즉각적으로 현금으로 전환될 수 있다. 은행 금고에 보관된 현금과 연방준비제도에 예치된 예금을 합하여 **지불준비금(bank reserves)**이라 한다. 지불준비금은 일반 대중이 아닌 은행과 연방준비제도가 보유하고 있기 때문에 유통 중인 현금으로는 간주되지 않는다.

화폐공급에서 은행의 역할을 이해하기 위해 먼저 은행의 재무상태를 분석하기 위한 간단한 도구인 **T 계정**(T-account)을 소개하기로 한다. 한 기업의 T 계정은 하나의 표에 그 기업의 자산을 좌변에, 부채를 우변에 제시함으로써 기업의 재무상태를 요약해서 보여 준다.

〈그림 18-2〉는 은행이 아닌 가상적인 기업인 사만사 스무디즈의 T 계정을 보여 준다. 그림에 따르면 사만사 스무디즈는 3만 달러에 달하는 건물과 1만 5,000달러에 달하는 스무디 제조기계를 소유하고 있다. 이것들은 자산이므로 표의 좌변에 기입된다. 개업 자금을 조달하기 위해 이 기업은 지역 은행으로부터 2만 달러를 차입했다. 이 대출은 부채이므로 표의 우변에 기입된다. T 계정을 봄으로써 여러분은 사만사 스무디즈가 소유하고 있는 것과 빚지고 있는 것을 즉각 알 수 있다. 표에 그려진 직선들은 T자 모양을 하고 있는데 이것이 바로 이 표가 T 계정이라 불리는 이유다.

사만사 스무디즈는 평범한 비은행 기업이다. 이제 가상적인 은행인 일가은행의 T 계정을 보도록 하자. 지금 이 은행은 100만 달러의 은행예금을 보유하고 있다. 〈그림 18-3〉은 일가은행의 재무상태를 보여 준다. 일가은행의 대출은 자산이기 때문에 좌변에 나타난다. 대출은 은행으로부터 차입을 한 사람들이 갚을 것으로 예상되는 자금을 대표한다. 이 단순화된 예에서 은행의 다른 유일한 자산은 지불준비금인데 이미 배웠듯이 이는 은행 금고에 보관된 현금이나 연방준비제도 예치금의 형태를 취할 수 있다. 우변은 은행의 부채를 보여 주는데 그림의 예에서는 일가은행 고객의 예금만으로 구성되어 있다. 예금은 궁극적으로 예금주에게 지불되어야 하는 자금이므로 은행의 부채가 된다.

한편 그림의 예에서는 일가은행의 자산이 부채보다 크다는 사실에 주목하라. 이것은 실제로

지불준비금(bank reserves)은 은행이 금고에 보관하고 있는 현금과 연방준비제도에 예치한 예금이다.

T 계정(T-account)은 하나의 표에 기업의 자산(좌변)과 부채(우변)를 보여 줌으로써 기업의 재무상태를 분석하기 위한 수단이다.

그림 18-2 사만사 스무디즈의 T 계정

T 계정은 기업의 재무상태를 요약해서 보여 준다. 건물과 스무디 제조기계로 이루어진 기업의 자산은 좌변에, 은행으로부터의 대출로 이루어진 기업의 부채는 우변에 기입된다.

자산		부채	
건물	$30,000	은행대출	$20,000
스무디 제조기계	$15,000		

그림 18-3 일가은행의 자산과 부채

120만 달러의 대출과 10만 달러의 지불준비금으로 구성된 은행의
자산은 좌변에 기입되어 있다. 100만 달러의 예금으로 이루어진
은행의 부채는 우변에 기입되어 있다.

자산		부채	
대출	$1,200,000	예금	$1,000,000
지불준비금	$100,000		

지불준비율(reserve ratio)은 은행예금
에 대한 지불준비금의 비율이다.

이같이 되어야 한다. 바로 알게 될 것이지만 은행은 법에 의해 부채보다 정해진 비율만큼 더 많
은 자산을 보유해야 한다.

이 예에서 일가은행은 예치된 예금의 10%에 해당하는 지불준비금을 보유하고 있다. 은행예
금에 대한 지불준비금의 비율을 **지불준비율**(reserve ratio)이라 한다. 오늘날 미국의 은행시스템에
서는 은행에 대한 규제기능을 수행하는 연방준비제도가 은행이 보유해야 할 최소한의 필요지불
준비율(required reserve ratio)을 정한다. 은행이 이와 같은 규제를 받는 이유를 이해하기 위해서
는 예금인출사태가 발생할 때 은행이 겪게 되는 문제에 대해서 이해할 필요가 있다.

예금인출사태의 문제

은행은 자신에게 예금된 대부분의 자금을 대출하는데 이는 평상시에는 예금자 중 일부만이 자
금을 인출하기를 원하기 때문이다. 그렇지만 만일 어떤 이유에서든 모든 예금자 또는 대부분의
예금자들이 이틀 정도의 짧은 기간에 자신의 잔고를 모두 인출하려 든다면 어떤 일이 발생할 것
인가? 상당한 비율의 예금자들이 동시에 자금을 인출하려 들면 은행은 현금 인출요구를 충족하
기에 충분한 현금을 마련할 수가 없다. 은행은 예금의 대부분을 대출로 전환하기 때문이다. 대
출에 대해 이자를 부과하는 것이 바로 은행이 수익을 내는 방법이다.

그런데 은행의 대출은 유동성이 낮다. 은행의 대출은 단기간의 통보만으로는 현금으로 전환
하는 것이 쉽지 않다. 그 이유를 이해하기 위해 일가은행이 10만 달러를 '멋진 자동차' 중고차상
에 대출했다고 하자. 인출 요구에 응하기 위한 현금을 조달하기 위해서는 일가은행이 '멋진 자
동차'에 대한 대출을 다른 은행이나 개인투자자에게 팔아야 한다. 하지만 일가은행이 대출을 급
히 매각하려 한다면 잠재적인 구매자들의 의심을 사게 될 것이다. 즉 이들은 대출에 무슨 문제
가 있어서 일가은행이 이를 매도하려 하며 따라서 그 대출을 회수하는 것이 어려울지도 모른다
는 의심을 갖게 될 것이다. 그 결과 일가은행이 대출을 급히 매각하기 위해서는 상당히 할인된
가격, 예를 들어 40% 할인된 6만 달러에 대출을 내놓아야 할 것이다.

결론적으로 일가은행의 예금자들이 갑자기 잔고를 인출하려 든다면 필요한 현금을 조달하기
위해서 은행이 보유한 자산을 싸게 매각할 수밖에 없다. 이 경우 일가은행은 모든 예금 잔액을
되돌려줄 수 없을 것이고 결국 은행 부도가 발생할 것이다.

이와 같은 과정은 어떻게 시작되는 것일까? 즉 무엇이 일가은행의 예금자들로 하여금 서둘러
서 예금을 인출하도록 만드는 것일까? 은행이 자금난에 처했다는 소문이 나도는 것이 하나의 이
유가 될 수 있다. 소문이 사실인지 확신하지 못한다 해도 예금자들은 만일의 경우에 대비해서
일단 자금을 인출할 수 있을 때 인출해 두려 할 것이다. 그뿐만 아니라 단순히 다른 예금자들이
놀라서 예금을 인출할 것이라고 생각하는 예금자들도 이와 같은 예금인출이 결국은 은행을 도
산시킬 것임을 예상하고 서둘러서 예금을 인출하려 할 것이다. 다시 말하면 은행의 재무상태에
대한 우려는 자기실현적인 예상이 될 수 있다. 다른 예금자들이 서둘러서 예금인출을 하리라 예
상하는 예금자들 역시 서둘러서 예금을 인출하려 들 것이기 때문이다.

예금인출사태(bank run)는 은행의 부도를 염려하여 많은 예금자들이 일시에 예금을 인출하려 드는 현상이다. 예금인출사태는 해당되는 은행과 예금자들에게만 손실을 입히는 것이 아니다. 과거 사례를 보면 은행의 예금인출사태는 전염성이 있어서 한 은행의 예금인출사태가 다른 은 행들의 신뢰도를 떨어트리고 그 결과 이들 은행에서도 예금인출사태가 발생하게 된다.

다음의 '현실 경제의 이해'는 1930년대에 미국 금융시장을 휩쓸었던 예금인출사태의 전염현 상에 대해서 설명한다. 자신의 예금인출사태 경험과 다른 국가들에서의 유사한 경험을 바탕으 로 하여 미국을 비롯한 대부분의 국가는 예금자를 보호하고 대부분의 예금인출사태를 방지하기 위한 은행 규제 체계를 마련하고 있다.

은행 규제

미국에서 예금인출사태로 인해 손실을 볼 것을 염려해야 할까? 그럴 필요는 없다. 1930년대의 은 행위기 이후 미국을 비롯한 대부분의 국가는 예금자와 전체 경제를 예금인출사태로부터 보호하 기 위한 제도를 마련했다. 이 제도는 주로 예금보험, 자기자본 요구, 지불준비 요구의 세 요소로 구성 되어 있다. 이에 더하여 은행은 필요할 경우 재할인 창구를 현금 조달의 원천으로 이용할 수 있다.

1. 예금보험 거의 모든 미국 은행은 자신이 '연방예금보험공사(Federal Deposit Insurance Corporation, FDIC)의 회원사'임을 홍보한다. 연방예금보험공사는 은행의 자금이 부족하더라 도 연방정부가 예금자들에게 계좌당 일정 한도 내에서 예금잔고의 수령을 보장해 주는 **예금보험** (deposit insurance)을 제공한다. 현재 연방예금보험공사는 각 예금자에게 은행당 25만 달러까지 를 보장해 준다.

그런데 은행 부도가 났을 때 예금보험이 보호하는 것은 예금자에만 그치지 않는다. 예금보험 은 예금인출사태의 주된 원인 자체를 제거함으로써 은행이 예금인출사태로 인해 부도를 낼 가 능성을 크게 줄이기도 한다. 예금자들은 은행이 부도를 내더라도 자신의 자금이 안전할 것임을 알기 때문에 은행이 재정난에 빠졌다는 소문이 돌더라도 서둘러서 예금을 인출하려 들지 않을 것이기 때문이다.

2. 자기자본 요구 예금보험은 예금인출사태로부터 은행시스템을 보호해 주지만 잘 알려진 유 인(incentive)의 문제를 발생시키기도 한다. 예금이 손실로부터 보호되기 때문에 예금자들은 은 행의 재무 건전성을 감시할 필요성을 느끼지 않는다. 한편 은행의 소유자로서는 높은 이자율을 받고 위험이 큰 대출을 하는 등 과도하게 위험이 높은 투자를 할 유인이 있다. 일이 잘되면 은행 소유자는 큰 이윤을 얻을 수 있고, 일이 잘 안되면 정부가 연방예금보험을 통해 손실을 떠안을 것이기 때문이다.

이처럼 과도한 위험을 지는 것을 막기 위해 규제당국은 은행 소유자에 대해서 예금의 가치 보다도 훨씬 더 많은 자산을 보유할 것을 요구한다. 이렇게 함으로써 대출 중 일부가 부실화되 더라도 은행이 여전히 예금보다 많은 자산을 보유할 수 있으며, 부실대출로 인해 발생한 손실 을 정부 대신 은행 소유자에게 부담시킬 수 있다. 은행의 자산이 예금 및 기타 부채를 초과하는 부분을 은행의 **자기자본**(bank's capital)이라 한다. 예를 들어 일가은행은 ($1,200,000 + $100,000) − $1,000,000 즉 30만 달러의 자본을 갖고 있는데 이는 총자산의 $300,000/($1,200,000 + $100,000) = 23\%$에 해당한다. 실제로 은행들은 적어도 총자산의 7% 이상에 달하는 자기자본을 보유해야 한다.

3. 지불준비 요구 예금인출사태 발생위험을 감소시킬 수 있는 또 하나의 규제는 지불준비 요

예금인출사태(bank run)는 은행의 부 도를 염려하여 많은 예금자들이 일시에 예금을 인출하려 드는 현상이다.

예금보험(deposit insurance)은 은행 에 예금인출에 응할 자금이 없더라도 예금자들이 계좌당 일정 한도 내에서 예금잔고를 지급받을 수 있도록 보장하 는 제도다.

지불준비 요구(reserve requirements)는 은행이 유지해야 할 최소한의 지불준비율에 대해서 연방준비제도가 정한 규정이다.

재할인 창구(discount window)는 연방준비제도가 곤경에 처한 은행에 자금을 빌려 주는 제도적 장치다.

구다. **지불준비 요구**(reserve requirements)는 은행이 유지해야 할 최소한의 지불준비율에 대해서 연방준비제도가 정한 규정이다. 예를 들어 미국에서 당좌예금에 대한 지불준비율 최저한도는 10%다.

4. 재할인 창구   예금인출사태로부터의 마지막 보호는 연방준비제도가 곤경에 처한 은행에 자금을 빌려 줄 준비가 되어 있다는 사실인데 이와 같은 제도적 장치를 **재할인 창구**(discount window)라 부른다. 자금을 차입할 수 있다는 사실은 은행이 갑작스러운 예금자들의 인출 요구에 응하기 위해 자신의 자산을 급매물로 내놓지 않아도 됨을 의미한다. 대신 은행은 연방준비제도에 요청하여 예금자에게 지급할 자금을 빌릴 수 있다.

규제의 사각지대 : 그림자 은행   오늘날 미국의 은행시스템은 구식 예금인출사태로부터 비교적 잘 보호되어 있다. 불행히도 많은 투자자들이 2008년의 공포를 통해 배웠듯이 과거의 산물이 되어 버린 구식 예금인출사태와는 다르지만 동일한 효과를 미치는 신식 예금인출사태가 여전히 발생할 수 있다.

그 이유는 전통적인 의미에서는 정확히 은행이 아니지만 대체적으로 전통적 은행과 동일한 기능을 수행하는 다양한 금융 방식을 의미하는 그림자은행의 부상에 있다. 이러한 금융 방식에는 투자은행, 보험회사, 헤지펀드 회사, 그리고 단기금융시장펀드 회사가 포함된다. 그림자은행의 역할을 수행하는 이들 기관은 예금을 받지 않기 때문에 전통적인 예금수취은행을 안전하게 만들어 주는 보호나 규제의 적용을 받지 않는다. 그림자은행에 대해서는 다음에 더 설명할 것이다.

현실 경제의 >> 이해
훌륭한 은행시스템

대공황을 겪었던 세대에 속하는 많은 사람들에게는 겁에 질린 예금자들이 자금을 인출하기 위해 서둘러 은행으로 달려갔던 예금인출사태의 기억이 생생하다. 1930년 말에 한 차례 예금인출사태가 있었고, 1931년 봄에 두 번째, 그리고 1933년 초에 세 번째 예금인출사태가 발생했다. 예금인출사태가 종료될 때까지 전국 은행의 예금 잔고 중 3분의 1 이상이 인출되었다. 공황에 가까운 사태를 종식시키기 위해 당시 새로이 취임한 루스벨트 대통령은 1933년 3월 6일 전국적인 은행 휴일(bank holiday)을 선포하여, 은행 규제당국이 불건전한 은행의 문을 닫고 건전한 은행을 확인할 시간을 벌 수 있도록 모든 은행을 1주일 동안 휴업하도록 했다.

그 이후 도입된 규제는 미국을 비롯한 선진국들을 대부분의 예금인출사태로부터 보호해 주었다. 그렇지만 최근 수십 년간 개도국에서는 여러 차례의 예금인출사태가 발생했다. 예를 들어 예금인출사태는 1997~1998년 동남아시아를 휩쓸었던 경제위기와 2001년 말에 시작된 아르헨티나의 경제위기에서 중요한 역할을 했다. 그리고 예금인출사태와 매우 유사한 '공황'이 2008년에 세계 금융시장을 휩쓸었다.

앞서 우리는 대부분의 예금인출사태라고 했다. 예금보험에는 정해진 한도가 있다. 구체적으로 미국에서는 현재 보험에 가입된 은행에 예치된 예금자의 자금을 25만 달러의 한도 내에서만 보장해 준다. 이에 따라 은행이 어려움에 처했

2008년 7월 공포에 빠진 인디맥 은행 예금자들이 어려움에 처한 캘리포니아 은행에서 돈을 찾으려고 줄지어 서 있다.

다고 인식이 되면 여전히 예금인출사태가 일어날 수 있다. 이것이 실제로 2008년 7월에 많은 수의 의심스러운 주택대출을 했던 파사디나 소재 인디맥(IndyMac) 은행에 발생했던 일이다. 인디맥의 재무 건전성에 대한 의문이 제기됨에 따라 예금자들이 자금을 인출하기 시작했으며, 이에 따라 연방 규제당국이 나서서 은행의 문을 닫을 수밖에 없었다. 영국에서는 예금보험 한도가 훨씬 더 낮아 2007년 9월에 노던록(Northern Rock) 은행이 고전적인 예금인출사태를 겪었다. 그렇지만 1930년대의 예금인출사태와는 달리 인디맥과 노던록의 예금자들은 대부분 예금을 모두 돌려받았으며 이들 은행의 공황은 다른 기관으로 확산되지 않았다.

>> 이해돕기 18-2
해답은 책 뒤에

1. 여러분이 일가은행에 예금을 하고 있고 이 은행이 부실대출로 인해 큰 손실을 입었다는 소문을 들었다고 하자. 모든 예금자가 이 소문이 사실이 아님을 알고 있으나 대부분의 다른 예금자들은 이 소문을 믿을 것이라고 생각한다고 하자. 예금보험이 없다면 이와 같은 상황에서 왜 예금인출사태가 발생할 수 있는가? 예금보험이 이와 같은 상황에 어떤 변화를 가져올 수 있는가?
2. 한 사기꾼이 자기자본을 투자하지 않고 은행을 설립한 다음 모든 예금을 부동산 개발업자들에게 높은 이자를 받고 대출하는 사업 아이디어를 생각해 냈다고 하자. 부동산 시장이 호황이라면 대출은 상환되고 그는 큰 이익을 얻을 것이다. 부동산 시장이 불황이라면 대출은 회수되지 않을 것이고 은행은 부도를 낼 것이다. 하지만 그의 재산에는 조금의 손실도 발생하지 않을 것이다. 현대의 은행 규제 체계는 이와 같은 아이디어의 실현을 어떻게 방지하는가?

화폐공급의 결정

은행이 존재하지 않는다면 당좌예금도 존재하지 않을 것이고 따라서 화폐공급은 유통 중인 현금의 양과 동일할 것이다. 이 경우 화폐공급은 동전 주조와 지폐 인쇄를 통제하는 기관에 의해 결정될 것이다. 하지만 실제로는 은행들이 존재하며 이들은 당좌예금의 창조를 통해 두 가지 면에서 화폐공급에 영향을 미친다.

1. 은행들은 유통 중인 현금의 일부를 제거한다. 사람들의 지갑 속에 있는 현금과는 달리 은행 금고에 보관된 현금은 화폐공급의 일부가 아니다.
2. 더욱 중요한 것은 은행들이 예금을 받고 대출을 함으로써 화폐를 창조한다는 점이다. 즉 은행들로 인해서 화폐공급은 유통 중인 현금의 양보다 더 커지게 된다.

다음 주제는 은행들이 어떻게 화폐를 창조하며 이들이 창조하는 화폐의 양이 어떻게 결정되는가이다.

은행은 어떻게 화폐를 창조하는가

은행이 어떻게 화폐를 창조하는지를 알기 위해서는 누군가가 은행에 현금을 예금하기로 할 때 어떤 일이 일어나는지를 알아볼 필요가 있다. 침대 밑에 현금으로 가득 찬 상자들을 보관하고 있는 구두쇠 사일러스의 예를 들어 보자. 그가 현금을 은행에 예치하고 필요할 때마다 인출해서 쓰는 것이 훨씬 편리하고 안전하다는 사실을 알아차렸다고 하자. 그리고 1,000달러를 일가은행의 당좌예금에 예치한다고 하자. 그 결과 화폐공급에는 어떤 변화가 생기겠는가?

〈그림 18-4(a)〉는 사일러스의 예금이 가져오는 최초의 영향을 보여 준다. 일가은행은 사일러스의 계좌에 1,000달러 입금을 계상하고 그 결과 은행 전체의 당좌예금잔고가 1,000달러 증가한다. 한편 사일러스가 예금한 현금은 은행의 금고로 들어가므로 일가은행의 지불준비금도 1,000달러 증가한다.

이와 같은 최초의 거래는 화폐공급에 아무런 영향도 미치지 못한다. 단지 유통 중인 현금이 1,000달러 감소한 반면 화폐공급에 포함되는 당좌예금이 같은 금액만큼 증가한 것에 불과하다.

그러나 이것은 이야기의 끝이 아니다. 일가은행이 사일러스의 예금 중 일부를 대출할 수 있기 때문이다. 이 은행이 예금의 10%인 100달러를 지불준비금으로 보유하고 나머지를 사일러스의 이웃인 마야에게 현금으로 대출한다고 하자. 그림 (b)는 이 둘째 단계 거래의 영향을 보여 준다. 일가은행이 보유한 예금이나 자산의 가치에는 아무런 변화가 없다. 그렇지만 자산의 구성에는 변화가 생긴다. 대출을 함으로써 은행의 지불준비금은 대출 이전에 비해 900달러 줄어들었고 그 결과 사일러스가 예금을 하기 전보다는 100달러 증가하는 데 그쳤다. 줄어든 지불준비금은 마야에 대한 900달러의 현금 대출로 대체되었다.

사일러스가 예금한 현금을 마야에게 대출하여 유통시킴으로써 일가은행은 사실상 화폐공급을 증가시켰다. 즉 유통 중인 현금과 당좌예금의 합이 사일러스의 돈이 침대 밑에 있었을 때에 비해 900달러 증가했다. 사일러스는 여전히 1,000달러의 소유자이지만 이제는 당좌예금의 형태로 변경되었고, 마야가 차입을 통해 900달러의 현금을 사용할 수 있게 되었다.

그런데 이것도 이야기의 끝이 아닐 것이다. 마야가 대출받은 현금을 애크미 만물상에서 텔레비전을 구입하는 데 사용한다고 하자. 이 상점의 주인인 앤은 이 현금을 어떻게 처리할까? 그녀가 현금을 그대로 보유한다면 화폐공급은 더 이상 증가하지 않을 것이다. 하지만 그녀가 900달러를 이가은행에 당좌예금으로 예금한다고 하자. 이가은행은 다시 이 예금 중 일부를 지불준비금으로 보유하고 나머지를 대출할 것이고 이로 인해 더 많은 화폐가 창조될 것이다.

이가은행이 일가은행과 마찬가지로 예금의 10%를 지불준비금으로 보유하고 나머지를 대출한다고 하자. 이 경우 이가은행은 앤의 예금 중 90달러를 지불준비금으로 보유하고 810달러를 다른 차입자에게 대출할 것이며, 그 결과 화폐공급이 추가적으로 증가할 것이다.

〈표 18-1〉은 지금까지 설명한 화폐창조 과정을 보여 준다. 처음에 화폐공급은 사일러스가 보유한 1,000달러의 현금뿐이었다. 그가 현금을 당좌예금으로 예금하고 은행이 대출을 한 후에는

그림 18-4   일가은행의 당좌예금에 현금을 예금하는 거래가 화폐공급에 미치는 영향

(a) 은행이 신규 대출을 하기 전 최초의 영향

자산		부채	
대출	변화 없음	당좌예금	+$1,000
지불준비금	+$1,000		

(b) 은행이 신규 대출을 한 후의 영향

자산		부채	
대출	+$900	변화 없음	
지불준비금	−$900		

사일러스가 그의 침대 밑에 보관되어 있던 1,000달러를 당좌예금에 입금하면 그 자체로는 화폐공급에 아무런 영향을 미치지 않는다. 유통 중인 현금이 1,000달러 감소하고 당좌예금이 1,000달러 증가할 뿐이다. 이 거래는 은행의 T 계정(그림 (a))에서 예금이 1,000달러 증가하고 지불준비금이 1,000달러 증가하는 것으로 기재된다. 둘째 단계(그림 (b))에서는 은행

이 사일러스의 예금 중 10%인 100달러를 지불준비금으로 보유하고 나머지 900달러를 마야에게 대출한다. 그 결과 지불준비금은 900달러 감소하고 대출이 900달러 증가한다. 사일러스의 예금 1,000달러를 포함하여 은행의 부채에는 변화가 없다. 그러나 당좌예금과 유통 중인 현금의 합인 화폐공급은 마야가 보유하고 있는 현금 900달러만큼 증가한다.

화폐공급이 1,900달러로 증가한다. 두 번째 예금과 대출이 이루어진 후에는 화폐공급이 2,710달러로 증가한다. 물론 이 과정은 계속 반복될 것이다. (우리는 사일러스가 현금을 은행의 당좌예금에 예금하는 경우를 보았지만 그 대신 어떤 형태의 준화폐로 전환하더라도 결과는 같을 것이다.)

이와 같은 화폐창조 과정은 제17장에서 소개한 승수 과정과 유사하다. 승수 과정에서는 최초의 실질 국내총생산 증가가 소비

표 18-1 은행은 어떻게 화폐를 창조하는가

	유통 중인 현금	당좌예금	화폐공급
첫째 단계 : 사일러스가 현금을 베개 밑에 보관하고 있다.	$1,000	$0	$1,000
둘째 단계 : 사일러스가 현금을 일가은행에 예금하고 일가은행은 900달러를 마야에게 대출하며, 마야는 이를 앤 애크미에게 구입대금으로 지불한다.	900	1,000	1,900
셋째 단계 : 앤이 900달러를 이가은행에 예금하고, 이가은행은 810달러를 다른 차입자에게 대출한다.	810	1,900	2,710

지출을 증가시키고 이것이 실질 국내총생산을 증가시키고 이것이 다시 소비지출을 증가시키는 과정이 계속 반복된다. 화폐창조 과정에도 다른 종류의 승수인 **화폐승수**(money multiplier)가 있다. 이 승수의 크기가 어떻게 결정되는지 알아보자.

지불준비금, 예금과 화폐승수

〈표 18-1〉에서 사일러스의 예금이 화폐공급에 미치는 영향을 분석하면서 우리는 은행의 대출이 결국 같은 은행 또는 다른 은행에 예금된다고 가정했다. 즉 대출이 대출을 한 은행이 아니더라도 항상 은행시스템으로 되돌아온다고 가정했다.

현실에서는 차입자가 대출의 일부를 은행에 예금하지 않고 현금으로 지갑에 보유하기도 하는데 이는 대출의 일부가 은행시스템으로부터 '누출'됨을 의미한다. 저축으로의 누출이 실질 국내총생산 승수의 크기를 감소시키는 것과 마찬가지로 이와 같은 은행시스템으로부터의 누출은 화폐승수의 크기를 감소시킨다. (그렇지만 여기서의 누출은 소비자들이 소득의 일부를 저축하기 때문이 아니라 차입자들이 자금의 일부를 현금으로 보유하기 때문에 발생하는 것임을 유념하라.)

하지만 당분간은 당좌예금만 존재하고 모든 자금이 지갑 속의 현금으로 보유되지 않고 은행에 예금되는 단순한 화폐시스템에서의 화폐공급 결정에 대해서 알아보기로 한다. 우리가 가정한 당좌예금만 존재하는 화폐시스템에서는 은행으로부터 차입되는 모든 자금은 즉각 은행의 당좌예금에 입금된다. 우리는 또한 은행들이 규정에 의해 최소한 10%의 지불준비율을 충족하여야 하며, 최소한의 지불준비율을 충족하기 위해 필요한 금액을 초과하는 지불준비금, 즉 **초과 지불준비금**(excess reserves)을 모두 대출한다고 가정한다.

이제 어떤 이유에서든 한 은행에서 1,000달러의 초과 지불준비금이 발생했다고 하자. 앞으로 어떤 일이 일어날까? 이 은행은 1,000달러를 모두 대출할 것이고 이는 다시 은행시스템 내의 어떤 은행에든 당좌예금으로 예금될 것이며 그 결과 〈표 18-1〉이 보여 주는 것과 유사한 화폐승수 과정이 시작될 것이다.

첫 단계에서는 초과 지불준비금을 보유한 은행이 1,000달러를 대출하고 이것은 다른 은행에 당좌예금으로 예금될 것이다. 이 당좌예금을 유치한 은행은 10%인 100달러를 지불준비금으로 보유하고 나머지 90% 또는 900달러를 대출할 것이고 이 대출은 다시 다른 은행에 예금될 것이다. 900달러의 예금을 유치한 은행은 다시 10%인 90달러를 지불준비금으로 보유하고 나머지 810달러를 대출한다. 이 810달러를 예금으로 유치한 또 다른

초과 지불준비금(excess reserves)은 필요 지불준비금을 초과하여 보유하고 있는 지불준비금이다.

"저기에 다른 용도로 사용할 수 있는 돈이 있어."

은행은 81달러를 지불준비금으로 보유하고 나머지 729달러를 대출한다. 이와 같은 과정이 계속 된다면 당좌예금의 총증가액은 다음과 같을 것이다.

$$\$1,000 + \$900 + \$810 + \$729 + \cdots$$

지불준비율을 rr이라 하면 초과 지불준비금 1,000달러를 대출함으로써 발생하는 당좌예금의 총 증가액은 일반적으로 다음과 같이 표현될 수 있다.

(18-1)　초과 지불준비금 1,000달러로부터의 당좌예금 총증가액
$$= \$1,000 + (\$1,000 \times (1-rr)) + (\$1,000 \times (1-rr)^2) + (\$1,000 \times (1-rr)^3) + \cdots$$

이와 같은 형태의 무한등비급수는 다음과 같이 단순화될 수 있다.

(18-2)　초과 지불준비금 1,000달러로부터의 당좌예금 총증가액 = $\$1,000/rr$

지불준비율이 10%, 즉 0.1이라면 초과 지불준비금 1,000달러는 당좌예금의 총액을 $\$1,000/0.1$ = $\$10,000$ 증가시킬 것이다. 사실 당좌예금만이 존재하는 화폐시스템에서는 당좌예금의 총액이 은행의 지불준비금을 지불준비율로 나눈 값과 같을 것이다. 다시 말하면 지불준비율이 10%라면 은 행이 보유하고 있는 1달러의 지불준비금으로는 $\$1/rr = \$1/0.1 = \$10$의 당좌예금을 유지할 수 있다.

현실에서의 화폐승수

현실에서는 화폐공급이 앞서 제시된 모형보다는 훨씬 복잡하게 결정된다. 은행예금에 대한 지 불준비율뿐만 아니라 전체 화폐공급 중 사람들이 현금으로 보유하는 비중도 화폐공급에 영향을 주기 때문이다. 사일러스가 베개 밑에 현금을 보관하는 예에서 그 이유를 알 수 있다. 화폐공급 의 증가가 시작된 것은 사일러스가 현금 대신 당좌예금을 보유하기로 결정하면서부터다.

　현실에서 화폐승수를 정의하기 위해서는 통화당국이 관리하는 것은 은행의 지불준비금과 유 통 중인 현금의 합인 **본원통화**이며 지불준비금과 유통 중인 현금 간의 배분이 아니라는 점에 유 의할 필요가 있다. 다시 한 번 사일러스와 그의 예금의 예를 들어 보자. 베개 밑의 현금을 은행에 예금함으로써 사일러스는 유통 중인 현금을 감소시킨 반면에 은행의 지불준비금을 같은 금액만 큼 증가시켰고 그 결과 본원통화에는 변함이 없다. 통화당국이 통제하는 화폐의 양인 **본원통화** (monetary base)는 유통 중인 현금과 은행들이 보유한 지불준비금의 합과 같다.

　본원통화는 다음 두 가지 이유로 인해 화폐공급과 차이가 있다.

1. 본원통화의 일부가 되는 은행의 지불준비금은 화폐공급의 일부로 간주되지 않는다. 누군 가의 지갑 속에 있는 1달러 지폐는 그 사람이 지불수단으로 사용할 수 있기 때문에 화폐라 할 수 있다. 하지만 은행의 금고에 보관되거나 연방준비제도에 예치된 지불준비금 1달러 는 곧바로 지불수단으로 사용될 수 없기 때문에 화폐로 간주되지 않는다.
2. 당좌예금은 본원통화의 일부는 아니지만 지불수단으로 사용될 수 있기 때문에 화폐공급의 일부가 된다.

본원통화(monetary base)는 유통 중 인 현금과 은행들이 보유한 지불준비금 의 합이다.

〈그림 18-5〉는 이 두 개념 간의 관계를 도식화하여 보여 준다. 왼쪽에 있는 원은 지불준비금 과 유통 중인 현금으로 구성된 본원통화를 나타낸다. 오른쪽에 있는 원은 화폐공급을 나타내는

그림 18-5 본원통화와 화폐공급

본원통화는 은행의 지불준비금과 유통 중인 현금으로 구성된다. 본원통화는 당좌예금, 당좌예금에 가까운 예금, 유통 중인 현금 등으로 구성되는 화폐공급과는 차이가 있다. 은행의 지불준비금으로 보유된 1달러는 그 몇 배에 달하는 은행 예금을 유지시킬 수 있다. 따라서 평상시에는 화폐공급은 본원통화보다 더 크며, 이에 따라 오른쪽 원이 왼쪽 원보다고 더 크게 된다. 그렇지만 경제가 비정상적이었던 시기인 2008년 금융위기 직후에는 본원통화가 증가하여 화폐공급보다 더 커졌고 그 결과 오른쪽 원이 왼쪽 원보다 더 작아졌다.

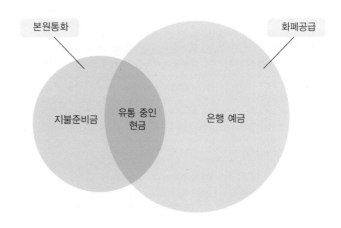

데 주로 유통 중인 현금, 당좌예금 그리고 당좌예금에 가까운 예금으로 구성된다. 그림이 나타내듯이 유통 중인 현금은 본원통화의 일부인 동시에 화폐공급의 일부가 된다. 그러나 지불준비금은 화폐공급의 일부가 아니며 당좌예금과 당좌예금에 가까운 예금들은 본원통화의 일부가 아니다. 실제로 유통 중인 현금은 본원통화의 대부분을 차지하는 반면 화폐공급의 절반 정도만을 차지한다.

화폐승수(money multiplier)는 화폐공급 대 본원통화의 비율이다.

이제 화폐승수를 제대로 정의해 보자. **화폐승수**(money multiplier)는 화폐공급 대 본원통화의 비율이다. 2008년 금융위기 이전에 화폐승수는 약 1.6이었고 위기 이후에는 약 0.7로 하락했다. 위기 이전에조차 화폐승수는 당좌예금만이 존재하고 지불준비율이 10%(미국에서 대부분의 당좌예금의 필요지불준비율이 10%임)인 화폐시스템에서의 화폐승수인 1/0.1 = 10보다 훨씬 작았다.

실제로 화폐승수의 값이 10보다 훨씬 작았던 이유는 사람들이 상당한 금액을 현금으로 보유하며, 지불준비금으로 보유된 1달러와는 달리 유통 중인 현금 1달러는 여러 배에 달하는 화폐공급을 창조할 수 없기 때문이다. 사실 위기 전에는 유통 중인 현금은 본원통화의 90% 이상을 차지했다.

2009년 초에는 유통 중인 현금이 본원통화의 40% 수준까지 감소했다. 거의 10년 후인 2017년에도 이 비율이 동일한 수준으로 유지되었다. 기본적으로 연방준비제도가 금융위기에 대응하여 본원통화를 극적으로 팽창시켰기 때문이다. 연방준비제도는 주요 금융기관의 하나인 리먼 브라더스가 2008년 9월에 부도를 낸 후 경제를 안정시키기 위해 이러한 조치를 취했다. 하지만 당시 안전하고 수익성 있는 대출 기회가 별로 없음을 인식한 은행들은 대출을 하는 대신 자금을 연준 예치금으로 보유했는데 이는 본원통화의 일부로 계산된다. 연준 예치금이 급증하여 본원통화가 M1보다 더 커짐에 따라 유통 중인 현금은 더 이상 본원통화에서 지배적인 부분이 아니었다. 은행들이 연준이 지불준비금으로 요구하는 10%보다 더 많은 지불준비금을 보유함에 따라 실제 화폐승수는 1보다 낮은 수준으로 하락했다. 2017년 5월에는 화폐승수가 0.9였다.

2008년 리먼 브라더스의 파산과 뒤를 이은 금융위기는 경제를 안정시키기 위해 연준이 본원통화를 극적으로 증가시키도록 만들었다.

현실 경제의 >> 이해
화폐공급 감소의 승수 과정

표 18-2 예금인출사태의 효과, 1929~1933년		
유통 중인 현금	당좌예금	M1
(10억 달러)		
1929년	$3.90	$22.74	$26.64
1933년	5.09	14.82	19.91
변화율	+31%	−35%	−25%

출처 : U.S. Census Bureau (1975), *Historical Statistics of the United States*.

은행이 어떻게 화폐를 창조하는지를 보여 주기 위해 본문에서 제시한 가상적인 예에서는 구두쇠 사일러스가 베개 밑에 보관했던 현금을 은행 당좌예금으로 전환했다. 사일러스의 예금은 여러 단계의 대출을 통해서 화폐공급을 증가시켰다. 이와 마찬가지의 논리로 사일러스가 과거의 습관으로 되돌아가서 은행으로부터 예금을 인출하여 베개 밑에 보관한다면 화폐공급은 줄어들 것이다. 1930년대의 예금인출사태 때 바로 이와 같은 일이 일어났다.

〈표 18-2〉는 은행 부도로 인해 은행에 대한 신뢰가 무너짐에 따라 1929년과 1933년 사이에 일어난 현상을 보여 준다.

- 둘째 열은 현금 보유액을 나타내는데 많은 사람들이 은행에 예금하는 것보다 베개 밑에 현금을 보관하는 것이 더 안전하다고 생각함에 따라 현금 보유액이 급격히 증가했다.
- 셋째 열은 은행 당좌예금 잔고를 보여 주는데 사람들이 은행에서 현금을 인출함에 따라 앞서 설명한 화폐승수 과정을 거쳐서 급격히 감소했다. 은행 부도사태에서 살아남은 은행들이 또 다른 부도사태에 대비해서 초과 지불준비금을 늘림에 따라 대출 역시 감소했다.
- 넷째 열은 통화총량 중 가장 먼저 소개되었던 M1의 값을 보여 주는데 당좌예금과 당좌예금에 가까운 예금의 감소액이 유통 중인 현금의 증가액을 초과함에 따라 크게 감소했다.

>> 이해돕기 18-3
해답은 책 뒤에

1. 지불준비금의 총액이 200달러이고 당좌예금의 총잔고가 1,000달러라 하자. 사람들은 현금을 보유하지 않는다고 하자. 필요지불준비율 20%에서 10%로 감소할 경우 어떻게 은행예금이 팽창하는지 그 과정을 설명하라.
2. 사일러스가 현금 1,000달러를 일가은행에 예금하는 예에서 필요지불준비율 10%라 하자. 그런데 은행으로부터 대출을 받는 사람이 대출금의 절반을 현금으로 보유한다고 하자. 이 경우 사일러스가 예금한 1,000달러가 화폐공급을 팽창시키는 과정을 설명하라.

‖ 연방준비제도

누가 은행이 충분한 지불준비금을 보유하도록 만드는 책임을 지는가? 누가 본원통화의 양을 결정하는가? 미국에서는 연방준비제도 또는 약칭하여 연준(Fed)이라 불리는 기관이 이를 담당하고 있다. 연방준비제도는 미국의 중앙은행이다. **중앙은행**(central bank)은 은행시스템을 감독하고 규제하며 본원통화를 관리하는 기관이다.

다른 중앙은행의 예로는 영국은행(Bank of England), 중국인민은행(People's Bank of China), 일본은행(Bank of Japan), 유럽중앙은행(European Central Bank) 등을 들 수 있다. 유럽중앙은행은 오스트리아, 벨기에, 키프로스, 에스토니아, 핀란드, 프랑스, 독일, 그리스, 아일랜드, 이탈리아, 라트비아, 리투아니아, 룩셈부르크, 몰타, 네덜란드, 포르투갈, 슬로바키아, 슬로베니아, 스페인 등 19개 유럽국가의 공동 중앙은행으로서의 기능을 수행한다. 세계에서 가장 오래된 중앙은행

중앙은행(central bank)은 은행시스템을 감독하고 규제하며 본원통화를 관리하는 기관이다.

은 스웨덴의 스베리어릭스은행(Sveriges Riksbank, 흔히 릭스은행)인데 이 은행은 노벨 경제학상
을 시상하는 은행이기도 하다.

연방준비제도의 구조

1913년에 설립된 연방준비제도의 법적 지위는 색다르다. 연방준비제도는 미국 정부의 일부라고
할 수 없고 그렇다고 민간기관이라고도 할 수 없다. 엄밀히 말하자면 연방준비제도는 연방준비
제도 이사회(Board of Governors)와 12개 연방준비은행(Federal Reserve Bank)의 두 부분으로 구성
된다.

이사회는 워싱턴에 위치한 사무실에서 은행시스템을 감시하는데 마치 정부기관처럼 구성된
다. 7명의 이사는 상원의 동의를 받아 대통령이 임명한다. 통화정책을 시행함에 있어서 정치적
압력으로부터의 차단을 위해 이들의 임기는 14년으로 되어 있다.

이사회의 의장은 4년마다 임명되는데 전통적으로 재임명되는 경우가 많아 전체 재임기간은
4년을 훨씬 초과한다. 예를 들어 마틴(William McChesney Martin)은 1951년부터 1970년까지 연
방준비제도의 의장으로 재임했다. 그린스펀(Alan Greenspan)은 1987년에 처음 연방준비제도 의
장으로 임명된 후 2006년까지 재임했으며 그린스펀의 후임자인 버냉키는 2014년까지 재임했
다. 버냉키의 후임인 옐렌(Janet Yellen)은 연임되지 않은 첫 의장이었다. 그녀의 후임자는 파월
(Jerome Powell)이었다.

12개 연방준비은행은 각 구역을 담당하여 다양한 은행업무 및 감독 서비스를 제공하고 있다.
예를 들어 이들은 민간은행들의 회계장부를 검사하고 이들이 재무 건전성을 유지하도록 감독한
다. 각 연방준비은행은 해당 구역의 은행가 및 기업가들로부터 선출된 이사들로 구성된 이사회
에 의해 운영된다. 뉴욕 연방준비은행은 더욱 특수한 역할을 수행한다. 이 은행은 통화정책 수
단 중 하나인 공개시장 조작(open-market operation)을 수행한다. 〈그림 18-6〉은 각 연방준비은행
이 담당하는 구역과 각 은행이 위치한 도시를 보여 준다.

통화정책에 관한 결정은 연방준비제도 이사회와 5명의 지역 연방준비은행장으로 구성된
연방공개시장위원회(Federal Open Market Committee)에 의해 이루어진다. 뉴욕 연방준비은행

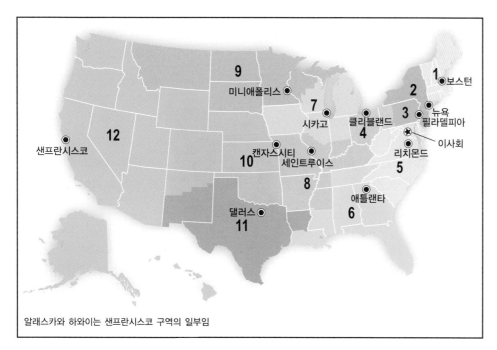

그림 18-6 연방준비제도

연방준비제도는 워싱턴에 소재한 이사회
와 각 구역을 담당하는 12개 연방준비은
행으로 구성된다. 이 지도는 12개 연방준
비제도 구역을 보여 준다.

출처 : Board of Governors of the Federal
Reserve System.

의 행장은 항상 연방공개시장위원회의 위원이 되며 나머지 4명의 위원은 11개 지역 연방준비은행장이 번갈아 가며 담당한다. 연방준비제도 이사회 의장은 통상 공개시장위원회의 위원장이 된다.

연방준비제도가 이와 같이 복잡한 구조를 가진 것은 선거권자들에 대해 궁극적으로 책임을 지는 기관을 만들기 위해서이다. 연방준비제도의 의장은 선출된 공직자인 대통령에 의해 선택되고 상원의 인준을 받는다. 그렇지만 이사회 이사들의 임기가 장기이고 이들을 임명하는 과정이 간접적이기 때문에 이사회는 단기적인 정치적 압력으로부터 비교적 자유로울 수 있다.

연방준비제도의 역할 : 지불준비율과 재할인율 설정

연방준비제도는 세 가지 주된 정책 수단을 갖고 있는데 지불준비 요구, 재할인율 그리고 무엇보다도 중요한 공개시장 조작이 그것이다.

앞서 은행으로부터의 예금인출사태에 대해서 설명할 때 연방준비제도가 지불준비 요구를 정한다고 했다. 현재 당좌예금에 대한 지불준비 요구는 10%다. 2주의 기간을 단위로 하여 평균적으로 지불준비 요구를 충족하지 못한 은행은 벌금을 물어야 한다.

연방준비제도가 요구하는 지불준비율을 충족하지 못할 것으로 보이는 경우 은행은 어떻게 대처할까? 통상적으로 이러한 은행은 **연방자금시장**(federal funds market)에서 다른 은행으로부터 필요한 지불준비금을 차입한다. 연방자금시장은 지불준비금이 부족한 은행들이 초과 지불준비금을 보유한 은행들로부터 보통 하룻밤 동안 지불준비금을 차입하는 금융시장이다. 이 시장에서의 이자율은 수요와 공급에 의해 결정되는데 이 둘은 모두 연방준비제도의 행동에 의해 영향을 받을 수 있다. 다음 장에서 보듯이 **연방자금금리**(federal funds rate)는 연방자금시장에서의 차입과 대출에 대해 적용되는 이자율인데 오늘날의 통화정책에서 핵심적인 역할을 한다.

지불준비금이 필요한 은행들은 재할인 창구를 통해 연방준비제도로부터 직접 대출을 받을 수도 있다. **재할인율**(discount rate)은 연방준비제도가 은행에 대한 대출에 대해 부과하는 이자율이다. 보통 재할인율은 지불준비금을 필요로 하는 은행들이 연방준비제도에 의존하는 것을 억제하기 위해 연방자금금리에 1%를 더한 수준으로 정해져 있다. 그렇지만 2007년 가을부터 연방준비제도는 당시 진행 중이던 금융위기에 대응하여 연방자금금리와 재할인율 간의 격차를 감소시켰다. 그 결과 2008년 봄에는 재할인율이 연방자금금리를 0.25%p 초과하는 수준으로 설정되었다. 2017년 중반까지도 여전히 재할인율은 연방자금금리를 0.60%p 초과하는 수준에 머물렀다.

연방준비제도는 화폐공급을 조절하기 위해 지불준비 요구나 재할인율을 변경할 수 있다. 연방준비제도가 지불준비 요구를 낮추면 은행들이 예금 중 보다 많은 부분을 대출할 수 있기 때문에 화폐승수가 커지고 이에 따라 화폐공급이 증가한다. 연방준비제도가 지불준비 요구를 높이면 은행들이 대출을 줄이고 이에 따라서 화폐승수와 화폐공급이 감소하게 된다.

한편 연방준비제도가 연방자금금리와 재할인율 간 이자율 차이를 축소하면 지불준비금 부족에 따른 비용이 감소하기 때문에 화폐공급이 화폐승수를 통해 증가한다. 연방준비제도가 재할인율과 연방자금금리 간 이자율 차이를 확대하면 은행대출이 감소하고 화폐공급도 화폐승수를 통해 줄어든다.

실제로 오늘날에는 연방준비제도가 화폐공급을 적극적으로 관리하기 위해서 지불준비 요구나 재할인율을 변경하는 경우는 거의 없다. 지불준비 요구가 상당히 큰 폭으로 조정된 것은 1992년이 마지막이었다. 연방준비제도는 보통은 재할인율도 조정하지 않는데, 앞서 언급했듯이 2007년에는 금융위기에 대응하여 재할인 창구를 통한 대출이 일시적으로 급증했었다. 오늘날 통상적인 통화정책은 거의 모두 세 번째 정책수단인 공개시장 조작을 통해서 이루어진다.

연방자금시장(federal funds market)은 지불준비금이 부족한 은행들이 초과 지불준비금을 보유한 은행들로부터 지불준비금을 차입하는 것을 가능하게 한다.

연방자금금리(federal funds rate)는 연방자금시장에서 결정되는 이자율이다.

재할인율(discount rate)은 연방준비제도가 은행에 대한 대출에 부과하는 이자율이다.

공개시장 조작

자신이 감독하는 은행들과 마찬가지로 연방준비제도도 자산과 부채를 갖고 있다. 연방준비제도의 자산은 미국 정부가 발행하는 부채로 구성되는데 주로 재무부증권(Treasury bill)이라고 불리는 만기 1년 미만의 미국 정부채로 구성되어 있다. 연방준비제도는 정확히는 미국 정부의 일부가 아니기 때문에 연방준비제도가 보유한 재무부증권은 미국 정부의 부채이자 연방준비제도의 자산이다. 연방준비제도의 부채는 유통 중인 현금과 은행 지불준비금으로 이루어져 있다. 〈그림 18-7〉은 연방준비제도의 통상적인 자산과 부채를 T 계정을 이용하여 요약해서 보여 준다.

공개시장 조작(open-market operation)은 연방준비제도가 예금을 받고 대출을 해 주는 상업은행과 금융상품을 거래하지만 예금을 받지 않는 투자은행과 재무부증권을 매매함으로써 이루어진다. 연방준비제도는 결코 연방정부로부터 직접 재무부증권을 매입하지 않는데 여기에는 합당한 이유가 있다. 연방준비제도가 정부에 직접 대출을 하는 것은 재정적자의 재원을 조달하기 위해서 돈을 찍어 내는 것과 동일한 효과를 갖기 때문이다. 역사적으로 볼 때 이와 같은 화폐 증발은 극심한 인플레이션을 초래하는 공식이었다.

〈그림 18-8〉은 공개시장 조작에 따른 연방준비제도와 상업은행들의 재무상태 변화를 보여 준다. 연방준비제도가 상업은행으로부터 재무부증권을 매입하는 경우 연방준비제도에 개설된 은행 계좌에 있는 예치금 잔고를 매입하는 재무부증권의 가치만큼 증가시킴으로써 그 대금을 지급한다. 그림 (a)는 이와 같은 변화를 보여 준다. 연방준비제도가 1억 달러의 재무부증권을 상업은행으로부터 매입함에 따라 은행의 지불준비금이 1억 달러 증가하고 이에 따라 본원통화가 1억 달러 증가한다. 연방준비제도가 상업은행에 재무부증권을 매각하면 상업은행의 연방준비제도 예치금 잔고가 줄어들고 이에 따라 지불준비금이 줄어든다. 그림 (b)는 이와 같은 변화를 보여 준다. 연방준비제도가 1억 달러어치의 재무부증권을 매각함에 따라 지불준비금과 본원통화가 감소한다.

여러분은 연방준비제도가 재무부증권의 구입 대금을 어떻게 마련하는지 궁금할 것이다. 사실 구입 대금은 펜으로 몇 자 적거나 또는 오늘날은 마우스를 클릭하여 연방준비제도에 개설된 은행의 예치금 잔고를 증가시켜 줌으로써 만들어진다. (연준은 은행들이 추가적인 지불준비금을 현금의 형태로 수령할 것을 요구할 때에만 돈을 찍어 낸다.) 현대의 화폐는 어떤 것으로도 뒷받침되지 않는 명령화폐임을 주지할 필요가 있다. 따라서 연방준비제도는 원하는 경우 얼마든지 본원통화를 창조할 수 있다.

지불준비금은 화폐공급에 포함되지 않기 때문에 공개시장 조작에 의해 발생하는 지불준비금의 변화는 화폐공급에 직접적인 영향을 미치지 않는다. 하지만 공개시장 조작에 뒤이어 화폐승수 과정이 시작된다. 그림 (a)에서와 같이 지불준비금이 1억 달러 증가하면 상업은행들은 증가한 지불준비금을 대출할 것이고 이에 따라 화폐공급이 즉각적으로 1억 달러 증가한다. 이들 대출 중 일부는 은행시스템에 다시 예금될 것이고 이로 인해 지불준비금이 증가함에 따라 은행들

공개시장 조작(open-market operation)은 연방준비제도가 정부채권을 매매하는 것이다.

그림 18-7 연방준비제도의 자산과 부채

연방준비제도의 자산은 대부분 재무부증권이라 불리는 단기 정부채권으로 구성된다. 부채는 유통 중인 현금과 은행 지불준비금으로 구성된 본원통화다.

자산	부채
정부부채 (재무부증권)	본원통화 (유통 중인 현금＋ 지불준비금)

그림 18-8 연방준비제도의 공개시장 조작

(a) 1억 달러의 공개시장 매입

연방준비제도	자산		부채	
	재무부증권	+$1억	본원통화	+$1억

상업은행	자산		부채	
	재무부증권	−$1억	변화 없음	
	지불준비금	+$1억		

(b) 1억 달러의 공개시장 매각

연방준비제도	자산		부채	
	재무부증권	−$1억	본원통화	−$1억

상업은행	자산		부채	
	재무부증권	+$1억	변화 없음	
	지불준비금	−$1억		

그림 (a)에서는 연방준비제도가 공개시장 조작을 통해 재무부증권을 상업은행으로부터 매입함으로써 본원통화를 증가시킨다. 연방준비제도는 재무부증권 1억 달러어치를 매입하고 그 대금으로 상업은행의 지불준비금을 증가시켜 주는데 이에 따라 본원통화가 증가한다. 이와 같은 본원통화 증가는 은행들이 지불준비금 증가분의 일부를 대출함에 따라 화폐승수 과정을 거쳐 화폐공급을 증가시킨다. 그림 (b)에서는 연방준비제도가 공개시장 조작을 통해 재무부증권을 상업은행들에 매각함으로써 본원통화를 감소시킨다. 연방준비제도가 재무부증권 1억 달러어치를 매각함에 따라 상업은행들의 지불준비금이 1억 달러 줄어들고 본원통화도 같은 금액만큼 줄어든다. 지불준비금이 감소함에 따라 상업은행들이 대출을 감소시키기 때문에 본원통화의 감소는 화폐승수 과정을 거쳐서 화폐공급을 감소시킨다.

은 다시 대출을 증가시킬 것이다. 결국 재무부증권의 공개시장 매입은 화폐승수 과정을 작동시키고 이에 따라 화폐공급을 증가시킨다. 공개시장 매각은 이와 반대 방향의 효과를 낳는다. 지불준비금이 감소함에 따라 은행들이 대출을 감소시키며 그 결과 화폐공급이 감소한다.

경제학자들은 흔히 연방준비제도가 당좌예금과 유통 중인 현금으로 구성된 화폐공급을 관리한다고 말한다. 사실 엄밀하게 말하자면 연방준비제도는 지불준비금과 유통 중인 현금으로 구성된 본원통화를 관리할 뿐이다. 하지만 본원통화의 증감을 통해 연방준비제도는 화폐공급과 이자율에 큰 영향을 미칠 수 있다. 이와 같은 영향력이 바로 통화정책의 근간이 되는데 이에 대해서는 다음 장에서 소개하기로 한다.

유럽중앙은행

앞서 본 바와 같이 연준은 전 세계에 존재하는 많은 중앙은행 중 하나일 뿐이며, 스웨덴의 릭스은행이나 영국의 영국은행보다 역사가 짧다. 다른 중앙은행들도 대체로 연준과 동일한 방식으로 운영된다. 이 같은 진술은 세계 경제에 대한 중요성 면에서 연준의 경쟁자라 할 수 있는 유럽중앙은행에 특히 잘 적용된다.

ECB라고도 알려져 있는 유럽중앙은행은 1999년 1월에 창설되었다. 이때 11개 유럽국가가 자신의 화폐를 포기하고 유로화를 공통 화폐로 채택하면서 공동 통화정책을 유럽중앙은행의 손에 맡기기로 했다. 그 후 더 많은 국가들이 참여했는데, 2015년에 리투아니아가 유로화를 채택한 19번째 유럽 국가가 되었다. 유럽중앙은행은 즉각 매우 중요한 기관으로 부상했다. 각각의 유럽 국가는 그 규모에서 미국에 견줄 바가 못 되지만 유로화를 공통 화폐로 채택한 국가들의 집단인 유로지역 경제를 결합할 경우 거의 미국 경제와 비슷한 크기를 가진다. 따라서 유럽중앙은행과 연준은 통화 세계에 있어 두 거인이라 할 수 있다.

연방준비제도와 마찬가지로 유럽중앙은행도 특수한 지위를 갖고 있다. 민간기관은 물론 아니지만 정확히 정부기관이라고도 할 수 없다. 사실 유럽중앙은행은 정부기관이 될 수 없다. 범유립 정부가 존재하지 않기 때문이다. 어리둥절해진 미국인들에게는 다행스럽게도 유럽의 중앙은행제도와 미국의 연방준비제도 사이에는 매우 유사한 점이 많다.

우선, 독일 프랑크푸르트에 소재한 유럽중앙은행은 전체 연방준비제도가 아니라 연방준비제도 이사회에 상응하는 기관이라 할 수 있다. 지역 연방준비은행에 상응하는 유럽의 기관은 프랑스은행, 이탈리아은행과 같은 유럽 각국의 중앙은행이라 할 수 있다. 1999년까지는 이 중앙은행들 하나하나가 연방준비제도에 상응하는 기관이었다. 예를 들어 프랑스은행은 프랑스의 본원통화를 관리하고 있었다.

오늘날 이들 국립 중앙은행은 미국의 지역 연방준비은행과 마찬가지로 지역 은행들과 기업들에 금융서비스를 제공하고 공개시장 조작을 실행하기도 한다. 하지만 통화정책의 결정권은 유럽중앙은행으로 이관되었다. 아직도 유럽의 국립 중앙은행들의 규모는 결코 작지 않다. 이들은 모두 합해서 5만 명이 넘는 직원들을 고용하고 있다.

유로지역에서는 각 국가가 자국 중앙은행의 책임자를 선발한다. 유럽중앙은행은 연방준비제도의 이사회와 유사한 집행위원회에 의해 운영된다. 위원들은 유로지역 국가들의 만장일치로 선출된다. 연방공개시장위원회에 상응하는 기관은 유럽중앙은행의 이사회(Governing Council)다. 연방준비제도의 공개시장위원회가 이사회와 일부 지역 연방준비은행 총재로 구성되는 것과 같이 유럽중앙은행의 이사회에는 집행위원회의 위원 전부와 각국 중앙은행의 총재들이 번갈아 가며 참석한다.

연방준비제도와 마찬가지로 유럽중앙은행 역시 선거권자들에 대해서 궁극적인 책임을지며, 단기적인 정치적 압력으로부터 독립성을 유지하려고 노력한다.

현실 경제의 >> 이해

연준의 대차대조표 : 정상과 비정상

〈그림 18-7〉은 연준의 단순화된 대차대조표를 보여 주었다. 이 표에서 부채는 전적으로 본원통화로 구성되어 있고 자산은 전적으로 재무부증권으로 구성되어 있다. 이것은 지나친 단순화이기는 하다. 현실에서는 연준의 운영이 매우 복잡하고 대차대조표에는 많은 항목이 추가적으로 포함되어 있기 때문이다. 그렇지만 정상적인 시기에는 〈그림 18-7〉이 적절한 근사치라 할 수 있다. 연준 부채의 90% 정도가 본원통화이고 자산의 90% 정도가 재무부증권을 포함하여 재무부에 대한 채권으로 구성되어 있다.

그런데 2007년 말엽에는 우리가 더 이상 정상적인 시기에 있지 않음이 너무나도 분명해졌다. 혼란의 원천은 거대한 주택 거품이 터진 데 있었다. 이는 주택담보 대출을 제공하거나 주택담보 대출 관련 자산을 보유했던 금융기관에 막대한 손실을 입혔고 더 나아가 전체 금융시스템에 대한 신뢰를 광범위하게 실추시켰다.

예금을 수취하는 은행들뿐 아니라 투자은행과 보험회사처럼 고객으로부터 예금을 수취하지 않는 비예금 금융기관도 곤경에 처했다. 이들 비예금 금융기관은 그림자 금융의 구성요소다. 이들은 많은 부채를 지고 있었으며, 주택 거품의 붕괴로 인해 엄청난 손실을 입

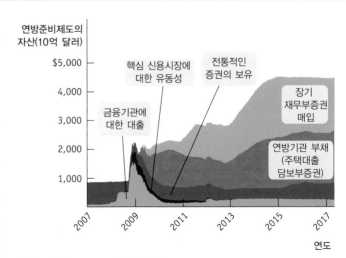

그림 18-9 연방준비제도의 자산, 2007~2017년

연방준비제도의 자산(10억 달러)

핵심 신용시장에 대한 유동성

전통적인 증권의 보유

금융기관에 대한 대출

장기 재무부증권 매입

연방기관 부채 (주택대출 담보부증권)

$5,000
4,000
3,000
2,000
1,000

2007 2009 2011 2013 2015 2017
연도

출처 : Federal Reserve Bank of Cleveland.

는 한편 비유동적인 자산을 보유하고 있었기 때문에 그림자 금융부문은 공황에 빠졌다. 금융기관들이 본질적으로는 예금인출사태와 동일한 상황을 겪게 됨에 따라 불과 수 시간 내에 금융시스템이 얼어붙었다.

예를 들면 2008년에 들어 차입한 자금으로 금융자산을 사고파는 등 복잡한 금융 거래를 이행하는 월가의 비예금 금융기관인 베어스턴스(Bear Stearns)사의 건전성에 대해 많은 투자자들이 의구심을 갖게 되었다. 베어스턴스에 대한 신뢰가 사라지자 이 회사는 기존에 체결된 거래계약에서 자신의 의무를 이행하는 데 필요한 자금을 조달할 수 없게 되었고 그 결과 빠른 속도로 몰락의 길을 걷게 되었다. 그 후 또 다른 투자은행인 리먼 브라더스가 파산함에 따라 광범위한 공포가 금융시장을 덮치기 시작했다.

연준은 전체 금융부문에 걸쳐 노심용해가 일어나는 것을 막기 위해 재빠르게 행동에 나섰다. 연준은 재할인 대출 창구를 확대하여 예금수취 은행은 물론 월가의 금융기업과 같은 비예금 금융기관에도 엄청난 자금을 빌려 주었다. 이러한 조치는 당시 금융시장이 공급을 거부하고 있던 유동성을 금융기관들에게 제공해 주었다. 이들 기관은 연준으로부터 저렴한 비용으로 차입할 수 있는 기회를 활용하기 위해 부동산 대출과 기업 대출 등 자신이 보유한 여러 가지 자산을 담보로 제공했다.

〈그림 18-9〉를 살펴보면 2008년 중반부터 시작하여 금융기관에 대한 대출이 급증함에 따라 연준이 재무부증권과 같은 전통적인 증권의 보유를 급격하게 감소시켰음을 알 수 있다. '금융기관에 대한 대출'이란 재할인 창구를 통한 대출뿐 아니라 베어스턴스와 같은 기업에 대한 연준의 직접 대출을 의미한다. '핵심 신용시장에 대한 유동성'은 연준에 의한 회사채와 같은 자산의 매입을 포함하는데 이는 기업에 대한 대출이자율이 치솟는 것을 막기 위해 불가피했다. 마지막으로 '연방기관 부채'란 정부가 보증하는 주택담보 대출기관인 패니메이(Fannie Mae)나 프레디맥(Freddie Mac)의 부채인데, 연준은 주택담보 대출시장의 붕괴를 막기 위해 이들의 부채를 사들여야 했다.

2009년 말엽에는 위기가 진정되었지만 연준은 전통적인 자산 구성으로 되돌아가지 않았다. 대신 연준은 장기 재무부증권으로 자산을 전환하고 연방기관 부채의 매입을 증가시켰다. 이 모든 이야기는 연준이 정상적으로 운영되는 방식에서 크게 벗어났다는 점에서 매우 비정상적이었다. 하지만 이러한 활동은 금융과 경제의 붕괴를 모면하기 위해서는 불가피한 것으로 보였다. 이 그림은 또한 연준이 단순히 본원통화의 크기를 결정하는 것보다 훨씬 더 많은 일을 한다는 사실을 생생하게 보여 주었다.

>> **복습**

- 연방준비제도는 미국의 **중앙은행**으로서 은행들을 감독하고 통화정책을 수행한다.
- 연방준비제도는 지불준비 요구를 정한다. 은행들은 **연방자금시장**에서 지불준비금을 빌리거나 빌려 준다. 이 시장에서 결정되는 이자율을 **연방자금금리**라 한다. 은행은 또한 연방준비제도로부터 **재할인율**에 자금을 조달할 수 있다.
- 연방준비제도가 지불준비 요구나 재할인율을 변경할 수 있음에도 불구하고 통화정책은 주로 **공개시장조작**을 통해 이루어진다.
- 재무부증권의 공개시장 매입은 본원통화와 화폐공급을 증가시킨다. 공개시장 매각은 본원통화와 화폐공급을 감소시킨다.

>> **이해돕기 18-4**

해답은 책 뒤에

1. 한 은행이 대출한 돈이 다시 당좌예금의 형태로 은행시스템에 예금되며 지불준비 요구가 10%라 하자. 연방준비제도가 1억 달러 규모의 재무부증권을 공개시장 매입하는 경우 당좌예금의 잔액에 미치는 영향을 추적하라. 화폐승수의 크기는 얼마인가?

미국 은행시스템의 진화

이제까지 우리는 미국의 은행시스템과 그 작동에 대하여 설명했다. 그런데 미국의 은행시스템을 완전하게 이해하려면 이 시스템이 어떻게 그리고 왜 창출되었는지를 아는 것이 도움이 된다. 이 이야기는 언제 어떻게 문제가 발생했는지에 대한 이야기와 밀접하게 연관되어 있다. 21세기 미국 은행업의 핵심 요소는 무에서 창조된 것이 아니기 때문이다. 2008년부터 시작된 은행업과 연방준비제도에 대한 규제 변화를 위한 노력은 금융개혁을 최전방으로 밀어붙였다.

20세기 초 미국 은행업의 위기

1913년 연방준비제도의 설립은 미국 은행업에서 현대의 시작을 의미하는 획기적 사건이었다. 1864년부터 1913년까지 미국의 은행업은 국립은행(national bank)에 대한 연방 규제시스템으로 특징지을 수 있다. 이 시기에는 국립은행들만이 화폐를 발행할 수 있었는데 이들 화폐는 연방 정부에 의해 동일한 크기와 도안으로 발행되었다. 각 국립은행이 얼마나 많은 화폐를 발행할 수 있는지는 자본금에 달려 있었다. 이와 같은 시스템은 은행들이 거의 규제를 받지 않고 전혀 통일되지 않은 화폐를 발행했던 이전 시스템에 비해서는 개선된 것이었으나, 국립은행 시스템에서도 수많은 은행 부도가 발생했으며 적어도 10년에 한두 차례는 대규모 금융위기가 발생했다.

새로운 시스템이 가졌던 가장 큰 문제는 경제상황에 따른 화폐공급의 변화가 충분히 신속하게 이루어지지 못했다는 점이었다. 특히 지역 경제의 상황 변화에 대응하여 국내 지역 사이에 현금을 신속하게 이동하기가 어려웠다. (특히 뉴욕의 은행들과 다른 지역의 은행들 간에 적절한 현금공급량과 관련하여 첨예한 대립이 있었다.) 한 은행이 인출요구를 충족하기에 현금이 부족하다는 소문이 돌면 바로 예금인출사태가 일어났다. 한 은행의 예금인출사태는 곧 전염되어 인근 은행의 예금인출사태를 가져왔으며 광범위한 공황과 지역 경제 황폐화의 씨앗이 되었다. 이에 대응하여 일부 지역의 은행들은 자금을 모아서 은행공황이 발생할 때 회원 은행의 부채를 공동 보증하기 위한 지역 청산기구를 설립했으며 일부 주정부는 자기 주에 소속된 은행에 대한 예금보험을 제공하기 시작했다.

반복해서 위기가 발생했지만 1907년의 은행공황 이전까지는 금융 개혁이 필요하다는 주장이 주목을 받지 못했다 1907년의 은행공황은 4년에 걸쳐 전국적인 경기후퇴를 가져왔으며 금융시스템이 얼마나 취약한지를 깨닫게 해 주었다.

이 위기는 신탁회사(trust)라고 알려진 뉴욕의 금융기관들로부터 시작되었다. 신탁회사는 예금을 수취하는 은행과 유사한 기관이지만 원래는 부유한 고객을 위해 재산이나 상속을 관리하기 위해 설립되었었다. 이들 신탁회사는 오직 위험이 낮은 사업만 하도록 되어 있었기 때문에 규제를 덜 받았으며 지불준비 요구 수준도 낮았고, 국립은행에 비해 현금 지불준비금도 적게 보유하고 있었으며, 그 결과 예금자들에게 더 높은 수익을 지급할 수 있었다. 그 결과 신탁회사들은 매우 빠른 속도로 성장하여 1907년에 이르러서는 뉴욕 시 소재 신탁회사들의 총자산이 국립은행들의 총자산과 맞먹는 규모가 되었다. 한편 신탁회사들은 뉴욕 시의 국립은행들이 서로의 건전성을 보증하기 위해 설립한 컨소시엄인 뉴욕 청산원(New York Clearinghouse)에 가입하기를 거부했다.

1907년의 은행공황은 뉴욕 시에 소재한 대형 신탁회사인 니커보커 신탁(Knickerbocker Trust)이 주식 투자 실패로 엄청난 손실을 입고 부도를 내면서 시작되었다. 곧바로 다른 신탁회사들도 압력을 받았으며 겁에 질린 예금자들은 자금을 인출하기 위해 장사진을 이루었다. 뉴욕 청산원은 신탁회사에 자금을 공급하기를 거부했으며 건전한 신탁회사들조차 심한 공격을 받았다. 이틀 내로 12개의 주요 신탁회사들이 파산했다. 신용시장은 얼어붙었으며 주식 거래자들이 매매에 필요한 자금을 조달하지 못함에 따라 주가도 크게 하락했다. 그리고 시장에서 신뢰가 사라졌다.

다행히도 뉴욕 시의 최대 부호였던 은행가 모건(J. P. Morgan)이 은행공황을

1907년의 은행공황과 2008년의 금융위기 모두 위험한 투기로부터의 막대한 손실이 은행시스템을 불안정하게 만들었다.

멈추기 위해 나섰다. 위기가 확산되면 신탁회사든 은행이든 상관없이 건전한 금융기관도 휩쓸릴 것이라는 이해하에 모건은 록펠러(John D. Rockefeller)를 비롯한 다른 부유한 은행가들과 재무부 장관과 협력하여 은행과 신탁회사가 예금인출의 맹공을 견딜 수 있도록 이들의 지불준비금을 확충했다. 일단 사람들이 돈을 인출할 수 있다는 확신이 서게 되자 은행공황이 멈췄다. 공황은 일주일여밖에 지속되지 않았지만 은행공황과 주가폭락은 미국 경제를 고사시켰다. 4년간의 경기후퇴가 뒤따랐으며 생산이 11% 감소하였고 실업률은 3%에서 8%로 상승했다.

은행위기에 대한 대응 : 연방준비제도의 창설

은행위기가 너무 자주 발생하는 것에 대한 염려와 모건의 전례 없는 금융시스템 구제 역할은 연방정부로 하여금 은행 개혁에 착수하도록 만들었다. 1913년에는 국립은행 시스템이 폐지되었고 모든 예금수취 금융기관들이 적절한 지불준비금을 보유하고 이들의 계좌를 규제기관이 감독할 수 있도록 만들기 위한 방편으로 연방준비제도가 창설되었다. 1907년의 은행공황으로 인해 많은 사람들이 은행의 지불준비금에 대해 집중화된 통제를 할 필요가 있음을 깨달았다. 이에 더하여 화폐공급이 전국의 경제상황 변화에 충분히 반응할 수 있도록 화폐를 발행할 수 있는 배타적인 권한이 연방준비제도에 부여되었다.

새로운 체제는 은행 지불준비금 보유의 표준화와 집중화를 달성했지만 은행의 지불준비금이 여전히 전체 예금액에 못 미쳤기 때문에 예금인출사태의 가능성을 완전히 제거할 수는 없었다. 추가적인 예금인출사태의 가능성은 대공황 중에 현실이 되었다. 상품가격의 급락은 특히 미국의 농부들에게 타격을 주었으며 1930년, 1931년, 1933년에 걸친 일련의 예금인출사태를 촉발했다. 이들 각각의 예금인출사태는 모두 중서부지역 은행에서 시작하여 전국으로 퍼져 나갔다.

1930년에 대형 은행들이 부도를 낸 후에 연방 관리들은 경제 전반에 대한 효과로 인해 불간섭 정책을 지양하고 더욱 활발한 개입을 해야 할 필요가 있음을 깨달았다. 1932년에는 부흥금융공사(Reconstruction Finance Corporation, RFC)가 설립되어 은행 부문을 안정시키기 위해 은행에 대출을 제공할 권한을 부여받았다. 이에 더하여 연방예금보험을 도입하는 한편 은행이 연방준비제도로부터 차입할 수 있는 능력을 향상하기 위해 1933년의 글래스-스티걸법(Glass-Steagall Act)이 제정되었다. 그렇지만 야수들이 모두 길들여진 것은 아니었다. 은행들은 부흥금융공사로부터 차입하는 것을 두려워하게 되었다. 차입 자체가 은행이 취약하다는 신호를 보내는 것이라고 생각되었기 때문이다.

앞서 설명했듯이 1933년 중 진행된 예금인출사태의 재앙 속에서 루스벨트가 새 대통령으로 취임했다. 그는 즉각 '은행 휴일'을 선언하여 규제기관들이 문제 해결방안을 마련할 때까지 모든 은행의 문을 닫도록 만들었다.

1933년 3월에는 대출이나 주식 매입을 통해 은행에 자본금을 공급함으로써 은행산업을 안정시키고 구조조정시킬 수 있는 특별 권한을 부흥금융공사에 부여하는 비상 조치가 채택되었다. 새로운 규제하에서 규제기관들은 회생이 불가능한 은행을 폐쇄하는 한편 회생 가능한 은행에 대해서는 부흥금융공사가 은행의 우선주를 매수함으로써 자본을 확충하도록 했다(이들 우선주는 일반 주주보다 많은 권리를 미국 정부에 부여했다). 1933년까지 부흥금융공사는 당시 미국 전체 은행 자본금의 3분의 1에 해당하는 180억 달러(2017년 달러 기준)를 은행 자본금에 투자했고 전체 은행 중 절반 이상의 주식을 매수했다. 같은 기간 부흥금융공사는 360억 달러(2017년 달러 기준)가 넘는 금액을 은행에 대출했다.

은행 부문이 와해됨에 따라 통화정책이 무용지물이 되고 은행으로부터 인출되어 침대 밑에 감춰진 현금이 화폐공급을 감소시킴으로써, 1930년대 초반의 은행위기가 대공황을 크게 악화시켰다는 점에 대해 경제사학자들은 의견을 같이한다.

부흥금융공사의 강력한 활동 덕분에 은행산업이 안정을 찾았지만 미래의 은행위기를 방지하기 위해서는 새로운 법령 제정이 필요했다. 1933년의 글래스-스티걸법은 은행을 **상업은행**(commercial bank)과 **투자은행**(investment bank)의 두 가지 범주로 분리했다. 상업은행은 예금을 받고 예금보험에 의해 보호되는 예금은행이다. 투자은행은 주식이나 회사채와 같은 금융자산을 만들어 내고 거래하는 업무를 하는데 이들 활동은 위험이 더 크기 때문에 예금보험에 의해 보호되지는 않는다.

규제 Q(regulation Q)는 은행 간 불건전한 경쟁이 과열될 것을 우려하여 상업은행이 당좌예금에 대해 이자를 지급하는 것을 금지시켰다. 투자은행들에 대해서는 상업은행에 비해 훨씬 경미한 규제가 적용되었다. 무엇보다도 예금인출사태를 방지하기 위한 가장 중요한 조치는 연방예금보험의 채택이었다. 처음에는 예금당 2,500달러의 한도가 적용되었다.

이 같은 조치들은 명백히 성공적이었고 미국은 오랫동안 금융과 은행의 안정을 만끽했다. 불쾌한 옛 기억이 희미해지자 대공황 시절의 은행 규제들이 해제되기 시작했다. 1980년에는 규제 Q가 폐지되었고 1999년까지는 글래스-스티걸법이 약화되어 금융자산의 거래와 같은 서비스를 제공하는 것이 더 이상 상업은행의 금지구역이 아니게 되었다.

1980년대의 저축대부조합 위기

은행산업에는 은행과 함께 **저축대부조합**(savings and loans)[또는 **저축기관**(thrift)이라고도 불림]이 포함되어 있다. 저축대부조합은 저축을 주택구입자를 위한 장기 주택담보 대출로 전환하도록 설계된 금융기관이다. 저축대부조합은 연방예금보험에 의해 보호되었으며 안전을 위해 철저하게 규제되었다. 그렇지만 1970년대에 문제가 발생했다. 높은 인플레이션으로 인해 저축자들은 이자율이 낮은 저축대부조합 계좌로부터 자금을 인출하여 높은 수익을 지급하는 화폐시장 계좌(money market account)에 넣었다. 이에 더하여 높은 인플레이션율은 저축대부조합이 보유하고 있던 자산인 장기 주택담보 대출의 가치를 크게 감소시켰다.

의회는 저축대부조합이 장기 주택담보 대출에 더하여 훨씬 더 위험한 투자를 할 수 있도록 규제를 완화했다. 그러나 새로운 자유에는 감독이 뒤따르지 않았으며 그 결과 저축대부조합에 대한 감독 수준은 은행보다 낮아졌다. 1970년대와 1980년대의 부동산 경기 호황기에 저축대부조합이 과도하게 위험한 부동산 대출에 참여한 것은 놀랄 만한 일이 아니다. 게다가 일부 저축대부조합의 임원들이 조합을 개인적인 저금통으로 사용함에 따라 부정부패가 횡행했다.

불행히도 1970년대 후반과 1980년대 초반에 있었던 의회로부터의 정치적 개입 덕분에 지급불능상태의 저축대부조합들이 영업을 계속할 수 있었다. 은행이 이와 비슷한 상태에 있었다면 규제당국에 의해 즉각 폐쇄되었을 것이었다. 1980년대 초반에 이르러서는 많은 수의 저축대부조합이 파산했다. 이들의 예금은 연방예금보험에 의해 보장되었기 때문에 파산한 저축대부조합의 부채는 연방정부의 부채가 되었는데, 이는 결국 납세자의 자금으로 예금자에게 지급을 하는 셈이 되었다. 1986년부터 1995년까지 연방정부는 1,000개 이상의 저축대부조합을 폐쇄했고 납세자에게 1,240억 달러의 비용을 부담시켰다.

소 잃고 외양간 고치는 격으로 1989년에 이르러 의회는 저축대부조합의 활동에 대한 포괄적인 감독을 입법화했다. 의회는 또한 패니메이와 프레디맥에 저축대부조합이 시행하던 주택담보 대출의 상당 부분을 담당할 수 있는 권한을 부여했다. 패니메이와 프레디맥은 저소득 및 중소득 가계가 주택을 구입할 수 있도록 돕기 위해 대공황 중에 창설된 준정부기관이다. 저축대부조합 위기는 금융산업과 부동산산업을 크게 위축시켰으며 1990년대 초반의 경기후퇴를 가져온 것으로 평가된다.

상업은행(commercial bank)은 예금을 수취하며 예금보험에 의해 보호되는 예금은행이다.

투자은행(investment bank)은 금융자산을 거래하는데 예금보험에 의해 보호되지 않는다.

저축대부조합(savings and loans) 또는 **저축기관**(thrift)은 또 다른 형태의 예금은행으로 보통 주택대출에 특화한다.

미래로 되돌아가기 : 2008년의 금융위기

1930년대에 도입된 은행 규제들은 긴 기간의 금융안정을 가져왔다. 그렇지만 21세기 초에 새 문제가 발생했다. 이들 규제로는 **그림자은행**(shadow banking), 즉 앞서 설명했듯이 전통적인 은행처럼 보이지는 않지만 유사한 기능을 수행하면서 상당한 위험을 내포한 활동을 다룰 수 없었다. 2008년에는 그림자은행이 여러모로 1930년의 위기를 닮은 위기의 중심에 있었다.

그림자은행과 그 취약성 그림자은행업의 세부적인 내용은 매우 복잡할 수 있다. 그렇지만 그림자은행 시스템의 대부분은 투자은행, 보험회사, 헤지펀드, 단기금융시장펀드와 같이 예금을 수취하지 않는 금융기관이다. 이들 기업은 다음날 상환해야 하는 대출을 비롯하여 단기차입을 하고, 차입된 자금으로 상대적으로 비유동적인 자산을 매수하여 담보로 활용한다. 금융기관에 자금을 빌려주는 사람들의 눈에는 이러한 행동이 마치 은행업인 것처럼 보이는데 이들의 대출이 은행 예금과 매우 닮았기 때문이다. 예를 들어 수중에 여유 자금이 있는 기업은 이를 하룻밤 동안 월가의 투자은행에 빌려줄 수 있다. 이런 식으로 해서 이 기업은 통상적인 은행 예금에 넣어둘 경우보다 더 높은 이자율을 받을 수 있다. 그리고 정상적인 상황에서는 하루 전에만 통보하면 돈을 찾을 수 있을 것으로 기대한다.

한편 금융기관은 매일 모든 부채를 상환하기 위해 충분한 자금을 수중에 갖고 있을 필요가 없다. 많은 대부자들이 매일 대출을 차환시켜서 다시 대출해 줄 것이기 때문이다. 그리고 대부자가 상환을 요구하면 다른 대부자로부터 현금을 조달하기만 하면 된다. 따라서 그림자은행업을 하는 기업과 대부자와의 관계는 전통적인 은행과 예금자와의 관계와 매우 유사하다. 단 두 가지 차이가 있다. 예금 보험이 존재하지 않으며, 금융기관의 행위에 대한 규제가 훨씬 적다.

이 시스템은 정상적인 시기에는 잘 작동하지만 이 시스템이 만들어 낸 주택 거품이 2007년에 터졌을 때처럼 크게 잘못될 수도 있으며, 결국 대후퇴를 가져왔다.

그림자은행(shadow banking)은 규제 감독이나 보호는 없지만 투자은행이나 헤지펀드와 같은 비예금 금융기관이 수행하는 은행 같은 기능을 한다.

서브프라임 대출(subprime lending)은 통상적인 대출 기준을 충족하지 못하는 주택 구입자들에 대한 대출이다.

서브프라임 대출과 주택 거품 2008년 위기 이야기는 낮은 이자율로부터 시작한다. 2003년에 이르자 미국의 이자율은 역사적인 저점에 도달했는데 이는 부분적으로는 연방준비제도의 정책과 중국을 비롯한 다른 국가로부터의 대규모 자본유입에 원인이 있었다. 이처럼 낮은 이자율은 주택시장의 호황을 가져왔으며 이로 인해 미국 경제는 경기후퇴로부터 벗어날 수 있었다. 그런데 주택시장이 호황을 보이자 금융기관들은 점점 더 큰 위험을 지기 시작했는데 이들은 자신이 진 위험에 대해 잘 이해하지 못하고 있었다.

전통적으로 주택 구입자들은 소득이 주택담보 대출을 갚을 수 있을 만큼 충분함을 보일 수 있을 때에만 주택 구입을 위한 대출을 받을 수 있었다. 통상적인 대출 기준을 충족하지 못하는 사람들에 대한 주택대출을 **서브프라임 대출**(subprime lending)이라 부르는데 이는 전체 대출의 극히 일부에 불과했다. 그런데 2003~2006년의 주택시장 호황기에는 서브프라임 대출도 안전한 투자인 것처럼 보였다. 주택가격이 계속 상승하고 있었기 때문에 주택담보 대출의 분할 상환금을 납부하지 못하는 사람들도 필요한 경우에는 주택을 팔아서 대출을 상환할 수 있었기 때문이다. 이에 따라 서브프라임 대출이 폭발적으로 늘어났다.

대개의 경우 서브프라임 대출을 해 준 것은 예금자의 돈을 대출해 주는 전통적인 은행이 아니었다. 대부분의 대출은 대출 창설자(loan originator)에 의해 이루어졌는데 이들은 주택담보 대출을 재빨리 투자자들에게 팔아넘겼다. 투

"여보, 우리는 무주택자가 되었어요."

그림 18-10 잃어버린 신뢰 측정하기

2000년대 중반에는 주택담보 대출을 비롯한 부채를 증권화하여 만들어진 단기대출이자 그림자 은행업의 중요한 요소인 자산 담보부 상업어음의 양이 빠르게 증가했다. 그러나 주택가격 폭락 이후 그 양은 빠르게 줄어들었는데, 이는 금융시스템에서 유동성이 마름에 따라 자금 압박이 매우 심했음을 의미한다.

출처 : Federal Reserve Bank of St. Louis.

자자들에 대한 매각은 **증권화**(securitization)라고 알려진 과정을 통해 가능했다. 즉 금융기관들은 대출을 모아서 통합자산을 구성한 후 이 통합자산으로부터 발생하는 현금에 대한 지분을 매각했다. 많은 수의 주택 구입자들이 동시에 부도를 낼 가능성은 작기 때문에 이들 지분은 비교적 안전한 투자처로 여겨졌다.

증권화(securitization) 과정에서는 대출을 모아서 만든 통합자산의 지분이 투자자들에게 매각된다.

그런데 불가능한 일이 실제로 발생했다. 2006년 말 주택경기 호황이 거품임이 판명되고 주택 가격이 하락하기 시작하자 많은 서브프라임 차입자들이 분할 상환금을 납부할 수 없었고 주택을 팔아도 대출금을 모두 상환하기에 충분한 값을 받을 수 없게 되었다. 그 결과 이들은 부도를 냈고 서브프라임 대출에 의해 뒷받침되는 증권에 투자한 사람들은 엄청난 손실을 입기 시작했다.

주택대출 담보부 증권의 상당 부분은 금융기관이 보유하고 있었다. 1907년 은행공황에서 신탁회사가 중추적인 역할을 한 것처럼 이들 '비은행 은행(nonbank bank)'들은 상업은행에 비해 규제를 덜 받았고 그 결과 투자자들에게 높은 수익을 제시할 수 있었던 반면 위기에 대해서는 매우 취약했다. 주택담보 대출 관련 손실은 다시 금융시스템에 대한 신뢰를 실추시켰다.

〈그림 18-10〉은 이 같은 신뢰 상실 정도에 대한 척도의 하나로 그림자은행에 있어 중요한 자산인 자산 담보부 상업어음(asset-backed commercial paper)의 양을 보여준다. 2000년대 중반에는 주택담보 대출을 비롯한 부채를 증권화하여 만들어진 단기대출인 이 어음의 양이 빠르게 증가했다. 주택가격 폭락 이후 그 양은 빠르게 줄어들었는데, 이는 자금 압박이 매우 심했음을 의미한다. 상업어음이 금융시스템에서 핵심적인 유동성 원천이었기 때문에 이는 1930년대식의 화폐 공급 격감은 아니었지만 이와 유사한 결과를 낳았다.

위기와 대응 2007년에 시작된 주택 거품의 붕괴와 뒤이은 금융기업의 손실과 금융시스템에 대한 신뢰 붕괴는 경제 전체 막대한 피해를 입혔다. 금융이든 비금융이든 할 것 없이 모든 기업이 단기 운영자금을 차입하는 것조차 어려워졌다. 개인들은 주택대출을 받을 수 없었고, 신용카드 한도가 축소되었다. 많은 자산의 가격이 폭락함에 따라 가계의 자산이 극심하게 감소했다.

전반적으로 금융위기의 부정적 영향은 대공황 발생에 기여했던 1930년대 초 은행위기의 영향과 매우 닮아 있었다. 정책입안자들도 이 같은 유사성을 인식하고는 동일한 상황이 반복되는 것을 막으려고 노력했다. 2007년 8월부터 연방준비제도는 점점 더 넓은 범위의 금융기관에 자금을 대출해 주고 민간부문의 부채를 매입하는 등 금융시스템에 현금을 공급하기 위한 일련의 노력을 시작했다. 연준과 재무부는 투자은행인 베어스턴스와 보험회사인 AIG처럼 너무 중요하기 때문에 파산하도록 내버려 둘 수 없는 기업들을 구제하기 위해 나섰다.

그렇지만 2008년 9월에 정책입안자들은 주요 투자은행의 하나인 리먼 브라더스를 파산하도록 내버려 두기로 결정했다. 이들은 곧 이 결정에 대해 후회하게 되었다. 리먼의 파산 후 며칠 되지 않아 광범위한 공황이 금융시스템을 휩쓸었다. 위기가 심화되자 재무부가 은행에 자본을 주입하는 등 금융시스템을 지지하기 위한 정부의 개입이 한층 더 강화되었다. 자본 주입은 사실상 미국 정부가 주식을 받고 은행에 현금을 공급함을 의미하는 것으로 금융시스템을 부분적으로 국유화하는 효과가 있다. 연방준비제도는 혁신적인 형태의 공개시장 조작으로 대응했다. 연준은 재할인 대출은 물론 주로 장기 정부채와 주택대출을 지원하는 정부보증기관인 패니메이와 프레디맥의 부채를 포함하는 다른 자산들을 대량으로 매입함으로써 엄청난 규모의 유동성을 공급했다. 바로 이것이 〈그림 18-9〉에서 볼 수 있듯이 2008년 9월 이후 연준의 자산이 급증한 이유다.

위기 이후   무시무시한 기간을 보낸 후 2010년 가을에 금융시장이 안정되었고, 많은 기관들이 연방정부가 위기 기간 중 주입했던 돈을 갚았다. 그렇지만 은행의 회복은 전체 경제의 성공적인 회복을 쫓아가지 못했다. 2007년 12월에 시작된 경기후퇴가 2009년 6월에 공식적으로 종식되었지만 2009년 10월의 실업률은 10%의 최고치에 도달했고, 그 후 매우 느리게 하락했다. 2016년 5월에 실업률이 대후퇴 시작 직전의 수준으로 되돌아가기까지 거의 9년이 걸렸.

이전의 위기와 마찬가지로 2008년의 위기는 은행업에 대한 규제에서 변화를 가져왔는데, 이 중에서도 도드-프랭크 금융규제 개혁법안이 가장 눈에 띈다. '현실 경제의 이해'에서는 이 법안에 대해 간단히 설명할 것이다.

현실 경제의 >> 이해
2008년 위기 이후의 금융 규제

2010년 월가 개혁 및 소비자 보호법은 상원과 하원의 이 법안 후원자의 이름을 따서 도드-프랭크법이라고 널리 알려져 있는데, 1930년대 이래로 입법화된 가장 큰 금융개혁이었다. 이 법은 어떤 규제 변화를 가져왔을까?

전통적인 예금수취은행들이 직면한 주된 변화는 소비자금융보호국(Bureau of Consumer Financial Protection)이라는 새로운 정부기관의 창설이다. 이 기관의 임무는 매력적으로 보이기는 하지만 이해할 수 없는 금융거래에 의해 차입자들이 착취당하는 것을 방지하는 것이다.

도드-프랭크법의 주된 취지는 그림자금융의 규제였다. 이 법에 의해 금융기관을 '시스템적으로 중요한 금융기관'으로 지명할 수 있게 되었는데, 이는 리먼 브라더스처럼 예금수취은행이 아니더라도 은행위기를 초래할 만큼 금융시스템에서 중요한 기관을 의미한다.

도드-프랭크법하에서 이들 시스템적으로 중요한 금융기관들은 비교적 높은 수준의 자기자본 요구와 위험 부담에 대한 한도를 포함하여 예금수취은행에 부과되는 것과 같은 유형의 규제를 적용받았다. 이에 더하여 연방정부는 곤경에 처한 은행을 압류하는 것과 마찬가지로 어려움에 처한 비예금수취 금융기관을 압류할 수 있는 해결 권한을 취득했다.

도드-프랭크법은 또한 2008년 위기에서도 중요한 역할을 했던 복잡한 금융수단인 **파생금융상품**의 대부분을 투명성을 높이고 위험을 줄이기 위해 공공거래소에서 매매되도록 만들었다.

전체적으로 도드-프랭크법의 목적은 옛날식 은행 규제를 더 복잡한 21세기 금융시스템에 확장 적용하는 것이었다. 이 법이 얼마나 잘 목적을 달성하고 있을까? 지금까지의 증거에 따르면 비교적 성공적이다.

Brigitte Wodicka/Thinkstock

도드-프랭크법은 옛날식 은행 규제를 오늘날의 보다 복잡한 금융시스템으로까지 연장하려는 시도였다. 더 최근에 트럼프 행정부는 이들 규제의 일부를 환원시켰다.

- 시스템적으로 중요한 금융기관에 대한 새 규칙은 전통적인 은행에 대한 규제를 우회하는 그림자은행을 만들려는 유인을 축소시켰다. 한 예로 한때 제너럴 일렉트릭(GE)이 소유했던 GE 캐피털을 들 수 있다. 이 기업은 모기업인 GE에게는 주된 이익 원천이었지만, 도드-프랭크법이 제정된 이후 매각되었다.
- 해결 권한은 소위 파산시키기에는 너무 크기 때문에 지급하는 보조금을 축소시킨 것으로 보인다. 대형 금융기관이 소규모 금융기관에 비해 더 낮은 차입비용을 향유할 수 있었던 것은 대형 기관만이 위기가 올 때 구제될 것이라는 믿음에서였다.
- 소비자금융보호국은 금융사기를 제재하고 방지하는 데 상당히 효과적이었다고 널리 인정된다.

하지만 도드-프랭크법이 얼마나 효과적이었는지는 다음 번 금융 혼란이 발생할 때까지는 알 수 없을 것이다.

>> 이해돕기 18-5
해답은 책 뒤에

1. 1907년의 금융공황, 저축대부조합 위기, 2008년의 위기에서 유사한 점은 무엇인가?
2. 연방준비제도의 창설이 대공황 중의 예금인출사태를 막지 못한 이유는 무엇인가? 어떤 조치가 예금인출사태를 중지시켰는가?
3. 2008년 위기에 대응하기 위한 특별한 조치들이 필요했던 이유는 무엇인가?

>> 복습
- 연방준비제도는 1907년의 금융공황에 대한 반응으로 창설되었다.
- 1930년대 초반의 광범위한 예금인출사태가 은행에 대한 규제를 확대했으며 연방예금보험을 창립했다. 은행들은 **상업은행**(예금보험에 의해 보호됨)과 **투자은행**(보호되지 않음)의 두 범주로 분리되었다.
- 1970년대와 1980년대의 **저축대부조합**(저축기관) 위기에서는 충분하게 규제되지 않은 저축대부조합들이 위험한 투기로부터 엄청난 손실을 입었다.
- 규제되지 않은 **그림자은행** 활동들이 금융시스템을 취약하게 만들었다. 2000대 중반에 **증권화**를 통해 **서브프라임 대출**이 그림자금융 부문과 일부 전통적 은행에 확산되었고, 주택 거품이 터지자 금융위기를 발생시켰다. 연준과 미국의 재무부는 금융시장을 안정시키기 위해 특단의 조치를 취했다.
- 의회는 2010년에 도드-프랭크법을 통과시켰다. 이 법은 또 다른 금융위기 발생을 막기 위해 금융 규제를 확장하는 한편 금융사기에 대한 소비자 보호를 강화시켰다.

문제 풀어보기　화폐승수

제17장에서 소개했던 2009년 경제촉진법은 악전고투 중인 미국 경제를 돕고 극심한 경기후퇴를 반전시키기 위해 7,870억 달러에 달하는 지출, 보조금, 조세 감면 등의 일괄 조치를 포함하고 있었다. 이는 재정 부양정책이 실제로 시행되었던 가장 최근의 사례다. 이 법의 일환으로 미국 정부는 자격 요건을 갖춘 가구에 조세 환급 수표를 발행했다. 환급 수표의 액수는 평균적으로 950달러에 달했다.

경제학자들은 각 가계가 처음에 환급금 중에서 450달러를 지출한 것으로 추정하였다. 사람들은 M1의 50% 정도를 현금으로 보유하기 때문에 평균적인 가계는 나머지 500달러 중 250달러를 은행에 예금했으며, 나머지 250달러를 현금으로 보유했다. 이 같은 자료를 토대로 할 때 평균적인 가계의 예금으로 인해 화폐공급이 얼마나 증가했을까? (힌트 : 10회에 걸쳐 화폐공급의 변화를 보여 주는 표를 작성하라.) 은행은 초과 지불준비금 전액을 대출한다고 가정하라.

단계 | 1　미국에서의 지불준비 요구를 구하라.

528~530쪽을 복습하고 미국의 지불준비율을 이해하라.

미국에서의 필요지불준비율은 10%다.

단계 | 2　첫째 줄에 최초의 예금, 필요 지불준비금, 초과 지불준비금, 대출, 은행의 최초 대출 중 현금으로 보유되는 금액을 제시하는 표를 만들라.

533~536쪽을 복습하여 필요 지불준비금, 초과 지불준비금, 대출이 어떻게 결정되는지를 파악하라.

은행의 최초 대출 중에서 현금으로 보유되는 금액은 대출 중에서 은행시스템으로부터 '누출'되는 금액이다. 이에 대해서는 '지불준비금, 예금과 화폐승수' 절에서 설명했다.

이 표의 첫째 줄은 다음과 같다.

단계	예금	필요 지불준비금	초과 지불준비금	대출	현금 보유
1	$250.00	$25.00	$225.00	$225.00	$112.50

예금액은 250달러이다. 단계 1에서 구했듯이 필요 지불준비금은 이 예금액의 10%, 즉 10%×$250.00＝$25.00이다. 따라서 초과 지불준비금은 $250.00－$25.00＝$225.00이다. 우리는 은행이 초과 지불준비금의 전부를 대출한다고 가정했다. 사람들은 이 중에서 50%인 50%×$225.00＝$112.50를 현금으로 보유할 것이다.

단계 | 3　이 표를 10단계까지 연장하라.

533~536쪽을 복습하라.

만일 첫 단계 이후에 사람들이 대출금 225.00달러 중 112.50달러를 현금으로 보유한다면, 둘째 단계는 $112.50＝$225.00－$112.50의 예금으로 시작될 것이다. 각 단계는 전 단계에서의 대출액과 현금 보유액 간 차이만큼의 예금으로 시작될 것이다.

연장된 표는 다음과 같다.

단계	예금	필요 지불준비금	초과 지불준비금	대출	현금 보유
1	$250.00	$25.00	$225.00	$225.00	$112.50
2	112.50	11.25	101.50	101.25	50.63
3	50.63	5.06	45.56	45.56	22.78
4	22.78	2.28	20.50	20.50	10.25
5	10.25	1.03	9.23	9.23	4.61
6	4.61	0.46	4.15	4.15	2.08
7	2.08	0.21	1.87	1.87	0.93
8	0.93	0.09	0.84	0.84	0.42
9	0.42	0.04	0.38	0.38	0.19
10	0.19	0.02	0.17	0.17	0.09
10단계 이후의 합계	$454.39	$45.44	$408.95	$408.95	$204.48

둘째 단계는 첫 단계와 마찬가지 방법으로 작성된다. 이는 112.50달러의 예금으로 시작된다. 은행은 11.25달러를 지불준비금으로 보유하므로 초과 지불준비금과 대출액은 $112.50 − $11.25 = $101.25가 된다. 사람들은 이 중에서 50.63달러를 현금으로 보유한다.

단계 | 4 평균적인 가계의 예금으로부터 창출되는 화폐공급 증가액을 계산하라.

      535~536쪽을 복습하라.

평균적인 가계의 예금으로 인한 화폐공급 증가는 약 408.95달러다.

요약

1. **화폐**는 재화나 서비스를 구매하기 위해 손쉽게 사용될 수 있는 자산이다. **유통 중인 현금**과 **당좌예금**은 **화폐공급**의 일부로 간주된다. 화폐는 세 가지 기능을 수행한다. 거래에 사용되는 **교환의 매개수단**이며, 여러 기간 동안 구매력을 보유하는 **가치 저장수단**이며, 가격을 표시하는 데 사용되는 **계산의 단위**다.

2. 시간이 흐름에 따라 금화나 은화같이 화폐로서의 역할 이외의 가치를 보유한 재화로 만들어진 **상품화폐**가 금에 의해 뒷받침되는 지폐와 같이 **상품에 의해 뒷받침되는 화폐**로 대체되었다. 오늘날의 달러화는 공적인 역할만으로 가치가 부여되는 순수한 **명령화폐**다.

3. 연방준비제도는 두 가지 화폐공급 지표를 계산한다. M1은 가장 협의의 **통화총량**으로 유통 중인 현금, 여행자수표 그리고 당좌예금만으로 구성된다. M2는 **준화폐**라 불리는

보다 광범위한 자산을 포함하는데 이들은 주로 당좌예금으로 쉽게 전환될 수 있는 다른 형태의 은행예금들이다.

4. 은행은 예금자들이 자신의 자금을 즉각적으로 인출하는 것을 허용한다. 한편 은행은 자신에게 맡겨진 대부분의 자금을 대출해 준다. 현금 인출요구에 응하기 위해서 은행들은 금고에 보관된 현금과 연방준비제도에 예치된 예금으로 구성된 **지불준비금**을 보유한다. **지불준비율**은 은행예금에 대한 지불준비금의 비율이다. **T 계정**은 대출과 지불준비금을 자산으로, 예금을 부채로 계상함으로써 은행의 재무상태를 요약적으로 보여 준다.

5. 과거에는 은행들이 **예금인출사태**를 겪기도 했는데 1930년대의 예금인출사태가 가장 대표적인 사례다. 지금은 이와 같은 위험을 제거하기 위해서 예금자들을 **예금보험**에 의해 보호하는 한편, 은행 소유자들이 예금자의 자금으로 지

나치게 위험이 큰 대출을 할 유인을 줄이기 위해 자기자본을 보유할 것을 요구한다. 은행들은 또한 **지불준비 요구**를 충족해야 한다.

6. 현금이 은행에 예금되면 은행이 **초과 지불준비금**을 대출함에 따라 화폐공급이 증가하는 승수 과정이 시작되며 그 결과 은행들은 화폐를 창조한다. 화폐가 모두 당좌예금만으로 이루어져 있다면 화폐공급은 지불준비금을 지불준비율로 나눈 값과 같다. 현실에서는 **본원통화**의 상당 부분이 유통 중인 현금으로 구성된다. **화폐승수**는 화폐공급(통화량)을 본원통화로 나눈 비율이다.

7. 본원통화는 미국의 **중앙은행**인 연방준비제도에 의해 관리된다. 연방준비제도는 정부기관으로서의 성격과 민간기관으로서의 성격을 복합적으로 갖고 있다. 연방준비제도는 은행을 규제하고 지불준비 요구를 결정한다. 이 지불준비 요구를 충족하기 위해 은행들은 **연방자금시장**에서 **연방자금금리**에 자금을 빌리거나 빌려 준다. 은행들은 재할인 창구를 통해 연준으로부터 **재할인율**에 자금을 차입할 수 있다.

8. 연준의 **공개시장 조작**은 가장 주요한 통화정책수단이다. 연준은 미국 재무부증권을 은행으로부터 매입하거나 은행에 매각함으로써 본원통화를 늘리거나 줄일 수 있다.

9. 1907년의 은행공황에 대한 대응으로 연방준비제도를 창설하여 지불준비금 보유를 집중화하고, 은행의 장부를 검사하고, 변화하는 경제 여건에 화폐공급이 충분히 대응할 수 있도록 하였다.

10. 대공황은 1930년대 초에 광범위한 예금인출사태를 촉발했는데 이는 경기침체의 폭과 깊이를 크게 심화시켰다. 연방예금보험이 새로 만들어졌으며 정부는 은행에 대한 대출이나 은행 지분의 매입을 통해 은행자본을 확충했다. 1933년에는 은행들이 **상업은행**(예금보험에 의해 보호됨)과 **투자은행**(보호되지 않음)의 두 범주로 분리되었다. 사람들이 예금보험을 인정함에 따라 대공황 중의 예금인출 사태가 진정되었다.

11. 1980년대의 **저축대부조합(저축기관)** 위기는 충분하게 규제되지 않았던 저축대부조합들이 지나치게 위험한 투기로부터 엄청난 손실을 입음에 따라 발생했다. 파산한 저축대부조합의 예금자들은 예금보험에 의해 보호되었으나 이는 납세자의 부담이 되었다. 이 위기로 인해 금융부문과 부동산부문이 엄청난 손실을 입었으며 1990년대 초의 경기후퇴가 발생했다.

12. 규제 감독이나 보호를 받지 않는 비예금수취 금융기관에 의해 이루어지는 은행과 유사한 활동인 **그림자은행**의 등장은 다시 한 번 금융시스템을 예금인출사태와 같은 공황에 취약하게 만들었다. 2000대 중반에 **증권화**를 통해 **서브프라임 대출**이 그림자금융 부문과 일부 전통적 은행에 확산되었다. 2007년에 주택 거품이 터지고 금융기관들이 막대한 손실을 보자 공황이 발생했고 2008년에는 금융시스템이 전반적으로 붕괴되었다. 또 다른 대공황을 막기 위해 연준과 미국의 재무부는 은행에 자본을 주입하기 위한 주식 매입, 재할인 대출을 통한 대규모 자금 공급, 장기 정부채와 정부기관채의 대량 매수 등 금융시스템을 유지하기 위한 특단의 조치를 취했다. 2010년이 되자 금융시스템은 안정되었지만 경제는 2016년까지도 완전히 회복하지 못했다.

13. 2010년에 의회는 또 다른 위기의 발생을 방지할 목적으로 도드-프랭크법이라는 금융규제 개혁법을 통과시켰다. 이 법의 주된 목적은 옛날식 은행 규제를 오늘날의 보다 복잡한 금융시스템에 맞도록 확장하는 것이었다. 이 법은 또한 금융사기로부터 소비자를 보호한다.

주요용어

화폐	상품화폐	지불준비율
유통 중인 현금	상품에 의해 뒷받침되는 화폐	예금인출사태
당좌예금	명령화폐	예금보험
화폐공급	통화총량	지불준비 요구
교환의 매개수단	준화폐	재할인 창구
가치 저장수단	지불준비금	초과 지불준비금
계산의 단위	T 계정	본원통화

화폐승수	재할인율	저축대부조합(저축기관)
중앙은행	공개시장 조작	그림자은행
연방자금시장	상업은행	서브프라임 대출
연방자금금리	투자은행	증권화

토론문제

1. 다음 표는 세인트루이스 연방준비은행에 의해 보고된 2006~2016년 12월의 M1과 M2의 구성요소를 10억 달러 단위로 보여 준다. M1, M2, 그리고 유통 중인 현금의 M1과 M2에 대한 비율을 각각 계산하여 표를 완성하라. M1, M2, 그리고 M1과 M2에 대한 유통 중인 현금의 비율은 어떤 추세를 갖고 있는가? 이와 같은 추세는 어떻게 설명될 수 있는가?

연도	유통 중인 현금	여행자 수표	당좌예금	저축예금	정기예금	MMF	M1	M2	유통 중인 현금의 M1에 대한 비율	유통 중인 현금의 M2에 대한 비율
2006	$750.2	$6.7	$611.3	$3,694.9	$1,206.1	$772.2	?	?	?	?
2007	760.6	6.3	609.5	3,898.4	1,276.1	923.3	?	?	?	?
2008	816.3	5.5	785.1	4,089.4	1,457.9	1,012.5	?	?	?	?
2009	863.7	5.1	829.7	4,813.1	1,188.3	771.1	?	?	?	?
2010	918.8	4.7	919.0	5,331.3	933.2	668.1	?	?	?	?
2011	1,001.5	4.3	1,164.1	6,032.0	775.8	658.6	?	?	?	?
2012	1,090.5	3.8	1,367.0	6,685.0	643.7	638.6	?	?	?	?
2013	1,160.2	3.5	1,496.5	7,131.5	567.3	635.7	?	?	?	?
2014	1,252.2	2.9	1,675.0	7,580.9	519.0	616.9	?	?	?	?
2015	1,337.9	2.5	1,739.3	8,185.1	408.4	640.3	?	?	?	?
2016	1,418.4	2.2	1,902.0	8,842.3	371.6	712.6	?	?	?	?

출처 : Federal Reserve Bank of St. Louis.

2. 라이언 코젠스가 동네 은행의 당좌예금으로부터 400달러를 인출하여 지갑에 보관한다고 하자.
   a. 이 인출은 동네 은행의 T 계정과 화폐공급을 어떻게 변화시키는가?
   b. 은행이 10%의 지불준비율을 유지한다면 이 인출에 대해 어떻게 반응할 것인가? 은행은 지불준비금이 부족할 경우 지불준비금이 지불준비 요구를 충족할 때까지 보유하고 있는 예금액을 감소시킨다고 가정하라. 은행은 대출의 일부를 회수하여 차입자들이 대출을 갚기 위해 당좌예금에서 현금을 인출하도록 만들어 예금을 감소시킬 수 있다.
   c. 은행이 대출을 줄일 때마다 당좌예금이 같은 금액만큼 감소한다면 라이언이 400달러를 인출함에 따라 경제 전체의 화폐공급은 얼마나 줄어드는가?
   d. 은행이 대출을 줄일 때마다 당좌예금이 같은 금액만큼 감소하고 은행이 20%의 지불준비율을 유지한다면, 400달러의 예금인출에 따라 화폐공급이 얼마나 감소하는가?

3. 웨스트랜디아에서는 국민들이 M1의 50%를 현금으로 보유하고, 지불준비 요구는 20%다. 다음 표를 완성하여 현금 500달러가 새로 예금될 때 화폐공급이 얼마나 증가할지 추정하라. (힌트 : 첫째 줄은 은행이 예금 500달러의 20%인 100달러를 필요 지불준비금으로 보유해야 하며, 그 결과 400달러의 초과 지불준비금이 대출될 수 있음을 나타낸다. 하지만 사람들이 대출의 50%를 현금으로 보유하려 하므로 첫 단계에서 제공된 대출로부터 $400×0.5 = $200만이 둘째 단계에 예금될 것이다.) 여러분의 답과 모든 대출이 은행시스템에 예금되고, 사람들이 대출을 현금

으로 보유하지 않는 경제를 비교하라. 이와 같은 결과가 현금에 대한 사람들의 선호와 화폐승수 간의 관계에 대해서 어떤 점을 시사하는가?

단계	예금	지불준비 요구	초과 지불준비금	대출	현금으로 보유
1	$500.00	$100.00	$400.00	$400.00	$200.00
2	200.00	?	?	?	?
3	?	?	?	?	?
4	?	?	?	?	?
5	?	?	?	?	?
6	?	?	?	?	?
7	?	?	?	?	?
8	?	?	?	?	?
9	?	?	?	?	?
10단계 이후의 합계	?	?	?	?	?

4. 연방준비제도가 미국 재무부증권 3,000만 달러어치를 매각할 때 연방준비제도와 상업은행 T 계정에서의 변화를 보이라. 사람들이 항상 일정한 금액의 현금만을 보유하고 (그리하여 모든 대출이 은행시스템에서 동일한 금액의 예금을 창조하고), 지불준비 요구가 5%이고, 은행들이 초과 지불준비금을 보유하지 않는다면 상업은행의 예금은 얼마나 변하겠는가? 화폐공급은 얼마나 변하는가? 화폐공급

이 대답한 금액만큼 변할 때 상업은행의 T 계정에서 최종 상태를 보이라.

5. 〈그림 18-9〉가 보여 주듯이 2007년 이래로 연방준비제도의 자산 중에서 재무부증권이 차지하는 비중이 점차 감소했다. www.federalreserve.gov로 가라. '통계 발표 선택 (Select Statistical Releases)' 아래 '모두 보기(View All)'를 클릭하라. '통화량과 지불준비금 잔고(Money Stock and Reserve Balances)'라는 제목 아래에서 '지불준비금 잔고에 영향을 미치는 요인들(Factors Affecting Reserve Balances–H.4.1)'을 클릭하라. 가장 최근에 자료가 발표된 날을 클릭하라.

a. '연방준비은행 상황 보고서(Condition Statement of Federal Reserve Banks)' 아래에서 '준비은행 신용(Reserve Bank Credit)'을 찾으라. '일평균 금액(Average Daily Figures)'하에서 가장 최근 주의 연방은행 신용의 총액은 얼마로 끝났는가? 미국 재무부증권(U.S. Treasury Securities)'에 제시된 금액은 얼마인가? 연준의 전체 준비은행 신용 중에서 미국 재무부증권으로 구성된 부분의 비율은 얼마인가?

b. 연준의 자산은 〈그림 18-9〉에서 그래프의 시작 시점인 2007년 1월에서와 같이 주로 재무부증권으로 구성되어 있는가? 아니면 연준은 그래프의 마지막 시점인 2017년 중반에서와 같이 여전히 많은 종류의 다른 자산들을 보유하고 있는가?

연습문제

1. 다음의 각 거래는 M1에 어떤 영향(증가 또는 감소)을 미치는가? M2에는 어떤 영향을 미치는가?

a. 여러분이 주식 몇 주를 판 대금을 저축예금에 넣는다.

b. 여러분이 주식 몇 주를 판 대금을 당좌예금에 넣는다.

c. 돈을 저축예금으로부터 당좌예금으로 이체한다.

d. 여러분이 자동차 바닥에서 0.25달러를 발견하고, 이것을 당좌예금에 넣는다.

e. 여러분이 자동차 바닥에서 0.25달러를 발견하고, 이것을 저축예금에 넣는다.

2. 화폐에는 상품화폐, 상품에 의해 뒷받침되는 화폐, 명령화폐의 세 가지 종류가 있다. 다음 각 상황에서 어떤 종류의 화폐가 사용되고 있는가?

a. 식민지 시절의 호주에서는 럼주 병이 재화구매 대금을 지급하기 위해 사용되었다.

b. 많은 유럽국가에서 소금이 교환의 매개수단으로 사용되었다.

c. 한때 독일은 일정한 양의 호밀과 교환될 수 있는 지폐 ('Rye Mark')를 사용했다.

d. 뉴욕의 이타카 시는 'Ithaca HOURS'라고 하는 그들만의 화폐를 찍어 내는데, 이 화폐는 이타카 지역에서 재화와 서비스를 구매하는 데 사용될 수 있다.

3. 다음 각각이 M1 또는 M2의 일부인지 또는 어느 쪽도 아닌지를 밝히라.

a. 대학 구내식당의 식권카드에 남아 있는 잔고 95달러

b. 여러분 차의 거스름돈 컵에 들어 있는 0.55달러

c. 저축예금에 들어 있는 1,663달러

d. 당좌예금에 들어 있는 459달러

e. 4,000달러의 가치가 있는 주식 100주

f. 타깃(Target) 신용카드가 가진 1,000달러의 사용한도

4. 트레이시 윌리엄스가 양말서랍에 있던 500달러를 동네 은행의 당좌예금에 입금한다고 하자.

  a. 이 예금은 첫 단계에서 동네 은행의 T 계정에 어떤 변화를 가져오겠는가? 화폐공급은 어떻게 변화하는가?

  b. 은행이 10%의 지불준비율을 유지한다면 새로운 예금에 대하여 어떻게 반응하겠는가?

  c. 은행이 대출을 할 때마다 그 대출이 다른 은행에 동일한 금액만큼의 새로운 당좌예금으로 입금된다면, 트레이시가 처음에 한 500달러의 예금으로 인해 경제 전체의 화폐공급은 모두 얼마나 증가하겠는가?

  d. 은행이 대출을 할 때마다 그 대출이 다른 은행에 동일한 금액만큼의 새 당좌예금으로 입금된다고 하자. 은행이 5%의 지불준비율을 유지한다면, 처음 예금된 현금 500달러로 인해 화폐공급이 얼마나 증가하겠는가?

5. 이스트랜디아 정부는 미국과 유사한 통화총량 지표를 사용하며, 이스트랜디아의 중앙은행은 10%의 지불준비 요구를 부과한다. 다음 정보가 주어졌을 때 아래 질문에 답하라.

  중앙은행 예치금 = 2억 달러
  민간이 보유한 현금 = 1억 5,000만 달러
  은행 시재금 = 1억 달러
  당좌예금 = 5억 달러
  여행자수표 = 1,000만 달러

  a. M1은 얼마인가?

  b. 본원통화는 얼마인가?

  c. 상업은행들은 초과 지불준비금을 보유하고 있는가?

  d. 상업은행들은 당좌예금을 증가시킬 수 있는가? 증가시킬 수 있다면, 당좌예금은 얼마나 증가할 수 있는가?

6. 다음 각 상황에서 화폐공급에 어떤 변화가 발생할까?

  a. 필요지불준비율은 25%이고 예금자가 당좌예금으로부터 700달러를 인출한다.

  b. 필요지불준비율은 5%이고 예금자가 당좌예금으로부터 700달러를 인출한다.

  c. 필요지불준비율은 20%이고 고객이 당좌예금에 750달러를 예금한다.

  d. 필요지불준비율은 10%이고 고객이 당좌예금에 600달러를 예금한다.

7. 미국의 연방준비제도는 화폐공급을 관리하기 위해서 지불준비 요구를 변화시키지 않는 반면 알버니아의 중앙은행은 지불준비 요구의 변화를 이용한다. 알버니아의 상업은행들이 1억 달러를 지불준비금으로 보유하고 있고, 당좌

예금 10억 달러를 갖고 있다고 하자. 최초의 필요지불준비율은 10%다. 상업은행들은 초과 지불준비금을 보유하지 않는다고 하자. 사람들은 현금을 전혀 보유하지 않기 때문에 은행시스템에는 당좌예금만이 존재한다.

  a. 필요지불준비율이 5%로 하락하면 화폐공급은 어떻게 변하는가?

  b. 필요지불준비율이 25%로 상승하면 화폐공급은 어떻게 변하는가?

8. 〈그림 18-6〉에서 여러분이 살고 있는 구역의 연방준비은행을 찾아보라. www.federalreserve.gov/fomc/로 가서 여러분이 찾은 연방준비은행장이 현재 연방공개시장위원회(FOMC)의 투표권을 가진 위원인지를 알아보라.

9. 의회연구소(Congressional Research Service)의 추정에 따르면 적어도 4,500만 달러에 달하는 북한산 100달러짜리 위조지폐가 유통 중이다.

  a. 왜 납세자들이 북한의 위조지폐 생산으로 인해 손해를 보는가?

  b. 2016년 12월 현재 1년 만기 미국 재무부증권은 0.87%의 이자율을 제공한다. 이자율이 0.87%라면 4,500만 달러의 위조지폐로 인한 납세자들의 연간 손실액은 얼마나 되는가?

10. 다음 그림은 1980년 1월과 2016년 12월 사이의 기간에 미국의 월별 신축주택 착공 건수를 천 건 단위로 보여 준다. 그림은 1984~1991년과 2006~2009년 기간에 주택 착공 건수가 크게 감소했음을 보여 준다. 신축주택 착공 건수는 주택담보 대출의 이용 가능성과 연관이 있다.

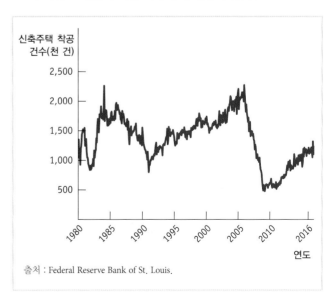

출처 : Federal Reserve Bank of St. Louis.

  a. 1984~1991년의 신축주택 착공 건수 감소 원인은 무엇인가?

b. 2006~2009년의 신축주택 착공 건수 감소 원인은 무엇인가?

c. 금융기관에 대한 규제가 더 좋았더라면 이 두 사건을 어떻게 방지할 수 있었겠는가?

11. 연방준비제도가 미국 재무부증권 5,000만 달러어치를 매입할 때 연방준비제도와 상업은행 T 계정에서의 변화를 보이라. 사람들이 고정된 금액의 현금만을 보유하고(그리하여 모든 대출이 은행시스템에서 동일한 금액의 예금을 창조하고), 필요지불준비율이 10%이고, 은행들이 초과 지불준비금을 보유하지 않는다면 상업은행의 예금은 얼마나 변하겠는가? 화폐공급은 얼마나 변하는가? 화폐공급이 대답한 금액만큼 변할 때 상업은행의 T 계정에서 최종 상태를 보이라.

19 통화정책

정부에서 가장 힘 있는 사람

≪뉴요커≫지의 기자인 니콜라스 르만이 미국 정부에서 가장 힘 있는 사람에 대한 기사를 쓰고자 했을 때 그가 찾은 곳은 백악관이 아니었다. 그 대신 그는 워싱턴에 있는 연준을 방문했다. 이곳에는 연준의 이사회와 의장(당시는 옐런, 지금은 파월)이 있다. 나중에 그는 "정부에서 가장 힘 있는 사람이 연준 의장이라는 옛말이 있다. 금융위기 이후 이는 오히려 겸손한 표현이 되어 버렸다."라고 썼다.

그렇지만 이웃에 있는 백악관과는 달리 연준에는 거창한 의식이 없다. 바삐 움직이는 보좌관도 없고, 멋진 옷을 입은 경비원도 없고, 화려한 그림도 없고, 경호원도 없다. 연준의 종사자들은 평범한 옷을 입고 있어서 대학원생으로 보일 정도다. 예를 들어 연준의 금융 업무를 수행하는 뉴욕 연방준비은행에서는 다섯 명의 종업원만이 근무하는 작은 방에서 매일 수십억 달러에 달하는 미국 장기 정부채가 매매된다. 모든 것이 너무나도 평범하다는 사실에 충격을 받은 르만은 "중요한 업무를 하고 있다는 기색을

연준 의장직은 아마도 미국 정부에서 가장 힘센 직책일 것이다.

전혀 찾아볼 수 없는 이다지도 평범한 광경이 정말로 고동치는 자본주의의 심장이란 말인가?"라고 물었다.

그 답은 그렇다이다. 연준 의장과 이사회의 힘의 원천은 통화정책을 결정할 수 있는 권한에 있다. 물가 안정, 일자리 창출, 금융시스템의 원활한 작동을 포함하여 연준의 **통화정책**이 미국 경제에서 갖는 중요성은 아무리 강조해도 지나치지 않다. 제2차 세계대전 이래 미국이 경험한 경기후퇴 중 거의 절반 정도가 적어도 부분적으로는 인플레이션을 진정시키기 위해 연준이 긴축적 정책을 채택한 데 원인이 있다. 다른 경우에도 연준의 정책은 경기부진에 대응하고 경기회복을 촉진함에 있어 핵심적인 역할을 담당했다. 더 최근에는 2008년의 금융위기와 뒤이은 대후퇴 기간 중에는 경제가 심연으로 추락하는 것을 막기 위한 노력의 중심에 있었다.

연준은 어떻게 이 모든 것을 달성할까? 겸손해 보이는 종업원들이 매일 미국 정부채 수십억 달러를 매매함으로써 달성되는 화폐공급과 이자율의 변화를 통해서다. (그리고 제18장에서 배웠듯이 연준은 은행에 대한 지불준비요구를 변경함으로써 화폐공급에 영향을 미칠 수 있다.)

우리는 이 장에서 통화정책이 어떻게 작동하는지, 즉 연준의 조치가 어떻게 경제에 강한 영향을 미치는지에 대해 배울 것이다. 먼저 가계와 기업의 **화폐수요**에 대해 알아볼 것이다. 그리고 나서 연준이 화폐공급을 변화시킬 수 있는 능력을 통해 어떻게 단기에 이자율을 변화시키고 그 결과 실질 국내총생산에 영향을 줄 수 있는지를 볼 것이다. 우리는 실제 미국의 통화정책에 대해 살펴보고 이를 다른 국가 중앙은행들의 통화정책과 비교할 것이다. 마지막으로 통화정책의 장기 효과에 대해 살펴보면서 결말을 지을 것이다. ●

이 장에서 배울 내용

- **화폐수요곡선**의 정의
- **유동성선호 모형**이 단기에 이자율을 결정하는 이유
- 연방준비제도가 통화정책을 실행하는 방법
- 통화정책이 경제를 안정시키기 위한 주요 정책수단인 이유
- 경제학자들이 **화폐의 중립성**을 믿는 이유

화폐수요

제18장에서는 여러 가지 통화총량에 대해서 배웠다. M1은 가장 보편적으로 사용되는 화폐공급의 정의로 유통 중인 현금과 당좌예금 그리고 여행자수표로 구성된다. 그리고 M2는 더 광범위한 화폐공급의 정의로 M1에 더하여 쉽게 당좌예금으로 전환될 수 있는 예금들로 구성된다. 이에 더해서 우리는 사람들이 화폐를 보유하는 이유가 재화와 서비스의 구매를 손쉽게 해 주기 때문임을 알았다. 이제 우리는 개인과 기업이 화폐를 얼마나 보유할 것인가를 결정하는 요인들에 대해서 알아볼 것이다.

화폐 보유의 기회비용

대부분의 경제적 의사결정은 상충관계를 내포하고 있다. 즉 개인은 어떤 재화를 얼마나 소비할지를 결정할 때 그 재화를 조금 더 소비함으로써 얻게 될 혜택이 그 비용만큼의 가치가 있는가를 판단한다. 화폐를 얼마만큼 보유할 것인가를 결정할 때도 이와 동일한 의사결정 과정을 거치게 된다.

화폐 보유의 편리함에는 비용이 따른다.

상품을 구매할 때 화폐만이 직접적인 지불수단으로 사용될 수 있기 때문에 개인과 기업은 자산의 일부를 화폐의 형태로 보유한다. 하지만 이러한 편리함을 누리는 데는 비용이 따른다. 일반적으로 화폐가 제공하는 수익률이 다른 비화폐성 자산에 비해 낮기 때문이다.

화폐의 편리함이 다소의 기회비용을 치를 만한 가치가 있음을 보여 주는 단적인 예로 미국인들이 현금이나 체크카드나 페이팔(PayPal)과 벤모(Venmo) 같은 송금서비스와 연계된 무이자 은행예금으로 보유하는 금액이 엄청나다는 사실을 들 수 있다. 이렇게 할 경우 사람들은 정기예금증서처럼 이자를 지급하는 자산에 자금을 넣어 둠으로써 벌 수 있을 이자를 포기해야 한다. **정기예금증서**(certificate of deposit) 또는 간단히 **CD**는 사람들이 정해진 기간 예금을 할 수 있게 해 주는 은행발행 자산으로 은행은 미리 정해진 이자율을 지급한다. 예를 들어 2019년 3월 현재 캐피털 원(Capital One)은 연 3.10%를 지급하는 5년 만기 CD와 2.70%를 지급하는 1년 만기 CD를 제공하고 있다. 그런데 CD는 5년이든 1년이든 정해진 기간이 지나기 전에 자금을 인출할 경우 벌금을 물어야 한다.

따라서 화폐수요에 대해 이해한다는 것은 개인과 기업이 편리하지만 이자가 없거나 거의 없는 자산(예 : 현금과 무이자 은행예금) 보유의 혜택과 이자를 주지만 편리함이 없는 비화폐성 자산(예 : CD) 보유의 혜택 간 상충관계를 어떻게 조화시키는지를 이해하는 것을 의미한다. 이러한 상충관계는 이자율에 의해 영향을 받는다. (이전과 마찬가지로 우리가 **이자율**이라 함은 명목 이자율, 즉 인플레이션에 대해 조정되지 않은 이자율을 의미한다.)

다음으로는 이자율이 크게 하락했던 2007년 6월부터 2009년 6월 사이에 이러한 상충관계가 어떻게 극적으로 변했는지에 대해 알아볼 것이다.

〈표 19-1〉은 2007년 6월에 화폐 보유에 따른 기회비용을 예시적으로 보여 준다. 첫째 줄은 1개월 만기 정기예금증서에 대한 이자율을 보여 준다. 이것은 사람들이 자신의 자금을 1개월 동안 묶어 놓을 용의가 있을 때 벌 수 있는 이자율이다.

2007년 6월에는 1개월 만기 정기예금증서가 5.30%의 수익률을 제공했다. 둘째 줄은 이자를 지급하는 은행예금(구체적으로 M2에 포함되는 은행예금에서

표 19-1 몇 가지 이자율, 2007년 6월

1개월 만기 정기예금증서(CD)	5.30%
이자지급부 요구불예금	2.30%
현금	0

출처 : Federal Reserve Bank of St. Louis.

소액 정기예금을 뺀 것)에 대한 이자율을 보여 준다. 이와 같은 계좌에 보유된 자금은 CD에 비해 더 쉽게 인출이 가능하지만 이와 같은 편리함을 얻기 위해서는 훨씬 더 낮은 2.30%의 이자율을 감수해야 한다. 마지막 줄은 지갑 속의 현금에 대한 이자율인데 당연히 영이다.

〈표 19-1〉은 한 시점에서 화폐 보유의 기회비용을 보여 준다. 그런데 화폐 보유의 기회비용은 전체 이자율 수준이 변함에 따라 변화한다. 특히 전체 이자율 수준이 하락하면 화폐 보유의 기회비용도 감소한다.

〈표 19-2〉는 2007년 6월과 2009년 6월 사이에 몇 가지 이자율이 어떻게 변화했는지를 보여 준다. 이 기간에는 연방준비제도가 급격히 악화되고 있는 경기후퇴를 저지하기 위해 (비록 실패하기는 했지만) 이자율을 인하하고 있었다. 2007년 6월과 2009년 6월의 이자율 비교는 화폐 보유의 기회비용이 급격히 감소할 때 어떤 일이 일어나는지를 예시적으로 보여 준다. 2007년 6월과 2009년 6월 사이에 연준이 가장 직접적으로 관리하는 이자율인 연방자금금리는 5.05%p 하락했다. 1개월 만기 CD의 이자율은 연방자금금리 하락폭에 가까운 5.02%p 하락했다. 이들 이자율은 모두 **단기이자율**(short-term interest rate), 즉 1년 이내에 만기가 도래하는 금융자산에 대한 이자율이다.

표 19-2 이자율과 화폐 보유의 기회비용		
	2007년 6월	2009년 6월
연방자금금리	5.25%	0.20%
1개월 만기 정기예금증서(CD)	5.30%	0.28%
이자지급부 요구불예금	2.30%	0.14%
현금	0	0
CD－이자지급부 요구불예금(%p)	3.00	0.14
CD－현금(%p)	5.30	0.28

출처 : Federal Reserve Bank of St. Louis.

그런데 2007년 6월과 2009년 6월 사이에 단기이자율이 하락했지만 화폐에 대한 이자율은 같은 폭만큼 하락하지 않았다. 현금에 대한 이자율은 물론 영에 머물러 있었다. 요구불예금에 대한 이자율은 하락하기는 했지만 단기이자율에 비해서는 훨씬 적게 하락했다. 〈표 19-2〉의 두 열을 비교하면 알 수 있듯이 화폐 보유의 기회비용은 감소했다. 〈표 19-2〉의 마지막 두 줄은 CD에 대한 이자율과 요구불예금 및 현금 간의 이자율 차이를 보여 준다.

이들 간의 차이, 즉 이자지급부 자산 대신 화폐를 보유하는 데 따른 기회비용은 2007년 6월과 2009년 6월 사이에 크게 줄어들었다. 이것은 보편적인 상황이다. 단기이자율이 높아질수록 화폐 보유의 기회비용이 높아지고 단기이자율이 낮아질수록 화폐 보유의 기회비용이 낮아진다.

〈표 19-2〉에 제시된 연방자금금리와 1개월 만기 CD의 이자율이 거의 같은 폭으로 하락한 것은 결코 우연이 아니다. 단기이자율은 극히 드문 예외를 제외하고는 모두 함께 움직이는 경향이 있기 때문이다. 단기이자율이 함께 움직이는 것은 CD와 1개월 만기 및 3개월 만기 재무부증권을 비롯한 다른 단기자산들이 사실상 동일한 업종에서 경쟁을 하고 있는 셈이기 때문이다. 어떤 자산이 평균보다도 낮은 이자율을 제공한다면 투자자들은 이를 팔고 자신의 재산을 더 높은 수익률을 제공하는 단기자산으로 이동시킬 것이다. 자산의 매도는 해당 자산의 이자율이 상승하도록 만든다. 투자자들이 이 자산을 보유하도록 만들기 위해서는 더 높은 이자율로 보상을 해줘야 하기 때문이다.

이와 반대로 투자자들은 평균보다 높은 이자율을 제공하는 단기자산에 재산을 투자하려 든다. 투자자들이 이와 같은 자산을 매입하면 해당 자산의 이자율은 하락한다. 자산의 매도자들이 수익률을 낮추더라도 이를 살 의향이 있는 매입자를 찾을 수 있기 때문이다. 이처럼 어떤 자산도 평균보다 높은 이자율이나 낮은 이자율을 계속해서 제공할 수 없기 때문에 단기자산의 이자율은 함께 움직이는 경향이 있다.

〈표 19-2〉는 단기이자율에 대한 정보만 포함하고 있다. 어떤 시점에도 수년 후에 만기가 도래하는 금융자산에 대한 이자율인 **장기이자율**(long-term interest rate)과 단기이자율 간에는 차이가 날 수 있다. 이 둘 간의 차이는 현실에서는 매우 중요한 의미를 가질 수 있다.

더욱이 화폐수요에 영향을 미치는 것은 장기이자율이 아니라 단기이자율이다. 화폐를 보유하

단기이자율(short-term interest rate)은 1년 미만의 만기를 가진 금융자산에 대한 이자율이다.

장기이자율(long-term interest rate)은 수년 후에 만기가 되는 금융자산에 대한 이자율이다.

는 결정은 현금 보유에 따른 편리함과 1년 미만의 단기에 만기가 도래하는 자산을 보유함에 따른 보수 간의 상충관계를 내포하기 때문이다. 하지만 당분간은 단기이자율과 장기이자율 간의 차이를 무시하고 단 하나의 이자율만 있다고 가정하기로 한다.

화폐수요곡선

전반적인 이자율 수준이 화폐 보유의 기회비용에 영향을 미치기 때문에 개인과 기업이 보유하기를 원하는 화폐의 양은 다른 조건이 같다면 이자율과 부의 관계를 갖게 된다. 〈그림 19-1〉에서 가로축은 화폐의 수요량을 나타내고 세로축은 이자율(r)을 나타내는데, 이 이자율은 1개월 만기 CD 이자율 같은 단기이자율을 대표한다고 생각할 수 있다.

〈그림 19-1〉에 제시된 **화폐수요곡선**(money demand curve), *MD*는 이자율과 사람들이 수요하는 화폐량(통화량) 간의 관계를 예시적으로 보여 준다. 화폐수요곡선은 우하향의 기울기를 갖는데 그 이유는 다른 조건이 같다면 이자율이 상승할 경우 화폐 보유의 기회비용이 상승하고 이에 따라 사람들이 수요하는 화폐의 양이 감소할 것이기 때문이다. 예를 들어 이자율이 1%와 같이 매우 낮다면 화폐를 보유하느라 벌지 못하는 이자는 매우 적을 것이다. 이 경우 개인과 기업은 물건을 구매할 때마다 다른 자산을 화폐로 전환해야 하는 비용과 불편함을 피하기 위해 비교적 많은 금액의 화폐를 보유하려 할 것이다.

이와 반대로 이자율이 1980년대 초의 미국에서와 같이 15%라는 높은 수준이라면 화폐 보유의 기회비용이 높으므로 사람들은 현금이나 예금으로는 적은 금액만을 보유하고 필요할 때 다른 자산을 화폐로 전환하여 사용할 것이다.

여러분은 왜 주식이나 부동산과 같은 다른 자산의 수익률이 아닌 이자율을 세로축으로 하여 화폐수요곡선을 그리는지 의아할 수도 있다. 앞서 보았듯이 대부분의 사람들에게 화폐를 얼마나 보유할 것인지에 대한 결정은 자금을 재무부증권과 같이 비교적 신속하게 화폐로 전환될 수 있는 자산으로 보유할 것인지의 여부에 달려 있다. 주식은 이러한 자산이 아닌데 주식을 매도할 경우 상당한 수준의 중개인 수수료를 지불해야 하기 때문이다(이것이 바로 투자자들이 주식시장에서 너무 자주 매매하지 말 것을 권유받는 이유다). 부동산을 매각하는 것도 더 많은 수수료와 긴 시간이 필요하다. 따라서 화폐에 '가까운' 자산, 즉 정기예금증서와 같이 꽤 유동성이 높은

화폐수요곡선(money demand curve)은 이자율과 화폐수요량 간의 관계를 보여 준다.

그림 19-1 화폐수요곡선

화폐수요곡선은 이자율과 화폐수요량 간의 관계를 나타낸다. 이 곡선은 우하향의 기울기를 가진다. 즉 이자율이 상승하면 화폐 보유의 기회비용이 상승하고 이에 따라 화폐수요량이 감소한다. 마찬가지로 이자율이 하락하면 화폐 보유의 기회비용이 하락하고 화폐수요량이 증가한다.

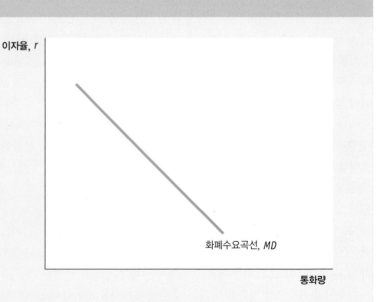

이자율, r

화폐수요곡선, *MD*

통화량

자산과 비교하는 것이 적절하다. 그리고 우리가 이미 보았듯이 평상시에는 이와 같은 자산에 대한 이자율들이 함께 움직이는 경향이 있다.

화폐수요곡선의 이동

이자율 이외에도 여러 요인이 화폐수요에 영향을 미칠 수 있다. 이 요인 중 하나가 변하면 화폐수요곡선이 이동한다. 〈그림 19-2〉는 화폐수요곡선 자체의 이동을 보여 준다. 화폐수요의 증가는 MD 곡선이 오른쪽으로 이동하여 각 이자율 수준에서의 화폐수요량이 증가하는 것에 상응한다. 화폐수요의 감소는 MD 곡선이 왼쪽으로 이동하여 각 이자율 수준에서의 화폐수요량이 감소하는 것에 상응한다.

화폐수요곡선을 이동시킬 수 있는 가장 중요한 요인으로는 물가의 변화, 실질 국내총생산의 변화, 신용시장 및 은행업 기술의 변화, 제도의 변화 등을 들 수 있다.

물가의 변화　1950년대와 비교할 때 오늘날의 미국인들은 훨씬 더 많은 현금을 지갑에 지니고 있고 훨씬 더 많은 자금을 당좌예금에 보유하고 있다. 한 가지 이유는 무엇이든 사기 위해서는 이렇게 해야만 한다는 것이다. 오늘날 거의 모든 것의 가격이 맥도날드에서 버거, 감자튀김, 음료를 모두 45센트에 살 수 있었고, 휘발유 1갤런을 29센트에 살 수 있었던 1950년대에 비해 훨씬 더 비싸졌기 때문이다. 따라서 가격 상승은 화폐수요의 증가(MD 곡선의 오른쪽으로의 이동)를 가져오고 가격 하락은 화폐수요의 감소(MD 곡선의 왼쪽으로의 이동)를 가져온다.

이에 대해 보다 상세히 알아보자. 다른 조건이 같다면 화폐수요는 물가에 비례한다. 다시 말해 물가가 20% 상승하면 각 이자율 수준에서의 화폐수요량도 20% 증가한다. 예컨대 〈그림 19-2〉에서 이자율이 r_1일 때의 화폐수요량이 M_1에서 M_2로 증가한다. 그 이유는 무엇일까? 모든 물건의 가격이 20% 상승하면 이전과 동일한 재화와 서비스 바구니를 구매하기 위해 화폐가 20% 더 필요하기 때문이다. 물가가 20% 하락하면 각 이자율 수준에서의 화폐수요량도 20% 감소한다. 예를 들면 〈그림 19-2〉에서 이자율이 r_1일 때의 화폐수요량이 M_1에서 M_3로 감소한다. 나중에 보듯이 화폐수요가 물가에 비례한다는 사실은 통화정책의 장기적 효과에 중요한 함의를 가진다.

그림 19-2　화폐수요의 증가와 감소

화폐수요에 영향을 미치는 이자율 이외의 요인이 변할 때 화폐수요곡선이 이동한다. 화폐수요의 증가는 화폐수요곡선을 MD_1에서 MD_2로 오른쪽으로 이동시키고 그 결과 각 이자율 수준에서의 화폐수요량이 증가한다. 화폐수요의 감소는 화폐수요곡선을 MD_1에서 MD_3로 왼쪽으로 이동시키고 그 결과 각 이자율 수준에서의 화폐수요량이 감소한다.

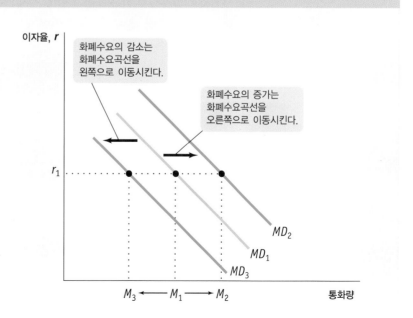

실질 국내총생산의 변화   가계와 기업은 재화와 서비스를 편리하게 구매하기 위해 화폐를 보유한다. 따라서 이들이 구매하고자 하는 재화와 서비스의 양이 많을수록 각 이자율 수준에서 보유하기를 원하는 화폐의 양이 더 많을 것이다. 따라서 한 경제에서 생산되고 판매되는 재화와 서비스의 총량인 실질 국내총생산이 증가하면 화폐수요곡선이 오른쪽으로 이동한다. 반대로 실질 국내총생산이 감소하면 화폐수요곡선은 왼쪽으로 이동한다.

신용시장 및 은행업 기술의 변화   1960년대까지만 해도 점심식사와 식료품을 포함한 거의 모든 소액 구매는 현금을 통해서 이루어졌는데, 현금 이외의 대안이 별로 없었기 때문이다. 그렇지만 그 이후 널리 보급된 신용카드와 체크카드에서부터 스마트폰으로 결제를 할 수 있는 페이팔과 같은 앱에 이르기까지 일련의 혁신이 현금에 대한 수요를 크게 감소시켰다. 또한 현금자동인출기와 온라인 뱅킹으로 계좌 간 현금이체가 용이해진 결과 당좌예금에 많은 자금을 넣어 둘 필요가 줄어들었다. 이 모든 발전은 사람들이 구매를 하는 것을 편리하게 만들고 화폐수요를 감소시켰으며 그 결과 화폐수요곡선이 왼쪽으로 이동했다.

제도의 변화   제도의 변화도 화폐수요를 증가시키거나 감소시킬 수 있다. 예를 들어 1980년에 '규제 Q'가 폐지되기 전까지는 미국의 은행들은 당좌예금에 대해 이자를 지급할 수 없었다. 이는 당좌예금을 보유할 경우 이자를 지급하는 자산에서 벌 수 있었을 이자를 포기해야 했음을 의미하며 이에 따라 당좌예금에 자금을 보관하는 데 따른 기회비용이 매우 높았다. 은행 규제의 변화로 인해 당좌예금에 대해 합법적으로 이자를 지급할 수 있게 되자 화폐수요가 증가했고 화폐수요곡선이 오른쪽으로 이동했다.

현실 경제의 >> 이해

엔화는 현금으로

금융 전문가들은 일본이 아직도 '현금 사회'라 주장한다. 미국이나 유럽에서 온 방문객들은 일본인들이 신용카드를 별로 사용하지 않으며 지갑에 많은 현금을 넣고 다닌다는 사실에 놀란다. 그럼에도 불구하고 일본은 경제적으로나 기술적으로 선진국이며 몇몇 지표에 따르면 통신과 정보기술의 사용에서 미국에 앞서 있다. 그렇다면 왜 이 경제 대국의 국민들은 아직도 미국인들이나 유럽인들이 한 세대 전에 사용하던 영업방식을 고집하고 있는 것일까? 이 질문에 대한 답은 화폐수요에 영향을 미치는 요인들을 부각해 준다.

일본인들이 현금을 그토록 많이 사용하는 이유 중 하나는 이들의 제도가 신용카드에 크게 의존하게끔 변하지 않는 데 있다. 여러 가지 복잡한 이유로 인해 일본의 소매 부문은 아직도 소규모 구멍가게들이 대부분을 차지하고 있으며 이들은 신용카드 기술에 투자하기를 꺼린다. 일본의 은행들 역시 진전된 거래 기술을 채택하는 데 신속하지가 않다. 일본 방문객들은 주요 대도시 지역을 제외하고는 현금자동인출기가 밤새 열려 있지 않고 저녁 일찍 폐쇄된다는 사실에 놀란다.

일본인들이 그토록 많은 현금을 보유하는 데는 또 하나의 이유가 있다. 현금 보유의 기회비용이 거의 없기 때문이다. 일본의 단기이자율은 1990년대 중반 이래 1% 미만에 머무르고 있다. 일본의 범죄율이 상당히 낮다는 점도 한몫을 한다. 현금이 가득 찬 지갑을 도난당할 가능성이 작기 때문이다. 사정이 이렇다면 현금을 보유하지 않을 이유가 없지 않을까?

Trevor Mogg/Alamy

무엇을 구매하든 일본인들은 플라스틱 카드보다는 현금으로 지급하는 경향이 있다.

>> **이해돕기 19-1**

해답은 책 뒤에

1. 다음 각 사건이 실질 화폐수요량과 명목 화폐수요량에 각각 어떤 영향을 미치는지 설명하라. 각 변화는 화폐수요곡선 상의 이동을 가져오는가 아니면 화폐수요곡선 자체의 이동을 가져오는가?

   a. 단기이자율이 5%에서 30%로 상승한다.

   b. 모든 가격이 10% 하락한다.

   c. 새로운 무선기술로 인해 모든 슈퍼마켓 구매가 신용카드에 자동적으로 청구되기 때문에 현금 계산대에 들를 필요가 없어진다.

   d. 조세 납부액이 급격하게 증가하는 것을 피하기 위해 라구리아의 거주자들은 그들의 자산을 해외에 있는 은행의 계좌로 이전했다. 이들 계좌는 조세 당국이 추적하기 어렵게 만드는 동시에 계좌의 소유자들도 자금을 현금으로 전환하기 어렵게 만든다.

2. 다음 중 어느 것이 현금 보유의 기회비용을 증가시키거나 감소시키거나 또는 아무 영향이 없는가? 설명하라.

   a. 새로운 고객 유치를 위해 인터넷 결제회사 페이버디(PayBuddy)는 페이버디 계정의 현금잔액에 대해 0.5%의 이자를 지불할 것이라고 밝혔다.

   b. 예금을 유치하기 위해 은행들이 6개월 만기 CD의 이자율을 올린다.

   c. 연말 휴가철 매물을 늘리기 위해 상점들이 가게 신용카드로 구매할 경우 1년간 무이자 혜택을 제공한다.

>> **복습**

- 화폐는 다른 금융자산에 비해 수익률이 낮다. 우리는 보통 화폐로부터의 수익률을 **장기이자율**이 아니라 **단기이자율**과 비교한다.
- 화폐 보유는 유동성을 제공하지만 그 대가로 이자율 상승에 따라 증가하는 기회비용을 치러야 한다. 그 결과 **화폐수요곡선**은 우하향의 기울기를 갖는다.
- 물가, 실질 GDP, 신용시장 및 은행업 기술, 제도 등의 변화는 화폐수요곡선을 이동시킨다. 화폐수요의 증가는 화폐수요곡선을 오른쪽으로 이동시키고 화폐수요의 감소는 화폐수요곡선을 왼쪽으로 이동시킨다.

화폐와 이자율

법에 정해진 의무를 이행하기 위해 본 위원회는 고용 극대화와 물가 안정을 달성하려 노력한다. 최근의 경제 전망에 따르면 경제는 더 강해질 것으로 보인다. 본 위원회는 통화정책 기조에 있어 점진적인 조정이 추가될 경우 경제활동이 중기에 있어 완만한 속도로 확장될 것이며 노동시장은 강한 상태를 유지할 것으로 예상한다. 12개월 단위로 본 인플레이션은 다소 상승하여 중기에 있어 본 위원회의 2% 목표 근처에서 안정될 것으로 보인다. 경제 전망에 있어 단기적인 위험은 어느 정도 균형을 이룰 것으로 보이지만, 본 위원회는 인플레이션의 진전을 주시하고 있다.

실현된 그리고 예상되는 노동시장 여건 변화와 인플레이션을 고려하여 본 위원회는 연방자금금리 목표를 1.5~1.75%로 올리기로 결정했다. 통화정책의 기조는 여전히 팽창적이어서 노동시장 여건을 강화시키고 2% 인플레이션으로의 지속적인 복귀를 지지할 것이다.

이것은 2018년 3월 21일에 열린 회의 후에 연방공개시장위원회가 발표한 보도자료의 일부다. 우리는 제18장에서 연방자금금리에 대해 배웠다. 이는 은행들이 지불준비 요구를 충족하는 데 필요한 지불준비금을 서로 빌려주면서 받는 이자율이다. 위 성명서가 의미하듯이 연방공개시장위원회는 연간 여덟 차례 개최되는 회의에서 연방자금금리의 목표치를 정한다. 이 목표를 달성하는 것은 연방준비제도 관리들의 과제다. 이 목표를 달성하기 위해 뉴욕 연방준비은행(Federal Reserve Bank of New York)의 공개시장팀(Open Market Desk)은 재무부증권이라 알려진 단기 정부부채를 매매한다.

이미 보았듯이 CD 이자율을 비롯한 다른 단기이자율들은 연방자금금리와 같이 움직인다. 따라서 연방준비제도가 2018년 3월에 연방자금금리의 목표를 올렸을 때 다른 많은 단기이자율들도 같은 폭만큼 상승했다.

　연방준비제도는 어떻게 연방자금금리 목표를 달성하는 것일까? 좀 더 적절하게 질문하자면 연방준비제도는 도대체 어떻게 이자율에 영향을 미칠 수 있는 것일까?

균형이자율

앞서 단순화를 위해 비화폐성 금융자산이 제공하는 이자율이 단기든 장기든 관계없이 오직 한 가지만 있다고 가정하기로 했음을 기억하자. 이자율이 어떻게 결정되는지를 이해하기 위하여 **이자율에 대한 유동성선호 모형**(liquidity preference model of the interest rate)을 예시하는 〈그림 19-3〉을 보도록 하자. 이 모형에 따르면 이자율은 화폐시장에서 화폐에 대한 공급과 수요에 의해 결정된다. 〈그림 19-3〉은 화폐수요곡선, MD와 **화폐공급곡선**(money supply curve), MS를 결합해서 보여 준다. 화폐공급곡선은 연방준비제도에 의해 공급되는 통화량(화폐의 양)이 이자율에 따라서 어떻게 변하는지를 보여 준다.

　제18장에서는 연방준비제도가 어떻게 화폐공급을 늘리거나 줄일 수 있는지를 배웠다. 연방준비제도는 화폐공급을 변화시키기 위해 재무부증권을 매매하는 공개시장 조작을 이용하지만 이외에도 재할인 창구나 지불준비 요구를 사용할 수도 있다. 단순화를 위해서 연방준비제도가 이들 중 한두 방법을 이용하여 단순히 이자율 목표를 달성할 수 있는 화폐공급 수준을 선택한다고 가정하자. 이 경우 화폐공급곡선은 〈그림 19-3〉의 MS와 같이 수직선이 되며 그 수평축 절편은 연방준비제도가 선택하는 화폐공급량 $\overline{M}$가 된다. 화폐시장의 균형은 MS와 MD가 교차하는 E점에서 달성된다. 이 점에서는 화폐수요량이 화폐공급량과 같으며 균형이자율은 r_E가 된다.

　왜 r_E가 균형이자율이 되는지를 이해하기 위해 화폐시장이 r_E보다 낮은 이자율 r_L을 가진 L과 같은 점에 있다면 어떤 일이 일어날지 생각해 보자. r_L의 이자율에서는 사람들이 실제 화폐공급량보다 많은 M_L만큼의 통화량을 보유하기를 원한다. 이는 L점에서는 사람들이 자신의 재산 중 일부를 CD와 같은 이자지급부 자산으로부터 화폐로 전환하기를 원함을 의미한다.

　이는 두 가지 의미를 내포하고 있다.

그림 19-3 화폐시장의 균형

화폐공급곡선 MS는 연방준비제도가 선택한 화폐공급 수준인 $\overline{M}$에서 수직이다. 화폐시장은 사람들의 화폐수요량이 화폐공급량인 $\overline{M}$와 같아지는 r_E의 이자율에서 균형을 이룬다. r_E보다 낮은 이자율 r_L을 가진 L과 같은 점에서는 화폐수요량 M_L이 화폐공급량 $\overline{M}$보다 크다. 자신의 재산을 비화폐성 이자지급부 금융자산으로부터 화폐로 전환하여 화폐 보유량을 늘리려고 하는 과정에서 투자자들은 이자율을 r_E까지 상승시킬 것이다. r_E보다 높은 이자율 r_H를 가진 H와 같은 점에서는 화폐수요량 M_H가 화폐공급량 $\overline{M}$보다 작다. 투자자들이 보유하고 있는 화폐를 비화폐성 이자지급부 금융자산으로 전환하려고 하는 과정에서 이자율은 r_E까지 하락할 것이다.

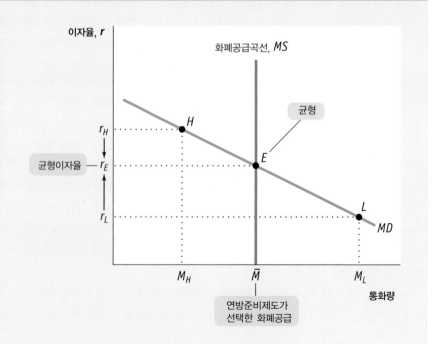

1. 화폐수요량이 화폐공급량보다 많다.
2. 비화폐성 이자지급부 금융자산에 대한 수요량이 공급량보다 작다.

따라서 이자지급부 자산을 팔고자 하는 사람들은 구매자가 생기도록 더 높은 이자율을 제시해야 할 것이다. 그 결과 이자율은 r_L보다 상승하기 시작한다. 이와 같은 이자율 상승은 사람들이 실제로 공급된 통화량인 $\overline{M}$를 보유하기를 원할 때까지 계속될 것이다. 즉 이자율은 r_E가 될 때까지 상승할 것이다.

이제 화폐시장이 〈그림 19-3〉의 H와 같이 r_E보다 높은 이자율 r_H를 가진 점에 있다면 어떤 일이 일어날 것인지 생각해 보자. 이 경우 화폐수요량 M_H는 화폐공급량인 $\overline{M}$보다 작다. 이에 상응하여 비화폐성 이자지급부 금융자산에 대한 수요량이 공급량보다 클 것이다. 이 경우 이자지급부 금융자산을 팔고자 하는 사람들은 더 낮은 이자율을 제시하더라도 구매자를 찾을 수 있을 것이다. 그 결과 이자율은 r_H로부터 하락할 것이다. 이자율 하락은 사람들이 실제로 공급된 통화량 $\overline{M}$를 보유하기를 원할 때까지 계속될 것이다. 앞서와 마찬가지로 이자율은 r_E가 될 것이다.

통화정책과 이자율

이제 연방준비제도가 어떻게 화폐공급의 변화를 통해 이자율을 변화시키는지 살펴보자. 〈그림 19-4〉는 연방준비제도가 화폐공급을 $\overline{M}_1$에서 $\overline{M}_2$로 증가시킬 경우 어떤 일이 발생하는지를 보여 준다. 경제는 처음에 E_1점에서 균형을 이루고 있으며 균형이자율은 r_1이고 화폐공급은 $\overline{M}_1$이다. 연방준비제도에 의한 화폐공급이 $\overline{M}_2$로 증가하면 화폐공급곡선이 MS_1에서 오른쪽으로 이동하여 MS_2가 되며 균형이자율이 r_2로 하락한다. 그 이유는 무엇일까? 사람들이 실제 화폐공급량인 $\overline{M}_2$를 보유하기를 원하는 유일한 이자율 수준이 r_2이기 때문이다.

함정

화폐공급 조정하기 또는 이자율 정하기?

오랜 기간을 거치면서 연방준비제도는 통화정책을 책정하는 데 세부적인 내용들을 변화시켜 왔다. 1970년대 후반과 1980년대 초반 한때는 화폐공급 목표 수준을 설정하고 이 목표를 달성하기 위해 본원통화를 변경했다. 이 정책하에서는 연방자금금리가 자유롭게 변동했다. 오늘날 연방준비제도는 그 반대로 연방자금금리 목표를 정하고 그 목표를 추구하는 과정에서 화폐공급이 변동하는 것을 허용한다.

흔히 범하는 실수 중 하나가 연방준비제도가 통화정책을 실행하는 방식의 이와 같은 변화가 화폐시장이 작동하는 방식을 변화시킨다고 생각하는 것이다. 즉 여러분은 때때로 연방준비제도가 이자율을 설정하기 때문에 이자율이 화폐공급과 수요를 더 이상 반영하지 않는다는 얘기를 듣는다.

사실 화폐시장은 여느 때와 마찬가지로 작동하고 있다. 이자율은 화폐공급과 수요에 의해 결정된다. 단 한 가지 차이점은 이제는 연방준비제도가 이자율 목표를 달성하기 위해 화폐공급을 조정한다는 것이다. 연방준비제도의 통화정책 운영방식의 변화와 경제가 작동하는 방식의 변화를 혼동하지 않는 것이 중요하다.

그림 19-4 화폐공급 증가가 이자율에 미치는 영향

연방준비제도는 화폐공급을 증가시킴으로써 이자율을 낮출 수 있다. 여기서 화폐공급이 $\overline{M}_1$에서 $\overline{M}_2$로 증가함에 따라 균형이자율은 r_1에서 r_2로 하락한다. 사람들이 더 많은 통화량을 보유하도록 만들기 위해서는 이자율이 r_1에서 r_2로 하락해야 한다.

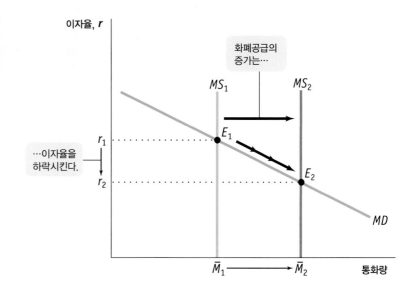

그림 19-5 연방자금금리 설정

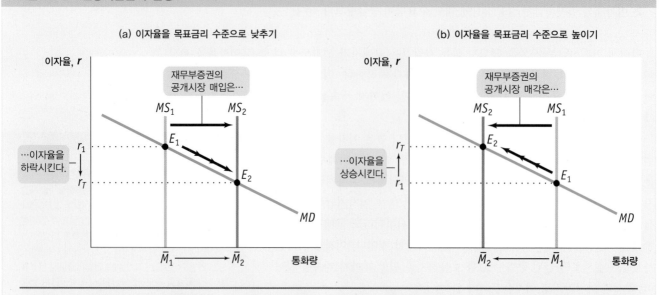

| (a) 이자율을 목표금리 수준으로 낮추기 | (b) 이자율을 목표금리 수준으로 높이기 |

연방준비제도는 연방자금금리 목표를 설정하고 이 목표를 달성하기 위해 공개시장 조작을 이용한다. 두 그림에서 모두 r_T는 연방자금금리 목표를 나타낸다. 그림 (a)에서 처음의 균형이자율 r_1은 목표금리보다 높다. 연방준비제도는 재무부증권의 공개시장 매입을 통해 화폐공급을 증가시키고 화폐공급곡선을 MS_1에서 MS_2로 오른쪽으로 이동시켜서 이자율을 r_T로 하락시킨다. 그림 (b)에서는 균형이자율 r_1이 목표금리보다 낮다. 연방준비제도가 재무부증권의 공개시장 매각을 통해 화폐공급을 감소시킴에 따라 화폐공급곡선은 MS_1에서 MS_2로 왼쪽으로 이동하고 이자율은 r_T로 상승한다.

따라서 화폐공급의 증가는 이자율을 하락시킨다. 마찬가지로 화폐공급의 감소는 이자율을 상승시킨다. 연방준비제도는 화폐공급을 증감시킴으로써 이자율을 설정할 수 있다.

현실에서 각 연방공개시장위원회 회의에서는 다음 회의가 열릴 때까지 6주간 유지될 이자율을 결정한다. 연방준비제도는 희망하는 연방자금금리 수준인 **연방자금금리 목표**(target federal funds rate)를 정한다. 연방자금금리 목표는 뉴욕 연방준비은행의 공개시장팀, 즉 머리말 이야기에서 언급했던 두 개의 작은 방에 있는 사람들에 의해 집행된다. 공개시장팀은 실제 연방자금금리가 목표금리와 같아질 때까지 재무부증권의 매매를 통해 화폐공급을 조절한다. 재할인 창구를 통한 대출과 지불준비 요구 변경과 같은 다른 통화정책 수단들은 일반적으로는 사용되지 않는다(그렇지만 2008년 금융위기에 대응하기 위해서 연준은 재할인 창구를 사용하였다).

〈그림 19-5〉는 이것이 어떤 원리에 의해 이루어지는지를 보여 준다. 두 그림에서 모두 r_T는 연방자금금리 목표를 나타낸다. 그림 (a)에서 처음의 화폐공급곡선은 $\overline{M}_1$의 화폐공급에 해당하는 MS_1이고, 이때의 이자율 r_1은 목표금리보다 높다. 이자율을 r_T로 낮추기 위해 연방준비제도는 재무부증권의 공개시장 매입을 시행한다. 재무부증권의 공개시장 매입은 화폐승수를 통해 화폐공급을 증가시킨다. 이는 그림 (a)에서 MS_1에서 MS_2로의 화폐공급곡선의 오른쪽으로의 이동과 $\overline{M}_2$로의 화폐공급 증가로 예시되어 있다. 화폐공급의 증가는 균형이자율을 목표금리인 r_T로 하락시킨다.

그림 (b)는 이와 반대의 경우를 보여 준다. 앞서와 마찬가지로 처음의 화폐공급곡선은 $\overline{M}_1$의 화폐공급에 해당하는 MS_1이다. 하지만 이 경우에는 균형이자율 r_1이 연방자금금리 목표인 r_T보다 낮다. 이 경우 연방준비제도는 재무부증권의 공개시장 매각을 시행하며 이는 화폐승수를 통해 화폐공급을 $\overline{M}_2$로 감소시킨다. 이는 화폐공급곡선을 MS_1에서 MS_2로 왼쪽으로 이동시키고 균형이자율을 연방자금금리 목표인 r_T로 상승시킨다.

연방자금금리 목표(target federal funds rate)는 연방준비제도가 희망하는 연방자금금리 수준이다.

장기이자율

이 장의 앞부분에서는 여러 해의 만기를 가진 채권이나 대출에 대한 이자율인 장기이자율이 반드시 단기이자율과 같은 움직임을 갖지는 않음을 지적했다. 그 이유는 무엇이며 이것이 통화정책에 대해 시사하는 바는 무엇일까?

예를 들어 2018년 3월에 연준이 연방자금금리를 인상했을 때 미국의 단기이자율은 1.70%였다. 그러나 여러 해 후에 만기가 되는 채권이나 대출에 대한 이자율인 장기이자율은 이보다 더 높았다. 10년 만기 정부채 이자율은 2.84%였다.

장기이자율이 이처럼 다른 이유는 무엇일까? 장기이자율은 예상되는 미래의 통화정책을 반영하며, 이는 다시 미래의 경제 전망에 의존하기 때문이다.

향후 2년 동안 1만 달러를 미국 정부채에 투자하기로 결정한 민의 경우를 생각해 보자. 그런데 그녀는 이 돈을 4%의 이자율에 1년 만기 채권에 투자할 것인지 또는 5%의 이자율에 2년 만기 채권에 투자할 것인지를 고민하고 있다. 1년 만기 채권을 사면 1년 후에 채권을 사기 위해 지불했던 1만 달러(원금)와 이자를 수취할 것이다. 대신 2년 만기 채권을 사면 민은 2년이 지날 때까지 기다려서 원금과 이자를 수취할 것이다.

여러분은 2년 만기 CD에 투자하는 것이 분명히 더 좋은 투자라고 생각할지도 모른다. 하지만 이것이 더 나은 투자가 아닐 수도 있다. 민이 내년에 1년 만기 채권의 이자율이 급격히 상승하리라 예상한다고 하자. 이 경우 금년에 1년 만기 채권에 투자하면 내년에는 훨씬 더 높은 이자율에 자금을 재투자할 수 있을 것이며, 그 결과 2년 만기 채권에 자금을 투자하는 것보다 더 높은 수익률을 낼 수도 있을 것이다.

예를 들어 1년 만기 채권 이자율이 금년의 4%에서 내년에는 8%로 상승한다면 1년 만기 채권에 자금을 투자할 경우 다음 2년 동안 약 6%의 연간 수익률을 낼 수 있는데 이는 2년 만기 채권에서 벌 수 있는 5%의 연간 수익률보다 더 낮다.

단기채권과 장기채권 간의 선택을 고민하고 있는 다른 모든 투자자들에게도 마찬가지의 계산이 적용된다. 단기이자율이 상승하리라 예상할 경우 장기채권이 더 높은 이자율을 제공한다 해도 투자자들은 단기채권을 살 것이다. 단기이자율이 하락하리라 예상한다면 지금 구매하는 단기채권이 더 높은 이자율을 제시한다 해도 투자자들은 장기채권을 살 것이다.

이 예가 보여 주듯이 장기이자율에는 미래에 단기이자율이 어떻게 될 것인가에 대한 시장의 평균적인 기대가 반영되어 있다. 2018년과 같이 장기이자율이 단기이자율보다 높은 현상은 투자자들이 당분간 미국 경제가 성장을 지속할 것이라 예측했고 그 결과 연준이 미래에 단기이자율을 올릴 것으로 예상하고 있었음을 의미한다.

그런데 이것이 이야기의 전부가 아니다. 위험도 한 요인이 된다. 1년 만기 채권과 2년 만기 채권 간 선택을 하려 하는 민의 예로 되돌아가자. 민이 응급 의료비의 발생으로 인해 1년 후에 투자를 현금화해야 할 가능성이 있다고 하자. 그녀가 2년 만기 채권을 산다면 예상치 못한 지출에 충당하기 위해 이 채권을 팔아야 할지도 모른다. 그런데 이 채권의 가격으로 얼마를 받을 수 있을까? 그것은 경제 전체의 이자율에 어떤 일이 일어나는지에 달려 있다. 채권 가격과 이자율은 서로 반대 방향으로 움직인다. 즉 이자율이 상승하면 채권 가격이 하락하고, 이자율이 하락하면 채권 가격이 상승한다.

이는 민이 1년 만기가 아니라 2년 만기 채권을 살 경우 추가적인 위험을 부담해야 함을 의미한다. 지금부터 1년 후 채권 가격이 하락하고 그녀가 현금을 마련하기 위해 채권을 팔아야 한다면 채권투자로부터 손실을 볼 수도 있다. 이러한 위험 요인으로 인해 장기이자율은 평균적으로

두 차례 세계대전 중의 광고는 자신의 자금을 여러 해 동안 묶어 두는 것을 꺼렸던 저축자들에게서 정부 장기채권에 대한 수요를 증가시켰다.

단기이자율보다 높다. 그래야만 장기채권의 구매자가 부담해야 하는 더 높은 위험에 대해 보상이 이루어질 수 있다. (물론 단기이자율이 비정상적으로 높을 때는 두 이자율 간의 관계가 반대로 될 때도 있다.)

이 장의 후반에서 보겠지만 장기이자율이 반드시 단기이자율과 함께 움직이지 않는다는 사실은 때때로 통화정책에서 중요한 고려사항이 되기도 한다.

현실 경제의 >> 이해

내려가는 계단 올라가기

이 절은 목표이자율을 인상하겠다는 2018년 3월 연준의 성명서로 시작했다. 그런데 역사적인 기준으로 보면 이 목표금리는 상당히 낮은 편이다. 〈그림 19-6〉이 보여주듯이 금융위기 이전에는 목표금리가 5.25%였다. 2008년 금융위기가 닥치자 연준은 대후퇴에 대응하기 위해 극적으로 금리를 인하했고, 7년 동안 영에 가깝게 유지했다.

그림 19-6 연준의 목표, 2007~2019년

출처 : Federal Reserve Bank of St. Louis.

왜 연준은 목표금리를 이다지도 낮게 유지했을까? 극심한 대후퇴와 느린 회복으로 인해 실업률이 그림에서 보듯이 매우 높은 반면, 인플레이션은 매우 긴 기간 낮은 상태가 지속되었기 때문이다. 연준은 가속페달을 계속해서 끝까지 밟아야 한다고 믿고 있었다.

2015년 말이 되자 실업률이 거의 위기 이전수준으로 하락하는 등 경제가 회복하고 있음이 명백해졌다. 2015년 12월에 연방공개시장위원회는 역사적 기준에서 볼 때 보다 정상적인 통화정책을 향해 조금씩 나아가기 시작했고, 2018년 3월 현재도 이 과정이 계속되고 있다. 그렇지만 '조금씩'이 관건이다. 2018년 3월에 목표금리를 인상했지만 연방자금금리는 여전히 10년 전에 비해 훨씬 더 낮았다.

왜 연준은 이렇게 느리게 움직였을까? 한 가지는 경제가 대후퇴의 최악 상황으로부터 분명히 회복하긴 했지만 인플레이션이 동반된 호황을 누리고 있지 못한 데 있었다. 사실 연준이 선호하는 인플레이션 지표는 여전히 목표보다 약간 낮은 수준이었다.

여기에 더해서 많은 경제학자들이 인구 고령화와 생산성 증가의 둔화를 비롯하여 경제 환경의 변화에 대해 우려하고 있었는데, 이는 완전고용을 유지하기 위해서는 이자율을 거의 항구적으로 역사적 기준에서 볼 때 낮은 수준으로 유지해야 함을 의미했다. 투자자들 역시 동의하는 듯 보였다. 2018년 초의 장기이자율은 약 2.75%였는데 이는 투자자들이 한동안은 연준이 이전에 목표로 했던 것 같은 이자율로 되돌아가지 않으리라 예상하고 있었음을 의미했다.

그런데 이러한 예상은 옳았을까? 연준이 더 신속하게 움직였어야 했던 것은 아닐까? 또는 전혀 움직이지 말았어야 했던 것은 아닐까? 시간이 말해 줄 것이다. 그렇지만 2007년부터 2018년까지 연준의 목표 변화는 통화정책을 움직이는 요인들을 분명하게 보여 준다.

>> 이해돕기 19-2

해답은 책 뒤에

1. 모든 이자율 수준에서 화폐수요가 증가한다고 하자. 그림을 이용하여 화폐공급이 주어져 있을 때 이와 같은 변화가 균형이자율에 미치는 영향을 보이라.

2. 이제 연방준비제도가 연방자금금리 목표를 추구하는 정책을 택하고 있다고 하자. 1번 문제와 같은 상황에서 연방자금금리를 고정하기 위해 연방준비제도는 어떤 행동을 취할 것인가? 그림을 통해서 보이라.

3. 말리아는 오늘 1년 만기 채권을 사고 지금부터 1년 후에 또 1년 만기 채권을 살 것인지 또는 오늘 2년 만기 채권을 살 것인지를 결정해야 한다. 다음 시나리오 중 어느 경우에 그녀가 첫 번째 선택을 하는 것이 더 나을까? 두 번째 선택은?

   a. 올해 1년 만기 채권의 이자율은 4%이고, 내년에는 10%가 될 것이다. 2년 만기 채권에 대한 이자율은 5%이다.

   b. 올해 1년 만기 채권의 이자율은 4%이고, 내년에는 1%가 될 것이다. 2년 만기 채권에 대한 이자율은 3%이다.

‖ 통화정책과 총수요

제17장에서는 경제를 안정시키기 위해 재정정책이 활용될 수 있음을 보았다. 이제 화폐공급이나 이자율을 변화시키는 통화정책이 어떻게 재정정책과 동일한 역할을 수행할 수 있는지를 볼 것이다.

확장적 통화정책과 긴축적 통화정책

제16장에서는 통화정책이 총수요곡선을 이동시킴을 배웠다. 이제 우리는 이를 설명할 수 있다. 바로 이자율에 대한 통화정책의 영향을 통해서다.

〈그림 19-7〉은 이러한 과정을 예시적으로 보여 준다. 먼저, 연방준비제도가 이자율을 낮추기를 원한다고 하자. 이 경우 연준은 화폐공급을 증가시킨다. 그림의 윗부분에서 볼 수 있듯이 낮은 이자율은 다른 조건이 같다면 투자지출을 증가시킬 것이다. 이는 다시 승수 과정을 통해 소비지출을 증가시키고 총수요를 증가시킬 것이다. 결국 통화량이 증가하면 각 물가수준에서의 재화와 서비스의 총수요량이 증가하고 *AD* 곡선이 오른쪽으로 이동한다. 재화와 서비스에 대한 수요를 증가시키는 통화정책을 **확장적 통화정책**(expansionary monetary policy)이라 한다.

이와 반대로, 연방준비제도가 이자율을 높이기를 원한다고 하자. 이 경우 연준은 화폐공급을 감소시킨다. 이러한 과정은 〈그림 19-7〉의 아랫부분에서 볼 수 있다. 화폐공급의 축소는 이자율을 높인다. 더 높은 이자율은 투자지출을 감소시키고 이는 소비지출을 감소시키고 이는 다시 총수요량을 감소시킨다. 따라서 화폐공급이 감소하는 경우에는 재화와 서비스의 총수요량이 감소하며 *AD* 곡선이 왼쪽으로 이동한다. 재화와 서비스에 대한 수요를 감소시키는 통화정책을 **긴축적 통화정책**(contractionary monetary policy)이라 한다.

확장적 통화정책(expansionary monetary policy)은 총수요를 증가시키는 통화정책이다.

긴축적 통화정책(contractionary monetary policy)은 총수요를 감소시키는 통화정책이다.

"내가 연준이 긴축정책을 썼어야 했다고 말했잖아."

그림 19-7 확장적 통화정책과 긴축적 통화정책

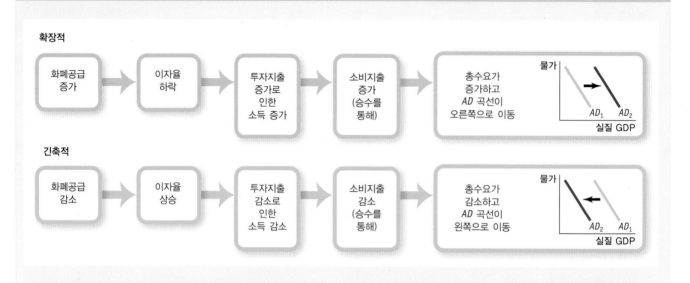

윗부분은 연준이 확장적 통화정책을 채택하여 화폐공급을 늘리는 경우 어떤 일이 일어나는지를 보여 준다. 이자율 하락은 투자지출을 증가시키고 소득을 증가시키며 이는 다시 소비지출을 증가시키며 *AD* 곡선을 오른쪽으로 이동시킨다. 아랫부분은 연준이 긴축적 통화정책을 채택하여 화폐공급을 줄이는 경우 어떤 일이 일어나는지를 보여 준다. 이자율 상승은 투자지출을 감소시키고 소득을 감소시킨다. 이는 소비지출을 감소시키고 *AD* 곡선을 왼쪽으로 이동시킨다.

실제의 통화정책

연준은 확장적 통화정책이나 긴축적 통화정책을 시행할 것인지의 여부를 어떻게 결정할까? 그리고 어느 정도로 시행하는 것이 충분한지를 어떻게 결정할까? 정책입안자들이 경기후퇴를 저지하기 위해 노력하는 동시에 물가 안정, 즉 낮지만 영이 아닌 인플레이션율을 확보하기 위해서도 노력한다고 배웠다. 실제 통화정책은 이들 목표를 혼합하여 달성하려고 한다.

일반적으로 연방준비제도를 비롯한 중앙은행들은 실제 실질 국내총생산이 잠재생산량보다 작을 때 확장적 통화정책을 시행하며 잠재생산량보다 클 때 긴축적 통화정책을 시행한다. 〈그림 19-8(a)〉는 제16장에서 실제 실질 국내총생산과 잠재생산량 간 차이의 비율로 정의되었던 총생산 갭을 1985년부터 연방자금금리에 대비하여 보여 준다. (실제 실질 국내총생산이 잠재생산량을 초과하는 경우 총생산 갭이 양의 값을 가짐을 상기하라.) 그림에서 보듯이 연준은 총생산 갭이 커지고 있을 때, 즉 경제에서 인플레이션 갭이 커지고 있을 때 이자율을 상승시키는 경향이 있으며 총생산 갭이 작아지고 있을 때 이자율을 하락시키는 경향이 있다. (2009년부터 2016년까지는 예외다. 이 기간 중에는 연방자금금리가 영 부근에 갇혀 있었는데 이를 영의 이자율 하한이라 부른다.)

이러한 경향에 대한 가장 큰 예외는 1990년대 후반에 정의 총생산 갭이 발생하고 있음에도 불구하고 (그리고 실업률이 낮았음에도) 연준이 이자율을 여러 해 동안 안정적으로 유지한 것이다. 연준이 1990년대 후반에 이자율을 낮게 유지한 한 가지 이유는 인플레이션율이 낮았기 때문이다. 〈그림 19-8(b)〉는 식품과 에너지를 제외한 소비자물가의 변화율로 측정된 인플레이션율을 연방자금금리와 비교해서 보여 준다. 여러분은 1990년대 중반과 2000년대 초반 그리고 2000년대 후반의 낮은 인플레이션율이 1990년대 후반과 2002~2003년 그리고 2008년 초의 느슨한 통화정책을 가져왔음을 볼 수 있다.

그림 19-8 총생산 갭과 인플레이션을 이용한 통화정책 추적

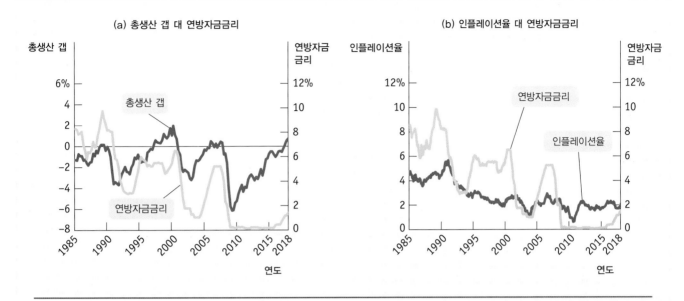

그림 (a)는 대개 총생산 갭이 양의 값을 가질 때, 즉 실제 실질 GDP가 잠 재생산량보다 클 때 연방자금금리가 상승하며 총생산 갭이 음의 값을 가질 때 연방자금금리가 하락함을 보여 준다. 그림 (b)는 인플레이션율이 높을 때 연방자금금리가 높고 인플레이션율이 낮을 때 연방자금금리가 낮음을 보여 준다.

출처 : Federal Reserve Bank of St. Louis.

통화정책을 설정하기 위한 테일러 준칙

1993년에 스탠퍼드대학교의 경제학자인 테일러(John Taylor)는 통화정책이 경기순환과 인플레이션을 감안하는 단순한 준칙을 따라야 한다고 제안했다. 그는 또한 마치 연준이 자신이 제안한 준칙을 따르고 있는 것처럼 실제 통화정책이 이루어지고 있다고 주장하였다. **통화정책을 위한 테일러 준칙**(Taylor rule for monetary policy)은 인플레이션율과 총생산 갭 또는 몇몇 경우에는 실업률을 고려하여 이자율을 정하는 준칙이다.

가장 널리 인용되는 테일러 준칙은 샌프란시스코 연방준비은행의 경제학자들에 의해 추정된 연준의 정책, 인플레이션, 실업 간의 관계다. 이들 경제학자는 1988~2008년 사이 연준의 행동이 다음과 같은 테일러 준칙에 의해 잘 설명됨을 발견했다.

$$연방자금금리 = 2.07 + 1.28 \times 인플레이션율 - 1.95 \times 실업 갭$$

위 식에서 인플레이션율은 식품과 에너지를 제외한 소비자물가의 전년 대비 변화에 의해 측정되며, 실업 갭은 실제 실업률과 자연실업률에 대한 의회예산처 추정치 간의 차이다.

〈그림 19-9〉는 1985년부터 2018년 중반까지 이 준칙에 의해 예측된 연방자금금리와 실제 연방자금금리를 비교해서 보여 준다. 그림에서 볼 수 있듯이 1985년부터 2008년 말까지는 연준의 결정이 이 테일러 준칙에 의해 예측된 수준에 꽤 가까웠다. 2008년 이후에 일어난 일에 대해 알아보자.

인플레이션 목표제

2012년 1월 이전에는 연준이 명시적으로 특정 인플레이션율을 달성할 것을 약속하지 않았다. 그런데 2012년 1월에 연준이 약 2%의 연간 인플레이션율을 유지하기 위해 통화정책을 설정할

통화정책을 위한 테일러 준칙(Taylor rule for monetary policy)은 연방자금금리가 인플레이션율과 총생산 갭을 기초로 하여 정해져야 함을 주장한다.

그림 19-9 테일러 준칙과 연방자금금리

보라색 선은 샌프란시스코 연방준비은행판 테일러 준칙에 의해 예측된 연방자금금리를 보여 준다. 이 준칙은 이자율을 인플레이션율과 실업률에 연관시킨다. 초록색 선은 실제 연방자금금리를 보여 준다. 2008년 말까지는 실제 금리가 예측된 금리와 꽤 가까운 움직임을 보였다. 그렇지만 그 이후에는 테일러 준칙이 음의 이자율을 요구했는데 이는 달성이 불가능하다.

출처 : Bureau of Labor Statistics, Congressional Budget Office, Federal Reserve Bank of St. Louis, Glenn D. Rudebusch, "The Fed's Monetary Policy Response to the Current Crisis," *FRBSF Economic Letter* #2009-17 (May 22, 2009).

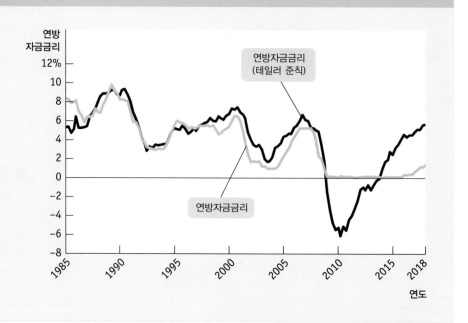

것이라 선언했다. 이 성명과 함께 연준은 명시적인 인플레이션 목표를 가지고 있는 몇몇 다른 중앙은행들에 동참했다. 테일러 준칙을 이용하여 통화정책을 결정하는 대신 이들은 인플레이션 목표, 즉 자신이 달성하기를 원하는 인플레이션율을 발표한다. 이처럼 통화정책을 정하는 방법을 **인플레이션 목표제**(inflation targeting)라 부르는데, 이 방법에서는 중앙은행이 달성하려고 하는 인플레이션율을 발표하고 이 목표를 달성하기 위해 정책을 정한다. 인플레이션 목표제를 가장 먼저 채택한 뉴질랜드 중앙은행은 1~3%를 목표 범위로 정했다.

다른 중앙은행들도 특정한 숫자를 달성할 것을 약속한다. 예를 들어 영국은행은 2%의 인플레이션율을 지키도록 되어 있다. 실제는 이 목표들 간에 큰 차이가 없는 듯 보인다. 목표 범위를 가진 중앙은행들은 대개 그 범위의 중간을 겨냥하며 특정 숫자를 목표로 가진 중앙은행들은 어느 정도 운신의 폭을 두기 때문이다.

인플레이션 목표제와 테일러 준칙 간의 한 가지 중요한 차이는 인플레이션 목표제는 회고적(backward-looking)이 아니라 전향적(forward-looking)이라는 점이다. 다시 말해서 테일러 준칙은 과거 인플레이션에 따라 통화정책을 조정하지만 인플레이션 목표제는 미래 인플레이션에 대한 예측에 근거하여 이루어진다.

인플레이션 목표제의 지지자들은 테일러 준칙과 비교해 두 가지 주요한 이점으로 **투명성과 책임성**을 든다. 첫째, 중앙은행의 계획이 투명하기 때문에 불확실성이 줄어든다. 대중이 중앙은행의 인플레이션 목표제의 목적을 알기 때문이다. 둘째, 실제 인플레이션율이 인플레이션 목표에 얼마나 근접했는지를 봄으로써 중앙은행의 성공 여부를 평가할 수 있으며, 이를 통해 중앙은행에 책임을 지울 수 있다.

인플레이션 목표제를 비판하는 사람들은 특정한 인플레이션율을 달성하는 것보다 금융시스템의 안정성과 같은 다른 관심사에 우선순위가 두어져야 할 때가 있는 만큼 인플레이션 목표제는 지나치게 제약적이라 주장한다. 실제로 2013년 후반부터 연준은 이자율을 영에 가깝게 유지한 반면 테일로 준칙에 따른 이자율은 상승함에 따라 테일러 준칙과 연방자금금리가 상당히 큰 폭으로 벌어졌다. 이러한 연준의 행동은 이자율 상승이 취약한 경제를 다시 혼돈과 후퇴로 되돌려 놓을 것이라는 우려에서 비롯되었다.

인플레이션 목표제(inflation targeting)는 중앙은행이 명시적인 인플레이션율 목표를 정하고 이 목표를 달성하기 위해 통화정책을 결정하는 것이다.

국제비교 　　**인플레이션 목표**

이 그림은 인플레이션 목표제를 채택한 6개 중앙은행의 인플레이션율 목표를 보여 준다. 뉴질랜드 중앙은행은 1990년에 인플레이션 목표제를 도입했다. 오늘날 이 은행은 1~3%를 인플레이션 목표 범위로 채택하고 있다. 캐나다와 스웨덴의 중앙은행은 이와 동일한 목표 범위를 가지고 있는 한편 2%라는 정확한 목표도 갖고 있다. 노르웨이의 중앙은행은 2.5%를 인플레이션 목표로 삼되 1.5%에서 3.5%까지의 범위를 인정한다. 영국의 중앙은행은 2%를 인플레이션 목표로 한다. 미국의 연방준비제도도 2012년부터 2%의 인플레이션 목표로 한다.

현실에서는 이러한 세부적인 차이가 결과에서 어떠한 중대한 차이도 가져오지 않는 것처럼 보인다. 뉴질랜드는 목표 범위의 중간인 2%의 인플레이션을 겨냥하고, 영국과 노르웨이, 미국은 목표 인플레이션율을 중심으로 상당한 운신의 폭을 두고 있다.

출처 : IMF.

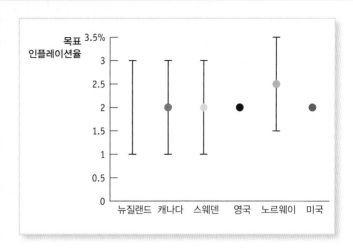

버냉키(2006년부터 2014년 초까지 연준 의장으로 재임)를 비롯한 많은 미국의 거시경제학자들은 인플레이션 목표제에 대해 긍정적인 견해를 갖고 있었다. 그리고 2012년 1월에 연준은 자신이 추구하는 '물가 안정'의 의미가 2%의 인플레이션임을 선언했다. 이 인플레이션율이 언제 달성될 것인지에 대한 명시적 약속은 없었지만.

영의 하한의 문제

〈그림 19-9〉가 보여 주듯이 인플레이션율과 실업률에 기초를 둔 테일러 준칙은 1985년부터 2008년까지 연준의 정책을 잘 예측할 수 있다. 그렇지만 그 이후에는 일이 뒤틀리는데 그 이유는 매우 간단하다. 매우 높은 실업률과 매우 낮은 인플레이션율로 인해 동일한 테일러 준칙이 영보다 낮은 이자율을 요구하게 되었는데 이는 달성하기 어려운데다 문제가 많다.

음의 이자율이 문제가 되는 것은 언제든지 영의 이자율을 제공하는 현금을 보유할 수 있는 대안이 있기 때문이다. 그런데 도대체 사람들이 영보다 낮은 이자율을 제공하는 채권을 사는 이유는 무엇일까?

2014년까지만 해도 대부분의 경제학자들은 이자율이 영보다 낮아지는 것이 근본적으로 불가능하다고 생각했다. 그렇지만 그 해에 스위스 중앙은행이 이전에는 생각하지도 못했을 행동을 했는데, 바로 목표금리를 영보다 약간 낮은 수준으로 정한 것이었다. 나중에 알고 보니 약간의 음의 이자율에서조차 사람들이 보유하기를 원하는 현금의 양은 한정되어 있었다. 도난 방지를 위해 금고를 필요로 하는 등 현금을 보유하는 데에는 많은 비용이 들기 때문이다. 2015년이 되자 연방자금금리에 해당하는 스위스 금리가 −0.75%가 되었고, 유럽중앙은행과 일본은행도 모두 영보다 약간 낮은 금리를 유지하고 있었다.

결국 영의 이자율 하한은 절대적인 한계가 아니다. 그렇지만 그 전까지는 어떤 중앙은행도 −3% 또는 −6%와 같이 영보다 상당히 낮은 수준으로 이자율을 낮추려 들지 않았다. 테일러 준칙이 2009년과 2010년에 미국에 대해 제시한 이자율이 바로 이 수준인데도 불구하고. 이는 부분적으로는 이처럼 낮은 이자율이 현금 퇴장을 불러올 것이라는 우려로 설명될 수 있다. 이에 더하여 음의 이자율은 은행시스템에 큰 문제를 일으키고 경제 전체에 불리한 영향을 미칠 것이라는 믿음도 팽배했다. 이와 같은 상황이 **영의 이자율 하한**(zero lower bound for interest rates), 즉 이

영의 이자율 하한(zero lower bound for interest rates)은 이자율이 영보다 낮아질 수 없음을 의미한다.

자율이 영보다 크게 하락하면 상당한 문제를 일으킬 것이라는 사고를 낳았다.

연준은 이자율을 영보다 더 낮은 수준으로 낮추려고 한 적이 없다. 이는 다시 인플레이션율이 낮고 경제가 잠재력보다 훨씬 더 낮은 활동을 보일 때의 정상적인 통화정책, 즉 화폐공급을 확장하기 위한 단기 정부채의 공개시장매입은 단기이자율이 이미 영이거나 영에 가깝기 때문에 운신의 폭이 사라짐을 의미한다. 경제학자들은 이러한 상황을 영의 하한에 부딪침(running up against the zero lower bound)이라 일컫는다.

2010년 11월에 연준은 경제가 취약한데도 이자율을 더 이상 내릴 수 없는 문제를 우회하기 위한 시도를 시작했는데 이 시도는 양적 완화라는 다소 애매한 명칭으로 알려져 있다. 연준은 3개월 만기 재무부증권과 같은 단기 정부채만을 매수하는 대신 5년 또는 6년 만기를 포함하여 보다 장기의 정부채를 매수하기 시작했다. 이미 지적한 대로 장기이자율은 단기이자율을 정확히 따라가지는 않는다. 연준이 이 프로그램을 시작했을 때 단기이자율은 영에 가까웠지만 보다 장기의 채권에 대한 이자율은 2~3% 사이였다. 연준은 이들 장기채권을 직접 매수함으로써 장기채에 대한 이자율을 하락시키고 경제에 확장적인 영향을 미치기를 희망했다.

나중에 연준은 이 프로그램을 더욱 확장하여 주택대출 담보부 증권을 매입하기도 했는데 이는 보통 정부채보다 약간 더 높은 이자율을 지급한다. 이 경우에도 주택대출 담보부 증권 이자율이 하락하면 경제에 확장적인 효과를 미칠 수 있으리라 기대되었다. 정상적인 공개시장 조작과 마찬가지로 양적 완화는 뉴욕 연방준비은행에 의해 실행되었다.

이 정책은 효과적이었나? 연준은 이 정책이 경제에 도움이 되었다고 생각한다. 하지만 경기회복의 속도는 실망스러울 정도로 느렸다. 2016년부터 연준은 이자율을 천천히 올리기 시작하였지만 그 폭은 테일러 준칙이 예측하는 수준보다 작았다. 경제의 회복속도가 느렸기 때문이다.

현실 경제의 >> 이해

연준은 원하는 것을 이룰 수 있다

연준이 실제로 경제를 수축시키거나 팽창시킬 수 있다는 증거가 있는가? 여러분은 이러한 증거를 찾기 위해서는 이자율이 상승하거나 하락할 때 경제에 어떤 일이 일어나는지를 보기만 하면 된다고 생각할지도 모른다. 그러나 이러한 접근방법에는 큰 문제가 있다. 연준은 경제가 팽창할 때 이자율을 올리고 수축할 때 이자율을 낮추는 등 경기순환을 길들이기 위해 이자율을 변화시킨다. 따라서 실제 자료에 있어서는 낮은 이자율이 취약한 경제와 동반하여 나타나고 높은 이자율이 강건한 경제와 동반하여 나타나는 것처럼 보이는 경우가 종종 있다.

"통화정책이 중요하다(Monetary Policy Matters)"라는 1994년의 유명한 논문에서 거시경제학자인 크리스티나 로머(Christina Romer)와 데이빗 로머(David Romer)는 경기순환에 대한 반응이 아닌 통화정책 사례에 초점을 둠으로써 이 문제를 해결했다. 구체적으로 이들은 연방공개시장위원회 의사록과 다른 출처를 이용하여 '연준이 인플레이션을 잡기 위해 사실상 경기후퇴를 발생시키려고 한' 사례들을 찾아냈다. 통화

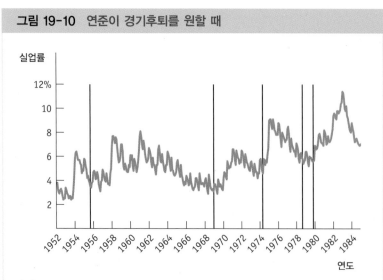

그림 19-10 연준이 경기후퇴를 원할 때

실업률

출처 : Bureau of Labor Statistics; Christina D. Romer and David H. Romer, "Monetary Policy Matters," *Journal of Monetary Economics* 34 (August 1994): 75-88.

연도

정책을 단지 거시경제 안정수단으로만 사용하는 대신 고착화된 인플레이션, 즉 사람들이 미래에도 지속되리라 예상하는 인플레이션을 제거하기 위해서 사용하기도 한다. 이 경우 연준은 고착화된 인플레이션을 경제에서 짜내기 위해 단지 인플레이션 갭을 제거하는 것에 그치지 않고 경기후퇴 갭을 발생시킬 필요가 있다.

〈그림 19-10〉은 1952년과 1984년 사이의 실업률을 보여 주는 한편 로머와 로머가 판단하기에 연준이 경기후퇴를 필요로 했던 다섯 개 시기(수직선)를 보여 준다. 이들 다섯 개 사례 중 네 개에서 경제를 수축시키려는 결정이 내려졌으며, 약간의 시차를 두고 실업률이 상승했다. 로머와 로머는 연준이 실업률을 증가시킬 필요가 있다고 판단한 후 평균적으로 실업률이 2%p 상승했음을 발견했다.

그렇다. 연준은 원하는 것을 이룰 수 있다.

>> 이해돕기 19-3
해답은 책 뒤에

1. 경제가 현재 경기후퇴 갭을 겪고 있으며 연방준비제도가 이 갭을 메우기 위해 확장적 통화정책을 사용한다고 하자. 이와 같은 정책이 다음 각각에 미치는 단기적인 영향을 설명하라.
   a. 화폐공급곡선
   b. 균형이자율
   c. 투자지출
   d. 소비지출
   e. 총생산
2. 통화정책을 정할 때 테일러 준칙을 따르는 중앙은행과 인플레이션 목표제를 따르는 중앙은행 중 어느 중앙은행이 금융위기에 더 직접적으로 반응할 것 같은가? 이유를 설명하라.

‖ 장기에서의 화폐, 총생산과 물가

통화정책은 확장적 또는 긴축적 효과를 미치기 때문에 경제를 안정시키기 위한 주된 정책 수단으로 채택되고 있다. 하지만 모든 중앙은행의 행동이 반드시 생산적인 것은 아니다. 특히 중앙은행들은 경기후퇴 갭에 대응하기 위해서가 아니라 정부의 지출에 충당하기 위해 화폐를 찍어 내기도 하는데 이 경우에는 경제가 불안정해진다.

화폐공급의 변화가 경제를 장기균형으로 이동시키지 않고 더 멀리 이탈시키는 경우 어떤 일이 일어날까? 제16장에서는 경제가 장기에 자기 보정적이기 때문에 총수요충격은 총생산에 일시적인 영향만을 미친다고 배웠다. 총수요충격이 화폐공급 변화의 결과라면 더 강력한 명제를 제시할 수 있다. 즉 장기에는 화폐공급의 변화가 물가에 영향을 미칠 뿐 실질 총생산이나 이자율에 영향을 미치지 못한다. 그 이유를 이해하기 위해 중앙은행이 항구적으로 화폐공급을 증가시키는 경우를 생각해 보자.

화폐공급 증가의 단기 및 장기 효과

화폐공급 변화의 장기 효과를 분석하기 위해서는 중앙은행이 이자율이 아니라 화폐공급을 통화정책의 목표로 선택한다고 생각하는 것이 도움이 된다. 화폐공급 증가의 효과를 평가하기 위해 총수요 증가의 장기 효과에 대한 분석으로 되돌아가기로 한다.

〈그림 19-11〉은 경제가 Y_1의 잠재생산량을 갖고 있는 상태에서 화폐공급 증가가 가져오는

>> 복습
• 연방준비제도는 총수요를 증가시키기 위해 **확장적 통화정책**을 사용하고 총수요를 감소시키기 위하여 **긴축적 통화정책**을 사용할 수 있다. 연방준비제도를 비롯한 중앙은행들은 일반적으로 낮지만 영보다 높은 수준에서 인플레이션율을 유지하면서 경기순환을 길들이려고 노력한다.
• **통화정책을 위한 테일러 준칙**에 따르면 정의 총생산 갭이나 높은 인플레이션이 존재할 때 연방자금금리 목표가 상향 조정되어야 하고 부의 총생산 갭이나 낮은 또는 부의 인플레이션이 존재할 때 연방자금금리 목표가 하향 조정되어야 한다.
• 반면에 몇몇 중앙은행들은 회고적인 정책 준칙인 테일러 준칙이 아니라 전향적인 정책 준칙인 **인플레이션 목표제**에 의해 통화정책을 결정한다. 인플레이션 목표제는 투명성과 책임성이라는 장점을 갖고 있기는 하지만 어떤 사람들은 이 제도가 지나치게 제약적이라고 생각한다. 2008년까지는 연준이 느슨하게 정의된 테일러 준칙을 따랐다. 2012년 초부터 연준은 연간 2%를 목표로 인플레이션 목표제를 채택하기 시작했다.
• **영의 이자율 하한**이 존재한다. 즉 이자율은 영보다 낮게 하락할 수 없는데, 이는 통화정책의 효력에 제약을 가한다.
• 통화정책은 재정정책에 비해 정책 시차가 짧기 때문에 거시경제 안정을 위한 주된 정책수단으로 사용된다.

그림 19-11 화폐공급 증가의 장·단기 효과

경제가 이미 잠재생산량을 달성하고 있을 때 화폐공급의 증가는 단기적으로 실질 국내총생산에 정의 영향을 미치나 장기적으로는 아무런 영향을 미치지 못한다.

여기서 경제는 장기와 단기의 거시경제 균형을 동시에 충족시키는 E_1에서 출발한다. 화폐공급의 증가는 AD 곡선을 오른쪽으로 이동시키며 경제는 Y_2의 실질 국내총생산을 가진 새로운 단기 거시경제 균형점인 E_2로 이동한다. 하지만 E_2는 장기 거시경제 균형이 아니다. Y_2는 잠재생산량 Y_1을 초과하므로 시간이 흐름에 따라 명목임금이 상승한다. 장기에는 명목임금의 증가가 단기 총공급곡선을 왼쪽으로 이동시켜 $SRAS_2$에 이르게 한다.

경제는 $LRAS$ 곡선 상에 있는 E_3점에서 새로운 장기 및 단기균형에 도달하며 총생산은 Y_1의 잠재생산량으로 되돌아간다. 화폐공급 증가가 가져오는 유일한 장기적 효과는 물가수준이 P_1에서 P_3로 상승하는 것이다.

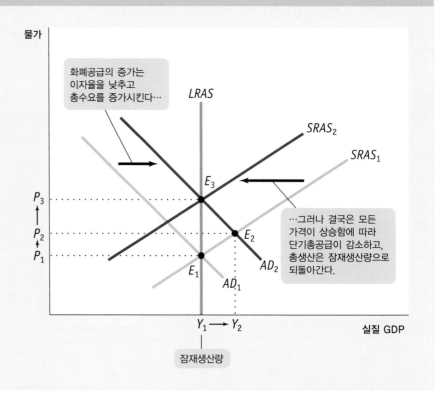

장·단기 효과를 보여 준다. 처음의 단기 총공급곡선은 $SRAS_1$이고 장기 총공급곡선은 $LRAS$이며 처음의 총수요곡선은 AD_1이다. 경제는 처음에 E_1점에서 균형을 이루는데 이 점은 단기 총공급 곡선과 장기 총공급곡선 위에 있기 때문에 단기 거시경제 균형과 장기 거시경제 균형을 모두 달성하는 점이다. 실질 국내총생산은 잠재생산량 Y_1과 같다.

이제 화폐공급이 증가한다고 하자. 다른 조건이 같다면 화폐공급의 증가는 이자율을 하락시키고 투자지출을 증가시키며 이는 다시 소비지출을 추가적으로 증가시키는 등의 과정을 발생시킨다. 따라서 화폐공급의 증가는 재화와 서비스에 대한 총수요량을 증가시키고 이에 따라 총수요곡선은 오른쪽으로 이동하여 AD_2가 된다. 단기에는 경제가 새로운 단기 거시경제 균형점인 E_2로 이동한다. 물가는 P_1에서 P_2로 상승하며 실질 국내총생산은 Y_1에서 Y_2로 증가한다. 즉 단기적으로는 물가와 총생산이 모두 증가한다.

그러나 Y_2의 총생산은 잠재생산량보다 크다. 이 경우 시간이 흐름에 따라 명목임금이 상승하고 그 결과 단기 총공급곡선이 왼쪽으로 이동한다. 이러한 과정은 $SRAS$ 곡선이 $SRAS_2$까지 이동하여 경제가 단기 거시경제 균형과 장기 거시경제 균형을 모두 충족시키는 E_3점에 이를 때까지 계속될 것이다. 결국 화폐공급 증가의 장기적 효과는 물가가 P_1에서 P_3로 상승하지만 총생산은 다시 잠재생산량 Y_1으로 되돌아가는 것이다. 따라서 장기적으로는 통화팽창이 물가를 상승시키나 실질 국내총생산에는 영향을 미치지 못한다.

통화수축의 영향에 대해서는 상세히 설명하지 않을 것이나 위와 동일한 논리가 적용된다. 단기적으로는 화폐공급이 감소할 경우 경제가 단기 총공급곡선을 따라서 아래쪽으로 이동함에 따라 총생산이 감소한다. 하지만 장기에는 통화수축이 물가만 하락시키고 실질 국내총생산은 다시 잠재생산량 수준으로 되돌아간다.

화폐의 중립성

화폐공급의 증가는 장기에 물가수준을 얼마나 변화시킬까? 화폐공급의 증가는 장기에 화폐공급 증가와 비례하는 물가 변화를 가져온다. 예를 들어 화폐공급이 25% 감소하면 장기적으로 물가는 25% 하락한다. 화폐공급이 50% 증가하면 장기적으로 물가는 50% 상승한다.

어떻게 이와 같은 사실을 알 수 있을까? 다음과 같은 생각의 실험을 해 보자. 최종 생산물인 재화와 서비스의 가격은 물론 요소가격을 포함하여 경제에서 모든 가격이 두 배가 된다고 하자. 그리고 이와 동시에 화폐공급도 두 배가 된다고 하자. 이 경우 경제는 어떻게 달라질까? 실질적으로 아무것도 달라지지 않는다는 것이 답이다. 실질 국내총생산과 화폐공급의 실질가치(화폐공급으로 구매할 수 있는 재화와 서비스의 양)를 포함하여 경제의 모든 실질변수는 변하지 않는다. 따라서 아무도 이전과 다르게 행동할 이유가 없다.

이와 같은 주장을 역으로 서술할 수도 있다. 만일 경제가 장기 거시경제 균형에서 출발하고 명목 화폐공급이 변한다면 장기 거시경제 균형을 다시 회복하기 위해서는 모든 실질변수가 원래의 수준으로 되돌아가야 한다. 여기에는 실질 화폐공급이 원래의 수준을 회복하는 것도 포함된다. 따라서 화폐공급이 25% 감소하면 물가가 25% 하락해야 한다. 화폐공급이 50% 증가하면 물가도 50% 상승해야 한다.

이와 같은 분석은 화폐공급이 실질 국내총생산이나 그 구성요소를 포함하여 경제에 아무런 실질적 영향을 미치지 못한다는 **화폐의 중립성**(monetary neutrality)이라 알려진 개념을 잘 보여준다. 화폐공급 증가가 가지는 유일한 효과는 물가를 동일한 비율만큼 상승시키는 것이다. 경제학자들은 장기적으로 화폐가 중립적이라고 주장한다.

이쯤에서 "장기에는 우리 모두 죽는다."라는 케인즈의 격언을 되새겨 보자. 장기에는 화폐공급의 변화가 물가 이외에 실질 국내총생산, 이자율 또는 다른 어떤 실질변수에도 영향을 미치지 못한다. 하지만 이와 같은 사실로부터 연방준비제도가 아무런 역할을 할 수 없다고 주장하는 것은 어리석다. 통화정책은 단기적으로 경제에 강한 실질적 영향을 미치며 이것이 종종 경기후퇴와 경기팽창이라는 차이를 낳기도 한다. 물론 이러한 차이는 경제 전체의 후생수준에 매우 중요한 영향을 미친다.

장기에서의 화폐공급 변화와 이자율

단기에는 화폐공급의 증가가 이자율을 하락시키고 화폐공급의 감소는 이자율을 상승시킨다. 하지만 장기에는 화폐공급이 이자율에 영향을 미치지 못한다.

〈그림 19-12〉는 그 이유를 보여 준다. 이 그림은 연준이 화폐공급을 증가시키기 전과 후의 화폐공급곡선과 화폐수요곡선을 보여 준다. 경제가 처음에 잠재생산량 수준에서 장기 거시경제 균형상태인 E_1점에 있으며 이때 화폐공급은 $\overline{M}_1$이라 하자. 처음의 이자율은 화폐수요곡선인 MD_1과 화폐공급곡선인 MS_1이 교차하는 점에 해당하는 이자율인 r_1에서 결정된다.

이제 화폐공급이 $\overline{M}_1$에서 $\overline{M}_2$로 증가한다고 하자. 단기적으로 경제는 E_1점에서 E_2점으로 이동하며 이자율이 r_1에서 r_2로 하락한다. 그러나 시간이 흐름에 따라 물가가 상승하고 그 결과 화폐수요가 증가함에 따라 화폐수요곡선이 MD_1에서 MD_2로 오른쪽으로 이동한다. 경제는 E_3점에서 새로운 장기 균형을 달성하고 이자율은 원래 수준인 r_1으로 되돌아간다.

결과적으로 장기 균형이자율은 처음의 이자율인 r_1과 같다. 우리는 두 가지 이유에서 이와 같은 일이 일어나리라는 것을 이미 알고 있다. 첫째, 화폐의 중립성으로 인해 장기에는 물가가 화폐공급의 증가에 비례하여 상승한다. 따라서 화폐공급이 예를 들어 50% 증가하면 물가도 50% 상승한다. 둘째, 다른 조건이 같다면 화폐수요는 물가 수준에 비례한다.

따라서 화폐공급이 50% 증가할 경우 물가가 50% 상승하고 이는 각 이자율 수준에서의 화폐

화폐의 중립성(monetary neutrality)
이라는 개념에 따르면 화폐공급의 변화는 경제에 아무런 실질적 영향을 미치지 못한다.

그림 19-12 장기에서의 이자율 결정

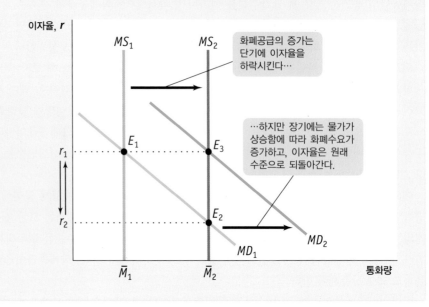

단기에는 화폐공급이 $\overline{M_1}$에서 $\overline{M_2}$로 증가하면 이자율이 r_1에서 r_2로 하락하고 경제는 단기 균형인 E_2점으로 이동한다. 그러나 장기에는 물가가 화폐공급 증가와 비례하여 상승함에 따라 각 이자율 수준에서의 화폐수요가 물가 상승과 비례하여 증가하고 그 결과 화폐수요곡선이 MD_1에서 MD_2로 이동한다. 그 결과 각 이자율 수준에서의 화폐수요량은 화폐공급량과 동일한 크기만큼 증가한다. 경제는 E_3에서 장기 균형을 이루고 이자율은 r_1으로 되돌아간다.

화폐공급의 증가는 단기에 이자율을 하락시킨다…

…하지만 장기에는 물가가 상승함에 따라 화폐수요가 증가하고, 이자율은 원래 수준으로 되돌아간다.

수요량을 50% 증가시킨다. 그 결과 처음의 이자율인 r_1에서의 화폐수요량이 정확하게 화폐공급 증가량만큼 증가하며 r_1은 여전히 균형이자율이 된다. 따라서 장기에는 화폐공급의 변화가 이자율에 영향을 미치지 못한다.

>> **복습**
- **화폐의 중립성**에 따르면 화폐공급의 변화는 실질 국내총생산에 영향을 미치지 못하며 물가에만 영향을 미친다. 경제학자들은 화폐가 장기적으로 중립적이라 믿는다.
- 장기에는 경제의 균형이자율이 화폐공급 변화의 영향을 받지 않는다.

>> **이해돕기 19-4**
해답은 책 뒤에

1. 경제가 단기 및 장기 거시균형 상태에 있는데도 중앙은행이 화폐공급을 25% 증가시킨다고 하자. 단기와 장기에 다음에 미치는 영향을 설명하라(가능하면 숫자를 제시할 것).
   a. 총생산
   b. 물가
   c. 이자율
2. 통화정책은 왜 단기에는 경제에 영향을 미치나 장기에는 영향을 미치지 않는가?

문제 풀어보기   1937년의 대실수

1937년에 연준과 루스벨트 행정부의 정책입안자들은 1929년에 시작된 대공황이 종식되었다고 판단했다. 이들은 경제가 더 이상 특수한 부양 조치를 필요로 하지 않는다고 생각했고, 일찍이 시행되었던 정책들을 점진적으로 철회하기 시작했다. 지출이 삭감되었고, 통화정책은 더 긴축적으로 되었다. 그 결과는 1938년의 심각한 경기후퇴 재발이었는데, 이는 종종 '두 번째 대공황'으로 불리기도 한다.

많은 경제학자들은 경제가 완전한 회복의 길에 들어서기 전에 너무 일찍 확장 기조로부터 후퇴하여 재정정책과 통화정책을 긴축적으로 만들었다고 생각한다. 다른 조건이 같다면 긴축적인 통화정책은 국내총생산을 감소시킨다. 경제가 과열되기 시작하고 호황이 다가온다면 이 같은 긴축은 인플레이션을 방지하기 위해 중요할 수 있다. 하지만 경제가 아직 취약한 상태에 있다면 통화긴축은 국내총생산을 더욱 감소시키는 등 상황을 악화시킬 수 있다.

유동성선호 모형과 총수요-총공급 모형을 이용하여 1937년의 통화정책이 단기적으로 국내총생산을 감소시키고, 단기와 장기에 있어서 가격 하락 압력을 가함으로써 어떻게 경제 상황을 악화시켰는지를 보이라.

단계 | 1 유동성선호 모형이 화폐공급이 감소할 때 이자율이 상승함을 어떻게 예측하는지를 보이기 위해 화폐수요곡선 *MD*와 화폐공급곡선 *MS*를 그려 넣으라.

566~567쪽을 복습하라.

화폐공급의 감소는 *MS* 곡선을 그림에서와 같이 $\overline{M}_1$에서 $\overline{M}_2$로 왼쪽으로 이동시킨다. 화폐수요곡선이 우하향의 기울기를 가지기 때문에 이자율은 r_1에서 r_2로 상승한다.

단계 | 2 장기 총공급곡선과 화폐공급 감소 전과 후의 총수요곡선과 단기 총공급곡선을 그려 넣어서 화폐공급 감소가 GDP와 물가에 미치는 장기 및 단기적 영향을 보이라.

577~578쪽과 〈그림 19-11〉을 복습하라.

다른 조건이 같다면 화폐공급의 감소는 이자율을 상승시켜서 투자지출을 감소시키고, 이는 소비지출을 추가적으로 감소시킨다. 따라서 그림이 보여 주듯이 화폐공급 감소는 수요되는 재화와 서비스의 양을 감소시켜서 *AD* 곡선을 AD_2까지 왼쪽으로 이동시킨다. 물가는 P_1에서 P_2로 하락하며 실질 국내총생산은 Y_1에서 Y_2로 감소한다.

그러나 Y_2의 총생산은 잠재생산량보다 작다. 따라서 시간이 흐름에 따라 명목임금이 하락하고 그 결과 단기 총공급곡선이 오른쪽으로 이동한다. 물가는 P_3로 더욱 하락하지만 총생산은 다시 잠재생산량인 Y_1으로 되돌아간다. 결국 경제는 단기 거시경제 균형과 장기 거시경제 균형을 모두 충족시키는 E_3점으로 간다.

따라서 1937년에는 통화정책이 단기에 있어서 GDP를 감소시킴으로써 경제를 악화시켰을 뿐 아니라 단기와 장기에 모두 물가에 하락 압력을 미쳤다.

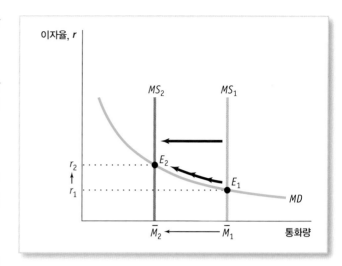

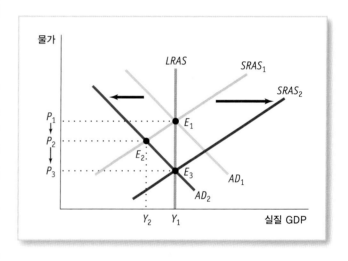

요약

1. **화폐수요곡선**은 화폐 보유의 기회비용과 화폐가 제공하는 유동성 간의 상충관계로부터 발생한다. 미국인들은 상당한 금액을 현금이나 체크카드, 페이팔(PayPal)과 벤모(Venmo) 같은 송금서비스와 연계된 무이자 은행예금으로 보유하고 있다. 이렇게 할 경우 사람들은 **정기예금증서(CD)**처럼 이자를 지급하는 자산에 자금을 넣어 둠으로써 벌 수 있을 이자를 포기해야 한다. 화폐 보유의 기회비용은 **장기이자율**이 아니라 단기이자율이다. 화폐 보유의 기회비용은 **장기이자율**이 아니라 **단기이자율**에 달려 있다.

물가, 실질 GDP, 기술, 제도 등의 변화는 화폐수요곡선 자체를 이동시킨다.

2. **이자율에 대한 유동성선호 모형**에 따르면 **이자율**은 화폐시장에서 화폐수요곡선과 **화폐공급곡선**에 의해 결정된다. 연방준비제도는 화폐공급곡선을 이동시킴으로써 단기적으로 이자율을 변경할 수 있다. 실제로 연방준비제도는 **연방자금금리 목표**를 달성하기 위해 공개시장 조작을 이용하며, 다른 단기이자율들은 대체적으로 연방자금금리 목표를 따라간다. 장기이자율은 반드시 단기이자율과 함께

움직이는 것은 아니지만, 미래에 단기이자율에 어떤 일이 발생할 것인지에 대한 예상을 반영한다.

3. **확장적 통화정책**은 화폐공급을 증가시킴으로써 이자율을 낮춘다. 이는 투자지출과 소비지출을 증가시키고 이는 다시 단기에 총수요와 실질 GDP를 증가시킨다. **긴축적 통화정책**은 화폐공급을 감소시킴으로써 이자율을 높인다. 이는 투자지출과 소비지출을 감소시키고 이는 다시 단기에 총수요와 실질 GDP를 감소시킨다.

4. 연방준비제도를 비롯한 중앙은행들은 낮지만 영보다 높은 수준에서 인플레이션율을 유지시키는 동시에 잠재생산량을 중심으로 한 실제 총생산의 변동을 제한함으로써 경제를 안정시키려 든다. **통화정책을 위한 테일러 준칙**하에서는 인플레이션이 심하게 발생하는 한편 정의 총생산 갭이 존재하거나 실업률이 매우 낮을 때 연방자금금리 목표가 상승하며, 인플레이션율이 낮거나 음인 한편 부의 총생산 갭이 존재하거나 실업률이 높을 때 연방자금금리 목표가 하락한다. 연준을 포함하여 몇몇 중앙은행들은 전향적인 정책 준칙인 **인플레이션 목표제**를 채택하고 있다. 반면에 테일러 준칙은 과거지향적인 정책 준칙이다. 통화정책은 재정정책에 비해 정책시행 시차가 짧기 때문에 경제를 안정시키기 위한 정책수단으로서 선호된다. 이자율은 영보다 낮아질 수 없다는 **영의 이자율 하한**으로 인해 통화정책의 능력은 한정적이다.

5. 장기에는 화폐공급의 변화가 물가에는 영향을 미치지만 실질 GDP나 이자율에는 영향을 미치지 못한다. 실증 자료는 **화폐의 중립성**이라는 개념이 실제로 성립됨을 보여준다. 화폐의 중립성이란 화폐공급의 변화가 장기에는 경제의 실질변수에 영향을 미치지 못함을 말한다.

주요용어

정기예금증서(CD)
단기이자율
장기이자율
화폐수요곡선
이자율에 대한 유동성선호 모형

화폐공급곡선
연방자금금리 목표
확장적 통화정책
긴축적 통화정책
통화정책을 위한 테일러 준칙

인플레이션 목표제
영의 이자율 하한
화폐의 중립성

토론문제

1. **a.** www.treasurydirect.gov로 가라. '개인(Individuals)' 탭 하에서 '재무부증권 및 프로그램(Treasury Securities & Programs)'으로 간 후 '재무부증권(Treasury bills)'을 클릭하라. '개관(at a glance)' 하에서 '최근 경매 이자율(rates in recent auctions)'을 클릭하라. 가장 최근에 발행된 52주 만기 재무부증권의 이자율은 얼마인가?

   b. 여러분이 자주 이용하는 은행의 웹 사이트로 가라. 1년 만기 CD의 이자율은 얼마인가?

   c. 1년 만기 CD의 이자율이 52주 만기 재무부증권의 이자율보다 높은 이유는 무엇인가?

2. www.treasurydirect.gov로 가라. '개인(Individuals)' 탭 하에서 '재무부증권 및 프로그램(Treasury Securities & Programs)'으로 간 후 '재무부노트(Treasury notes)'를 클릭하라. '개관(at a glance)'하에서 '최근 경매 이자율(rates in recent auctions)'을 클릭하라. 그러고 나서 최근 노트(Recent Note), 채권(Bond), 물가연동채권 경매 결과(TIPS Auction Results) 목록을 이용하여 다음 질문에 답하라.

   a. 2년 만기 및 10년 만기 재무부채권의 이자율은 얼마인가?

   b. 2년 만기 및 10년 만기 재무부채권의 이자율은 서로 어떤 연관이 있는가? 왜 10년 만기 채권의 이자율이 2년 만기 채권의 이자율보다 높은가(또는 낮은가)?

3. 유럽중앙은행의 웹 사이트에 따르면, 유럽공동체(EC)를 설립하기 위한 조약은 양호한 경제환경과 높은 고용수준을 달성하기 위해 중앙은행이 가장 중요하게 기여할 수 있는 것이 바로 물가 안정을 보장하는 것임을 분명히 밝히고 있다. 만일 물가 안정이 통화정책의 유일한 목표라면 경기후퇴기에 통화정책이 어떻게 시행될 것인지 설명하라. 경기후퇴가 수요충격의 결과 발생하는 경우와 공급충격의 결과 발생하는 경우에 대해서 모두 분석하라.

연습문제

1. 다음 각 사건은 화폐수요에 어떻게 영향을 미치겠는가? 각 경우에 화폐수요곡선 자체가 이동하는지 또는 수요곡선 상의 이동인지를 밝히고, 이동 방향도 밝히라.

   a. 이자율이 12%에서 10%로 하락한다.

   b. 추수감사절이 되어 본격적인 쇼핑시즌이 시작된다.

   c. 더 많은 고객들이 페이팔과 애플페이를 이용하여 구매할 수 있도록 상인들이 전자결제시스템을 도입하는 상인들이 늘어난다.

   d. 연방준비제도가 미국 재무부증권을 공개시장 매입한다.

2. 한 경제가 다음 그림에서와 같이 경기후퇴 갭을 겪고 있다고 하자. 이 갭을 제거하기 위해서는 중앙은행이 확장적인 통화정책을 써야 할까 또는 긴축적인 통화정책을 써야 할까? 중앙은행이 선택한 통화정책이 경기후퇴 갭을 메울 경우 이자율, 투자지출, 소비지출, 실질 국내총생산, 물가는 어떻게 변하는가?

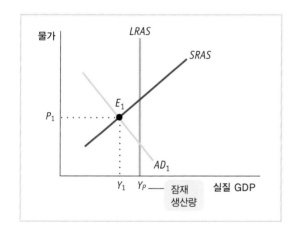

3. 한 경제가 다음 그림에서와 같이 인플레이션 갭을 겪고 있다고 하자. 이 갭을 제거하기 위해서는 중앙은행이 확장적인 통화정책을 써야 할까 또는 긴축적인 통화정책을 써야

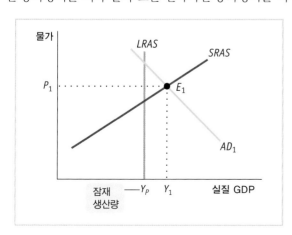

할까? 중앙은행이 선택한 통화정책이 인플레이션 갭을 메울 경우 이자율, 투자지출, 소비지출, 실질 국내총생산, 물가는 어떻게 변하는가?

4. 이스트랜디아 경제가 경기후퇴를 시작하려고 할 때 화폐시장은 균형상태에 있다고 하자.

   a. 다음 그림을 이용하여 이스트랜디아의 중앙은행이 화폐공급을 $\overline{M}_1$으로 일정하게 유지할 때 어떤 일이 발생할지 설명하라.

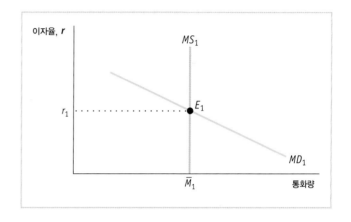

   b. 중앙은행이 r_1의 이자율 목표를 유지하려 한다면 경제가 경기후퇴에 진입할 때 중앙은행은 어떻게 반응해야 하는가? 문제 a의 도표를 이용하여 중앙은행의 반응을 예시적으로 보이라.

5. 앞의 문제에 이어서 이제 이스트랜디아 경제에서 중앙은행이 화폐공급을 감소시키기로 결정한다고 하자.

   a. 4번 문제의 그림을 이용하여 단기에는 이자율에 어떤 변화가 발생할 것인지를 보이라.

   b. 장기적으로는 이자율에 어떤 변화가 발생하는가?

6. 한 경제가 5%의 실업률을 가진 장기 거시경제 균형에 있다고 하자. 이제 정부가 중앙은행으로 하여금 통화정책을 이용하여 실업률을 3%로 낮추고, 이 수준을 계속 유지하도록 만드는 법을 통과시킨다고 하자. 중앙은행은 단기에 이 목표를 어떻게 달성할 수 있는가? 장기에는 어떤 일이 발생하겠는가? 그림을 가지고 설명하라.

7. 통화정책의 효과는 화폐공급의 변화가 얼마나 쉽게 이자율을 변화시킬 수 있는지에 달려 있다. 통화정책은 이자율을 변화시킴으로써 투자지출과 총수요곡선에 영향을 미친다. 알버니아와 브리태니아 경제는 이 그림에서 보듯이 매우 상이한 화폐수요곡선을 갖고 있다. 어느 경제에서 화폐

공급의 변화가 더 효과적인 정책수단이 되겠는가? 그 이유는 무엇인가?

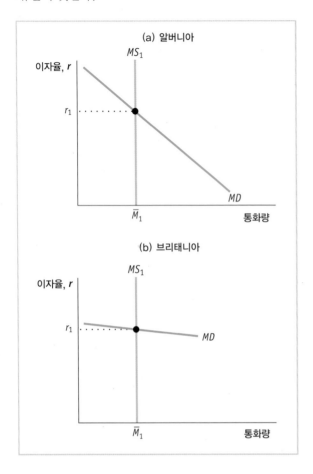

8. 대공황 중에 미국의 기업가들은 경제성장의 미래에 대해서 매우 비관적이었고, 그 결과 이자율이 크게 하락했음에도 불구하고 투자지출을 늘리기를 꺼렸다. 이와 같은 태도가 통화정책이 대공황의 정도를 경감할 수 있는 잠재력을 어떻게 제한했을까?

9. 2007~2009년의 경기후퇴와 연관된 경기둔화로 인해 미국 연방공개시장위원회는 2007년 9월 18일부터 2008년 12월 16일 사이에 일련의 단계를 거쳐 연방자금금리를 5.25%의 고점으로부터 0~0.25% 사이로 낮췄다. 이와 같은 정책의 의도는 총수요를 증가시켜서 경기를 부양하자는 데 있었다.

   a. 유동성선호 모형을 이용하여 연방준비은행이 단기적으로 어떻게 이자율을 낮출 수 있는지를 설명하라. 이러한 과정을 보여 줄 수 있는 전형적인 그림을 그리라. 수직축을 '이자율'로 하고 수평축을 '통화량'으로 하라. 여러분의 그림은 두 개의 이자율 r_1과 r_2를 보여 주어야 한다.

   b. 이자율의 하락이 단기적으로 총수요를 증가시킬 수 있는 이유를 설명하라.

   c. 2022년에 경제가 잠재생산량 수준에 있는데도 연준이 어떤 이유에서든 이를 간과하고 통화팽창을 지속시킨다고 하자. 이와 같은 정책이 AD 곡선에 미치는 영향을 보이라. $LRAS$ 곡선을 이용하여 다른 조건이 같다면 이러한 정책이 AD 곡선에 미치는 효과가 장기에 물가를 상승시킴을 보이라. 수직축을 '물가'로 하고 수평축을 '실질 GDP'로 하라.

2013년에 가동을 시작한 솔라나(Solana) 발전소는 피닉스로부터 70마일쯤 떨어진 힐라 벤드에 있는 애리조나 사막 중 3평방마일에 걸쳐 있다. 대부분의 태양광 시설이 빛을 직접 전기로 전환하는 광전지 판을 이용하지만, 솔라나는 거울을 사용하여 태양열을 검은색 관에 집중시키며, 이 검은색 관은 용융염(녹은 소금)이 들어 있는 탱크에 열을 전달한다. 그리고 소금에 전달된 열이 전기를 생산하는 데 사용된다. 이러한 시설의 장점은 해가 진 후에도 한참 동안 전기를 생산할 수 있어서 발전의 효율을 높일 수 있다는 데 있다.

　솔라나는 가동 중이거나 건설 중인 것을 포함하여 몇 개 안되는 열집적 태양열 발전소 중 하나다. 2006년과 2016년 사이

에 태양열에 의해 생산되는 전력량이 거의 800% 증가하는 등 태양열 발전소는 중요도 면에서 매우 빠른 속도로 부상해 왔다(〈그림 19-13〉 참조). 태양열 발전소가 이처럼 빨리 성장한데는 여러 가지 이유가 있지만, 녹색 에너지 추진에 엄청난 자금을 투입한 2009년 부양책 가장 중요한 요인이었다. 특히 솔라나는 14억 5,000만 달러에 달하는 연방대출보증의 지원으로 스페인 회사인 아벵고아(Abengoa)에 의해 건설되었다. 아벵고아는 모하비 사막에 이와 유사한 발전소를 짓기 위해 12억 달러의 미국 정부 지원을 받기도 했다.

　솔라나는 지출촉진 수단이 작동하는 좋은 사례이기도 하지만, 이러한 지출이 정치적으로 어려울 수도 있음을 보여 주는 사례이기도 하다. 아벵고아가 필요한 기술을 갖고 있고 발전소 건설로 인한 일자리는 미국 내에서 만들어진 것이었음에도 불구하고 미국 기업이 아닌 기업에 연방 대출을 제공하는 데 대해 많은 항의가 있었다. 또한 태양열 발전소의 장기적인 재무 자립도는 부분적으로는 보조금을 비롯하여 재생 에너지에 유리한 정책이 지속적으로 제공되는 데 달려 있는데, 이러한 정부 지원의 지속은 확실한 것이 아니다.

　그렇지만 부양정책의 목적 면에서 볼 때 솔라나는 주어진 임무를 달성한 듯이 보인다. 솔라나는 차입비용이 싸고 많은 건설 노동자들이 실업 상태에 있을 때 일자리를 창출했던 것이다.

생각해 볼 문제

1. 솔라나 사업에 대한 정부 자금지원에 대한 정치적 반응은 도로나 학교와 같이 더 전통적인 정부지출 사업에 대한 반응과 어떻게 다른가? 이 사례가 재정부양 사업의 가치를 어떻게 평가할 것인가에 대하여 우리에게 얘기해 주는 것은 무엇인가?

2. 제17장에서 우리는 재량적 재정정책의 시차 문제에 대해 얘기했다. 솔라나 사례는 이 문제에 대해 우리에게 무엇을 얘기해 주는가?

3. 경기후퇴가 한창일 때는 에너지 사업을 시작하기에 좋은 시기인가 또는 나쁜 시기인가? 그 이유는?

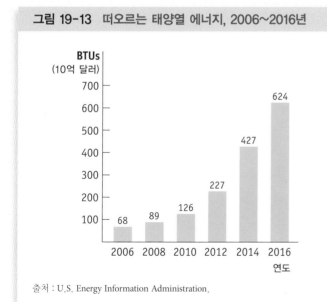

그림 19-13　떠오르는 태양열 에너지, 2006~2016년

BTUs
(10억 달러)

연도	BTUs
2006	68
2008	89
2010	126
2012	227
2014	427
2016	624

출처 : U.S. Energy Information Administration.

누군가가 여러분에게 선물을 줌으로써 감사의 뜻을 나타낸다는 것은 언제든 즐거운 일이다. 지난 수년간에 있어서 점점 더 많은 사람들이 소매상들에 의해 발행되고 상품으로 교환될 수 있는 선불 플라스틱 카드인 기프트 카드를 이용하여 감사의 마음을 표현하고 있다. GiftCardUSA.com에 따르면 미국의 100대 소매상의 80% 이상에서 가장 잘 팔리는 물건이 바로 이들이 발행한 기프트 카드라고 한다.

선물을 받는 사람이 자신이 원하는 것을 선택할 수 있게 하는 것보다 더 간단하고 유용한 것은 없을 것이다. 게다가 기프트 카드는 현금이나 수표보다도 더 인간적이지 않은가?

그렇지만 몇몇 웹 사이트들은 기프트 카드의 수령자가 종종 이를 차갑고 비인간적인 달러와 센트로 전환하기 위해 할인해서 팔기를 원하며 때로는 꽤 큰 폭으로 할인하기를 원한다는 사실을 이용하여 돈을 벌고 있다. 다른 한편으로는 이런 카드를 사서 자신이 원하는 물건으로 전환하고자 하는 사람들이 있다.

Cardcash.com은 이러한 사이트 중 하나다. 이 글을 쓰고 있는 현재 이 사이트는 월마트의 기프트 카드를 파는 사람에게 카드 액면금액의 89%에 해당하는 현금을 지급할 것을 제안하고 있다. 예를 들어 100달러의 액면금액을 가진 카드의 매도자는 현금 89달러를 받을 수 있다. Cardcash.com은 자신이 지불한 금액에 프리미엄을 붙여 카드를 되팔아 이윤을 남긴다. 예를 들어 월마트 기프트 카드를 액면금액의 89% 이상에 판매한다. 카드를 파는 사람에게 제시되는 금액은 소매상에 따라 다르다. 예를 들어 Cardcash는 갭(Gap)의 카드에 대해서는 액

면금액의 70%만 현금으로 지급한다.

많은 소비자가 자신이 가진 기프트 카드를 현금으로 전환하기 위해 상당히 할인된 금액에 팔 의향이 있다. 그런데도 소매상들은 현금보다는 기프트 카드의 사용을 촉진하기를 열망한다. 이는 기프트 카드 금액 중 상당 부분이 사용되지 않기 때문인데 이런 현상을 파손이라고 한다.

어떻게 해서 파손이 일어날까? 사람들은 카드를 잃어버린다. 또는 50달러짜리 카드에서 47달러만 쓰고는 나머지 3달러를 쓰기 위해 또 가게를 방문할 가치가 없다고 생각한다. 또한 소매상들은 카드 사용에 대해 수수료를 부과하거나 카드에 만기일을 두는데 사람들은 만기일을 잊기 마련이다. 또 소매상이 폐업을 할 경우 남아 있는 카드 금액도 함께 사라진다.

파손에 더하여 소비자들이 기프트 카드의 금액을 모두 사용하려 하지만 카드의 액면금액을 정확하게 사용하는 것이 너무 어려울 경우에도 소매상들이 혜택을 본다. 결국 카드 금액보다 더 많은 지출을 하게 되고 때로는 기프트 카드가 없을 때 썼을 금액보다 더 많은 지출을 하게 되기 때문이다.

기프트 카드는 소매상들에게 많은 혜택을 주기 때문에 이전에 환불수표로 고객의 충성에 보답하던 소매상들도 대개 이 대신 기프트 카드를 주고 있다. 한 방송 해설자가 소매상들이 환불수표보다 기프트 카드를 더 선호하는 이유를 설명하면서 언급한 바와 같이 "현금 사용을 소홀히 하는 사람은 없다."

생각해 볼 문제

1. 기프트 카드 소유자들이 액면금액보다 적은 액수의 현금을 받고 카드를 팔려고 하는 이유는 무엇인가?
2. 월마트 기프트 카드가 갭과 같은 소매상의 기프트 카드에 비해 더 적게 할인된 금액으로 팔리는 이유는 무엇일까?
3. 위 2번 문제에 대한 여러분의 답변을 이용하여 왜 현금은 절대로 할인되어 '판매'되지 않는지 설명하라.
4. 왜 소매상들이 충성스러운 고객에게 환불수표 대신 기프트 카드로 보답하는 것을 더 선호하는가?
5. 최근 제정된 법은 소매상들이 기프트 카드에 수수료를 부과하고 만기일을 두는 것을 제한하는 한편 카드가 가진 조건들에 대해 더 폭넓게 공시할 것을 요구한다. 의회가 이러한 법을 제정한 이유는 무엇인가?

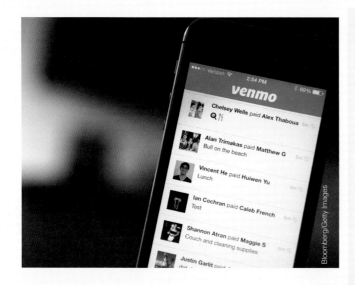

전자송금업체인 페이팔은 엄청나게 인기 있는 휴대전화 송금 서비스 업체인 벤모를 소유하고 있지만 공식적으로는 은행이 아니다. 대신 규제당국은 이를 **송금업체**, 즉 돈을 안전하게 보유하는 것이 아니라 어딘가로 보내주는 업체로 규정한다.

그러나 사용자들이 페이팔 계정에 상당한 금액을 쌓아 둠에 따라 이러한 구분에 대해 문제가 제기되기 시작했다. 특히 벤모의 사용자들은 입금되는 금액을 다시 사용할 때까지 자신의 계정에 넣어 두는 경향이 있다. 그 결과 2016년에 페이팔의 계정에는 모두 130억 달러를 넘는 잔액이 있었던 것으로 추정된다. 이 금액이 예금으로 간주되었더라면 페이팔은 미국 내 50대 은행 중 하나였을 것이다.

얼핏 보기에는 페이팔 계정에 돈을 넣어 두는 것은 두 가지 이유에서 직관에 어긋난 듯하다. 첫째, 이 계정들은 연방예금보험으로 보호되지 않는다. 둘째, 이 계정들은 이자를 지급하지 않는다. 그러나 더 자세히 들여다보면 이러한 행동은 경제

적 타당성이 있다. 사람들은 대개 자기 재산의 아주 작은 부분만을 페이팔 계정에 넣어 두기 때문에 연방예금보험이 없다는 위험은 부담할 만하다. 이 글을 쓰고 있는 현재 은행예금에 대한 이자율이 너무 낮아서(2019년 봄에 0.06%) 이자를 포기하는 것이 은행예금과 페이팔 또는 벤모 계정 사이에 자금을 이체시키는 번거로움을 피하는 대가로는 합리적이다. 그 결과 많은 사람들이 《월스트리트저널》에 인용된 한 사용자처럼 자금을 벤모 계정에서 은행으로 이체시키기 전에 한동안 기다린다. "나는 의도적으로 돈을 점점 더 길게 그곳에 보관하기 시작했다."

그렇다면 페이팔이나 벤모나 또는 이와 유사한 업체들이 전통적인 은행업을 본격적으로 잠식할 수 있을까? 일부 분석가들은 그렇다고 생각한다. 그러나 다른 분석가들은 전통적 은행들이 이동결제를 더 쉽게 만들 방법을 찾아내고 이자율이 상승하면 사람들이 다시 전통적인 은행예금으로 돌아올 것이라고 주장한다. 시간이 누가 옳은지 답해 줄 것이다.

생각해 볼 문제

1. 페이팔 계정은 화폐공급으로 간주되지 않는다. 화폐공급으로 간주되어야 할까? 그렇다면 그 이유는? 그렇지 않다면 그 이유는?

2. 2010년에는 미국 휴대전화 중 25%만이 스마트폰이었다. 2017년에는 이 숫자가 80%로 증가했다. 이러한 상황에 페이팔 이야기에 어떤 영향을 미칠까? 이런 상황은 더 광범위한 화폐 역사의 패턴에 어떻게 들어맞을까?

3. 연방공개시장위원회의 미래 행동이 페이팔이나 유사업체의 미래에 어떤 영향을 미칠 수 있을까?

어디서나 스마트폰

시간이 있을 때 미국인들은 무엇을 할까? 작은 스크린을 들여다보는 데 열중한다. 2018년 연

스마트폰의 생산과 소비는 오늘날과 같이 국제무역 규모가 급증하고 있는 초국제화 세계의 모습을 잘 보여 준다.

구에 의하면 대학생들은 하루에 10시간까지 스마트폰(특히 아이폰)이나 태블릿을 보며 시간을 보낸다. 이는 TV를 보는 시간보다 약간 많다. 이 작은 스크린들은 어디서 만들어진 것일까? 특히 아이폰은 어디서 만들어진 것일까?

아이폰을 판매하는 애플은 미국 회사이다. 그러나 아이폰이 미국산이라고 말한다면 대체로 틀린 말이다. 애플은 제품을 개발하지만 거의 모든 제품의 생산은 주로 해외에 있는 다른 회사에 주문을 한다. 아이폰이 조립되는 것은 중국이지만 '중국'이라는 대답도 맞다고 할 수 없다. 부품이 금속과 유리 케이스 안에 조립되는 마지막 공정은 아이폰의 가치에 비해 아주 작은 부분만을 차지하기 때문이다.

사실 한 연구에 의하면 아이폰의 평균 공장 가격인 229달러 중 중국 경제에 돌아가는 것은 대략 10달러 정도에 불과하다고 추산된다. 훨씬 더 많은 금액이 디스플레이와 메모리칩을 생산하는 한국에 돌아갔다. 세계 곳곳에서 주문한 원재료에 들어가는 비용도 상당하다. 그리고 가격 중 가장 큰 부분은 반 이상을 차지하는 애플의 이윤으로 구성된다. 이는 대체로 연구, 개발, 디자인에 대한 보상이다.

그러면 아이폰의 출처는 어디인가? 여러 곳이다. 그리고 이는 아이폰에만 국한된 것이 아니다. 우리가 사용하는 자동차, 의복, 심지어 식품까지 대부분이 전 세계를 포괄하는 복잡다단한 **공급망**의 결과물인 것이다.

항상 이래 왔던 것일까? 그 대답은 긍정과 부정 반반이다. 대규모 국제무역은 새로운 것이 아니다. 이미 19세기 전반에 런던의 중산층 주

민들은 캐나다산 밀로 만들어진 빵과 아르헨티나 팜파스 평원에서 생산된 소고기를 먹고 호주산 양털과 이집트산 면화로 만들어진 의복을 입었다. 그러나 새로운 운송, 통신 기술의 발달과 무역 촉진 정책이 결합하여 아이폰을 우리 코앞까지 공급하는 것과 같은 복잡한 공급망이 가능해지고 국제무역이 급증하는 **초국제화** 시대가 도래하게 된 것은 최근 몇십 년 사이의 일이다. 그 결과 이제는 그 어느 때보다도 국제무역을 완전히 이해해야만 국민경제가 어떻게 작동하는지를 파악할 수 있게 되었다.

이 장에서는 국민경제 간의 상호작용을 살펴본다. 우선 국제무역의 경제원리에 대한 논의로 시작한다. 이를 바탕으로 국제무역과 자본흐름이 어떻게 국제수지 계정에 포함되는지를 논의할 것이다. 마지막으로 환율에 영향을 미치는 여러 요소들을 살펴볼 것이다. ●

이 장에서 배울 내용

- 국제무역을 발생시키는 비교우위의 의미
- 비교우위의 원인
- 국제무역으로 이득을 보는 사람과 손해를 보는 사람
- 관세나 **수입할당제**와 같은 보호무역이 비효율을 발생시키는 이유
- **국제수지 계정**의 의미
- 국제자본흐름을 결정하는 요인
- **외환시장**과 **환율**이 하는 역할

‖ 비교우위와 국제무역

미국은 스마트폰을 비롯하여 많은 재화 및 서비스를 다른 국가로부터 구입한다. 동시에 많은 재화와 서비스를 다른 국가에 판매한다. 해외로부터 구입한 재화와 서비스가 **수입**(imports)이고, 해외로 판매한 재화와 서비스가 **수출**(exports)이다.

도입 사례에서 언급한 것처럼 세계 경제에서 수입과 수출의 역할은 점점 더 중요해지고 있다. 〈그림 20-1(a)〉에는 국제무역이 세계 GDP — 전 세계에서 생산된 모든 재화와 서비스의 가치 — 에서 차지하는 비율이 1870년부터 어떻게 변화해 왔는지 표시되어 있다. 보는 바와 같이 비록 무역이 감소한 기간 — 예를 들면 2008년의 세계 금융위기 이후 급격하지만 잠깐의 감소 — 이 있기도 하지만 장기적인 추세를 보면 증가해 왔다.

〈그림 20-1(b)〉에는 수입과 수출이 GDP에서 차지하는 비율이 여러 나라에 대해 표시되어 있다. 그림에서 보는 것처럼 다른 여러 국가에서 대외무역이 미국보다 더 큰 비중을 차지하고 있다.

국가의 경제적 교류는 국제무역에만 국한되는 것은 아니다. 현대사회에서는 한 국가의 투자자가 다른 국가에 자금을 투자하는 일도 흔하고, 다국적기업들이 여러 나라에 자회사를 갖는 경우도 많다. 그리고 모국을 떠나 다른 나라에서 일을 하는 노동자의 수도 증가하고 있다. 이처럼 여러 측면에서 국가 간 경제적 연관성이 증가하는 현상을 흔히 **국제화**(globalization)라 한다.

국제화는 새로운 현상이 아니다. 〈그림 20-1(a)〉에서 보는 바와 같이 1870년부터 제1차 세계대전이 시작될 때까지 철도와 증기선으로 인해 상품을 멀리 운송하는 것이 더 빨라졌고 더 저렴해졌기 때문에 빠른 성장이 있었다. 이러한 무역의 성장으로 인해 대규모 국제투자와 이민이 발생했다. 그러나 제1차 세계대전이 일어난 후 각국 정부가 무역에 대해 후에 살펴보는 것과 같은

해외로부터 구입한 재화와 서비스가 **수입**(imports)이고, 해외로 판매한 재화와 서비스가 **수출**(exports)이다.

국제화(globalization)란 국가 간 경제적 연관성이 증가하는 현상을 말한다.

그림 20-1 증가하는 국제무역의 중요성

(a) 1870~2014년 국제무역

두 세계대전 사이의 감퇴 시기

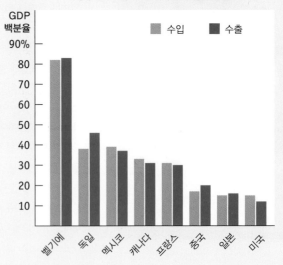

(b) 2016년 여러 국가의 수입과 수출

수입 수출

그림 (a)는 장기적으로 국제무역이 국제생산에서 차지하는 비율을 보여 준다. 비록 두 세계대전 사이에 긴 감퇴 시기가 있었지만 수송과 통신 기술의 발달로 인해 전체적으로 증가하는 추세를 보여 왔다. 그림 (b)에서는 다른 여러 국가에서 대외무역이 미국보다 상당히 더 큰 비중을 차지하고 있음을 알 수 있다.

출처 : [panel (a)] Klasing, M. J., and P. Milionis, "Quantifying the Evolution of World Trade, 1870 – 1949," Journal of International Economics (2013); and Feenstra, Robert C., Robert Inklaar, and Marcel P. Timmer, "The Next Generation of the Penn World Table," American Economic Review 105, no. 10 (2015): 3150 – 3182, available for download at www.ggdc.net/pwt; [panel (b)] World Development Indicators.

제약을 가했기 때문에 거의 40년 동안 국제화는 후퇴했다. 그리고 여러 지표를 살펴볼 때 국제화는 1980년대까지 1913년의 수준을 회복하지 못했다.

그러나 그 이후로 국제 간 연결이 극적으로 증가하는 **초국제화**(hyperglobalization)라는 현상이 일어났는데 아이폰이나 다른 첨단 기술 제품에서 보는 것처럼 세계를 포괄하는 생산 공급망을 통해 제품의 각 생산 단계가 다른 국가에서 이루어지며 이는 통신과 운송 기술의 진보로 인해 가능하게 되었다. (실생활의 예로 이 장 뒤에 나오는 기업사례를 보라.)

국제무역에서 큰 관심사 하나는 초국제화가 앞으로도 계속될 것인가 하는 문제다. 〈그림 20-1〉을 자세히 살펴보면 알 수 있는 바와 같이 2005년경에 크게 상승하던 세계 GDP 대비 수출 비율이 수평을 이루었다. 그 이후로 회사들이 수천 마일 떨어진 공급자로부터 절감한 비용이 긴 운송시간과 다른 불편들로 인해 별 이득이 없어졌다고 판단한다는 보고서가 많이 나왔다. (지금도 컨테이너선이 중국에서 캘리포니아까지 오는 데 2주 정도 걸리며, 동부까지는 한 달이 걸린다.) 그 결과로 생산을 시장 가까이 옮기는 회귀 움직임이 나타났다. 만일 이것이 대세로 밝혀진다면 세계 GDP에서 국제무역이 차지하는 비중은 여전히 크기는 하겠지만 안정화되거나 심지어 감소할 수도 있을 것이다.

국제무역이 발생하는 이유와 경제학자들이 무역이 경제에 이득이 된다고 생각하는 이유를 이해하기 위해 우선 비교우위의 개념을 다시 살펴보자.

초국제화(hyperglobalization)란 극도로 높은 수준의 국제무역이 발생하는 현상이다.

생산가능성과 비교우위 : 복습

스마트폰을 생산하기 위해서는 어떤 국가든 다른 것을 생산하는 데 사용될 수 있는 자원―노동, 토지, 자본 등―을 사용해야 한다. 스마트폰 하나를 생산하기 위해서는 다른 재화의 생산가능성을 포기해야 하는데 이것이 그 스마트폰의 기회비용이다.

경우에 따라서는 어떤 특정한 국가에서 어떤 재화를 생산하는 기회비용이 특별히 낮은 이유를 쉽게 알 수 있다. 예컨대 지금 대부분이 베트남이나 태국에 있는 양식장에서 들여오고 있는 새우를 고려해 보자. 새우는 기후가 알맞고 갑각류 생산에 적당한 해안지역이 많은 베트남에서 생산하는 것이 미국에서 생산하는 것보다 훨씬 쉽다.

반면에 다른 재화들은 베트남보다 미국에서 생산하는 것이 더 쉽다. 예를 들면 베트남은 미국처럼 첨단기술제품 생산에 필요한 숙련된 노동자와 기술을 갖고 있지 않다. 따라서 항공기 같은 재화로 표시한 새우 1톤의 기회비용은 베트남이 미국보다 훨씬 낮다.

중국에서의 스마트폰 조립의 기회비용이 더 낮아 중국에 비교우위가 있다.

어떤 경우에는 상황이 그처럼 분명치 않다. 스마트폰을 조립하는 일은 미국에서도 중국만큼 쉽게 할 수 있을 뿐 아니라 굳이 비교한다면 중국의 전자제품 노동자들이 같은 미국 노동자들보다 오히려 효율성이 떨어진다고 할 수 있을 것이다. 그러나 중국 노동자들은 자동차나 화학제품 같은 다른 재화를 생산하는 데는 미국 노동자들보다 효율성이 훨씬 더 많이 떨어진다. 따라서 중국 노동자 한 사람으로 하여금 스마트폰을 조립하게 함에 따라 다른 재화 생산이 감소하는 양은 미국 노동자 한 사람으로 하여금 스마트폰을 조립하게 했을 때에 비해 작다. 즉 중국에서 스마트폰을 조립하는 기회비용이 미국에서보다 작다.

스마트폰을 **조립**하는 기회비용이라고 한 것을 유의하라. 이미 살펴본 바와 같이 '중국산' 스마트폰 가치의 대부분은 사실 다른 국가에서 발생한 것이다. 그러나 예시를 간단히 하기 위해 단순히 중국이 스마트폰의 모든 생산을 담당한다고 가정하자.

따라서 우리는 중국이 스마트폰을 생산하는 데 비교우위를 갖고 있다고 말한다. 제2장에서

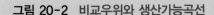

그림 20-2 비교우위와 생산가능곡선

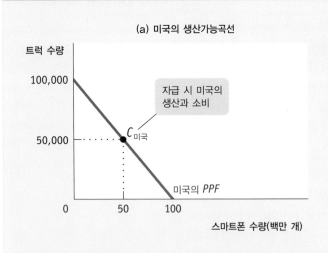

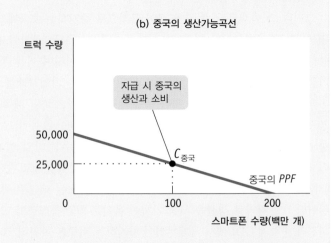

미국의 경우 스마트폰 한 단위(백만 개)의 기회비용은 트럭 1,000대이다. 스마트폰 한 단위가 추가로 생산되기 위해서는 트럭 1,000대를 포기해야 한다는 것이다. 중국의 경우 스마트폰 한 단위(백만 개)의 기회비용은 트럭 250대이다. 즉 스마트폰 한 단위가 추가로 생산될 때마다 포기해야 하는 | 트럭은 단지 250대뿐이다. 그러므로 미국은 트럭 생산에 비교우위가 있고, 중국은 스마트폰 생산에 비교우위가 있다. 무역이 없을 때 각국은 자기가 생산한 것만 소비할 수 있다. 미국은 5만 대의 트럭과 50단위의 스마트폰, 중국은 2만 5,000대의 트럭과 100단위의 스마트폰이다.

배운 비교우위의 정의를 다시 적어 보자. 한 국가에서 어떤 재화를 생산하는 기회비용이 다른 국가들보다 낮으면 그 국가는 그 재화 생산에 비교우위를 갖고 있다고 한다.

〈그림 20-2〉는 국제무역에서 비교우위의 예를 가상적인 숫자를 통해 보여 주고 있다. 우리는 스마트폰과 캐터필러 트럭 두 재화만이 생산·소비된다고 가정한다.(미국은 트럭을 많이 수출하지 않지만 토목기계를 생산하는 캐터필러가 주요 수출업자다.) 그리고 세상에는 미국과 중국 두 나라만 존재한다고 가정한다. 그림은 미국과 중국의 가상적인 생산가능곡선을 보여 준다.

제2장에서와 같이 생산가능곡선이 〈그림 2-2〉처럼 바깥쪽으로 휘어진 좀 더 현실적인 모양이 아니라 〈그림 2-1〉처럼 직선이라고 가정하여 단순화했다. 직선 모양은 트럭으로 표시한 각국의 스마트폰 기회비용이 일정함—두 재화의 생산량에 따라 달라지지 않음—을 의미한다. 기회비용이 일정하여 생산가능곡선이 직선이라는 가정하에 국제무역을 분석하는 것을 가리켜 19세기 초에 최초로 이 분석을 사용한 영국의 경제학자 데이비드 리카도(David Ricardo)의 이름을 따서 **리카도의 국제무역 모형**(Ricardian model of international trade)이라 부른다.

〈그림 20-2〉에는 미국이 스마트폰을 전혀 생산하지 않고 트럭 10만 대를 생산하거나 트럭을 전혀 생산하지 않고 스마트폰 100단위(한 단위는 백만 개)를 생산할 수 있는 상황이 그려져 있다. 따라서 미국의 생산가능곡선(PPF)의 기울기는 −100,000/100＝−1,000이다. 즉 미국이 스마트폰을 한 단위(백만 개) 더 생산하기 위해서는 트럭 1,000대의 생산을 포기해야 한다. 마찬가지로 트럭 한 대를 더 생산하려면 1,000개(1백만÷1,000)의 스마트폰을 포기해야 한다.

또한 중국은 스마트폰을 전혀 생산하지 않고 트럭만 5만 대를 생산하거나 트럭을 전혀 생산하지 않고 스마트폰만 200단위를 생산할 수 있다. 따라서 중국의 생산가능곡선의 기울기는 −50,000/200＝−250이다. 즉 중국이 스마트폰을 한 단위 더 생산하기 위해서는 트럭 250대의 생산을 포기해야 한다. 또 트럭 한 대를 더 생산하려면 스마트폰 4,000개(1백만÷250)를 포기해야 한다.

한 국가가 다른 국가와 무역을 하지 않는 상황을 가리켜 경제학자들은 **자급**(自給, autarky)이

리카도의 국제무역 모형(Ricardian model of international trade)은 기회비용이 일정하다는 가정하에 국제무역을 분석한다.

자급(autarky)이란 한 국가가 다른 국가들과 무역을 하지 않는 상황을 가리킨다.

라 한다. 미국은 자급상태에서 스마트폰 50단위와 트럭 5만
대를 생산 및 소비한다고 가정한다. 또 중국은 자급상태에서
스마트폰 100단위와 트럭 2만 5,000대를 생산 및 소비한다
고 가정한다.

두 나라가 무역을 하지 않을 때 당면하고 있는 상충관계
가 〈표 20-1〉에 요약되어 있다. 표에서 알 수 있는 바와 같

표 20-1 미국과 중국의 스마트폰 및 트럭의 기회비용

	미국의 기회비용		중국의 기회비용
스마트폰 백만 개	트럭 1,000대	>	트럭 250대
트럭 1대	스마트폰 1,000개	<	스마트폰 4,000개

이 미국은 트럭 생산에 비교우위가 있는데, 이는 스마트폰으로 표시한 트럭의 기회비용이 중국에
비해 더 낮기 때문이다. 미국의 경우 트럭 1대를 생산하는 기회비용은 스마트폰 1,000개인 반면
중국의 기회비용은 4,000개이다. 동시에 중국은 스마트폰 생산에 비교우위가 있다. 중국의 스마
트폰 1단위의 기회비용은 트럭 250대인 반면 미국은 트럭 1,000대이다.

우리가 제2장에서 배운 바와 같이 각국은 무역을 함으로써 무역이 없을 때에 비해 더 나아질
수 있다. 한 국가는 비교우위가 있는 재화 생산에 특화하여 그 재화를 수출하고 비교열위에 있
는 재화를 수입함으로써 이익을 볼 수 있다. 그 원리를 살펴보자.

국제무역으로부터의 이득

〈그림 20-3〉은 가상적인 생산과 소비의 재분배를 통해 두 나라가 교역 전보다 두 재화를 더 많
이 소비할 수 있음을 보여 줌으로써 어떻게 두 나라 모두 특화와 무역으로부터 이득을 얻을 수
있는지를 보여 준다. 전과 마찬가지로 그림 (a)는 미국, 그림 (b)는 중국을 나타낸다. 각 그림에는
〈그림 20-2〉에서 가정했던 자급하의 생산과 소비가 표시되어 있다.

그러나 무역의 가능성이 열리면 모든 것이 달라진다. 무역을 하게 되면 각국은 비교우위가
있는 재화 ― 미국의 경우 트럭, 중국의 경우 스마트폰 ― 만을 생산할 수 있다. 세계적으로 두 재
화의 생산이 자급 때보다 많기 때문에 무역을 통해 각국은 두 재화 모두 더 많이 소비할 수 있게
되었다.

〈표 20-2〉는 무역으로 인해 나타난 변화를 요약해서 두 나라가 어떻게 이익을 보게 되는지

그림 20-3 국제무역으로부터의 이득

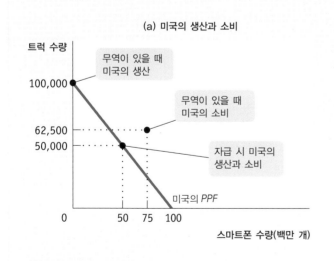

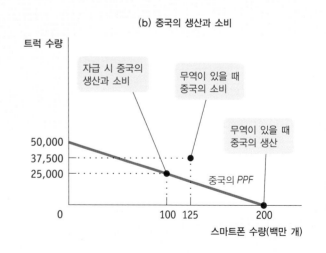

국제무역으로 인해 두 재화의 세계 총생산량이 증가하여 두 국가 모두 소비를 더 많이 할 수 있게 된다. 국제무역으로 각국은 생산의 특화를 하게 된다. 미국은 트럭 생산에 특화하고 중국은 스마트폰 생산에 특화한다. 두 재화의 세계 총생산량이 증가하여 두 나라 모두 두 재화를 더 많이 소비하는 것이 가능하게 된다.

표 20-2 미국과 중국은 어떻게 무역으로 이득을 얻는가

		자급 시		무역 후		
		생산	소비	생산	소비	무역으로부터의 이득
미국	스마트폰(백만 개)	50	50	0	75	+25
	트럭	50,000	50,000	100,000	62,500	+12,500
중국	스마트폰(백만 개)	100	100	200	125	+25
	트럭	25,000	25,000	0	37,500	+12,500

보여 준다. 표의 왼쪽에는 무역 전 각국이 자기 나라에서 소비할 것을 생산하는 자급상태가 표시되어 있다. 표의 오른쪽에는 무역 후 어떤 일이 일어나는지가 표시되어 있다. 무역 후 미국은 트럭 생산에 특화하여 트럭 10만 대를 생산하고 스마트폰은 생산하지 않는다. 중국은 스마트폰 생산에 특화하여 스마트폰을 200단위 생산하고, 트럭은 생산하지 않는다.

결과적으로 두 재화의 세계 총생산량이 증가하였다. 표에서 보는 바와 같이 무역을 통한 이득으로 인해

- 미국은 비록 더 이상 스마트폰을 생산하지 않지만 중국으로부터 수입할 수 있기 때문에 더 많은 트럭(12,500대 이득)과 더 많은 스마트폰(2,500만 개 이득)을 소비할 수 있다.
- 중국은 더 이상 트럭을 생산하지 않지만 미국으로부터 수입할 수 있어서 두 재화 모두 더 많이 (트럭 12,500대와 스마트폰 2,500만 개) 소비할 수 있다.

이처럼 모두가 이익을 볼 수 있는 주요인은 무역으로 인해 자급자족, 즉 각국이 소비하는 재화의 구성 그대로를 생산할 필요가 없게 되었다는 점이다. 각국이 비교우위를 갖는 재화의 생산에 집중함으로써 세계 전체의 생산이 증가하여 양국 모두의 생활수준이 높아질 수 있게 된 것이다.

이 예에서 무역 후 두 나라에서 소비하는 재화의 조합은 단순히 가정에 의해 선택되었다. 실제로는 국가들이 선택하는 소비는 주민들의 선호와 국제시장에서의 **상대가격** — 다른 재화로 표시된 한 재화의 가격 — 에 의해 결정된다. 트럭으로 나타낸 스마트폰 가격이 명시적으로 표시되지는 않았지만 우리 예에서 그 가격은 암묵적으로 주어져 있다. 중국은 미국이 소비하는 스마트폰 75단위를 수출하고 그 대가로 중국이 소비하는 트럭 3만 7,500대를 받으므로 스마트폰 1단위는 트럭 500대와 교환된다. 이로부터 국제시장에서 트럭 1대의 가격은 스마트폰 2,000개와 같음을 알 수 있다.

상대가격이 만족해야 할 한 가지 조건은 어느 국가도 자급상태에서 한 재화를 얻는 데 드는 기회비용보다 높은 상대가격을 지불하지 않는다는 것이다. 즉 미국은 중국으로부터 스마트폰 1단위를 수입하는 데 트럭 1,000대 이상을 지불하려 하지 않을 것이며, 중국은 트럭 1대를 미국으로부터 수입하는 데 4,000개 이상의 스마트폰을 지불하려 하지 않을 것이다. 이 조건이 충족된다면, 실제 국제무역의 상대가격은 수요와 공급에 의해 결정되며, 따라서 다음 절에서 국제무역에서의 수요와 공급을 다룰 것이다. 그러나 먼저 무역에서 발생하는 이득의 성격을 더 깊이 살펴보자.

비교우위와 절대우위

베트남이나 태국이 새우 생산에 비교우위를 갖는다는 것은 받아들이기 쉽다. 베트남은 미국에 비해 (걸프해 연안을 보더라도) 새우 양식에 더 적합한 열대기후이며 사용 가능한 넓은 해안을

갖고 있다. 그래서 미국은 새우를 베트남이나 태국에서 수입한다. 그러나 다른 경우에는 미국이 왜 이런 재화를 해외로부터 수입하는지 이해하기 어려울 수도 있다.

미국이 중국으로부터 스마트폰을 수입하는 것이 이러한 경우다. 기후나 자원 어느 것을 보더라도 중국이 전자제품을 조립하는 데 특별히 유리할 것이 없다. 사실 스마트폰이나 태블릿을 조립하는 데 드는 노동시간은 미국이 중국보다 더 적을 것이 거의 확실하다.

그러면 왜 미국이 중국에서 조립한 스마트폰을 구입하는 것일까? 그 이유는 무역에서의 이득이 절대우위가 아니라 비교우위에서 발생하기 때문이다. 스마트폰을 조립하는 데 미국이 중국보다 더 적은 노동력을 사용한다는 것은 사실이다. 즉 중국 전자제품 노동자의 생산성이 미국 노동자의 생산성보다 낮다. 그러나 비교우위를 결정하는 것은 상품을 생산하는 데 사용된 자원의 양이 아니라 그 상품을 생산하는 기회비용, 즉 이 예에서는 스마트폰 하나를 생산하기 위해 포기해야 하는 다른 재화의 양이다. 그리고 스마트폰의 기회비용은 중국이 미국보다 더 낮다.

베트남과 태국은 열대기후로 인해 새우 생산에 비교우위를 점하고 있다.

그 원리는 다음과 같다. 전자제품 산업을 보면 중국 노동자의 생산성이 미국 노동자보다 더 낮다. 그러나 다른 산업에서는 중국 노동자의 생산성이 미국 노동자보다 훨씬 더 낮다. 중국에서 스마트폰 1개를 생산하는 데 많은 노동력이 사용되기는 하지만, 다른 산업에서 중국 노동자의 생산성이 매우 낮기 때문에 다른 재화를 그리 많이 포기할 필요가 없다.

미국에서는 그 반대다. (자동차 산업과 같은) 다른 산업에서의 생산성이 매우 높기 때문에 비록 전자제품 생산에 필요한 노동력이 적게 든다고 해도 그것을 생산하려면 다른 재화를 많이 포기해야 한다. 따라서 전자제품을 생산하는 기회비용은 중국이 미국보다 낮다. 가전제품 생산에 있어 미국이 절대우위는 갖고 있지만, 낮은 노동생산성에도 불구하고 많은 가전제품 생산에 비교우위를 갖고 있는 것은 중국이다.

가전제품에 있어 중국의 비교우위의 원인은 세계시장에서 중국 노동자들이 받는 임금에 나타나 있다. 한 국가의 임금률은 일반적으로 노동생산성을 반영하기 때문이다. 많은 산업에서 노동생산성이 높은 국가에서는 고용주들이 노동자를 얻기 위하여 기꺼이 높은 임금을 지불하려고 하므로 고용주들 간의 경쟁을 통해 전반적으로 임금률이 높아진다. 노동생산성이 낮은 국가에서는 노동자를 얻고자 하는 경쟁이 심하지 않아 임금률도 낮다.

다음에 나오는 '국제비교'는 전 세계적으로 전반적인 생산성 수준과 임금률 사이에는 강한 상관관계가 있음을 보여 준다. 중국은 일반적으로 생산성이 낮기 때문에 임금률이 상대적으로 낮다. 한편 낮은 임금률로 인해 중국은 가전제품과 같이 생산성이 적당히 낮은 산업의 제품을 생산하는 데 있어 비용 면에서 우위를 갖게 된다. 이에 따라 중국이 미국보다 더 싼 값으로 이런 제품들을 생산할 수 있는 것이다.

중국과 같은 저임금 저생산성 경제와 미국 같은 고임금 고생산성 경제 사이에 발생하는 무역은 흔히 두 종류의 오해를 불러일으킨다.

- **빈곤노동의 오류**라는 것은 고임금 국가가 저임금 노동자들이 생산한 제품을 수입하면 수입국 노동자들의 생활수준이 저해될 것이라는 생각이다.
- **착취노동의 오류**라는 것은 가난한 수출국의 노동자들은 미국 기준으로 볼 때 매우 낮은 임금을 받으므로 무역이 이들에게 해로울 것이라는 생각이다.

🌐 국제비교   세계의 생산성과 임금

빈곤노동의 오류와 착취노동의 오류는 오류인 것이 맞다. 가난한 국가의 저임금에 대한 올바른 설명은 전반적으로 낮은 생산성이다.

그림은 여러 국가의 2014년 노동생산성[노동자 1인당 생산물의 가치(GDP)로 측정]과 임금(노동자들의 평균 월 급여로 측정)을 보여 준다. 생산성과 임금 모두 미국의 생산성과 임금에 대한 백분율로 표시되었다. 예컨대 일본의 생산성과 임금은 각각 미국의 62%와 73% 수준이다. 생산성과 임금 사이에는 강한 양의 관계가 있음을 알 수 있다. 이 관계가 완벽한 것은 아니다. 예컨대 노르웨이는 생산성으로부터 예상할 수 있는 것보다 다소 높은 임금을 받고 있다. 그러나 임금의 단순 비교는 가난한 국가의 노동비용에 대해 잘못된 인식을 줄 수 있다. 이들 국가의 저임금으로 인한 우위는 대부분 저생산성에 의해 상쇄된다.

출처 : The Conference Board.

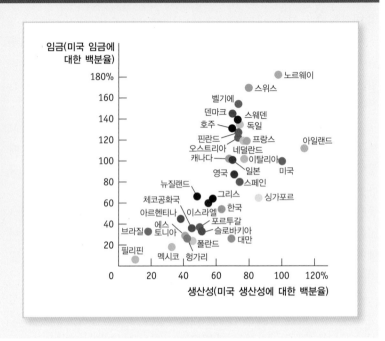

이 오류들은 모두 무역에서 발생하는 이득의 성격을 파악하지 못하고 있다. 가난한 저임금 국가가 비교우위에 있는 상품을 수출한다면 비록 이 상품들에 대한 비용의 우위가 저임금에 기초한 것이라 할지라도 무역이 두 국가 모두에게 도움이 된다. 즉 두 국가 모두 무역을 통해 생활수준의 향상을 이룰 수 있다.

대부분의 미국 노동자들보다 훨씬 낮은 임금을 받는 사람이 생산한 제품을 구입하는 것이 반드시 그 사람을 착취하는 것은 아니라는 사실을 이해하는 것이 특히 중요하다. 결론은 대안이 무엇이냐에 따라 달라진다. 가난한 국가의 노동자들은 전반적으로 생산성이 낮기 때문에 미국에 수출되는 상품을 생산하건 자국 내에서 판매되는 상품을 생산하건 낮은 임금을 받는다. 부유국의 기준으로 볼 때 형편없는 직업이라 할지라도 가난한 국가에 사는 사람에게는 한 단계 높아진 직업이 될 수 있다.

저임금 수출에 의존하는 국제무역이라 할지라도 국가의 생활수준을 높일 수 있는 것이다. 이는 특별히 초저임금 국가에 잘 적용된다. 예컨대 방글라데시와 같은 국가들이 저임금에 기초한 의류 수출을 할 수 없었다면 지금보다 훨씬 더 가난했을 것이며 아마 굶주림도 발생했을지 모른다.

비교우위의 원인

국제무역이 발생하는 원인은 비교우위이지만 비교우위는 어떻게 결정되는 것일까? 국제무역을 연구하는 경제학자들은 비교우위의 원인으로 세 가지를 발견했다. 그것은 국가들 사이에 나타나는 기후의 차이, 국가들 사이에 나타나는 요소부존의 차이, 국가들 사이에 나타나는 기술의 차이이다.

기후의 차이 새우를 생산하는 기회비용이 미국보다 베트남과 태국에서 더 낮은 주요 원인은 새우 양식에 필요한 높은 수온이다. 베트남은 이를 갖추고 있는 반면 미국은 그렇지 못하다. 일반적으로 기후의 차이는 국제무역이 발생하는 중요한 원인이 된다. 열대국가들은 커피나 설탕, 바나나, 새우와 같은 열대특산품을 수출한다. 온대지방의 국가들은 밀이나 옥수수와 같은 작물을 수출한다. 어떤 무역은 북반구와 남반구의 계절 차이로 인해 발생한다. 칠레산 포도나 뉴질랜드산 사과가 겨울에 배달되는 일은 미국과 유럽의 슈퍼마켓에서 흔한 일이 되었다.

요소부존의 차이 미국은 캐나다와 가장 많은 무역을 한다(중국이 두 번째이다). 특히 캐나다는 임업제품―목재 및 그 가공품인 펄프, 종이 등―을 미국으로 수출하는 주요 수출국이다. 이러한 수출은 캐나다 벌목 노동자들이 특별한 기술을 보유했기 때문에 가능한 것이 아니다. 캐나다가 임업제품에 비교우위를 갖는 이유는 캐나다의 노동인구당 삼림면적비율이 미국의 노동인구당 삼림면적비율과 비교해 볼 때 훨씬 더 크기 때문이다.

노동이나 자본과 마찬가지로 삼림지는 생산요소이다. 생산요소란 재화와 서비스를 생산하는 데 사용되는 투입물이다. (제2장에서 배운 것처럼 생산요소에는 토지, 노동, 자본 및 인적 자본이 있음을 상기하라.) 역사적·지리적 이유로 가용한 생산요소의 구성은 국가마다 차이가 있으며 이것이 비교우위의 중요한 원인이 된다. 비교우위와 가용요소 사이의 관계는 국제무역이론에 많은 영향을 끼친 헥셔-올린 모형(20세기 전반 두 스웨덴 경제학자에 의해 개발된 모형)에서 찾아볼 수 있다.

헥셔－올린 모형의 기본개념은 요소풍요도와 요소집약도이다. 요소풍요도는 그 요소의 공급이 다른 요소들에 비해 얼마나 풍부한가를 나타낸다. **요소집약도**(factor intensity)란 어떤 생산요소가 다른 요소에 비해 생산에 상대적으로 많이 이용되는가를 평가하는 기준이다. 예컨대 정유산업은 노동에 비해 높은 비율의 자본이 사용되므로 자본집약적인 반면 스마트폰 생산은 자본에 비해 상대적으로 높은 비율의 노동이 사용되므로 노동집약적이다.

헥셔－올린 모형(Heckscher-Ohlin model)에 의하면 한 국가는 그 국가가 풍부하게 보유하고 있는 요소를 집약적으로 사용하는 재화의 생산에 비교우위를 갖게 된다. 따라서 상대적으로 자본이 풍부한 국가는 정유 산업과 같이 자본집약적인 산업에 비교우위를 가지고, 상대적으로 노동이 풍부한 국가는 스마트폰 생산과 같이 노동집약적인 산업에 비교우위를 가질 것이다.

이 결과에 대한 기본 직관은 매우 간단하며 기회비용에 근거를 두고 있다.

- 주어진 요소의 기회비용―다른 용도로 사용될 때 창출되는 가치―은 그 요소가 상대적으로 풍부할수록 더 낮다.
- 미국에 비해 중국은 저숙련 노동자가 풍부하다.
- 따라서 저숙련 노동집약적인 제품을 생산하는 기회비용은 중국이 미국보다 더 낮다.

의류 무역이 헥셔-올린 모형의 타당성을 입증하는 가장 극적인 예다. 의류 생산은 노동집약적인 작업이다. 그것은 많은 실물자본을 필요로 하지 않으며 또한 고등교육 형태로 나타나는 많은 인적 자본을 필요로 하지도 않는다. 따라서 중국이나 방글라데시와 같이 노동이 풍부한 국가들이 의류 생산에 비교우위를 가질 것이라고 짐작할 수 있을 것이다. 그리고 사실이 그렇다.

국제무역의 상당 부분이 요소부존의 차이로 발생한다는 사실로부터 또 다른 사실을 설명할 수 있다. 흔히 국가 간 생산의 특화는 **불완전**하다는 사실이다. 즉 흔히 수입되는 재화의 국내 생산도 어느 정도 유지된다는 것이다. 이에 대한 좋은 예는 미국의 경우 원유이다. 사우디아라비아는 다른 생산요소에 비해 상대적으로 원유

요소집약도(factor intensity)는 어떤 재화 생산에 있어서 다른 생산요소에 비해 더 많이 사용된 생산요소가 무엇인지를 나타낸다.

헥셔-올린 모형(Heckscher-Ohlin model)에 따르면, 한 국가는 그 국가가 풍부하게 보유하고 있는 요소를 집약적으로 사용하는 재화 생산에 비교우위를 갖는다.

캐나다가 임업제품에 비교우위를 갖는 것은 삼림면적이 더 넓기 때문이다.

가 풍부하게 매장되어 있으므로 미국에 원유를 수출한다. 미국은 다른 생산요소에 비해 상대적으로 풍부한 의료전문지식을 보유하고 있으므로 사우디아라비아에 의료기기를 수출한다. 그러나 미국은 또한 어느 정도의 원유를 국내에서 생산한다. 텍사스와 알래스카 등 국내 원유매장과 다른 곳에 매장되어 있는 오일셰일의 규모가 커서 그렇게 하는 것이 경제성이 있기 때문이다.

다음 절의 수요와 공급분석에서 우리는 불완전 특화를 원칙으로 하여 분석할 것이다. 그러나 불완전 특화가 자주 발생한다고 해서 무역에 이득이 있다는 결론이 달라지는 것은 결코 아니라는 사실을 명심해야 한다.

기술의 차이 1970년대와 1980년대에 일본은 미국과 여타 지역에 많은 자동차를 수출하여 단연코 세계 최대의 자동차 수출국이 되었다. 일본이 자동차에 비교우위를 갖게 된 것은 기후의 영향이 아니었다. 또한 요소부존의 차이라고 말하기도 어렵다. 토지가 희소하다는 것 외에 일본의 가용요소 구성은 다른 선진국과 매우 유사하였다. 자동차에 대한 일본의 비교우위는 사실 그 나라의 생산자들에 의해 개발된 우수한 생산기술에 근거한 것이었다. 그 생산기술로 인해 그들은 주어진 노동과 자본을 가지고 미국이나 유럽의 경쟁자들보다 더 많은 자동차를 생산할 수 있었다.

자동차에 대한 일본의 비교우위는 기술—생산에 사용되는 기법—격차로 인해 발생하였다.

기술 격차가 발생하는 원인은 다소 불분명하다. 어떤 경우에는 경험에 의해 축적된 지식에 의한 것으로 보인다. 예를 들어 시계 생산에 대한 스위스의 비교우위는 시계 제작의 오랜 전통에 기인한다. 경우에 따라서는 무슨 이유에서인지 몇 가지 기술혁신이 한 국가에서만 나타나고 다른 국가에서는 나타나지 않는 까닭에 기술 격차가 발생하기도 한다.

그러나 기술적 우위는 일시적인 경우가 많다. 미국 자동차 공장들도 절약형 생산(lean production)(효율을 높여 생산성을 향상시키도록 개발된 기술)을 도입함으로써 이제 일본 경쟁자들과의 생산성 격차를 많이 좁혀 놓았다. 또한 유럽의 항공기 산업도 미국 항공기 산업과의 기술 격차를 좁혀 놓았다. 그러나 주어진 한 시점에서는 기술 격차가 비교우위의 주요한 원인이 된다.

현실 경제의 >> 이해
홍콩 셔츠의 몰락

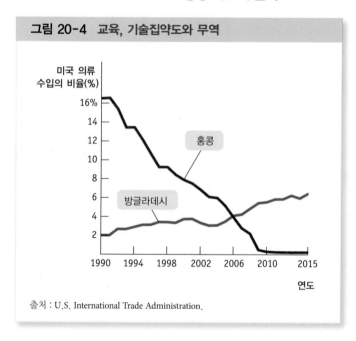

그림 20-4 교육, 기술집약도와 무역

미국 의류
수입의 비율(%)

홍콩

방글라데시

1990 1994 1998 2002 2006 2010 2015

연도

출처 : U.S. International Trade Administration.

홍콩의 성장은 20세기에서 가장 불가능해 보이는 경제적 성공의 한 예이다. 1949년 공산주의 정권이 중국을 장악했을 때, 아직도 영국의 식민지였던 홍콩은 국경 너머 내륙지방과 경제관계가 끊어진 고립된 도시였다. 그때까지 홍콩은 중국으로의 통로 역할을 함으로써 생계를 이어 왔기 때문에 사람들은 홍콩이 곧 쇠락할 것이라고 생각했을 것이다. 그러나 이와는 반대로 홍콩은 번창하여 1인당 GDP가 미국과 맞먹는 수준이 되었다. (현재 홍콩은 중국에 반환되었으나 특별자치구로 남아 있다.)

번영의 길을 걷는 동안 홍콩의 성장은 섬유 산업에 크게 의존하였다. 1980년 홍콩의 의류와 섬유 부문에 고용된 노동자는 45만 명에 육박하는데 이는 전체 고용의 20%에 가까운 숫자다. 이 노동자들의 대다수가 수출용, 특히 대미 수출용 의류—셔츠, 바지, 드레스 등—제조에 종사하였다.

그러나 그 이후 홍콩의 섬유 산업은 그 규모에서 크게 감소하였다 — 사실상 거의 소멸되었다. 이와 함께 홍콩의 의류 수출도 소멸되었다. 〈그림 20-4〉에는 1990년 이후 미국 의류 수입에서 차지하는 홍콩의 비율과 이 산업에 새로 뛰어든 방글라데시의 비율이 표시되어 있다. 이 그래프에서 알 수 있는 바와 같이 홍콩은 이 그래프에서 사실상 사라져 간 반면 방글라데시의 비중은 최근 상당히 높아지고 있다.

홍콩이 셔츠, 바지 등을 제조하는 데 있어 비교우위를 상실한 이유는 무엇일까? 이 도시의 의류 제조 노동자들의 생산성이 떨어져서가 아니다. 근본적인 이유는 이 도시가 다른 일들에 더 유능하게 되었기 때문이다. 의류 제조 산업은 노동집약적인 비교적 저기술 산업이다. 이 산업의 비교우위는 항상 가난하고 노동집약적인 경제가 가지고 있었다. 홍콩은 더 이상 이런 경제가 아닌 반면, 방글라데시는 이런 경제이다. 홍콩의 섬유 산업은 이 도시의 성공의 제물이 된 것이다.

>> 이해돕기 20-1
해답은 책 뒤에

1. 미국의 경우 옥수수 1톤에 대한 기회비용은 자전거 50대이다. 중국에서 자전거 1대의 기회비용은 옥수수 0.01톤이다.
   a. 비교우위의 패턴을 구하라.
   b. 미국은 자급상태에서 옥수수를 생산하지 않으면 20만 대의 자전거를 생산할 수 있고, 중국은 자급상태에서 자전거를 생산하지 않으면 3,000톤의 옥수수를 생산할 수 있다. 한계비용이 일정하다는 가정하에서 수평축에는 자전거를, 수직축에는 옥수수를 표시하여 각 국가의 생산가능곡선을 그려 보라.
   c. 국제무역을 통해 각 국가는 특화를 하게 된다. 미국은 1,000톤의 옥수수와 20만 대의 자전거를 소비하고, 중국은 3,000톤의 옥수수와 10만 대의 자전거를 소비한다. 자신이 그린 그림에 생산점과 소비점을 표시하고, 이를 토대로 무역으로부터의 이익을 설명해 보라.
2. 헥셔-올린 모형을 이용해서 다음과 같은 무역 패턴을 설명해 보라.
   a. 프랑스에서 미국으로의 와인 수출, 미국에서 프랑스로의 영화 수출
   b. 브라질에서 미국으로의 신발 수출, 미국에서 브라질로의 신발 제조기계 수출

‖ 수요, 공급과 국제무역

비교우위에 대한 단순모형들은 국제무역의 근본 원인을 이해하는 데는 도움이 된다. 하지만 국제무역의 효과를 더 자세히 분석하고 무역정책을 이해하기 위해서는 수요와 공급 모형을 사용하는 것이 도움이 된다. 우리는 먼저 수입이 국내 생산자와 소비자에게 미치는 영향을 살펴본 다음 수출의 영향을 살펴보기로 한다.

수입의 영향

〈그림 20-5〉는 국제무역을 잠시 무시한 채 미국의 스마트폰 시장을 나타낸 것이다. 여기에는 몇 가지 새로운 개념이 도입되었다. 국내수요곡선, 국내공급곡선, 그리고 국내가격 또는 자급가격이 그것이다.

국내수요곡선(domestic demand curve)은 어떤 재화에 대한 한 국가 주민들의 수요가 그 재화가격에 따라 어떻게 달라지는지를 보여 준다. '국내'라는 수식어가 붙은 이유는 다른 나라의 국민들도 그 재화를 수요할 수 있기 때문이다. 일단 국제무역을 도입하게 되면 국내 소비자들의 구매와 해외 소비자들의 구매를 구분할 필요가 있다. 따라서 국내수요곡선은 우리나라 국민들

>> 복습

- 미국과 다른 많은 국가 경제에서 **수입**과 **수출**이 차지하는 비중이 증가하고 있다.
- 국제무역과 다른 국제적 연관성의 증가를 **국제화**라 한다. 극도로 높은 국제무역을 **초국제화**라고 한다.
- 국제무역은 비교우위에 의해 발생한다. **리카도의 국제무역 모형**은 국가들이 서로 무역을 하면 **자급상태**보다 더 나은 결과, 즉 교역으로부터의 이득을 얻을 수 있다는 것을 보여 준다.
- 비교우위의 주요 원인에는 국제 간 기후의 차이, 요소부존의 차이, 기술의 차이가 있다.
- **헥셔-올린 모형**은 비교우위가 요소부존의 차이에 의해 발생한다는 것을 보여 준다. 생산되는 재화마다 **요소집약도**가 다르고 국가마다 자국이 풍부하게 보유하고 있는 요소를 집약적으로 사용하는 재화를 수출하려는 경향을 갖게 된다.

국내수요곡선(domestic demand curve)은 한 재화에 대한 국내 소비자들의 수요가 그 재화가격에 따라 어떻게 달라지는지를 보여 준다.

그림 20-5 자급상태에서의 소비자잉여와 생산자잉여

국제무역이 없을 때 국내가격은 P_A이며, 이는 국내공급곡선과 국내수요곡선이 교차하는 자급상태의 가격이다. 국내에서 생산되고 소비되는 거래량은 Q_A이다. 소비자잉여는 파란색 삼각형의 면적으로 나타나고, 생산자잉여는 빨간색 삼각형의 면적으로 나타난다.

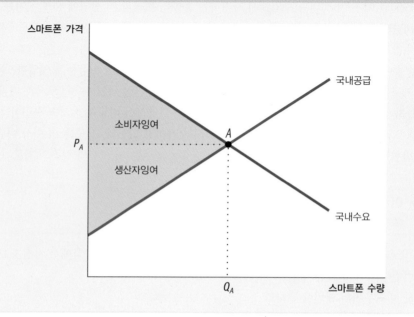

의 수요만을 반영한다.

마찬가지로 **국내공급곡선**(domestic supply curve)은 한 국가 내의 생산자들이 공급하는 재화의 수량이 그 재화가격에 따라 어떻게 달라지는지를 보여 준다. 국제무역을 도입하고 나면 국내 생산자들의 공급과 해외공급－해외로부터 들여온 공급－을 구분할 필요가 있다.

스마트폰의 국제무역이 없는 자급상태에서는 이 시장의 균형은 국내수요와 국내공급곡선의 교점인 점 A에서 결정될 것이다. 스마트폰의 균형가격은 P_A이고, 생산·소비되는 스마트폰의 균형거래량은 Q_A가 될 것이다. 항상 그렇듯이 소비자와 생산자는 모두 국내시장이 존재함으로써 이득을 얻게 된다. 소비자잉여는 〈그림 20-5〉에서 파란색 삼각형의 면적과 같을 것이다. 생산자잉여는 빨간색 삼각형의 면적과 같을 것이다.

이제 수입을 허용하여 이 시장을 개방한다고 생각해 보자. 이를 위해서는 수입품의 공급에 대해 어떤 가정을 해야 한다. 가장 간단한 가정은 **국제가격**(world price)으로 알려진 주어진 가격에서 스마트폰을 얼마든지 해외로부터 구입할 수 있다는 것인데 우리도 여기서 이 가정을 도입한다. 〈그림 20-6〉에는 스마트폰의 국제가격 P_W가 자급상태의 국내시장가격 P_A보다 낮은 상황이 그려져 있다.

스마트폰의 국제가격이 국내가격보다 낮으므로 수입상들이 스마트폰을 해외에서 구입하여 국내에서 다시 판매함으로써 이윤을 낼 수 있다. 수입된 스마트폰은 국내시장의 스마트폰 공급을 증가시켜 국내시장가격이 하락할 것이다. 스마트폰의 수입은 국내 스마트폰 가격이 국제가격과 같은 수준으로 떨어질 때까지 계속될 것이다.

이 결과가 〈그림 20-6〉에 그려져 있다. 수입으로 인해 국내 스마트폰 가격은 P_A에서 P_W로 하락한다. 국내 소비자가 수요하는 스마트폰의 수량은 Q_A에서 Q_D로 증가하고 국내 생산자에 의해 공급되는 수량은 Q_A에서 Q_S로 하락한다. 국내수요량과 국내공급량의 차이 Q_D-Q_S는 수입으로 채워진다.

이제 수입이 소비자잉여와 생산자잉여에 미치는 영향을 살펴보자. 스마트폰 수입으로 인해 국내가격이 하락하게 되므로 소비자잉여는 증가하고 생산자잉여는 감소한다. 〈그림 20-7〉을 보면 어떻게 해서 이렇게 되는지 알 수 있다. W, X, Y, Z 네 면적이 그림에 표시되어 있다. 〈그림

국내공급곡선(domestic supply curve)은 국내 생산자들이 공급하는 재화의 수량이 그 재화가격에 따라 어떻게 달라지는지를 보여 준다.

어떤 재화의 **국제가격**(world price)은 그 재화가 해외에서 거래되는 가격을 말한다.

그림 20-6 수입 후 국내시장

그림에서 스마트폰의 국제가격 P_W는 자급상태의 가격 P_A보다 낮다. 이 국가가 국제무역을 하게 되면, 수입으로 인해 국내가격이 자급상태일 때의 P_A에서 국제가격 P_W로 떨어지게 된다. 가격이 떨어지면 국내수요량은 Q_A에서 Q_D로 증가하고, 국내공급량은 Q_A에서 Q_S로 감소한다. P_W에서 국내수요량과 국내공급량 간의 차이, $Q_D - Q_S$는 수입으로 채워진다.

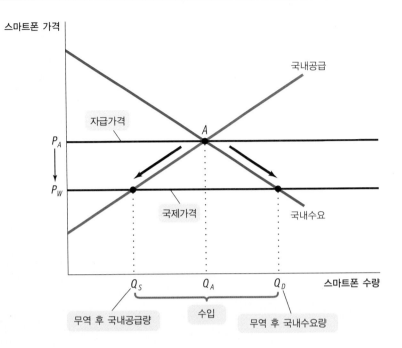

20-5〉에서 본 자급상태의 소비자잉여는 W에 해당하고 자급상태의 생산자잉여는 X와 Y의 합에 해당한다. 국내가격이 국제가격까지 하락함으로써 소비자잉여는 증가한다. 소비자잉여는 X와 Z의 면적을 합한 것만큼 증가하여 W, X, Z의 합과 같아진다. 동시에 생산자잉여는 X만큼 감소하여 이제는 Y와 같아진다.

〈그림 20-7〉의 표에 스마트폰 시장이 수입에 대해 개방되었을 때 나타나는 소비자잉여와 생산자잉여의 변화를 요약해 놓았다. 소비자는 $X+Z$의 면적에 해당하는 잉여를 얻고, 생산자는 X의 면적에 해당하는 잉여를 잃는다. 따라서 소비자잉여와 생산자잉여의 합—스마트폰 시장에 발생한 총잉여—은 Z의 면적만큼 증가한다. 무역의 결과로 소비자들은 이득을 보고 생산자들은 손실을 보지만 소비자들의 이득이 생산자들의 손실보다 더 크다.

이것은 중요한 결과이다. 우리는 방금 수입에 대해 시장을 개방함으로써 총잉여가 증가함을 보았다. 이것은 국제무역으로부터 이득을 얻을 수 있다는 명제에 비추어 볼 때 당연히 예상되는 결과이다.

그러나 우리는 또한 국가 전체로서는 이득을 보지만 어떤 집단—이 경우에는 국내의 스마트폰 생산자들—은 국제무역의 결과로 손실을 본다는 것도 알았다. 곧 보게 되는 바와 같이 일반적으로 국제무역을 통해 이득을 보는 사람뿐 아니라 손실을 보는 사람도 발생한다는 사실은 무역정책과 관련된 정치를 이해하는 데 중요하다.

다음에는 한 국가가 어떤 재화를 수출하는 경우를 보자.

수출의 영향

〈그림 20-8〉은 한 국가가 한 재화—여기서는 트럭—를 수출할 때 어떤 영향을 받는지 보여 준다. 이 예에서는 자급상태의 국내가격 P_A보다 높은 수준으로 주어져 있는 국제가격 P_W에서 트럭을 원하는 만큼 판매할 수 있다고 가정한다.

높은 국제가격으로 인해 수출업자들은 국내에서 트럭을 구입하여 해외에 판매함으로써 이윤

그림 20-7 수입의 잉여에 대한 영향

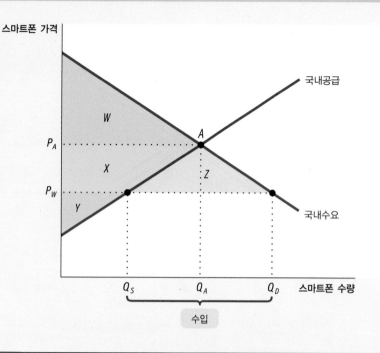

	잉여의 변화	
	증가	감소
소비자잉여	$X + Z$	
생산자잉여		$-X$
총잉여의 변화	**$+ Z$**	

국제무역으로 인해 국내가격이 P_W로 떨어지면, 소비자잉여는 증가($X+Z$의 면적)하고 생산자잉여는 감소(X의 면적)한다. 소비자들의 이득이 생산자들의 손실보다 더 크므로 국가 전체로서는 이득(Z의 면적)을 본다.

을 얻을 수 있다. 국내 트럭을 구매함에 따라 국내가격은 상승하여 국제가격과 같아지게 된다. 이 결과로 국내 소비자의 수요량은 Q_A에서 Q_D로 감소하고 국내 생산자의 공급량은 Q_A에서 Q_S로 증가한다. 국내 생산과 국내 소비의 차이인 $Q_S - Q_D$는 수출된다.

그림 20-8 수출 후 국내시장

그림에서 국제가격 P_W는 자급상태에서의 국내가격 P_A보다 높다. 국제무역을 하게 되면 국내공급량 일부가 수출된다. 국내가격은 자급상태에서의 가격 P_A에서 국제가격 P_W로 증가하게 된다. 가격이 오르면 국내수요량은 Q_A에서 Q_D로 감소하고, 국내공급량은 Q_A에서 Q_S로 증가하게 된다. 국내 생산과 국내 소비의 차이 $Q_S - Q_D$는 수출된다.

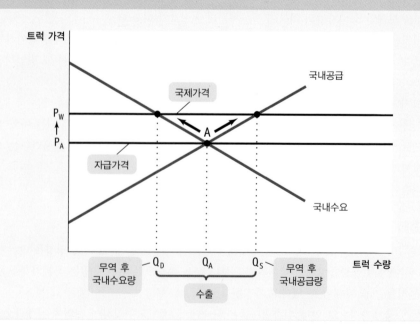

그림 20-9 수출의 잉여에 대한 영향

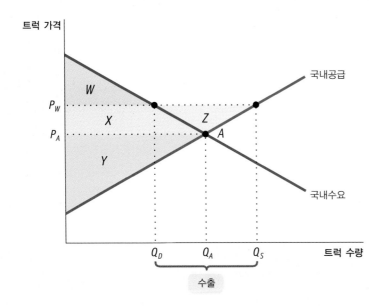

	잉여의 변화	
	증가	감소
소비자잉여		– X
생산자잉여	X + Z	
총잉여의 변화	**+ Z**	

국제무역으로 인해 국내가격이 P_W로 상승하면, 생산자잉여는 증가($X+Z$의 면적)하고 소비자잉여는 감소(X의 면적)한다. 생산자들의 이득이 소비자들의 손실보다 더 크므로, 국가 전체로서는 이득(Z의 면적)을 본다.

수입과 마찬가지로 수출로 인해 수출국의 총잉여는 증가하지만 역시 이득을 보는 사람뿐 아니라 손실을 보는 사람도 발생한다. 〈그림 20-9〉는 트럭 수출이 소비자잉여와 생산자잉여에 미치는 영향을 보여 준다. 무역이 없다면 트럭 가격은 P_A일 것이다. 무역이 없을 때 소비자잉여는 W와 X 면적의 합과 같고, 생산자잉여는 Y의 면적과 같다. 무역의 결과로 가격은 P_A에서 P_W로 상승하고, 소비자잉여는 W로 감소하며, 생산자잉여는 $Y+X+Z$로 증가한다. 따라서 생산자는 $X+Z$만큼 이득을 보고 소비자는 X만큼 손실을 보며, 그림에 있는 표에서 보는 바와 같이 경제 전체로서는 총잉여가 Z만큼 증가한다.

그러므로 어떤 재화를 수입하면 그 재화의 국내 생산자가 손실을 보지만 국내 소비자는 이득을 보고, 어떤 재화를 수출하면 국내 소비자는 손실을 보지만 그 재화의 국내 생산자는 이득을 본다는 것을 알 수 있다. 어느 경우에든 이득이 손실보다 더 크다.

국제무역과 임금

지금까지 우리는 국제무역이 어떤 특정 산업의 생산자와 소비자에게 주는 영향에 초점을 맞추어 왔다. 이것은 여러 목적에 매우 유용한 접근방법이다. 그러나 사회에서 무역에 의해 영향을 받는 것은 생산자와 소비자만 있는 것이 아니다. 생산요소의 소유자들도 영향을 받는다. 특히 수출 상품이나 수입경쟁 상품을 생산하는 데 고용된 노동, 토지, 자본의 소유자들은 무역에 의해 큰 영향을 받을 수 있다.

더욱이 생산요소들은 보통 산업 간에 이동할 수 있기 때문에 무역의 영향은 수출산업이나 수입경쟁산업에만 국한된 것이 아니다. 따라서 이제는 국제무역이 소득분배—한 국가의 총소득이 여러 생산요소들 간에 어떻게 배분되는지 하는 문제—에 미치는 장기적 효과에 관심을 돌려 보자.

분석을 시작하기 위해 국제무역이 증가한 결과로 수축하는 산업에서 회계사로 일하고 있는 마리아의 입장을 생각해 보자. 예컨대 마리아가 전에는 수백만 명의 노동자를 고용했으나 저임금 국가로부터의 수입으로 인해 축소되고 있는 미국 의류산업에서 일한다고 하자. 마리아는 아마도 의료산업처럼 빠르게 확장 중인 다른 산업에서 새 직장을 찾을 수 있을 것이다. 이 이동이 그녀의 소득에 어떤 영향을 줄까?

아마도 별 영향이 없으리라는 것이 답이다. 미국 노동통계국에 의하면 회계사는 의료산업에서도 아직 남아 있는 의류산업에서와 마찬가지로 대략 1년에 80,000달러를 번다. 따라서 마리아를 수입으로 인한 경쟁 때문에 피해를 입은 의류 생산자로 생각해서는 안 된다. 대신 그녀를 수입으로 인해 경제 전체의 회계사들의 임금이 바뀌는 만큼 영향을 받는 특수한 능력이 있는 노동자로 보아야 한다.

회계사의 임금률은 요소가격-생산요소를 사용한 대가로 고용주가 지불해야 하는 가격-이다. 국제무역에 관한 중요한 문제 한 가지는 국제무역이 요소가격-회계사와 같이 좁게 정의된 생산요소가 아니라 자본, 미숙련노동, 대학졸업자 등과 같이 넓게 정의된 요소-에 어떤 영향을 주는가 하는 것이다.

이 장 앞에서 우리는 비교우위가 한 나라의 요소부존에 의해 결정된다고 하는 헥셔-올린 모형을 소개하였다. 이 모형은 또한 국제무역이 한 나라의 요소가격에 어떤 영향을 미칠 것인지 알려 준다. 자급상태와 비교해 국제무역은 한 나라에 풍부한 생산요소의 가격을 상승시키고 희소한 생산요소의 가격을 하락시키는 경향이 있다.

이것을 상세히 분석하지는 않겠지만 이유는 쉽게 이해할 수 있다. 생산요소의 가격도 재화와 서비스 가격과 마찬가지로 수요와 공급에 의해 결정된다. 국제무역에 의해 한 생산요소에 대한 수요가 증가하면 그 요소의 가격은 상승할 것이고, 국제무역에 의해 한 생산요소에 대한 수요가 감소하면 그 요소의 가격은 하락할 것이다.

이제 한 나라의 산업이 두 종류로 구성되어 있다고 생각해 보자. 해외로 판매되는 재화와 서비스를 생산하는 **수출산업**(exporting industry)과 해외로부터 수입되는 재화와 서비스를 국내에서 생산하는 **수입경쟁산업**(import-competing industry)의 두 종류이다. 자급상태와 비교할 때 국제무역으로 인해 수출산업의 생산은 증가하고 수입경쟁산업의 생산은 감소한다. 이에 따라 간접적으로 수출산업에서 사용되는 요소들에 대한 수요는 증가하고 수입경쟁산업에서 사용되는 생산요소들에 대한 수요는 감소한다.

그리고 헥셔-올린 모형에 의하면 한 국가는 그 나라에 풍부한 요소를 집약적으로 사용하는 재화를 수출하고 희소한 요소를 집약적으로 사용하는 재화를 수입하는 경향이 있다. 따라서 국제무역을 통해 다른 나라에 비해 우리나라에 풍부한 요소에 대한 수요는 증가하고, 다른 나라에 비해 우리나라에 희소한 요소에 대한 수요는 감소하는 경향이 있다. 이 결과로 국제무역이 증가할수록 풍부한 요소의 가격은 상승하고 희소한 요소의 가격은 하락하는 경향이 있게 된다.

다시 말해서 국제무역은 그 나라에 희소한 생산요소에서 풍부한 생산요소로 소득을 재분배하는 효과를 갖는다.

미국의 수출상품은 (고기술 디자인이나 할리우드 영화와 같이) 인적 자본집약적이고 수입상품은 (스마트폰 조립이나 의류 생산과 같이) 미숙련노동집약적인 경향이 있다. 이는 국제무역으로 인해 미국의 요소시장에서는 고등교육을 받은 노동자들의 임금률이 상승하고 미숙련노동자들의 임금률이 하락하게 됨을 시사한다.

이러한 영향은 최근에 많은 관심을 불러일으켰다. 임금 불평등-고임금 노동자와 저임금 노동자 사이의 임금 격차-은 과거 30년간 상당히 증가해 왔다. 일부 경제학자들은 국제무역의 성장이 이러한 추세의 중요한 요인이라고 생각한다. 만일 국제무역이 헥셔-올린 모형이 예측하는 효과를 갖고 있다면 국제무역이 증가할수록 이미 상대적으로 높은 임금을 받고 있는 미국의 고학력 노동자의 임금은 더욱 상승하고, 이미 상대적으로 낮은 임금을 받고 있는 미국의 저학력 노동자의 임금은 더욱 하락할 것이다.

그러나 한편으로는 부유한 국가에 대한 수출을 통해 가난한 국가의 생활수준이 높아짐에 따라 무역을 통해 국가 간 소득 불평등이 감소한다는 것도 잊지 말아야 한다.

이러한 효과가 얼마나 중요한가? 역사적으로 살펴볼 때 국제무역이 요소가격에 미치는 영향이 매우 큰 경우도 가끔 있었다. 다음에 소개되는 '현실 경제의 이해'에 설명된 바와 같이 19세기 말 대서양 횡단무역의 개시로 인해 유럽의 토지 임대료가 크게 하락하여 지주들은 손실을 입고 노동자와 자본가들은 도움을 받았다.

무역이 임금에 미치는 영향은 최근 미국에서 상당한 논쟁을 불러일으켰다. 이 문제를 연구한 대부분의 경제학자들은 신흥공업경제로부터 노동집약적 상품의 수입이 증가하고 그 대신 첨단기술상품이 수출된 것이 고학력 노동자와 저학력 노동자의 임금 격차를 늘리는 데 기여했다는 점에는 동의한다. 그러나 대부분의 경제학자들은 이것이 미국의 임금 불평등을 증가시킨 여러 요인 중 하나에 불과하다고 믿는다.

국제무역을 통해 소득은 그 국가가 적게 보유하고 있는 생산요소로부터 그 국가에 풍부한 생산요소로 재분배된다.

현실 경제의 >> 이해
19세기의 무역, 임금 및 토지가격

1870년경을 시작으로 농산물의 국제무역이 폭발적으로 증가했는데 이는 주로 증기기관 때문이었다. 증기동력선은 범선에 비해 훨씬 더 빨리 그리고 안정적으로 대양을 횡단할 수 있었다. 1860년경까지는 증기선이 범선보다 비용이 더 많이 들었지만 그 이후로는 비용이 급격히 하락했다. 동시에 증기기관차로 인해 곡물과 다른 대량 화물들을 내륙으로부터 항구까지 값싸게 운송할 수 있게 되었다. 이 결과로 다량의 농산물이 토지가 풍부한 국가들―미국, 캐나다, 아르헨티나, 호주―로부터 인구가 밀집하고 토지가 희소한 유럽의 국가들로 운송되기 시작했다.

이러한 국제무역의 시작으로 인해 수출국에서는 밀과 같은 농산물 가격이 높아지고 수입국에서는 그러한 재화의 가격이 낮아졌다. 특히 미국 중서부와 영국의 밀 가격 격차는 급속히 감소했다.

농산물 가격의 변화로 인해 요소가격이 조정되자 대서양 양쪽에서 모두 이득을 보는 사람과 손실을 보는 사람이 발생했다. 영국에서는 평균임금과 비교해 토지가격이 반으로 하락하였다. 지주들은 구매력이 급속히 감소하는 것을 보게 되었으나 노동자들은 식품가격 하락으로 이득을 보았다. 미국에서는 그 반대의 일이 일어났다. 임금과 비교할 때 토지가격은 두 배가 되었다. 지주들은 상당한 이득을 보았으나 노동자들은 식품가격 상승으로 임금의 구매력이 잠식되는 것을 보게 되었다.

>> 이해돕기 20-2
해답은 책 뒤에

1. 트럭 운전사들의 파업으로 인해 미국과 멕시코 간 식품 무역이 중단되었다. 자급상태에서 멕시코의 포도 가격은 미국의 포도 가격보다 낮다. 포도에 대한 미국의 국내수요곡선과 국내공급곡선을 그리고, 이를 바탕으로 파업이 다음 사항에 대해 미치는 영향을 설명해 보라.

>> 복습
- **국내수요곡선**과 **국내공급곡선**이 교차하는 지점에서 자급상태에서의 재화가격이 결정된다. 무역이 시작되면 국내가격은 **국제가격**과 같아지게 된다.
- 국제가격이 자급상태의 가격보다 낮으면 수입을 하게 되고, 국내가격은 국제가격과 같은 수준으로 낮아진다. 소비자잉여의 증가분이 생산자잉여의 손실분보다 크기 때문에 경제 전체로서는 총잉여가 증가한다.
- 국제가격이 자급상태의 가격보다 높으면 수출을 하게 되고, 국내가격은 국제가격과 같은 수준으로 오른다. 생산자잉여의 증가분이 소비자잉여의 손실분보다 크기 때문에 경제 전체로서는 총잉여가 증가한다.
- 국제무역으로 **수출산업**은 확장되고, 이로 인해 한 국가에 풍부한 생산요소에 대한 수요가 높아진다. 국제무역으로 **수입경쟁산업**은 축소되고, 이로 인해 그 국가에 희소한 자원에 대한 수요는 낮아진다.

a. 미국의 포도 소비자들의 잉여
b. 미국의 포도 생산자들의 잉여
c. 미국의 총잉여

2. 파업이 멕시코의 포도 생산자들에게 어떤 영향을 미치리라고 생각하는가? 멕시코 포도농장 인부들에 대한 영향은? 멕시코 포도 소비자들에 대한 영향은? 미국 포도농장 인부들에 대한 영향은?

‖ 보호무역의 효과

19세기 초 데이비드 리카도에 의하여 비교우위의 원칙이 발표된 이후 대부분의 경제학자들은 **자유무역**(free trade)을 옹호해 왔다. 즉 그들은 정부가 수요와 공급에 의해 자연적으로 발생하는 수출이나 수입의 크기를 정책에 의해 감소 또는 증가시키려고 시도해서는 안 된다고 주장해 왔다.

그러나 경제학자들이 자유무역을 주장해 왔음에도 불구하고 다수의 정부가 수입을 억제하기 위해 조세나 다른 제한조치들을 사용하고 있다. 그보다 드물기는 하지만 정부는 수출을 장려하기 위해 보조금을 지급하기도 한다. 보통 수입경쟁산업의 생산자들을 외국의 경쟁으로부터 보호할 목적으로 수입을 제한하는 정책을 가리켜 **보호무역**(trade protection) 혹은 단순히 **보호**(protection)라 한다.

우선 가장 흔히 사용되는 보호주의 정책 두 가지, 즉 관세와 수입할당제를 살펴보고 다음에는 정부들이 이러한 정책을 사용하는 이유를 알아보자.

관세의 효과

관세(tariff)는 수입상품의 판매에 대해서만 부과되는 일종의 물품세이다. 예를 들어 미국 정부는 스마트폰을 수입하는 사람은 1개당 100달러의 관세를 지불해야 한다고 선언할 수 있다. 관세는 징수가 상대적으로 쉽기 때문에 오래전에는 관세가 정부의 중요한 수입원이었다. 그러나 현대에는 관세가 정부의 수입원으로 이용되기보다는 보통 수입을 억제하여 국내 수입경쟁산업의 생산자들을 보호할 목적으로 이용된다.

관세는 국내 생산자들이 받는 가격과 국내 소비자들이 지불하는 가격을 모두 상승시킨다. 예를 들어 미국이 스마트폰을 수입하고 있는데, 스마트폰의 국제시장가격이 200달러라 하자. 앞에서 본 바와 같이 자유무역하에서는 국내가격 역시 200달러일 것이다. 그러나 만일 개당 100달러의 관세가 부과되면 국내시장의 가격이 수입상들이 관세를 지불하는 비용을 충당할 만큼 충분히 높지 않으면 스마트폰을 수입해서 손해를 볼 것이므로 국내가격은 300달러로 상승할 것이다.

〈그림 20-10〉에는 관세가 스마트폰 수입에 미치는 효과가 그려져 있다. 전과 마찬가지로 스마트폰의 국제가격을 P_W라 하자. 관세가 부과되기 이전에는 수입으로 인해 국내가격이 P_W로 하락하여 관세 전 국내생산은 Q_S, 관세 전 국내소비는 Q_D, 관세 전 수입은 $Q_D - Q_S$였다.

이제 정부가 수입되는 모든 스마트폰에 관세를 부과한다고 생각해 보자. 그렇다면 수입상이 받는 국내가격이 국제가격에 관세를 더한 금액보다 크거나 같아야만 스마트폰을 수입하여 이윤을 낼 수 있다. 따라서 국내가격은 국제가격 P_W에 관세를 더한 가격인 P_T까지 상승한다. 국내생산은 Q_{ST}까지 증가하고, 국내소비는 Q_{DT}로 감소하며, 수입은 $Q_{DT} - Q_{ST}$로 감소한다.

그러므로 관세는 자유무역의 경우와 비교하여 국내가격을 상승시키고 국내생산을 증가시키며 국내소비를 감소시킨다. 〈그림 20-11〉은 관세가 잉여에 미치는 세 가지 영향을 보여 준다.

정부가 수요와 공급에 의해 자연적으로 발생하는 수출이나 수입의 크기를 정책에 의해 감소 또는 증가시키려고 시도하지 않는 경우 그 국가는 **자유무역**(free trade)을 하고 있다.

수입을 제한하려는 정책을 일컬어 **보호무역**(trade protection) 혹은 단순히 **보호**(protection)라고 한다.

관세(tariff)는 수입에 부과되는 조세이다.

그림 20-10 관세의 효과

관세로 인해 재화의 국내가격은 P_W에서 P_T로 증가한다. 국내수요량은 Q_D에서 Q_{DT}로 감소하고, 국내생산량은 Q_S에서 Q_{ST}로 증가한다. 그 결과 관세가 부과되기 이전의 Q_D-Q_S만큼의 수출량이 관세가 부과된 이후에는 $Q_{DT}-Q_{ST}$로 줄어든다.

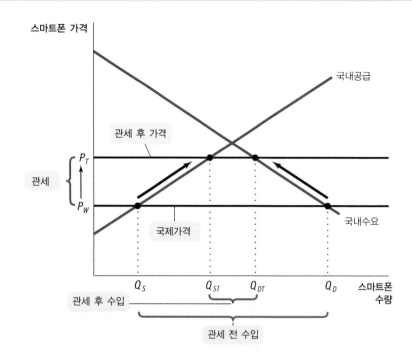

1. 국내가격 상승은 생산자잉여를 A의 면적만큼 증가시킨다.
2. 국내가격 상승은 소비자잉여를 A, B, C, D 면적의 합만큼 감소시킨다.
3. 관세가 정부의 수입이 된다. 관세로 인한 수입은 얼마일까? 정부는 관세―앞에 본 바와 같이 P_T와 P_W의 차이와 같다―를 수입 스마트폰 $Q_{DT}-Q_{ST}$에 대해 부과한다. 따라서 수입 총액은 $(P_T-P_W)\times(Q_{DT}-Q_{ST})$이다. 이것은 C의 면적과 같다.

    관세의 후생효과는 〈그림 20-11〉의 표에 요약되어 있다. 생산자들은 이득을 보고 소비자들은 손실을 보고 정부는 이득을 본다. 그러나 소비자의 손실이 생산자와 정부의 이득을 합한 것보다 더 커서 총잉여는 $B+D$의 면적만큼 감소한다.

    물품세는 서로에게 이득이 되는 거래가 성사되는 것을 막기 때문에 비효율, 즉 자중손실을 발생시킨다. 관세도 마찬가지다. 관세가 사회에 끼치는 자중손실은 $B+D$의 면적으로 나타나는 총잉여의 감소와 같다.

    관세가 자중손실을 초래하는 것은 두 가지 면에서 비효율을 발생시키기 때문이다.

1. 서로에게 이득이 되는 거래 중 일부가 성사되지 못한다. 국제가격 P_W가 재화 한 단위를 얻는 실제 비용임에도 불구하고 그보다 더 높은 가격을 지불할 의사가 있는 소비자의 일부가 그 재화를 구입하지 못한다. 이러한 비효율의 비용은 〈그림 20-11〉에서 D의 면적으로 표시된다.
2. 경제의 자원이 비효율적인 생산에 낭비되고 있다. 해외에서 P_W의 가격에 재화 한 단위를 추가로 구입할 수 있음에도 불구하고 비용이 P_W를 초과하는 생산자의 일부가 그 재화를 생산하고 있다. 이러한 비효율의 비용은 〈그림 20-11〉에서 B의 면적으로 표시된다.

그림 20-11 관세로 인한 총잉여의 감소

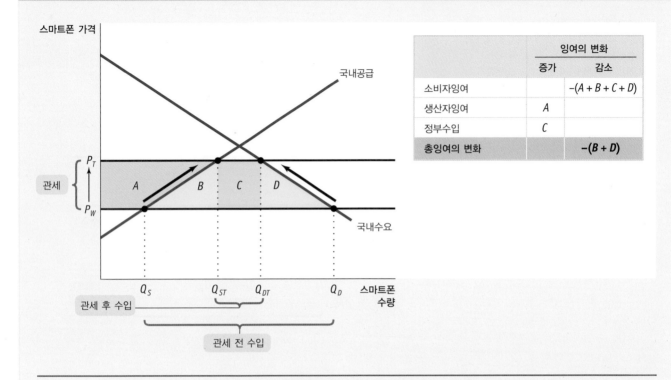

	잉여의 변화	
	증가	감소
소비자잉여		$-(A+B+C+D)$
생산자잉여	A	
정부수입	C	
총잉여의 변화		**$-(B+D)$**

관세 때문에 국내가격이 오르면 생산자잉여는 증가하고(A의 면적), 정부수입이 생기고(C의 면적), 소비자잉여는 감소한다(A+B+C+D의 면적). 소비자들의 손실이 생산자들과 정부의 이득보다 크기 때문에 경제 전체로서는 총잉여가 감소한다(B+D의 면적).

수입할당제의 효과

보호무역의 또 다른 형태인 **수입할당제**(import quota)는 재화 수입량을 법적으로 제한하는 것을 말한다. 예를 들어 미국은 수입할당량을 정해 매년 수입되는 중국 스마트폰의 수량을 5,000만 개로 제한할 수 있다. 보통 수입할당은 허가를 통해 이루어진다. 정부가 수입허가서를 여러 장 발부하면 그것을 보유한 각 기업들은 매년 정해진 수량을 수입할 권리를 갖는다.

판매할당제는 한 가지만 제외하고 물품세와 동일한 효과를 갖는다. 물품세하에서 정부의 수입이 될 금액이 할당제하에서는 허가를 받는 기업의 수입이 되는데 이를 할당지대(quota rents)라 한다. 마찬가지로 수입할당제는 한 가지만 제외하고 관세와 동일한 효과를 갖는다. 정부의 수입이 될 금액이 수입할당제하에서는 허가를 받는 기업의 할당지대가 된다.

〈그림 20-11〉을 다시 보자. 수입량을 $Q_{DT}-Q_{ST}$로 제한하는 수입할당제는 자동차 좌석의 국내가격을 앞에 고려했던 관세의 경우와 동일한 크기만큼 상승시킬 것이다. 즉 국내가격은 P_W에서 P_T로 상승할 것이다. 그러나 C는 이제 정부의 수입이 아니라 할당지대가 된다.

누가 수입허가를 받고 할당지대를 차지하게 될까? 미국의 경우 이에 대한 대답은 여러분을 놀라게 할지 모른다. 가장 중요한 수입허가 ─ 주로 의류에 대한, 그보다 덜 중요한 것으로 설탕에 대한 ─ 는 외국 정부에 주어진다.

대부분의 미국 수입할당에 대한 할당지대가 외국인에게 귀속되므로 그러한 할당제의 국가적 비용은 이에 대응되는 관세 ─ 같은 크기의 수입을 발생시키는 관세 ─ 보다 더 크다. 〈그림 20-11〉에서 그러한 수입할당제로부터 발생하는 미국의 순손실은 소비자 손실과 생산자 이득의 차이에 해당되는 $B+C+D$의 면적과 같다.

수입할당제(import quota)는 재화 수입량을 법적으로 제한하는 것을 말한다.

현실 경제의 >> 이해

미국의 보호무역

오늘날 미국은 일반적으로 자유무역정책을 따르고 있다. 다른 국가에 비교해도 그렇고 미국 스스로의 과거와 비교해도 그렇다. 대부분의 수입품은 관세가 전혀 없거나 낮은 수준이다. 그러면 이 일반 원칙에 대한 예외로는 어떠한 것이 있을까?

아직까지 남아 있는 보호의 대부분은 의류와 설탕 두 산업에 국한된다. 2005년까지는 미국뿐 아니라 전 세계에서 의류와 섬유 무역은 복잡한 수입할당제도에 의해 제한되고 있었다. 그 제도의 종식으로 인해 후생손실이 (〈그림 20-12〉에 나타난 바와 같이) 크게 감소되었으나 미국은 의류 수입에 대해 상대적으로 높은 관세를 유지하고 있다.

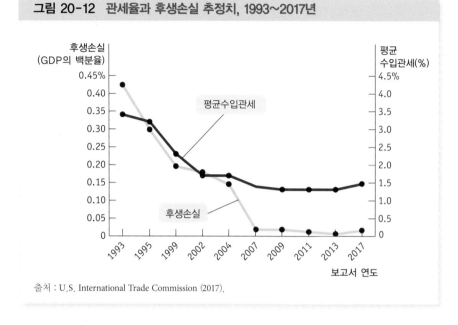

그림 20-12   관세율과 후생손실 추정치, 1993~2017년

출처 : U.S. International Trade Commission (2017).

미국 정부는 설탕에도 수입할당제를 유지하고 있는데 이 때문에 설탕 가격이 국제 수준보다 높고 소비자들이 매년 수억 달러를 더 부담하고 있다.

현재 미국의 보호무역에 대해 알아야 할 가장 중요한 특징은 보호가 극히 제한되어 있고 경제에 거의 손실을 끼치지 않는다는 것이다. 정부기관인 미국 국제무역위원회에서는 2년에 한 번씩 '주요 무역 제한' 조치들이 미국의 후생에 미치는 영향을 추정하고 있다. 〈그림 20-12〉에 나타난 바와 같이 처음부터 그리 크지 않았던 평균 관세 수준과 국민소득에 대한 무역 제한으로 인한 손실의 비율이 지난 20년간 급격히 감소했음을 알 수 있다.

>> 이해돕기 20-3

해답은 책 뒤에

1. 버터의 국제가격이 파운드당 0.5달러이고, 자급상태에서 버터의 국내가격은 파운드당 1달러라고 가정하자. 〈그림 20-10〉과 유사한 그림을 그려서 다음을 설명하라.
   a. 자유무역이 이루어지고 있다면 국내의 버터 생산자들은 정부가 0.5달러 이상의 관세를 부과하기를 바란다. 그 결과를 0.25달러의 관세를 부과하는 경우와 비교하라.
   b. 0.5달러보다 더 높은 관세가 부과되면 어떠한 일이 발생되는지 설명해 보라.
2. 정부가 버터에 대해 관세를 부과하는 대신 수입할당제를 시행하기로 했다고 하자. 파운드당 0.5달러의 관세를 부과했을 때와 동일한 양의 버터가 수입되도록 하기 위해서는 할당량을 어느 수준으로 제한해야 하는가?

>> 복습
- 많은 국가에서 수입경쟁산업에 대한 **보호무역**을 시행하고 있으나 대부분의 경제학자들은 **자유무역**을 찬성하고 있다. 흔히 사용되는 보호주의정책에는 관세와 수입할당제가 있다. 드물기는 하지만 정부가 수출산업에 대해 보조금을 지급하는 경우도 있다.
- **관세**는 수입상품에 부과되는 조세이다. 관세로 인해 국내가격이 국제가격보다 더 높아져 무역량 및 총소비량은 줄어들고 국내 생산은 늘어난다. 국내 생산자와 정부에는 이익이 되지만, 소비자들의 손실은 이렇게 얻어진 이득보다 커서 총잉여에서는 자중손실이 발생한다.
- **수입할당제**는 재화 수입량을 제한하는 것을 말한다. 이는 수입–할당지대–이 자국 정부가 아니라 허가를 받는 기업에 귀속된다는 점을 제외하고는 관세와 동일한 효과를 낳는다.

‖ 자본흐름과 국제수지

2018년에 미국의 거주자들은 수조 달러에 달하는 것들을 다른 나라의 거주자들에게 팔고 그 대한 국가의 **국제수지 계정**(balance of payments account)은 그 국가와 다른 국가들 사이의 거래에 대한 요약이다.

신 수조 달러에 달하는 것들을 사들였다. 어떤 것들을 사고팔았을까? 온갖 종류의 것들이다. 미국 내에서 활동하는 기업을 포함한 미국의 거주자들은 항공기, 채권, 밀을 비롯한 많은 항목을 다른 국가의 거주자들에게 팔았다. 미국의 거주자들은 다른 국가의 거주자들로부터 자동차, 주식, 원유를 비롯한 많은 항목을 사들였다.

이와 같은 거래를 어떻게 파악할 수 있을까? 제13장에서는 경제학자들이 국민소득 및 생산 계정을 이용하여 한 나라의 경제를 파악한다고 배웠다. 경제학자들은 이와 관계는 있으나 다소 상이한 숫자들을 이용하여 국제 거래를 파악하는데 이를 국제수지 계정이라고 한다.

국제수지 계정

한 국가의 **국제수지 계정**(balance of payments account)은 어느 한 해에 있어서 그 국가와 다른 국가들 사이의 거래에 대한 요약이다.

국제수지 계정의 배후에 있는 기본적인 아이디어를 이해하기 위해 작은 규모의 예, 즉 국가 대신 가족농장의 예를 들어 보자. 지난 한 해 동안에 캘리포니아에서 작은 아티초크(artichoke) 농장을 운영하는 코스타스 가족의 금융상태가 어떠했는지에 대해 우리가 다음과 같은 사실을 알고 있다고 하자.

- 이들은 아티초크를 팔아서 10만 달러를 벌었다.
- 이들은 새 기계를 구매하는 등 농장 운영을 위해 7만 달러를 지출했으며, 식료품을 사고 공공요금을 지불하고 헌 차를 바꾸기 위해 4만 달러를 지출했다.
- 이들은 은행 계좌로부터 500달러를 이자로 받았으며 주택담보 대출에 대한 이자로 1만 달러를 지불했다.
- 이들은 농장을 개선하기 위해 2만 5,000달러의 대출을 받았으나 이 돈을 모두 사용하지는 않았으며 남은 돈 5,500달러를 은행에 예금했다.

코스타스 가족의 1년을 어떻게 요약할 수 있을까? 한 가지 방법은 〈표 20-3〉과 같이 현금 수취와 지급의 원천을 몇 가지 광범위한 항목별로 보여 주는 표를 작성해 보는 것이다. 이 표의 첫째 행은 아티초크의 판매, 식료품, 난방용 기름, 새 차의 구매를 비롯한 재화와 서비스의 판매와 구매를 보여 준다. 둘째 행은 이자 지급, 즉 코스타스 가족이 은행 계좌로부터 수령한 이자와 주택담보 대출에 대해 지불한 이자를 보여 준다. 셋째 행은 신규 대출로부터 유입되는 현금과 은행에 예치된 돈을 보여 준다.

각 행은 해당 거래로부터의 순현금유입액을 보여 준다. 코스타스 가족은 번 것보다 1만 달러를 더 지출했기 때문에 첫째 행의 순현금유입은 −1만 달러이다. 둘째 행의 순현금유입은 코스타스 가족이 은행으로부터 수령한 이자와 주택담보 대출에 대해 지불한 이자의 차액인 −9,500달러이다. 마지막 행의 순현금유입은 1만 9,500달러이다. 코스타스 가족은 신규 대출로 2만 5,000달러를 수령한 반면 5,500달러만 은행에 예금했기 때문이다.

마지막 행은 모든 원천으로부터 수취된 현금의 합계와 지급된 모든 현금의 합계를 보여 준다. 이 두 합계는 정의상 서로 같다. 즉 수취된 모든 달러는 어디든 원천이 있으며, 수취된 모든

표 20-3 코스타스 가족의 회계연도

	현금 원천	현금 용도	순현금유입
재화와 서비스 판매와 구매	아티초크 판매 : $100,000	농장 운영 및 생활비 : $110,000	−$10,000
이자 지급	은행 계좌로부터 이자 수취 : $500	주택담보 대출 이자 : $10,000	−$9,500
대출과 예금	신규 대출에 의한 자금 : $25,000	은행에 예금한 자금 : $5,500	+$19,500
총계	$125,500	$125,500	$0

달러는 어딘가에는 사용된다. (만일 코스타스 가족이 돈을 침대 밑에 숨겼다면 어떻게 될까? 이 돈 역시 다른 '용도'의 현금 사용으로 계상될 것이다.)

한 국가의 국제수지 계정은 이 국가와 여타 세계와의 거래를 코스타스 가족의 회계연도를 요약한 것과 유사한 표를 통해 요약해서 보여 준다.

〈표 20-4〉는 2017년 미국의 국제수지 계정을 단순화시킨 것이다. 국제수지 계정은 코스타스 가족의 현금 원천과 용도가 있던 곳에 외국인으로부터의 수취액(미국 전체의 현금 원천)과 외국인에 대한 지급액(미국 전체의 현금 용도)을 보여 준다.

〈표 20-4〉의 제1행은 2017년 외국인에 대한 미국의 재화와 서비스 판매와 외국인으로부터의 미국의 재화와 서비스 구매로부터 발생하는 지급액을 보여 준다.

표 20-4 2017년 미국의 국제수지(10억 달러)

		외국인으로부터의 수취	외국인에 대한 지급	수지
1	재화와 서비스 판매와 구매	$2,331	$2,900	−$569
2	요소소득	926	710	216
3	이전지출	150	265	−115
	경상계정(1+2+3)			**−468**
4	자산 매각 및 매입 (금융계정)	1,588	1,212	376
	금융계정(4)			**376**
	통계적 오차	—	—	**−92**

출처 : Bureau of Economic Analysis.

예를 들어 제1행의 둘째 열 숫자인 2조 3,310억 달러는 2017년 미국의 밀 수출과 외국인들이 미국의 컨설팅회사에 지불한 수수료의 가치 등의 항목을 포함한다. 제1행 셋째 열의 2조 9,000억 달러는 2017년 중 미국의 원유 수입과 미국 기업들이 인도의 콜센터(종종 여러분의 1~800 통화를 처리하는 사람들)에 지급한 수수료의 가치 등의 항목을 포함한다.

제2행은 2017년 미국의 요소소득(factor income), 즉 미국인이 소유한 생산요소의 사용에 대한 대가로 외국인이 미국 거주자에게 지급한 소득과 외국인이 소유한 생산요소의 사용 대가로 미국인이 외국인에게 지급한 소득을 보여 준다. 요소소득은 대부분 해외로부터의 대출에 대해 미국인이 지불하는 이자와 외국에서 운영되고 있는 미국인 소유 기업의 이윤과 같은 투자소득으로 구성된다. 예를 들어 미국에 본사를 둔 월트디즈니사가 소유하고 있는 파리 디즈니랜드가 벌어들이는 이윤은 제2행 둘째 열에 있는 9,260억 달러에 포함되어 있다. 일본 자동차회사의 미국 지사가 벌어들이는 이윤은 제2행 셋째 열에 있는 7,100억 달러에 포함되어 있다. 요소소득에는 약간의 근로소득도 포함되어 있다. 예를 들면, 두바이의 건설 현장에 일시적으로 고용된 미국 엔지니어가 받는 임금은 둘째 열에 제시된 9,260억 달러에 포함된다.

제3행은 2017년 미국의 이전지출(transfer), 즉 미국의 거주자가 다른 국가의 거주자에게 보낸 자금이나 그 반대의 자금을 보여 준다. 제3행의 둘째 열에 제시된 1,500억 달러에는 해외에서 일하는 미국인 숙련노동자가 미국으로 송금한 금액이 포함된다. 셋째 열은 국제 이전지출의 주된 부분을 설명해 준다. 여기에 있는 숫자 2,650억 달러는 주로 미국에서 일하고 있는 수백만 명에 달하는 멕시코 출신 노동자들처럼 미국에 거주하는 이민자들이 모국에 있는 가족에게 보낸 송금으로 구성된다. 이에 더하여 해외에 있는 미국인 숙련노동자들이 모국으로 보내는 대규모 자금도 있다.

제4행은 2017년에 미국 거주자와 외국인 간 자산의 매매로 인해 발생하는 지급액을 포함하고 있다. 이러한 지급액은 미국 기업을 매수하는 중국 기업으로부터 유럽의 주식과 채권을 매수하는 미국인들에 이르기까지 다양한 종류의 거래와 관련이 있다. 이러한 거래의 세부 내역은 복잡하며 모든 매수를 더한 금액이 매우 크기 때문에 우리는 순금액에만 초점을 둔다. 공식 숫자에 의하면 표에서 보듯이 전체적으로 미국 거주자들은 매수한 자산보다 3,760억 달러어치의 자산을 더 매도했다.

〈표 20-4〉를 구성하면서 우리는 1, 2, 3행을 하나의 집단으로 분리하여 4행과 구분했다. 이는 이들 두 거래의 집단이 미래에 어떻게 영향을 미치는지에서 근본적인 차이가 있기 때문이다.

한 국가의 **경상계정상의 국제수지**(balance of payments on current account) 또는 **경상수지**(current account)는 재화와 서비스 수지에 순국제 이전지출과 순 국제 요소소득을 더한 것이다.

한 국가의 **재화와 서비스 수지**(balance of payments on goods and services)는 일정 기간 동안의 재화와 서비스 수출액과 수입액 간의 차이다.

상품 무역수지(merchandise trade balance) 또는 **무역수지**(trade balance)는 한 국가의 재화 수출액과 수입액의 차이다.

한 국가의 **금융계정상의 국제수지**(balance of payments on financial account) 또는 간단히 **금융수지**(financial account)는 일정 기간 동안한 국가가 외국인들에게 판매한 자산과 외국인들로부터 구매한 자산 간의 차이다.

미국의 거주자가 밀과 같은 재화를 외국인에게 판매할 경우 그 자체로 거래가 종결된다. 그런데 채권과 같은 금융자산은 이와 다르다. 채권은 미래에 이자와 원금을 지불하겠다는 약속이다. 따라서 미국의 거주자가 외국인에게 채권을 판매할 경우 이 거래는 미국의 거주자가 미래에 이자를 지불하고 원금을 갚아야 할 채무를 발생시킨다. 국제수지 계정은 이처럼 채무를 발생시키는 거래와 그렇지 않은 거래를 구분한다.

채무를 발생시키지 않는 거래는 **경상계정상의 국제수지**(balance of payments on current account) 또는 단순하게 **경상수지**(current account)의 일부로 간주된다. 경상수지는 재화와 서비스 수지와 순국제 이전지출 그리고 순 국제 요소소득의 합과 같다. 이는 〈표 20-4〉에서 1, 2, 3행에 해당한다. 실제로 〈표 20-4〉에서 −5,690억 달러에 달했던 제1행은 경상수지에서 가장 중요한 부분인 **재화와 서비스 수지**(balance of payments on goods and services)에 해당하는데 이는 주어진 기간의 수출액과 수입액의 차이와 같다.

한편 경제에 관한 신문기사에는 또 하나의 척도인 **상품 무역수지**(merchandise trade balance) 또는 **무역수지**(trade balance)라는 용어가 자주 언급된다. 이것은 서비스를 뺀 재화만의 수출액과 수입액 간의 차이다. 무역수지가 불완전한 국제수지 척도임에도 불구하고 경제학자들은 때로는 무역수지에 초점을 두는데, 이는 서비스의 국제 교역에 대한 자료가 재화의 교역 자료만큼 정확하지 않으며 수집하는 데 시간이 걸리기 때문이다.

자산의 판매나 구매가 관여되어 있으며 이에 따라 미래의 채무를 발생시키는 거래는 주어진 기간 중 **금융계정상의 국제수지**(balance of payments on financial account) 또는 단순히 **금융수지**(financial account)에 포함된다. 이것은 〈표 20-4〉의 제4행에 해당하는데 2017년에 3,760억 달러에 달했었다. (몇 년 전까지만 해도 경제학자들은 금융수지를 **자본수지**라고 불렀다. 이 책에서는 보다 새로운 용어인 금융수지를 사용할 것이지만 여러분은 다른 곳에서 종종 자본수지라는 용어를 보기도 할 것이다.)

그러면 이들을 모두 더하면 어떻게 될까? 〈표 20-4〉에서 음영으로 표시된 부분은 2017년 미국의 전체 경상수지와 금융수지를 보여 준다. 표에서 볼 수 있듯이

- 미국은 경상수지 적자를 기록했다. 다시 말해서 미국은 재화, 서비스, 생산요소, 이전지출로 외국인으로부터 수취한 것보다도 더 많은 금액을 외국인에게 지불했다.
- 이와 동시에 미국은 **금융수지 흑자**를 기록했다. 즉 미국이 외국인들에게 판매한 자산의 가치가 외국인들로부터 구매한 자산의 가치보다 더 컸다.
- 공식적인 자료에서 미국의 경상수지 적자와 금융수지 흑자는 서로를 상쇄하지 않았다. 2017년의 경우 미국의 금융수지 흑자는 경상수지 적자보다 920억 달러 더 적었다. 그런데 이것은 공식적 자료의 불완전성을 반영하는 통계적 오차다. (이러한 오차는 아마도 공식적인 자료가 파악하지 못한 외국인의 미국 자산 매입 때문이었을 것이다.)

사실 국제수지 회계의 기본 원칙에 따르면 경상수지와 금융수지의 합은 영이 되어야 한다.

(20-1) 경상수지(CA) + 금융수지(FA) = 0

또는

$$CA = -FA$$

왜 식 (20-1)이 성립해야 하는 것일까? 우리는 코스타스 가족의 계정을 보여 준 〈표 20-3〉에

서 이미 그 근본적인 이유를 보았다. 총계에서 자금의 원천은 자금의 용도와 동일해야 한다. 국제수지 계정에도 같은 원리가 적용된다. 이 원리를 이해하기 위해서는 폐쇄경제의 거시경제학을 설명하는 데 도움이 되었던 자금순환도를 변형시킨 〈그림 20-13〉을 보는 것이 도움이 될 것이다. 〈그림 20-13〉은 한 국민경제 내에서의 자금의 흐름을 보여 주는 대신 국민경제 간 자금의 흐름을 보여 준다.

미국의 수출재에 대한 지불, 미국이 소유한 생산요소 사용에 대한 지불, 이전지출 등을 위해 전 세계로부터 미국으로 자금이 흘러 들어온다. 아래쪽 파란색 화살표로 표시된 이들 흐름은 미국의 경상수지에서 정의 구성요소가 된다. 이에 더해서 아래쪽 초록색 화살표가 보여 주는 것처럼 외국인들이 미국 자산을 매입할 때도 자금이 미국으로 흘러 들어오는데, 이들은 미국의 금융수지에서 정의 구성요소가 된다.

이와 동시에 미국의 재화와 서비스 수입에 대한 지불, 외국인이 소유한 생산요소 사용에 대한 지불, 이전지출 등을 위해 미국으로부터 전 세계로의 자금 유출이 발생한다. 위쪽의 파란색 화살표로 표시된 이들 흐름은 미국의 경상수지에서 부의 구성요소가 된다. 또한 위쪽의 초록색 선과 같이 외국 자산을 매입하는 경우에도 미국으로부터 자금이 흘러 나가는데 이것 역시 미국의 금융수지에서 부의 구성요소가 된다.

다른 모든 순환도와 마찬가지로 각 상자로 유입되는 흐름과 각 상자에서 유출되는 흐름은 동일하다. 이는 미국으로 들어가는 파란색과 초록색 흐름(아래쪽 두 화살표)의 합이 미국으로부터 나오는 파란색과 초록색 흐름(위쪽 두 화살표)의 합과 같음을 의미한다. 즉

(20-2)   경상계정상의 정의 기재항목 ＋ 금융계정상의 정의 기재항목 ＝
        (아래쪽 파란색 화살표)   (아래쪽 초록색 화살표)
        경상계정상의 부의 기재항목 ＋ 금융계정상의 부의 기재항목
        (위쪽 파란색 화살표)   (위쪽 초록색 화살표)

식 (20-2)는 다음과 같이 고쳐 쓸 수 있다.

그림 20-13 국제수지

파란색 화살표는 경상수지로 계산되는 지급액을 나타낸다. 초록색 화살표는 금융수지로 계산되는 지급액을 나타낸다. 미국으로의 총유입액은 미국으로부터의 총유출액과 같아야 하기 때문에 경상수지와 금융수지의 합은 영이다.

자산에 대한 대가로 전 세계로의 지불

재화와 서비스, 요소소득, 이전지출 등을 위한 전 세계로의 지불

미국

전 세계

재화와 서비스, 요소소득, 이전지출 등을 위한 미국으로의 지불

자산에 대한 대가로 미국으로의 지불

🌐 국제비교   대규모 흑자

미국은 보통 대규모의 경상수지 적자를 기록하고 있다. 사실 미국은 경상수지 적자에 있어 전 세계 일등이다. GDP에 대한 비중으로는 더 큰 적자를 보는 나라도 있지만 이들은 미국보다 훨씬 작은 국가들이기 때문에 절대적인 적자 규모는 미국이 훨씬 더 크다.

그런데 세계 전체로는 적자 국가들의 적자가 나머지 국가들의 흑자와 일치해야 한다. 그렇다면 미국의 적자를 상쇄하는 흑자국들은 누구이며 이들이 공통점을 갖고 있다면 무엇일까?

이 그림은 2007년부터 2016년까지의 기간에 가장 큰 폭의 흑자를 낸 여섯 국가의 연평균 경상수지 흑자를 보여 준다. 중국은 목록의 가장 위에 있는데, 중국 흑자의 상당 부분은 중국의 화폐 가치를 다른 화폐에 비해 낮게 유지하려는 정책 덕분이다. 사우디아라비아는 막대한 원유 매장국이며, 원유 수출로부터 경상수지 흑자를 낸다.

독일, 일본, 네덜란드와 스위스는 거의 같은 이유로 경상수지 흑자를 냈다. 이들은 모두 높은 저축률로 인해 투자할 돈이 많은 부유한 국가들이다. 이들은 장기 성장속도가 낮기 때문에 국내 투자기회가 줄어들고 있다. 따라서 저축 중 상당 부분이 해외로 유출되는데 이는 이들 국가가 금융수지 적자와 경상수지 흑자를 냄을 의미한다.

출처 : IMF World Economic Outlook, 2017.

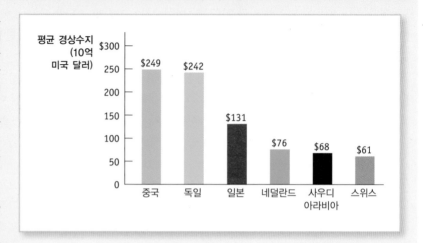

독일과 네덜란드는 유로화의 가치가 하락한 덕분에 경상수지 흑자가 증가하기도 했다. 유로화의 가치 하락으로 인해 이들이 세계 시장에 공급하는 상품의 비용이 낮아졌고 그 결과 더 많은 수출을 할 수 있게 되었다.

종합하자면 흑자국은 다양한 국가들이다. 여러분이 세계를 보는 시각이 단순히 미국의 적자 대 중국의 흑자라면 이야기의 많은 부분을 놓치고 있는 셈이다.

(20-3)   경상계정상의 정의 기재항목 – 경상계정상의 부의 기재항목 +

금융계정상의 정의 기재항목 – 금융계정상의 부의 기재항목 = 0

식 (20-3)은 식 (20-1)과 동일하다. 즉 경상수지와 금융수지는 각각 해당 계정상의 정의 기재항목에서 부의 기재항목을 뺀 값과 같으며, 이들 두 국제수지의 합은 영과 같다.

그렇다면 경상수지와 금융수지를 결정하는 요인은 무엇일까?

국제 자본흐름의 결정요인

국가 간 자금 수요의 차이는 그 저변에서의 투자 기회의 차이를 반영한다. 빠르게 성장하는 경제를 가진 국가는 다른 조건이 같다면 느리게 성장하는 경제를 가진 국가에 비해 더 많은 투자 기회를 제공한다. 따라서 국제 자본흐름이 없다면 빠르게 성장하는 경제들은 항상 그렇지는 않더라도 대개는 느리게 성장하는 경제에 비해 자본에 대한 수요가 더 크고, 더 높은 수익률을 투자자들에게 제공한다. 그 결과 자본은 느리게 성장하는 경제로부터 빠르게 성장하는 경제로 흘러가는 경향이 있다.

자금의 공급에서 국가 간 차이는 국가 간 저축의 차이를 반영한다. 국가 간 저축의 차이는 국가들 간에 각양각색인 민간저축에 원인이 있을 수 있다. 국가 간 저축의 차이는 정부저축의 차이를 반영할 수도 있다. 특히 정부 재정적자는 전체 국민저축을 감소시킴으로써 자본유입의 원인을 제공할 수 있다.

이제 한 국가 내의 투자기회로 발생하는 자본수요와 그 국가 내의 저축으로 발생하는 자본공급을 함께 모으면 국가 간 이자율의 차이를 설명할 수 있다. 다른 조건이 같다면 자본수요가 크고 자본공급이 작은 국가에서는 이자율이 높을 것이다. 그 결과 이 국가로 자본이 유입될 것이다.

반대로 다른 조건이 같다면 자금수요가 작고 자금공급이 큰 국가에서는 이자율이 낮을 것이다. 그 결과 이 국가로부터 자본이 유출될 것이다. 국제 자본흐름의 고전적인 예는 1870년부터 1914년 사이에 영국으로부터 미국과 신세계 국가로의 흐름인데 이에 대해서는 '현실 경제의 이해'에서 설명될 것이다. 이 시기에 미국은 빠르게 산업화되고 있었고 자본수요가 컸다. 반면에 이미 산업화가 이루어진 영국은 누적된 저축이 많은 반면 느리게 성장하는 경제였다.

성장하는 중국 시장에 접근하고, 낮은 노동비용을 이용하기 위해 많은 미국 기업들이 중국에 공장을 열었다.

양방향 자본흐름

국가 간 투자기회와 저축률의 차이는 순자본흐름의 방향을 결정하는 중요한 요인이다. 여기서 순자본흐름이란 한 국가로의 자본유입이 자본유출을 초과하는 규모를 말한다. 다른 조건이 같다면 순자본흐름의 방향은 국가 간 이자율의 차이에 의해 결정된다. 그렇지만 총자본흐름은 양방향으로 발생한다. 예를 들면 미국은 자산을 외국인에게 매각하는 동시에 외국인들로부터 자산을 매입한다. 왜 자본은 양방향으로 이동하는 것일까?

이 질문에 대한 답은 우리가 배운 단순한 모형과는 달리 현실 세계에서는 더 높은 수익률 추구 이외에도 국제 자본흐름을 발생시키는 다른 동기가 있다는 것이다.

개별 투자자들은 종종 여러 국가의 주식에 투자를 함으로써 위험을 분산하려 한다. 미국 주식이 부진할 때 유럽 주식이 잘될 수 있으며, 유럽 주식이 부진할 때 미국 주식이 잘될 수도 있다. 따라서 미국의 투자자들이 위험을 분산하기 위해 유럽 주식을 사는 한편으로 유럽의 투자자들도 위험을 분산하기 위해 미국 주식을 산다. 그 결과 자본은 양방향으로 흐르게 된다.

한편 현지에서 자동차를 조립할 경우 현지시장에서의 경쟁에 유리하다고 판단하는 자동차 제조사처럼 기업들은 영업전략의 일부로서 국제투자를 하는데 이 경우에도 양방향 자본흐름이 발생할 수 있다. 예를 들어 미국의 컴퓨터 제조사들이 유럽에 지사를 여는 한편으로 유럽의 자동차 제조사가 미국에 공장을 세우기도 한다.

마지막으로 미국을 비롯한 일부 국가들은 국제금융센터로서의 기능을 수행한다. 전 세계 각지의 사람들이 미국 금융기관에 돈을 맡기는 한편 이들 금융기관은 이 자금을 다시 해외에 투자한다.

이러한 양방향 흐름의 결과 현대 국가들은 채무국(여타 세계로부터 돈을 빌리는 국가)인 동시에 채권국(여타 세계에 돈을 빌려 주는 국가)이 된다. 오랜 기간 자본유입과 유출이 발생한 결과 2017년 말에 미국은 27조 6,000억 달러에 달하는 대외자산을 축적했으며, 외국인들은 35조 5,000억 달러에 달하는 자산을 미국에 축적했다.

현실 경제의 >> 이해

자본흐름의 황금기

우리는 종종 기술이 세계를 좁게 만든다는 얘기를 듣는다. 제트기는 전 세계 대부분의 도시를 서로 몇 시간 안 되는 거리에 들게 했으며, 현대적인 통신수단은 정보를 즉각적으로 전 세계에 전송해 준다. 따라서 여러분은 오늘날 국제 자본흐름이 그 어느 때보다도 더 클 것이라 생각할 지도 모른다.

하지만 국제 자본흐름이 전 세계 저축과 투자에 대한 비율로 측정된다면 이와 같은 생각은 틀 릴 것이다. 자본흐름의 황금기는 제1차 세계대전 이전인 1870년부터 1914년까지의 기간이었다.

이 기간 중 자본흐름은 주로 영국을 위시한 유럽국가들로부터 대규모의 이민자들을 끌어들이 던 신(新)이주지(zones of recent settlement)라 불리는 지역으로 유입되었다. 가장 많은 자본을 끌어 들인 국가는 호주, 아르헨티나, 캐나다, 미국이었다.

이 시기에 일어난 대규모의 자본흐름은 투자기회의 차이를 반영했다. 제한된 자연자원과 느 리게 성장하는 인구를 가진 성숙한 공업국이었던 영국은 새로운 투자기회가 상대적으로 제한되 어 있었다. '신이주지'는 인구가 빠르게 성장하고 있었고 자연자원도 풍부했으며 투자자들에게 보다 높은 수익률을 제공함에 따라 자본을 끌어들이고 있었다. 추정에 따르면 이 기간 중 영국 은 국민저축의 40% 정도를 주로 철도를 비롯한 대형 사업의 자금을 공급하기 위해 해외로 보냈 다고 한다. 오늘날 어떤 국가도 이 기록에 비하면 상대가 되지 않는다.

왜 우리는 선조들의 자본흐름에 필적하지 못하는 것일까? 확신할 수는 없어도 경제학자들은 이민에 대한 제약과 정치적 위험을 두 가지 요인으로 지적하고 있다.

자본흐름의 황금기에는 자본흐름이 인구 이동과 상호 보완적이었다. 유럽으로부터 대규모로 자본을 수령한 국가들은 역시 유럽인들이 대규모로 이주하던 국가들이었다. 이민에 대한 법적 제약이 거의 없던 제1차 세계대전 이전에는 이와 같은 대규모 인구 이동이 가능했다. 반면에 오늘날은 광범위한 법적 장애가 이민을 제약하고 있다. 최근 유럽으로의 난민 유입처럼 여전히 작지 않은 규모의 이민이 일어나고 있지만 오늘날 이민은 19세가 말과 20세기 초의 이민 흐름보 다 경제적 역할이 훨씬 더 작다.

자본흐름의 황금기에 필적할 수 없는 다른 요인은 정치적 위험이다. 현대 정부들은 국가의 자 립성을 약화시킬 것을 우려하여 외국인의 투자를 제약하기도 한다. 정치적인 또는 보안상의 이 유로 인해 정부들은 종종 외국인의 재산을 동결하기도 하는데 이와 같은 위험은 투자자들이 재 산의 상당 부분을 해외로 보내는 것을 꺼리도록 만든다. 19세기만 해도 대부분의 투자 목적지 가 유럽의 식민지였고, 정부는 투자자들의 권리를 강제집행하기 위해 군대와 함선을 해외로 보 내는 습관을 갖고 있었기 때문에 다른 국가들이 외국인 재산을 동결하는 것과 같은 행동을 하는 경우는 드물었다.

>> **복습**

- 한 국가의 국제 거래를 추적하는 **국제수지 계정**은 **경상계정상의 국 제수지** 또는 **경상수지**와 **금융계정 상의 국제수지** 또는 **금융수지**로 구 성된다. 경상수지의 가장 중요한 구성요소는 **재화와 서비스 수지**인 데 여기에는 **상품 무역수지** 또는 **무역수지**가 포함된다.
- 모든 지불금의 조달액은 지불금의 사용액과 동일해야 하기 때문에 경 상수지와 금융수지의 합은 영이다.
- 자본흐름은 저축행위와 투자기회 에 있어서의 국제적인 차이를 반영 한다.

>> **이해돕기 20-4**
해답은 책 뒤에

1. 다음의 사건들은 어떤 국제수지에 영향을 미칠까?
   a. 미국에 소재한 회사인 보잉사가 새로 만든 비행기를 중국에 판매한다.
   b. 중국의 투자자들이 미국인으로부터 보잉사의 주식을 산다.
   c. 중국 회사가 아메리카 항공으로부터 중고 비행기 1대를 사서 중국으로 운송한다.
   d. 미국에 부동산을 소유한 중국 투자자가 회사용 제트기를 사서 미국에서의 여행에 사용할 수 있도록 미국에 보관한다.
2. 2008년 미국 주택 거품의 붕괴와 이에 따른 경기후퇴가 미국으로의 국제 자본유입에 어떤 영 향을 미쳤다고 생각하는가?

‖ 환율의 역할

방금 우리는 저축으로 인한 대부자금 공급과 투자지출을 위한 대부자금 수요에서의 차이가 어떻게 국제 자본흐름을 가져오는지를 보았다. 우리는 또한 한 국가의 경상수지와 금융수지의 합이 영이 됨을 배웠다. 따라서 순자본유입을 수취하는 국가는 이에 상응하는 경상수지 적자를 내야 하며 순자본유출이 발생하는 국가는 이에 상응하는 경상수지 흑자를 내야 한다.

자본의 유입과 유출을 반영하는 금융수지의 움직임은 국제 대부자금시장에서의 균형에 의해 가장 잘 설명될 수 있다. 이와 동시에 경상수지의 주요 구성요소인 재화와 서비스 수지는 재화와 서비스에 대한 국제시장에서의 의사결정에 의해 결정된다.

따라서 금융수지가 자본의 이동을 반영하고 경상수지가 재화와 서비스의 이동을 반영한다면 무엇이 국제수지가 균형을 이루는 것을 보장하는 것일까? 즉 무엇이 이 두 수지가 서로를 상쇄하도록 만드는 것일까?

놀랍게도 이 두 수지를 균형시키는 것은 가격이다. 구체적으로 그 가격은 환율인데 이는 외환시장에서 결정된다.

환율의 이해

일반적으로 한 국가에서 생산되는 재화, 서비스, 자산 등은 그 국가의 화폐로 지불되어야 한다. 미국의 생산물은 달러화로 지불되어야 하며, 유럽의 생산물은 유로화로 지불되어야 하며, 일본의 생산물은 엔화로 지불되어야 한다. 가끔 판매자들이 외화로 지급받는 것을 용인하는 경우도 있지만, 이 경우 이들은 그 외화를 자국의 화폐로 교환할 것이다.

이에 따라서 국제 거래에는 화폐가 서로 교환되는 시장인 **외환시장**(foreign exchange market)이 필요하다. 이 시장은 화폐가 서로 거래되는 가격인 **환율**(exchange rate)을 결정한다. (외환시장은 실제로는 어느 한 지역에만 위치하지 않는다. 외환시장은 전 세계 거래자들이 화폐를 매매하기 위해 사용하는 세계적인 전자시장이다.)

〈표 20-5〉는 2017년 4월 27일 동부 하절기 시간(EDT)으로 오후 3시에 세계에서 가장 중요한 세 화폐 간의 환율을 보여 준다. 표의 각 항목은 '행'에 있는 화폐의 가격을 '열'에 있는 화폐의 단위로 보여 준다. 예를 들어 이 시각에 미화 1달러는 0.9198유로와 교환되었는데 이는 미화 1달러를 사기 위해 0.9198유로가 필요했음을 의미한다. 마찬가지로 1유로를 사기 위해서는 미화 1.0872달러가 필요했다. 1/1.0872＝0.9198이기 때문에 이 두 숫자는 동일한 유로화와 달러화 간 환율을 나타낸다.

환율을 표시하는 데는 두 가지 방법이 있다. 위의 경우에는 미화 1달러당 0.9198유로와 1유로당 미화 1.0872달러다. 어떤 것이 맞는 방법일까? 여기에는 정해진 규칙이 없다. 대부분의 국가는 환율을 국내화폐 단위로 표시한 1달러의 가격으로 표현한다. 하지만 이와 같은 규칙이 보편적인 것은 아니다. 미국 달러화와 유로화 간의 환율은 두 가지 방법으로 모두 표현된다. 중요한 것은 어느 방법을 사용하고 있는지를 아는 것이다.

환율의 움직임에 대해서 얘기할 때 경제학자들은 혼동을 막기 위해 특수한 용어를 사용한다. 어떤 화폐가 다른 화폐에 비해 더 비싸질 때 경제학자들은 그 화폐의 **가치가 상승한다**(appreciate)고 표현한다. 어떤 화폐가 다른

화폐는 **외환시장**(foreign exchange market)에서 거래된다.

화폐가 서로 거래되는 가격을 **환율**(exchange rate)이라 한다.

어떤 화폐가 다른 화폐에 비해 더 비싸질 때 경제학자들은 그 화폐의 **가치가 상승한다**(appreciate)고 한다.

어떤 화폐가 다른 화폐에 비해 더 싸질 때 그 화폐의 **가치가 하락한다**(depreciate)고 한다.

표 20-5 2017년 4월 27일 오후 3시의 환율

	미국 달러화	엔화	유로화
1달러와 교환되는 양	1	111.26	0.9198
1엔과 교환되는 양	0.0089	1	0.0082
1유로와 교환되는 양	1.0872	120.99	1

함정

어느 쪽이 올랐을까?

누군가가 "미국 환율이 상승한다."라고 말한다고 하자. 이 사람이 의미하는 바는 무엇일까?

그것은 분명치 않다. 환율은 외화로 표시한 달러화의 가격으로 측정되기도 하고 때로는 달러화로 표시한 외화의 가격으로 측정되기도 한다. 따라서 위의 문장은 달러화의 가치가 상승했거나 또는 하락했음을 모두 의미할 수 있다. 우리는 발간된 통계를 사용할 때 특히 주의해야 한다. 미국을 제외한 대부분의 국가들은 환율을 자국 화폐로 표시한 1달러의 가격으로 나타낸다. 예를 들어 멕시코의 관리들이 환율이 10이라고 할 때는 달러당 10페소(peso)를 의미한다. 그렇지만 영국은 역사적인 이유로 인해 환율을 반대 방향으로 표시한다. 2017년 4월 27일 오후 3시에 미화 1달러는 0.7749파운드의 가치가 있었으며 1파운드는 1.2905달러의 가치가 있었다. 많은 경우에 이 숫자는 1.2905의 환율로 보고된다. 사실 전문적인 경제학자나 컨설턴트조차도 파운드화가 움직이는 방향을 잘못 이해하는 바람에 난처한 상황에 처하기도 한다.

한편 미국인들은 일반적으로 다른 국가들의 관례를 따른다. 즉 미국인들은 멕시코에 대한 환율은 달러당 10페소라고 하지만 영국에 대한 환율은 파운드당 1.29달러라고 한다. 하지만 이와 같은 규칙은 신뢰성이 없다. 유로화에 대한 환율의 표기에는 종종 두 가지 방법이 모두 이용되기 때문이다.

따라서 환율 자료를 사용하기 전에 항상 환율이 어떻게 표시되어 있는지를 확인하는 것이 중요하다.

어떤 화폐가 다른 화폐에 비해 더 싸질 때 그 화폐의 **가치가 하락한다**(depreciate)고 한다.

화폐에 비해 더 싸질 때 그 화폐의 **가치가 하락한다**(depreciate)고 표현한다. 예를 들어 1유로의 가치가 1달러에서 1.25달러로 변했다고 하자. 1/1.25＝0.8이기 때문에 이는 미화 1달러의 가치가 1유로에서 0.8유로로 변했음을 의미한다. 이 경우 우리는 유로화의 가치가 상승했으며 달러화의 가치가 하락했다고 말한다.

　그런데 가치 상승과 가치 하락은 전문적인 용어이기는 하나, 한 화폐가 다른 화폐에 대해 가치가 오르거나 내리는 것을 나타내는 공식 용어로는 대개 가치가 상승하는 화폐는 '강해진다' 또는 가치가 하락하는 화폐는 '약해진다'라는 표현이 사용된다. 널리 사용되기는 하지만 이들 용어가 가치 판단을 포함하고 있는 것은 아니다. 강한 달러화가 반드시 좋은 것만은 아니며 약한 달러화가 반드시 나쁜 것만은 아니다.

　다른 조건이 같다면 환율의 움직임은 국가 간 재화, 서비스, 자산 등의 상대가격에 영향을 미친다. 예를 들어 미국 호텔의 투숙료가 미화 100달러이고 프랑스 호텔의 투숙료가 100유로라 하자. 만일 환율이 1달러＝1유로라면 이들 호텔의 투숙료는 동일하다. 환율이 1달러＝1.25유로라면 프랑스 호텔의 투숙료는 미국보다 20% 더 싸다. 만일 환율이 0.8유로＝1달러라면 프랑스 호텔의 투숙료는 미국보다 25% 더 비싸다.

　그렇다면 환율을 결정하는 요인은 무엇일까? 바로 외환시장에서의 공급과 수요다.

균형환율

단순화를 위해 세상에 달러화와 유로화의 두 가지 화폐만이 있다고 상상하자. 미국의 재화, 서비스, 자산 등을 구매하기를 원하는 유럽인들은 외환시장에서 유로화를 달러화로 교환하려 할 것이다. 즉 유럽인들은 외환시장에서 달러화를 수요하며 이에 상응하여 외환시장에 유로화를 공급한다. 유럽의 재화, 서비스, 자산 등을 구매하기를 원하는 미국인들은 외환시장에서 달러화를 유로화로 교환하려 할 것이다. 즉 미국인들은 외환시장에서 유로화를 수요하며 이에 상응하여 외환시장에 달러화를 공급한다. (국제 이전지출과 요소소득의 지불도 외환시장과 관계가 있지만 단순화를 위해서 이들은 무시하기로 한다.)

　〈그림 20-14〉는 외환시장이 어떻게 작동하는지를 보여 준다. 수평축은 주어진 유로-달러 환

그림 20-14 외환시장

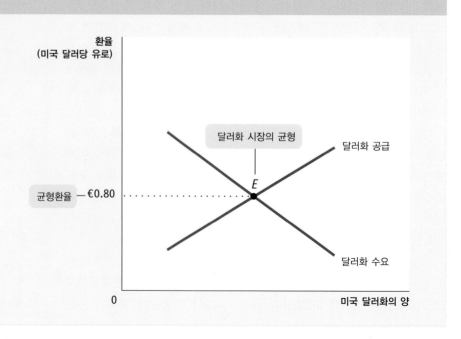

외환시장은 국내의 재화, 서비스, 자산을 구매하기를 원하는 외국인들로부터의 화폐수요와 외국의 재화, 서비스, 자산을 구매하기를 원하는 국내 거주자들의 화폐공급을 일치시킨다. 여기서 달러화에 대한 시장의 균형은 달러당 0.80유로의 균형환율에 해당하는 *E*점에서 달성된다.

율에서의 달러화 수요량과 공급량을 나타내고 수직축은 유로-달러 환율을 나타낸다. 환율은 일반적인 수요공급 그래프에서 재화와 서비스의 가격이 가지는 것과 동일한 역할을 한다.

그림은 달러화에 대한 수요곡선과 공급곡선을 보여 준다. 수요곡선은 우하향하는 기울기를 갖는다. 즉 1달러를 사기 위해 더 많은 유로화가 필요하다면 유럽인들은 더 적은 양의 달러화를 수요한

표 20-6 외환시장 균형의 가상적인 예

	경상수지	금융수지	합계
유럽인의 달러 매수(조 달러)	미국산 재화와 서비스를 구매하기 위해 : 1.0	미국 자산을 구매하기 위해 : 1.0	2.0
미국인의 달러 매도(조 달러)	유럽산 재화와 서비스를 구매하기 위해 : 1.5	유럽 자산을 구매하기 위해 : 0.5	2.0
미국의 국제수지	−0.5	+0.5	

다. 이 곡선들의 기울기를 이해하는 데 관건은 환율 수준이 수출과 수입에 영향을 미친다는 점이다. 한 국가의 화폐 가치가 상승하면 수출이 감소하고 수입은 증가한다. 한 국가의 화폐 가치가 하락하면 수출이 증가하고 수입은 감소한다.

달러화에 대한 수요곡선이 우하향하는 이유를 이해하기 위해 다른 조건이 같다면 환율이 유럽의 재화, 서비스, 자산에 대한 미국의 재화, 서비스, 자산의 상대가격을 결정한다는 점을 상기하자.

만일 달러화의 가치가 유로화에 대해 상승한다면 유럽인들에게 미국의 생산물은 유럽의 생산물에 비해 더 비싸질 것이다. 따라서 유럽인들은 미국으로부터의 구매를 줄일 것이고 이에 따라 외환시장에서 더 적은 양의 달러화를 취득할 것이다. 즉 1달러를 사기 위해 필요한 유로화의 양이 증가함에 따라 달러화의 수요량은 감소할 것이다.

만일 달러화가 유로화에 비해 가치가 하락한다면 유럽인들에게 미국 생산물이 더 값싸게 될 것이다. 유럽인들은 이에 대응하여 미국으로부터 더 많은 것을 구매할 것이고, 외환시장에서 더 많은 달러화를 취득할 것이다. 즉 1달러를 사기 위해 필요한 유로화의 양이 감소함에 따라 달러화에 대한 수요량은 증가할 것이다.

이와 비슷한 논리로 〈그림 20-14〉에서 달러에 대한 공급곡선이 우상향하는 이유를 설명할 수 있다. 1달러를 사기 위해 더 많은 유로화가 필요하면 미국인들이 더 많은 달러를 공급할 것이다. 다시 한 번 그 이유는 환율이 상대가격에 미치는 영향에 있다. 달러화의 가치가 유로화에 비해 상승하면 미국인들에게는 유럽의 생산물이 값싸게 보일 것이며 따라서 더 많은 유럽 생산물을 구매하려 할 것이다. 이에 따라 미국인들은 더 많은 달러화를 유로화로 환전해야 할 것이다.

균형환율(equilibrium exchange rate)은 외환시장에서 수요되는 달러화의 양과 외환시장에 공급되는 달러화의 양을 일치시키는 환율이다. 〈그림 20-14〉에서 균형은 E점에서 달성되며 균형환율은 0.80이다. 즉 1달러당 0.80유로의 환율에서 외환시장에 공급되는 달러화의 양은 수요되는 달러화의 양과 같다.

균형환율의 중요성을 이해하기 위해서는 외환시장에서의 균형이 어떤 모습일지를 보여 주는 숫자로 된 사례를 생각해 보는 것이 도움이 된다. 〈표 20-6〉은 가상적인 예를 제시하고 있다. 첫째 행은 미국산 재화와 서비스를 사거나 미국 자산을 사기 위한 유럽인들의 달러화 매수를 보여 준다. 둘째 행은 유럽산 재화와 서비스를 사거나 유럽 자산을 사기 위한 미국인들의 달러화 매도를 보여 준다. 균형환율에서는 유럽인들이 매수하기를 원하는 달러화의 총량이 미국인들이 매도하기를 원하는 달러화의 총량과 일치한다.

여러분은 국제수지 계정이 국제 거래를 두 가지 유형으로 분류한다는 사실을 기억하고 있을 것이다. 재화와 서비스의 구매와 판매는 경상수지에 계상된다. (또다시 우리는 단순화를 위해 이전지출과 요소소득을 배제하기로 한다.) 자산의 구매와 판매는 금융수지에 계상된다. 그렇다면 균형환율에서는 〈표 20-6〉에서와 같이 경상수지와 금융수지의 합이 영이 되는 상황을 맞게 된다.

균형환율(equilibrium exchange rate)은 외환시장에서 수요되는 달러화의 양과 외환시장에 공급되는 달러화의 양을 일치시키는 환율이다.

그림 20-15 달러화에 대한 수요 증가

유럽 투자자들의 선호 변화로 인해 달러화에 대한 수요가 증가할 수 있다. 달러화에 대한 수요곡선은 D_1에서 D_2로 이동한다. 이에 따라 균형에서의 달러당 유로화의 양이 증가, 즉 달러화의 가치가 상승한다. 그 결과 금융수지가 증가함에 따라 경상수지가 감소한다.

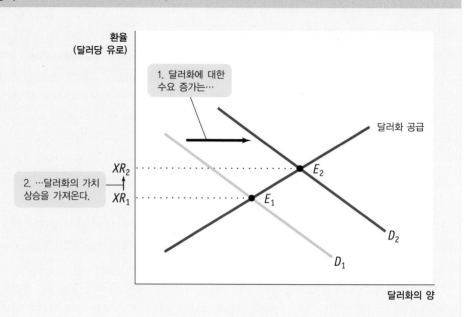

이제 달러화에 대한 수요의 변화가 외환시장에서의 균형에 어떤 영향을 미치는지에 대해 간단히 알아보자. 유럽 투자자들의 선호 변화로 인해 유럽에서 미국으로의 자본흐름이 증가한다고 하자. 〈그림 20-15〉는 그 영향을 보여 준다. 유럽 투자자들이 새로운 대미 투자에 필요한 자금을 마련하려고 유로화를 달러화로 환전함에 따라 외환시장에서의 달러화 수요가 증가한다. 이는 D_1에서 D_2로의 수요곡선 이동으로 나타나며 그 결과 달러화의 가치가 상승한다. 즉 균형환율에서의 달러당 유로화의 양이 XR_1에서 XR_2로 증가한다.

이와 같은 자본유입 증가는 국제수지에 어떤 영향을 미칠까? 외환시장에 공급되는 달러화의 양은 여전히 수요되는 달러화의 양과 같을 것이다. 따라서 미국으로의 자본유입 증가, 즉 금융수지 증가는 경상수지 감소와 일치해야 한다. 경상수지가 감소하는 이유는 무엇일까? 그것은 달러화의 가치 상승이다. 1달러와 교환되는 유로화의 양의 증가는 미국인들로 하여금 더 많은 유럽산 재화와 서비스를 사도록 만들고, 유럽인들로 하여금 더 적은 양의 미국산 재화와 서비스를 사도록 만든다.

〈표 20-7〉은 이것이 실제로 어떻게 작동하는지 보여 준다. 유럽인들은 더 많은 양의 미국 자산을 구입하고 그 결과 금융수지는 0.5에서 1.0으로 증가한다. 이와 같은 변화는 달러화의 가치 상승으로 인해 유발되는 유럽인의 미국산 재화와 서비스 구입 감소와 미국인의 유럽산 재화와 서비스 구입 증가에 의해 상쇄된다.

따라서 미국의 금융수지에서 발생하는 어떤 변화도 이와 동일한 크기를 가지는 반대 방향의 경상수지 변화를 발생시킨다. 환율의 움직임은 금융수지상의 변화와 경상수지상의 변화가 확실하게 서로 상쇄되도록 만든다.

이제 이 과정을 반대 방향으로 돌려 보자. 유럽 투자자들의 선호 변화로 인해 유럽에서 미국으로의 자본흐름이 감소한다고 하자. 이

표 20-7 자본유입 증가의 영향에 대한 가상적인 예

	경상수지	금융수지	합계
유럽인의 달러 매수(조 달러)	미국산 재화와 서비스를 구매하기 위해 : 0.75(0.25 감소)	미국 자산을 구매하기 위해 : 1.5(0.5 증가)	2.25
미국인의 달러 매도(조 달러)	유럽산 재화와 서비스를 구매하기 위해 : 1.75(0.25 증가)	유럽 자산을 구매하기 위해 : 0.5(변화 없음)	2.25
미국의 국제수지	−1.0(0.5 감소)	+1.0(0.5 증가)	

경우 외환시장에서 미국 달러화에 대한 수요가 감소하고 달러화의 가치가 하락할 것이다. 이는 미국인들로 하여금 더 적은 양의 유럽산 제품을 사도록 만들고, 유럽인들로 하여금 더 많은 양의 미국산 제품을 구입하도록 만든다. 궁극적으로 이는 미국의 경상수지를 증가시킨다. 따라서 미국으로의 자본유입 감소는 달러화 가치를 하락시키고 이는 다시 미국의 순수출을 증가시킨다.

실질환율(real exchange rate)은 물가 수준의 국가 간 차이를 감안하여 조정된 환율이다.

인플레이션과 실질환율

1993년에 미화 1달러는 평균적으로 멕시코화 3.1페소와 교환되었다. 2017년에 이르러서는 달러화에 대한 페소화의 가치가 거의 80% 하락하여 평균 환율은 달러당 19페소였다. 그렇다면 멕시코산 제품이 이 24년간 미국 제품에 비해 훨씬 더 값싸졌을까? 미 달러화로 표시한 멕시코산 제품의 가격 역시 거의 80% 하락했을까? 그 답은 '아니다'이다. 왜냐하면 멕시코는 이 기간 중 미국보다 훨씬 높은 인플레이션을 겪었기 때문이다. 사실 1993년과 2017년 사이에 환율이 크게 변했음에도 불구하고 미국산 제품과 멕시코산 제품 간 상대가격은 거의 변하지 않았다.

인플레이션율의 차이를 고려하기 위해서 경제학자들은 물가 수준의 국가 간 차이를 감안하여 조정된 환율인 **실질환율**(real exchange rate)을 계산한다. 우리가 보고 있는 환율이 달러당 멕시코 페소로 표시되어 있다고 하자. 그리고 P_{US}와 P_{Mex}가 각각 미국과 멕시코의 물가 수준을 나타내는 지수라 하자. 그러면 멕시코 페소와 미국 달러 사이의 실질환율은 다음과 같이 정의된다.

(20-4)　　실질환율 $=$ 달러당 멕시코 페소 $\times \dfrac{P_{US}}{P_{Mex}}$

실질환율과 구분하기 위해 물가 수준에 대해 조정되지 않은 환율을 **명목환율**이라고 부른다.

실질환율과 명목환율 간 차이의 중요성을 이해하기 위해서 다음 예를 생각해 보자. 멕시코 페소화가 달러화에 대해 가치가 하락함에 따라 환율이 달러당 10페소에서 15페소로 50% 변한다고 하자. 하지만 이와 동시에 멕시코 내의 모든 제품의 페소화표시 가격이 50% 상승함에 따라 멕시코의 물가지수가 100에서 150으로 상승한다고 하자. 반면에 미국의 물가에는 아무런 변화가 없어 미국 물가지수는 100에 머물러 있다고 하자. 이 경우 처음의 실질환율은 다음과 같다.

$$\text{가치 하락 전 달러당 페소화} \times \frac{P_{US}}{P_{Mex}} = 10 \times \frac{100}{100} = 10$$

페소화의 가치가 하락하고 멕시코의 물가가 상승한 다음의 실질환율은 다음과 같다.

$$\text{가치 하락 후 달러당 페소화} \times \frac{P_{US}}{P_{Mex}} = 15 \times \frac{100}{150} = 10$$

이 예에서 페소화는 달러화에 대해 엄청나게 가치가 하락했지만 페소화와 달러화 간 실질환율은 전혀 변하지 않았다. 그리고 페소화와 달러화 간 실질환율이 변하지 않았기 때문에 달러화에 대한 페소화의 명목가치 하락은 멕시코가 미국으로 수출하는 재화와 서비스의 양이나 멕시코가 미국으로부터 수입하는 재화와 서비스의 양에 영향을 미치지 않을 것이다.

그 이유를 알기 위해 호텔 투숙료의 예를 다시 한 번 생각해 보자. 투숙료가 처음에는 하루에 1,000페소였다고 하자. 이는 달러당 10페소의 환율로 환산할 때 100달러에 해당한다. 멕시코의 물가와 달러당 페소 환율이 50% 상승한 다음 호텔 투숙료는 1,500페소가 된다. 그렇지만 1,500 페소를 달러당 15페소로 나눈 값은 100달러이기 때문에 멕시코 호텔 투숙료는 여전히 100달러가 된다. 그 결과 멕시코 여행을 계획하는 미국 여행자는 계획을 변경할 이유가 없을 것이다.

그림 20-16 실질환율 대 명목환율, 1993~2017년

1993년 11월과 2017년 2월 사이에 멕시코 페소화로 측정한 달러화의 가격은 엄청나게 상승했다. 그렇지만 멕시코의 인플레이션이 미국보다 더 심했기 때문에 멕시코산 재화와 서비스의 상대가격을 측정하는 실질환율은 이 기간의 시작 시점과 거의 같은 수준으로 되돌아갔다.

출처 : Federal Reserve Bank of St. Louis.

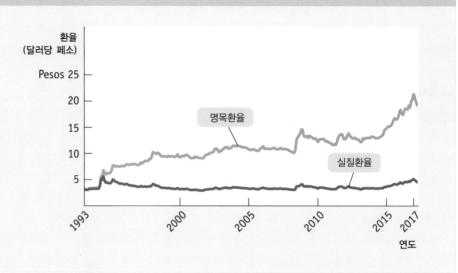

해외 판매와 구매에 대한 결정에서 중요한 것은 명목환율이 아니라 실질환율이다.

마찬가지 논리가 교역되는 모든 재화와 서비스에 적용될 수 있다. 경상수지는 명목환율이 아니라 실질환율의 변화에만 반응한다. 한 국가의 제품이 외국인들에게 더욱 값싸게 되는 것은 그 국가 화폐의 실질가치가 하락하는 경우뿐이며, 이 국가 화폐의 실질가치가 상승하는 경우에만 그 국가 제품이 외국인들에게 더욱 값비싸게 된다. 그 결과 재화와 서비스의 수출과 수입을 분석하는 경제학자들은 명목환율이 아니라 실질환율에 초점을 둔다.

〈그림 20-16〉은 명목환율과 실질환율을 구분하는 것이 얼마나 중요한지를 보여 준다. '명목환율'이라는 이름이 붙은 선은 1993년부터 2017년까지 1달러를 사기 위해 필요한 페소화의 양을 보여 준다. 그림에서 볼 수 있듯이 이 기간 중에 페소화의 가치는 엄청나게 하락했다. 하지만 '실질환율'이라는 이름이 붙은 선은 1993년의 값이 100이 되도록 정규화된 미국과 멕시코의 물가지수를 이용하여 식 (20-4)에 의해 계산된 실질환율을 보여 준다. 페소화의 실질가치는 1994년과 1995년 사이에 하락했으나 명목가치만큼 하락하지는 않았다. 2013년에 이르자 페소화와 달러화 간 실질환율은 시작 시점과 거의 같은 수준으로 되돌아갔다. 2년 후에는 다시 오르긴 했지만!

구매력 평가

실질환율의 개념과 밀접하게 연관된 환율 분석 수단으로 **구매력 평가**가 있다. 두 국가의 화폐 간 **구매력 평가**(purchasing power parity)는 주어진 재화와 서비스 바구니 구매비용이 각국에서 동일해지도록 하는 명목환율이다. 예를 들어 어떤 재화와 서비스 바구니가 미국에서는 100달러이고 멕시코에서는 1,000페소라 하자. 이 경우 구매력 평가는 달러당 10페소가 된다. 이 환율에서는 1,000페소 = 100달러이므로 위 두 국가에서의 시장바구니 구매비용이 같아진다.

한 가지 예를 들어 보자. 《이코노미스트》지는 전 세계에서 발견할 수 있는 특수한 소비품목인 맥도날드 빅맥의 구매비용을 여러 국가에 대해 비교하는 기사를 매년 내고 있다. 이 잡지는 먼저 현지통화로 표시된 빅맥의 가격을 구한 후 현재의 환율을 이용하여 환산한 빅맥의 달러화

두 국가 화폐 간 **구매력 평가**(purchasing power parity)는 주어진 재화와 서비스 바구니의 구매비용이 각국에서 동일해지도록 하는 명목환율이다.

가격 그리고 빅맥의 가격이 미국에서의 가격과 같아지도록 만드는 환율이라는 두 숫자를 계산한다.

빅맥에서 구매력 평가가 성립된다면 빅맥의 달러화 가격은 어디서나 동일할 것이다. 구매력 평가가 장기적으로 잘 맞는 이론이라면 빅맥 가격이 미국에서의 가격과 같아지도록 만드는 환율이 궁극적으로 어떤 값을 가질 것인지에 대해 부분적인 지침을 제공할 것이다.

〈표 20-8〉은 선택된 몇몇 국가에서 2017년 1월 현재 《이코노미스트》지의 구매력 평가 추정치를 빅맥의 달러 표시 가격이 가장 낮은 순으로 보여준다. 이 기준에 따르면 화폐가 가장 저평가

표 20-8 구매력 평가와 빅맥의 가격

국가	빅맥 가격		1달러당 각국의 화폐	
	각국 화폐 단위	미 달러화 단위	구매력 평가 환율	실제 환율
멕시코	Peso 49	$2.23	9.68	21.95
인도	Rupee 170	2.49	33.60	68.33
중국	Yuan 19.6	2.83	3.87	6.93
일본	¥380	3.26	75.10	116.67
영국	£3.09	3.73	0.61	0.83
유로지역	€3.88	4.06	0.77	0.96
미국	$5.06	5.06	1.00	1.00
브라질	Real 16.5	5.12	3.26	3.22
스위스	SFr 6.50	6.35	1.28	1.02

출처 : The Economist.

된 국가는 멕시코, 인도, 중국인데 이들은 모두 개발도상국이다.

구매력 평가는 대개 자동차, 식료품, 주거서비스, 인터넷 등 많은 종류의 재화와 서비스를 포함하는 광범위한 시장바구니의 구매비용을 추정함으로써 계산된다. 그런데 〈표 20-8〉이 보여주듯이 명목환율은 거의 항상 구매력 평가와 차이가 있다. 이들 차이 중 일부는 체계적으로 발생한다. 일반적으로 소득수준이 낮은 국가의 물가는 소득수준이 높은 국가에 비해 낮은데 이는 소득수준이 낮은 국가에서 서비스의 값이 더 싼 경향이 있기 때문이다. 하지만 경제 발전의 단계가 유사한 국가들에서조차 명목환율은 구매력 평가와 상당한 차이를 보인다.

〈그림 20-17〉은 1990년부터 2018년까지 미국 달러당 캐나다 달러의 양으로 표시한 명목환율과 함께 같은 기간 중 미국과 캐나다 간 구매력 평가를 보여 준다. 미국과 캐나다의 인플레이션율이 거의 같았기 때문에 전체 기간 중 구매력 평가는 그다지 변하지 않았다. 1990년대부터 2005년까지는 명목환율이 구매력 평가보다 높았는데 이는 동일한 시장바구니가 미국보다 캐나

그림 20-17 구매력 평가와 명목환율, 1990~2018년

재화와 서비스 바구니의 구매비용이 두 국가에서 같아지도록 만드는 환율인 미국과 캐나다 간의 구매력 평가는 전체 기간 중 미화 1달러당 1.2캐나다 달러로 거의 변하지 않았다. 하지만 명목환율은 크게 변동했다.

출처 : OECD.

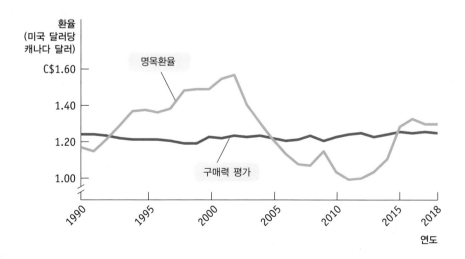

다에서 더 쌌음을 의미한다. 그러나 2005년부터 2018년까지 캐나다 달러의 가치가 상승함에 따라 캐나다에서의 시장바구니의 값이 더 비싸졌다.

　　그런데 장기적으로 구매력 평가는 명목환율의 실제 변화를 비교적 잘 예측할 수 있다. 특히 경제 발전의 수준이 유사한 국가들 간의 명목환율은 주어진 시장바구니의 구매비용을 유사하게 만드는 환율 수준 부근에서 변동하는 경향이 있다.

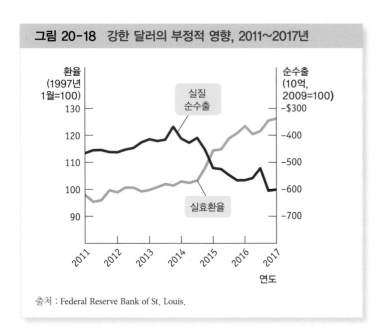

그림 20-18　강한 달러의 부정적 영향, 2011~2017년

출처 : Federal Reserve Bank of St. Louis.

현실 경제의 >> 이해

강한 달러의 비애

환율이 정말로 사업에 중요할까? 이 질문에 답하기 위해 2014년부터 2015년까지 미국 기업들에 어떤 일이 일어났는지 알아보자.

　　이 두 해 동안 달러화는 유로화와 일본 엔화를 비롯한 많은 화폐에 대해 크게 강해졌다. 달러화의 강세는 다른 경제들이 취약한 데 기인했다. 유럽과 일본의 어려움으로 인해 이들 국가의 이자율과 투자수요는 낮았으며 자본은 꾸준한 일자리 증가와 전반적으로 대후퇴로부터 더 빨리 회복하고 있던 미국으로 유입되었다.

　　강한 달러는 미국 경제에 있어 좋은 소식에 원인이 있었지만, 치약과 세면도구를 전 세계에 수출하는 P&G나 전 세계 유아들이 사용하는 하기스 기저귀를 수출하는 존슨앤존슨을 비롯하여 많은 물건을 해외에 판매하는 미국 기업에게는 나쁜 소식이었다.

　　〈그림 20-18〉은 전체적인 그림을 제시한다. 이 그림은 달러화의 다른 화폐들에 대한 평균적 가치의 척도인 미국의 **실효환율**(effective exchange rate)과 2009년 달러로 측정한 **실질순수출**(수출 빼기 수입)을 보여 준다. 2014년부터 2016년 초까지 달러화의 가치는 평균적으로 약 15% 상승했고, 2017년까지 더 높은 수준에 머문 반면 실질순수출은 상당히 더 큰 폭의 적자를 기록했다.

　　다시 말해서 환율은 외국의 경쟁자와 경쟁하는 기업들에게 중요하다. 앞서 가치가 상승하는 화폐에 대해 '강해진다'라고 표현하는 것이 보편적이라 했는데 이는 좋은 일이 아니다. 2014년과 2015년의 강한 달러는 미국 기업들에게는 결코 좋은 일이 아니었다.

>> 복습

- 화폐는 **외환시장**에서 거래되며 이 시장에서 **환율**이 결정된다.
- 환율은 두 가지 방법으로 표시될 수 있다. 혼동을 막기 위해 경제학자들은 화폐의 **가치가 상승한다** 또는 **가치가 하락한다**라는 표현을 사용한다. **균형환율**은 외환시장에서 화폐에 대한 공급과 수요를 일치시키는 환율이다.
- 경제학자들은 각국 물가 수준의 차이를 감안하기 위해 **실질환율**을 계산한다. 경상수지는 명목환율이 아니라 실질환율의 변화에 대해서만 반응한다.
- **구매력 평가**는 두 국가에서 시장바구니의 가격이 같아지도록 만들 수 있는 명목환율이다. 명목환율은 거의 항상 구매력 평가와 괴리가 있지만, 구매력 평가는 명목환율 변화에 대한 훌륭한 예측수단이 된다.

>> 이해돕기 20-5

해답은 책 뒤에

1. 멕시코는 엄청난 매장량을 가진 유전을 발견하고 미국으로 원유를 수출하기 시작한다. 이와 같은 변화가 다음에 어떤 영향을 미칠 것인지 설명하라.

　　a. 페소화와 미국 달러화 간 명목환율

　　b. 멕시코의 다른 재화와 서비스 수출

　　c. 멕시코의 재화와 서비스 수입

2. 미국에서 100달러 하는 재화와 서비스 바구니의 가격이 멕시코에서 800페소라고 하고 현재 명목환율이 달러당 10페소라 하자. 다음 5년 동안에 이 시장바구니의 가격이 미국에서는 120달러로 그리고 멕시코에서는 1,200페소로 상승하는 반면, 명목환율은 달러당 10페소로 유지

된다고 하자. 다음을 계산하라.
  a. 오늘의 물가지수가 100일 경우 현재와 5년 후의 실질환율
  b. 현재와 지금으로부터 5년 후의 구매력 평가

문제 풀어보기 　무역은 달콤해

미국은 설탕 산업에 있어서는 오랫동안 보호무역정책을 유지해 왔다. 설탕 정책 중 하나로 미국은 설탕 수입을 국내 소비의 15% 이내로 제한하고 있다. 이 정책에 대해 논란이 많은데, 탄산음료, 초콜릿 바, 그 밖의 달콤한 간식거리를 생산하는 기업들과 설탕 재배 농가 및 일부 공공보건 옹호론자들이 대립하고 있다.

다음에 제시된 설탕에 대한 가상적인 미국의 국내 수요와 공급표를 사용하여 자급상태에서 미국의 설탕 생산량과 균형가격을 구하라.

설탕 가격 (톤당 달러)	설탕 수요량 (백만 톤)	설탕 공급량 (백만 톤)
$650	4	12
600	6	10
550	8	8
500	10	6
450	12	4
400	14	2
350	16	0

만일 설탕의 국제가격이 톤당 500달러라면 미국은 설탕을 수입하겠는가, 수출하겠는가? 만일 수입 제한이 없다면 얼마나 수입하겠는가?

단계 | 1 자급상태에서 미국의 설탕 생산량은 얼마이며 어떤 가격에 거래되겠는가?

  599쪽을 복습하라.

자급상태에서 미국은 설탕을 800만 톤 생산할 것이고 이는 톤당 550달러에 판매될 것이다. 이것이 '설탕에 대한 수요량과 공급량'이 일치하는 가격과 거래량임을 위 표에서 알 수 있다. 이 가격과 생산량 수준에서 시장은 균형을 이룬다.

단계 | 2 만일 설탕의 국제가격이 톤당 500달러라면 미국은 설탕을 수입하겠는가, 수출하겠는가?

  599~601쪽을 복습하라.

〈그림 20-6〉에 표시된 바와 같이 국제가격이 자급가격보다 낮다면 수입이 이루어질 것이다. 우리 경우에는 1단계에서 구한 바와 같이 자급가격이 톤당 550달러이고 국제가격이 500달러이므로 미국은 설탕을 수입할 것이다.

단계 | 3 얼마나 수입 또는 수출하겠는가?

  599~601쪽을 복습하라.

국제가격 500달러에서의 국내수요는 1,000만 톤이고 국내공급은 600만 톤이다. 400만 톤의 부족이 있으므로 미국은 수입 제한이 없다면 설탕 400만 톤을 수입할 것이다.

그러나 현실에서는 설탕 정책으로 인해 필요한 만큼 설탕을 수입할 수가 없어 가격이 더 높아진다.

요약

1. 국제무역은 미국에 있어 점차 중요해지고 있으며, 대부분의 다른 국가의 경우 그 중요성은 더욱 크다. 개인들 간의 거래와 마찬가지로 국제무역은 비교우위에 의해 발생한다. 어떤 재화를 추가적으로 한 단위 더 생산하는 데 드는 기회비용은 어떤 국가에서 다른 국가들보다 더 낮다. 해외로부터 구입한 재화와 서비스가 **수입**이고, 해외로 판매한 재화와 서비스가 **수출**이다. 국제무역은 **국제화**로 불리는 국가들 간의 다른 경제적 연관성의 증가와 마찬가지로 급속히 성장하였다. 통신과 교통 기술의 발달로 세계 어느 곳이든지 생산의 공급망에 포함할 수 있게 되면서 극도로 높은 수준의 국제무역이 발생하는 현상인 **초국제화**가 발생했다.

2. **리카도의 국제무역 모형**은 기회비용이 일정하다고 가정한다. 이 모형은 무역으로부터 이익을 얻을 수 있음을, 즉 서로 무역을 하면 **자급**에서보다 더 나은 결과를 얻을 수 있음을 보여 준다.

3. 현실에서 비교우위는 국가 간 기후, 요소부존도, 기술의 차이를 반영한다고 볼 수 있다. **헥셔-올린 모형**은 요소부존도의 차이가 어떻게 비교우위를 결정짓는지를 보여 준다. 생산되는 재화마다 **요소집약도**가 다른데, 국가마다 자국이 풍부하게 보유하고 있는 요소를 집약적으로 사용하는 재화를 수출하는 경향을 갖게 된다.

4. **국내수요곡선**과 **국내공급곡선**은 자급에서의 재화가격을 결정한다. 국제무역이 발생하면 국내가격은 **국제가격**, 즉 그 재화가 해외에서 거래되는 가격과 같아지게 된다.

5. 국제가격이 자급에서의 가격보다 낮으면 그 재화는 수입된다. 이때 소비자잉여는 증가하고 생산자잉여는 감소하며, 경제 전체로서는 총잉여가 증가한다. 국제가격이 자급에서의 가격보다 높으면 그 재화는 수출된다. 이때 소비자잉여는 감소하고 생산자잉여는 증가하며, 경제 전체로서는 총잉여가 증가한다.

6. 국제무역으로 **수출산업**은 확장되고, **수입경쟁산업**은 축소된다. 이로 인해 그 국가에 풍부한 요소에 대한 국내수요는 증가하고, 희소한 요소에 대한 국내수요는 감소하여 임금과 같은 요소가격이 변화하게 된다.

7. 대부분의 경제학자들은 **자유무역**을 찬성하고 있으나, 현실에서는 많은 국가들이 수입경쟁산업에 대한 **보호무역**을 시행하고 있다. 흔히 사용되는 **보호**의 두 형태로 관세와 수입할당제를 들 수 있다. 드물기는 하지만 정부가 수출산업에 대해 보조금을 지급하는 경우도 있다.

8. **관세**는 수입상품에 부과되는 조세이다. 관세로 인해 국내가격이 국제가격보다 높아져서 소비자들은 손실을 입고, 국내생산자들은 이득을 보며, 정부는 수입이 생긴다. 그 결과 총잉여는 감소한다. **수입할당제**는 재화 수입량을 제한하는 것을 말한다. 수입이 정부가 아니라 허가를 받는 기업들에게 귀속된다는 점을 제외하고 수입할당제는 관세와 동일한 효과를 낳는다.

9. 한 국가의 **국제수지 계정**은 전 세계와의 거래를 요약한다. **경상계정상의 국제수지** 또는 **경상수지**는 재화와 서비스 수지와 함께 요소소득과 이전지출에 대한 국제수지를 포함한다. **상품 무역수지** 또는 **무역수지**는 재화와 서비스 수지 중에서도 가장 자주 언급되는 부분이다. **금융계정상의 국제수지** 또는 **금융수지**는 자본흐름을 측정한다. 정의에 의해 경상수지와 금융수지의 합은 영이다.

10. 자본흐름은 국가 간 이자율의 격차와 그 이외의 수익률 격차에 대해 반응한다. 자본흐름은 대부자금모형의 국제판을 이용해 분석될 수 있다. 이 모형은 자본흐름이 없었더라면 이자율이 낮았을 국가로부터 높았을 국가로 어떻게 자금이 흘러가는지를 보여 준다. 국가 간 자본흐름을 결정하는 기초여건은 저축과 투자기회에서의 국가 간 차이다.

11. 화폐는 **외환시장**에서 거래된다. 화폐가 거래되는 가격을 **환율**이라 한다. 한 화폐의 가치가 다른 화폐에 대해 상승할 때 그 화폐의 **가치 상승**이 일어난다고 한다. 그 반대의 경우 **가치 하락**이 발생한다. **균형환율**은 외환시장에 공급되는 화폐의 양과 수요되는 화폐의 양을 일치시킨다.

12. 인플레이션율의 국가 간 차이를 감안하기 위하여 경제학자들은 두 국가 간 환율에 두 국가 간 물가의 비율을 곱한 **실질환율**을 계산한다. 경상수지는 명목환율이 아니라 실질환율에만 반응한다. **구매력 평가**는 동일한 재화와 서비스 바구니의 구매비용이 두 국가에서 같아지도록 만드는 환율 수준이다. 구매력 평가와 명목환율은 거의 항상 차이가 있지만 구매력 평가는 실제 명목환율 변화에 대한 좋은 예측치를 제공한다.

주요용어

수입	국제가격	상품 무역수지(무역수지)
수출	수출산업	금융계정상의 국제수지(금융수지)
국제화	수입경쟁산업	외환시장
초국제화	자유무역	환율
리카도의 국제무역 모형	보호무역(보호)	가치 상승
자급	관세	가치 하락
요소집약도	수입할당제	균형환율
헥셔–올린 모형	국제수지 계정	실질환율
국내수요곡선	경상계정상의 국제수지(경상수지)	구매력 평가
국내공급곡선	재화와 서비스 수지	

토론문제

1. 캐나다와 미국이 일정한 기회비용으로 목재와 축구공을 생산한다. 미국은 축구공을 전혀 생산하지 않고 목재 10톤을 생산하거나, 목재를 전혀 생산하지 않고 축구공 1,000개를 생산할 수 있고, 또한 이 사이의 어떤 조합도 생산할 수 있다. 캐나다는 음반을 전혀 생산하지 않고 목재 8톤을 생산하거나, 목재를 전혀 생산하지 않고 축구공 400개를 생산할 수 있고, 또한 이 사이의 어떤 조합도 생산할 수 있다.

   a. 수평축에는 축구공을, 수직축에는 목재를 표시하여 미국과 캐나다의 생산가능곡선을 2개의 그림에 따로 그려 보라.

   b. 자급상태에서 미국의 소비자들이 축구공 500개를 소비하고자 한다면, 소비될 수 있는 목재량은 최대 몇 톤인가? 그림에서 이 점을 A로 표시하라. 마찬가지로 캐나다의 소비자들이 자급상태에서 목재 1톤을 소비하고자 한다면 소비될 수 있는 축구공은 최대 몇 개인가? 이를 그림에서 C점으로 표시하라.

   c. 목재 생산에 절대우위가 있는 국가는 어디인가?

   d. 목재 생산에 비교우위가 있는 국가는 어디인가?

   각국이 비교우위를 갖고 있는 재화에 특화하여 서로 무역을 한다고 가정하자.

   e. 미국에서 생산되는 축구공은 몇 개인가? 캐나다에서 생산되는 목재는 몇 톤인가?

   f. 미국이 500개의 축구공과 7톤의 목재를 소비하는 것이 가능한가? 이를 그림에서 B점으로 표시하라. 동시에 캐나다가 500개의 축구공과 1톤의 목재를 소비하는 것이 가능한가? 이를 그림에서 D점으로 표시하라.

2. 미국 인구조사국 통계에 의하면 2000년부터 중국으로부터의 성인남자와 소년 의류 수입액이 2000년 상대적으로 작은 2억 4,400만 달러에서 2014년 9억 2,600만 달러로 세배 이상 증가하였다. 헥셔–올린 모형에 의하면 중국 노동자의 임금은 어떻게 될 것으로 예상되는가?

3. 다음에 주어진 표는 상업용 제트기에 대한 미국의 국내수요표와 국내공급표이다. 상업용 제트기에 대한 국제가격이 1억 달러라고 가정하자.

제트기 가격(백만 달러)	제트기 수요량	제트기 공급량
$120	100	1,000
110	150	900
100	200	800
90	250	700
80	300	600
70	350	500
60	400	400
50	450	300
40	500	200

   a. 자급상태에서 미국에서는 상업용 제트기가 몇 대 생산되겠는가? 제트기의 거래가격은 얼마인가?

   b. 국제무역이 이루어질 때 상업용 제트기의 가격은 얼마이겠는가? 미국이 제트기를 수출하겠는가, 아니면 수입하겠는가? 수출 혹은 수입하는 제트기 수는 몇 대이겠는가?

4. 2016년에 스코토피아 경제에서 수출은 재화 4,000억 달러와 서비스 3,000억 달러에 달했으며, 수입은 재화 5,000억 달러와 서비스 3,500억 달러에 달했고, 해외 부문은 스코토피아의 자산을 2,500억 달러어치 매입했다. 스코토피아의 상품 무역수지는 얼마였을까? 스코토피아의 경상수지는 얼마였을까? 스코토피아의 금융수지는 얼마였을까? 스코토피아가 전 세계로부터 구입한 자산의 가치는 얼마였을까?

5. 다음 표가 보여 주는 2016년과 2017년의 한 거래일의 환율자료에 근거해 볼 때, 미국 달러화는 한 해 동안 가치가 하락했는가 또는 상승했는가? 이와 같은 미국 달러화의 가치 변화는 미국의 재화와 서비스를 외국인에게 더 매력적으로 만들었을까? 또는 덜 매력적으로 만들었을까?

2016년 4월 1일	2017년 4월 1일
1영국 파운드당 1.42미국 달러	1영국 파운드당 1.25미국 달러
1미국 달러당 32.26대만 달러	1미국 달러당 30.40대만 달러

1캐나다 달러당 0.77미국 달러	1캐나다 달러당 0.75미국 달러
1미국 달러당 112.09일본 엔	1미국 달러당 111.39일본 엔
1유로당 1.14미국 달러	1유로당 1.07미국 달러
1미국 달러당 0.96스위스 프랑	1미국 달러당 1.00스위스 프랑

6. 다음 각 시나리오에서 이 두 국가만이 서로 교역을 한다고 가정하자. 인플레이션율과 명목환율의 변화가 다음과 같이 주어졌을 때 어떤 국가의 재화가 더 매력적으로 될까?

a. 미국의 인플레이션율은 10%이고 일본은 5%다. 미국 달러화 대 일본 엔화의 환율은 변하지 않는다.

b. 미국의 인플레이션율은 3%이고 멕시코는 8%다. 미국 달러화의 가격이 12.5멕시코 페소에서 10.25멕시코 페소로 하락한다.

c. 미국의 인플레이션율은 5%이고 유로지역은 3%다. 유로화의 가격이 1.3달러에서 1.2달러로 하락한다.

d. 미국의 인플레이션율은 8%이고 캐나다는 4%다. 캐나다 달러의 가격이 0.6달러에서 0.75달러로 상승한다.

연습문제

1. 다음에 주어진 무역 패턴에 대하여 각 수출국의 비교우위의 원인이 무엇이겠는지 설명해 보라.

a. 미국은 베네수엘라에 소프트웨어를 수출하고, 베네수엘라는 미국에 석유를 수출한다.

b. 미국은 중국에 항공기를 수출하고, 중국은 미국에 의류를 수출한다.

c. 미국은 콜롬비아에 밀을 수출하고, 콜롬비아는 미국에 커피를 수출한다.

2. 신발 생산은 노동집약적이고 위성 생산은 자본집약적이다. 미국은 자본이 풍부하고 중국은 노동이 풍부하다. 헥셔-올린 모형에 따르면 중국은 어떤 상품을 수출하겠는가? 미국은 어떤 상품을 수출하겠는가? 미국에서는 노동가격(임금)과 자본 가격이 어떻게 되겠는가?

3. 북미자유무역협정(NAFTA)에서 수입재화에 대한 관세를 철폐하기 이전에, 토마토의 자급가격이 멕시코에서는 국제가격보다 낮았고, 미국에서는 국제가격보다 높았다. 또 닭고기의 자급가격이 멕시코에서는 국제가격보다 높았고, 미국에서는 국제가격보다 낮았다. 각국의 각 재화에 대한 국내공급곡선과 국내수요곡선을 그림에 나타내 보라. (네 개의 그림을 그려야 할 것이다.) NAFTA의 결과로 이제 미국은 멕시코로부터 토마토를 수입하고, 멕시코에 닭고기를 수출한다. 다음에 제시된 집단이 어떠한 영향을

받을 것으로 예상하는가?

a. 멕시코와 미국의 토마토 소비자들. 그림에 소비자잉여에 대한 영향을 표시하라.

b. 멕시코와 미국의 토마토 생산자들. 그림에 생산자잉여에 대한 영향을 표시하라.

c. 멕시코와 미국의 토마토 생산 노동자들.

d. 멕시코와 미국의 닭고기 소비자들. 그림에 소비자잉여에 대한 영향을 표시하라.

e. 멕시코와 미국의 닭고기 생산자들. 그림에 생산자잉여에 대한 영향을 표시하라.

f. 멕시코와 미국의 닭고기 생산 노동자들.

4. 다음은 오렌지에 대한 미국의 국내수요표와 국내공급표이다. 오렌지의 국제가격이 개당 0.3달러라고 가정하자.

오렌지 가격	오렌지 수요량(천 개)	오렌지 공급량(천 개)
$1.00	2	11
0.90	4	10
0.80	6	9
0.70	8	8
0.60	10	7
0.50	12	6
0.40	14	5

0.30	16	4
0.20	18	3

a. 미국의 국내공급곡선과 국내수요곡선을 그려 보라.

b. 자유무역이 이루어지면 미국은 몇 개의 오렌지를 수입 혹은 수출하겠는가?

미국 정부가 수입되는 오렌지 1개당 0.2달러의 관세를 부과했다고 가정하자.

c. 관세가 부과된 이후에 미국은 몇 개의 오렌지를 수입 혹은 수출하겠는가?

d. 관세로 인한 경제의 이득 혹은 손실을 그림에 색칠해 보라.

5. 다음 각 거래는 미국의 국제수지 계정에서 어떻게 분류되는가? 이들 거래는 경상수지(외국인으로부터의 수취 또는 외국인에 대한 지급) 또는 금융수지(외국인으로부터의 자산 매입 또는 외국인에 대한 자산 매각) 중 어디에 기입되는가? 경상계정과 금융계정상의 국제수지는 어떻게 변하는가?

a. 프랑스 수입상이 캘리포니아 와인 1박스를 500달러에 구입한다.

b. 프랑스 회사에서 일하는 미국인이 자신의 급여수표를 샌프란시스코에 있는 은행에 예금한다.

c. 미국인이 일본 회사가 발행한 채권을 1만 달러에 매입한다.

d. 미국 자선단체가 아프리카 지역 주민들이 식량을 구입할 수 있도록 10만 달러를 보낸다.

6. 다음 그림은 여타 세계가 미국에 보유하고 있는 자산과 미국이 해외에 보유하고 있는 자산을 각각 여타 세계의 GDP에 대한 비율로 보여 준다. 그림에서 볼 수 있듯이 두 비율 모두 1980년부터 2016년 사이에 다섯 배가량 증가했다.

a. 미국이 해외에 보유하고 있는 자산의 여타 세계의 GDP에 대한 비율이 증가했다는 사실은 미국이 이 기간 중 순자본유출을 경험했음을 의미하는 것일까?

b. 이 그림은 세계 경제가 1980년보다 2016년에 더욱 밀접하게 연계되어 있음을 의미할까?

7. 2016년에 포파니아 경제의 전 세계로부터의 자산 매입액은 3,000억 달러에 달했으며, 전 세계의 포파니아 자산 매입액은 4,000억 달러에 달했다. 포파니아는 3,500억 달러에 달하는 재화와 서비스를 수출했다. 2016년에 포파니아의 금융수지는 얼마였는가? 경상수지는 얼마였는가? 수입액은 얼마였는가?

8. http://fx.sauder.ubc.ca로 가라. "주요 통화 간 최근 재정환율(The Most Recent Cross-Rates of Major Currencies)"이라 명명된 표를 이용하여 2017년 4월 1일 이후 영국 파운드(GBP), 캐나다 달러(CAD), 일본 엔(JPY), 유로(EUR), 스위스 프랑(CHF)의 가치가 미국 달러(USD)에 대해 각각 상승했는지 또는 하락했는지를 판단하라. 2017년 4월 1일의 환율은 토론문제 5번의 표에 제시되어 있다.

9. 사우디아라비아와 미국의 생산가능곡선이 다음 표와 같이 주어졌다고 가정하자.

사우디아라비아		미국	
석유 수량 (백만 배럴)	자동차 수량 (백만 대)	석유 수량 (백만 배럴)	자동차 수량 (백만 대)
0	4	0	10.0
200	3	100	7.5
400	2	200	5.0
600	1	300	2.5
800	0	400	0

a. 사우디아라비아에서 자동차 1대를 생산하는 것의 기회비용은? 미국의 경우는 얼마인가? 사우디아라비아에서 석유 1배럴을 생산하는 것의 기회비용은? 미국의 경우는 얼마인가?

b. 석유 생산에 비교우위가 있는 국가는 어디인가? 자동차 생산에 비교우위가 있는 국가는 어디인가?

c. 자급상태에서 사우디아라비아는 석유 2억 배럴과 자동차 3,000만 대를 생산하고, 미국은 석유 3억 배럴과 자동차 2,500만 대를 생산한다고 하자. 무역을 하지 않고서 사우디아라비아가 석유와 자동차 생산을 모두 늘릴 수 있는가? 무역을 하지 않고서 미국이 석유와 자동차

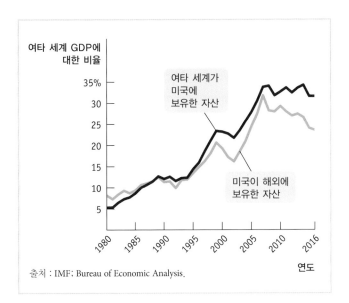

여타 세계 GDP에 대한 비율

여타 세계가 미국에 보유한 자산

미국이 해외에 보유한 자산

출처 : IMF; Bureau of Economic Analysis.

연도

생산을 모두 늘릴 수 있는가?

이제는 각국이 비교우위가 있는 재화에 특화하여 생산하며 서로 무역을 한다고 가정하자. 또한 각국의 경우에 수입품의 가치와 수출품의 가치가 동일하다고 가정하라.

d. 석유의 총생산량은 얼마인가? 자동차의 총생산량은 얼마인가?

e. 사우디아라비아가 4억 배럴의 석유와 5,000만 대의 자동차를 소비하고, 미국이 4억 배럴의 석유와 5,000만 대의 자동차를 소비하는 것이 가능한가?

f. 사실은 사우디아라비아가 3억 배럴의 석유와 4,000만 대의 자동차를 소비하고, 미국이 5억 배럴의 석유와 6,000만 대의 자동차를 소비하고 있다고 가정하자. 미국의 석유 수입량은 몇 배럴인가? 미국의 자동차 수출량은 몇 대인가? 국제시장에서 자동차의 가격이 1만 달러라고 가정하자. 그렇다면 국제시장에서 석유의 가격은 배럴당 얼마인가?

10. 이 세상에 미국과 일본만이 존재한다고 하자. 다른 조건이 일정한 상태에서 다음 각 경우에 미국 달러화의 가치에 어떤 변화가 발생할까?

a. 일본이 수입에 대한 규제의 일부를 완화한다.

b. 미국이 일본 제품에 대해서 약간의 수입관세를 부과한다.

c. 미국의 이자율이 급격히 상승한다.

d. 일본 자동차가 미국 자동차에 비해 과거에 생각했던 것보다 훨씬 더 내구성이 높다는 보고서가 발표된다.

여러분이 이것을 읽는 동안 아마도 아시아에서 생산된 옷을 입고 있으리라고 생각하면 거의 틀림이 없을 것이다. 만일 그렇다면 여러분의 옷을 디자인하고, 생산하고, 여러분 지역의 가게에까지 운반되도록 하는 데 홍콩 회사인 리앤펑(Li&Fung)이 관련되어 있다고 생각하는 것 또한 거의 틀림이 없을 것이다. 리바이스(Levi's)부터 월마트 전용상표에 이르기까지 리앤펑은 전 세계 공장으로부터 여러분 근처 쇼핑몰까지의 제품 조달을 맡고 있는 중요한 회사이다.

이 회사는 1906년 중국 광저우에서 창립되었다. 이 회사의 회장인 빅터 펑(Victor Fung)에 따르면 그의 할아버지의 '부가가치'는 영어를 할 줄 알아 중국인과 외국인 사이의 거래에서 통역으로 일할 수 있다는 것이었다. 마오쩌둥의 공산당이 중국 본토를 장악했을 때 이 회사는 홍콩으로 이전하였다. 1960년대와 1970년대 홍콩의 시장경제가 발전함에 따라 리앤펑은 홍콩의 제조업자와 외국의 구매자를 연결하는 수출중개회사로 성장하였다.

그러나 회사의 실질적인 변혁은 아시아 경제가 성장하고 변화함에 따라 나타나게 되었다. 홍콩의 빠른 성장은 임금 상승으로 이어졌고 리앤펑의 주요 사업이었던 의류부문에서 점점 경쟁력을 상실하게 되었다. 그래서 회사는 새로운 회사로 재탄생하게 되었다. 단순한 중개상에서 '공급망 관리자'로 변신한 것이다. 단순히 재화의 생산을 어떤 제조업체에 할당하는 대신 생산 공정을 쪼개어 원재료의 생산을 할당하고, 전 세계 1만 2,000개가 넘는 공급자에게 최종 제품의 조립을 할당하는 것이다. 경우에 따라서는 홍콩이나 심지어 일본같이 임금이 높은 대신 품질과 생산성이 높은 정교한 경제에서 생산이 이루어진다. 어떤 경우에는 노동의 생산성은 떨어지나 임금이 낮은 중국 본토나 태국과 같이 발전 중인 지역에서 생산이 이루어진다.

예컨대 여러분이 미국에 소매점 체인을 가지고 있는데 워싱 처리된 청바지를 판매하려 한다고 가정해 보자. 리앤펑은 단순히 청바지 생산을 알선해 주는 것이 아니라 청바지의 최신 생산기술과 어떤 재료와 색상이 유행하는지 등과 같이 스타일에 관한 정보를 제공하여 함께 디자인을 결정한다. 디자인이 확정된 후에는 리앤펑이 시제품 제작을 알선하고 가장 효율적인 비용으로 생산할 수 있는 방법을 찾아서 대신 주문을 해 준다. 리앤펑을 통해 원단은 한국에서 생산되어 대만에서 염색되고 청바지는 태국이나 중국 본토에서 생산된다. 생산이 여러 장소에서 이루어지기 때문에 리앤펑이 수송이나 품질관리를 담당한다.

리앤펑은 대단히 성공적이다. 2018년 이 회사의 시장가치는 대략 108억 달러이고, 50개국 이상에 영업소와 물류센터가 있다.

생각해 볼 문제

1. 리앤펑이 수출중개업을 넘어서 생산 단계를 구분하여 여러 나라의 많은 공급자들에게 원재료를 주문하는 공급망 관리자가 되는 것이 유리했던 이유가 무엇이라고 생각하는가?
2. 리앤펑이 상품의 원재료 생산과 최종 조립을 여러 나라에 분배할 때 그 이면에 어떤 원칙을 적용했다고 생각하는가?
3. 소매점들이 중국 본토에 있는 청바지 제조업체로부터 직접 구입하는 것보다 리앤펑이 청바지의 생산을 국제적으로 조직하는 것을 더 선호한 이유가 무엇이라고 생각하는가?
4. 리앤펑이 성공한 이유는 무엇일까? 그것은 인적 자본에 의한 것일까, 자연자원의 소유에 기인한 것일까, 아니면 실물자본의 소유에 근거한 것일까?

이해돕기 풀이

이 부분은 각 장에 있는 '이해돕기' 문제에 대한 해답을 제시한 것이다.

제1장

1-1

1. a. 이 명제는 시장경제의 특징을 나타내고 있다. 보이지 않는 손은 개개인의 이익을 위해 하는 행동이 사회 전체 관점에서 봤을 때 좋은 결과를 가져다줄 수 있다는 것을 말한다.
   b. 이 명제는 시장경제의 특징을 나타내고 있지 않다. 시장경제에서 생산과 소비의 결정은 분권화된 수많은 기업과 개인에 의한 결정의 결과다. 계획경제에서는 중앙권력이 생산과 소비에 대한 결정을 내린다.
   c. 이 명제는 시장경제의 특징을 나타내고 있다. 가끔은 개인의 이익을 위해 하는 행동이 사회 전체의 관점에서 봤을 때 이익을 가져다주지 않는다. 이것이 시장실패로 이어질 수 있다.
   d. 이 명제는 시장경제의 특징을 나타내고 있다. 시간이 지남에 따라 경제가 성장하지만 변동성은 시장경제의 보편적인 특징이다.

1-2

1. a. 주어진 예는 기회비용의 개념을 나타내고 있다. 한 사람이 문제에서 주어진 양만큼만 한 번에 먹을 수 있다고 가정할 때, 초콜릿 케이크 한 조각을 더 먹기 위해서는 코코넛 크림 파이 한 조각과 같은 다른 음식을 포기해야 한다.
   b. 주어진 예는 희소성의 개념을 나타내고 있다. 세상에 지금보다 더 많은 자원이 있다고 할지라도, 자원의 총량에는 분명히 한계가 있을 것이다. 따라서 희소성은 여전히 존재할 것이다. 희소성이 전혀 없기 위해서는 무제한적인 시간을 비롯해 모든 것의 양이 제한이 없어야 하지만 이는 분명히 불가능하다.
   c. 주어진 예는 사람들이 보통 자신의 후생을 증진시키기 위해 기회를 이용함을 나타내고 있다. 학생들은 평판이 나쁜 수업 조교의 수업은 피하고 평판이 좋은 수업 조교의 수업을 수강함으로써 자신의 후생을 증진시키려고 노력할 것이다. 또한 자원의 희소성의 개념도 살펴볼 수 있는데, 평판이 좋은 수업 조교의 수업 장소가 제한적이지 않았다면 수강인원이 차지 않았을 것이다.
   d. 주어진 예는 한계분석에 대한 개념을 나타내고 있다. 시간을 배분하는 결정은 운동을 위해 시간을 얼마나 써야 할지, 공부를 위해 시간을 얼마나 써야 할지에 관한 것이다. 당신은 추가적인 1시간의 운동이 가져다줄 건강상의 이익과 공부를 1시간 덜 할 때 성적에 미칠 부정적인 영향을 비교해 결정을 내린다.
2. a. 그렇다. 늘어난 출퇴근 시간은 당신이 새로운 직장을 얻음으로써 발생하는 비용에 해당한다. 출퇴근 시간에 보내는 추가적인 시간이나 그 시간 동안 다른 일을 함으로써 얻을 수 있는 편익은 새로운 직장에 대한 기회비용이다.
   b. 그렇다. 새로운 직장이 주는 편익 중 하나는 당신이 5만 달러를 벌 수 있다는 것이다. 당신이 새로운 직장을 받아들인다면 당신은 현재 직장을 포기해야 한다. 즉 현재의 소득 4만 5,000달러를 포기해야 하므로 4만 5,000달러는 새로운 직장을 얻음으로써 발생하는 기회비용 중 하나에 해당한다.
   c. 아니다. 보다 넓은 사무실은 새로운 직장의 추가적인 편익이고 그 밖의 것을 포기하는 것과는 관련이 없다. 따라서 이것은 기회비용이 아니다.

1-3

1. a. 주어진 예는 시장이 대개 효율성으로 이끈다는 개념을 나타내고 있다. 최소 30달러에 책을 팔기 원하는 사람은 30달러에 책을 사고자 하는 사람에게 실제로 책을 팔 것이다. 그 결과, 중고 교과서 구매자와 판매자 사이에 배분하는 방법을 다른 사람의 후생을 감소시키지 않으면서 한 사람의 후생을 높이는 방식으로 바꿀 방법이 없다.
   b. 주어진 예는 거래로부터의 이익이 존재한다는 개념을 나타내고 있다. 학생들은 교과과목에 대한 능력이 각기 다르기 때문에 과외수업 서비스를 거래한다.
   c. 주어진 예는 시장이 효율성을 달성하지 못할 때 정부개입으로 사회 후생을 개선시킬 수 있음을 나타내고 있다. 이런 경우에 시장을 내버려 두면 술집과 클럽은 소음이 주위 이웃에게 끼치는 비용을 전혀 고려하지 않을 것이다. 이웃 술집과 클럽이 소음을 줄이도록 한다면 사회 전체 후생이 증가할 것이므로 이는 시장의 비효율적 결과를 나타낸다.
   d. 주어진 예는 사회 목표를 달성하기 위해 자원을 가능하면 효율적으로 사용해야 함을 나타내고 있다. 동네 의원들의 문을 닫고, 중앙 병원에 대한 자금 지원을 강화함으로써 더 낮은 비용에 더 좋은 진료를 받을 수 있다.

e. 주어진 예는 시장이 균형으로 움직임을 나타내고 있다. 낡은 상태가 비슷한 책들이 동일한 가격에 팔리고 있기 때문에 누구도 다른 거래를 통해서 후생을 높일 수 없다. 이 것은 중고시장이 균형으로 이동했다는 사실을 의미한다.

2. a. 균형 상태를 나타내고 있지 않다. 많은 학생들이 그들의 행동을 바꿀 용의가 있어 레스토랑에서 먹기로 해야 한다. 따라서 이 상태는 균형이 아니다. 구내식당보다 레스토랑에서의 식사 가격이 더 높아 학생들이 구내식당에서 먹을 때와 레스토랑에서 먹을 때 후생이 동일하기 때문에 균형이 될 것이다.

b. 균형 상태를 나타내고 있다. 버스를 타는 것이 후생을 증가시키지 않기 때문에 행동을 바꿀 유인이 없다.

1-4

1. a. 이는 정부의 정책이 지출을 변화시킬 수 있음을 보여 준다. 세금을 줄이면 사람들의 세후 수입이 증가할 것이고 이는 소비자들의 지출 증대로 이어진다.

b. 이는 한 사람의 지출이 다른 사람의 소득이 된다는 사실을 보여 준다. 석유회사들이 더 많은 노동자를 고용함으로써 지출을 늘리거나 이미 근무하는 노동자들에 대하여 더 높은 임금을 지불한다면 노동자들의 소득은 증대될 것이다. 소득이 늘어난 노동자들이 소비 지출을 증가시킬 것이고 이는 레스토랑 및 다른 소비자 사업의 소득이 된다.

c. 이는 경제 내의 총지출이 그 경제의 생산능력과 항상 일치하지는 않는다는 사실을 보여 준다. 이 예시에서 주택에 대한 지출은 그 경제가 주택을 공급할 수 있는 능력보다 컸다. 첫 번째는 주택 가격의 상승을 야기하였고, 그 결과로 전반적인 물가 수준의 상승, 즉 인플레이션이 발생하였다.

‖ 제2장

Check Your Understanding

2-1

1. a. 거짓이다. 드림라이너와 소형 비행기를 생산하는 데 필요한 자원이 늘어나면 보잉사의 생산가능곡선이 바깥쪽으로 이동한다. 이는 보잉사가 이전보다 많은 드림라이너와 소형 비행기를 생산할 수 있기 때문이다. 첨부된 그림에서 보잉사의 기존 *PPF*선은 보잉사의 기존 생산가능곡선을 나타내고, 보잉사의 새로운 *PPF*선은 보잉사가 이용 가능한 자원이 늘어남에 따라 이동한 새로운 생산가능곡선을 나타낸다.

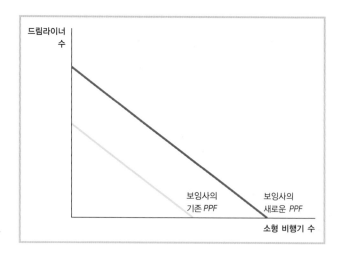

b. 참이다. 일정한 수의 드림라이너를 생산할 때 더 많은 수의 소형 비행기를 생산할 수 있으면 생산가능곡선에 변화가 나타난다. 그림에서 새로운 생산가능곡선은 보잉사의 새로운 *PPF*선이고, 기존의 생산가능곡선은 보잉사의 기존 *PPF*선으로 나타난다. 보잉사가 생산할 수 있는 드림라이너의 최대량은 이전과 동일하기 때문에 새로운 생산가능곡선은 기존의 생산가능곡선과 동일한 점에서 만난다. 그러나 최대로 만들 수 있는 소형 비행기의 수는 이전보다 늘어났기 때문에 새로운 생산가능곡선은 기존의 생산가능곡선보다 수평축에서 오른쪽으로 만난다.

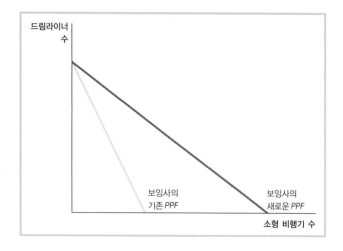

c. 거짓이다. 생산가능곡선은 자원이 효율적으로 이용될 때 다른 재화를 얻기 위해서 한 재화가 얼마나 포기되어야 하는지를 나타낸다. 경제가 비효율적으로 생산해 생산가능곡선 안쪽에 있다면, 다른 재화 한 단위를 얻기 위해서 어떤 재화 한 단위를 포기할 필요가 없다. 대신 경제가 더 효율적으로 생산하면 두 재화 모두를 더 갖게 될 수 있다.

2. a. 미국은 자동차 생산에 절대우위가 있다. 하루에 자동차 1대를 만들기 위해서 필요한 이탈리아 노동자(8)보다 미국 노동자(6) 수가 더 적기 때문이다. 또한 미국은 세탁기 생산에 절대우위가 있다. 하루에 세탁기 1대를 만들기 위해서 필요한 노동자 수가 이탈리아(3)보다 미국(2)이 더 적기 때문이다.

   b. 이탈리아에서 세탁기 1대의 기회비용은 자동차 1대 단위로 3/8이다. 자동차 1대의 3/8은 세탁기 1대 생산에 필요한 동일한 노동자와 동일한 시간으로 생산될 수 있다. 미국에서 세탁기 1대의 기회비용은 자동차 1대 단위로 1/3이다. 자동차 1대의 1/3은 세탁기 1대 생산에 필요한 동일한 노동자와 동일한 시간으로 생산될 수 있다. 1/3이 3/8보다 작기 때문에 미국은 세탁기 생산에 비교우위가 있다. 세탁기 1대를 생산하기 위해서 미국은 자동차 1/3대를 포기해야 하는 반면, 이탈리아는 자동차 3/8대를 포기해야 하기 때문이다. 또한 이탈리아는 자동차 생산에 비교우위가 있다는 것을 알 수 있다. 이탈리아의 자동차 1대의 기회비용은 세탁기 8/3대로 2 2/3대와 같다. 세탁기 2 2/3대는 이탈리아에서 자동차 1대를 생산하는 데 필요한 시간에 생산될 수 있기 때문이다. 미국에서 자동차 1대의 기회비용은 세탁기 6/2대로 3대와 같다. 세탁기 3대는 미국에서 자동차 1대 생산에 필요한 시간에 생산될 수 있기 때문이다. 2 2/3가 3보다 작기 때문에 이탈리아는 자동차를 생산하는 데 비교우위가 있다.

   c. 가장 큰 이득은 각 나라가 비교우위가 있는 제품을 생산하는 방식으로 분업화할 때 실현된다. 따라서 미국은 세탁기 생산에 특화하고 이탈리아는 자동차 생산에 특화해야 한다.

3. 미국산 대형 비행기 10대를 브라질산 소형 비행기 15대로 교환할 때 브라질은 스스로가 대형 비행기를 생산할 때보다 더 적은 대형 비행기의 생산을 포기한다. 무역이 없을 때 브라질은 대형 비행기 생산에 소형 비행기 3대를 포기한다. 무역을 함으로써 브라질은 미국산 대형 비행기 하나당 소형 비행기 1.5대만을 포기한다. 미국 역시 소형 비행기를 스스로 생산했을 때보다 적은 양의 소형 비행기 생산을 포기한다. 무역이 없을 때 미국은 소형 비행기 생산에 대형 비행기 3/4대를 포기한다. 무역으로 인해 미국은 브라질산 소형 비행기 1대당 오직 대형 비행기 2/3대만을 포기한다.

4. 가계가 지출을 늘리면 가계가 쓰는 재화의 양이 증가한다. 이는 기업에서 쓰는 생산요소의 수요를 늘린다. 따라서 경제 내에 일자리 수가 증가하게 된다.

2-2

1. a. 이뤄져야 할 것이 명시되어 있으므로 규범적 진술이다. 게다가 이에 대한 절대적으로 '옳은' 답도 없다. 사람들이 스카이다이빙 같은 행위를 즐긴다면 위험한 개인적인 행위는 모두 막아야만 할까? 대답은 당신의 견해에 달려 있다.

   b. 사실에 대한 묘사이므로 실증적 진술이다.

2. a. 참이다. 경제학자들마다 특정한 사회적 목표가 바람직한가에 대해 내리는 가치판단이 종종 다르다. 그러나 가치판단의 차이에도 불구하고 경제학자들은 그런 사회에 대해 일반적으로 동의하는 바가 있다. 일단 주어진 사회적 목표를 추구하기로 결정되면 그 목표를 달성하기 위해 가장 효율적인 정책을 채택해야 한다. 따라서 경제학자들은 정책 B에 찬성할 것이다.

   b. 거짓이다. 경제학자들 사이의 견해 차이는 그들 각자의 분석이 다른 모형에 기반했거나 정책이 바람직한가에 대한 가치판단이 다르기 때문에 발생한다.

‖ 제3장

3-1

1. a. 우산의 수요량은 주어진 가격에서 맑은 날보다 비 오는 날에 더 많다. 주어진 가격에서 수요량이 오르기 때문에 수요곡선이 오른쪽으로 이동한다. 이는 어떠한 주어진 양에서도 더 높은 가격에 팔릴 수 있다는 것을 의미한다.

   b. 가격이 낮아지면 카리브해에서의 여름 크루즈 수요량이 증가한다. 이는 여름 카리브해 크루즈에 대한 수요곡선상의 이동이다.

   c. 장미꽃의 수요는 밸런타인 데이가 있는 주에 증가한다. 이는 수요곡선이 오른쪽으로 이동함을 의미한다.

   d. 휘발유 가격이 올라가면 휘발유 수요량이 떨어진다. 이는 수요곡선 상의 이동이다.

3-2

1. a. 주택 가격이 상승하면 주택 공급량이 증가한다. 이는 공급곡선 상의 이동이다.

   b. 딸기의 공급량이 주어진 가격에서 더 높아진다. 이에 따라 공급곡선은 오른쪽으로 이동한다.

   c. 노동공급량은 주어진 임금에서 더 낮아진다. 방학일 때

의 노동공급곡선에 비해 노동공급곡선이 왼쪽으로 이동
한다. 따라서 패스트푸드 체인점은 종업원을 더 끌기 위
해서 더 높은 임금을 제시해야 한다.

d. 임금이 상승하면 노동공급량이 올라간다. 이는 공급곡선
상의 이동이다.

e. 선실 공급량이 주어진 가격에서 더 높아진다. 이에 따라
공급곡선이 오른쪽으로 이동한다.

3-3

1. a. 공급곡선이 오른쪽으로 이동한다. 이는 기존 균형가격
에서 포도 공급량이 수요량을 초과하여 잉여분이 생기는
경우이다. 포도 가격은 떨어질 것이다.

   b. 수요곡선이 왼쪽으로 이동한다. 이는 기존 균형가격에서
   호텔 객실에 대한 공급량이 수요량을 초과하여 잉여분이
   생기는 경우이다. 객실요금이 떨어질 것이다.

   c. 중고 제설도구에 대한 수요곡선이 오른쪽으로 이동한다.
   기존 균형가격에서 중고 제설도구에 대한 수요량이 공급
   량을 초과하여 부족분이 생기는 경우이다. 중고 제설도
   구의 균형가격은 올라갈 것이다.

3-4

1. a. 큰 차에 대한 시장이다. 보완재인 휘발유의 가격이 하락
함에 따라 수요가 오른쪽으로 이동한다. 그 결과 큰 차의
균형가격이 오르고, 판매 및 구매되는 균형거래량도 증
가할 것이다.

   b. 폐휴지로 만든 재활용 종이에 대한 시장이다. 기술혁신
   에 의해 공급이 오른쪽으로 이동한다. 그 결과 재활용 종
   이의 균형가격이 떨어지고, 판매 및 구매되는 균형거래
   량은 증가할 것이다.

   c. 지역 극장의 영화에 대한 시장이다. 대체재인 케이블 방
   송사의 유료영화의 가격이 떨어짐에 따라 수요가 왼쪽으
   로 이동한다. 그 결과 영화표에 대한 균형가격이 떨어지
   고 영화를 보러 가는 사람들의 수도 줄어들 것이다.

2. 새로운 칩에 대한 발표가 있은 후, 기존 칩을 사용하는
컴퓨터에 대한 수요곡선은 수요가 감소함에 따라 왼쪽으
로 이동한다. 기존 칩을 사용하는 컴퓨터에 대한 공급곡
선은 공급이 증가함에 따라 오른쪽으로 이동한다.

   a. 수요가 공급이 증가하는 것보다 상대적으로 더 감소하면
   균형거래량은 다음 그림과 같이 감소한다.

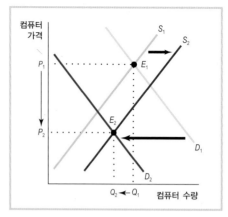

공급이 수요가 감소하는 것보다 상대적으로 더 증가하면
균형거래량은 아래 그림과 같이 증가한다.

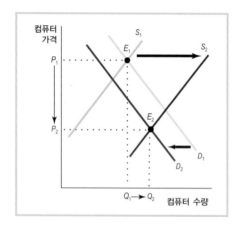

   b. 두 경우 모두에서 균형가격은 하락한다.

제4장

Check Your Understanding

4-1

1. a. 소비자는 고추 1개의 가격이 자신이 그 고추에 대해 지
불할 의사가 있는 수준과 같거나 그보다 낮으면 그 고추
를 살 것이다. 수요계획은 각 가격 수준에서 그러한 고추
의 수요량을 알아냄으로써 구축해 낼 수 있다. 생산자는
생산자의 가격보다 비싸거나 동일한 고추를 계속 공급할
것이다. 공급계획은 각 가격 수준에서 그러한 고추의 공
급량을 알아냄으로써 구축해 낼 수 있다. 아래의 표는 수
요 및 공급계획을 보여 준다.

   b. 균형가격인 0.50달러에서 수요량은 공급량과 같아진다.
   그 가격에서 총 5개의 고추가 거래된다.

   c. 케이시는 3개의 고추를 삼으로써, 첫 번째 고추로부터
   0.40달러만큼, 두 번째 것으로부터 0.20달러, 세 번째 것

고추 가격	고추 수요량	케이시의 고추 수요량	조시의 고추 수요량	고추 공급량	카라의 고추 공급량	제이미의 고추 공급량
$0.90	1	1	0	8	4	4
0.80	2	1	1	7	4	3
0.70	3	2	1	7	4	3
0.60	4	2	2	6	4	2
0.50	5	3	2	5	3	2
0.40	6	3	3	4	3	1
0.30	8	4	4	3	2	1
0.20	8	4	4	2	2	0
0.10	8	4	4	2	2	0
0.00	8	4	4	0	0	0

으로부터 0.00달러만큼의 소비자잉여를 얻게 된다. 조시는 2개의 고추를 삼으로써, 첫 번째 고추로부터 0.30달러만큼, 두 번째 것으로부터 0.10달러만큼의 소비자잉여를 얻게 된다. 그리하여 총소비자잉여는 1.00달러가 된다. 카라는 3개의 고추를 팖으로써, 첫 번째 고추로부터 0.40달러만큼, 두 번째 것으로부터 0.40달러, 세 번째 것으로부터 0.10달러만큼의 생산자잉여를 얻게 된다. 제이미는 2개의 고추를 팖으로써, 첫 번째 고추로부터 0.20달러만큼, 두 번째 것으로부터 0.00달러만큼의 생산자잉여를 얻게 된다. 그리하여 총생산자잉여는 1.10달러이고, 시장 전체적으로 총잉여가치는 $1.00+$1.10=$2.10가 된다.

2. a. 조시가 고추를 1개 덜 소비한다면, 0.60달러(그녀가 두 번째 고추에 대해 지불할 용의)만큼을 잃게 될 것이다. 반대로 케이시가 1개의 고추를 더 산다면, 0.30달러(그녀가 네 번째 고추에 대해 지불할 용의)를 더 얻는 셈이 된다. 이 결과는 소비자잉여의 총손실이 $0.60−$0.30 = $0.30임을 의미한다.

   b. 카라가 공급한 마지막 고추(세 번째 고추)에 대한 비용은 0.40달러이고, 제이미가 고추를 하나 더 (세 번째 고추) 생산하는 데 드는 비용은 0.70달러이다. 따라서 총생산자잉여는 $0.70−$0.40 = $0.30가 된다.

   c. 조시의 두 번째 고추에 대한 지불할 용의는 0.60달러이다. 이것은 그녀가 고추를 한 단위 덜 소비할 경우 잃게 되는 금액에 해당한다. 또한 카라가 세 번째 고추를 생산하는 데 드는 비용은 0.40달러이다. 이것은 그녀가 고추를 한 단위 덜 생산했을 경우 절약하게 되는 금액이다. 그러므로 우리는 고추 거래량을 한 단위 줄임으로써 $0.60−$0.40=$0.20만큼의 총잉여를 잃게 된다.

4-2

1. a. 가격상한제로 인해 받을 수 있는 요금이 감소했기 때문에 주차공간을 임대하려는 주택소유자가 더 적어진다. 이는 가격이 하락함에 따라 공급량이 감소한다는 개념을 반영한다. 다음 그림은 공급곡선을 따라 E점에서 A점으로 이동해 주차공간 수량이 400만큼 감소한 사실을 보여준다.

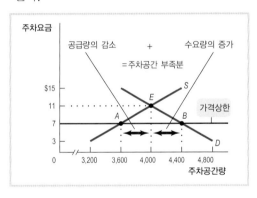

   b. 수요량은 가격이 하락함에 따라 400만큼 증가한다. 가격이 낮아져 더 많은 팬들이 차를 몰고 주차공간을 임대하고자 한다. 그림에서 수요곡선을 따라 E점에서 B점으로 이동하는 것을 볼 수 있다.

   c. 가격상한제하에서 수요량은 공급량을 초과해 부족분이 발생한다. 이 경우 주차공간에 800만큼 부족분이 생긴다. 이는 A점과 B점 사이의 수평거리에 해당한다.

   d. 가격상한제로 자원이 낭비된다. 팬들이 주차공간을 확보하기 위해 소모하는 시간은 낭비되는 시간이다.

   e. 가격상한제는 재화에 해당하는 주차공간을 소비자에게 비효율적으로 배분하는 문제를 야기한다.

   f. 가격상한제는 암시장을 형성하게 한다.

2. a. 거짓이다. 가격상한제는 생산자들이 받는 가격을 낮추어 공급량을 감소시킨다.

b. 참이다. 가격상한제는 완전경쟁시장보다 공급량을 감소시킨다. 그 결과 시장가격을 지불할 용의가 있어서 완전경쟁시장에서 재화를 살 수 있던 사람들이 가격상한제가 시행되어 재화를 얻을 수 없게 되는 경우가 생긴다.

c. 참이다. 여전히 제품을 파는 생산자들은 더 낮은 금액을 받아 후생이 악화된다. 더 이상 제품을 팔 수 없게 된 다른 생산자들 역시 후생이 악화된다.

3. a. 아파트가 같은 가격에 바로 임대되었기 때문에, 생산자잉여에는 변화가 없다. 따라서 총잉여 변화는 모두 소비자잉여의 변화에서 기인하게 된다. 당신이 쫓겨났을 때, 당신이 잃은 소비자잉여의 크기는 당신이 아파트에 지불할 의사가 있는 비용과 규제된 가격의 차이와 같다. 아파트가 같은 가격으로 다른 사람에게 임대되었을 때, 새로운 입주자의 이득은 그가 아파트에 지불할 의사가 있는 비용과 규제된 가격의 차이와 같다. 따라서 두 사람의 아파트에 지불할 의사가 있는 비용이 서로 같을 때에만 한 사람에서 다른 사람으로의 순수한 잉여의 이전이 이루어진다. 집세규제하에서 일반적으로 아파트는 가장 높은 지불용의를 가진 사람에게 돌아가지 않기 때문에 새로운 입주자의 지불용의는 당신보다 낮을 수도, 같을 수도, 높을 수도 있다. 만약 새로운 입주자의 지불용의가 당신보다 낮다면 이는 추가적인 자중손실을 발생시킨다. 그러나 만약 새로운 입주자의 지불용의가 당신보다 높다면, 새로운 입주자가 당신이 잃은 것보다 더 많은 소비자잉여를 얻기 때문에 총잉여를 증가시킨다.

b. 이는 자중손실을 발생시킨다. 만약 당신이 티켓을 줄 수 있다면, 다른 누군가가 티켓에 대한 지불용의와 동일한 소비자잉여를 얻을 수 있을 것이다. 당신은 어차피 콘서트에 갈 수 없기 때문에 어떠한 잉여도 얻거나 잃지 않을 것이다. 만약 당신이 티켓을 팔 수 있다면, 구매자는 그의 지불용의와 거래가격의 차이만큼의 소비자잉여를 얻을 것이다. 또한 당신은 거래가격과 당신이 티켓을 파는 데 드는 비용(이 경우 당신은 티켓을 받았기 때문에 영이 된다)의 차이만큼의 생산자잉여를 얻을 것이다. 티켓을 주거나 팔 수 없는 규정은 이러한 잉여가 누구에게도 돌아갈 수 없다는 것을 의미하기 때문에 자중손실을 발생시킨다. 만약 당신이 티켓을 다른 사람에게 줄 수 있다면 받는 사람에게 돌아가는 소비자잉여가 있을 것이다. 또한 만약 당신이 티켓을 가장 높은 지불용의를 갖는 사람에게 준다면 자중손실도 발생하지 않을 것이다.

c. 이는 자중손실을 발생시킨다. 만약 학생들이 학교 내에서 아이스크림을 구입한다면 그들은 소비자잉여를 얻을 것이다. 그들의 지불용의는 분명 아이스크림 가격보다 높을 것이다. 당신의 학교는 생산자잉여를 얻는다. 아이스크림 가격은 아이스크림을 파는 데 드는 비용보다 높을 것이다. 아이스크림 판매를 금지시키는 것은 이러한 두 잉여가 없어진다는 것을 뜻하며, 따라서 자중손실이 발생한다.

d. 당신의 개가 아이스크림에 당신만큼의 지불용의를 갖고 있다면, 이는 잉여의 순수한 이전이다. 당신이 소비자잉여를 잃은 만큼 당신의 개는 동일하게 소비자잉여를 얻는다.

4-3

1. a. 일부 주유소 소유자들은 더 높은 가격으로 인해 이득을 얻을 것이다. Q_F는 주유소 소유자가 판매하는 수량을 나타낸다. 그러나 일부는 손해를 볼 것이다. 시장균형가격인 P_E에서는 판매하지만 규제된 가격인 P_F에서는 팔 수 없는 생산자들이 있다. 이렇게 판매되지 않은 수량은 수요곡선에서 E점에서 A점으로의 수요량 감소로 나타난다.

b. 더 높은 가격 P_F에서 구매하는 사람들은 아마도 더 좋은 서비스를 받을 것이다. 이는 가격하한으로 인해 발생하는 비효율적으로 높은 품질로, 주유소 소유자들이 가격이 아닌 품질로 경쟁하게 되기 때문이다. 그러나 반대자들의 주장, 즉 소비자들이 일반적으로 더 안 좋아진다는 것이 옳다. P_F에서 사는 사람들은 만약 P_E에서 살 수 있으면 더 행복할 것이다. 또한 P_E와 P_F 사이에서 구매하려던 많은 사람들이 더 이상 수요하지 않는다. 이는 수요곡선에서 E점에서 A점으로의 수요량 감소로 나타난다.

c. 소비자와 일부 주유소 소유자들이 가격하한으로 인해 피해를 볼 것이기 때문에 찬성자들의 주장은 잘못되었다. 이는 '잃어버린 기회'를 만드는데, 소비자와 주유소 소유자 간에 서로에게 이득이 되지만 일어나지 않는 거래를 의미한다. 잃어버린 기회로 인해 감소한 총잉여의 크기인 자중손실은 아래 그림의 색칠된 영역으로 나타나고 있다. 게다가 낭비된 자원의 비효율성 문제도 일어난다. 소비자들이 다른 국가로 가는 데 시간과 돈이 들기 때문이다. 가격하한은 또한 사람들이 암시장에서 거래를 하도록 만든다. 가격하한으로 인해 오직 Q_F만이 판매된다. 그러나 P_E와 P_F 사이의 가격에서 Q_F보다 더 많이 사고 팔려는 사람들이 있어서 불법적인 행동을 하게 만든다.

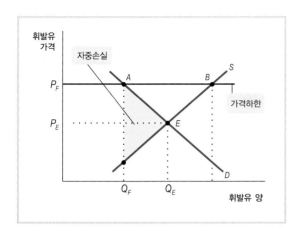

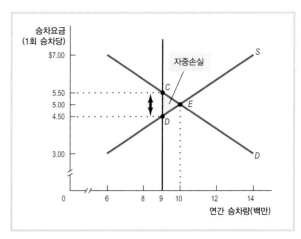

4-4

1. a. 7달러에서 수요량이 600만이므로 승차요금은 7달러다. 7달러는 600만 탑승의 수요가격이다. 이는 다음 그림에서 *A*점으로 나타난다.

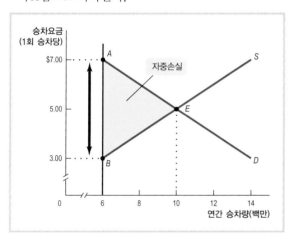

b. 600만 탑승일 때는 공급가격이 3달러이며 그림에서 *B*점으로 나타난다. 할당지대는 수요가격 7달러와 공급가격 3달러 사이의 간격이므로 탑승단위당 4달러다. 이는 그림에서 *A*점과 *B*점 사이의 수평거리에 해당한다.

c. 할당량은 400만의 상호 이득이 될 수 있는 거래가 일어나지 못하게 한다. 그림에서 색칠된 영역이 자중손실을 의미한다.

d. 900만 탑승일 때는 *C*점에서 볼 수 있듯이 수요가격이 5.5달러고, *D*점에서 볼 수 있듯이 공급가격이 4.5달러다. 할당지대는 수요가격과 공급가격의 차이이므로 1달러다. 자중손실은 그림에서 색칠된 영역으로 표시되어 있다. 확인할 수 있듯이, 자중손실은 할당량이 900만으로 정해졌을 때가 600만으로 정해졌을 때보다 더 작다.

2. 다음 그림은 탑승 수요가 400만 감소할 때 수요곡선이 왼쪽으로 D_1에서 D_2로 평행 이동한 모습을 보여 주고 있다. 그림에서 알 수 있듯이 탑승 수요가 400만 회 감소하는 것은 임의의 주어진 가격에서 수요량이 400만만큼 감소함을 의미한다. (예를 들어 승차요금이 5달러일 경우 수요량은 연간 1,000만 회에서 600만 회로 감소한다.) 이는 800만 탑승으로 제한하는 할당제한의 효과를 제거하여 새로운 시장균형에 해당하는 E_2점에서 균형거래량은 제한된 할당량과 일치하게 된다. 즉 결과적으로 할당제한은 시장에 아무런 영향을 미치지 못하게 된다.

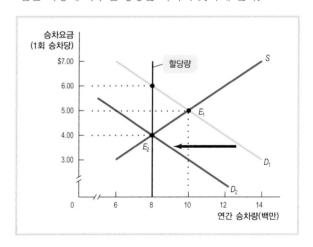

제5장

5-1

1. 중간값 계산법을 이용하여 딸기 가격의 백분율 변화를 계산하면 다음과 같다.

$$\frac{\$1.00-\$1.50}{(\$1.50+\$1.00)/2}\times100=\frac{-\$0.50}{\$1.25}\times100=-40\%$$

비슷한 방법으로 딸기 수요량의 백분율 변화는 다음과 같이 계산할 수 있다.

$$\frac{200,000-100,000}{(100,000+200,000)/2}\times100=\frac{100,000}{150,000}\times100=67\%$$

따라서 중간값 계산법으로 계산한 수요의 가격탄력성은 67%/40%=1.7이다.

2. 중간값 계산법을 이용하여 영화표 수요량의 백분율 변화를 계산하면 다음과 같다.

$$\frac{5,000-4,000}{(4,000+5,000)/2}\times100=\frac{1,000}{4,500}\times100=22\%$$

수요의 가격탄력성이 현재 소비수준에서 1이기 때문에 수요량이 22% 증가하도록 하기 위해서는 영화표의 가격이 22% 하락하도록 해야 한다.

3. 가격이 상승하기 때문에 수요량은 반드시 감소해야 한다. 현재 가격이 0.5달러인 상황에서 가격의 0.05달러 상승은 10%의 가격 변화를 의미하므로 수요의 가격탄력성은 다음과 같다.

$$\frac{\text{수요량의 백분율 변화}}{10\%}=1.2$$

수요량의 백분율 변화는 12%가 되어야 함을 알 수 있다. 그러므로 수요는 $100,000\times0.12=12,000$만큼 감소하게 된다.

5-2

1. a. 탄력적 수요. 소비자가 가격 변화에 민감하게 반응한다. 가격이 오르면 총수입을 줄이는 방향으로 작용하는 수량효과가 총수입이 증가하는 방향으로 작용하는 가격효과를 압도하게 된다. 전체적으로는 총수입이 감소하게 된다.

b. 단위탄력적 수요. 문제에서 가격의 하락으로 손실된 수입은 더 높은 판매로 인해 얻어진 수입 증가액과 정확하게 일치하게 된다. 수량효과가 정확히 가격효과를 상쇄하는 상황인 것이다.

c. 비탄력적 수요. 소비자들은 상대적으로 가격 변화에 덜 민감하기 때문에 소비자들이 생산량의 주어진 백분율 증가량만큼을 구입할 때 가격은 훨씬 더 큰 폭으로 감소하게 된다. 가격 하락으로 인한 가격효과(총수입이 감소하는 방향으로 작용)는 수량효과(총수입이 증가하는 방향으로 작용)를 압도하게 되고 결과적으로 총수입은 감소하게 된다.

d. 비탄력적 수요. 소비자들은 상대적으로 가격에 덜 민감하기 때문에 상대적으로 훨씬 큰 가격 상승이 있어야만 주어진 생산량이 하락하게 된다. 가격 상승으로 인한 가격효과(총수입이 증가하는 방향으로 작용)는 수량효과(총수입이 감소하는 방향으로 작용)를 압도하게 되고 결과적으로 총수입은 증가하게 된다.

2. a. 사고를 당한 사람의 수혈에 대한 수요는 완전 비탄력적인 수요에 가깝다. 왜냐하면 생존을 위해 필요하고 그것을 대체할 다른 대체재가 존재하지 않기 때문이다.

b. 학생들의 초록색 지우개에 대한 수요는 완전 탄력적 수요에 가깝다고 할 수 있다. 왜냐하면 대체재로서 초록색이 아닌 지우개가 얼마든지 존재하기 때문이다. 이 때문에 수요곡선은 초록색이 아닌 지우개의 가격과 같은 가격상에서 수평선의 모양을 갖게 될 것이다.

5-3

1. 중간값 계산법에 의하여 첼시의 수입의 백분율 변화는 다음과 같이 계산된다.

$$\frac{\$18,000-\$12,000}{(\$12,000+\$18,000)/2}\times100=\frac{\$6,000}{\$15,000}\times100=40\%$$

비슷한 방법으로 그녀의 음반에 대한 수요의 백분율 변화는 다음과 같다.

$$\frac{40-10}{(10+40)/2}\times100=\frac{30}{25}\times100=120\%$$

그러므로 첼시의 음반에 대한 수요의 소득탄력성은 120%/40%=3이다.

2. 샌제이의 고급 레스토랑 식사에 대한 수요는 10% 이상 떨어질 것이다. 왜냐하면 10%에 해당하는 소득 감소는 소득탄력적 재화에 대하여 더 큰 폭의 소비 감소를 유발할 것이기 때문이다.

3. 수요의 교차가격탄력성은 5%/20%=0.25이다. 수요의 교차가격탄력성이 양(+)이기 때문에 두 재화는 대체재이다.

5-4

1. 중간값 계산법을 이용하여 계약된 웹 디자인 서비스 시간의 백분율 변화는 다음과 같다.

$$\frac{500,000-300,000}{(300,000+500,000)/2}\times100=\frac{200,000}{400,000}\times100=50\%$$

비슷한 방법으로 웹 디자인 서비스 가격의 백분율 변화는 다음과 같다.

$$\frac{\$150-\$100}{(\$100+\$150)/2}\times100=\frac{\$50}{\$125}\times100=40\%$$

그러므로 공급의 가격탄력성은 50%/40%=1.25이고 공급이 탄력적임을 알 수 있다.

2. **a.** 참이다. 수요의 증가로 인해 가격은 상승한다. 우유 공급의 가격탄력성이 낮다면 가격이 상승함에 따라 상대적으로 추가적 공급은 적게 나타나게 된다. 결과적으로 우유 가격은 실질적으로 우유에 대해 증가된 수요를 충족시킬 정도로 증가하게 된다. 공급의 가격탄력성이 높다면 상대적으로 많은 양의 추가 공급량이 가격 상승에 따라 생산될 것이다. 결과적으로 우유 가격은 우유에 대한 보다 높은 수요를 충족시킬 정도로 소폭 오를 것이다.

b. 거짓이다. 공급의 장기 가격탄력성이 일반적으로 공급의 단기 탄력성보다 큰 것은 사실이다. 하지만 이 사실이 단기 공급곡선이 장기 공급곡선에 비해 더 가파름을 의미하는 것은 아니다.

c. 참이다. 공급이 완전 탄력적일 때 공급곡선은 수평선이다. 따라서 수요가 변화해도 가격에는 어떠한 변화도 나타나지 않고 단지 사고팔리는 거래량에만 영향을 미치게 된다.

5-5

1. **a.** 소비세가 없다면, 장, 이브스, 자비에와 월터는 팔고 애나, 베르니스, 치즈코, 그리고 다그마르는 캔당 0.4달러의 가격으로 각각 1캔의 소다를 구매할 것이다. 그러므로 거래되는 양은 4이다.

b. 소비세가 있는 경우 장과 이브스는 팔고 애나와 베르니스는 각각 1캔씩을 살 것이다. 그러므로 거래되는 양은 2이다.

c. 소비세가 없다면 애나의 개별 소비자잉여는 $0.7-$0.4=$0.3가 되고, 베르니스의 소비자잉여는 $0.6-$0.4=$0.2, 치즈코는 $0.5-$0.4=$0.1이며, 다그마르는 $0.4-$0.4=$0이다. 총소비자잉여는 $0.3+$0.2+$0.1+$0.0=$0.6이다. 소비세가 있다면 애나의 개별 소비자잉여는 $0.7-$0.6=$0.1이고, 베르니스는 $0.6-$0.6=$0.0이다. 세금 부과 이후의 총소비자잉여는 $0.1+$0.00=$0.1이다. 그러므로 세금으로 인하여 감소하는 총소비자잉여는 $0.6-$0.1=$0.5이다.

d. 소비세가 없다면 장의 개별 생산자잉여는 $0.4-$0.1=$0.3이고, 이브스는 $0.4-$0.2=$0.2이며, 자비에는 $0.4-$0.3=$0.1, 월터는 $0.4-$0.4=$0.0이다. 총

생산자잉여는 $0.3+$0.2+$0.1+$0.0=$0.6이다. 세금 부과 이후에는 장의 개별 생산자잉여는 $0.2-$0.1=$0.1이고, 이브스는 $0.2-$0.2=$0이다. 세금 부과 이후의 총생산자잉여는 $0.1+$0.0=$0.1이다. 그러므로 세금으로 인해 줄어든 총소비자잉여는 $0.6-$0.1=$0.5이다.

e. 세금이 있으면 2캔의 음료수가 판매될 것이고 따라서 정부가 소비세로부터 얻는 수입은 2×$0.4=$0.8이다.

f. 세금이 없을 때의 총잉여는 $0.6+$0.6=$1.2이다. 세금이 있으면 총잉여는 $0.1+$0.1=$0.2이며, 정부의 세금수입은 $0.8이다. 그러므로 소비세로 인한 자중손실은 $1.2-($0.2+$0.8)=$0.2이다.

2. **a.** 휘발유에 대한 가까운 대체재가 없고 운전자들이 대중교통과 같은 자가 운전의 대체재를 찾기도 쉽지 않기 때문에 휘발유에 대한 수요는 비탄력적이라고 할 수 있다. 그러므로 아래 그림에 나타난 것처럼 휘발유에 부과하는 세금으로 인한 자중손실은 매우 작을 것이다.

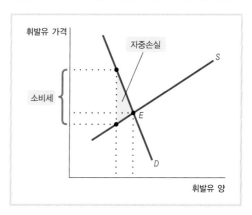

b. 다크 초콜릿 바, 밀크 초콜릿 키세스 등과 같은 가까운 대체재가 존재하기 때문에 밀크 초콜릿 바에 대한 수요는 탄력적이다. 그 결과 아래의 그림에 나타나 있듯이 밀크 초콜릿 바에 세금을 부과할 경우에 발생하는 자중손실은 커진다.

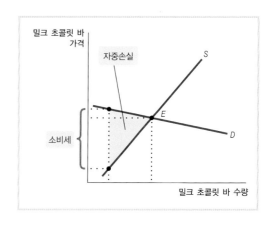

제6장

Check Your Understanding

6-1

1. a. 고정요소는 10톤짜리 기계이고 가변요소는 전기이다.

   b. 표의 세 번째 열에 있는 숫자들이 감소하는 것으로부터 전기의 수익이 체감한다는 사실을 알 수 있다. 추가로 사용되는 전기 1킬로와트의 한계생산은 바로 전 단계에 사용된 1킬로와트의 한계생산보다 적다.

전력량 (킬로와트)	얼음 양 (파운드)	전기의 한계생산 (킬로와트당 파운드)
0	0	
		1,000
1	1,000	
		800
2	1,800	
		600
3	2,400	
		400
4	2,800	

   c. 고정요소 투입량을 50% 증가시킬 경우 버니는 15톤짜리 기계를 사용하게 되므로 이것이 고정요소가 된다. 이때 모든 전기 투입량에 대해 생산물이 100% 증가하기 때문에 산출물과 한계생산은 다음 표에 나타나는 것과 같다.

전력량 (킬로와트)	얼음 양 (파운드)	전기의 한계생산 (킬로와트당 파운드)
0	0	
		2,000
1	2,000	
		1,600
2	3,600	
		1,200
3	4,800	
		800
4	5,600	

6-2

1. a. 다음 표에서와 같이 각 파이에 대한 한계비용은 전 단계에 생산된 파이의 한계비용에 1.5를 곱해 구해진다. 각 생산물 수준에 대한 가변비용은 그 단위의 파이가 생산될 때까지 지출된 한계비용을 합쳐 구할 수 있다. 예컨대

파이 3개의 가변비용은 $1.00＋$1.50＋$2.25＝$4.75가 된다. 고정비용이 9달러이므로 파이 Q개가 생산될 때의 평균고정비용은 $9.00/Q이다. 또한 파이 Q개가 생산될 때의 평균가변비용은 가변비용을 Q로 나눈 것이다. 예를 들면 파이 5개가 생산될 때의 평균비용은 $13.19/5, 즉 약 2.64달러가 된다. 끝으로 평균총비용은 TC/Q 또는 AVC＋AFC의 두 방법으로 구할 수 있다.

파이 수량	파이의 한계비용	가변 비용	파이의 평균 고정비용	파이의 평균 가변비용	파이의 평균 총비용
0		$0.00	—	—	—
	$1.00				
1		1.00	$9.00	$1.00	$10.00
	1.50				
2		2.50	4.50	1.25	5.75
	2.25				
3		4.75	3.00	1.58	4.58
	3.38				
4		8.13	2.25	2.03	4.28
	5.06				
5		13.19	1.80	2.64	4.44
	7.59				
6		20.78	1.50	3.46	4.96

   b. 평균총비용이 하락할 때 분산 효과가 수익체감 효과보다 우월하게 나타난다. 주어진 문제에서는 1~4개의 파이가 생산될 때 AFC의 감소가 AVC의 증가보다 더 크다. 한편 평균총비용이 증가할 때는 수익체감 효과가 분산 효과보다 우월하다. 이 문제에서는 5~6개째의 파이가 생산될 때 AVC의 증가가 AFC의 감소보다 더 크다.

   c. 알리샤의 최소비용 산출량은 파이 4개로 이때 4.28달러라는 가장 낮은 수준의 평균총비용이 달성된다. 산출량이 4 미만일 경우 한계비용은 이미 생산된 파이들에 대한 평균비용보다 낮으므로 파이를 하나 더 생산하는 것이 평균총비용을 낮추게 된다. 예를 들면, 세 번째 파이의 한계비용이 2.25달러로 첫 두 파이의 평균비용인 5.75 달러보다 작으므로, 세 번째 파이를 생산하면 평균총비용은 4.58달러[＝(2×$5.75＋$2.25)/3]로 낮아진다. 산출량이 4를 초과할 경우 한계비용은 이미 생산된 파이에 대한 평균비용을 능가한다. 따라서 파이를 추가 생산하는 것은 평균총비용을 높이게 된다. 여섯 번째 파이의 한계비용이 7.59달러이고 첫 번째에서부터 다섯 번

째 파이까지의 평균비용이 4.44달러이므로, 여섯 번째 파이를 생산하면 평균총비용은 4.96달러[=(5×$4.44+ $7.59)/6]로 증가한다.

6-3

1. a. 다음 표는 각각의 고정비용 수준에 대하여 12,000, 22,000, 30,000단위를 생산할 때 드는 평균총비용을 나타내고 있다. 예를 들어 기업이 첫 번째 고정비용을 택해 산출물 12,000단위를 생산할 때는 $8,000+(12,000 ×$1.00)=$20,000가 소요되므로 이때의 평균총비용은 $20,000/12,000=$1.67가 된다. 나머지 평균총비용 역시 비슷한 방식으로 계산할 수 있다.

	12,000단위	22,000단위	30,000단위
첫 번째 선택의 평균총비용	$1.67	$1.36	$1.27
두 번째 선택의 평균총비용	1.75	1.30	1.15
세 번째 선택의 평균총비용	2.25	1.34	1.05

만약 기업이 12,000단위를 생산하고자 한다면 평균총비용이 제일 낮은 첫 번째 고정비용을 선택해야 한다. 또한 22,000단위와 30,000단위를 생산할 때는 각각 두 번째와 세 번째 고정비용을 선택해야 한다.

b. 역사적으로 12,000단위를 생산했다는 것은 기업이 최소 평균비용을 가능하게 하는 첫 번째 고정비용을 선택했다는 것을 의미한다. 12,000단위를 생산할 때 기업의 평균총비용은 1.67달러이다. 단기에는 기업이 고정비용을 바꿀 수 없으므로 산출량이 22,000단위로 증가한다 해도 1.36달러의 평균총비용으로 생산활동을 해야 한다. 하지만 장기의 경우 두 번째 고정비용을 선택해 평균총비용을 1.3달러로 낮출 수 있다.

c. 수요 변화가 일시적이라고 생각된다면 기업은 첫 번째 고정비용 수준을 계속 유지해야 한다. 왜냐하면 두 번째 고정비용을 선택하면 수요가 다시 12,000단위로 돌아올 때 1.67달러보다 높은 1.75달러에서 제품을 생산하기 때문이다.

2. a. 이 회사는 규모에 대한 수익이 일정할 가능성이 크다. 회사는 산출량을 늘리기 위해 직원을 더 고용하고 컴퓨터를 추가로 구입하고 전화비를 더 많이 내면 된다. 이러한 생산요소는 쉽게 얻을 수 있으므로 산출량이 변한다 해도 장기 평균총비용은 변하지 않을 것이다.

b. 이 회사는 규모에 대한 수익이 감소할 가능성이 크다. 회사가 여러 프로젝트를 시행할 경우 기업 소유주의 전문지식을 활용하기 위해 들어가는 통신 및 조정 비용이 높아질 것이다.

c. 이 회사는 규모에 대한 수익이 증가할 가능성이 높다. 다이아몬드 광산을 채굴하려면 채굴장비를 구입하기 위해 막대한 금액의 초기비용을 지불해야 한다. 따라서 산출량이 증가하면 장기 평균총비용이 하락할 것이다.

3. 다음 그래프에는 장기 평균총비용곡선($LRATC$)과 장기적으로 살사를 5상자 생산하기로 했을 때 이에 대응하는 단기 평균총비용곡선(ATC_5)이 그려져 있다. ATC_5 곡선은 살사를 5상자 생산하는 평균총비용이 최소가 되는 고정요소 수준에 대응하는 평균총비용을 보여 준다. 이 사실은 하루 5상자에서 ATC_5 곡선이 $LRATC$ 곡선에 접한다는 사실로부터 확인된다.

만일 셀레나가 장기적으로 살사를 4상자만 생산하게 될 것으로 예상한다면 고정요소의 투입량(즉 고정비용)을 변경해야 한다. 만일 고정요소 투입량을 변경하지 않고 살사를 4상자 생산한다면 단기의 평균총비용은 ATC_5 곡선 상의 B점으로 표시되는데 이는 $LRATC$ 상에 있지 않다. 그러나 고정요소를 변경한다면 평균총비용은 A점으로 낮아질 수가 있다.

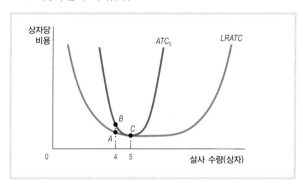

제7장

7-1

1. a. 생산자가 두 기업밖에 없다면 각 기업은 상당한 수준의 시장점유율을 갖고 있으므로 이 산업은 완전경쟁적이 아니다.

b. 북해산 천연가스를 생산하는 기업이 세계 천연가스 시장에서 매우 낮은 시장점유율을 보이고 있고, 천연가스가 표준화된 제품이라는 점을 생각한다면 천연가스 산업은 완전경쟁적이라고 할 수 있다.

c. 각 디자이너마다 고유의 스타일이 있고, 패션 의류는 표준화되지 않기 때문에 이 산업은 완전경쟁적이 아니다.

d. 지금 여기서 고려되는 것은 바로 각 도시의 야구경기 입장권 시장이다. 주요 도시에는 보통 한두 개의 야구팀이 있으므로 각 팀은 상당한 수준의 시장점유율을 갖고 있다. 따라서 이 산업은 완전경쟁적이 아니다.

7-2

1. a. 가격이 평균가변비용의 최소 점보다 낮을 경우 기업은 조업을 중단해야 한다. 이것이 바로 조업중단가격이다. 아래 그림에서 가격이 0과 P_1 사이에 올 때 조업중단이 기업의 최적선택이 된다.

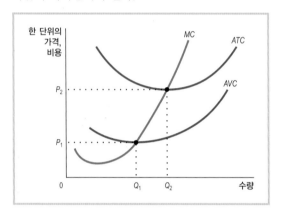

b. 가격이 총가변비용의 최소 점(조업중단가격)보다 높고 평균총비용의 최소 점(손익분기가격)보다 낮을 경우 기업은 손실을 보고 있더라도 단기에는 영업을 하는 것이 낫다. 이것은 가격이 P_1과 P_2 사이에 있을 때로 생산량은 Q_1과 Q_2 사이가 된다.

c. 가격이 평균총비용의 최소 점(손익분기가격)보다 높을 경우 기업은 양의 이윤을 얻는다. 이것은 가격이 P_2보다 높은 경우로 산출량은 Q_2 이상이 된다.

2. 이것은 시장가격이 평균가변비용의 최소 점, 즉 조업중단가격보다 낮을 경우 일시적으로 조업을 중단하는 것

이 최적이라는 사실을 보여 주는 예이다. 예에서 시장가격은 바닷가재 요리의 가격이고, 가변비용은 바닷가재의 가격, 임금 등 바닷가재 요리를 제공하는 데 들어가는 가변비용이 된다. 하지만 계절에 따라 변화하는 것은 시장가격이 아니라 평균가변비용곡선으로 바닷가재 가격이 계절에 따라 다른 것이 그 원인이다. 여름철에는 메인 주의 바닷가재가 값싸게 공급되므로 바닷가재 음식점의 평균가변비용이 상대적으로 낮아지지만, 다른 시기에는 수입 바닷가재의 값이 비싸기 때문에 평균가변비용이 높아지게 된다. 따라서 음식점들은 평균가변비용이 시장가격보다 낮아지는 여름철에만 문을 열고, 평균가변비용이 시장가격보다 높아지는 다른 시기에는 문을 닫는다.

7-3

1. a. 고정비용이 하락할 경우 평균총비용이 감소하므로 기업은 단기에 현재 생산량을 유지하면서 이윤을 얻게 된다. 따라서 장기에 신규 기업들이 산업에 진입하게 되고 공급이 증가해 가격이 떨어지고 이윤이 줄어든다. 이윤이 다시 영으로 돌아가면 신규 기업의 진입이 중단된다.

b. 임금이 상승하면 모든 생산량 수준에서 평균총비용이 증가하게 된다. 기업들은 현재 생산량에서 단기에는 손해를 보기 때문에 장기적으로 일부 기업들이 시장에서 퇴출할 것이다. 기업들이 퇴출함에 따라 공급이 감소해 시장가격이 올라가고 기업의 손실은 줄어든다. 손실이 다시 영으로 되돌아가면 기업들의 퇴출은 중단된다.

c. 수요가 증가하면 가격이 올라갈 것이고 현재 생산량 수준에서 단기적으로 이윤이 증가하게 된다. 장기적으로는 새로운 기업들이 시장에 진입함에 따라 공급이 증가하여 가격과 이윤이 떨어진다. 이윤이 다시 영으로 돌아가면 신규기업의 진입이 중단된다.

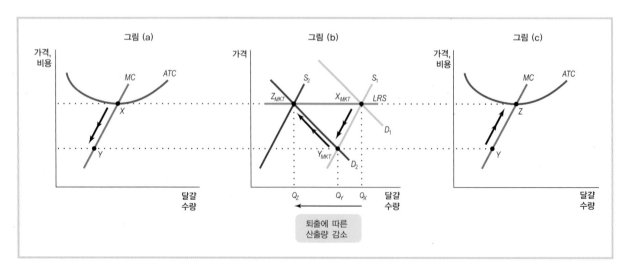

d. 주요 생산요소가 부족하게 되면 그 요소의 가격이 상승하여 평균총비용이 증가한다. 단기에 기업들은 손해를 보므로 장기적으로 일부 기업이 시장에서 퇴출한다. 그러면 공급이 감소하여 가격이 올라가고 기업들의 손실이 줄어든다. 손실이 다시 영으로 돌아가면 기업들의 퇴출이 중단될 것이다.

2. 그림 (b)에서 S_1과 D_1의 교점인 X_{MKT}는 소비자 기호 변화 전의 장기균형을 나타낸다. 소비자들의 기호가 변하면 수요가 감소하여 단기에 산업은 D_2와 S_1의 교점인 Y_{MKT}로 이동한다. 여기서 단기 공급곡선인 S_1은 최초균형인 X_{MKT}에 있을 때와 같은 수의 달걀 생산업자가 조업을 하고 있음을 의미한다. 시장가격이 평균가변비용의 최소 점보다 높은 수준을 유지하면서 하락한다면 개별 기업들은 생산량을 줄일 것이다[그림 (a) 참조]. 시장가격이 평균가변비용 이하로 떨어지는 경우 기업은 즉시 생산을 중단한다. Y_{MKT}에서 달걀의 가격은 평균총비용의 최소 점보다 낮으므로 생산자들은 손해를 보고, 결국 일부 생산자들이 퇴출되어 단기 산업공급곡선이 S_2로 이동하고, Z_{MKT}에서 새로운 장기균형이 형성된다. 이 과정에서 시장가격은 그림 (c)에서와 같이 상승하게 되고, 개별 기업들은 (Y에서 Z로) 생산량을 증가시킨다. 현재 시장에 남아 있는 기업들은 다시 정상 이윤을 얻게 된다. 일부 생산자들이 퇴출하면서 산업 전체의 달걀 공급량이 감소하게 된다. 산업의 장기 공급곡선은 그림 (b)의 LRS가 된다.

제8장

Check Your Understanding

8-1

1. a. 이것은 주민들의 결론을 뒷받침하지 못한다. 텍사스 티가 가지고 있는 기름의 양은 한정되어 있으므로 수요와 공급을 일치시키기 위해 기름 가격이 오른 것이다.
   b. 이것은 주민들의 결론을 뒷받침한다. 가정용 난방유 시장이 독점화되었고, 독점기업은 이윤을 늘리기 위해 공급량을 줄여 가격을 올리려 할 것이다.
   c. 이것은 주민들의 결론을 뒷받침하지 못한다. 텍사스 티가 가격을 인상한 것은 투입물인 가정용 난방유의 가격이 올랐기 때문이다.
   d. 이것은 주민들의 결론을 뒷받침한다. 다른 기업들이 낮은 가격에 난방유를 공급하기 시작했다는 것은 텍사스 티가 그동안 이윤을 얻어 타 기업들이 프리지드 지역에 진출했다는 것을 뜻한다.
   e. 이것은 주민들의 결론을 뒷받침한다. 텍사스 티가 알래스카 난방유 파이프라인에 대한 사용권을 가지고 있으므로 텍사스 티는 진입장벽으로부터 이득을 얻고 있음을 시사한다.

2. a. 특허권 기간의 연장은 발명자가 상품의 공급량을 감소시켜 시장가격을 높일 수 있는 시간을 증가시킨다. 이는 발명자가 발명품으로부터 경제적 이윤을 얻을 수 있는 시간을 증가시키므로 신상품을 발명할 인센티브를 향상시킨다.
   b. 특허권 기간의 연장은 동시에 소비자가 높은 가격을 지불해야 하는 시간이 길어짐을 의미한다. 따라서 적절한 특허권 기간을 결정하는 문제는 바람직한 발명에 대한 인센티브와 바람직하지 못한 높은 가격부담 사이의 균형을 찾는 문제이다.

3. a. 패스포트 신용카드를 사용하는 사람이 많으면 어느 한 상인이 그 카드를 받을 가능성이 더 커진다. 고객 기반이 클수록 패스포트 카드가 지불수단으로 통용될 가능성은 더 커진다.
   b. 새로운 엔진을 장착한 자동차를 가진 사람이 많으면 그 엔진을 수리할 능력 있는 기술자를 찾기가 수월해질 것이다.
   c. 그런 웹 사이트를 이용하는 사람이 많을수록 팔려고 하는 물건의 구매자나 사려고 하는 물건의 판매자를 찾기가 더 쉬워진다.

8-2

1. a. 총수입을 생산량으로 나누면 각 생산량 수준에서의 가격을 구할 수 있다. 예를 들어 에메랄드 3개가 생산될 때의 가격은 $252/3 = $84가 된다. 이 가격을 이용하면 아래와 같이 수요표를 구할 수 있다.

에메랄드 수요량	에메랄드 가격	한계수입	수량효과 부분	가격효과 부분
1	$100			
		$86	$93	-$7
2	93			
		66	84	-18
3	84			
		28	70	-42
4	70			
		-30	50	-80
5	50			

   b. 한계수입표는 한 단위 더 생산될 때의 총수입의 변화를 계산해 구할 수 있다. 예컨대 생산량을 2에서 3으로 증가

시킬 때의 한계수입은 $252-$186=$66이다.

c. 한계수입 중 수량효과는 주어진 시장가격에서 한 단위 더 판매함으로써 얻어지는 추가수입을 가리킨다. 아래 표에서와 같이 3개의 에메랄드가 판매될 때 시장가격은 84달러이다. 따라서 생산량을 2에서 3으로 증가시킬 때의 수량효과는 84달러이다.

d. 한계수입 중 가격효과는 한 단위가 더 판매되어 가격이 떨어지면서 총수입이 줄어드는 효과를 가리킨다. 아래 표에서와 같이 에메랄드 2개가 판매될 때 시장가격은 $186/2=$93가 된다. 하지만 에메랄드 주식회사가 한 단위 더 판매하게 되면 가격이 9달러 떨어져 84달러가 된다. 따라서 생산량을 2에서 3으로 증가시킬 때 나타나는 가격효과는 (-$9)×2=-$18가 된다. 93달러에 팔릴 수 있었으나 생산량이 증가하면서 84달러에 팔리게 된 것은 3개의 에메랄드 중 2개뿐이기 때문이다.

e. 에메랄드 주식회사의 이윤극대화 생산량을 구하기 위해서는 각 산출량 수준에서의 한계비용을 알아야 한다. 한계수입과 한계비용이 같아지는 지점이 바로 이윤극대화 생산량이다.

2. 한계비용곡선은 위쪽으로 이동해 400달러가 된다. 이윤극대화 산출량이 줄어들고 기업의 이윤 역시 3,200달러에서 $300×6=$1,800로 줄어든다. 완전경쟁산업의 이윤은 영으로 일정하다.

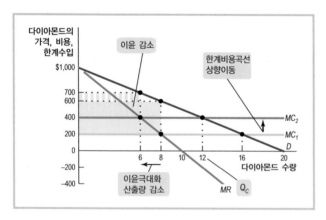

8-3

1. a. 케이블 회사의 독점은 자연독점에 해당한다. 따라서 정부는 케이블 설치비용을 고려해 평균비용을 계산하고, 가격이 평균비용을 초과한다고 생각될 때만 시장에 개입하여 평균총비용을 가격상한으로 설정해야 한다. 그 외의 경우, 정부는 시장에 개입해서는 안 된다.

b. 정부는 두 항공사가 합병 후 할당받은 착륙시간 중 일부를 경쟁 항공사에게 이전하여 경쟁을 조성할 때만 합병을 허가해야 한다.

2. a. 거짓. 〈그림 8-8(b)〉에서 볼 수 있는 것처럼 독점의 비효율은 소비자잉여의 일부가 이윤(초록색 영역)이 아닌 자중손실(노란색 영역)로 바뀐다는 데 있다.

b. 참. 한계비용 이상의 가치를 부여하는 소비자들에게 모두 재화가 팔린다면, 상호 이익을 주는 모든 거래가 실현되어 자중손실은 없게 된다.

3. 아래 그림에서와 같이 독점기업은 MR=MC가 성립하는 산출량 Q_M을 생산한다. P=MR로 잘못 알고 있는 독점기업은 P=MC가 성립하는 산출량을 생산한다(사실은 P>MR이 성립하며, 실제의 이윤극대화 산출량에서는 P>MR=MC가 된다). 따라서 수요곡선이 한계비용곡선과 만나는 지점, 즉 완전경쟁 상태의 산출량 수준인 Q_C에서 생산이 이루어진다. 독점기업은 가격을 한계비용과 같은 수준인 P_C로 책정할 것이고 영의 이윤을 얻는다. 그림에서 색칠된 부분 전체가 소비자잉여로 이 경우 (독점기업의 생산자잉여가 영이므로) 총잉여는 소비자잉여와 같다. 한계비용 이상의 값을 지불하고자 하는 모든 소비자가 재화를 얻을 수 있으므로 자중손실은 없다. 그러나 합리적인 독점기업은 Q_M을 생산하고 가격 P_M을 받을 것이다. 이때 기업의 이윤은 초록색 영역, 소비자잉여는 파란색 영역, 총잉여는 초록색 영역과 파란색 영역의 합이 되며, 노란색 영역은 독점으로 인해 발생하는 자중손실이 된다.

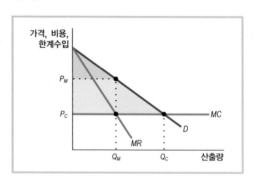

8-4

1. a. 거짓. 가격차별 독점기업은 단일가격 독점기업이 재화를 판매하지 않는 소비자, 즉 가격탄력성이 높고 상대적으로 낮은 가격을 지불하고자 하는 소비자들에게도 재화를 판매한다.

b. 거짓. 가격차별 독점기업이 소비자잉여의 더 많은 부분을 이윤으로 가져가지만 비효율은 오히려 적게 나타난다. 지불용의가 낮은 소비자들에게까지도 재화가 판매되므로 상호 이익이 되는 거래가 더 많이 일어나기 때문이다.

c. 참. 가격차별하에서 소비자들은 수요의 가격탄력성에 따라 다른 가격을 지불한다. 수요가 탄력적인 소비자들이 가격에 더욱 민감하여 가격에 덜 민감한 수요가 비탄력적인 소비자들보다 더 낮은 가격을 지불한다.

2. a. 이것은 가격차별이 아니다. 수요의 가격탄력성과 상관없이 모든 소비자가 손상된 제품을 그렇지 않은 제품보다 더 낮게 평가하기 때문에 가격이 내려가는 것이다.

b. 이것은 가격차별의 예이다. 고령자들은 다른 손님에 비해 식당 음식에 대한 수요의 가격탄력성이 높다(즉 가격에 더 민감하게 반응한다). 때문에 식당은 탄력성이 높은 소비자(고령자)에게 가격을 낮추며, 탄력성이 낮은 소비자들은 할인되지 않은 금액을 지불하게 된다.

c. 이것은 가격차별의 예이다. 수요의 탄력성이 높은 소비자들은 할인쿠폰을 모아 사용할 것이고, 탄력성이 낮은 소비자들은 할인쿠폰을 사용하지 않을 것이다.

d. 이것은 가격차별이 아니라 수요와 공급의 원리에 의해 발생하는 일이다.

제 9 장
Check Your Understanding

9-1

1. a. 몇몇 국가가 석유 생산의 필수요소인 유전을 장악하고 있기 때문에 세계 석유산업은 과점이다.

b. 두 기업이 기술적 우위를 통해 산업 전체의 생산을 지배하고 있기 때문에 마이크로프로세서산업은 과점이다.

c. 생산에 규모의 경제가 나타나므로 대형 민간항공기산업은 과점이다.

2. a. 이 기업은 비협조적으로 행동해 생산량을 높일 가능성이 크다. 이때 음(−)의 가격효과가 발생하는데, 이 기업의 현재 시장점유율이 낮으므로 가격효과는 다른 기업의 수입에 더 큰 영향을 미치게 된다. 또한 이 기업은 양(+)의 수량효과로 이득을 보게 된다.

b. 이 기업은 비협조적으로 행동해 생산량을 늘릴 것이다. 이때 가격이 떨어지게 되는데, 다른 기업들은 비용이 더 높기 때문에 손해를 보는 반면 이 기업은 계속해서 이윤을 얻을 수 있다. 즉 이 기업은 생산량을 증가시켜 다른 기업들을 시장에서 퇴출시킬 수 있다.

3. a. 이것은 암묵적 담합의 증거로 해석될 수 없다. 시장점유율에 큰 변동이 있었다는 것은 기업들이 서로 다른 기업의 시장을 장악하기 위해 경쟁했다는 것을 의미한다.

b. 이것은 암묵적 담합의 증거로 해석될 수 없다. 새로 추가된 특징 때문에 소비자들은 저렴한 가격을 보고 바로 제품을 바꿀 수 없다. 이는 기업들이 가격을 낮춰 시장점유율을 높이겠다는 생각을 하지 못하도록 하는 전략으로 직접적인 경쟁을 피하기 위해 사용되는 제품차별화이다.

c. 이것은 암묵적 담합의 증거로 해석될 수 있다. 기업들은 목표 판매량을 논의한다는 구실로 모여 카르텔을 형성하고 각 기업이 생산할 수량을 미리 결정할 수 있다.

d. 이것은 암묵적 담합의 증거로 해석될 수 있다. 제품가격을 함께 올린다는 것은 다른 기업보다 싸게 팔기 위해 가격을 그대로 두거나 내리지 않는다는 것을 의미한다. 타 기업보다 싸게 파는 것이 시장점유율을 높이는 결과를 가져오므로, 그렇게 하지 않는다는 것은 암묵적 담합이 이루어지고 있다는 증거이다.

9-2

1. 마가렛이 미사일을 생산한다고 가정하자. 그러면 니키타는 미사일을 생산할 때와 하지 않을 때 각각 −10과 −20을 받게 된다. 반대로 니키타가 미사일을 생산한다면, 마가렛은 미사일을 생산할 때와 하지 않을 때 각각 −10과 −20을 받게 된다. 따라서 마가렛과 니키타가 모두 미사일을 생산하는 것이 (비협조적) 내쉬균형이 되며, 이때 전체 보상은 (−10)+(−10)=−20이다. 한편 두 사람 모두 미사일을 생산하지 않는다면, 전체 보상은 0+0=0으로 최대가 된다. 그러나 이것은 협조적 행동의 결과이며 실현될 가능성이 낮다. 니키타가 미사일을 생산하지 않는다면 마가렛은 미사일을 생산할 때와 하지 않을 때 각각 +8과 0의 보상을 얻으므로, 미사일을 생산하는 것이 낫다. 마찬가지로 마가렛이 미사일을 생산하지 않는다면 니키타는 미사일을 생산할 때와 하지 않을 때 각각 +8과 0을 얻게 된다. 따라서 둘 다 미사일을 생산하게 되어 −10의 보상을 얻는다. 상대에게 협력을 강제할 수 있는 방법이 없을 경우 니키타와 마가렛은 각자 자신의 이익을 위해 행동해 미사일을 생산하게 된다.

2. a. 미래에 새로운 기업이 진입한다면 경쟁이 심화되어 산업 전체의 이윤이 감소할 것이다. 따라서 현재 협조적으로 행동해 확보할 수 있는 미래 이윤이 적어지게 되므로 과점기업들은 비협조적으로 행동할 가능성이 크다.

b. 다른 기업이 생산량을 증가시켰는지 여부를 알기 힘들다면 '갚아 주기' 전략을 통해 협조를 강제하기 힘들다. 따라서 기업들은 비협조적으로 행동할 가능성이 더 크다.

c. 기업들이 오랫동안 높은 가격을 유지하며 공존해 왔다면 각 기업은 협조가 계속될 것이라고 기대할 것이다. 따라서 현재 협조적으로 행동하는 것이 중요해지며, 기업들

은 암묵적 담합을 할 가능성이 크다.

9-3

1. a. 사다리는 독점적 경쟁의 결과로 제품차별화가 이루어지지 않는다. 사다리 생산자는 경쟁 업체와의 경쟁을 피하기 위해서가 아니라 소비자들의 다양한 필요를 충족하기 위해 다른 종류의 사다리(큰 사다리와 작은 사다리)를 만든다. 따라서 서로 다른 두 생산자가 만든 사다리는 소비자들에게 차이가 없다.

   b. 탄산음료는 독점적 경쟁의 결과로 제품차별화가 이루어진 예라고 할 수 있다. 예컨대 콜라를 생산하는 업체는 몇 곳이 있는데, 이들의 상품은 맛, 판매되는 패스트푸드점 등에서 차별화된다.

   c. 백화점은 독점적 경쟁의 결과로 제품차별화가 이루어진 예라고 할 수 있다. 백화점들은 가격에 대한 민감도나 기호가 서로 다른 고객들을 대상으로 제품을 판매한다. 또한 백화점은 각기 다른 수준의 서비스를 제공하며 위치도 서로 다르다.

   d. 강철 제품은 독점적 경쟁의 결과로 제품차별화가 이루어지지 않는다. 생산자들이 다른 종류의 강철 제품(빔, 강철박판 등)을 생산하는 것은 자신의 제품을 다른 생산자의 제품과 차별화하기 위해서가 아니라 다른 목적에 사용되도록 하기 위해서다.

2. a. 완전경쟁산업과 독점적 경쟁산업 모두 여러 생산자가 존재한다. 따라서 두 시장구조를 생산자의 수로 구분하기는 힘들다. 또한 장기적으로 보았을 때 두 시장구조에서 모두 시장진입과 퇴출이 자유롭다. 하지만 완전경쟁산업에서는 하나의 표준화된 상품이 판매되는 반면 독점적 경쟁산업에서는 제품이 차별화되어 있다. 따라서 특정 산업의 제품이 차별화되어 있는지를 확인하면 된다.

   b. 독점에서는 생산자가 하나뿐이지만 독점적 경쟁에서는 생산자가 여럿이다. 따라서 특정 산업의 생산자가 하나인지 그렇지 않은지를 확인하면 된다.

‖ 제10장

Check Your Understanding

10-1

1. a. 양계장에서 흘러나온 오수로 인한 오염이 부정적 외부효과이다. 이것은 양계장이 아무런 보상도 지불하지 않고 이웃들에게 입히는 피해이다.

   b. 양계장은 얼마만큼의 오수를 방출할지 결정하는 과정에서 오수로 인해 발생하는 부정적 외부효과를 고려하지

않는다. 따라서 정부 개입이나 개인 간 거래가 존재하지 않을 경우 사회적으로 최적인 수량 이상의 오수가 방출된다. 이것은 사회적 한계편익이 영이 되는 지점까지 오수가 방출됨을 의미한다. 하지만 이 방출량 수준에서 이웃들은 높은 수준의 사회적 한계비용을 지불하게 되므로, 오수 방출량은 비효율적이라고 할 수 있다. 오수 방출량을 한 단위 줄일 경우 사회적 편익보다 사회적 비용이 더 많이 감소한다.

   c. 사회적 최적산출량 수준에서 오수의 사회적 한계편익은 사회적 한계비용과 일치하며, 이것은 정부 개입이나 개인 간 거래가 존재하지 않을 경우 발생하는 오수의 양보다 적다.

2. 야스민의 논리는 옳지 않다. 연체를 일부 허용하는 것이 사회적으로 최적일 수 있다. 책 반납이 하루 늦어질 때마다 다른 사람들에게 사회적 한계비용이 부과되는 것은 사실이다. 그러나 책을 늦게 반납하는 학생 본인에게는 사회적 한계편익이 발생한다. 예컨대 보고서를 쓰고 있을 때는 책을 연체함으로써 그 책을 더 오래 볼 수 있다.

   사회적으로 최적인 대출연체기간은 연체에 따른 사회적 한계편익이 사회적 한계비용과 일치하는 수준이다. 어떤 경우에도 연체가 발생하지 않도록 하는 높은 벌금이 책정된다면 책을 하루 연체하는 것의 사회적 한계편익이 사회적 한계비용을 능가하는 경우에도 사람들은 책을 반납하는 비효율적인 결과가 얻어진다. 이러한 경우 연체를 희망하는 사람에게 실제로 연체할 수 있도록 한다면 사회적 비용이 증가하는 것보다 더 많이 사회적 편익이 증가할 것이다. 따라서 책의 연체기간을 사회적 최적 수준으로 줄여 주는 정도의 벌금이 적절하다고 할 수 있다.

10-2

1. 이것은 잘못된 주장이다. 배출허가권을 판매할 수 있게 함으로써 오염자들은 배출허가권에 해당하는 만큼 오염의 기회비용을 부담하게 된다. 오염자들은 배출량을 줄이지 않는 한 배출허가권을 판매할 수 없고, 따라서 배출허가권 판매를 통한 수익도 포기해야 한다. 즉 양도 가능한 배출허가권 제도하에서 오염자가 배출허가권을 판매해 금전적 이득을 볼 수는 있지만, 오염자가 자기 행위의 결과를 내부화하는 바람직한 결과가 달성된다.

2. a. 배출세가 Q_{OPT}에서의 사회적 한계비용보다 작을 경우 오염자는 사회적 최적 수준의 오염량에서의 한계비용보다 작은 한계비용(＝조세액)을 부담한다. 오염자는 사회적

한계편익이 사적 한계비용과 같은 수준까지 공해를 배출하기 때문에 결과적으로 나타나는 오염의 양은 사회적 최적 수준보다 크게 된다. 이것은 비효율이라고 할 수 있다. 배출량이 사회적 최적 수준을 초과할 경우 사회적 한계비용이 사회적 한계편익보다 크다. 배출량을 줄임으로써 사회적 잉여는 증가할 것이다.

배출세가 Q_{OPT}에서의 사회적 한계비용보다 클 경우 오염자는 사회적 최적 수준의 오염량에서의 한계비용보다 높은 한계비용(=조세액)을 부담한다. 이에 따라 오염자는 사회적 최적 수준 이하로 공해 배출량을 줄이게 된다. 이것 역시 비효율이다. 사회적 한계편익이 사회적 한계비용보다 크면 사회는 배출량을 증가시킴으로써 이득을 볼 수 있다.

b. 허용된 배출량이 너무 높게 설정된 경우 공급량이 많아 배출허가권의 균형가격이 낮아지게 된다. 즉 오염자들은 사회적 최적 수준의 배출량에서 나타나는 사회적 한계비용보다 적은 한계비용(=배출허가권의 가격)을 부담하게 된다. 결과적으로 사회적 최적 수준보다 더 많은 오염이 이루어지므로 비효율적이라 할 수 있다.

허용된 배출량이 너무 낮게 설정된 경우 공급량이 적어 배출허가권의 균형가격이 높아지게 된다. 오염자들은 사회적 최적 수준의 배출량에서 나타나는 사회적 한계비용보다 높은 한계비용(=배출허가권의 가격)을 부담하게 된다. 결과적으로 사회적 최적 수준보다 더 적게 오염이 이루어지므로 비효율적이라 할 수 있다.

c. 탄소세는 휘발유와 석탄 가격 등 화석연료를 사용하는 비용을 상승시킬 것이다. 화석연료의 비용이 상승함에 따라 소비자는 에너지원으로 화석연료의 사용을 감소시킬 것이다. 소비자들은 점점 더 연료를 효율적으로 사용하는 자동차를 구입하고, 집에서도 태양열 기술에 투자하는 경향이 있을 것이다.

10-3

1. 대학교육은 지식 창조를 통해 외부편익을 제공한다. 학자금 대출은 고등교육에 대한 피구 보조금과 같은 역할을 한다. 만일 고등교육의 사회적 한계편익이 정말 290억 달러라면 학자금 대출은 적절한 정책이다.

2. a. 나무를 심는 것은 긍정적 외부효과를 발생시킨다. 나무를 심게 되면 대기의 질이 향상되고 여름철 기온이 떨어져서 나무를 심은 사람뿐 아니라 많은 사람들이 혜택을 보기 때문이다. 보조금이 없다면 나무를 너무 적게 심어 나무 심는 것의 사회적 한계비용―나무를 심음으로써 포

기해야 하는 것―이 너무 낮아진다. (너무 낮기는 하지만 주택 소유자들이 나무를 심음으로써 개인적인 편익을 얻으므로 0보다는 높을 것이다.) 피구 보조금은 나무를 더 심도록 유도하여 나무 심는 것의 사회적 한계편익이 사회적 한계비용과 비슷해지게 만들 것이다.

b. 용수절약형 변기는 긍정적 외부효과를 발생시킨다. 물의 낭비를 막아 강이나 지하수를 끌어올릴 필요가 줄어들기 때문이다. 보조금이 없다면 주택 소유자들에게는 물의 비용이 0이기 때문에 물의 사회적 한계비용이 0이 될 때까지 물을 사용할 것이다. 용수절약형 변기에 대한 피구 보조금은 주택 소유자들이 물의 사용을 감소시켜 물의 사회적 한계편익이 사회적 한계비용과 비슷해지도록 유도할 것이다.

c. 플라스틱 음료수병은 환경을 악화시켜 부정적 외부효과를 발생시킨다. 조세가 없다면 사람들은 병을 버리는 것의 사회적 한계비용(병을 버림으로써 그들이 포기해야 하는 것)이 0이 될 때까지 플라스틱 병을 마음대로 버리게 될 것이다. 음료수병에 대한 피구 보조금이나 피구세는 음료수병을 버리는 것의 사회적 한계편익을 사회적 한계비용과 비슷해지도록 유도할 것이다. 이는 조세나 보조금을 통해 달성할 수 있다. 조세는 음료수 생산자가 오염을 발생시키는 플라스틱 병을 종이팩처럼 오염이 덜한 용기로 대체하도록 유도할 것이다. 용기를 친환경적인 방법으로 처분하는 것에 대한 보조금은 음료수 소비자들로 하여금 재활용과 같이 부정적 외부효과를 줄이는 방법으로 플라스틱 병을 처분하도록 유도할 것이다.

10-4

1. a. 공원의 사용은 비배제성을 만족한다. 그러나 소비 차원에서 경합적인가는 경우에 따라 다르다. 예컨대 두 사람이 조깅을 하기 위해 공원을 사용한다고 하면 한 사람이 조깅을 하는 것이 다른 사람의 조깅을 방해하지는 않는다. 이 경우 공원의 사용은 소비 차원에서 경합적이지 않으므로 공원은 공공재가 된다. 하지만 많은 사람들이 동시에 조깅코스를 뛰거나 한 사람이 테니스코트를 사용해 다른 사람이 테니스코트를 사용할 수 없는 경우 소비는 경합적이다. 이때 공원은 공유자원이다.

b. 치즈 부리토는 배제성과 소비 경합성을 만족하므로 사유재이다.

c. 비밀번호로 보호가 되어 있는 웹 사이트의 정보는 배제적이기는 하지만 소비 경합적이지는 않다. 따라서 이 재화는 인위적으로 희소한 재화이다.

d. 허리케인의 이동경로에 대한 정보는 배제적이지 않으며 소비 경합적이지도 않다. 따라서 공공재에 해당한다.

2. a. 가정적인 유형이 10명, 파티 유형이 6명 있을 때, 파티에 사용된 돈의 사회적 한계편익은 아래 표와 같이 구해진다.

파티 비용	사회적 한계편익
$0	
1	(10 × $0.05) + (6 × $0.13) = $1.28
2	(10 × $0.04) + (6 × $0.11) = $1.06
3	(10 × $0.03) + (6 × $0.09) = $0.84
4	(10 × $0.02) + (6 × $0.07) = $0.62

효율적인 지출 수준은 사회적 한계편익이 한계비용(1달러)보다 큰 가장 높은 지출 수준이므로 2달러가 된다.

b. 가정적 유형이 6명, 파티 유형이 10명 있을 때 파티에 사용된 돈의 사회적 한계편익은 아래 표와 같이 구해진다.

파티 비용	사회적 한계편익
$0	
1	(6 × $0.05) + (10 × $0.13) = $1.60
2	(6 × $0.04) + (10 × $0.11) = $1.34
3	(6 × $0.03) + (10 × $0.09) = $1.08
4	(6 × $0.02) + (10 × $0.07) = $0.82

효율적인 지출 수준은 사회적 한계편익이 한계비용(1달러)보다 큰 가장 높은 지출 수준이므로 3달러가 된다. 효율적인 지출 수준이 a와 비교해 증가했는데, 이는 파티 유형이 가정적인 유형보다 상대적으로 많아지면서 추가로 지출되는 1달러가 가져오는 사회적 편익이 커졌기 때문이다.

c. 가정적 유형과 파티 유형의 수가 알려져 있지 않은 상태에서 주민들에게 선호를 물을 경우 가정적 유형인 사람들은 파티에 더 많은 돈이 지출되도록 하기 위해 파티 유형인 것처럼 대답할 것이다. 이것은 파티에 1달러가 추가로 사용되었을 때 가정적 유형인 사람이 얻는 한계편익이 파티 유형인 사람이 얻는 한계편익보다 작다 할지라도 여전히 양(+)이기 때문이다. 이 경우 주민들에 의해 겉으로 나타나는 한계편익표는 아래와 같다.

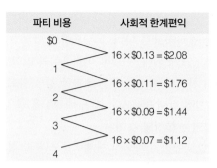

파티 비용	사회적 한계편익
$0	
1	16 × $0.13 = $2.08
2	16 × $0.11 = $1.76
3	16 × $0.09 = $1.44
4	16 × $0.07 = $1.12

결과적으로 겉으로 나타난 사회적 한계편익이 한계비용(1달러)보다 큰 가장 높은 지출 수준인 4달러가 파티에 사용된다. 가정적 유형이 10명, 파티 유형이 6명 있는 경우(문제 a)나 가정적 유형이 6명, 파티 유형이 10명 있는 경우(문제 b) 모두 파티에 4달러를 사용하면 한계비용이 사회적 한계편익보다 크게 되므로 비효율적이 된다.

가정적 유형인 사람들이 자신의 선호를 다르게 표현함으로써 얼마나 얻을 수 있는지를 추가적으로 생각해 볼 수 있다. 문제 a에서 효율적인 지출 수준은 2달러이다. 따라서 선호를 다르게 표현함으로써 가정적 유형인 주민 10명은 지출이 2달러에서 4달러로 높아짐에 따라 얻게 되는 한계편익인 10 × ($0.03 + $0.02) = $0.50를 얻게 된다. 파티 유형인 주민 6명 역시 가정적 유형이 선호를 다르게 표현한 것으로부터 이득을 본다. 이들은 총 6 × ($0.09 + $0.07) = $0.96의 혜택을 얻는다. 이와 같은 결과는 비효율적이라고 할 수 있다. 총 4달러가 지출될 때 한계비용은 1달러인 반면 사회적 한계편익은 0.62달러밖에 되지 않으므로 너무 많은 돈이 파티에 사용되고 있는 것이다.

문제 b의 경우 효율적인 지출 수준은 3달러이다. 선호를 다르게 표현함으로써 가정적 유형의 주민 6명은 총 6 × $0.02 = $0.12를 얻고 파티 유형의 주민 10명은 10 × $0.07 = $0.70를 얻는다. 4달러가 지출될 때 사회적 한계편익이 $0.12 + $0.70 = $0.82이고 한계비용이 1달러이므로 이 역시 비효율적이라고 할 수 있다.

제11장

Check Your Understanding

11-1

1. a. 연금보장제도는 사회보험제도이다. 고용주들이 파산하고 근로자들의 연금 지불 의무를 이행하지 못할 가능성

은 불안정성을 만들어 낸다. 이러한 근로자들에게 연금 소득을 제공함으로써, 경제적인 불안정성이 일어날 수 있는 요인을 완화시킨다.

b. 아동건강보험제도(SCHIP)는 빈곤제도이다. 저소득층 아동들에게 의료서비스를 제공해 줌으로써, 이 프로그램은 빈곤층에게 맞춤 지출을 하고 있다.

c. 제8구역의 주거제도는 빈곤제도이다. 이 프로그램은 저소득층 가구에게 지원함으로써 특별히 빈곤층을 돕고 있다.

d. 연방 재해 구호 대책은 사회보험제도이다. 많은 사람들에게 그들이 가진 부의 대부분은 그들 소유의 집이다. 이러한 집을 잃어버릴지도 모른다는 가능성은 경제적인 불안정성을 만들어 낸다. 대홍수로 인해 발생할 수 있는 손해에 도움을 제공함으로써, 이 프로그램은 불안정성이 일어날 수 있는 요인을 완화시킨다.

2. 빈곤선은 빈곤의 절대적 측도다. 이 기준은 사람들의 소득이 삶을 영위하는 데 필수적인 재화를 구입하는 데 적합한 수준 이하일 때 그들을 빈곤층으로 구분한다. 이는 다른 사람들이 얼마나 잘사느냐와는 별개의 문제. 또한 이 측도는 고정되어 있다. 예를 들어 2018년에 다른 미국인들의 소득과는 상관없이 빈곤선은 1만 2,140달러로 책정되었다. 그리고 빈곤선은 비록 미국인들이 시간이 지남에 따라 더 잘살게 되었다 해도 삶의 질 상승에 따라 조정되지 않는다. 실질 기준으로, 즉 빈곤선에 있는 사람들이 얼마나 많은 재화를 살 수 있는지에 관해서 빈곤선은 변하지 않는다.

3. a. 평균 소득을 결정하기 위해 우리는 총소득을 구하고 이를 인구수로 나눠야 한다. 평균 소득은 ($39,000 + $17,500 + $900,000 + $15,000 + $28,000)/5 = $999,500/5 = $199,900이다. 소득의 중간값을 구하기 위해서는 다섯 사람을 소득순으로 정렬한 아래 표를 보라.

	소득
비제이	$15,000
켈리	17,500
오스카	28,000
세포라	39,000
라울	900,000

소득의 중간값은 소득 분포의 정확히 가운데에 있는 개인의 소득, 여기서는 오스카의 소득인 2만 8,000달러다.
소득의 중간값은 이 경제에서 개인의 소득을 더 잘 대표하고 있다. 거의 모든 사람이 1만 5,000달러와 3만 9,000달러 사이의 돈을 벌고 있으며, 이는 소득의 중간값인 2만 8,000달러와 비슷하다. 오직 라울만이 예외적인데, 그의 소득은 평균 소득을 19만 9,900달러까지 끌어올리고 있으며, 이는 이 경제 소득의 대표값이라고 하기에는 힘들다.

b. 1분위는 하위 20% 사람들까지로 구성된다. 비제이는 이를 대표하며, 그의 소득인 1만 5,000달러는 1분위의 평균 소득이 된다. 오스카의 소득인 2만 8,000달러는 3분위 계수가 된다.

4. '현실 경제의 이해'에서 지적했듯이, 불평등의 증가는 교육을 많이 받은 근로자들 사이의 임금 격차가 늘어나는 것에 크게 기인하였다. 즉 비슷한 교육수준을 가진 근로자들이 매우 다른 소득을 받고 있다는 것이다. 그 결과로 현재 미국에서 불평등이 증가하는 주요한 요소는 b(비슷한 수준의 교육을 받은 선라이즈 은행 CEO의 연봉이 지점장에 비해서 더 많이 올랐다.)에 의해서 잘 설명되고 있다.

11-2

1. 역소득세인 근로소득세액공제(EITC)는 소득을 벌고 있는 근로자에게만 적용된다. 특정 소득 범위에서는 근로자들이 더 많이 벌수록 더 많은 보조금을 받을 수 있다. 소득이 없는 사람들은 이러한 보조금을 받을 수 없다. 이와 반대로, 빈곤제도는 전혀 일하지 않는 사람들에게도 저소득층이라면 구분 없이 적용되며, 개인이 일정 수준 이상의 돈을 버는 순간 지급을 중지한다. 그 결과로 이러한 프로그램은 일하지 않고 소득을 벌지 않게 만들 유인을 가지고 있다. 왜냐하면 특정 수준 이상으로 더 많이 벌면 프로그램을 통한 이득을 얻을 수 없게 되기 때문이다. 그러나 역소득세는 일하고 소득을 벌 유인을 제공한다. 왜냐하면 개인이 일할수록 받을 수 있는 금액이 늘어나기 때문이다.

2. 〈표 11-3〉의 두 번째 열은 미국 정부의 복지프로그램에 의한 전반적 빈곤율 감소의 백분율(%)을 보여 주고 있다. 미국의 전반적 빈곤율 감소는 그 두 번째 열의 숫자를 더함으로써 얻을 수 있다. 계산 결과 미국의 전반적 빈곤율이 16.7% 감소하였음을 알 수 있다. 빈곤율의 감소는 특히 65세 이상 인구에서 두드러졌는데, 〈표 11-3〉 마지막 열의 숫자를 더함으로써 이 연령대에서 빈곤율 감소는 43.5%에 이른다는 것을 확인할 수 있다.

11-3

1. a. 학교 학생들의 집합은 건강한 사람과 그렇지 않은 사람을 모두 포괄하고 있기 때문에 당신과 당신의 부모는 건강보험으로부터 혜택을 받을 수 있다. 이 집합은 높은 의료비를 예상하고 보험을 원하는 사람들의 집합과 다르다. 이러한 점에서 학교의 건강보험은 **직장 의료보험**과 유사하다. 어떠한 학생도 가입하지 않을 수 없기 때문에 학교는 평균적인 학생의 의료비에 기초해 건강보험을 제공할 수 있다. 만약 각각의 학생들이 각자의 건강보험을 사야 한다면, 일부 학생들은 어떠한 보험도 살 수 없고, 많은 학생들은 학교 건강보험보다 더 많은 보험료를 내야 할 것이다.

   b. 비판론자들에 따르면 미국 의료서비스 비용이 다른 국가들에 비해 비싼 이유 중 하나는 보험이 분산되어 있기 때문이다. 많은 보험회사들이 각각 홍보 및 보험 가입자 선별에 필요한 많은 관리비용을 지불하고 있기 때문에 하나의 의료보험을 가진 제도에 비해 비쌀 수밖에 없는 것이다. 하나의 다른 설명으로는, 미국의 의료서비스가 다른 국가들에 비해 더 비싼 치료들을 포함하고 있고 의사들의 연봉이 높으며 약 값도 비싸다는 점을 들 수 있다.

11-4

1. a. 제1장에서 제시한 원칙 중 하나를 떠올려 보자. 한 사람의 지출은 다른 사람의 소득이다. 소비품에 대한 높은 판매세는 높은 한계세율과 동일하다. 그 결과로 인해서 돈을 벌고 위험한 프로젝트에 투자할 유인이 떨어지게 된다. 왜냐하면 세금 부과 이후 수입이 더 낮아지기 때문이다.

   b. 만약 연간 소득이 2만 5,000달러 이상으로 상승할 경우 주거 보조를 중단시킨다면 2만 5,000달러보다 더 많이 벌 유인이 줄어든다. 만약 당신이 정확히 2만 5,000달러를 벌고 있다면 당신은 주거 보조를 받겠지만, 당신이 2만 5,001달러를 벌게 되자마자 당신은 보조금 전액을 잃을 것이다. 이는 당신이 1달러를 더 벌기 이전보다 나빠진 것이다.

2. 과거 40년간 의회에서의 의견 양극화는 증가하였다. 40년 전, 일부 공화당원들은 일부 민주당원들보다도 좌파적인 성향을 가지고 있었다. 그러나 현재는 가장 우파적인 민주당원들이 그나마 가장 좌파적인 공화당원들과 유사하게 나타나는 정도다.

‖ 제12장

12-1

1. a. 이것은 개별 소비자의 의사결정에 대한 것이기 때문에 미시경제학적 질문이다.

   b. 이것은 경제 전체의 소비지출에 대한 것이기 때문에 거시경제학적 질문이다.

   c. 이것은 경제 전체에서의 변화에 관한 것이기 때문에 거시경제학적 질문이다.

   d. 이것은 특정한 시장, 즉 지질학자에 대한 시장의 문제를 취급하고 있기 때문에 미시경제학적 질문이다.

   e. 이것은 어떤 교통수단을 이용할 것인지에 대한 개별 소비자와 기업의 선택 문제를 취급하고 있기 때문에 미시경제학적 질문이다.

   f. 이것은 특정 시장에서의 변화에 관한 것이기 때문에 미시경제학적 질문이다.

   g. 이것은 경제의 총물가수준 척도의 변화에 대한 문제이기 때문에 거시경제학적 질문이다.

2. a. 사람들이 물건을 구매하기 위한 신용대출을 받을 수 없다면 지출을 할 수 없을 것이다. 이는 경기를 둔화시키는데, 경기가 둔화되는 것을 본 사람들은 미래의 상황 악화에 대비하여 지출을 줄일 것이다. 따라서 신용 부족은 이로 인해 사람들이 지출을 줄이고, 경제 상황이 악화되고, 그 결과 사람들은 지출을 더욱 줄이는 연쇄 현상을 촉발할 것이다.

   b. 여러분이 경제가 자율조정적이라 믿는다면, 경제의 부진에 대하여 아무것도 하지 말자고 주장할 것이다.

   c. 여러분이 케인스학파 경제학을 믿는다면, 경제에서 지출을 활성화하기 위해 통화정책과 재정정책을 시행할 것을 주장할 것이다.

12-2

1. 경기후퇴와 경기팽창은 몇몇 산업에만 국한되지 않고 경제 전체의 부침을 반영하기 때문에 우리는 경제 전체의 경기순환에 대해 얘기한다. 자료는 경기가 급격히 후퇴할 때는 거의 모든 경제 부문의 산출량이 감소하고 취업자 수가 감소함을 명백히 보여 준다. 이에 더하여 경기순환은 때때로 여러 국가가 동시적인 움직임을 보이는 국제적인 현상이기도 하다.

2. 경기후퇴는 사회 전반에 걸쳐 많은 고통을 가져온다. 경기후퇴는 많은 근로자들이 일자리를 잃게 만들고, 새 일자리를 얻는 것을 어렵게 만든다. 경기후퇴는 많은 가족

들의 생활수준을 저하시키고, 최저 생계수준보다 낮은 소득수준을 가진 사람들을 증가시키며, 주택담보 대출을 갚지 못해 집을 빼앗기는 사람들을 증가시키는 한편, 의료보험을 가진 미국인들의 비율을 감소시킨다. 경기후퇴는 또한 기업의 이윤을 감소시킨다.

12-3

1. 인구 증가율이 높은 국가들은 인구 증가율이 낮은 국가들에 비해서 1인당 생활수준을 향상하기 위해서 더 높은 총생산 증가율을 유지해야 한다. 그 이유는 총생산이 더 많은 수의 사람들에게 나누어져야 하기 때문이다.

12-4

1. a. 일부 가격은 상승한 반면 또 다른 가격들은 하락했기 때문에 전체적으로는 인플레이션이 발생했을 수도 있고 디플레이션이 발생했을 수도 있다. 따라서 애매하다.

  b. 모든 가격이 상당히 큰 폭으로 상승했기 때문에 이것은 인플레이션으로 보인다.

  c. 대부분의 가격이 하락했고 나머지 가격들은 변하지 않았기 때문에 이것은 디플레이션으로 보인다.

12-5

1. a. 이 상황은 비교우위의 결과다. 캐나다의 비교우위는 원유의 발견에서 나온다. 오늘날 캐나다는 원유를 풍부하게 보유하고 있다.

  b. 이 상황은 비교우위의 결과다. 중국의 비교우위는 노동의 풍부함으로부터 나온다. 중국은 조립과 같은 노동집약적 사업에 능하다.

  c. 이 상황은 거시경제적 현상이다. 독일은 저축과 투자지출에 대한 의사결정 결과 저축이 투자지출을 초과함에 따라 막대한 규모의 무역 흑자를 내고 있다.

  d. 이 상황은 거시경제적 현상이다. 기술 호황이 미국을 투자하기에 매력적인 곳으로 만들어서 투자가 저축을 초과함에 따라 미국은 무역 적자를 내기 시작했다.

‖ **제13장**

Check Your Understanding

13-1

1. 국내에서 생산된 모든 재화와 서비스 최종생산물의 총부가가치와 국내에서 생산된 최종생산물에 대한 총지출 간의 관계를 고려하는 것으로 시작해 보자. 한 경제에서 생산된 모든 최종생산물은 누군가에 의해 구매되거나, 또

는 재고에 더해져야만 하기 때문에 이 두 가지 총량은 서로 같아야 한다. 그리고 재고의 증가는 기업의 투자지출로 계산된다. 다음으로 국내에서 생산된 최종생산물에 대한 총지출과 총요소소득 간의 관계를 생각해 보자. 국내에서 생산된 최종생산물의 구매 대가로 기업에 지불되는 모든 지출은 기업의 수입이기 때문에 이 두 가지 총량은 같다. 기업의 수입은 임금, 이윤, 이자, 임대료의 형태로 생산요소에 지급된다. 이상을 모두 종합해 볼 때 국내총생산의 세 가지 계산 방법은 서로 같다.

2. 여러분은 철강이 아메리칸 스틸에서 아메리칸 모터스로 팔릴 때 한 번, 그리고 아메리칸 모터스가 판매하는 자동차 부품으로 한 번, 이렇게 철강의 가치를 두 번 중복계산하게 될 것이다.

13-2

1. a. 2015년에 명목 국내총생산은 $(1,000,000 \times \$0.40) + (800,000 \times \$0.60) = \$400,000 + \$480,000 = \$880,000$이다. 2015년과 2016년 사이에 프렌치프라이의 가격이 25% 상승함은 가격이 $1.25 \times \$0.40 = \$0.50$였음을 의미한다. 프렌치프라이 판매량이 10% 감소했다 함은 $1,000,000 \times 0.9 = 900,000$개의 프렌치프라이가 2016년에 판매되었음을 의미한다. 그 결과 2016년의 프렌치프라이 총매출액은 $900,000 \times \$0.50 = \$450,000$였다. 2015년과 2016년 사이에 양파링의 가격이 15% 하락했다 함은 양파링 가격이 $0.85 \times \$0.60 = \$0.51$였음을 의미한다. 양파링 판매량이 5% 증가했다 함은 2014년의 양파링 판매량이 $800,000 \times 1.05 = 840,000$개임을 의미한다. 그 결과 2016년도의 양파링 총매출액은 $840,000 \times \$0.51 = \$428,400$였다. 따라서 2016년의 명목 국내총생산은 $\$450,000 + \$428,400 = \$878,400$였다. 2016년의 실질 국내총생산을 계산하기 위해서는 2016년의 매출액의 가치를 2015년의 가격을 이용해 계산해야 한다. 따라서 (900,000개 프렌치프라이 $\times \$0.40) + (840,000$개 양파링 $\times \$0.60) = \$360,000 + \$504,000 = \$864,000$이다.

  b. 2015년과 2016년 사이의 명목 국내총생산의 변화는 $[(\$878,400 - \$880,000)/\$880,000] \times 100 = -0.18\%$, 즉 감소했음을 알 수 있다. 그렇지만 실질 국내총생산을 이용했을 때의 비교는 총생산이 $[(\$864,000 - \$880,000)/\$880,000] \times 100 = -1.8\%$임을 보여 준다. 즉 실질 국내총생산에 기초한 계산이 명목 국내총생산에 근거한 계산(0.18%)보다 10배 더 큰(1.8%) 하락을 나타낸다. 이 경우 명목 국내총생산에 기초한 계산은 실제 변화

폭을 과소평가하게 한다.

2. 2010년 가격에 기초한 물가지수는 2015년 가격에 기초한 물가지수와 비교해 볼 때, 상대적으로 높은 전자제품 가격과 상대적으로 낮은 주택 가격을 포함하고 있다. 이것은 2013년의 실질 국내총생산을 계산하기 위해 2010년의 물가지수를 이용할 경우 경제에서 전자제품의 생산 가치를 확대시킬 것이며, 2015년 물가지수를 사용할 경우 경제에서 주택 생산의 가치를 확대시킬 것임을 의미한다.

13-3

1. 시장바구니의 비용은 서리가 내리기 전에 $(100 \times \$0.20) + (50 \times \$0.60) + (200 \times \$0.25) = \$20 + \$30 + \$50 = \$100$ 였다. 동일한 시장바구니의 비용이 서리가 내린 후에는 $(100 \times \$0.40) + (50 \times \$1.00) + (200 \times \$0.45) = \$40 + \$50 + \$90 = \$180$였다. 따라서 물가지수는 서리가 내리기 전에 $(\$100/\$100) \times 100 = 100$이고, 서리가 내린 후에는 $(\$180/\$100) \times 100 = 180$이다. 그러므로 이는 물가지수가 80% 상승했음을 의미한다. 이와 같은 물가지수의 상승폭은 본문에서 계산된 84.2%의 상승폭보다 작다. 이처럼 차이가 나는 이유는 100개의 오렌지, 50개의 자몽, 200개의 레몬으로 구성된 새로운 시장바구니가 가격 상승이 상대적으로 낮았던 품목(가격이 80% 상승한 레몬)을 더 많이 포함하고, 상대적으로 가격 상승이 컸던 품목(가격이 100% 상승한 오렌지)을 더 적게 포함하고 있기 때문이다. 이와 같은 사례는 물가지수가 시장바구니의 구성에 매우 민감할 수 있음을 보여 준다. 시장바구니가 다른 재화의 가격보다 더 빨리 가격이 상승한 재화를 더 많이 포함하고 있다면, 물가수준의 상승폭을 더 높게 추정할 것이다. 만일 시장바구니가 다른 재화의 가격에 비해 더 느리게 가격이 상승한 재화를 더 많이 포함하고 있다면, 물가지수는 물가수준의 상승폭을 더 낮게 추정할 것이다.

2. a. 10년 전에 결정된 시장바구니는 현재보다 자동차를 더 적게 포함할 것이다. 자동차의 평균가격이 다른 재화의 평균가격보다 빠르게 상승한 점을 감안할 때, 이 바구니는 상대적으로 자동차를 적게 포함하고 있기 때문에 물가지수의 진정한 상승폭을 과소 추정할 것이다.

   b. 20년 전에 결정된 시장바구니는 광대역 인터넷 접속을 포함하고 있지 않다. 따라서 이 시장바구니는 지난 수년 동안 발생한 인터넷 이용가격의 하락을 반영할 수 없다. 그 결과 이 시장바구니는 물가수준의 진정한 상승폭을

과대 추정할 것이다.

3. 식 (13-3)을 이용하면 2015년부터 2016년 사이의 인플레이션율은 $[(242.821 - 237.846)/237.846] \times 100 = 2.09\%$ 가 된다.

제14장

14-1

1. 구직자들이 직장을 더 신속하게 찾는 것을 가능하게 하는 웹 사이트의 소프트웨어 개선은 시간이 지남에 따라 실업률을 낮출 것이다. 그렇지만 실망 실업자들로 하여금 더 적극적으로 일자리를 찾아볼 유인을 제공하는 웹 사이트들은 시간이 흐름에 따라 실업률을 증가시킬 것이다.

2. a. 로사는 적극적으로 일자리를 구하고 있지 않기 때문에 실업자로 계산되지 않는다. 하지만 로사는 실망 실업자로서 보다 광범위한 노동 저활용 지표에는 포함된다.

   b. 앤소니는 실업자로 계산되지 않는다. 그는 일자리를 갖고 있기 때문에 취업자로 간주된다.

   c. 가나코는 실업자다. 그녀는 일을 하고 있지는 않지만 적극적으로 일자리를 구하고 있다.

   d. 세르지오는 실업자가 아니라 과소취업자다. 그는 경제적인 이유로 인해 시간제로 일하고 있다. 그는 더 광범위한 노동 저활용 지표에 계산된다.

   e. 나타샤는 실업자가 아니라 한계참여근로자다. 그녀는 보다 광범위한 노동 저활용 지표에 포함된다.

3. a와 b 모두 〈그림 14-5〉가 보여 주는 평균보다 높거나 평균보다 낮은 실질 GDP 성장과 실업률 변화 간의 관계와 일관성이 있다. 평균보다 성장률이 높은 해에는 실업률이 하락하고, 평균보다 낮은 해에는 실업률이 상승한다. 하지만 c는 그림이 나타내는 관계와 일관성이 없다. 경기후퇴가 실업률의 하락과 연관되어 있는데, 이는 옳지 않다.

14-2

1. a. 기술 진보의 속도가 빨라지면 구산업이 사라지고 신산업이 등장함에 따라 일자리의 창조와 파괴가 빠른 속도로 일어날 것이다. 이 경우 근로자들이 사양산업을 떠나 성장산업에서의 일자리를 탐색함에 따라 마찰적 실업자가 증가한다.

   b. 기술 진보의 속도가 빨라지면 종업원들이 가진 기능과 고용주가 원하는 기능 사이에 불일치가 심해지고 그 결과 구조적 실업이 증가한다.

c. 실업률이 낮을 때는 다른 실업 요인들이 사라지기 때문에 마찰적 실업자가 전체 실업자 중에서 더 큰 비중을 차지할 것이다. 따라서 전체 실업자 중에서 마찰적 실업자가 차지하는 비중이 증가한다.

2. 구속적인 수준의 최저임금은 이보다 임금이 더 하락할 수 없는 가격 하한이 된다. 그 결과 실제 임금은 균형수준으로 움직일 수 없다. 따라서 최저임금은 노동공급량이 노동수요량을 초과하도록 만든다. 이와 같은 노동공급 과잉은 실업을 의미하기 때문에 이는 실업률에 영향을 미친다. 단체협상 역시 이와 유사한 효과를 갖는다. 노동조합은 임금을 균형수준보다 높일 수 있다. 이것은 마치 최저임금과 같은 작용을 하여 직장을 구하는 사람의 수를 기업이 채용하기 원하는 수보다 많아지도록 만들 것이다. 단체협상은 다음 그림에서 보듯이 단체협상이 없는 경우에 비해 실업률을 더 높일 것이다.

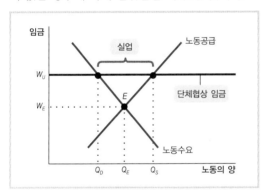

3. 실업자에 대한 급여혜택의 증가는 개인들에게 실업의 비용을 낮출 것이며, 그 결과 개인들은 더 많은 시간을 직장 탐색을 위해 투자할 것이다. 따라서 자연실업률은 증가할 것이다.

14-3

1. 인플레이션으로 인한 구두창 비용은 더 낮아질 것이다. 이제 화폐보유량을 줄이기 위해서 자산을 관리하는 데 드는 비용이 더 낮아졌기 때문이다. 이와 같이 비화폐성 자산을 화폐로 전환하는 데 드는 비용의 감소는 구두창 비용을 감소시켜 준다.

2. 향후 15~20년간 인플레이션이 완전히 사라진다면 인플레이션율은 영이 되는데, 이는 물론 예상 인플레이션율인 2~3%보다 낮다. 실질이자율은 명목이자율에서 인플레이션율을 뺀 값과 같기 때문에, 대출에 대한 실질이자율은 예상보다 높을 것이며, 이에 따라 대부자는 차입자의 비용으로 이득을 볼 것이다. 차입자들은 예상보다 높은 실질 가치를 가진 자금으로 대출을 상환해야 한다.

제 15 장

15-1

1. 경제의 진보는 한 국가의 평균적인 거주자의 생활수준을 향상시킨다. 실질 국내총생산의 증가는 평균적인 거주자의 생활수준의 향상을 정확하게 반영하지 못하는데, 그 이유는 거주자 수의 증가를 고려하지 못하기 때문이다. 예를 들어, 실질 국내총생산이 10% 증가하지만 인구가 20% 증가한다면 평균적인 거주자의 생활수준은 하락한다. 변화가 발생한 후에 평균적인 거주자는 변화가 발생하기 전 실질소득의 $(110/120) \times 100 = 91.7\%$만을 가지게 된다. 마찬가지로 명목 국내총생산의 증가는 물가의 변화를 고려하지 못하기 때문에 생활수준의 향상을 정확하게 반영할 수 없다. 예를 들어, 물가가 5% 상승함에 따라 명목 국내총생산이 5% 상승할 경우 생활수준에는 아무런 변화가 없다. 따라서 1인당 실질 국내총생산만이 인구와 물가 변화를 모두 반영할 수 있는 척도이다.

2. 70의 법칙을 이용하면 중국의 1인당 실질 국내총생산이 두 배가 되는 데 걸리는 시간은 $(70/7.8) = 8.97$년 또는 약 9년이다. 인도는 $(70/4.3) = 16.28$ 또는 약 16년, 아일랜드는 $(70/3.7) = 18.9$ 또는 약 19년, 미국은 $(70/1.6) = 43.75$ 또는 약 44년, 프랑스는 $(70/1.2) = 58.33$ 또는 약 58년, 아르헨티나는 $(70/0.6) = 116.67$ 또는 약 117년이다. 70의 법칙은 오직 정의 성장률에만 적용할 수 있기 때문에 부의 성장을 겪는 짐바브웨에는 적용할 수 없다. 만일 인도가 미국보다 더 높은 1인당 실질 국내총생산 증가율을 계속 보인다면, 인도의 1인당 실질 국내총생산은 궁극적으로 미국의 1인당 실질 국내총생산을 초과할 것이다.

3. 미국은 100여 년 전에 빠르게 성장하기 시작했으나, 중국과 인도는 최근에서야 빠른 속도로 성장하기 시작했다. 그 결과 전형적인 중국인 또는 인도인 가계의 생활수준은 전형적인 미국인 가족의 생활수준을 따라잡지 못했다.

15-2

1. a. 노동자 1인당 실물자본과 인적 자본의 변화가 없다 하더라도 기술진보가 상당한 폭으로 이루어진다면, 생산성 증가율이 상승할 것이다.

   b. 실물자본에 대한 수익체감으로 인해 생산성 증가율은 감소할 것이지만, 여전히 양의 값을 가질 것이다.

2. a. 산출량이 연간 3% 성장하고, 경제활동인구가 매년 1%씩 증가했다면 1인당 산출량은 연간 약 $3\% - 1\% = 2\%$ 증가

했다.

b. 실물자본이 연간 4% 증가했고, 경제활동인구가 연간 1% 상승했다면, 노동자 1인당 실물자본은 연간 약 4%−1% =3% 증가했다.

c. 추정치에 따르면 다른 조건이 일정한 상태에서 실물자본이 1% 증가할 때마다 생산성이 0.3% 상승했다. 따라서 근로자 1인당 실물자본이 3% 증가함에 따른 1인당 생산성 증가는 0.3×3%=0.9%다. 총생산성 증가에 대한 백분율로 나타낸다면, 0.9%/2%×100%=45%가 된다.

d. 나머지 생산성 증가가 기술진보로 인한 것이라면, 기술진보는 생산성 증가에 2%−0.9%=1.1% 기여했다. 총생산성 증가에 대한 백분율로 나타낸다면, 1.1%/2%×100%=55%가 된다.

3. 종업원들이 새로운 전산시스템의 사용방법을 익히고, 그들이 일하는 방법을 조정하는 데는 시간이 걸린다. 그리고 새로운 시스템을 익힐 때는 종종 실수로 컴퓨터 파일을 지우는 등의 문제가 발생하기 때문에 멀티노믹스의 생산성은 한동안 감소할 수도 있다.

15-3

1. 국내저축이 많은 국가는 높은 국내총생산 대비 투자율을 달성할 수 있다. 이것은 이 국가가 높은 성장률을 달성하는 것을 가능하게 한다.

2. 미국이 신약의 발명과 개발 속도가 더 빠를 것인데, 이는 민간기업과 학술연구센터 간 더 밀접한 연계가 순수한 연구보다는 신약을 생산하는 데 더 직접적인 초점을 두는 연구 활동을 유발할 것이기 때문이다.

3. 이와 같은 사건들은 이 국가의 성장률을 낮출 가능성이 큰데, 그 이유는 재산권이 보호되지 않음에 따라 사람들이 생산용량을 확충하기 위한 투자를 꺼리게 될 것이기 때문이다.

15-4

1. 조건부 수렴가설에 따르면 다른 조건이 동일하다면 상대적으로 낮은 1인당 실질 국내총생산을 가지고 시작하는 국가들이 더 빨리 성장하며, 상대적으로 더 높은 1인당 실질 국내총생산을 가지고 시작하는 국가들은 더 느리게 성장하게 된다. 이는 아시아가 미래에는 더 느리게 성장할 것임을 의미한다. 하지만 다른 조건들이 동일하지 않을 수도 있다. 아시아 경제가 인적 자본에 대한 투자를

계속하고, 저축률이 계속 높은 수준에 머물러 있고, 정부가 사회간접자본에 투자를 하는 등의 변화가 지속된다면 성장은 더 가속화된 속도로 계속될지도 모른다.

2. 동아시아와 서유럽과 미국 지역은 수렴가설을 지지한다. 이들을 비교해 보면 1인당 실질 GDP가 상승함에 따라 1인당 실질 GDP 증가율이 감소함을 보여 주기 때문이다. 동유럽, 서아시아, 라틴아메리카, 아프리카는 수렴가설을 지지하지 않는다. 이들은 미국보다 1인당 실질 GDP가 훨씬 더 작지만 미국과 거의 비슷한 성장률(서아시아와 동유럽) 또는 더 낮은 성장률(아프리카와 라틴아메리카)을 보인다.

3. 증거는 두 요인이 모두 중요함을 보여 준다. 더 나은 사회간접자본은 성장을 위해 중요하다. 정치적 안정 역시 이에 못지않게 중요하다. 정책은 이 두 영역에 모두 관심을 두어야 한다.

15-5

1. 경제학자들은 대개 자연자원의 희소성보다 환경 훼손을 더 염려한다. 그 이유는 현대 경제에서는 가격의 반응이 절약과 대체자원의 개발을 통해 자원의 희소성으로 인한 제약을 완화시켜 주는 경향이 있기 때문이다. 이와는 대조적으로 환경 훼손에는 부의 외부효과, 즉 개인이나 기업이 보상을 하지 않고 다른 개인이나 기업에 부담시키는 비용이 결부되어 있기 때문에 문제 해결을 위해서 정부의 효과적인 개입수단이 필요하다. 결과적으로 경제학자들은 적절한 시장의 반응이 이루어지지 않기 때문에 환경 훼손이 경제성장에 부과하는 제약이 더욱 염려스럽다고 생각한다.

2. 성장은 한 국가의 온실가스 배출을 증가시킨다. 오늘날 최선의 추정에 따르면 온실가스 배출량을 크게 줄이더라도 경제성장은 약간만 저해될 것이라 한다. 하지만 온실가스 배출 감축을 위한 부담을 국제적으로 분담하는 것은 논쟁의 대상이 되고 있다. 그 이유는 부유한 국가들의 입장에서는 자신들이 배출을 줄이는 부담으로 중국과 같이 빠르게 성장하는 신흥국들이 배출을 늘리는 것을 원치 않을 것이기 때문이다. 그렇지만 현재까지 누적된 온실가스 배출은 부유한 국가들의 과거 활동의 결과다. 따라서 중국과 같이 가난한 국가들 역시 부유한 국가들의 과거 활동의 결과를 보상하기 위해 자신의 성장을 희생하기를 원치 않는다.

제16장

16-1

1. a. 이것은 총수요곡선의 이동이다. 통화량이 감소할 경우 사람들이 더 많은 차입을 원하고 대출을 줄일 것이므로 이자율이 상승할 것이다. 이자율이 상승하면 모든 주어진 물가에서 투자와 소비지출이 감소하고 따라서 총수요곡선이 왼쪽으로 이동한다.

b. 이것은 총수요곡선 상의 위쪽으로의 이동이다. 물가가 상승하면 화폐보유액의 실질가치가 하락한다. 이것은 물가 변화에 따른 이자율효과에 해당한다. 즉 화폐가치가 하락함에 따라 사람들은 더 많은 화폐를 보유하려 한다. 이를 위해서 사람들은 더 많은 차입을 하려 하고 대출을 줄이려고 한다. 그 결과 이자율이 상승하고 소비와 투자 지출이 감소한다. 따라서 이것은 총수요곡선 상의 이동이다.

c. 이것은 총수요곡선 자체의 이동이다. 취업시장이 어려워짐에 따라 평균적인 가처분소득이 감소할 것이라는 기대는 주어진 모든 물가에서 사람들이 현재 소비를 줄이도록 만들 것이다. 따라서 총수요곡선은 왼쪽으로 이동한다.

d. 이것은 총수요곡선의 이동이다. 세율이 하락하면 사람들의 가처분소득이 증가한다. 주어진 모든 물가에서 소비지출이 더 증가하고, 이에 따라 총수요곡선은 오른쪽으로 이동한다.

e. 이것은 총수요곡선 상의 아래쪽으로의 이동이다. 물가가 하락함에 따라 자산의 실질가치가 증가한다. 이것은 물가 변화에 따른 자산효과를 가져온다. 즉 자산의 가치가 상승함에 따라 사람들은 소비지출을 증가시키는데 이것은 총수요곡선 상의 이동이다.

f. 이것은 총수요곡선 자체의 이동이다. 경제에서 부동산 가격의 급등으로 인한 자산의 실질가치 상승은 주어진 모든 물가수준에서 소비지출을 증가시킨다. 따라서 총수요곡선을 이동시킨다.

16-2

1. a. 이것은 SRAS 곡선 상의 이동을 나타내는데, 그 이유는 소비자물가지수가 GDP 디플레이터와 마찬가지로 경제의 모든 최종생산물의 가격인 물가의 척도이기 때문이다.

b. 이것은 SRAS 곡선 자체의 이동을 나타내는데, 그 이유는 원유가 상품이기 때문이다. SRAS 곡선은 오른쪽으로 이동하는데, 그 이유는 생산비용이 하락했고, 그 결과 모든 주어진 물가수준에서 공급되는 총생산이 증가하기 때문이다.

c. 이것은 SRAS 곡선 자체의 이동을 나타내는데, 그 이유는 명목임금이 변화하기 때문이다. 법적으로 요구되는 근로자 혜택이 증가하는 것은 명목임금이 증가하는 것과 마찬가지다. 그 결과 생산비용이 더 높아지고, 이에 따라 주어진 모든 물가수준에서 공급되는 총생산물의 양이 감소하기 때문에 SRAS 곡선은 왼쪽으로 이동한다.

2. 물가에 어떤 일이 발생했는지 알 필요가 있다. 총생산물의 공급량이 SRAS 곡선 상의 이동으로 인한 것이라면 물가는 총생산의 증가와 동시에 상승할 것이다. 만일 총생산의 증가가 LRAS 곡선의 오른쪽으로의 이동으로 인한 것이라면 물가는 상승하지 않을지도 모른다. 또는 여러분은 장기에 총생산에 어떤 변화가 일어나는지를 관찰함으로써 판단을 할 수도 있을 것이다. 장기에 총생산이 처음 수준으로 되돌아간다면, 총생산의 일시적인 증가는 SRAS 곡선 상의 이동으로 인한 것일 것이다. 장기에도 총생산이 더 높은 수준에 계속 머물러 있다면, 총생산의 증가는 LRAS 곡선의 오른쪽으로의 이동으로 인한 것일 것이다.

16-3

1. a. 최저임금의 상승은 명목임금을 상승시키고, 그 결과 단기 총공급곡선을 왼쪽으로 이동시킨다. 이와 같은 부의 공급충격으로 인해 물가는 상승하고 총생산은 감소한다.

b. 투자지출의 증가는 총수요곡선을 오른쪽으로 이동시킨다. 이와 같은 정의 수요충격의 결과 물가와 총생산이 모두 상승한다.

c. 조세의 증가와 정부지출의 감소는 모두 부의 수요충격으로 총수요곡선을 왼쪽으로 이동시킨다. 그 결과 물가와 총생산이 모두 하락한다.

d. 이것은 부의 공급충격으로 단기 총공급곡선을 왼쪽으로 이동시킨다. 그 결과 물가는 상승하고, 총생산은 감소한다.

2. 장기 경제성장이 잠재생산량을 증가시킴에 따라 장기 총공급곡선이 오른쪽으로 이동한다. 만일 현재 단기적으로 경기후퇴 갭(총생산이 잠재생산량보다 작음)이 존재한다면 명목임금이 하락할 것이고, 이에 따라 단기 총공급곡선이 오른쪽으로 이동할 것이다. 그 결과 물가는 하락하고 총생산은 증가할 것이다. 물가가 하락함에 따라 물가 변화에 따른 자산효과와 이자율효과로 인해 경제는 총수

요곡선을 따라서 움직일 것이다. 결국 장기 거시경제 균형이 다시 달성됨에 따라 총생산은 증가하여 잠재생산량과 같아질 것이다.

16-4

1. a. 인플레이션 갭이 존재할 때 경기는 과열상태에 있다. 이와 같은 상태는 경제가 장기균형상태에 있음에도 불구하고 확장적인 통화정책이나 재정정책이 시행될 경우 발생한다. 이는 총수요곡선을 오른쪽으로 이동시키고, 단기에 물가와 총생산을 증가시켜 인플레이션 갭을 발생시킨다. 결국 명목임금이 상승하고, 단기 총공급곡선이 왼쪽으로 이동함에 따라 총생산은 잠재생산량 수준으로 되돌아간다. 이것이 연설자가 생각하는 시나리오다.

   b. 이것은 타당한 주장이 아니다. 경제가 현재 장기 거시경제 균형상태에 있지 않다면, 확장적인 통화정책이나 재정정책은 위에서 묘사한 것과 같은 결과를 가져오지 않는다. 예를 들어, 부의 수요충격이 총수요곡선을 왼쪽으로 이동시켜서 경기후퇴 갭을 발생시켰다고 하자. 확장적인 통화정책이나 재정정책은 총수요곡선을 장기 거시경제 균형하에서의 원래의 위치로 다시 이동시킬 수 있다. 이와 같은 방법으로 처음에 발생했던 부의 수요충격으로 인한 총생산의 단기적인 하락과 디플레이션을 피할 수 있다. 따라서 수요충격에 대응하여 사용된다면 재정정책이나 통화정책은 효과적인 정책수단이 될 수 있다.

2. 연준 내에서 이자율을 낮출 것을 주장하는 사람들은 주택 거품이 터짐에 따라 발생하는 부의 수요충격에 대응하여 총수요를 증대시키는 데 초점을 두었다. 이자율을 낮추면 총수요곡선이 오른쪽으로 이동하고 그 결과 총생산은 증가하지만 물가도 상승한다. 연준 내에서 이자율을 높일 것을 주장하는 사람들은 부의 공급충격에 대응하여 총수요 부족을 해결하려 할 경우 인플레이션이 심화될 것이라는 점에 초점을 둔다. 이자율을 그대로 유지하자는 것은 경제가 장기적으로 자기 보정 기능을 가지고 있어서 총생산과 물가가 점진적으로 부의 공급충격 이전 수준으로 되돌아가리라는 믿음에 입각한 주장이다.

제17장

Check Your Understanding

17-1

1. a. 이것은 정부의 재화와 서비스 구매의 감소이기 때문에 긴축적 재정정책이다.

   b. 가처분소득을 증가시키는 정부 이전지출의 증가이기 때문에 확장적 재정정책이다.

   c. 가처분소득을 감소시킬 조세의 증가이기 때문에 긴축적 재정정책이다.

2. 신속하게 지급되는 연방 재난 구호는 재난 발생시점과 희생자가 구호자금을 수령하는 시점 간의 시차가 매우 작기 때문에 입법에 의한 지원보다 훨씬 효과적이다. 따라서 이것은 재난이 발생한 후에 경제를 안정시켜 줄 것이다. 반면에 입법에 의한 지원은 지급이 이루어지기까지 시차를 필요로 하며, 이에 따라 경제를 더 불안정하게 만들 위험이 있다.

3. 이 진술은 확장적 재정정책이 민간부문을 구축하고 긴축적 재정정책은 민간부문을 성장시킬 것임을 의미한다. 이 진술이 맞는지 또는 틀리는지는 경제가 완전고용 상태에 있는지의 여부에 달려 있다. 경제가 완전고용 상태에 있을 때만 확장적 재정정책이 구축효과를 가져올 것이라 기대할 수 있기 때문이다. 만일 경제가 경기후퇴 갭을 갖고 있다면 재정 팽창에 따라 민간부문이 성장하고, 재정 긴축에 따라 민간부문이 수축할 것이라 기대해야 한다.

17-2

1. 정부의 재화와 서비스 구매가 5억 달러 증가하면 총지출이 직접적으로 5억 달러 증가한다. 이는 승수 과정을 작동시킨다. 즉 실질 국내총생산을 $5억 \times 1/(1-MPC)$만큼 증가시킨다. 5억 달러에 달하는 정부 이전지출의 증가는 소비지출의 증가를 가져오는 만큼만 총지출을 증가시킨다. 소비지출은 1달러의 가처분소득 증가마다 $MPC \times \$1$ 증가하는데, MPC는 1보다 작다. 따라서 5억 달러의 정부구매 증가에 의한 실질 GDP 증가의 MPC배만큼만 실질 GDP를 증가시킨다. 이는 실질 국내총생산을 $5억 \times MPC/(1-MPC)$만큼 증가시킬 것이다.

2. 이것은 1번 문제와 동일하되, 방향만 반대다. 정부구매가 5억 달러 감소할 경우, 최초의 총지출 감소는 5억 달러이다. 정부의 이전지출이 5억 달러 감소하면, 최초의 총지출 감소는 $MPC \times 5억$인데, 이는 5억 달러보다 작다.

3. 몰도비아는 자동안정장치를 가진 반면 볼도비아는 그렇지 못하기 때문에 볼도비아는 몰도비아보다 실질 GDP에서 더 큰 변동을 겪을 것이다. 몰도비아에서는 거주자의 소득을 보조해 주는 실업보험 혜택이 경기 부진의 영향을 완화하는 한편 조세수입의 증가가 경기 호황의 효과를 완화한다. 이와는 대조적으로 실업보험이 존재하지 않는 볼도비아에서는 경기 부진이 발생해도 소득에 대한

보조가 없을 것이다. 이에 더하여 볼도비아는 정액세를 갖고 있기 때문에 조세수입 증가에 의한 경기 호황의 완화도 일어나지 않을 것이다.

17-3

1. 실제 재정수지에는 경기순환이 재정적자에 미치는 영향이 반영된다. 경기후퇴 갭이 발생할 때는 조세수입 감소와 이전지출 증가가 재정수지에 영향을 미친다. 반면에 순환조정된 재정수지는 경기순환이 재정수지에 미치는 영향을 배제하고, 실질 GDP는 잠재생산량 수준에 있다고 가정한다. 장기적으로 실질 GDP는 잠재생산량 수준으로 되돌아가는 경향이 있으므로 순환조정된 재정수지가 정부정책의 장기적인 지속가능성을 평가하는 데 더나은 지표가 될 수 있다.

2. 경기후퇴에서는 실질 국내총생산이 감소한다. 이에 따라 소비자의 소득, 소비지출, 생산자의 이윤도 함께 감소한다. 따라서 경기후퇴기에는 주정부의 조세수입(이것은 대부분 소비자의 소득, 소비지출, 생산자의 이윤에 의존한다)이 감소한다. 주 재정의 균형을 맞추기 위해서 주정부는 지출을 줄이고, 조세를 늘려야 한다. 그렇지만 이는 경기후퇴를 더 심화시킨다. 균형재정 요구조항이 없다면, 주정부는 경기후퇴기에 확장적인 재정정책을 사용하여 실질 국내총생산의 감소를 완화할 수 있다.

17-4

1. **a.** 실질 국내총생산의 증가율이 높아짐은 조세수입이 증가함을 의미한다. 정부지출이 고정되어 있고 정부가 재정흑자를 기록한다면, 공공부채의 규모는 그렇지 않을 경우에 비해서 더 작아질 것이다.

   b. 퇴직자들이 더 오래 살게 되면 인구의 평균연령이 높아진다. 그 결과 사회보장이나 노인의료보험처럼 고령인구를 위한 프로그램 지출이 증가할 것이고, 이에 따라 정부의 잠재적 부채가 증가할 것이다.

   c. 상응하는 정부지출의 감소 없이 조세를 줄일 경우 공공부채가 증가할 것이다.

   d. 현재의 공공부채에 대한 이자를 지급하기 위해 정부가 차입을 해야 하기 때문에 공공부채가 증가할 것이다.

2. 단기적으로 경제를 자극하기 위해 정부는 실질 국내총생산이 증가하도록 재정정책을 사용할 수 있다. 그런데 이 경우 정부차입이 발생하고 공공부채 규모가 더욱 증가하여 바람직하지 않은 결과를 가져올 수 있다. 극단적인 경우에는 정부가 자신의 부채에 대해서 부도를 낼 수도 있

다. 이처럼 극단적인 경우가 아니라 하더라도, 정부의 차입은 민간 투자지출을 위한 차입을 구축하기 때문에 대규모의 공공부채는 바람직하지 않다. 이 경우 투자지출이 줄어들고 그 결과 경제의 장기 성장잠재력이 감퇴될 것이기 때문이다.

3. 재정 내핍은 긴축적 재정정책과 동일하다. 이는 정부지출을 감소시키고 그 결과 소득과 조세수입을 감소시킨다. 조세수입이 감소함에 따라 정부는 부채를 상환할 수 있는 능력이 감소한다. 이에 더하여 경제 실패로 인해 정부가 부채를 상환할 수 있을지에 대한 신뢰도가 하락함에 따라 대부자들은 부채에 대하여 더 높은 이자율을 요구한다. 이자율이 상승함에 따라 정부가 부채를 갚을 가능성은 더 작아진다.

‖ 제18장

Check Your Understanding

18-1

1. 화폐를 정의하는 특성은 유동성, 즉 화폐가 재화와 서비스를 사는 데 얼마나 쉽게 사용될 수 있는지다. 상품권은 지정된 재화와 서비스(상품권을 발행한 가게에서 판매되는 재화와 서비스)를 사는 데는 쉽게 사용될 수 있지만, 다른 재화와 서비스를 사기 위해서는 사용될 수 없다. 따라서 상품권은 모든 재화와 서비스를 사는 데 쉽게 이용될 수 없기 때문에 화폐가 아니다.

2. 다시 한 번 화폐의 중요한 특성은 유동성, 즉 재화와 서비스를 구매하기 위해 얼마나 쉽게 사용될 수 있는가에 있다. 가장 협의의 화폐공급의 정의인 M1은 유통 중인 현금, 여행자수표, 요구불예금만을 포함하고 있다. 정기예금증서(CD)는 수표를 발행해서 잔고를 인출할 수 없다. 즉 정기예금증서는 조기 인출에 대한 벌금이 있기 때문에 비용을 치르지 않고 요구불예금으로 전환할 수 없다. 이것은 정기예금증서를 M1에 포함된 자산에 비해 덜 유동적으로 만든다.

3. 상품에 의해 뒷받침되는 화폐는 금화나 은화와 같은 단순한 상품화폐에 비해 더 효율적이다. 그 이유는 상품에 의해 뒷받침되는 화폐가 가치 있는 자원을 덜 사용하기 때문이다. 은행은 금이나 은과 같은 상품의 일부를 언제든지 지급할 수 있도록 가까이 보관해야 하지만, 인출 수요를 충족하기에 충분한 양만 보관하고 있으면 된다. 은행은 나머지 금과 은을 대출할 수 있는데, 이는 사회가 교역으로부터의 이득을 향유하는 것을 손상하지 않고 이들 자원을 다른 목적을 위해 활용하는 것을 가능하게 한다.

18-2

1. 여러분이 은행에 대한 소문이 사실이 아니라는 것을 안다고 하더라도, 여러분은 다른 예금자들이 은행으로부터 예금을 인출할 것을 우려할 것이다. 그리고 여러분은 충분히 많은 예금자들이 예금을 인출한다면 은행이 부도를 낼 것임을 안다. 이 경우 은행이 부도를 내기 전에 여러분의 예금을 인출하는 것이 합리적일 것이다. 모든 예금자들이 이처럼 생각한다면 소문이 거짓임을 안다고 해도 위와 같은 합리적인 결론에 따라 예금을 인출할 것이고, 그 결과 실제로 예금인출사태가 발생한다. 예금보험은 예금주들의 예금인출사태 발생 가능성에 대한 염려를 덜어 준다. 은행이 부도를 낸다 하더라도 연방예금보험공사(FDIC)가 각 예금자에게 계좌당 25만 달러까지를 지급할 것이다. 그 결과 소문에 대한 반응으로 여러분이 예금을 인출할 가능성이 낮아진다. 다른 예금자들도 마찬가지 생각을 할 것이기 때문에 결국 예금인출사태가 발생하지 않을 것이다.

2. 이와 같은 사기행위가 발생하지 못하게 만드는 현대의 은행규제는 **자기자본 요구**와 **지불준비 요구**다. 자본요구를 충족하기 위해 은행은 자산(대출과 지불준비금)과 부채(예금)의 차이에 해당하는 금액을 자본으로 보유해야 한다. 이에 따라 은행은 예금보다 더 많은 자산(대출과 지불준비금)을 보유해야 할 필요가 있고, 이를 위해서는 상당한 금액의 자본을 보유해야 하기 때문에 범죄자는 자신의 재산을 투입하지 않고서는 은행을 설립할 수 없을 것이다. 따라서 그의 대출이 부실화될 경우 범죄자는 자신의 재산을 잃을 위험에 놓이게 된다.

18-3

1. 은행들은 200달러가 아닌 100달러만을 지불준비금으로 보유하고 있기 때문에, 지불준비금 100달러를 대출할 것이다. 이 100달러를 차입하는 사람은 다시 이를 다른 은행에 예금할 것이고, 이 은행은 $100 \times (1 - rr) = $100 \times 0.9 = 90를 대출할 것이다. 이 90달러를 차입하는 사람은 이를 또 다른 은행에 예금할 것이고 이 은행은 $90 \times 0.9 = 81을 대출할 것이며, 이와 같은 일이 반복될 것이다. 전체적으로 예금은 $100/0.1 = $1,000$ 증가할 것이다.

2. 사일러스는 1,000달러를 은행에 예금하고, 은행은 이 중 $1,000 \times (1 - rr) = $1,000 \times 0.9 = 900를 대출한다. 이 900달러를 차입하는 사람은 450달러를 현금으로 보유하고, 450달러를 은행에 예금한다. 이 은행은 $450 \times 0.9 = 405를 대출한다. 이 405달러를 대출하는 사람은 202.5달러를 현금으로 보유하고, 202.5달러를 은행에 예금한다. 은행은 $202.50 \times 0.9 = 182.25를 대출하며, 이와 같은 과정이 반복된다. 전체적으로 이는 예금을 $1,000 + $450 + $202.50 + \cdots$만큼 증가시킨다. 그렇지만 사일러스가 1,000달러를 은행에 예금할 경우, 유통 중인 현금의 양이 1,000달러 감소한다. 이와 같은 현금의 감소는 각 차입자가 보유하는 현금에 의해서 부분적으로 상쇄된다. 따라서 유통 중인 현금은 $-$1,000 + $450 + $202.50 + \cdots$만큼 변한다. 그러므로 화폐공급은 예금 증가의 합과 유통 중인 현금 변화의 합만큼 증가하는데, 그 값은 $1,000 - $1,000 + $450 + $450 + $202.50 + $202.50 + \cdots$이다.

18-4

1. 연방준비제도가 1억 달러를 공개시장 매입하는 경우, 연방준비제도가 은행의 지불준비계정의 잔고를 증가시켜 줌에 따라 은행의 지불준비금이 1억 달러 증가한다. 다시 말하면, 연방준비제도의 공개시장 매입은 본원통화(유통 중인 현금과 은행의 지불준비금)를 1억 달러 증가시킨다. 은행은 추가된 1억 달러를 대출한다. 이 돈을 차입한 사람은 다시 은행시스템에 이를 예금한다. 이 예금 중 은행은 $1억 \times (1 - rr) = $1억 \times 0.9 = $9,000만을 대출한다. 이를 차입한 사람은 다시 은행시스템에 예금한다. 은행들은 또다시 $9,000만 \times 0.9 = $8,100만을 대출하며, 이와 같은 과정이 반복된다. 그 결과 은행예금은 $1억 + $9,000만 + $8,100만 + \cdots = $1억/rr = $1억/0.1 = $10억만큼 증가한다. 단순한 예에서는 대출되는 모든 화폐가 다시 은행시스템에 예금되기 때문에 유통 중인 현금은 증가하지 않으며, 따라서 은행예금의 증가액이 바로 화폐공급 증가액이 된다. 다시 말하면, 화폐공급은 10억 달러 증가한다. 이 증가액은 본원통화 증가액의 열 배에 달한다. 이처럼 예금만이 화폐공급의 구성요소이며 은행들이 초과 지불준비금을 보유하지 않는 단순한 모형에서는 화폐승수가 $1/rr = 10$이 된다.

18-5

1. 1907년의 공황, 저축대부조합 위기, 2008년의 위기는 모두 은행에 비해 규제가 덜했던 금융기관에 의한 손실과 연관되어 있다. 1907년의 공황과 2008년의 위기에서는 금융부문에 대한 신뢰가 광범위하게 손상되었으며, 신용시장이 붕괴되었다. 1907년의 공황과 저축대부조합 위

기와 마찬가지로 2008년의 위기는 경제에 매우 강력한 부정적 영향을 미쳤다.

2. 연방준비제도의 창설은 예금인출사태를 방지하는 데 실패했는데, 이는 은행 부도가 발생할 경우 손실을 볼 것이라는 예금자들의 두려움을 불식하지 못했기 때문이다. 예금인출사태는 결국 연방예금보험제도가 마련되고 일반 사람들이 자신의 예금이 보호되고 있음을 이해한 후에야 종식되었다.

3. 리먼 브라더스처럼 규제받지 않던 그림자은행의 파산이 자산 가격이 폭락하고 가계와 기업에 대한 신용시장이 경색되는 등 금융시장에 공황을 가져왔기 때문에 2008년 금융위기에 대응하기 위해서는 특별한 조치들이 필요했다. 그림자은행의 파산은 또한 재무상태가 건전했던 전통적 예금수취은행과 비예금 금융기관을 모두 포함하는 전체 금융시스템을 파산의 위험에 빠트렸는데, 이들 금융기관은 경제에서 너무 중요하기 때문에 파산하도록 놔둘 수 없었다.

‖ 제19장

19-1

1. **a.** 높은 이자율은 화폐 보유의 기회비용을 상승시킴으로써 화폐수요량을 감소시킨다. 이것은 화폐수요곡선을 따라 좌상 방향으로의 이동이다.

   b. 물가가 10% 하락할 경우 모든 주어진 이자율 수준에서의 화폐수요량이 감소하며 이에 따라 화폐수요곡선이 왼쪽으로 이동한다.

   c. 이러한 기술 변화는 모든 주어진 이자율 수준에서의 화폐수요량을 감소시킨다. 따라서 화폐수요곡선은 왼쪽으로 이동한다.

   d. 이는 주어진 모든 이자율 수준에서의 화폐수요를 증가시킨다. 더 많은 자산이 접근이 어려운 해외 은행의 계좌에 예치됨에 따라 사람들은 구매를 위해 더 많은 현금을 보유하기를 원할 것이다.

2. **a.** 현금잔액에 지불되는 0.5% 이자는 페이버디 고객의 현금 보유의 기회비용을 줄인다.

   b. 6개월 만기 CD가 지급하는 이자율이 상승하면 현금 보유의 기회비용이 상승한다. 현금을 보유함으로 인해 벌지 못하는 이자가 더 커지기 때문이다.

   c. 휴가철 구매에 대해 1년간 무이자 금융을 제공할 경우 현금 보유의 기회비용이 증가하게 된다. 휴가철 구매자들은 신용카드로 구매할 때 내야 하는 이자를 피하기 위해 이자를 지급하는 자산을 현금으로 전환할 필요가 없다. 따라서 구매자가 휴가철 구매를 신용카드 대신 현금으로 지불함으로써 포기하는 것이 증가한다.

19-2

1. 다음 그림에서 화폐수요량의 증가는 MD_1에서 MD_2로의 화폐수요곡선의 이동으로 나타난다. 이는 균형이자율을 r_1에서 r_2로 상승시킨다.

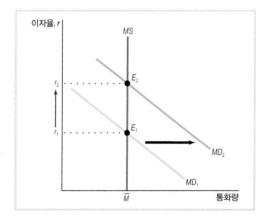

2. 이자율이 상승하는 것을 막기 위해서 연방준비제도는 재무부증권을 공개시장 매입하여, 화폐공급곡선을 오른쪽으로 이동시켜야 한다. 이것은 다음 그림에서 MS_1에서 MS_2로의 이동으로 나타난다.

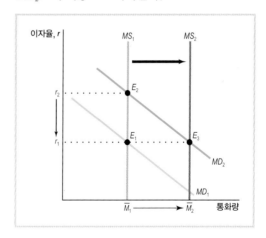

3. **a.** 말리아는 오늘 1년 만기 채권을 사고 1년 후 다시 1년 만기 채권을 사는 것이 더 낫다. 이렇게 함으로써 둘째 해에 더 높은 이자율을 받을 수 있기 때문이다.

   b. 말리아는 지금 2년 만기 채권을 사는 것이 더 낫다. 이렇게 함으로써 1년 만기 채권을 두 번 사는 것보다 둘째 해에 더 높은 이자율을 받을 수 있기 때문이다.

19-3

1. **a.** 화폐공급곡선은 오른쪽으로 이동한다.

b. 균형이자율은 하락한다.

c. 투자지출은 이자율 하락으로 인해 증가한다.

d. 승수효과로 인해 소비지출이 증가한다.

e. 총수요곡선이 오른쪽으로 이동하기 때문에 총생산이 증가한다.

2. 테일러 준칙을 따르는 중앙은행은 인플레이션 목표제를 따르는 중앙은행에 비해 금융위기에 더 직접적인 대응을 할 가능성이 높다. 테일러 준칙을 채택하는 중앙은행은 미리 정해진 인플레이션 목표를 달성하기 위해 정책을 정할 필요가 없기 때문이다. 이에 더하여 금융위기에서는 인플레이션이 하락하는 것보다는 실업률이 상승할 가능성이 크기 때문에 테일러 준칙하에서는 중앙은행이 실업률의 변화에 직접적으로 반응할 것이다.

19-4

1. a. 총생산은 단기에 증가하고, 다시 장기에는 잠재생산량 수준으로 되돌아간다.

b. 물가는 단기에 상승하지만 25%보다 적게 상승한다. 장기에는 물가가 더 상승하여 총상승률은 25%가 된다.

c. 단기에는 이자율이 하락하지만, 장기에는 원래 수준으로 되돌아간다.

2. 단기에 이자율 변화는 투자지출에 영향을 미치고, 이는 다시 승수 과정을 통해 총수요와 실질 GDP에 영향을 미침으로써 경제 전체에 영향을 미친다. 하지만 장기에는 소비지출과 투자지출의 변화가 궁극적으로 명목임금을 비롯한 다른 생산요소의 명목가격을 변화시킨다. 예를 들어, 확장적인 통화정책은 궁극적으로 요소가격을 상승시키고, 긴축적인 통화정책은 요소가격을 하락시킨다. 이에 따라 단기 총공급곡선이 이동하여 경제를 장기 균형으로 복귀시킨다. 따라서 장기에는 통화정책이 경제에 영향을 미치지 못한다.

‖ 제20장
Check Your Understanding

20-1

1. a. 비교우위의 유형을 분석하기 위해서는 해당 재화에 대한 두 국가에서의 기회비용을 비교해야 한다. 옥수수 1톤의 기회비용을 자전거의 수로 계산하도록 하자. 중국의 경우, 자전거 1대의 기회비용이 옥수수 0.01톤이므로 옥수수 1톤의 기회비용은 자전거 1/0.01대, 즉 100대가 된다. 옥수수의 기회비용이 미국에서 자전거 50대로 더 작으므로 미국은 옥수수 생산에 비교우위가 있다고 할 수

있다. 마찬가지로 미국에서의 자전거 1대의 기회비용이 옥수수 1/50톤, 즉 0.02톤이고, 이것이 중국에서의 기회비용 0.01톤보다 크므로 중국은 자전거 생산에 비교우위가 있다.

b. 미국은 옥수수를 생산하지 않을 경우 20만 대의 자전거를 생산할 수 있으므로, 자전거를 생산하지 않을 경우 자전거 20만 대×옥수수 0.02톤/자전거＝옥수수 4,000톤을 생산할 수 있다. 마찬가지로 중국은 자전거를 생산하지 않을 경우 3,000톤의 옥수수를 생산할 수 있으므로 옥수수를 생산하지 않을 경우 옥수수 3,000톤×자전거 100대/옥수수 1톤＝자전거 30만 대를 생산할 수 있다. 이 네 점은 각각 미국과 중국의 생산가능곡선(그림 참조)의 x절편과 y절편을 나타낸다.

c. 그림에 미국과 중국의 생산점과 소비점이 표시되어 있다. 두 국가 모두 자급경제에서는 소비할 수 없었던 생산

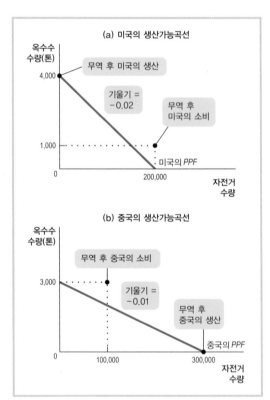

곡선 밖에 있는 재화묶음을 소비하고 있으므로 국제무역을 통해 이득을 보았다고 할 수 있다.

2. a. 헥셔-올린 모형에 따르면 미국이 영화 제작에 적합한 인적·실물자본 등의 생산요소의 부존이 상대적으로 많고, 프랑스가 포도밭, 양조인의 인적 자본과 같이 포도주 생산에 적합한 생산요소의 부존이 상대적으로 많기 때문에 제시된 것과 같은 유형의 무역이 발생한다.

b. 헥셔-올린 모형에 따르면 미국이 기계 생산에 적합한 인

적·실물자본 등의 생산요소의 부존이 상대적으로 많고, 브라질이 노동력, 가죽과 같이 신발 생산에 적합한 생산요소의 부존이 상대적으로 많기 때문에 제시된 것과 같은 유형의 무역이 발생한다.

20-2

1. 다음 그림에서 P_A는 자급경제에서 미국의 포도가격을 나타내고, P_W는 국제무역하에서의 세계 포도가격을 나타낸다. 무역을 통해 미국 소비자들은 P_W의 가격을 지불하고 Q_D의 포도를 소비한다. 미국 포도 생산자들의 포도 생산량은 Q_S이므로 $Q_D - Q_S$만큼이 멕시코로부터 수입된다. 트럭 운전사들의 파업으로 수입이 중단되어 미국 소비자들은 자급경제의 가격 P_A를 지불하고 Q_A만큼을 소비하게 된다.

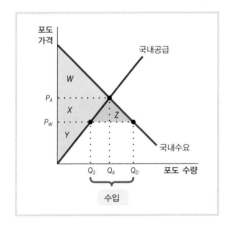

a. 파업 전에 미국 소비자들은 $W+X+Z$만큼의 소비자잉여를 누린다. 그러나 파업이 발생하면서 소비자잉여는 W로 감소하게 된다. 소비자들은 $X+Z$만큼의 소비자잉여를 잃게 되므로 파업으로 손실을 본다.

b. 파업 전에 미국 생산자들은 Y만큼의 생산자잉여를 누린다. 그러나 파업이 발생하면서 생산자잉여는 $Y+X$로 증가한다. 생산자들은 X만큼의 생산자잉여를 얻게 되었으므로 파업으로 이득을 본다.

c. 파업으로 미국 경제 전체의 잉여가 Z만큼 감소한다. 이것은 생산자잉여로 전환되지 않는 소비자잉여의 감소분이다.

2. 멕시코 포도 생산자들은 판매량이 $Q_D - Q_S$만큼 감소하기 때문에 파업으로 손해를 본다. 멕시코 포도농장 인부들 역시 판매량 감소분만큼 일할 수 없기 때문에 임금이 줄게 되어 파업으로 손해를 본다. 또한 파업으로 멕시코 포도에 대한 수요가 줄어들기 때문에 멕시코 국내 소비자들은 포도를 더 낮은 가격으로 살 수 있어 파업에서 이득

을 본다. 미국 포도농장 인부들의 경우 $Q_A - Q_S$만큼 미국의 포도 생산량이 증가하기 때문에 더 많은 임금을 받게 되어 파업으로부터 이득을 본다.

20-3

1. a. 0.5달러의 관세가 부과될 경우 국내 소비자들이 수입 버터 1파운드에 대해 지불하는 가격은 $0.50+$0.50=$1.00로 국산 버터의 가격과 같다. 따라서 수입 버터의 국산 버터에 대한 가격우위가 사라지게 되어 수입이 이루어지지 않게 되며, 국내 버터 생산자들은 국내 소비자에게 팔 수 있는 모든 양인 Q_A만큼의 버터를 팔게 된다. 하지만 관세가 0.5달러보다 작을 경우, 예컨대 0.25달러라면 국내 소비자들이 수입 버터 1파운드에 지불하는 가격은 $0.50+$0.25=$0.75로 국산 버터보다 0.25달러 작게 된다. 따라서 관세가 0.25달러만큼 부과됨으로 인해 미국 버터 생산자들은 $Q_2 - Q_1$만큼을 (관세가 없을 때에 비해) 더 판매하게 되며, 이는 관세가 0.5달러만큼 부과되었을 때의 추가 판매량 $Q_A - Q_1$보다 적다.

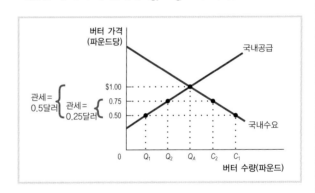

b. 관세가 0.5달러를 넘기는 순간부터 관세를 더 올리는 것은 아무 효과가 없다. 관세가 0.5달러일 경우 사실상 수입이 이루어지지 않게 된다.

2. 관세 0.5달러에서 수입이 전혀 이루어지지 않으므로 0.5달러의 관세는 수입할당량을 0으로 설정하는 것과 같다.

20-4

1. a. 중국으로의 새 항공기 매각은 중국으로의 수출을 나타내고, 따라서 경상수지에 영향을 미친다.

b. 보잉사 주식이 중국인 투자자에게 매각되는 것은 미국 자산의 매각이고, 따라서 금융계정에 기입된다.

c. 항공기는 이미 존재하지만 이것이 중국으로 운송된다면 미국으로부터의 재화 수출이 된다. 따라서 항공기의 판매는 경상계정에 기입된다.

d. 항공기가 미국에 남아 있기 때문에 중국인 투자자는 미국

자산을 구매하는 것이다. 따라서 이것은 문제 **b**에 대한 답과 동일하다. 제트기의 매각은 금융계정에 기입된다.

2. 미국 주택 거품의 붕괴와 뒤이은 경기후퇴로 미국은 이자율을 급격하게 하락시켰다. 경제가 크게 침체되었기 때문이다. 그 결과 미국으로의 자본유입이 메말랐다.

20-5

1. a. 멕시코산 원유 구매의 증가는 미국인(그리고 기업)의 페소화에 대한 수요를 증가시킨다. 페소화를 구매하기 위해 개인들은 외환시장에서 미국 달러화의 공급을 증가시키고, 그 결과 달러화의 공급곡선이 오른쪽으로 이동한다. 이는 페소화로 표시한 달러화의 가격을 하락시킨다(달러당 페소의 양이 하락). 그 결과 페소화의 가치는 상승하고 달러화의 가치는 하락한다.

b. 이와 같은 페소화의 가치 상승은 이전과 동일한 양의 멕시코 페소를 구하기 위해서는 더 많은 달러가 필요함을 의미한다. 다른 멕시코산 재화와 서비스의 (멕시코 페소 표시) 가격이 변하지 않는다고 가정하면, 멕시코산 재화와 서비스는 미국의 가계와 기업들에게 더욱 비싸질 것이다. 페소화의 가치가 상승함에 따라 멕시코산 재화와 서비스의 달러화 표시 비용이 상승하기 때문이다. 따라서 원유를 제외한 멕시코의 재화와 서비스 수출은 감소할 것이다.

c. 페소화로 측정한 미국산 재화와 서비스의 가격이 더 싸질 것이다. 따라서 멕시코의 재화와 서비스 수입은 증가할 것이다.

2. a. 실질환율은 다음과 같다.

$$\text{미국 달러당 페소} \times \frac{\text{미국 물가}}{\text{멕시코 물가}}$$

현재 두 국가에서 물가는 모두 100이다. 현재의 실질환율은 $10 \times (100/100) = 10$이다. 5년 후 미국의 물가는 $100 \times (120/100) = 120$이고, 멕시코의 물가는 $100 \times (1,200/800) = 150$일 것이다. 5년 후의 실질환율은 명목환율이 변하지 않았다고 가정할 경우 $10 \times (120/150) = 8$일 것이다.

b. 현재 100달러의 비용이 드는 재화와 서비스 바구니는 800페소의 비용이 든다. 따라서 구매력 평가는 달러당 8페소다. 5년 후 120달러의 비용이 드는 바구니가 1,200페소의 비용이 들 것이다. 따라서 구매력 평가는 달러당 10페소일 것이다.

가격규제(price control) 시장가격이 얼마만큼 높거나 낮게 책정될 수 있는 지에 대한 법적인 제약

가격규제(price regulation) 독점기업이 부과할 수 있는 가격을 제한하는 것

가격상한제(price ceiling) 판매자가 재화에 부과할 수 있는 최대가격

가격수용적인 기업의 최적산출량 원칙(price-taking firm's optimal output rule) 가격수용적인 기업은 마지막 한 단위의 한계비용이 시장가격과 같아지는 산출량을 생산함으로써 이윤을 최대로 할 수 있다는 명제

가격수용적인 생산자(price-taking producer) 자신이 판매하는 상품의 시장가격에 영향을 미치지 못하는 생산자

가격수용적인 소비자(price-taking consumer) 자신이 구매하는 상품의 시장가격에 영향을 미치지 못하는 소비자

가격전쟁(price war) 암묵적 담합이 깨지고 가격이 하락하는 것

가격차별(price discrimination) 동일한 재화에 대하여 소비자에 따라 다른 가격을 부과하는 것

가격하한제(price floor) 구매자가 재화에 지불해야 하는 최소가격

가계(household) 개인이나 소득을 공유하는 사람들의 집단

가변비용(variable cost) 생산량에 따라 달라지는 비용으로서 가변요소의 비용

가변요소(variable input) 기업이 투입량을 아무 때나 변경할 수 있는 요소

가치가 상승한다(appreciate) 어떤 화폐가 다른 화폐에 비해 더 비싸질 때를 말함

가치가 하락한다(depreciate) 어떤 화폐가 다른 화폐에 비해 더 싸질 때를 말함

가치 저장수단(store of value) 일정 기간 구매력을 보관할 수 있는 수단

간격(wedge) 수량규제나 수량할당이 수요가격과 공급가격 사이에 만들어 내는 현상. 즉 구매자가 지불한 가격이 판매자가 받는 가격보다 더 높게 형성되는 것

갚아 주기(tit for tat) 처음에는 협조하고, 그다음부터는 다른 참가자가 전기에 한 것과 같은 행동을 취하는 전략

개방경제(open economy) 다른 국가들과 재화와 서비스를 활발하게 교역하는 경제

개별 생산자잉여(individual producer surplus) 재화를 판매함으로써 판매자가 얻는 순이익. 실제 받은 금액과 비용의 차액과 동일

개별 소비자잉여(individual consumer surplus) 소비자들이 재화를 구입함으로써 얻는 순이익. 소비자의 지불할 용의와 가격의 차와 같음

개별공급곡선(individual supply curve) 개별 공급자가 공급하고자 하는 양과 가격 사이의 관계를 나타낸 곡선

개별수요곡선(individual demand curve) 개별 소비자가 수요하고자 하는 양과 가격 사이의 관계를 나타낸 곡선

개인적 선택(individual choice) 무엇을 하고 무엇을 하지 않을지에 대해 개인이 내리는 결정

거래비용(transaction cost) 거래를 성사시키는 데 드는 비용

거시경제학(macroeconomics) 경제 전반의 호황기와 불황기에 관심을 갖는 경제학의 한 분야

게임이론(game theory) 상호의존적인 상황에서의 행동을 연구하는 분야

경기순환(business cycle) 경기후퇴와 경기팽창이 단기적으로 번갈아 가며 나타나는 현상

경기순환의 저점(business-cycle trough) 경제가 후퇴국면에서 팽창국면으로 전환되는 시점

경기순환의 정점(business-cycle peak) 경제가 팽창국면에서 후퇴국면으로 전환되는 시점

경기안정정책(stabilization policy) 경기후퇴의 폭을 줄이고 지나친 경기팽창을 억제하기 위해 사용되는 정부정책

경기적 실업(cyclical unemployment) 실제 실업률의 자연실업률로부터의 이탈

경기팽창(expansion, 또는 경기회복) 생산과 고용이 증가하는 경제의 상승국면

경기후퇴 갭(recessionary gap) 총생산이 잠재생산량에 미달할 때 나타나는 현상

경기후퇴(recession, 또는 경기수축) 생산과 고용이 감소하는 경제의 하강국면

경상계정상의 국제수지(balance of payments on current account) 한 국가의 또는 재화와 서비스 수지에 순 국제 이전지출과 순 국제 요소소득을 더한 것. 경상수지라고도 함

경제(economy) 사회의 생산적 활동을 조정하기 위한 시스템

경제성장(economic growth) 재화와 서비스를 생산할 수 있는 경제능력이 커지는 것

경제학(economics) 재화와 서비스의 생산, 분배 그리고 소비를 공부하는 사회과학

경제학적 이윤(economic profit) 한 기업이 그 기업의 수입에서 사용하는 모든 자원의 기회비용을 뺀 것

경제활동인구(labor force) 취업인구와 실업인구의 합

경제활동참가율(labor force partici-pation rate) 16세 이상 인구 중 경제활동인구의 비율

경직적 임금(sticky wage) 실업률이 높아져도 느리게 하락하며 일손 부족 사태가 일어나도 느리게 상승하는 명목임금

계산단위 비용(unit-of-account cost) 인플레이션이 가치척도로서의 화폐에 대한 신뢰도를 저하시킴에 따라 발생하는 비용

계산의 단위(unit of account) 가격을 정하거나 경제적 계산을 위해서 사용되는 척도

고용 없는 회복(jobless recovery) 실질 GDP는 정의 성장률을 보이지만 실업률이 계속 상승하고 있는 시기

고정비용(fixed cost) 생산량에 따라 달라지지 않는 비용으로서 고정요소의 비용

고정요소(fixed input) 투입량이 고정되어 변경할 수 없는 요소

곡선(curve) 두 변수의 관계를 설명하는 그래프 상의 선. 직선이 될 수도 있

고 곡선이 될 수도 있음

공개시장 조작(open-market operation) 연방준비제도가 정부채권을 매매하는 것

공공부채(public debt) 개인과 비정부기관이 보유한 정부부채

공공재(public good) 비배제성과 소비 비경합성을 갖는 재화

공급가격(supply price) 주어진 수량에서 생산자가 그 수량을 공급하려는 가격

공급곡선(supply curve) 주어진 가격에서 사람들이 재화나 서비스를 얼마나 많이 팔려고 하는지를 보여 주는 그래프

공급곡선 상의 이동(movement along the supply curve) 재화의 가격 변화에 따른 공급량의 변화

공급곡선의 이동(shift of the supply curve) 주어진 가격에서 공급량의 변화. 원래의 공급곡선이 새로운 위치로 변하는 것으로, 새로운 공급곡선으로 표기

공급량(quantity supplied) 특정 가격에서 사람들이 팔려고 하는 재화나 서비스의 실제 수량

공급의 가격탄력성(price elasticity of supply) 가격의 변화에 대한 공급의 반응 정도를 측정하는 척도. 공급곡선 상에서 공급량의 백분율 변화와 재화가격의 백분율 변화의 비율

공급충격(supply shock) 단기 총공급곡선을 이동시키는 사건

공급표(supply schedule) 각각 다른 가격에서 재화나 서비스가 얼마나 공급될지를 보여 주는 표

공평성(equity) 모든 사람이 공평한 대우를 받는 것을 의미. 그러나 사람들은 무엇이 '공평한' 것인가에 대해 반대할 수 있기 때문에 효율성만큼 잘 정의된 개념은 아님

과소취업자(underemployment) 전일제 일자리를 구할 수 없기 때문에 시간제로 일을 하고 있는 노동자

과점(oligopoly) 소수의 공급자가 있는 산업

과점기업(oligopolist) 과점산업에 속해 있는 기업

관세(tariff) 수입에 부과되는 조세

교역(trade) 시장경제에서 개개인은 재화와 서비스를 다른 사람에게 제공하고, 또한 그 대가로 재화와 서비스를 받는 것

교역으로부터의 이익(gains from trade) 사람들은 그들이 자급자족할 때보다 교역을 통해 원하는 것을 더 많이 얻을 수 있음을 의미

교환의 매개수단(medium of exchange) 그 자체를 소비할 목적이 아니라 재화와 서비스를 거래할 목적으로 사람들이 취득하는 자산

구두창 비용(shoe-leather cost) 인플레이션으로 인해 발생하는 거래비용의 증가

구조적 실업(structural unemployment) 노동시장에서 현재 임금수준에서 구할 수 있는 일자리보다 일자리를 구하는 사람들이 더 많을 때 발생하는 실업

국내공급곡선(domestic supply curve) 국내 생산자들이 공급하는 재화의 수량이 그 재화가격에 따라 어떻게 달라지는지를 보여 주는 곡선

국내수요곡선(domestic demand curve) 한 재화에 대한 국내 소비자들의 수요가 그 재화가격에 따라 어떻게 달라지는지를 보여 주는 곡선

국내총생산(gross domestic product, GDP) 어떤 경제에서 한 해 동안 생산된 최종생산물 가치의 총계

국민소득 및 생산계정(national income and product accounts) 경제의 여러 부문 간 화폐의 흐름을 측정하는 척도. 국민계정이라고도 함

국제가격(world price) 어떤 재화가 해외에서 거래되는 가격

국제수지 계정(balance of payments account) 국가와 다른 국가들 사이의 거래에 대한 요약

국제화(globalization) 국가 간 경제적 연관성이 증가하는 현상

규모에 대한 수익이 감소(decreasing returns to scale) 산출량이 증가함에 따라 장기 평균총비용이 상승하는 경우

규모에 대한 수익이 일정(constant returns to scale) 산출량이 증가할 때 장기 평균총비용이 변하지 않는 경우

규모에 대한 수익이 증가(increasing returns to scale) 산출량이 증가함에 따라 장기 평균총비용이 하락하는 경우

규범적 경제학(normative economics) 경제가 마땅히 움직여야 하는 원칙에 관하여 처방을 내리는 경제학의 한 분야

균형(equilibrium) 어느 누군가가 다른 무엇인가를 하더라도 현재보다 더 나아질 수 없는 상태에 있는 것

균형가격(equilibrium price) 완전경쟁시장은 재화의 수요량과 공급량이 일치하는 수준에서 가격이 결정될 때 균형상태가 되고, 이때 결정되는 가격을 말하며, 시장청산가격이라고도 함

균형거래량(equilibrium quantity) 균형가격에서 사고팔린 재화의 양

균형환율(equilibrium exchange rate) 외환시장에서 수요되는 달러화의 양과 외환시장에 공급되는 달러화의 양을 일치시키는 환율

극대점(maximum) 비선형곡선에서 가장 높은 점. 극대점을 기준으로 곡선의 기울기는 양에서 음으로 변함

극소점(minimum) 비선형곡선에서 가장 낮은 점. 극소점을 기준으로 곡선의 기울기는 음에서 양으로 변함

금융계정상의 국제수지(balance of payments on financial account) 일정 기간 한 국가가 외국인들에게 판매한 자산과 외국인들로부터 구매한 자산 간의 차이. 간단히 금융수지라고도 함

긍정적 외부효과(positive externality) 외부편익 참조

기술(technology) 재화나 서비스를 생산하는 데 이용되는 기술적인 방법

기술진보(technological progress) 재화와 서비스를 생산하기 위한 방법의 진보

기술파급(technology spillover) 지식이 개인과 기업 사이에 전파될 때 발생하는 외부편익

기업(firm) 판매를 목적으로 재화와 서비스를 생산하는 조직체

기울기(slope) 직선이나 곡선이 얼마나 가파른지를 나타내는 측도

기회비용(opportunity cost) 어떤 것을 얻기 위해 포기해야만 하는 비용

기후 변화(climate change) 화석연료 사용으로 인한 온실가스의 축적으로 지구의 기후가 변하는 것

긴축적 재정정책(contractionary fiscal policy) 총수요를 감소시키는 재정정책

긴축적 통화정책(contractionary monetary policy) 총수요를 감소시키는 통화정책

낭비된 자원(wasted resources) 가격상한제에서 일어나는 비효율성으로 사람들은 재화의 부족에 대처하기 위해 돈과 노력을 들여야 함

내쉬균형[Nash equilibrium, 비협조적 균형(noncooperative equilibrium)] 자신의 행동이 다른 참가자들의 보상에 미치는 영향을 고려하지 않은 채, 게임의 모든 참가자가 다른 참가자들의 행동이 주어진 상태에서

자신의 보상이 극대화되도록 자신의 행동을 선택했을 때 얻어지는 결과

네트워크 외부효과(network externality, 망외부성) 한 재화나 서비스를 사용하는 사람들이 많을수록 한 개인에게 그 재화나 서비스의 가치가 더 큰 경우

네트워크 외부효과(network externality) 한 재화를 사용하는 사람들의 수가 많을수록 한 개인에게 그 재화의 가치가 더 큰 경우

노동생산성(labor productivity) 노동자 1인당 생산량. 간단히 생산성이라고도 함

누락된 변수(omitted variable) 다른 변수에 영향을 미친다고 하더라도 관측되지 않기 때문에 변수들 간의 직접적인 인과관계를 잘못 판단하도록 할 수 있는 변수

다른 조건이 일정하다(other things equal assumption) 다른 모든 관련 요소들이 불변인 채로 남아 있음을 가정한다는 것

단기 개별공급곡선(short-run individual supply curve) 고정비용이 주어졌을 때 개별 생산자의 이윤극대 산출량이 시장가격에 따라 어떻게 변화하는지 보여 주는 곡선

단기 거시경제 균형(short-run macroeconomic equilibrium) 총생산물의 공급량이 총생산물의 수요량과 같을 때의 경제 상태

단기 산업공급곡선(short-run industry supply curve) 생산자 수가 고정되었을 때 산업 전체에서 공급되는 산출량이 시장가격에 따라 어떻게 달라지는지 보여 주는 곡선

단기 시장균형(short-run market equilibrium) 생산자 수가 주어졌을 때 공급량이 수요량과 일치할 때 발생하는 경제적 균형

단기 총공급곡선(short-run aggregate supply curve) 상당 부분의 생산비용이 고정된 것으로 간주될 수 있는 기간, 즉 단기에서의 물가와 총생산물의 공급량 간의 정의 관계

단기(short run) 적어도 한 요소의 투입량이 고정되어 있는 기간

단기균형 물가(short-run equilibrium aggregate price level) 단기 거시경제 균형 상태에서의 물가수준

단기균형 총생산(short-run equilibrium aggregate output) 단기 거시경제 균형 상태에서의 총생산

단기이자율(short-term interest rate) 1년 미만의 만기를 가진 금융자산에 대한 이자율

단위탄력적 수요(unit-elastic demand) 수요의 가격탄력성이 1인 경우

단일가격 독점기업(single-price monopolist) 자신의 생산물을 모든 소비자에게 동일한 가격으로 제공하는 기업

담합(collusion) 판매자들이 자기들의 전체 이윤을 높이기 위해 협력하는 것

당좌예금(checkable bank deposit) 수표를 이용하여 잔고를 인출할 수 있는 예금

대체재(substitutes) 한 재화의 가격이 상승할 때 소비자가 더 많이 사려고 하는 재화

독립변수(independent variable) 인과관계를 결정하는 변수

독점(monopoly) 독점기업이 있는 산업

독점기업(monopolist) 비슷한 대체재가 없는 상품을 혼자서 공급하는 기업

독점기업의 공영화(public ownership) 자연독점에 대응하여 소비자의 이익을 보호하기 위해 정부나 정부가 소유한 기업이 재화를 공급하는 것

독점적 경쟁(monopolistic competition) 한 산업 내에 다수의 생산자가 존재하여 차별화된 제품을 공급하고, 장기적으로 진입과 퇴출이 자유로운 시장 구조

두 국가 화폐 간 구매력 평가(purchasing power parity) 주어진 재화와 서비스 바구니의 구매비용이 각국에서 동일해지도록 하는 명목환율

디스인플레이션(disinflation) 인플레이션율을 하락시키는 과정

디플레이션(deflation) 전체 물가수준의 하락

리카도의 국제무역 모형(Ricardian model of international trade) 기회비용이 일정하다는 가정하에 국제무역을 분석하는 모형

마찰적 실업(frictional unemployment) 근로자들이 직장 탐색에 사용하는 시간으로 말미암아 발생하는 실업

막대그래프(bar graph) 서로 다른 높이나 길이를 가진 막대로 한 변수를 여러 가지 기준으로 살펴보았을 때 이 관측값들의 상대적인 크기를 표시하는 그래프

매몰비용(sunk cost) 이미 지출되어 회수될 수 없는 비용. 장래 행동을 결정할 때 매몰비용은 무시

메뉴 비용(menu cost) 정가를 변경하는 데 드는 실질 비용

면허(licenses) 소유자에게 물건을 공급할 수 있는 권리

명령화폐(fiat money) 지불수단으로서의 공식적인 지위에만 의거하여 가치를 가지는 교환의 매개수단

명목 국내총생산(nominal GDP) 한 국민경제에서 일정 기간에 생산된 최종 생산물인 재화와 서비스의 가치를 생산물이 생산된 해의 가격을 사용하여 계산한 것

명목이자율(nominal interest rate) 학자금 대출에 대한 이자율과 같이 화폐단위로 표시된 이자율

명목임금(nominal wage) 달러화 금액으로 표시된 임금 지급액

명시적 비용(explicit cost) 현금지출이 수반되는 비용

모형(model) 현실의 상황을 단순화시켜 나타냄으로써 실제 상황을 보다 잘 이해할 수 있도록 만들어 놓은 것

무역적자(trade deficit) 한 국가가 외국인들로부터 구매하는 재화와 서비스의 가치가 외국인들에게 판매하는 재화와 서비스의 가치보다 큰 경우

무역흑자(trade surplus) 한 국가가 외국인들로부터 구매하는 재화와 서비스의 가치가 외국인들에게 판매하는 재화와 서비스의 가치보다 작은 경우

무임승차 문제(free-rider problem) 자신의 소비에 대한 대가를 지불하지 않고 누군가 다른 사람이 지불할 때 그 이익을 같이 누리는 것

물가 변화의 이자율효과(interest rate effect of a change in the aggregate price level) 물가 상승이 소비자와 기업이 보유한 화폐의 구매력에 대한 영향을 통해 소비지출과 투자지출에 미치는 영향

물가 변화의 자산효과(wealth effect of a change in the aggregate price level) 물가 변화가 소비자가 보유한 자산의 구매력을 변화시킴으로써 소비지출에 미치는 영향

물가 안정(price stability) 전체 물가수준이 천천히 변하거나 전혀 변하지 않을 때의 경제

물가지수(price index) 정해진 시장바구니를 특정 연도에 구매하는 데 드는 비용을 측정하되 기준연도에 100의 값을 갖도록 정규화한 지수

물물교환(barter) 사람들이 이미 가지고 있는 재화와 서비스를 그들이 갖기를 바라는 재화와 서비스로 직접 교환하는 것

미시경제학(microeconomics) 사람들이 어떤 방식으로 의사결정을 하고 이러한 결정이 어떻게 상호작용하는가를 연구하는 경제학 분야

민간 의료보험(private health insurance) 수많은 개인들로 이루어진 집단의 각 구성원이 일정한 정도의 비용을 보험회사에 지불하고, 훗날 필요한 의료비용에 대한 지불을 약속받는 보험

반독점정책(antitrust policy) 과점기업들이 독점화되거나 독점기업처럼 행동하는 것을 방지하기 위한 정부차원의 정책

배제성(excludability) 재화의 공급자가 대가를 지불하지 않은 사람은 그 재화를 소비하지 못하게 막을 수 있는 것

배출세(emissions tax) 기업이 배출하는 오염물질의 양에 따라 부과되는 세금

변수(variable) 하나 이상의 값을 갖는 수량

보상(payoff) 과점기업의 이윤과 같이 게임에서 참가자가 받는 대가

보상행렬(payoff matrix) 두 사람만이 게임에 참여하고 있을 때 각 참가자의 보상이 어떻게 상대의 행동에 영향을 받는지 보여 주는 행렬. 상호의존적인 상황을 분석하는 데 도움이 됨

보완재(complements) 한 재화의 가격이 상승할 때 소비자가 더 적게 사려고 하는 재화

보이지 않는 손(invisible hand) 개인의 이익 추구가 사회 전체적으로도 바람직한 결과로 이어질 수 있음을 가리키는 비유

보호무역(trade protection) 수입을 제한하려는 정책. 단순히 보호(protection)라고 함

복점(duopoly) 과점 중 두 생산자가 전체 시장을 지배하는 것

복점기업(duopolist) 두 생산자 중 한 생산자가 복점하는 경우

복지국가(welfare state) 국민의 경제적 고충을 덜어 주기 위해 노력하는 정부의 정책이나 제도

본원통화(monetary base) 유통 중인 현금과 은행들이 보유한 지불준비금의 합

부가가치(value added) 기업이 생산한 생산물의 매출액과 그 생산물을 생산하기 위해 다른 생산자로부터 구입한 중간투입물 구매액 간의 차이

부정적 외부효과(negative externality) 외부비용 참조

부족분(shortage) 수요량이 공급량보다 많을 때 생기는 재화. 가격이 균형가격보다 낮을 때 발생

부채 대 국내총생산 비율(debt-GDP ratio) GDP에 대한 정부부채의 백분율

분업(specialization) 개개인이 자신이 능숙한 분야의 업무에 특화하는 것

불완전경쟁(imperfect competition) 어떠한 기업도 독점기업은 아니지만 공급자들이 시장가격에 영향을 미치는 시장구조

불황기(recessions) 경제에서의 침체기

비교우위(comparative advantage) 한 개인이 어떤 재화를 생산하는 데 따른 기회비용이 다른 사람들에 비해 그 사람에게는 더 적다는 것

비배제성(nonexcludability) 공급자가 대가를 지불하지 않은 사람이 그 재화를 소비하는 것을 막을 수 없는 경우

비선형곡선(nonlinear curve) 각 점의 기울기가 동일하지 않은 곡선

비선형관계(nonlinear relationship) 기울기가 일정하지 않아 직선이 아닌 곡선으로 그래프에 표시되는 두 변수 간의 관계

비용(cost) 판매자가 팔려고 하는 가격 중에서 가장 낮은 가격

비용편익분석(cost-benefit analysis) 정부가 공공재 공급에 따르는 사회적 편익과 사회적 비용을 추정하는 것

비탄력적 수요(inelastic demand) 수요의 가격탄력성이 1보다 작은 경우

비효율적으로 낮은 품질(inefficiently low quality) 가격상한제에서는 종종 재화가 비효율적으로 제공되는 상황이 야기되는데, 구매자가 높은 가격에 좋은 질을 선호함에도 불구하고 판매자는 낮은 가격에 질이 낮은 재화를 제공하는 것

비효율적으로 높은 품질(inefficiently high quality) 구매자들은 더 낮은 가격에 더 낮은 품질을 선호하지만, 판매자들은 더 높은 가격에 더 높은 품질의 재화를 제공하는 가격하한제에서 나타나는 비효율성

빈곤선(poverty threshold) 빈곤하다고 여겨지는 가족의 연간 소득의 상한선

빈곤율(poverty rate) 빈곤선하에서 생활하고 있는 인구의 비율

빈곤제도(poverty program) 가난한 계층을 지원하는 정부의 제도

사유재(private good) 배제성과 소비 경합성을 동시에 갖추고 있는 재화

사회간접자본(infrastructure) 도로, 전력선, 항만, 정보네트워크 및 경제활동의 토대

사회보험(social insurance) 경제적인 어려움으로부터 가계들을 보호하기 위해 시행되는 정부 프로그램

사회보험제도(social insurance program) 사전예측이 힘든 미래의 재정적 위험에 대비하여 지원을 해 주는 정부의 제도

사회적 최적 오염량(socially optimal quantity of pollution) 오염의 모든 사회적 비용과 편익을 완전히 고려했을 때 사회가 선택할 오염량

산업공급곡선(industry supply curve) 상품의 가격과 산업 전체 총산출량의 관계를 표시하는 곡선

산포도(scatter diagram) x변수와 y변수의 관측값을 점으로 표시한 것. 보통 이 점들 위로 변수들의 관계를 설명하는 직선이 그려짐

상업은행(commercial bank) 예금을 수취하며 예금보험에 의해 보호되는 예금은행

상충관계(trade-off) 어떤 일의 편익을 비용과 비교할 때 둘 사이의 관계를 고려해야 하는데, 한쪽은 희생을 해야 하는 경제 관계를 말함

상품 무역수지(merchandise trade balance) 한 국가의 재화 수출액과 수입액의 차이. 무역수지라고도 함

상품(commodity) 표준화된 제품 참조

상품에 의해 뒷받침되는 화폐(commodity-backed money) 내재적인 가치는 없지만 언제든지 가치가 있는 상품으로 태환해 준다는 약속에 의해 궁극적인 가치가 보장되는 교환의 매개수단

상품화폐(commodity money) 다른 용도로도 사용될 수 있는 재화가 교환의 매개수단으로 이용되는 것

상호의존(interdependence) 한 기업의 결정이 그 산업의 다른 기업들의 이윤에 상당한 영향을 미치는 경우를 말함

상호작용(interaction) 나의 선택은 타인의 선택에 영향을 미치고 또한 타인의 선택이 나의 선택에 영향을 미친다는 경제상황 대부분에서 나타나는 특징으로서, 결과적으로 한 개인이 선택한 결과가 의도하지 않은 방향으로 나타날 수도 있게 된다는 것

생산가능곡선(production possibility frontier) 두 가지 재화를 생산하는 경제에서 마주치게 되는 상충관계이자 다른 재화의 생산량이 주어졌을 때 어떤 한 재화의 가능한 최대 생산량

생산성(productivity) 노동생산성 참조

생산요소(factors of production) 재화나 서비스의 생산에 이용되는 자원

생산자물가지수(producer price index, PPI) 생산자가 구매하는 재화들의 가격 변화를 측정하는 척도

생산자잉여(producer surplus) 경제학자들이 개별 생산자잉여와 시장 전체의 총생산자잉여 두 가지 경우에 모두 사용하는 용어

생산함수(production function) 기업이 사용하는 요소투입량과 기업이 생산하는 산출량의 관계

서브프라임 대출(subprime lending) 통상적인 대출 기준을 충족하지 못하는 주택 구입자들에 대한 대출

선형관계(linear relationship) 각 점의 기울기가 동일하지 않은 곡선 관계

성장회계(growth accounting) 총생산함수의 주요 요소들이 경제성장에 기여하는 정도를 추정하는 척도

세율(tax rate) 조세가 부과되는 대상의 단위마다 매겨지는 조세징수액

소득분배(income distribution) 총소득이 다양한 생산요소의 소유주들에게 분배되는 것

소득비탄력적(income-inelastic) 어떤 재화의 수요에 대한 소득탄력성이 양의 값이지만 1보다 작은 경우

소득탄력적(income-elastic) 어떤 재화의 수요에 대한 소득탄력성이 1보다 큰 경우

소비 경합성(rival in consumption) 두 사람 이상이 동일한 재화 한 단위를 같은 시간에 소비할 수 없는 경우

소비 비경합성(nonrivalry in consumption) 두 사람 이상이 동일한 재화 한 단위를 동시에 소비할 수 있는 경우

소비세(excise tax) 재화나 서비스에 대한 판매에 부과되는 세금

소비자물가지수(consumer price index, CPI) 대표적인 도시 가구가 구매하는 시장바구니의 구매비용을 측정하는 척도

소비자에 대한 비효율적 배분(inefficient allocation to consumers) 가격상한제에서 일어나는 비효율성으로 재화를 몹시 원해서 높은 가격을 지불할 의사가 있는 사람과 상대적으로 재화를 덜 좋아해서 낮은 가격을 지불할 의사가 있는 사람 간에 재화에 대한 배분이 비효율적으로 일어나는 것

소비자잉여(consumer surplus) 개별 소비자잉여와 총소비자잉여를 모두 가리키는 용어

손익분기가격(break-even price) 이윤이 영이 되는 시장가격

수감자의 딜레마(prisoners' dilemma) 두 가지를 전제로 하는 게임: (1) 게임의 참가자들은 다른 참가자의 이익을 희생해서라도 자신에게 유리한 행동을 선택할 유인을 가지고 있다는 것, (2) 두 참가자 모두 이와 같이 행동할 때 이들은 협조적으로 행동할 때보다 더 낮은 보상을 얻게 된다는 것

수량규제(quantity control) 사거나 팔 수 있는 어떤 재화에 대한 수량의 상한. 수량할당이라고도 함

수량할당(quota) 사거나 팔 수 있는 어떤 재화에 대한 수량의 상한. 수량규제라고도 함

수량할당제한(quota limit) 수량규제하에서 거래될 수 있는 물건의 총량

수렴가설(convergence hypothesis) 국가 간 1인당 실질 국내총생산의 차이는 시간이 흐름에 따라 좁혀진다는 명제

수요가격(demand price) 주어진 수량에서 소비자가 그 수량을 수요하려는 가격

수요곡선 상의 이동(movements along the demand curve) 재화의 가격 변화에 따른 수요량의 변화

수요곡선(demand curve) 수요표를 그래프로 표현한 것. 주어진 가격에서 소비자가 사려고 하는 재화나 서비스를 나타냄

수요곡선의 이동(shift of the demand curve) 주어진 가격에서 수요량의 변화. 원래 수요곡선에서 새로운 위치로 변하는 것이며 새로운 수요곡선으로 표기

수요독점(monopsony) 재화에 대한 수요자가 한 사람인 경우

수요독점기업(monopsonist) 한 시장의 유일한 수요자가 되는 기업

수요량(quantity demanded) 특정 가격에서 소비자가 사고자 하는 실제 수량

수요법칙(law of demand) 다른 조건이 일정할 때 재화의 가격이 높아짐에 따라 사람들이 재화를 더 적게 수요하는 것

수요와 공급모형(supply and demand model) 완전경쟁시장이 어떻게 작동하는지에 대한 모형

수요의 가격탄력성(price elasticity of demand) 수요곡선 상에서 수요량의 백분율 변화와 가격의 백분율 변화 비율(마이너스 기호 삭제)

수요의 교차가격탄력성(cross-price elasticity of demand) 한 상품에 생긴 가격의 변화가 다른 상품의 수요에 얼마나 영향을 주는지를 측정하는 개념. 한 재화 수요량의 백분율 변화와 다른 재화 가격의 백분율 변화의 비율

수요의 소득탄력성(income elasticity of demand) 소득수준에 변화가 생겼을 때 수요량의 백분율 변화를 소득수준의 백분율 변화로 나눈 것

수요충격(demand shock) 총수요곡선을 이동시키는 사건

수요표(demand schedule) 각각 다른 가격에서 소비자가 얼마나 많은 재화와 서비스를 사려고 하는지를 보여 주는 표

수입(imports) 해외로부터 구입한 재화와 서비스

수입경쟁산업(import-competing industry) 수입되는 재화와 서비스를 국내에서 생산하는 산업

수입할당제(import quota) 재화 수입량을 법적으로 제한하는 것

수직축[vertical axis, y축(y-axis)] y변수의 값을 나타내는 직선

수출(exports) 해외로 판매한 재화와 서비스

수출산업(exporting industry) 해외로 판매되는 재화와 서비스를 생산하는 산업

수평축[horizontal axis, x축(x-axis)] x변수의 값을 나타내는 직선

순환도(circular-flow diagram) 경제 내의 거래를 원을 따르는 흐름을 통해 보여 주는 모형

순환조정된 재정수지(cyclically adjusted budget balance) 실질 국내총생산이 잠재생산량 수준과 동일한 경우의 재정수지에 대한 추정치

스태그플레이션(stagflation) 인플레이션과 총생산의 감소가 결합되어 나타나는 현상

승수(multiplier) 총지출의 자발적 변화에 의해 발생하는 실질 국내총생산 전체 변화를 최초의 원래 자발적 변화의 크기로 나눈 비율

시계열 그래프(time-series graph) 수평축에 날짜를, 수직축에 해당 날짜에서의 변수값을 나타내는 그래프

시장경제(market economy) 생산과 소비에 대한 결정이 생산자와 소비자 개인에 의해 이루어지는 경제

시장바구니(market basket) 소비자가 구매하는 재화와 서비스의 가상적인 묶음

시장실패(market failure) 개인의 이익추구가 사회 전체에 악영향을 미치는 경우를 의미함

시장점유율(market share) 산업 전체의 산출량 중에서 그 생산자가 생산한 산출량이 차지하는 비율

시장지배력(market power) 생산자가 가격을 올릴 수 있는 능력

실망실업자(discouraged worker) 일할 능력은 있지만 노동시장의 상황을 고려하여 일자리를 구하는 것을 포기한 사람들

실물자본(physical capital) 건물이나 기계와 같이 인간이 만든 자원으로 구성된 자본

실물자본에 대한 수익체감(diminishing returns to physical capital) 노동자 1인당 인적 자본과 기술 수준이 고정된 상태에서 실물자본의 투입량을 지속적으로 늘릴 때 추가적으로 투입되는 실물자본 한 단위당 생산성 증가분이 점차 감소할 경우 총생산함수가 보이는 현상

실업률(unemployment rate) 경제활동인구 중에서 실업인구의 비율

실업인구(unemployment) 적극적으로 일자리를 구하고 있으나 현재 취업을 못하고 있는 사람들의 수

실증적 경제학(positive economics) 경제가 실제적으로 움직이는 원리를 설명하고자 하는 경제학의 한 분야

실질 국내총생산(real GDP) 한 국민경제에서 일정 기간에 생산된 최종생산물인 재화와 서비스의 가치를 기준연도의 가격을 사용하여 계산한 것

실질소득(real income) 소득을 물가 수준으로 나눈 값

실질이자율(real interest rate) 명목이자율에서 인플레이션율을 차감한 것

실질임금(real wage) 임금을 물가 수준으로 나눈 값

실질환율(real exchange rate) 물가 수준의 국가 간 차이를 감안하여 조정된 환율

암묵적 담합(tacit collusion) 과점기업들이 공식적인 합의가 없음에도 불구하고 서로의 이윤을 높이는 방향으로 자신의 생산량을 제한하고 가격을 올리는 경우

암묵적 부채(implicit liabilities) 일반적인 부채 통계에는 포함되지 않지만 사실상은 정부의 부채라 할 수 있는 약정된 정부지출

암묵적 비용(implicit cost) 현금지출을 수반하지 않으며 포기한 이득의 가치를 금액으로 표시한 것

암시장(black market) 제품 판매 자체가 불법적이거나 가격상한제에 의해 법적으로 금지된 가격으로 판매되는 경우처럼 재화나 서비스가 불법적으로 거래되는 시장

양도 가능한 배출허가권(tradable emission permit) 오염자들 사이에 거래될 수 있는 제한된 분량의 오염물질을 배출할 수 있는 면허

양도성 예금증서(certificate of deposit, CD) 고객이 지정된 기간에 자금을 예치하고 지정된 이자율을 받는 은행 발행 자산

양의 관계(positive relationship) 한 변수가 증가할 때 다른 변수도 증가하는 경향을 보이는 것

역(逆) 소득세(negative income tax) 저소득층 가정을 지원하는 제도

역의 인과관계(reverse causality) 두 변수 사이의 인과관계를 반대로 파악하는 경우

연구개발(research and development, R&D) 새 기술을 개발하고 실행하기 위한 지출

연방자금금리(federal funds rate) 연방자금시장에서 결정되는 이자율

연방자금금리 목표(target federal funds rate) 연방준비제도가 희망하는 연방자금금리 수준

연방자금시장(federal funds market) 지불준비금이 부족한 은행들이 초과 지불준비금을 보유한 은행들로부터 지불준비금을 차입하는 것을 가능하게 하는 시장

연쇄 달러(chained dollars) 앞선 기준연도를 이용하여 계산된 성장률과 나중의 기준연도를 이용하여 계산된 성장률의 평균을 이용하여 실질 GDP의 변화를 계산하는 방법

열등재(inferior goods) 소득이 증가할 때 재화의 수요가 감소하는 재화

영의 이자율 하한(zero lower bound for interest rates) 이자율이 영보다 낮아질 수 없음을 의미

예금보험(deposit insurance) 은행에 예금인출에 응할 자금이 없더라도 예금자들이 계좌당 일정 한도 내에서 예금잔고를 지급받을 수 있도록 보장하는 제도

예금인출사태(bank run) 은행의 부도를 염려하여 많은 예금자들이 일시에 예금을 인출하려 드는 현상

예측(forecast) 미래에 대한 단순한 예상

오염의 사회적 한계비용(marginal social cost of pollution) 오염 한 단위가 추가됨으로써 사회 전체적으로 부담하게 되는 추가비용

오염의 사회적 한계편익(marginal social benefit of pollution) 오염 한 단위가 추가됨으로써 사회 전체적으로 얻게 되는 추가편익

온실가스(greenhouse gas) 대기에 열을 잡아두는 배출가스

완전가격차별(perfect price discrimination) 독점기업이 각 소비자의 지불할 용의―소비자가 지불하고자 하는 최대금액―에 해당하는 가격을 부과하는 경우

완전경쟁산업(perfectly competitive industry) 모든 생산자가 가격수용적인 산업

완전경쟁시장(competitive market) 동질적인 재화나 서비스에 대해 수많은 구매자와 판매자가 존재하는 시장

완전경쟁시장(perfectly competitive market) 모든 시장 참가자가 가격수용적인 시장

완전 비탄력적 공급(perfectly inelastic supply) 공급의 가격탄력성이 영이어서 재화 가격의 변화가 수요량에 전혀 영향을 주지 못하는 경우. 완전 비탄력적 공급곡선은 수직선

완전 비탄력적 수요(perfectly inelastic demand) 가격 변화에 대해 수요량이 전혀 반응하지 않을 때를 말함. 수요가 완전 비탄력적이면 수요곡선은 수직임

완전 탄력적 공급(perfectly elastic supply) 가격의 매우 작은 변화에도 엄청나게 큰 공급량 변화가 생겨서 공급의 가격탄력성이 무한대가 되는 경우. 공급곡선은 수평선

완전 탄력적 수요(perfectly elastic demand) 가격 상승으로 수요량이 영으로 떨어질 때를 말함. 수요가 완전 탄력적이면 수요곡선은 수평임

외부비용(external cost) 개인이나 기업이 아무 보상 없이 다른 사람에게 초래하는 비용

외부편익(external benefit) 개인이나 기업이 아무 대가 없이 다른 사람에게 주는 편익

외부효과(externality) 외부비용과 외부편익

외부효과를 내부화한다(internalize the externality) 사람들이 외부효과를 고려하는 것

외환시장(foreign exchange market) 화폐가 서로 교환되는 시장

요소시장(factor markets) 재화를 생산하는 데 필요한 자원인 생산요소를 구입하는 곳

요소집약도(factor intensity) 다양한 산업에서 재화를 생산하는 데 사용되는 요소 비율의 차이(예 : 정유업체는 의류 생산업체보다 노동에 대한 자본 비율이 더 높기 때문에 자본 집약적임)

우월전략(dominant strategy) 다른 사람들이 취하는 행동에 관계없이 자신에게 항상 유리한 행동

원점(origin) 두 변수의 축이 만나는 점

유동적(liquid) 큰 가치 손실 없이 신속하게 현금으로 전환될 수 있는 자산

유인(incentive) 사람들로 하여금 그들의 행위를 바꾸도록 하는 보상

유통 중인 현금(currency in circulation) 일반 대중이 보유하고 있는 현금

음수의 절댓값(absolute value) 음의 부호가 없는 값

음의 관계(negative relationship) 한 변수가 증가할 때 다른 변수가 감소하는 경향을 보이는 것

이자율(interest rate) 차입자가 자신의 저축을 1년 동안 사용하는 것을 허용하는 데 대한 대가로 대부자가 청구하는 가격을 차입금액에 대한 백분율로 나타낸 것

이자율에 대한 유동성선호 모형(liquidity preference model of the interest rate) 이자율이 화폐의 공급과 수요에 의해 결정되는 화폐 시장의 모형

인과관계(causal relationship) 한 변수가 다른 변수의 값에 직접적으로 영향을 미치거나 이를 결정하는 관계

인적 자본(human capital) 교육에 의한 노동의 질적 향상과 노동력에 체화된 지식

인플레이션 갭(inflationary gap) 총생산이 잠재생산량을 초과할 때 나타나는 현상

인플레이션 목표제(inflation targeting) 중앙은행이 명시적인 인플레이션율 목표를 정하고 이 목표를 달성하기 위해 통화정책을 결정하는 것

인플레이션(inflation) 전체 물가수준의 상승

인플레이션율(inflation rate) 주로 소비자물가지수를 가지고 측정하는 물가지수의 연간 변화율

일원화된 의료보험제도(single-payer system) 정부가 주된 지불인이 되어 세금으로 의료비용을 지불하는 의료보험제도

잉여분(surplus) 공급량이 수요량보다 많을 때 생기는 재화. 가격이 균형가격보다 높을 때 발생

자급(autarky) 한 국가가 다른 국가들과 무역을 하지 않는 상황

자기 보정적(self-correcting) 총수요에 대한 충격이 단기에는 총생산에 영향을 미치지만 장기에는 아무런 영향을 미치지 못한다는 경제 현상

자동안정장치(automatic stabilizer) 경기가 수축할 때 재정정책을 확장적으로 만들고, 경기가 팽창할 때 재정정책을 긴축적으로 만들 수 있는 효과를 내는 정부지출과 조세의 체계

자산조사형(means-tested) 소득이 일정 수준 이하인 개인이나 가구에게만 돌아가는 제도

자연독점(natural monopoly) 규모에 대한 수익 증가로 인해 한 기업이 산업 전체의 제품을 공급하는 것이 비용 면에서 유리할 때 발생

자연실업률(natural rate of unemployment) 이 수준의 실업률을 중심으로 실제 실업률이 변동하는 정상적인 실업률 수준

자원(resource) 다른 무언가를 생산하기 위해 사용되는 모든 것

자유무역(free trade) 정부가 수요와 공급에 의해 자연적으로 발생하는 수출이나 수입 규모를 정책으로 감소 또는 증가시키려고 시도하지 않는 정책

자율조정적 경제(self-regulating economy) 실업과 같은 문제들이 정부 개입 없이 보이지 않는 손의 작용에 의해 해결되는 경제

자중손실(deadweight loss) 행동이나 정책이 거래량을 효율적인 시장거래량 아래로 줄이면서 일어나는 총잉여의 손실

잠재생산량(potential output) 명목임금을 비롯한 모든 가격이 완전히 신축적일 때 한 경제가 생산하는 실질 국내총생산

장기 거시경제 균형(long-run macroeconomic equilibrium) 단기 거시경제 균형점이 장기 총공급곡선 상에 놓여 있을 때의 경제 상태

장기 경제성장(long-run economic growth) 시간이 흐름에 따라 경제의 생산량이 보여 주는 지속적인 상승추세

장기 산업공급곡선(long-run industry supply curve) 생산자들이 진입이나 퇴출을 실행하기에 충분한 시간이 주어졌을 때 산출량이 가격에 따라 어떻게 변화하는지를 보여 주는 곡선

장기 시장균형(long-run market equilibrium) 산업으로의 진입과 퇴출이 이루어질 수 있도록 충분한 시간이 주어진 후 공급량이 수요량과 일치할 때 발생하는 경제적 균형

장기 총공급곡선(long-run aggregate supply curve) 명목임금을 비롯한 모든 가격이 완전히 신축적일 경우에 물가와 총생산물의 공급량 간에 존재하는 관계를 보여 주는 곡선

장기 평균총비용곡선(long-run average total cost curve, LRATC) 각 산출량 수준에 대해 평균총비용이 최소가 되도록 고정비용을 선택해서 얻어지는 산출량과 평균총비용의 관계

장기(long run) 모든 요소의 투입량을 변경할 수 있는 기간

장기이자율(long-term interest rate) 수년 후에 만기가 되는 금융자산에 대한 이자율

재량적 재정정책(discretionary fiscal policy) 규정에 의한 행동이 아니라 정책담당자의 의도적인 행동에 따른 재정정책

재생 가능한 에너지원(renewable energy source) 태양과 풍력 같은 고갈되지 않는 에너지 원. 반면 화석연료는 고갈됨

재정정책(fiscal policy) 총지출에 영향을 미치기 위해 조세와 정부지출을 변화시키는 정책

재할인 창구(discount window) 연방준비제도가 곤경에 처한 은행에 자금을 빌려주는 제도적 장치

재할인율(discount rate) 연방준비제도가 은행에 대한 대출에 부과하는 이자율

재화와 서비스 수지(balance of payments on goods and services) 일정 기간의 재화와 서비스 수출액과 수입액 간의 차이

재화와 서비스시장(markets for goods and services) 기업이 생산한 재화와 서비스를 판매하는 곳

저작권(copyright) 문학이나 예술 작품을 창작한 사람에게 그 작품을 이용할 수 있는 모든 권한을 부여한 권리

저축대부조합(savings and loans) 또 다른 형태의 예금은행으로 보통 주택 대출에 특화

전략적 행동(strategic behavior) 다른 기업의 미래 행동에 영향을 주려는 기업의 행동

절대우위(absolute advantage) 한 개인이 어떤 행위를 할 때 다른 사람에 비해 그것을 더 잘할 수 있음을 의미. 절대우위에 있다고 해서 비교우위에 있다는 것과 동일한 것을 의미하는 것은 아님

접선(tangent line) 비선형곡선을 특정한 점에서만 만나는 선. 접선의 기울기는 접점에서의 곡선의 기울기와 같음

정부 이전지출(government transfer) 개인이나 가족에 대한 정부의 지출

정상재(normal goods) 소득이 증가할 때 재화의 수요가 증가하는 재화

정액세(lump-sum tax) 납세자의 소득수준에 의존하지 않는 조세

제품차별화(product differentiation) 기업이 자신의 제품이 같은 산업 내 다른 기업의 제품과는 다르다는 인식을 소비자에게 심기 위해 노력하는 것

조세의 행정비용(administrative costs) 조세를 거두고 지불하는 데 사용된 자원

조업중단가격(shut-down price) 시장가격이 최소 평균가변비용보다 낮아질 때 기업이 일시적으로 생산을 중단하는 가격

종속변수(dependent variable) 독립변수의 영향을 받는 변수

준화폐(near-money) 직접적으로 교환의 매개수단으로 사용될 수 없지만 쉽게 현금이나 당좌예금으로 전환될 수 있는 금융자산

중간 가구 소득(median household income) 소득 분포에서 정확히 가운데에 위치한 가구의 소득

중간값 계산법(midpoint method) 백분율 변화를 계산하는 방법. 처음값과 마지막값의 평균, 또는 중간값과 변수의 변화를 비교하여 계산

중간투입물(intermediate goods and services) 최종생산물을 생산하기 위해 사용되는 투입물로 한 기업이 다른 기업으로부터 구매하는 재화와 서비스

중앙은행(central bank) 은행시스템을 감독하고 규제하며 본원통화를 관리하는 기관

증권화(securitization) 금융기관이 대출과 주택 담보대출을 모은 후 전체 자산에 대한 부분 소유권을 투자자들에게 매각하는 것

지니계수(Gini coefficient) 한 국가의 소득 불평등 정도를 보여 주는 숫자로, 소득이 5분위 계수마다 얼마나 불균등하게 분포해 있는지를 나타내는 것

지불준비금(bank reserves) 은행이 금고에 보관하고 있는 현금과 연방준비제도에 예치한 예금

지불준비 요구(reserve requirements) 은행이 유지해야 할 최소한의 지불준비율에 대해서 연방준비제도가 정한 규정

지불준비율(reserve ratio) 은행예금에 대한 지불준비금의 비율

지불할 용의(willingness to pay) 소비자가 재화를 구입할 때 지불하고자 하는 최대한의 금액

지속가능한 장기 경제성장(sustainable long-run economic growth) 제한된 자연자원과 환경에 대한 성장의 영향에도 불구하고 장기 성장은 계속될 수 있다는 것

직장 탐색(job search) 일자리를 찾느라 시간을 보내는 근로자

진입과 퇴출이 자유롭다(free entry and exit) 새로운 생산자가 한 산업에 쉽게 진입하고 퇴출할 수 있는 경우

진입장벽(barrier to entry) 독점기업이 이윤을 얻기 위해서 다른 기업이 그 산업에 진입하지 못하게 제한하는 것

청정 에너지원(clean energy source) 온실가스를 배출하지 않는 에너지원. 재생 가능한 에너지원은 청정 에너지원이기도 함

초과 지불준비금(excess reserves) 필요 지불준비금을 초과하여 보유하고 있는 지불준비금

초국제화(hyperglobalization) 극도로 높은 수준의 국제무역이 발생하는 현상

총공급곡선(aggregate supply curve) 물가와 총생산물의 공급량 간의 관계

총물가수준(aggregate price level) 한 경제의 총체적인 가격 수준에 대한 척도

총비용(total cost) 어떤 산출량을 생산하는 데 들어가는 고정비용과 가변비용의 합

총비용곡선(total cost curve) 산출량에 따른 총비용의 변화를 보여 주는 곡선

총생산(aggregate output) 최종생산물인 재화와 서비스의 총산출량

총생산 갭(output gap) 백분율로 나타낸 실제 총생산과 잠재생산량 간의 차이

총생산곡선(total product curve) 고정요소의 투입량이 주어졌을 때 가변요소의 투입량에 따라 산출량이 어떻게 변하는가를 보여 주는 곡선

총생산자잉여(total producer surplus) 각 개별 생산자잉여의 합과 같음

총생산함수(aggregate production function) 생산성(노동자 1인당 실질국내총생산)과 노동자 1인당 실물자본, 노동자 1인당 인적 자본 그리고 기술 수준 간의 관계를 나타내는 가상적인 함수

총소비자잉여(total consumer surplus) 각 개별 소비자잉여의 합과 같음

총수요곡선(aggregate demand curve) 물가와 가계, 기업, 정부, 해외 부문 등에 의한 총생산물에 대한 수요량 간의 관계를 보여 주는 곡선

총수요-총공급 모형(AD-AS model) 총공급곡선과 총수요곡선을 이용해 경기변동을 분석하는 데 사용하는 모형

총수입(total revenue) 재화나 서비스의 총판매액의 가치. 즉 전체 팔린 양에 가격을 곱한 값

총요소생산성(total factor productivity) 주어진 요소투입량으로 생산할 수 있는 생산물의 양

총잉여(total surplus) 소비자와 생산자가 시장 거래에서 얻는 총순이익. 소비자잉여와 생산자잉여를 합한 것과 같음

총지출의 자발적 변화(autonomous change in aggregate spending) 주어진 실질 국내총생산 수준에서 기업, 가계, 정부가 원하는 지출 수준에 있어서의 최초의 증가 또는 감소

최소비용 산출량(minimum-cost output) 평균총비용이 가장 낮은 산출량으로서 U자형 평균총비용곡선의 최저점

최저임금(minimum wage) 시장노동의 가격인 임금에 대한 법적 하한

최적산출량 원칙(optimal output rule) 마지막 한 단위의 한계수입이 한계비용과 같아지는 산출량을 생산할 때 이윤이 최대가 된다는 명제

최종생산물(final goods and services) 최종 사용자에게 판매되는 재화와 서비스

취업인구(employment) 전일제든 시간제든 현재 고용되어 있는 사람들의 수

카르텔(cartel) 몇몇 공급자들이 자기들의 전체 이윤을 높이기 위해 생산량 제한에 따르기로 한 협정

케인즈학파 경제학(Keynesian economics) 경제의 부진은 부적절한 지출에 의해 발생하고 정부의 개입에 의해 완화될 수 있다는 명제

코즈정리(Coase theorem) 비록 외부효과가 있더라도 거래비용이 충분히 작기만 하면 경제는 항상 효율적인 해결책을 달성할 수 있다는 명제

탄력적 수요(elastic demand) 수요의 가격탄력성이 1보다 큰 경우

통화정책(monetary policy) 화폐의 양을 조절하여 이자율을 변화시키고 총지출 수준에 영향을 미치는 정책

통화정책을 위한 테일러 준칙(Taylor rule for monetary policy) 연방자금금리가 인플레이션율과 총생산 갭을 기초로 하여 정해져야 한다는 주장

통화총량(monetary aggregate) 화폐공급의 총괄적인 척도

투입요소(input) 다른 재화와 서비스를 생산할 때 사용되는 어떤 재화와 서비스

투자은행(investment bank) 금융자산을 거래하는데 예금보험에 의해 보호되지 않는 은행

특허권(patent) 발명가에게 그 발명품의 사용과 판매에 대해 한시적인 독점권을 부여한 권리

파이 도표(pie chart) 전체가 어떤 비율로 나누어지는지를 원으로 나타내는 도표를 말하며, 이 비율은 보통 백분율로 표시

파리기후협약(Paris Agreement) 196개국이 지구 온도 상승을 섭씨 2℃ 이내로 제한하기 위해 온실가스 배출을 줄일 것을 체결한 협약

판매자들 간 비효율적 판매 배분(inefficient allocation of sales among sellers) 가장 낮은 가격으로 판매하고자 하는 판매자들은 판매를 할 수 없으며 더 높은 가격으로 판매하려는 판매자에게만 판매가 이루어지는 가격하한제에서 나타나는 비효율성

평균 가구 소득(mean household income) 모든 가구에 대한 평균 소득

평균가변비용(average variable cost) 생산물 한 단위당 가변비용

평균고정비용(average fixed cost) 생산물 한 단위당 고정비용

평균비용(average cost) 평균총비용에 대한 대체 용어

평균총비용(average total cost) 총비용을 산출량으로 나눈 값. 평균비용이라고도 함

표준화된 제품(standardized product) 소비자들이 다른 생산자들의 제품과 동일하다고 생각하는 제품. 상품이라고도 함

피구 보조금(Pigouvian subsidy) 외부편익을 발생시키는 행동을 장려하기 위해 고안된 보상

피구세(Pigouvian tax) 외부비용을 줄이도록 고안된 조세

한 투입요소에 대한 수익체감(dimini-shing returns to an input) 다른 모든 요소의 투입량을 고정시킨 채 한 요소의 투입량을 증가시킬 때 그 요소의 한계생산이 감소하는 것

한계결정(marginal decisions) 어떤 행위를 더 할 것인가 덜 할 것인가를 결정하는 것

한계분석(marginal analysis) 한계결정에 관해 연구하는 것

한계분석의 원리(principle of marginal analysis) 어떤 활동의 최적 수량은 한계편익이 한계비용과 같아지는 수량이라는 명제

한계비용(marginal cost) 어떤 재화나 서비스를 한 단위 더 생산할 때 추가로 발생하는 비용

한계생산(marginal product) 어떤 요소를 한 단위 더 사용함으로써 추가로 얻는 산출량

한계소비성향(marginal propensity to consume, MPC) 가처분소득이 1달러 증가할 때의 소비지출 증가액

한계수입(marginal revenue) 산출량을 한 단위 증가시켜 얻을 수 있는 총수입의 변화

한계수입곡선(marginal revenue curve) 산출량에 따라 한계수입이 어떻게 달라지는지 보여 주는 곡선

한계참여근로자(marginally attached worker) 취업을 하고 싶으며 최근까지 일자리를 구하고 있었지만 지금은 일자리를 구하고 있지 않는 사람들

한계편익(marginal benefit) 어떤 재화나 서비스를 한 단위 더 증가시킴으로써 얻는 추가편익

할당지대(quota rent) 수량할당제한에서 수요가격과 공급가격의 차이. 재화를 팔 수 있는 소유권에 의해 면허 보유자에게 귀속되는 이득으로, 면허가 거래될 때 면허에 대한 시장가격과 동일

헥셔-올린 모형(Heckscher-Ohlin model) 한 국가는 그 국가가 풍부하게 보유하고 있는 요소를 집약적으로 사용하는 재화 생산에 비교우위를 갖는다는 모형

현물보조(in-kind benefit) 재화나 서비스의 형태로 제공되는 것

협조적인 행동(noncooperative behavior) 기업들이 자신의 행동이 다른 기업의 이윤에 주는 영향을 고려하지 않고 행동하는 것

화석연료(fossil fuel) 석탄이나 원유에서 얻는 연료

화폐(money) 재화와 서비스의 구매에 쉽게 사용될 수 있는 모든 자산

화폐공급(money supply) 화폐로 간주되는 모든 금융자산의 총가치

화폐공급곡선(money supply curve) 화폐공급량이 이자율에 따라서 어떻게 변하는지를 보여 주는 곡선

화폐수요곡선(money demand curve) 이자율과 화폐수요량 간의 관계를 보여 주는 곡선

화폐승수(money multiplier) 화폐공급 대 본원통화의 비율

화폐의 중립성(monetary neutrality) 화폐공급의 변화는 경제에 아무런 실질적 영향을 미치지 못함을 의미

확장적 재정정책(expansionary fiscal policy) 총수요를 증가시키는 재정정책

확장적 통화정책(expansionary monetary policy) 총수요를 증가시키는 통화정책

환경기준(environmental standards) 환경을 보호하기 위해 생산자와 소비자가 지켜야 할 행동을 명시한 규정

환율(exchange rate) 화폐가 서로 거래되는 가격

회계상의 이윤(accounting profit) 한 기업이 그 기업의 수입에서 명시적 비용과 감가상각비를 뺀 것. 경제학적 이윤보다 큰 것이 보통

회계연도(fiscal year) 대부분의 정부 회계에 사용되는 기간으로 10월 1일부터 다음 해 9월 30일까지를 말하며, 회계연도가 종료하는 시점에 달력상의 연도로 명명됨

효율임금(efficiency wage) 성과를 높이기 위한 유인을 제공하려는 목적에서 고용주들이 균형임금보다 높은 수준으로 설정한 임금

효율적(efficient) 다른 누군가의 후생을 감소시키지 않고서는 어떤 사람의 후생을 증가시킬 수 없는 경우

희소(scarce) 이용 가능한 자원의 양이 모든 생산에 필요한 양을 만족시키기에는 충분하지 않다는 것을 의미함

1인당 국내총생산(GDP per capita) 국내총생산을 인구수로 나눈 값으로 각 개인의 평균 국내총생산

70의 법칙(Rule of 70) 시간이 지남에 따라 점진적으로 성장하는 변수의 값이 두 배가 되는 데 걸리는 시간은, 대략적으로 70을 그 변수의 연간 증가율로 나눈 값으로 구할 수 있다는 법칙

GDP 디플레이터(GDP deflator) 어느 한 해의 명목 국내총생산을 실질 국내총생산으로 나눈 비율에 100을 곱한 값

T 계정(T-account) 하나의 표에 기업의 자산(좌변)과 부채(우변)를 보여 줌으로써 기업의 재무상태를 분석하기 위한 수단

U자형 평균총비용곡선(U-shaped average total cost curve) 산출량이 적을 때는 하락하다가 산출량이 많아지면 상승하는 곡선

x절편(horizontal intercept) 그래프의 곡선이 x축과 만나는 점. 이는 y변수의 값이 영일 때 x변수의 값을 나타냄

y절편(vertical intercept) 그래프의 곡선이 y축과 만나는 점. 이는 x변수의 값이 영일 때 y변수의 값을 나타냄

찾아보기

역자 소개(가나다순)

김재영

서울대학교 물리학 학사

서울대학교 경제학 석사

미국 미네소타대학교 경제학 박사

미국 뉴욕주립대학교(올버니) 조교수, 부교수 역임

현재 서울대학교 경제학부 교수

연구 업적 : *Econometrica*, *Journal of Econometrics*, *Journal of Business and Economic Statistics*, *Econometric Theory* 등 국제학술지에 논문 다수 게재

연구 분야 : 계량경제학, 거시경제학, 금융경제학

박대근

서울대학교 경제학 학사

한국과학기술원 경영과학 석사

미국 하버드대학교 경제학 박사

미국 뉴욕주립대학교(올버니) 조교수 역임

현재 한양대학교 경제금융학부 교수

연구 업적 : *Journal of International Economics*, *Review of Economics and Statistics*, *Review of World Economics*를 비롯한 국내외 학술지에 논문 다수 게재

연구 분야 : 거시경제학, 국제금융

전병헌

서울대학교 경제학 학사

서울대학교 경제학 석사

미국 펜실베이니아대학교 경제학 박사

육군3사관학교, 미국 뉴욕주립대학교(스토니브룩), 라이스대학교 조교수 역임

현재 고려대학교 경제학과 명예교수

연구 업적 : *American Economic Review*, *Review of Economic Studies*, *Journal of Economic Theory*, *Games and Economic Behavior*, *International Journal of Game Theory*를 비롯한 국내외 학술지에 논문 다수 게재

연구 분야 : 미시경제학